Gesamtredaktion: Prof. Dr. sc. paed. Günter Schnabel, Leipzig

Autoren

Kapitel 1:
Die Bedeutung der Motorik für die Entwicklung der Persönlichkeit –
Prof. Dr. Kurt Meinel †, Leipzig

Kapitel 2:
Bewegungskoordination als Regulation der Bewegungstätigkeit –
Prof. Dr. sc. paed. Günter Schnabel, Leipzig

Kapitel 3:
Allgemeine Bewegungsmerkmale als Ausdruck der Bewegungskoordination –
Prof. Dr. sc. paed. Günter Schnabel, Leipzig (teilweise unter Verwendung einer Zuarbeit
von Prof. Dr. paed. habil. Joachim Rostock, Chemnitz)

Kapitel 4:
Motorisches Lernen –
Prof. Dr. sc. paed. Günter Schnabel

Kapitel 5:
Koordinative Fähigkeiten und Beweglichkeit –
Dr. paed. Klaus Zimmermann, Chemnitz (unter Verwendung eines Manuskripts
von Doz. Dr. paed. habil. Dolf-Dietram Blume)

Kapitel 6:
Die motorische Entwicklung des Menschen von der Geburt bis ins hohe Alter (Überblick) –
Doz. Dr. paed. habil. Reinhard Winter, Leipzig Dr. paed. Christian Hartmann, Leipzig

Kapitel 7:
Zu Methoden im Anwendungbereich der Bewegungslehre, speziell zum motorischen Test –
Doz. Dr. paed. habil. Dolf-Dietram Blume, Leipzig

Kurt Meinel † · Günter Schnabel

Bewegungslehre – Sportmotorik

Abriss einer Theorie der sportlichen Motorik unter pädagogischem Aspekt

10., durchgesehene und aktualisierte Auflage

Südwest

SPO 186/001
10. Aufl.

Bewegungslehre – Sportmotorik: Abriss einer Theorie
der sportlichen Motorik unter pädagogischem Aspekt
Kurt Meinel, Günter Schnabel
10., durchgesehene und aktualisierte Auflage

© 2004 Südwest Verlag
in der Verlagsgruppe Random House GmbH, München

Fachlektorat: Gritt Ockert, Berlin
Umschlaggestaltung: Reinhard Soll, München
Titelfoto: Zefa, Düsseldorf; U1 (P. Griffith)

Bildnachweis:
Kap. 2, 3, 4: Nadja Sasse und Harri Förster (Abb. 3. 4.–5)
Kap. 5: Manfred Zedlik/Christine Dähnert
Kap. 6: Christine Dähnert, Gisbert Sacher, Marion Wenzel
Die Fotos auf den Seiten 246 bis 248 wurden freundlicherweise
vom Pflaum-Verlag (Fotograf: Volker Brodel) zur Verfügung gestellt.

Herstellung: Norbert Wollentarski
Satz: LVD GmbH, Berlin
Druck und Bindung: Tesinska tiskarna, a.s., Cesky Tesin
Printed in the Czech Republic 2004
ISBN 3-328-00820-9

Gedruckt auf alterungsbeständigem Papier mit chlorfrei gebleichtem Zellstoff

Alle Rechte vorbehalten.
Nachdruck – auch auszugsweise – nur mit Genehmigung des Verlages

Inhaltsverzeichnis

Vorwort zur 10. Auflage 15
Ein Lehrbuchklassiker wird 38 10
Vorwort zur 1. Auflage 13
Kurzbiografie Kurt Meinels 18

1. Die Bedeutung der Motorik für die Entwicklung der Persönlichkeit 20

1.1. Einführung 20
1.2. Arbeitsmotorik und Sportmotorik 22
1.3. Bedeutung des motorischen Leistungsaufbaus im Kindes- und Jugendalter 24
1.4. Motorische und intellektuelle Entwicklung 25
1.5. Bewegungskönnen und Persönlichkeitsentwicklung 27

2. Bewegungskoordination als Regulation der Bewegungstätigkeit 33

2.1. Bewegungskoordination als Aspekt der Handlungsregulation 34
2.2. Wesen und Funktion der Bewegungskoordination 37
2.2.1. Zum Begriff Bewegungskoordination 37
2.2.2. Zur Kompliziertheit der Koordinationsaufgabe 38
2.2.3. Zwei »Koordinationstaktiken« 39
2.2.4. Theorien und Modelle der Bewegungskoordination 40
2.3. Informationsaufnahme und -aufbereitung 45
2.3.1. Sensorische Information und Rückinformation 45
2.3.2. Der Anteil der Analysatoren an der Information und Rückinformation 48

2.3.3. Das verbale Informationssystem 52
2.3.4. Folgerungen für die Lehr- und Übungspraxis 56
2.4. Programmierung des motorischen Verhaltens 57
2.4.1. Programmierung als Antizipation 57
2.4.2. Komplexe Antizipation im Sportspiel und im Kampfsport 60
2.4.3. Folgerungen für die Lehr- und Übungspraxis 64
2.5. Vergleichsprozesse – Sollwert-Istwert-Vergleich 65
2.6. Weitere Fragen und Problemkreise 68
2.7. Zusammenfassung 71
2.8. Ausblick 73
Studienliteratur 73

3. Allgemeine Bewegungsmerkmale als Ausdruck der Bewegungskoordination 74

3.1. Bewegungsbeschreibung und Bewegungsmerkmale 74
3.2. Die Struktur sportlicher Bewegungsakte 77
3.2.1. Allgemeine Grundstruktur sportlicher Bewegungsakte 78
3.2.2. Strukturvarianten bei azyklischen Bewegungsakten 83
3.2.3. Die Abwandlung der Grundstruktur bei zyklischen Bewegungsakten 86
3.2.4. Bewegungskombinationen 89
3.2.5. Die Struktur von Täuschungshandlungen 92
3.2.6. Objektive und subjektive Bewegungsstruktur 92
3.2.7. Zusammenfassung 93
3.2.8. Anwendung der Strukturkenntnisse in der Lehr- und Übungspraxis 94

3.3.	**Bewegungsrhythmus (Merkmal der zeitlichen Ordnung)**	95	
3.3.1.	Bewegungsrhythmus als komplexes Merkmal sportlicher Bewegungsakte	95	
3.3.2.	Rhythmus zyklischer und azyklischer Bewegungsakte	97	
3.3.3.	Zur kommunikativen Funktion des Bewegungsrhythmus	100	
3.3.4.	Entwicklungsbedingungen und Genese sportlicher Bewegungsrhythmen	101	
3.3.5.	Zur optimalen Ausprägung sportlicher Bewegungsrhythmen	103	
3.3.6.	Zusammenfassung	104	
3.3.7.	Zur Arbeit mit dem Merkmal Bewegungsrhythmus in der Lehr- und Übungspraxis	105	

3.4. Bewegungskopplung (Merkmal des Zusammenhangs der Teilbewegungen und der Bewegungsübertragung) 107

3.4.1. Zu den Grundlagen der Bewegungskopplung im menschlichen Bewegungssystem 107
3.4.2. Schwungübertragung 109
3.4.3. Zeitliche Verschiebung von Teilbewegungen 111
3.4.4. Formen des Rumpfeinsatzes 114
3.4.5. Die Steuerfunktion des Kopfes 117
3.4.6. Zusammenfassung 120
3.4.7. Zur Arbeit mit dem Merkmal Bewegungskopplung in der Lehr- und Übungspraxis 121

3.5. Bewegungsfluss (Merkmal der Kontinuität im Bewegungsverlauf) 123

3.5.1. Erscheinungsformen 123
3.5.2. Objektivierbarkeit 123
3.5.3. Zur Bedeutung und Begründung des Bewegungsflusses 124
3.5.4. Bewegungsfluss und Bewegungselastizität 126
3.5.5. Zusammenfassung 126
3.5.6. Folgerungen für die Lehr- und Übungspraxis 127

3.6. Bewegungspräzision (Merkmal der Ziel- und Ablaufgenauigkeit) 127

3.6.1. Erscheinungsformen 127
3.6.2. Objektivierbarkeit 129

3.6.3. Zur Bewegungskoordination bei Präzisionsleistungen 130
3.6.4. Zusammenfassung 131
3.6.5. Folgerungen für die Lehr- und Übungspraxis 131

3.7. Bewegungskonstanz (Merkmal der Wiederholungsgenauigkeit) 132

3.7.1. Erscheinungsformen 132
3.7.2. Objektivierbarkeit 133
3.7.3. Zur Entwicklung und Begründung der Bewegungskonstanz 134
3.7.4. Zusammenfassung 135
3.7.5. Folgerungen für die Lehr- und Übungspraxis 135

3.8. Bewegungsumfang (Merkmal der räumlichen Ausdehnung) 135

3.8.1. Erscheinungsformen 135
3.8.2. Objektivierbarkeit 136
3.8.3. Zum optimalen Bewegungsumfang 136
3.8.4. Zusammenfassung 137
3.8.5. Folgerungen für die Lehr- und Übungspraxis 137

3.9. Bewegungstempo (Merkmal der Bewegungsgeschwindigkeit) 138

3.10. Bewegungsstärke (Merkmal des Krafteinsatzes) 139

3.11. Zur Problematik »Handlungsmerkmale« 141

3.12. Schlussbetrachtung 142
Studienliteratur 142

4. Motorisches Lernen 146

4.1. Der motorische Lernprozess als Grundvorgang der Ausbildung des motorischen Könnens 147

4.1.1. Mentales und motorisches Lernen 147
4.1.2. Lernen als Informationsverarbeitung 150
4.1.3. Gesellschaftliche Umwelt, Sprache, Bewusstsein im motorischen Lernen des Menschen 152
4.1.4. Lernaktivität und Motivation 154
4.1.5. Bedeutung des motorischen Ausgangsniveaus 157
4.1.6. Zusammenfassung 158

4.1.7.	Folgerungen für die Lehr- und Übungspraxis	159	5.3.	Ableitung und Charakteristik einzelner koordinativer Fähigkeiten	210
4.2.	**Phasen des Lernverlaufs**	160			
4.2.1.	Erste Lernphase: Entwicklung		5.3.1.	Differenzierungsfähigkeit	212
	der Grobkoordination	161	5.3.2.	Kopplungsfähigkeit	214
	– *Allgemeine Charakteristik*	161	5.3.3.	Reaktionsfähigkeit	214
	– *Zur Bewegungskoordination*	164	5.3.4.	Orientierungsfähigkeit	216
	– *Zusammenfassung*	168	5.3.5.	Gleichgewichtsfähigkeit	217
	– *Folgerungen für die Lehr- und Übungspraxis*	169	5.3.6.	Umstellungsfähigkeit	218
			5.3.7.	Rhythmisierungsfähigkeit	218

4.1.7.   Folgerungen für die Lehr- und
         Übungspraxis   159
4.2.   **Phasen des Lernverlaufs**   160
4.2.1.   Erste Lernphase: Entwicklung
         der Grobkoordination   161
         – *Allgemeine Charakteristik*   161
         – *Zur Bewegungskoordination*   164
         – *Zusammenfassung*   168
         – *Folgerungen für die Lehr-
           und Übungspraxis*   169
4.2.2.   Zweite Lernphase: Entwicklung
         der Feinkoordination   170
         – *Allgemeine Charakteristik*   170
         – *Zur Bewegungskoordination*   175
         – *Zusammenfassung*   180
         – *Folgerungen für die Lehr- und
           Übungspraxis*   181
4.2.3.   Dritte Lernphase: Stabilisierung
         der Feinkoordination, verstärkte
         Entwicklung der variablen
         Verfügbarkeit   183
         – *Allgemeine Charakteristik*   183
         – *Zur Bewegungskoordination*   186
         – *Zusammenfassung*   192
         – *Folgerungen für die Lehr- und
           Übungspraxis*   192
4.3.   **Der komplexe Charakter des
         motorischen Lernens**   194
4.3.1.   Teilaspekte des Lernverlaufs   195
4.3.2.   Zur Transferenz und Interferenz
         beim motorischen Lernen   195
4.3.3.   Motorisches Lernen als integrie-
         render Bestandteil der sportli-
         chen Leistungsentwicklung und
         körperlichen Vervollkommnung   201
4.3.4.   Zusammenfassung   203
4.3.5.   Folgerungen für die Lehr- und
         Übungspraxis   203
4.3.6.   Ausblick   205
         Studienliteratur   205

**5. Koordinative Fähigkeiten und
Beweglichkeit**   **206**

5.1.   **Zum Begriff »koordinative
         Fähigkeiten«**   206
5.2.   **Koordinative Fähigkeiten und
         Bewegungsfertigkeiten
         (sporttechnische Fertigkeiten)**   209

5.3.   **Ableitung und Charakteristik
         einzelner koordinativer Fähig-
         keiten**   210
5.3.1.   Differenzierungsfähigkeit   212
5.3.2.   Kopplungsfähigkeit   214
5.3.3.   Reaktionsfähigkeit   214
5.3.4.   Orientierungsfähigkeit   216
5.3.5.   Gleichgewichtsfähigkeit   217
5.3.6.   Umstellungsfähigkeit   218
5.3.7.   Rhythmisierungsfähigkeit   218
5.4.   **Allgemeine und spezifische
         Ausprägung**   220
5.5.   **Strukturelle Beziehungen
         zwischen den Fähigkeiten**   220
5.6.   **Erfassung (Diagnose) koor-
         dinativer Fähigkeiten**   223
5.7.   **Beweglichkeit als teilweise
         koordinativ bedingte motori-
         sche Fähigkeit**   226
5.8.   **Zusammenfassung**   229
5.9.   **Folgerungen für die Ausbildung
         koordinativer Fähigkeiten und
         der Beweglichkeit**   230
5.10.   **Ausblick**   236
         Studienliteratur   236

**6. Die motorische Entwicklung
(Ontogenese) des Menschen von
der Geburt bis ins hohe Alter
(Überblick)**   **237**

6.1.   **Neugeborenenalter**   241
6.1.1.   Der motorische Entwicklungsstand   241
6.1.2.   Die Anfänge der motorischen
         Entwicklung   242
6.2.   **Säuglingsalter**   243
6.2.1.   Allgemeine Charakteristik der
         motorischen Entwicklung   243
6.2.2.   Zu einzelnen motorischen
         Entwicklungsreihen   244
6.2.3.   Zusammenfassung   249
6.2.4.   Folgerungen für die Förderung
         der motorischen Entwicklung   250
6.3.   **Kleinkindalter**   251
6.3.1.   Allgemeine Charakteristik der
         motorischen Entwicklung   251
6.3.2.   Zur Entwicklung einzelner
         Bewegungsformen   254

	– *Gehen, Klettern, Steigen, Laufen, Springen*	254
	– *Werfen, Fangen und weitere Bewegungsformen*	255
6.3.3.	Zur Entwicklung motorischer Fähigkeiten	258
	– *Konditionelle Fähigkeiten*	258
	– *Koordinative Fähigkeiten, Beweglichkeit*	259
6.3.4.	Zusammenfassung	260
6.3.5.	Folgerungen für die Förderung der motorischen Entwicklung	261
6.4.	**Frühes Kindesalter**	261
6.4.1.	Allgemeine Charakteristik der motorischen Entwicklung	261
6.4.2.	Zur Weiterentwicklung einzelner Bewegungsformen	264
	– *Gehen, Klettern, Steigen, Laufen, Springen*	264
	– *Werfen, Fangen und weitere Bewegungsformen*	267
6.4.3.	Zur Entwicklung motorischer Fähigkeiten	269
	– *Konditionelle Fähigkeiten*	269
	– *Koordinative Fähigkeiten, Beweglichkeit*	270
6.4.4.	Zusammenfassung	272
6.4.5.	Folgerungen für die Förderung der motorischen Entwicklung	273
6.5.	**Mittleres Kindesalter**	273
6.5.1.	Allgemeine Charakteristik der motorischen Entwicklung	273
6.5.2.	Zur Entwicklung motorischer Fähigkeiten	276
	– *Konditionelle Fähigkeiten*	276
	– *Koordinative Fähigkeiten, Beweglichkeit*	280
6.5.3.	Zur Entwicklung einiger sportlicher Bewegungsformen	283
	– *Laufen und Springen*	283
	– *Werfen und Fangen*	284
6.5.4.	Zusammenfassung	286
6.5.5.	Folgerungen für die Förderung der motorischen Entwicklung	286
6.6.	**Spätes Kindesalter**	288
6.6.1.	Allgemeine Charakteristik der motorischen Entwicklung	288
6.6.2.	Zur Entwicklung motorischer Fähigkeiten	289
	– *Konditionelle Fähigkeiten*	289
	– *Koordinative Fähigkeiten, Beweglichkeit*	291
6.6.3.	Die Entwicklung im Laufen, Springen und Werfen	293
6.6.4.	Die Variationsbreite der motorischen Entwicklung	295
6.6.5.	Psychische Entwicklungsbesonderheiten	296
6.6.6.	Zusammenfassung	298
6.6.7.	Folgerungen für die Förderung der motorischen Entwicklung	299
6.7.	**Frühes Jugendalter (Pubeszenz)**	300
6.7.1.	Allgemeine Charakteristik der motorischen Entwicklung	300
6.7.2.	Entwicklungsbesonderheiten aus biotischer Sicht	304
	– *Im Vergleich: Spätes Kindesalter, frühes Jugendalter, spätes Jugendalter*	304
	– *Frühentwickler – Normalentwickler – Spätentwickler*	305
	– *Geschlechtsspezifische Differenzierung*	306
6.7.3.	Psychische Entwicklungsbesonderheiten	308
6.7.4.	Zur Entwicklung motorischer Fähigkeiten	309
	– *Konditionelle Fähigkeiten*	309
	– *Koordinative Fähigkeiten, Beweglichkeit*	311
6.7.5.	Die Entwicklung im Laufen, Springen und Werfen	312
6.7.6.	Zur Variationsbreite der motorischen Entwicklung	313
6.7.7.	Zusammenfassung	314
6.7.8.	Folgerungen für die Förderung der motorischen Entwicklung	315
6.8.	**Spätes Jugendalter (Adoleszenz)**	317
6.8.1.	Allgemeine Charakteristik der motorischen Entwicklung	317
6.8.2.	Psychische Entwicklungsbesonderheiten	323
6.8.3.	Zur Entwicklung motorischer Fähigkeiten	325
	– *Konditionelle Fähigkeiten*	325
	– *Koordinative Fähigkeiten, Beweglichkeit*	326
6.8.4.	Die Entwicklung im Laufen, Springen und Werfen	328

6.8.5.	Zur Variationsbreite der motorischen Entwicklung	330	
6.8.6.	Zusammenfassung	331	
6.8.7.	Folgerungen für die Förderung der motorischen Entwicklung	331	
6.9.	**Erwachsenenalter**	**332**	
6.9.1.	Frühes Erwachsenenalter	334	
	– *Merkmale und Tendenzen der motorischen Entwicklung*	334	
	– *Zusammenfassung*	338	
	– *Folgerungen für die sportliche Betätigung*	339	
6.9.2.	Mittleres Erwachsenenalter	339	
	– *Allgemeine motorische Charakteristik*	339	
	– *Zusammenfassung*	343	
	– *Einige Folgerungen für die sportliche Betätigung*	343	
6.9.3.	Spätes Erwachsenenalter	344	
	– *Allgemeine motorische Charakteristik*	344	
	– *Zusammenfassung*	347	
	– *Einige Folgerungen für die sportliche Betätigung*	347	
6.9.4.	Späteres Erwachsenenalter	348	
	Studienliteratur	349	

7. Zu Methoden im Anwendungsbereich der Bewegungslehre, speziell zum motorischen Test 350

7.1.	**Zu einigen Methoden in Forschung und Praxis**	**350**
7.1.1.	Methode der Beobachtung	350
7.1.2.	Zu den Begriffen: Test – Experiment – Messung	351
7.2.	**Wesen und Aufgabenbereiche des sportmotorischen Tests als Untersuchungs- und Kontrollmethode**	**352**
7.3.	**Zur Klassifizierung sportmotorischer Tests und zu Einsatzmöglichkeiten der Testformen**	**355**
7.3.1.	Klassifizierung der Tests nach ihrer Struktur	355
7.3.2.	Klassifizierung der Tests nach der Dominanz ihrer Aussage	359

7.4.	**Die Gütekriterien sportmotorischer Tests**	**360**
7.4.1.	Die Reliabilität (Zuverlässigkeit)	361
	– *Retestverfahren*	361
	– *Paralleltestverfahren*	361
	– *Testhalbierungsverfahren*	361
7.4.2.	Die Objektivität	362
7.4.3.	Die Validität (Gültigkeit)	364
	– *Die logische (inhaltliche) Validität*	364
	– *Die kriterienbezogene Validität*	365
	– *Die Vorhersagevalidität*	366
7.4.4.	Die statistische Berechnung der Gütekoeffizienten und ihr Aussagewert	367
	– *Ausgewählte Formeln für die statistische Berechnung*	367
	– *Zum Aussagewert der Gütekoeffizienten*	369
7.4.5.	Beziehungen zwischen den Hauptgütekriterien	370
7.4.6.	Normierung	370
7.4.7.	Vergleichbarkeit	371
7.4.8.	Ökonomie	371
	– *Testdauer*	371
	– *Materialaufwand*	372
	– *Personeller Aufwand*	372
7.5.	**Hauptarbeitsschritte bei der Konstruktion sportmotorischer Tests**	**373**
7.5.1.	Bestimmung des Anwendungsbereiches	373
7.5.2.	Festlegung des Gültigkeitsbereiches	373
7.5.3.	Analyse des Testmerkmals (Merkmalsanalyse)	373
7.5.4.	Konstruktion der Testaufgabe (Aufgabenkonstruktion)	374
	– *Homogenität oder Heterogenität des Merkmals*	375
	– *Testlänge*	375
	– *Niveautest oder Zeittest?*	375
	– *Gebundene oder freie Aufgabenlösung?*	376
	– *Aufgabenschwierigkeit und Aufgabentrennschärfe*	376
	– *Testanweisung und Reihenfolge der Testaufgaben*	376
	– *Aufgabenbewertung*	376

7.5.5.	Aufbau der Testendform	377	7.6.5	Beispiel für die Durchführung sportmotorischer Tests
	– *Aufgabenanalyse*	377		
	– *Kriterienanalyse*	378		(Testmanual)	382
	– *Analyse der Testresultate*	378	**7.7.**	**Schlussbemerkungen**	385
7.6.	**Zur Durchführung sportmoto-**			Studienliteratur	385
	rischer Tests	378		
7.6.1.	Inhaltliche Vorbereitung	378		
7.6.2.	Organisatorische Vorbereitung	379		**Literaturverzeichnis**	386
7.6.3.	Testdurchführung	380		**Sachwortverzeichnis**	427
7.6.4.	Zur pädagogischen Funktion von Testdurchführungen	381		

Vorwort zur 10. Auflage

Nachdem auch die 9. Auflage der »Bewegungslehre – Sportmotorik« vergriffen ist, jedoch weiterhin eine bemerkenswerte Nachfrage besteht, haben sich Verlag und Autoren zu einer durchgesehenen, teilweise aktualisierten 10. Auflage entschieden.

Seit dem Erscheinen der 9. Auflage, der Jubiläumsausgabe zum 100. Geburtstag von Professor Kurt Meinel, wurde seine Leistung und die Geschichte seiner Bewegungslehre »unter pädagogischem Aspekt« durch eine Festschrift und ein wissenschaftliches Symposium mit internationaler Beteiligung gewürdigt und die auch heute noch bestehende Aktualität unterstrichen (RIECKEN 1998; KRUG/HARTMANN 1999). Eine weiterführende Auswertung erfolgte in zwei Artikeln der »Sportwissenschaft« (KRUG/HARTMANN/SCHNABEL 2001; 2002). Auch hat die Meinelsche Grundkonzeption Aufnahme und Nutzung auf verschiedenen Anwendungsfeldern, die über den Kernbereich der Sportwissenschaft hinausgehen, Aufnahme gefunden (u. a. FRÖBÖSE u. a. 2002).

Im Hinblick auf die weitere Wissenschaftsentwicklung sind eine Reihe von Fachpublikationen erschienen, auf die – im Sinne der Aktualisierung – zumindest verwiesen werden soll. Zu nennen sind vor allem die folgenden: LATASH 1998 und 2002; DAUGS u. a. 1999; GÖHNER 1999; LOOSCH 1999; ROTH/WILLIMCZIK 1999; SCHMIDT/LEE 1999; WIEMEYER 1999; GROEBEN 2000; MOEGLING 2001, 2002; STAROSTA 2001; SCHMIDT/WRISBERG 2002; ZACIORSKIJ 2002; MECHLING/MUNZERT 2003; OLIVIER/ROCKMANN 2003. Hinzu kommen Nachlassfragmente von MEINEL (1973) zur Ästhetik der Bewegung und das elektronische Journal »Motor Control und Learning« (DAUGS u. a. ...), eine wachsende Anzahl wissenschaftlicher Veranstaltungen und Publikationen u. a. von der Sektion Sportmotorik der Deutschen Vereinigung für Sportwissenschaft und der International Association of Sport Kinetics.

Wie schon für die 9. Auflage festgestellt, kann eine umfassendere kritische Aufarbeitung dieser Literatur und der einzelnen Forschungsergebnisse nicht Aufgabe der »Bewegungslehre – Sportmotorik« sein, die sich dem Meinelschen Ansatz einer »Theorie der sportlichen Bewegung unter pädagogischem Aspekt« verpflichtet fühlt – und ist im Rahmen eines solchen Fachbuches auch nicht machbar. Im Vorwort sollen jedoch einige wesentliche Akzente unserer Auffassung zur gegenwärtigen Wissenschaftsentwicklung gesetzt werden. Grundpositionen finden sich zudem in den genannten Artikeln der »Sportwissenschaft« (KRUG/HARTMANN/SCHNABEL 2001 und 2002).

1. Bemerkenswert ist eine integrative Tendenz, die sich bereits im Titel einiger Neuerscheinungen erkennen lässt:
– ROTH/WILLIMCZIK 1999: »Bewegungswissenschaft«
– MOEGLING: »Integrative Bewegungslehre«
– MECHLING/MUNZERT: »Handbuch Bewegungswissenschaft – Bewegungslehre«
– OLIVIER/ROCKMANN: »Grundlagen der Bewegungswissenschaft und -lehre«.

»Bewegungswissenschaft« und auch »integrative Bewegungslehre« werden dabei als Zusammenfassung aller Wissenschaftsdisziplinen bzw. -subdisziplinen verstanden, die zur wissenschaftlichen Bearbeitung der Probleme der sportlichen bzw. menschlichen Motorik beitragsfähig sind. ROTH/WILLIMCZIK sprechen nicht von Disziplinen bzw. Subdisziplinen, sondern von »Betrachtungsweisen«, einem Begriff, den ursprünglich auch MEINEL (1960, S. 105–119) verwendete. Man kann diese Bezeichnung wissenschaftlich fragwürdig finden, sie bringt jedoch die angestrebte »Transdisziplinarität« (MITTELSTRASS 1993) der

Bewegungswissenschaft besser zum Ausdruck als ein Nebeneinanderstellen der streng einzelnen Wissenschaftsdisziplinen zugeordneten Beiträge.

Generell kann zur »integrativen Tendenz« festgestellt werden, dass die angestrebte Interdisziplinarität – oder Transdisziplinarität – höchstens in Ansätzen erreicht wird und damit auf dementsprechende Positionen von WILLIMCZIK (1985; 2001a; 2001b) zur Situation der Interdisziplinarität in der Sportwissenschaft verwiesen werden kann.

2. Das gilt auch für die »Integrative Bewegungslehre« (Herausgeber und Hauptautor MOEGLING 2001a, b; 2002), wobei die »Breite« der Zugänge zum Gegenstand »menschliche Bewegung« und das ganzheitliche Grundanliegen positiv hervorgehoben werden kann, wenngleich ein Teil der Beiträge und Positionen mit unserer philosophischen – monistisch-dialektischen – Grundposition nicht kompatibel ist. Interessant ist der anthropologische Zugang, wobei die teilweise anthroposophischen Positionen und Gedankengänge mit kritischer Distanz zu betrachten sind. Unverständlich und kritisch zu vermerken ist, dass der ganzheitlich-integrative Ansatz von MEINEL (1960) unter Einbezug des historisch-soziologischen Aspekts vom Hauptautor ignoriert wird. Letzten Endes kann im Ergebnis der dreibändigen Publikation nicht von einer »Integrativen Bewegungslehre« gesprochen werden: Es handelt sich hierbei auch nur um eine Aufzählung verschiedener »Sichtweisen«, die nebeneinander stehen.

3. Der historisch-gesellschaftliche Aspekt, die Behandlung der Motorik in der Menschheitsgeschichte, konnte auch in dieser Auflage nicht hinreichend aufgenommen werden. Die »historisch-gesellschaftliche Betrachtungsweise« und eine entsprechende Forschungsrichtung wurde von MEINEL als wesentlicher Aspekt der Bewegungslehre bereits in der ersten Auflage gefordert. Er versteht darunter die »Betrachtung der menschlichen Motorik im Lichte der gesellschaftlich-historischen Entwicklung der Menschheit« (1960, S. 106). Das bedeutet u. a. »die Abhängigkeit von den jeweiligen sozial-

ökonomischen Verhältnissen aufzuhellen« (1960, S. 106). Er erfasste damit einen wesentlichen Zugang zum »Bewegungsproblem«, ein notwendiges Glied einer wissenschaftslogisch begründeten Bewegungswissenschaft. Zugleich erkannte er darin eine wichtige Grundlage für die Ableitung von Konsequenzen für die gesellschaftlich zu fördernde Gestaltung des Bewegungslebens der Menschen in der modernen Gesellschaft. Das noch von MEINEL verfasste, in der ursprünglichen Fassung aufgenommene erste Kapitel der 9. und auch dieser 10. Auflage – »Die Bedeutung der Motorik für die Entwicklung der Persönlichkeit« – bringt diese Gedanken implizit zu einem Teil zum Ausdruck. Zu weitergehenden, umfangreicheren Ausführungen muss auf frühere Auflagen der »Bewegungslehre« bzw. der »Bewegungslehre – Sportmotorik« verwiesen werden, in denen das erste Kapitel folgende Inhalte umfasst:

• Anteil der Motorik – der Bewegungstätigkeit – an der Menschwerdung
• Entwicklungsaspekte der Motorik in geschichtlicher Sicht
• Auswirkungen der industriellen und der wissenschaftlich-technischen Revolution
• Bedeutung der Motorik für die Entwicklung des Menschen in der heutigen Gesellschaft.

Allgemein muss festgestellt werden, dass in der Erforschung und Behandlung des Themenfeldes »Motorik in der Menschheitsgeschichte« noch beachtliche Defizite bestehen, die auch durch einige neuere Arbeiten nicht wesentlich verringert werden. Dabei geht es vor allem um Arbeiten und Erkenntnisse zur Menschwerdung und frühen Menschheitsgeschichte, die die Rolle der Motorik nur teilweise tangieren, u. a. in der Beziehung zwischen aufrechten Gang und der Entwicklung der Hand und ihrer Bewegungsleistungen im Zusammenhang mit dem Werkzeuggebrauch und der Entwicklung des Gehirns. Zu erwähnen sind auch einige sportwissenschaftliche Publikationen, so die historisch-soziologischen Arbeiten von WOHL (1981) zur Motorik-Entwicklung, von WEINBERG (1985) zum historisch-soziologischen Aspekt der Bewegungswissenschaft und das kurze Kapitel zur

Phylogenese der Motorik von BLASER/ERLER (1994). Für Herausgeber und Autoren der »Bewegungslehre – Sportmotorik« bleibt somit nur die Forderung und Verpflichtung, der Bearbeitung dieses Themenfeldes künftig nachdrücklich voran zu helfen. Eine verstärkte Beachtung ist unabdingbare Voraussetzung für die hinreichende Verankerung der Bewegungstätigkeit im Bildungssystem des 21. Jahrhunderts und für die dafür erforderliche individuelle, gesellschaftliche und politische Bereitschaft.

4. Die zu verzeichnenden Fortschritte in der Bewegungs- und Motorikforschung und der Theorie- und Modellbildung haben bisher nicht zu einer neuen, universellen, d. h. andersartigen integrativen Bewegungs- bzw. Moriktheorie geführt, die wesentliche Grundaussagen der »alten« Bewegungslehre eindeutig falsifiziert und andere praktische Orientierungen postuliert. Nicht wenige der Meinelschen Grundgedanken sind in scheinbar gegensätzlichen Theorien wieder zu finden. Darum kann dieses Buch, kann die aus der ersten Fassung von MEINEL weiterentwickelte Grundkonzeption auch heute noch bestehen als Orientierungsgrundlage und Leitlinie für den Einstieg und für weiteres Eindringen in die Probleme der Bewegungslehre/Sportmotorik – als Grundlage und Hintergrundwissen für erfolgreiche Lehrtätigkeit auf allen Gebieten des Lehrens und Anwendens menschlicher, speziell sportlicher Bewegungen.
Diese Feststellungen galten im Wesentlichen auch bereits für die 9. Auflage und die dort vollzogene Überarbeitung, sodass das Fazit im Vorwort lautete: »Die Theorie- und Modellgrundlagen der vorhergehenden Fassung der ›Bewegungslehre-Sportmotorik‹ werden darum im Wesentlichen beibehalten, und nur in einigen Fällen wird auf andere Erklärungsansätze verwiesen. Die theoretischen Vorleistungen BERNSTEINS und anderer russischer Wissenschaftler zur Sportmotorik, kybernetisch-informationstheoretische Modelle und die Handlungstheorie haben auch heute ihre Bedeutung für die Bewegungswissenschaft nicht verloren, wie sich erneut auf der 2. Bernsteinkonferenz erwies (HIRTZ/NÜSKE 1997)«.

Der viel zu frühe Tod des bekannten Bewegungswissenschaftlers Professor Dr. REINHARD DAUGS kurz vor dem Abschluss der Arbeiten zur 10. Auflage der »Bewegungslehre – Sportmotorik« veranlasste uns, auch sein Geleitwort zur 9. Auflage mit aufzunehmen.

Für die Unterstützung und Beratung bei der kurzfristigen »Durchsicht« des Textes und bei der Aktualisierung der Literaturverweise sei hiermit dem Leiter des Instituts für Allgemeine Bewegungs- und Trainingswissenschaft an der Sportwissenschaftlichen Fakultät der Universität Leipzig, Herrn Prof. Dr. Jürgen Krug, gedankt, ferner – stellvertretend für weitere Helfer aus diesem Institut – Herrn Marc Naumann für die Erstellung des neuen Literaturverzeichnisses sowie Frau Gritt Ockert für die konstruktive Zusammenarbeit beim Lektorieren des Manuskriptes.

Günter Schnabel

Ein Lehrbuchklassiker wird 38

**Geleitwort zur 9. Auflage und Jubiläumsausgabe der »Bewegungslehre –
Sportmotorik« von Meinel/Schnabel anlässlich des 100. Geburtstages
von Kurt Meinel**

Die ursprüngliche »Bewegungslehre« von
MEINEL in der Erstauflage von 1960, deren
Neubearbeitung durch ein Autorenkollektiv
unter Leitung von SCHNABEL 1976 und
schließlich ihrer Ergänzung zur »Bewegungslehre – Sportmotorik« (MEINEL/SCHNABEL,
1987), müssen als Gesamtwerk über eine inzwischen 38-jährige Entwicklung gesehen und
verstanden werden. Insgesamt stellt dieses
Werk zweifellos einen der erfolgreichsten Lehrbuchklassiker der deutschen Sportwissenschaft
dar. Für Generationen von Sportstudieren-
den in beiden ehemaligen Teilen Deutschlands und in vielen Teilen der Welt wurde dieser »Versuch einer Theorie der sportlichen
Bewegung unter pädagogischem Aspekt« (ab
1976: »Abriss einer Theorie der sportlichen
Motorik unter pädagogischem Aspekt«) zu
einer theoretisch reflektierten Anleitung sportpraktischen Handelns. Auch ich selbst gehörte
bereits ab 1966 zu diesen Studierenden, und
ich kann rückblickend sagen, dass diese Lehrbücher mir die faszinierenden Phänomene
der menschlichen Motorik, die Bewegung,
die Bewegungskoordination, das motorische
Lernen und die motorische Entwicklung, so
nahebrachten, dass sie mich nun schon mehr
als 30 Jahre beschäftigen und wohl nicht
mehr loslassen werden. Vor allem war es das
Bemühen der Autoren um eine integrative
und zugleich anwendungsorientierte theoretische Grundlegung dieser Phänomene, die
mich bereits damals überzeugte und nach der
die sportwissenschaftliche Bewegungs- und
Motorikforschung wohl zukünftig auch wieder suchen wird.

Insbesondere die sehr anschaulichen und didaktisch sehr gut aufbereiteten Ausführungen
zu den »allgemeinen Bewegungsmerkmalen
als Ausdruck der Bewegungskoordination«,
zur »Bewegungskoordination als Regulation
der Bewegungstätigkeit«, zu den »koordinati-

ven Fähigkeiten und Beweglichkeit«, und zur
»motorischen Entwicklung des Menschen von
der Geburt bis ins hohe Alter« eröffneten uns
einen theoretischen Zugang zu wesentlichen
Aufgabenbereichen praktischer Sportlehrer-
tätigkeit, der bislang und in dieser Form durch
kein anderes Lehrbuch ermöglicht wurde. Die
Darstellung »sportmotorischer Tests als Un-
tersuchungs- und Kontrollmethode«, die das
Lehrbuch ab 1987 vervollständigten, stellen
zudem wesentliche und unverzichtbare methodische Arbeitsgrundlagen für Forschung und
Praxis bereit. Vor allem die zweckorientierte
und pädagogische Ausrichtung und Aufbereitung machten das Buch für alle sport- und be-
wegungsbezogenen Ausbildungen relevant.
Unter diesem Gesichtspunkt hat es seine Bedeutung bis heute erhalten, und zukünftige
aktualisierte und internationalisierte sportwissenschaftliche Lehrbücher der Bewegungs-
und Motorikwissenschaft werden sich hieran
messen lassen müssen.

Allerdings muss es zunächst schon verwun-
dern, wenn ein wissenschaftliches Lehrbuch
nach nunmehr zwölf Jahren im wesentlichen
unverändert neuaufgelegt wird. Wie ist bei
der allgemeinen Dynamik der Wissenschaftsentwicklung, bei der ständigen Verkürzung
der »Halbwertzeiten« wissenschaftlicher Theorien und Befunde und deren zwangsläufiger,
schnell fortschreitenden Ausdifferenzierung
eine solche weitgehend unveränderte Neuauflage zu rechtfertigen? Ist es nicht zwingend
erforderlich, die international dominierenden
angelsächsischen Arbeiten, Lehrbücher und
Reviews zum Problemfeld »Motor Control and
Learning« oder die Auseinandersetzung mit
der international in diesem Feld geführten
»Motor – Action – Kontroverse« stärker zu
berücksichtigen und einzubeziehen? Gerade
die deutschen Sportmotoriker haben seit dem
Fall der Mauer die historisch wohl einmalige

Geleitwort

Gelegenheit, die beiden großen Forschungslinien, – die vorrangig sowjetische, tätigkeitskonzeptionelle Handlungstheorie einerseits und die vorrangig angelsächsischen, behavioral und experimentell orientierten Ansätze andererseits – zusammenzuführen. Die Bedingungen dafür waren eigentlich gut. Erinnert sei an die beginnende Kommunikation und Kooperation bereits vor der Wende (BERNSTEIN-Konferenz 1988 in Trassenheide, deutsch-deutsches Kulturabkommen von 1989 zwischen Jena und Halle einerseits sowie München und Saarbrücken andererseits sowie Internationales Symposium für Bewegungs- und Motorikforschung noch im September 1989 – also nur zwei Monate vor dem Fall der Mauer am 09.11.1989 – in Saarbrücken), ihre weitgehend problemlose Vereinigung sofort nach der Wende (erinnert sei an das »Vereinigungssymposium« zum Thema »Sportliche Bewegung und Motorik unter Belastung« schon im Januar 1991 – also nur 3 Monate nach der Wiedervereinigung am 03.10.1990 – erneut in Saarbrücken), ihre enge Zusammenarbeit in den unmittelbar hierbei neugeschaffenen, gemeinsamen Sektionen »Biomechanik«, »Sportmotorik« und »Trainingswissenschaft« in der Deutschen Vereinigung für Sportwissenschaft und nicht zuletzt die zahlreichen, im folgenden gemeinsam durchgeführten nationalen und internationalen Motoriksymposien. Statt dessen scheint es in der gegenwärtigen fachwissenschaftlichen Entwicklung allgemein, als wäre die handlungstheoretische Tradition kampflos und vorschnell aufgegeben worden, um sich verstärkt und bisweilen etwas unkritisch der angelsächsischen Forschungslinie unterzuordnen. Die vorliegende Neuauflage der »Bewegungslehre – Sportmotorik« wirkt diesem wissenschaftlich zu bedauernden Trend entgegen, freilich ohne in diesem Rahmen selbst einen wesentlichen Beitrag zur zwingend erforderlichen Aufarbeitung und Einbeziehung der internationalen Fachdiskussion, sowie Theorie- und Befundlage leisten zu können.

Die aktuelle Krise der Motorikforschung, als Krise des Informationsverarbeitungsansatzes, trifft natürlich auch die grundlegende Konzeption einer kybernetisch-informationstheoretisch orientierten Handlungsregulation der »Bewegungslehre – Sportmotorik«. Die »Psychologie der Informationsverarbeitung« und ihr motorikwissenschaftlicher Zweig, der so genannte »Motor-Approach« (dem letztlich auch das vorliegende Werk zuzuordnen ist), sind durch theoretische und empirische Widersprüche problematisiert, und insbesondere die theoretische Modellierung des Menschen als computeranaloges Informationsverarbeitungssystem scheint seine heuristische Bedeutung mehr und mehr einzubüßen. Allerdings haben Informationsverarbeitung, Regelung und Steuerung nach wie vor große Bedeutung für die Erklärung der Bewegungskoordination und des motorischen Lernens. Inwieweit der so genannte »Action – Approach« als Herausforderer in der Lage sein kann, eine bessere, das Puzzle an Theorien und Befunden neuordnende Konzeption für eine integrative und zugleich anwendungsrelevante theoretische Grundlegung zu liefern, ist bislang jedenfalls nicht zu erkennen. In dieser Situation scheint die vorliegende Neuauflage durchaus geeignet, den in der aktuellen Umbruchsituation der sportwissenschaftlichen Bewegungs- und Motorikforschung gerade bei jungen Wissenschaftlern und Praktikern bisweilen zu bemerkenden theoretischen Irritation und der Orientierungslosigkeit entgegenzuwirken und zumindest exemplarisch einen heuristischen Orientierungsrahmen für eine Rückbesinnung auf Interdisziplinarität und Anwendungsbezogenheit anzubieten.

Vor allem scheint mir die »Bewegungslehre – Sportmotorik« von besonderer wissenschaftshistorischer Bedeutung, stellt sie doch den bisherigen Endpunkt eines eingangs bereits erwähnten 38-jährigen Gesamtwerkes dar. In diesem Zusammenhang sei vor allem auf die Stetigkeit und den Wandel in der philosophischen und theoretischen Grundlegung hingewiesen. So blieb über die gesamte Zeitspanne die dialektisch-materialistische, tätigkeitskonzeptionelle und handlungstheoretische Grundorientierung als wissenschaftstheoretische Grundposition erhalten, während die konkreten theoretischen Grundlegungen der Bewegungskoordination und des motorischen Lernens mit der Neubearbeitung von 1976 einen wesentlichen Umbruch erfuhren. In der Erstausgabe von 1960 war die »Theorie der höheren Nerventätigkeit« von PAWLOW nahezu alleinige Erklärungsbasis. Die bahnbrechenden Arbeiten von BERNSTEIN (1935, 1947) zur Bewegungssteuerung und Selbstregulation (übrigens 13 Jahre vor N. WIENERS »Cybernetics or Control and Communication in the Animal and the Machine, 1948) sowie von ANOCHIN (1958, 1967) zur Rückafferentation, die als »kybernetische« Ansätze das quasi zur Einheitswissenschaft erhobene Konzept PAWLOWS problematisierten, waren wohl schon in der Erstausgabe von MEINEL durchaus erkannt, mussten aber offenbar noch weitgehend im Hintergrund bleiben. Es spricht übrigens sehr für MEINEL und seinen Arbeitskreis, dass er die unwürdige Kampagne gegen N. A. BERNSTEIN, die in den fünfziger Jahren in der Sowjetunion und auch in der DDR gegen ihn entfacht, und die N. A. BERNSTEIN letztlich zum Verhängnis wurde, nicht mitmachte. Nach einer schwierigen Diskussion um den Stellenwert der Kybernetik im Rahmen dialektisch-materialistischer Wissenschaft in der DDR Anfang der siebziger Jahre, die schließlich zu einer grundlegenden Einbeziehung kybernetischer Ansätze in nahezu alle Bereiche der Wissenschaft führte, erfolgte nun auch eine entsprechende Umarbeitung der »Bewegungslehre«. Das nach dem Tode MEINELs im Jahre 1973 von SCHNABEL geleitete Autorenkollektiv legte 1976 eine Neuauflage vor, in der die kybernetischen Aspekte der Regelung, Steuerung und Informationsverarbeitung bei der Handlungsregulation, Bewegungskoordination und beim motorischen Lernen große Bedeutung erlangten und in der nun auch die Arbeiten von BERNSTEIN und ANOCHIN wesentliche Berücksichtigung fanden.

Es ist ein bezeichnendes Kuriosum deutsch-deutscher Wissenschaftsgeschichte, dass die epochale Bedeutung der Arbeiten BERNSTEINS für viele Wissenschaftler der alten Bundesrepublik dennoch eher über den Umweg einer englischsprachigen Übersetzung (»The co-ordination and regulation of movements«, 1967) und den durch sie, mit einiger zeitlicher Verzögerung, ausgelösten Siegeszug BERNSTEINS in der angelsächsischen Motorikforschung erkannt und berücksichtigt wurde, als im direkten deutsch-deutschen Wissenschaftsdialog. Die Konzeption der »Bewegungslehre« von 1976 blieb im wesentlichen auch für die »Bewegungslehre – Sportmotorik« von 1987 bestehen und wird mit der Neuauflage von 1998 auch zukünftig weiterhin Bestand haben. Mit ihrer Einordnung in das Gesamtwerk bleibt ein wichtiges Stück Geschichte der sportwissenschaftlichen Bewegungs- und Motorikforschung weiter präsent, was aus meiner Sicht vor allem für die perspektivische Orientierung und Entwicklung dieser wissenschaftlichen Disziplin von Bedeutung sein kann.

So lange, wie ein entsprechend zweck- und praxisorientiertes, aktualisiertes und internationalisiertes Lehrbuch zur sportwissenschaftlichen Bewegungs- und Motorikforschung noch aussteht, so lange wird die »Bewegungslehre – Sportmotorik« ihre Bedeutung für vielfältige Ausbildungsbereiche behalten. Andererseits kann das Buch auch dazu beitragen, dass klassische Konzepte der Tätigkeits- und Handlungstheorie in der sportwissenschaftlichen Theorie und Lehre weiterwirken und sowohl als wissenschaftshistorische Dokumentation als auch als Orientierungshilfe und Heuristik für zukünftige Konzeptionen einer integrativen und zugleich anwendungsorientierten Bewegungs- und Motorikwissenschaft erhalten bleiben, letztlich zum Nutzen der Sportpraxis.

Reinhard Daugs †
Saarbrücken, Juni 1998

VORWORT ZUR 1. AUFLAGE[1]

Erfolgreiches Unterrichten in der Körpererziehung beruht wesentlich auf einer tieferen Einsicht in die Struktur und gesetzmäßige Entwicklung der motorischen Funktionen des menschlichen Organismus.

Die Bewegungslehre unter pädagogischem Aspekt will dem Sportpädagogen diese Einsicht vermitteln, damit sich sein aktives Eingreifen in den Verlauf der Bewegungsentwicklung mehr und mehr in Übereinstimmung mit den innewohnenden Gesetzmäßigkeiten vollziehen kann. Das bedeutet im einzelnen, dass die Theorie der sportlichen Bewegung die Erkenntnisse über das Wesen der sportlichen Bewegung, über ihre Entwicklung, ihre Erscheinungsformen und ihre kausalen und konditional-genetischen Beziehungen zusammenfasst und für eine erfolgreiche Anwendung im praktisch-pädagogischen Handeln bereitstellt.

Die Bewegungslehre ist aus den Bedürfnissen und Problemen der Unterrichtspraxis entstanden. Als Theorie der sportlichen Bewegung soll sie nun wiederum dazu beitragen, die Unterrichtspraxis zu fördern und auf eine höhere Stufe zu heben.

Es muss zugestanden werden, dass die Methodik der Bewegungsschulung noch weitgehend allein auf Erfahrung beruht. Unser Wissen über die Bewegungsentwicklung und ihre Determiniertheit weist große Lücken auf. Wir besitzen in der deutschsprachigen Fachliteratur auch noch keine zusammenfassende Darstellung des bereits vorhandenen Wissens. Im ausländischen Schrifttum sind Buchveröffentlichungen mit einer ähnlichen Zielstellung in England, Amerika und Frankreich erschienen, die aber von einer zu engen biologisch-mechanischen oder behavioristischen Betrachtungsweise ausgehen.

Sportliche Bewegungen sind jedoch komplexe Erscheinungen. Es sind nicht nur biologisch-mechanische Prozesse, sondern sinnvolle Funktionen mit Leistungscharakter, es sind Formen der aktiven Auseinandersetzung des ganzen Menschen mit der Umwelt. Sportliche Bewegungen besitzen Handlungscharakter im Vollsinne den Wortes und können daher nur durch eine möglichst vielseitige Betrachtung annähernd zutreffend erfasst werden.

Die naturwissenschaftliche Betrachtung sieht die sportliche Bewegung als eine Erscheinung an, die nach physiologischen und physikalischen Gesetzen zu erklären ist. Das auf diesem Wege gewonnene Tatsachenmaterial ist wertvoll, bedarf jedoch einer Synthese und Transformierung, wenn es für die sportpädagogische Praxis fruchtbar sein soll. Es bedarf auch einer wesentlichen Ergänzung durch eine morphologische und historisch-gesellschaftliche Betrachtung der realen sportlichen Bewegungsabläufe.

Pädagogischen Handeln war zu allen Zeiten auf eine Synthese der Erkenntnisse aus sehr unterschiedlichen Einzelwissenschaften angewiesen. Die Bewegungslehre will diese Synthese und notwendige Ergänzung vollziehen. Sie ist auf das sportpädagogische Handeln ausgerichtet und will keine Theorie um ihrer selbst willen sein. Als Theorie der sportlichen Bewegung stellt sie den Versuch dar, das weit verstreute und heterogene Tatsachenmaterial unter dem Aspekt der Bildung und Erziehung zusammenzufassen, zu ergänzen und für die Methodik des Unterrichts und des Trainings nutzbar zu machen.

Wir sind uns der Schwierigkeit dieses Versuchs bewusst. Sie bestehen vornehmlich darin, dass es der gegenwärtige Stand der Sportphysiologie, Sportpsychologie und der Biomechanik noch nicht erlaubt, für alle Bewegungsformen eine ausreichende Erklärung und Begründung bis in alle Einzelheiten zu geben. Zum andern bedarf auch die historisch-gesellschaftliche und morphologische Betrachtung

---
1 Geringfügig gekürzt

noch einer weiteren Vertiefung. Schwierigkeiten bereitete auch der Mangel an einer allgemein anerkannten Terminologie innerhalb der noch jungen Sportwissenschaft. Dieser Mangel führt nicht selten dazu, dass der Meinungsstreit über sachliche Probleme durch einen meist recht unfruchtbaren Streit um die Termini überwuchert oder gar verdeckt wird. Bereits die Wahl einer Gesamtbezeichnung für alle Bewegungsformen erfordert eine Entscheidung, die leicht eine weitläufige philologisch-historische Auseinandersetzung heraufbeschwören könnte. Wir haben uns für den Begriff »Sport« entschieden, der sich durch seine Kürze und Brauchbarkeit in den mannigfaltigsten Verbindungen, wie »sportliche Bewegung«, »sportliche Motorik«, »sportliche Betätigung« usw., empfahl und heute auch international gebräuchlich ist. Wenn wir ihn gelegentlich auch im engeren Sinne verwenden, zum Beispiel in der Verbindung »Turnen, Sport und Spiel«, so ist er in diesem Falle in seiner historisch bedingten Bedeutung zu verstehen.

Die Bewegungslehre in der vorliegenden Form stellt einen Beginn dar, der noch viele fruchtbare Einsichten und Erkenntnisse verspricht, aber auch eine intensive Forschungsarbeit auf lange Zeit erfordert, wenn die vorhandenen Lücken geschlossen werden sollen. Das kann nur in kollektiver Arbeit gelingen. Es wäre daher ein fortwirkender und schöner Erfolg unseres Bemühens, wenn wir nicht nur den Vertretern der bereits beteiligten Fachwissenschaften einige Hinweise für die notwendige kollektive und praxisverbundene Arbeit geben könnten, sondern auch das Interesse und die Mitarbeit der in der Praxis tätigen Sportpädagogen gewinnen würden.

In dieser Hoffnung stellen wir unseren Versuch einer Theorie der sportlichen Bewegung zur Aussprache; jede helfende Kritik, die die Sache fördert, ist uns willkommen.

Kurt Meinel
Leipzig, im Mai 1960

Prof. Dr. phil. Kurt Meinel (1898–1973)

Wissenschaftliche Kurzbiografie

Geboren: 1.12.1898 in Steindöbra/Vogtland

Bildungsgang:
1905–1913	Volksschule
1913–1917	Lehrerseminar
1922–1927	Universitätsstudium (Leipzig), Philosophische Fakultät – Fächer: Philosophie, Geschichte, Geographie, Turnen (Körpererziehung)
1925	Staatliche Turnlehrerprüfung
1927	Abschlussprüfung für das Lehramt an höheren Schulen
1928	Promotion zum Dr. phil. – Dissertationsthema: »Otto Leonhard Heubner. Sein Leben, seine turngeschichtliche und politische Bedeutung.«

Tätigkeiten, Berufungen:
1917–1922	Hilfslehrer (Lengenfeld/Vogtland)
1925–1927	Turnlehrer an der höheren Gewerbeschule (Leipzig)
1927–1928	Assistent am Pädagogischen Institut der Universität Leipzig
1928	Berufung zum Dozenten an das Pädagogische Institut (später Hochschule) für Lehrerbildung Leipzig Hauptarbeitsgebiet: Methodik der Leibeserziehung
1940–1945	Militärdienst
1945–1947	Landarbeiter
1948–1950	Lehrbeauftragter am Volksbildungsamt Leipzig (u. a. Leitung von Neulehrerlehrgängen im Fach Körpererziehung)
1950	Berufung als Sportlehrer an die neu gegründete Hochschule für Körperkultur in Leipzig
1951	Ernennung zum Dozenten für das Fach »Methodik der Körpererziehung«
1952	Professor mit Lehrauftrag, 1956 Professor mit Lehrstuhl für das Fach »Theorie der Körpererziehung«
1953	Prorektor für Wissenschaftlichen Nachwuchs
1952	Leiter des Institutes für Körpererziehung
1955	Leiter des Institutes für Physiologie, Psychologie und Bewegungslehre
1956–1964	Leiter des Institutes für Bewegungslehre
1964	Emeritierung

Wissenschaftliche Lebensleistung:
- Lehrerbildner im ureigensten Sinn des Wortes und fordernder und fördernder Betreuer junger Nachwuchswissenschaftler
- Begründung einer pädagogisch orientierten Bewegungslehre als neuer Lehrdisziplin, als Grundlage für das Anliegen der Lehrerbildung für Sport und Körpererziehung
- Theoretische und empirische Fundierung der Bewegungslehre auf dialektisch-materialistischer und handlungstheoretischer Grundlage in Buchfassung: »Bewegungslehre. Versuch einer Theorie der sportlichen Bewegung unter pädagogischem Aspekt« (1960)

1. Die Bedeutung der Motorik für die Entwicklung der Persönlichkeit

KURT MEINEL

1.1. Einführung

Wo immer der Sportpädagoge unterrichtet, hat er es mit den Menschen »in der Bewegung«, mit dem tätigen, sinnvoll handelnden Menschen zu tun, der sich aktiv mit der dinglichen und menschlichen Umwelt auseinandersetzt. Die Motorik in den mannigfaltigen Formen der Körperübungen ist für den Unterrichtenden der unmittelbare Ansatzpunkt, ein spezifisches und dominierendes Mittel, mit dessen Hilfe er den *ganzen* Menschen zu erfassen, zu bilden und zu erziehen versucht. Dabei muss die Entscheidung über die pädagogische Brauchbarkeit und Wirksamkeit der zahlreichen Bewegungsübungen von der Fragestellung aus gefällt werden, ob und inwieweit sie den jeweiligen gesellschaftlichen Notwendigkeiten und Bedürfnissen entsprechen und was sie zur Entfaltung aller menschlichen Wesenskräfte beitragen können. Diese wichtige Entscheidung, die vom Sportpädagogen zu treffen ist, setzt eine tiefe Einsicht in die gesellschaftliche Bedeutung und gesetzmäßige Entwicklung der sensomotorischen Funktionen im Laufe des individuellen Lebens voraus.

Darüber hinaus aber muss der Sportpädagoge auch unterrichtet sein über die offensichtlich weit umfassendere Bedeutung der Motorik, die sich in dem jahrtausendelangen Werdegang der Menschheit widerspiegelt. Sie erschöpft sich keineswegs im somatisch-biologischen Bereich. Bereits die Frühgeschichte der Menschheit lässt uns die *grundlegende* Bedeutung der Motorik auch für die psychisch-geistige, sittlich-moralische und ästhetisch-kulturelle Entwicklung der Menschheit erkennen. Der Sportpädagoge muss um diese weitreichenden Bildungs- und Erziehungsmöglichkeiten seines schönen und verantwortungsvollen Berufes wissen, zumal sie bisher nur selten erkannt und ihrer gesellschaftlichen Bedeutung entsprechend bewertet wurden. Die offensicht-

liche Unterbewertung der so genannten »körperlichen« Seite des Menschen und auch der »körperlichen« Arbeitsbewegung im Vergleich zur geistigen Tätigkeit ist das Erbe einer Vergangenheit, die einen gerechten Maßstab für die Einschätzung der körperlichen Erziehung durch Bewegung fast völlig verloren hatte. Es ist allgemein bekannt, dass auch die Körpererziehung im Rahmen der schulischen Erziehung jahrhundertelang um ihre gesellschaftliche und staatliche Anerkennung zu kämpfen hatte. Man zählte sie zu den so genannten »technischen Nebenfächern«, die als zweitrangig galten und auch ausfallen konnten, wenn die so genannte »geistige Bildung« in Gefahr zu sein schien.

Diese dualistische Auffassung und Bewertung entspricht nicht dem wirklichen Sachverhalt und muss überwunden werden, wenn wir Wesen und Bedeutung der menschlichen Motorik für die menschliche Entwicklung und Bildung richtig einschätzen wollen. Denn jede sinnvolle Bewegung in der Arbeit wie auch im Sport ist in ihrem realen Vollzug eine organische Einheit von physischen und psychisch-geistigen Funktionen. Diese Einheit ist geradezu ein entscheidendes Kriterium der menschlichen Bewegung.

Als der werdende Mensch die Fähigkeit erwarb, sich mit Hilfe der Sprache und des Denkens selbst Zwecke zu setzen, d. h. das Ziel seiner Tätigkeit vorzunehmen, bedeutete dies den Beginn einer stets zunehmenden »Vergeistigung« seiner Arbeitsbewegungen und die »Vermenschlichung« seines gesamten motorischen Verhaltens.

Eine zweite wichtige Erkenntnis wollen wir noch voranstellen, weil sie ebenfalls richtungsweisend für die folgenden Ausführungen sein muss: Die *menschliche Motorik* ist in ihrer spezifischen Eigenart ein *Produkt der Arbeit*. Alle Bewegungsformen und Bewegungsrhythmen prägte der Mensch im Prozess der Existenzsicherung durch Arbeit. Aus diesem Grunde wird sich uns das Wesen und die gesellschaftliche Bedeutung der Motorik erst dann vollständig erschließen, wenn wir ihre Entstehung und Entwicklung im unmittelbaren Zusammenhang mit der Entwicklung der menschlichen Produktion verfolgen und zu begreifen versuchen.

Bevor wir die künftige Bedeutung der Motorik für die individuelle Entwicklung und Ausbildung des Menschen im einzelnen behandeln, soll versucht werden, das pädagogische Kernproblem noch genauer zu formulieren, das durch die wissenschaftlich-technische Entwicklung für die Sportwissenschaft aufgeworfen wird.

Fragt man unter prognostischer Sicht nach den Auswirkungen des wissenschaftlich-technischen Fortschritts auf die Ausbildung der jungen Generation, so wird heute übereinstimmend die Auffassung vertreten, dass mit der zunehmenden Automatisierung der materiellen Produktion eine Intellektualisierung vieler Arbeitsprozesse verknüpft sein wird. Diese Tendenz führt mit Notwendigkeit zu neuen und höheren Anforderungen an die Ausbildung vornehmlich der geistigen Potenzen. Demgegenüber scheinen die motorischen Eigenschaften der Kraft, Gewandtheit, Ausdauer, Beweglichkeit und anderer, die jahrtausendelang in den ackerbaulichen und handwerklichen Arbeitsprozessen dominierten, nur noch von sekundärer Bedeutung zu sein. Man könnte daher versucht sein, die Ausbildung dieser nur noch selten im Beruf gefragten Eigenschaften zu vernachlässigen zugunsten einer intensiveren Förderung aller geistigen Fähigkeiten. Das würde freilich zu einer ebenso einseitigen wie verhängnisvollen Intellektualisierung der Bildung führen. Verhängnisvoll ist die Einschränkung deswegen, weil die geistige Entwicklung und Ausbildung nicht losgelöst werden kann und darf von ihren sensomotorischen Grundlagen. Eine gesunde geistige Tätigkeit kann sich nur entfalten und erhalten auf der Basis aller gutentwickelten sensomotorischen Funktionen des Menschen. Die erhöhte geistige Beanspruchung des Arbeiters in der Industrie und Landwirtschaft, des Technikers und Ingenieurs, des Wissen-

schaftlers und Forschers, setzt daher erst recht eine intensivere Entwicklung auch aller physischen Kräfte und die Ausbildung der Sensorik und Motorik voraus. Die Dynamik der Produktivkräfte erfordert auch eine weit größere Disponibilität und einen Anstieg *aller* menschlichen Fähigkeiten.

Eine weitere Präzisierung des Kernproblems ist noch erforderlich. Es genügt nicht, wie bisher nur von der allgemein gebräuchlichen Gegenüberstellung der so genannten »körperlichen« und »geistigen« Arbeitstätigkeit und ihren sich wandelnden Relationen auszugehen. Die grobe Trennung von »Körper« und »Geist« wird dem hier zu klärenden Sachverhalt nicht gerecht und schließt eine irreführende dualistische Auffassung und Denkweise nicht aus. Denn streng genommen enthält jede »körperliche« Arbeit auch einen geistigen Anteil, beispielsweise eine bewusste Zuwendung zum Arbeitsobjekt, eine Antizipation des Arbeitszieles und ein bestimmtes Sachwissen. Andererseits vollzieht sich jede so genannte »geistige Arbeit« nicht in einem »luftleeren Raum«, losgelöst von der körperlichen Funktion. Sie setzt ein gut funktionierendes materielles Substrat voraus und ist meist mit »inneren« Sprechbewegungen oder motorischen Akten feinster, kaum merklicher Art verbunden, die nur zeitweise sichtbar in Erscheinung treten. In der Arbeit bilden also Denken und Handeln eine Einheit, und auch im Sport ist jede sinnvolle, zweckorientierte Bewegung eine *Bewegungshandlung*, die in ihrem realen Vollzug nur als eine unlösbare Einheit von Körper und Geist existiert.

Daher widerspiegeln auch die Adjektive »körperlich-geistig« und die Substantive »Körper – Geist« keine exakt isolierbaren und autonomen Seinsbereiche. Wenn es daher um eine zutreffende Charakteristik der menschlichen Bewegung in der Arbeit und im Sport geht, dann müssen wir grundsätzlich jede dualistische Auffassung zugunsten einer dialektischen Denkweise überwinden.

Von dieser Denkweise aus ergibt sich folgende Kennzeichnung unserer Problematik: Die Entwicklung der Produktivkräfte führte nicht schlechthin zu einer Verdrängung oder völligen Ablösung der körperlichen Arbeit durch die geistige, sondern es vollzog sich *innerhalb* der Arbeitstätigkeit in vielen Bereichen eine ausgeprägte *Änderung der Tätigkeitsstruktur.* Diese Änderung bestand darin, dass die motorische Beanspruchung des Menschen durch anstrengende Totalbewegungen mehr und mehr abgelöst wurde durch kleinräumige, sehr exakt auszuführende Teilbewegungen manueller Art. Die »Miniaturbewegungen« – vielfach im Sitzen ausgeführt – bedeuten nur noch eine geringe physische Beanspruchung, erfordern aber eine um stärkere geistige Konzentration und denkende Mitarbeit.

Diese Änderung in der Handlungsstruktur wirkt sich auf den arbeitenden Menschen unmittelbar so aus, dass die frühere stoffwechsel- und kreislaufstimulierende und fast alle wichtigen Organsysteme erfassende Wirkung der ganzheitlichen Totalbewegungen nunmehr auf ein Minimum reduziert wird, das in seiner Rückwirkung auf den Organismus und zur Erhaltung der Gesundheit und vollen motorischen Leistungsfähigkeit *völlig ungenügend* ist.

Durch den zunehmenden Bewegungsmangel und die motorisch einseitige Beanspruchung ergeben sich auch gewisse entferntere Nachwirkungen. Sie erstrecken sich über den funktionell-organischen und biologisch-gesundheitlichen Bereich hinaus auf die Entwicklung und Vervollkommnung der sensomotorischen Fertigkeiten und Eigenschaften sowie auf die Entwicklung der geistigen Fähigkeiten und Eigenschaften. Darüber hinaus wird durch die Mechanisierung und Automatisierung der materiellen Produktion auch der direkte und unmittelbare Umgang des Menschen mit den natürlichen Arbeitsobjekten selbst und mit den Werkzeugen sehr wesentlich eingeschränkt. Heute aber besteht bereits kein Zweifel mehr darüber, dass die mit der Änderung der Tätigkeitsstruktur verbundene Bewegungsarmut, Bewegungseinseitigkeit und überwiegend sitzende Lebensweise sehr ernste Gefahren für die Gesundheit und Funktionstüchtigkeit der Menschheit bedeuten.

Die entscheidende Änderung der Tätigkeitsstruktur von Millionen arbeitender Menschen und der damit verbundene Mangel in der motorischen Aktivität sind nun aber zwangsläufig mit der gesetzmäßigen Entwicklung der Produktivkräfte verbunden. Hier gibt es kein Zurück. Unter motorischer Problemsicht erhebt sich die Frage, ob die Sportmotorik nach ihrem Wesen und ihrer potentiellen Bildungs- und Erziehungswirkung geeignet ist, die Bewegungsarmut der künftigen Arbeits- und Lebensweise nicht nur ausgleichen zu helfen, sondern darüber hinaus auch den erhöhten Anforderungen an die psycho-physische Vervollkommnung und Leistungsfähigkeit des Menschen gerecht zu werden.

Die Beantwortung dieser Frage erfordert zunächst einen kurzen Vergleich der heutigen Sportmotorik mit der Arbeitsmotorik, die sich einst aus der Arbeit und mit ihr entwickelt hat. Daraus wird sich eine Beurteilung der potentiellen Bildungs- und Erziehungswirkungen der Sportmotorik ergeben.

1.2. Arbeitsmotorik und Sportmotorik

Wer die vielgestaltige Formenwelt der heutigen Sportmotorik historisch betrachtet und ihre Genesis im Zusammenhang mit der Entwicklung der gesellschaftlichen Arbeit sieht, wird mit Sicherheit die ursprunghafte Verwandtschaft zwischen Arbeits- und Sportmotorik erkennen. Gehen, Laufen, Springen, Stoßen, Schleudern, Werfen und Fangen, Hangeln, Klettern und Steigen, Ziehen, Schieben und Stemmen, Schwimmen, Gleiten auf Schnee und Eis und viele andere motorische Grundformen sind auf dem Mutterboden der Arbeitsmotorik entstanden.

Losgelöst von ihren ursprünglich konkreten und nützlichen Arbeitsaufgaben haben sich diese ehemaligen *Brauchformen* allmählich differenziert und zu den technisch vollkommenen, klar profilierten *Sportformen* von heute entwickelt.

Die kaum noch überschaubaren Bewegungsabläufe in den verschiedenen Sportarten haben bei aller Unterschiedlichkeit ein gemeinsames Merkmal, das in unserem Zusammenhang von entscheidender Bedeutung ist: Es sind ausnahmslos *Totalbewegungen* im Vollsinn des Wortes, Handlungen also, an denen der *ganze*

Arbeitsmotorik und Sportmotorik

Mensch beteiligt ist. Daher wirken sie auch auf den ganzen Menschen zurück. Sie ermöglichen ein individuell abstufbares Training für die Aufrechterhaltung der Funktionstüchtigkeit des gesamten Organismus und bieten damit optimale Bedingungen für eine durchgreifende aktive Erholung und für die Reproduktion auch der geistigen Frische und Spannkraft.

Durch die Bewegungsarmut und -einseitigkeit, durch die sitzende Arbeitsweise und den Aufenthalt in geschlossenen Räumen werden die körpereigenen Regulationsmechanismen in ihrer Funktion wesentlich beeinträchtigt. Die optimale Ausgleichung und relative Stabilisierung der Reizeinwirkungen (Störungen) wird leicht negativ beeinflusst. Demgegenüber wird durch die sportliche Betätigung die Adaptionsfähigkeit des menschlichen Organismus auf die verschiedenen Umweltreize entwickelt und erweitert. Optimale Bedingungen und Voraussetzungen dafür sind besonders in einer vielseitigen, im *jahreszeitlichen Rhythmus wechselnden* sportlichen Betätigung gegeben.

Darüber hinaus führt ein vielseitiges sportliches Training auch zu einer *Steigerung* der Belastbarkeit und Leistungsfähigkeit aller lebenswichtigen Organe und des menschlichen Bewegungsapparates, die wir bisher kaum für möglich hielten. Alle Voraussetzungen und Spekulationen über die Grenzen der sportlichen Leistungsfähigkeit wurden bisher durch die Praxis widerlegt.

Die Sportmotorik stellt auch eine sehr bedeutsame *Bereicherung der menschlichen Bewegungsmöglichkeiten* überhaupt dar. In der Arbeit mussten in erster Linie diejenigen Bewegungen entwickelt und geübt werden, die der Sicherung der Existenz durch die Produktion von lebenswichtigen Gebrauchsgütern dienten. Die Produktionsgebundenheit setzte der Entwicklung der menschlichen Motorik jeweils Grenzen. Sie führte durch den oft jahrhundertelangen Gebrauch der wenig veränderten Werkzeuge und Geräte zu einer Stagnation der motorischen Gebrauchsformen oder zu einer sehr einseitigen Hochzüchtung einzelner Handfertigkeiten, die immer auf Kosten der allgemein-motorischen Entwicklung und Ausbildung ging.

Demgegenüber konnten sich in der nicht produktionsgebundenen Sportmotorik die Bewegungsmöglichkeiten des Menschen in einer weit größeren Breite, Vielfalt und Variabilität der Formen entwickeln. Erst der sportlich tätige Mensch entwickelte – befreit von den Einschränkungen durch produktive Zwecke – aus den Grund- und Brauchformen der Arbeitsmotorik den ganzen Reichtum an differenzierten und spezialisierten Sportformen, die wir heute im Begriff der Sportmotorik zusammenfassen. Sie umfasst alle Bewegungen, die als Körperübungen zur Bildung und Erziehung des ganzen Menschen dienen, zur Erhaltung der Gesundheit und zur Erhöhung der Leistungsfähigkeit im Sport und in der Arbeit. Die moderne Sportmotorik widerspiegelt daher in ihrer Fülle und Mannigfaltigkeit der Bewegungsformen und Bewegungsrhythmen erst die *voll entfaltete* schöpferische Tätigkeit des Menschen im motorischen Bereich. Erst durch diesen gegenständlichen Reichtum der motorischen Möglichkeiten des menschlichen Wesens wird auch der volle Reichtum der subjektiven sensomotorischen Fähigkeiten des Menschen angeregt, entwickelt und vervollkommnet. Konkret gesprochen: Was bei den Olympischen Spielen der Neuzeit von der guttrainierten Sportjugend der Welt Hohes geleistet wird, das weckt in Millionen von jungen Menschen den Wunsch und Willen zu gleichem Tun: Freude an der Gewandtheit, Schönheit, Kühnheit und Anmut des sich bewegenden, durchtrainierten Menschen, Begeisterung für den Mut zum Wagnis und für die hohe Bewegungsintelligenz im blitzschnellen Handeln der Spieler und Zweikämpfer, aber auch Bewunderung für die Willensstärke, zähe Ausdauer, Härte und Selbstbeherrschung im Wettkampf und volle Sympathie für sportliche Fairness, für Hilfsbereitschaft, Bescheidenheit des Siegers und Tapferkeit des Verlierers – das sind menschlich wertvolle, anspornende Emotionen für die begeisterungsfähige junge Generation. Wo sind sie sonst im Leben in gleicher Intensität und eindrucksvoll-anschaulicher Wirksamkeit zu finden?

Die sportliche Betätigung dient nicht zur Herstellung von Gebrauchswerten. Ihr Ziel, ihre

Sinngebung besteht vielmehr letzten Endes darin, alle schlummernden Potenzen zu entwickeln und das Spiel der Kräfte zu steuern und dem eigenen Willen zu unterwerfen. Die *Rückwirkung* der sportlichen Tätigkeit auf den Menschen selbst ist sein *entscheidender und konstituierender Beitrag* zu einer allseitigen Persönlichkeitsentwicklung. Wir dürfen uns die Rückwirkung jedoch nicht nur und ausschließlich als Folge eines pädagogischen Prozesses denken, bei dem die Körperübungen bewusst und gezielt als Mittel zum Zweck eingesetzt werden. Sie ist vielmehr auch dann vorhanden, wenn Kinder und Erwachsene den Wunsch und das lebendige Bedürfnis haben, ihre Kräfte im Wettkampf und in Spiel zu messen, ihren Mut, ihre Gewandtheit, Schnelligkeit und Ausdauer zu erproben oder die eigene Bequemlichkeit und Feigheit zu überwinden, um in der Sportgruppe anerkannt zu werden. Und sie ist nicht selten dort am vollkommensten, wo einfach die elementare Freude an Sport und Spiel, die Lust am frohen und freiwilligen Sichbewegen noch lebendig ist. So hat sich der Mensch in der Sportmotorik ein großartiges *System der Selbstausbildung und Leistungssteigerung, der Gesunderhaltung und Erholung* geschaffen. Die vielfältigen Bildungs- und Erziehungswerte der sportlichen Betätigung sind zwar in ihrer nachhaltigen Wirksamkeit tausendfältig erlebt, aber noch keineswegs auch wissenschaftlich genügend ausgelotet worden. Eine Ethik und Ästhetik des Sports würden zweifellos noch sehr überzeugende Argumente für die umfassende Wirksamkeit und Bedeutung des Sportes – weit über seine biologisch-gesundheitlichen Wirkungen hinaus – erbringen.

Bisher hatten wir die Rolle und Bedeutung der Arbeits- und Sportmotorik vornehmlich für den erwachsenen und arbeitenden Menschen im Auge. Für die Entwicklung im Kindes- und Jugendalter kommt der motorischen Ausbildung eine besondere Bedeutung zu.
Zwei Tatsachen müssen für ihre konkrete Gestaltung richtungweisend sein: Die junge Generation wächst in einer hochtechnisierten Umwelt auf, die nicht ohne Einfluss auf ihre motorische Entwicklung und auf die Ausbil-

dung ihrer Bewegungseigenschaften und -fertigkeiten bleibt. Zum anderen: Sie muss auf eine sehr veränderte Arbeitswelt mit teilweise völlig neuen Berufen und wesentlich höheren Anforderungen vor allen an die geistigen Fähigkeiten vorbereitet werden. Aus diesen Tatsachen ergibt sich für uns die Aufgabe, diejenigen Bildungs- und Erziehungsmöglichkeiten klar abzuschätzen, die im Gesamtprozess der Bildung und Erziehung den neuen Menschen mit Hilfe der Sportmotorik verwirklicht werden können.
Es wird sich dabei vor allem um jene Bereiche der intellektuellen, moralischen, sozialen und ästhetischen Entwicklung handeln, die für die Erfüllung der neuen, höheren Anforderungen an den Menschen von Wichtigkeit sein können.

1.3. Bedeutung des motorischen Leistungsaufbaus im Kindes- und Jugendalter

Bewegung ist das Lebenselement des gesunden Kindes. Wer es von dieser Seite her richtig anspricht, kann immer mit seiner lebhaften Bereitschaft und Teilnahme rechnen. In dem unaufhörlichen Streben nach Bewegung sah bereits PESTALOZZI, seiner Zeit weit vorausgreifend, den wahren Anfangspunkt und Leitfaden nicht nur für die Ausbildung der vielseitigen Anlagen des Körpers, sondern auch des »Herzens und des Geistes«. Keine dieser Anlagen sollte nach seiner Überzeugung unentwickelt bleiben, weil die Entwicklung der einen nicht nur mit der anderen unzertrennlich verbunden ist, sondern sich auch eine jede dieser Anlagen »vermittelst der anderen und durch sie« entwickelt. Nur selten wurde auf unserem Fachgebiet die organische Einheit, Integriertheit und Wechselwirkung aller menschlichen Anlagen so klar erkannt und mit so einfachen, allgemein verständlichen Worten dargestellt. In der Tat ist das ständige Sichbewegen und Sichbetätigen des gesunden Kindes kein nur effektorisches Geschehen ohne Resultat und kein bloßes Funktionieren physiologischer Prozesse »körpershalber«. Indem sich das Kind vielfältig bewegt und im Spiel betätigt, erobert es sich zugleich nach und nach die umgebende Welt. Es lernt die Gegenstände seines nahen und weiteren Lebensraumes wortwörtlich durch Be-greifen, Be-tasten, Be-handeln und Be-sichtigen, also mit Hilfe der Bewegungen kennen und in ihren spezifischen Eigenschaften, Formen, Umgangsqualitäten und räumlich-zeitlichen Beziehungen mehr und mehr unterscheiden. Seine koordinierten Bewegungen dienen also schon zur Lösung bestimmter Aufgaben und werden damit zur Quelle *kognitiver* Prozesse. Sinnliche Erkenntnisgewinnung und Bewegungshandlungen bilden *einen* Prozess und sind wurzelhaft verbunden. Die sinnliche Erkenntnis ist aber die ursprüngliche Form der Erkenntnis. Beides sind Grundlagen für den Aufbau der Wahrnehmungs- und Vorstellungswelt des Kindes, die wiederum Voraussetzung für sein Handeln wird, das mehr und mehr den objektiven Bedingungen entsprechen soll. Bedenken wir ferner, dass in diesem Werdeprozess sich auch die Entwicklung der Sprache und des Denkens vollzieht, so erkennen wir bereits hier die *fundamentale* Bedeutung der vielseitigen Bewegungsaktionen im Kindesalter. Gleichzeitig mit der ständig fortschreitenden sensomotorischen Orientierung in der umgebenden Welt muss der junge Mensch die Aufgabe lösen, seine motorischen Anlagen und Fähigkeiten und sein Bewegungskönnen bis zu der in seiner Umwelt erforderlichen Höhe zu entwickeln. Er muss nach und nach die gesamte Willkürmotorik, die er einmal benötigt, *eigentätig* erwerben, üben und bewusst steuern lernen. In diesen Prozess werden seine motorischen Reaktionen zwar zunächst angeregt und ausgelöst durch die unmittelbare sensomotorische Begegnung mit den Objekten der materiellen Umwelt. Aber deren Wirksamkeit wird von Anfang an entscheidend ausgewählt und organisiert durch die menschliche Umgebung. Ohne das Beispiel und Vorbild, ohne die unermüdlich helfende Unterstützung und Ermunterung wäre es nicht möglich, dass das Kind in wenigen Jahren eine Entwicklung durchläuft, für die die Menschheit viele Jahrtausende benötigte. Es muss sich den überlieferten großen Vorrat an Bewegungserfahrungen und Bewegungsfertigkeiten sowie die motorischen Eigenschaften im wahrsten Sinne des Wortes erst erwerben, um sie zu besitzen. Es begnügt sich dabei meist auch nicht mit dem Erwerb der lebenswichtigen Brauchformen, sondern übt sich schon frühzeitig, zunächst im Spiel, zunehmend dann mit größerer Zielstrebigkeit und Anleitung im Erwerb und Erlernen von Sportformen und Sporttechniken. Dabei können ihm wohl erfahrene Lehrer und Trainer wertvolle Hilfe leisten, indem sie ihm die bereits bekannten und erprobten Wege und Techniken zur Lösung bestimmter Bewegungsaufgaben methodisch vermitteln. Aber ihre Hilfe kann letzten Endes nur eine Hilfe zur Selbsthilfe sein, denn der Lernende muss den Weg zur Lösung neuer Aufgaben doch *selbsttätig* und aus *eigener* Kraft gehen lernen.

Das motorische Lernen ist für ihn stets ein sehr aktiver Prozess, ein *eigentätiger* Erwerb, der umso bildungswirksamer wird, je mehr der Lernende sich zu einem *bewussten* und *denkenden* Lernenden entwickelt. Es ist viel zu wenig beachtet worden, dass bereits im Kindes- und Jugendalter ein unerschöpflicher Reichtum an variablen und *anpassungsfähigen Bewegungen* und Bewegungskombinationen eigentätig erworben wird. Damit leistet der junge Mensch eine erste aufgabenbedingte und objektbezogene Koordination der gesamten Willkürmotorik. Der Grad der koordinativen Organisation ist erkennbar an den sicht- und wahrnehmbaren Bewegungsleistungen des Kindes und Jugendlichen.

1.4. Motorische und intellektuelle Entwicklung

Bereits mit dem motorischen Neuerwerb im ersten Lebensjahr, der allgemein bekannt ist, sind erste Anfänge geistiger Leistungen unmittelbar verbunden. In der Entwicklung des Greifens z. B. wird deutlich, wie die ursprünglich ausfahrenden Bewegungen der Arme zunehmend zielstrebiger auf den aufmerksam fixierten Gegenstand hingelenkt werden. Augen- und Handbewegung stimmen sich ab, indem

sich die Handbewegung unter der Kontrolle des Auges zu einer gegenstandsbezogenen Bewegungshandlung entwickelt, die nicht mehr als rein körperliche Bewegung gelten kann. In ihr äußert sich bereits ein aktives, zunehmend aufmerksameres Intendieren von Gegenständen und ein Streben nach Orientierung als erstes Anzeichen der beginnenden intellektuellen Entwicklung. Sobald das Kind greifen kann, schafft es durch sein unermüdliches Manipulieren mit den Gegenständen die Voraussetzungen für die Entwicklung der Erkenntnis- und Denkprozesse, die sich nur auf der Grundlage der Sinnesempfindungen und Wahrnehmungen entfalten können. Es braucht daher bereits auf dieser Stufe eine vielfältige Anregung durch Erwachsene bei seinem Hantieren und Spielen, die ihm beispielsweise durch neue Spielgegenstände und durch Vorzeigen von einfachen Manipulationen gegeben werden kann.

Gegen Ende des ersten und im Laufe des zweiten Lebensjahres beginnt die Entwicklung der Sprache, die für die gesamte geistige Entwicklung von entscheidender Bedeutung ist. Auch die Ausbildung der Sprechmotorik und des Sprechens ist von der Entwicklung und Leistungsfähigkeit der allgemeinen Motorik abhängig. Es ist erwiesen, dass ein Zurückbleiben in der allgemeinmotorischen Entwicklung auch meist zu einer Verzögerung der bestmöglichen geistigen Gesamtentwicklung führt. Zahlreiche Beobachtungen und Untersuchungen lassen es als gesichert erscheinen, dass der motorische Leistungszuwachs und -aufbau im Kindes- und Jugendalter meist unmittelbar verknüpft ist mit einem psychischen Neuerwerb. Heute wissen wir, dass der allmähliche Aufbau der Wahrnehmungs-, Vorstellungs- und Begriffswelt ohne die zahlreichen Lokomotionen und die tastenden Manipulationen der »erkennenden« Hand im Verein mit der Tätigkeit der Sinnesorgane, vornehmlich des Auges, unmöglich wäre. Denn nur auf diesem Wege kommt die sinnliche Erkenntnis der Dinge, die Widerspiegelung der objektiven Wirklichkeit, zustande. Es erfährt im tätigen Umgang mit den Dingen deren Eigenschaften und Umgangsqualitäten, beispielsweise die Leichtigkeit, Elastizität und Handlichkeit des

rollenden Balles, der ihm zum Spielzeug wird. Was wüssten wir schon davon, ob die Gegenstände hart oder weich, schwer oder leicht, glatt oder rauh, eckig, kantig oder abgerundet sind, wenn wir den Inhalt dieser Adjektive nicht durch »Behandeln« und »Bewegen«, durch vielfältiges »Be-greifen« wortwörtlich »begriffen« hätten? Das Kind muss daher handeln, muss sich betätigen können, um zu einer sachgemäßen, wirklichkeitsgetreuen Beurteilung zu kommen. Auf sein Wahrnehmungsurteil gründet sich dann sein Umgang mit den Dingen und sein erfolgreiches Handeln, sofern das Urteil richtig war.

Auch die erste Orientierung in Raum und die Erfassung der räumlichen und zeitlichen Beziehungen kommen mit Hilfe von Muskelbewegungen zustande. So entwickelt sich durch das Zusammenwirken der Bewegungsorgane mit den Sinnesorganen das Verständnis der Kinder für die räumlichen und zeitlichen Beziehungen. Wir können heute noch nicht abschätzen, was dem in einer natürlichen Umgebung frei aufwachsenden Kind an Einsichten und Kenntnissen in seinem unaufhörlichen Spielen und Sichbetätigen, im forschenden Beobachten der Tiere und im neugierigen Zerlegen der Gegenstände zuwächst. Aber wir wissen, dass durch diese mannigfaltigen sensomotorischen Kontakte mit der unmittelbaren Umwelt ein für die weitere *geistige* Entwicklung *grundlegender* Schatz an Sinnesempfindungen, Wahrnehmungen und Erkenntnissen entstanden ist. Ihn zu klären, zu vertiefen und systematisch zu erweitern ist dann eine Aufgabe des weiterführenden Unterrichts. Die gegenstandsbezogenen Bewegungsaktionen des Kindes führen nicht nur zum Kenntniserwerb, sondern fördern auch die Fähigkeit zur Abstraktion und Verallgemeinerung aus der sinnvollen motorischen Betätigung heraus. In ähnlicher Weise entwickelt sich aus und mit dem gegenständlichen Handeln die Einheit von Sprechen und Denken. Auch die Einheit von Denken und Handeln in der erfolgreichen sportlichen Betätigung, beispielsweise im Sportspiel und im Kampfsport, ist eine Elementarform des so genannten »Denkhandelns«, das sich in der Tätigkeit entwickelt. So wird die umfassende Bedeutung der Motorik auch für die geistige Entwicklung und Bildung des Menschen klar erkennbar. Daraus dürfen wir folgern, dass jede Einschränkung oder Vernachlässigung der Bewegungsentwicklung nicht ohne nachhaltige Auswirkungen auf die geistige Entwicklung bleibt. Andererseits fördern wir aber die Persönlichkeitsentwicklung des jungen Menschen gleichsam von einem vielseitig wirksamen Zentrum aus, wenn wir seine Mobilität und motorische Aktivität schon frühzeitig anregen, organisieren und lenken. Wir müssen dafür sorgen, dass sich die Motorik schon im Kindesalter in *voller Breite* entfalten kann, bevor eine spezielle Ausbildung einsetzt. Es gilt daher, Kinder und Jugendliche in und außerhalb der Schule recht oft in Handlung zu setzen, indem wir sie vor sinnvolle, altersgemäße Aufgaben stellen, die eigentätig motorisch bewältigt werden müssen. Weit mehr als bisher sollte dabei Wert gelegt werden auf eine enge *Verbundenheit mit der Natur*: Wandern, Geländespiele und touristische Orientierungsläufe, Skilauf, Eislauf, Schwimmen, Spiele und Leichtathletik tragen zur Bildung und Ertüchtigung der Sinnesorgane bei und führen zu einem hohen Entwicklungsstand der sensomotorischen Funktionen.

Wenn in Zukunft weit höhere Anforderungen an die betont geistigen Fähigkeiten und an das intensive Lernen gestellt werden, so muss gleichzeitig auch die vielseitige motorische Ausbildung im Sport auf ein höheres Niveau gehoben werden. Auch das geistige Wachstum und Reifen ist nicht ohne Wurzeln möglich. Diese Wurzeln aber liegen in der Tätigkeit, im sensomotorischen Bereich. Wir dürfen uns freilich diesen komplizierten Bildungsprozess nicht so vereinfacht vorstellen, als ob die sehr gute motorische Entwicklung und Ausbildung gleichsam automatisch auch eine entsprechend gute seelisch-geistige Entwicklung des jungen Menschen bewirken und garantieren müsse. Die entscheidende Funktion der Motorik besteht vielmehr darin, dass *ohne sie* die unerlässlichen Grundlagen und Voraussetzungen für eine vollwertige geistige Entwicklung und Leistungsfähigkeit nicht gegeben wären. In einer hochtechnisierten Welt kann die erforderliche Frische und geistige Spannkraft nur bei hoher Vitalität und einer gesunden und starken physischen Substanz erreicht werden.

1.5. Bewegungskönnen und Persönlichkeitsentwicklung

Wir wollen zeigen, dass das motorische Können keine isolierte Größe im Aufbau der Persönlichkeit darstellt, sondern in positiver Wechselwirkung zur charakterlich-sittlichen, intellektuellen und sozialen Entwicklung des Menschen steht.

Was ist unter dem sehr umfassenden Begriff »Bewegungskönnen« im Sport zu verstehen? Welche gesellschaftliche und individuelle Bedeutung kommt ihm zu?

Gehen wir zunächst von der anschaulich-wahrnehmbaren Bewegung des hervorragenden Sportlers aus, in der sich sein Können manifestiert. Die gekonnte, technisch vollkommene oder nahezu vollkommene Bewegung hinterlässt vielfach den evidenten Eindruck der Leichtigkeit, der Mühelosigkeit und einer ganz natürlichen Selbstverständlichkeit. Man sieht ihr die Anstrengung im aktuellen Vollzug und die große Mühe eines oft jahrelangen harten Trainings kaum mehr an. Millionen von Menschen erleben heute die scheinbare Schwerelosigkeit und Schönheit des Eiskunstlaufens, die Eleganz und Kühnheit des Kunstturnens und bewundern die kraftvoll beherrschten und anmutigen Bewegungen in Turmspringen, im alpinen Skilauf, in der Gymnastik oder die Gewandtheit und Intelligenz im Kampfsport und in den Sportspielen. Hier wird ein Können, eine souveräne Beherrschung des eigenen Körpers und seiner Bewegungen sinnfällig und überzeugend offenbar. Übung und Training führen den sportlichen Könner dazu, dass er seine Aufmerksamkeit nicht mehr, wie anfangs beim Erlernen, auf den ganzen Bewegungsablauf in allen seinen Einzelheiten zu richten braucht. Er kann sich vielmehr in der Endphase des Trainings mehr und mehr auf gewisse *wesentliche* Phasen des Bewegungsablaufes konzentrieren, beispielsweise auf die optimale Ausführung der Vorbereitungsphase und auf den Übergang zur Hauptphase, also auf gewisse wichtige »Gelenkstellen« oder »Knotenpunkte«, von deren richtiger Erfassung und Ausführung der Gesamterfolg in erster Linie abhängig ist. Der Könner wird sich gleichsam auf eine sehr »abgekürzte Struktur« von nur wenigen Punkten beschränken und konzentrieren, während er über den übrigen Verlauf so sicher verfügt, dass er sich jederzeit den wechselnden Verhältnissen und Störungen anpassen kann. So erfolgt im motorischen Lernprozess eine Scheidung des Wesentlichen vom Unwesentlichen. Es gibt also im motorischen Handeln ein *Abstrahieren*, ein Herausheben des Wesentlichen und Absondern des Unwesentlichen wie in der generalisierenden Abstraktion im Denken.

Diese sehr bedeutsame *Fähigkeit zur subjektiven Verkürzung der Handlungsstruktur* durch eine bewusste Beschränkung auf Wesentliches muss beim Erlernen zahlloser Bewegungsfertigkeiten erworben und trainiert werden. Daher erscheinen uns gekonnte Bewegungen vielfach so mühelos-leicht und in der Regel auch schön. Darauf beruht die unmittelbar begeisternde Wirkung und mobilisierende Kraft, die von den großen Leistungen des Könners ausgeht. Er realisiert vor allem den geheimen Wunsch und Willen der lernbegierigen Jugend. Sein Beispiel wird Vorbild für viele. Wo immer ein Könner als Sportlehrer, Trainer oder Übungsleiter vor die Jugend tritt, löst er freiwillig Gefolgschaft aus, denn die innere Bereitschaft zum Lernen ist weit mehr vom guten Beispiel abhängig als von wortreichen Erklärungen. Verba docent, exempla trahunt.

Sportliches Können ist auch Grundlage und Voraussetzung der großen sportlichen Leistung, die international auffällt und exakt in Zahlen und Punkten erfasst werden kann. Dadurch wird ein aufschlussreicher internationaler Vergleich möglich, und das sportliche Können der Jugend eines Landes gewinnt eine hohe Relevanz in nationaler und internationaler Sicht. Der große Könner im Sport ist Repräsentant seines Volkes.

Das *Bewegungskönnen* ist das Resultat eines langen motorischen Lernprozesses. Wir verstehen darunter die entwickelte und vollbeherrschte Fähigkeit zur sicheren, schnellen und erfolgreichen Lösung konkreter Bewegungsaufgaben ohne Probieren. Das Bewegungskönnen als Krönung und relativer Abschluss des motorischen Lernens setzt nicht nur den Erwerb zahlreicher automatisierter Fertigkeiten voraus. Es ist darüber hinaus eine Summation wichtiger motorischer Eigenschaften und sensomotorischer Fähigkeiten: Dem Könner müssen gut entwickelte *konditionelle Voraussetzungen* wie Kraft, Schnelligkeit, Ausdauer, muss allgemeine Beweglichkeit eigen sein. Er muss weiterhin in hohem Maße über *koordinative Eigenschaften* verfügen wie Gewandtheit, Geschicklichkeit, Bewegungsgenauigkeit, Reaktionsschnelligkeit, hohe Elastizität der Bewegungen und über die Fähigkeit zur zweckmäßigen Rhythmisierung, zur ständigen Antizipation des Zieles und zur rechtzeitigen Innervation und energetischen Dosierung seiner Bewegungen. Ihm müssen also trainierte Funktionssysteme verfügbar sein, die zur optimalen Entfaltung seines Könnens, besonders zur bewussten und präzisen Steuerung der Bewegungshandlungen, erforderlich sind.

Die Leistungen des hervorragenden Sportlers in einem der schnellen und kampfbetonten Sportspiele lassen beispielsweise gut erkennen, wie hoch die Anforderungen sind, die an die Funktionstüchtigkeit der Sinne und an das sichere Funktionieren der Regelung und Steuerung der Bewegungen auf der Grundlage der Rückkoppelung (Reafferenz) gestellt werden: Er muss ständig das Spielgeschehen im Auge haben, den Informationszustrom von außen und innen laufend verarbeiten und zu zweckmäßigen, situationsangepassten Reaktionen koordinieren. Dabei müssen Entfernungen und Geschwindigkeiten möglichst genau eingeschätzt und beim Zuspiel oder Torwurf durch präzise Würfe blitzschnell ausgenützt werden. Der Spieler muss außerdem ständig die Absichten des Gegners oder Partners aus ihren Bewegungen im voraus erkennen, darf sich nicht durch Finten täuschen lassen und muss selbstständig, zielstrebig und erfolgreich handeln können. Dies alles vollzieht sich meist gleichzeitig mit der Bewälti-

Bewegungskönnen und Persönlichkeitsentwicklung

gung großer Leistungen im Lauf, Sprung und Wurf, die eine hohe Kondition und Kombinationsfähigkeit im technischen und taktischen Denken und Handeln erfordern. Diese vielfältigen und simultanen Anforderungen an den einzelnen Spieler tragen hervorragend zur Vervollkommnung des ganzen Menschen bei. Das spielerische Können einer Mannschaft aber kommt in besonderem Maße in dem unerschöpflichen Einfallsreichtum, in der hohen Intelligenz taktischer Leistungen, im gegenseitigen Sich-Verstehen ohne Worte und in den überraschenden und originellen Ad-hoc-Lösungen schwierigster praktischer Aufgaben zum Ausdruck. Wahrnehmen, Denken und Handeln bilden eine unlösbare Einheit.

Diese in den Spielhandlungen integrierten geistig-schöpferischen Leistungen – gekonnt ausgeführt – sind es, die immer wieder begeistern. Sie begeistern deshalb, weil im realen Spielverlauf die *geistigen* Potenzen der Spieler, ihre Intelligenz, ihr Witz, ihre Vorausnahme gegnerischer Absichten und die blitzschnelle Ausnützung der besten Tor- oder Zuspielchancen für den Zuschauer *sichtbar* gemacht werden. Im Sportspiel zeigt sich, dass im realen Vollzug sportlicher Handlungen diejenigen Fähigkeiten hervorragend geschult werden, die künftig vom Menschen gefordert werden müssen. Fast scheint es so, als hätte der moderne Sport die intensive Schulung dieser wichtigen Fähigkeiten bereits vorausgenommen.

Doch nicht nur um die Herausbildung eines vielseitigen disponiblen motorischen Könnens schlechthin geht es unter pädagogischem Aspekt. Das Können an sich braucht noch kein Gewinn zu sein, denn die noch so vollkommene und sichere Herrschaft über den eigenen Körper und seine Bewegungen kann ebenso zum Guten wie zum Schlechten verwendet werden. Es kommt vielmehr darauf an, dass die Ausbildung des Bewegungskönnens bewusst in den Dienst gesellschaftlich wertvoller Erziehungsziele und einer wahrhaft humanistischen Erziehung gestellt wird. Dann erst wird es zu einem wesentlichen, sittlich bedeutsamen Fundament der werdenden Persönlichkeit.

Wie tief das Bewusstsein des Könnens hinein-

verflochten ist in das Fühlen und Wollen einer sittlich gereiften Persönlichkeit, hat Friedrich Ludwig JAHN aus eigenem Erleben klar erkannt und ausgesprochen. »Man trägt ein göttliches Gefühl in der Brust, sobald man erst weiß, dass man etwas kann, wenn man nur will.« Dieses Wissen um das eigene Können verleiht Selbstvertrauen, gibt Sicherheit und Zuversicht im Handeln und lässt allmählich ein gesundes Selbstbewusstsein entstehen. Auf dieser soliden Grundlage entwickeln sich auch so wertvolle charakterliche Wesenszüge wie Enthaltsamkeit, Maßhalten, Fleiß, Ausdauer, Mut, Entschlusskraft, Tapferkeit und Härte. Es ist eine vielfach bestätigte Erfahrung, dass durch gediegenes sportliches Können auch soziale Tugenden wie Hilfsbereitschaft, Kameradschaftlichkeit, dauerhafte Freundschaft, Zuverlässigkeit und Fairness im Wettkampf, im Spiel und im Leben besonders gut gedeihen. Wohl die schönste und reifste Tugend des wahrhaft großen Könners im Sport ist die *Bescheidenheit*.

So werden die unmittelbaren inneren Zusammenhänge zwischen dem Bewusstsein des Könnens und der sittlich-charakterlichen Reifung der Sportlerpersönlichkeit deutlich. Es erweist sich, dass das Könnensbewusstsein und die mit ihm erworbene Herrschaft über sich selbst nicht irgendeine beliebige und eigenständige Seite der Persönlichkeit ist. Die mit dem Können erworbene *Selbstdisziplin* ist vielmehr eine sehr wirksame Kraft, die sich in dem *gesamten* Bereich menschlichen Verhaltens auswirkt und die Persönlichkeitsstruktur mitgestaltet.

Die motorische Einstellung zur gegenständlichen Umwelt ist eine wichtige Voraussetzung des sicheren, gekonnten Umgangs mit ihr, während bei völlig unbekannten Gegenständen erst ein längeres Probieren erforderlich ist. Sportliches Können ist in hohem Maße abhängig sowohl von der erworbenen motorischen Einstellung als auch von der damit verbundenen Fähigkeit zur *ständigen Antizipation*. Wir nehmen dabei nicht nur das erstrebte Ziel, das Resultat, voraus, von dem her die Bewegungshandlung gesteuert wird, sondern in der Regel auch einen Bewegungsentwurf, der zur Lösung der Aufgabe führen kann. Darunter verstehen wir ein antizipiertes allgemeines Gesamtschema des Bewegungsverlaufes.

Das praktisch bedeutsamste Ergebnis jedoch, das sich aus der motorischen Einstellung und der ständig besseren Antizipation entwickelt, ist die Fähigkeit zur *Vorausnahme und Bewältigung auch kommender Schwierigkeiten*. Der Sportler wird allmählich nicht mehr von plötzlich auftauchenden Schwierigkeiten überrascht, weil er auf Grund seines Könnens und Wissens und seiner durch praktische Erfahrung gereiften motorischen Einstellung sich blitzschnell vorbereitend anzupassen vermag. Ausgezeichnete Beispiele hierfür liefert jeder alpine Skilauf, wobei die Sicherheit durch vorbereitende Anpassung noch wesentlich erhöht wird, wenn die Strecke vorher durchfahren, eingesehen oder gedächtnismäßig eingeprägt werden kann.

Die Antizipation kommender Schwierigkeiten und das damit verbundene Vorausdenken ist besonders für eine gekonnte Bewältigung längerer Bewegungskombinationen unerlässlich, z. B. schwieriger Kürübungen im Kunstturnen, im Bodenturnen, im Eiskunstlauf, in der künstlerischen Gymnastik und im Tanz.

Vielleicht ist das, was wir sonst als »Geistesgegenwart« oder »Bewegungsintelligenz« in der Bewältigung schwieriger Situationen oder beim Misslingen eines Übungsteiles zu bezeichnen pflegen, mit dem Vorauseilen des Bewusstseins und dem Vorausdenken eng verbunden.

Es ist jedem Sportpädagogen geläufig, dass sich gerade das Können sehr positiv auf die gesamte Einstellung des jugendlichen Menschen zum Sport auswirkt. Gelingt es dem Lehrer, den Schüler so zu fördern, dass sich daraus eine dauerhafte sportliche Einstellung – vielleicht für das ganze Leben – herausbildet, dann hat er eine charakterliche Grundqualität entwickelt, die für die werdende Persönlichkeit von großer Bedeutung ist.

In den Spiel- und Sportgruppen und im Sportunterricht entfaltet sich die ganz natürliche Neigung des gesunden Kindes, sich irgendwie hervorzutun und beachtet zu werden, nicht nur durch Erwachsene, sondern vornehmlich durch seinesgleichen. Dieses elementare Gel-

tungsbedürfnis kann durch motorische Eigenleistungen in den Sportgruppen auf eine natürlich-gesunde Art und Weise befriedigt werden. Das Kind erreicht durch echte Leistungen die erstrebte Beachtung und Geltung seiner Kameraden. So ist es auch kein Zufall, dass das motorische Können in Verbindung mit einer guten Verträglichkeit und Bescheidenheit meist ausschlaggebend ist für die Eingliederung in die Rangordnung oder für die Wahl zu Spielmannschaften. Das sportlich leistungsstarke Kind wächst daher vielfach organisch in seine menschliche Umwelt hinein. Wenn sein Können durch sorgfältige Bildung und Erziehung im Unterricht in gesunde Bahnen gelenkt und entwickelt wird, kann ihm die sportliche Betätigung schon frühzeitig zu einem Lebensbedürfnis werden. Es wird ein nützliches Glied in der Spielmannschaft, in der Klassengemeinschaft oder in der Sportgruppe, und die im regelmäßigen Training erworbene Zielstrebigkeit und Ausdauer bewähren sich in der Regel auch in der beruflichen Ausbildung.

Wenn es darum geht, möglichst alle Kinder und Jugendlichen für eine geregelte sportliche Betätigung auch nach der Schulzeit zu gewinnen, dann müssen wir unsere Aufmerksamkeit besonders leistungsschwachen Kindern mehr als bisher zuwenden. Die Ursachen der Leistungsschwäche und die Folgen des Versagens sind mannigfaltig. In unserem Zusammenhang sollen uns nur die negativen Auswirkungen auf das psychische Verhalten der Kinder und auf ihre soziale Kontaktfähigkeit beschäftigen.

Das bewegungsungeschickte, schwerfällige und tollpatschige Kind erlebt schon bei einfachen Ballspielen und Wettläufen ständig Misserfolge. So kann nicht selten die Sportstunde – ihrem Wesen nach eine Stunde der Freude und des Fröhlichseins – zu einem wahren Martyrium für das ungeschickte und leistungsschwache Kind werden, falls es nicht durch einen verständnisvollen Lehrer in seinem Können wenigstens so weit gefördert wird, dass es allmählich aus seiner Abseitsstellung und Isolierung herausgeführt wird. Oft genügen schon geringe Fortschritte im Können – bei gleichzeitiger Erziehung der Gruppe zu ein-

Bewegungskönnen und Persönlichkeitsentwicklung 31

sichtsvollem Verhalten gegen die leistungsschwachen Mitschüler –, um sie von dem lähmenden Gefühl des Untauglichseins zu befreien. Geschieht das aber nicht, dann dürfen wir uns nicht wundern, wenn gerade die Schwachen und Bedürftigen späterhin jeder sportlichen Betätigung aus dem Wege gehen. Unser Blick für die sehr engen Zusammenhänge zwischen den Bewegungskönnen und der sozialen Kontaktfähigkeit des Kindes und Jugendlichen wird noch wesentlich geschärft durch einen kurzen Einblick in die praktische Arbeit der Heilpädagogik. Die soziale Anpassung und Eingliederung der Kinder mit leichten frühkindlichen Hirnschäden und der jugendlichen Schwererziebaren wird heute mehr und mehr auf dem Wege über die Bewegung als wichtiges therapeutisches Heilmittel erfolgreich durchgeführt. Langjährige Erfahrungen erfolgreicher Heilpädagogen und Jugendpsychiater gehen eindeutig dahin, dass eine zielstrebige Bewegungsschulung mit einem kleinschrittigen systematischen Leistungsaufbau auf die Dauer zu einem Ausgleich dieser Schwierigkeiten führen. So ist das Bewegungskönnen ein sehr wichtiger und konstituierender Faktor im Aufbau des sich entwickelnden Persönlichkeitsgefüges. Es begleitet den gesamten Werdegang des Menschen von Kindheit an und ist eine grundlegende Qualität des menschlichen Handelns.

Durch ein vielseitig entwickeltes sportliches Können werden auch tiefe und nachhaltige *emotionale Erlebnisse* erschlossen, die in ihrer persönlichkeitsformenden und sozial integrierenden Kraft *nur im Sport* so intensiv möglich sind.
Sportliches Können schafft auch selbst *lebendige* Schönheit. Im vielseitigen sportlichen Training entwickelt sich die Schönheit der menschlichen Gestalt, die Schönheit des Körperbaues im Rahmen der anlagemäßig gegebenen Möglichkeiten in optimaler Ausprägung. In der griechischen Kunst war die vollendete Schönheit der menschlichen Haltung und Bewegung zum zentralen Gegenstand der plastischen Darstellung geworden. Auch heute sind Schönheit und Vollkommenheit der menschlichen Haltung und Bewegung

ein wichtiges Leitmotiv: Eine edle, aufrechte Haltung, eine anmutig-schöne, mit Kraft und Vollkommenheit ausgeführte Bewegung wekken auch vielfach den Wunsch und Willen, sich ebenso aufrecht, kraftvoll und schön zu halten und zu bewegen.
Aber auch im Leistungssport wird die gekonnt ausgeführte und technisch vollkommene Bewegung allgemein ästhetisch hoch eingeschätzt und gilt vielfach als ästhetische Norm. Zweckmäßigkeit, Ökonomie und Schönheit der Bewegung sind keine Gegensätze. Der Sportunterricht gibt viele Gelegenheiten, den ästhetischen Sinn zu bilden und unter pädagogischer Anleitung die Urteilsfähigkeit in ästhetischen Fragen reifen zu lassen.
Aus jahrzehntelanger praktischer Erfahrung dürfen wir mit Sicherheit bestätigen, dass schon das ästhetische Empfinden der Kinder für echte Schönheit und Anmut der Bewegungen und ihr Urteil über Echtheit und Wahrheit der menschlichen Ausdrucks- und Darstellungsbewegungen im Tanz, in der Gymnastik oder im Schauspiel mit gutem Erfolg geschult werden können. Damit erwerben sie eine Fähigkeit, die für die Entwicklung ihrer Persönlichkeit und für die kulturvolle Gestaltung des eigenen Lebens von großer Bedeutung ist.

Es war unsere Absicht, in dieser Einleitung zur Bewegungslehre die Sicht des Sportpädagogen zu weiten für die *umfassende Bedeutung* seines schönen und verantwortungsvollen Berufes. Denn allzuleicht verengt sich sein Blick auf das nur Fachlich-Technische, auf die vorgeschriebenen Leistungen, auf den zu bewältigenden Übungsstoff, als ob das Erlernen traditioneller Übungen und Fertigkeiten oder die zu erreichenden Punktzahlen, Zentimeter und Sekunden seine höchste und alleinige Aufgabe wären. Gewiss sind diese und andere Teilziele wichtig und erstrebenswert, aber sie erhalten Sinn und Bedeutung erst im größeren Zusammenhang der Bildung und Erziehung. Wenn der Lehrer seine Schüler mit Hilfe der Motorik bildet, erfasst er sie nicht von einer speziellen, nur »körperlichen« Seite, sondern *total*. Besonders für den jungen Menschen ist die Bewegung ein natürliches Lebensele-

Motorik und Persönlichkeitsentwicklung

ment, in dem sich seine Anlagen und Fähigkeiten wechselseitig entwickeln und bilden können.

Mit ihrer Hilfe werden nicht nur gesundheitlich-sportliche Ziele verwirklicht, sondern darüber hinaus auch die intellektuelle, moralische, soziale und ästhetische Entwicklung der werdenden Persönlichkeit gefördert. Erst in dieser weitgespannten pädagogischen Sicht

erhält auch die Bewegungslehre ihre volle Bedeutung: Sie will beitragen zur Integration der natur- und gesellschaftswissenschaftlichen Erkenntnisse über die Struktur und gesetzmäßige Entwicklung der sportlichen Bewegung. Diese umfassende Betrachtungsweise der Bewegungslehre ist für die praktische Anwendung im erfolgreichen Lehr- und Lernprozess erforderlich.

2. Bewegungskoordination als Regulation der Bewegungstätigkeit[1]

Der morphologische Ansatz der MEINELschen Bewegungslehre impliziert von Anfang an die Einheit der »äußeren«, sich in Bewegung und Haltung äußernden Seite der menschlichen Motorik mit den »inneren«, physiologischen, neurophysiologischen und psychischen Vorgängen: Eine Erklärung der Bewegungsphänomene schloss den Umwelt- und Sozialbezug der »Bewegungshandlung« und die biologischen, biomechanischen und psychologischen Erkenntnisse zur menschlichen bzw. sportlichen Motorik ein. Dabei erwies sich die *Bewegungskoordination als zentrales Glied der Analyse und Erklärung* sowohl der äußeren Form der sportlichen Bewegungen als auch ihrer inneren und äußeren Bezüge. Bewegungskoordination ist zu verstehen als die Ordnung, die Organisation von Bewegung und damit auch der zugrunde liegenden senso- und ideomotorischen Prozesse in Ausrichtung auf ein bestimmtes Ziel beziehungsweise im aktuellen Prozess der Wechselwirkungen des Handelnden mit der jeweiligen Umweltsituation (in der heutigen Terminologie: »ökologischsozialer Bezug«).

Unter diesem Aspekt wurde und wird das Kapitel zur Bewegungskoordination den nachfolgenden »klassischen« Themen der Bewegungslehre vorangestellt.

An dieser Stelle ist eine Bemerkung zu den Begriffen Bewegung und Motorik angebracht. *Bewegung*, hier verstanden als menschliche, oft speziell als sportliche Bewegung, ist die äußere, umweltbezogene Komponente der menschlichen Tätigkeit, die in Ortsveränderungen des menschlichen Körpers beziehungsweise seiner Teile und der Wechselwirkung mechanischer Kräfte zwischen Organismus und Umwelt zum Ausdruck kommt.
Motorik, hier verstanden als menschliche Motorik, umfasst demgegenüber die Gesamtheit der Vorgänge und Funktionen des Organismus und die psychische Regulation (»Psychomotorik«), die die menschliche Bewegung hervorbringen. Ein motorischer Akt stellt jeweils – in Einheit – dar:

1. eine Komponente einer bewusst geplanten, regulierten Tätigkeit oder Verhaltensweise, deren Ergebnis (Ziel) gedanklich vorausgenommen wird;
2. einen auf der Grundlage sensomotorischer Regulationssysteme gesteuerten und geregelten Vorgang;
3. einen Komplex physiologischer und biochemischer Prozesse (energetischer Prozesse), die über Muskelkontraktionen und -relaxationen die mechanische (»äußere«) Bewegung bewirken;
4. Ortsveränderungen des Körpers oder/und seiner Teile, das heißt mechanische Bewegung.

Die Begriffe »Bewegung« und »Motorik des Menschen« beinhalten demnach **zwei Aspekte ein und desselben Sachverhaltes** im Rahmen der menschlichen Tätigkeit, *gewissermaßen seine äußere und seine innere Seite*. Wie sich jedoch bei der Bestimmung des Motorik-Begriffes zeigt, ist eine vollständige Abgrenzung schwer möglich: Die (»äußere«) Bewegung gehört zum motorischen Akt als sichtbare Repräsentation dazu – und menschliche Bewegung ohne (»innere«) motorische Vorgänge und Funktionen kann es nicht geben. Somit wird und soll auch im folgenden die Unter-

---

1 Wir sprechen hier und in der weiteren Darstellung von Bewegungskoordination. Bewegungen des Menschen sind jedoch stets nur der äußere Ausdruck der Motorik, der motorischen Funktionen auf verschiedenen Ebenen. Bewegungskoordination kann deshalb nur in ständigem Zusammenhang mit diesen psychophysischen motorischen Vorgängen begriffen und untersucht werden, und auch die praktische Verwertung des Erkenntnisgewinns setzt die Betrachtung von »Bewegungskoordination« und »motorischer Koordination« als Einheit voraus.

scheidung von »Bewegung« und »Motorik« nicht strenger sein als zur Verständigung erforderlich und dem bisher in der Sportwissenschaft und in einigen tangierenden Wissenschaften üblichen Sprachgebrauch folgen.

2.1. Bewegungskoordination als Aspekt der Handlungsregulation

Sportliche Leistungsvollzüge sind **Handlungen**, das heißt in sich abgeschlossene, zeitlich und inhaltlich strukturierte Einheiten der sportlichen Tätigkeit, die auf das Erreichen eines bestimmten Zieles gerichtet und durch Vorausnahme des Handlungsergebnisses und des Handlungsprogrammes durch bewusste Entscheidungen sowie durch ständige analytisch-synthetische Kontroll- und Regulationsprozesse gekennzeichnet sind. In der Mehrzahl der Sportarten ist der Vollzug jeder Wettkampfübung – eines leichtathletischen Wurfes, eines Skisprungs, eines 100-m-Laufes – als mehr oder weniger komplexe Handlung zu verstehen, die sich aus einer Reihe von Teilhandlungen – oder Operationen – aufbaut. In einigen Sportarten – so in den Zweikampf- und Spielsportarten – überwiegen Handlungsketten, also ganze Folgen von Handlungen, die einem gemeinsamen strategischen Ziel untergeordnet sind.

Unter **Handlungsregulation** versteht man ganz allgemein die Steuerung und Regelung jeder menschlichen Handlung durch psychische beziehungsweise psychophysische Vorgänge. Das erfolgt, ausgehend von der jeweiligen Handlungszielstellung, in Wechselbeziehungen zu den konkreten äußeren und zu den jeweiligen personalen Bedingungen auf der Grundlage psychischer Abbilder, Prozesse, Zustände und Eigenschaften. In der tätigkeitsorientierten Psychologie hat sich eine Theorie der Handlungsregulation entwickelt, deren Grundaussagen auch die sportliche Tätigkeit modellieren (vgl. HACKER, 1978; KOSSAKOWSKI, 1980; CLAUSS u. a., 1981 bzw. 1985, S. 253 f.; KUNATH/SCHELLENBERGER, 1991).

Zu den **Hauptaussagen** dieser Theorie:
● Im *Handlungsverlauf* und in der Handlungsregulation sind *Handlungsvorbereitung* und *Handlungsvollzug zu* unterscheiden (zeitliche Struktur der Handlung).
● Als *komplexe Funktionseinheiten* der Handlung werden *Orientierung, Antrieb, Ausführung* und *Kontrolle* unterschieden (funktionale Struktur der Handlung). Da sie sich wesentlich überlagern und durchdringen und *nicht* als zeitlich abgrenzbare Handlungsteile existieren, kann hier auch vom Orientierungs-, Antriebs- Ausführungs- und Kontrollaspekt gesprochen werden.[2]
Eine andere Zuordnung unterscheidet als funktionale Struktureinheiten der Handlungsregulation Antrieb, Ausführung und Zustand. (MATHESIUS, 2003)
● Die Handlungsregulation vollzieht sich im Zusammenwirken verschiedener *Ebenen*, die eine hierarchische Ordnung aufweisen (hierarchische Struktur der Handlung). HACKER (1978, S. 103 ff.) unterscheidet *drei* derartige *Regulations*ebenen: die »intellektuelle« als oberste, die »perzeptiv-begriffliche« und die »sensomotorische«.[3]
Jeder dieser Ebenen entspricht auch eine Form beziehungsweise Stufe der Handlungsvorbereitung: der Handlungsplan oder die Handlungsstrategie, das Handlungsschema und der Bewegungsentwurf (Abb. 2.1.–1).
In der Sportpsychologie werden die intellektuelle und die perzeptiv-begriffliche zu einer »kognitiven« Regulationsebene zusammengefasst – die weitere »Spezifizierung der kognitiven Regulationsebene« in die beiden genannten Ebenen jedoch zumindest für Zweikampf- und Spielsportarten für erforderlich gehalten (SCHUBERT, 1983, S. 65; KUNATH/SCHELLENBERGER, 1991, S. 18–20).

---

2 Die Bezeichnungen Orientierungs-, Antriebs-, Ausführungs- und Kontrollregulation sind nicht korrekt, denn reguliert werden Handlungsvorbereitung und -ausführung, und zwar mit Hilfe von Orientierungs-, Antriebs- und Kontrollprozessen.

3 Neben der Schreibweise »sensumotorisch«, die in der Psychologie gebräuchlich ist, findet sich »sensomotorisch«. In einer späteren Publikation bezeichnet HACKER (1986) diese Ebene als »automatisierte Regulationsebene«.

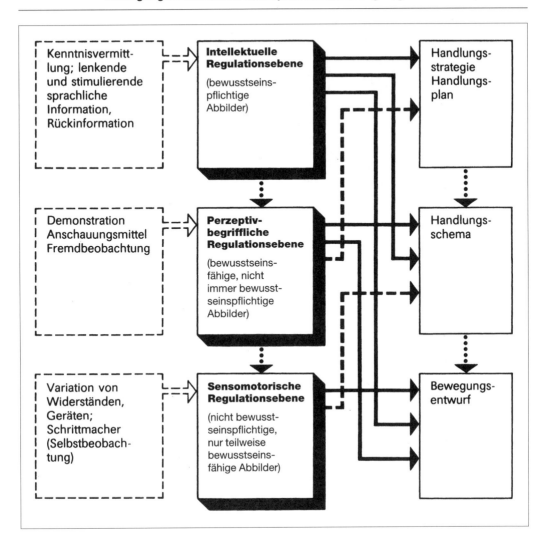

Abb. 2.1.-1 Ebenen der Handlungsregulation
Schematische Darstellung der Beziehungen zwischen handlungsvorbereitender und -realisierenden Regulationskomponenten (nach HACKER, *1978, S. 105) mit Ansatzpunkten für methodische Einwirkungen im sportpädagogischen Prozess.*
→ *Beziehungen des Schaffens und Aktivierens*
••▶ *Beziehungen des Enthaltenseins und Modifizierens*
--▶ *Abrufmöglichkeiten aus dem Langzeitgedächtnis im hochgeübten Zustand (Vereinfachung der Handlungsvorbereitung)*
==▷ *Ansatzpunkte der trainings- bzw. unterrichtsmethodischen Einwirkung.*

- Die *sensomotorische Regulationsebene* baut sich, neurophysiologisch betrachtet, aus einer Reihe weiterer, ebenfalls hierarchisch geordneter Regulationsebenen auf, die verschiedenen Funktionsebenen des zentralen Nervensystems bis zum Rückenmark entsprechen. Auf jeder dieser Ebenen existieren Unterprogramme – beziehungsweise werden gebildet –, und nur im wechselseitigen, heterarchischen Zusammenwirken aller Ebenen ist die motorische Verwirklichung eines Handlungsplanes möglich (vgl. BERNSTEIN, 1988, S. 99–137; HACKER, 1986, S. 402–409; PICKENHAIN, 1975, 1979).

- Die *Handlungsvorbereitung* schließt die Orientierung über die jeweilige Situation, die Programmierung auf den verschiedenen Ebenen und die Entscheidung für den Vollzug einer Handlung ein. Grundlage sind Antriebs- und Orientierungsprozesse, zum Teil bereits auch Kontrollprozesse (hierarchische Struktur der Handlung).

Orientierung bedeutet sowohl Aufnahme aktueller Informationen als auch Aktualisieren gespeicherter Informationen, also von Kenntnissen und Erfahrungen. Kontrolle in der Phase der Handlungsvorbereitung bezieht sich auf die »zielbezogene Überprüfung antizipierter Handlungsalternativen« (KOSSAKOWSKI, 1980, S. 53) unter Verarbeitung von aktuellen und im Gedächtnis gespeicherten Orientierungsinhalten und unter dem Einfluss der Antriebslage. Die Gerichtetheit der Persönlichkeit, die »als einheitliches Bezugsglied oder zentrierende Einheit aller … Funktionen« angesehen werden kann (KOSSAKOWSKI, 1980, S. 54), Einstellungen, Motive, Gedächtnisbesitz, der aktuelle psychische Zustand und weitere Faktoren sind bereits bei der Handlungsvorbereitung wesentliche Einflussgrößen.

- Der *Handlungsvollzug* wird im Zusammenwirken der gleichen Ebenen und Faktoren reguliert. Dabei sind weiterhin Orientierungs- und Antriebsprozesse, vor allem jedoch Kontrollprozesse von Bedeutung. Kontrolliert werden der Handlungsverlauf in seinen vorprogrammierten Schritten (operative Kontrolle) und die erreichten Ergebnisse (resultative Kontrolle). Beim Menschen sind die intellektuelle und die perzeptiv-begriffliche die führenden Regulationsebenen, jedoch besitzt die sensomotorische Ebene im Sport eine sehr große Bedeutung, ohne dass ihre Unterordnung aufgehoben wird.

Konkreter äußerer Ausdruck sportlicher Handlungen und ihrer dominierenden motorischen Komponente sind die sportlichen *Bewegungen*. Sie sind in der Regel Willkürbewegungen und stellen unter der Sicht des jeweiligen Handlungszieles organisierte, koordinierte Ortsveränderungen des Körpers beziehungsweise seiner Glieder als Folge sensomotorisch regulierter Muskeltätigkeit dar. Ihre Organisation, das koordinierte Zusammenwirken verschiedenster Teilbewegungen – das versteht man im engsten Sinne unter *Bewegungskoordination*.

Sportliche Bewegungen und Bewegungskoordination sind nun allerdings nur wissenschaftlich voll erfassbar und erklärbar, wenn man die Handlungsgebundenheit – letzten Endes den »Handlungscharakter« – als Ausgangs- und Bezugspunkt wählt, und wenn man die *Bewegungskoordination* als *Bestandteil*, als *Aspekt der Handlungsregulation* begreift. Dabei spielt die sensomotorische Regulationsebene eine sehr wesentliche Rolle, aber ohne Beteiligung der höheren Ebenen, ohne Einstellungen, Motive, Antriebsprozesse ist auch im Sport keine Willkürbewegung, keine Mobilisierung der energetischen Potenzen, schon gar nicht ein Erlernen komplizierter Bewegungen möglich.

Zu ähnlichen Überlegungen kommt auch HACKER: »*Das über eine nur physiologische Betrachtung hinausgehende Bewegungsstudium ist demzufolge ein Studium des motorischen Aspekts der Handlung*« (1978, S. 247). Wenngleich für sportliche Bewegungen »andere Regulationsgrundlagen« vorliegen, weil Arbeitsbewegungen »ein Aufgabenlösen mit gegenständlichem Resultat darstellen« (S. 256), bestehen doch weitgehende Übereinstimmungen. Deshalb gilt für die Bewegungskoordination bei sportlichen und bei Arbeitsbewegungen, dass sie nicht allein als sensomotorische Regulation erfasst werden kann; denn sensomotorische Regulationsvorgänge »sind abhängige Komponenten übergeordneter begrifflich-perzeptiver oder intellektueller Regulationsvorgänge« (HACKER, 1978, S. 246). Deshalb erfolgt auch die gezielte Einflussnahme auf die Bewegungsausführung im Unterricht und im Training vorwiegend über die begrifflich-perzeptive oder die intellektuelle Regulationsebene und ist damit Einflussnahme auf die betreffende sportliche Handlung.

Aus den bisherigen Ausführungen *leitet sich für die folgenden Abschnitte ab*:
Als Erkenntnisgrundlage für eine effektive sporttechnische Ausbildung und Bewegungsschulung wird die Bewegungskoordination untersucht. Dabei soll jedoch der Bezugsrahmen der Handlungsregulation im Auge behalten und der Gesamtzusammenhang der zugrunde liegenden motorischen, sensorischen, perzeptiv-begrifflichen und intellektuellen Prozesse mit erfasst werden. Somit verstehen wir

Bewegungskoordination als *inhärenten Aspekt der persönlichkeitsabhängigen Handlungsregulation.*[4]

2.2. Wesen und Funktion der Bewegungskoordination

Die Bewegungskoordination wird in ihrem Wesen und ihrer Funktion am ehesten fassbar, wenn wir uns die Vielfalt der zu beherrschenden Faktoren und die Kompliziertheit der Koordinationsaufgabe klarzumachen versuchen. Dieser Weg soll einleitend beschritten werden, um weiterführend ein vereinfachtes theoretisches Modell des Koordinationsprozesses darzulegen, als Grundlage für ein tieferes Eindringen in die Zusammenhänge.

2.2.1. Zum Begriff Bewegungskoordination

Koordinieren heißt wörtlich »*zusammenordnen*«. Die Frage, was im Bewegungsvollzug »zusammengeordnet« wird, lässt sich je nach dem wissenschaftlichen Ausgangspunkt unterschiedlich beantworten.

In der *sportpädagogischen Praxis* bezieht sich der Koordinationsbegriff zumeist auf *Bewegungsphasen, Bewegungen* oder *Teilhandlungen* beziehungsweise Operationen, deren geordnete Verbindung im Handlungsvollzug erreicht werden muss.

Bewegungsphasen liegen unter anderem in der Grundstruktur und im Bewegungsrhythmus vor; einzelne Bewegungen sind zum Beispiel im Bewegungsablauf der Schwimmarten (Arm- und Beinbewegungen) und auch in allen Erscheinungsformen der Bewegungskopplung zu koordinieren.

Demgegenüber bezieht der Physiologe die »Zusammenordnung« auf die motorischen Prozesse, in erster Linie auf die *Muskelarbeit*, unter anderem auf bestimmte Regeln synergistischer und antagonistischer Muskeltätigkeit (intermuskuläre Koordination) und auf die entsprechenden Teilprozesse im Nervensystem. Häufig wird diese Auffassung noch durch die Bezeichnung »neuromuskuläre Koordination« unterstrichen. Darüber hinaus versteht die Physiologie das geordnete (mehr oder weniger synchrone) Zusammenwirken der einzelnen Fasern eines Muskels als »intramuskuläre Koordination«.

In der *funktionellen Anatomie* sowie in der *Kinesiologie* werden unter Bewegungskoordination in erster Linie feststehende Zuordnungen in der *Tätigkeit der einzelnen Muskeln und Muskelgruppen* verstanden. Die *Biomechanik* hingegen erfasst mit dem Koordinationsbegriff vor allem die verschiedenen in der motorischen Aktion zu koordinierenden *Kraftimpulse*, die aufeinander abzustimmenden mechanischen Parameter des Bewegungsablaufes.

Die Bestimmung der Bewegungskoordination als »Zusammenordnung« von Bewegungsphasen, Bewegungen, Kraftimpulsen sowie der motorischen beziehungsweise sensomotorischen Teilprozesse erfasst jedoch die *wesentlichste Determinante* noch nicht. Koordination in der Tätigkeit des Menschen ist **Abstimmung aller Teilprozesse des motorischen Aktes im Hinblick auf das Ziel, auf den Zweck**, der durch den Bewegungsvollzug als Handlungsbestandteil erreicht werden soll.

Dialektisch denkende Wissenschaftler haben die Notwendigkeit seit langem erkannt, den Koordinationsvorgang der menschlichen Bewegungen jeweils auf einen Zweck, eine sinnvolle Aufgabe zu beziehen, mehr noch: von der organisierenden, programmierenden und regulierenden Rolle des antizipierten Handlungszieles auszugehen. An hervorragender Stelle ist hier BERNSTEIN zu nennen, der die Bewegungskoordination nachdrücklich auf bedeutungsvolle Aufgaben bezieht, die durch eine motorische Aktion gelöst werden (vgl. 1988, S. 173). Er betont wiederholt, dass koordinierte motorische Aktionen die Antizipation ihres Ergebnisses voraussetzen.

Der Versuch, auf Grund der bisher erfassten Erscheinungen und Beziehungen eine Bestimmung des Begriffes Bewegungskoordination vorzunehmen, führt im Ergebnis zu folgender Definition:

---

4 Zur Problematik »Handlung-Handlungsregulation« vgl. auch NITSCH 2000; HACKFORT/MUNZERT/SEILER 2000; MUNZERT 1997; NITSCH/MUNZERT 1997.

Definition Bewegungskoordination: Die Ordnung, die Organisation von Bewegungen und damit auch der zugrundeliegenden sensomotorischen Prozesse in Ausrichtung auf ein bestimmtes Ziel beziehungsweise einen Zweck.[5] Das bedeutet die Abstimmung aller Bewegungsparameter im aktuellen Prozess der Wechselwirkung des Sportlers mit der jeweiligen Umweltsituation. Sie ist dem Sportler und dem Sportpädagogen zunächst nur zugängig und erfassbar als Abstimmung der Bewegungsphasen, der Bewegungen oder der Teilhandlungen.

Dem hier umrissenen Begriffsverständnis entspricht im wesentlichen auch der z. T. in der Psychologie und in der Trainingswissenschaft verwendete Terminus »Bewegungsregulation«. Er kann als Synonym gelten, auch wenn mit »Regulation« u. U. der Bezug auf die motorischen, die »inneren« Prozesse der Bewegungsorganisation noch deutlicher zum Ausdruck kommt. Ein zwingender Grund, die in der Sportpraxis und Sportwissenschaft gängigen Termini »Bewegungskoordination« und »koordinativ« zu ersetzen, ergibt sich jedoch daraus nicht.

2.2.2. Zur Kompliziertheit der Koordinationsaufgabe

Wollen wir das Wesen der Bewegungskoordination und ihre Bedeutung verstehen, so muss unter anderem klar sein, welche Vielzahl von Faktoren und Einzelprozessen selbst bei einer einfachen sportlichen Handlung zusammenwirken.

Bei einem motorischen Akt – wir können hier auch die Körperhaltung als Spezialfall hinzurechnen – muss eine große **Anzahl von Freiheitsgraden** beherrscht werden. Für die Ganzkörperbewegung werden 240 Freiheitsgrade angegeben; für die Armbewegung allein ergeben sich 30. Diese Anzahl resultiert aus den Freiheitsgraden des Gelenksystems, ist also abhängig von der Vielgliedrigkeit der Gliederketten.

So sind beispielsweise beim Speerwurf nahezu alle Gelenke der kinematischen Ketten der Beine, des Rumpfes, des Wurfarmes und zum Teil noch des freien Armes wesentlich am Zustandekommen einer effektiven Bewegungsführung beteiligt. Das bedeutet: jede nach räumlichen und zeitlichen Parametern richtig abgestimmte Bewegung muss durch eine entsprechende Muskelinnervation gesteuert werden. Selbst wenn – wie im Gerätturnen oder Wasserspringen – eine größere Anzahl dieser Freiheitsgrade ständig ausgeschaltet bleibt, so erfordert doch die Fixierung der Gelenke durch Muskelanspannung ebenfalls Aufwand im Steuersystem. Das wird erschwert, weil hierbei unter anderem anatomisch bedingte und im Nervensystem fest verankerte Muskelsynergien aufgehoben werden müssen.

Zu den kinematisch bedingten Freiheitsgraden kommt ein weiterer Faktor hinzu, der im koordinierten motorischen Akt beherrscht werden muss und dadurch die Steuerbarkeit des Bewegungsapparates noch komplizierter macht. Er besteht in der **Elastizität der Muskeln, Sehnen und Bänder.**[6] Daraus wird auch verständlich, warum BERNSTEIN die Koordination der Bewegungen bestimmt als die »Überwindung der überflüssigen Freiheitsgrade des sich bewegenden Organs«, was er gleichsetzt mit der »Organisation der Steuerbarkeit des Bewegungsapparates«

Die Kompliziertheit der Koordinationsaufgabe wird weiter erhöht durch den Tatbestand, dass viele Muskeln einen sehr **kurzen Kraftarm** haben, indem sie kurz hinter dem Gelenk ansetzen. Relativ geringe Längenänderungen des Muskels haben dadurch schon einen bedeutenden Bewegungsausschlag am Ende des Hebels (des Lastarmes) zur Folge.

Einen wesentlichen Einfluss hat das **Wirken umweltbedingter Kräfte** sowie von Kräften und Umweltveränderungen, die durch den Bewegungsvollzug selbst produziert werden. Jeder Bewegungsvollzug im Sport ist eine gerichtete Auseinandersetzung mit einer gegebenen Umweltsituation. Dabei wirken neben den inneren, den Muskelkräften, äußere Kräfte – Schwerkraft, Massenträgheit, Rei-

---

5 FOERSTER (1902, S. 1) bezeichnet die Koordination einer Bewegung nicht zu Unrecht als »Funktion – im mathematischen Sinne – der gestellten Aufgabe«.

6 Vgl. auch BERNSTEIN, 1988, S.181/182.

Wesen und Funktion der Bewegungskoordination

bungskräfte, Luft- oder Wasserwiderstand. Sie müssen adaptiv in den Koordinationsvorgang einbezogen werden.

Hohe Leistungen im Gewichtheben machen darum eine sehr feine Abstimmung der entwickelten Muskelkräfte auf die am Gewicht angreifende Schwerkraft und die auftretenden Trägheitskräfte erforderlich. Im Schwimmen dominiert eine Abstimmung auf den Wasserwiderstand.

Dadurch, dass die genannten Kräfte zum Teil *reaktiv* – als Folge des Bewegungsvollzuges – wirksam werden und sich dabei in Größe, Richtung und Angriffspunkt ständig ändern, wird die Koordinationsaufgabe weiter erschwert. Im Kampfsport und im Sportspiel bringen Gegner und Partner weitere, nicht vorausberechenbare Variable hinein, indem sie in ihren Aktionen weitgehend »autonom« sind.[7] Dadurch werden kurzfristige Veränderungen der Handlungsziele beziehungsweise -teilziele erforderlich. Zieht man diesen Umstand ebenfalls in Betracht, so wird eine nochmalige Komplizierung der Bewegungskoordination in diesen Sportarten ersichtlich.

Gesondert erwähnt werden muss noch die **Erhaltung des Gleichgewichtes**. Die Koordination der Bewegung im Hinblick auf Schwerkraft, Trägheitskräfte, Reibungs-, Luft- und Wasserwiderstand schließt zumeist die Aufgabe ein, den Körper in einer bestimmten Lage im Verhältnis zum Schwerefeld der Erde zu halten. Besondere Schwierigkeiten treten bei solchen Bewegungsformen und Haltungsaufgaben auf, die mit sehr kleiner Unterstützungsfläche ausgeführt werden.
Geringfügige Störungen des Gleichgewichtes, zum Beispiel im Skilauf, im Wasserfahrsport oder im Turnen auf dem Schwebebalken, führen zum Misslingen der ganzen Handlung, wenn sie nicht rechtzeitig registriert und ausgeglichen werden. Die Schwerkraft ist dann nicht mehr in die Koordination einbezogen und hat eine destruktive Wirkung[8].
Damit wird die Kompliziertheit der Koordinationsaufgabe zusätzlich unterstrichen.

Auf Grund der Erkenntnisse über die Kompliziertheit der Koordinationsaufgabe kann der Koordinationsbegriff noch weiter konkretisiert

werden. Wir bestimmten Bewegungskoordination als Ordnung motorischer Aktivitäten in Ausrichtung auf einen Zweck. Ordnung der motorischen Aktionen verstehen wir als Abstimmung aller Bewegungsparameter im Prozess der Wechselwirkung Sportler – Umwelt, der auch die Wechselwirkung Sportler – Sportler einschließt. Diese Abstimmung ist nunmehr als *Abstimmung aller inneren und äußeren Kräfte bei Berücksichtigung aller Freiheitsgrade des Bewegungsapparates auf eine zweckmäßige Lösung der gestellten Aufgabe* zu verstehen.

Die Bestimmtheit der Bewegungskoordination durch das Handlungsziel, durch den Zweck der motorischen Aktion kann aus diesem Grunde erweitert werden durch die zusätzliche sekundäre Bestimmung
– von den zu beherrschenden Freiheitsgraden des Bewegungsapparates,
– von den ständig und zeitweise wirkenden äußeren Kräften (bewegungsunabhängige und reaktive Kräfte),
– von der jeweiligen Situation und ihrer – möglichen beziehungsweise auftretenden – Veränderung (speziell im Kampfsport und in den Sportspielen).

2.2.3. Zwei »Koordinationstaktiken«

Bei genauerer Analyse der Bewegungsausführung unter verschiedenen Bedingungen durch den gleichen Sportler ist Folgendes zu beobachten: In bestimmten Disziplinen – zum Beispiel im Gerätturnen – weisen die Bewegungsparameter relativ geringe Abweichungen, das heißt eine hohe Konstanz (vgl. Abschnitt 3.6.) auf. In anderen Disziplinen finden wir dagegen eine bedeutend größere Variation der meisten Parameter. Eine weitere Beobachtung betrifft

---

7 Die Unabhängigkeit und »Autonomie« des Gegners ist allerdings relativ: Sein Handeln ist durch die Kampf- und Spielsituation, durch die Aktionen des Gegners oder Gegenspielers und nicht zuletzt durch die Wettkampfregeln vorbestimmt.
8 Vgl. dazu die Untersuchungen von MESTER (1988) und HIRTZ/HOTZ/LUDWIG (2000).

die – geringere oder größere Variation bestimmter Parameter bei ein und derselben Bewegung: Während bestimmte Parameter selbst bei stärkeren Störeinflüssen, zum Beispiel durch Gegnereinwirkung, noch annähernd konstant gehalten werden, unterliegen andere einer größeren Veränderung.

Diese Erscheinungen lassen den Schluss zu, dass durch die Bewegungskoordination das Erreichen des Handlungsziels auf zwei verschiedenen Wegen abgesichert wird: Der eine Weg ist stärker **modellbezogen** und besteht in der weitestgehenden Konstanthaltung des Bewegungsablaufes entsprechend dem vorausgenommenen Programm unter Kompensation jeder Störung, die den vorgesehenen Bewegungsablauf zu verändern droht. Der zweite Weg ist primär **zielbezogen** und führt zu mehr oder weniger ausgeprägten Veränderungen des Bewegungsablaufes gegenüber dem vorgesehenen Programm, um dadurch trotz der unvorhergesehenen Störeinflüsse das Handlungsziel zu erreichen.

Diese beiden Wege bezeichnete BERNSTEIN (vgl. 1988, S. 228) als die **zwei Taktiken des Koordinationssystems**, die angewandt werden, um die motorische Aufgabenstellung zu verwirklichen. Beide sind zumeist eng miteinander gekoppelt. Die Erhaltung des programmierten Bewegungsablaufes in möglichst vielen Einzelheiten ist, soweit überhaupt möglich, in der Regel unökonomisch. Darum werden durch Variation und adaptive Veränderung weniger wesentlicher Teilbewegungen und Parameter die entscheidenden Kenngrößen und Kennlinien konstant gehalten und damit abgesichert.

So variiert beim Weit- und Hochspringer vor allem die Absprungbewegung nur wenig, während die Parameter der Anlaufbewegung eine größere Streuung aufweisen.

Bei der Anwendung dieser beiden Taktiken werden offenbar *wesentliche* und *unwesentliche Bewegungsparameter* unterschieden. Parameter, die allgemein stärker variieren können, sind der Bewegungsumfang und bestimmte Winkelwerte (vgl. SMIRNOV u. a., 1974, S. 145). Allerdings dürfen diese Veränderungen auch immer nur so weit gehen, dass sich die Hauptkennwerte und -kennlinien nicht

verändern. Sie sind zumeist im dynamischen (Kraft-)Verlauf der Bewegung und in dementsprechenden Relationen zu suchen (u. a. Bewegungsrhythmus, Bewegungskopplung – vgl. Abschnitte 3.3. u. 3.4.).

Diese Erscheinung der »zwei Koordinationstaktiken« steht auch im Zusammenhang mit der von BERNSTEIN festgestellten Nichteindeutigkeit der Relation von zentralem Impuls und Bewegung, die jeweils zu einer mehr oder weniger großen *Bandbreite möglicher Lösungen* von Bewegungsaufgaben führt – interindividuell wie intraindividuell. Es ist damit die Bewegungskoordination offenbar wesentlich durch **Prozesse der Selbstorganisation** bestimmt. (Vgl. BERNSTEIN, 1988, S. 71; zur Variabilität und Stabilität auch WOLLNY 1993, 2002 b).

2.2.4. Theorien und Modelle der Bewegungskoordination

Eine Reihe nacheinander und auch nebeneinander entstandener und auch existierender Motoriktheorien mit auf ihrer Grundlage konzipierten Koordinationsmodellen liefern die Erkenntnisse und Erklärungen zur Bewegungskoordination und den ihr zugrunde liegenden Vorgängen, die mehr oder weniger gesichert, plausibel und praktikabel sind.

Differenziertere Ausführungen und Darstellungen dazu findet der Leser u. a. bei SINGER (1985, S. 97–175), BEYER/PÖHLMANN (1984), SCHNABEL u. a. (1995, S. 11–30), NITSCH/MUNZERT 1997, ROTH/WILLIMCZIK 1999, WOLLNY 2002 b, WIEMEYER (1996).

SINGER (S. 97) unterscheidet – neben deskriptiven Modellen –

• *Informationsverarbeitungsmodelle*:
Betonung auf Wahrnehmungs- und Entscheidungsprozessen, Kapazität der Informationsverarbeitung, Informationsspeicherung.
• *Kybernetisch orientierte Modelle*:
Betonung auf individuellen Steuerungs- und Regelmechanismen.
• *Modelle adaptiver oder hierarchischer Kontrolle*:
Hervorhebung von Programmen (routines) höherer und niederer Ordnung und Mensch-Computer-Analogien zur Organisation von Informationen und Verhaltenssteuerung.

Wesen und Funktion der Bewegungskoordination

Zu den kybernetisch-orientierten Modellen rechnet er neben der »Closed-loop theory« von ADAMS (1971) das Modell von BERNŠTEIJN (1957), auf das wir uns im folgenden stützen werden. Diese Einordnung ist jedoch zu absolut, bei näherer Betrachtung entspricht BERNSTEINS theoretische Leistung bereits weitgehend der Forderung, die SINGER selbst aufstellt:

»Obwohl die Möglichkeit einer akzentuierten Betrachtung kybernetischer, adaptiver und informationsverarbeitender Modelle unabhängig voneinander besteht, erfordert das Verständnis komplexen motorischen Verhaltens die integrative Zusammenschau der drei Ansätze.« (1985, S. 98)

Unter den »Modellen adaptiver und hierarchischer Kontrolle« ist nach SINGER vor allem die in den letzten Jahrzehnten auch in Europa vielbeachtete Schema-Theorie von R. A. SCHMIDT (1975) zu nennen.
Hinsichtlich der bisher bekannt gewordenen Motoriktheorien und der ihnen zuzuordnenden Koordinationsmodelle muss festgestellt werden, dass *jeder ein bestimmter Erklärungswert und* auch *Wahrheitsgehalt zukommt*, jedoch keine bzw. keines beanspruchen kann, das Problemfeld in ganzer Breite und Tiefe zu erfassen und aufzuklären. Sie repräsentieren jeweils nur einen Teil der ständig vermehrten empirischen Forschungsergebnisse, liefern *Partialmodelle*, sodass eine monotheoretische Modellierung der Bewegungskoordination offenbar nicht ausreichend ist. Dabei finden sich *in der Mehrzahl der aktuellen Modelle bzw. Theorien gemeinsame Annahmen und Aussagen*, sodass ein polytheoretisches Herangehen von Nutzen sein kann und zur Aufhellung lerntheoretischer und methodisch-praktischer Fragestellungen beiträgt. (Vgl. auch NITSCH/MUNZERT, 1991, S. 170/171 und das obige Zitat von SINGER 1985)

Die letzt genannte Feststellung gilt auch für die vor allem in der amerikanischen Motorikforschung ausgetragene Kontroverse zwischen »motor approach«, und »action opproach«, das »in die Krise geratene Paradigma der Informationsverarbeitung« sowie die Motoriktheorie-Ansätze, die sich aus der Theorie der Selbstorganisation ergeben. (Vgl. dazu DAUGS, 1994)

Unser Konzept und Modell der Bewegungskoordination geht von folgender Voraussetzung aus: Der Organismus ... »ist ein im

höchsten Grade sich selbst regulierendes System, das sich selbst erhält, wiederherstellt, korrigiert und sogar vervollkommnet« (PAWLOW, 1953, Bd. III/2, S. 430). Dabei ist die Bewegungstätigkeit die wesentlichste Form einer Wechselwirkung mit der Umwelt und darüber hinaus einer aktiven Einwirkung auf die Umwelt, um diese mit wesentlichen Ergebnissen für das Lebewesen zu verändern (vgl. BERNSTEIN, 1988, S. 173). Daraus ergibt sich, dass die Bewegungskoordination auf der Grundlage von Steuer- und Regelprozessen modelliert werden kann. Sportliche Bewegungsvollzüge als gesteuerte Verhaltensweisen des menschlichen Organismus können darum in Form von kybernetischen Modellen dargestellt werden

Eine biokybernetische Modellierung der Grundvorgänge der Bewegungskoordination wurde bereits vor dem Entstehen der Kybernetik als Wissenschaftsdisziplin vollzogen, vor allem durch BERNSTEIN und ANOCHIN. Beide Wissenschaftler richteten ihre Überlegungen und Untersuchungen auf den motorischen Akt als Willkürbewegung, auf den vom bewusst vorausgenommenen Ziel her gesteuerten Bewegungsvollzug, wie er auch in der sportlichen Tätigkeit vorliegt, und auf die sensomotorischen Prozesse, die ihn hervorbringen.[9]
Andere Wissenschaftler erforschten Teilprozesse und Teilsysteme dieses komplexen Koordinationsvorganges – unter anderem WAGNER (vgl. 1925, 1926), der als erster die Rolle der Rückführung (Rückkopplung) in biologischen Systemen erkannte, und HACKER (vgl. 1967), der mit seinen Mitarbeitern die Koordinationsbeziehungen von Auge und Hand untersuchte. Als Modellierung von Teilvorgängen der motorischen Koordination seien hier nur das Reafferenz-Prinzip (vgl. VON HOLST/MITTELSTAEDT, 1950) und das *Systemkonzept des spinalmotorischen Regelsystems* von PAERISCH (vgl. 1968) erwähnt.

Das folgende theoretische Modell der Bewegungskoordination (Abb. 2.2.–1) lehnt sich an das »Blockschema des Apparates der Bewegungssteuerung« von BERNŠTEIJN (vgl. 1957) an. Es sagt folgendes aus: Zur Lösung der in der sportlichen Tätigkeit gestellten komplizierten Koordinationsaufgaben, wie wir sie im vorangegangenen Abschnitt gekennzeichnet haben, sind mehrere **Teilfunktionen** zu realisieren:

---

9 ANOCHIN (1967) spricht von der »Architektur des Verhaltensaktes«.

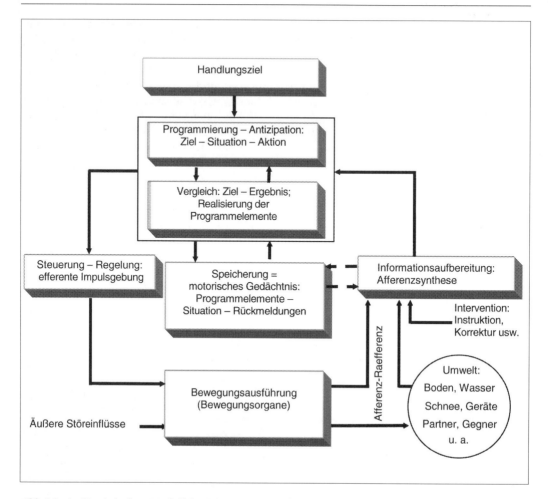

Abb. 2.2.-1 Vereinfachtes Modell der Bewegungskoordination

(1) die *afferente und reafferente Informationsaufnahme und -aufbereitung* (Afferenzsynthese). Dadurch werden Informationen über die Ausgangssituation sowie über die Zwischen- und Endergebnisse des Bewegungsvollzuges gewonnen und weitervermittelt;
(2) die *Programmierung des Bewegungsablaufes* und die *Vorhersage der Zwischen- und Endergebnisse* (Antizipation);
(3) das *Abfragen des motorischen Speichers* und die *Speicherung* von Ausführungs- und Korrekturmustern;
(4) die Realisierung der *Steuerung und Regelung* durch die Erteilung efferenter Steuer- und Korrekturimpulse an die Muskeln;
(5) die *Bewegungsausführung* durch die Bewegungsorgane (Bewegungsapparat). Die Skelettmuskulatur als aktiver energieliefernder Teil des Bewegungsapparates stellt darum das zu steuernde und zu regelnde Organ dar;
(6) der *Vergleich* der eingehenden und gespeicherten Informationen (Istwerte) mit dem vorgegebenen Ziel, dem Handlungsprogramm und den erwarteten Rückinformationen (Sollwerte).

Diese sechs Teilfunktionen, die sich aus einer kybernetisch orientierten Betrachtung der psychophysischen Prozesse in ihrem zyklischen Ablauf ergeben, erfassen die Handlungsstruktur unter einem anderen Aspekt als die vier Funktionseinheiten der Handlung.

Wesen und Funktion der Bewegungskoordination

Sie müssen zumeist mehreren Funktionseinheiten zugeordnet werden.[10]

So ist die Informationsaufnahme und -aufbereitung eine wesentliche Grundlage für alle vier Funktionseinheiten, die Programmierung wird nach der Theorie der Handlungsregulation der Handlungsorientierung zugeordnet, die Nutzung des Speichers (des Gedächtnisses) gehört zur Orientierung, beeinflusst jedoch auch die Antriebe. Die Erteilung der efferenten Steuer- und Regelimpulse ordnet sich sowohl der Ausführung als auch der Kontrolle der Handlung ein, die Bewegungsausführung entspricht der Handlungsausführung, der Soll-Ist-Vergleich weitestgehend der Handlungskontrolle.

Nach unserem gegenwärtigen Wissensstand sind nicht in jedem Falle die im Koordinationsprozess zu vollziehenden Funktionen eng umrissene Organe beziehungsweise anatomische Strukturen zuzuordnen. Fest steht, dass die genannten Funktionen auf der Basis des Sinnes- und Nervensystems realisiert werden. (Vgl. u. a. NITSCH/BRACH 1997) Um die zentraler gelagerten Aufgaben zu erfüllen, **müssen** offensichtlich **sehr verschiedenartige Nervenzentren zusammenwirken** (vgl. ANOCHIN, 1967, S. 83 ff.).

Aus dem Modell geht hervor, dass *Programmierung* (Antizipation) und *Sollwert-Istwert-Vergleich **durch das Handlungsziel entscheidend bestimmt werden.***

Zum *motorischen Gedächtnis* besteht eine Wechselbeziehung: Die gespeicherten Erfahrungen, Teilprogramme, Ergebnisse und anderes werden im Koordinationsprozess abgefragt, also genutzt, und gleichzeitig werden neu erarbeitete Bewegungsprogramme und ihre Ergebnisse gespeichert.

Das hier dargelegte Modell stellt im Hinblick auf die Vielgestaltigkeit und Kompliziertheit der sich vollziehenden Regulationsprozesse und die Einordnung in die Handlungsregulation eine *wesentliche Vereinfachung* dar. Sie betrifft einerseits die *Abstraktion von den verschiedenen Regulationsebenen*, sodass die vielschichtigen hierarchischen und heterarchischen, miteinander vernetzten Prozesse gewissermaßen in eine Ebene projiziert sind.

Bei HACKER (vgl. 1978), KLIX (vgl. 1973), PICKENHAIN (vgl. 1976, 1978) und anderen Autoren finden sich Modelldarstellungen, die auch der Hierarchie der Regulationsebenen Rechnung zu tragen versuchen.

Die folgende Abbildung 2.2.–2 kann dazu eine ungefähre Vorstellung vermitteln, ohne dass im einzelnen darauf eingegangen werden soll.

Wir gehen auch in unseren weiteren Überlegungen vorwiegend vom vereinfachten Modell aus, weil es *den Blick auf das Prinzipielle der Bewegungskoordination, auf den Grundvorgang*, auf den es einzuwirken gilt, lenkt. Bei der Ableitung von Folgerungen für die Lehr- und Übungspraxis muss jedoch beachtet werden, auf welche und über welche Regulationsebene eine Einflussnahme auf den Sportler möglich ist (vgl. Abb. 2.1.–1).

Die Vereinfachung des Modells betrifft andererseits folgende Tatsachen: Entgegen der eingangs erklärten Absicht, die Bewegungskoordination jeweils in den Rahmen der Handlungsregulation zu stellen, werden *die Antriebsprozesse* und das *»Fällen der Entscheidung«* (ANOCHIN, 1967, S. 56 ff.), die in engem Zusammenhang mit der Informationsaufnahme und -verarbeitung sowie mit der Programmierung stehen, *aus dem Modell nicht ersichtlich*. Auch hiermit soll der Blick vornehmlich auf die für die sporttechnische Ausbildung spezifischen Beziehungen gelenkt werden. Antriebs- und Entscheidungsprozesse sind für alle Bereiche des Trainings, Sportunterrichts und sportlichen Übens bedeutsam. Dabei ist außerdem zu beachten, dass hinsichtlich technisch-koordinativer Leistungen im Sport (nicht so sehr, wenn taktische Aspekte hinzukommen wie in den Zweikampf- und Sportspielarten) die Entscheidungen vereinfacht und weitgehend vorweggenommen sind. Wie für Arbeitsbewegungen gilt, dass »die anfängliche Wahl ... durch Aktualisierung eines der signalisierten Situation zugeordneten Arbeitsprogramms aufgehoben« wird (HACKER, 1978, S. 321).

Das bedeutet jedoch nicht, dass die Bewegungskoordination nicht auch in enger Beziehung zum Antriebsaspekt der Handlung steht. Bereits die Informationsaufnahme und -aufbereitung werden in Umfang und Genauigkeit durch die Antriebssituation mitbestimmt und

---

10 Noch differenzierter beschreibt PÖHLMANN (1994, S. 63–90) in seinem Modell der Lernspirale 7 Grundfunktionen.

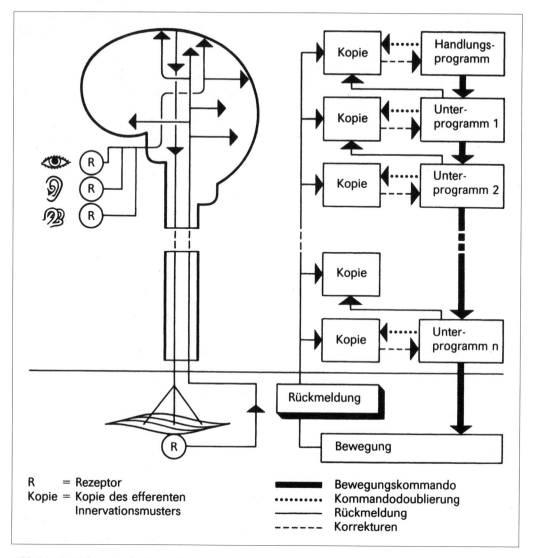

Abb. 2.2.-2   Schematische Darstellung hierarchisch geordneter Rückkopplungskreise bei der Bewegungskoordination (nach PICKENHAIN)

können diese andererseits wesentlich beeinflussen.

In den folgenden Abschnitten sollen nun, ausgehend vom vereinfachten Modell, *drei Funktionskreise näher untersucht* werden, die »Schlüsselmechanismen« (ANOCHIN, 1967, S. 95) der motorischen Koordination beinhalten.

Diese drei Funktionskreise sind:
- *Informationsaufnahme und -aufbereitung;*
- *Programmierung des motorischen Verhaltens und Bewegungsantizipation;*
- *Vergleichsprozesse (Sollwert-Istwert-Vergleich).*

2.3. Informationsaufnahme und -aufbereitung

Unzweifelhaft sind in der menschlichen und speziell der sportlichen Tätigkeit *energetische* und *informationelle Prozesse* zu unterscheiden. Erstere betreffen die Ausnutzung und Übertragung der mechanischen Energie und die Bereitstellung und Umwandlung von Energie durch physiologische bzw. biochemische Prozesse, letztere die sensomotorische Steuerung und Regelung der Muskeltätigkeit und die Handlungs- bzw. Verhaltensregulation mit kognitiven Prozessen – Wahrnehmungs- und Denkprozessen –, Entscheidungs- und Vergleichsprozessen im Handlungsverlauf sowie motivationalen, emotionalen und volitiven Komponenten. (Vgl. SCHNABEL, 2003, S. 48–50) Dabei sind energetische und informationelle Prozesse eng miteinander verknüpft, sodass eine **Einheit von Energie und Information** gefolgert werden muss.

So werden u. a. durch die informationellen Prozesse der sensomotorischen Steuerung und Regelung die bioenergetischen Prozesse in den Muskeln in einer Weise aktiviert und gebremst, dass eine dem Handlungsziel dienende »zweckmäßige« Energieübertragung und -ausnutzung zustande kommt.

Demnach sind *Handlungsregulation und Bewegungskoordination ihrem Wesen nach informationelle Prozesse*, sind als »Informationsorganisation« (STARK, 1984) zu verstehen. Damit werden »Information« und »Informationsverarbeitung« zu zentralen Begriffen im Verständnis der Bewegungskoordination.

Diese Feststellung gilt unabhängig von der Krise im »Paradigma der Informationsverarbeitung und seine(n) kognitionspsychologischen und motorikwissenschaftlichen Ableitungen und Theorien« (DAUGS, 1994, S. 13), zumal die besonders kritisch betrachtete Computeranalogie dieses Paradigmas im tätigkeitsorientierten Informationskonzept kaum eine Rolle spielt.

Anliegen ist es nicht, eine informationstheoretische, quantitative Behandlung der Informationsproblematik im Rahmen der Bewegungskoordination vorzunehmen, sondern vor allem in das Denken des praktisch tätigen Sportlehrers und Trainers einfache Modelle des Informationsflusses einzuführen, um ihm Eingriffsmöglichkeiten und auch Eingriffsschwierigkeiten aufzuzeigen. Dabei müssen wir uns jedoch immer der Tatsache bewusst bleiben, dass ein derartiges, teilweise kybernetisch orientiertes Vorgehen wohl *wesentliche Beziehungen herausheben kann*, aber *vom konkreten Inhalt der jeweiligen Information*, der ja beim Menschen immer auch sozial determiniert ist, mehr oder weniger abstrahiert.

2.3.1. Sensorische Information und Rückinformation

Die Ausführung eines Bewegungsaktes in zweckdienlicher Form ist nur möglich, wenn außer dem Zweck auch die Mehrzahl der weiteren Faktoren, die die Bewegungskoordination bestimmen, bekannt ist, das heißt, wenn dem Steuerzentrum darüber Informationen vorliegen oder mit anderen Worten, wenn eine hinreichende *Orientierungsgrundlage* vorhanden ist. Wenn die sensorischen Systeme intakt und voll funktionstüchtig sind, werden in jedem Augenblick von den Rezeptoren eine Vielzahl von Signalen an die sensorischen Nervenzentren übermittelt. Auf die dabei ablaufenden Codierungs- und Decodierungsvorgänge und auf die Probleme der Signalübertragung soll hier nicht eingegangen werden. Wesentlich ist, dass diejenigen Signale weitergeleitet und verarbeitet (analysiert und synthetisiert) werden, die *Träger von praktisch bedeutsamen Informationen* sind. In der Physiologie bezeichnet man diesen Vorgang der Informationsaufnahme durch die Sinnesorgane und die Übermittlung an die Steuerzentralen als **Afferenz**.[11]

Ein wesentlicher Teilvorgang ist die Auswahl und vergleichende Aufbereitung der aufgenommenen Signalreize, die **Afferenzsynthese** (vgl. ANOCHIN, 1967).

---

11 In den deutschen Übersetzungen der Arbeiten ANOCHINS erscheint zumeist die Bezeichnung »Afferentation« (bzw. »Reafferentation«). Da sich im deutschen Schrifttum sonst allgemein »Afferenz« (bzw. »Reafferenz«) durchgesetzt hat, benutzen wir letztere Termini.

Dem Beginn einer Handlung gehen **Anlass**-(auslösende) und **Situations**-(Umgebungs-) **afferenzen** voraus (nach ANOCHIN, 1967, 1968). Innerhalb des Komplexes der einlaufenden und zu verarbeitenden Signale werden sowohl die Information, die die Handlung auslöst, als auch Informationen über den augenblicklichen Zustand der Bewegungsorgane und der Umwelt übermittelt. Dadurch wird eine zweckentsprechende Programmierung ermöglicht.

Folgende Beispiele veranschaulichen die Beteiligung sensorischer Informationen (Afferenzen) an der Bewegungsprogrammierung: Bei allen sportlichen Handlungen ist eine vorangehende Situationsanalyse erforderlich. Sie betrifft beim Hochsprung unter anderem die Lattenhöhe, die Länge und Richtung des Anlaufes, die Beschaffenheit der Anlaufstrecke sowie der Absprung- und Aufsprungstelle.

Diese Situationsinformation ist auch bei sportlichen Bewegungsakten, die unter relativ standardisierten Bedingungen ablaufen und bei denen nach längerem Üben der Bewegungsablauf eine hohe Konstanz erreicht hat, noch notwendig. Handlungen, bei denen die Bedingungen nicht standardisiert sind, erfordern in noch weit höherem Maße Informationen über die Situation und ihre Veränderungen.

Das betrifft unter anderem die Disziplinen des alpinen Skilaufes, wo im Verlaufe einer Abfahrt eine gewissermaßen »gleitende Programmierung« erfolgt, die wesentlich durch die Informationen zum Beispiel über den Streckenverlauf, über die Bodenbeschaffenheit, die Hangneigung und über Hindernisse mitbestimmt wird.

Hier wird auch die *enge Verknüpfung von Anlass- und Situationsafferenzen* ersichtlich. Die Informationen über den Streckenverlauf sind im allgemeinen Situationsafferenzen, werden jedoch in ihrer Gesamtheit gleichzeitig zu Anlassafferenzen, indem sie zum Beispiel den Ansatz eines Schwunges oder Sprunges an einer bestimmten Stelle auslösen (zu verstehen als mehr oder weniger bewusste, von den Afferenzen wesentlich bestimmte Entscheidung).

Diese Komplexität von Situations- und Anlassafferenzen wird in den Disziplinen des Kampfsportes und in den Sportspielen noch größer, da dort die Handlungen des Gegners und der Mitspieler mitentscheidend für die Programmierung eigener Bewegungsakte sind.

Mit dem Beginn einer sportlichen Handlung ist ihre *Grobprogrammierung* in der Regel abgeschlossen, nicht aber die Einwirkung der sensorischen Information auf ihren Verlauf. Die intakte sensorische Information während sportlicher – und auch anderer menschlicher – Bewegungsakte ist eine ganz wesentliche Bedingung für einen koordinierten Ablauf. Die im Koordinationsprozess zu beherrschenden Kräfte und Faktoren sind so kompliziert, ihre Anzahl ist so groß und ihre Veränderung so ungenau vorausschaubar, dass eine starre Programmierung unmöglich ist. Das menschliche motorische System arbeitet in der Regel nicht in der Art einer programmgesteuerten Maschine, indem ein in allen Einzelheiten festgelegtes, zentral codiertes Programm unveränderlich abläuft, sondern es erfolgen ständige Korrekturen, es erfolgt eine **Regelung des Bewegungsablaufes**. Lediglich für sehr schnelle Bewegungen wird das weitgehende Fehlen von Regelvorgängen durch Reafferenzen, die während des Bewegungsablaufes der Hauptphase entstehen, angenommen.

Regelung ist nur möglich auf der Grundlage rückgekoppelter Informationen, physiologisch ausgedrückt: auf der Grundlage der **Reafferenz**. Darunter sind Rückmeldungen, das heißt auf afferentem Wege übermittelte Informationen über den Verlauf der Bewegung zu verstehen. Sie werden auch als *Bewegungsempfindungen* bezeichnet.

Diese Rückmeldungen können folgender Art sein: Sie geben beispielsweise beim *Hochsprung* die jeweilige Lage des Schwungbeines oder des ganzen Körpers zur Latte während der Hauptphase an; oder signalisieren bei den alpinen Skidisziplinen den Verlauf der Richtungsänderungen, die dabei erreichten Lageverhältnisse in Bezug auf die Torstangen, den Verlauf der Piste, die jeweilige Gleichgewichtslage; oder informieren bei der Anwendung eines verzögerten *Fallwurfes* im Handballspiel besonders über die Reaktionen des Gegners, auch über die erreichte Gliederstellung und die vorhandenen Bewegungsgrößen als Grundlage für die präzise, genau gezielte Ausführung des Wurfes.

Das Regelsystem des *Ringers* erhält durch die Reafferenz Informationen, inwieweit der Gegner dem ausgeübten Zug oder Druck Widerstand entgegensetzt oder nachgibt und inwieweit die eigene aufgewendete Kraft ausreicht. Beim *Speerwerfer, Diskuswerfer* und bei der *Gymnastin* werden neben der

Information über den Verlauf der Gesamtbewegung sowie über die Bewegungen und Verlagerungen der einzelnen Körperteile auch *Informationen über die Bewegungen der Handgeräte gewonnen.*

Hinsichtlich des Inhaltes der auf reafferentem Wege übermittelten Informationen trifft ANOCHIN (vgl. 1958, 1967) folgende Unterscheidung, die für das Verständnis des Koordinationsprozesses wesentlich ist: Er unterscheidet die *bewegungslenkende* (auch »bewegungsrichtende«) von der *resultativen Reafferenz* (Ergebnisinformation). Dieser Unterscheidung entspricht sinngemäß die operative und die resultative Kontrolle bei KOSSAKOWSKI (vgl. 1980, S. 53).

Die **bewegungslenkende Reafferenz** erfolgt vorwiegend auf dem Wege über die kinästhetischen Signale, die durch die Reizung der Propriorezeptoren in den Muskeln, Sehnen und Gelenken während des Bewegungsvollzuges entstehen.

Unter der **resultativen Reafferenz** wird die komplexe Information über den Erfolg der programmierten Handlung verstanden. Sie erfolgt *etappenweise als sukzessive Information* über das Ergebnis der Teilschritte des Gesamtverlaufes und bei Abschluss des Bewegungsaktes als endgültige oder *sanktionierende Reafferenz* (ANOCHIN, 1958, S. 540). Nach ANOCHIN besteht eines der Hauptgesetze des Lebens in der Einregulierung aller Aktionen nach ihrem Nützlichkeitsgrad, der auf reafferentem Wege überprüft wird.[12] Die etappenweise Reafferenz ist darum für die Bewegungskoordination der verschiedensten Handlungen im Sport ebenso bedeutsam wie die bewegungslenkende Reafferenz, weil dadurch jeder Teilschritt einer komplexen Kontrolle unterliegt. Die sanktionierende Reafferenz kann jeweils nur für den nächstfolgenden Bewegungsakt verwertet werden; ihre Hauptbedeutung hat sie aus diesem Grunde im Rahmen des motorischen Lernens.

Ein ganz wesentlicher Teilvorgang in der Informationsverarbeitung ist die Zusammenfassung, die Synthese aus all den verschiedenartigen Afferenzen und Reafferenzen. Wir bezeichnen diesen Vorgang nach ANOCHIN als **Afferenzsynthese.**

In Weiterentwicklung der Theorie der höheren Nerventätigkeit von PAWLOW arbeitete ANOCHIN (vgl. 1967, S. 39 ff.) heraus, dass für den »Verhaltensakt« nicht ein bedingender Reiz ausschlaggebend ist, sondern dass sich eine synthetische Einheit mit vorangegangenen Reizen bildet, die als ein System von Vorerregungen wirken (vgl. S. 40). Im Stadium der Afferenzsynthese treten infolgedessen nach seiner Darstellung vier verschiedene Formen von Afferenzen auf (S. 45 ff.).

Die erste Form nennt er **Motivationserregung**. Demnach geht es hierbei um den Einfluss von Antrieben. »Die im betreffenden Augenblick dominierende Motivation stellt ein Filter dar, durch das die im Überfluss vorhandene äußere Information klassifiziert wird« (S. 46). Bekannt ist der Einfluss der Zuschauerkulisse, bestimmter Erfolge oder Misserfolge auch von Mannschaftskameraden oder der Verstärkung der Motivation im Übungs- oder Trainingsprozess durch den Sportlehrer oder Trainer auf die Leistung. Dieser Einfluss wird bereits in der Afferenzsynthese und ihrer Qualität wirksam.

Die zweite Form ist die Gesamtheit der beteiligten **Situationsafferenzen.** Darunter sind alle zur jeweiligen Situation und zu möglichen Verhaltensweisen in irgendeiner Beziehung stehenden afferenten – und auch reafferenten – Informationen zu verstehen, die zumeist latent bleiben bis zum Eintritt der auslösenden Afferenz. Sie sind aber ausschlaggebend dafür, welchen Verhaltensakt die betreffende Afferenz auslöst, und dass sie überhaupt eine Reaktion auslöst. So veranlassen beim Fußballspiel die Situationsafferenzen, die eine Abseitsposition signalisieren, mitunter bereits vor dem Abseitspfiff bei Verteidigern und Torwart das Ausbleiben von Abwehrreaktionen gegen den Angriff eines Gegners. Im allgemeinen bestimmt in allen Sportspielen die Spielsituation maßgeblich, was der Spieler tut.

Die dritte Form ist die **auslösende Afferenz**. Sie lässt »die Gesamtheit der latenten Erregungen in einem bestimmten Augenblick zum Vorschein kommen ..., der, vom Standpunkt des Anpassungserfolges aus gesehen, besonders günstig erscheint« (S. 47). Neben sehr eindeutigen Anlassafferenzen, wie dem Startkommando oder Startschuss, gibt es im Sport auch solche, die dem Sportler in ihrer Funktion gar nicht bewusst werden. Im Spiel- oder Kampfgeschehen kann

---

12 »Jedes funktionelle System, ob mechanisch oder einem Lebewesen zugehörig, das zum Zwecke der Erhaltung eines bestimmten Nützlichkeitsgrades geschaffen wurde oder sich entwickelt hat, muss auf alle Fälle zyklischen Charakter besitzen. Es kann nicht existieren, wenn ihm keine Resignalisation über den Nützlichkeitsgrad des bewirkten Effektes zufließt«. (ANOCHIN, 1958, S. 545 f.)

auch ein bestimmtes Verhältnis der Situationsafferenzen untereinander zum auslösenden Reiz werden. Die vierte Form ist die **Ausnutzung des Gedächtnisapparates**. »Eine Afferenzsynthese wäre unmöglich, wenn die Gesamtheit der Situationsreize und der auslösenden Reize nicht über feinste Fäden eng mit den früheren Erfahrungen ... verbunden wäre« (S. 47). Demnach geht bereits in die Auswahl und Synthese der Afferenzen die Bewegungserfahrung des Sportlers mit ein und bestimmt, welche Information für die weitere Bewegungskoordination überhaupt genutzt und zu welchen anderen Informationen sie in Beziehung gesetzt wird. Auch die Vorausinformation über zu erwartende Rückmeldungen, das so genannte »feed forward«, hängt damit zusammen.

Analog verläuft der Vorgang der (Re-)Afferenzsynthese während der Bewegungsausführung.

2.3.2. Der Anteil der Analysatoren an der Information und Rückinformation

Für die sportliche Praxis ist es wichtig zu wissen, welche Rezeptoren, welche Sinne vornehmlich an der motorischen Afferenz und Reafferenz beteiligt sind. Man spricht hier von **Analysatoren** und versteht darunter jene Teilsysteme der Sensorik – des Gesamtbereiches der sinnlichen Informationsaufnahme und -verarbeitung –, *die Informationen auf der Grundlage von Signalen jeweils ganz bestimmter Modalität (z. B. optische, akustische) empfangen, umkodieren, weiterleiten und aufbereitend verarbeiten.* Zu einem Analysator gehören jeweils spezifische Rezeptoren, afferente Nervenbahnen und sensorische Zentren bis zum primären Projektionsfeld in der Hirnrinde.

Bedeutsam für die motorische Koordination sind vor allem *fünf Analysatoren*: der kinästhetische, der taktile, der statico-dynamische, der optische und der akustische Analysator. Der kinästhetische Analysator und der statico-dynamische Analysator werden zum inneren Regelkreis, die drei anderen Analysatoren zum äußeren Regelkreis der Motorik gerechnet. Im inneren Kreis verläuft der Informationsweg ausschließlich innerhalb des Organismus, beim äußeren Kreis auch teilweise außerhalb.

Die fünf Analysatoren haben sehr unterschiedliche Anteile an der Information über den Bewegungsablauf, was den Inhalt, die Menge und die Verwertbarkeit der möglichen Information betrifft, wobei es auch sportart- und disziplinspezifische Unterschiede gibt. Für die Bewegungkoordination sind sie jedoch alle fünf wesentlich, wirken zumeist eng zusammen und ergänzen sich.

Der kinästhetische Analysator

Ganz bewusst stellen wir diesen Analysator an den Anfang, lässt doch bereits seine Bezeichnung als »bewegungsempfindender« Analysator die motorische Funktion erkennen. Anatomisch gesehen stellt er ein *differenziertes, weitverzweigtes Gebilde* dar: Seine Rezeptoren – die so genannten Propriorezeptoren – finden sich in allen Muskeln, Sehnen und Gelenken des menschlichen Bewegungsapparates. Seine Leitungsbahnen, die sensiblen Nervenfasern, übermitteln als Nachrichtenkanal dem zentralen Nervensystem die aufgenommenen Signale. Sie zeichnen sich durch eine *besonders hohe Leitungsgeschwindigkeit* und damit auch durch eine *höhere Übertragungskapazität* als die Kanäle anderer Analysatoren aus.[13] Überdies liegen seine Rezeptoren unmittelbar in den Bewegungsorganen und können dadurch jeden Bewegungsvorgang auch unmittelbar signalisieren. Damit ist der kinästhetische Analysator ebenfalls den anderen Analysatoren überlegen, die zum Teil erst auf größere Bewegungsausschläge ansprechen, während die Propriorezeptoren bereits gerade beginnende Spannungs-, Längen- oder Gelenkwinkeländerungen aufnehmen können. Hinzu kommt sein *hohes Differenzierungs-*

---

13 Leitungsgeschwindigkeiten beim Warmblütler (nach RÜDIGER, 1971, S. 422 ff.):
- Motorische Nervenfasern zur Skelettmuskulatur und sensible Nervenfasern von der Muskelspindel – 60 bis 120 m/s.
- Sensible Fasern von den Berührungsrezeptoren der Haut – 40 bis 90 m/s.
- Motorische Nervenfasern zur intrafusalen Muskulatur und sensible Nervenfasern von den Druckrezeptoren der Haut – 30 bis 40 m/s.
- Sensible Nervenfasern von den Chemo-, Thermo- und Schmerzrezeptoren – 15 bis 25 m/s.

vermögen, weshalb er ebenfalls wesentliche Vorzüge gegenüber den anderen Analysatoren besitzt.

Die genannten Fakten machen den kinästhetischen Analysator für die reafferente Bewegungskontrolle besonders geeignet. Der Inhalt der Information muss dabei nicht auf eine Widerspiegelung des Bewegungsverlaufes »von innen« beschränkt bleiben, die für alle sportlichen Bewegungen von großer Wichtigkeit ist.

So ist zum Beispiel diese kinästhetische »Innenansicht« für die Kontrolle der Beinhaltung im Gerätturnen oder der Armführung beim Speerwurf unbedingt erforderlich. Die *vermittelte Information* kann sich darüber hinaus *auch* auf die *Umwelt*, auf *Partner* oder *Gegner*, insbesondere *auf den Widerstand, den diese unseren Bewegungen entgegensetzen,* erstrecken.

Der Ringer erhält vornehmlich durch kinästhetische Empfindungen Kenntnis von der Reaktion seines Gegners auf einen ausgeübten Zug oder Druck, und der Ruderer wird durch den kinästhetischen Analysator über die Stellung und die Tauchtiefe des Ruderblattes oder die Stellung der Innenhebel bei der Skullkreuzung informiert.

Besonders bedeutsam ist die Tatsache, dass die kinästhetischen Informationen **wesentlichste Quelle für die Raum- und Zeitkomponenten** in der menschlichen Wahrnehmung sind. Unser Empfinden für die Entfernung und die Höhe von Gegenständen, die Richtung und Geschwindigkeit ihrer Bewegungen ist Produkt der kinästhetischen Empfindungen, wie bereits SETŠENOV (1908) feststellte. Während periodischer Bewegungen ist das Muskelempfinden Maß oder Analysator von Raum und Zeit. Diese Erkenntnisse, die sich in der Folgezeit bestätigten (vgl. ANANJEW, 1963, S. 21; FARFEL, 1960, S. 13), unterstreichen den Anteil der bewegungslenkenden kinästhetischen Reafferenz am Gesamtprozess der Bewegungskoordination. Die bei vielen sportlichen Bewegungen so wesentliche Feinabstimmung von Raum- und Zeitparametern (»Timing«) hat differenzierte kinästhetische Informationen zur Voraussetzung. Diese Informationen sind jedoch *in der Regel nicht bewusstseinsfähig*, sondern können *nur indirekt bewusst* gemacht werden. Das führt zu Schwierigkeiten bei der Technik- beziehungsweise Bewegungsschulung.

Es ist nicht möglich, hier eine weitergehende Darstellung der Struktur, der Arbeitsweise und der Wechselbeziehungen des kinästhetischen Analysators zu anderen funktionellen Systemen sowie der sich daraus ergebenden Folgerungen zu geben (vgl. u. a. PICKENHAIN/BEYER/MEISCHNER, 1985). Auf eine Erkenntnis sei jedoch noch besonders hingewiesen: Der kinästhetische Analysator ist *in seiner Funktion enger mit allen anderen Analysatoren verbunden als diese untereinander.* Es gibt im Allgemeinen keine Informationsgewinnung aus der Umwelt mit Hilfe eines Analysators, die nicht zugleich auch einen kinästhetischen Anteil enthält. Für die Information über unsere Bewegungen kann das gar nicht anders sein, da jeder motorische Vorgang mit Notwendigkeit kinästhetische Signale auslöst. Andererseits lassen sich Informationen aus der Umwelt durch die anderen Analysatoren in vielen Fällen nur mit Hilfe motorischer Tätigkeit gewinnen, und sei es nur, dass wir durch Bewegungen Auge oder Ohr auf die Informationsquelle richten (vgl. u. a. ANANJEW, 1963, S. 26 und 77).

Der taktile Analysator[14]

Da die Rezeptoren dieses Analysators in der Haut lokalisiert sind, hat er jeweils an der Information über solche Bewegungsabläufe oder Teilabläufe wesentlichen Anteil, die *in unmittelbarem Kontakt mit der Umwelt erfolgen*. Auf taktilem Wege gewinnen wir unter anderem *Informationen über Form und Oberfläche* berührter Gegenstände.

Das ist z. B. für die Griffestigkeit bedeutsam. Beim Ballspiel, im Ringen oder im Gerätturnen spielt der ständig kontrollierte richtige Griff eine wichtige Rolle.

Auf taktilem Wege empfinden wir aber auch den *Widerstand*, den *Luft* oder *Wasser* unseren Bewegungen entgegensetzen.

Das Vortriebsempfinden beim Gleiten im Wasser kommt wesentlich durch Informationen des taktilen Analysators zustande, und am Empfinden des »Abdruckes« am Wasser ist er ebenfalls beteiligt.

---

14 Unter »taktilem Analysator« verstehen wir in Anlehnung an ANANJEW (vgl. 1963, S. 20) den Teil des Hautanalysators, der mechanische Reize aufnimmt. Schmerz- und Temperaturrezeptoren bleiben unberücksichtigt.

Allerdings ist es dem Sportler in vielen Fällen *kaum möglich, die taktilen Informationen von den kinästhetischen zu unterscheiden.* Mitunter sind kinästhetische durch gleichzeitige taktile Empfindungen maskiert, das heißt, nur die taktile Empfindung wird bewusst. Durch die ebenfalls weitverzweigte Lage der Rezeptoren in unmittelbarer Nachbarschaft der Propriorezeptoren fließen die Informationen beider Analysatoren ineinander. Weiterhin ist beiden gemeinsam, dass Informationen nur durch motorische Aktivität oder durch mechanische Kraftwirkungen von außen zustande kommen können. Untersuchungen weisen den beachtlichen Anteil dieses Analysators an der Bewegungskoordination nach (vgl. GORODNIČEV u. a., 1984).

Der statico-dynamische Analysator (Vestibularanalysator)

Unter den klassischen »fünf Sinnen« finden wir diesen Analysator ebensowenig berücksichtigt wie den kinästhetischen. Bekannt ist, dass durch vestibulare Signale eine ständige Information über die *Lage des Kopfes im Schwerefeld der Erde* an koordinierende Zentren geht. *Bewegungen des Kopfes* werden *in Richtung und Beschleunigung* erfasst. Dass eine solche Signalisierung durch Bewegungsabläufe des Wasserspringens, Gerätturnens oder der Skiabfahrt in erhöhtem Maße ausgelöst wird, leuchtet ohne weiteres ein.[14] Für die Orientierung im Raum und die Erhaltung des Gleichgewichts spielen aber auch visuelle, kinästhetische und taktile Informationen eine gewichtige Rolle. Der jeweilige Anteil des Vestibularanalysators an der Bewegungskoordination ist zumeist nicht völlig eindeutig zu bestimmen.[15]

Bekannt sind *negative Effekte*, die durch vestibulare Signale ausgelöst werden und die die Bewegungskoordination erschweren. Gemeint sind hiermit *bestimmte Reflexe*, die zum Beispiel bei Umschwüngen und Überschlägen zu einer fehlerhaften Kopfhaltung und in der Folge davon häufig zu Störungen in der Gesamtkoordination führen.

Die Bedeutung eines Trainings, das auf eine spezielle funktionelle Anpassung dieses Analysators gerichtet ist und in der Flieger- und Kosmonautenausbildung

eine Rolle spielt (Habituationstraining), wurde im Sport unter anderem von WALKSTEIN (vgl. 1971) nachgewiesen. Untersuchungsergebnisse vor allem aus dem Gerätturnen weisen darauf hin, dass eine niedrige Erregungsschwelle dieses Analysators und seine differenzierten Informationen wesentlich für das Erreichen höchster koordinativer Leistungen sind (vgl. u.a GUNDLACH, 1985; GUNDLACH/GLENDE, 1990, POPUGAEV/PANFILOV, 1981).

Der optische Analysator

Die Rezeptoren des optischen und des akustischen Analysators werden auch als *Distanz- oder Telerezeptoren* bezeichnet, da sie Signale zu empfangen vermögen, deren »Sender« nicht in unmittelbarer Berührung mit dem Rezeptor steht. Licht- und Schallwellen sind als Übertragungskanal zwischengeschaltet. Dadurch wird es möglich, mit Hilfe dieser Analysatoren nicht nur *Informationen* über die eigenen, selbst vollzogenen Bewegungsakte zu erhalten, sondern auch *über die Bewegungsvollzüge anderer Menschen.* Diese letztere Tatsache räumt vor allem dem optischen Analysator eine besondere *Rolle beim Erlernen von Bewegungen* ein, indem auf seiner Grundlage ein Vorbild, ein Vormachen als Bewegungsinformation möglich wird. So bedeutsam diese visuelle Vorbildinformation auch ist, sie charakterisiert die Bedeutung des optischen Analysators für die sportliche Motorik nur zu einem Teil. Es wäre falsch, darin seine Hauptbedeutung zu sehen und die visuelle Afferenz und Reafferenz der Selbstbewegung zu vernachlässigen.

Die visuelle Information von der eigenen Bewegung erstreckt sich auf folgende Inhalte: Die *direkte Information über die Ausgangsstellung* vor Bewegungsbeginn und *über den Bewegungsvollzug selbst* ist auf optischem Wege nur teilweise möglich, jedoch durchaus bedeutsam. Sie ist gebunden an den begrenzten Gesichtskreis. Aber immerhin verläuft zumindest ein Großteil der Bewegungen der Arme und Hände und in einigen Fällen auch der Füße unter direkter optischer Kontrolle.

---

15 Zu Untersuchungen im alpinen Skilauf und im Rudern vgl. MESTER, 1988.

Dort, wo solche direkten visuellen Informationen nicht möglich sind, zum Beispiel bei den Beinbewegungen im Schwimmen, treten im Lernprozess größere Koordinationsschwierigkeiten auf. Da der Sportler seine Beinbewegungen nicht sehen und visuell überwachen kann, kann er sie auch nicht mit dem demonstrierten Vorbild vergleichen und auf diese Weise steuern und korrigieren.

Bei einer Reihe von sportlichen Bewegungsabläufen spielt die *indirekte Information* eine wichtige Rolle. Darunter ist folgendes zu verstehen: Die optischen Signale spiegeln zwar vor allem die Umwelt wider, aber in diese Widerspiegelung geht die vollzogene oder sich noch vollziehende Stellungsänderung des Körpers im Verhältnis zur Umwelt mit ein.

Auf diese Weise erhält der Slalomläufer Informationen über den Verlauf seiner Bewegungen in Bezug auf Torstangen und Piste, der Hochspringer in Bezug auf die Latte oder die Aufsprungstelle. Die eigene Bewegung ist dabei visuell nur fragmentarisch und am Rande des Gesichtsfeldes erfassbar.

Als weitere Möglichkeit ist die *visuelle Information über Bewegungsvorgänge außerhalb der eigenen Bewegungstätigkeit* hervorzuheben. Diese Bewegungsvorgänge können zu Situationsänderungen führen, die für das eigene Bewegungsverhalten wesentlich sind.

In den Sportspielen zum Beispiel betrifft das die Bewegungen der Gegenspieler oder Mitspieler sowie die Bewegungen des Balles.

Zu beachten ist dabei noch folgendes: Die für die Bewegungskoordination wesentliche visuelle Information erfolgt nicht ausschließlich, ja wahrscheinlich nicht einmal hauptsächlich über das *zentrale Sehen*. Bekanntlich ist unser Gesichtskreis bedeutend größer als der Bereich des scharfen Sehens. Was am Rande unseres Gesichtsfeldes geschieht und darum auf den peripheren Teilen der Retina nur unscharf abgebildet wird, erlangt bei verschiedenen Bewegungsakten entscheidende Bedeutung. Dass die im *peripheren Sehen* übermittelten Informationen auch voll verarbeitet werden, wurde bereits durch ältere Untersuchungen bewiesen (vgl. BIRKMAYER-SCHINDL, 1939; KRESTOWNIKOW, 1953, S. 20 ff.; ALLAWY, 1964). Gerade das periphere Sehen ermöglicht eine ständige Information über die Konstella-

tion Körper – Umwelt und bedeutet gewissermaßen eine optische Führung des Bewegungsvollzuges. Auch die Überwachung vieler, die eigene Handlung mitbestimmender Situationsfaktoren, das heißt ein wesentlicher Teil der Situationsafferenz (Umgebungsinformation), erfolgt über das periphere Sehen.

Betrachten wir die Informationsleistungen des optischen Analysators genetisch, so werden die engen *Beziehungen des optischen zum kinästhetischen Analysator* sichtbar. Die Bedeutung der visuellen Information für die Bewegungskoordination ist für viele sportliche Bewegungsabläufe nur deshalb so groß, weil damit verbundene, gespeicherte kinästhetische Informationen – und in gewissem Maße auch taktile und vestibulare Informationen – aktiviert werden. Der optische Analysator hat gleichsam die Bewegungserfahrungen von diesen Analysatoren mit übernommen. Dadurch können notwendige Informationen sinnvoll vermittelt werden, die primär auf diesem Wege nicht zu erhalten sind (vgl. ANANJEW, 1963, S. 153).[16]

Der akustische Analysator

Vom Sportler werden im Bewegungsvollzug auch akustische Signale aufgenommen, die durch den Bewegungsvorgang entstehen beziehungsweise damit verbunden sind. Ihr *Informationsgehalt ist* allerdings relativ *begrenzt.* Nur bei einigen sportlichen Bewegungsformen finden wir solche spezifischen Geräusche wie etwa beim Rudern. Hier wird der Bewegungsrhythmus (Blatteinsatz – Wasserarbeit – Aushub – Rollen) deutlich hörbar, und es werden dadurch relevante Informationen für die Bewegungskoordination gegeben. Zudem treten im Mannschaftsboot noch akustische Signale auf, die vom Bewegungsvollzug der anderen Mannschaftsmitglieder stammen und wichtige Informationen für die wechselseitige Koordination zum Gruppenrhythmus liefern (vgl. Abschnitt 3.2.3.). Bedeutsam ist bei einer Reihe von Ballspielen das akustische Signal des aufschlagenden Bal-

---

16 ANANJEW charakterisiert das Sehen als »optisch-kinästhetische Assoziation« (1963, S. 77).

les, das so über den zeitlichen Verlauf orientiert. Ergebnisse von Reaktionszeituntersuchungen an Tischtennisspielern, bei denen auch das Geräusch des aufspringenden Balles als Signal Verwendung fand (vgl. CSINADY, ARNOTI, 1955), und die Schwierigkeiten, die bei der Verwendung des Schaumgummischlägers auftreten, weisen auf die Bedeutung der akustischen Afferenz und Reafferenz im Tischtennisspiel hin.

Solche eindeutigen Beispiele gibt es nur wenige. Demgegenüber kommt dem akustischen Analysator eine bedeutendere *Rolle bei der Aufnahme und Übermittlung dynamisch unterstützender Impulse und verbaler Informationen* zu. Wegen der qualitativen Andersartigkeit der verbalen Signale, ihrer Entstehung und Verarbeitung, soll die verbale Information in einem gesonderten Abschnitt behandelt werden.

2.3.3. Das verbale Informationssystem

Wesentliche Grundlage für das Verständnis dieses Problemkreises in den letzten Jahrzehnten war PAWLOWS Modell von den zwei Signalsystemen.[17]

Es geht davon aus, dass die normale **sensorische Information** beim Menschen und beim Tier über spezifische, unmittelbare Signale von den Rezeptoren der einzelnen Analysatoren aufgenommen wird, die in bioelektrische Impulse umkodiert, weitergeleitet und verarbeitet werden. Diese Signale vermitteln zu jedem Zeitpunkt eine reichhaltige Information über die jeweilige Situation und führen zu Sinnesempfindungen als unterste Ebene der Widerspiegelung der Wirklichkeit. In der Verarbeitung der Information, also bereits bei der Afferenzsynthese, treten die Signale der einzelnen Analysatoren zwar in enge Beziehungen zueinander – im Hinblick auf die Bewegungskoordination wurde das bereits mehrfach erwähnt –, der *Inhalt der Information* bleibt jedoch *an die betreffende Sinnesmodalität*, an die physikalische Struktur der für die einzelnen Rezeptoren adäquaten Reize *gebunden*.

Verbale Signale beziehungsweise Zeichen und Zeichenverbindungen – das sind gesprochene oder geschriebene Worte, kompliziertere, syntaktische Wortverbindungen und ihre gedankliche Reproduktion – können in sich Informationen vereinen, die mit Hilfe mehrerer Analysatoren gewonnen wurden. Diese Signale beziehungsweise Zeichen sind nicht mehr an die gleichzeitige Signalisation des entsprechenden Analysators gebunden.

Diese **neue Qualität der Informationsverarbeitung**, dieses verbale Zeichensystem *besitzt nur der Mensch*. Es hat sich auf der Basis des sensorischen Signalsystems entwickelt, benutzt die gleichen Rezeptoren, Leitungsbahnen (Kanäle) und Sender wie dieses, steht in ständiger Wechselwirkung mit diesem, ist jedoch qualitativ davon weitgehend verschieden. Das verbale Zeichensystem hat sich im Prozess der Menschwerdung unter dem Zwang der Kommunikation bei der gesellschaftlichen Arbeit herausgebildet und besitzt deshalb von Anfang an nicht nur individuelle, sondern vor allem gesellschaftlich bestimmte Charakteristika (vgl. WOHL, 1964a, S. 95; 1964b, S. 11 f., 1977). Es macht aus diesem Grunde auch den wohl *wesentlichsten Unterschied des Menschen zum Tier* aus und bestimmt die wichtigsten menschlichen Erkenntnisformen und Erkenntnismöglichkeiten, unter anderem die Wahrnehmungen und die Vorstellungen.

Folgende Kerngedanken der Theorie des verbalen Signalsystems sind für die Funktion der Afferenzsynthese und darüber hinaus für den gesamten Problemkreis der Bewegungskoordination besonders bedeutsam und sollen deshalb hier kurz skizziert werden.[18]

Die Abstraktion durch das verbale Signal
Im verbalen Zeichensystem finden wir eine einheitliche und vereinfachte Kodierung aller Informationen vor, die ursprünglich auf der Grundlage des Zeichensystems eines der Analysatoren gewonnen und übertragen worden sind. An die Stelle der verschiedenen Nach-

---

17 In der Informationstheorie ist ein Signal der mögliche Träger einer Information. Signale, die Träger einer bestimmten Information sind, werden als Zeichen bezeichnet. Genaugenommen müsste man demnach von einem ersten beziehungsweise zweiten Zeichensystem sprechen.

18 Zu weiteren Fragen sei auf die Literatur verwiesen, u. a. auf ANANJEW, 1963; LURIJA, 1956; PICKENHAIN, 1959; WOHL, 1964 a, b, 1965 a, b; 1977.

richtenkanäle tritt nur *noch ein einziger Nachrichtenkanal mit geringer Bandbreite*. Während im Kanal eines Analysators verschiedene Informationen gleichzeitig nebeneinander übertragen werden können, ist das mit Hilfe der verbalen Signalisierung nicht möglich. Wenn mehrere Informationen zu übertragen sind, muss das nacheinander geschehen, obgleich die Übertragung verbaler Signale auf der Grundlage mehrerer Analysatoren möglich ist (akustisch – optisch – taktilmotorisch).

Im Ergebnis kann festgestellt werden, dass in die verbale Signalisation nicht die ganze Vielfalt der sensorischen Einzelinformationen, nicht die ganze Breite der Sinnesempfindungen eingehen kann, sondern dass eine *Reduzierung der Information* vor sich geht, die verallgemeinernden Charakter trägt. Die verbale Information stellt insofern eine Abweichung von der Wirklichkeit dar, als die verbalen Signale als Zeichen von Dingen, Tätigkeiten, Eigenschaften und besonders auch von Beziehungen *beständige von nicht beständigen, notwendige von zufälligen Sachverhalten isolieren und differenzieren*. Sie heben dabei eine Seite der bezeichneten Erscheinungen akzentuierend hervor; sie sind **»Zeichen der dauerhaftesten Elemente dieser Erscheinungen«** (WOHL, 1964a, S. 84). Das bedeutet zugleich auch, dass jede verbale Information ein Urteil, das Ergebnis eines Erkenntnisprozesses, enthält (vgl. WOHL, 1964 b).

Auch im **Bereich der Motorik** trägt jede **verbale Information verallgemeinernden Charakter.**

Das Wortsignal »Ball« ist Träger einer Information, die eine Abstraktion von Informationen verschiedenster Art über viele existierende Gegenstände unterschiedlicher Größe, Farbe, Konstruktion, Form und unterschiedlichen Materials, unterschiedlicher Beziehungen und Umgangsqualitäten darstellt. Die Wortsignale Laufen, Springen, Werfen, Stoßen haben ebenfalls einen verallgemeinerten Informationsgehalt. Sie gehen von den gemeinsamen und deshalb dauerhaftesten Erscheinungen der vielfältigen Formen des Laufens, Springens, Werfens, Stoßens aus und benutzen eben diese Erscheinungen zur Ordnung und damit zur Beherrschung dieser Vielfalt.

Diese Seite der verbalen Information ist unter anderem für die *Funktion der Sprache im motorischen Lernprozess* bedeutsam. Hervorzuheben ist allerdings in diesem Zusammenhang, dass verbale Signale *nicht auf Nomina* wie Ball oder Laufen beschränkt sind, sondern dass durch die Fülle der weiteren Wortformen (Verben, Konjunktionen, Präpositionen, Adverbien usw.) und ihre syntaktischen Verbindungen die objektive Realität und die subjektiven Positionen dazu sehr viel detaillierter wiedergegeben werden können, vom Informationsgehalt, der in Betonungen, Lautstärke, Tonfall liegen kann, ganz abgesehen.

Das Bewegungsgedächtnis
Die PAWLOWsche Theorie der beiden Signalsysteme besagt, dass die physiologische Grundlage des verbalen Systems durch komplizierte, in der Tätigkeit erworbene Verbindungen gebildet wird. Es sind *Verbindungen zwischen den unmittelbaren »ersten« Signalen der Wirklichkeit*, als den Trägern der Information der einzelnen Analysatoren, *und den Sprechbewegungen sowie ihrer kinästhetischen und akustischen Rücksignalisation*. Dieser physiologische Mechanismus ist Grundlage für die Speicherung von Informationen. Dabei ist der verallgemeinerte Informationsgehalt des verbalen Signals eng verbunden mit den vielfältigen sensorischen Informationen, die den gleichen Gegenstand, den gleichen Prozess, die gleiche Beziehung betreffen, verbunden also mit seinen verschiedenartigen sinnlichen Abbildern.

WOHL (1964a, S. 86) spricht deshalb von »Wort-Bild-Ketten«, eine Bezeichnung, die jedoch insofern unexakt ist, als sie die Vorstellung eines elementenhaften Aufbaus des verbalen Systems erweckt und die Information, die mit den Wortverbindungen (der Syntaktik) verbunden ist, vernachlässigt.

Die **Speicherung von Informationen** beim Menschen erfolgt nach der gegenwärtigen Kenntnis überwiegend auf dieser sensorisch-verbalen Grundlage. Besondere Bedeutung hat dabei offensichtlich die *sprechmotorisch-kinästhetische Komponente* dieses Systems, vor allem auch hinsichtlich der Reproduzierbarkeit, der Verfügbarkeit der gespeicherten Information.

Das verbale Signal »Ball« mobilisiert bei einem sportlich Geübten eine Reihe von Informationen, die Eigenschaften und Umgangsqualitäten von verschiedenen Bällen betreffen, die aber nur mit Hilfe sensorischer Signalisation im direkten Umgang zu erwerben sind. Die Wortsignale Laufen, Springen, Werfen, Stoßen aktivieren außer der »direkt« gespeicherten verallgemeinerten Information die speziellen sensorischen, vor allem kinästhetischen Informationen des motorischen Gedächtnisses.

Diese Informationsspeicherung erfolgt auf der Grundlage der durch das verbale Signalsystem gegebenen Systematik. Dadurch erfahren letzten Endes alle gespeicherten Informationen, alle gesammelten Erfahrungen eine Systematisierung (vgl. u. a. WOHL, 1964a, S. 88 ff.). Darum vermag der Mensch in ungleich höherem Maße motorische Erfahrungen zu speichern als das Tier und ist in der Lage, jederzeit darüber zu verfügen.

Diese Speicherung hat jedoch nicht allein individuellen, sondern in gleichem Maße sozialen Charakter. Die kommunikative Funktion des verbalen Signalsystems bedingt, dass jede verbale Information gesellschaftliche Beziehungen enthält. **Das verbale System ist nicht nur Produkt der gesellschaftlichen Entwicklung, sondern überliefert zugleich die Ergebnisse dieser Entwicklung und enthält die verallgemeinerten Erfahrungen vieler Generationen.** Mit dem Erwerb der Sprache speichert der Mensch also nicht nur die individuell gesammelten motorischen Erfahrungen, sondern übernimmt zugleich die in der lebendigen oder schriftlich fixierten Sprache enthaltenen »konservierten« Erfahrungen.

Das hier besprochene *motorische Gedächtnis* muss, in größerem Zusammenhang betrachtet, als *Teil des inneren Modells der Umwelt* betrachtet werden, das sich beim Menschen im Laufe seines individuellen Lebens auf den verschiedenen Abbildebenen in immer vollkommenerer Form ausbildet.[19] Der Charakter des motorischen Gedächtnisses als internes Modell macht es unter anderem möglich, bei neuen motorischen Aufgaben Lösungsversuche bereits an diesem inneren Modell »durchzuspielen« und das Versuchsstadium in Lernprozessen abzukürzen.

Die Bewegungswahrnehmung und Bewegungsvorstellung[20]

Das verbale System stellt auch die Grundlage für weitere kognitive Funktionen dar: für Wahrnehmungen und Vorstellungen.

Der Sportler nimmt ständig seine Bewegungen wahr, indem die von den einzelnen Analysatoren übermittelten Informationen zu einer Widerspiegelung des Bewegungsablaufes führen. Die einfache **Bewegungswahrnehmung** ist nicht unmittelbar an die Beteiligung des verbalen Systems gebunden. Ein weniger geübter Sportler ist darum meist auch nicht unmittelbar in der Lage, eine sprachliche Darstellung der Bewegungswahrnehmungen zu geben, vor allem dann, wenn nur unzureichende visuelle Informationen vorliegen. Die kinästhetischen Empfindungen, die als wesentliche Komponente in die Bewegungswahrnehmung eingehen, sind nicht bewusstseinspflichtig, zum Teil nicht einmal bewusstseinsfähig (vgl. dazu HACKER, 1978, S. 323). *Der geübte Sportler* allerdings nimmt seine Bewegungen auch in Einzelheiten wahr und kann sie sprachlich darstellen. Das bedeutet aber, dass im Bewegungsvollzug die Verbindung zwischen afferenten (reafferenten) und effektorischen Prozessen des sensorischen und des verbalen Systems vorhanden sein muss, weil sie die Grundlage für eine Übersetzung der sensorisch gewonnenen Information in verbale Zeichen, mit anderen Worten: für *die sprachliche Wiedergabe der Bewegungsempfindungen*, bildet. Dieser Zusammenhang erlangt im motorischen Lernprozess entscheidende Bedeutung.

Eine wichtige Rolle, ebenfalls im Zusammenhang mit dem motorischen Lernen, spielt die **Bewegungsvorstellung**. Unter Vorstellungen versteht man aus dem Gedächtnis reproduzierte Abbilder von Dingen und Erscheinungen. Sie gründen sich auf frühere Wahrnehmungen, auf gespeicherte sensorische Informationen, die mit dem verbalen Zeichen-

---

19 Zur Problematik der internen Bewegungsrepräsentation vgl. die Monographie von WIEMEYER (1994 b).
20 Vgl. SCHNABEL/THIESS (1993). Bd. 1, S. 168/169

Informationsaufnahme und -aufbereitung

system verbunden sind. Jede Vorstellung ist demnach eine *Einheit sinnlich-anschaulicher und sprachlich-logischer Komponenten.*

Das gilt in vollem Umfang auch für die Bewegungsvorstellung. Sie stellt die über einen Denkvorgang, *über verbale Signalverbindungen ausgelöste Reproduktion eines motorischen Aktes dar.* Wesentlich ist dabei, dass eine Bewegungsvorstellung als *Vorstellung eines motorischen Prozesses* verstanden werden muss. Ein Vorstellen einer oder mehrerer Körperstellungen, die während eines Bewegungsvollzuges durchlaufen werden – wie sie etwa ein Kinegramm zeigt –, das heißt eine Abbildung im Sinne einer nur räumlichen Projektion, ist noch keine Bewegungsvorstellung. Wenn sich ein Sportler einen Bewegungsvollzug »vorstellt«, so stellt er ihn nicht als etwas außer ihm Existierendes »vor sich hin«, sondern er stellt ihn eigentlich »in sich hinein« als einen in Raum und Zeit ablaufenden dynamischen Prozess. Eine echte Bewegungsvorstellung ist eine Innenansicht und darum stets zugleich ein »ideomotorischer Akt« (PUNI, 1961, S. 46 f.).

Darunter ist zu verstehen, dass bei einer vorgestellten, gedanklich vollzogenen Bewegung Mikrokontraktionen oder doch wenigstens Innervationen der Muskeln festzustellen sind. Es konnte nachgewiesen werden, dass davon in richtiger zeitlicher Koordination genau die Muskeln betroffen werden, die beim realen Bewegungsvollzug tätig, sind (vgl. u. a. ROHRACHER, 1960). Auch Veränderungen in der EEG-Aktivität über verschiedene Rindenregionen (BEYER 1996, S. 217) entsprechen weitgehend den Veränderungen bei der realen Bewegungsausführung.

Das aber bedeutet: Durch gedanklichen Anstoß, über die verbale Komponente der gespeicherten Information, läuft unterschwellig eine koordinierte Bewegung ab, einschließlich der internen Rückinformation.

Aus den bisherigen Darlegungen geht hervor, dass eine Bewegungsvorstellung in zweierlei Hinsicht komplexen Charakter trägt. Einerseits ist sie immer eine Vorstellung des *ganzheitlichen Bewegungsablaufes als Prozess,* und andererseits sind in ihr *kinästhetische, taktile, statico-dynamische, optische* und unter Umständen auch *akustische* Anteile be-

ziehungsweise *Komponenten* enthalten, die in ihrer Gesamtheit die dynamisch-zeitlich-räumliche Relation zwischen den Strukturelementen eines Bewegungsaktes widerspiegeln. In der verbalen Wiedergabe differenziert der Sportler allerdings nicht nach Sinnesmodalitäten, sondern nach räumlichen, zeitlichen und dynamischen Merkmalen und ihren Relationen des »in sich hineingestellten« Bewegungsablaufes. Das unterstreicht die Komplexität und hat eine *große Bedeutung für die Steuerung des motorischen Lernprozesses* (vgl. Kapitel 4.).

HACKER (vgl. 1978) verwendet bei der Kennzeichnung der Bewegungsprogrammierung im Arbeitsprozess den Begriff der Bewegungsvorstellung nicht, sondern unterscheidet, wie eingangs dargestellt (vgl. Abschnitt 2.1.), Bewegungsentwurf, Handlungsschema und Handlungsstrategie beziehungsweise Handlungsplan. Wir halten an dem in der Sportpraxis und Sportwissenschaft gebräuchlichen Begriff der Bewegungsvorstellung fest, der Bewegungsentwurf und Handlungsschema einschließt.

Nach LEIRICH (1969, S. 53) können folgende Sachverhalte in Bewegungsvorstellungen erfasst werden:

räumlich:
Ort, Richtung und Weite der Verlagerungen der Körperteile in bezug aufeinander und der Verlagerungen des Körpers in Bezug auf den umgebenden Raum;

zeitlich:
Zeitpunkt, Dauer und Geschwindigkeit der aufeinanderfolgenden oder gleichzeitigen Verlagerungen der Körperteile in Bezug aufeinander und der Verlagerungen des Körpers in bezug auf den umgebenden Raum:

dynamisch:
Impulsfolge, -dauer und -intensität, durch die der räumliche und zeitliche Verlauf der Bewegung bestimmt wird.

Darüber hinaus gehen jedoch in die genannten Inhalte auch die Bewegungskriterien von in die jeweilige Handlung einbezogenen Arbeits- und Sportgeräten – z. B. Tennisschläger, Speer, auch Bälle – ein sowie Erlebnisinhalte, Emotionen, Wertungen, taktische Beziehungen, so dass man, genau genommen, von »Handlungsvorstellungen« sprechen kann. (Zur Bewegungsvorstellung vgl. auch MUNZERT, 1997, 2001a, b)

2.3.4. Folgerungen für die Lehr- und Übungspraxis

Der *Informationsweg über die Sinnesorgane* des Sportlers stellt den *einzigen Eingang* dar, über den vor, während und nach motorischer Tätigkeit die Bewegungskoordination beeinflusst wird. Alle Faktoren, gleichviel, ob sie koordinationsfördernd oder -hemmend wirken (Störeinflüsse), gewinnen nur auf dem Wege der afferenten beziehungsweise reafferenten Information Einfluss auf die Bewegungskoordination. Das gilt auch für gezielte Einwirkungen im Übungs- und Trainingsprozess bei der sporttechnischen Ausbildung beziehungsweise der Bewegungsschulung. Dabei werden entweder die einzelnen Analysatoren unmittelbar, ihrer Sinnesmodalität entsprechend, unterstützt, oder es erfolgt die Einflussnahme über das verbale Signalsystem.

Daraus ergibt sich, dass für den lernenden und trainierenden Sportler ebenso wie für den Lehrenden die *Entwicklung der sensorischen und* – in enger Verknüpfung mit dieser – *der verbalen Information* besondere Beachtung verdient. Bei der Behandlung des motorischen Lernens (vgl. Kapitel 4) wird darauf einzugehen sein. Ohne dem vorzugreifen, sei hier hervorgehoben:

Die **Bewegungsempfindungen**, die für die Bewegungssteuerung jeweils wesentlichen Motivationserregungen, Situations- und Anlassafferenzen und insbesondere die Reafferenz bedürfen in der Sportpraxis bei der Ausbildung der Bewegungskoordination **einer bewussten Analyse und Schulung**. Dazu gehört vor allem:

- Schaffen von Bedingungen für das Üben und Beobachten, die die *Bewegungswahrnehmung*, das heißt das bewusste Erfassen der Bewegungsempfindungen (sensorische Information) *erleichtern*. Ein Beispiel dafür ist die Verwendung von Schwimmflossen beim Schwimmanfänger, um mit Hilfe der vergrößerten Widerstandsfläche den Wasserwiderstand und seine Ausnutzung kinästhetisch deutlich empfinden zu lassen.

- Lenken der Aufmerksamkeit auf die wesentlichen Bewegungsempfindungen als Grundlage einer zunehmend bewussteren Steuerung und Regelung der Bewegungsvollzüge.

Dazu ist die *Vorstellung von den richtigen Empfindungen* zu vermitteln und durch motivierende Maßnahmen die darauf gerichtete *bewusste Konzentration* der Sportler zu fördern.

- *Verfeinerung der sensorischen Informationsaufnahme* durch spezielle Übungs- und Beobachtungsformen und -aufgaben. Wichtig für diese Verfeinerung ist, dass die Wahrnehmungen des Sportlers unmittelbar mit der Beobachtung des Lehrenden oder, noch besser, mit zur sofortigen Information geeigneten Bewegungsaufzeichnungen verglichen werden können.

- Fördern der Verbindung der *sensorischen Information* auf der Grundlage des sensorischen Systems *mit dem verbalen Zeichensystem*. Dabei gilt es, besonders die *kinästhetischen Empfindungen bewusstseinsfähig zu machen*. Das geschieht, indem die Aufmerksamkeit des Sportlers auf die Bewegungsempfindungen gelenkt wird und indem diese Bewegungsempfindungen vom Lehrenden sprachlich gekennzeichnet und vom Sportler verbal wiedergegeben werden. Bedeutsam dafür ist die Herausbildung einer *komplexen Bewegungsvorstellung*, in der vermittels ihrer voll bewusstseinsfähigen visuellen und taktilen Komponenten auch die kinästhetischen und statico-dynamischen Komponenten zunehmend verfügbar werden.

- In der *Informationsgebung* im Lehr- und Lernprozess muss der Lehrende *die beim Lernenden gegebenen Möglichkeiten der Informationsaufnahme und -verarbeitung beachten*. Das betrifft vor allem den Entwicklungsstand der Bewegungswahrnehmung und -vorstellung hinsichtlich der »bewusstseinsfähigkeit« und damit der verbalen Zugänglichkeit der Bewegungsempfindungen. Verbale Informationen, die die Möglichkeiten des Lernenden überfordern, können von ihm nicht oder unzureichend verarbeitet werden: sie bleiben wirkungslos oder provozieren Bewegungsfehler oder führen zu negativen Emotionen und Motivationen.

2.4. Programmierung des motorischen Verhaltens

Nach und zum Teil mit der vorbereitenden Informationsaufnahme und -verarbeitung ist eine Entscheidung über die auszuführende Handlung erforderlich. ANOCHIN (1967, S. 56 ff.) betrachtet dieses »Fällen der Entscheidung« als einen eigenen »Schlüsselmechanismus« im Handlungsverlauf und hebt zwei weitere, eng damit verknüpfte Vorgänge hervor, die er ebenfalls als »Schlüsselmechanismen« bezeichnet (vgl. ebenda, S. 95): die **Vorausnahme** (»Vorhersage«) **der Ergebnisse** der bevorstehenden Handlung und ihrer Teilaktionen und **die Ausbildung eines Handlungsprogramms.**
In den neueren Motoriktheorien ist das Konstrukt »Bewegungsprogramm« teilweise umstritten. Dennoch ist *menschliche Bewegung* bzw. menschliche Motorik *ohne eine* – wie auch immer geartete – *Programmierung* als interne Bewegungsrepräsentation *nicht denkbar*, die Annahme zumindest von Programmelementen, die den Bewegungsakt steuern und kontrollieren und auch gespeichert werden können, unverzichtbar. Kritisch zu betrachten ist dabei allerdings die Annahme einer weitgehenden Computeranalogie. (Vgl. SCHNABEL u. a., 1995, S. 45–50)

2.4.1. Programmierung als Antizipation

Menschliches Handeln erfolgt nicht vorwiegend reaktiv – das heißt nur die bereits abgelaufenen Prozesse und eingetretenen Veränderungen, die »Situation« berücksichtigend –, sondern es wird auf vorausgesehene, vorausberechnete Ereignisse abgestimmt. Die **Antizipation**, die Vorausnahme noch nicht abgeschlossener Ereignisse, ist **ein umfassendes Prinzip der menschlichen Tätigkeit** schlechthin (vgl. LOMOW, 1980).

BERNSTEIN spricht von einer »Umwandlung der wahrgenommenen Situation in eine Bewegungsaufgabe«, von einer »Extrapolation in die Zukunft« (1988, S. 199). Das dabei entstehende »Modell des Künftigen« hat Wahrscheinlichkeitscharakter und wandelt sich in der Tätigkeit ständig in »ein Modell des Gegenwärtigen und des Vergangenen« um (S. 205). Die bei jeder menschlichen Handlung erfolgende »Extrapolation in die Zukunft« *geht vom Ziel, vom Zweck der Tätigkeit aus und nimmt das angestrebte Resultat bereits voraus.* Dieses mit einer Bewegungsaufgabe verbundene Resultat steht demzufolge als Handlungsregulativ schon vor Beginn jeder Bewegungshandlung fest und kommt dem Handelnden auch mehr oder weniger zu bewusstsein.[21]

Das gilt auch für die sportliche Tätigkeit: Bevor der Hochspringer mit dem ersten Anlaufschritt die Vorbereitungsphase beginnt, steht ihm das Handlungsziel – das Überspringen der Latte – deutlich »vor Augen« und prägt den gesamten weiteren Bewegungsablauf. Das Ziel und damit das Resultat der Handlung werden antizipiert und bestimmen die Struktur des Handlungs- bzw. Bewegungsablaufes.

Dieses Beispiel legt darüber hinaus die Annahme nahe, dass im sportlichen Handeln *nicht nur eine Resultatvorausnahme* (Zielantizipation), *sondern bereits eine Programmvorausnahme* (Antizipation eines Handlungsprogramms) erfolgt.

Diese Programmvorausnahme wird vor allem bei komplizierten Bewegungsfolgen deutlich, zum Beispiel im Geräatturnen, im Kunst- und Turmspringen, im Eis- und Rollkunstlauf oder in den alpinen Skidisziplinen. Hier ruft sich der Sportler oft vor Bewegungsbeginn noch einmal das Programm ins Bewusstsein und geht es in der Vorstellung durch.[22]
Während der Ausführung ist seine Aufmerksamkeit bereits jeweils auf nachfolgende Handlungsteile gerichtet, denn nur dadurch wird eine fließende Verbindung möglich.

Programmvorausnahme ist zu verstehen als **Aufbau eines inneren Modells der motorischen Handlung,** *das im Verlauf des motorischen Aktes durch Regelvorgänge differen-*

---

21 Bekannt ist der von MARX (1975, Bd. 1, S. 193) angestellte Vergleich des Menschen mit einer Spinne bzw. Biene: »Am Ende eines Arbeitsprozesses kommt ein Resultat heraus, das beim Beginn desselben schon in der Vorstellung des Arbeiters, also schon ideell vorhanden war.«

22 Vgl. hierzu die Ausführungen über das ideomotorische Training, Abschnitt 4.2.3.4.

ziert und modifiziert wird. Dieses Modell kann mehr oder weniger bewusst sein. Es ist als eine Bewegungsvorstellung aufzufassen, die den Entschluss der unmittelbaren Ausführung der Bewegung einschließt, ja direkt zur Voraussetzung hat. Wie die Bewegungsvorstellung im Allgemeinen kann das antizipierte Programm *verschiedene Ebenen der Widerspiegelung und Regulation* betreffen (vgl. PUNI/ SURKOV, 1974), in verschiedenem Grade differenziert sein und in unterschiedlichem Maße der Zielstellung – dem vorausgenommenen Resultat – entsprechen.[23]

Folgendes *Beispiel* soll das erläutern: In einer Hindernisstaffel soll ein seitgestellter brusthoher Barren überwunden werden. Der geübte Turner, der schon Erfahrungen an vielen Turngeräten gesammelt hat, wird sofort über ein brauchbares Programm verfügen und den Barren mit einer Dreh-Sprunghocke oder Sprungflanke überwinden. Ein anderer Sportler mit geringen Bewegungserfahrungen im Geräturnen und unzureichendem Können wird nur ein Übersteigen, höchstens einen Hüftabschwung zustande bringen, wobei auch der Hüftabschwung einen antizipierten Bewegungsentwurf voraussetzt. Fehlen Bewegungserfahrungen in weitgehendem Maße, kommt auch kein brauchbarer Entwurf zustande. In diesem Falle ist der Ungeübte auf Probieren angewiesen und muss die mögliche Lösung erst in der Auseinandersetzung mit dem Gerät finden. Das von den anderen Sportlern gegebene Vorbild hilft ihm dabei nicht viel, wenn eigene Erfahrungen völlig fehlen.

Ziel- und Programmantizipation stellen bei sportlichen Handlungen eine *untrennbare Einheit* dar, im Unterschied zu Arbeitshandlngen, wo sie zumeist deutlich voneinander abzuheben sind. Bei sportlichen Handlungen fungieren die Aktionsprogramme zumeist weitgehend als »Ergebnismodell« (vgl. HACKER, 1978, S. 102).

Der Vorgang der Bewegungsprogrammierung schließt kognitive, volitive, motivationale und emotionale Anteile ein, die in hohem Maße an das verbale Signalsystem gebunden sind (vgl. WOHL, 1964a, S. 104 ff.). Die *organisierende, steuernde Rolle des verbalen* Systems bei der Bewegungsprogrammierung wird vom Sportler nicht in voller Deutlichkeit empfunden. Es wäre aber verfehlt, daraus auf ein Fehlen oder eine untergeordnete Rolle der sprachlichen Information in der Koordination

sportlicher Bewegungsakte zu schließen. Die Verbindung der verbalen und der unmittelbaren sensorischen Signale ist von frühester Kindheit an so eng, dass es keine Tätigkeit, keinen Bewegungsvollzug ohne verbale Komponente auch im Bewegungsprogramm geben kann.

Eine wichtige **Frage** ist dabei, inwieweit der Pädagoge durch *sprachliche Instruktionen* unmittelbar auf die Bewegungsvorstellung und damit auf die Bewegungsprogrammierung einwirken kann. Sie zu beantworten ist eine Hauptaufgabe der Forschung zur Bewegungskoordination (Bewegungsregulation) und zum motorischen Lernen.[24]

Aus der Verbindung von Ziel- und Programmvorausnahme wird nunmehr auch verständlich, inwiefern besonders bei **Bewegungskombinationen in der Form der vorangegangenen Bewegung die folgende bereits erkennbar** werden kann (vgl. dazu 3.2.4.).

Bei der Bewegungskombination von Fangen und Werfen zum Beispiel wird bereits vor dem Fangen auch der Entwurf des Werfens antizipiert. Das führt zu einer Beinstellung und Körperhaltung, die beiden Teilhandlungen, Fangen und Werfen, gerecht wird. Weiterhin übernimmt das Fangen im Hinblick auf das sich anschließende Werfen weitgehend eine Vorbereitungsfunktion, indem es in diesem Sinne teilweise umgedeutet und in seinem Ablauf verändert wird (Abb. 2.4.–1). Eine solche Umdeutung in der Bewegungsstruktur erfahren auch die einzelnen Elemente einer Geräteübung: der antizipierte Entwurf des folgenden Elementes bestimmt insbesondere die Stärke und den Umfang der vorangegangenen Bewegungen. Ein Stemmaufschwung am Reck, der in den Handstand führen soll, muss anders ausgeführt werden als ein Stemmaufschwung, an den sich ein Felgumschwung rückwärts anschließt.

---

23 In einer größeren Arbeit, gestützt auf umfangreiche Untersuchungsergebnisse, unterscheidet SURKOV (vgl. 1982) fünf Ebenen der Antizipation:
– subsensorische Ebene
– sensomotorische Ebene
– perzeptive Ebene
– imaginäre (Vorstellungs-)Ebene
– verbal-intellektuelle Ebene.

24 Vgl. dazu MÜLLER, C., 1995 (Wechselbeziehungen zwischen bewussten und sensomotorischen Lernanteilen).

Programmierung des motorischen Verhaltens

Die *Programmierung* motorischer Akte *berücksichtigt auch* **das voraussichtliche Verhalten der Umwelt**, denn jeder Bewegungsvollzug ist Auseinandersetzung des Menschen mit seiner Umwelt. In der Mehrzahl der bisher angeführten Beispiele blieb die Umwelt passiv, konnte sie im antizipierten Programm als konstant vorausgesetzt werden.

Bereits beim Absprung von einer federnden Unterlage, wie zum Beispiel im Kunstspringen, ist es erforderlich, die reaktiv auftretende Eigenbewegung der Unterlage – des Sprungbrettes – in das Programm einzubeziehen. Ungeübte, die dies nicht vermögen, bringen dadurch zunächst nur einen sehr unkoordinierten, wenig effektiven Absprung zustande.

Noch komplizierter wird die Programmierungsaufgabe, wenn das Resultat des Bewegungsaktes von den *Bewegungen anderer, vom Sportler unabhängiger Systeme* mitbestimmt wird und der Verlauf der Bewegung daran angepasst werden muss. Solche Systeme, deren Bewegung mit vorausgesehen, **in den eigenen antizipierten Bewegungsentwurf einbezogen** werden muss, sind zum Beispiel der Ball und gegebenenfalls der Mitspieler im Sportspiel, der Gegner im Sportspiel und im Kampfsport. Auf diese nur aus dem komplexen Spiel- und Kampfgeschehen heraus voll verständliche Problematik wird im folgenden Abschnitt näher eingegangen.

Zusammenfassend sei hervorgehoben:
- Die **Programmierung** ist ein »**Schlüsselmechanismus**« der Bewegungskoordination, denn der koordinierte Ablauf jedes Bewegungsaktes im Sport, im Arbeitsprozess oder bei alltäglichen Verrichtungen setzt, ausgehend von einer Ziel- bzw. Resultatsantizipation, die Antizipation eines Handlungsprogrammes voraus.
- Die Programmierung erfolgt **im hierarchischen und teilweise heterarchischen Zusammenwirken der verschiedenen Regulationsebenen** als Handlungsstrategie und Handlungsplan, Handlungsschema, Bewegungsentwurf (Bewegungsprogramm). (Vgl. Abb. 2.1.–1)
- **Grundlage** sind **gespeicherte** (Bewegungs-) **Erfahrungen**, gespeicherte **Rahmenprogramme** und **Unterprogramme und** die jeweils verarbeiteten **Situationsafferenzen** vor und zum Teil auch noch während der Handlung.
- Durch **Antizipation** wird auch **ein »Vorausberechnen«** des Bewegungsverlaufs von Geräten, Mit- und Gegenspielern oder Gegnern und die zweckmäßige Anpassung des Bewegungsprogramms an die jeweilige Situation möglich.
- Im Bewegungsablauf **deutlich** wird die Antizipation **besonders bei Bewegungskombinationen**, indem sich nachfolgende Handlungen im Bewegungsablauf, in der Körperhaltung und anderen Einzelheiten vorangehender Handlungen ausprägen.

Ergänzend sei noch hervorgehoben: Auch im Zusammenhang mit Reafferenzen, die einen koordinierten Bewegungsablauf durch Regelungsvorgänge sichern, kommt es zu Antizipationsprozessen.

So wird nach BERNSTEIN (1988, S. 190/191) nicht nur die augenblickliche Sollwert-Istwert-Differenz erfasst, sondern die weitere Vergrößerung oder Verringerung dieser Differenz antizipiert und durch gewissermaßen antizipierende Regulation darauf reagiert. Danach sind insbesondere bei ballistischen Bewegungen »Korrekturen vorgreifenden, antizipierenden Charakters von großer, manchmal entscheidender Wichtigkeit.« (S. 191)

Der Vorgang der Programmierung und der Antizipation auf der Grundlage der Afferenzsynthese und der daraus folgenden Entscheidung ist durch die gegebene Darstellung und die angeführten Fakten als sehr wesentliches Kettenglied der motorischen Koordination gekennzeichnet. Dass dieser »Schlüsselmechanismus« existiert und funktioniert, ist nachgewiesen, wie er aber funktioniert und was sein mögliches neurophysiologisches Substrat ist, kann nur vermutet werden und wird noch unterschiedlich beantwortet. Zwei Erklärungsansätze seien erwähnt:

So kommt ANOCHIN im Wesentlichen nur zu der Aussage, dass jede Teilfunktion des Organismus erst dadurch möglich ist, dass »sich im Augenblick der Entstehung der Entscheidung und des Kommandos zur Handlung sofort auch ein Apparat der Vorhersage ausbildet« (1967, S. 82), den er **Handlungsakzeptor** nennt. Die Funktion der Ergebnisvorhersage ist, wie ANOCHIN ausdrücklich hervorhebt, eine

Abb. 2.4.–1 Kombination von Fangen und Werfen. Bereits die beiden ersten Phasen lassen die Vorbereitung des Werfens und damit die Antizipation erkennen

»universelle Erscheinung ... die in jeder Tätigkeit des Organismus zu finden ist, im Verhalten ebenso wie in den Regulationsprozessen des Gesamtorganismus« (S. 82).
SCHMIDT (1975, S. 232) führte in die von ihm begründete Schematheorie das Konstrukt der **generalisierten motorischen Programme** (GMP) ein, das eine größere Variabilität in der aktuellen Programmierung, einen breiteren Einfluss der Afferenzen und Reafferenzen und damit letztlich auch von Selbstorganisation in der Koordination zulässt. Daneben existieren in seinem Schemamodell ein so genanntes Recall-Schema, das die Bewegung initiiert, und das Recognition-Schema (Wiedererkennungsschema), das auf den erwarteten Rückmeldungen beruht und die Bewegungen kontrolliert. Wenngleich die Schematheorie – einschließlich teilweise notwendig gewordener Zusatzannahmen – zum Programmierungsproblem und einer Reihe von Untersuchungsergebnissen Antworten gibt und – im Unterschied zu anderen Motoriktheorien bzw. Ansätzen – auch plausible Orientierungen und Erklärungen für die Praxis liefert: auch sie stellt letzten Endes keine hinreichende Erklärung für diesen Schlüsselmechanismus Programmierung – Bewegungsantizipation zur Verfügung.

2.4.2. Komplexe Antizipation im Sportspiel und im Kampfsport

Das Handeln des Spielers wie auch des Sportlers in den Zweikampfsportarten ist an eine ständige, vielfältige Antizipation gebunden. Auf der Grundlage der eingehenden sensorischen Information und der gespeicherten taktisch-motorischen Erfahrungen *analysiert er laufend die jeweilige Spiel- und Kampfsituation* und **antizipiert die Möglichkeit ihrer weiteren Entwicklung**. Es ist nicht einfach, die verschiedensten Einflussfaktoren voll einzukalkulieren und richtig zu kombinieren, um das eigene Handeln damit in Übereinstimmung zu bringen. Wesentliche Bedingung dafür sind die vorhandenen Erfahrungen. Aufbauend auf dieser Situationsvorausnahme, und zwar der wahrscheinlichsten Variante, kommt der Sportler zu einem Entschluss: zum »Fällen der Entscheidung« über sein Verhalten beziehungsweise Handeln. Wie bereits im vorangegangenen Abschnitt dargestellt, ist das Fällen der Entscheidung mit der detaillierten Vorausnahme des Handlungsergebnisses und des Handlungsprogrammes verbunden. Be-

merkenswert ist dabei folgendes: Das eigene mögliche Verhalten findet bereits in der *Situationsanalyse und -antizipation* Berücksichtigung. Es werden gewissermaßen **mehrere Varianten** im Modell – in der Vorstellung des Sportlers – **durchgespielt.**

Der hier beschriebene Vorgang läuft hundertfach, ja tausendfach *in jedem Mannschaftsspiel* ab. Der ballführende Spieler im Fußballspiel z. B. steht auf Grund der Spielsituation meist vor mehreren möglichen Varianten: Abspiel – unter Umständen mit mehreren Möglichkeiten, Ballführen – mit verschiedener Richtung und Zielstellung möglich, Torschuss (wenn in Tornähe). Indem er in Sekundenbruchteilen antizipierend die möglichen Aktionen und Reaktionen seiner Mit- und Gegenspieler kombiniert, entscheidet er sich für eine Variante, die ihm optimal erscheint. Diese Entscheidung ist nicht allein kognitiv, sondern *auch emotional und motivational determiniert* – z. B. durch Einstellung zur eigenen Leistung, zum Kollektiv, durch Risikofreudigkeit.

Aus der bisherigen Darlegung wird ersichtlich: Das Handeln des Spielers beruht auf einer *engen Verbindung von Situationsantizipation und Ziel- und Programmantizipation.* Darin sind auch die möglichen Bewegungen von Mitspielern, Gegenspielern und die Bewegungsbahn des Balles eingeschlossen.

So antizipiert in dem beschriebenen Beispiel nicht nur der ballführende Spieler. Jeder Mit- und Gegenspieler antizipiert die Entwicklung der Spielsituation, versucht die beabsichtigten Aktionen der anderen rechtzeitig zu erkennen und gestaltet dementsprechend seine eigenen Aktionen. Wenn der ballführende Spieler mit deutlich sichtbarer Ausholbewegung zum Torschuss ansetzt, so nimmt der Torwart die nachfolgende Torschussbewegung und die Bewegung des anfliegenden Balles in ihren räumlichen und zeitlichen Parametern voraus und bezieht sie in seinen eigenen Bewegungsentwurf ein. Das ermöglicht ihm, rechtzeitig zu reagieren und unter Umständen den Schuss abzuwehren. Ein erst im Anflug sichtbar werdender, scharf getretener Ball (wenn der angreifende Spieler beim Schuss verdeckt ist) wird ihm dagegen schwer erreichbar sein.

Die Antizipation hat demnach durch die **Erkennbarkeit der Programmvorausnahme bei Gegenspielern oder Mitspielern** für die Bewegungskoordination im Sportspiel besondere Bedeutung. Sie bestimmt den Erfolg des eigenen Handelns wesentlich mit.

Inwieweit es gelingt, die Handlungen der Mit- und Gegenspieler richtig in das eigene Handlungsprogramm einzubeziehen, hängt weitgehend von vorhandenen Erfahrungen und von bisheriger Übung ab. Man muss die Struktur der in Frage kommenden Bewegungsvollzüge kennen und damit auch ihren Zweck sofort erfassen können. Das ist jedoch weniger eine *Frage der rationalen Analyse als vielmehr des Mitvollziehens der jeweiligen Bewegungen.* Sportlich weniger erfahrene und ungeübte Menschen können die betreffende Bewegung nicht richtig mitvollziehen und dadurch nicht schnell genug erfassen. Demgegenüber äußert sich die so genannte *Spielintelligenz* im schnellen Erfassen und Verarbeiten der Spielsituation zu erfolgreichen Spielhandlungen.

Die hier zumeist am Beispiel der Sportspiele behandelten Beziehungen gelten sinngemäß auch für die *Zweikampfsportarten.* Hier sind die Aktionen zwar nur auf jeweils einen Gegner abzustimmen, aber mit diesem besteht ein ständiger Kontakt. Bei jeder Angriffshandlung muss darum seine Gegenwirkung einkalkuliert werden. Nur dann kann ihr Ziel erreicht werden, wenn die Reaktion des Gegners und insbesondere auch ihr Zeitpunkt zu wesentlichen Anteilen richtig in das antizipierte Programm eingegangen ist.

Die **wechselseitige Kopplung der Antizipationsvorgänge** bei den einzelnen Spielern oder Kampfsportlern ist jedoch noch komplizierter, als bisher dargestellt. Jeder Sportler ist ständig bemüht, dem Gegner *das beabsichtigte Resultat,* die geplante entscheidende Spieloder Kampfhandlung *so spät wie möglich erkennbar werden zu lassen.* Damit wird es diesem erschwert, rechtzeitig eine Gegenaktion einzuleiten, weil der Vorlauf in der Antizipation – in der richtigen Programmierung der Handlung auf der Grundlage der Situationsantizipation – fehlt.

Typische Beispiele hierfür sind Wurfbewegungen in den Ballspielen, die ohne erkennbare Vorbereitungsphase ausgeführt werden. In diesem Falle wird der Informationsgehalt im Bewegungsverhalten dadurch reduziert, dass der Sportler *die Ausholbewegung ganz oder weitgehend unterdrückt.*

Darüber hinaus besteht jedoch die Möglichkeit der Fehlinformation: Durch *Täuschungsbewegungen* soll der Gegner zu einer Reaktion veranlasst werden, die ihm die Möglichkeit zur erfolgreichen Abwehr der mit der Täuschungsbewegung verbundenen Hauptaktion nimmt. Man bezeichnet solche Täuschungsbewegungen als **Finten.**[25]

Die Täuschung des Gegners bei Finten kann auf verschiedene Weise geschehen, wobei im Wesentlichen folgende Möglichkeiten dominieren: Es wird eine Ausholbewegung ausgeführt, *die nicht zur eigentlich beabsichtigten Hauptbewegung gehört,* sondern den Gegner zur falschen Antizipation und Reaktion veranlassen soll.

Das ist zum Beispiel der Fall, wenn der ballführende Fußballspieler zum Schuss ausholt, ihn jedoch nicht ausführt, sondern ein weiteres Dribbling ansetzt. Der Gegner soll den »angetäuschten« Torschuss vorausnehmen und darauf mit Abwehrbewegungen reagieren. Dadurch gibt er aber den Weg frei für das vom Ballführenden beabsichtigte Dribbling und kann somit umspielt werden (Abb. 2.4.–2).

Wenn er die wahre Absicht erkennt, ist seine Aktion bereits programmiert und eingeleitet. Die erforderliche *motorische Umstellung* auf Grund der zu spät erfolgenden richtigen Information und weiterer Antizipation dauert länger als der Übergang von der Vorbereitungsphase zur Hauptphase der Finte beim Angreifer, weil sie bei diesem von vornherein programmiert, vorausgenommen wird: Das verschafft dem Angreifer den oft nur minimalen zeitlichen Vorsprung zur Überwindung des Gegners.

Die zweite Möglichkeit besteht darin, dass *zur Täuschung eine Handlung begonnen wird, während der Hauptphase abgebrochen und durch eine andersartige, den Gegner überraschende Bewegung fortgeführt* wird. Diese Form findet sich häufig bei Finten im Boxen und Fechten. Auch die so genannten Körpertäuschungen in den Sportspielen gehören dazu.

Vergegenwärtigen wir uns noch einmal im Zusammenhang, welches die Inhalte sind, die in die motorische Antizipation bei Finten eingehen, so ergibt sich folgendes:

Der fintierende Sportler nimmt bei seinem Handlungsentschluss das Resultat als das Erreichen einer bestimmten *taktischen Zielstellung* voraus. Diese Zielvorausnahme setzt die bereits behandelte *Situationsantizipation und -analyse* voraus, die in der

---

25 Vgl. hierzu die Ausführungen zur Struktur von Täuschungshandlungen unter 3.2.5., ferner DÖBLER, 1956, 1960, 1961; LANGHOFF, 1963.

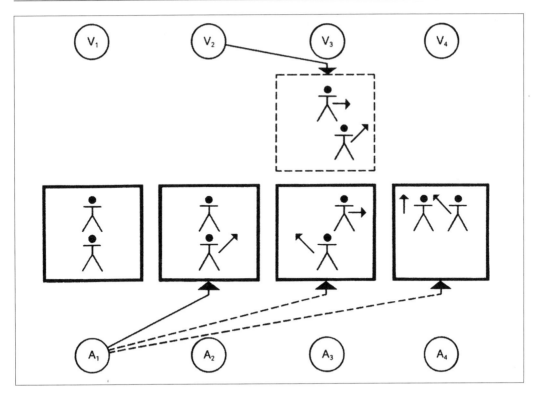

Abb. 2.4.-1 *Antizipation bei einer Umspielfinte*
Entscheidende Stadien:
☐ *realer Handlungsablauf*
⌐⌐ *antizipierter Handlungsablauf auf Grund der Täuschungsbewegung(en)*
⌐⌐ *A=Angreifer, V=Verteidiger;*
jeweils in 4 aufeinander folgenden Stadien
→ *Antizipation der Handlung und Spielsituation des nachfolgenden Stadiums,*
--→ *weiter vorauseilende Antizipation des Angreifers*

Regel den Vergleich mehrerer Varianten eigener motorischer Aktionen mit den zu erwartenden gegnerischen Aktionen und Reaktionen – im Mannschaftspiel auch mit den Handlungen der Mitspieler – einschließt. Das *Programm*, das mit der Zielvorausnahme antizipiert wird, schließt *Täuschungsbewegung und Hauptaktion* zu einem einheitlichen Akt zusammen; die Täuschungsbewegung wird dadurch zur Vorbereitungsphase. Diese Antizipation des Bewegungsentwurfs enthält zugleich die Vorausnahme, dass der Gegner auf die Täuschungsbewegung reagiert. Der zu täuschende Sportler seinerseits ist bestrebt, möglichst frühzeitig zu einer klaren *Situationsantizipation* zu kommen, um darauf den eigenen Handlungsentschluss und sein Handlungsprogramm zu gründen. In seine Ziel- und Programmvorausnahme geht also die Vorausnahme der Entwicklung des Spiel- beziehungsweise Kampfgeschehens ein, die in diesem Falle auf der Täuschungsbewegung des Gegners beruht. Die Korrektur erfolgt nach Sichtbarwerden der wahren Absichten des Gegners. Die nun *neu programmierte Gegenaktion* kommt jedoch meist zu spät, da die erforderliche »motorische Umstellung« zu viel Zeit kostet. Nicht selten gelingt sie überhaupt nicht, wie man beim Fußballspiel beobachten kann, wenn der Ballführende den Gegner »aussteigen lässt«.

Nun führt allerdings nicht jede Täuschungsbewegung zum Erfolg. Nach SCHMIDT/WRISBERG (2000, S. 79/80) ist Voraussetzung für einen Erfolg, dass die Zeitspanne zwischen dem Ansatz der Täuschungsbewegungen und dem Beginn der »realen« Spielaktion nicht mehr als 60–100 ms beträgt. Vor allem taktisch erfahrene Sportler lassen sich zudem nicht so leicht irreführen, indem sie in ihrer Situationsantizipation und -analyse die *gegnerische Täuschungsabsicht einkalkulieren* und nicht im gewünschten Sinne reagieren. Hier ist mitunter der *fintierende Sportler zur motorischen Umstellung gezwungen.*

Wenn beim Fußballspiel der Spieler durch eine Körpertäuschung den Gegenspieler nicht zur provozierten Reaktion veranlassen kann, dann ist zunächst ein Umspielen auf der beabsichtigten Seite nicht möglich und wird auch gar nicht erst versucht. Der fintierende Spieler stellt sich auf ein Dribbling nach rechts oder links oder auf ein Abspiel um, oder er versucht, durch weitere Finten den Gegner doch noch zu überwinden. Gelingt ihm die schnelle Umstellung nicht, so gerät er in Gefahr, den Ball zu verlieren.

Das Beispiel unterstreicht noch einmal die Bedeutung der komplexen motorischen Antizipation im Sportspiel und auch, unter Berücksichtigung der spezifischen Zweikampfsituation, im Kampfsport. Eine differenziertere Untersuchung bleibt der Trainings- und Bewegungslehre dieser Sportartengruppen und der einzelnen Sportarten vorbehalten.

2.4.3. Folgerungen für die Lehr- und Übungspraxis

Eine bewusste, gezielte Einflussnahme auf die motorische Programmierung und die Bewegungsantizipation muss von folgenden Grundsätzen ausgehen:

• Richtige und rechtzeitige Antizipation, und dabei speziell die Programmvorausnahme, ist abhängig von genauer und rechtzeitiger Information. Die *Verfeinerung der sensorischen Information* durch entsprechende Schulung ist darum auch zur Vervollkommnung und Präzisierung der Antizipation und Programmierung erforderlich.

Das betrifft besonders solche Disziplinen, bei denen sich der Sportler in einer bewegten Umgebung oder an und mit beweglichen Geräten bewegen muss, also ganz speziell die Sportspiele und Zweikampfsportarten.

• Nicht allein die Information an sich ist ausschlaggebend, sondern wesentlich ist die *richtige Verarbeitung der Information*. Durch *bewusste Lenkung der Aufmerksamkeit* im Übungs- und Trainingsprozess können die entscheidenden Signale, die die richtige Anti-

zipation bestimmen, eher differenziert werden, als wenn der Lehrer oder Trainer diese Seite in der Entwicklung dem Selbstlauf überlässt.

Solche Signale können zum Beispiel bestimmte Kopfbewegungen, Beinstellungen oder Gewichtsverlagerungen des Gegners sein.

Im weiteren Verlauf des Übens muss die - bewusste Analyse (Antizipation auf der intellektuell-verbalen Ebene) *durch die schnellere »unwillkürliche«*, nicht bewusstseinspflichtige *Informationsverarbeitung* auf unterer Ebene *ersetzt* werden (»Automatisierung« – vgl. Abschnitt 4.2.3.2.).

• Bei komplizierten *Bewegungskombinationen* – wie im Gerätturnen oder Eiskunstlauf –, die einen *ständigen Vorlauf in der Programmierung* voraussetzen, muss die Aufmerksamkeit beim Üben bewusst auf diesen Vorlauf gelenkt werden.

• Wesentlich ist die frühzeitige Anwendung *wettkampfnaher Übungsformen*, um die Antizipation und adaptive Programmierung an den verschiedenartigsten Situationsvarianten zu erarbeiten.

• Die *Entwicklung des taktischen Denkens* in den Sportspielen und Zweikampfsportarten ist eine wesentliche Voraussetzung, um die komplexe Bewegungsvorausnahme, besonders auch im Hinblick auf die mannigfachen Täuschungsbewegungen, herauszubilden. Je besser die komplizierten Beziehungen des sportlichen Handlungsgefüges verstanden und theoretisch verarbeitet werden, desto höher wird auch das Niveau der Situations- und Programmantizipation sein – die ständige Praxis vorausgesetzt.

• Die Programmvorausnahme wurde oben als Bewegungsvorstellung, verbunden mit dem Entschluss zur sofortigen Ausführung, bestimmt. Daraus folgt: ein *wiederholtes bewusstes Vorstellen* der jeweiligen Situation und des Bewegungsvollzuges *(ideomotorisches Training)* kann ebenfalls die Entwicklung der Antizipation fördern (vgl. dazu Abschnitt 4.2.3.4.).

• Die Fähigkeit zur Antizipation ist in hohem Maße an die spezifischen Bedingungen der einzelnen Sportarten und Disziplinen gebunden. Die Schulung der Bewegungsvorausnahme und -programmierung muss darum vor allem mit *spezifischen Mitteln* erfolgen.

2.5. Vergleichsprozesse – Sollwert-Istwert-Vergleich

Ein entscheidendes Glied im Funktionskreis der Bewegungskoordination – wenn nicht überhaupt *das* entscheidende Glied – ist der Sollwert-Istwert-Vergleich. Um das jeweils vorausgenommene Ergebnis zu erreichen und das dementsprechende Handlungsprogramm zu verwirklichen, müssen ständig die kleinsten Teilschritte des Bewegungsaktes mit dem Gesamtziel, den Teilzielen, dem motorischen Verlaufsprogramm bzw. den erwarteten Rückmeldungen verglichen werden. Dieser Vergleichsvorgang ist für jedes Regelsystem *die Grundlage für die korrigierenden* (»regelnden«) *Impulse an den Effektor.* Bereits aus einer aufmerksamen Beobachtung und Selbstbeobachtung bei alltäglichen Verrichtungen oder einfachen Arbeitsbewegungen wird deutlich, dass ein solcher Vergleich erfolgen muss, um den Effekt zu sichern.

Bei im Umgang mit der *Feile* oder auch der *Säge* wenig Geübten wird der Bewegungsfluss vor allem am Beginn der Tätigkeit oft gestört, die Bewegung stockt und gelingt nicht im beabsichtigten Fluss und Rhythmus. Ursache dafür ist, dass die Programmierung nicht zu einer genügend feinen Abstimmung der Muskelinnervation im Hinblick auf die Überwindung des auftretenden Widerstandes führt. Die jeweilige Größe des Reibungswiderstandes – der wesentlichen äußeren Kraft, die durch unsere Muskelkräfte überwunden werden muss – hängt ganz entscheidend von den dynamischen Charakteristika der Bewegung, das heißt von der aufgewandten Muskelkraft selbst ab. Wird nun die zentrale Komponente der über das Werkzeug auf das Werkstück wirkenden Kraft – der »Druck« auf das Werkstück – im Verhältnis zur tangentialen Komponente – zum »Schub« oder »Zug« – zu groß, dann tritt eine Stockung im Bewegungsfluss ein. Ausschlaggebend ist demnach nicht nur die Größe der inneren Kräfte, sondern zugleich auch die *Wirkungsrichtung.* Dieses komplizierte Koordinationsproblem wird durch die kinästhetische Reafferenz gelöst. Sie ermöglicht in jeder Einzelphase dieser Tätigkeit eine Kontrolle über das Verhältnis der zu koordinierenden Kräfte. Die kinästhetische Rückinformation schafft die Voraussetzung dafür, dass das antizipierte Programm differenziert und korrigiert werden kann. So verhält es sich beim geübten Arbeiter, der nicht selten diese Tätigkeit mit etwas geringerem Kraftaufwand beginnt, um den kinästhetischen Regelkreis »einspielen« zu lassen. Auf die noch etwas komplizierteren Verhältnisse der Abstimmung und Einregulierung beim Sägen zu zweien sei nur hingewiesen. In jedem Fall ist ein Vergleichsvorgang erforderlich.

Den *gleichen Sachverhalt* finden wir *bei sportlichen Bewegungsakten.* In vielen Fällen wird dort allerdings die auf dem Rückmeldungs-Vergleich basierende Folgeregelung nach dem antizipierten Programm nicht so deutlich erkennbar. Durch vieles Üben hat sich der Bewegungsablauf in seiner Struktur so gefestigt, dass er auf der Grundlage eines festliegenden »Bewegungsmusters«, eines auch im Detail gespeicherten Programmes, abzulaufen scheint. Betrachten wir jedoch Bewegungsformen wie Fangen, Werfen, Geländelauf, Skilauf, dann wird eine reafferente Beeinflussung des Bewegungsvollzuges – im Sinne einer Korrektur und Differenzierung – ganz offensichtlich. Ein Beispiel aus dem Rudern soll das noch verdeutlichen.

Schon bei wenig bewegtem Wasser besteht die Gefahr, dass das Blatt stellenweise nicht voll Wasser fasst oder auch zu weit vom Wasser bedeckt ist. In letzterem Falle kann ein Hängenbleiben beim Ausheben und damit eine Störung des Gleichgewichtes die Folge sein. Nun befinden sich aber Boot und Ruderer in einem derart labilen Gleichgewichtszustand, und vor allem sind die Veränderungen der Wasseroberfläche oft so unregelmäßig, dass der Ruderer das Wechselspiel der auftretenden Kräfte nicht antizipierend beherrschen kann. Kinästhetische, optische, taktile und vestibulare Reafferenzen sind erforderlich, um den Verlauf der Bewegung jeweils zweckentsprechend zu gestalten. Würde ein starres Programm vorliegen, wären starke Störungen der Koordination und des Gleichgewichtes, mitunter sogar ein Kentern, unvermeidlich. Dem geübten Ruderer wird diese reafferente Bewegungsregelung nicht mehr bewusst, beim Anfänger funktioniert sie noch unvollkommen, was mitunter recht deutlich sichtbar wird.

Es lässt sich somit hier festhalten: Die *Bewegungskoordination* bei sportlichen Bewegungsakten lässt mitunter ständige *Korrekturen,* das heißt eine *Regelung,* erkennen. Das setzt einen Vergleichsvorgang voraus.

Über den physiologischen Mechanismus der Vergleichsprozesse bei motorischen Akten und über die anatomischen Strukturen, in denen sie sich vollziehen, ist noch relativ wenig bekannt (vgl. BERNSTEIN,

1988, S. 153; TSCHAIDSE, 1965, S. 343). Als sicher gilt jedoch, dass verschiedene Abschnitte des Zentralnervensystems daran Anteil haben. Als ein Modell kann das Reafferenzprinzip (vgl. ANOCHIN, 1958; von HOLST/MITTELSTAEDT, 1950) gelten, das durch von HOLST/MITTELSTAEDT eine allgemeine Fassung gefunden hat. Danach hinterlässt jede Efferenz – jeder effektorische Impuls an die Muskulatur – in einem oder in mehreren Zentren eine Kopie (»Efferenzkopie«), die die Grundlage für einen Sollwert-Istwert-Vergleich darstellt (vgl. dazu SCHNABEL, 1968, S. 25 ff.).

ANOCHIN (vgl. 1958, 1967) erklärt den Sollwert-Istwert-Vergleich auf der Ebene der höheren Nerventätigkeit. Er entwickelte die Hypothese von der Entstehung eines Apparates der Vorhersage der Handlungsergebnisse – *Handlungsakzeptor* – bereits vor der Ausführung der Handlung und des Eintretens der ersten Ergebnisse.

Dieser Handlungsakzeptor entsteht nach dem »Augenblick der ›Entscheidung‹« über die auszuführende Handlung gleichzeitig mit dem Handlungsprogramm und stellt einen »echten Apparat der Bewertung und des Vergleichs der Ergebnisse mit dem gestellten Ziel« dar (ANOCHIN, 1967, S. 72). In diesem Zusammenhang spricht ANOCHIN von einer »*universellen Gesetzmäßigkeit*« und formuliert: »In allen Fällen, in denen das Gehirn über Endneurone Erregungen zu den peripheren Arbeitsapparaten aussendet, wird gleichzeitig mit dem efferenten ›Kommando‹ ein bestimmtes afferentes Modell gebildet, das die Parameter der künftigen Ergebnisse vorwegzunehmen erlaubt und die Möglichkeit gibt, diese Vorhersage am Ende der Handlung mit den Parametern der tatsächlichen Ergebnisse zu vergleichen.«

Die Ausbildung des Handlungsakzeptors ist demnach ein *Antizipationsprozess*. Auf seiner Grundlage erfolgt die Ergebnisbewertung (Übereinstimmung oder Nichtübereinstimmung). Allerdings muss ANOCHIN feststellen, dass ebenso wie der Schlüsselmechanismus »Fällen der Entscheidung« der Schlüsselmechanismus »Nichtübereinstimmung«, also der eigentliche Vergleichsvorgang, »einer feineren neurophysiologischen Analyse und deterministischen Deutung noch nicht zugänglich« ist (S. 96).

Wie ANOCHIN postuliert auch BERNSTEIN (1988, S. 188) das Vorhandensein einer »Vergleichsvorrichtung«.

Er stellt fest, dass jedes *Zusammentreffen* ei-

ner sensorischen Rückinformation eines *Istwert-Signals* mit der momentan führenden Sollwert-Information verschiedene Folgeerscheinungen haben kann:

– Die Divergenz zwischen Istwert und Sollwert bestimmt die resultierenden Korrekturimpulse.
– Die Information, dass ein bestimmtes Mikroelement des Programms realisiert wurde (»sanktionierende Reafferenz« bei ANOCHIN, 1958, S. 540), löst die Umschaltung auf das nächste Sollwertelement und damit die nächsten effektorischen Impulse aus.
– Die Information über »Störungen« im Bewegungsablauf, bei denen die Aufrechterhaltung des ursprünglichen Bewegungsprogramms durch Korrekturimpulse nicht möglich oder nur mit unökonomischer Arbeitsweise des Bewegungsapparates und unzweckmäßig erhöhtem Energieaufwand zu bewältigen ist, bewirkt eine adaptive Umstellung des Programmes. Diese Programmumstellungen »unterwegs« können bis zur qualitativen Reorganisierung der Programme, bis zu neuen, modifizierten taktischen Lösungen der Bewegungsaufgabe gehen. Aus den Erfahrungen im Bereich der Sportmotorik ist offensichtlich, dass geringfügige Programmumstellungen in vielen Sportdisziplinen vorkommen, dass weitergehende Umstellungen dort gefordert werden, wo ständig nicht genau vorausberechenbare natürliche Faktoren (Wind, Wellen, Geländeverhältnisse) einwirken, wie im Wasserfahrsport, Skilauf, Geländelauf, und dass in den Sportspielen und Kampfsportarten ständig eine völlige Reorganisation des ursprünglichen Programmes auftritt.[26]

Die genannten Folgeerscheinungen entsprechen drei verschiedenen »Regimes« der Regelung: dem *Kompensations*regime, dem Regime der *Folgeregelung* (programmierte Regelung) und dem Regime der *Selbstregelung* (**Selbstorganisation**) (vgl. SMIRNOV u. a., 1974, S. 143).

Als Beispiel für die Selbstorganisation können die Untersuchungsergebnisse von DIETZ (1991) zur Wechselbeziehung zwischen zentralen Programmen und Reflexen beim Gehen gewertet werden, die sowohl die Beteiligung des sehr schnellen, einfachen Reflexbogens des monosynaptischen Dehnungsreflexes als auch der mit etwas längerer Latenz einsetzenden polysynaptischen spinalen Reflexe nachweisen.

---

26 Weitgehende Umstellung und Reorganisation des Programmes setzt mit Notwendigkeit volitive Akte voraus, was eine Beteiligung des verbalen Systems bedeutet.

Vergleichsprozesse – Sollwert-Istwert-Vergleich

Eines der wichtigsten Kontrollelemente des Bewegungsaktes und damit ein wesentliches Moment in der Funktion des Vergleichsmechanismus ist der *Istwert der Geschwindigkeit*. BERNSTEIN (vgl. 1988, S. 189 f.) erklärt seine Ermittlung mit dem Prinzip der »frischen Spuren«:

Die Information über die momentane Lage wird mit der in noch »frischer Spur« gespeicherten, zeitlich vorangegangenen Information verglichen. Als zeitlichen Abstand $\triangle t$ nimmt er auf Grund verschiedener physiologischer Fakten 0,07 bis 0,12 s an. Dieses theoretische Funktionsmodell der »frischen Spuren« ist offenbar ein universales Prinzip, das die Wahrnehmung einer Bewegung als Prozess überhaupt erst ermöglicht.

Die Arbeitsweise des Vergleichsmechanismus wird aber noch weiter kompliziert durch die folgende Forderung an das Regelsystem: Die kontinuierliche Information über die momentane Divergenz von Istwert und Sollwert ($\triangle$ w) muss ergänzt werden durch *die Information über die Geschwindigkeit, mit der die vorhandenen Divergenzen zu- oder abnehmen.*

Ein Beispiel dazu: Beim Kanusport und auch beim Rudern spielt das Kurshalten eine wesentliche Rolle. Nicht selten ist zu beobachten, dass weniger Geübte dabei bedeutende Schwierigkeiten haben und unter ungünstigen Verhältnissen (Wind, Wellen) zu keiner wirklichen Geradeausfahrt kommen. Das liegt nicht zuletzt an der Tatsache, dass sie bei Steuerbetätigung und vor allem bei Korrekturschlägen zwar die jeweilige Kursabweichung, nicht aber die momentane Geschwindigkeit ihrer Veränderung richtig verarbeitet haben. Vor allem die häufigen Überkompensationen der Kursabweichungen sind darauf zurückzuführen. Auch bei Korrekturen, die der *Gleichgewichtserhaltung* dienen, wie im Skilauf, Eislauf, Geräturnen, Wasserfahrsport, ist nicht nur die Berücksichtigung der eingetretenen Verlagerung des Schwerpunktes wesentlich. Mehr noch als die Geschwindigkeit, mit der sich diese Verlagerung vollzogen hat, muss die Tendenz erfasst werden, mit der sich die Verlagerungsgeschwindigkeit weiter verändert.

Der geübte, erfahrene Sportler wird in all diesen Fällen die Abweichungen und die Veränderungsgeschwindigkeiten, die meist sehr schnell zunehmen, bereits dann wahrnehmen und darauf reagieren, wenn sie noch verhältnismäßig klein sind. Das aber bedeutet, dass im Vergleichssystem nicht nur Spuren vorangegangener Istwerte mit dem momentanen Istwert, sondern auch *»frische Spuren« der Istwert-Sollwert-Divergenz $\triangle$ w mit dem augenblicklichen Wert dieser Differenz verglichen werden.*[27]

Die bisherige Darstellung der Vergleichsfunktion, der Vergleichsprozesse speziell als Sollwert-Istwert-Vergleich, lässt eine wesentliche Frage offen: Hat der als »Schlüsselmechanismus« beschriebene Vergleichsvorgang auch Einfluss auf die *Koordination sehr schneller Bewegungsakte*, vor allem der ganzen Klasse der ballistischen Bewegungen?

Bei allen Würfen, bei Sprüngen, Schlägen (mit Sportgeräten oder einem Hammer) kann auf Grund der kurzen Bewegungszeit eine nach Beginn der Hauptphase an die Vergleichsvorrichtung übermittelte Rückinformation *keinen Korrekturimpuls* mehr auslösen, *der vor dem Abwurf, Absprung oder dem Ende des Kontaktes mit dem Ball, dem Speer usw. wirksam wird.*[28]

Dadurch können die Vergleichsergebnisse, soweit sie nicht noch die Endphase der betreffenden Bewegung beeinflussen, nur für eine Wiederholung der Bewegung, also praktisch für einen Lernprozess, nicht aber für den aktuellen Koordinationsvorgang, wirksam werden.

Dieses Problem wurde auch bereits von BERNSTEIN (1988, S. 191 f.) erkannt, und er weist darauf hin, dass in diesen Fällen »Korrekturen vorgreifenden, antizipierenden Charakters von großer, manchmal entscheidender Wichtigkeit sind«. Das aber bedeutet: Wenn (noch) keine Istwerte von der programmierten Bewegung zur Verfügung stehen, werden zum Vergleich mit den programmierten – d. h. antizipierten – Sollwerten der Rückmeldungen *antizipierte Istwerte* herangezogen: Auf der Grundlage einer »Extrapolation in die Zukunft«, ausgehend von Situationsafferenzen und Reafferenzen von den vorbereitenden Bewegungen, erfolgt ein »voraus eilender« Vergleich, so dass auch in diesem Falle keine starre

---

27 BERNSTEIN drückt das in der Ableitung $\dfrac{d\,(\triangle w)}{d\,t}$ aus (vgl. 1988, S. 190).

28 Vergleiche dazu u. a. die Anmerkung 13 (S. 48)

Programmsteuerung, sondern eine Regelung, eine *feed-forward-Regelung* erfolgt.

Es liegt nahe, dass dieser Vorgang der antizipierenden Regelung, der vorgreifenden Korrekturen, nicht nur bei den sehr kurzzeitigen, speziell ballistischen Bewegungen auftritt, sondern mit den Regelvorgängen vom Folgetyp bei der Mehrzahl aller Bewegungsakte verbunden ist. Dadurch werden u. a. auch »Bewegungen mit Vorhalten« (BERNSTEIN, 1988, S. 191) erklärbar.

Welche **Folgerungen** leiten sich nun aus den Erkenntnissen über den Vergleichsvorgang für die **Lehrpraxis** ab?

• Eine unmittelbare Einflussnahme auf diese Stufe der Informationsverarbeitung bei der motorischen Koordination ist kaum möglich. Sie kann nur *indirekt*, über die *gezielte Schulung der afferenten und reafferenten Informationsaufnahme und -verarbeitung* sowie durch Schulung der Bewegungsantizipation geschehen.

• Ein *größeres Wissen* des Sportlers *über den Bewegungsablauf* und seine Gesetzmäßigkeiten stellt nur *zum Teil eine Unterstützung* dieser »Schlüsselfunktion« dar. Die Feinregulierung der menschlichen und damit auch der sportlichen Bewegungstätigkeit erfolgt vorwiegend auf der Basis des sensorischen Signalsystems, speziell über die kinästhetischen Informationen, also über den inneren Regelkreis (vgl. die Ausführungen über die »bewegungslenkende Reafferenz«, Abschnitt 2.3.1.). Dadurch ist der Sollwert-Istwert-Vergleich einer bewussten, verbalen Analyse nicht unmittelbar zugänglich.

• Wird bei schnellen sportlichen Bewegungsvollzügen versucht, einen solchen Vergleich ganz bewusst durchzuführen, dann erfolgt der daraus resultierende Korrekturimpuls viel zu spät und wird nicht mehr wirksam. Da die erforderliche antizipierende Regulation, der vorauseilende Vergleich, kaum bewusstseinsfähig ist, und nur der Geübte vor Beginn der Hauptphase eine (ballistische) Bewegung »spürt«, inwieweit sie noch reguliert, d. h. korrigiert werden müsste, kann nur die *Lenkung der Aufmerksamkeit auf die vorbereitenden Bewegungen bei gleichzeitiger Zielantizipation* eine methodische Empfehlung sein. Konzentration auf technische Einzelheiten, »Überkonzentration«, ist dabei meist wenig hilfreich.

• *Bei zyklischen Bewegungsformen und bei wiederholter Ausführung* der Bewegung, also beim Üben, sollte der Sportler angehalten werden, *bewusst Soll und Ist zu vergleichen* und diesen Vergleich **auch sprachlich zu vollziehen**, um die Bewegungskoordination zu vervollkommnen und den Lernprozess zu beschleunigen. Das ist ihm aber auch *nur sehr grob möglich* und betrifft keinesfalls die »Mikroelemente«, die die Grundlage für die Feinkoordination darstellen. Jedoch erfährt dadurch die Präzisierung der Regelung auf der Basis des sensorischen Systems eine Unterstützung.

2.6. Weitere Fragen und Problemkreise

Im folgenden sollen einige Fragen und Problemkreise der Bewegungskoordination skizziert werden, die einerseits für den weiteren wissenschaftlichen Erkenntnisfortschritt wesentlich sind, andererseits in engem Zusammenhang mit Fragestellungen der Lehr- und Trainingspraxis stehen. Dazu liegen jeweils erste Antworten, mehr oder weniger abgesicherte hypothetische Positionen vor, eine befriedigende Abklärung durch relevante Untersuchungen steht jedoch noch aus. Aus der Gesamtheit dieser weiter zu verfolgenden Fragen sollen fünf hier hervorgehoben werden.

Taxonomie von Aufgabenklassen

Aus der Darstellung der Bewegungskoordination als Aspekt der Handlungsregulation und der Kompliziertheit der Koordinationsaufgabe ist unschwer abzuleiten, dass sowohl zur theoriegeleiteten Ordnung wissenschaftlicher Ergebnisse als auch zur Ableitung von Folgerungen für die Lehr- und Trainingspraxis eine *Klassifizierung der mannigfaltigen Bewegungshandlungen* gebraucht wird. Entsprechend der führenden Rolle des Handlungsziels und -zweckes bietet sich als Handlungskriterium vor allem die motorische Aufgabe – bzw. die Bewegungsaufgabe – an.

Einen Überblick über vorliegende Taxonomieansätze geben SCHNABEL u. a. (1995, S. 31–38) und KIRCHNER/STÖBER (1994). Letztere legen in ihrer Arbeit eine detaillierte Anleitung zur »Ermittlung des Anforderungsprofils«, wobei bei diesem Ansatz ein sehr breites Spektrum an Kriterien Anwendung findet (Perzeption, Kognition, Koordination, Kondition, Subjektantrieb, objektive Handlungsbedingungen, Auseinandersetzung mit dem Gegner, Kooperationsanforderungen, Handlungsspielraum). Diesem Ansatz stehen andere mit nur wenigen Kriterien gegenüber, die jedoch praktikabler sind, darunter auch die Gruppierung von MEINEL in den ersten Auflagen der »Bewegungslehre« (1960, S. 101–103), die Fertigkeitsklassifizierung von MECHLING (1988, S. 40) mit dem wichtigen Aspekt »offene – geschlossene Fertigkeiten« und die Ordnungkonzepte für die Vielfalt sportlicher Bewegungen von GÖHNER (1992 b, S. 108–120) mit der Unterscheidung horizontaler und hierarchischer (vertikaler) Ordnungen. Hervorzuheben ist der Ansatz von NEUMAIER, der auf die Unterscheidung »koordinativer Anforderungsprofile« gerichtet ist. (NEUMAIER 1999; NEUMAIER/MECHLING/STRAUSS 2002)

In Bezug auf diese und auch weitere Klassifizierungsansätze kommen wir zu der Auffassung, dass auf dem Gebiet der Taxonomie der Aufgabenklassen in der Sportmotorik und damit in Bezug auf die Bewegungskoordination noch weitere Arbeit zu leisten ist, um eine gesicherte und einheitliche Grundlage zu gewinnen.

Ebenen der Bewegungskoordination
In den meisten Motoriktheorien findet sich der Gedanke einer *hierarchischen Organisation der motorischen Funktionen* in Gestalt des Konstrukts von »Ebenen«. Sowohl bei einem psychologischen Ausgangspunkt als auch in neurophysiologischen Ansätzen und schließlich bei einem übergreifend biopsychosozialen Herangehen wie in der Sportmotorik spielt der Ebenenbezug eine Rolle.

In der vorangegangenen Darstellung der Bewegungskoordination wurde Bezug auf die Regulationsebenen nach HACKER genommen, also ein primär psychologischer Ausgangspunkt gewählt, der mit der »sensomotorischen« Regulationsebene schon im Übergang zu neurophysiologischen Kategorien ist und nach »unten« für weitere biologische (Unter-) Ebenen offen ist.

Demgegenüber weisen Ebenenstrukturen unter neurophysiologischer Sicht – wie die von BERNSTEIN (1988, S. 124–125) – in den »obersten« Ebenen einen Übergangsbereich mit psychologischen Akzenten auf. (Vgl. SCHNABEL u. a., 1995, S. 39–45)

Die vorliegenden Ebenen-Konzepte sind nur in begrenztem Maße in der Lage, den komplizierten Aufbau der Bewegungskoordination adäquat zu erfassen und zu erklären. Vor allem erweist sich eine *einseitige hierarchische Relation* der Ebenen als *nicht hinreichend* und den realen Verhältnissen entsprechend. In diesem Zusammenhang erscheint die *Ebenenstruktur BERNSTEINS* in einem sehr »modernen« Licht, da sie *sowohl hierarchische als auch heterarchische Bezüge* enthält: mit Ausnahme der »untersten« Ebene können alle auch, je nach Aufgabenklasse, als führende Ebene fungieren, während auch »höhere« Ebenen eine untergeordnete, eine »Hintergrundfunktion« übernehmen können. Es herrscht demnach Wechselwirkung vor, und *Aspekte der Selbstorganisation* sind *unverkennbar*.

Es bedarf weiteren Erkenntnisfortschritts der Neurophysiologie und Psychologie sowie sportmotorischer Grundlagenforschung, um die vorliegenden Konzepte und Konstrukte zu verifizieren, zu präzisieren oder auch zu modifizieren – auch im Interesse effektiver Handlungsorientierungen für die Lehr- und Trainingspraxis: Dabei geht es um die »Eingriffsmöglichkeiten« und die effektive Gestaltung der Einflussnahme in bezug auf die erreichbaren Regulationsebenen.

Beziehungen zwischen kognitiv-bewussten und sensomotorischen Anteilen an der Bewegungskoordination
Im Zusammenhang mit den Ebenen der Regulation und Programmierung und der Gesamtheit der Informations- und Rückinformationsprozesse ergab sich in den voranstehenden Abschnitten wiederholt die *Problematik des Zusammenwirkens voll bewusstseinsfähiger* und damit auf verbaler Basis zugänglicher *Vorgänge und Bewegungsrepräsentationen* mit den zumeist *nicht bewusstseinspflichtigen sensomotorischen Anteilen* der Bewegungskoordination. Diese Problematik ist insofern praktisch relevant, als wesentliche lehrmethodische Orientierungen davon abhängen.

In den Forschungsarbeiten und Orientierungen der Sportpsychologie – der längere Zeit auch in der Motorikforschung deutliche Einfluss der kognitiven Psychologie ist unverkennbar! – und der Sportpädagogik liegt eine Konzentration auf die kognitive Regulation, besonders auf die intellektuelle Regulationsebene vor, wobei die sensomotorischen Prozesse vernachlässigt werden. Dem stehen praktische Erfahrungen und auch Aussagen und Erkenntnisse der Bewegungslehre – schon in der ersten Auflage dieses Buches! – gegenüber, die gerade die nicht bewusstseinspflichtigen, verbal schwer fassbaren Elemente des motorischen Geschehens hervorheben. Inzwischen mehren sich die Anzeichen, dass diese Disproportionalität erkannt wurde, wobei entsprechende Forschungsarbeiten allerdings noch weitgehend fehlen. So orientiert u. a. FRESTER (1990) darauf, neben der rationalen Durchdringung und intellektuellen Verarbeitung von außen in der Lehrtätigkeit einen zweiten Weg zu gehen: Der Sportler soll es lernen, besser mit den »Informationen aus internen Abläufen umzugehen, Körpergefühl zu erspüren, auf Abweichungen von Leitbildvorstellungen richtig zu reagieren und für die Verbesserung der Bewegungsausführung zu nutzen.« Ein anderes Beispiel ist die »Entdeckung« des »impliziten Lernens« (WULF 1993).

Nicht nur die genannten Disproportionen gilt es in der Sportmotorik künftig zu korrigieren, sondern die Wechselbeziehungen der »kognitiven« und der »sensomotorischen« Anteile der Bewegungskoordination – und damit auch des motorischen Lernens – bedürfen künftig in Forschung und Lehre gesteigerter Beachtung.

Führende koordinative Elemente

Bereits in den vorausgehenden Abschnitten wurde verschiedentlich erkennbar, dass sowohl im Erscheinungsbild der Bewegungskoordination als auch in den zugrundeliegenden -»inneren« – motorischen Vorgängen *Elemente größerer oder geringerer »Wertigkeit«* unterschieden werden können.

So setzt das BERNSTEINsche Konzept der »zwei Taktiken« der Bewegungskoordination (Abschnitt 2.2.4.) die Annahme solcher Elemente voraus. »Wertigkeit« in diesem Zusammenhang bedeutet die Einflussgröße auf die Erfüllung der Koordinationsaufgabe, auf das Erreichen des Bewegungszieles.

Eine solche Unterscheidung wesentlicher oder weniger wesentlicher Elemente, sowohl hinsichtlich der Zieltechnik angestrebter Bewegungsleistungen als auch in bezug auf einzelne Stadien der Bewegungsgenese, ist von größerem praktischen Interesse: Für die Optimierung von Aneignungsprozessen, u. a. im Techniktraining der verschiedenen Sportarten, ist z. B. die Kenntnis der koordinativen Elemente von Bedeutung, die zuerst und/oder besonders sorgfältig herausgebildet werden sollten, um die angestrebte Zieltechnik zu erlernen. Besonders in diesem skizzierten Zusammenhang wird die Suche nach »führenden koordinativen Elementen« verständlich.

In der Sportmotorik-Bewegungslehre und in den Grundlagendisziplinen – d. h. speziell in der Biomechanik, Neurophysiologie, Psychologie – findet man verschiedene Ansatzpunkte einer Gewichtung. (Vgl. dazu ZIMMER 1995) Genannt werden sollen hier nur DJAČKOV und R. A. SCHMIDT.

DJAČKOV, der an die Funktion führender Elemente im Wesentlichen unter biomechanischem Aspekt herangeht, hebt als Hauptmerkmale hervor: Das führende koordinative Element

– übernimmt die Rolle des Organisators eines effektiven Zusammenwirkens der Kräfte;
– verbindet verschiedene Kettenglieder der ganzheitlichen Bewegungshandlung;
– verändert die Koordination bei Übungen mit verschiedener Bewegungsstruktur;
– sichert dadurch das präzise Zusammenwirken aller Bewegungsteile im Rahmen der ganzheitlichen Bewegung (1973, S. 40).

Eindeutige Kriterien zum Bestimmen des jeweils führenden koordinativen Elements findet man bei DJAČKOV nicht.

R. A. SCHMIDT (1982) bestimmt als invariante Programmbestandteile, die zeitlich vor den variablen Bewegungsparametern programmiert werden und damit als führende Elemente gelten können, die Impulsreihung (Sequencing), das Verhältnis der Impulszeiten (Relatives Timing) und das Verhältnis der Impulshöhen (Relative Krafteinsätze).

Wenngleich dieses Konzept dem Wesen der Bewegungskoordination näher kommt als andere, weil es sich nicht auf die einzelnen Parameter, sondern auf Relationen bezieht – es bringt auch noch keine befriedigende Lösung, weder für die Gesamtproblematik der Bewegungskoordination noch für das Problem der führenden koordinativen Elemente.

Somit muss auch für diesen Problemkreis festgestellt werden, dass weiterer Erkenntnisfortschritt notwendig ist und dass hier in Theorie und Empirie ein lohnendes wissenschaftliches Arbeitsfeld vorliegt.

Einheit von Information und Energie

Im dargestellten Konzept der Bewegungskoordination wurde deutlich gemacht, dass *eine koordinierte Bewegung nur über die Steuerung und Regelung energetischer Prozesse* zustande kommt. Das betrifft sowohl die Energie liefernde Muskelkontraktion als auch das Wechselspiel der dabei erzeugten inneren Kräfte mit den äußeren (Schwerkraft, Reibungs-, Luft-, Wasser-, Trägheitskräfte), wobei die reaktiven Kräfte, insbesondere die Trägheitskräfte noch eine besondere Rolle spielen.

Das Sportmotorikkonzept von HIRTZ/KIRCHNER/PÖHLMANN (1994) bezieht, noch weitergehend, die Kondition – als Energieaspekt der Motorik – voll in den wissenschaftlichen Gegenstandsbereich ein. Demgegenüber lag und liegt in der Bewegungslehre und der Motorikforschung der Akzent – bei Anerkennung der untrennbaren Verbindung von Energie und Information in der Bewegungstätigkeit – auch in der Koordinationstheorie auf den informationellen Prozessen und ihren Gesetzmäßigkeiten.

Neben wissenschaftstheoretischen und methodologischen Überlegungen führte vor allem die Trainingspraxis zu Fragestellungen, die auf die Einheit von Energie und Information orientierten. (Vgl. NORDMANN, 1995)

Hervorzuheben ist das Problem der »Umsetzung konditioneller Potentiale«, ausgehend von der Feststellung, dass hohe Kraft- oder Ausdauerpotentiale oft nicht zu den adäquat hohen Leistungen führten bzw. hohe Leistungen nicht unbedingt auch sehr hohe Kraft- bzw. Ausdauerpotentiale voraussetzten. Untersuchungen von DJAČKOV (1973) belegten diesen Sachverhalt und führten mit dem so genannten Effektivitätskoeffizient zu einer Diagnosemethode des Umsetzungsgrades. Untersuchungen im Nachwuchstraining (RAUCHMAUL u.a., 1988; HOFFMANN, 1989) erweiterten den Kenntnisbestand ebenso wie die Arbeiten und Konzeptionen zur Entwicklung der Leistungsfähigkeit durch die Ausrichtung auf die Ganzheitlichkeit der Bewegungsleistung. Sie führten u.a. zum »relativen Effektivkraftwert« (BÜHRLE, 1989), zum »strukturadäquaten Krafttraining« (HOCHMUTH/GUNDLACH, 1982, u.a.), zu Imitations- und Simulationstrainingsformen u.a. im Skispringen (DRECHSEL, 1988; WAGNER, 1989).

Die Frage, ob die Sportmotorik als Wissenschaftsdisziplin in voller Breite auch die energetischen Anteile der Bewegungsleistung bearbeiten sollte, kann hier nicht beantwortet werden. Erforderlich ist jedoch unzweifelhaft die verstärkte *Orientierung auf die »Ganzheit« der (sport-)motorischen Leistung* bereits im Modell der Bewegungskoordination. Die Einheit von Energie und Information bedeutet dabei auch die hinreichende Berücksichtigung von Motivation, Emotion und Volition. Realisierbar erscheint uns das gegenwärtig nur auf der Grundlage einer integrativen Grundkonzeption durch Kooperation in Forschung, Untersuchungs- und Diagnosemethodik und Theoriebildung mit den anderen, den Gegenstand tangierenden und dazu aussagefähigen Wissenschaftsdisziplinen.

2.7. Zusammenfassung

- **Bewegungskoordination** bei sportlichen Leistungsvollzügen ist als ein spezieller **Teilaspekt der Handlungsregulation** zu verstehen. Sie ist darum nicht isoliert als sensomotorische Regulation zu betrachten, sondern muss *stets unter Beachtung und weitgehender Einbeziehung der höheren Ebenen der Handlungsregulation untersucht* werden. Ferner ist zu beachten, dass die Bewegungskoordination im Rahmen des Handlungsvollzuges auch vom *Antriebsaspekt* beziehungsweise von Antriebsprozessen mitbestimmt wird.

- Bewegungskoordination im engeren Sinne ist die **Organisation von Bewegungsvollzügen in Abhängigkeit von einem antizipierten Ziel**. Als *Aufgabe* ergibt sich dabei die *Abstimmung aller auftretenden inneren und äußeren Kräfte und ihrer ständigen Größenänderungen* – einschließlich der durch den Bewegungsvorgang induzierten reaktiven Kräfte – unter Berücksichtigung aller Freiheitsgrade des Bewegungsapparates und der eintretenden Situationsänderungen.

- Die **morphologische Grundlage** des Koordinationsprozesses bilden **Muskulatur, Sinnesorgane und Nervensystem**, zusammengefasst als **sensomotorisches System**. Dabei besteht weitgehende Klarheit über die peripher gelagerten Bestandteile des sensomotorischen Systems und deren Funktion sowie über bestimmte korrelative Beziehungen zwischen sensorischen Eingangsinformationen und effektorischen Ausgangsimpulsen, weniger über die Funktion der zentralen Elemente.

- Die Analyse der Koordinationsbeziehungen wird dadurch kompliziert, dass beim Menschen auf der Grundlage verbaler Signale ein **universelles zusätzliches Informations-, Speicher- und Regelsystem** entstanden ist. Es erweist sich *vielfach* als *führend*, steht *zunächst aber mit den kinästhetischen* Informationen, die für die Bewegungskoordination besonders wesentlich sind, *nicht unmittelbar in Verbindung*. Diese Verbindung entwickelt sich mit der Entwicklung der Bewegungskoordination im Prozess des motorischen Lernens und kann durch Schulung der Bewegungsempfindung und -wahrnehmung unterstützt werden.
Die erste Stufe der Programmierung einer Willenshandlung, die in der Antizipation des Handlungszieles besteht, und bewusst vorgenommene Korrekturen während des Bewegungsvollzuges sind mit Sicherheit an das verbale System gebunden. Die in der Lehr- und Trainingspraxis gesammelten Erfahrungen weisen die bedeutende Rolle des verbalen Systems für die Bewegungskoordination nach und bestätigen vielfältig die *Möglichkeit, über verbale Informationen auf die Bewegungskoordination Einfluss zu nehmen*.
- Die genannten Erkenntnisse und Fakten lassen sich am klarsten in einem **vereinfachten, kybernetisch orientierten Modell** darstellen, das auf den Erkenntnissen der bekannten sowjetischen Wissenschaftler BERNSTEIN und ANOCHIN zur motorischen Koordination aufbaut. Danach sind sportliche Bewegungsvollzüge als gesteuerte und geregelte Prozesse aufzufassen. Dabei tritt sowohl **Kompensations-** als auch **Folgeregelung** und **Selbstregelung (Selbstorganisation)** auf.
- Wesentlich ist die Erkenntnis, dass das sensomotorische System nur funktionieren kann durch die **Existenz von Rückkopplungen (Reafferenzen)** auf dem Wege eines inne-

ren und eines äußeren Regelkreises. In der Funktion des inneren Regelkreises kommt die maßgebliche Rolle des kinästhetischen Analysators zum Ausdruck. Das so genannte **Reafferenzprinzip** stellt ein grundlegendes *Funktionsmodell des Regelvorganges in elementarer Form dar*. Für die Erklärung der Bewegungskoordination auf der Grundlage der höheren Nerventätigkeit hat das Konstrukt eines »*Handlungsakzeptors*« *als zeitweiliges Organ der Vorhersage und des Sollwert-Istwert-Vergleiches* eine wesentliche Schlüsselfunktion (vgl. ANOCHIN, 1967).

- Als entscheidende **Kettenglieder im Prozess der Bewegungskoordination** sind hervorzuheben:
  - die Funktion der *Aufnahme und Aufbereitung von Informationen* und *Rückinformationen* (Afferenzsynthese);
  - die Funktion der *Situations-, Ziel-* und *Programm-Antizipation* und der *Programmierung* des Bewegungsaktes;
  - die Funktion des *Vergleiches* der *reafferenten Informationen mit dem Handlungsprogramm* und den *erwarteten Rückmeldungen*.
- Wichtigste Folgerung für die sportliche Praxis ist die Erkenntnis, dass **jede Einflussnahme auf die Bewegungskoordination und ihre Entwicklung nur über die afferente und reafferente Information** erfolgen kann, wobei *der verbale Anteil führend ist, aber nicht ohne die Verfeinerung des sensorischen Anteils* funktionieren kann. Diese grundlegende Aussage ist zugleich wesentlicher Ausgangspunkt für die Behandlung des motorischen Lernprozesses und die zu ziehenden Schlussfolgerungen zur Bewegungsschulung beziehungsweise zum Techniktraining. Sie ist zugleich auch ein Schlüssel zum tieferen Verständnis der motorischen Ontogenese und der Entwicklung koordinativer Fähigkeiten.

- Als **weitere Fragen der Bewegungskoordination** oder ihrer konstituierenden Grundlagen, die von theoretischer und vor allem auch praktischer Bedeutung sind und noch weiterer Bearbeitung bedürfen, wurden herausgehoben:

– die *Taxonomie von (Bewegungs-)Aufgabenklassen*
– die *Konzeption der (Regulations-)Ebenen* und ihrer hierarchischen und/oder heterarchischen Funktionsstruktur
– die *Beziehungen zwischen kognitiv-bewussten und sensomotorischen Anteilen* der Bewegungskoordination
– *führende koordinative Elemente*
– *Einheit von Energie und Information.*

2.8. Ausblick

Das Problemfeld Bewegungskoordination-Bewegungsregulation-Motor Control hat seit Erscheinen der 9. Auflage in Forschung, Theorie und Publikationen weiter starke Beachtung gefunden, was auch in Zukunft zu erwarten ist. (Vgl. unsere Positionen in KRUG/HARTMANN/SCHNABEL 2002) Die verschiedenen in die z. T. kontroverse Diskussion gebrachten Theorien und Modelle – ausgehend vor allem von der amerikanischen Theoriediskussion – demonstrieren verschiedene Zugänge, decken jedoch jeweils nur einen Teil des Problemfeldes ab und/oder haben (noch) kaum Ergebnisse auf dem sportpraktischen Bewährungsfeld der Bewegungswissenschaft aufzuweisen. Ein Absolutheitsanspruch eines einzelnen Theoriekonzepts oder ein »Paradigmenwechsel« (DAUGS 1994) sind nicht gerechtfertigt. Häufig erfüllt ein »polytheoretischer« Zugang das Anliegen der Praxis am ehesten. (Vgl. u. a. auch WOLLNY 2002 b) Ungeachtet dessen »ist ein differenziertes Modell des Gesamtsystems anzustreben, das auf unterschiedlichen Wahrnehmungs- und Analyseebenen die Zuordnung spezifischer Strukturen und prozessualer Abläufe der Bewegungskoordination gestattet«, wie WOLLNY (2002 b, S. 179) in Bezugnahme auf MECHLING (1987), NITSCH/MUNZERT (1997 b) und ROTH/WILLIMCZIK (1999 b) feststellt. Die im hier vorgelegten Kapitel angesprochenen Erkenntnisse von BERNSTEIN, das Tätigkeitskonzept sowie die wissenschaftlichen Ergebnisse und die Theorie der Handlungsregulation können einen übergreifenden Zugang, einen Ansatzpunkt für ein integratives »Gesamtmodell der Bewegungskoordination« darstellen.

Studienliteratur

ANOCHIN, P. K.: Das funktionelle System als Grundlage der physiologischen Architektur des Verhaltensaktes. Jena 1967.
BERNSTEIN, N. A.: Einige herangereifte Probleme der Regulation der Bewegungsakte. – In: BERNSTEIN, N. A.: Bewegungsphysiologie. – Leipzig 1988[2]
HIRTZ, P.; KIRCHNER, G.; PÖHLMANN, R. (Hrsg.): Sportmotorik. Grundlagen, Anwendungen und Grenzgebiete. – Kassel 1994 – Kap. II und III (S. 33–95)
SINGER, R. N.: Motorisches Lernen und menschliche Leistung. – Bad Homburg 1985. – Kap. 5 und 6. (S. 97–175)

3. Allgemeine Bewegungsmerkmale als Ausdruck der Bewegungskoordination

Die Praxis der sporttechnischen Ausbildung und Bewegungsschulung verlangt vom Lehrenden im allgemeinen, dass er selbst die einzelnen Bewegungsakte möglichst einwandfrei auszuführen vermag, um ein Vorbild zu geben – im Spitzensport allerdings mit Einschränkung. Zugleich muss er jedoch einen Bewegungsablauf genau *kennen* und *erkennen*, um beim Lernenden eine richtige Bewegungsvorstellung entstehen zu lassen, um Fehler zu vermeiden oder zu korrigieren und um seine methodischen Maßnahmen dem jeweiligen Grad der Bewegungsbeherrschung anzupassen.

Kennen und Erkennen, bewusste Kenntnis und Erkenntnis sind jedoch gebunden an die *sprachliche*, an die *begriffliche Erfassung* des Erkenntnisinhaltes. Nur was wir in Worte und dementsprechend in Gedanken fassen können, ist wirklich zur Erkenntnis geworden. Für den Lehrenden ist **eine Umsetzung der Beobachtungsergebnisse in Begriffe und Urteile** unerlässlich, um die Bewegungen ausbilden und formen zu können. Zum einen *muss das begrifflich-rationale, verbal kodierte Abbild* des Bewegungsaktes *die* unmittelbar *wahrnehmbare Form des Bewegungsvollzuges widerspiegeln, sonst bleibt es ein leerer Begriff; zur anderen bleibt das Handeln des Lehrenden ohne eine begrifflich-rationale Bestimmung seines Erkenntnisobjektes,* ohne die Erkenntnis von Bedingungen und Ursachen, ohne Unterscheidung des Einzelnen vom Allgemeinen, des Wesentlichen vom Unwesentlichen, des Notwendigen vom Zufälligen *weitgehend blind.* Daraus ergibt sich auch die Problematik des nachfolgenden Kapitels.[1]

---

1 Zu Fragen der Bewegungsbeobachtung bzw. des »Bewegungssehens« vgl. u. a. NEUMAIER 1988; NEUMAIER/ JENDRUSCH 1999; HARTMANN 1999.

3. 1. Bewegungsbeschreibung und Bewegungsmerkmale

Der gegenwärtige Entwicklungsstand der Registrier- und Messmethodik gestattet es, die Form beliebiger Bewegungsvollzüge zu objektivieren, in allen wesentlichen Parametern auch zahlenmäßig zu erfassen und in gewissen Grenzen mathematisch zu modellieren. Auf dieser Grundlage – oder, allerdings weniger exakt, auf der Grundlage gezielter wiederholter Beobachtungen am Videobild oder in natura – lässt sich ein Bewegungsablauf in seiner Form und seinen Besonderheiten sehr detailliert erfassen und auch beschreiben. Solche **Beschreibungen**, wie wir sie allenthalben in der Fachliteratur finden, sind **wesentlicher und notwendiger Bestandteil** insbesondere einer auf die Form gerichteten, das heißt einer **morphologischen Bewegungserfassung.**

Ungeachtet der Unverzichtbarkeit und nahezu universellen Verwendung der Bewegungsbeschreibung sowohl in der Lehr- und Trainingspraxis als auch in der Sportfachliteratur wurde sie als Methode bisher kaum reflektiert. Eine Ausnahme sind die Ausführungen von GÖHNER (1992, S. 74–107) über »Die Deskription der sportlichen Bewegung«.

Die Ausgangsüberlegung GÖHNERS ist ähnlich den von uns fixierten einführenden Gedanken. Es geht ihm um das »Dingfestmachen« der Eigenschaften, Merkmale usw. der Bewegungen, denn »Bewegung ist eher mit Musik vergleichbar, und zwar insofern, als beide flüchtige Ereignisse sind, die diese Eigenschaft erst dann verlieren, wenn sie überdauernd erfasst, also z. B. verschriftet werden können« (S. 74). Er analysiert sodann das Beschreiben von Bewegungen in der Sportpraxis und kommt dabei bereits zu weiterführenden Feststellungen und Folgerungen – u. a. die Beachtung von sechs Schritten –, auf die hier nicht näher eingegangen werden soll. Weiterhin hebt er aus dem »außersportlichen Be-

Bewegungsbeschreibung und Bewegungsmerkmale

reich« Beschreibungsverfahren hervor, die für die Erfassung sportlicher Bewegungen bedeutsam sein können: *das Beschreibungsverfahren der theoretischen Mechanik* – Bewegungsgleichungen –; *Bewegungsbeschreibung der funktionellen Anatomie; Bewegungsbeschreibung für Choreographien.*

In der folgenden Positionierung zum »*Gebrauch von systematisch-reflektierten Beschreibungen im Sport*« (S. 90 ff.) kommt er – in Anlehnung an die systematische Verhaltensbeobachtung (FASSNACHT 1979) – zu dem Ergebnis, dass eine Bildung von Beobachtungs- und Beschreibungseinheiten erforderlich ist, die jeweils vom Verwendungszweck, von der Absicht, die mit der Bewegungsverschriftung verbunden ist, ausgehen. Daraus ergeben sich drei »sporttypische Beschreibungssituationen« (S. 92):

– »Beschreiben mit der Absicht, eine sportliche Bewegung als Verlaufsfolge zu dokumentieren«
– »Beschreiben mit der Absicht, eine sportliche Bewegung als Muster, als Fertigkeit oder Technik zu charakterisieren« (S. 96)
– »Beschreiben, um einzelne Ausführungen mit anderen vergleichen zu können« (S. 102).

Aus der differenzierteren Darstellung wird ersichtlich, dass vor allem die zweite und dritte »Situation« zum Anliegen einer (allgemeinen) Bewegungslehre gehören, während die erste primär sportartspezifischen Anliegen – u. a. in der Ausschreibung von Wettkampfübungen – entspricht. Ersichtlich wird jedoch auch, dass selbst eine »systematisch-reflektierte Beschreibung« Grenzen in der Aussagefähigkeit und Verwertbarkeit hat.

Die **Grenzen der Beschreibung** liegen vor allem in der folgenden Richtung: So genau sie sein mag, so durchdacht – »systematisch reflektiert« – dabei vorgegangen wird, ihre *Anwendung und Umsetzung in der Lehr- und Trainingspraxis* ist meist nicht ohne weiteres möglich. Gründe dafür sind u. a. folgende:

• Infolge der großen Schnelligkeit sportlicher Bewegungsabläufe, der Kompliziertheit und Vielfalt der räumlichen Verlagerungen und ihrer zeitlichen Organisation sowie der differenzierten Dynamik sind die in einer exakten Beschreibung enthaltenen Einzelheiten *durch Beobachtung oder Vorstellung vom Lernenden* und selbst vom Lehrenden gar nicht oder *kaum zu erfassen.*

• *Der Lehrende* kann bei der ständigen Beobachtung jeweils *nur wenige Details im Auge* haben, bei einem schnellen azyklischen Bewegungsakt mitunter nur eines. Zwar nimmt er eine Fülle von Signalen auf, die Informationsträger vieler Bewegungsdetails sind, ihre bewusste Verarbeitung aber, das heißt insbesondere ihre verbale Transformierung (Umsetzung in Begriffe), ist nicht gleichzeitig möglich.

• *Der Lernende* vermag jeweils nur eine sehr *begrenzte Anzahl von verbalen Informationen* innerhalb eines Handlungsvollzuges zu *verarbeiten* und motorisch *umzusetzen.* Der Lehrende muss deshalb aus einer detaillierten Bewegungsbeschreibung Schwerpunkte auswählen.

• Jede vom Sportler aufgenommene Information zu einem Bewegungsakt kann nur dann nutzbringend verarbeitet werden, wenn sie *Einfluss auf die Regulation der sportlichen Handlung* nimmt. Dazu ist aber offensichtlich erforderlich, dass sich der Informationsgehalt auf die »Innensicht« des Lernenden, d. h. auf solche Elemente des Bewegungsprogramms bezieht, die bereits vorstellungsmäßig erfasst und ihm bewusst werden.

• Für den Aufbau und die Vervollkommnung der Bewegungskoordination sind vor allem auch *Angaben zu dynamischen und zeitlichen Modalitäten* von Bedeutung. Diese lassen sich jedoch durch verbale Beschreibung nur in sehr begrenztem Maße darstellen und noch schwieriger dem Lernenden verständlich machen. (Vgl. dazu GÖHNER, 1992, S. 100)

Die Grenzen der Anwendbarkeit der Bewegungsbeschreibung in der Lehr- und Übungspraxis haben zunächst im Rahmen der Bewegungsbeschreibung selbst Ansätze einer akzentuierenden Gewichtung der Aussagen unter *Verwendung von verallgemeinerten, wesentliche Charakteristika im Sinne von Superzeichen kennzeichnenden Merkmalen* hervorgebracht, die zunächst nur sporadische Ergänzungen waren. MEINEL erkannte darin die Möglichkeit, Merkmale oder Größen zu finden, die die Bewegungen so charakterisieren, dass damit die didaktischen Aufgaben besser gelöst werden können. Es kam ihm darauf an, solche *Eigenschaften zu erfassen, die für die Mehrzahl sportlicher Handlungen charakteristisch sind* und *bei gleichartiger Aufgabenstellung auch weitgehend gleiche Ausprägung erfahren.*

Aus der Vielfalt der Möglichkeiten, die Form eines Bewegungsvollzuges zu charakterisieren, wurde eine Reihe von Merkmalen ausgewählt, deren Ausprägung ein **wesentlicher, sichtbarer Ausdruck der Bewegungskoordination** ist. Das bedeutet folgerichtig, dass diese **Merkmale Charakteristika sportlicher Bewegungen im Bezug zu gestellten Aufgaben und den jeweiligen Rahmenbedingungen** erfassen.[2]

Die Herausbildung dieser Merkmale geschah zunächst in Verallgemeinerung von Erfahrungswissen, welches ganze Sportlergenerationen in aller Welt gesammelt hatten, ohne dass es bis dahin zu einer systematischen Sammlung und wissenschaftlichen Durchdringung dieser Erfahrungen gekommen war. Durch Beobachtungen an sportlichen Bewegungsabläufen im Film und im aktuellen Vollzug wurden die gefundenen Merkmale präzisiert, durch theoretische Analysen wurden konditionale und kausale Zusammenhänge – soweit möglich auch in den zugrundeliegenden motorischen Prozessen – aufgehellt. Der beabsichtigte Zweck dieser »morphologischen« Bewegungsmerkmale besteht in erster Linie darin, wesentliche Eigenheiten sportlicher Bewegungsakte, die sich in der Bewegungsform manifestieren, akzentuierend hervorzuheben und dem Lehrenden den Blick für diese Eigenheiten zu schärfen. Damit soll er zugleich befähigt werden, seine didaktisch-methodische Arbeit auf bestimmte Schwerpunkte zu konzentrieren.

Die ausgewählten Merkmale beziehen sich nicht auf Einzelaktionen im Handlungsverlauf, sondern suchen die »*Ganzheit*« *des Bewegungsablaufs* betreffende äußere – »morphologische« bzw. »topologische« – Erscheinungen der Bewegungskoordination zu erfassen, was in der folgenden Darstellung deutlich werden wird. Soweit möglich wird dabei auch die *Verbindung zur »Innensicht«* des handelnden bzw. lernenden Sportlers hergestellt, um eine unmittelbare Nutzung im Lehr- und Unterrichtsprozess, u. a. in der Kommunikation von Lehrenden und Lernenden, vorzubereiten.

Zur »Problemgeschichte« der behandelten Bewegungsmerkmale sollen noch folgende Anmerkungen vorausgeschickt werden:

Erstens: Die ersten Veröffentlichungen der MEINELschen Grundkonzeption lassen eine gewisse Unbestimmtheit bzw. Mehrdeutigkeit im Verständnis des Qualitätsbegriffs erkennen, wenn er von »wesentlichen Merkmalen« spricht, »die die Qualität der sportlichen Motorik kennzeichnen«, andererseits von »wesentlichen Merkmale(n) einer optimalen Ausführung sportlicher Bewegungsabläufe« (MEINEL 1960/61, S. 97). Die letztgenannte Formulierung lässt eine Auffassung von Qualität im Sinne von »Güte« vermuten, so dass ein »Merkmal einer optimalen Ausführung« entweder vorhanden ist oder auch nicht. In anderen Zusammenhängen geht er jedoch durchaus vom dialektischen Zusammenhang von Qualität und Quantität aus und betrachtet die Bewegungsmerkmale in ihrer graduellen Ausprägung. In der Neubearbeitung der »Bewegungslehre« von 1976 betonen wir darum die Einheit von Qualität und Quantität, auch in Bezug auf die allgemein als qualitativ bezeichneten Bewegungsmerkmale.

Zweitens: Diese Präzisierung des Qualitätsbegriffs im Sinne der philosophischen Dialektik von Qualität und Quantität bedeutet nicht den Verzicht auf das Anliegen der Bewegungslehre/Sportmotorik, eine Begründung und Orientierung für »richtiges Bewegen« zu geben. MEINEL bezeichnete sowohl die »kategoriale Erfassung« – wie er die Arbeit mit den Bewegungsmerkmalen auch nannte – als auch die »Prinzipien der sportlichen Motorik« – »Zweckmäßigkeit« und »Ökonomie« – als »Formen der rationalen Erfassung« des Bewegungsgeschehens und »zugleich auch … Richtschnur für die wertende Beurteilung sportlicher Bewegungsabläufe« (1960, S. 146).

SOBOTKA (1974), der u. a. den Aspekt der Prinzipien weiter verfolgte, kam zu der funktionell bedingten Unterscheidung von Zweck- und Formbewegungen, worauf sich auch unterschiedliche Kriterien der »Richtigkeit« gründen. GÖHNER (1992, S. 159–186) setzt sich eingehend mit der Frage des richtigen Bewegens im Sport auseinander und unterscheidet einen biomechanisch-technologischen Zugang, einen sportpädagogischen und einen Zugang unter funktionalem Bewegungsverständnis. Seiner Bewegungsauffassung entsprechend favorisiert er offenbar den letzteren, und wir können diese Auffassung nur unterstreichen: Letztlich kann man den biomechanischtechnologischen und den sportpädagogischen Aspekt als »aufgehoben« im funktionalen Zugang zum Problem der Richtigkeit bzw. der Güte der Bewegung betrachten. Das aber bedeutet: Wohl sind die Bewegungsmerkmale an sich kein Kriterium für die Richtigkeit einer sportlichen Bewegung, in Abhängigkeit vom »Bewegungssinn«, von der Bewegungsaufgabe jedoch wird die **Ausprägung** der Merkmale zu **einem** Kriterium der Bewegungsgüte.

Drittens: In den 60er Jahren wurden die Bewegungs-

---

2 In diesem Punkte befinden wir uns in Übereinstimmung mit GÖHNERS »funktionalem Bewegungsverständnis« und seinem Ansatz für eine didaktisch orientierte Bewegungsanalyse (1979, S. 12 ff.).

merkmale mehrfach aus philosophisch-erkenntnis-theoretischer Sicht kritisiert (GUTEWORT/PÖHLMANN 1966; GUTEWORT 1969; SCHNABEL u. a. 1976. Vgl. dazu auch ROSTOCK/KIRCHNER 1999). Soweit diese Kritik das Problem der Einheit von Qualität und Quantität betrifft, ist sie mit der Neubearbeitung der »Bewegungslehre« von 1976 weitgehend gegenstandslos geworden. Lediglich hinsichtlich der metrischen Quantifizierbarkeit – weniger hinsichtlich der Ordinal- oder gar der Nominalskalisierung – der Merkmale, die bei einem Einsatz als Bewegungskriterien in der Forschung anzustreben ist, sind weiterhin Grenzen zu konstatieren. Die noch weiter gehende Kritik, die die morphologisch-topologische Erfassung sportlicher Bewegungen als unexakt, gar unwissenschaftlich ablehnt, ist u. a. mit dem Verweis auf andere Wissenschaften mit ähnlichen Methoden – z. B. alle Verhaltenswissenschaften oder die Sprachwissenschaften – zurückzuweisen[3]. (Vgl. dazu u. a. AMESBERGER, 1989, S. 10; BALLREICH, 1983 b; BETTE, 1993; HAAG, 1991; PETERSEN, 1985; PROHL, 1988; ROSTOCK, 1994; HÄNSEL 1999; KNUDSON/MORRISON 2002)

Viertens: In der (deutschen) Fachliteratur spielen Bewegungsmerkmale seit Jahrzehnten eine beachtliche Rolle. Wenngleich die dabei zu konstatierenden Unterschiede z. T. nicht nur terminologischer Art sind, so ist »dennoch … bei der Mehrzahl der Autoren eine Anlehnung an MEINEL erkennbar« (KIRCHNER/ROSTOCK, 1994, S. 97). Das wird u. a. deutlich in den Übersichten von WILLIMCZIK/ROTH (1983, S. 55) und KIRCHNER/ROSTOCK (1994, S. 99).

Nachfolgend behandeln wir Merkmale sportlicher Bewegungsakte, die in mehr oder weniger bewusster Form in der Lehrpraxis Anwendung finden und wichtige Kriterien im Prozess der Bewegungsbildung und -schulung darstellen. Ausgangspunkt ist die *Grundstruktur sportlicher Bewegungsakte*, die für alle sportlichen Handlungen eine weitgehend übereinstimmende Charakteristik aufweist.

3.2. Die Struktur sportlicher Bewegungsakte

Unter Struktur wird ganz allgemein der *Aufbau* von Objekten beziehungsweise Erscheinungen in Natur und Gesellschaft *aus einer Reihe miteinander wechselseitig verbundener Bestandteile und die Art der Verknüpfung dieser Elemente* verstanden. Die Struktur eines Gegenstandes oder einer Erscheinung

ist die wesentlichste qualitative Bestimmtheit, die sie von anderen Gegenständen oder Erscheinungen unterscheidet (vgl. DOMIN, 1959/60; KRÖBER, 1967). **Durch die Aufhellung der Struktur eines Objektes wird es als System gekennzeichnet und von anderen Systemen abgehoben.**

Im Falle der Bewegungsstruktur ist der *Gegenstand ein Prozess*, das heißt ein zeitlich bestimmter Vorgang. Die grundlegenden Strukturelemente – Bewegungsphasen oder Teilbewegungen – müssen darum ebenfalls Prozesscharakter besitzen. Ihre Verknüpfung, ihr innerer Zusammenhang macht die Struktur sportlicher Bewegungsakte aus.

Der Terminus Struktur wird im allgemeinen Sprachgebrauch sehr vielseitig und oft unkritisch verwendet, und in der Sportwissenschaft wird der Begriff Bewegungsstruktur nicht einheitlich verstanden. GÖHNER (1992, S. 121–158) setzt sich mit den bekanntesten Gliederungsansätzen – d. h. also den wichtigsten Strukturierungskonzepten – auseinander. Er unterscheidet:

1. Klassische Phasengliederungen
Darunter versteht er die Drei- bzw Zweiphasengliederung, wie sie vor allem in der von MEINEL begründeten Bewegungslehre vertreten wird, die allerdings, auch nach GÖHNERS Auffassung, letztlich eine Funktionsgliederung ist.

2. Funktions- bzw. Funktionsphasengliederungen
Diese Gliederung in unmittelbar funktionstragende Elemente wurde vor allem von GÖHNER (1974, 1979) ausgearbeitet, nachdem RIELING 1967 bereits eine Funktionsphasengliederung für das Gerätturnen vorgelegt hatte.[4]

3. Biomechanische Gliederungen
Es werden eine Gliederung in exakte Zeitphasen, eine deterministisch-indeterministische und eine

---

3 Im Kieler Modell der Forschungsmethodologie der Sportwissenschaft wird ein »Kontinuum-Paradigma« mit den beiden Polen Deskription und Experiment aufgestellt, das erreichen soll, »dass der für das heutige gültige Wissenschaftsverständnis unsinnige ›Grabenkrieg‹ zwischen theoretisch und empirisch, naturalistisch und rationalistisch, qualitativer und quantitativer Ausrichtung der Forschung der Vergangenheit angehört« (HAAG 1991, S. 47/48).

4 Vgl. dazu u. a. auch die Beschreibung des parallelen Grundschwingens durch wesentliche Funktionen und Aktionen im Skilehrplan (GATTERMANN, 1994, S. 31 ff.; GATTERMANN/JANDA/ROSTOCK, 1996, S. 367).

Gliederung in deterministisch bearbeitete Module unterschieden. (GÖHNER, 1992, S. 134–140)

4. Gliederungen aus der Innensicht des Bewegers
Im Hinblick auf die lehrmethodische Anwendung erscheint dieser Ansatz zunächst äußerst erfolgversprechend, die von GÖHNER (1992, S. 140–144) ausgewiesenen Beispiele – u. a. WIEMANN (1977), KAMINSKI (1972), NITSCH (1988) – sind jedoch wenig praktikabel.

Den *größten Wert*, ersichtlich am Umfang der Darstellung und der abschließenden Wertung, legt GÖHNER – unserer Ansicht nach zu Recht – *auf die Funktionsgliederung.* Er unterscheidet dabei einen induktiven, aktionszentrierten und einen reduktiven, zielzentrierten Zugang. Interessant ist seine Feststellung, dass durch die funktionale Belegung der Aktionen letztere »gegebenenfalls ausgetauscht bzw. verändert werden können, dass also Modifikationen und Alternativen möglich sind, wenn die Funktionalität erhalten bleibt, und dass die Zerlegung in (selbstständige) Bewegungsteile dann sinnvoll ist, wenn diese Teile funktional abgeschlossen sind.« (1992, S. 158)

Bemerkenswert ist schließlich die Feststellung, dass die Eigenschaften sportlicher Bewegungen »erst durch die diversen Gliederungen erkennbar werden.«

3.2.1. Allgemeine Grundstruktur sportlicher Bewegungsakte

Die folgende Darstellung der allgemeinen Grundstruktur sportlicher Bewegungsakte geht von der Erkenntnis aus, dass das Handeln des Menschen unter dem Aspekt der Kategorie Zweck, das heißt der jeweils zu lösenden Aufgabe, betrachtet und untersucht werden muss. Diese *funktionsorientierte Grundauffassung* bestimmte die Phasengliederung bereits in der ersten Auflage der »Bewegungslehre«, auch wenn der Zugang zunächst induktiv-aktional war.

Als Grundstruktur sportlicher Bewegungsakte verstehen wir demnach deren **Aufbau aus Teilprozessen – Phasen –, die entsprechend der jeweiligen Aufgabenstellung eine bestimmte Teilfunktion erfüllen und durch funktionelle Beziehungen miteinander verknüpft sind.**
Sportliche Handlungsvollzüge – zum Beispiel ein Wurf, ein Sprung, eine Kippe – lassen zumeist deutlich eine Dreigliederung erkennen. Sie beginnen nicht sofort mit der Bewältigung der eigentlichen Bewegungsaufgabe. Der

Hauptphase, in der diese Aufgabe gelöst wird, geht eine längere oder kürzere Phase voraus, die als *Vorbereitungsphase* aufzufassen ist. Ist die eigentliche Bewegungsaufgabe gelöst und damit die *Hauptphase* beendet, bricht der Bewegungsablauf nicht unvermittelt ab, sondern klingt in einer *Endphase* aus (Abb. 3. 2.–1).

Als Grundstruktur für jeden Bewegungsakt im Sport und – so kann man hier hinzufügen – bei ganzkörperlicher Arbeit ergibt sich die Dreigliederung: *Vorbereitungsphase – Hauptphase – Endphase.*

Diese Phasen als Grundelemente des Bewegungsaktes stehen zueinander in ganz bestimmten Beziehungen. Ihre Reihenfolge ist *nicht umkehrbar,* sie sind *nicht austauschbar* oder entbehrlich; jede derartige Veränderung zerstört die höhere Einheit, den zielgerichteten Bewegungsakt.

Welcher Art sind nun die **Beziehungen der drei Phasen untereinander**? Entsprechend der jeweiligen Funktion jeder Phase im gesamten Bewegungsakt handelt es sich dabei zunächst um **Zweckrelationen.** Wie aber im folgenden sofort deutlich werden wird, enthalten diese Zweckrelationen kinematische, dynamische, muskeldynamische, neurodynamische, gelenkmechanische und psychische Relationen, oder anders ausgedrückt: zur Erklärung sind biomechanische, funktionell-anatomische, physiologische und psychologische Beziehungen heranzuziehen.

Die **Funktion der Hauptphase** ist die **Lösung der eigentlichen Aufgabe** der jeweiligen Handlung. Dafür gibt es grundsätzlich zwei Möglichkeiten. Zum einen besteht die Aufgabe verallgemeinert ausgedrückt darin, *dem gesamten Körper einen Bewegungsimpuls zu erteilen und diesen rationell auszunutzen.*

Das geschieht bei allen Lokomotionsbewegungen, das heißt bei allen Bewegungsvollzügen, die den ganzen Körper »von Ort« bewegen sollen (Gehen, Laufen, Springen, Schwimmen u. a.).

Zum anderen wird *ein Endglied der Gliederkette des Körpers durch einen Kraftimpuls aus dem gesamten Körper beschleunigt und dadurch einem Gerät oder Gegner ein Bewegungsimpuls erteilt.*

Das trifft auf alle Wurf-, Stoß- Schub- und Schlagbewegungen zu. Mit der Beendigung der beschleuni-

Die Struktur sportlicher Bewegungsakte

Abb. 3.2.-1 *Einwurf. Deutlich erkennbar die Phasen der Grundstruktur sportlicher Bewegungsakte*

genden Krafteinwirkung ist hier die Hauptphase im allgemeinen beendet. Demgegenüber finden wir bei einigen Lokomotionsbewegungen einen zweiten ballistischen Teil der Hauptphase, der unbedingt hinzugerechnet werden muss; denn zweifellos ist beim Weitsprung oder beim Wasserspringen die Hauptaufgabe mit dem Lösen vom Boden beziehungsweise vom Brett oder von der Plattform noch nicht erfüllt. Auch das »Wirkenlassen des Drehimpulses« bei Felgbewegungen muss mit zur Hauptphase gerechnet werden.

Die **Funktion der Vorbereitungsphase** besteht – ganz allgemein gesagt – in **der Schaffung optimaler Voraussetzungen für die erfolgreiche und ökonomische Ausführung der Hauptphase.** Das geschieht in der Regel durch eine **Ausholbewegung**.

Um zum Beispiel einen Ball zu werfen, wird zunächst der Wurfarm mit dem Ball unter Beteiligung des ganzen Körpers zurückgeführt. Vor einem Startsprung oder Schlussweitsprung werden die Arme zurückgeschwungen, und es erfolgt durch eine Beugung in den Fuß-, Knie- und Hüftgelenken eine Senkbewegung des ganzen Körpers. Vor der Ausführung eines Felgumschwungs rückwärts am Reck schwingt der gestreckte Körper rückwärts-aufwärts, ehe die Hauptphase, der eigentliche Umschwung, beginnt.

Charakteristisch für die Ausholbewegung ist ihre **Bewegungsrichtung**: Sie wird in *Gegenrichtung zur nachfolgenden Hauptbewegung* ausgeführt. Vor einem Sprung erfolgt eine Senkbewegung des Körpers, vor einem Wurf eine Rückwärtsbewegung des Wurfarmes, der Wurfschulter und zumeist auch des ganzen Körpers.

Die an Hand der erzielten Leistungen jederzeit nachprüfbare Wirkung von Ausholbewegungen kann biomechanisch und physiologisch begründet werden. Die Vorbereitung der Hauptphase durch die Ausholbewegung besteht darin, dass für die beteiligte Muskulatur ein **optimaler Arbeitsweg** und **günstige Winkelverhältnisse** der Gelenke geschaffen werden. Entsprechend dem biomechanischen »*Prinzip des optimalen Beschleunigungsweges*« (vgl. HOCHMUTH, 1982, S. 154 ff.), das allerdings in seiner Gültigkeit zunächst auf Bewegungen beschränkt ist, mit denen hohe Endgeschwindigkeiten erreicht werden sollen« (ebenda, S. 162), muss dieser Weg wohl lang sein, darf aber nicht auf Kosten eines ungünstigen Verhältnisses von Brems- und Beschleunigungsstoß erreicht werden. In den Grenzen eines bisher nicht exakt bestimmbaren Optimums (vgl. ebenda, S. 194) gilt: *je weiter ich aushole, um so länger kann die Muskulatur in der Hauptphase Beschleunigungsarbeit leisten*, und um so größer wird die Leistung.

Das ist zum Beispiel deutlich erkennbar, wenn wir einen Druckwurf, wie er im Wasserballspiel auftritt, mit einem Schlagwurf vergleichen. Der Schlagwurf ist bedeutend »schärfer«, weil durch das weitere Aus-

80 Allgemeine Bewegungsmerkmale als Ausdruck der Bewegungskoordination

holen längere Zeit beschleunigend auf den Ball eingewirkt wird und weil die Muskeln durch eine günstigere Gelenkstellung zu Beginn der Hauptphase wirkungsvoller arbeiten können. Außerdem ist bei einem längeren Beschleunigungsweg der Muskulatur die Bewegung zielsicherer. Allerdings wird die optimale Länge des Beschleunigungsweges durch die ungünstigen Kraftmomente der Streckmuskulatur in extremen Beugestellungen begrenzt.

Neben einem optimalen Beschleunigungsweg ermöglicht die Ausholbewegung – vorausgesetzt, dass zwischen Vorbereitungs- und Hauptphase keine Pause eintritt – vom Moment der Bewegungsumkehr an eine **höhere Anfangskraft**. Sie wird erreicht durch das erforderliche Abbremsen der Gegenbewegung. Das biomechanische »*Prinzip der Anfangskraft*«, ebenfalls zunächst beschränkt auf Bewegungen, bei denen eine hohe Endgeschwindigkeit erreicht werden soll – also auf Wurf-, Stoß- und Sprungbewegungen –, enthält den exakten Nachweis (vgl. ebenda, S. 193). Die praktische Erfahrung zeigt, dass gleiche oder ähnliche Beziehungen auch bei anderer Aufgabenstellung bestehen, zum Beispiel, wenn eine möglichst ökonomische, nicht so schnell ermüdende Arbeitsweise angestrebt wird.

Das trifft unter anderem auf das Rudern zu, wo jeder neue Schlag unmittelbar aus dem Vorrollen heraus begonnen wird. Selbst beim Gewichtheben, wo die Endgeschwindigkeit ohne jede Bedeutung ist und von Anfang an gegen maximale Widerstände gearbeitet werden muss, findet sich zum Beispiel beim Stoßen eine deutliche Ausholbewegung (Abb. 3.2.–2).

Die Beziehungen zwischen dem Abbremsen der Ausholbewegung und der Anfangskraft bestehen in folgendem: Die Muskulatur besitzt bereits zu Beginn der Hauptphase eine höhere Anfangsspannung, weil ihre zentrale Innervation und die reflektorische Verstärkung dieser Innervation schon mit dem Abbremsen der Ausholbewegung vor der Bewegungsumkehr eingesetzt hat. Hinzu kommt die Ausnutzung der Energie der elastischen Deformation der Muskeln, die beim Abbremsen der Ausholbewegung akkumuliert wird. (Vgl. u. a. MEDVEDEV/MARINKO/FOMIČENKO, 1983). Die erreichbare Muskelspannung ist von der optimalen Dehnung abhängig (vgl. HOCHMUTH, 1982, S. 194). Durch das Abbremsen der Ausholbewegung speichert der

Muskel in gewissem Sinne mechanische Energie (vgl. SEVERČOV, 1971; VERCHOŠANSKIJ, 1970; ARAMPATZIS, 2003). Weiterhin spielt hier eine in verschiedenen Untersuchungen ermittelte muskelphysiologische Gesetzmäßigkeit eine Rolle, nach der bei negativer (auch genannt: nachgebender, bremsender) Muskelarbeit bedeutend höhere Muskelspannungen erreicht werden als bei positiver (beschleunigender) Arbeit (vgl. KÜCHLER, 1983, S. 58 f. u. S. 162 f.; SCHMIDTBLEICHER u. a., 1978). Verantwortlich dafür sind die dabei ausgelösten spinalen Muskeldehnungsreflexe (GOLLHOFER/SCHMIDTBLEICHER/DIETZ, 1984). Schließlich darf die im Nervensystem vorhandene »Neigung« zur wechselseitigen Innervation von Agonisten und Antagonisten als Grundprinzip der intermuskulären Koordination nicht unberücksichtigt bleiben. Danach stellt die in der Vorbereitungsphase vorgeschaltete *Gegenbewegung auch physiologisch ein Optimum* dar – eine Unterdrükkung wäre unnatürlich (vgl. WACHHOLDER, 1928).

Aus den oben genannten Gründen, die alle mit dem Prinzip der Anfangskraft im Zusammenhang stehen, finden wir eine kurze Ausholbewegung auch dann, wenn zuvor bereits eine günstige Ausgangsstellung eingenommen wurde.

Das ist zum Beispiel meist auch beim Startsprung im Schwimmen der Fall, bei dem durch ein nochmaliges, kaum erkennbares kurzes Beugen von Fuß-, Knie- und Hüftgelenk unmittelbar vor dem Absprung das Prinzip der Anfangskraft zur vollen Wirksamkeit gebracht wird.

Außer den Relationen zwischen Ausholbewegung und Hauptphase, die in den beiden genannten biomechanischen Prinzipien (Prinzip des optimalen Beschleunigungsweges, Prinzip der Anfangskraft) begründet sind, muss noch die Vorbereitung auf eine **optimale Ausnutzung äußerer Kräfte** in der Hauptphase erwähnt werden. Das bezieht sich zum großen Teil auf die *Schwerkraft*, besonders bei verschiedenen Bewegungsformen des Gerätturnens.

So wird zum Beispiel beim Felgumschwung rückwärts am Reck durch die Ausholbewegung der Körperschwerpunkt gehoben und von der Reckstange, der Drehachse, entfernt. Dadurch wird die potentielle

Abb. 3.2.-2 Gewichtheben – Stoßen. Deutlich erkennbare Ausholbewegung (Beugen der Beine, damit Senken des Rumpfes und der Hantel)

Energie des Körpers erhöht, zugleich das Drehmoment vergrößert und damit eine bessere Ausnutzung der Schwerkraftwirkung in der Hauptphase ermöglicht. Neben der Schwerkraft sind hier noch der Wasserwiderstand – zum Beispiel beim Brustschwimmen (Beinbewegung) – und die Reibungskraft – zum Beispiel beim Skilauf – zu erwähnen, deren optimale Ausnutzung ebenfalls zum Teil durch Ausholbewegungen vorbereitet werden muss.

Zusätzlich zur Vorbereitung der Hauptphase durch eine Ausholbewegung finden wir bei manchen Bewegungen noch eine Vorbereitung durch eine **Anlauf-, Anschwung- oder Angleitbewegung**. Das betrifft alle Sprünge und Würfe mit Anlauf, den Kugelstoß mit Angleiten, die Rotationswürfe und das Skispringen. Unter Anlauf ist dabei nur ein Lauf zu verstehen, der nicht mit der Zielstellung »Lokomotion« ausgeführt wird, sondern der Zielstellung »Sprung« oder »Wurf« untergeordnet ist und sich infolgedessen zumeist auch äußerlich vom Lauf als selbstständige Lokomotionsbewegung unterscheidet.[5]

Anlauf-, Anschwung- und Angleitbewegungen haben eine *andere Bewegungsrichtung* als die Ausholbewegung. Sie erfolgen annähernd in der gleichen Richtung wie die Hauptbewegung. Dadurch befindet sich der Körper zu Beginn der Hauptphase bereits in Bewegung. Er besitzt – nach dem Impulserhaltungssatz – schon eine für den Sprung oder Wurf verwertbare Bewegungsgröße, die nicht vollständig amortisiert wird wie der Kraftimpuls der Ausholbewegung, sondern in die die eigentliche Sprung-, Wurf- und Stoßbewegung übersetzt werden kann. Dadurch kommt es im Endergebnis zu einer höheren Leistung als bei einem Sprung aus dem Stand, einem Wurf oder Stoß ohne Anlauf beziehungsweise Angleiten.

Allerdings sind die Beziehungen noch etwas komplizierter als eben dargestellt. Die *Funktion der Ausholbewegung* ist so bedeutsam, dass *sie von den Anlauf-, Anschwung- und Angleitbewegungen mit übernommen* werden muss, wenn keine gesonderte Ausholbewegung ausgeführt werden kann.

Bei den Würfen mit Anlauf tritt häufig eine gesonderte Ausholbewegung auf, die den ganzen Körper erfasst. Beim Weit- und Hochsprung zum Beispiel finden wir Ausholbewegungen der Arme. Vor allem aber werden die letzten Anlaufschritte und das Aufsetzen des Sprungbeines so gestaltet, dass nicht nur der Körperschwerpunkt entsprechend nach unten verlagert wird, sondern dass das Prinzip der Anfangs-

---

5 Auf Grenzfälle, wie sie zum Beispiel im Sportspiel auftreten, sei hier nur hingewiesen.

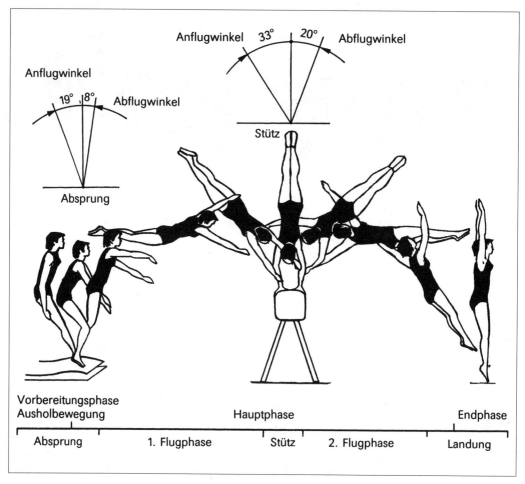

Abb. 3.2.-3 *Pferdsprung: Handstand-Sprungüberschlag seitwärts.*
Der Anflugwinkel lässt die zunächst kurzzeitig stemmende Tätigkeit der Beine beim Springen »gegen das Brett« erkennen. Analog dazu der Anflugwinkel und die Stütztätigkeit der Arme

kraft durch einen optimalen Bremsstoß im Sprungbein (bzw. in beiden Beinen) voll zur Geltung kommt. (Vgl. u.a. BALLREICH/KUHLOW, 1986)Das geschieht durch ein weites Vorsetzen des Sprungbeines, das ein »Stemmen« zur Folge hat, oder – dementsprechend – durch ein Springen »gegen das Brett« (Abb 3.2.–3). Einen ähnlichen Verlauf nehmen die letzten Schritte bei den Würfen mit Anlauf. Bei den Sprüngen, insbesondere beim Hochsprung, besteht die Funktion des Anlaufes in hohem Maße gerade darin, die Prinzipien, die sonst die Ausholbewegung verwirklicht (optimaler Beschleunigungsweg, Anfangskraft, Ausnutzung äußerer Kräfte), optimal zur Wirkung zu bringen (vgl. dazu MARHOLD, 1963, S. 32 f.). Auch bei den Rotationswürfen und beim Kugelstoß geht die Funktion der Ausholbewegung in die Anschwung- oder Angleitbewegung mit ein (vgl. hierzu SCHMOLINSKY u. a., 1980, S. 327 f.).

Im Hinblick auf die **Relationen** zwischen **Vorbereitungs- und Hauptphase** lässt sich **verallgemeinernd** sagen: Zum einen besteht eine Beziehung, die bereits bei der Programmierung des Bewegungsaktes *die Vorbereitungsphase der Hauptphase* funktionell unterordnet. Zum anderen besteht eine *Abhängigkeit des Resultates der Hauptphase vom Resultat der Vorbereitungsphase*. Die erstgenannte Beziehung ist eine **Zweckbeziehung** (finale Relation), die letztere bezeichnen wir als **Ergebnisbeziehung** (resultative Relation) (Abb. 3.2.–4).

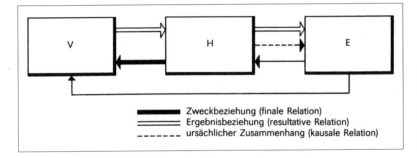

Abb. 3.2.-4 *Die drei Phasen sportlicher Bewegungsakte und ihre Relationen.*
V = Vorbereitungsphase,
H = Hauptphase,
E = Endphase

Welche Aufgabe erfüllt demgegenüber die Endphase? Die allgemeine **Funktion der Endphase** ergibt sich aus dem Tatbestand, dass die Hauptphase meist zu einem Zeitpunkt beendet ist, zu dem sich der Körper noch in intensiver Bewegung oder in einem labilen Gleichgewichtszustand befindet. Die *Endphase führt* dann im Ergebnis *zu einem statischen Zustand* – etwa beim Abgang vom Gerät –, *oder* sie stellt ein Durchgangsstadium, das heißt eine *unspezifische Vorbereitung für weitere Bewegungsakte* dar, zum Beispiel häufig im Sportspiel.

Bei einer Reihe sportlicher Bewegungsvollzüge muss in der Endphase bedeutende Arbeit geleistet, das heißt, es müssen *beträchtliche Muskelkräfte* wirksam werden, um die vorhandene Bewegungsgröße zu amortisieren, *um den Körper abzubremsen*. Diese aktive Bremsarbeit in der Endphase ist dann besonders groß, wenn Wettkampfbestimmungen oder der besondere Übungscharakter das Erreichen des statischen Gleichgewichtes erschweren.

Das ist beim leichtathletischen Wurf und Stoß der Fall, wo in der Endphase ein Übertreten des Abwurf- oder Abstoßbalkens verhindert werden muss, ferner bei vielen Gerätübungen, die nach intensivem Bewegungsvorgang in einem sehr labilen Gleichgewichtszustand enden, zum Beispiel im Handstand.

Aus der kurz gekennzeichneten Funktion der *Endphase* sportlicher Bewegungsakte lässt sich ersehen, dass sie in **ursächlicher Beziehung** (kausaler Relation) *zur Hauptphase* steht. Sie wird zwar bestimmt vom allgemeinen Ziel oder Zweck eines Bewegungsaktes, die Existenz einer Endphase überhaupt wird jedoch durch die Hauptphase zwangsläufig verursacht. Es besteht eine eindeutige Ergebnisbeziehung; das Ergebnis der Endphase – zum Beispiel ein Übertreten beim Kugelstoß – ist weitgehend bestimmt durch den Verlauf der Hauptphase. Deshalb haben wir auch *teilweise* eine schwache **Zielrelation** zu verzeichnen: *Die Hauptphase wird bereits in ihrer Programmierung von der Endphase beeinflusst* – so zum Beispiel beim Skisprung.

Zwischen Vorbereitungsphase und Endphase besteht nur teilweise eine einseitige, nicht über die Hauptphase realisierte Zweckbeziehung: Die vorausprogrammierte Endphase bestimmt auch die Programmierung und den Ablauf der Vorbereitungsphase mit, zum Beispiel, wenn der Leichtathlet den Anlauf, Anschwung oder das Angleiten abstimmt auf die Zielstellung der Endphase, ein Übertreten zu verhindern.

3.2.2. Strukturvarianten bei azyklischen Bewegungsakten

Die zunächst behandelte *dreiphasige Grundstruktur* trifft für alle *azyklischen Bewegungsakte* zu. Darunter verstehen wir einen Bewegungsakt, bei dem der Bewegungszweck durch nur eine Hauptphase realisierbar ist. Eine *zyklische Bewegung* baut sich demgegenüber aus vielen identischen Einzelzyklen auf, weil das Bewegungsziel nur durch diese zyklische Wiederholung erreichbar ist. Das betrifft zum Beispiel das Gehen, Laufen, Klettern, Schwimmen, Rudern, Radfahren, wobei allerdings, wie noch zu zeigen sein wird, in Abwandlung der

Grundstruktur eine *Phasenverschmelzung* eintritt.

Im Folgenden weisen wir auf einige allgemeinere Varianten der azyklischen Struktur hin, ohne die Vielzahl der sportartspezifischen Ausprägungsformen insgesamt behandeln zu können.

Die mehrfache Ausholbewegung
Bei einer genaueren Analyse stellt man bei einer Reihe von sportlichen Handlungen in der Vorbereitungsphase nicht nur eine einmalige Ausholbewegung in Gegenrichtung zur Hauptbewegung fest, sondern es liegt offensichtlich eine doppelte oder mehrfache Ausholbewegung vor: Der eigentlichen Ausholbewegung ist eine Bewegung in Gegenrichtung vorgeschaltet, die als *Ausholbewegung zur Ausholbewegung* zu verstehen ist, denn sie dient ihrer Vorbereitung.

Das ist vor allem dann der Fall, wenn eine Geräteübung aus völliger Ruhe heraus beginnen soll, zum Beispiel beim Ansatz zum Knie-Umschwung oder Felgumschwung sowie beim Schwungholen zum Felgunterschwung am Hochreck (mit folgendem Stemmaufschwung).

Bei den angeführten Beispielen muss für die eigentliche Ausholbewegung bereits ein beträchtlicher Kraftimpuls entwickelt werden. Eine entsprechende Vorbereitung dieser Ausholbewegung durch eine weitere erleichtert die Ausführung.
Mehrfache Ausholbewegungen treten auch noch in einem anderen Zusammenhang auf.

Wenn Sportler vor einem Felgumschwung oder Knie-Umschwung, mitunter auch vor einem Kugelstoß, mehrfach ausholen, dann stellt das eine besondere Art der sensomotorischen Vorbereitung, ein »Vorfühlen« dar. Durch die dabei auftretenden kinästhetischen Empfindungen wird die richtige Innervation der Bewegung gewissermaßen erfühlt«, gebahnt (vgl. dazu Abschnitt 2.3.; 2.5.). Bei Diskuswerfern ist mitunter ein mehrfaches Anschwingen und Ausholen zu beobachten, das im gleichen Sinne gedeutet werden muss. Der Zweck dieser mehrmals hin- und herlaufenden Bewegungen ist also *eine Vorbereitung der Bewegungssteuerung mit Hilfe des kinästhetischen Analysators.*

Die mehrfache Ausholbewegung bei Anfängern kann allerdings auch andere Ursachen haben. Infolge Angst und Unsicherheit wird die Ausführung der eigentlich beabsichtigten Bewegung manchmal gehemmt, so dass die Vorbereitungsphase ihren Sinn verliert. Die Folge davon ist, dass nach mehreren Wiederholungen der Ausholbewegung die Kraft und Konzentration zum Beispiel für die Ausführung eines Felgumschwunges oder Knie-Umschwunges nicht mehr aufgebracht werden können.

Die Unterdrückung der Ausholbewegung
Taktische Erfordernisse und Wettkampfbestimmungen können die Grundstruktur insofern modifizieren, als die Ausholbewegung weitgehend unterdrückt wird. Das ist vor allem bei den Sportspielen und in den Kampfsportarten der Fall.

Eine umfangreiche Ausholbewegung vor einem Torwurf im Handball verrät den Abwehrspielern und dem Torwart die kommende Bewegung und gibt dem Gegner infolge der zeitlichen Verzögerung auch oft noch Gelegenheit einzugreifen. Ein völlig »unvorbereiteter« Wurf trifft auch den Gegner unvorbereitet und hat in dieser Hinsicht größere Aussichten auf Erfolg. Deshalb wird die Ausholbewegung oft unterdrückt.

Eine sichtbare Ausholbewegung fehlt auch ganz oder weitgehend bei Startbewegungen auf Kommando.

Beim Startsprung im Schwimmen zum Beispiel deuten manche Sportler die Ausholbewegung der Arme nur an und schwingen sie umgehend nach vorn (Hauptphase). Zweck dieser Verkürzung der Vorbereitungsphase ist es, nach erfolgtem Startschuss möglichst schnell zum Absprung zu kommen. Den Greifstart und auch den Rückenstart führt die Mehrzahl der Schwimmer ohne erkennbare Ausholbewegungen nach dem Startschuss aus.

Die weitgehende *Unterdrückung der Ausholbewegung* hat allerdings zur *Folge, dass die Hauptphase biomechanisch und sensomotorisch nicht optimal vorbereitet werden kann:* Der Wurf erfolgt nicht so scharf und zielgenau, die Startbewegung kann nicht so kräftig und weit wie mit einer umfangreicheren Ausholbewegung ausgeführt werden.

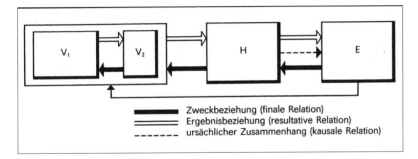

Abb. 3.2.-5 *Struktur der leichtathletischen Wurf- und Stoßbewegungen. V_1 = erster Abschnitt der Vorbereitungsphase (disziplinspezifisch weiter zu untergliedern), V_2 = zweiter Abschnitt der Vorbereitungsphase (»Überholungs- und Vorspannungsphase«), H = Hauptphase, E = Endphase*

Die taktischen Erfordernisse entscheiden über die jeweils zweckmäßige Ausprägung der Phasengliederung bei Spiel- und Zweikampfsportarten. Im Schwimmen muss jeder Sportler die für ihn günstigste Variante finden; das gilt jedoch nur für den Start auf Kommando, während bei der Staffelablösung die umfangreiche Ausholbewegung, die einen weiten Sprung ermöglicht, immer die günstigste Ausführungsart ist.

Selbst in den Fällen, wo der Sportler bestrebt ist, keinerlei Ausholbewegung auszuführen, ist sie bei genauester Beobachtung oder im Zeitlupenfilm größtenteils doch wahrnehmbar. Er muss sie bewusst unterdrücken und muss dieses Unterdrücken oft bewusst trainieren; denn die *Ausholbewegung gehört als festes Glied in die Struktur eines Wurfes oder Sprunges* hinein. Aus diesem Grunde können wir dort, wo aus den angeführten Gründen eine Vorbereitungsphase nicht oder kaum sichtbar wird, auch mit Recht von einer Unterdrückung der Ausholbewegung sprechen.

Varianten in der weiteren Untergliederung der Phasen (Feinstruktur)

In der Vorbereitung einer Hauptphase durch Aushol- und Anlaufbewegung und vor allem im Auftreten mehrerer Ausholbewegungen liegen bereits Beispiele dafür vor, dass die *Grundelemente* des Bewegungsaktes in sich *weiter untergliedert* sind. Im Hinblick auf die Vorbereitungsphase ist das besonders ausgeprägt und variiert entsprechend der jeweiligen Sportdisziplin (Abb 3.2.–5). Diese objektiv vorhandene, nicht willkürlich hineingetragene Untergliederung wurde aus der lehrpraktischen Notwendigkeit heraus in verschiedenen Sportarten erkannt und angewandt, allerdings mitunter in nur beschreibender, nicht in theoretisch verallgemeinerter Form.

So wird zum Beispiel im Anlauf zum Stützsprung am Pferd, Bock oder Kasten der letzte Anlaufschritt als Ansprung abgegliedert, die Hauptphase untergliedert in Absprung – 1. Flugphase – Abdruck der Arme (bzw. »Stütz«) – 2. Flugphase (vgl. Abb. 3.2.–3).

Diese Teilelemente, diese (Einzel-)»Aktionen«, sind ebenfalls mit Funktionen in der Gesamtstruktur der Bewegung belegt (vgl. dazu GÖHNER, 1992, S. 124 ff.), und wenn man die einzelnen Operationen genauer analysiert, so sind zwischen ihnen die gleichen funktionalen Beziehungen wie zwischen den drei Grundphasen festzustellen. Sie manifestieren sich unter anderem in biomechanischen und physiologischen Relationen. (Vgl. u. a. SEMENOV/KOŽEVNIKOV/ORLOV, 1978)

Unter den Varianten in der Untergliederung der Phasen ist eine ganze Gruppe von Bewegungen gesondert zu nennen: die Gruppe von *Bewegungen mit Flugphasen*, also stützlosen Phasen, zu denen auch das bereits genannte Beispiel der Stützsprünge zählt.

Besonders beim Wasserspringen, bei akrobatischen Sprüngen und bei Abgängen im Gerätturnen treten im Flug scheinbar selbstständige Bewegungen auf, wie Drehungen um die Längen- und Breitenachse des Körpers. Aus diesem Grunde wird mitunter ein Eineinhalb-Salto mit nachfolgender Schraube als eine Kombination dreier azyklischer Bewegungen aufgefasst: Kopfsprung, Salto und Schraube.

Abb. 3.2.-6 Salto rückwärts gehockt – Sprung mit zusätzlicher Bewegung (Salto) im Sinne einer Bewegungserweiterung in der Hauptphase

Demgegenüber ist festzustellen: Die Hauptphase eines jeden Wassersprunges beginnt mit dem Absprung und endet, wenn der ganze Körper eingetaucht ist. *Die Verlagerungen und Drehungen in der Flugphase sind keine selbstständigen azyklischen Bewegungen*, sie können nur ausgeführt werden als integrierender Bestandteil eines Sprunges oder Abganges. Es kann demnach hier nicht von Bewegungskombinationen, sondern nur von einer *Bewegungserweiterung* in der Hauptphase gesprochen werden (Abb. 3.2.-6).

Bei einer dergestalt erweiterten Hauptphase ist diese in weitere, wiederum aufgabenbezogene Elemente untergliedert. Die sich daraus ergebende Feinstruktur wird am Beispiel des eineinhalbfachen Saltos rückwärts deutlich:

Zwischen den einzelnen Elementen bestehen Ziel- und Ergebnisrelationen, sowohl zwischen Nachbarelementen als auch über diese hinaus zu weiteren. So ist jedes Element bereits so programmiert, dass es die nachfolgenden Elemente vorbereitet. Zum Teil sind gesonderte vorbereitende Bewegungen enthalten, zum Beispiel Armbewegungen, die die Drehung um die Körperlängenachse einleiten.

Bei der Gruppe von Bewegungsabläufen mit Flugphasen ist hinsichtlich der Hauptphase noch ein weiteres komplizierendes Moment anzumerken: Die mitunter nicht einfache *Gleichgewichtserhaltung* und die anderweitigen Schwierigkeiten der *Endphase* führen zu gesonderten vorbereitenden Bewegungen am Ende der Flugphase.

Deutlich wird das unter anderem im »Öffnen des Sprunges« als Vorbereitung auf den Telemarkaufsprung beim Skispringen, in der Landungsvorbereitung beim Weitsprung sowie bei den immer komplizierter werdenden Pferdsprüngen und Abgängen im Geräteturnen.

Die Erweiterung der dreiphasigen Grundstruktur durch differenziertere, funktionsbezogene Untergliederung kommt der von GÖHNER (1992, S. 124 ff.) beschriebenen Funktionsgliederung nahe. Sie ist für wissenschaftliche Analysen unverzichtbar, für die Lehrpraxis nicht immer, aber häufig erforderlich.

3.2.3. Die Abwandlung der Grundstruktur bei zyklischen Bewegungsakten

Zyklische Bewegungsakte, die wir im Sport vor allem in Form von Lokomotionsbewegungen finden, besitzen eine abgewandelte Struktur. Die zur Lösung der motorischen Aufgabe erforderliche vielmalige Wiederholung des gleichen strukturellen Grundzyklus lässt bei diesem nur noch die eindeutige Unterscheidung von zwei Phasen zu: Neben der **Hauptphase** finden wir eine **Zwischenphase**, die in sich die Funktion sowohl einer *Endphase* als auch einer *Vorbereitungsphase* vereint.

Bei sehr langsamer Ausführung kann man bei einigen zyklischen Bewegungsakten eine Dreigliederung erkennen, die der vollen dreiphasigen Grundstruktur entspricht.

Das Schlusshüpfen zum Beispiel kann so ausgeführt werden, dass nach jedem Ausfedern eines Hupfes ein nochmaliges Ausholen zum nächsten Absprung erfolgt. In diesem Falle ist die Bewegung dreiphasig. Der nächste Sprung kann aber auch sofort aus dem

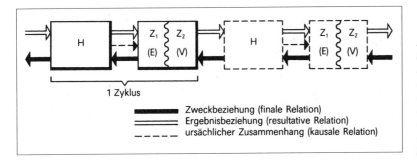

Abb. 3.2.-7 *Strukturschema zyklischer Bewegungen (Rudern). H = Hauptphase, Z_1 = Zwischenphase, 1. Teil (Endphase), Z_2 = Zwischenphase, 2. Teil (Vorbereitungsphase)*

Ausfedern heraus erfolgen – dann sind nur noch zwei Phasen im ständigen Wechsel vorhanden.

Wird mit einer sehr niedrigen Schlagzahl (Schlagfrequenz) gerudert, dann ist es nicht schwer, den zweiten Teil des Vorrollens und das Aufdrehen der Blätter als Vorbereitungsphase, den Aushub der Blätter und den ersten Teil des Rollweges mit dem Aufrichten des Rumpfes als Endphase zu erkennen, Hauptphase ist jeweils die Wasserarbeit einschließlich des »Wasserfassens«. Bei hohen Schlagzahlen (Schlagfrequenzen) dagegen erscheinen Endphase und nachfolgende Vorbereitungsphase zu einer Einheit verschmolzen. Dem ersten Teil dieser neuen Einheit, die wir Zwischenphase nennen, kommt vorrangig die Funktion einer Endphase, dem zweiten Teil vorrangig die Funktion einer Vorbereitungsphase zu (Abb. 3.2.-7).

Die angeführten Beispiele zeigen, dass die Zweiphasigkeit der meisten zyklischen Bewegungsakte durch eine **Phasenverschmelzung** zustande kommt. Die Endphase eines Zyklus und die Vorbereitungsphase des nachfolgenden Zyklus verschmelzen zu einer Einheit, die die Funktion beider Grundelemente besitzt und diese Grundelemente mehr (z. B. beim Rudern) oder auch weniger deutlich (z. B. beim Hüpfen ohne Zwischenfederung) erkennen lässt. Diese Verschmelzung hat ihre Ursache bereits in der Programmierung des Bewegungsaktes: Der Ausführende deutet und plant – ohne sich dessen bewusst zu werden – die in der Endphase notwendigen Bewegungen zugleich als Vorbereitung auf die folgende Hauptphase und modifiziert sie dementsprechend. Dadurch wird der fließende Ablauf der zyklischen Bewegungen, die kontinuierliche Folge der Strukturelemente bei höchster Rationalität und Effektivität überhaupt erst möglich.

Die meisten zyklischen Bewegungsakte im Sport treten, abgesehen von bestimmten Entwicklungsstufen im Lernprozess, nur in der zweiphasigen Form auf. Es sind fast ausschließlich lokomotorische Bewegungen: Gehen, Laufen, Radfahren, Schwimmen, Rudern, Paddeln, Skilaufen, Schlittschuhlaufen, Skaten.

Die Mehrzahl dieser Bewegungsformen wird in ihrer Struktur durch einen **alternierenden Verlauf** kompliziert, das heißt, dass ein ständiger, streng geregelter Wechsel in der Tätigkeit von rechter und linker Körperseite auftritt. Das wird jeweils offensichtlich an der alternierenden Tätigkeit der Arme und Beine, betrifft aber in gleicher Weise die großen Muskelschlingen des Rumpfes. Eine weitere Komplizierung tritt dann ein, wenn Arme und Beine nicht synchron tätig sind, zum Beispiel im Schwimmen und Skilauf. Es ist deshalb erforderlich, bei den zyklischen Bewegungen drei Gruppen zu unterscheiden.

Die *erste Gruppe zyklischer Bewegungsakte* entspricht, abgesehen von der Phasenverschmelzung, der dargestellten allgemeinen Grundstruktur. Dazu rechnen wir außer den bereits besprochenen *nichtalternierenden zyklischen Bewegungsformen* (Rudern, Hüpfen) die *Paddelbewegung im Kajak* und *alle Laufbewegungen*.

Hauptphase beim Paddeln ist jeweils die Wasserarbeit – der »Schlag« –, die abwechselnd rechts und links erfolgt. An dieser Wasserarbeit sind stets beide Arme beteiligt: Ein Arm drückt, der andere zieht. Auch der Rumpf ist bei jeder Hauptphase voll in Aktion; es sind lediglich andere Muskelgruppen der Arme und des Rumpfes, die bei einem Schlag auf der Gegenseite hauptsächlich tätig sind. Zwischen diesen, zu einem Zyklus verbundenen Hauptphasen finden wir eine Zwischenphase, die im Ausheben und Drehen des Paddels und der gleichzeitigen Einsatzvorbereitung besteht (Abb. 3.2.-9).

Allgemeine Bewegungsmerkmale als Ausdruck der Bewegungskoordination

Abb. 3.2.-8 *Leichtathletischer Lauf*

Entsprechend ist die Struktur aller Laufbewegungen. Auch hier gibt es in einem Zyklus zwei Hauptphasen, die jeweils aus dem Abdruck des einen Beines und der Ausnutzung der dadurch entstandenen Bewegungsgröße bis zum Bodenfassen des anderen Beines besteht (Abb. 3.2.–10). Das in dieser Phase gleichzeitige Vorbringen des Schwungbeines ist zwar einerseits Vorbereitung auf das »Bodenfassen«, hat jedoch zugleich wesentlichen Einfluss auf den Abdruck (vgl. hierzu Abschnitt 3.4.2.) und ist somit notwendiger Bestandteil der Hauptphase. Die Zwischenphase ist gegenüber der Hauptphase sehr kurz, und doch enthält sie sowohl die Endphase als auch die Ausholbewegung, die bei der entsprechenden azyklischen Lokomotion, dem Schrittsprung, in ausgeprägter Form vorhanden sind.

Mit dem Bodenfassen beginnt ein zunächst bremsender Kraftstoß, der den im letzten Teil der Flugphase »fallenden« Körper auffängt, wobei das stützende Bein in den Gelenken etwas nachgibt und leicht gebeugt wird.[6] Damit wird gleichzeitig die Ausholbewegung ausgeführt. Ebenfalls gleichzeitig wird das Schwungbein bis auf die Höhe des stützenden Beines herangeführt, eine Bewegung, die Endphase und auch Vorbereitungsphase, hier also integrierender Bestandteil der Zwischenphase, ist (Abb. 3.2.–8).

Die *zweite Gruppe zyklischer Bewegungsakte* ist dadurch gekennzeichnet, dass die Bewegungen aus Gründen einer ökonomischen Arbeitsweise beziehungsweise um Höchstleistungen zu erzielen, *einen möglichst ständigen, kontinuierlichen* Antrieb zum Ziel haben und auch verwirklichen.[7]

Das geschieht ebenfalls durch alternierende Bewegungen der Gliedmaßen, unter entsprechender Beteiligung des Rumpfes.

Zu dieser Gruppe rechnen wir vor allem das Radfahren. Einzuordnen ist hier auch das im Training häufig ausgeführte Kraul- oder Rückenkraulschwimmen nur mit den Armen und eine von manchen Schwimmern angewandte Kraultechnik, bei der sich die Beine völlig synchron zum Rhythmus der Armbewegung nur langsam und stabilisierend bewegen.

Wir finden bei diesen Bewegungsformen *keine*, wenn auch noch so kurze, *antriebslose Phase*. Charakteristisch ist jedoch, dass die Bewegungen des einzelnen Armes oder Beines strukturell nur wenig voneinander abhängig sind. So ist es ohne weiteres möglich – und wird im Training auch durchgeführt –, nur mit einem Arm zu kraulen. Ebenso kann ein Rad durch die Bewegung nur eines Beines angetrieben werden. Deshalb ist es bei diesen Bewegungsformen erforderlich, jeden Bewegungsakt als zwei gleichzeitig alternierend ablaufende, untereinander koordinierte Teilprozesse aufzufassen. Zu einem Zyklus gehören wie bei der ersten Gruppe zwei Hauptphasen und zwei Zwischenphasen, jedoch überschneiden sich diese so weit, **dass stets eine Hauptphase und eine Zwischenphase zusammenfallen** (Abb. 3.2.–11).

Die *dritte Gruppe zyklischer Bewegungsakte* wird durch Bewegungsformen gebildet, bei denen die *Bewegungen von Armen und Beinen nicht synchron gegliedert sind*. Wir be-

---

6 Die hier gegebene Darstellung bezieht sich in erster Linie auf die Technik beim Lang- und Mittelstreckenlauf.

7 Dieser kontinuierliche Antrieb ist vor allem für Bewegungen gegen den Widerstand des Wassers zu fordern, weil dieser mit der Geschwindigkeit im Quadrat wächst. Stärkere Geschwindigkeitsschwankungen erfordern bei gleicher Endleistung einen höheren Arbeitsaufwand als eine gleichbleibende Geschwindigkeit (vgl. hierzu u. a. HOCHMUTH, 1982, S. 107 ff.).

Bei allen genannten Bewegungen, besonders bei den Schwimmbewegungen, werden die vorhandenen Asynchronien im Aufbau (in der Struktur) durch die Zielstellung eines ständigen, möglichst gleichmäßigen Antriebes bestimmt, wie bereits bei der zweiten Gruppe erläutert. Bei den drei Schlagschwimmarten kommt noch hinzu, dass die Frequenz der Arm- und der Beintätigkeiten nicht gleich ist und eine mehr oder weniger strenge rhythmische Zuordnung im Verhältnis 1:2 oder 1:3 zustande kommt.

3.2.4. Bewegungskombinationen

ziehen in diese Gruppe Bewegungsvollzüge mit ein, bei denen die Bewegungen nicht rechts und links alternieren, sondern nur eine Asynchronie zwischen Armen und Beinen vorliegt.

Somit gehören zu dieser Gruppe das Brust- und Delphinschwimmen (ohne Alternieren), der Diagonalschritt im Skilauf und das Kraul- und Rückenkraulschwimmen.

Werden zwei oder mehrere azyklische Bewegungsakte in unmittelbarer Folge (z.B. Fangen und sofort anschließendes Werfen) ausgeführt, so bezeichnen wir das als eine Bewegungskombination, und zwar als **Sukzessivkombination**. Die Verbindung ist dabei im allgemeinen so eng, dass, wie bei zyklischen Bewegungsvollzügen, eine **Phasenverschmelzung** eintritt. Dadurch wird eine reibungslose, »fließende«

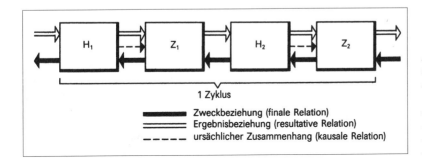

Abb. 3.2.-9 Strukturschema alternierender zyklischer Bewegungen (Paddeln im Kajak), H_1=Hauptphase1, H_2=Hauptphase 2, Z_1=Zwischenphase 1, Z_2=Zwischenphase 2

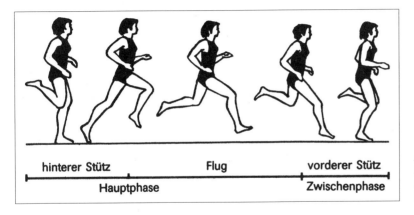

Abb. 3.2.-10 Struktur der leichtathletischen Laufbewegungen

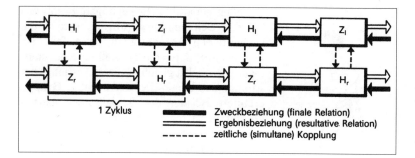

Abb. 3.2.-11
Strukturschema alternierender zyklischer Bewegungen (Kraul-Armbewegung). H_l, H_r = Hauptphase links bzw. rechts, Z_l, Z_r = Zwischenphase links bzw. rechts

Verbindung mehrerer ungleichartiger Bewegungen überhaupt erst möglich.

Solche Kombinationen treten besonders im Gerätturnen auf. Jedes turnerische »Element« für sich ausgeführt – zum Beispiel ein Felgumschwung, eine Kippe, ein Stemmaufschwung oder ein Handstütz-Überschlag – stellt einen azyklischen Bewegungsakt mit dreiphasiger Grundstruktur dar. Werden aber zwei »Elemente« fließend verbunden, zum Beispiel am Reck Stemmaufschwung und Felgumschwung rückwärts, so wird bei richtiger Ausführung die Endphase des Stemmaufschwungs gleichzeitig zur Vorbereitung für den Felgumschwung. Aus dem Bereich der Sportspiele ist die Kombination Ballannahme – Ballabgabe (vgl. dazu DÖBLER, 1956, 1960), in der geläufigsten Form als Kombination von Ballfangen und Werfen, bekannt. Dabei verschmelzen ebenfalls die Endphase der Ballannahme (des Fangens) mit der Vorbereitungsphase (Ausholbewegung) der Ballabgabe (des Werfens) zu einer Zwischenphase (Abb. 3.2.-12).

Der Sportler deutet bei dieser Verschmelzung die Endphase eines »Elementes« im doppelten Sinne. Er erfasst nicht nur ihre Beziehung zum ersten Element der Kombination, sondern zugleich auch die Beziehung zum zweiten Element, das heißt, er *deutet die Endphase zur Vorbereitungsphase um*. Dieses Umdeuten ist nur möglich, wenn das zweite Element rechtzeitig programmiert, also voll antizipiert wird. Gelingt diese Vorausnahme nicht, dann misslingt auch das Umdeuten und damit die ganze Kombination; der Turner muss dann einen Zwischenschwung einfügen, der Spieler muss die Ausholbewegung zum Wurf neu ansetzen und verliert Zeit.

Im Gerätturnen geht die Phasenverschmelzung mitunter so weit, dass selbst die Zwischenphase noch weitgehend verschwindet.

Bei der Verbindung am Reck Stemmaufschwung-Hüft-Umschwung vorlings vorwärts ist die Vorbereitung auf den Hüft-Umschwung in der Hauptphase des Stemmaufschwungs enthalten, eine gesonderte Zwischenphase fehlt (Abb. 3.2.-13).

Sukzessivkombinationen sind auch möglich *zwischen azyklischen und zyklischen* Bewegungsakten sowie *zwischen zwei zyklischen Bewegungsformen*. Ersteres tritt zum Beispiel auf, wenn beim Geländelauf ein Hindernis einen Sprung erforderlich macht, oder wenn im Spiel ein gestürzter Spieler übersprungen werden muss. Die sukzessive Kombination zyklischer Bewegungsakte findet sich in sportlichen Disziplinen im wesentlichen nur in der Gymnastik – als Verbindung von Gehen, Laufen und Hüpfen zum Beispiel –, während sie im täglichen Leben auch als Verbindung von Gehen und Laufen oder auch Gehen und Steigen, häufig auftritt.

In jedem Falle liegt nur dann eine Bewegungskombination vor, wenn die miteinander kombinierten Bewegungsformen im Rahmen des Gesamtverlaufes der Handlung *gleichrangige Aufgaben* haben, das heißt selbstständige Bewegungsakte darstellen. Ordnet sich ihre Funktion einer anderen Teilhandlung unter – wie der »An«-Lauf dem Hochsprung –, dann verlieren diese Bewegungsformen ihre Selbstständigkeit und werden zum Element eines anderen Bewegungsaktes, werden Vorbereitungsphase einer azyklischen Bewegung.[8]

---

[8] BLUME (vgl. 1965) analysiert eingehend das Verhältnis von Sukzessivkombination und azyklischer Bewegung am Beispiel des Laufens und Werfens bzw. des Werfens mit Anlauf und stellt fest, dass die Sukzessivkombination auch als Vorstufe oder Lernstufe in der Genese des Weitwurfes mit Anlauf auftritt. In diesem Falle kann von einer selbstständigen Funktion des Laufens nur insofern gesprochen werden, als dem Lernenden eine funktionale Unterordnung des Laufens unter das Werfen noch nicht möglich ist.

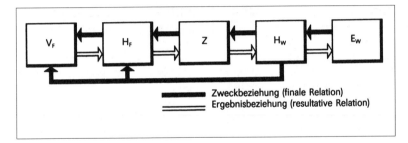

Abb. 3.2.-12 *Strukturschema von Sukzessivkombinationen (Fangen – Werfen).*
V_F = *Vorbereitungsphase Fangen*, H_F = *Hauptphase Fangen*, Z = *Zwischenphase*,
H_W = *Hauptphase Werfen*, E_W = *Endphase Werfen.*
Bereits der Entwurf der Vorbereitungs- und Hauptphase des Fangens wird auf das nachfolgende Werfen abgestimmt, daher die starke finale Relation $H_W - V_F$ bzw. H_F. Das Resultat von Z hängt weitgehend von H_F ab

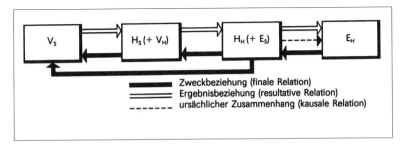

Abb. 3.2.-13 *Strukturschema von Sukzessivkombinationen (Stemmaufschwung – Hüftumschwung vorlings vorwärts).*
V_S = *Vorbereitungsphase Stemmaufschwung*, $H_S (+ V_H)$ = *Hauptphase Stemmaufschwung, zugleich Vorbereitungsphase Hüftumschwung vorlings vorwärts*,
$H_H (+ E_S)$ = *Hauptphase Hüftumschwung vorlings vorwärts, zugleich Endphase Stemmaufschwung*, E_H = *Endphase Hüftumschwung vorlings vorwärts*

Sukzessivkombinationen können auch zur Grundlage zyklischer Bewegungsvollzüge werden. So findet man zyklische Bewegungsakte, bei denen der sich ständig wiederholende Grundzyklus eine Kombination zweier oder mehrerer zyklischer oder ursprünglich azyklischer Elemente darstellt.
Das ist zum Beispiel der Fall im Hürdenlauf, wo der Grundzyklus aus den drei Schritten zwischen den Hürden und einem Hürden-»Schritt« besteht[9]. Ähnliche Formen treten besonders im Bereich der Gymnastik, im Eiskunstlauf und im Tanz auf.
Weil es sich dabei um zyklische Bewegungsvollzüge auf der Grundlage von Bewegungskombinationen handelt, bezeichnen wir sie als *kombinierte zyklische Bewegungen*.
Neben der sukzessiven Verbindung zweier oder mehrerer Bewegungsgrundformen gibt es auch eine gleichzeitige Ausführung, die wir als **Simultankombination** bezeichnen.

Der Handballspieler fängt den Ball und spielt ihn mitunter wieder ab, ohne seinen Lauf in eine bestimmte Richtung zu unterbrechen oder irgendwie zu verändern. Der Fußballspieler überspringt einen am Boden liegenden Spieler und spielt zugleich den Ball. In diesen Fällen laufen zwei Bewegungsakte mit selbstständiger Funktion im Gesamtverlauf der Spielhandlung simultan ab.
Es handelt sich dabei jeweils um die Verbindung einer Lokomotionsbewegung – Laufen, Springen, Schwimmen (beim Wasserball), Radfahren (beim Radball) – mit einer Bewegung, die der Erteilung eines Bewegungsimpulses an ein Gerät dient – Werfen, Schlagen, Stoßen.

---

[9] Gemeint ist hier die Struktur beim eigentlichen Lauf über die Hürden. Von der Laufstrecke vor Beginn und nach Ende der Hürden wird abgesehen.

3.2.5. Die Struktur von Täuschungshandungen

Ganz besondere Verhältnisse hinsichtlich der Ausprägung der Dreigliederung liegen bei Finten vor (vgl. Abschnitt 2.4.2.). Die Täuschung des Gegners erfolgt häufig dadurch, dass *mit einer Ausholbewegung eine Handlung vorgetäuscht wird, die nicht beabsichtigt* und in der Folge nur bis zu einem Punkt ausgeführt wird, an dem eine Umstellung noch möglich ist. Es folgt dann ein Bewegungsakt, der nur aus Haupt- und Endphase zu bestehen scheint, weil er sich ohne spezifische Vorbereitungsphase unmittelbar an die abgebrochene Bewegung anschließt.

JOUHANNA (vgl. 1966) kam auf Grund seiner Untersuchungen zu einer Strukturvariante, die eine folgerichtige Weiterentwicklung der Grundstruktur darstellt. Zumeist sind *Finten der erste Teil in der Kombination zweier azyklischer Bewegungsakte*, von denen jede einen eigenen Zweck hat. Die Täuschungsbewegung soll den Gegner zu bestimmten Annahmen und Aktionen veranlassen, während die nachfolgende »eigentliche« Hauptbewegung der Verwirklichung der im Spiel- oder Kampfgeschehen beabsichtigten Aktion dient. Bei einer solchen Kombination kann die zweite Hauptphase biomechanisch und sensomotorisch nicht optimal vorbereitet werden, die Täuschungsbewegung muss aber eine effektive Ausführung der zweiten Hauptphase ohne Verzögerung ermöglichen, das heißt, sie muss die Vorbereitung der zweiten Hauptphase mit enthalten.

Eine Wurffinte zum Beispiel ist die erste azyklische Komponente, die Ausholbewegung und der erste Teil der Hauptphase eines Wurfes, der nur angetäuscht und dann plötzlich abgebrochen wird. Daran anschließend beginnt sofort die Hauptphase der zweiten Komponente der Kombination, des eigentlich beabsichtigten Wurfes, mit anschließender Endphase.

In anderen Fällen ist die Struktur von Finten noch komplizierter, ihre Untersuchung muss der speziellen Bewegungslehre der Sportarten vorbehalten bleiben.

3.2.6. Objektive und subjektive Bewegungsstruktur

Die funktionsbezogene dreiphasige Grundstruktur sportlicher Bewegungsakte und ihre vorstehend behandelten Varianten existieren *objektiv*, das heißt unabhängig von den Empfindungen, von der Widerspiegelung beim Sportler. Das ist auch dadurch nachzuweisen, dass sich die drei Grundelemente und ihre charakteristischen Relationen nicht lediglich durch Beobachtung aus einem Bewegungsvollzug herauslesen lassen, sondern dass sie aus biomechanischen und muskelphysiologischen Kennlinien ableitbar und hinsichtlich der Relationen zu begründen sind. Das wurde bereits an einer Reihe von Beispielen gezeigt. Stellt man nun allerdings die *Frage nach der praktischen Bedeutung* dieser hier dargestellten Struktur-Erkenntnis, so ist damit auch die *Frage* verbunden, *inwieweit die Grundstruktur der* vom Sportler *subjektiv erfassten* beziehungsweise erfassbaren Bewegungsstruktur, der »Gliederung aus der Innensicht« (GÖHNER 1992, S. 140), *entspricht*.

In Übereinstimmung mit der Erfahrung der meisten Sportler können wir feststellen: Die enge Beziehung zwischen Vorbereitungs- und Hauptphase geht in jedem Falle mehr oder weniger deutlich in das »motorische Erleben« und in die motorische Vorstellung des Sportlers ein. Demgegenüber spielt die Beziehung zwischen Haupt- und Endphase im subjektiven Strukturbild des Bewegungsaktes nicht in allen Fällen die gleiche bedeutsame Rolle. Das ist nur dann der Fall, wenn die Endphase mit einer *besonderen* Aufgabe und größerer Muskelarbeit verbunden ist, zum Beispiel bei Sprüngen und Abgängen im Gerätturnen oder auch beim Skisprung oder bei Sprüngen im Eiskunstlauf.

Im Allgemeinen geht demnach die objektiv zu ermittelnde *dreiphasige Grundstruktur sportlicher Bewegungsakte* dem subjektiven *Strukturbild* durchaus *parallel,* da die Funktion der Bewegungshandlung die interne Repräsentation mitbestimmt. Diese Übereinstimmung wird jedoch noch durch eine andere Beziehung geprägt und modifiziert. Ausschlaggebend ist dabei die Tatsache, dass der Sportler seine Bewegungen in erster Linie auf der Grundlage kinästhetischer Empfindungen wahrnimmt. Darin spiegelt sich primär die Muskeldynamik wider. So prägen sich zwar nicht die Spannungsänderungen einzelner Muskeln, aber die Tätigkeitsphasen der jeweils bedeutendsten Muskelgruppen in der subjektiven Bewegungsstruktur aus.

Bei dieser Zuordnung ist eine Tatsache bemerkenswert, die sich aus der speziellen Beziehung zwischen Aushol- und Hauptbewegung ergibt: **Der Bremsstoß der Ausholbewegung,** der funktionell der Vorbereitungsphase angehört, **und der folgende Beschleunigungsstoß am Beginn der Hauptphase werden als *eine* Phase der Muskeldynamik erlebt.** Im subjektiven Strukturbild beginnt die Hauptphase bereits mit dem Bremsstoß der letzten Ausholbewegung.

Für die Lehrtätigkeit ist es wichtig, diese Beziehungen zwischen objektiver Bewegungsstruktur, einschließlich der Teil- und Unterstrukturen, und dem subjektiv erfassten und wahrnehmbaren Strukturbild, den widergespiegelten Analyseeinheiten, zu erkennen. Bisher liegen allerdings keine speziellen Untersuchungen dazu vor, so dass in dieser Frage in der Hauptsache nur auf die Verallgemeinerung sportpädagogischer Erfahrungen zurückgegriffen werden kann.

3.2.7. Zusammenfassung

- Sportliche Bewegungsakte weisen eine **dreiphasige Grundstruktur** auf, für die die Funktion der Phasen bestimmend ist. Die Grundelemente werden als Vorbereitungsphase, Hauptphase und Endphase bezeichnet.
- Die **Vorbereitungsphase** bereitet die Hauptphase optimal vor, in der Regel durch eine **Ausholbewegung**, bei einer Reihe von Bewegungsformen zusätzlich durch **Anlauf-, Anschwung- oder Angleitbewegungen**. Die Zielrelationen und Ergebnisrelationen zwischen Vorbereitungsphase und Hauptphase sind biomechanisch, physiologisch und aus der Sicht der Koordinationstheorie bereits weitgehend erklärbar.
- Die **Hauptphase** stellt die unmittelbare Lösung der gestellten Bewegungsaufgaben dar.

Ist die eigene Lokomotion das Ziel, dann besteht die Hauptphase aus den wesentlichsten Beschleunigungsstößen und ihrer rationellen Ausnutzung, zum Teil in Flug- oder Gleitphasen; ist das Hauptziel die Erteilung eines Bewegungsimpulses an ein Gerät oder einen Gegner, so umfasst sie die Erteilung eben dieses Impulses.

- Die **Endphase** ergibt sich in den meisten Fällen zwangsläufig aus der noch bei Abschluss der Hauptphase vorhandenen Bewegungsgröße und dem labilen Gleichgewichtszustand. Sie führt zu einem statischen Zustand oder stellt bereits eine unspezifische Vorbereitung auf weitere Bewegungsakte dar. Dabei hat sie in manchen Fällen mehr passiv-ausklingenden, in anderen Fällen vorwiegend aktiv-bremsenden Charakter.
- Bei **azyklischen Bewegungsakten**, das heißt bei Bewegungsvollzügen, die in einer einmaligen Aktion, auf der Grundlage eines einmaligen dreiphasigen Aktes, zur Lösung der Bewegungsaufgabe führen, treten *verschiedene Strukturvarianten* auf, die eine weitere Differenzierung der Grundstruktur darstellen. Die wichtigsten sind: die mehrfache Ausholbewegung, die bewusste Unterdrückung der Vorbereitungsphase, die untergliederte Hauptphase bei Lokomotionsbewegungen mit Flugphasen (Feinstrukturierung).
- Bei **zyklischen Bewegungsakten,** das heißt bei Handlungen, die nur durch eine vielmalige Wiederholung eines Grundzyklus zur Erreichung des Zieles führen, erfolgt in der Regel eine Abwandlung der Grundstruktur durch **Phasenverschmelzung**. Je eine Vorbereitungs- und eine Endphase werden zu einer Zwischenphase vereinigt, die die Aufgaben beider erfüllt. Varianten finden sich unter den alternierenden zyklischen Bewegungsformen und bei unterschiedlicher Struktur der Arm- und Beintätigkeit.
- **Bewegungskombinationen** können ebenfalls zu einer Verschmelzung von End- und Vorbereitungsphasen führen. Werden dabei zwei oder mehrere azyklische Bewegungsakte in unmittelbarer Folge ausgeführt, so bezeichnen wir das als eine **Sukzessivkombination**.
- **Simultankombinationen** treten auf, wenn während einer Lokomotionsbewegung eine

94   Allgemeine Bewegungsmerkmale als Ausdruck der Bewegungskoordination

Wurf-, Stoß- oder Schlagbewegung ausgeführt wird, wobei die Lokomotion jedoch ihrer Funktion nach selbstständig bleibt und nicht untergeordnet ist.

• Es gibt **kombinierte zyklische Bewegungen**, bei denen der sich wiederholende Grundzyklus aus einer Kombination zweier oder mehrerer Bewegungsformen besteht.

• Die objektiv existierende **dreiphasige Grundstruktur** beziehungsweise ihre Varianten **werden vom Sportler auch subjektiv aufgenommen** und **bestimmen seine Bewegungsvorstellung wesentlich mit**. Dabei ordnet sich das kinästhetisch aufgenommene subjektive Abbild von der Muskeldynamik in die aufgabenbezogene Grundstruktur ein, sodass sich beim Sportler eine im wesentlichen mit der objektiv existierenden Grundstruktur übereinstimmende Strukturvorstellung herausbildet.

3.2.8. Anwendung der Strukturkenntnisse in der Lehr- und Übungspraxis

Ausgangspunkt in der methodisch-didaktischen Arbeit am Bewegungsablauf des Sportlers ist die Erkenntnis, dass allen sportlichen Bewegungsakten eine drei- bzw. zweigliedrige Struktur zu Grunde liegt. In der Schulungsarbeit ist es zunächst notwendig, den Bewegungsablauf zu analysieren. Dabei ist *mit der Analyse der Grundstruktur zu beginnen*. Diese liefert zugleich die Basis für weiterführende Beobachtungen, Teilanalysen, ohne dass der für die zu ziehenden methodischen Folgerungen so wichtige Gesamtzusammenhang verlorengeht. Es kann als eine Forderung für die in der Lehrpraxis notwendige, mehr oder weniger bewusst vollzogene Bewegungsanalyse formuliert werden:

Gehe immer aus von der aufgabenbezogenen allgemeinen Grundstruktur, das heißt von den drei Grundelementen eines Bewegungsaktes und den zwischen ihnen bestehenden Beziehungen!

Das ermöglicht, ständig den Überblick über den Gesamtablauf zu behalten und Erkenntnisse über die feinere Strukturierung des Bewegungsablaufes richtig einzuordnen. Das gilt auch für Erläuterungen und Erklärungen, die

dem Sportler vom Sportlehrer oder Trainer gegeben werden.[10]

Diese hier allgemein formulierte Forderung erstreckt sich speziell auch auf das **Erkennen** und die **Korrektur von Fehlern**. *Ausgangspunkt für das Erkennen vieler Fehler ist die Überprüfung der* allgemeinen und – entsprechend den einzelnen Varianten – speziellen *Relationen zwischen den drei Phasen als den Grundelementen. Besondere Bedeutung* kommt den **Beziehungen zwischen der Vorbereitungsphase und der Hauptphase** zu, die für die Leistung in vielen Fällen sehr entscheidend sind.

Das Optimum in der Ausprägung der gefundenen Beziehungen kann durch eine allgemeine Bewegungslehre nur in seinen Grundzügen angegeben werden. Das ist zum Teil in *Anwendung der* noch zu behandelnden *weiteren Merkmale* möglich, erfordert in anderen Fällen die *Heranziehung biomechanischer und physiologischer Prinzipien*.[11] Die auf dieser Grundlage zu gewinnenden allgemeinen Erkenntnisse und Richtlinien werden für die körperlich-sportliche Grundausbildung der Sportler in den meisten Fällen ausreichen, für die sporttechnische Ausbildung auf fortgeschrittener Stufe bedürfen sie jedoch *der Ergänzung durch Bewegungsanalysen* auf *Grund spezieller Technikkriterien* der einzelnen Sportarten und Sportdisziplinen (vgl. u. a. DIESSNER, 1982 i, GROSSER/NEUMAIER, 1982).

Ergänzend sei darauf verwiesen, dass GÖHNER (1992 c) ein »Lehren nach Funktionsphasen« empfielt.

---

10 GROSSER/NEUMAIER (vgl. 1982) unterscheiden von der Analyse der Grundstruktur die Analyse der erweiterten Grundstruktur und Analysen der Feinstrukturierung. Entsprechend der in den Abschnitten 3.2.1. bis 3.2.7. gegebenen Darstellung beziehen wir die »Analyse der erweiterten Grundstruktur« hier unmittelbar ein.

11 Das bei Schnellkraftbewegungen gefundene Kappa-Verhältnis – Verhältnis zwischen Brems- und Beschleunigungsstoß – ist ein Kriterium für eine optimale Relation zwischen Vorbereitungs- und Hauptphase (vgl. MARHOLD, 1963, S. 24 ff.; HOCHMUTH, 1982, S. 163 ff.).

3.3. Bewegungsrhythmus (Merkmal der zeitlichen Ordnung)

3.3.1. Bewegungsrhythmus als komplexes Merkmal sportlicher Bewegungsakte

Der Rhythmus und seine Erscheinungsformen spielen auf vielen Gebieten des menschlichen Lebens und auch in verschiedenen Wissenschaften eine wesentliche Rolle. Die Komplexität und die Mehrdimensionalität dieses Merkmals erschwert seine Bestimmung, die wir im folgenden zunächst versuchen wollen. (Vgl. dazu HAMSEN, 1992)

Ganz allgemein erfasst Bewegungsrhythmus **die spezifische, charakteristische zeitliche Ordnung eines motorischen Aktes.** Eine ähnliche Bestimmung gab bereits BÜCHER, indem er Rhythmus als »die geordnete Gliederung der Bewegungen in ihrem zeitlichen Verlauf« (1896, S. 101) definierte. Diese zeitliche Ordnung bezieht sich auf Teilprozesse, die im motorischen Akt miteinander verbunden sind. Der Rhythmus als Merkmal der sportlichen Bewegungslehre, das heißt unter dem Aspekt der Anwendbarkeit in der Lehr- und Trainingspraxis, ist die Ordnung von Teilprozessen, die sowohl vom Sportpädagogen als auch vom Sportler erfassbar sind.

So spiegelt zum Beispiel der Anlaufrhythmus im Hochsprung die zeitlichen Relationen zwischen den einzelnen Schritten wider.

Mit der Bestimmung als »zeitliche Ordnung« ist erst eine Dimension des Bewegungsrhythmus erfasst. Jeder Rhythmus stellt zugleich auch **eine Ordnung der Gewichtsverteilung im zeitlichen Geschehen** dar, er spiegelt eine unterschiedliche **Akzentuierung** der einzelnen Glieder (Teilprozesse) wider. Grundlage für den Bewegungsrhythmus sind die motorischen Prozesse, am deutlichsten die *Muskeldynamik* und ihre unterschiedliche Akzentuierung im Bewegungsvollzug. Eingeschlossen in den Bewegungsrhythmus ist darüber hinaus die mit der Muskeldynamik im Zusammenhang stehende *Akzentuierung in den räumlich-zeitlichen Verlaufsformen.*

Ein wichtiges Charakteristikum fast aller Sportbewegungen – und darüber hinaus der Mehrzahl aller menschlichen Bewegungen – ist die Tendenz zu einem ständigen, *alternierenden Wechsel in der Dynamik* oder, wie es im Sport allgemein bezeichnet wird, zu einem ständigen, *fließenden Wechsel von Spannung und Entspannung*. Die Art und der Grad der Realisierung dieser Tendenz wird weitgehend durch die zu bewältigende Aufgabenstellung bestimmt. Die sich daraus ergebende **zeitliche Ordnung und Gewichtsverteilung (Akzentuierung), die für den jeweiligen Bewegungsakt charakteristisch ist** – eben das ist der **Bewegungsrhythmus**.

Die bisherige Ableitung lässt bereits erkennen, dass der *Bewegungsrhythmus ein Strukturmerkmal* ist: Er stellt eine differenzierte Gliederung des Bewegungsaktes dar *und ergänzt den funktionalen Aspekt der allgemeinen Grundstruktur.* Zugleich wird deutlich, dass im Bewegungsrhythmus die motorische Koordination in Erscheinung tritt, dass wir damit auch *ein Charakteristikum der Koordination* erfassen.

Zur weiteren Bestimmung und Erfassung der Komplexität dieses Merkmales muss Folgendes hinzugefügt werden: Der Bewegungsrhythmus existiert objektiv in jedem einzelnen Bewegungsakt, speziell in der Muskeldynamik: **Objektrhythmus**. In seinen Hauptzügen kann er durch Kraft-, Geschwindigkeits- und Beschleunigungskennlinien und durch Elektromyogramme charakterisiert und damit objektiviert werden: **objektivierter Rhythmus.** Der Sportler und auch der Sportlehrer nehmen Bewegungsrhythmen mit Hilfe ihrer Sinnesorgane auf. Dabei werden sie verarbeitet, zum Teil modifiziert und subjektiv akzentuiert: **Subjektrhythmus.**

Mit dem Merkmal Bewegungsrhythmus erfassen wir beide Seiten, die **Einheit von Objekt- und Subjektrhythmus**, die Einheit der Struktur der neuromuskulären Dynamik und ihrer Widerspiegelung im Bewusstsein.

Die Einheit von Objekt- und Subjektrhythmus bildet die **Grundlage für die kommunikative Funktion des Bewegungsrhythmus**. Sie ermöglicht die Rhythmusaufnahme oder -übertragung von einem Vorbild und weiterhin die Transponierbarkeit, unter anderem in Sprach- und musikalische Rhythmen als Voraussetzung für akustisch-rhythmische Schulung im Training und Sportunterricht. Auch die große mitreißende Wirkung, die zündende Übertragungskraft, die von manchen Bewegungsrhythmen – vor allem bei der koordinierten Aktion ganzer Sportlergruppen (Gruppenrhythmus) – ausgeht, setzt diese Beziehungen von Subjekt- und Objektrhythmus voraus.

Auf die angeführten Zusammenhänge und ihre konkreten Erscheinungsformen wird im Folgenden näher einzugehen sein. Zur Bestimmung des Bewegungsrhythmus als komplexes Merkmal sportlicher Bewegungsakte lässt sich hier festhalten:

> **Definition Bewegungsrhythmus:** für einen Bewegungsakt **charakteristische zeitliche Ordnung.** Sie kommt objektiv zum Ausdruck in der **Gliederung und Akzentuierung der Muskeldynamik** – im neuromuskulären Prozess – und prägt sich auch in den Weg-Zeit-Verläufen aus. Der Bewegungsrhythmus *ist in Kraft- und Weg-Zeit-Kennlinien* sowie *elektromyographisch zu objektivieren.* Die objektiv realisierte zeitliche Ordnung kommt dem Ausführenden zum Bewusstsein, indem er sie auf der Grundlage kinästhetischer **Empfindungen mehr oder weniger bewusst gestaltet.** Diese **Einheit von Objekt- und Subjektrhythmus** ist die Grundlage für die kommunikative und strukturprägende Funktion des Bewegungsrhythmus in der sportlichen Praxis, besonders im motorischen Lernprozess.

In der Fachliteratur spielt häufig der **Begriff des Taktes** eine Rolle, der zweifellos in Bestimmter Beziehung zum Rhythmus steht. Ganz einfach ausgedrückt ist auch der Takt eine zeitliche Ordnung eines Prozesses, in Bezug auf die menschliche Bewegungstätigkeit die zeitliche Ordnung des Bewegungsaktes. Der Takt ist gewissermaßen *eine Abstraktion der zeitlichen Grundordnung aus einem Bewegungsrhythmus*, wobei abstrahiert wird vom dynamischen, akzentuierten motorischen Prozess, der der eigentliche Träger dieser zeitlichen Ordnung ist. Der Takt hat nur eine Dimension – die der Zeit –, der Rhythmus zwei: neben der Zeit die der Kraft, die im Bewegungsrhythmus als objektiv ablaufende und kinästhetisch wahrgenommene, subjektiv erlebte und gestaltete Muskeldynamik existiert (vgl. PÖHLMANN, 1964; 1970, S. 199 ff.).

Diese Auffassung macht verständlich, inwiefern sowohl der musikalische Takt als auch der musikalische Rhythmus große Bedeutung in der Bewegungsschulung erlangen können. Der *Takt kann* demnach *zur Rhythmusschulung beitragen* durch die funktionelle Gemeinsamkeit zwischen beiden in Form des Zeitparameters. Dabei ist jedoch stets zu beachten, dass Rhythmusschulung im Wesentlichen die zeitliche Ordnung der Dynamik beinhaltet und somit auch im Schulungsvorgang die beiden Dimensionen des Bewegungsrhythmus zu beachten sind. *Die kommunikative Wirkungsweise des Taktes* ist *begrenzt* und nur in den Anfangsstufen der Rhythmusvermittlung ausreichend.

Mit dieser Bestimmung des Taktes nach seinem Verhältnis zum Bewegungsrhythmus grenzen wir uns ausdrücklich von der Auffassung ab, dass Takt und Rhythmus Gegensätze sind, die die Verkörperung diametral entgegengesetzter, feindlicher Prinzipien darstellen.

KLAGES (1933) und BODE (1958) haben die Unterschiedlichkeit von Rhythmus und Takt als eine »feindliche Gegensätzlichkeit« interpretiert. Sie vertraten die Auffassung, dass Rhythmus und Takt verschiedener Herkunft seien, und leiteten ihre »Wesensgegensätzlichkeit« aus dem feindlichen Gegensatz von Leben und Geist ab. Der Rhythmus sei ein Produkt des »Lebens«, der Takt aber ein Produkt des »zerteilenden Geistes«:

Dieser irrationalistischen Position ist vom dialektisch-materialistischen Standpunkt entgegenzuhalten:

Die vom Menschen bewusst geformten Bewegungsrhythmen im Sport, in der Gymnastik, im Tanz, in der Arbeitsmotorik und im künstlerischen Schaffen stellen eine höhere Stufe der sich entwickelnden Materie im Vergleich zu den rein biologischen, unbewusst ablaufenden Rhythmen dar. Es sind höhere Bewegungsformen, die sich in der menschlichen Tätigkeit herausbilden und ihre Grundlage nicht nur in der hochentwickelten Struktur des menschlichen Gehirns, sondern auch in den spezifisch menschlichen, gesellschaftlichen Umweltbeziehungen haben.

Wenn wir daher den naturgegebenen Rhythmus des Laufens, Springens, Werfens usw. bewusst schulen, dann bedeutet das nicht eine »Knüpfung feindlicher Mächte«, wie KLAGES (1933, S. 31) meinte, sondern vielmehr eine *bewusste Formung der Bewegung*, die nur dem Menschen möglich ist.

Unsere Auffassung gründet sich auf folgendes Wissen: Der Mensch kann alle Bewegungen auch willkürlich beeinflussen, »die von irgendwelchen, dem Bewusstsein klarwerdenden Merkmalen begleitet sind« (SETSCHENOW, zitiert nach RUBINSTEIN, 1984, S. 679). Bewegungsrhythmen können wir wahrnehmen, können wir *objektivieren* und somit auch steuern. Daher erweist sich die bewusste Steuerung unserer Bewegungsrhythmen über einen vorgegebenen Takt in der Praxis als ein durchaus brauchbares didaktisches Mittel.

3.3.2. Rhythmus zyklischer und azyklischer Bewegungsakte

Bei der bisher vorgenommenen Bestimmung des Merkmals Bewegungsrhythmus wurde auf ein Kriterium nicht eingegangen, dem in verschiedenen Versuchen, das Phänomen Rhythmus zu erfassen, eine dominierende Rolle zugeschrieben wird. Gemeint ist das *Kriterium der Wiederholung*. Unzweifelhaft kann man nur bei solchen Erscheinungen von einem Rhythmus sprechen, die in sich gegliedert sind und bei denen sich in einer spezifischen Folge bestimmte Grundelemente wiederholen.

Unterschiedliche Auffassungen gibt es darüber, ob nur die Wiederholung völlig gleicher Grundelemente oder auch die Wiederholung von Ähnlichem einen Rhythmus ergibt (vgl. ZIEHEN, 1927; BETHE, 1929; BENESCH, 1954/55 a, b). In der Sportwissenschaft wurde von BURISCH die Auffassung vertreten, dass nur zyklische Bewegungen einen Rhythmus haben, da streng genommen nur hier eine Wiederholung vorliegt (vgl. 1959, 1964).

Demgegenüber muss festgestellt werden: Bereits die Reihung gleich**artiger** Grundelemente – zum Beispiel Töne, Phoneme[12], Beschleu-

nigungs- oder Bremsstöße, Muskelspannungsmaxima oder -minima, Teilbewegungen, auch bei unterschiedlicher Amplitude und Richtung – erfüllt die Bedingungen für das Zustandekommen eines Rhythmus als Einheit von Objekt- und Subjektrhythmus, wie im vorigen Abschnitt dargestellt.

So kann auch einem musikalischen Thema oder Motiv – einer Wiederholung von Tönen unterschiedlicher Dauer, Höhe und Betonung (unterschiedlichen Gewichtes) – ein Rhythmus eigen sein.

An der nachfolgenden Behandlung einiger typischer Rhythmen soll noch deutlicher werden, dass das Merkmal Bewegungsrhythmus zyklischen und azyklischen Bewegungsakten in gleicher Weise zukommt.

Die einfachsten sportlichen Bewegungsrhythmen liegen **bei zyklischen symmetrischen Ganzkörperbewegungen** vor, wie sie im Rudern oder auch im Schlusshüpfen auftreten.

Der Rhythmus beim **Rudern** ist *zweigliedrig*: Wir finden eine Phase konzentrierter Muskelarbeit und damit starker neuromuskulärer *Spannung beim Durchzug*. Ihr folgt jeweils eine Phase bedeutend geringerer Muskeltätigkeit und damit eine Phase relativer neuromuskulärer *Entspannung beim Vorrollen* in der Freilauf-Phase. Die »Übergangsglieder« Wasserfassen und Ausheben, die im Wesentlichen nur zusätzliche Bewegungen der Arme darstellen, werden voll in diesen zweigliedrigen Rhythmus eingeschmolzen (vgl. HERBERGER u. a., 1977, S. 77 f.). Charakteristisch für den Bewegungsrhythmus im Rudern ist, dass er sich mit der funktionsbezogenen Grundstruktur (Hauptphase – Zwischenphase) weitgehend deckt (Abb. 3.3.–1).

Weiterhin ist hervorzuheben, dass die Einheit von Objekt- und Subjektrhythmus auch durch die akustischen Erscheinungen der Ruderbewegung (Wasser-, Dollen- und Rollsitzgeräusche) mitgeprägt wird und sich im allgemeinen auch im Atemrhythmus widerspiegelt.

Die Rhythmen sportlicher **Bewegungsakte zyklischer Art mit alternierenden Bewegungen** unterscheiden sich in ganz bestimmtem Maße von den symmetrischen Formen.

Das **Paddeln im Kajak** weist sowohl beim Schlag rechts (Wasserarbeit) wie beim Schlag links eine Phase konzentrierter Muskelarbeit auf. Zwischen beiden liegt jeweils nur eine sehr kurze Phase relati-

---

12 Phonem = kleinste sprachliche Einheit, die Bedeutungsgehalt hat.

Allgemeine Bewegungsmerkmale als Ausdruck der Bewegungskoordination

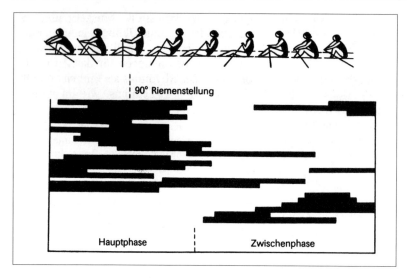

Abb.3.3.-1
Grundstruktur und Rhythmus der Ruderbewegung, dargestellt an der Aktivität der wichtigsten Muskeln

ver muskulärer Entspannung beim Ausheben, Drehen und Einsetzen des Paddels. Auch hier ist der Grundrhythmus, objektiv betrachtet, *zweigliedrig*, denn die zeitlich-dynamische Ordnung der Bewegungen rechts und links ist grundsätzlich gleich. In der subjektiven Verarbeitung kommt jedoch hier eine mehrere Grundglieder zusammenfassende *Rhythmisierung* zustande, die zumeist einen Schlag links und einen Schlag rechts zu einem Zyklus der Grundstruktur oder drei Schläge zu einem Dreierrhythmus zusammenfasst. Auch hier decken sich demnach Bewegungsrhythmus und funktionsbezogene Struktur weitgehend. Auffallend ist jedoch die im Verhältnis zum Rudern viel kürzere Phase geringerer Muskeltätigkeit (gleichbedeutend mit der Zwischenphase). Das wird dadurch möglich, dass infolge der alternierenden Muskeltätigkeit beim Schlag rechts andere Muskelgruppen (Muskelschlingen) die Hauptarbeit leisten als beim Schlag links. Damit ist das zeitliche Verhältnis zwischen konzentrierter Anspannung und Entspannung oder Erholung für die einzelnen Muskelgruppen nicht ungünstiger als beim Rudern: Die »Arbeitsphase« der Muskelgruppen ist zumeist kürzer als die »Erholungsphase« (Abb. 3.3.–2).

Der Rhythmus des **leichtathletischen Laufes** als einer weiteren alternierenden zyklischen Bewegung unterscheidet sich vom Bewegungsrhythmus des Paddelns bereits ganz offensichtlich durch die bedeutend höhere Frequenz. Da der Lauf eine Fortbewegungsart ist, bei der ein ständiger Wechsel von Stütz- und Flugphasen (Phasen ohne Unterstützung des Körpers) auftritt, muss ein explosiver Abdruck, ein kurzzeitiger Kraftstoß – als Einheit von Brems- und Beschleunigungsstoß – in der Zeit des Stützes erfolgen. Daran hat auch die Schwungbeinbewe-

gung Anteil. Infolgedessen ist die Phase konzentrierter Muskeltätigkeit wohl relativ kurz, aber stärker akzentuiert als beim Paddeln. Das prägt sich deutlich im empfundenen und damit subjektiv gestalteten Laufrhythmus aus: Hier dominieren die stark akzentuierten Abdruckphasen als Arbeitsphasen, während die Flugphasen sich als Phasen weitgehender Inaktivität darstellen.[13]

Auch beim Lauf ist der *Grundrhythmus zweigliedrig*, jedoch kommt es hier namentlich bei längeren Laufstrecken in noch viel stärkerem Maße zu einer rhythmischen Gruppenbildung, die vom Läufer subjektiv hineingetragen wird, ohne dass eine Akzentuierung objektiv nachweisbar wäre. Zumeist, wohl gekoppelt an den Atemrhythmus, werden vom Läufer jeweils vier bis acht Laufschritte als sich ständig wiederholende Periode erlebt, wobei jeweils der erste Schritt (die erste Spannungsphase) subjektiv eine besondere Betonung erhält.

Konnte beim Rudern und Paddeln eine weitgehende Deckung der aufgabenbezogenen Phasengliederung mit dem dynamisch bestimmten Rhythmus gefunden werden, so ergibt sich beim Lauf ein völlig anderes Bild: Die Zwischenphase – im Wesentlichen der Bremsstoß nach der Flugphase – und der erste Teil der Hauptphase – der Beschleunigungsstoß ein – schließlich der Schwungbeinarbeit bis zum Lösen vom Boden – bilden zusammen die Phase konzentrierter Muskelarbeit, die Spannungsphase. Der zweite Teil der Hauptphase, die Flugphase, ist dann die Entspannungsphase, die von qualifizierten Läu-

---

[13] In der akustischen Transponierung des Laufrhythmus werden nur die »Spannungsphasen« akustisch übersetzt.

Bewegungsrhythmus (Merkmal der zeitlichen Ordnung)

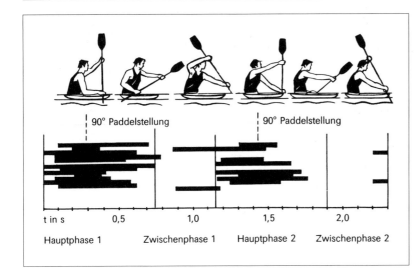

Abb.3.3.-2
Grundstruktur und Rhythmus der Paddelbewegung im Kajak, dargestellt an der Aktivität der wichtigsten Muskeln einer Körperseite

fern auch als Phase herabgesetzter Aktivität empfunden wird[14] (vgl. Abb. 3.2.–8 und 3.2.–10).

Wesentlich **kompliziertere Rhythmen** bei zyklischen Bewegungsvollzügen verzeichnen wir dann, *wenn Arm- und Beintätigkeit in nicht synchroner Arbeitsweise* an der Lösung der motorischen Aufgabe beteiligt sind. Dieses Problem trat bereits bei der Grundstruktur dieser Bewegungsformen auf. Hier sind besonders die Sportschwimmarten und der Diagonalschritt im Skilaufen zu erwähnen.

Der Bewegungsrhythmus des *Kraulschwimmens* zum Beispiel stellt die zweckmäßige Verbindung dreier Einzelrhythmen dar: Atemrhythmus, Rhythmus der Armbewegung, Rhythmus der Beinbewegung. In der heute allgemein angestrebten Technik beträgt dabei das Zeitverhältnis 1:2:6 oder 1:3:9. Hierbei entspricht also dem Atemrhythmus eine Zweier- bzw. Dreiergruppenbildung in der Armtätigkeit und dem Rhythmus der Armbewegung eine Dreiergruppenbildung in der Beintätigkeit. Es ist ohne weiteres ersichtlich, welche Schulungsprobleme aus dieser rhythmischen Kompliziertheit erwachsen.

Als **azyklischer Bewegungsakt** soll im Folgenden der Kopfsprung im Wasserspringen betrachtet werden.

Dynamisch akzentuiertes Hauptglied bildet die relativ kurzzeitige, explosive Absprungbewegung, wozu auch der unterstützende Armschwung rechnet. Diese Hauptspannungsphase beginnt jedoch nicht erst mit der Beinstreckung, sondern bereits mit dem Bremsstoß, mit der Amortisierung des Kraftstoßes der nochmaligen kurzen Beugung am Ende der zweiten Ausholbewegung.

Vor dieser als dynamisch-rhythmischer Höhepunkt empfundenen Phase konzentrierter Muskeltätigkeit liegt jedoch ein nicht so kräftiger Impuls, der zur einleitenden kurzen Streckung (1. Ausholbewegung) und zum sofortigen Übergang in die Beugung (2. Ausholbewegung) führt. Der nachfolgende Flug und das Eintauchen fordern zur Aufrechterhaltung der Körperhaltung zwar eine gewisse Anspannung der Muskulatur, aber keine weiteren markanten Impulse. Infolgedessen spiegelt sich hier im Bewegungsrhythmus ein relativ entspanntes Ausklingen wider. Drei Phasen unterschiedlicher Länge und unterschiedlicher Akzentuierung stellen demnach die charakteristische zeitliche Ordnung des Startsprunges und damit eben seinen Rhythmus dar.

Die Zahl der Glieder im Rhythmus azyklischer Bewegungen erweitert sich, wenn zur Ausholbewegung noch Anlauf-, Angleit- oder Anschwungbewegungen hinzukommen, oder wenn die Hauptphase komplizierter und in sich untergliedert ist (wie z. B. beim Pferdsprung). In **Bewegungskombinationen** ist die Zahl der Glieder noch bedeutend größer, ohne dass eine Wiederholung der dabei zu unterscheidenden Gruppen auftreten muss. Gruppen-

---

14 Vgl. hierzu die interessanten Untersuchungen von MICHAJLOV und POPOV (1973) zur elektromyographischen und kinematischen Charakteristik des freien Laufes beim 400-m-Lauf.

oder Periodenbildung im Bewegungsrhythmus kommt allerdings vor, zum Beispiel in der Leistungsgymnastik, im Bodenturnen und im Eiskunstlauf. Dadurch wird eine musikalische Begleitung bedeutend erleichtert.

3.3.3. Zur kommunikativen Funktion des Bewegungsrhythmus

BÜCHER (1896) und andere Wissenschaftler haben überzeugend dargelegt, dass der rhythmischen Tätigkeit vom Beginn der Menschwerdung an eine *wichtige kommunikative Funktion* zukam (vgl. u. a. TROGSCH, 1964; PÖHLMANN, 1970). Diese Funktion, die sich, ausgehend von der materiellen Produktion, auch auf andere Lebensbereiche, insbesondere auf die Kunst, übertrug, kommt dem Rhythmus in der Sportmotorik noch heute in ausgeprägtem Maße zu.

Bewegungsrhythmen besitzen ebenso wie musikalische Rhythmen eine stark »ansteckende« Wirkung. Das ist eine allgemein bekannte Erscheinung: Man fühlt sich *förmlich »hineingezogen« in den dynamischen Ablauf*, wenn man im Tanz, in der Gymnastik, aber auch bei leichtathletischen Übungen, im Skispringen, im Eiskunstlauf usw. rhythmisch gut ausgeprägte Bewegungen ablaufen sieht. Wenn diese Bewegungsrhythmen zusätzlich hörbar sind oder durch eine gute Musik gleichzeitig zum Ausdruck gebracht werden, dann ist die ansteckende Wirkung in der Regel noch intensiver.

Wie kommt diese **Rhythmusübertragung** auf den Zuschauer zustande?

Man könnte der Meinung sein, dass die optische oder auch akustische Information das rhythmische Mitgehen auslöst. Das trifft zweifellos zu, kennzeichnet aber den Vorgang nicht vollständig. Die rhythmisch verlaufende Signalisation löst unter bestimmten Bedingungen im Zentralnervensystem und auch im effektorischen Bewegungsapparat Vorgänge aus, die den inneren Prozessen bei der Selbstbewegung weitgehend entsprechen. Wir bezeichnen diesen Vorgang als **ideomotorisches Mitvollziehen** der Bewegung.

Diese wichtige Tatsache ist sowohl im praktischen Leben, besonders in der sportlichen Betätigung, als auch in der Wissenschaft seit langem bekannt. Im Sport tritt das Mitvollziehen besonders dann deutlich in Erscheinung, wenn die Zuschauer bei einem Wettkampf, bei einem Kampfspiel mit »Leib und Seele« dabei sind, wenn sie spannende Wettkämpfe mit großer emotionaler Erregung verfolgen. Dabei kann das Mitvollziehen der Bewegungen oft recht groteske Formen annehmen.

Weit sachlicher und ablaufgenauer ist in der Regel das Mitvollziehen des Fachmannes, des Sportlehrers und Trainers. Er verfolgt die Bewegungen seiner Schüler beim Üben mit großer Aufmerksamkeit. Das ist kein distanziertes Beobachten, sondern vielmehr ein *intensives und wirkliches Mitvollziehen der Bewegung in ihrem Verlauf.* Der gute und erfahrene Trainer springt, läuft oder stößt innerlich mit, so wie der gute und erfahrene Lehrer im Unterricht mit-»denkt«, mit-»überlegt«, kurz, die Gedankengänge seiner Schüler mitvollzieht.

Das Mitvollziehen der Bewegung kann *in allen Graden der Deutlichkeit auftreten.*

Mitunter wird die Muskulatur nur unsichtbar mitinnerviert, in anderen Fällen hebt der Sportler oder Trainer beim Hochsprung das Schwungbein an, streckt den Körper beim Stoß, duckt ab beim Boxen usw. Der erfahrene Trainer (oder auch der bewegungserfahrene Sportler) erlebt den gesehenen Bewegungsablauf und insbesondere den rhythmischen Ablauf *zwangsläufig* mit, er nimmt ihn »von innen her« mit Hilfe des kinästhetischen Analysators wahr. So kann dann der Lehrer den Schüler auch auf etwaige Fehler im dynamischen oder auch räumlichen Verlauf der Bewegung aufmerksam machen.

Das Mitvollziehen erweist sich in der praktischen Lehrtätigkeit und im motorischen Lernprozess für Lehrer und Schüler als eine sehr *wichtige Quelle des motorischen Informationsgewinns.* (Vgl. JASSMANN 1999)

Diese hier zunächst als Mitvollziehen bezeichnete Übertragung von Bewegungsrhythmen auf andere Menschen, insbesondere auf solche mit sportlichen Bewegungserfahrungen, hat **eine psychologisch-physiologische Gesetzmäßigkeit zur Grundlage**, die unter der Bezeichnung »*ideomotorische Reaktion*« oder auch »*Carpenter-Effekt*« bekannt ist. Diese Gesetzmäßigkeit wurde bereits mit der Darstellung der ideomotorischen Vorgänge bei der Bewegungsvorstellung beschrieben (vgl. Abschnitt 2.3.3.) und besagt: jede Vorstellung oder Wahrnehmung eines Bewegungsaktes – soweit sie mit genügender Aufmerksamkeit und Anteilnahme erfolgt – führt zu vegetativen und motorischen Reaktionen, die im Prinzip dem realen Bewegungsvollzug entsprechen. Die sich dabei vollziehenden »Mikrokontraktionen« und das ihnen entsprechende neurodynamische Erregungsmuster werden über die subjektive Verarbeitung des Wahrgenommenen oder Vorgestellten so gestaltet, dass man von einer *Rhythmusübernahme* sprechen kann. **Im ideomotorischen Mitvollziehen kommen somit deutlich die sich über die verschiedenen Regulationsebenen erstreckende komplexe Handlungsregulation sowie die Einheit von Bewusstsein und Tätigkeit und von Information und Verhalten zum Ausdruck.**

Am eindrucksvollsten und von besonderer Bedeutung ist die kommunikative Funktion des Bewegungsrhythmus in folgenden Beispielen:
In der Gymnastik und besonders bei den Sportschauübungen, beim Rudern und Paddeln im Mannschaftsboot oder auch beim Marschieren bewegen sich alle Beteiligten im gleichen Rhythmus. Dieser **Rhythmus einer Gruppe** – wir sprechen hier vom **Gruppen- oder Mannschaftsrhythmus** – hat eine große zündende Übertragungskraft. Die Beteiligten werden förmlich in den dynamischen Ablauf »hineingezogen«, und die *Einzelrhythmen ordnen sich dem Gruppenrhythmus unter.* Wo dies vollkommen gelingt – zum Beispiel in einer leistungsstarken Rudermannschaft –, können die einzelnen Sportler gar nicht von diesem Rhythmus los, sie werden einfach mitgerissen, vielfach auch, wenn sie schon ermüdet sind. (Bei besonders starker Erschöpfung zerfällt allerdings der Mannschaftsrhythmus.)

Diese Arbeit im Gruppenrhythmus führt nicht nur zu einer subjektiv empfundenen Erleichterung, sondern zu einer objektiv feststellbaren Leistungssteigerung. Das hat man sich schon von altersher in der körperlichen Schwerarbeit zunutze gemacht. Durch entsprechende Arbeitsgesänge wurde die Wirkung noch verstärkt (vgl. BÜCHER, 1896).

In den Arbeitsprozessen der fortgeschrittenen Industrieländer finden sich heute kaum noch Beispiele, wo dieses Prinzip zur Anwendung kommt, wohl aber in Ländern mit technisch noch weniger entwickelten Arbeitsprozessen.

Auf sportlich-künstlerischem Gebiet treten auch *kompliziertere Gruppenrhythmen* auf, zum Beispiel beim Tanz (Ballett) und bei sportlich-gymnastischen Übungen größerer Gruppen in Form von Sportschauvorführungen.

Gebunden an einen sich häufig wandelnden und zeitweise stärker, zeitweise weniger eindringlich hervortretenden *Grundrhythmus*, der in der Musik zum Ausdruck kommt, treten in den Bewegungen einzelner Gruppen oder einzelner Tänzer und Sportler *Rhythmusvarianten* auf, die sich jedoch harmonisch zu einem Gesamtrhythmus (Gruppenrhythmus) vereinigen. In ähnlicher Weise, wie sich in einer Sinfonie verschiedene, gleichzeitig erklingende Einzelrhythmen zu einem harmonischen Ganzen verbinden, erfolgt hier – neben der Synthese von musikalischem und Bewegungsrhythmus – eine Synthese der unterschiedlichen Bewegungsrhythmen. Sie wird vom Zuschauer in mehr oder weniger bewusstem Mitvollziehen erfahren, und die mitunter gegenläufige rhythmische Bewegtheit steigert das große, mitreißende Erlebnis zu einem nachhaltigen künstlerischen Gesamteindruck.

Motorisches Mitvollziehen und Gruppenrhythmus sind Erscheinungsformen der Kommunikation, die sich auf der Grundlage des Bewegungsrhythmus vollzieht. Im motorischen Lernprozess ergibt sich daher die Möglichkeit, den Rhythmus bewusst als kommunikatives Element zu nutzen. Vor allem führt die weitgehende Transponierbarkeit motorischer Rhythmen zu *erweiterten Möglichkeiten einer bewussten pädagogischen Bewegungsformung.*

3.3.4. Entwicklungsbedingungen und Genese sportlicher Bewegungsrhythmen

Die Rhythmen sportlicher Bewegungsakte sind in ihrer allgemeinen und speziellen Charakteristik durch bestimmte Bedingungen der menschlichen Motorik geprägt, die auch die Grenzen der Variation bestimmen. Dabei handelt es sich um grundlegende biomechanische und biologische Bedingungen, die für die menschliche Motorik und ihre Genese allgemein bedeutsam sind.

Die sportlichen Bewegungsrhythmen werden entscheidend bedingt durch den Bau des menschlichen Bewegungsapparates. Der *Aufbau der kinematischen Ketten* und die dabei gegebenen Bewegungsmöglichkeiten der Gelenke bedingen, dass – bezogen auf die einzelnen Gelenke – **die Hin- und Rückbewegung**, das **Alternieren in der Bewegungsrichtung, der dominierende Grundvorgang** ist. Wohl ist es möglich, mit den Endgliedern der Ketten komplizierte Raumfiguren zu beschreiben, die Bewegungen in den einzelnen Gelenken lassen jedoch jeweils nur ein Alternieren, einen Wechsel von Beugen und Strecken, Drehen und Zurückdrehen zu (vgl. WACHHOLDER, 1928; FETZ, 1980, S. 122 ff.).

Bei dieser zunächst getroffenen Feststellung wird davon ausgegangen, dass *die isolierte Einzelbewegung in reiner Form im Sport überhaupt nicht vorkommt* und in der menschlichen Motorik nur einen Ausnahmefall darstellt. Auch bei Bewegungsakten mit unterdrückter Ausholbewegung – zum Beispiel im Boxen oder Ringen – findet in den Gelenken jeweils eine Hin- und Rückbewegung statt.

Diesen gelenkmechanischen Bewegungsmöglichkeiten entspricht auch *die Anordnung der Muskelzüge und deren Arbeitsweise.* Der fortlaufende Wechsel in der Bewegungsrichtung wird dadurch bewirkt, dass jeweils die Aktivität der Agonisten und der Antagonisten alterniert bzw. die Rückbewegung durch äußere Kräfte verursacht wird, während die Agonisten weitgehend inaktiv sind (vgl. WACHHOLDER, 1928). Dieses durch den Bau des menschlichen Bewegungsapparates und dessen Möglichkeiten bedingte zeitliche Alternieren ist demnach ein *grundlegender Faktor für die sportlichen Bewegungsrhythmen.*

Von dieser mechanischen Bedingung ist die *physiologische Bedingtheit* nicht völlig zu trennen. Die rhythmisch-alternierende Tätigkeit der Skelettmuskulatur wird durch eine entsprechende Arbeitsweise der koordinierenden Nervenzentren gesteuert. Hier besteht offensichtlich **eine Tendenz zu rhythmisch-alternierender Tätigkeit**, die sich im Laufe der Genese des animalischen Bewegungssystems herausgebildet hat. Sie spiegelt sich in der »reziproken Innervation« (JUNG, 1976, S. 16 ff.) wider. Darunter verstehen wir die im Bewegungssystem vorhandene Tendenz zur zeitlich alternierenden Innervation von Agonisten und Antagonisten. Diese Tendenz entspricht auch einer ökonomischen, hohe motorische Leistungen sichernden Arbeitsweise.

In diesem Zusammenhang darf nicht unerwähnt bleiben, dass die alternierende Muskeltätigkeit auch die *günstigsten Bedingungen für Blut- und Lymphkreislauf* schafft, indem in der aktiven Phase durch den Druck auf die Venen der Rückfluss des Blutes zum Herzen beschleunigt wird, während in der inaktiven Phase ein beschleunigter Abfluss aus dem Kapillargebiet in die größeren Venen vonstatten gehen kann (Druck- und Saugwirkung der Muskeltätigkeit). Demgegenüber drosselt länger dauernde ununterbrochene Aktivität eines Muskels seine Durchblutung und führt rasch zu Ermüdungserscheinungen.

Die dargelegten biomechanischen und biologischen Entwicklungsbedingungen für sportliche Bewegungsrhythmen werden für die Ausprägung dieser Rhythmen erst durch die *Auseinandersetzung mit der Umwelt in der Tätigkeit wirksam.* **Im Spiel der jeweiligen inneren und äußeren Kräfte prägen sich die Bewegungsrhythmen aus.** Der Rhythmus der verschiedenen sportlichen Bewegungsakte ist demnach maßgeblich mitbestimmt und mitgeformt durch die jeweilige Größe der Schwerkraft, der Reibungskräfte, des Luft- oder Wasserwiderstandes sowie der reaktiven Kräfte (der fiktiven Trägheitskräfte).

Das wird ganz offensichtlich, wenn Lokomotionsbewegungen auf festem Boden mit Bewegungen auf Schnee und Eis (bedeutet andere Reibungsverhältnisse) und mit Bewegungen im Wasser (bedeutet Wasser- statt Luftwiderstand) verglichen werden. In allen Fällen handelt es sich um Lokomotionen mittels alternierender Tätigkeit des ganzen motorischen Systems. Die unterschiedlichen mechanischen Bedingungen führen jedoch zu charakteristischen Unterschieden in der zeitlich-dynamischen Ordnung, führen zur Ausprägung spezifischer, den Bedingungen angepasster Bewegungsrhythmen.

Die objektiven Grundlagen der sportlichen Bewegungsrhythmen, die dynamischen Bewegungsstrukturen als Objektrhythmen, sind demnach *in erster Linie das Resultat der aktiven Auseinandersetzung des Organismus mit seiner Umwelt.* Ihre Genese im Lernprozess sportlicher Bewegungsformen bleibt jedoch *nicht unabhängig von der subjektiven Widerspiegelung und gestaltenden Verarbeitung des objektiven Prozesses durch den Lernenden und ist somit auch sozial determiniert.* Sie wird wesentlich bestimmt durch die Einheit und Wechselbeziehungen zwischen objektiven und subjektiven sportlichen Bewegungsrhythmen. Die bereits dargestellte Rhythmuskommunikation ermöglicht sowohl die bewusste Mitarbeit an der Gestaltung der eigenen Bewegungsrhythmen als auch die pädagogische Einflussnahme auf die Gestaltung und damit auch auf Tempo und Ergebnis des Lernprozesses.

3.3.5. Zur optimalen Ausprägung sportlicher Bewegungsrhythmen

Jedem sportlichen Bewegungsakt, und sei er noch so unvollkommen, kommt ein Rhythmus, seine ihm eigene zeitliche Ordnung, zu. Je vollkommener das erreichte Bewegungskönnen, je höher die erreichte Leistungsfähigkeit, desto markanter, profilierter und in bestimmtem Maße individueller wird in der Regel der Bewegungsrhythmus sein. Besondere Bedeutung kommt der richtigen Widerspiegelung der »führenden Parameter, Phasen und Elemente« im Bewegungsrhythmus, das heißt der wesentlichsten Strukturelemente für die Koordination der Bewegung, zu (DJAČKOV, 1973, S. 38 ff.).

In Abhängigkeit von der Bewegungsaufgabe, die zu bewältigen ist, bestehen wesentliche **Unterschiede** zwischen den Rhythmen zyklischer und azyklischer Bewegungsakte, zwischen Bewegungen auf festem Boden, auf Schnee, auf Eis oder im Wasser, zwischen Bewegungen ohne Gerät, mit Gerät und an Geräten, zwischen Bewegungsakten, in denen die Kraft oder Schnellkraft, die Ausdauer, die Bewegungstechnik, die Spiel- oder die Kampftaktik und -technik primär leistungsbestimmend sind. Die *Art der erstrebten motorischen Leistung* ist *wesentlich mitbestimmend* für *das Optimum in der Ausprägung* des Bewegungsrhythmus.

Die Spezifik der jeweiligen Bewegungsrhythmen und die Kriterien ihrer optimalen Ausprägung zu untersuchen, muss der Trainings- und Bewegungslehre der einzelnen Sportarten und Sportartengruppen überlassen bleiben. Im Rahmen der allgemeinen Bewegungslehre können jedoch Tendenzen für die Optimierung der rhythmischen Struktur angegeben werden, die für die sportliche Grundausbildung in allen Bereichen bedeutsam sind und die auch für das Techniktraining im Leistungssport zutreffen.

Bei **Dauerleistungen** ist das *zeitliche Verhältnis von Spannung und Entspannung*, von Arbeit und Erholung von großer Bedeutung. Es beträgt zum Beispiel bei einem hochqualifizierten Skuller etwa 1:1,5 (vgl. HERBERGER u. a., 1977, S. 38 f.). Das individuelle Optimum wird dabei jeweils durch verschiedene Faktoren mitbestimmt, und der Entwicklungsstand der Kraftausdauer kann unter Umständen Abweichungen vom allgemeinen Optimum nach beiden Seiten bedingen.

Wesentlich ist folgende Tatsache, die sich zum Beispiel im Rudern leicht nachprüfen lässt: Verschiebt sich das zeitliche Verhältnis stärker zuungunsten der Entspannungsphase, dann nimmt die Effektivität der Antriebsbewegungen sehr rasch ab, und die unvollkommene Erholung bewirkt meist auch eine vorzeitige völlige Ermüdung. Diese Gefahr besteht auch dann, wenn bei Bewegungen mit hoher Frequenz eine unvollständige Entspannung derjenigen Muskelgruppen eintritt, deren Aktivität im jeweiligen Stadium nicht erforderlich ist, obgleich das zeitliche Verhältnis der Phasen dem Optimum im wesentlichen entspricht. Diese vor allem bei **Schnelligkeitsleistungen**, zum Beispiel im leichtathletischen Sprint, sehr wichtige Entspannung ist nicht allein ein physiologischer Vorgang, sondern kann psychisch über die bewusste Rhythmusaneignung und -verarbeitung beeinflusst werden (vgl. u. a. FEDOROV/FORMANOV, 1971; MICHAJLOV/POPOV, 1973).

Bei **Kraft- und Schnellkraftleistungen** (z. B. Sprüngen und Würfen) sowie bei besonderen **Anforderungen an hohe technische Perfektion** in kürzeren oder längeren Bewegungsfolgen *(Wasserspringen, Geräteturnen, Eiskunstlauf)* ist diese Optimierungstendenz ebenfalls bedeutsam.

Die Dauer einer Gerät- oder Bodenübung sowie einer Kür im Eiskunstlauf ist bereits so lang, dass ein ausgewogener rhythmischer Spannungswechsel erforderlich ist, um die hohen Schwierigkeiten bis zum Schluss konditionell durchstehen zu können. Entscheidend ist jedoch die Vorbereitung und Konzentration auf den leistungsentscheidenden Hauptimpuls oder die Hauptimpulse der besonderen Schwierigkeiten. Sind Spannung und Entspannung nicht richtig verteilt, dominiert die Anspannung zum falschen

Zeitpunkt, so ist das ein Kennzeichen eines noch fehlerhaften Bewegungsrhythmus.[15] Das wird vom Sportler selbst häufig empfunden und erscheint im äußeren Erscheinungsbild der Bewegung als »Unstimmigkeit«, während der ausgewogene Bewegungsrhythmus des Spitzenathleten zumeist den Eindruck erweckt, als sei seine sportliche Leistung trotz des größeren Kraftstoßes in der entscheidenden Phase ganz leicht und mühelos erreicht worden.

Einen anderen Ausgangspunkt für die Bestimmung optimaler Rhythmusformen stellt eine hauptsächlich psychisch erfassbare Tendenz dar: Gemeint ist das **Bestreben** des motorisch tätigen Menschen, bei der Arbeit und beim Sport möglichst **gleichmäßige, nicht ständig variierende Rhythmen beizubehalten**.

Diese Tendenz, die unter anderem bereits auch aus den Untersuchungen von FEIGE (vgl. 1934) ersichtlich wird, kann jeder an sich selbst bei einem Crosslauf überprüfen. Jede Bodenunebenheit, jeder Stein, Graben, jede Stufe usw., die zu einer zeitweiligen Änderung des Laufrhythmus zwingen, werden als störend empfunden. Die dabei erforderliche höhere Konzentration und Aufmerksamkeit erhöht den Anstrengungsgrad und führt zu rascherer Ermüdung, vor allem, wenn der Sportler selten Crossläufe bestreitet.

Ohne die erforderliche Einschränkung zu übersehen, die sich von Fall zu Fall aus der Wettkampftaktik ergibt, kann somit die Gleichmäßigkeit eines Bewegungsrhythmus bei zyklischen Bewegungen als *ein Kriterium für seine optimale Ausprägung* gelten (vgl. auch Abschnitt 3.7.). Dabei muss das Stadium des Lern- und Trainingsprozesses berücksichtigt werden.

Zunächst wird ausgeprägte Gleichmäßigkeit das Ziel sein, während den hochtrainierten Sportler auch die Fähigkeit auszeichnen muss, den Bewegungsrhythmus nach taktischen Gesichtspunkten zu variieren und dabei jederzeit bewusst zu gestalten. Hier handelt es sich nicht einfach um Tempo- oder Frequenzänderungen, sondern es verschieben sich zugleich die zeitlichen Relationen und damit meist auch die Größe der zu entwickelnden Muskelkraft. Diese Struktur- und Rhythmusvariation ist unter dem Gesichtspunkt der Ökonomie nur in bestimmten Grenzen zweckmäßig und vertretbar.

Optimale Ausprägung von Bewegungsrhythmen spielt auch für die **Übungskomposition**, das heißt für die *Gestaltung einer Kombinationsfolge im Gerätturnen, Eiskunstlauf* oder *in der Rhythmischen Sportgymnastik*, eine

Rolle. Werden in gleichmäßiger Folge weitgehend ähnliche rhythmische Grundstrukturen aneinandergereiht, so stellt das zwar eine geringere psychische und physische Belastung dar, entspricht jedoch nicht hinreichend dem Anliegen dieser Sportarten. Die zu demonstrierenden hohen und höchsten Schwierigkeiten werden unter anderem gerade dadurch erreicht, dass durch *Ballung von Spannungsphasen*, durch *synkopische Akzentuierung* und *häufige Variation* der Rhythmus keine ohne weiteres überschaubare periodische Gleichmäßigkeit zeigt. Dadurch wird nicht zuletzt auch der ästhetische Eindruck hoher Meisterschaft erreicht. Dem Zuschauer geht zwar niemals das Gefühl der rhythmischen Gebundenheit, der größeren rhythmischen Einheit der Gesamtkomposition verloren, er kann sie aber dabei oft nicht voll erfassen und überblicken.

Je nach dem sportlichen Leistungsstand und der damit verbundenen rhythmischen Gestaltungsfähigkeit werden die Übungskompositionen im Freizeit- und Erholungssport, bei Sportschauübungen und im Schulsport größere Einfachheit und Gleichmäßigkeit der rhythmischen Struktur besitzen müssen (vgl. hierzu auch TEICHERT, 1964). Das Optimum ergibt sich jeweils aus der Fähigkeit der Sportler, einen geschlossenen rhythmischen Gesamteindruck und damit eine positive Rhythmuskommunikation beim Zuschauer zu erzeugen.

3.3.6. Zusammenfassung

• Der Bewegungsrhythmus ist die **charakteristische zeitliche Ordnung eines Bewegungsaktes**, die sich in der Dynamik des Kraftverlaufes und darüber hinaus auch im räumlich-zeitlichen Verlauf der Bewegung widerspiegelt. Er ist ein Strukturmerkmal und zugleich ein charakteristischer Ausdruck der Bewegungskoordination.

• Als **Objektrhythmus** kann er durch verschiedene Parameter und deren Kennlinien objektiviert werden, als **Subjektrhythmus** stellt er die Verarbeitung und zum Teil bewusst er-

---

15 Vgl. hierzu die Theorie BERNSTEINS zur Ausschaltung und Überwindung überflüssiger Freiheitsgrade durch ihre Freisetzung und den Einbezug der reaktiven Kräfte in die Bewegungskoordination (1988, S. 61/62).

fasste und gestaltete Widerspiegelung des Objektrhythmus durch den Sportler dar.

• Die Einheit von Objekt- und Subjektrhythmus bildet die Grundlage für die **Kommunikationsfunktion des Bewegungsrhythmus** und seine Transponierbarkeit.

• Die Bildung rhythmischer Perioden bei zyklischen und azyklischen Bewegungsakten beruht auf der **Wiederholung gleichartiger Grundelemente**, wobei die unterschiedliche motorische Aufgabenstellung zur unterschiedlichen Rhythmus-Charakteristik der sportlichen Bewegungsvollzüge führt.

• Die kommunikative Funktion des Bewegungsrhythmus äußert sich in der Rhythmusübertragung beim **ideomotorischen Mitvollziehen** und beim **Gruppenrhythmus**. Daraus ergibt sich die Möglichkeit, den Rhythmus im motorischen Lernprozess bewusst als kommunikatives Element zu nutzen.

• Die **Entwicklung sportlicher Bewegungsrhythmen** erfolgt auf der Grundlage der biomechanischen und biologischen Bedingungen der menschlichen **Bewegungstätigkeit in der aktiven motorischen Auseinandersetzung mit der Umwelt**. Die Einheit von Objektrhythmus und Subjektrhythmus bildet die Voraussetzung für die mehr oder weniger bewusste Gestaltung und Formung der Bewegungsrhythmen.

• Die **optimale Ausprägung** sportlicher Bewegungsrhythmen hängt weitgehend von der Spezifik der jeweiligen Sportartengruppe, Sportart beziehungsweise Disziplin ab. Als *wichtigste allgemeine Tendenz* zeichnet sich ein **Verhältnis von Muskelanspannung und -entspannung** ab, **das eine ausreichende Entspannung der tätigen Muskelgruppen** sichert. Eine andere Optimierungstendenz liegt in der *Gleichmäßigkeit, wobei jedoch die sich aus der Wettkampftaktik ergebende Variation berücksichtigt werden muss.*

3.3.7. Zur Arbeit mit dem Merkmal Bewegungsrhythmus in der Lehr- und Übungspraxis

Die vorangegangenen Darlegungen haben gezeigt, dass der Bewegungsrhythmus ein Ausdruck der »äußeren« und besonders der »inneren« Prozesse der Bewegungskoordination ist und Bewegungsform und -leistung wesentlich mitbestimmt. Davon leitet sich auch die hervorragende Rolle dieses Merkmals im Lern- und Übungsprozess ab, wobei die breit gefächerte Spezifik der sportlichen Bewegungsaufgaben zu beachten ist. (Vgl. u. a. RIEDER/BALSCHBACH/PAYER, 1991; HAMSEN, 1992) An Orientierungen dazu soll hervorgehoben werden:

• Der Lehrende sollte vor jeder Bewegungs- bzw. Technikschulung das anzustrebende **Rhythmusmuster bestimmen**, bezogen auf die bewegungs- bzw. technikspezifischen Anforderungen. Anhaltspunkte sind u. a.: Höhepunkte im Krafteinsatz; Entspannungsphasen; Wechsel der Bewegungsrichtung; Schrittgestaltung; Arm-Bein-Koordination; Zeittakt von Zyklenwiderholungen.

• Beim Erlernen einer neuen Bewegung ist das **Aufnehmen, das Erfassen des Bewegungsrhythmus durch den Lernenden** meist **der entscheidende Schritt**, insbesondere, wenn die motorische Aufgabe komplizierter und mehrgliedrig ist. (Vgl. dazu MATWEJEW, 1981, S. 115) Der richtige Grundrhythmus ist zu vermitteln, ehe auf die differenzierten Bewegungen der einzelnen Gliedmaßen oder auf Feinheiten der Körperhaltung in bestimmten Stadien größerer Wert gelegt wird.

• Möglichkeiten der Vermittlung bestehen über den optischen, den akustischen und den taktil-kinästhetischen Zugang.

(1) **Optischer Zugang:** *Hervorhebung der Rhythmusstruktur bei Demonstrationen* »live« oder am Videobild. Sprachliche und/ oder rhythmisch-akustische Unterstützung – d. h. zusätzlich akustischer Zugang – ist hierzu meist unumgänglich, ebenso gezielte Beobachtungsaufgaben und die Orientierung auf Versuche, die Bewegungsdynamik ideomotorisch mitzuvollziehen.

(2) **Akustischer Zugang:** *Rhythmische Sprechweise und Rhythmusinstrumentierung* sind wirksamer als der optische Zugang ohne akustische Unterstützung. Vor allem die Akzentuierung kommt dabei besser zum Ausdruck. Neben der betont rhythmischen Sprechweise (u. a. Impulsgebung, Dehnung, Verkürzung) eignen sich akusti-

sche Hilfsmittel (Tamburin, Handklatsch, Stampfen, Pfiffe, Klanghölzer, Musik – vgl. PÖHLMANN/KIRCHNER 1981, S. 159). Durch die Auswahl dynamischer Verben wie »reißen«, »prallen«, »federn« kann die Betonung von Krafteinsätzen besser verbal-logisch verankert und gespeichert werden. Die akustischen Verfahren werden auch »*rhythmische*« oder besser »*rhythmisierende Lehrweise*« genannt.

(3) **Taktil-kinästhetischer Zugang:** Er führt nur über das *Erleben*, »*Erfühlen*« *der eigenen Bewegung*, erfordert den unmittelbaren Bewegungsvollzug. Der Lehrende sollte dabei den Bewegungsrhythmus besonders auch in emotional-motivationaler Hinsicht nutzen, indem er den Lernenden alsbald zum *Erleben der rhythmischen Struktur, des Wechsels von Spannung und Entspannung* der Muskulatur und zur zunehmenden »Beherrscherfreude« führt. Der Lernende ist, entsprechend dem Lernstand, auf rhythmusrelevante kinästhetische Empfindungen aufmerksam zu machen, um sie bewusst zu erfahren und nach dem Bewegungsvollzug verbal-akustisch wiederzugeben.

• **Im gesamten** weiteren **Lern- und Trainingsprozess** sollte **an der Ausprägung und Vervollkommnung der Bewegungsrhythmen gearbeitet** werden, wobei der Akzent in Abhängigkeit von der Aufgabenstruktur unterschiedlich sein kann: So kann z. B. die Vorbereitung und optimale Realisierung des dynamischen Höhepunktes – bei Sprüngen u. a. – oder in anderen Fällen die Sicherung größtmöglicher Ökonomie im Energieeinsatz im Mittelpunkt stehen.

Dabei kommt es darauf an, **Fehler** schnell zu **erfassen**. Das erfolgt zunächst, *indem der Lernende den Bewegungsablauf ideomotorisch mitvollzieht* und mit dem verinnerlichten Leitbild eines optimalen Bewegungsrhythmus vergleicht.

Einzelheiten, die im Mitvollziehen und Beobachten erfassbar sind – wie zum Beispiel eine ungenügende Entspannung in Zwischenphasen –, bilden den Ansatzpunkt differenzierter Korrekturen. Im Großen und Ganzen ist *dieses Verfahren* jedoch *ganzheitlich*: Alle Elemente und Relationen werden als Einheit erfasst und differenzierte Fehleranalysen bedürfen zumindest der Einbeziehung weiterer Merkmale wie Bewegungsfluss oder Bewegungskopplung.

In der Bewegungsschulung und Technikausbildung **im Leistungssport** ist dazu auch **der Einsatz von Registrier- und Messmethoden** erforderlich. Um zum Beispiel eine genauere Analyse der zeitlichen Relationen beim Rudern – Durchzug und Freilauf – oder der Stärke, Dauer und Änderungsgeschwindigkeit der Kraftimpulse im Gerätturnen vornehmen zu können, werden kinematographische, dynamographische, goniographische oder speedographische Verfahren benötigt, im wettkampfnahen Training u. U. dazu noch die telemetrische Datenübertragung. Der apparative Aufwand bei den genannten Verfahren schränkt ihre Anwendungshäufigkeit ein, sodass *auch der Trainer weitgehend auf seine Diagnosefähigkeit mit Hilfe des ideomotorischen Mitvollziehens angewiesen* ist.

• Als **Führungsmittel** in der Rhythmusschulung kommt, wie bereits erwähnt, die Sprache des Lehrenden in Frage, eine *rhythmische Sprechweise*, die den Bewegungsrhythmus zeitlich und in den wesentlich dynamischen Akzenten modelliert. Im gleichen Sinne wirken die genannten *akustischen Hilfsmittel*. Diese Möglichkeiten können *durch objektivere Verfahren* und *Gerätetechnik ergänzt* werden. Dazu gehören

– Schlagzahlmetronom im Rudern;
– Sprechfunkgeräte im Schwimmen u. a.;
– »Rhythmusleader«, d. h. Informationsmittel mit einem standardisierten, in seiner Signalgebung modifizierbaren Geber;
– Rhythmusgeber, die in Verbindung mit einem Biofeedbackgerät (auf EMG-Basis) arbeiten und dadurch den ständigen Soll-Ist-Vergleich ermöglichen;
– Musikunterstützung der Bewegungsrhythmik.

Die **Musikbegleitung** in der gymnastischen Bewegungsschulung wirkt demnach wie die anderen Verfahren als Führungsmittel durch simultane »zusätzliche Information« (FARFEL, 1983; THORHAUER, 1970 a, b; 1971), während sie bei einer künstlerisch gestalteten Übung in ständiger Wechselbeziehung zum Bewegungsakt steht und sich Bewegung und Musik wechselseitig ergänzen und beeinflussen.

Als weiteres Führungsmittel ist noch die *Anwendung des so genannten »methodischen Zwangs«* zu nennen: Durch die äußeren Übungsbedingungen – zum Beispiel die beim Üben gewählten Hürdenabstände – wird der angezielte Rhythmus in seiner Grobstruktur »erzwungen«. (Vgl. auch HOLTZ, 1980)

• Gruppenrhythmus ist in der sportlichen Praxis sowohl **als Ziel** als **auch als Methode** von Bedeutung.

Besteht das **Ziel** darin, einen Mannschaftsrhythmus herauszubilden, der die Einzelrhythmen gut koordiniert, so sollten die Sportler in erster Linie veranlasst werden, sich in den Gruppenrhythmus einzufühlen, sich variabel anzupassen und *den Mannschaftsrhythmus bewusst mitzugestalten.*

Als **Methode** hat der Gruppenrhythmus insbesondere dadurch großen Wert, dass auf der Grundlage seiner kommunikativen Funktion die *freudvolle körperliche Betätigung* größerer Menschengruppen *unterstützt* wird, wobei die mitreißende Wirkung einfacher sportlicher Rhythmen voll zur Geltung kommt. In den verschiedenen Formen der Gymnastik und des Tanzes wird diese Wirkung des Gruppenrhythmus mehr oder weniger bewusst genutzt. Aber auch andere Anwendungsfelder sind bedeutsam: Die Aufgabe, den *eigenen Bewegungsrhythmus mit einem fremden zu synchronisieren,* sensibilisiert das rhythmische Empfinden und ist zugleich emotional wirksam. Dabei ist die bereits perfekte Aneignung der betreffenden Techniken nicht unbedingt Voraussetzung.

So hat sich im alpinen Skilauf das Synchron- und Formationsfahren auch mit Anfängern bewährt. Es kann bereits mit einfachen Techniken (Pflug, Grundschwingen) wirkungsvoll eingesetzt werden.

Hervorzuheben ist schließlich, dass Leistungen im Mannschafts- bzw. allgemeinen Gruppenrhythmus – sportliche Höchstleistungen oder auch Leistungen größerer Gruppen bei Sportschauübungen – eine *positive soziale Bindung der Ausführenden fördern und häufig in bestimmtem Maße voraussetzen.*

Ein Gruppenrhythmus, der von jedem Mitwirkenden bewusst mitgestaltet wird, so wie das in hoher Vollendung bei Sportschauübungen der Fall ist, kann nur durch die Leistung eines Kollektivs erreicht werden. Hierin besteht auch der entscheidende Unterschied zur Manipulierung des Menschen in der Rhythmusekstase, wie sie in heutigen pop-musikalischen Massenveranstaltungen häufig auftritt, oder deren sich die Herrschenden bereits »in kultischen Tänzen früher Kulturen bedienten« (PÖHLMANN, 1970, S. 20 ff.).

3.4. Bewegungskopplung (Merkmal des Zusammenhangs der Teilbewegungen und der Bewegungsübertragung)[16]

3.4.1. Zu den Grundlagen der Bewegungskopplung im menschlichen Bewegungssystem

Sportliche Bewegungsakte erfassen im allgemeinen den gesamten Bewegungsapparat, das gesamte motorische System des Sportlers. Für die Erfüllung der jeweiligen Bewegungsaufgaben sind Impulsgrößen erforderlich, die nur durch *dynamische Arbeit großer Muskelketten* (Muskelschlingen) *unter Beteiligung aller Gelenke* erreicht werden können. Wenn bei bestimmten Bewegungsvollzügen nicht in allen Gelenken eine sichtbare Bewegung auftritt, so ist doch Muskelarbeit zur Fixierung dieser Gelenke erforderlich. Die Beschaffenheit und die biomechanischen Arbeitsbedin-

---

16 Wenn in der Darstellung dieses Merkmals von Teilbewegungen gesprochen wird, so geschieht das, um das Bewegungsverhalten des Rumpfes, der Beine, der Arme und des Kopfes voneinander abheben und genauer zueinander in Beziehung setzen zu können. Streng genommen ist jede derartige »Teilbewegung« Strukturglied des Bewegungsaktes, der ein einheitliches Ganzes darstellt und nicht etwa im Sinne einer Summierung aus Teilbewegungen zusammengesetzt ist.

Abb. 3.4.-1 Hochsprung. Vorwärts – aufwärts – Schwingen der Arme und des Schwungbeines zur Unterstützung der Absprungbewegung (Schwungübertragung)

gungen des Bewegungsapparates machen eine *isolierte Gliederbewegung* bei sportlichen Handlungen *unzweckmäßig* und *in den meisten Fällen unmöglich.*

In der Praxis der technischen Ausbildung des Sportlers, in der Bewegungsschulung von der Grundausbildung angefangen bis zum Hochleistungstraining, spielt die Herausbildung der optimalen Kopplung der Teilbewegungen hinsichtlich Zeit, Umfang und Kraftaufwand eine wesentliche Rolle.

So ist beispielsweise die Schwungbewegung der Arme mit der Absprungstreckung des Sprungbeines oder die Rumpfbewegung mit der Bewegung des Wurfarmes gekoppelt, also in ganz bestimmter Weise verknüpft.

Dieser Erscheinung liegt Folgendes zu Grunde: **Jede Bewegung eines Gliedes des menschlichen Gelenksystems wirkt sich zunächst auch auf die benachbarten Glieder und in weiterer Übertragung auf die anderen Glieder der Kette aus.** Die durch die Muskeltätigkeit bedingten inneren Kraftwirkungen werden also über die verschiedenen Gelenke auf das ganze Gliedersystem und von da aus weiter auf Boden, Gerät, Wasser, Schnee usw. übertragen. Dadurch rufen sie äußere Kräfte hervor, die im Zusammenwirken mit den inneren (Muskel-)Kräften erst die Selbstbewegung des menschlichen Körpers oder die Beschleunigung eines Gerätes ermöglichen (vgl. HOCHMUTH, 1982, S. 96 ff.).

Die *Kopplung* aller Teilbewegungen des motorischen Systems im sportlichen Bewegungsakt *ist durch die mechanischen Gegebenheiten* des Bewegungsapparates *bedingt*. Ihre optimale Ausnutzung für die sportliche Leistung unterliegt (bio-)mechanischen Gesetzen sowie darüber hinaus physiologischen Bedingungen und funktionellen Mechanismen der motorischen Koordination.

Von seiten der Biomechanik wurde dazu bisher durch HOCHMUTH (1982, S. 172 ff.) für einen Teilbereich das *»Prinzip der zeitlichen Koordination von Einzelimpulsen«* formuliert. Weiterhin wird die Kopplung der Teilbewegungen auch durch das biomechanische *»Prinzip der Anfangskraft«* und das – im strengen Sinne mechanische – *»Prinzip der Impulserhaltung«* sowie durch die beiden weiteren bisher formulierten biomechanischen Prinzipien – *»Prinzip des optimalen Beschleunigungsweges«* und *»Prinzip der Gegenwirkung«* – unter bestimmten Aspekten beschrieben und zum Teil bestimmt. Die von HOCHMUTH formulierten Prinzipien beruhen auf einer Ableitung von den zugrundeliegenden mechanischen Gesetzmäßigkeiten, gestatten jedoch nicht, alle Kopplungsformen und -beziehungen der Teilbewegungen im motorischen Akt vom wissenschaftlichen Prinzip her zu deduzieren und zu begründen. Darum müssen die biologischen Prinzipien der motorischen Koordination mit den biomechanischen

Prinzipien in Verbindung gebracht werden, um diese Problematik der sportlichen Bewegungen besser zu beherrschen (vgl. hierzu GUTEWORT, 1967).

Im Folgenden unternehmen wir den Versuch, bestimmte Charakteristika der Kopplung der Teilbewegungen im sportlichen Bewegungsakt herauszuarbeiten, die für die Bewegungs- und Technikschulung im Sport allgemein von Bedeutung sind. Damit erhalten wir zugleich einen differenzierteren Einblick in die Struktur der sportlichen Bewegungsvollzüge und in die Ausprägung der Bewegungskoordination in der Bewegungsstruktur.

3.4.2. Schwungübertragung

Nahezu alle sportlichen *Sprünge* werden *durch eine Schwungbewegung der Arme* und, soweit der Absprung nur mit einem Bein erfolgt, *zusätzlich durch eine Schwungbewegung des freien Beines – des Schwungbeines – unterstützt*. Schwungbewegung bedeutet, dass die betreffenden Gliedmaßen zu Beginn der Absprungbewegung eine schwunghafte Beschleunigung in Absprungrichtung erfahren und die Teilkörperschwerpunkte bereits eine hohen Anfangsgeschwindigkeit erreichen, während die Geschwindigkeit des Rumpfes demgegenüber zunächst zurückbleibt. Diese Schwungbewegung wird, kurz bevor sich das Sprungbein vom Boden löst, abgebremst, das heißt, durch Kontraktion der Schulter- beziehungsweise der Beckenmuskulatur wird die weitere Bewegung der Gliedmaßen gegenüber dem Rumpf blockiert. Dabei wird der gewonnene »Schwung« teilweise auf den Rumpf übertragen – wie es in der anschaulich-empirischen Sprache der Sportpraxis bezeichnet wird. So heißt es auch bei DONSKOI (1961, S. 241): »Die Bewegung der schwingenden Extremitäten wird über die Muskeln, die diese Bewegung bremsen, auf die übrigen Körperteile übertragen.«

Wir bezeichnen diesen Vorgang als **Schwungübertragung**.

Er ist besonders eindrucksvoll beim Hochsprung zu beobachten (Abb. 3.4.-1), er findet sich jedoch auch in der Schwungbewegung der Arme und Beine beim Lauf.

In ähnlicher Weise liegt eine Schwungübertragung bei

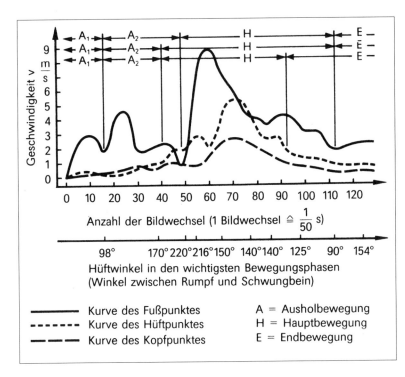

Abb. 3.4.-2
Knie-Umschwung rückwärts (Geschwindigkeits-Zeit-Diagramm). Der Vergleich der Fußpunktkurve mit der Hüftpunktkurve ergibt, dass der Fußpunkt seine größte Geschwindigkeit im ersten Drittel, der Hüftpunkt dagegen erst im zweiten Drittel der Hauptphase erreicht. Parallel mit dem Geschwindigkeitsabfall des Fußpunktes zwischen den Bildern 60 und 70 geht eine Geschwindigkeitszunahme des Kopf- und Hüftpunktes einher (entnommen: BORRMANN, 1956)

110   Allgemeine Bewegungsmerkmale als Ausdruck der Bewegungskoordination

einer Reihe von Übungen, die im Gerätturnen ausgeführt werden, vor. Zum Beispiel beim Knie-Umschwung. Auch hier wird nach einer hohen Anfangsbeschleunigung des Schwungbeines bei nur geringer Geschwindigkeit des Rumpfes die Schwungbewegung im Hüftgelenk abgebremst. Das hat eine »Neuverteilung der Geschwindigkeit« (DONSKOI, 1975, S. 244) zur Folge: *Zu Lasten der Geschwindigkeit des Schwungbeines wächst die Geschwindigkeit der Bewegung der anderen Körperteile* (Abb. 3.4.–2). Neben der voraneilenden schwunghaften Beschleunigung der Beine oder Arme tritt im Gerätturnen auch eine verstärkte Initialbeschleunigung des Rumpfes gegenüber den Beinen auf, sodass es zu einer Schwungübertragung vom Rumpf auf die Beine kommt (vgl. hierzu zum Beispiel den Hüft-Umschwung vorwärts am Reck).

Beim Vergleich von Bewegungsabläufen von Sportlern unterschiedlicher Qualifikation lässt sich deutlich zeigen, dass die akzentuierte, schnellkräftige *Schwungbewegung beim Anfänger noch weniger ausgeprägt* ist und erst beim Könner ein bestimmtes Optimum erreicht (vgl. WERCHOSCHANSKIJ, 1963, S. 7; HESS, 1967, S. 97).

In der motorischen Genese im Vorschulalter ist die allmähliche Herausbildung der Schwungübertragung gut zu verfolgen.

Bei der Erklärung der Schwungübertragung ist der *Schwungbremsung* bisher meist die entscheidende Bedeutung zugeschrieben worden. SCHMITH (1932, 1933a, 1956) und SCHMITH/HOKE (1941) befassten sich eingehend mit der Schwungbeinarbeit bei leichtathletischen Disziplinen und kamen dabei zu der Auffassung, dass die »*Schwungkraft*« neben der »*Streckkraft*« eine wesentliche aktive Kraft bei den leichtathletischen Bewegungsakten sei. Tatsächlich ist es möglich, dem Körper allein durch Schwungbewegungen ohne Absprungstreckung einen Impuls zu erteilen, der zu einer kurzen Flugphase führt. Bei der Schwungbremsung kommt es nach dem Impulserhaltungssatz zu einer Impulsübertragung innerhalb der Gliederkette.

Dabei darf nun allerdings nicht übersehen werden, dass die Schwungbremsung und damit die Impulsübertragung beim Absprung oder bei den übrigen Erscheinungsformen der Schwungübertragung die **Schwungbeschleunigung** voraussetzt. Um aber den Armen oder dem Schwungbein eine Beschleunigung zu erteilen, ist nach dem Prinzip »actio et reactio« eine reaktive Kraft erforderlich, die hier in der Bodenkraft besteht. Deshalb muss sich die Kraftwirkung über das Sprungbein auf den Stütz gebenden Boden oder das Sprungbrett übertragen, um die Bodenkraft zur Wirkung zu bringen.

Schwungübertragung bedeutet demnach nicht **allein Impulsübertragung im Zusammenhang mit der Schwungbremsung,** sondern ebenso **Übertragung der Kraftwirkung über das Sprungbein oder beide Beine zum Stütz** (Unterstützungspunkt bzw. -fläche). Das führt in der Streckmuskulatur des Sprungbeines zu einer verstärkten Spannung oder Dehnung und durch die damit **erhöhte Anfangskraft** zu einem größeren Kraftstoß (vgl. DONSKOI, 1975, S. 244 f.).

Durch eine experimentelle Überprüfung der auftretenden Weg-Zeit- beziehungsweise Geschwindigkeit-Zeit-Verläufe hat HESS (1967) diese Auffassung bestätigt.

Das aber bedeutet, dass eine *wesentliche Begründung der Schwungübertragung im biomechanischen Prinzip der Anfangskraft* zu suchen ist (HOCHMUTH, 1982, S. 168 ff.). Durch die Reaktionswirkung der Schwungbeschleunigung wird der Bremsstoß verstärkt und die Anfangskraft für die nur sehr kurzzeitige Sprungbeinstreckung erhöht. Die Schwungübertragung erfüllt demnach eine **Vorbereitungsfunktion** *für die stützenden Gliedmaßen.*

HESS stellte fest, dass die maximale vertikale Schwungbeschleunigung und die Maximalgeschwindigkeit der Schwungbewegungen zeitlich mit dem Übergang von der Amortisationsphase zur aktiven Absprungstreckung zusammenfallen. Dabei konnte er auch ein deutliches Zusammenfallen der Geschwindigkeitsmaxima aller Schwungbewegungen feststellen (vgl. hierzu auch WERCHOSCHANSKIJ, 1963).

HOCHMUTH kommt bei der Darstellung des biomechanischen *Prinzips der zeitlichen Koordination von Einzelimpulsen* zu dem Ergebnis, dass auch unter alleiniger Beachtung mechanischer Gesetzmäßigkeiten die Schwungbewegung die kinetische Energie der Gesamtbewegung vergrößert (1982, S. 183). Auf Grund von Untersuchungen an sportlichen Sprüngen arbeitet er heraus, dass die Schwungbewegungen den Absprungkraftstoß vergrößern, indem durch ihre reaktive Wirkung die Zeitdauer des Kraftstoßes der Beinstreckung verlängert wird (1982, S. 205).

Für alle Sprünge ist mit der Schwungübertragung, durch Armschwung oder Schwungbeineinsatz, zugleich noch eine **Verlängerung des Beschleunigungsweges** verbunden. Wird der Weg betrachtet, den der Körperschwerpunkt vom Beginn der Hauptphase – das heißt vom Beginn des Aufwärtsschwunges der Arme oder des Schwungbeines – bis zum Beginn der Flugphase zurücklegt, so ist er bedeutend größer als ohne Schwungbewegungen (vgl. auch HOCHMUTH, 1982, S. 183 f.). Darüber hinaus liegt der *Körperschwerpunkt bei Beginn der Flugphase* höher, was ebenfalls positiven Einfluss auf die Flugbahn hat.

Unerwähnt geblieben ist bisher die *Vorbereitung der Schwungbewegung.* Sie ist mehr oder weniger deutlich als Ausholbewegung zu erkennen, zum Beispiel im Rückstellen oder Rückschwingen des Schwungbeines beim Felgaufschwung oder beim Knie-Umschwung und im Rückschwingen der Arme vor dem Doppelarmschwung im Hochsprung.

3.4.3. Zeitliche Verschiebung von Teilbewegungen

Bei der Betrachtung eines Speerwurfes im Zeitlupenfilm und beim Versuch, den Zeitpunkt des Beginns der Hauptphase exakt zu bestimmen, ergeben sich Schwierigkeiten; wird dabei von der Bewegung des Rumpfes ausgegangen, so liegt der Zeitpunkt des Beginns der Hauptphase deutlich früher, als wenn die Bewegung des Armes als Ausgangskriterium dient. Ähnliches lässt sich auch bei anderen Würfen und beim Kugelstoß beobachten (vgl. u. a. SCHMOLINSKY u. a., 1980, S. 357).
Dem geübten Auge entgeht diese Erscheinung auch in natura nicht, völlig deutlich wird sie jedoch erst im Zeitlupenfilm (Abb. 3.4.–3) und im Winkel-Zeit-Diagramm.
Die genauere Analyse der genannten Beispiele zeigt, dass der **Phasenbeginn zuerst im Rumpf**, *danach in weiterer distaler Verschiebung* im Schultergelenk, Ellenbogengelenk und Handgelenk feststellbar ist. Während beim Speerwurf die Hauptphase im Rumpf bereits einsetzt, befindet sich der Arm noch in der Vorbereitungsphase; während im Schultergelenk die Hauptbewegung des Oberarmes beginnt, erfolgt im Ellenbogengelenk noch ein Beugen, eine Ausholbewegung für den nachfolgenden Unterarm»schlag«.
Nicht bei allen Erscheinungsformen ist diese Asynchronie, diese nach außen verlaufende Verschiebung des (Haupt)-Phasenbeginns so

ausgeprägt wie beim Speerwurf, sie ist jedoch so weit verbreitet, dass wir ihr als einem speziellen Merkmal der zeitlichen Kopplung Beachtung schenken müssen. Wir unterscheiden:
• Die zeitliche Verschiebung betrifft den *Teil der kinematischen Kette*, der sich, vom Rumpf aus gesehen, auf *der offenen Seite* befindet. Das Endglied der Kette greift zumeist an einem Gegenstand, zum Beispiel an einem Ball, an einer Kugel, an einem Speer, an einem Paddel oder an einem Gegner, an, um diesem einen Bewegungsimpuls zu vermitteln.

Das ist der Fall bei allen Stoß-, Schub-, Zug-, Schlag- und Schleuderbewegungen, bei allen Würfen und ebenso beim Fußballstoß.

• Die zeitliche Verschiebung betrifft den *Teil der kinematischen Kette*, der sich, vom Rumpf aus gesehen, *auf der Stützseite* befindet. Die motorische Aufgabe besteht dort darin, dem ganzen Körper durch Abdruck vom festen oder nur in eingeschränktem Maße beweglichen Stütz (Federbrett) einen Bewegungsimpuls zu erteilen.

Das ist der Fall bei allen Absprungbewegungen, bei sprunghaften Abdruckbewegungen der Beine beim Werfen, beim Lauf, beim Armabdruck bei Stützsprüngen sowie anderen Gerät- und Bodenübungen. Eine gewisse Sonderstellung nehmen die Beinschlagbewegungen im Schwimmen ein, bei denen, verstärkt durch die besonderen Bedingungen im Wasser, die distale Verschiebung des Phasenbeginns besonders stark ausgeprägt ist.

In den bisherigen Darstellungen wurde zunächst nur eine Verschiebung im Phasenbeginn festgestellt. Bei einer genaueren Betrachtung zum Beispiel des Speerwurfes oder der Beinschlagbewegungen im Schwimmen lässt sich unzweifelhaft auch eine gleichsinnige *Asynchronie im Abschluss der Teilbewegungen* bezüglich der Geschwindigkeitsmaxima der Körperteile oder gar der Bewegungsumkehr feststellen. Sie ist jedoch nicht für alle angeführten Bewegungsformen charakteristisch, vor allem nicht für die Absprung- und Abdruckbewegungen. Am ausgeprägtesten ist sie bei den Beinschlagbewegungen im Schwimmen (Abb. 3.4.–4.).
In der Vergangenheit sind verschiedene *Deutungs- und Erklärungsversuche* der Asynchronie-Tendenzen unternommen worden.

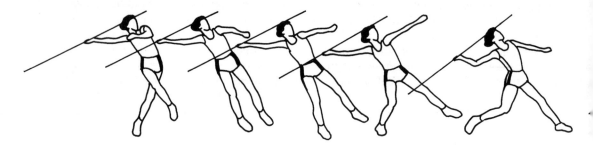

Abb. 3.4.-3 *Speerwurf. Erkennbar die zeitliche Verschiebung vom Rumpf zum Wurfarm und die Bogenspannung*

Dabei kam es zu unhaltbaren Verallgemeinerungen, so zur Forderung der »Bewegungsführung aus der Körpermitte« oder zum »Gesetz der zentrifugalen Beschleunigung« (WAITZER, 1926).

Näher untersucht wurde die Erscheinung durch WARTENWEILER/WETTSTEIN (vgl. 1965 a, b, 1966), allerdings nicht an einer speziellen sportlichen Technik, sondern an einem »horizontalen Schwungwurf (ähnlich Diskuswerfen)« und an der Sägebewegung. Sie zeichneten synchron die Weg-Zeit- und Beschleunigungs-Zeit-Verläufe sowie die Elektromyogramme der Hauptagonisten auf und konnten Folgendes zeigen: **Vor und nach einer Phase der gleichsinnigen Bewegung von Rumpf und Arm findet sich jeweils eine Phase der Gegenbewegung.** Der Rumpf hat die Hauptbewegung bereits begonnen, während sich der Arm noch in der Ausholbewegung befindet. Der Arm wird noch aktiv beschleunigt, während der Rumpf bereits die Rückbewegung beginnt. Bei der Sägebewegung ergab sich eine Abhängigkeit der zeitlichen Verhältnisse von der Bewegungsfrequenz: *Je höher die Frequenz, desto größer der Anteil der gegensinnigen Bewegungsphase*, das heißt, desto ausgeprägter die Asynchronie. Die untersuchten Beispiele zeigen eine deutliche zeitliche *Verschiebung* nicht nur im Phasenbeginn, sondern *auch im Abschluss der Teilphasen*, das heißt eine **echte Phasenverschiebung.**

Differenzierte kinematische und elektromyographische Untersuchungen an Wurfbewegungen führte E. MÜLLER (1980, 1982) durch.

Die Untersuchungen und Analysen gestatten noch keine in allen wesentlichen Punkten gesicherte *Erklärung dieser Erscheinung*, es kann jedoch folgendes gesagt werden:

Der Beginn einer Bewegungsphase durch den Rumpf und der zeitlich verschobene Einsatz der Bewegung in den distalen Gelenken erweist sich bei näherer Betrachtung als eine zusätzliche *Vorbereitung der jeweiligen Muskelgruppen*.

Am offenkundigsten wird dies unter anderem bei den *Beinschlagbewegungen im Schwimmen* (vgl. Abb. 3.4.-4): Der Beginn des Abwärtsschlages im Delphinschwimmen durch eine Bewegung in der Lendenwirbelsäule, die das Becken abwärts drückt, bewirkt eine Dehnung der Beuger des Hüftgelenkes. Diese können dadurch mit größerer Anfangskraft den Oberschenkel abwärts ziehen, wodurch eine schnellkräftige Schlagbewegung überhaupt erst möglich wird. Das gleiche spielt sich durch die weitere Verschiebung des Schlagbeginns im Kniegelenk ab: Der Schlagbeginn im Oberschenkel dehnt die Kniestrecker und ermöglicht dadurch den »peitschenden« Unterschenkelschlag.[17]

Die zeitliche Verschiebung des Phasenbeginns erfüllt demnach die gleiche Funktion wie die Ausholbewegung: Sie verwirklicht die Forderungen des biomechanischen *Prinzips der Anfangskraft*.

Diese Vorbereitungsfunktion trifft sowohl bei solchen Bewegungen zu, die eine gleitende Verschiebung von Gelenk zu Gelenk aufweisen (Beinschlag im Schwimmen, Speerwurf, Fußballstoß: »wellenartige Bewegungsüber-

---

[17] Im Schwimmen kommt hinzu, dass durch diese Verschiebung günstige Abdruckverhältnisse (Widerstandsfläche und Bewegungsgeschwindigkeit des Endgliedes) geschaffen und dass beim Delphinschlag – nicht beim Kraul- und Rückenkraulbeinschlag – dadurch das Prinzip der Gegenwirkung besser erfüllt wird (vgl. dazu die »Taschenmesserbewegungen« des Anfängers).

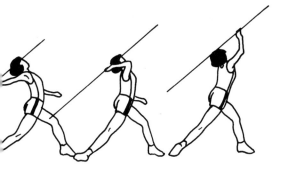

tragung«), als auch bei Bewegungen, wo die Gliedmaßen in sich relativ festgestellt sind, wo die Vorbereitung vorwiegend die Muskulatur des Schulter- oder Beckengürtels betrifft (Diskuswurf, Paddeln im Kanadier).

Ein weiterer Gesichtspunkt für die Begründung der zeitlichen Verschiebung ergibt sich im Hinblick auf die obere Extremität aus den Unterschieden im *Muskelquerschnitt* und in den Muskelkraftmomenten der Rumpf- und Gliedmaßenmuskulatur. Die größeren Kraftmomente der Muskulatur der proximalen (rumpfwärts gelegenen) Gelenke machen diese besser geeignet für die Überwindung hoher Trägheitskräfte, wie sie am Beginn einer Bewegung auftreten. Das wird sehr deutlich im Gewichtheben, wo insbesondere die Muskeln des Rumpfes und des Hüft- und Kniegelenkes eingesetzt werden, um der Hantel einen Anfangsimpuls zu erteilen. Die Muskulatur der Armgelenke ist in solchen Anfangsphasen wohl in der Lage, den auftretenden Kraftmomenten durch statische Kontraktion gleich große – oder durch »nachgebende« (»negative«) Muskelarbeit annähernd gleich große – Muskelkraftmomente entgegenzusetzen, nicht aber kräftig genug, um bereits Beschleunigungsarbeit zu leisten. Hierbei spielt sicherlich die Frage der Ökonomie eine Rolle: Eine unter Umständen mit größter Anstrengung erreichte Beschleunigungsarbeit distaler (körperferner) Muskelgruppen bereits zu Beginn der Hauptphase – zum Beispiel im Kugelstoß – geht auf Kosten einer optimalen Endbeschleunigung, die gerade von den distalen Muskelgruppen kommen muss.[18]

Diese Annahme wird durch Untersuchungsergebnisse von VERCHOVSKIJ/RATOV/VOZNJAK (1970) zu negativen Erscheinungen der intermuskulären Koordination gestützt. Durch elektromyographische Untersuchungen konnten sie nachweisen, dass eine vorzeitige Aktivität der schnellen distalen Muskelgruppen die Gesamtleistung herabsetzt, indem sie die Aktivität anderer, langsamer anspringender Muskelgruppen, die jedoch die Hauptarbeit leisten müssen, wesentlich verringert.

Das Auftreten einer zeitlichen Verschiebung auch im Abschluss von Teilbewegungen bei Wurf- und Stoßbewegungen hat HESS (vgl. 1967, S. 186 ff.) wie folgt begründet: Die vertikale Komponente der Beschleunigung kann infolge des starren Stützes ohne Schwierigkeiten amortisiert werden (Gegenkraft ist die Bodenkraft). Die horizontale Komponente ist dagegen schwieriger zu amortisieren. Infolgedessen nimmt HESS »mit Sicherheit« an, »dass nur ein Teil der Horizontalbeschleunigung des Armes über den äußeren Stütz amortisiert wird« (S. 187). Ein *anderer Teil der Horizontalbeschleunigung des Armes und Wurfgerätes* wird *im Rumpf* selbst *amortisiert*, was sich im Geschwindigkeitsabfall des Rumpfes äußert. WARTENWEILER/WETTSTEIN (1965 b) begründen die Zweckmäßigkeit dieser Impulsübertragung mit der dadurch erleichterten Erhaltung des Gleichgewichtes in der Endphase und der Schonung der Gelenke. Für die Erklärung müssen auch Tendenzen und Gesetzmäßigkeiten einer *ökonomischen Arbeitsweise des gesamten Bewegungssystems*, insbesondere der sensomotorischen Steuerung und Regelung, Berücksichtigung finden.

Die letztgenannte Erklärung ist offensichtlich für die Asynchronie bei den zyklischen Bewegungen von dominierender Bedeutung. Darauf weisen insbesondere die Untersuchungsergebnisse von WARTENWEILER/WETTSTEIN (1965 a, 1966) an der Sägebewegung hin.

Sehr bemerkenswert erscheint uns das Ergebnis, dass die *Phasen »gegensinniger Beschleunigung«* bei veränderter Bewegungsfrequenz relativ konstant bleiben, während die Phasen »gleichsinniger Beschleunigung« verändern. Das bedeutet dass die Hüftbewegung der Handbewegung jeweils um die gleiche Zeit (hier etwa *0,20 bis 0,25 s*) vorausgeht.

Offensichtlich wird ein ökonomischer Bewe-

---

18 Aus den Untersuchungen von TSAROUCHAS (1971) geht hervor, dass diese Überlegungen für die untere Extremität nicht voll zutreffen.

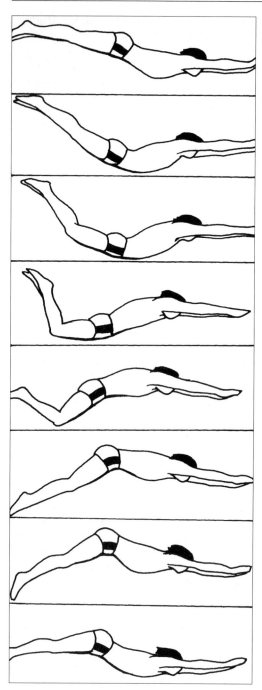

Abb. 3.4.-4 Delphinbewegung. Wenn im Hüftgelenk die Hauptphase, der Abwärtsschlag beginnt, sind die Unterschenkel zunächst noch in der Aufwärtsbewegung. Während des Unterschenkelschlages abwärts bewegt sich das Becken bereits wieder aufwärts

gungsverlauf dadurch erreicht, dass *die zeitliche Differenz im Phasenbeginn eine optimale Vorbereitung der Muskulatur auf die Hauptphase sichert.* Weiter kann ein **Optimum in der zeitlichen Dauer** dieser Verschiebung angenommen werden.

Für Schnellkraftleistungen, speziell für ballistische Bewegungen, ergaben Untersuchungen von KULIG (1984), dass ein bestimmtes Optimum in der zeitlichen Verschiebung zur Ausnutzung des vorhandenen Kräftepotentials erforderlich ist und dass eine derartige zeitliche Koordination das Prinzip der Anfangskraft – und damit die reaktiv akkumulierte so genannte elastische Energie der Muskeln – voll zur Wirkung bringt.

3.4.4. Formen des Rumpfeinsatzes

Für die Kopplung der Teilbewegungen eines sportlichen Bewegungsaktes spielt die *Bewegung des Rumpfes* eine wesentliche Rolle. Das liegt unter anderem daran, dass der Rumpf im Vergleich zu anderen Körperteilen die **größte Masse** darstellt. Bereits aus mechanischen Gründen ist es bedeutsam, wie diese Masse in Bewegung gesetzt und in die Gesamtbewegung einbezogen wird. Weiterhin ist der Rumpf als **wichtiges Übertragungsglied** in der Gliederkette zum Beispiel beim Werfen, Stoßen, Schlagen usw. zu betrachten; denn die Kraftwirkung der Beine kann nur über den Rumpf auf die Arme und von da aus weiter auf den zu bewegenden Gegenstand übertragen werden. Hinzu kommt ferner die *richtunggebende Funktion*, die der Rumpfbewegung in vielen Fällen zukommt, und die bereits bei der Behandlung der zeitlichen Verschiebung von Teilbewegungen *erfasste Vorbereitung distaler Muskelgruppen* durch Vordehnung beziehungsweise Vorspannung.

Des weiteren erhält der Rumpf dadurch wesentliche Bedeutung, dass sich an ihm **starke Muskelgruppen** konzentrieren (Rückenmuskulatur und Bauchmuskulatur) oder dort ihren Ursprung haben (Beckenmuskulatur und Schultergürtelmuskulatur).

Die Teilbewegung des Rumpfes dient im allgemeinen *nicht der unmittelbaren Lösung der* jeweiligen *Bewegungsaufgaben.* Bei allen Bewegungsakten, die nicht als Hauptziel die

Fortbewegung des Körpers selbst haben, wird die Rumpfbewegung dadurch wirksam, dass sie *die Bewegung der Gliedmaßen* in irgendeiner Weise wesentlich *bedingt* oder *beeinflusst*.

Im folgenden sollen **vier charakteristische Hauptformen des Rumpfeinsatzes** bei sportlichen Bewegungsvollzügen unterschieden werden, die zu zwei Gruppen zusammengefasst werden können. Damit ist nicht gesagt, dass diese Formen nur getrennt vorkommen – im Gegenteil: Mischformen sind häufig. Die Hauptformen sind:

Gruppe 1
1. *Translatorischer Rumpfeinsatz* (Vertikaler und horizontaler Rumpfeinsatz)
2. *Rotatorischer Rumpfeinsatz*

Gruppe 2
3. *Beugen – Strecken, Bogenspannung*
4. *Verwringung*

Die Formen der *ersten Gruppe* (translatorischer und rotatorischer Rumpfeinsatz) bedeuten beziehungsweise beinhalten, dass der *Rumpf als Ganzes* in der angegebenen Weise *in Bewegung gesetzt* wird. Das geschieht nicht durch die Rumpfmuskulatur selbst, sondern im Wesentlichen durch die Beine, beim abwärts gerichteten vertikalen Rumpfeinsatz durch die Schwerkraft. Demnach geht es hierbei um den Einsatz des gesamten Körpers, wobei wir der Rumpfbewegung besonderes Augenmerk schenken.
Die Formen der *zweiten Gruppe* (Beugen – Strecken, Bogenspannung und Verwringung) sind charakteristische Formen des *Einsatzes der Rumpfmuskulatur*.

Zum translatorischen Rumpfeinsatz

Schlag-, Stoß-, Zug-, Schiebe- und Wurfbewegungen sind zumeist mit einer mehr oder weniger linearen translatorischen Rumpfbewegung verbunden, die – wie bereits im vorangegangenen Abschnitt dargestellt – der Gliedmaßenbewegung im Phasenbeginn vorausgeht. Die *Bewegungsrichtung* ist der beabsichtigten Wirkungsrichtung weitgehend angenähert: vertikal oder horizontal.

Beispiele für einen annähernd *vertikalen Rumpfeinsatz* finden sich sowohl unter Betonung der *Senk-*

bewegung wie der *Hochbewegung*. Bei einem kräftigen Prellwurf auf den Boden beginnt die Hauptphase mit einer Senkbewegung des Rumpfes. Als Hochbewegung tritt der vertikale Rumpfeinsatz beim Stoßen der Scheibenhantel im Gewichtheben auf, ferner beim Hochstoß eines Medizinballes oder einer Kugel sowie beim Hochwurf eines Medizinballes.

Ein typisches Beispiel für annähernd *horizontalen Rumpfeinsatz* ist der »Gerade« im Boxen: Ein kräftiger Stoß wird nicht als isolierte Armbewegung ausgeführt, sondern es »sitzt« die Masse des ganzen Körpers dahinter. Dazu muss der Rumpf horizontal verlagert werden. Ähnliches gilt für den Tennisschlag (Abb. 3.4.–5).

In anderen Fällen, zum Beispiel bei verschiedenen Würfen und beim Kugelstoß, wird der vorhandene, annähernd horizontale Rumpfeinsatz *durch andere Formen* – wie Verwringung und Bogenspannung – *überlagert* und ist nicht so deutlich sichtbar.

Als eindrucksvolles Beispiel für alle Formen des translatorischen Rumpfeinsatzes sei noch das *Bewegen schwerer Lasten* erwähnt: Beim Anschieben eines schweren Wagens wird häufig erst der dazu schräg, beinahe waagerecht gestellte Rumpf in Bewegung gesetzt, dann wird diese Bewegung durch Feststellen der Gelenke über die Arme auf den Wagen übertragen. Durch Gegenstemmen allein kann in vielen Fällen die Trägheit nicht überwunden werden, und erst die Übertragung des Bewegungsimpulses des Rumpfes liefert einen genügend großen Kraftstoß.[19]

Die Frage nach der **Begründung des translatorischen Rumpfeinsatzes** ist nicht für alle Beispiele einheitlich zu beantworten. Dazu ist eine genauere Analyse der jeweiligen Bewegungsform erforderlich. Allgemein lässt sich feststellen:

– Vor allem hat der Rumpf die *Funktion des Übertragungsgliedes* der Kraftwirkung von den unteren zu den oberen Gliedmaßen, so beim vertikalen Rumpfeinsatz nach oben und zum Teil beim horizontalen Rumpfeinsatz.

– In einer Reihe von Fällen dient die Rumpfbewegung der *Amortisation des Beschleunigungsstoßes der Gliedmaßen* (vgl. Abschn. 3.4.3.), so beim vertikalen Rumpfeinsatz nach unten (Tiefbewegung) und beim horizontalen Rumpfeinsatz.

– Bei der Impulsübertragung auf schwerer

---

19 Zu Schubbewegungen im Sportspiel vgl. die Untersuchungen von KOLLATH (1996).

bewegliche Systeme erfolgt eine *direkte Impulsübertragung* vom Rumpf über die zeitweilig in den Gelenken festgestellten Gliedmaßen.

– Weiterhin wirkt die Rumpfbewegung auf Grund der zeitlichen Verschiebung im Phasenbeginn im Sinne des biomechanischen *Prinzips der Anfangskraft*, indem sie die *Vordehnung der Muskelgruppen zwischen Rumpf und Gliedmaßen* unterstützt, und schließlich ermöglicht sie häufig eine bessere *Führung und Steuerung der Gliedmaßenbewegung*.

Zum rotatorischen Rumpfeinsatz

Die wesentlichsten sportlichen Beispiele für den rotatorischen Rumpfeinsatz sind Diskus- und Hammerwurf. Durch Rotieren des ganzen Körpers – nicht nur des Rumpfes – wird der *Beschleunigungsweg vergrößert* und das Gerät bereits in der Vorbereitungsphase hoch beschleunigt.

Der *Rumpf wirkt* hierbei in erster Linie *als Übertragungsglied*, indem er die Antriebsimpulse der Beine auf Arme und Gerät überträgt. Weiterhin hat die hohe Beschleunigung des Rumpfes für die Hauptphase insofern Bedeutung, als auch hier die horizontale Komponente der Beschleunigungskräfte nicht ausschließlich über den Stütz amortisiert werden kann. Beim Abwurf wird dem Gerät und dem Rumpf ein jeweils gleich großer, aber entgegengesetzter Bewegungsimpuls erteilt. Die nach rückwärts gerichtete *horizontale Komponente* wird dabei zum *Teil durch den vorhandenen Drehimpuls amortisiert* und stoppt die Drehung des Sportlers weitgehend ab.

Zum Beugen – Strecken und zur Bogenspannung

In der Hauptphase beim *Rudern* oder bei einem Medizinballwurf rückwärts über den Kopf wird der Rumpf durch eine eine **Streckbewegung**, eine kräftige Kontraktion der Rückenstrecker aktiv eingesetzt. Diese aktive Form des Rumpfeinsatzes bringt einmal eine *augenscheinliche Verlängerung des Beschleunigungsweges* mit sich und zum anderen wird die *starke Muskelgruppe der Rückenstrecker* innerhalb der Gliederkette, die von den Füßen

bis zu den Händen reicht, *aktiv wirksam*. Die auch hier zu beobachtende distal gerichtete Verschiebung im Phasenbeginn im oberen Teil der Gliederkette bedeutet weiterhin *Einwirkung* der Rumpfbewegung *auf die Anfangskraft bei der Armbewegung*.

Analog zum Rumpfstrecken gibt es auch das **Beugen des Rumpfes.**

Betrachten wir den Ablauf des Doppelstockschubes beim Skilauf, so finden wir ein deutlich ausgeprägtes Beugen des Rumpfes *durch Kontraktion der Bauchmuskulatur und der Beuger des Hüftgelenks.* Hierdurch werden ebenso wie beim Rumpfstrecken große Muskelgruppen des Rumpfes in die Beschleunigungsarbeit eingeschaltet, und durch die distal gerichtete zeitliche Verschiebung wird wiederum eine Vorbereitungsaufgabe zur Verstärkung der Anfangskraft der Schulter- und Armmuskulatur erfüllt. Nicht übersehen werden darf allerdings in diesem speziellen Falle eine zusätzliche Aufgabe der Rumpfbeugung. Sie besteht darin, durch möglichst tiefe Führung der Hände die Wirkungsrichtung des Kraftstoßes der Horizontalen anzunähern.

Weitere Beispiele für diese Form des Rumpfeinsatzes finden sich im Wesentlichen nur in der *Arbeitsmotorik*, so zum Beispiel bei der Arbeit mit der Spitzhacke.

Die **Bogenspannung** tritt dagegen häufiger auf.

Am Ende der Vorbereitungsphase zum Einwurf oder zu einem Vollspannstoß im Fußball ist die Vorderseite des Rumpfes mehr oder weniger nach vorn gewölbt, und die vertikal verlaufenden Muskelzüge sind, einem Bogen vergleichbar, gedehnt und damit gespannt. Dieser Bogen greift jeweils nach oben und unten über den Rumpf hinaus und bezieht sowohl Hüftmuskulatur als auch Schultermuskeln mit ein (vgl. Abb. 3.2.–1 und 3.4.–3).

Die Bogenspannung wird durch eine *Ausholbewegung* herbeigeführt, oder sie wird erst am Beginn der Hauptphase – zum Beispiel beim Speerwurf – durch eine die Hauptphase einleitende Drehung des Rumpfes eingenommen. In der Hauptphase *kontrahieren* dann *aus der Bogenspannung heraus die »gespannten« Muskeln*, und infolgedessen kommt es zur Beugung des Rumpfes.

Der Unterschied zu der oben beschriebenen Form des Rumpfbeugens besteht demnach lediglich darin, dass die Rumpfbewegung in einem anderen Winkelbereich erfolgt, vor allem hinsichtlich des Hüftgelenkes, und bei der Form der Bogenspannung eine ausgeprägtere

Abb. 3.4.-5 *Tennisschlag mit deutlich erkennbarem Rumpfeinsatz. Der horizontale Rumpfeinsatz ist sichtbar in der sich verschiebenden Position des Rumpfes. Außerdem wirkt beim Tennisschlag die Verwringung.*

Vorbereitung (Vorspannung) der Muskulatur vorangeht.

Zur Verwringung
Beinhaltet die Form »Beugen-Strecken, Bogenspannung« die Ausnutzung der Kraftwirkung *vertikal* verlaufender Muskelschlingen, so stellt die *Verwringung* den *Einsatz diagonal ziehender Muskelschlingen* dar.

Von einer Verwringung sprechen wir dann, wenn in der Hauptphase eines Bewegungsaktes eine *Verdrehung des Schultergürtels gegenüber dem Beckengürtel* – oder umgekehrt – vor sich geht, die auf die Beschleunigung der Gliedmaßen Einfluss nimmt.

So erfolgt die Beschleunigung des Diskus beim Wurf aus dem Stand nicht lediglich durch die Schultermuskulatur, sondern zugleich durch *Kontraktion der diagonalen Muskelschlinge vom Oberschenkel zur Wurfarmschulter.* Dadurch wird die Schulter nach vorn gedreht und der Beschleunigungsweg vergrößert.

Beim Diskuswurf geht der Verwringung in der Hauptphase eine *Ausholbewegung* voran, die die Muskeln dieser Schlinge dehnt und optimal auf die Kontraktion vorbereitet. In anderen Fällen, so zum Beispiel bei Würfen im Sportspiel oder beim Tennisschlag, ist die Ausholbewegung und die damit verbundene Dehnung und Vorspannung der Schlinge weniger ausgeprägt. Die Verdrehung des Schultergürtels gegenüber dem Beckengürtel in der Hauptphase zeigt jedoch eindeutig die Verwringung als Form des Rumpfeinsatzes an.

Bei *zyklischen Bewegungen*, so beim Diagonalschritt im Skilauf, bei allen Laufarten, beim Paddeln im Kajak oder beim Kraulschwimmen tritt ein ständiger Wechsel von einer Verwringung nach der einen Seite zu einer Verwringung nach der Gegenseite ein. Wir sprechen hier von einem kontinuierlichen *Wechsel von Verwringung und Gegenverwringung.*

Beim Diagonalschritt wird dadurch die Stockarbeit von Muskelschlingen vor allem der Rückseite des Rumpfes unterstützt. Die Verwringung und Gegenverwringung bei allen Laufformen bedeutet eine Beteiligung der Diagonalschlingen von Vorder- und Rückseite des Rumpfes an der Gliedmaßenbewegung. Beim leichtathletischen Lauf ist die Verwringung mitunter kaum sichtbar, sie ist jedoch stets vorhanden.

3.4.5. Die Steuerfunktion des Kopfes

Die Kopplung zwischen den Teilbewegungen des Kopfes und den Bewegungen des Rumpfes und der Gliedmaßen stellt ein weiteres wichtiges Problem im Hinblick auf die Koordination und Struktur sportlicher Bewegungsakte dar.

Es ist allgemein bekannt, dass bei allen Rollen – gleichgültig, ob auf dem Boden, am Barren oder in der Luft – zuvor der Kopf nach vorn gebeugt werden muss. Das ist besonders gut beim Erlernen der Oberarmrolle vorwärts am Barren zu beobachten. Der Anfänger beugt dabei sehr oft den Kopf nicht oder nicht genügend zur Brust – dadurch werden Wirbelsäule und Hüftgelenk ungenügend gebeugt, und der

Turner schlägt unbeherrscht auf die Holme auf, falls die Rolle nicht völlig misslingt.

Im Gegensatz hierzu darf bei einem Überschlag der Kopf keinesfalls zur Brust gebeugt sein. Ein Handstütz-Überschlag vorwärts gelingt im allgemeinen nur, wenn der Kopf beim Aufsetzen der Hände etwas zurückgenommen wird. Dann ist die richtige Streckung im ganzen Körper und vor allem in den Armen gewährleistet, während ein übermäßiges Rückbeugen des Kopfes zu einer fehlerhaften Hohlkreuzhaltung führt.

Im Allgemeinen werden *Streckbewegungen* des Rumpfes durch ein *Rückbeugen, Beugebewegungen durch* ein *Vorbeugen* des Kopfes eingeleitet (Abb. 3.4.–6). Weitere Beispiele finden sich im Wasserspringen und im Schwimmen.

Im Wasserspringen werden Drehungen um die Breitenachse im Allgemeinen durch eine entsprechende Kopfbewegung eingeleitet, ebenfalls das Abstoppen einer solchen Drehung. Bei Drehungen um die Längenachse (Schrauben) hat die Kopfbewegung weniger für die Einleitung als für das *Steuerung* und das Abstoppen der Drehung Bedeutung.

Vom Schwimmen her ist bekannt, dass durch die Kopfhaltung die Lage des Körpers, vornehmlich des Rumpfes, im Wasser wesentlich beeinflusst werden kann (Abb. 3.4.–7).

Aus dem Eiskunstlauf, dem Skilauf, der Leichtathletik und anderen Disziplinen lassen sich weitere Beispiele anführen, die die Bedeutung der *einleitenden Kopfbewegung* und der *Kopfhaltung* während der Bewegung veranschaulichen.

Nicht immer bewegen sich allerdings Rumpf und übriger Körper in Richtung der Kopfbewegung.

Bei der Skiabfahrt führt ein Neigen des Kopfes zu einer Abweichung von der Fahrtrichtung nach der Seite der *Kopfneigung*, ein *Drehen* des Kopfes jedoch zu einer noch stärkeren Abweichung nach der Gegenseite. Dieses Ergebnis ist in eindeutiger Form nur bei einer Fahrt mit verbundenen Augen zu erzielen, unterstreicht jedoch die Tatsache, dass auch beim Skilauf eine Kopplung von Kopfbewegung und Bewegung des übrigen Körpers besteht (vgl. Birkmayer/Schindl, 1939).

In den genannten Fällen kommt der Kopfhaltung und Kopfbewegung eine *steuernde Funktion* zu. Nicht immer handelt es sich dabei um eine Kopplung von Teil*bewegungen*, sondern vielmehr um eine Kopplung von »Teil*haltungen*«. Da es sich jedoch um die gleichen *funktionellen Zusammenhänge* handelt, fassen wir beide Erscheinungen als *Steuerfunktion* des Kopfes zusammen.

Wie ist die Steuerfunktion des Kopfes zu erklären?

Wesentlich dafür, dass die Kopfbewegung in vielen Fällen der Bewegung des Rumpfes vorangeht, ist die *optische Orientierung*. Das *Ziel* der Bewegung oder die neue Richtung der Bewegung werden ins Auge gefasst, noch bevor der Körper dem Ziel zustrebt oder die Richtungsänderung vollzieht.

Offensichtlich ist zum Beispiel die Blickorientierung des Kunst- und Turmspringers auf die Eintauchstelle der kopfwärts getauchten Sprünge oder im Reckturnen die blitzschnelle Kopfdrehung bei der Pirouette. Bei allen Körperdrehungen um die Längenachse im Geräteturnen, im Wasserspringen, in der Rhythmischen Sportgymnastik und besonders eindrucksvoll im Ballett ist die optische Orientierung und damit die Sicherung der zweckentsprechenden Steuerung und Regelung der Gesamtbewegung oder -haltung bestimmend für die Kopfbewegung und -haltung. So schnell wie möglich wird eine neue Griffstelle, Aufsprung- oder Eintauchstelle fixiert oder – wenn das nicht möglich ist – so lange wie möglich ein Orientierungspunkt im Auge behalten und dann durch schnelle Kopfdrehung ein anderer oder der gleiche Punkt erfasst.

Die *Kopplung* zwischen der Bewegung des Kopfes und der des übrigen Körpers ist demnach bei Drehung um die Längenachse *mehr indirekt* zu verstehen. Die Kopfhaltung und -bewegung soll eine optimale Arbeit des Steuer- und Regelsystems ermöglichen, in diesem Falle speziell hinsichtlich des optischen Sektors.

Bei Körperdrehungen um die Breitenachse, bei Beuge- und Streckbewegungen sowie bei den beschriebenen Richtungsänderungen im Skilauf beruht die Wirkung der Kopfhaltung und -bewegung auf den übrigen Körper primär auf den *tonischen Halsreflexen*.

Untersuchungen von Krestownikow (1953) und seinen Mitarbeitern weisen die Wirksamkeit und Bedeutung der Halsreflexe für verschiedene sportliche Bewegungsformen nach. Er verwendete für die Experimente im Geräteturnen, Skilaufen, Skispringen, Eiskunstlaufen und Hochsprung eine starre Halskrause – den so genannten Kopfhalter –, um eine Be-

---

20 Ähnliche Versuche führten bereits Birkmeyer/Schindl (1939) durch.

*Abb. 3.4.-6
Hechtrolle. Sowohl
die gestreckte Flug-
haltung als auch das
Abrollen werden
durch die Kopfhaltung
beziehungsweise
-bewegung gesteuert*

wegung in der Halswirbelsäule, die zur Auslösung der Halsreflexe führt, auszuschalten.[20] Zwar werden durch diese Methode nicht nur die Halsreflexe ausgeschaltet oder modifiziert, sondern durch die ungewohnte Kopfhaltung und -bewegung werden auch die Labyrinthreflexe und die optischen Wahrnehmungen beeinflusst. Es gelang jedoch nachzuweisen, dass den Halsreflexen dabei die entscheidende Rolle zukommt (vgl. FARFEL, 1960).

Auf Grund dieser und anderer Untersuchungen kann die Steuerfunktion des Kopfes physiologisch folgendermaßen erklärt werden: Durch einleitende Kopfbewegungen und durch die Kopfhaltung bei Bewegungen werden *Reflexe* ausgelöst, *die von den Propriorezeptoren in der Halsmuskulatur ausgehen*. Diese Reflexe bewirken eine Spannungszunahme in bestimmten funktionell zusammengehörigen Muskelgruppen (tonische Reflexe). So hat ein *Rückbeugen* des Kopfes allgemein eine *Tonuserhöhung* in den *Rückenstreckern* oder auch in der Streckmuskulatur der Arme und Beine zur Folge. Dadurch werden zum Beispiel ein kräftigerer Absprung, ein kräftigerer Abdruck der Arme und eine gestrecktere Flughaltung bei Stützsprüngen möglich. Durch *Vorbeugen* des Kopfes wird umgekehrt der *Beugetonus erhöht*, und entsprechende Bewegungen (das Einrollen bei einer Hechtrolle) werden dadurch unterstützt.

Die durch Kopfneigung oder Kopfdrehung bewirkte Richtungsänderung bei der Skiabfahrt ist höchstwahrscheinlich auf die einseitige Tonusveränderung (Erhöhung des Streckertonus im Bein des bogenäußeren Ski) zurückzuführen.

In vielen Fällen wirken neben den Halsreflexen auch die *Labyrinthreflexe* mit und beeinflussen die Gesamtkoordination.

Ferner muss bei manchen komplizierten Bewegungsformen berücksichtigt werden, dass *sich optimale optische Kontrolle und optimale Nutzung der Tonusinduktion* durch die Halsreflexe *widersprechen können*. Das Training muss dann unter Umständen auf die Ausschaltung störender Labyrinthreflexe (z. B. beim

Abb. 3.4.-7
Einfluss der Kopfhaltung auf die Körperlage beim Rückenschwimmen. Die angestrebte Gleitbootlage erfordert eine »normale« Kopfhaltung. – Stärkeres Vor- bzw. Rückbeugen führt zu falscher Körperhaltung und ungünstiger Lage im Wasser

Startsprung im Schwimmen) oder auf eine zweckmäßige Muskelinnervation ohne unterstützende Halsreflexe (z. B. beim Salto rückwärts gehockt) oder auf zeitweiligen Verzicht auf die optische Orientierung (z. B. bei Salti oder Schraubendrehungen) ausgerichtet sein.

3.4.6. Zusammenfassung

- Die Bewegungen der einzelnen Körperteile (Teilbewegungen) stehen im motorischen Akt in einem engen Zusammenhang. Das Merkmal der Bewegungskopplung beschreibt einige wesentliche **Formen** dieses **Zusammenhanges der Teilbewegungen** und hebt damit wichtige Gesichtspunkte der motorischen Koordination heraus, die für die Bewegungsschulung bedeutsam sind:
- die *Schwungübertragung*,
- die *zeitliche Verschiebung des Phasenbeginns*,
- die *Formen des Rumpfeinsatzes*,
- die *Steuerfunktion des Kopfes*.
- Unter **Schwungübertragung** ist die Unterstützung lokomotorischer Bewegungen durch schwunghafte Teilkörperbewegungen zu verstehen. Sie beinhaltet die *Übertragung reaktiver Kraftwirkungen über die stützenden Körperteile* bei der schwunghaften Beschleunigung und die *Impulsübertragung auf den Gesamtkörper* bei der Bremsung der Schwungbewegung der Arme, des Schwungbeines oder – im Gerätturnen – auch beider Beine oder des Rumpfes.

Die größere Bedeutung kommt dabei der reaktiven Kraftwirkung auf die stützenden Körperteile zu. Sie bestimmt auch das *Optimum der zeitlichen Koordination*, das für die verschiedenen Disziplinen gesondert ermittelt werden muss.

- Im Phasenbeginn einer Vielzahl sportlicher Bewegungsformen tritt eine Differenz in Form **einer zeitlichen Verschiebung der Teilbewegungen** auf, die **vom Rumpf aus nach den Endgliedern** verläuft. Sie ist besonders ausgeprägt *auf der offenen Seite der kinematischen Kette*, wenn das Endglied an einem beweglichen Gegenstand (Gerät) angreift und die motorische Funktion in der Impulsvermittlung an dieses Gerät besteht. Weniger ausgeprägt ist diese Asynchronie innerhalb der Gliederkette auf der Seite des Stützes. Eine besondere Stellung nehmen infolge der Widerstandsverhältnisse im Wasser die Beinschlagbewegungen im Schwimmen ein.

In einer Reihe von Fällen erstreckt sich die Differenz nicht nur auf den Phasenbeginn, sondern auch auf den weiteren Verlauf. Es kommt zu einer »echten« Phasenverschiebung.

Begründung für die zeitliche Verschiebung:
- *Vorbereitungsfunktion* durch die eintretende Vordehnung distaler Muskelgruppen

bei Bewegungsbeginn im proximalen Gelenk zur Erzielung maximaler Beschleunigungsstöße;

– *Überwindung hoher Anfangswiderstände* (Trägheitskräfte) durch proximale Muskelgruppen mit größeren Muskelkraftmomenten – Einsatz der hohen Kontraktionsgeschwindigkeit der distalen Muskelgruppen bei der Endbeschleunigung;

– *Impulsübertragung* bei Wurf-, Stoß-, Zug-, Schub- und Schlagbewegungen in horizontaler Richtung infolge geringerer Amortisationsmöglichkeiten der horizontalen Beschleunigungskräfte über den Stütz;

– *Ökonomisierung* zyklischer Bewegungen durch optimale Vorbereitung der Muskelgruppen und Stabilisierung der neuromuskulären Koordination.

• Im Rahmen der Kopplung der Teilbewegungen im sportlichen Bewegungsakt gebührt der Rumpfbewegung besondere Beachtung. Es sind **vier Hauptformen des Rumpfeinsatzes** zu unterscheiden. Beim translatorischen (vertikalen und horizontalen) und beim rotatorischen Rumpfeinsatz wirkt der Rumpf vor allem als *Übertragungsglied für die Kraftwirkung* von den unteren zu den oberen Extremitäten, oder die Rumpfbewegung dient der *Amortisation des Beschleunigungsstoßes der Gliedmaßen*, oder es erfolgt eine *direkte Impulsübertragung* vom Rumpf auf schwerer bewegliche Systeme. In allen genannten Fällen spielt überdies die *Vorbereitungsfunktion* im Sinne einer Ausholbewegung (Schaffung einer höheren Anfangskraft) für die Extremitäten, deren Hauptphase zeitlich später beginnt, und mehr oder weniger auch die *bessere Führung und Steuerung für die Gliedmaßenbewegung* eine wesentliche Rolle.

Beim Rumpfeinsatz durch Beugen oder Strecken des Rumpfes, bei der Bogenspannung und bei der Verwringung kommen wesentliche *Bewegungsantriebe vom Rumpf selbst*. Dabei werden *die großen Muskelgruppen des Rumpfes* für die Beschleunigungsarbeit eingesetzt. Auch hierbei wird die Vorbereitung distaler Muskelgruppen verbessert.

Die unterschiedlichen *Formen* des Rumpfeinsatzes treten bei einer Vielzahl sportlicher Bewegungsakte nicht getrennt, sondern miteinander *kombiniert* auf (z. B. Bogenspannung und Verwringung beim Speerwurf, rotatorischer Rumpfeinsatz und Verwringung beim Diskuswurf).

• Die Bewegungskopplung zwischen Kopf und Rumpf kommt in der *Steuerfunktion des Kopfes* zum Ausdruck. Drehungen des Rumpfes um die Breitenachse werden in vielen Fällen *durch* eine *gleichsinnige Bewegung des Kopfes eingeleitet* oder zumindest *durch* eine dementsprechende *Kopfhaltung unterstützt*. Diese Unterstützung erfolgt über die *tonischen Halsreflexe*, die auch auf Arme und Beine wirken können, sodass die Steuerfunktion des Kopfes auch die Gliedmaßenbewegung mit erfasst.

Bei Drehungen um die Längenachse liegt eine etwas andersartige Kopplung vor, die überwiegend durch die *optische Orientierung* bestimmt wird. Charakteristisch dafür sind:

– sehr schnelles Drehen des Kopfes, meist nicht als Einleitung zur Rumpfdrehung, sondern später;

– möglichst frühzeitiges Fixieren von Griffstellen und anderen Orientierungspunkten für die weitere Bewegung;

– längeres – optisches – Festhalten an Orientierungspunkten, zum Teil Zurückbleiben des Kopfes hinter dem Rumpf.

3.4.7. Zur Arbeit mit dem Merkmal Bewegungskopplung in der Lehr- und Übungspraxis

Das komplexe Merkmal Bewegungskopplung mit seinen vier wesentlichen Erscheinungsformen hat für die Bewegungs- bzw. Technikschulung keine geringe Bedeutung. Die sich in diesem Merkmal widerspiegelnden Beziehungen der einzelnen Bewegungselemente sind *unmittelbarer Ausdruck der Bewegungskoordination*. Somit prägt sich die Entwicklung der Bewegungskoordination, prägen sich auch bestimmte Fehler in den einzelnen Kopplungserscheinungen aus. Darum gilt es bei der Bewegungsschulung, den Bewegungsablauf jeweils unter den einzelnen Gesichtspunkten auch dieses Merkmals zu analysieren und daraus Korrekturhinweise und weitere methodische Maßnahmen abzuleiten.

- Die **Schwungübertragung** *bedarf einer bewussten Schulung.* Sie sollte in der Bewegungsgrundschulung ebenso Beachtung finden wie in der Grundausbildung der Technik, so bei allen Sprüngen, gleich ob in der Leichtathletik, im Geräteturnen, Wasserspringen, Skispringen oder beim Startsprung im Schwimmen. Der zweckmäßige Armeinsatz bei allen Sprüngen sowie die gut koordinierte Schwungübertragung vom Schwungbein beim Absprung mit einem Bein bedürfen *auch in späteren Lernphasen* der ganzen Aufmerksamkeit und Korrektur (vgl. auch Djačkov, 1973, S. 39).

Im Geräteturnen und in der Akrobatik ist die *Schwungübertragung als wesentliches technisches Element* zu erkennen und in der Technikschulung vorrangig zu beachten. Das ist erforderlich, weil die volle Ausnutzung des durch Schwungbewegungen der Beine, der Arme oder des Rumpfes entwickelten Impulses eine Reihe komplizierter Bewegungen überhaupt erst ermöglicht. Zugleich wird dadurch eine schwunghafte, fließende Bewegungsführung gefördert, die ein wesentliches Kriterium für die Bewertung ist (vgl. hierzu Abschnitt 3.5.).

Hinsichtlich der *Richtung der Schwungbewegungen* ist nach Möglichkeit die Maximalbeschleunigung in Hauptbewegungsrichtung des Gesamtkörpers und die dementsprechende Impulsübertragung anzustreben.

- Hinsichtlich der **zeitlichen Verschiebung der Teilbewegungen** können als Folgerung für die sportliche Bewegungsschulung folgende Hinweise gegeben werden:
- Die zeitliche Differenz im Phasenbeginn mit distaler Verschiebung in einer *Gliederkette,* die *an einem festen Widerstand* geschlossen ist, bedarf *meist keiner differenzierten Schulung.*
- *Greift die Gliederkette* auf ihrer offenen Seite *an beweglichen Gegenständen an,* um diesen einen Impuls zu erteilen, dann ist die richtige fließende Koordination für jede Disziplin gesondert zu bestimmen und *bewusst zu schulen.* Bei entsprechend hohem Niveau der Schnellkraftfähigkeiten ist eine nur geringfügige zeitliche Verschiebung optimal.[21]
- Die zeitliche Verschiebung bei *Beinschlag-*

bewegungen im Schwimmen umfasst den *Gesamtverlauf der Phasen* – nicht nur den Beginn – und bedarf besonders beim Delphinschwimmen einer *bewussten Schulung.*
- Eine *zeitliche Verschiebung im Phasenabschluss* – nicht im Phasenbeginn – bei Wurf-, Stoß- und anderen Bewegungen widerspricht dem (bio)mechanischen Optimum und ist *so gering wie möglich* zu halten.

Das erfordert unter anderem eine solche zeitliche Koordination der Teilbewegungen, dass sich das hintere Bein erst mit Beendigung des Abwurfes oder Abstoßes vom Boden löst.

- Die **Formen des Rumpfeinsatzes** widerspiegeln wesentliche Grundprinzipien der Kopplung von Rumpf- und Gliedmaßenbewegungen. Zunächst muss die Forderung an den Sportlehrer und Trainer gestellt werden, *der Teilbewegung des Rumpfes und ihrer Funktion* im Bewegungsakt insgesamt die gebührende *Aufmerksamkeit* zu *schenken.* Die unterschiedlichen Einzelformen des Rumpfeinsatzes sind Gesichtspunkte der genaueren Prüfung und Beurteilung dieser Funktion und der dabei bereits erreichten Vollkommenheit. Deshalb sollte bei der Bewegungsanalyse im Unterrichts- und Trainingsprozess von diesen Formen ausgegangen werden, ohne bei der weiteren Analyse ihre Verknüpfung zu übersehen.

In der sporttechnischen Ausbildung gilt es, jeweils die *richtige Form* des Rumpfeinsatzes zu *erkennen* und ihre Verwirklichung ständig zu *kontrollieren.* Die Verwirklichung einer zweckmäßigen aufgabenbezogenen Struktur des Bewegungsaktes schließt die zweckentsprechenden Formen des Rumpfeinsatzes ein, die besonders bei sportlichen Anfängern *bewusst geübt* werden müssen.
- Aus der **Steuerfunktion des Kopfes** ergeben sich für verschiedene Sportarten und Disziplinen Folgerungen in der Bewegungsschulung. Eine zweckentsprechende Kopfhaltung und -bewegung verdient als wesentliches

---

21 Dafür sprechen auch Untersuchungsergebnisse und Beobachtungen, die aussagen, dass die zeitliche Verschiebung im Phasenbeginn bei weniger qualifizierten Sportlern größer ist als bei hochqualifizierten (vgl. u. a. Olenik, 1973).

Merkmal *besonders im Anfang von Lern-prozessen* Beachtung – so zum Beispiel im Gerätturnen, im Schwimmen, in der Leichtathletik. Eine Reihe von *Fehlern* lassen sich, entsprechend der Kopplung zwischen Kopf- und Gesamtkörperbewegung, *durch Korrekturen der Kopfhaltung und -bewegung* am schnellsten *beseitigen*. Auch für die Ausprägung einer guten, *aufrechten Körperhaltung* ist die Kopfhaltung ein wichtiger Ansatzpunkt. Der Hinweis »Kopf hoch« führt bei seiner Befolgung auch zur besseren Aufrichtung im Bereich der Brust- und Lendenwirbelsäule.

3.5. Bewegungsfluss (Merkmal der Kontinuität im Bewegungsverlauf)

3.5.1. Erscheinungsformen

Bei der Eindrucksanalyse, das heißt bei der vergleichenden Betrachtung von Bewegungsverläufen, findet allgemein ein Verlaufskriterium Anwendung, das man als *Bewegungsfluss* bezeichnet. Darunter ist folgendes zu verstehen:

Beim Skilanglauf verläuft die Bewegung von Sportlern unterschiedlicher Qualifikation oder auch von einem Sportler unter extrem verschiedenen Gelände- und Schneeverhältnissen mehr oder wenige kontinuierlich oder »glatt«. Versucht man diesen komplexen Eindruck differenzierter zu erfassen, so ist festzusteilen: Der Grad dieser Kontinuität spiegelt sich sowohl in Wegverlauf und dabei besonders in der Form der Richtungsänderungen als auch im Verlauf der Geschwindigkeit wider. Auch im Kraftverlauf, in der Muskeldynamik, schlägt sich der Bewegungsfluss nieder. Gleiche Beobachtungen ergeben sich in ausgeprägter Weise *bei allen zyklischer Bewegungen;* doch *auch in azyklischen Bewegungsakten* prägt sich dieses Merkmal aus.

Beim Dreisprung zum Beispiel tritt beim Absprung zum zweiten und dritten Sprung mitunter eine Verzögerung im Verlauf ein, die Indikator eines gestörten, noch ungenügend ausgeprägten Bewegungsflusses ist. Ähnlich verhält es sich bei allen Sprung- und Wurfdisziplinen in Übergang vom Anlauf zum Absprung beziehungsweise Abwurf. Im Gerätturnen äußert sich der Bewegungsfluss vor allem an den Knotenpunkten der Phasenverschmelzung, indem die miteinander kombinierten Elemente mehr oder weniger glatt ineinander übergehen.

3.5.2. Objektivierbarkeit

Das Merkmal des Bewegungsflusses kann auf verschiedene Weise objektiviert werden: durch *Weg-Verläufe* (Weg-Kennlinien), *Weg-Zeit-Verläufe* (Geschwindigkeits- und Beschleunigungs-Kennlinien), *Kraft-Zeit-Verläufe* (Kraft-Kennlinien) und *Winkel-Zeit-Verläufe.*

Weg-Verläufe objektivieren insofern den Fluss einer Bewegung, als sie in enger Wechselbeziehung zu den Geschwindigkeits-, Beschleunigungs- und Kraftverläufen stehen.

Geschwindigkeits- und Beschleunigungsverläufe geben darüber Auskunft, inwieweit sich Geschwindigkeit und Beschleunigung entsprechend der jeweiligen Technik kontinuierlich, nicht ruckartig und unbegründet plötzlich verändern. Dabei muss allerdings berücksichtigt werden, dass je nach Bewegungsaufgabe die Geschwindigkeits- und Beschleunigungsänderungen unterschiedlich schnell erfolgen können und müssen: Bei den zyklischen Bewegungsakten der Ausdauersportarten würden Geschwindigkeitsverläufe, wie sie in den Schnellkraftdisziplinen auftreten und hier zweckmäßig sind, fehlerhaft sein. Beim Geschwindigkeitsverlauf im Schwimmen wird die Ausprägung des Bewegungsflusses häufig schon bei der Beobachtung deutlich.

Kraft-Zeit-Verläufe lassen erkennen, ob der Spannungsanstieg und -abfall eine der Aufgabe entsprechende Steilheit aufweist.

Auch hier ist in den Ausdauerdisziplinen eine allmählichere Steigerung und Verminderung der Kraftgrößen als in den Schnellkraftdisziplinen erforderlich.

Winkel-Zeit-Verläufe sind ebenfalls sehr aussagekräftig. Dort, wo sie goniographisch ermittelt werden können, sind sie unter Umständen bereits im laufenden Training auszuwerten.

Die Objektivierung des Bewegungsflusses als Ausdruck der Kontinuität durch Weg-, Weg-Zeit-, Kraft-Zeit- und Winkel-Zeit-Verläufe bedeutet *noch nicht* eine eigentliche *Quantifizierung* dieses Merkmals. Die angedeuteten Objektivierungsmöglichkeiten können zunächst so genutzt werden, dass eine *vergleichende Betrachtung* der jeweiligen Kennlinien

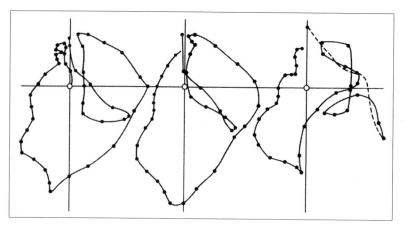

Abb. 3.5.-1 *Weg-Zeit-Verlauf des Hüftpunktes bei einer Gerätübung. Unterschiede im Bewegungsfluss der drei Bewegungsabläufe sind am Wegverlauf und zum Teil auch am Geschwindigkeitsverlauf erkennbar*

erfolgt, um den Bewegungsfluss richtig einschätzen und bewerten zu können (Abb. 3.5.–1). Darüber hinaus eröffnen sich weitere Möglichkeiten einer echten **Quantifizierung**, der Gewinnung eines wirklichen **Maßes**.

THORHAUER (1967) unternimmt den Versuch, den Bewegungsfluss durch Verarbeitung von Messdaten zu objektivieren, die mit Hilfe stroboskopischer Lichtspuraufnahmen gewonnen werden (vgl. auch GUTEWORT 1968). Er beschränkt sich bei der Objektivierung des Bewegungsflusses vorwiegend auf die auftretenden Winkeländerungen, wobei er auf Tangenten- und Schnittwinkelbestimmungen zurückgreift und zur Beurteilung die prozentuale Änderung der Geschwindigkeit heranzieht.

SCHNEIDER (1990) bestimmte für eine komplexe, uneingeschränkte Armbewegung kinematographisch den Beschleunigungsaufwand vor und nach dem Üben (Laboruntersuchung, Hochgeschwindigkeitskamera). Er konnte den Beschleunigungsaufwand als *Quantitative Beschreibung des Bewegungsflusses* validieren, sodass er als Gütemaß Anwendung finden kann.

Einen Weg, wie der Bewegungsfluss als Maß der Kontinuität des Bewegungsverlaufes in einem einzigen Zahlenwert angegeben werden kann, hat PFEIFFER (1965) gezeigt. Ausgehend von einem Verfahren aus der technischen Kybernetik, formuliert er ein Gütemaß in Form eines Beschleunigungsintegrals[22]. Für die Ermittlung der erforderlichen Beschleunigungswerte schlägt PFEIFFER den Einsatz direkt messender Beschleunigungsgeber vor.

3.5.3. Zur Bedeutung und Begründung des Bewegungsflusses

Bewegungsfluss ist seit jeher in beinahe allen Sportarten und -disziplinen ein wesentliches Kriterium für die Vollkommenheit der technischen Ausführung, für den Grad der Beherrschung der Technik, für den erreichten Stand in einem Lernprozess.

Diese empirisch begründete Praxis erweist sich als durchaus berechtigt; denn die Kontinuität im Bewegungsverlauf ist **ein Ausdruck der Bewegungskoordination**. Der Bewegungsfluss hängt von der Abstimmung der einzelnen Kraftimpulse untereinander und auf die gleichzeitig wirkenden äußeren Kräfte – insbesondere auf die auftretenden Trägheitskräfte – ab. Eckige Richtungsänderungen, Unterbrechungen oder Verzögerungen oder ein übermäßig harter, ruckhafter Krafteinsatz haben ihre Ursache in ungenügender Koordiniertheit der Muskelkraftimpulse. Der Bewegungsfluss ist deshalb eine bedeutsame Erscheinungsform der motorischen Koordination. (Vgl. dazu auch SCHNEIDER 1990, S. 197/198)

---

22 $I = \frac{T^3}{A^2} \int_0^T \left[\left(\frac{d^2x}{dt^2}\right) + \left(\frac{d^2y}{dt^2}\right) + \left(\frac{d^2z}{dt^2}\right)^2 \right] dt$

T = Gesamtdauer der Bewegung; A = eine charakteristische, für die betreffende Bewegung festzulegende Amplitude; x, y, z = die räumlichen Koordinaten eines charakteristischen Körperpunktes (bei Verwendung der Goniographie oder Dynamographie nur eine Größe erforderlich) (vgl. PFEIFFER 1965, S. 398).

Bemerkenswert ist, dass die Abgestimmtheit der Kraftimpulse, dass der Grad des Bewegungsflusses *subjektiv erlebt und empfunden* wird. Das betrifft einerseits den Ausübenden, bei dem sich die Empfindung eines fließenden Bewegungsverlaufes oder weitgehend kontinuierlicher Übergänge zwischen den dynamischen Akzenten auch emotional niederschlägt und ausgesprochen *freudebetont* und *anregend* wirkt. Ein gestörter oder unterbrochener Bewegungsfluss ruft demgegenüber meist *Unlustgefühle* hervor. Andererseits werden ähnliche Reaktionen auch beim Beobachter – zum Beispiel beim Zuschauer – ausgelöst, wobei sich diese zum Teil mit *ästhetischen Wertungen* – wie beim Eiskunstlauf oder im Gerätturnen – verbinden. Wodurch aber ist die Zweckmäßigkeit eines mehr oder weniger ausgeprägten Bewegungsflusses begründet? Lässt sich ein begründeter Optimalwert wenigstens in Form einer Tendenz angeben?

Eine wesentliche **Erklärung** und **Begründung** geben das *Prinzip der reziproken Innervation* (vgl. PFAHL, 1924; WACHOLDER, 1928; JUNG, 1976, S. 16 ff.) und das biomechanische *Prinzip der Anfangskraft* (vgl. HOCHMUTH, 1982, S. 163 ff.). Aus beiden Prinzipien folgt, dass bei Richtungsänderungen, insbesondere am Ende der Ausholbewegung, ein fließender Übergang ohne Stillstand und Verzögerung zweckmäßig ist. Dadurch wird einerseits der Innervationsvorgang entsprechend dem Reziprozitätsprinzip begünstigt, andererseits kann die Muskulatur jeweils aus optimaler Vorbereitung heraus kontrahieren (vgl. dazu Abschnitt 3.2.1.).

Als Beispiel sei das Tennisspiel des Anfängers genannt: Weil er die Flugbahn des zugespielten Balles nicht richtig antizipieren kann, holt er oft zu früh aus und muss dann die Bewegung verzögern oder unterbrechen, um den Ball zu treffen. Der Sportler muss seine Muskulatur längere Zeit und mit erhöhtem Aufwand innervieren, weil die Ausholbewegung infolge der Unterbrechung oder Verzögerung nicht mehr wirksam ist. Ein höherer neuromuskulärer Aufwand oder ein geringerer Kraftimpuls bei gleichzeitig verminderter Führung und Treffsicherheit sind die Folge.

Wie aus diesem Beispiel deutlich wird, spielen weiterhin die *Bewegungskopplung* (Verschiebung in Phasenbeginn und Rumpfeinsatz) und das biomechanische *Prinzip der zeitlichen Koordination von Einzelimpulsen* eine Rolle. Zumeist wird durch eine Unterbrechung oder Verzögerung der Schlagbewegung der Rumpf in seiner Bewegung abgebremst, und es gelingt nicht, die Teilimpulse aus den Beinen und dem Rumpf bei der Fortsetzung des Schlages voll zum Einsatz zu bringen und in den Gesamtverlauf zu integrieren.

Eine fließende Verbindung von Anlauf-, Angleit-, Anschwungbewegungen und der jeweiligen Hauptbewegung sowie auch zwischen den einzelnen Komponenten einer Bewegungskombination wird ferner durch *das Prinzip des optimalen Beschleunigungsweges* gefordert.

Anlauf-, Angleit- und Anschwungbewegungen – zum Beispiel die Drehung im Diskuswurf – verlängern den Beschleunigungsweg, und es ist wichtig, ihn voll zu nutzen und den Bewegungsfluss nicht zu unterbrechen.[23]

Eine weitere Begründung für einen optimalen Bewegungsfluss ergibt sich aus folgenden Beziehungen: Jede Bewegung erfordert zu ihrer Ausführung außer der eigentlichen bewegenden Muskelarbeit auch Haltearbeit, »*statische Arbeit*« mehr oder weniger großer Muskelgruppen. Bei Verzögerung und Unterbrechung im Bewegungsverlauf kann diese Haltearbeit zeitweise sehr groß werden, sodass ein erheblich höherer energetischer Aufwand eintritt.

Als Beispiel kann das Schwingen in den Oberarmstand am Barren gelten, wie es oft von Anfängern ausgeführt wird.

Für die zyklischen Bewegungsakte im Schwimmen und im Wasserfahrsport gilt zusätzlich folgende wesentliche Begründung für den Bewegungsfluss: *Bewegungen gegen den Wasserwiderstand* führen dann zu höchsten Leistungen und größtmöglicher *Ökonomie*, wenn sie in ständig gleichbleibender Geschwindigkeit ausgeübt werden. Das liegt daran, dass der Wasserwiderstand mit der Geschwindigkeit im Quadrat wächst ($W = c_w \frac{\varrho}{2} v^2 S$)

---

23 Von dieser Fragestellung wird die Tatsache nicht berührt, dass ein Teil des durch die Anlaufbewegung entwickelten Bewegungsimpulses bei Sprüngen und zum Teil auch bei Würfen amortisiert wird, um eine gute Vorbereitung der (Sprung-)Beinmuskulatur zu erzielen.

(vgl. HOCHMUTH, 1982, S. 107). Die Schwimmbewegungen, Ruder- und Paddelbewegungen müssen darum so koordiniert werden, dass ein ständiger, in seiner Größe gleichbleibender Antrieb erzielt wird. Der Bewegungsfluss ist zumeist ein Kriterium des dabei erreichten Gleichmaßes.

3.5.4. Bewegungsfluss und Bewegungselastizität

In den ersten Auflagen der »Bewegungslehre« wurde als ein weiteres Merkmal die *Bewegungselastizität* behandelt. Damit war der Vorgang des Abbremsens und Zurückfederns des Körpers nach Flugphasen oder nach anderweitiger Beschleunigung sowie auch das Abbremsen und Zurückfedern beweglicher Gegenstände und Geräte, etwa eines anfliegenden Balles, gemeint. Der Grad der Elastizität einer Bewegung wurde danach bestimmt, inwieweit das Verhalten der dabei tätigen Gliederkette (der eingeschalteten kinematischen Kette) *äußerlich dem Verhalten eines elastischen Systems* nahe kam. Dieses Merkmal sportlicher Bewegungsabläufe macht in der Ontogenese und im einzelnen Lernprozess eine deutliche Veränderung und Entwicklung hinsichtlich seiner Ausprägung durch. Deshalb wurde es als wichtiges *Gütekriterium* und als *Gesichtspunkt der Bewegungsschulung* herausgearbeitet.

Bei näherer Betrachtung dieser Erscheinung ergibt sich allerdings folgendes: Das als elastisch gekennzeichnete motorische Verhalten stellt in Bezug auf den Bewegungsverlauf nichts anderes als die Ausprägung des Bewegungsflusses dar. Bewegungselastizität beim Niedersprung äußert sich in der Geschwindigkeitsänderung und im fließenden, »glatten« Übergang zur Rückbewegung. Das Spezifische im Bewegungsverlauf wird demnach durch das Merkmal Bewegungsfluss weitgehend erfasst. Gleiches gilt für den Lauf oder Skilauf. Das »elastische« Aufnehmen und Bremsen des Bewegungsimpulses des Körpers und der nachfolgende »federnde« Antrieb stellen ebenso nichts anderes als eine *Erscheinungsform des Bewegungsflusses* dar. Der Bewegungsfluss wird in den genannten Fällen

lediglich speziell bezogen auf Bewegungsphasen, die mit ausgeprägten Bremsstößen und mit Richtungsumkehr verbunden sind. Der »Grad der Elastizität« deckt sich im wesentlichen mit dem Maß der Kontinuität. *Auch die ursächlichen und Bedingungszusammenhänge sind die gleichen.* Wenn oben festgestellt wurde, dass der Fluss eines Bewegungsablaufes von der Abgestimmtheit der einzelnen Kraftimpulse aufeinander und auf die äußeren Kräfte, insbesondere auf die auftretenden Trägheitskräfte, abhängt, so entspricht das der Erklärung der »Bewegungselastizität« als aktive Anpassung an äußere Widerstände.

Aus den genannten Gründen betrachten wir die Bewegungselastizität nicht mehr als gesondertes Bewegungsmerkmal, sondern erfassen elastisches Bewegungsverhalten als **spezielle Ausprägung des Bewegungsflusses.**

3.5.5. Zusammenfassung

• Unter dem Bewegungsfluss ist der **Grad der Kontinuität im Ablauf** eines motorischen Aktes zu verstehen. Er ist als *Verlaufskriterium* durch gezielte Beobachtung und vergleichende Betrachtung sportlicher Bewegungsvollzüge gut erfassbar und spielt somit in der Bewegungsschulung eine bedeutende Rolle. Das Optimum in der Ausprägung des Bewegungsflusses ist von der motorischen Aufgabenstellung abhängig.

• *Objektiviert* werden kann der Bewegungsfluss **in Weg-Verläufen, Weg-Zeit-, Kraft-Zeit- und auch Winkel-Zeit-Verläufen.** Es gibt bereits Möglichkeiten, ihn in einer Maßzahl auszudrücken und auf diese Weise zur quantitativen Bewegungsanalyse überzugehen. Die genannten Objektivierungsmöglichkeiten erfassen bei leistungsmäßig und bewegungstechnisch fortgeschritteneren Sportlern, neben anderen Charakteristika der Sporttechnik, den Bewegungsfluss genauer und ermöglichen exakte Vergleiche mit vorgegebenen Kennlinien.

• Der Bewegungsfluss ist bedingt durch das abgestimmte Verhältnis der einzelnen Kraftimpulse untereinander und zu den gleichzeitig wirkenden äußeren Kräften, insbesondere zu den auftretenden Trägheitskräften. Er ist damit das **Ergebnis eines motorischen Anpassungsvorganges** und somit eine **Erscheinungsform der Bewegungskoordination.** Die Forderung eines möglichst weitgehend kontinuierlichen, glatten Bewegungsverlaufes, besonders an Knotenpunkten der Struktur und bei Übergängen, ist *begründet durch:*

– die Folgerungen, die sich aus dem *physiologischen Prinzip der reziproken Innervation* und dem *biomechanischen Prinzip der Anfangskraft* ergeben;
– die Folgerungen aus dem *biomechanischen Prinzip der zeitlichen Koordination von Einzelimpulsen;*
– die Folgerung aus dem biomechanischen *Prinzip des optimalen Beschleunigungsweges*, dass der Beschleunigungsweg bei Verzögerungen und Unterbrechungen im Verlauf ungenügend ausgenutzt wird;
– die *Vermeidung überflüssiger statischer Muskelarbeit;*
– die *Gewährleistung eines kontinuierlichen Antriebes* bei Bewegungen gegen den Wasserwiderstand.

• Durch das Merkmal Bewegungsfluss wird auch das so genannte **elastische Bewegungsverhalten** hinreichend **beschrieben**, sodass ein gesondertes Merkmal »Bewegungselastizität« nicht mehr benötigt wird.

• Der Bewegungsfluss ist wesentlich bei der **differenzierten Kennzeichnung der Bewegungsstruktur.**

3.5.6. Folgerungen für die Lehr- und Übungspraxis

• Als **Verlaufskriterium** kann das Merkmal Bewegungsfluss **bei der** Schulung beziehungsweise **Ausbildung aller Bewegungsakte** Anwendung finden. Die Bewegungsvorstellung, das technische Leitbild des Lehrenden, muss den Bewegungsfluss seiner Bedeutung entsprechend einschließen. Dadurch wird es möglich, bei der Erfassung des Bewegungsflusses und bei seiner Beurteilung nicht nur von den allgemeinen Tendenzen zu einer möglichst kontinuierlichen Verlaufsform auszugehen, sondern *im Vergleich mit dem Leitbild die für die jeweilige Technik spezifische Ausprä-*

gungsform des Bewegungsflusses zu erarbeiten.

• Bedeutsam für die Bewegungsschulung beziehungsweise für die sporttechnische Ausbildung ist die bereits erwähnte, **emotional gefärbte Wahrnehmung des Bewegungsflusses durch den Sportler.** Indem wir seine Aufmerksamkeit bewusst auf den Bewegungsfluss lenken, tragen wir zur Verfeinerung seines Bewegungsempfindens und zur Verbesserung der Bewegungskoordination bei. Eine solche Schulung, die auch den *ästhetischen Aspekt eines fließenden Bewegungsablaufes* mit einbezieht, ist besonders in Sportarten erforderlich, in denen der Bewegungsfluss in die Bewertung der Leistung eingeht (Gerätturnen, Eiskunstlauf, Rhythmische Sportgymnastik u. a.).

3.6. Bewegungspräzision (Merkmal der Ziel- und Ablaufgenauigkeit)

3.6.1. Erscheinungsformen

Im Boxen und Fechten besteht das Ziel der einzelnen Angriffshandlungen darin, den Gegner durch Stoß, Haken oder Hieb an bestimmten Körperstellen zu treffen. Die ins Auge gefasste Auftreffstelle kann enger oder weiter umgrenzt sein, und soweit der Gegner der Angriffshandlung nicht ausweicht oder sie abwehrt (pariert), wird im Ergebnis offenbar, in welchem Maße die vorgesehene Körperstelle getroffen wurde oder wieweit Zielpunkt und Auftreffpunkt voneinander abweichen. In diesem Verhältnis von Zielpunkt und Auftreffpunkt manifestiert sich die Zielgenauigkeit oder besser: die **Treffgenauigkeit** als ein Ausdruck des Merkmals Bewegungspräzision.

Die Treffgenauigkeit wird in den genannten Sportarten durch die besonderen Bedingungen wesentlich erschwert. Spezielle Untersuchungen unterstreichen ihre Bedeutung im Boxen und Fechten (u. a. Gusewa 1965).

Eine kompliziertere Form der Treffgenauigkeit liegt vor, wenn ein Sport- bzw. Spielgerät in Bewegung gesetzt werden soll, um *in einiger Entfernung ein* bestimmtes *Ziel zu treffen.*

128 Allgemeine Bewegungsmerkmale als Ausdruck der Bewegungskoordination

Das betrifft das Zielwerfen mit Ball oder Darts, das gezielte Stoßen, Schlagen oder Schlenzen, Stoppen oder Prallenlassen eines Balles oder anderen Spielgerätes und auch die Disziplinen des Schießens und Bogenschießens.[24] Die Treffgenauigkeit manifestiert sich hier erst nach dem Flug, Rollen oder Gleiten des Sportgerätes über eine größere Entfernung, wobei dieser Weg nicht mehr durch den Sportler beeinflussbar ist, sondern nach rein mechanischen, unter anderem nach ballistischen Gesetzen verläuft.

Die Genauigkeit des Auftreffens am eigentlichen Ziel wird dadurch erreicht, dass der Wurf, Stoß, Schlag usw. dem Gerät einen *in Stärke und Richtung genau abgestimmten Bewegungsimpuls* verleiht. dass dazu bereits ein optimales »Treffen« des Gerätes – des Balles, Pucks usw. – erforderlich ist, soweit es nicht beim Werfen fest in der Hand liegt, ist offensichtlich.

Die Präzisionsanforderungen erhöhen sich beträchtlich durch den Gebrauch eines Schlägers z. B. im Tennis, Hockey, Baseball oder Golf, der durch eine Verlängerung der kinematischen Kette die Anzahl der zu beherrschenden Freiheitsgrade erhöht.

In den bisher genannten Erscheinungsformen der Bewegungspräzision als Treffgenauigkeit war diese nicht nur »äußeres« Bewegungsmerkmal, sondern *unmittelbares Handlungsziel*. In anderen sportlichen Handlungen findet man Treffgenauigkeit als Merkmal, das die *Erfüllung von Teilzielen, Teilaufgaben* im Bewegungsablauf *mitbestimmt*.

Hier sind unter anderem zu nennen: das Treffen des Absprungbalkens, des Sprungbretts an der günstigsten Stelle; die Treffsicherheit im Greifen und Stützen am Reck, Barren, Pferd und Schwebebalken, vor allem bei schwierigen Übungen mit zeitweiligem Lösen des Griffes oder Stützes; das Treffen des gegnerischen Beines in der Gegend des Fußgelenkes bei Fußwürfen im Judo. Ein bestimmtes Maß an Treffgenauigkeit ist in den genannten Fällen für das Gelingen der Gesamthandlung unabdingbare Voraussetzung, wie man zum Beispiel bei einem Fehlgriff am Pauschenpferd beobachten kann. Geringe Abweichungen vom optimalen Treff- oder Griffpunkt beeinträchtigen den weiteren Bewegungsverlauf zumeist wesentlich oder mindern die Leistung wie zum Beispiel im Weitsprung.

Die bisher erörterten Beispiele für die Bewegungsgenauigkeit betreffen jeweils das Erreichen eines räumlich bestimmten Zielpunktes der sportlichen Bewegung, entweder als un-

mittelbares Ziel am Ende einer Handlung oder als Knotenpunkt im zweck- oder formorientierten Bewegungsablauf.[25] Wenngleich der räumliche Aspekt vorherrscht, ist doch nicht zu übersehen, dass die räumliche Präzision – je nach Handlungssituation und Aufgabenspezifik mehr oder weniger – *mit zeitlicher Präzision* – mitunter auch als Timing bezeichnet - *im Ablauf verbunden* ist, *teilweise* im hohem Maße *davon abhängt*. Das macht deutlich, dass die Treffgenauigkeit nicht völlig unabhängig vom zweiten Aspekt des Merkmals Bewegungspräzision, von der Ablaufgenauigkeit, gesehen werden kann.

Zur **Ablaufgenauigkeit** muss einleitend hervorgehoben werden, dass sie *nicht als exakte Kopie eines Technikmodells* oder eines anderen Bewegungsvorbildes verstanden werden kann. Ein wesentlicher Teil der heutigen sportlichen Techniken ist durch wissenschaftlich begründete Technikmodelle so weitgehend standardisiert, dass dafür optimierte kinematische und dynamische Kennlinien vorliegen. Die Ermittlung effektiver Weg-, Weg-Zeit- und Kraftverläufe ergibt jedoch einen »Kennlinienschlauch« (Gutewort 1968, S. 659), der sich an entscheidenden Punkten verengt. Der Begriff der Ablaufgenauigkeit ist dementsprechend zu präzisieren:

Er bezieht sich auf die **Übereinstimmung** des Bewegungsablaufs **mit »Sollvorgaben« zu solchen Knotenpunkten, Teilverläufen und Relationen** – zum Beispiel dem Verhältnis von Brems- und Beschleunigungsstoß (Kappa-Verhältnis) –, **die entscheidend für das Gesamtergebnis sind**.

Beispiele der so verstandenen Ablaufgenauigkeit treten u. a. im *alpinen Skisport* besonders beim *Slalomlauf* und in ähnlicher Weise im *Kanuslalom* auf.

Die Torstangen sind jeweils auf möglichst kurzen Wegen und mit geringstmöglichem Geschwindigkeitsverlust zu umfahren, um das Leistungsziel, die Minimierung der Fahrzeit, zu erreichen. Das erfordert die Vorausnahme der günstigsten, entsprechend dem vor-

---

24 Auf die speziellen Grundlagen und Bedingungen der Bewegungspräzision im Schießen und Bogenschießen soll nicht näher eingegangen werden.

25 Zur Unterscheidung von Zweck- und Formbewegungen, die wir allerdings nur in bestimmten Punkten für erforderlich halten, vgl. Sobotka (1974)

handenen motorischen Können realisierbaren Fahrspur und ihre genaue Einhaltung.

An der Fahrweise des weniger qualifizierten Sportlers oder gar des Anfängers wird deutlich, dass diese Präzision im Bewegungsverlauf erst im Ergebnis eines langen Lern- und Übungsprozesses zu erwerben ist. Über die Ideallinie hinausschießende, »entgleisende« Bewegungsverläufe als Ausdruck geringer Präsision sind charakteristisch für Anfänger.

Ablaufgenauigkeit im gekennzeichneten Sinne ist ebenfalls ein markantes Merkmal in den Bewegungsabläufen der technisch-kompositorischen Sportarten – »Formbewegungen« nach SOBOTKA (1974) –, wo sie andererseits zum Teil auch als Bewertungskriterium eingesetzt wird, besonders deutlich beim Eiskunstlauf und in den Synchrondisziplinen des Wasserspringens.

Somit lässt sich nun »Bewegungspräzision« wie folgt bestimmen.

Definition Bewegungspräzision:
Merkmal, das die Übereinstimmung der vorgegebenen und vom Sportler angestrebten mit den tatsächlich erreichten räumlichen Zielpunkten – **Ziel- bzw. Treffgenauigkeit** – oder der intendierten mit den realisierten räumlich-zeitlichen und dynamischen Charakteristika im Bewegungsverlauf – **Ablaufgenauigkeit** – beschreibt.

Verschiedentlich wird – und wurde in früheren Auflagen dieses Buches auch von uns – die so genannte **Ergebnis- oder Leistungspräzision** dem Merkmal der Bewegungspräzision zugerechnet. Gemeint ist damit die in Training und Wettkampf häufig gestellte Aufgabe, ein vorgegebenes messbares Ergebnis zu erreichen, sei es die Weite eines Wurfes, Stoßes oder Sprunges, ein Zeitziel, das bei Zwischen- oder Endläufen zu erbringen ist, usw. Sicher ist auch die Ergebnispräzision zu einem Teil abhängig vom Niveau der Bewegungskoordination und damit mit der Bewegungspräzision als Koordinationsmerkmal verknüpft. Sie ist jedoch keinesfalls damit identisch, sondern hängt von einer Reihe weiterer Faktoren ab! Deshalb kann sie nicht dem **Bewegungs**merkmal Bewegungspräzision zugeordnet werden.

Nicht in das hier gekennzeichnete Merkmal der Bewegungsgenauigkeit eingeschlossen wird ferner die »Wiederholungsgenauigkeit«, wir behandeln sie als gesondertes Merkmal »Bewegungskonstanz«.

3.6.2. Objektivierbarkeit

Die *Treffgenauigkeit* ist meist ohne Schwierigkeit zu objektivieren, auch wenn sie nicht unmittelbar mit dem Leistungsziel verbunden ist. Selbst ohne kompliziertere Registrierverfahren lässt sich die Abweichung vom vorgegebenen Ziel häufig direkt messen.

Die Absprungstelle beim Weitsprung ist am Fußabdruck deutlich zu sehen und die Entfernung Fußspitze – Balkenkante leicht zu messen. Griffstellen der Hände und Auftreffpunkte von Bällen usw. lassen sich markieren, sodass auch hier die Abweichung vom »Ziel« direkt gemessen werden kann. Die Treffgenauigkeit im Boxen und Fechten ist zwar im Kampf kaum messbar, es gibt aber Trainingsgeräte, die eine direkte Messung ermöglichen.

Als **Maß der Treffgenauigkeit** kann demnach die *Differenz zwischen vorgegebenen und realisierten Ziel- oder Teilzielparametern* gelten, also die *Sollwert-Istwert-Differenz*: $Pr_{Tr} = S - I$.[26] Ein Präzisionsmaß aus mehreren Versuchen liefert die Formel nach SOBOTKA (1974, S. 101):

$$PrTr = \cfrac{1}{\sqrt{\cfrac{\sum (x-Z)}{n}}} \qquad \text{(Z = Zielwert, Sollwert)}$$

Aufwendiger ist die **Objektivierung der Ablaufgenauigkeit**. Beschränkt man sich dabei auf räumliche Knotenpunkte, so kann wie bei der Treffgenauigkeit verfahren werden.

Beim Slalomlauf kann mitunter die Fahrspurentfernung von der Torstange, bei der Eislaufpirouette das »Wandern«, die Entfernung vom Ansatzpunkt der Spur auf dem Eis, als Präzisionsmaß dienen.

Ähnlich kann bei Ermittlung bestimmter *Kennwerte der Bewegung* verfahren werden, die mit Idealwerten des angestrebten Technikmodells vergleichbar sind. Dazu eignen sich biomechanische Messwerte wie Kraftstöße, Beschleunigungswerte, Winkelwerte und auch

---

26 Pr_{Tr} = Treffgenauigkeit, S = Sollwert, I = Istwert

bestimmte Relationen, wie sie z. B. als Kennwert (Maß) für den Bewegungsfluss beschrieben wurden.

Schließlich ist noch der *Kennlinienvergleich* zu nennen: Kinematische und dynamische Kennlinien führen im Vergleich mit »Ideallinien« des Technikmodells ebenfalls zu objektivierten Aussagen zur Ablaufgenauigkeit.

3.6.3. Zur Bewegungskoordination bei Präzisionsleistungen

Bewegungspräzision wird nicht nur bei sportlichen Handlungen gefordert, sondern ist ebenfalls sehr bedeutsam für Bewegungsaufgaben im **Arbeitsprozess** und zum Teil in alltäglichen Verrichtungen des Menschen.

Präzisionsbewegungen der *Hand* und der *Finger* sind auch heute noch in verschiedenen Berufen in Industrie und Handwerk sehr gefragt. Auch im künstlerischen Schaffen, im Instrumentalspiel und in der bildenden Kunst, im Kunsthandwerk, im Schnitzen, Basteln und Zeichnen werden oft höchste Anforderungen an die – vorwiegend räumlich bestimmte – Bewegungspräzision gestellt.

Präzisionsleistungen in diesem motorischen Bereich werden meist unter starker *Einengung des Bewegungsumfanges* und durch *stark gebremste*, mitunter durch *versteifte Bewegungsführung* erreicht. Nicht locker ausschwingende, großräumige Bewegungen herrschen vor, sondern der Typ der **geführten Bewegung**, bei dem durch gleichzeitige Kontraktion von Agonisten und Antagonisten eine bessere, millimetergenaue Beherrschung des Werkzeuges, wie des Schnitzmessers oder der Pinzette, möglich wird (vgl. dazu auch WACHHOLDER, 1930, S. 640 f.).

Daneben treten jedoch in Arbeitsprozessen *großräumige, schwung- und kraftvolle Bewegungen* auf, mit denen eine hohe Treffgenauigkeit erzielt werden kann und muss, zum Beispiel beim Arbeiten mit der Axt beim Bäumefällen, mit dem schweren Schmiedehammer und in einer Reihe noch nicht mechanisierter Arbeitsgänge vor allem im Handwerk.

Im **Sport** werden Präzisionsleistungen ebenfalls auf verschiedenem Wege erzielt. Die *Tendenz zu stark gebremster, versteifter Bewe-*

gungsführung herrscht in der Regel beim *Anfänger* vor. Er versucht, durch Feststellen möglichst vieler Gelenke (Ausschalten von Freiheitsgraden) und eine wenig umfangreiche, möglichst geradlinige Bewegung höhere Treffgenauigkeit und -sicherheit bzw. eine Annäherung an die angezielte Verlaufsform zu erreichen. Entsprechend der motorischen Aufgabenstellung und den oft erforderlichen längeren Beschleunigungswegen ist das in den meisten Fällen nicht zweckmäßig. Wie schon erwähnt, ist eine hohe Präzision gerade auch bei solchen großräumigen Bewegungen wie dem Hockey-, Tennis- oder Golfschlag gefordert, bei denen sich die Endglieder, wenn überhaupt, nur in der entscheidenden Phase annähernd geradlinig bewegen.

Bei Anforderungen an die *Ablaufgenauigkeit* versucht der Ungeübte neben der gebremsten, versteiften Bewegungsführung die Bewegung *zunächst verlangsamt* auszuführen, soweit das die äußeren Kräfte und die induzierten Trägheitskräfte zulassen. Hier ergibt sich eine Beziehung zu dem *Verhältnis von Genauigkeit und Schnelligkeit* von Bewegungen, das umgekehrt proportional ist.

Das führt zu Problemen im motorischen Lernprozess, da viele sportliche Leistungen Genauigkeit und Schnelligkeit im Bewegungsablauf fordern. (Vgl. dazu Kap. 4)

Die Erzielung einer hohen Präzision bei allen Wurf-, Schlag-, Stoß-, Schleuder- und Schlenzbewegungen wird vielfach durch die *Rumpfbewegung* unterstützt. Der Rumpf gibt der Bewegung der Arme oder des Beines durch seine eigene, möglichst genau in Wurf-, Schlag-, Stoß-, Schleuder- oder Schlenzrichtung gerichtete Bewegung eine sichere und lange Führung. Diese Rolle der Rumpfbewegung wurde bereits bei den Formen des Rumpfeinsatzes erwähnt (vgl. Abschnitt 3.4.4.).

Alle bisher getroffenen Feststellungen sagen nur etwas zu äußeren Verlaufsformen des Bewegungsaktes aus, die das Zustandekommen von Präzisionsleistungen ermöglichen oder begünstigen. Auf die *kausalen* und *genetischen Zusammenhänge* wurde bereits bei der Behandlung der *Bewegungskoordination* eingegangen und gezeigt, wie das sensomotorische System des Menschen durch Steuer- und

Regelvorgänge auch die Bewegungspräzision bedingt und verwirklicht.[27]

Für verschiedene Sprung- und Wurfbewegungen zum Beispiel konnte KLICHE (1970) sehr instruktiv zeigen, welchen Einfluss die sensorische (optische) Regulation auf die räumliche Präzision hat. KOHL (1956, S. 36/37) stellte dagegen bei geübten Basketballspielern fest, dass ihre Blindwürfe kaum schlechtere Trefferergebnisse erbrachten als Würfe mit geöffneten Augen.

3.6.4. Zusammenfassung

• Unter Bewegungspräzision verstehen wir das Verhältnis von Sollwert und Istwert, den *Grad der Übereinstimmung von im Bewegungsvollzug realisierten* Bewegungscharakteristika *mit vorgegebenen* räumlichen *Zielpunkten oder Verlaufskriterien.* Teilaspekte sind die räumlich orientierte **Treff-** oder **Zielgenauigkeit** und die **Ablaufgenauigkeit.**
• Zu **objektivieren** ist die Bewegungspräzision *durch* direkte *Messungen der Differenz zwischen dem geplanten oder vorgegebenen Sollwert und dem Istwert,* ausgedrückt in einer Strecke bzw. in einem kinematischen oder dynamischen Kennwert; hinzu kommt für die Ablaufgenauigkeit der Kennlinienvergleich. Der gemessene Wert lässt sich umformen in ein relatives Maß, wobei die Verfahren je nach Aufgaben- und Fragestellung unterschiedlich sein können.
• Treffgenauigkeit ist im allgemeinen leichter durch **kleinräumige, geführte Bewegungen** zu erzielen, Ablaufgenauigkeit durch verlangsamte Ausführung. Die speziellen motorischen Aufgaben im Sport machen ebenso bei **großräumigen,** zum Teil **ballistischen Bewegungen** hohe Präzision erforderlich. Bei Wurf-, Stoß-, Schlag-, Schleuder- und Schlenzbewegungen erhöht eine sichere Führung der Gliedmaßenbewegung, bewirkt durch eine umfangreichere Rumpfbewegung in Richtung der Hauptbewegung, die Treffgenauigkeit.
• Hohe Präzisionsleistungen im Sport und in der Arbeit setzen eine **differenzierte Ausbildung der Bewegungskoordination** zu einem gut funktionierenden System voraus.

3.6.5. Folgerungen für die Lehr- und Übungspraxis

• Bewegungspräzision ist eines der wesentlichen Kriterien der Beherrschung eines sportlichen Bewegungsablaufes und der »Güte« der erreichten Bewegungskoordination. Darum **muss in der Bewegungs- und Technikschulung kontinuierlich an diesem Merkmal gearbeitet werden.** Dazu gehört die lernstandsgemäße *Information über die Differenz ausgewählter Soll- und Istwerte,* verbunden mit Selbsteinschätzungen des Übenden. Zur Informationshäufigkeit gibt es eine Vielzahl von Untersuchungen mit teilweise widersprüchlichen Ergebnissen. Relativ gesichert ist jedoch die Orientierung, u. U. von Anfangsversuchen abgesehen, nicht jeden Bewegungsakt mit dieser Differenzinformation zu beantworten.
• Ein oft zweckmäßiges Übungsverfahren ist die **Kontrastmethode.** Dabei werden *im Wechsel zwei voneinander abweichende räumliche Treffpunkte, Zeitwerte oder andere Kennwerte als Ziel* gestellt und im Verlauf des Übens *immer weiter einander angenähert.*
• Bei **Anforderungen** sowohl **an die Genauigkeit** als auch an die **Schnelligkeit** einer sportlichen Bewegung – wie sie zum Beispiel in den Spiel- und Kampfsportarten nahezu die Regel sind – sollte alsbald (evtl. nach kurzer Einführung) *auf Schnelligkeit* **und** *Genauigkeit geübt* werden. Dabei ist es leichter, einen von Anfang an in dem erforderlichen Tempo geübten Bewegungsverlauf nach und nach auf die notwendige Treff- oder Ablaufgenauigkeit zu bringen als eine zunächst nur langsam geübte, auf hohe Präzision gebrachte Bewegung nachträglich schnell zu machen. (Vgl. dazu SINGER, 1985, S. 419–421)

---

27 Spezielle Untersuchungen dazu wurden insbesondere in der Arbeitspsychologie durchgeführt (vgl. HACKER, 1967, 1978).

3.7. Bewegungskonstanz (Merkmal der Wiederholungsgenauigkeit)

3.7.1. Erscheinungsformen

Vergleichen wir die *Länge der einzelnen Schritte* eines gut trainierten Läufers, so können wir eine *hohe Konstanz* feststellen. Sie weicht nur wenig von einem Mittelwert ab. Ähnliche Feststellungen machte FEIGE (1934, S. 51) bei einem normalen, ungestörten Gehen. Diesem räumlichen Gleichmaß geht zumeist eine hohe Konstanz in der *Schrittfrequenz* parallel, und beide Formen sind nicht lediglich auf die Verhältnisse innerhalb eines Laufes zu beziehen, sondern treten auch beim Vergleich verschiedener Wettkämpfe eines Läufers in Erscheinung. Untrainierte weisen demgegenüber eine höhere Streuung in der Schrittlänge und Schrittfrequenz auf.

Diese Konstanz von Bewegungsparametern lässt sich bei allen *zyklischen Disziplinen* beobachten.

Sie betreffen beim Schwimmer zum Beispiel die Bewegungsweite (den Bewegungsumfang) des Armzuges und der Beingrätsche beim Brustschwimmen, die Bewegungsweite des Beinschlages, die Zahl der Bewegungszyklen auf einer Teilstrecke (Zug- bzw. Schlagzahl) oder in der Zeiteinheit (Zug- bzw. Schlagfrequenz).

Spitzenathleten zeichnen sich namentlich auf den mittleren und längeren Strecken durch *hohe Gleichmäßigkeit* aller genannten – und darüber hinaus weiterer – Bewegungsparameter aus und halten diese innerhalb einer Wettkampfperiode weitgehend konstant. Größere Abweichungen – soweit sie nicht aus taktischen Gründen auf bestimmten Teilstrecken bewusst angestrebt werden – sind zumindest der Ausdruck noch geringer sportlicher Qualifikation, eines noch ungenügenden Trainingszustandes oder einer Formkrise des Sportlers.

Neben einer Konstanz der Bewegungsparameter bei zyklischen Bewegungsakten findet sich auch eine **Konstanz der Ergebnisse**. Jede sportliche Leistung ist von einer Reihe äußerer und von einigen subjektiven Bedingungen abhängig (u. a. Wetter, Beschaffenheit der Wettkampfstätte; Gesundheitszustand, körperliche Frische). Unter annähernd konstanten Bedingungen erreicht der austrainierte Athlet jedoch Leistungen, die oft einen sehr hohen Grad der Konstanz aufweisen (vgl. auch FEIGE, 1934, S. 54 ff.).

Das »Konstanz-Phänomen« (FEIGE) ist jedoch nicht auf zyklische Bewegungsakte beschränkt. Auch *bei azyklischen Bewegungsvollzügen* und *bei Bewegungskombinationen* (z. B. im Gerätturnen) bildet sich eine weitgehende Konstanz vieler Bewegungsparameter und der erzielten Leistungen aus. Hier ist die Variationsbreite bei weniger qualifizierten Sportlern oder allgemein in den Anfangsstadien eines Lernprozesses noch bedeutend ausgeprägter als bei zyklischen Bewegungsakten. Eine geringe Streuung der Einzelergebnisse innerhalb einer Serie – woraus mit gewissen Einschränkungen auch auf die Konstanz der wichtigsten Bewegungsparameter geschlossen werden kann – gilt darum neben der absoluten Leistung als ein *Maß für die Qualifikation* und *den Trainingszustand* eines Springers, Werfers oder Stoßers. Die meisten Fertigkeitstests (vgl. Kapitel 7.) beruhen ebenfalls auf dem »Konstanz-Phänomen«.

Wenn wir hier zunächst von der Konstanz räumlicher und zeitlicher Parameter sowie des sportlichen Leistungsergebnisses ausgegangen sind, so deshalb, weil sie sehr offensichtlich und leicht erfassbar ist. Es muss jedoch hervorgehoben werden, dass **der Konstanz der Bewegungsstruktur** und damit auch den **Relationen** einer Reihe **von Einzelparametern** eine mindestens ebenso große Bedeutung zukommt. Das betrifft insbesondere den *Rhythmus* sportlicher Bewegungsakte, der auch bei Änderung einzelner Parameter noch vielfach konstant gehalten wird.

So führt beim Lauf im Gelände ein nicht zu steiler Anstieg eher zu erhöhten Kraftstößen und Änderungen der Schrittlänge als zu Änderungen in den zeitlichen Relationen der Dynamik (vgl. dazu auch DRILL, 1935).

Weiterhin werden davon auch die *Kopplungsbeziehungen von Teilbewegungen* betroffen, wo jeweils wesentliche Relationen konstant gehalten werden, zum Beispiel die zeitliche

Verschiebung im Phasenbeginn, die zur Sicherung der optimalen Muskelvorspannung offenbar ein bestimmtes zeitliches Verhältnis erforderlich macht. Das ergibt sich auf Grund der Untersuchungsergebnisse von WARTENWEILER/WETTSTEIN (1965 a) (vgl. Abschnitt 3.4.3.).

Nach der Kennzeichnung der wichtigsten Erscheinungsformen kann das Merkmal Bewegungskonstanz wie folgt bestimmt werden.

> **Definition Bewegungskonstanz: Grad der Übereinstimmung wiederholt ausgeführter Bewegungsakte** – zyklischer wie azyklischer – oder **der einzelnen Zyklen innerhalb eines zyklischen Bewegungsaktes** in bestimmten Bewegungsparametern bzw. ihren Relationen, in Bewegungsstruktur und Bewegungsmerkmalen und in den erzielten Ergebnissen.

3.7.2. Objektivierbarkeit

Grundlage für die Objektivierbarkeit der Bewegungskonstanz ist die Objektivierung der jeweiligen sportlichen Leistung oder Teilleistung sowie der Bewegungsstruktur und der entsprechenden Merkmale, Parameter und Kennlinien. Am einfachsten und zweckmäßigsten ist die Konstanz des *Ergebnisses* oder *Teilergebnisses* dort zu erfassen, wo dieses unmittelbar gemessen wird oder gemessen werden kann.

Das gilt zum Beispiel für die leichtathletischen Sprungdisziplinen, Wurfdisziplinen und Stoßdisziplinen sowie für alle Ausdauerleistungen und Schnelligkeitsleistungen, die unter standardisierten Bedingungen (Laufbahn, Radrennbahn, Schwimmbahn) vollbracht werden. Hinsichtlich der Teilleistungen betrifft das die Zwischenzeitnahme, die zum Beispiel im Schwimmen oder im Laufen über längere Strecken gezielt eingesetzt wird, um mit ihrer Hilfe die Konstanz in den Teilleistungen zu ermitteln, oder die Weite der drei Sprünge beim Dreisprung.

Zur Objektivierung der Konstanz in der *Bewegungsstruktur* sind zumeist differenziertere Untersuchungsverfahren nötig. In einer Reihe von Fällen sind einzelne Parameter und Relationen auch ohne größeren untersuchungstechnischen Aufwand näherungsweise zu ermitteln.

So lässt sich durch Zählen der Armzüge auf einer Teilstrecke im Schwimmen oder der Paddelschläge auf einer Teilstrecke ein Wert für den Vortrieb je Zug oder Schlag gewinnen, der mit dem Wert auf einer anderen Teilstrecke oder mit dem Wert an einem anderen Trainingstag oder Wettkampftag verglichen werden kann.

Die unter Verwendung der Stoppuhr ermittelte Zugfrequenz, Schlagfrequenz oder Schrittfrequenz bietet die gleichen Möglichkeiten.

Für Untersuchungen der Bewegungskonstanz können im Prinzip *alle messbaren Parameter und ihre Relationen herangezogen* werden. Besonders bedeutsam sind Wegkennlinien, Geschwindigkeitskennlinien, Beschleunigungs- und Kraftkennlinien und die dabei auftretende Breite der Kurvenschar (Abb. 3.7.–1). Ebenso wesentlich können auch Winkelwerte, unter anderem bei Wurfbewegungen, Stoßbewegungen und Sprungbewegungen (Abwurfwinkel, Anstellwinkel, Absprungwinkel), sein.

Die ermittelten Leistungsergebnisse, Teilergebnisse und Bewegungsparameter stellen nun an sich noch keine Angabe über den Grad der Bewegungskonstanz dar. Um zu einem Maß der Konstanz zu gelangen, ist ihre statistische Bearbeitung erforderlich. Als Maß der Bewegungskonstanz können in diesem Falle die *Standardabweichung* (s), für den Vergleich verschiedener Parameter oder verschiedener Leistungen der *Variabilitätskoeffizient* (V) dienen.[28]

In diesem Zusammenhang ist noch besonders darauf hinzuweisen, dass auch die errechneten Werte der Bewegungspräzision (Maß der Bewegungspräzision) Grundlage für die Bestimmung der Bewegungskonstanz sein können, indem die Streuungswerte (s und V) von den Istwert-Sollwert-Differenzen mehrerer Bewegungsvollzüge eines Sportlers errechnet werden.

---

28 Für eine weitergehende Auswertung eignet sich die folgende Formel nach SOBOTKA (1974, S. 100):

$$\mathrm{Ko} = \frac{1}{S} = \frac{1}{\sqrt{\dfrac{\sum (x-M)^2}{n}}}$$

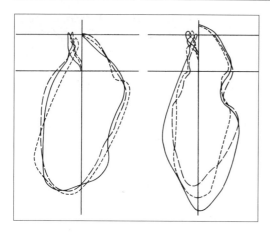

Abb. 3.7.–1 Vektordynamogramme vom Überschlag rückwärts, ausgeführt von zwei Turnern – je drei Wiederholungen. Erkennbar die individuelle Ausführungsart, die erhalten bleibt, während alle drei Kurven in bestimmten Grenzen differieren.

3.7.3. Zur Entwicklung und Begründung der Bewegungskonstanz

Bei der Erläuterung der Erscheinungsformen der Bewegungskonstanz kam zum Ausdruck, dass ihr Ausprägungsgrad offenbar weitgehend von der sportlichen Qualifikation, von der Beherrschung der sportlichen Technik und vom Entwicklungsstadium der Bewegungskoordination abhängt. Dazu muss hier Folgendes festgestellt werden:
Eine *absolute Wiederholungsgenauigkeit* kann weder das Ziel im Lern- und Vervollkommnungsprozess sportlicher Bewegungsfertigkeiten sein, noch ist sie streng genommen überhaupt möglich. Beherrschte Bewegungen weisen auch im Stadium der Automatisierung in bestimmten Merkmalen und Parametern eine *begrenzte Inkonstanz* auf und gewährleisten gerade dadurch die Möglichkeit der Anpassung an die nie völlig auszuschließenden Schwankungen in den äußeren und inneren Bedingungen oder gar an bestimmte Störgrößen. Die *Stabilität*, die primär eine *Ergebnis-konstanz* ist, steht im Zusammenhang mit den »2 Taktiken des Koordinationssystems« nach BERNSTEIN (vgl. 2.2.3).
Ein hoher Grad der Bewegungskonstanz ist jeweils das **Ergebnis eines längeren Anpassungsprozesses** des sensomotorischen Systems an die jeweils zu lösende Aufgabe. Die Bewegungskoordination erfolgt dann so fein abgestimmt, dass selbst beim Auftreten äußerer und innerer Störgrößen ein hoher Konstanzgrad erzielt wird. Die Konstanz des Ergebnisses hat dabei vor der Konstanz der Bewegungsstruktur den Vorrang, diese wiederum vor der Konstanz einzelner Bewegungsparameter.

Die **Bedeutung** einer hohen *Leistungskonstanz* versteht sich von selbst. Zu beachten ist dafür zusätzlich die *psychische Seite:* Der Sportler mit hoher Ergebniskonstanz geht mit größerer Sicherheit in den Wettkampf und ist daher eher in der Lage, sich zu steigern.

Das hat zumeist Rückwirkungen auf den Gegner, vor allem, wenn dieser nicht oder noch nicht eine so hohe Ergebniskonstanz erreicht hat. Er wird unsicher oder ist es bereits von vornherein und schöpft sein wirkliches Leistungsvermögen nicht voll aus.

Für alle Ausdauer- und Schnelligkeitsleistungen ergibt sich die Zweckmäßigkeit einer möglichst hohen *Bewegungskonstanz* aus den Forderungen der *Bewegungsökonomie*. Hinsichtlich der einzelnen Bewegungsparameter ist nur ein begrenzter Bereich ökonomisch zweckmäßig, und jede Variation über die Grenzen dieses Bereiches hinaus mindert letztlich das Ergebnis.

Die bereits erwähnte Tendenz, bei Dauerleistungen den Rhythmus weitgehend konstant zu halten, legt den Schluss nahe, dass die Bewegungskoordination bei hoher Konstanz der zeitlichen Parameter am günstigsten, das heißt ökonomisch abläuft.

Auch für *Maximalleistungen* bei *azyklischen Bewegungsformen* besteht ein begrenzter Spielraum für die einzelnen Parameterwerte und Kennlinien (»Kennlinienschlauch«). Bei individueller Ausprägung der Technik ist dieser Spielraum zwar durch individuelle Bedingungen bestimmt, jedoch für den einzelnen Sportler nicht größer, sondern kleiner als für die Gesamtheit aller trainierenden Athleten.

Diese Feststellung gilt mit Einschränkung auch für *submaximale Leistungen*, zum Beispiel wenn im Vorkampf die volle Leistung noch nicht gefordert wird. Beim Fehlen standardisierter Bedingungen wird der Konstanzgrad zwangsläufig geringer sein. Die Gesetzmäßigkeiten einer optimalen Technik machen allerdings auch dort eine Konstanz in der Bewegungsstruktur und einzelner Parameter zweckmäßig.

3.7.4. Zusammenfassung

• Unter Bewegungskonstanz verstehen wir den **Grad der Übereinstimmung wiederholt vollzogener Bewegungsakte** oder einzelner Zyklen untereinander. Dabei wird die *Konstanz* der erzielten *Leistungsergebnisse,* der *Bewegungsstruktur* sowie ihrer *Merkmale, Kennlinien* und *Kenngrößen* unterschieden.
• Zu **objektivieren** ist die Bewegungskonstanz durch direkte Messungen der erfassbaren Hauptparameter der einzelnen Wiederholungen beziehungsweise Zyklen oder durch Ermittlung von Relationswerten dieser Parameter. Als Maß der Bewegungskonstanz gelten die Standardabweichung (s) und der Variabilitätskoeffizient (V).
• Eine hohe Bewegungskonstanz stellt sich als **Ergebnis eines längeren Übungs- und Trainingsprozesses** ein; dabei wird die Konstanz des Ergebnisses und der Bewegungsstruktur durch Variation einzelner Elemente bzw. Parameter gesichert. Sie ist Ausdruck einer weitgehenden Anpassung der Bewegungskoordination an die gestellte Aufgabe unter Festigung der jeweiligen sportlichen Technik.
• Bei Ausdauer- und Schnelligkeitsleistungen auf der Grundlage zyklischer Bewegungsakte wird eine hohe Bewegungskonstanz zur Sicherung der **Bewegungsökonomie** gefordert. Bei maximalen und submaximalen Leistungen auf der Grundlage azyklischer Bewegungsformen führt eine fehlerfreie Beherrschung der Technik zu hoher Konstanz bei Wiederholungen, da das individuelle Optimum nur eine geringe Variation in der Struktur und in den einzelnen Parametern zulässt.

3.7.5. Folgerungen für die Lehr- und Übungspraxis

• In der Ausbildung der sportlichen Technik ist das Merkmal der Bewegungskonstanz meist **nicht direkt Gegenstand der Schulung.** Die

Konstanz ist *vielfach nur Ergebnis, nicht bewusst geplanter Inhalt* des Trainings.[29] Anders verhält es sich mit konstanten Teilleistungen zum Beispiel in Ausdauerdisziplinen, die im Training ganz bewusst geschult werden müssen, und mit der Konstanz in der Treffgenauigkeit.
• Hauptbedeutung für die Bewegungsschulung und das Techniktraining erhält das Merkmal der Bewegungskonstanz als **Kriterium des erreichten Ausbildungsstandes.** Im Allgemeinen ist ein geringer Grad der Bewegungskonstanz als Zeichen ungenügender Festigung der Bewegungskoordination zu werten. Genauere Messungen der Bewegungskonstanz können demnach auch Grundlagen für Auswahlentscheidungen sowie für die spezielle Trainingsgestaltung liefern.

3.8. Bewegungsumfang (Merkmal der räumlichen Ausdehnung)

3.8.1. Erscheinungsformen

Werden bei einem Schwimmwettkampf die Beinbewegungen der Brustschwimmer miteinander verglichen, so lässt sich meist eine unterschiedliche *Weite der Grätschbewegung* feststellen. Besonders die Männer öffnen bei der heute gebräuchlichen Technik die Knie in der Vorbereitungsphase (Zwischenphase) nur wenig, und der nachfolgende Unterschenkelschwung im Übergang zur Hauptphase entfernt die Füße kaum mehr 50 cm voneinander und führt nur zu einer »kleinen Grätsche«. Bei anderen, häufiger bei Schwimmerinnen, ist ein weiteres Öffnen, eine »größere Grätsche« zu beobachten, sodass sich eine größere räumliche Ausdehnung, ein größerer Bewegungsumfang, konstatieren lässt.
Beim trainierten Skilangläufer fällt eine starke

---

[29] Inwieweit eine bewusste Ausrichtung auf hohe Konstanz der Leistungen und bestimmter Parameter auch im submaximalen Bereich die Stabilität der Maximalleistung fördert, kann hier nicht angegeben werden. In bestimmten Fällen erscheint uns eine derartige Trainingsgestaltung zweckmäßig.

Beteiligung aller Gelenke der Gliederkette Bein-Rumpf, eine ausgeprägte Rumpfbewegung (Verwringung – Gegenverwringung) und eine nach vorn und hinten weit ausgreifende Armtätigkeit auf. *Große raumgreifende Schritte* sind die Folge.

Beim Startsprung im Schwimmen unterscheiden wir zwei Extremvarianten: den Start auf Kommando und die Staffelablösung. Der wesentliche Unterschied besteht im *Bewegungsumfang der Ausholbewegung*. Während bei der Staffelablösung eine großräumige Ausholbewegung mit den Armen, meist in Form eines vollen Armkreises, und auch mit den Beinen und dem Rumpf eine ausgeprägte doppelte Ausholbewegung ausgeführt wird, ist beim Start auf Kommando die Ausholbewegung der Arme und des übrigen Körpers sehr kleinräumig. Das ist im Greifstart besonders ausgeprägt.

Im Kanusport kommt der Bewegungsumfang in der *Länge des Paddelschlages* zum Ausdruck. Im Gerätturnen werden bei internationalen Wettkämpfen nur dann hohe Wertungen vergeben, wenn die Übung »voll ausgeturnt« wurde. Dieses »*Austurnen*« ist im wesentlichen eine Erscheinungsform des Bewegungsumfanges; denn darunter werden große Schwungamplituden verstanden.

Als weiteres Beispiel sei noch der Umfang von *Bewegungskombinationen* im Sportspiel erwähnt. DÖBLER (1956) konnte zeigen, dass der Bewegungsumfang der Kombination Ballannahme-Ballabgabe ein wichtiges Kriterium in der Beurteilung der spielerischen Fertigkeiten darstellt (vgl. auch LANGHOFF, 1963).

Die angeführten Beispiele verdeutlichen, dass bei vielen Sportarten und -disziplinen der **räumliche Umfang des Bewegungsablaufes** augenscheinliche Unterschiede aufweist. Wir bezeichnen dieses Merkmal als **Bewegungsumfang**.

3.8.2. Objektivierbarkeit

Der Bewegungsumfang ist mit Hilfe der bekannten Methoden der *Kinemetrie* mehr oder weniger exakt zu objektivieren. Als Maß können Verwendung finden: Minima und Maxima der Gelenkwinkel sowie ihre Differenz (Ex-

kursionsbreite), die Entfernung bestimmter Körperpunkte in bestimmten Phasen voneinander oder von feststehenden Geräten (z. B. vom Reck), die Weglängen bestimmter Körperpunkte (z. B. der Hand beim Wurf). Dabei ist der Umfang eines Bewegungsablaufes zumeist erst durch mehrere Einzelparameter annähernd genau bestimmt.

Im Übungs- und Trainingsprozess ist eine Objektivierung nur bei Verwendung spezieller *Methoden der Schnellinformation* (z. B. der Goniometrie) sofort umzusetzen. Eine Ausnahme stellt lediglich die Schrittlänge dar, die dadurch bestimmt werden kann, dass auf einer kurzen Messstrecke die Schritte ausgezählt werden. In den meisten Fällen, insbesondere in der Grundausbildung und im Nachwuchstraining, ist der Sportlehrer auch bei diesem so eindeutig durch kinematische Parameter bestimmbaren Merkmal auf eine *vergleichende Betrachtung und Einschätzung* angewiesen. Er vergleicht die gesehene Bewegung hinsichtlich ihres räumlichen Umfanges mit seinem Leitbild und gründet darauf Bewegungsanweisungen, Korrekturhinweise und andere methodische Maßnahmen.

3.8.3. Zum optimalen Bewegungsumfang

Wenn sportliche Bewegungsformen neu erlernt werden, und bereits auch bei der ungelenkten Genese der sportlichen Grundbewegungen im Vorschulalter weicht der Bewegungsumfang zunächst wesentlich vom optimalen Maß ab: entweder ist er zu groß oder zu klein.

Bei allen Bewegungsformen, die einen ausgeprägten Rumpfeinsatz fordern, wie bei Wurf- und Stoßbewegungen, aber auch beim Erlernen der Kraulbeinbewegung oder beim Kippstoß, ist der Bewegungsumfang meist zu gering. Zu großräumige Bewegungen treten demgegenüber zum Beispiel beim Armzug im Brustschwimmen, beim Hindernislauf oder beim Skischwung auf.

Aus den genannten Beispielen wird ersichtlich, dass das Optimum des Bewegungsumfanges nicht mit dem Maximum identisch ist und sich erst in einem längeren Entwicklungs- und Lernprozess herausbildet. Auch bei diesem Merkmal muss **entsprechend der jeweiligen**

Bewegungsaufgabe differenziert werden. Dort, wo ein *großer Gesamtimpuls* erforderlich ist, wie bei Wurf- und Stoßbewegungen, nähert sich das Optimum dem möglichen Maximum des Bewegungsumfanges. Das ist unter anderem auch durch das biomechanische *Prinzip des optimalen Beschleunigungsweges* (HOCH-MUTH, 1982, S. 154 ff.) begründet. Dort, wo *hohe Reaktionsschnelligkeit* gefordert wird, zum Beispiel beim Startsprung, oder wo zudem noch eine rechtzeitige Antizipation und Reaktion des Gegners verhindert werden soll – wie bei allen Sportspielen und Zweikampfsportarten –, ist eine schnelle kleinräumige Bewegung zweckmäßig, auch wenn das auf Kosten der Wucht beziehungsweise Schärfe, das heißt der Größe des Gesamtimpulses, geht (Abb. 3.8.–1 und 3.8.–2).

Über die *Beziehungen zwischen Umfang und Präzision* (speziell Treffgenauigkeit) wurde bereits beim Merkmal Bewegungspräzision einiges ausgeführt (Abschnitt 3.6.3.). Im Alltagsleben und in der Arbeitsmotorik wird häufig versucht, durch Bewegungen geringeren Umfangs ungenügendes Koordinationsvermögen zu kompensieren und die erforderliche Präzision zu erzielen.

Im Sport wird demgegenüber *neben hoher Präzision* zugleich meist *größere Schärfe der Bewegung gefordert*, was nur durch umfangreichere, den ganzen Körper einbeziehende Bewegungen möglich ist. Der richtige Rumpfeinsatz wirkt zwar präzisionsfördernd, stellt aber höhere Anforderungen an die Steuerung des Bewegungsvollzuges. Darum finden wir beim Anfänger häufig eine negative Korrelation zwischen Bewegungsumfang und Bewegungspräzision, die erst durch längeres Üben und Trainieren allmählich verschwindet.[30]

Unter Beachtung der hier angedeuteten Tendenzen in der Ausprägung eines zweckmäßigen Bewegungsumfanges muss demnach das **Optimum entsprechend der jeweiligen motorischen Aufgabenstellung** für die einzelnen sportlichen Techniken bestimmt werden.

3.8.4. Zusammenfassung

• Unter Bewegungsumfang verstehen wir die *räumliche Ausgedehntheit* eines Bewegungs-

ablaufes. Sie kann bei annähernd gleicher Bewegungsfigur größer oder kleiner sein.

• Der Bewegungsumfang ist durch alle bekannten *Methoden der Kinemetrie*, soweit sie kinematische Parameter erfassen, zu objektivieren.

• Abgesehen von speziellen Methoden der schnellen Information im Hochleistungstraining ist der Sportlehrer und Trainer auf eine **vergleichende Beobachtung und Einschätzung** des Bewegungsumfanges angewiesen. Dadurch wird der Bewegungsumfang trotz der quantitativen Bestimmtheit zu einem Bewegungsmerkmal, das, in ähnlicher Weise wie die bisher behandelten, im Lehrprozess Anwendung finden muss, um die Bewegungsstruktur zu erfassen.

• Das **Optimum des Bewegungsumfanges** wird jeweils durch die konkreten motorischen Anforderungen bestimmt und muss für die einzelnen Bewegungsstrukturen und -techniken gesondert ermittelt werden. Als *allgemeine Tendenzen* können gelten:
– bei sehr großer »Schärfe« der Bewegung und großem Gesamtimpuls – relativ großer Bewegungsumfang;
– bei hoher Schnelligkeit, besonders geforderter Reaktionsschnelligkeit und unter bestimmten taktischen Gesichtspunkten – geringer Bewegungsumfang.

3.8.5. Folgerungen für die Lehr- und Übungspraxis

• Entsprechend den angeführten Beispielen hat der Bewegungsumfang fast **in allen Sportdisziplinen** als unmittelbares *Merkmal der Technikausbildung und Bewegungsschulung* Bedeutung.

• Dabei darf allerdings seine Abhängigkeit von den dynamischen Kriterien der Bewegung nicht übersehen werden. Die räumliche Ausdehnung allein bestimmt nur einen Teilaspekt der Bewegungsstruktur. Treten **Fehler im Bewegungsumfang** auf, muss deshalb zunächst

---

30 Vgl. hierzu im Abschnitt 2.2.2. (»Zur Kompliziertheit der Koordinationsaufgabe«) die Anforderungen an das motorische System hinsichtlich der Beherrschung einer Vielzahl von Freiheitsgraden.

gefragt werden, ob die *Korrekturhinweise auf den räumlichen Umfang oder auf die Dynamik* – zum Beispiel auf die Bewegungsstärke, auf den Rhythmus oder auf die Bewegungskopplung – *zu richten* sind.

Zwar verbinden sich in der Bewegungsvorstellung des Sportlers räumliche und dynamische Kriterien eng miteinander, die richtige Realisierung dieser Verbindung setzt aber eine hinreichende Beachtung der Wechselbeziehungen im Lehr- und Lernprozess voraus.

3.9. Bewegungstempo (Merkmal der Bewegungsgeschwindigkeit)

In der Lehr- und Übungspraxis finden in jedem Fall auch *Maßbeziehungen der Bewegungsgeschwindigkeit* – sowohl im Hinblick auf die Gesamtbewegung als auch hinsichtlich von Teilbewegungen – Anwendung. Teilweise *gehen sie dabei in komplexere Merkmale* – in den Bewegungsrhythmus und in die Bewegungskopplung – *ein* und prägen sich in spezieller Form auch im Bewegungsfluss, in der Bewegungspräzision und Bewegungskonstanz aus. Doch unabhängig von diesen genannten Merkmalen erfasst und *vergleicht der Sportlehrer und Trainer Bewegungsgeschwindigkeiten und -frequenzen* und gründet darauf methodische Anweisungen, Übungsmethoden und Korrekturhinweise, ganz abgesehen von der exakten Erfassung der zeitlichen Bewegungscharakteristik durch differenzierte Diagnosemethoden.

Einige ausgewählte Beispiele sollen die Arbeit mit diesem Merkmal erläutern: Für alle Sprünge mit Anlauf ist das *Tempo des Anlaufes* (Anlaufgeschwindigkeit und Schrittfrequenz) wesentlich und unterliegt im Training einer bewussten Schulung und Regulation, um ein optimales Verhältnis von Vorbereitungs- und Hauptphase zu erzielen. Das *Tempo in der Ausführung einzelner Elemente* wie auch des Gesamtvortrages einer Schwebebalkenübung oder einer Kür im Eiskunstlauf bestimmt wesentlich den ästhetischen Gesamteindruck und dadurch die Wertung der Kampfrichter mit. Auch in diesen Fällen unterliegt es einer zielstrebigen, systematischen Schulung. Im Schwimmen werden *Start und Wende* besonders hinsichtlich des Bewegungstempos geschult, das heißt, Trainer und Sportlehrer beobachten und analysieren

jeden Bewegungsablauf unter dem dominierenden Aspekt der Geschwindigkeit des Gesamtablaufes und einzelner Elemente und geben entsprechende Korrekturhinweise. Gleiches gilt für den Start zum Kurzstreckenlauf und für *Bewegungskombinationen im Sportspiel*.

Das Bewegungstempo ist demnach ein unentbehrliches Merkmal bei der Beobachtung, Analyse und Korrektur sowie bei der Beschreibung und Erklärung sportlicher Bewegungsvollzüge. Wir verstehen darunter die **Geschwindigkeitsrelationen** ganzer Bewegungsakte und ihrer Kombinationen sowie wesentlicher Teilbewegungen, **ausgedrückt in ihrer zeitlichen Dauer** und **in der Bewegungsfrequenz**.

Das Bewegungstempo ist durch die gut entwickelte kinematische *Registrier- und Messtechnik exakt* zu **objektivieren**, im unmittelbaren Trainings- und Unterrichtsprozess steht jedoch häufig nur die *Stoppuhr* für Stichproben zur Verfügung. Trotz der vorhandenen Messmöglichkeiten ist der Sportpädagoge oft in der praktischen Arbeit mit diesem Merkmal, analog zur Anwendung der anderen Merkmale, überwiegend auf eine **vergleichende Einschätzung** angewiesen. Das muss in enger Verbindung mit anderen Merkmalen erfolgen.

In der Lehr- und Übungspraxis ist es meist zweckmäßiger, die angestrebte Geschwindigkeit einer Teilbewegung durch bewusste Schulung des Bewegungsrhythmus oder der Bewegungskopplung herauszubilden oder zu korrigieren. Direkte Hinweise und Konzentration der Aufmerksamkeit auf die jeweiligen Geschwindigkeitsparameter führen nicht immer oder langsamer zum Ziel. Das gilt unter anderem auch für das Überwinden der so genannten »Schnelligkeitsbarriere«. Deshalb ist bei Fehlern im Bewegungstempo stets *zunächst nach den Ursachen zu fragen* und zu forschen. Sie können sehr verschiedenartig sein und reichen vom ungenügenden Ausbildungsgrad konditioneller (insbesondere Kraft- und Schnelligkeits-)Fähigkeiten sowie auch ungenügenden Niveau koordinativer Fähigkeiten oder der Beweglichkeit (vgl. Kapitel 5) bis zu technischen Fehlern in der Grundstruktur des Bewegungsablaufes. Letztere werden auch in den anderen Merkmalen sichtbar, zum Beispiel im Bewegungsrhythmus, in der Bewegungskopplung oder im Bewegungsfluss.

Das Bewegungstempo als elementares, gut messbares Merkmal besitzt darum auch *hinführenden, »heuristischen« Charakter,* indem wir mit seiner Hilfe einen Zugang zu den komplexeren Merkmalen finden, um sie dann andererseits aber mit Hilfe dieses Merkmals genauer charakterisieren zu können.

3.10. Bewegungsstärke (Merkmal des Krafteinsatzes)

Seinem Inhalt nach ist dieses Merkmal als *Maßbezeichnung des Krafteinsatzes* seit langem in der Lehr- und Übungspraxis geläufig. Wenn im Sportspiel von der Schärfe eines Wurfes, im Boxen von der Härte eines Schlages gesprochen wird, so ist damit eben dieses Bewegungsmerkmal gemeint. Für eine analytische Kennzeichnung eines sportlichen Bewegungsaktes ist es ein ebenso unentbehrliches Instrument des Sportpädagogen wie die bisher behandelten Merkmale.

Einige Beispiele sollen das unterstreichen: Die Pferdsprünge im Gerätturnen werden in ihrem Ablauf wesentlich durch die Stärke des Absprungimpulses und des Abdrucks der Arme charakterisiert. Hier muss die Stärke nicht maximal sein, wie etwa bei den Sprüngen in der Leichtathletik, sondern sie ist auf die jeweilige Sprungart abzustimmen. Damit spielt sie in der Schulung der Technik eine wichtige Rolle: Der Sportlehrer oder Trainer versucht durch Beobachtung und Mitvollziehen die Stärke des Absprungs oder Abdrucks zu erfassen, vergleicht mit seinem Leitbild und korrigiert beziehungsweise gestaltet dementsprechend das weitere Üben. Der Schwimmtrainer schätzt auf gleiche Weise die Stärke des Armabdrucks oder des Beinschlags (Beinabdrucks) ein und gibt dem Schwimmer diesbezüglich korrigierende und regulierende Hinweise. Ähnlich ist es im Skilanglauf mit dem Bein- und Armabdruck und bei anderen Lokomotionsbewegungen.

Wir verstehen unter Bewegungsstärke die Größe des Muskelkrafteinsatzes, bezogen auf die Hauptkraftimpulse im Bewegungsvollzug. Die Wirkung, das zweckbezogene Ergebnis des Muskelkrafteinsatzes, hängt nicht von der Kraftimpulsgröße an sich ab, sondern gleichermaßen von seiner *Richtung* und von der *zeitlichen Einordnung in den Gesamtablauf der Bewegungshandlung.* Damit die realisierbare Bewegungsstärke zu einem optimalen Ergebnis führen kann, muss die Koordination von Stärke, Richtung und zeitlichen Relationen stimmen. Sind Richtung oder Beginn und Dauer des Krafteinsatzes nicht optimal, dann »verpufft« ein Teil davon »wirkungslos« (im Sinne der Bewegungsaufgabe), oder die Bewegung misslingt ganz.

Ein »Verpuffen« liegt beispielsweise bei nicht optimierter Absprung-, Abwurf-, Abstoßrichtung (u. a. Absprung-, Abwurf –, Abstoßwinkel) oder Abdruckrichtung bei Schwimmbewegungen vor, ferner bei einem ungünstigen so genannten Kappa-Verhältnis (Verhältnis zwischen Brems- und Beschleunigungsstoß – vgl. HOCHMUTH, 1982, S. 193) u. a. bei Sprüngen. Ein Misslingen ist besonders häufig zu verzeichnen, wenn durch den gleichen Fehler wie beim »Verpuffen« der erforderliche Drehimpuls zu gering oder zu stark ausfällt, zum Beispiel bei Sprüngen im Eiskunstlauf, im Wasserspringen, bei akrobatischen Sprüngen oder bei Abgängen vom Gerät.

Ein **Maß der Bewegungsstärke** ist die Größe der im Bewegungsablauf entwickelten Kraftstöße, wie sie mit dynamographischen Methoden bestimmt werden kann. Auch physiologische Methoden können zur Objektivierung der Bewegungsstärke eingesetzt werden (Elektromyographie).

Nur bei einem Teil der sportlichen Disziplinen ist eine *maximale Bewegungsstärke* anzustreben, um höchste Leistungen zu erzielen. In der Mehrzahl der Fälle muss jeweils eine Abstimmung des Krafteinsatzes mit anderen Parametern erfolgen, um optimale Ergebnisse zu erreichen. Das betrifft, wie soeben hervorgehoben, besonders die Richtung und die zeitlichen Charakteristika, die wesentlich mitbestimmen, ob ein Wurf oder Fußballstoß sein Ziel erreicht oder ob ein Wassersprung sicher ins Wasser gebracht wird. Unter Einbezug solcher Beziehungen sind *Maßbeziehungen* der Bewegungsstärke in speziellerer, zum Teil komplexerer Form bereits *im Bewegungsrhythmus* und *in der Bewegungskopplung* enthalten.

Wie die angeführten Beispiele zeigen, ist die Bewegungsstärke auch außerhalb der Kom-

Abb. 3.8.–1 Handballwurf – in großräumiger und zugleich mehr Zeit beanspruchender Ausführung

Abb. 3.8.–2 Handballwurf in kleinräumiger und zugleich sehr schneller Ausführung

plexmerkmale Gegenstand der Bewegungsbeobachtung und -einschätzung durch den Sportlehrer. Wir erfassen damit **das elementarste Merkmal** überhaupt; denn *der Einsatz der Muskelkraft bringt ja den jeweiligen Bewegungsakt erst hervor*, und andere Merkmale wie das Bewegungstempo leiten sich davon ab. Die *Steuerung des Bewegungsaktes erfolgt vermittels einer Regulierung der Stärke, der Richtung und der zeitlichen Ordnung des Krafteinsatzes.*

Die Stärke der wesentlichen Krafteinsätze sollte dem Sportler bereits beim Erlernen eines neuen Bewegungsvollzugs in den Grundzügen klargemacht werden. Vor allem aber ist sie, wie auch die Beispiele zeigten, *Gegenstand der Korrektur*. Der methodische Weg sollte neben der Erklärung vor allem *über das bewusste Mitvollziehen* durch den Sportler beim *Vorzeigen, Video- oder Filmbild* gehen, was durch besondere dynamische Akzentuierung (Übertreibung) noch unterstützt werden kann.

3.11. Zur Problematik »Handlungsmerkmale«

Die behandelten allgemeinen Bewegungsmerkmale – und darüber hinaus auch speziellere, vor allem sportartspezifische Bewegungsmerkmale – beziehen sich auf die Bewegung, wie sie sich einerseits dem Betrachter als »Außenansicht« sportlicher Handlungen darstellt, andererseits aber auch teilweise als »Innenansicht« vom Handelnden erfahren wird. Adäquate Beurteilungen sportlicher Handlungen und Verhaltensweisen – sowohl im Wettkampf als auch beim Üben und Trainieren, also unter pädagogisch-didaktischer Sicht – müssen noch darüber hinausgehen: Um dem Handlungsgeschehen voll gerecht zu werden und daraus im Lehr- und Übungsprozess individuell hinreichend treffende Schlüsse zu ziehen und Maßnahmen abzuleiten, müssen noch *weitere handlungsbestimmende* oder *beeinflussende, u. a. psychosoziale Aspekte des Handelns* erfasst werden. Es geht vor allem um motivationale, emotionale, volitive und ergänzende kognitive Charakteristika.

Aus dieser Erkenntnis leitet sich das Anliegen ab, ähnlich den Bewegungsmerkmalen auch fassbare Charakteristika – und damit Beurteilungskriterien – für weitere Handlungsaspekte zu finden, d. h. *weitere »Handlungsmerkmale« über die Bewegungsmerkmale hinaus*.

Einen Versuch, einen Ansatz dazu machen KIRCHNER/ROSTOCK (1994). Wir gehen im Folgenden kurz darauf ein.

Eingangs muss bereits festgestellt werden, dass eine Isolierung charakteristischer Phänomene, die als Ausdruck und Ergebnis des subjektbestimmten Handelns zu werten sind, oder gar ihre Verdichtung zu »Merk-Malen« kaum möglich erscheinen. Ihre Beobachtung ist schwierig, weil sie nicht direkt wahrnehmbar sind, denn: psychische und soziale Vorgänge können »nur aufgrund von Verhaltensdaten erschlossen und als wirksam angenommen werden« (THOMAS, 1978, S. 69).

In der Regel erfolgt die Beobachtung des handelnden Subjekts entsprechend dem zeitlichen Ablauf der Bewegungshandlung. Als Handlungsphasen werden *Handlungsvorbereitung* und *Handlungsvollzug* unterschieden, wobei der Vollzug auch die verlaufs- und ergebnisorientierte Verarbeitung, Kontrolle und Bewertung einschließt. (Vgl. KIRCHNER/ROSTOCK 1994, S. 105) Wenn also auch das »Zuvor« und »Danach« der Bewegungshandlung erfasst wird, werden Einsichten in die jeweiligen Umstände, Rahmenbedingungen, Anlässe und Ursachen gewonnen.

Gesucht werden nunmehr »Handlungsmerkmale«, besser ausgedrückt: **Verhaltensmerkmale**, *die Rückschlüsse auf die motivationalen, volitiven und kognitiven Handlungskomponenten zulassen.* Die Autoren dieses Ansatzes kommen zu folgenden Bezügen:

- Emotional-motivationale Merkmale betreffen Stimmungslagen wie u. a. Freude, Angst, Mut, Wut, aber auch Bewegungsdrang, Lust, Begeisterung, Verstimmung, Verzweiflung.
- Volitive Merkmale betreffen Verhaltensweisen wie Zielstrebigkeit, Konzentration, Selbstbeherrschung.
- Kognitive Merkmale beziehen sich in hohem Maße auf psychische Prozesse, die bereits bei der Behandlung der Bewegungskoordination teilweise mit erfasst wurden und für das Verständnis der Bewegungskoordination mitentscheidend sind, u. a. Antizipation, Vorstellung, Entscheidung, Programmierung, Bewertung.
- Merkmale der sozialen Kommunikation und Kooperation werden in stärkerem Maße aufgabenbezogen und sportartspezifisch be-

stimmt. Sie beziehen sich in der Einzelsportart u. a. auf die Bewertung eigener Leistungen, auf Reaktionen auf Wertungen der Leistung durch Trainer und Mittrainierende, auf Rücksichtnahme und Fürsorge bei Leistungsschwäche oder Verletzung anderer; im Sportspiel zum Beispiel auf Abspielbereitschaft, Eingehen auf Spielzüge von Mitspielern und Gegnern.

Diese kurz und in Auswahl gekennzeichneten Bezüge bedeuten wohl einen Zugang zu handlungsrelevanten Verhaltenscharakteristika, jedoch *noch nicht eindeutig fassbare, beobachtbare »Handlungsmerkmale«*, vergleichbar den behandelten, ebenfalls handlungsrelevanten Bewegungsmerkmalen. Wie bereits festgestellt, ist das in der verdichteten Form einer Merkmalsdimension nicht möglich, um jedoch diese praktisch wichtigen Handlungskomponenten in die Analyse und Beurteilung der sportlichen Motorik einzubeziehen, *muss der Weg über die Beschreibung bzw. Umschreibung gesucht werden.* Ein abschließendes Beispiel aus dem emotional-motivationalen Komplex »Freude, Angst, Mut, Wut«:

- »mit Freude absolvierte Handlungen (Heiterkeit, Lachen, Gelöstheit von Mimik und Gestik)
- vorsichtige, gehemmte, mit Nervosität und Unsicherheit begleitete Handlungen (schneller Puls, schnelle Atmung, Zittern, Schwitzen)
- schnelle und entschlossene Übernahme von komplizierten Bewegungsaufgaben und risikoreicher Vollzug
- extreme Erregung, Hektik, Schreien, Nichtansprechbarkeit, Tätlichkeit«
(KIRCHNER/ROSTOCK, 1994, S. 107)

3.11. Schlussbetrachtung

Überschauen wir noch einmal rückblickend die behandelten Bewegungsmerkmale. Dazu vermittelt die Abbildung 3.11.–1 einen zusammenfassenden Überblick. Die Bewegungsmerkmale ermöglichen in ihrer Gesamtheit eine *vielseitige Kennzeichnung* und auf der Grundlage dieser Kennzeichnung eine *Beurteilung der jeweiligen Bewegungskoordination*, wie sie dem Sportpädagogen »vor Augen« steht und »in Fleisch und Blut«, in sein kinästhetisches Empfinden und seine motori-

sche Vorstellung übergegangen ist. Erst alle Merkmale zusammen sind hinreichend für die erforderliche Bewegungscharakteristik und ihre didaktische Umsetzung.

Zugleich können wir feststellen, dass alle Merkmale einer *vielseitigen Kennzeichnung der* **Bewegungsstruktur** dienen. Jedes Merkmal hebt akzentuierend bestimmte Seiten des Bewegungsvollzuges, bestimmte Relationen im motorischen Akt hervor. Dabei bestehen zwischen den einzelnen Merkmalen, wie vielfach gezeigt werden konnte, **Verflechtungen** und **Wechselbeziehungen**. Als Folgerung für die methodische Umsetzung ergibt sich daraus, dass ein Arbeiten mit nur einem oder mit nur wenigen Merkmalen Fehlerquellen in sich birgt. Zweifellos wird gerade in der Lehrpraxis eine gleichzeitige Beachtung mehrerer oder gar aller Merkmale nicht möglich sein. Man muss jedoch *ständig den Zusammenhang der Merkmale im Auge* behalten und das jeweils wesentlichste in den Vordergrund rücken. Für die praktische Anwendung ist eine weitere Beziehung bedeutsam. Die behandelten Merkmale unterscheiden sich in ihrem Charakter voneinander:

- Die aufgabenbezogene **funktionale Grundstruktur** nimmt von vornherein eine *Sonderstellung* ein: Durch sie werden die allgemeinsten Relationen der Grundelemente hervorgehoben, und der *Bewegungsakt wird als Gegenstand für die weitere Analyse aufbereitet.*

- Der **Bewegungsrhythmus** und der Merkmalskomplex der **Bewegungskopplung** *erfassen strukturelle Beziehungen sehr komplexer Art* und lassen sich nicht in einer einzigen Maßzahl wiedergeben, sie sind gewissermaßen mehrdimensional.

- **Alle übrigen Merkmale** sind *auf jeweils einen einzelnen Aspekt ausgerichtet* und lassen sich – wenn auch vorläufig noch mit gewissen Einschränkungen – in einer einzigen Kennzahl ausdrücken.

Das bedeutet jedoch nicht, dass sie mit einem elementaren mechanischen Parameter gleichzusetzen sind: auch die entsprechende Kennzahl ist der Ausdruck bestimmter Relationen, in die wenigstens zwei Parameter und eine funktionelle Beziehung eingehen.

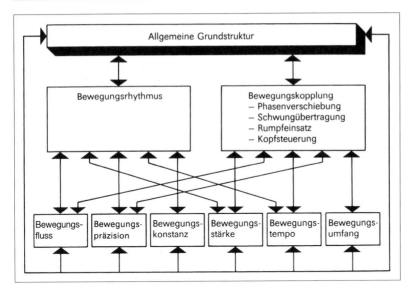

*Abb. 3.11.–1 Zusammenfassender Überblick über die Bewegungsmerkmale.
Die wechselseitigen Verbindungen bedeuten*
- *die differenzierte Kennzeichnung der Grundstruktur und der komplexen Merkmale durch die »eindimensionalen« Merkmale*
- *das in der Regel zweckmäßige Vorgehen bei der Bewegungsbeobachtung und -analyse in umgekehrter Richtung*

Daraus wird auch verständlich, dass die *»eindimensionalen« Merkmale in die Charakteristik der komplexeren Beziehungen mit eingehen*. Das ist zum Beispiel daraus zu ersehen, dass die Merkmale Bewegungsumfang und Bewegungsfluss bereits für den Komplex der Bewegungskopplung herangezogen werden, um die Kopplung der Teilbewegungen differenzierter zu beschreiben.

Liegt ein ausgewogenes Verhältnis in der Ausprägung aller Merkmale vor, so sprechen wir von **Bewegungsharmonie**.

Bewegungsharmonie ist jedoch kein Bewegungsmerkmal wie die genannten anderen, sondern ist eine *im Wesentlichen ästhetische Kategorie*. Darum ist ihr Einbezug in die Bewegungsbeurteilung für Sportarten wie Gerätturnen oder Eiskunstlauf unbedingt erforderlich.

Bei anderen Sportarten kann der Eindruck der Harmonie oder Disharmonie gewisse *heuristische Bedeutung* erlangen.

MEINEL beschreibt in der ersten Fassung der »Bewegungslehre« die Bewegungsharmonie als *»morphologische und ästhetische Kategorie«* und misst ihr große Bedeutung für die morphologische Bewegungsanalyse zu. Seine Position soll deshalb in Auszügen wörtlich wiedergegeben werden. (1960, S. 231–235)

»Wenn wir eine Bewegung harmonisch nennen, zum Beispiel ein zweckmäßiges und ungezwungenes Gehen oder Laufen, dann meinen wir damit das Ebenmaß, die Geschlossenheit und Abgestimmtheit aller Einzelbewegungen zu einer einheitlich geprägten Gesamtbewegung. Die Harmonie charakterisiert stets die Bewegung als Ganzes. Oft genügen schon geringfügige Störungen im Gesamtbild, die dem im Sehen Ungeübten entgehen können, um den Eindruck der Disharmonie entstehen zu lassen. Der Geübte empfindet zum Beispiel eine leichte Hemmung der linken Oberarmbewegung und ein damit in der Regel verbundenes stärkeres Ausschwingen des Unterarmes beim Gehen bereits als eine störende Disharmonie in der Gesamtbewegung. Ebenso wird ein übermäßiges Wippen in den Fußgelenken oder eine mangelnde Elastizität (zum Beispiel bei Plattfuß) auch von weniger Geübten zumindest als auffällig, abweichend vom »Normalen« empfunden.«

»Die Harmonie der Gesamtbewegung ist nicht als eine einfache Summierung der Einzelbewegungen

144 Allgemeine Bewegungsmerkmale als Ausdruck der Bewegungskoordination

des Rumpfes und der Gliedmaßen anzusehen. Wenn wir harmonische und disharmonische Bewegungsabläufe unterscheiden, so kennzeichnen wir damit vielmehr die jeweils besondere *Art des Zusammenspiels* der Einzelbewegungen zu einem Ganzen. Es verhält sich hier ähnlich wie bei einem Akkord in der Musik, von der der Begriff der Harmonie entlehnt ist: sie sind ebenfalls nicht eine einfache Summe der einzelnen Töne oder Intervalle, aus denen sie sich zusammensetzen. Der eigenartige Reiz einer Melodie oder die Harmonie oder Disharmonie eines Akkordes sind in keiner Weise »erklärt«, wenn wir etwa die physikalischen Schwingungszahlen der Elemente, aus denen sie bestehen, addieren.

In allen diesen Fällen ist jeweils etwas *qualitativ Neues* entstanden, das nicht quantitativ messbar ist. So stellt auch die Harmonie eines Bewegungsablaufes eine »Bewegungsmelodie« dar. Die Harmonie einer völlig gelungenen Bewegung oder Bewegungsfolge, zum Beispiel in der Gymnastik, im Tanz, im Eiskunstlauf, aber ebenso im Gerätturnen oder in der Leichtathletik, erscheint uns ebenso unmittelbar evident, selbstverständlich und ästhetisch schön wie eine gute Melodie. Und wir empfinden jede kleine Störung ebenso dissonant wie jeden falschen Ton in einer uns vertrauten Melodie, wobei natürlich die Feinheit des Empfindens von der Geübtheit im Bewegungssehen ebenso abhängt wie die Feinheit des musikalischen Hörens von der Geübtheit im Hören. Es erhebt sich nun die Frage, wie der subjektive Eindruck der neuen Qualität einer Bewegung, die Bewegungsharmonie also, zustande kommt. Ist sie nur ein subjektives und willkürliches Gebilde? Oder beruht sie auf objektiv nachweisbaren Zusammenhängen und erforschbaren empirischen Realitäten?«

»In Wirklichkeit ist aber die Harmonie der Bewegung das Ergebnis sehr realer Faktoren und Bedingungen, die mit den Methoden der Analyse und Synthese und des Vergleichs festgestellt werden können. Sie kommt durch die Wechselwirkung vieler gegensätzlicher Einzelbewegungen der Gliedmaßen und des Rumpfes zustande, die in einem wohl abgewogenen, gut abgestimmten Verhältnis zueinander und zum Zweck der Bewegung stehen. Die Harmonie der Bewegung kennzeichnet den dialektischen Widerstreit, die »Einheit von Gegensätzen« bei qualitativ sehr guten Bewegungsabläufen. Sportliche Bewegungen, die mit Vollkommenheit ausgeführt werden, erwecken deshalb den Gesamteindruck der Harmonie, weil die Gegensätzlichkeit der Einzelbewegungen in einem einheitlichen und stimmigen Ganzen aufgehoben erscheint. Der harmonische Gesamteindruck einer gut ausgeführten Schwungstemme oder eines Knieumschwunges zum Beispiel lässt sich mit Sicherheit auch analytisch begründen und sogar messend bis in Einzelheiten hinein nachweisen, sofern

diese oft sehr komplizierte Untersuchung noch »rentabel« ist.«

»Das ästhetische Urteil der Harmonie spiegelt die gute Gesamtkoordination, die technische Vollkommenheit, die allgemein zweckmäßige Angepasstheit der Bewegung an die zu lösende Bewegungsaufgabe wider. Das gilt in gleicher Weise für Bewegungsabläufe mit einem quantitativ fassbaren Leistungsziel wie für Bewegungen, bei denen die Formvollendung selbst den eigentlichen Zweck des Bemühens darstellt. – Will man die Bewegungsanalyse noch weiter vortreiben, so lassen sich, entsprechend dem Stand der Einzelwissenschaften, die zugrunde liegenden Vorgänge und Prozesse anatomisch-physiologischer, physikalischer und psychologischer Art nachweisen, auf die wir zur Erklärung der einzelnen Merkmale bereits hingewiesen haben. Letzten Endes spiegelt die Harmonie der Bewegung die vollkommene Arbeitsweise unseres Nervensystems wider.

Zusammenfassend dürfen wir feststellen, dass das ästhetische Gesamturteil der Harmonie, sofern es richtig ist, nicht als subjektiv, willkürlich, verschwommen und ungenau abgetan werden kann, weil es mit Sicherheit als objektiv begründet nachgewiesen werden kann. Das subjektive Streben nach einer harmonischen Gestaltung der Bewegungsabläufe führt erst dann zum Ziel, wenn dabei den objektiven Bedingungen gemäß gehandelt wird und die Voraussetzungen, zum Beispiel die notwendige Kraft, Gewandtheit und technische Vollkommenheit, vorhanden sind. Das wollte offenbar auch Goethe sagen, wenn er als geübter und leidenschaftlicher Eisläufer seine Gedanken über die Entstehung einer echten Anmut der Bewegung in dem Gedicht »Der Eislauf« mit den Worten zum Ausdruck brachte: »Willst du schon zierlich erscheinen, und es gelingt dir nicht? Vergeblich! Nur aus vollendeter Kraft blicket die Anmut hervor!«

»Die Beurteilung unter dem Gesichtspunkt der Harmonie besitzt eine *übergreifende* Bedeutung; sie steht am Anfang und lässt disharmonische Züge klar erkennen. Sie steht im ganzen Verlauf des Lernprozesses gleichsam ständig im Hintergrund als motorisches Leitbild. Und sie steht auch am relativen Abschluss des Lernvorganges als abschließendes Urteil. Das ästhetische Urteil des Harmonischen ist deswegen so bedeutsam, weil es die Zusammenfassung der Merkmale und Merkmalsgruppen darstellt, die für eine optimale, zweckmäßige und ökonomische Bewegungsführung wesentlich sind. Die Harmonie bringt ihre unlösliche Verflochtenheit und Einheit zum Ausdruck. Sie lenkt daher auch die Aufmerksamkeit des Sportpädagogen bald auf die Struktur, bald auf den Bewegungsfluss oder auf die Bewegungsübertragung, bald auf die Genauigkeit oder Antizipation, falls gerade in diesen Einzelmerkma-

Schlussbetrachtung

len disharmonische Erscheinungen vorhanden sind. Hierbei leistet der Sportpädagoge die gleiche analytisch-synthetische Denkarbeit, die der Sprachlehrer bei der Beurteilung der inhaltlichen und grammatikalischen Richtigkeit der Schülerantworten, der Musiklehrer bei der Beurteilung des Gesanges oder Instrumentalspieles, der Zeichenlehrer bei der Analyse der Zeichnungen usw. leisten muss. Sie alle werden in ihrem methodischen Denken und in der Aufgabenstellung für den nächsten kleinen Schritt durch den ständigen Vergleich des Seins und des Sollens, des augenblicklichen Entwicklungsstandes und des anzustrebenden Zieles angeregt. Die Harmonie des Bewegungsablaufes als Einheit und Wechselwirkung vieler unterschiedlicher Faktoren kann vom morphologischen Aspekt aus als die pädagogisch anzustrebende Form der Bewegungsausführung bezeichnet werden. Sie spiegelt die Koordinierung der Gesamtbewegung wider, das heißt ihre optimale Zuordnung zur Aufgabe, die zu lösen ist. Die Erreichung des konkreten *Leistungszieles* ist jedoch, worauf wir schon hinwiesen, nicht nur abhängig von der optimalen Bewegungsform, sondern auch von anderen Faktoren, wie Kraft, Schnelligkeit und Ausdauer. Darum kommt der Harmonie der Bewegung im Hinblick auf die Verwirklichung der Bewegungsaufgabe nur eine mittelbare Bedeutung zu. Sie kann nicht schlechthin als die ideale Bewegungsform bezeichnet werden.«

Zur Bewegungsharmonie lässt sich feststellen: Sie ist kein morphologisch-funktionales Bewegungsmerkmal wie die anderen, sondern *sowohl eine morphologische als auch besonders eine ästhetische Kategorie.* Darum ist ihre Bedeutung für die Bewegungsbeurteilung in Sportarten wie Gerätturnen, Rhythmische Sportgymnastik oder Eiskunstlauf sofort einleuchtend. Sie spielt jedoch für die Bewegungsschulung in allen Sportarten und auch für die allgemeine Bewegungserziehung – wie es MEINEL begründete – eine Rolle. MEINEL arbeitete nach seiner Emeritierung an einer Ästhetik sportlicher Bewegungen, in der

das Harmonie-Merkmal eine gewichtige Rolle spielt. Die erhaltenen Fragmente dieser Arbeit sind erst nach 1998 bekannt geworden. (MEINEL 1973; 1998)

Für die allgemeine Bewegungsschulung und das Techniktraining sei abschließend hervorgehoben: Das Merkmal Bewegungsharmonie hat dort vor allem **heuristische Bedeutung,** denn gestörte Harmonie weist zumeist auf koordinative Unvollkommenheiten hin, die sich bei genauerer Betrachtung in der Ausprägung eines oder mehrerer Bewegungsmerkmale feststellen und weiter präzisieren lassen.

Studienliteratur:

HARTMANN, C.: Meinels Merkmale der Bewegungskoordination als Kategorie zur Bewegungsbeobachtung und Bewegungsbeurteilung. – In: KRUG, J.; HARTMANN, C. (Hrsg.): Praxisorientierte Bewegungslehre als angewandte Sportmotorik. – Sport und Wissenschaft. Beihefte zu den Leipziger Sportwissenschaftlichen Beiträgen, H. 8 – Sankt Augustin 1999, S. 106–116

NEUMAIER, A.; JENDRUSCH, G.: Aktuelle Positionen zum Bewegungssehen im Sport. – In: KRUG, J.; HARTMANN, C. (Hrsg.): Praxisorientierte Bewegungslehre als angewandte Sportmotorik. – Sport und Wissenschaft. Beihefte zu den Leipziger Sportwissenschaftlichen Beiträgen, H. 8 – Sankt Augustin 1999, S. 128–141

ROSTOCK, J.; KIRCHNER, G.: Standpunkte zur kritischen Reflexion der Bewegungsmerkmale Meinels in der Literatur sowie zu ihrem Einsatz im Rahmen der Bewegungsbeobachtung. – In: KRUG, J.; HARTMANN, C. (Hrsg.): Praxisorientierte Bewegungslehre als angewandte Sportmotorik. – Sport und Wissenschaft. Beihefte zu den Leipziger Sportwissenschaftlichen Beiträgen, H. 8 – Sankt Augustin 1999, S. 117–127

4. Motorisches Lernen

Ein wesentliches Themenfeld einer Wissenschaft von der sportlichen Motorik, die sich im Ansatz und im Zielaspekt auf die sportpädagogische Praxis orientiert, ist die **Genese des sportmotorischen Könnens**. Dieser Entwicklungsprozess besteht neben organischen Reifungvorgängen im wesentlichen aus Lernvorgängen. *Ein* Hauptgegenstand der Bewegungslehre/Sportmotorik ist deshalb das **Themenfeld**, das allgemein als »**motorisches Lernen**« bezeichnet wird.

Zu den Fragen des motorischen Lernens liegt heute international ein sehr umfangreiches Untersuchungsmaterial vor, das jedoch überwiegend aus Laboruntersuchungen stammt und nur teilweise die Sportspezifik berücksichtigt. Groß ist die Anzahl der Publikationen, die sich mit zuweilen spezifischen Teilproblemen des motorischen Lernens beschäftigen (vgl. u.a. DAUGS 1999; DE LIGNIERES/NOUGRITT 1997; WOLLNY 1997), beträchtlich auch die Vertretung des Themenfeldes auf wissenschaftlichen Kongressen und Symposien (vgl. u. a. RIEDER u. a. 1983; DAUGS u. a.,1991; NITSCH/SEILER, 1994, JANSEN u. a., 1996 sowie die vorliegenden Monographien (u. a. HEUER 1963; VOLPERT 1971; HOTZ/WEINECK, 1983; SINGER, 1985; PÖHLMANN, 1986, 1994 a; HOTZ, 1997; SCHMIDT/LEE 1999; SCHMIDT/WRISBERG 2000; MAGILL 2001.

Entstanden sind auch eine Reihe verschiedener motorischer **Lerntheorien**, teilweise angelehnt an allgemeine Lerntheorien, die einen unterschiedlichen Erklärungswert für die Phänomene und Probleme des sportmotorischen Lernens besitzen. Keine von diesen Theorien deckt das gesamte für die Praxis relevante Problemfeld befriedigend ab, sodass gegenwärtig – wie bereits bei den theoretischen Grundlagen der motorischen Koordination – Partialmodelle aus verschiedenen Theorien, die sich nur teilweise überschneiden, aber nicht ausschließen, hilfreich sein können. Der Wert ihrer differenzierten Einbeziehung und

einer umfassenden Auseinandersetzung mit den vorliegenden Lerntheorien und den z. T. widersprüchlichen Untersuchungsergebnissen für des Anliegen dieses Buches ist unseres Erachtens nicht so groß, dass diese Darstellung und Auseinandersetzung unverzichtbar wäre[1] – abgesehen davon, dass dazu eine Monographie wenigstens vom Umfang unseres Buches erforderlich sein würde.

Das **Anliegen des** folgenden **Kapitels zum motorischen Lernen** kann darum wie folgt umrissen werden:

Um dem Lehrenden eine Orientierung für seine Tätigkeit zu geben, erfolgt eine Charakterisierung des motorischen Lernens als *»morphologische Genese der sportlichen Bewegungen und ihre zur Zeit mögliche Erklärung«* (MEINEL, 1960, S. 335). Dabei ist nachdrücklich zu betonen, dass sich dieser MEINELsche morphologisch-funktionelle Ansatz nicht, wie das simplifizierend oft geschehen ist, auf die Begriffe Grob-, Fein- und Feinstkoordination und ihre Erläuterung reduzieren lässt. Hinsichtlich der Erklärung bzw. Begründung der Lernvorgänge, der feststellbaren Regelhaftigkeiten und der abzuleitenden Folgerungen werden wir uns *vorwiegend auf das* im zweiten Kapitel *erörterte Koordinationsmodell* stützen, um dem Lernenden einen praktisch verwertbaren theoretischen Zugang zu ermöglichen, der weiter ausbaufähig ist.

---

1 Wir finden eine ähnliche Position in der Arbeitswissenschaft: »Lerntheorien gelten als unerlässliche Paradigmen und werden in der Fachliteratur umfassend dargestellt. Für arbeitswissenschaftliche Anliegen – etwa der Ausbildungsgestaltung – sind sie allerdings jeweils für sich genommen nahezu wertlos, weil sie isolierend künstliche Lernbedingungen betreffen, die so im Arbeitsalltag nicht existieren. Für arbeitswissenschaftliche Anliegen sind vielmehr Lernkonzepte hilfreich, die komplexe Lernvorgänge – gleichsam geordnete Kombinationen der einzelnen, theoretisch ausgearbeiteten Lernarten – betreffen, die aber nicht die Qualität etablierter Lerntheorien erreichen ...« (HACKER, 1997, S. 440).

4.1. Der motorische Lernprozess als Grundvorgang der Ausbildung des motorischen Könnens

Sportliche Tätigkeit jeglicher Art, unabhängig von der dominierenden Zielstellung und der Betriebsweise, schließt immer auch die Ausbildung sportmotorischer Fähigkeiten und Fertigkeiten ein. Das ist nicht nur der Fall, wenn hohe sportliche Leistungen angestrebt werden, sondern im Allgemeinen bereits erforderlich, um eine bestimmte Sportart überhaupt betreiben zu können, und sei es »nur« als freudvolle Freizeitbetätigung. Gleiches gilt für den Sportunterricht, wo die Erreichung der Erziehungs- und Bildungsziele, die Sicherung einer gesunden Entwicklung und selbst angestrebte Sozialisierungseffekte nur durch die Ausbildung der körperlich-motorischen Leistungsfähigkeit und Leistungsbereitschaft und damit der sportmotorischen Fähigkeiten und Fertigkeiten erreicht werden können.

Die Genese des sportmotorischen Könnens, speziell die Genese sportmotorischer Fertigkeiten, also das motorische Lernen, *gehört darum zum erforderlichen Grundwissen aller Sportlehrer, Trainer, Übungsleiter* und *ist ein unverzichtbarer Bestimmungsfaktor für das methodische bzw. didaktische Vorgehen.*

4.1.1. Mentales und motorisches Lernen

Lernen ist ein Grundvorgang im Leben des Menschen und in der Entwicklung der menschlichen Persönlichkeit. Wir verstehen darunter Neuerwerb und Vervollkommnung zweckmäßiger Verhaltensweisen durch aktive Auseinandersetzung des Individuums mit seiner Umwelt.

Das ist, im Unterschied zum Lernen der Tiere, beim Menschen eine durch die gesellschaftliche Entwicklung geprägte und durch Menschen vermittelte Umwelt, in der menschliche Wesenskräfte vergegenständlicht sind. In diesem gekennzeichneten Sinne ist Lernen ein

Aspekt der allgemeinen Lebenstätigkeit des Menschen.

Lernen erfolgt im Rahmen verschiedener Tätigkeitsarten (z. B. Spieltätigkeit, Arbeitstätigkeit) als *implizites Lernen*, es gibt jedoch auch eine spezielle Tätigkeit, die auf die Aneignung von Wissen und Können gerichtet ist, die *Lerntätigkeit* (vgl. DAWYDOW, 1985, S. 18). Dieser Aspekt dominiert im pädagogischen Bereich und dementsprechend auch im Sport überhaupt und, hinsichtlich unseres Anliegens, in der sporttechnischen Ausbildung und Bewegungsschulung.

Gelernt werden »Kenntnisse, Fertigkeiten, Fähigkeiten, Motive und Einstellungen, d. h. sensu- bzw. psychomotorische Prozeduren, kognitive, motivationale und emotionale Sachverhalte – und zwar sowohl in vorübergehender als auch in beständiger, habitueller … Ausprägung« (HACKER, 1997, S. 439). Für die Bewegungstätigkeit sind vor allem zwei Aspekte des menschlichen Lernens, **mentales** und **motorisches Lernen**, zu unterscheiden. Ersteres ist vornehmlich auf die Aneignung von Wissen sowie von geistigen Fähigkeiten und Fertigkeiten gerichtet, letzteres hat motorisches Können zum Ziel und/oder Ergebnis. Mentales und motorisches Lernen sind eng miteinander verknüpft, bedingen und entwickeln sich wechselseitig.

So geschieht zum Beispiel der Kenntniserwerb des Kindes anfangs und auf lange Zeit vorwiegend mit Hilfe seiner Bewegungstätigkeit durch Be-greifen, Be-tasten, Be-handeln der Gegenstände. Die *Bewegungstätigkeit hat eine bedeutsame kognitive Funktion;* sie ist, in Verbindung mit der Sprache, auch in späteren Lebensabschnitten ein wichtiges Mittel des Wissenserwerbs und der Aneignung geistiger Handlungen (vgl. GALPERIN, 1967; PIAGET, 1969). Andererseits gelingt das Erlernen neuer Handlungen oder die Verbesserung und Verfeinerung bereits erworbener Bewegungsvollzüge um so besser, schneller und rationeller, je mehr *Kenntnisse* dem Lernenden (und in noch stärkerem Maße dem Lehrenden!) *über die Natur der Dinge, an denen er lernt,* oder *über die Struktur der Bewegungen selbst* zur Verfügung stehen. Motorisches Lernen bedeutet in der Regel stets die Aneignung der zur Handlungsrealisierung notwendigen Bewegungsvorstellung – als dem mental determinierten inneren Modell – in Verbindung mit der Aneignung der Bewegungsfertigkeit – das heißt dem sensomotorischen Ausführungsmechanismus.

Dieser wechselseitigen Beziehung und größeren Einheit des mentalen und motorischen Lernens wird in fortschrittlichen Schulsystemen, durch die Verbindung des Unterrichts, der vornehmlich auf mentales Lernen gerichtet ist, mit der produktiven Arbeit und der Körpererziehung, die unter anderem zur Ausbildung von Arbeitsfertigkeiten und sportlichen Bewegungsfertigkeiten führen, Rechnung getragen. Das entspringt der Einsicht in die Notwendigkeit der Einheit von Kennen und Können, von Wissen und Handeln, von echtem Begreifen und »Selbst-machen-Können« als einem wesentlichen pädagogischen Prinzip für die Persönlichkeitsbildung.

Als eine erste abgrenzende Bestimmung des motorischen Lernens lässt sich nunmehr festhalten: Unter motorischem Lernen verstehen wir die **Aneignung** – die Entwicklung, Anpassung und Vervollkommnung – **von Verhaltensweisen und -formen, speziell von Handlungen und Fertigkeiten, deren Hauptinhalt die motorische Leistung ist.**

Das **Ziel** des Lernprozesses in der sporttechnischen Ausbildung, bei jeder sportlichen Bewegungsschulung, ist immer die *Bewältigung einer motorischen Aufgabenstellung* durch eine vom Handlungsziel bestimmte Steuerung des Bewegungsablaufes. Das gilt gleichermaßen für das Erlernen einer Hochsprungtechnik, einer Kippe oder selbst des Erkletterns eines Stuhles beim Kleinkind.

»Motorisches Lernen« bedeutet also, dass von der Zielstellung her das durch Bewegungen realisierte Ergebnis im Vordergrund steht und damit verbundenes oder dazu erforderliches Wissen und geistige Fähigkeiten in erster Linie Mittel sind, um das motorische Lernziel zu erreichen. Hinsichtlich der Zielstellung »motorisches Können« im Rahmen des allgemeinen Bildungs- und Erziehungszieles der sportlichen Allgemeinbildung und auch der Spezialbildung im Leistungssport gehören *Wissen und geistige Fähigkeiten zur Zielstruktur.*

Zentrale Komponenten des motorischen Könnens, wie es beim motorischen Lernen herausgebildet wird, sind die *motorischen Fertigkeiten*, im Sport zumeist als sporttechnische Fertigkeiten bezeichnet.

Zum *Begriff der motorischen Fertigkeit* soll Folgendes vorangestellt werden:

Im Gegensatz zu den koordinativen Fähigkeiten, die Voraussetzungen für die Ausführung einer ganzen Gruppe (Klasse) sportlicher Handlungen darstellen, ist eine motorische Fertigkeit eine unmittelbare Voraussetzung für die erfolgreiche Realisierung eines ganz bestimmten Handlungsvollzuges und dient somit unmittelbar der Erreichung eines Handlungszieles.

Fertigkeiten werden in der Psychologie als automatisierte *Komponenten des bewussten Handelns* des Menschen bezeichnet, die durch wiederholtes Üben weitgehend gefestigt wurden und »automatisch«, ohne unsere bewusste Aufmerksamkeit ablaufen (vgl. CLAUSS u. a., 1981, S. 179). »Wenn sie auch anfangs Handlungen waren, die durch Automatisierung zu Fertigkeiten wurden, so sind sie, obwohl sie objektiv den gleichen Effekt erzielen, psychologisch gesehen, doch keine Handlungen mehr, wenn man unter Handlungen Akte versteht, die auf ein bewusst gewordenes Ziel gerichtet sind« (RUBINSTEIN, 1984, S. 687 f.).

Diese Bestimmung trifft auf die Fertigkeiten im Sport nur mit Einschränkung zu: Der motorische Akt des Diskuswurfes, des Pferdsprunges, der Kippe am Reck oder Barren bleibt *Handlung im Vollsinne des Wortes*, auch wenn er weitgehend automatisiert abläuft und als Ganzes zur Fertigkeit geworden ist. Der Bestimmung von RUBINSTEIN näher stehen die technischen Fertigkeiten in den Sportspielen und bei den zyklischen Bewegungsabläufen. Dort wird dem Sportler als Handlungsziel selten der einzelne Bewegungsvollzug – zum Beispiel die Ballannahme oder die Schwimmbewegung – bewusst, sondern nur die komplexe taktische Spielhandlung bzw. die am Verlauf des Wettkampfes orientierte Geschwindigkeit der Fortbewegung.

Wir verstehen deshalb unter **motorischen Fertigkeiten** im Sport Handlungen, die durch wiederholtes Üben weitgehend gefestigt wurden und zumindest teilweise automatisch, ohne bewusste Konzentration der Aufmerksamkeit auf den aktuellen Bewegungsvollzug ablaufen. Sie stellen demnach ein bestimmtes *Aneignungsniveau sportlicher Bewegungshandlungen* dar.

Ausgehend von den der sportlichen Handlung zugrundeliegenden regulatorischen Pro-

Grundvorgang motorischer Lernprozess

zessen kann gesagt werden, dass für die Fertigkeiten weitestgehend *automatisierte Steuer-
und Regelprozesse* charakteristisch sind. Das
heißt, die einzelnen motorischen Fertigkeiten
sind an ganz bestimmte, für sie typische, weitgehend automatisierte Regulationsprozesse[2]
gebunden. Die motorische Koordination ist
bei einer Fertigkeit soweit vervollkommnet
und stabilisiert, dass die Aufgabe mit großer
Sicherheit gelöst wird.

> **Definition motorische Fertigkeit
> (Bewegungsfertigkeit):** Spezifische, rela-
> tiv gefestigte koordinative Leistungsvor-
> aussetzung zur motorischen Realisierung
> einer Handlung oder Teilhandlung ohne
> bewusste Steuerung und Regelung, d. h.
> scheinbar automatisch. Sie muss in der
> Regel in einem längeren Lern- bzw.
> Übungsprozess erworben werden.

Eine Anforderungsanalyse sportlicher Handlungen führt aufgrund der unterschiedlichen
Bewegungsaufgaben zur Unterscheidung von
Aufgabentypen und, davon abgeleitet, zu verschiedenartigen Fertigkeitstypen. Das wird
zum Beispiel deutlich, wenn man die elementare Fertigkeit im Springen über ein kleines
Hindernis, wie sie bereits vom Vorschulkind
erworben wird, mit den Sprungfertigkeiten der
Skiakrobaten vergleicht.

Häufig werden *geschlossene* und *offene Fertigkeiten* unterschieden: »Geschlossen« soll
aussagen, dass sowohl die Ausführungsbedingungen als auch die Ausführungsweise relativ
festgelegt, unveränderlich sind; »offen« bedeutet demgegenüber eine mehr oder weniger
große Variation der Ausführungsbedingungen
und Ausführungsweise der jeweiligen Handlung und damit der Bewegungsfertigkeit.

---

2 Zur Automatisierung vgl. 4.2.3.2.

Tabelle 4.1. **Fertigkeitstypen und Aufgabentypen** *(nach* ROTH *1983 a, S. 149)*

PROBLEMSTELLUNGEN			FERTIGKEITSTYPEN	
Aufgaben-kontinuum	**Aufgabentypen** Situative Bedingungen	Art der Fertigkeits-ausführung	**Beziehungen**	**Beispiele**
geschlossen	konstant	konstant	Typ 1a: Elementare motor. Fertigkeit	Werfen; Schlagen; Klettern; Schieben
	konstant	konstant	Typ 1b: Sportmotorische Fertigkeit	Sprungwurf; Pritschen; Laufkippe; Straddle
	konstant	variierend	Typ 2: Fertigkeits-variation	Sprungwurf hüfthoch, kopfhoch; Verzögerter S.; S. mit Abknicken
	variierend und bekannt	variierend	Typ 3: Fertigkeits-anpassung	Buckelpiste; verzögerter Sprungwurf bei frühzeitigem Hochspringen des Abwehrspielers
	variierend und unbekannt	variierend	Typ 4: Fertigkeits-überarbeitung	Hochentlasten auf planer Piste bei Situation »Tiefschnee«
offen	variierend und neu	variierend	Typ 5: Fertigkeits-gestaltung	Fliegen an und mit Turngeräten; Clown in der Buckelpiste

ROTH/BREHM/WILLIMCZIK (1982) haben eine Systematik von Aufgaben- und Fertigkeitstypen vorgeschlagen, die insgesamt sechs Typen einem Kontinuum zwischen den Polen geschlossen – offen zuordnet. Dabei unterscheiden sie noch zwischen eher motorischen und eher sensorischen Problemlösungstypen und rechnen zu ersteren die elementare motorische Fertigkeit, die sportmotorische Fertigkeit und die Fertigkeitsvariation, zu letzteren Fertigkeitsanpassung, Fertigkeitsübertragung und Fertigkeitsgestaltung. (Tabelle 4.1.)

Dieser Ansatz zu einer Taxonomie erhebt nach Aussage der Autoren nicht den Anspruch »einer stringenten, lernrelevanten Einteilung« (ROTH, 1983a, S. 148), ist jedoch eine wesentliche Orientierung für die Ableitung didaktisch-methodischer Konsequenzen.

4.1.2. Lernen als Inforrnationsverarbeitung

Jegliches Lernen hat seine Grundlage in der *Aufnahme, Verarbeitung und Speicherung von Informationen.*

»Mit Lernen bezeichnen wir jede umgebungsbezogene Verhaltensänderung, die als Folge einer individuellen (systemeigenen) Informationsverarbeitung eintritt« (KLIX, 1971, S. 347). »Lernen besteht in der Ausbildung oder Korrektur von individuellem Gedächtnisbesitz« (S. 348).

Diese Wesenskennzeichnung für alle belebten oder unbelebten Systeme, die zu lernen vermögen, gilt somit auch für das motorische Lernen des Menschen. Im zweiten Kapitel wurde deshalb näher auf die Grundzüge der Informationsverarbeitung bei der Regulation von Bewegungshandlungen, auf Informationsaufnahme, -aufbereitung und -speicherung sowie die Informationsverarbeitung bei der Programmierung, beim Soll-Ist-Vergleich und der effektorischen Umsetzung eingegangen, sodass zunächst darauf verwiesen werden kann.

Besonders hervorzuheben ist nochmals die **Rückinformation**. Rückinformationen sind für den motorischen Lernprozess unabdingbare Voraussetzung; denn Lernen als erfahrungsbedingte Verhaltensentwicklung bedarf zwangsläufig der Rückmeldung über den Effekt des Verhaltens selbst. In der Fachliteratur werden hierfür verbreitet die anglo-amerika-

nischen Termini »knowledge of results« (KR) und »knowledge of performance« (KP) gebraucht.

»Jedes funktionelle System, ... das zum Zwecke der Erhaltung eines bestimmten Nützlichkeitsgrades geschaffen wurde oder sich entwickelt hat, ... kann nicht existieren, wenn ihm keine Resignalisation über den Nützlichkeitsgrad des bewirkten Effekts zufließt« (ANOCHIN, 1958, S. 545 f.).

Für das motorische Lernen sind dem Inhalt nach zu unterscheiden:
– die Rückinformation über das *Ergebnis der Lerntätigkeit;*

darunter sind alle Informationen zu verstehen, die den erreichten Stand nach einer bestimmten Lernzeit betreffen;

– die Rückinformation über das *Ergebnis eines Handlungsvollzuges;*

sie beinhaltet zum Beispiel die Information darüber, ob mit dem jeweiligen Versuch im Weitsprung die angestrebte oder geforderte Weite erreicht, im Wurf das Ziel getroffen wurde oder ob die Täuschung des Gegners gelungen ist;

– die Rückinformation über die *Einzelheiten der Bewegungsausführung* selbst;

das heißt unter anderem Rückinformation über noch vorhandene Fehler oder ihre Beseitigung.

Diese Rückinformationen erhält der Lernende entweder auf dem Wege der Selbstbeobachtung beziehungsweise -wahrnehmung oder über den Lehrer, Trainer, Übungsleiter oder eine andere Person (intrinsisches und extrinsisches Feedback). In jedem Falle findet ein Vergleich zwischen dieser Rückinformation und dem vorweggenommenen Handlungsziel und Handlungsprogramm bzw. den erwarteten Rückmeldungen statt (vgl. Abschnitt 2.5.). Die Abbildung 4.1.–1 gibt den Fluss der Information und Rückinformation im motorischen Lernprozess und die wichtigsten Informationsinhalte schematisch wieder. Die Notwendigkeit der Rückmeldung für den Lernprozess hat **zwei Aspekte**.

Erstens: Die Information über den erreichten Stand im Lernprozess oder über das Ergebnis eines Bewegungsvollzuges ist notwendig, *um die Lernaktivität und die Motivation zu erhalten oder zu steigern.* Der Lernende muss wissen, ob er das gesteckte Lernziel oder Teil-

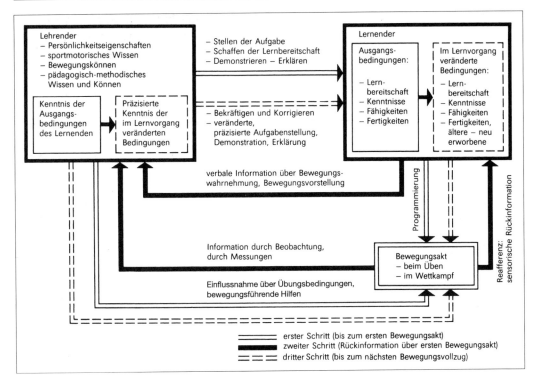

Abb. 4.1.-1   Informationsfluss im motorischen Lernprozess

ziel schon erreicht hat oder wie weit er davon entfernt ist. Ohne diese Kenntnis fehlen oder schwinden wichtige Motive zum Weiterlernen und somit auch die notwendige Lernaktivität. Dabei ist neben der rationalen besonders auch die *emotionale Wirkung* dieser Rückinformation bedeutsam. Diese Informationen bewirken beim Lernenden *Erfolgs- oder Misserfolgserlebnisse*.

Erfolgserlebnisse werden im allgemeinen die Lernmotivation und -aktivität verstärken, wenn sie auf der Grundlage leistungsadäquater Lernanforderungen gewonnen werden. Häufen sich Erfolgserlebnisse, weil die Anforderungen zu gering sind, so kann ein Rückgang der Lernaktivität die Folge sein. In ähnlicher Weise wirken Misserfolgserlebnisse. Ihre Häufung kann zu Resignation führen und den Lernprozess stark hemmen. Im Einzelfalle bewirken sie aber auch ein Verstärken der Aktivität, stimulieren neue Motive und fördern so den Lernprozess.

Zweitens: Die Information über die Einzelheiten der vom Lernenden ausgeführten Bewegungen ist *notwendig, um Bewegungskorrekturen vornehmen zu können*. Durch Untersuchungen wurde insbesondere der Einfluss der visuellen, der kinästhetischen und der verbalen Rückinformation auf den Lernvorgang und die auf Bildung der funktionellen Mechanismen der Bewegungskoordination unterstrichen (vgl. u. a. THORHAUER, 1974; WURZEL, 1975; THOMAS, 1977 b; KIRCHNER, 1979; DAUGS u. a., 1989; PÖHLMANN, 1994 a, S. 165–178; WULF 1994).

Wie bereits erwähnt (vgl. Abschnitt 2.3.), sind besonders die Informationen des kinästhetischen Analysators für den motorischen Lernprozess bedeutsam, und ihre Präzisierung trägt wesentlich zur Beschleunigung des Lernens bei. Dazu werden unter anderem dem Lernenden *zusätzliche objektive Informationen* über seine Bewegungsausführung übermittelt, damit auf dem Wege des Verglei-

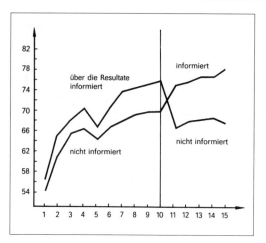

Abb. 4.1.-2 *Verlauf eines Lernprozesses mit und ohne Information über das Resultat (entnommen:* RUBINSTEIN, *1973, S. 706)*

ches mehrerer Informationsarten die Selbstwahrnehmung genauer und bewusster wird. Im Training wird die zusätzliche objektive Information in zunehmendem Maße mit Erfolg angewandt (vgl. FARFEL, 1983, S. 33 ff.; MECHLING 1984). Doch auch im Sportunterricht mit Schülern ist dies möglich, soweit keine speziellen Messinstrumente dazu erforderlich sind.

So erfordern die von FARFEL (1983, S. 136 ff.) angeführten Möglichkeiten der Geschwindigkeitsregulation bei zyklischen Bewegungen, die sich über den Bewegungsrhythmus vollziehen, zumeist nur eine Zeit- beziehungsweise Frequenzerfassung. Wenngleich die mit der Handstoppung erfassten Parameter eine gewisse Ungenauigkeit aufweisen, sind sie dennoch in den ersten Stadien der sporttechnischen Vervollkommnung als Grundlage zusätzlicher objektiver Information durchaus ausreichend. Wesentlich ist außer der hinreichend genauen, zunächst nur auf einen Parameter beschränkten Information nach jedem Versuch die bewusste Aufnahme und Verarbeitung durch den Lernenden. Durch *Kombination der zusätzlichen objektiven Information mit einer systematischen Selbstbeobachtung und Selbstbewertung* werden die besten Ergebnisse erzielt (vgl. auch PANZER 2000).

Ein Beispiel der Auswirkungen der zusätzlichen Rückinformation im Lernprozess gibt die Abbildung 4.1.-2 wieder.

4.1.3. Gesellschaftliche Umwelt, Sprache, Bewusstsein im motorischen Lernen des Menschen

Der Mensch wird zum Menschen nur in der **menschlichen Gesellschaft**. Das gilt auch für die Entwicklung seiner Motorik. Das Kind lebt von seiner Geburt an in einer Umwelt, die von Menschen geschaffen wurde und durch das gesellschaftliche Wirken der Menschen belebt und gestaltet wird. So *erlernt der Mensch seine Bewegungen im tätigen Umgang mit einer gesellschaftlich determinierten Umwelt und in ständigem Kontakt, in ständiger Wechselbeziehung zu anderen Menschen.*

Die Gesellschaft bestimmt das motorische Lernen in hohem Maße durch Anregungen, Impulse, aktive Unterstützung für den Lernenden, durch gesellschaftlich notwendige Aufgabenstellungen und Normative und durch organisierte Formen der Ausbildung der Motorik, wie wir sie im Sportunterricht und im Training finden. Das Erlernen sportlicher Bewegungen ist in überwiegendem Maße ein Lernen im Kollektiv, sodass nicht nur die sozialen Beziehungen zwischen Lehrendem und Lernenden, sondern auch zwischen den Lernenden großen Einfluss auf den Lernprozess nehmen.

Die oftmals gestellte Frage, ob das Kind auch in einer nicht vom Menschen geprägten Umwelt, ohne sozialen Kontakt, ohne Impulse, ohne Unterstützung eine normale Ausbildung seiner Motorik erreichen, ob es zum Beispiel das aufrechte Gehen erlernen würde, lässt sich nicht experimentell beantworten. Die vorliegenden Berichte über Kinder, die angeblich unter Tieren aufwuchsen und nur tierische Fortbewegungsarten erworben haben sollen, sind wenig glaubwürdig. Tatsache ist jedoch, dass sozial vernachlässigte Kinder auch in ihrer motorischen Entwicklung auffällig zurückbleiben, obwohl sie alle Anlagen für eine normale Entwicklung besitzen.

Von grundlegender Bedeutung sind die Bedingungen, die das jeweilige Gesellschaftssystem für das motorische Lernen seiner Mitglieder schafft.

Da die Ausbildung der Motorik wesentlichen Einfluss auf die Entfaltung der menschlichen Wesenskräfte und auf die individuelle Lebensqualität hat, darf sie nicht allein den Intentionen und den entsprechend der sozialen Struk-

Grundvorgang motorischer Lernprozess

tur sehr unterschiedlichen Möglichkeiten der Individuen überlassen werden, sondern gehört zur gesellschaftlichen Verantwortung für die Bildung und Gesundheit aller Mitglieder. Die gegenwärtigen Bestrebungen in einigen Bundesländern, den Sportunterricht aus dem Schulsystem auszuklammern, sind in der bewegungsarmen Lebensweise des Computerzeitalters besonders zu verurteilen.

In spezieller Form wird die gesellschaftliche Umwelt über die **Sprache** als Voraussetzung des motorischen Lernens wirksam. Der Mensch wirkt in seiner Arbeitstätigkeit auf Gegenstände ein, stellt Zusammenhänge zwischen ihnen her und entdeckt ihre Eigenschaften (RUBINSTEIN, 1984, S. 254). In diesem Prozess entstand aus den Bedürfnissen des gesellschaftlichen Lebens, insbesondere aus der Produktionstätigkeit, die Sprache als sich ständig weiterentwickelndes System verbaler Zeichen, das der Formierung der Gedanken dient sowie den Austausch von Gedanken und die Aufbewahrung des erworbenen Wissens ermöglicht (KLAUS/BUHR, 1976, S. 1161).

Die zunehmende Einsicht in das Wesen der Dinge entsteht aber zunächst nur auf dem Wege des tätigen Umganges mit ihnen, das heißt durch körperliche Bewegung, die im Zusammenhang mit der Sprache und dem Denken zu einem Mittel fortschreitender Erkenntnisgewinnung wird. Die Sprache gewährleistet die sehr wichtige *Übermittlung von Erfahrungen,* die sich auch auf den motorischen Bereich des Menschen beziehen. Der Mensch erwirbt den Erfahrungsschatz seiner Vorfahren in relativ kurzer Zeit. Dazu verhilft ihm wesentlich die Sprache, die einen großen Schatz an Bewegungserfahrungen früherer Generationen überliefert.

Die Sprache ermöglicht jedoch nicht nur Aufbewahrung und Weitergabe der Bewegungserfahrungen, sondern der Mensch ist mit ihrer Hilfe in der Lage, *seine Fähigkeiten im motorischen Lernprozess bewusst auszubilden.* Im Organismus des Menschen gibt es kaum Vorgänge, die unbeeinflusst von der Sprache ablaufen (PICKENHAIN, 1959, S. 116–159). So können, wie bereits im Zusammenhang mit der sensorischen und verbalen Information und der Programmierung bei der Bewegungs-

koordination dargestellt, die *Bewegungen im Bewusstsein widergespiegelt und bewusst gestaltet* werden.

Eine wichtige Voraussetzung dafür ist, dass der Lernende seine Empfindungen und Wahrnehmungen durch Worte bezeichnen kann. Die dafür erforderliche Verknüpfung sensorischer und verbaler Informationen wird keinesfalls allein durch häufige Übungswiederholung erreicht, sondern ist ebenso von einer genauen sprachlichen Aufgabenstellung des Lehrers oder Trainers und von der *Fähigkeit der Verarbeitung der verbalen Informationen durch den Lernenden* abhängig. Die aktive Regulierung der Bewegungen verbessert sich schneller, wenn auch die kinästhetischen Empfindungen in gewissem Maße in Bewusstseinsinhalte verwandelt werden können, wenn der Lernende fähig ist, bestimmte Teile, Momente, Phasen des Bewegungsvollzuges zu benennen oder mit entsprechenden Begriffen zu verbinden. Das wichtigste dabei ist, dass jeder Begriff einen ganz bestimmten Inhalt hat, durch den wesentliche Merkmale oder Erscheinungen charakterisiert werden. Die *Begriffsbildung* ist damit gleichzeitig ein *Prozess der Aneignung des Inhaltes.* Präzise Begriffe, Bezeichnungen und Erklärungen können, in zweckmäßiger Weise angewendet, den Lernprozess beschleunigen, weil sie eine klare Vorstellung von der zu erlernenden Bewegung schaffen.

Auf einen weiteren Sachverhalt, der den Voraussetzungscharakter der Sprache für das Erlernen von Bewegungen unterstreicht, wurde bei der Behandlung der Bewegungskoordination näher eingegangen, sodass wir ihn hier nur erwähnen. Ein motorischer Lernprozess baut auf bereits vorhandenen Bewegungserfahrungen auf, und die Aneignung von neuen Bewegungen verläuft um so schneller, je mehr Bewegungserfahrungen dem Sportler verfügbar sind. An der *Speicherung dieser* Erfahrungen im *motorischen Gedächtnis,* die auf verschiedenen Regulationsebenen erfolgt, hat die sprachgebundene höchste Ebene erheblichen, zum Teil führenden Anteil. Das verbale Informationssystem ist demnach nicht nur Speicher von motorischen Erfahrungen aus der Menschheitsgeschichte, sondern ebenso

Speicher für die speziellen Bewegungserfahrungen jedes Individuums (vgl. Abschnitt 2.3.3.).

Mit der Rolle der Sprache, des verbalen Systems im motorischen Lernen, steht auch der **Bewusstheitsgrad** und sein Einfluss auf das Lernergebnis in engem Zusammenhang. Generell gilt: Beim motorischen Lernen verlaufen ganz entscheidende Vorgänge der Informationsverarbeitung und -speicherung auf der sensomotorischen Regulationsebene, sodass sie nicht bewusstseinspflichtig und nur in geringerem Maße bewusstseinsfähig sind. Das betrifft unter anderem die kinästhetisch regulierten Muskelsynergien. Dennoch *beschleunigt* eine *hohe bewusste Anteilnahme*, eine ständige bewusste »Mitarbeit‹ des Lernenden in allen Stadien, *den Lernfortschritt* und macht das Erlernen komplizierterer Bewegungshandlungen überhaupt erst möglich. Die Erklärung dafür liegt im Zusammenwirken der Regulationsebenen und in der führenden Rolle der intellektuellen Regulationsebene beim Menschen (vgl. Abschnitt 2.1.).[3]

Ein hoher Bewusstheitsgrad des Lernenden bedeutet, dass er vom ersten Bekanntwerden mit einer Lernaufgabe an zunehmend Klarheit gewinnt über die jeweilige sportliche Technik und ihre grundlegenden Merkmale, dass er darüber hinaus aber auch weiß, mit welchem Ziel und aus welchen Gründen die verschiedenen Übungs- oder Beobachtungsaufgaben im Lernprozess zu absolvieren sind. Das in einer Vielzahl von Wiederholungen und Varianten erforderliche Üben soll ein wiederholtes bewusstes *Lösen einer motorischen Aufgabe* sein, kein einfaches Wiederholen eines Bewegungsablaufs. Dadurch kommt es zu einem **»Wiederholen ohne Wiederholung«** (BERNSTEIN, 1988, S. 87), da sowohl die inneren als auch die äußeren Bedingungen bei menschlichen Handlungen nie völlig gleich sind und damit auch die Lösungswege geringfügig variieren und jede nachfolgende Wiederholung auf einem – wenn auch geringfügig – veränderten Ausgangsniveau erfolgt.

Um Missverständnissen vorzubeugen, muss an dieser Stelle noch angemerkt werden: Die Forderung eines hohen Bewusstheitsgrades und einer weitgehenden Verbalisierung der Lern-aufgaben und Lerninhalte auch beim motorischen Lernen bedeutet nicht, dass damit die spezifische Bedeutung der sensomotorischen Regulation über den inneren Regelkreis eingeschränkt wird. Keine noch so genaue Kenntnis einer sportlichen Technik und der dementsprechenden Trainingsmethodik ist eine Garantie für den Lernerfolg, wenn nicht ein fein ausgebildetes sensomotorisches System des Lernenden und dessen Vervollkommnung in einem intensiven Übungsprozess hinzukommt.[4]

4.1.4. Lernaktivität und Motivation

Lernen ist **kein passives Aufnehmen**, sondern stets eine **weitgehend aktive Tätigkeit** des Lernenden. Motorisches Lernen ist an aktives Bewegen gebunden, setzt es voraus. Kein noch so gutes Vorbild, nicht Erklärungen, nicht der Zeitlupenfilm können ohne Bewegungstätigkeit des Sportlers oder Schülers einen motorischen Neuerwerb bewirken. Das ist allein schon dadurch begründet, dass das Erlernen der richtigen Bewegungssteuerung an die sen-

---

3 Verschiedentlich wird das geforderte bewusste Lernen auch als einsichtiges Lernen bezeichnet, abgeleitet von den Niveaustufen des Lernens, wie sie unter anderem von KLIX (1971, S. 354 ff..) beschrieben werden. Danach ist das Lernen durch Einsicht, das einsichtige Finden und Anwenden von Strategien (CLAUSS, 1981 bzw. 1985, S. 362) als höchste Niveaustufe zu verstehen, die niedere in sich einschließt und aufhebt. Diese Stufen sind absteigend (nach KLIX):
– Versuch-Irrtum-Lernen
– instrumentales Lernen
– bedingt-reflektorisches Lernen
– Habituation.
HACKER (1997, S. 440) fügt zwischen einsichtigem Lernen und Versuch-Irrtum-Lernen noch »soziales oder Modell-Lernen« ein. (Vgl. auch BLASER/ERLER, 1994, S. 201–205)
Wir halten die Gleichsetzung von bewusstem Lernen und Lernen durch Einsicht bei motorischen Lernprozessen im Sport für nicht gerechtfertigt. Häufig stehen beim motorischen Lernen die unteren Niveaustufen stärker im Vordergrund – selbst die Habituation bei der »Verdrängung« vestibularer Reflexe –, doch auch hierbei kann bewusstere Lerntätigkeit zu effektiverem Lernverlauf führen.

4 Vgl. hierzu auch die Befunde und Erkenntnisse zum »impliziten Lernen« (u. a. WULF, 1993; WIEMEYER, 1994, S. 163–173; KIBELE 2003).

sorische Information und Rückinformation gebunden ist, die nur im Bewegungsvollzug selbst erfolgen kann.

Aktivität als Bedingung des motorischen Lernens muss jedoch noch in weiterem Sinne, nicht als körperliche Bewegung schlechthin, verstanden werden. Für jegliche Entwicklung des Menschen – und Lernen ist ein wesentlicher Bestandteil der Persönlichkeitsentwicklung – ist seine Tätigkeit, seine Aktivität eine notwendige Bedingung. Wir lernen, indem wir uns bewusst und zielgerichtet mit der Umwelt auseinandersetzen und dabei sowohl die Umwelt als auch zugleich uns selbst verändern. Aktivität, insbesondere Lernaktivität, bedeutet deshalb aber nicht Unruhe, Beschäftigtsein oder Betriebsamkeit, sondern zielgerichtete (Lern-)Tätigkeit, die eine innere Aktivität einschließt (u. a. LÖWE, 1970, S. 39). Somit werden Bewegungen nur dann erfolgreich erlernt, wenn der Lernende *nicht nur fähig, sondern auch bereit* dazu ist, wenn die gestellten Aufgaben »nicht nur verstanden, sondern auch innerlich von ihm aufgenommen werden«(RUBINSTEIN, 1984, S. 746). Er muss ein *Motiv*, einen Beweggrund haben. Wir können feststellen:

Die Lernaktivität und damit auch die Lerntätigkeit wird – wie jede bewusste Tätigkeit des Menschen – durch ein »Gefüge von Motiven (Beweggründen) vielfältiger Art« (LÖWE, 1970, S. 45) bestimmt, das wir als *Motivation* bezeichnen.

Aktivität und **Motivation** stehen demnach in einer funktionellen Beziehung zueinander. Das führt zu wichtigen Folgerungen für die Steuerung der Lerntätigkeit, für die pädagogische Führung des motorischen Lernprozesses. Im Rahmen der Bewegungslehre kann weder auf die psychologische noch auf die pädagogisch-methodische Seite dieses Problems umfassend eingegangen werden. Mit den folgenden Gedanken sollen nur einige Akzente gesetzt werden.

Bei der Motivation wirken die *Einstellung* (habituelle Motivation) und die *aktuelle Motivierung* (Aktualmotivation) zusammen.

Einstellungen sind erworbene, »relativ konstante, habituelle Richtungsdispositionen des menschlichen Verhaltens, die die Handlungs-

richtung und gleichzeitig die Wahrnehmungs- und Denkweise bestimmen«. Sie »sind gleichzeitig mit emotionalen Komponenten verbundene, generalisierte« Handlungsantriebe (KOSSAKOWSKI, 1973, S. 56. Vgl. auch SCHNABEL/THIESS, 1993, S. 239). Sie verkörpern gewissermaßen die längerfristig wirkende Motivation, wie sie für ein erfolgreiches motorisches Lernen in einem mehrjährigen Trainingsprozess unabdingbare Voraussetzung ist. Unter der **aktuellen Motivation** verstehen wir das Gefüge von Motiven, das in einer aktuellen Situation entsteht und wirkt. Einstellung und aktuelle Motivation bilden eine dialektische Einheit und bedingen sich wechselseitig.

Die *Skala der Motive*, die sowohl in der Einstellung als auch in der aktuellen Motivation wirken, ist sehr breit. Sie reicht von der Befriedigung persönlichen Geltungsstrebens und Ehrgeizes sowie materieller Bedürfnisse über die mehr oder weniger bewusste Verwirklichung kollektiver Zielstellungen bis hin zum teilweise auch politisch motivierten Leistungsstreben. Niemals wirkt nur ein Motiv allein. Zumeist sind individuelle Motive auch sozial bzw. gesellschaftlich determiniert, und stets sind starke soziale und gesellschaftliche Motive ein Ausdruck dafür, dass der Lernende persönliche und gesellschaftliche Motive in Übereinstimmung gebracht hat.

In der Regel wird das motorische Lernen zu Beginn des Sportunterrichts in der Schule und auch zu Beginn eines sportlichen Trainings vorwiegend von persönlichen Motiven bestimmt. Aber die Motivation ist nicht unveränderlich, entwickelt sich in der Tätigkeit und ist damit mehr als nur Voraussetzung. Während des Lernprozesses entwickelt sich auch die Lernmotivation, unter anderem auf Grund der erzielten Fortschritte, der Erfolgs- und Misserfolgserlebnisse und der klareren Erfassung von Nah- und Fernzielen des Lernens. Besonders durch die Anwendung des Gelernten im Wettkampf gewinnt der Sportler oder Schüler Erfahrungen und Einsichten, die Einfluss auf die Entwicklung der Lernmotivation nehmen.

Aus all dem lässt sich unschwer ableiten, dass *zur Erhaltung und Steigerung der Lernakti-*

vität die systematische **Herausbildung und Weiterentwicklung der Lernmotivation** im Sportunterricht wie im Training eine wichtige pädagogische Aufgabe ist. Ganz entscheidend ist hierbei die richtige *Arbeit mit Nah- und Fernzielen,* das heißt die Vorausnahme des angestrebten Erfolges. Eine intensive Vorausnahme der Erfolgserwartung vergrößert die Motivation für eine bestimmte Lernaktivität. Es gilt insbesondere, in zunehmendem Maße die Heranbildung sozialer Motive zu fördern und die persönlichen Motive mit diesen in Übereinstimmung zu bringen. Damit wird bereits deutlich, wie fest auch das motorische Lernen in die Entwicklung der Gesamtpersönlichkeit integriert ist und wie es seinerseits zu deren Ausbildung beiträgt (vgl. Abschnitt 4.1.3.).

Nicht allein die Motivation, also die Antriebsprozesse und die »Antriebseigenschaften« des Lernenden, ist von wesentlichem Einfluss auf die Lernaktivität. Bedeutsam sind auch die **volitiven Eigenschaften**, die starke und beständige Antriebe und eine zielgerichtete, bewusste Ausführungsregulation im Lernprozess bedingen. KOSSAKOWSKI bestimmte sie als »auf bestimmten Temperamentsbesonderheiten basierende, besonders aber durch die erzieherisch gesteuerte Kommunikation des Individuums mit der Umwelt determinierte, habituell gewordene Besonderheiten der Antriebs- und Ausführungsregulation von Willenshandlungen« (1973, S. 63). Daraus lässt sich unschwer die Rolle der »Aufmerksamkeit«, der »Willensfestigkeit«, »Willenshärte« und »Durchsetzungsfähigkeit« (ebenda) für die Entwicklung und stetige Beibehaltung einer hohen Lernaktivität ableiten. Zugleich ergeben sich daraus auch die Möglichkeit und die Notwendigkeit, beim motorischen Lernen im Sport einen wesentlichen Beitrag zur Willenserziehung der Schüler und Sportler zu leisten.

Im obigen Zitat von RUBINSTEIN wurde außer der **Identifikation mit der Lernaufgabe ihr Verstehen** erwähnt, eine wesentliche Voraussetzung für die Lernaktivität.

Der Lernende kann sich den geforderten Bewegungsablauf nur dann aneignen, wenn er die Bewegungsaufgabe richtig verstanden hat. Diese Voraussetzung ist bei der methodischen Gestaltung des Lernprozesses von besonderer Wichtigkeit. Deshalb benötigt der Lehrende darüber Klarheit, welche Begriffe er bei der sprachlichen Formulierung der Aufgabe entsprechend dem Alter, den Bewegungserfahrungen und den Kenntnissen seiner Schüler verwenden muss. Je genauer die Aufgabe erfasst wird, desto bessere Voraussetzungen sind damit für das Erlernen der neuen Bewegung gegeben.

Um eine geforderte motorische Aufgabenstellung erfassen zu können, muss sie für den Lernenden vor allem **sinnvoll** und **gegenstandsbezogen** sein. Gegenstandsbezogen bedeutet: Die Aufgabenstellung ist auf die Auseinandersetzung mit einem realen Hindernis, einem Widerstand oder, allgemein ausgedrückt, mit einem Objekt zu richten.

FRIEDRICH LUDWIG JAHN forderte: Jede Übung muss einen Gegenstand haben, leere Spiegelfechtereien seien zu nichts nütze. Der Begriff »Objekt« oder »Gegenstand« bringt zum Ausdruck, dass es sich um etwas handelt, das sich der Bewegung entgegenstellt beziehungsweise das der Aktivität gegenübersteht. Die gesamte menschliche Bewegungstätigkeit kann unter dieser Sicht als eine ständige aktive Auseinandersetzung mit den Widerständen, Hindernissen und Aufgaben, die uns die Umwelt bietet, betrachtet werden.

Im Kindesalter fordert diese Gegenstandsbezogenheit zunächst einen ganz *konkreten Gegenstand*, ein *echtes Hindernis*. So hat die Bewegung des Springens für Kinder nur einen »Gegenstand«, wenn tatsächlich ein Hindernis zu überspringen ist.

Mit zunehmender geistiger Reife und motorischen Erfahrungen entwickelt sich das Verständnis für die Bewegungsausführung selbst immer mehr. Auch das Üben einer Teilbewegung wird als sinnvoll und gegenstandsbezogen erfasst. In der sporttechnischen Ausbildung muss dieser Weg sehr oft gegangen werden, und die Teilbewegungen sind für den erfahrenen Sportler durchaus bedeutsam, weil er sie als Glieder des Gesamtablaufes erkennt und ausführt.

Zur Schaffung erster grober Vorstellungen von der Bewegung und mitunter zu ihrer Präzisierung können *zeitweise die Bewegungen* auch kurzfristig ohne ihren eigentlichen Gegenstand beziehungsweise Widerstand ausgeführt werden, das heißt simuliert werden, wie das zum Beispiel im Schwimmen beim Üben der Bewegungsführung außerhalb des Wassers oder im Wasser ohne Vorwärtsbewegung geschieht. Voraussetzung für das eigentliche Erlernen ist jedoch in jedem Falle die **tatsächliche Auseinandersetzung mit dem spezifischen Gegenstand**, mit den realen Widerständen, die erst zum vollen Erfassen der motorischen Aufgabenstellung führt und auch bei vorhandenen »inneren« Motiven die Lernaktivität erst in dem erforderlichen Maße immer wieder neu stimuliert.

4.1.5. Bedeutung des motorischen Ausgangsniveaus

Beim Erlernen neuer Bewegungen im Verlaufe des individuellen Lebens wird immer auf bereits vorhandenen Grundlagen aufgebaut. So verfügen die Sportler oder Schüler, wenn sie mit dem Erlernen eines sportlichen Bewegungsablaufes oder einer sportlichen Technik beginnen, bereits über ein bestimmtes motorisches Leistungsniveau. Dieses *motorische Ausgangsniveau bestimmt* in hohem Maße, *wie schnell sich der Lernprozess vollziehen wird*, und ob er zum gegebenen Zeitpunkt überhaupt erfolgreich verlaufen kann.

Das trifft besonders für das Lernen eines »Anfängers«, der sich in der sportlichen Grundausbildung befindet, zu. Die sehr unterschiedlichen motorischen Voraussetzungen eines Anfängers gegenüber einem bereits mehrere Jahre trainierenden Sportler in Form bereits erworbener Fertigkeiten und motorischer Fähigkeiten machen eine differenzierte Betrachtung des Lernprozesses notwendig. Darin unterscheidet sich auch das motorische Lernen in den einzelnen Sportartengruppen. In den *Ausdauersportarten* (z. B. Schwimmen, Rudern, Kanurennsport, Skilanglauf) und im Wesentlichen auch in den *Kraft-Schnellkraft-Disziplinen* (z. B. Wurf, Stoß, Sprung, Gewichtheben) erfolgt ein Neulernen in der sportlichen Grundausbildung, späterhin nur eine Verfeinerung und Stabilisierung der jeweiligen Techniken. Demgegenüber werden in den *technischen Sportarten* Geräturnen, Wasserspringen, Eiskunstlauf und Gymnastik, aber zum Teil auch in den *Zweikampf-* und *Spielsportarten* noch im Hochleistungstraining neue Elemente beziehungsweise Kombinationen erlernt. Bei der Darstellung des Neuerwerbs sportlicher Bewegungsfertigkeiten – teilweise ebenfalls in der Phase der Verfeinerung – werden diese grundsätzlichen, wie auch die hinzukommenden individuellen Unterschiede zu berücksichtigen sein. Eine systematische sporttechnische Ausbildung und Bewegungsschulung muss deshalb *von einer Analyse dieses Ausgangsniveaus ausgehen* und gegebenenfalls vor Beginn eines Lernprozesses *fehlende Voraussetzungen schaffen*.

Hervorzuheben sind die konditionelle, die koordinative und die intellektuelle Seite des motorischen Augangsniveaus. Auf die motivationalen und volitiven Voraussetzungen wurde bereits im Abschnitt 4.1.4. eingegangen.

Das **Niveau der konditionellen Fähigkeiten** kann entscheidende Bedeutung für den Verlauf eines Lernprozesses gewinnen. Insbesondere die *Kraftfähigkeiten* sind bei vielen sportlichen Bewegungsvollzügen eine wesentliche Voraussetzung für ihr Gelingen.

Es sei hier nur an eine Vielzahl von Elementen des Geräturnens oder an die Technik des Schmetterlingsschwimmens erinnert. Je besser die Kraftfähigkeiten entwickelt sind, desto schneller wird dem Lernenden die erste, wenn auch noch unvollkommene Ausführung der neuen Bewegung gelingen. Das aber ist *Voraussetzung für die weitere koordinative Vervollkommnung* der sich entwickelnden Fertigkeit.

Neben den Kraftfähigkeiten besitzen in einer Reihe von Fällen auch *Ausdauer- und Schnelligkeitsfähigkeiten* Voraussetzungscharakter im motorischen Lernprozess.

Die **koordinativen Voraussetzungen** spiegeln sich wider im *Niveau der koordinativen Fähigkeiten* und in den bereits verfügbaren *motorischen Fertigkeiten. Sie* beruhen einmal auf der Funktionstüchtigkeit (Funktionsreife) der Steuerungsorgane – das heißt des Nervensystems und der Sinnesorgane –, zum anderen auf den bereits vorhandenen Bewegungserfahrungen des Lernenden, die in seinem motorischen Gedächtnis gespeichert sind.

Je höher die Funktionstüchtigkeit der Steuerungsorgane und je größer der Schatz an Bewegungserfahrungen, desto leichter und schneller geht das Neulernen vor sich. Andererseits erschweren organische Schäden, zum Beispiel der Ausfall eines Analysators, das motorische Lernen und machen es in schweren Fällen unmöglich. Geringe Bewegungserfahrungen können einen Lernprozess komplizieren.

Die *Funktionstüchtigkeit der Steuerungsorgane* und die *Bewegungserfahrung* müssen dabei in ihrem dialektischen Bezug betrachtet werden: Die Entwicklung der organischen Funktionstüchtigkeit und die Gewinnung von Bewegungserfahrungen vollziehen sich als ein Prozess in der motorischen Tätigkeit. Es kann weder eine ausschließlich endogen bedingte »Funktionsreifung« geben, noch können in der Tätigkeit Bewegungserfahrungen entstehen, wenn die Funktionstüchtigkeit der Steuerungsorgane dazu unzureichend ist.

An dieser Stelle muss auch der oft maßgebliche Einfluss der *Beweglichkeit* auf den Lernerfolg genannt werden. (Vgl. dazu 5.7.) Das betrifft sowohl ihre koordinative als auch ihre morphologische Komponente. Unzureichende Beweglichkeit kann das Erlernen bestimmter Bewegungshandlungen stark erschweren, in einigen Fällen, zum Beispiel im Gerätturnen, ganz unmöglich machen.

Intellektuelle Voraussetzungen für das motorische Lernen bestehen zum einen im Wissen um den angestrebten richtigen Bewegungsablauf, um motorische »Kniffe«, Feinheiten und Regeln, die die jeweilige Technik betreffen, zum anderen im Denkvermögen des Sportlers. Besonders beim Erlernen völlig neuartiger Elemente, zum Beispiel im Gerätturnen, die zuvor noch kein Sportler ausgeführt hat, ist auch das »*Bewegungsdenken*« *des Sportlers* notwendig, um zum Erfolg zu kommen. »Denkendes Lernen«, nicht gedankenlose Wiederholung eines Bewegungsvollzuges ist entscheidend und kann einen Lernvorgang maßgeblich erleichtern und beschleunigen. Es gilt darum, auf jeder sportlichen Entwicklungsstufe und in jeder Lernphase solche intellektuellen Voraussetzungen beim Sportler zu schaffen, die ihn zu einem »denkenden Lernen« befähigen. Die konditionellen, koordinativen und intellektuellen Voraussetzungen sind untereinander eng verknüpft. Darauf wird im Abschnitt 4.3. noch einmal näher eingegangen.

4.1.6. Zusammenfassung

• Grundvorgang der Aneignung der sportlichen Bewegungen bzw. der sportlichen Technik in allen Bereichen der körperlichen Tätig-

keit ist **das motorische Lernen**. Es besteht im Erwerben, Verfeinern und Stabilisieren motorischer Handlungen beziehungsweise Fertigkeiten und Verhaltensweisen und ist *immanenter Bestandteil der Gesamtentwicklung der Persönlichkeit*. Es vollzieht sich in Verbindung mit der Aneignung von Kenntnissen, mit der Entwicklung von koordinativen und konditionellen Fähigkeiten sowie mit der Entwicklung von Überzeugungen, Einstellungen, Verhaltens- und volitiven Eigenschaften.

• Lernen ist einerseits Bestandteil der gesamten Lebenstätigkeit des Menschen als – ganz allgemein gefasst – umgebungsbedingte Verhaltensmodifikation, andererseits als Lerntätigkeit ein wesentlicher **eigenständiger Tätigkeitsbereich**. Motorisches Lernen ist auf die Entwicklung, Anpassung und Vervollkommnung von Handlungen und Verhaltensformen gerichtet, deren *Hauptinhalt die Bewegungsleistung*, die Bewältigung einer motorischen Aufgabenstellung ist, die zur Ausbildung **motorischer Fertigkeiten** führt. Die damit verbundene Aneignung von Wissen und geistigen Fähigkeiten – *mentales Lernen* – ist dabei nicht eigentliches Ziel, sondern *Mittel zum Zweck*.

• Motorisches Lernen hat wie jegliches Lernen seine **Grundlage** in der **Informationsverarbeitung**, das heißt der Informationsaufnahme, -aufbereitung und -speicherung. *Von besonderer Bedeutung* ist die *Rückinformation* über die Bewegungshandlung, über ihr Ergebnis und über das Ergebnis der Lerntätigkeit insgesamt. Sie wirkt einerseits auf Lernaktivität und Motivation und bedingt andererseits die im Lernverlauf notwendige Korrektur und Vervollkommnung des Bewegungsprogramms und der Regelmechanismen. Diese *Rückinformation* erfolgt einerseits auf unmittelbarem Wege über die Selbstwahrnehmung, andererseits über die lenkende Tätigkeit des Lehrenden vor allem in verbaler Form.

• Das motorische Lernen im Sport ist in mehrfacher Beziehung **sozial determiniert**. Diese soziale Determiniertheit realisiert sich in spezifischer Form in und mit der **Sprache**. Dadurch wird zum einen die Kommunikation, der wechselseitige Informationsaustausch zwischen Lehrendem und Lernendem, *bewe-*

gungsregulierend (koordinativ) *und in auf die Antriebssituation wirkender Form* möglich. Zum zweiten ermöglicht die Sprache eine bessere zugriffsfähige *Speicherung* wesentlicher Lehrinhalte. Zum dritten ist sie die *Grundlage für die bewusste* Gestaltung und *Ausformung der Bewegungshandlungen* im Lernprozess; denn der Lernende vermag vermittels der Widerspiegelung seiner Bewegungen und ihrer wesentlichsten Merkmale im Bewusstsein in Form von Begriffen ihnen bewusst gegenüberzutreten und damit bewusst zu lernen.

• Erfolgreiches motorisches Lernen setzt **Lernaktivität** voraus, zu verstehen nicht nur als aktive motorische Tätigkeit beim Üben, sondern zugleich als inneres »Beteiligtsein« am gesamten Lernprozess als bewusste, interessierte, konzentrierte Mitarbeit. Bestimmend für die Lernaktivität des einzelnen ist die **Lernmotivation**, sind seine Einstellung und die aktuelle Motivation. Pädagogische Führung des motorischen Lernens umfasst somit stets die Einwirkung auf Antriebsprozesse und -eigenschaften, auf die Handlungsorientierung, Handlungsausführung und die Handlungskontrolle als Einheit. Für die Lernaktivität ist die *Erfassung der motorischen Aufgabenstellung* und häufig – damit verbunden – die *Gegenstandsbezogenheit* dieser Aufgabenstellung von Bedeutung.

• Verlauf und Ergebnisse motorischer Lernprozesse werden wesentlich durch das **motorische Ausgangsniveau** bestimmt. Die wichtigsten Aspekte betreffen die *konditionellen,* die *technisch-koordinativen* und *Beweglichkeits-* sowie die *intellektuellen Voraussetzungen*. Dabei treten je nach Ausbildungsetappe, Alter und Sportart größere Niveauunterschiede auf, die in der Gestaltung der Ausbildung berücksichtigt werden müssen. Das gilt gleichermaßen für im Lernkollektiv auftretende individuelle Unterschiede.

4.1.7. Folgerungen für die Lehr- und Übungspraxis

• **Motorisches** Lernen im Sport ist in allen Phasen als **Einheit von Wissens- und Könnensaneignung** zu planen und zu gestalten, ausgehend von der Spezifik menschlichen Lernens und der Einheit mentalen und motorischen Lernens. Als vorherrschende Zielgröße sollte die Spezifik der Handlungsregulation bei motorischen Leistungen, also die Bewegungskoordination gelten, während Kenntnisse und geistige Prozesse als Mittel zum Zweck einzuordnen sind.[5]

• Eine Hauptaufgabe in der Lehr- und Übungspraxis ist die **Organisation effektiver Informationsprozesse** (vgl. dazu auch Abschnitt 2.3.4.). Besonders zu beachten sind die Sicherung, Verstärkung und Ergänzung der lernwirksamen Rückinformation und die Kontrolle ihrer Verarbeitung. Möglichkeiten bestehen unter anderem in der gezielten Schulung der Bewegungswahrnehmungen, das heißt der sensorischen, besonders kinästhetischen Informationsverarbeitung (Wahrnehmungstraining, Sensibilisierungstraining) oder im Einsatz von Methoden der zusätzlichen objektiven Information (vgl. FARFEL, 1983).

• Aus der Rolle des verbalen Systems für die Handlungsregulation, für ihren Aufbau, ihre Korrektur und ihre weitere Vervollkommnung, in Sonderheit für die Entwicklung der Bewegungsvorstellungen, ergibt sich die Forderung einer systematischen **Arbeit mit der Sprache**. Dabei sind eindeutige Benennungen zu verwenden, sodass der Lernende entsprechend dem jeweiligen Lernstadium zunehmend nicht nur die als Soll vorgegebene *Zieltechnik* begrifflich klar erfasst, sondern auch seine eigenen Bewegungswahrnehmungen und Vorstellungen verbal wiedergeben kann. Wesentlich für diesen Prozess ist die *Verbindung der anschaulich erfassbaren*, also unmittelbar wahrnehmbaren *Bewegungskomponenten* – der eigenen oder der beobachteten Bewegung – *mit den in verbaler Form gefassten Einsichten* in bestimmte Beziehungen und Zusammenhänge. Das aber bedeutet, dass dem Lernenden nicht nur Kenntnis über Ziel und Inhalt eines Lernprozesses gegeben wird, sondern ebenso *Gründe beziehungsweise Ursachen bestimmter Forderungen oder Fehler*

---

5 Das gilt in diesem Maße nur für die sporttechnische Ausbildung in engstem Sinne, nicht für die komplexe Leistungsentwicklung, auch nicht für die technisch-taktische Ausbildung.

sowie auch *Methoden und Maßnahmen* erklärt werden. Damit wird die bewusste Lerntätigkeit gefördert, wozu noch weitere Methoden und Maßnahmen einzusetzen sind, so zum Beispiel die gemeinsame Planung eines Lernprozesses mit dem Sportler, das Stellen und nachfolgende Kontrollieren (!) von Beobachtungsaufgaben, die gemeinsame Auswertung und Wertung von Lernresultaten.

• Zur Erzielung der erforderlichen hohen Lernaktivität ist durch den Lehrenden ständig am **Aufbau** und der **Weiterentwicklung der Motivation** *zu* arbeiten. Das betrifft sowohl die kurzfristig wirkende aktuelle Motivierung durch Setzen realer Lernziele und ihre emotional ansprechende Begründung als auch den langfristigen Aufbau von Lernleistungen. Hierbei sind die anfänglich zumeist vorherrschenden persönlichen Motive zunehmend mit sozial und gesamtgesellschaftlich gerichteten Motiven zu verbinden.

• Zur Anregung und Erhaltung einer hohen Lernaktivität sind möglichst **gegenstandsbezogene Aufgaben** zu stellen, deren Lösung in Auseinandersetzung mit realen Widerständen und Schwierigkeiten zu einem sichtbaren Ergebnis führt. Imitationsübungen, z. B. auch »Trockenübungen« im Schwimmen oder Wasserfahrsport ohne »Gegenstand«, sollten auf das unbedingt notwendige Maß beschränkt bleiben. Die **Anforderungen im Lernprozess** müssen eine **steigende Tendenz** aufweisen, um Lernaktivität und Lernergebnis zu sichern. Sie dürfen jedoch weder zu niedrig noch zu hoch sein, denn zu mühelos erzielte Lernergebnisse wirken ebenso wie ständige Misserfolgserlebnisse negativ auf die Lernaktivität.

• Bei der Planung und methodischen Gestaltung von motorischen Lernprozessen ist das **motorische Ausgangsniveau** zu **berücksichtigen**. Dabei ist zunächst zu prüfen, ob es für ein erfolgreiches, effektives Lernen bereits ausreicht oder erst noch bestimmte Voraussetzungen – zum Beispiel im Kraftniveau oder in der Beweglichkeit – geschaffen werden müssen. Das technisch-koordinative Ausgangsniveau, die bereits vorhandenen koordinativen Fähigkeiten und Bewegungsfertigkeiten bestimmen in starkem Maße das methodische Vorgehen.

4.2. Phasen des Lernverlaufs

Der Entwicklungsverlauf neuer geordneter Bewegungsvollzüge, so wie wir ihn in der sporttechnischen Ausbildung oder sportlichen Bewegungsschulung vorfinden, lässt eine Gliederung in charakteristische Phasen erkennen. Nach dem vorherrschenden Inhalt und dem im Ergebnis erreichten Koordinationsniveau unterscheiden wir folgende **drei Lernphasen**:

erste Lernphase – *Entwicklung der Grobkoordination*,

zweite Lernphase – *Entwicklung der Feinkoordination*,

dritte Lernphase – *Stabilisierung der Feinkoordination und Ausprägung der variablen Verfügbarkeit*.

Mit diesen Phasen wird eine Reihenfolge, eine Entwicklung gekennzeichnet, die nicht umkehrbar ist und der sich demzufolge auch die methodische Gestaltung des motorischen Lernens unterordnen muss. Sie sind im allgemeinen bei allen Lernprozessen im Sport und auch bei körperlicher Arbeit deutlich zu unterscheiden. Allerdings bedeuten diese Phasen kein starres Schema, keine scharfen Trennungslinien ohne Übergänge.

Der Lernverlauf in den verschiedenen Sportarten und Disziplinen weist in Abhängigkeit vom Typ der Bewegungsaufgabe bzw. dem entsprechenden Anforderungsprofil und dem Fertigkeitstyp[6] eine Reihe von Besonderheiten auf, die in dieser allgemeinen Gliederung zunächst nicht zum Ausdruck kommen. So kann der zeitliche Umfang der Phasen absolut und im Verhältnis zueinander sehr unterschiedlich sein. Das hängt unter anderem auch von Unterschieden im motorischen Ausgangsniveau ab. Auf derartige Unterschiede, die das motorische Lernen in den einzelnen Sportartengruppen betreffen, wurde bereits eingangs hingewiesen. Möglich ist gegebenenfalls auch eine noch differenziertere Phasengliederung, so wie zum Beispiel bei LORENZ (vgl. 1965, 1967, 1968), der weitere Lernstufen im Skilanglauf unterscheidet (vgl. dazu auch MAZNIČENKO, 1964; WILLIMCZIK/ROTH 1983, S. 202–207; PÖHLMANN, 1986, S. 58–67). In jedem Falle jedoch stellen die genannten drei Phasen unter morphologisch-funktionaler Sicht die Grundstruktur des motorischen Lernprozesses, unabhängig von der Sportart, dem Alter

---

6 Vgl. dazu u. a. KIRCHNER/STÖBER, 1994 und ROTH/ BREHM/ WILLIMCZIK, 1983.

und dem motorischen Ausgangsniveau, dar. Eine Gliederung unter einem anderen, zum Beispiel unter neurophysiologischem Aspekt ergibt eine andere Strukturierung (zum Beispiel BERNSTEIN, 1996, S. 9).

Die hier vertretene Phasengliederung und ihre Benennung *geht von den äußeren*, den im Wesentlichen sichtbaren *Aspekten der Bewegungskoordination aus*, also der Koordination der Bewegungsphasen, der Teilbewegungen und – mit Einschränkung – der Kraftimpulse, selbstverständlich bezogen auf das jeweilige Handlungsziel und die sich daraus ergebende Bewegungsaufgabe. Es kann angenommen werden, dass dazu bestimmte neurophysiologische Entsprechungen vorliegen.

Auf der Grundlage der PAWLOWschen Theorie der höheren Nerventätigkeit wurden diesbezüglich unterschieden das Stadium der Irradiation der Nervenprozesse (in der Großhirnrinde), das Stadium der Konzentration der Nervenprozesse und das Stadium der Automatisierung und der Ausbildung des dynamischen Stereotyps. Weitere Untersuchungen deuten auf andere Spezifika der Lernphasen hin (vgl. PERSON, 1958; FILIPPOVIČ; KOLTAKOV; MALINAK; MATEEV, 1975; DMITRIEV; PONOMAREV, 1980; PONOMAREV; DMITRIEV, 1981). Die erste Lernphase wird dabei unter anderem als Suchen nach den erforderlichen »Leitkoordinationen« charakterisiert, was der Auffassung von RÜSSEL (vgl. 1975, S. 58) nahekommt, dass sich in dieser Phase zunächst eine Rahmenkoordination herausbildet, die auf anderen neurophysiologischen Grundlagen aufbaut als der nachfolgende Prozess der Feinkoordinierung.[7] Die von FILIPPOVIČ und anderen (1975) beobachtete Erscheinung, dass die Lernschnelligkeit in der 1. und 3. Lernphase nicht mit dem Lernfortschritt in der 2. Lernphase korreliert, deutet ebenfalls auf unterschiedliche neurophysiologische, eventuell auch psychophysische Grundlagen hin.

4.2.1. Erste Lernphase: Entwicklung der Grobkoordination

4.2.1.1. Allgemeine Charakteristik

Die erste Lernphase umfasst den **Lernverlauf vom ersten näheren Bekanntwerden mit dem neu zu erlernenden Bewegungsablauf bis zu einem Stadium, in dem der Lernende die Bewegung bei günstigen Bedingungen bereits ausführen kann.** Dieses »Können« im Ergebnis der ersten Lernphase ist jedoch noch unvollkommen in verschiedener Beziehung: Es ist einerseits an die Bedingungen gebunden, unter denen die Bewegung erlernt wurde, das heißt zumeist an günstige Bedingungen hinsichtlich der Übungsstätte oder des Geländes und auch hinsichtlich der Verfassung und der Konzentration des Lernenden. Andererseits wird die gestellte Bewegungsaufgabe wohl gelöst, die Bewegungsausführung weist jedoch noch wesentliche Mängel auf. Die Bewegungsstruktur entspricht der mit der Lernaufgabe geforderten Technik nur in den Grundzügen, und die messbare Leistung ist noch relativ gering. Wir bezeichnen **dieses Ergebnis der ersten Lernphase als Stadium der Grobkoordination**.

Der Lernprozess beginnt mit dem **Erfassen der Lernaufgabe** durch den Lernenden. Damit ist notwendigerweise ein erstes gedankliches Erfassen des neu zu erlernenden Bewegungsvollzuges verbunden. Soll es zu einem effektiven Lernprozess kommen, dann muss der Lernende das Ziel, das er durch seine Lerntätigkeit erreichen will oder erreichen soll, möglichst genau vorwegnehmen können. Das hat auch entscheidende Bedeutung für die Motivation. Im Allgemeinen wird die Lernaufgabe vom Lehrer, Trainer oder Übungsleiter übermittelt, indem die zu erlernende Bewegung genannt, erklärt oder demonstriert wird. Der Lernende kann sich diese Aufgabe aber auch unmittelbar selbst stellen, wenn er zum Beispiel ein turnerisches Element bei einem anderen gesehen hat und es auch in seiner Übung anwenden will. Die Fähigkeit zum klaren und schnellen Erfassen der Aufgabe *ist abhängig vom motorischen Ausgangsniveau* des Lernenden. Einfluss haben jedoch auch die *allgemeine Einstellung* zum Lernen oder zum Sport und insbesondere die Art der Einwirkung des Lehrenden.

---

7 Die Ablehnung der Bezeichnung »Grobkoordination« durch RÜSSEL (ebenda) ist unseres Erachtens nicht stichhaltig bei dem von uns gewählten – im wesentlichen morphologischen – Ausgangspunkt. Für die neurophysiologische Seite der ersten Lernphase erscheinen uns jedoch die Bezeichnungen »Ausbildung der Leit- oder Rahmenkoordination« treffend.

In diesem Stadium entsteht beim Lernenden eine **erste Vorstellung vom Bewegungsablauf.** Diese Vorstellung ist im Allgemeinen noch sehr *grob, unvollständig* und häufig auch noch *fehlerhaft.* Dem Erfassen der Lernaufgabe und damit der motorischen Aufgabenstellung schließen sich **die ersten Versuche**, die Bewegung auszuführen, zumeist unmittelbar an. Die Teilbewegungen sind noch nicht richtig aufeinander abgestimmt, die Steuerung der Gliedmaßen verläuft nicht in der beabsichtigten Form. Die Gesamthandlung zerfällt häufig in Einzelaktionen, deren fehlendes Zusammenspiel die Erfüllung der geforderten Bewegungsaufgabe noch nicht zulässt.

So sind oft viele Versuche notwendig, bis der Hüft-Aufschwung am Reck endlich gelingt, bis der Übende ohne fremde Hilfe in den Stütz gelangt.

Die **notwendige Übungsdauer** ist von der Schwierigkeit der zu erlernenden Bewegung, vom motorischen Ausgangsniveau und von der Einstellung des Lernenden sowie von der verwendeten Lernmethode abhängig. Der erste gelungene Versuch kann schon nach wenigen Wiederholungen auftreten, in anderen Fällen jedoch erst nach längerem Über. Dann ist der *erste gelungene Versuch* stets ein stark *motivierendes Erfolgserlebnis.*

Erfahrungsgemäß folgt jetzt eine Zeit, in der der Lernende *noch große Unsicherheiten* bei der Erfüllung der gestellten Aufgabe hat. Die Zahl der Fehlversuche ist noch sehr hoch, beziehungsweise die Bewegungsausführung entspricht nur manchmal den technischen Kriterien, die bereits an die Ausführung in der Grobkoordination gestellt werden müssen. Erst nach weiterem Üben wird das Stadium der Grobkoordination erreicht, in dem die Bewegung fast jedes Mal gelingt, allerdings nur unter den normalen, günstigen Bedingungen, die beim Erlernen neuer Bewegungen im allgemeinen geschaffen und auch konstant gehalten werden. Schon eine auftretende Ermüdung oder die Ankündigung, dass die folgende Ausführung der Bewegung bewertet werden soll, können die Bewegungsausführung negativ beeinflussen. Ähnlich verhält es sich bei veränderten äußeren Bedingungen. Der auf »griffigem« Schnee geübte und bereits gekonnte Skischwung missglückt zumeist,

wenn die Piste leicht vereist ist. Das bedeutet: Die Grobkoordination gestattet *noch keine Anpassung des Bewegungsvollzuges an ungewohnte* oder gar **wechselnde Bedingungen**.

Die **Grobkoordination** ist durch **folgendes Erscheinungsbild** der Bewegungsausführung charakterisiert: Typisch ist ein **übermäßiger und teilweise falscher Krafteinsatz**, das heißt, die Bewegungsstärke ist noch fehlerhaft.

Beim Hüft-Aufschwung beispielsweise wird oft zu viel Schwung geholt, der jedoch »verpufft«, weil der Schwungbeineinsatz zeitlich und auch in der Richtung der Kraftwirkung nicht richtig koordiniert ist.[8] Dadurch wird der Körperschwerpunkt zu weit von der Reckstange entfernt, er kann nur durch zusätzlichen Aufwand an Armkraft wieder an die Stange herangebracht werden. In der Endphase sind noch weitere zusätzliche Anstrengungen notwendig, um den sicheren Stütz zu erreichen.

Der gesamte Bewegungsablauf wirkt häufig verkrampft, was auf einen übermäßigen Anstrengungsgrad der gesamten Muskulatur zurückzuführen ist. Andererseits erfolgt der Krafteinsatz mitunter nicht mit der erforderlichen Stärke oder nicht zum richtigen Zeitpunkt. Die Ausführung wirkt *einesteils verspannt und verkrampft,* andernteils auch *kraftlos und schlaff.* Es fehlt das zweckmäßige Wechselspiel zwischen Anspannung und relativer Entspannung der Muskulatur, der zweckmäßige **Bewegungsrhythmus**. Ein anschauliches Beispiel dafür sind elektromyografische Aufzeichnungen beim Erlernen der Kippe am Reck (Abb. 4.2.–1).

Die beschriebenen Erscheinungen finden sich in diesem Stadium des motorischen Lernprozesses ebenso ausgeprägt beim Erlernen zyklischer Bewegungsakte, zum Beispiel im Schwimmen.

Die Grobkoordination ist weiterhin gekennzeichnet durch eine **ungenügend oder falsch ausgeprägte Bewegungskopplung**. Der Schwungbeineinsatz ist, wie beim Beispiel des Hüft-Aufschwunges, in der zeitlichen Wirkung und in seiner Richtung zunächst häufig fehlerhaft. In anderen Fällen ist er zu schwach ausgeprägt.

---

8 Vgl. hierzu das biomechanische Prinzip der zeitlichen Koordination von Einzelimpulsen (HOCHMUTH, 1982, S. 172).

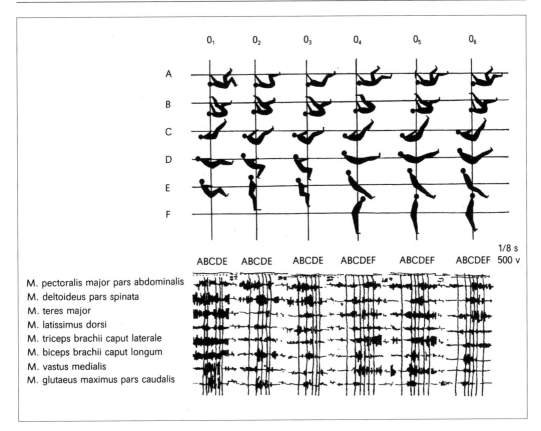

Abb. 4.2.–1 Veränderungen der Muskelaktivität während des Lernprozesses (Laufkippe am Reck). In den ersten drei Stadien wird der Stütz noch nicht erreicht; erst im vierten Stadium wird die Grobkoordination bewältigt (nach OKAMOTO/TAKAGI/KUMAMOTO, 1964).

Das ist häufig der Fall beim Handstütz-Überschlag und bei leichtathletischen Sprüngen. Beim Erlernen von Wurf-, Stoß- und Schlagbewegungen ist anfangs der fehlende oder zumindest mangelhafte Rumpfeinsatz auffallend (vgl. u. a. BLUME, 1965, 1967).

Charakteristisch für die Grobkoordination ist ferner ein **mangelhafter Bewegungsfluss**. Das betrifft insbesondere die Verbindung der Vorbereitungsphase mit der Hauptphase. Es treten deutlich Stockungen und teilweise Unterbrechungen im zeitlichen Verlauf auf.

Bei Sprüngen äußert sich der ungenügende Bewegungsfluss in mangelnder Elastizität sowohl beim Absprung als auch bei der Landung. Beim Dreisprung wird das besonders deutlich. Bezeichnend sind die »Pausen«, die beim Erlernen des Kugelstoßes mit Angleiten zwischen dem Gleiten und der Streckbewegung auftreten. Ähnliche Beobachtungen wurden beim Erlernen des Diagonalschrittes im Skilaufen gemacht (LORENZ, 1965). Die unelastischen, steifen Beinbewegungen haben kleine »Pausen« zwischen den Haupt- und Zwischenphasen zur Folge. Beim Erlernen des Schmetterlingsschwimmens ist es geradezu typisch für den Anfänger, dass er die einzelnen Zyklen noch nicht fließend aneinanderreihen kann.

Der **Bewegungsumfang** entspricht im Stadium der Grobkoordination ebenfalls noch nicht dem angestrebten Leitbild. Bei Ausholbewegungen zu Würfen und zu Auf- und Umschwüngen an Turngeräten ist er meist zu gering. Es kann jedoch auch ein unzweckmäßig großer Bewegungsumfang auftreten.

Kinder holen zum Beispiel bei Zielwürfen oft zu weit aus, und auch beim Erlernen des Flugschlages im

Tennisspiel ist eine übermäßig weite Ausholbewegung zu beobachten (vgl. auch BLUME, 1965).

Wie für den Bewegungsumfang ist auch für das **Bewegungstempo** in diesem Lernstadium das rechte Maß im allgemeinen noch nicht gefunden. Die Bewegungsführung ist oft zu hastig, stellenweise aber auch zu langsam, das heißt ungenügend auf die motorische Aufgabenstellung abgestimmt.

Schließlich ist die Grobkoordination durch eine gering ausgeprägte **Bewegungspräzision** und **Bewegungskonstanz** im Bewegungsvollzug gekennzeichnet.

Beim Weitsprung beispielsweise wird der Absprungbalken nicht sicher und genau getroffen. Der Anfänger im Tennisspiel trifft den Ball oft nicht mit dem Zentrum der Schlägerbespannung, obgleich der Schlag insgesamt gelingt.

Alle Bewegungsparameter und Verlaufskurven streuen im Stadium der Grobkoordination noch stark, sodass *auch die messbare Leistung stark schwankt.*

4.2.1.2. Zur Bewegungskoordination

Zum tieferen Verständnis des Lernverlaufes in der ersten Phase und der Grobkoordination selbst müssen wir nach den Prozessen der Handlungsregulation, speziell der sensomotorischen Regulation und ihrer Entwicklung fragen, so wie wir sie im Kapitel 2 dargestellt haben. Daraus lassen sich die beschriebenen Erscheinungen weitgehend erklären und entsprechende Folgerungen für die pädagogisch-methodische Gestaltung des motorischen Lernens ziehen.

Die bei der allgemeinen Charakteristik der ersten Lernphase beschriebenen Erscheinungen sind sämtlich auf Teilprozesse beziehungsweise Funktionskreise zu beziehen, wie sie im *Modell der motorischen Koordination* dargestellt sind (Abb. 4.2.–2).

Das *Stellen und Erfassen der motorischen Lernaufgabe* entspricht der Vorgabe des Handlungszieles und den dazu erforderlichen afferenten Informationen: Anlass- und zum Teil auch Situationsafferenzen sowie Motivationserregungen, und zwar sowohl in Form erstsignalischer als auch in Form verbaler Informationen.

Die *Bildung einer ersten Vorstellung* von der Bewegung erfolgt ebenfalls auf der Grundlage der sensorischen und verbalen Informationsaufnahme und -verarbeitung unter Ausnutzung des motorischen Gedächtnisses.

Die ersten Versuche entsprechen dem motorischen Akt und den damit verbundenen Steuerungs- und Regelvorgängen als Ganzem, allerdings in zumeist noch sehr unvollkommener Form. Diese Unvollkommenheit der sensomotorischen Regulation bestimmt schließlich auch noch weitgehend das Stadium der Grobkoordination.

Charakteristisch für die **Informationsaufnahme und -verarbeitung** ist die unzureichende Verwertung der afferenten und reafferenten Signale. Es ist zunächst nicht ohne weiteres möglich, die Fülle der vor und während der Bewegungsausführung einlaufenden Signalreize richtig zu entschlüsseln, daraus die für den Bewegungsvollzug wesentlichen herauszufiltern und in der Afferenzsynthese zweckentsprechend zu verarbeiten.

So fehlen einerseits Informationen, andererseits sind die verarbeiteten Informationen unscharf, teilweise fehlerhaft. Der Lernende erfasst häufig schon das ihm dargebotene Vorbild nicht hinreichend, sodass keine brauchbare erste Vorstellung, kein aufgabengemäßes Programm entstehen kann. So kommt es auch, dass die Wahrnehmung der vollzogenen Bewegung sehr verschwommen ist. Der Lernende »weiß« nicht, wie er eine Bewegung ausgeführt hat, wie dabei seine Körperhaltung war, und bei Drehbewegungen verliert er mitunter die Orientierung (vgl. u. a. THOMAS, 1977 a).

In der **Rückinformation** *dominiert* in der ersten Lernphase dem Inhalt nach die Ergebnisinformation (resultative Reafferenz), wohingegen die Information über die Einzelheiten der Ausführung noch sehr unvollkommen verarbeitet wird. Besonders negativ wirken sich häufig bestimmte Risikofaktoren, die zu Angstreaktionen führen, auf die Informationsverarbeitung aus (KALAŠNIKOV, 1982).

Ein Ausdruck der noch mangelhaften Informationsaufnahme und -verarbeitung im Koordinationsprozess ist auch der **Anteil der Analysatoren** an der Information und Rückinformation. *Dominierend* ist zunächst der *optische Analysator*, vor allem der Bereich des zentralen Sehens. Die anderen Analysatoren

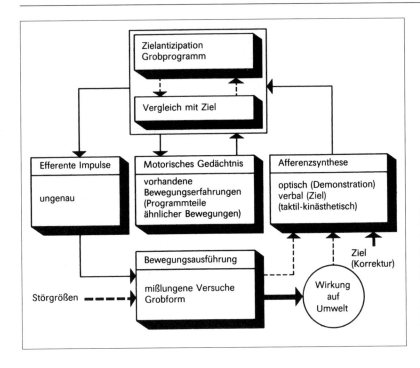

Abb. 4.2.–2 Bewegungskoordination. Qualität und Quantität des Informationsflusses in der ersten Lernphase (schematische Darstellung). Die Stärke der Verbindungslinien symbolisiert die funktionelle Wirksamkeit des Informationsflusses

sind wohl beteiligt, aber noch unzureichend. Das betrifft insbesondere den kinästhetischen Analysator, dessen Vor- und Rückinformationen die Bewegung maßgeblich steuern und regeln müssen (vgl. die Ausführungen über die bewegungslenkende Reafferenz im Abschnitt 2.3.1.). Wohl sind die propriorezeptiven Signale in großer Zahl vorhanden, sie können aber offensichtlich bei der Afferenzsynthese und der Entstehung des Bewegungsprogramms nicht entsprechend verarbeitet werden. Sie werden in dieser Phase auch kaum bewusst erfasst und daher nicht mit verbalen Informationen in Verbindung gebracht. Das ist der Grund dafür, dass dem Lernenden seine Bewegungsführung, sofern er sie nicht sehen kann, nicht genügend bewusst wird, und dass er *Erklärungen und Korrekturhinweise sehr unvollkommen versteht und umsetzen kann*. Diese kurz skizzierten Mängel und Besonderheiten in der Informationsaufnahme und -verarbeitung beim Bewegungsvollzug sind mit Sicherheit nicht auf die Tätigkeit der Sinnesorgane zurückzuführen, sondern zentral bedingt. Eine entscheidende Rolle spielt dabei das **Bewegungsgedächtnis**, die gespeicherte Bewegungserfahrung, die erst eine aufgabengemäße Auswahl und Synthese der afferenten und reafferenten Informationen möglich macht. Darum befindet sich auch ein *erfahrener Sportler*, der eine neue Bewegung erlernt, in einer *anderen Ausgangssituation* als der sportliche Anfänger. Die erste Lernphase verläuft für ihn in dieser Beziehung anders: Die sensorischen und verbalen Informationen bei der Aufgabenstellung werden besser aufgenommen und verarbeitet, es bildet sich sehr schnell eine klarere, auch bereits *kinästhetisch fundierte Bewegungsvorstellung,* und die Rückinformation enthält ebenfalls stärkere kinästhetische Anteile, die allerdings weitgehend unbewusst – nicht bewusstseinsfähig – bleiben (vgl. dazu WIEMEYER 1994 b, S. 163–173). Wohl besteht noch ein gradueller Unterschied in der Informationsverarbeitung gegenüber der zweiten und dritten Lernphase, der jedoch nicht so krass ist.

Beim *sportlichen Anfänger* ist die **Vorstellung vom Bewegungsablauf** im wesentlichen ein *optisches Abbild* (Außensicht) und enthält nur in geringem Maße die für eine Bewegungsvorstellung so wichtigen kinästhetischen Anteile.

In dieser Lage befindet sich zum Beispiel jeder Mensch, wenn er das Schwimmen erlernt. Beherrscht er jedoch erst einmal eine Schwimmart, dann verfügt er über ein wesentlich anderes motorisches Ausgangsniveau für das Erlernen weiterer Schwimmarten. Gleiches gilt unter anderem für den Turner, Eiskunstläufer oder Wasserspringer, der nach seiner technischen Grundausbildung bei jedem neuen Lernprozess an die Bewegungserfahrungen, die er bei ähnlichen Bewegungsvollzügen erworben hat, anknüpfen kann.

Vorhandene Bewegungserfahrungen bewirken auch, dass bereits beim Beobachten ein *ideomotorisches Mitvollziehen* in gewissem Maße möglich ist, dass also Mikrokontraktionen in den Muskeln auftreten und dadurch die Bildung der Anfangsvorstellung wesentlich unterstützt wird. Sie kann dann auch in stärkerem Maße bereits kinästhetische Anteile enthalten und trägt schon eher den Charakter einer »echten« *Bewegungsvorstellung*.

Im Prozess des wiederholten Übens wird die Bewegungsvorstellung in zunehmendem Maße vervollkommnet und präzisiert. Die aus der Aktivität des gesamten Organismus resultierenden kinästhetischen, taktilen, statico-dynamischen, optischen und eventuell akustischen Empfindungen und Wahrnehmungen werden aufgenommen und gespeichert und können in weit größerem Umfang in der Bewegungsvorstellung reproduziert werden als zu Beginn des motorischen Lernprozesses.

Im Stadium der Grobkoordination ist die Bewegungsvorstellung schon komplexer Natur, wird aber im Wesentlichen noch durch die optische Komponente bestimmt. Es handelt sich zunächst nur um eine *grobe Allgemeinvorstellung*, eine »Außenansicht«, die noch nicht auf einer bewussten Abstraktion von Unwesentlichem, sondern auf einer mehr oder weniger »zufälligen Auswahl« einzelner Momente der Bewegung beruht (PUNI, 1961, S. 54). PUNI bezeichnet diesen Sachverhalt als »spontanes Bewusstwerden«, das zunächst noch unwesentliche Elemente und Seiten der Bewegung einschließt.

Die **Programmierung des Bewegungsaktes** und die **Bewegungsantizipation** (Bildung des »Handlungsakzeptors«) in der ersten Lernphase werden wesentlich beeinflusst durch die unzureichende Informationsaufnahme und -verarbeitung und den Stand des Bewegungsgedächtnisses. Sie ist deshalb zunächst ebenfalls *unvollkommen und fehlerhaft*. Wenn die ersten Versuche zu recht unkoordinierten, mitunter beinahe grotesken Bewegungen führen, die weit von der Zielstellung abweichen, dann ist das ein deutliches Zeichen unklarer oder fehlerhafter Programmierung. Wenn der Lernende glaubt, eine Bewegung entsprechend der Aufgabenstellung ausgeführt zu haben, und die großen Abweichungen nicht bemerkt, dann kann das also, wie bereits gesagt, an unzureichender oder fehlerhafter Informationsverarbeitung liegen, die andererseits auch zu Fehlern in der Programmierung und der Bewegungsantizipation führt. Allgemein ist in der ersten Lernphase und in der Grobkoordination die *Bewegungsvorausnahme noch unvollkommen*.

Für die Programmierung und Bewegungsantizipation sind im motorischen Gedächtnis gespeicherte Erfahrungen und Programmelemente ähnlicher Bewegungen sehr wesentlich. Somit ist der erfahrene Sportler dem Anfänger auch hierin überlegen. Das betrifft vor allem die *Feinprogrammierung der Muskelsynergien und -spannungsverläufe* auf den unteren Ebenen der sensomotorischen Regulation, wodurch erst ein fließender, harmonischer Bewegungsablauf möglich wird.

Diese Feinprogrammierung ist an die *Verarbeitung kinästhetischer Informationen*, das heißt an die bewegungslenkende Reafferenz gebunden. Erst beim Ausführen der Bewegung selbst entsteht dieses Programm und wird über den »inneren Steuerring« (ČCHAIDZE) – den inneren Regelkreis, wie wir sagen – organisiert; ein Prozess, der offenbar weitgehend als Selbstorganisation interpretiert werden kann. Das ist besonders ausgeprägt bei Bewegungsakten, die in größerem Maße reaktive Kräfte (z. B. Trägheitskräfte, Elastizitätskräfte) oder Eigenbewegungen von Geräten (z. B. des Bootes) hervorrufen.

Ein Problem für die sporttechnische Ausbildung oder Bewegungsschulung besteht vor allem darin, dass die *Beeinflussung der »Feinprogrammierung«* über Erklärungen und über Informationen der anderen Analysatoren (Vorbild, Situationsafferenzen) in dieser Lernphase nur in geringem Maße möglich ist. Diese Informationen führen nur zur Zielvorgabe und zum bewusst erfassbaren »Rahmenprogramm«, das jedoch eine Lösung der motorischen Aufgabe ohne passfähige Muskelsynergien noch nicht sichert. Daraus erklären sich auch die unkoordinierten Bewegungen bei den ersten Versuchen (vgl. ČCHAIDZE, 1970). Es kommt demnach in der methodischen Gestaltung des Lernprozesses darauf an, *Erklärung und Demonstration* möglichst *von Anfang an mit der aktiven Bewegungstätigkeit des Lernenden zu verbinden*, da nur so eine hinreichend richtige Programmierung erreicht werden kann, wie sie selbst für die Grobkoordination bereits Voraussetzung ist.

Eine andere *Fehlerquelle* für die Programmierung stellen *gespeicherte Programmelemente von Bewegungen* dar, die wohl ähnlich sind, sich aber in wesentlichen motorischen Einzelheiten von der zu erlernenden Bewegung unterscheiden. Sie können die Bildung des neuen Bewegungsprogramms empfindlich stören und verzögern. Auf diese als »*Interferenz*« bezeichnete Erscheinung werden wir im Abschnitt 4.3. näher eingehen. In noch stärkerem Maße als die Programmelemente erlernter Bewegungen können anlagebedingte Muskelsynergien und Bewegungsreaktionen die Bildung und erste Stabilisierung des neuen Bewegungsprogramms stören. Hierbei handelt es sich offensichtlich um unbedingte Reflexe, die im Lernprozess erst gehemmt werden müssen.

Das gilt zum Beispiel für das Erlernen des beidbeinigen Absprunges oder des Schlusshüpfens bei Kindern im frühen Schulkindalter, wo anfangs alternierende Bewegungen beider Beine immer wieder störend hervortreten. Das gilt weiterhin für einige vestibulare Reflexe, die zum Teil als Schutzreaktion aufgefasst werden müssen. So zum Beispiel beim Erlernen des Knie-Umschwunges rückwärts, wo der Anfänger in der ersten Hälfte der Hauptphase das Kinn an die Brust herannimmt (Labyrinthstellreflex auf den Kopf) und in Folge davon den Körperschwerpunkt zu dicht an die Stange heranbringt.

Auch ausgesprochene *Angstreaktionen*, die zum großen Teil anlagebedingt sind, aber auch durch Stürze und andere negative Erfahrungen bedingt sein können, müssen durch die Bewegungsprogrammierung unterdrückt werden, beeinträchtigen aber häufig dennoch die Ausführungsregulation.

Bei der Behandlung der Bewegungskoordination hatten wir herausgearbeitet, dass die menschliche Bewegungstätigkeit nur möglich ist durch Regelung. Die Ausführungsregulation schließt den ständigen **Vergleich von Sollwert und Istwert**, das heißt den Vergleich aller Teilschritte des Bewegungsaktes mit dem Gesamtziel, den Teilzielen und dem Handlungsprogramm (motorischen Verlaufsprogramm), speziell mit den dazu erwarteten Rückmeldungen, ein. Das gilt auch bereits für die Grobkoordination, wenngleich in unvollkommenem Maße.

Aus dem bisher Gesagten ergibt sich zwangsläufig, dass das Ergebnis des Sollwert-Istwert-Vergleiches und die sich daraus ergebenden Korrekturimpulse nur so genau, nur in dem Maße aufgabengemäß sein können, wie es die Informationsverarbeitung und das Handlungsprogramm sind. Die noch ungenügende Verwertung der sensorischen und verbalen Informationen sowie die unvollkommene, teilweise fehlerhafte Programmierung und Bewegungsantizipation ermöglichen keine zweckmäßige Regelung des Bewegungsvollzuges. Charakteristisch für die Ausführungsregulation in der ersten Lernphase ist, dass *Sollwertabweichungen erst von einer bestimmten Größe* an überhaupt *erfasst* werden können. Infolgedessen misslingt die Bewegungsausführung völlig, oder die Korrekturen sind so offensichtlich, dass sie sich in der beschriebenen unharmonischen Bewegungsführung, zum Beispiel im gestörten Bewegungsfluss, widerspiegeln.

Am deutlichsten wird das beim Erlernen von Bewegungen, die hohe Anforderungen an die *Gleichgewichtserhaltung* stellen (vgl. auch Abschnitt 2.2.2.). Dadurch kann sich der Lernende den im Bewegungsvollzug auftretenden Störungen nur ungenügend oder nicht schnell genug anpassen und äußere Kräfte, insbesondere reaktive Kräfte, nicht unter Kontrolle halten. Das führt beispielsweise beim Kanusport zu einer Störung oder zum Zerfall der Bewegungstechnik durch Wellen.

Hierin ist auch die Tatsache begründet, dass im Stadium der Grobkoordination der Bewegungsvollzug nur unter weitgehend standardisierten, allgemein günstigen Bedingungen gelingt.

Fast überhaupt *nicht möglich* ist in der ersten Phase eine *vorausschauende, antizipierende Regelung*; das heißt, der Lernende kann Störungen noch nicht antizipieren und seine Bewegungsführung im voraus darauf einstellen. Das wird erst in einem späteren Lernstadium erreicht. Darum ist eine wettkampfmäßige Anwendung der erlernten Technik im Stadium der Grobkoordination im allgemeinen zunächst unzweckmäßig; denn in jedem Wettkampf treten Störeinflüsse auf, so durch die Bedingungen des Geländes und der Übungsstätte oder durch den Gegner.

Eine **mögliche Erklärung** für die beschriebenen **Unzulänglichkeiten der Bewegungskoordination** in der ersten Lernphase ist – von verstärkenden Angsteinflüssen abgesehen – folgende: der Bewegungsvollzug wird hauptsächlich über den äußeren Regelkreis gesteuert (bzw. geregelt). Die zumeist auf der Basis visueller Informationen (Reafferenzen) möglichen Korrekturen sind jedoch sehr grob und kommen mitunter auch zu spät.

Eine andere Erklärung gibt BERNSTEIN (1996, S. 13) auf der Grundlage seines mehrstufigen hierarchisch-heterarchischen Modells der neurophysiologischen Funktionsebenen. Danach werden im Lernprozess »neue« Bewegungen zunächst von einer höheren Funktionsebene gesteuert, die nicht über »Korrektionen« verfügt, die der motorischen Anforderung adäquat sind, sodass erst eine »Verteilung der sensorischen Korrektionen auf die adäquaten Funktionsebenen« (S. 13) erfolgen muss.

Das führt unter anderem zu solchen »überschießenden« Korrekturen, wie wir sie im Abschnitt 2.5. für Rudern und Kanusport beschrieben haben, oder zum völligen Misslingen, wenn beispielsweise das Gleichgewicht verlorengeht. Erst wenn, gestützt auf die präzisere Verarbeitung vor allem kinästhetischer Informationen, der innere Regelkreis nach und nach die Führung übernimmt – beziehungsweise die Regulation auf die dafür »zuständigen« Funktionsebenen verlagert ist –, werden die koordinativen Mängel abgebaut.

Damit jedoch zunächst die Bewegungsaufgabe überhaupt gelöst werden kann, hilft sich gewissermaßen das Steuersystem mit einem

Kunstgriff. Die Steuerung und Regelung wird dadurch erleichtert, dass die gesamte Muskulatur in einen *höheren Spannungszustand* versetzt wird, sodass sie auf Korrekturimpulse schneller anspricht. Die »überflüssigen« Muskelspannungen sind demnach im ersten Lernstadium in gewissem Maße zweckmäßig, weil sie erst einmal das Gelingen überhaupt ermöglichen. Indem das eine oder andere Gelenk weitgehend festgestellt wird, werden die Freiheitsgrade des Bewegungssystems herabgesetzt und seine Steuerbarkeit erhöht (ČCHAIDZE, 1970).

Bisher wurde diese verstärkte Muskelanspannung ebenso wie eine Reihe zusätzlicher Bewegungen, die für die erste Lernphase charakteristisch sind, meist nur negativ bewertet und dem Unvermögen des Steuersystems zugeschrieben. Diese Muskelanspannung wird allgemein mit der Irradiation der Erregung in den motorischen Rindenzentren erklärt. Offensichtlich hat sie jedoch einen *tieferen biologischen* Sinn im ersten Lernstadium zu erfüllen, wenngleich die weitere Vervollkommnung und Schulung gerade auf die Beseitigung dieser Erscheinungen – und besonders ihrer Ursachen – gerichtet sein muss (vgl. PERSON, 1958; FARFEL, 1960. S. 58 ff.), d. h., dass es nach der anfänglichen Unterdrückung zu einer effektiveren Ausnutzung der Freiheitsgrade kommt (BERNSTEIN, 1988, S. 60 f.).

4.2.1.3. Zusammenfassung

• Die erste Lernphase umfasst den **Lernverlauf vom Erfassen der Lernaufgabe bis zum Stadium der Grobkoordination**.
• Das **Erfassen der Lernaufgabe** schließt ein erstes gedankliches Erfassen des neu zu erlernenden Bewegungsvollzuges ein. Durch sprachliche Formulierung der Aufgabe und Demonstration entsteht beim Lernenden eine **erste grobe Vorstellung**, die ein vorwiegend optisches Bild des Bewegungsablaufes darstellt. Bei reicheren Bewegungserfahrungen kann diese Vorstellung bereits auch in stärkerem Maße kinästhetische Anteile enthalten. Die anschließenden **ersten Versuche** führen häufig nicht sofort zum Gelingen und zur Lösung der Bewegungsaufgabe.

- Nach einigem Üben wird das **Stadium der Grobkoordination** erreicht: Der Lernende kann unter günstigen Bedingungen die Bewegung ausführen, Fehlversuche treten im allgemeinen nur noch dann auf, wenn der Lernende ermüdet oder unkonzentriert ist, wenn die äußeren Bedingungen verändert oder bereits Leistungsanforderungen gestellt werden.
- Die Erscheinungen und der Verlauf der ersten Lernphase erklären sich vor allem aus der Bewegungskoordination und ihrer Entwicklung. Wesentliche Ursache für das Misslingen der Steuerung bei den ersten Übungsversuchen sind: die **unzureichende Aufnahme und Verarbeitung von Informationen**, vor allem über den kinästhetischen Analysator; die teils dadurch, teils durch das Fehlen gespeicherter Programmelemente im Bewegungsgedächtnis bedingte *Unvollkommenheit des Bewegungsprogramms;* die daraus folgende *unzureichende Regelung des Bewegungsvollzuges* durch bewegungslenkende Reafferenz; Angstreaktionen und andere emotionale Einflüsse. Im Stadium der Grobkoordination wird der Bewegungsablauf noch in starkem Maße *über den äußeren Regelkreis gesteuert,* der innere übernimmt erst im weiteren Lernverlauf die Führung. Daraus erklären sich die vorhandenen Koordinationsmängel.

4.2.1.4. Folgerungen für die Lehr- und Übungspraxis

Die dargestellten praktischen Erfahrungen und theoretischen Erkenntnisse zur ersten Lernphase bilden wesentliche Grundlagen für die pädagogisch-methodische Gestaltung des motorischen Lernens in allen Bereichen des Sports, in allen Sportarten und -disziplinen. Dabei lassen sich einige pädagogische Folgerungen allgemeingültiger Art herausheben, während die methodische Umsetzung der Erkenntnisse sportart- und altersspezifisch erfolgen muss.
- Eine zielklare pädagogische Führung in der ersten Phase des motorischen Lernprozesses muss von den im konkreten Fall vorliegenden **Bedingungen und Voraussetzungen** ausgehen. Hier muss an erster Stelle das *motorische Ausgangsniveau* genannt werden. Ist beispielsweise das Niveau motorischer Fähig-

keiten nicht ausreichend, so müssen dem Lernprozess bestimmte vorbereitende oder Vorübungen vorangestellt werden. Das trifft besonders für die koordinativen Fähigkeiten zu, deren Niveau jeweils möglichst genau eingeschätzt werden sollte.

Dementsprechend sollte ein neuer Sprung im Wasserspringen erst dann eingeführt werden, wenn durch koordinativ vorbereitende Sprungübungen (Üben der technischen Grundlagen) ein in diesem Falle oft schmerzhaftes Misslingen des ersten Versuches weitgehend ausgeschaltet ist. Dabei wird durch Üben strukturähnlicher Sprünge auch die Bildung der Vorstellung von dem neuen Sprung vorbereitet.

Weiterhin sehr bedeutsam sind die *Lernaktivität und die Lernmotivation.* Es gilt, die Ausgangssituation des Lernenden richtig einzuschätzen und, davon ausgehend, Motive zu schaffen oder zu verstärken und sie im Verlauf der ganzen Lernphase zu erhalten.
- Das Aufnehmen und Erfassen der Lernaufgabe steht für den Lernenden am Anfang des motorischen Lernprozesses. Das **Stellen der motorischen Lernaufgabe** durch den Sportlehrer oder Trainer muss daher mit Sorgfalt und Überlegung erfolgen, weil davon sowohl Lernmotivation und Lernaktivität als auch die erste grobe Vorstellung von der zu erlernenden Bewegung maßgeblich bestimmt werden. Die Aufgabenstellung muss *präzise* und *verständlich* sein. Sie erfolgt *verbal und durch Demonstration.* Der Lehrende hat dabei die Kenntnisse und vor allem die Bewegungserfahrungen des Lernenden zu berücksichtigen. In jedem Falle sollte die motorische Aufgabenstellung auch *erste Aussagen zur Grundstruktur der Bewegung* enthalten.

Zusätzlich zur Aufgabenstellung und zur *Demonstration* gegebene *Erklärungen* sind nur dann sinnvoll, wenn sie zur Lösung der Aufgabe unumgänglich sind. Sie sollten beim bewegungsunerfahrenen Anfänger auf ein Mindestmaß beschränkt bleiben. Die *Ganzheitlichkeit der Handlung* steht im Vordergrund. Sind Hinweise auf Einzelheiten des Bewegungsablaufes für das Gelingen erforderlich, dann darf immer nur ein Hinweis gegeben werden; denn auf mehrere Phasen oder Momente der Bewegung kann der Lernende seine Aufmerksamkeit nicht gleichzeitig richten.

- Der Lernende muss, wenn er die Aufgabe verstanden hat, **sofort zu praktischen Versuchen**, zum Üben des Bewegungsablaufes geführt werden. Nur in Verbindung mit den eigenen motorischen Erfahrungen des Lernenden beim Üben der neuen Bewegung werden weitere verbale Informationen durch den Lehrenden und darüber hinaus auch weitere Demonstrationen wirksam, um die Bewegungsvorstellung zu konkretisieren.

Der Übungsprozess und die Übungsbedingungen sind nach Möglichkeit so zu organisieren, dass der Lernende schon *nach wenigen Versuchen zur ersten gelungenen,* wenn auch noch unvollkommenen *Ausführung* der ganzen Bewegung gelangt. Nur dadurch erhält er in Form der Reafferenzen die notwendigen sensorischen, speziell die kinästhetischen Informationen, die zur Vervollkommnung des Handlungsprogramms und der damit verbundenen Herausbildung der Grobkoordination erforderlich sind.

- Folgende **Bedingungen** sind zu **schaffen**, um ein baldiges Gelingen der geforderten Übung zu ermöglichen:
- Der Lernende soll frisch, *ohne stärkere Ermüdungserscheinungen,* aber gut vorbereitet beziehungsweise erwärmt sein (vgl. u. a. ZIESCHANG, 1978). Er muss sich auf jeden Versuch gut konzentrieren und möglichst in einer ruhigen, konzentrationsfördernden Atmosphäre üben können. *Die Übungsbedingungen* können *erleichtert* werden, um die Sturzgefahr zu mindern und dem Übenden die Angst zu nehmen oder um den Bewegungsablauf zu unterstützen.

Beispiele: Abgänge vom Gerät in die Schaumstoffgrube, im Skisport Diagonalschritt in leicht ansteigender Spur oder Schwung über eine Bodenwelle.

- *Spiel-, Sport- und Turngeräte* müssen *dem Lernenden und seinem Entwicklungsstand angepasst* sein. Sie sind in langjähriger Entwicklung bereits so vorgeformt, dass sie einen *regulierenden Einfluss auf die Bewegung* ausüben. Ihr erster Gebrauch provoziert bereits über die bewegungslenkende (kinästhetische) Reafferenz eine Regelung des Bewegungsvollzuges (besonders instruktive Beispiele: Rudern, Flossenschwimmen). Das bedeutet unter anderem auch, dass Geräte für Kinder und Jugendliche deren körperlichen Bedingungen entsprechen müssen.
- Schließlich gehört zur Schaffung günstiger Übungsbedingungen auch das *Üben mit aktiver Unterstützung,* wie es allgemein aus dem Gerätturnen bekannt ist. Ähnlich verhält es sich im Ringen und Judokampfsport, wenn der Partner (Judo: Uke) bewusst den Wurf mitvollzieht und seine Ausführung nicht nur nicht behindert, sondern unter Umständen geringfügig aktiv unterstützt.

- Bei Bewegungsleistungen, deren **Anforderungsprofil sowohl Genauigkeit als auch Schnelligkeit** enthält, darf bereits in der ersten Lernphase, soweit möglich, die Schnelligkeit nicht aus Gründen der Erleichterung vernachlässigt werden. Eine zunächst nur in verlangsamter Ausführung erlernte Bewegung führt zur Herausbildung einer völlig anderen Bewegungskoordination (Steuerung und Regelung), als sie für die Zielbewegung erforderlich ist. (Vgl. u. a. SINGER, 1985, S. 420)

- **Hinweise, Korrekturen und Demonstrationen** sollten so gegeben werden, dass sie der Lernende auf seine eigenen Bewegungsempfindungen und seine noch unvollkommene Bewegungsvorstellung beziehen kann. Hier ist u. a. ein kurzer Impuls zur Verdeutlichung eines dynamischen Höhepunktes im Bewegungsvollzug meist wirkungsvoller als die Beschreibung mittels vieler Worte.

4.2.2. Zweite Lernphase: Entwicklung der Feinkoordination

4.2.2.1. Allgemeine Charakteristik

Die zweite Lernphase umfasst den **Lernverlauf vom Erreichen des Stadiums der Grobkoordination bis zu einem Stadium, in dem der Lernende die Bewegung annähernd fehlerfrei ausführen kann.** Dabei wird die Aufgabe unter den gewohnten, günstigen Übungsbedingungen ohne störende Einflüsse voll und mit Leichtigkeit erfüllt. Die Bewegungsstruktur entspricht dem Bewegungszweck und damit der angestrebten Technik in weitgehendem Maße. Unter diesen Bedingungen sind auch bereits höhere Leistungen und eine relativ hohe Beständigkeit möglich. Treten jedoch

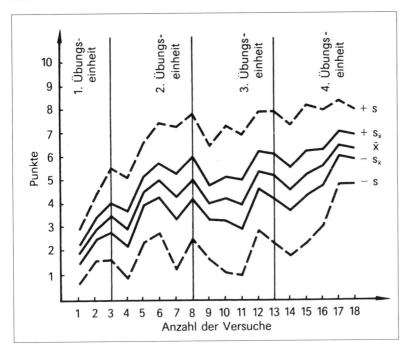

Abb. 4.2.–3 *Lernverlauf der Rolle vorwärts über 4 Übungseinheiten in einer Übungsgruppe (Alter 5 Jahre). Zu beachten ist u.a. die Abnahme der Streuung in der 4. Übungseinheit*

ungewohnte, ungünstigere Bedingungen und Störeinflüsse aus dem äußeren und inneren Milieu auf, wie das zum Beispiel im Wettkampf fast immer mehr oder weniger der Fall ist, dann ist die Erfüllung der Aufgabe nicht gleichermaßen vollkommen. Es stellen sich wieder gröbere technische Fehler ein, Rückfälle in eben erst überwundene Mängel in der Bewegungsausführung, bis hin zu Fehlversuchen. Demzufolge ist dann auch die Leistung schwächer und instabil.

Wir bezeichnen das **Ergebnis der zweiten Lernphase** als **Stadium der Feinkoordination**. Damit ist eine höhere Stufe im geordneten Zusammenspiel der Kräfte, Teilbewegungen und Bewegungsphasen erreicht. Der Bewegungsablauf wirkt harmonischer und geschlossener. Überflüssige und ausfahrende Mitbewegungen verschwinden. Die Steuerung des gesamten Bewegungsvollzuges wird beherrschter und zielgenauer. Die Feinkoordination ist im Unterschied zur Grobkoordination eine weitaus angepasstere, zweckmäßigere, rationellere Form des Sich-Bewegens, ohne die größere Leistungen im Sport und in der Arbeit nicht möglich sind.

Die **Entwicklung von der Grob- zur Feinkoordination** geht *im allgemeinen kontinuierlich* vor sich und durchläuft verschiedene Zwischenstadien einer bereits weiterentwickelten, verbesserten Grobform des Bewegungsablaufes. Demgegenüber kann jedoch *mitunter auch eine zeitweilige Stagnation* auftreten, sodass trotz fortgesetzten Übens kein sichtbarer Fortschritt verzeichnet wird. Selbst gewisse Rückschläge sind möglich, ohne dass eine Ursache erkennbar ist. Andererseits stellt sich häufig ein größerer Fortschritt nach einer zeitweiligen Stagnation ein, und das nicht selten nach einer Unterbrechung des Übens über mehrere Trainingseinheiten beziehungsweise Sportstunden hinweg. Wird der Lernverlauf in Form einer Kurve dargestellt, so lassen sich sowohl Perioden des Lernfortschrittes als auch Perioden gewisser Stagnation (Plateaubildung) sichtbar machen (Abb. 4.2–3).

Es ist anzunehmen, dass der Lernprozess in den komplizierten neurophysiologischen Prozessen der sensomotorischen Koordination fortschreitet, auch wenn in der Bewegungsführung keine Veränderungen erkennbar werden. Das heißt, dass die Plateaubildung nur eine scheinbare Stagnation des Lernprozesses

Abb. 4.2.–4
Feinkoordination des Tennisaufschlags

ausdrückt. Offenbar muss in den sensomotorischen Prozessen erst eine bestimmte Qualität erreicht sein, ehe sich diese Fortschritte im Bewegungsvollzug voll umschlagen können. Das gilt besonders für schwierigere sportliche Bewegungen.

Die zweite Lernphase verläuft *für die einzelnen sportlichen Techniken nicht einheitlich.* Sie kann sich über kürzere oder längere Zeit erstrecken, klar unterscheidbare Zwischenstadien aufweisen oder auch nicht. Das gilt auch für die pädagogisch-methodische Gestaltung des Lernens.

Die Methodik des Sportunterrichts und des Trainings kennt viele Mittel und Wege, die der Entwicklung der Feinkoordination dienen können und die in der Regel miteinander kombiniert werden. Dazu gehören zum Beispiel die *Bewegungskorrektur* und die *Präzisierung der Bewegungsvorstellung* durch das Wort, durch wiederholtes Demonstrieren von »falsch« und »richtig«, durch Vorbild, Film, Bild oder Zeichnung; ferner die *Bewegungserklärung*, die über Einzelheiten der Bewegungsstruktur, über biomechanische und anatomisch-physiologische Zusammenhänge orientiert, soweit das vom Lernenden erfasst werden kann und dem jeweiligen Lernstadium entspricht.

Hauptmethode – und zugleich mit allen anderen Methoden verknüpft – ist **das gut durchdachte und systematisch aufgebaute Üben.** Die Darstellung dieser Mittel und Wege im einzelnen ist Aufgabe der Methodik. Wir behandeln einige grundsätzliche und für die Entwicklung der Feinkoordination wesentliche Fragen, die für die Wahl der Mittel und Methoden richtungweisend sein können.

Das **Erscheinungsbild der Feinkoordination**, wie es sich in der Bewegungsausführung der zweiten Lernphase zeigt, kann wie folgt charakterisiert werden:
Der anfangs noch vorhandene **übermäßige Kraftaufwand** ist im Stadium der Feinkoordination auf das erforderliche Maß **reduziert.** Der Lernende setzt seine Kraft zweckmäßig und zum richtigen Zeitpunkt ein.

So werden zum Beispiel Ausholbewegungen zum Schlagballwurf, Speerwurf oder Tennisschlag, die im Stadium der Grobkoordination noch teilweise verkrampft, mit unzweckmäßigem Kraftaufwand ausgeführt wurden, jetzt gelöst und schwungvoll vollzogen. Die Zwischenphasen bei zyklischen Bewegungen werden zu Phasen der relativen Entspannung und Erholung. Für die Erhöhung der Leistung besonders in Ausdauerdisziplinen ist das eine wichtige Voraussetzung; denn neben der Verminderung des Kraftaufwandes in den Zwischenphasen erreicht der Lernende auch einen stärkeren Krafteinsatz in den entscheidenden »Arbeitsphasen«.

Es kommt also zur Ausbildung einer weitgehend **optimalen dynamischen Struktur** des Bewegungsvollzuges, zur Ausbildung eines **zweckmäßigen Bewegungsrhythmus**. Charakteristisch dafür ist auch, dass jetzt die äußeren und besonders die reaktiven Kräfte für die Erfüllung der Aufgabe voll genutzt werden. Dadurch wird eine höhere Leistung erreicht, oder der Aufwand an Muskelkraft ist durch bestmögliche Nutzung zum Beispiel der Schwerkraft, der Reibungskraft, der Luft- und Wasserkräfte reduziert.

In engem Zusammenhang damit steht die **zweckmäßige Ausprägung der Bewegungskopplung**.

Beim Diagonalschritt zum Beispiel bewirkt das gelöstere schwungvolle Vorbringen des Schwungbeines eine effektivere Schwungübertragung. Im Stadium der Grobkoordination ist diese Schwungübertragung noch ungenügend ausgeprägt. Der effektive kraftvolle Impuls, der im richtigen Moment angesetzt und auch zum richtigen Zeitpunkt abgebremst wird, bildet sich erst im Verlauf der Verfeinerung der Bewegungskoordination heraus.

Gleiches trifft auch für den effektiven Rumpfeinsatz zu. Wurf- und Schlagbewegungen werden zunächst vorwiegend »mit den Armen« ausgeführt, und erst im Stadium der Feinkoordination wird die Rumpfbewegung voll wirksam.

So ist jetzt die Bogenspannung bei Schlagwürfen in die Weite zweckmäßig ausgeprägt, und zusätzlich wird eine Verwringung des Rumpfes wirksam. Der Turner kann die Kippbewegungen, Felgbewegungen und Umschwünge nur in Feinkoordination ausbilden, wenn er durch gut abgestimmtes Beugen und Strecken seine Rumpfmuskulatur richtig einzusetzen versteht.

Eine sehr feine Ausprägung erfährt in diesem Stadium die *zeitliche Verschiebung der Teilbewegungen*. Sie ist ein wesentliches Kennzeichen der Feinkoordination und besonders deutlich bei den Beinbewegungen der Schlagschwimmarten, zum Teil aber auch bei den Wurf- und Stoßbewegungen zu beobachten.

Im Stadium der Feinkoordination wird ein **zweckmäßiger Bewegungsumfang** erreicht. Die in der ersten Lernphase oft viel zu weiten Ausholbewegungen bei verschiedenen Bewegungsformen oder -techniken sind jetzt auf einen aufgabengemäßen Umfang reduziert.

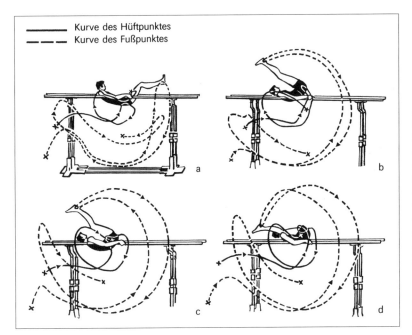

Abb. 4.2.–5 *Wegverlauf in verschiedenen Stadien des Lernprozesses einer Barrenübung (Sprung in den Oberarmhang – Aufstemmen in den Stütz beim Rückschwung) a: Erster Versuch zu Beginn des Lernprozesses – Versuch missglückt, Stütz wird nicht erreicht; b und c: Jeweils 3 Wochen später; d: Turner der Meisterklasse*

Das ist in ganz spezieller Form für Techniken der Spiel- und Zweikampfsportarten charakteristisch, bei denen aus taktischen Gründen die Ausholbewegung weitgehend eingeschränkt wird.

In anderen Fällen tritt eine ebenfalls aufgabenbedingte Erweiterung des Bewegungsumfanges in der Vorbereitungsphase ein.

In der Hauptphase des Bewegungsvollzuges geht mit der Entwicklung der Feinkoordination häufig eine Erweiterung des Bewegungsumfanges einher (Abb. 4.2.–4). Das kann bedingt sein durch den ausgeprägten Rumpfeinsatz und den zum Beispiel bei Wurf-, Schlag- und Stoßbewegungen erforderlichen längeren Beschleunigungsweg.

Im Gerätturnen ist die Feinkoordination meist durch weite Schwungbewegungen gekennzeichnet, die auch ein Kriterium für die Bewertung sind. Sprünge im Bodenturnen, Wasserspringen und im Eiskunstlauf erreichen in diesem Stadium einen großen Umfang hinsichtlich der Sprunghöhe, weil dadurch die Drehungen um die Längen- und Breitenachse vollständig und sicher ausgeführt werden können.

Der Bewegungsablauf im Stadium der Feinkoordination ist weiterhin durch einen **gut ausgeprägten Bewegungsfluss** gekennzeichnet. Die Übergänge von einer Bewegungsphase zur anderen, besonders an Stellen der Bewegungsumkehr oder bei Richtungsänderungen, erfolgen fließend, »nahtlos«. Es treten keine Stockungen, Unterbrechungen oder Pausen mehr auf. Die Bewegungsausführung ist an Stellen, wo vorher noch deutliche »Ecken« festzustellen waren, »rund« geworden.

Ein Vergleich der Wegekurven in Abb. 4.2.–5 macht das anschaulich. Während in der ersten Lernphase (a) die Kurve noch große Unregelmäßigkeiten aufweist, zeigt sie nach drei Wochen intensiven Übens nur noch wenige kleine Ecken (b) und verläuft nach weiteren drei Wochen fließend rund (c). Ein Turner der Meisterklasse erreicht durch eine schleifenförmige Ausführung der Bewegungsumkehr unter anderem eine ausgesprochene Kontinuität, die letztlich eine wichtige Seite der gekonnt-ausdrucksvollen und eleganten Ausführung ist (d).

Das Stadium der Feinkoordination ist schließlich unter bekannten, günstigen und konstanten Bedingungen durch eine **hohe Präzision** und **Konstanz** des Bewegungsablaufes gekennzeichnet.

So treten unter diesen Bedingungen nur noch geringe Abweichungen von der vorgesehenen Absprungstelle beim Weitsprung, Hochsprung und allen anderen Sprüngen mit Anlauf auf. »Schulmäßig« gespielte Bälle werden sicher gefangen und geschlagen, und die Greifbewegungen der Hände oder die Schlagbewegungen mit dem Hockey-, Tennis- oder Tischtennisschläger sind genau der Flugbahn und Geschwindigkeit des herannahenden Balles angepasst.

Charakteristisch für die Entwicklung der Bewegungspräzision im motorischen Lernprozess ist folgende *Reihenfolge*: Zuerst wird eine erhöhte *räumliche Genauigkeit* im Bewegungsablauf erreicht, sodann gelingen auch ein immer aufgabengemäßerer *zeitlicher Verlauf* und erst relativ spät die geforderte Präzision im *dynamischen Verlauf* (Beschleunigungen, Kraftimpulse). Darauf weisen eine Reihe von Untersuchungsergebnissen hin (vgl. u. a. KLIX, 1975, S. 420; HIRTZ, 1979, S. 141), wobei jedoch nicht übersehen werden darf, dass in den komplizierten sportlichen Bewegungshandlungen räumliche, zeitliche und dynamische Parameter stark voneinander abhängig sind und je nach Bewegungsaufgabe die Genauigkeit bzw. Konstanz des jeweils genau oder konstant geforderten Parameters durch die Variabilität der anderen erreicht wird.

Diese hohen Genauigkeitsleistungen werden in der Regel nur dann erreicht, wenn keine besonderen *Anforderungen an die Handlungsschnelligkeit* – was jedoch im Wettkampf meist der Fall ist! – gestellt werden. In diesem Stadium ist die Bewegungshandlung meist noch entweder genau oder optimal schnell.

Die hohe *Bewegungskonstanz* kommt zum Ausdruck, wenn die bei wiederholter Ausführung der Bewegung erzielten Leistungen und die verschiedenen Bewegungsparameter und Kennlinien verglichen werden. Zwar gleicht auch im Stadium der Feinkoordination ein Versuch nicht völlig dem anderen, auch nicht bei konstanten Bedingungen, aber der Grad der Übereinstimmung ist im Verhältnis zur Kompliziertheit der sportlichen Bewegungstechnik sehr hoch. Ändern sich allerdings die Bedingungen auch nur geringfügig, dann spiegelt sich das sofort in der Bewegungspräzision und damit auch in einer bedeutend geringeren Konstanz wider. (Vgl. 2.2.3. zu BERNSTEINS »zwei Taktiken« des Koordinationssystems.)

4.2.2.2. Zur Bewegungskoordination

Die **Informationsaufnahme und -verarbeitung** ist für die motorische Lerntätigkeit im Sport in jeder Phase von entscheidender Bedeutung, in der zweiten Lernphase wird sie zum wichtigsten Kettenglied. (Abb. 4.2.–6) Nur über die sensorischen Informationen und über die verbale Information durch Sportlehrer, Trainer und Übungsleiter können Impulse für die Veränderung und damit Weiterentwicklung der Bewegungskoordination erfolgen. Jede vom Lernenden aufgenommene Demonstration, Korrektur und Erklärung, jede Empfindung und Wahrnehmung des Lernenden im Bewegungsvollzug führt bei richtiger Verarbeitung zur Vervollkommnung der Bewegungskoordination.

In diesem Prozess *entwickelt sich* zugleich die *Informationsaufnahme und -verarbeitung selbst weiter*. In zunehmendem Maße werden die afferenten und reafferenten Signalreize richtig entschlüsselt und aufgabengemäß verarbeitet. Diese weiterentwickelte Informationsverarbeitung stellt sich uns in Form *verfeinerter, genauerer Bewegungsempfindungen und -wahrnehmungen*, in einer *weitergehenden Erfassung des Informationsgehaltes von Demonstrationen*, in einem *besseren Verständnis von Erklärungen und verbalen Korrekturen* und in einer *sich ständig präzisierenden Bewegungsvorstellung* dar.

Während in der ersten Lernphase die Ergebnisinformation dominierte, werden nun auch *Informationen über die Bewegungsausführung* aufgenommen und verarbeitet. Daraus ergeben sich – wenn auch, je nach Alter und motorischem Gesamtniveau, in unterschiedlichem Maße – Möglichkeiten der *Selbstbeobachtung* und *Selbstkorrektur*. Sie sind eine wesentliche Voraussetzung für die Korrektur als Methode der sporttechnischen Ausbildung und Bewegungsschulung. Die verbalen Korrekturhinweise des Sportlehrers oder des Trainers führen auch in Verbindung mit Demonstrationsverfahren nur dann zum Erfolg, wenn der Lernende sie mit seiner Selbstbeobachtung bzw. -wahrnehmung vergleichen und sie als »Selbstkorrektur« umsetzen kann. Auch die *Ergebnisinformation* entwickelt sich weiter, wird präziser und ist eine wichtige Voraussetzung für Lernfortschritte in dieser Phase. Der erweiterten Information über die Bewegungsausführung und ihre Einzelheiten ent-

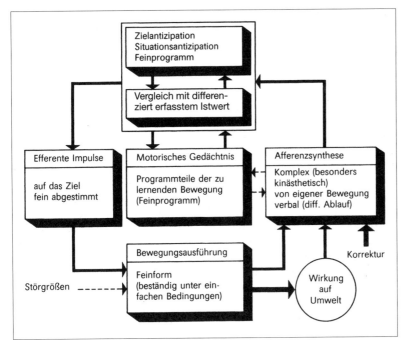

Abb. 4.2.–6 Bewegungskoordination. Qualität und Quantität des Informationsflusses am Ende der zweiten Lernphase (schematische Darstellung). Die Stärke der Verbindungslinien symbolisiert die gewachsene funktionelle Wirksamkeit des steuernden und regelnden Informationsflusses.

spricht eine Verschiebung im **Anteil der Analysatoren**. Mit zunehmender Übung können vor allem die Informationen des *kinästhetischen Analysators* besser verarbeitet werden, das heißt, seine nicht »bewusstseinsfähigen« Informationsinhalte werden mit Hilfe der parallelen Informationen anderer Analysatoren (taktiler, optischer) dennoch der bewussten Erfassung zugängig. Infolgedessen wird auch die bewegungslenkende Reafferenz – als Grundlage der Regelung der Bewegungsführung und auch der Feinprogrammierung – in zunehmendem Maße wirksam. Entsprechend dem Prinzip der Afferenzsynthese werden die Informationen aller Analysatoren komplex verarbeitet, und in den Bewegungsempfindungen und -wahrnehmungen des Lernenden sind die Sinnesmodalitäten ebenfalls eng miteinander verknüpft. Im Verlauf der zweiten Lernphase nimmt jedoch der kinästhetische Anteil mehr und mehr zu und ist im Stadium der Feinkoordination führend. Dadurch kann der Lernende schließlich auch Einzelheiten der Bewegungsausführung erfassen und kontrollieren, die er nicht sehen kann.

Beispiele sind die Beinhaltung im Gerätturnen und Wasserspringen, die zeitliche Verschiebung der Teilbewegungen beim Schmetterlingsschwimmen oder die Stärke und Richtung des Armabdruckes beziehungsweise der Stockarbeit beim Skilaufen.

Neben dieser verfeinerten Bewegungswahrnehmung durch die Information des kinästhetischen Analysators präzisieren sich auch die Informationen der anderen beteiligten Analysatoren. So verfeinert und differenziert sich die *optische Wahrnehmung* der Situation vor jedem und bei jedem Bewegungsvollzug (Situationsafferenzen), und auch Einzelheiten der Bewegung, die im Gesichtsfeld liegen, können optisch kontrolliert werden. Eine zunehmend größere Rolle spielt dabei der Bereich des *peripheren Sehens*. Vor allem aber wird die Bewegung anderer Sportler differenzierter wahrgenommen. Während beim ersten Vorzeigen in der ersten Lernphase der Bewegungsvollzug nur als verschwommenes, undifferenziertes Ganzes erkannt wurde, erfasst der Lernende jetzt bei richtiger Lenkung seiner Aufmerksamkeit in zunehmendem Maße die jeweils wesentlichsten Einzelheiten.

Erst im Verlauf dieser Phase kann er beispielsweise das richtige Zusammenspiel von Rumpf und Gliedmaßen, wie es sich in den Formen der Bewegungskopplung widerspiegelt, erkennen. Durch die bei der Bewegungsbeobachtung auch beim weniger Geübten auftretenden ideomotorischen Reaktionen werden in gewissem Maße die dynamisch-zeitlichen Relationen bei der Demonstration mit erfasst.

Die Präzisierung der Informationen des *taktilen Analysators* ist bei einer Reihe von Sportarten ebenfalls bedeutsam. So zum Beispiel im Schwimmen oder bei solchen Disziplinen, wo eine gezielte Kraftübertragung auf ein Wurf- oder Schlaggerät erfolgen muss (u.a. Basketball, Hockey). *Akustischer* und *statico-dynamischer Analysator* treten in ihren genaueren Informationsleistungen nicht so deutlich hervor. Ihre höheren Leistungen gehen jedoch ebenfalls in die komplexe Informationsverarbeitung der Afferenzsynthese ein und bestimmen ihr Ergebnis mit.

In der Entwicklung der Fähigkeit, die vorliegenden Informationen, speziell die Rückinformationen, richtig zu verarbeiten, zeichnet sich eine Gesetzmäßigkeit ab, die sich bei der Entwicklung der Bewegungspräzision bereits andeutete. So werden anfangs die räumlichen Informationen am besten verarbeitet, später zunehmend auch die zeitlichen und erst zuletzt gleichfalls die Informationen, die die Dynamik der Bewegungen betreffen. Umgekehrt trifft bei erhöhten Anforderungen bis zu Überforderungen zunächst eine ungenügende Informationsverarbeitung bei dynamischen Parametern, danach bei zeitlichen und erst an dritter Stelle bei räumlichen Parametern ein (vgl. dazu KLIX, 1975, S. 420; THOMAS, 1977a).

Ein wesentliches Problem für den Lernfortschritt zur Feinkoordination ist das *bewusste Erfassen und Verbalisieren der sensorischen Informationen* über die eigene Bewegung.[9] Dieses bewusste Wahrnehmen der Bewegung bereitet bei sehr schnellen und visuell kaum erfassbaren Bewegungen besondere Schwierigkeiten. Damit jedoch Erklärungen und sprachliche Hinweise im Lehrprozess wirksam wer-

---

9 Zum Problem der Bewusstheit und der bewussten Erfassung des Bewegungsgeschehens (»Bewegungsbewusstheit«) vgl. u. a. NICKEL, 1984.

den können, ist einerseits eine Verbindung des verbalen Zeichensystems besonders zu den kinästhetischen Empfindungen notwendig. Zum anderen ist die Korrektur, Verfeinerung und Differenzierung der Bewegungskoordination beim Vervollkommnen sportlicher Techniken bis hin zur Feinkoordination ohne das erklärende Wort, ohne das verbale Zeichensystem nicht möglich und denkbar. Erst die Sprache ermöglicht durch Instruktion und Selbstinstruktion die höchste Stufe der bewussten Formung der Bewegungsakte.

Der Lernende ist vorerst nicht in der Lage, seine *Bewegungsempfindungen* direkt zu erfassen und sprachlich zu formulieren. Er besitzt ferner noch kein Abbild von jenen Sinnesempfindungen, die dem Stadium der Feinkoordination entsprechen und daher Sollwertcharakter tragen, das heißt, die *Bewegungsvorstellung* ist noch unvollkommen. Die sich vollziehende Differenzierung und Präzisierung der Bewegungsvorstellung ist einerseits eine Folgeerscheinung der immer stärkeren Einbeziehung aller relevanten sensorischen Reize und Informationen in die Herausbildung der Feinkoordination. Andererseits hat auch hierfür die Sprache, die Verbalisierung, große Bedeutung, unter anderem über die Korrektur der Bewegungsausführung durch das Wort des Lehrenden. Durch die Verbindung mit dem Wort werden dem Lernenden die Empfindungen und Wahrnehmungen zumindest teilweise bewusstgemacht und die Voraussetzungen geschaffen, dass die damit erfassten Details eines Bewegungsablaufes im Rahmen seiner Bewegungsvorstellung reproduzierbar sind.

Ausgehend von der Tatsache, dass die Entwicklung der Bewegungsvorstellung an die Tätigkeit des verbalen Systems gebunden ist, hat beispielsweise LEIRICH (vgl. 1969) mit Hilfe von schriftlichen Bewegungsbeschreibungen als Hausaufgabe den Einfluss der Bewegungsvorstellung auf den motorischen Lernprozess überprüft. Dabei wurde vor allem berücksichtigt, dass die Entwicklung der Bewegungsvorstellung eng an die Entwicklung der Fertigkeit selbst gebunden ist und dass an ihrer Präzisierung so lange zu arbeiten ist, wie an der Vervollkommnung der Fertigkeit gearbeitet wird (vgl. auch THOMAS, 1977 a).

Die bewusste Aufnahme und Verarbeitung sensorischer wie auch verbaler Informationen,

die in der zweiten Lernphase für rasche Fortschritte unerlässlich ist, wird wesentlich bestimmt durch die *Lernmotivation*. Sie wirkt – wie es ANOCHIN (vgl. 1967, S. 46) ausdrückt – als Informationsfilter, das heißt, sie entscheidet mit darüber, welche Informationen aufgenommen und im Lernprozess verarbeitet werden. Ein Lernender, der die vom Sportlehrer oder Trainer gestellten Anforderungen zwar erfüllt und Demonstrationen sowie Erklärungen auf sich wirken lässt, jedoch ohne starke innere Beteiligung, ohne stärkere Motive und Zielstellungen, kurz: ohne hohe Lernaktivität, wird nur sehr langsam Fortschritte erreichen, ja, er wird bei komplizierteren sportlichen Bewegungen nie zum Stadium der Feinkoordination gelangen. Es liegt darum auf der Hand, dass gerade in dieser Lernphase, die mitunter vom Lernenden über längere Zeit ernste Arbeit ohne zunächst sichtbaren Erfolg erfordert, eine erzieherische Einwirkung auf die Entwicklung der Motivation und die Steigerung oder Erhaltung der Lernaktivität notwendig ist.

Die Entwicklung der Bewegungsregulation in der zweiten Lernphase beruht zu einem wesentlichen Teil auf der verbesserten **Programmierung** des Bewegungsaktes und der genaueren **Bewegungsantizipation**. Eine Voraussetzung dafür bilden die dargestellten Vorgänge der Informationsaufnahme und -verarbeitung und ihre Weiterentwicklung. Eine weitere Voraussetzung ist mit den sich anreichernden Bewegungserfahrungen gegeben; denn bei der wiederholten Ausführung der zu erlernenden Bewegung werden bestimmte Programmelemente, »Bewegungsmuster« oder ähnliche Strukturen im motorischen Gedächtnis gespeichert. Unter Ausnutzung der präziseren Informationen und des motorischen Gedächtnisses entsteht ein Bewegungsprogramm, das einer rationellen Lösung der Bewegungsaufgabe und einer ausgefeilten Bewegungstechnik zunehmend entspricht.

Wesentlich ist, dass nun auch die *Feinprogrammierung*, hauptsächlich zu verstehen als Präzisierung der Unterprogramme auf den niederen Regulationsebenen, voll wirksam wird, weil die Informationen des kinästhetischen Analysators besser verarbeitet werden. Das ist eine Hauptursache für den zunehmend glatteren, harmonischeren Bewegungsverlauf in dieser Phase. Dabei verändert sich das Bewegungsprogramm im Lehr- und Übungsprozess in seinen feineren Elementen ständig, beinahe von Versuch zu Versuch.

Die teils bewusste, teils unbewusste Verarbeitung aller diesbezüglichen Informationen, auch der verbalen Erklärungen, Hinweise und Korrekturen, stimuliert ständig diese Programmveränderungen, die dann im weiteren praktischen Üben auf ihre Zweckmäßigkeit hin geprüft werden. Durch die Ergebnisinformation (resultative Reafferenz), durch bewusste Selbstbeobachtung und durch Informationen, die der Sportlehrer oder Trainer dazu gibt, wird die Programmänderung entweder bekräftigt und damit vorläufig beibehalten, oder sie wird nicht bekräftigt, sodass weitere Präzisierungsversuche folgen müssen.

Diese genannten Vorgänge sind offenbar weitgehend als Selbstorganisationsprozesse zu verstehen.

Das Üben in der zweiten Lernphase erweist sich damit als eine Wiederholung des Bewegungsvollzuges auf stets neuer und im allgemeinen auf höherer Stufe, als »Wiederholen ohne Wiederholung« (BERNSTEIN, 1988, S. 187).

»Üben und richtig verstandenes und richtig durchgeführtes Training sind kein einfaches Wiederholen ein und derselben ursprünglich vollführten Bewegung oder Handlung, sondern das wiederholte Lösen der gleichen motorischen Aufgabe, in dessen Ablauf die ursprüngliche Bewegung (die Handlung) vervollkommnet und qualitativ modifiziert wird« (RUBINSTEIN, 1984, S. 690).

Eng verbunden mit der weiterentwickelten Bewegungsprogrammierung ist die *Bewegungsantizipation*. Ihre Entwicklung zu einer bestimmten Vollkommenheitsstufe ist Voraussetzung für die Feinkoordination aller sportlichen Bewegungsformen, ganz besonders aber der Bewegungskombinationen. Die differenzierte Vorausnahme des Handlungsprogramms und der zu erwartenden Rückmeldungen (Handlungsakzeptor) ist Voraussetzung für die Regelung des Bewegungsvollzuges sowie den dazu erforderlichen Sollwert-Istwert-Vergleich und geht damit Hand in Hand.

Bei der Behandlung der ersten Lernphase begegneten wir einer *Fehlerquelle für die Programmierung*, die auch in der zweiten Lernphase noch wirkt: *gespeicherte Programmelemente ähnlicher, bereits früher erlernter Bewegungen* und *angeborene Bewegungsreaktionen* und *Reflexbewegungen*. Diese früher erlernten Bewegungen und angeborenen Reaktionen gewinnen vor allem dann Einfluss auf das Bewegungsprogramm und setzen sich wieder teilweise durch, wenn bereits höhere Leistungsanforderungen gestellt werden, wenn der Lernende ermüdet ist, wenn er unter ungewohnten, ungünstigeren oder auch erschwerten Bedingungen üben muss. Von den angeborenen Bewegungsreaktionen betroffen wird in dieser Phase besonders die Erarbeitung der richtigen, oft von Bewegungsvorschriften geforderten Haltung.

So erfolgt beispielsweise im Bodenturnen und Wasserspringen mit dem Anhocken der Beine reflektorisch eine Dorsalflexion im Fußgelenk. Die Bewegungsvorschrift fordert jedoch Streckung (Plantarflexion) des Fußes, also bewusste, beherrschte Unterdrückung dieser reflektorischen Beugung im Fußgelenk. Die Haltung des Turners in der Bewegung stellt in vielen Fällen eine Unterdrückung derartiger Reflexbewegungen dar.

Das **Regelverhalten**, eingeschlossen der **Vergleichsvorgang**, ist, wie bereits erwähnt, zu einem wesentlichen Teil von den »Vorleistungen« der Informationsaufnahme und -verarbeitung (u. a. der oben genannten Reihenfolge in der Entwicklung der Parameterkontrolle), der Programmierung und Bewegungsantizipation abhängig. Mit der Vervollkommnung und Präzisierung dieser Funktionen im Verlauf der zweiten Lernphase erreichen auch die Regelung des Bewegungsvollzuges und der Vergleich mit den erwarteten Rückmeldungen ein höheres Niveau. Im unmittelbaren Funktionieren, in der Tätigkeit, entwickelt sich auch dieser wichtige Funktionskreis weiter und wirkt seinerseits auf die Bewegungsprogrammierung zurück. Dadurch werden eine Reihe von Ursachen, die im Stadium der Grobkoordination Regelvorgänge erforderlich machen, zum Beispiel die Wirkung reaktiver Kräfte, bereits in die Programmierung einbezogen. Das kann jedoch niemals so weit gehen, dass eine Regelung völlig überflüssig wird.

Wurden in der ersten Lernphase Sollwertabweichungen im Vergleich mit dem antizipierten Programm erst von einer solchen Größe ab erfasst, dass ihre Korrektur nicht mehr oder nur unter starker Beeinträchtigung des Gesamtablaufes möglich war, so ändert sich das jetzt Schritt für Schritt. Derartige Abweichungen werden zunehmend bereits im Anfangsstadium bzw. Bewegungsansatz erfasst, und die entsprechenden Korrekturimpulse setzen so zeitig ein, dass ein fließender, glatter Bewegungsablauf gewährleistet wird. Die Regelung ist im äußeren Bild der Bewegung nicht mehr unmittelbar erkennbar.

Diese »*Regelgüte*« wird jedoch im Stadium der Feinkoordination vorerst nur für solche Sollwertabweichungen erreicht, wie sie unter den gewohnten Lern- und Übungsbedingungen auftreten, die also nicht allzu groß sind. Treten durch ungewohntes Gelände, fremde Geräte, ungünstige Witterung, Wettkampfbedingungen und -atmosphäre, Einwirkungen des sportlichen Gegners oder auch starke Ermüdung, gestörtes Wohlbefinden oder persönliche Sorgen, zusätzliche Erschwernisse in Form von Störgrößen aus dem äußeren oder inneren Milieu auf, so ist das Niveau der Regulation nur unvollkommen, und die Bewegungsausführung weist die beschriebenen Mängel auf. Plötzlich auftretende äußere Störungen – zum Beispiel durch das Geländeprofil, durch Wellen, durch Wind (beim Skispringen), durch Handlungen des Gegners (besonders in den Spiel- und Zweikampfsportarten) – werden noch nicht schnell genug erfasst und verarbeitet. In vielen Fällen ist dafür eine *antizipierende (feed-forward-) Regelung* erforderlich. Das bedeutet, dass die Wirkung solcher, den Bewegungsvollzug störender Ereignisse von den ersten Anzeichen her vorausgenommen wird und die Korrekturimpulse durch vorauseilenden Vergleich schon wirksam sind, ehe der störende Einfluss seinen Höhepunkt erreicht.

Diese »antizipierende Regelung« ist dem bewegungsunerfahrenen sportlichen Anfänger in dieser Lernphase noch nicht möglich. Etwas anders verhält es sich bei dem Sportler – beispielsweise dem Turner, Eiskunstläufer, Ringer –, der nach einer Reihe von Trainingsjahren und langjähriger Wettkampfpraxis eine neue Bewegung, ein neues Element, einen neuen Wurf erlernt. Das andersartige motorische Ausgangsniveau führt hier zur Übertragung früherer Erfahrungen und zur schnelleren Entwicklung der Regelung in der zweiten Lernphase.

Die dargestellte Entwicklung der Regelung einschließlich des Sollwert-Istwert-Vergleiches und die erreichte Regelgüte kommen dadurch zustande, dass der innere Regelkreis, also die Verarbeitung der bewegungslenkenden Reafferenz, über den kinästhetischen Analysator auf der sensomotorischen Regulationsebene jetzt differenziert wirksam wird. Gestützt auf die Programmierung kleinster Bewegungselemente können Sollwert und Istwert mit zunehmender Genauigkeit verglichen werden. Die dadurch ständig ausgelösten Regelimpulse gelangen nicht zum Bewusstsein, erreichen wohl in den meisten Fällen gar nicht die Großhirnrinde. Der äußere Regelkreis wird demgegenüber vornehmlich in der antizipierenden Regelung wirksam. Das betrifft vor allem den optischen Analysator, aber auch der akustische Analysator hat hier Anteil. Die beiden anderen Analysatoren, die ja nicht über Distanz- beziehungsweise Telerezeptoren verfügen, sind in ihrer Wirksamkeit nicht so eindeutig zuzuordnen, haben jedoch bei bestimmten Sportarten und Disziplinen wesentlichen Anteil an der im Stadium der Feinkoordination erreichten Regelgüte (vgl. dazu u. a. THOMAS, 1977a, S. 223; LANGE, 1976).

In unseren bisherigen Überlegungen und Darlegungen trat immer wieder die Tatsache hervor, dass für die Verfeinerung der Bewegungssteuerung und -regelung die ständige Auseinandersetzung mit den Umweltgegebenheiten wesentliche Voraussetzung ist. Die Entwicklung der Feinkoordination wird wesentlich durch den *regulierenden Einfluss* gefördert, der *von den Geräten und Gegenständen* ausgeht, mit oder an denen wir üben. Die Sport-, Spiel- und Turngeräte – und in ähnlicher Weise das Gelände, der Schnee, das Eis, das Wasser – zwingen den Lernenden, in bestimmter Weise mit ihnen umzugehen beziehungsweise die Bewegungsführung darauf einzustellen. Er muss seinen Bewegungsvollzug der Beschaffenheit, den »Umgangsqualitäten« der Geräte und Umweltgegebenheiten – z. B. Buckelpiste – anpassen. Das geschieht im Prozess der sensomotorischen Steuerung und Regelung weitgehend als Selbstorganisation auf den »unteren« Regulationsebenen, ist jedoch nicht nur ein passives Sichanpassen, sondern eine sehr aktive und bewusst beeinflussbare Auseinandersetzung mit den Eigenschaften der gegenständlichen Umwelt. Die Entwicklung der Steuerung und Regelung bis zum Stadium der Feinkoordination vollzieht sich demnach ebenfalls nur im Spiel der Kräfte, die im Bewegungsvollzug wirken.

Die gegenständliche Regulation der Bewegungen wird dadurch bedeutend erleichtert, dass Spiel-, Sport- und Turngeräte bereits durch langjährigen Gebrauch vorgeformt und ausgewählt sind.

Die Beschaffenheit der heutigen Geräte, zum Beispiel ihre Form, ihre Elastizität, wurde mit fortschreitender Technik ständig verbessert und *den Bewegungsmöglichkeiten des Menschen sowie dem zu erreichenden Zweck* immer mehr *angepasst*. In unsere heutigen Sportgeräte, zum Beispiel in den Speer, in die verschiedenen Skiarten, in den Barren, sind die motorischen Erfahrungen von Generationen eingegangen. Diese Beschaffenheit der Geräte ist für die Entwicklung der Feinkoordination von großer Bedeutung und beeinflusst die Art und Weise der Bewegungsausführung oft sehr entscheidend. Mit abgenutzten Skiern oder Schlittschuhen zum Beispiel oder mit nur behelfsmäßig hergestellten Geräten oder Übungsstätten kann allenfalls die Grobkoordination einer sportlichen Technik erreicht werden, für die Ausarbeitung der Feinkoordination sind sie ein Hemmnis.

Diese gewissermaßen von außen stimulierte Regulation und Verfeinerung der Bewegungskoordination verläuft, wie schon erwähnt, nicht lediglich reaktiv und unbewusst. Je weiter sich die sensomotorische Steuerung entwickelt und je mehr sich Lehrender und Lernender um die bewusste Informationsaufnahme und -verarbeitung bemühen, desto mehr wird die gegenständliche sensomotorische Regulation auch teilweise bewusst und kann zielstrebig genutzt werden.

Mit der Entwicklung der Feinkoordination bilden sich dann komplexe Wahrnehmungen heraus, zum Beispiel das so genannte *»Skigefühl«*, *»Schneegefühl«*, ein *»Ballgefühl«*, ein *»Wassergefühl«*, ein *»Gefühl für den Schläger«* oder ein *»Eisgefühl«*. Beim »Skigefühl« werden die Skier gleichsam als verlängerter Fuß empfunden, das »Schneegefühl« beruht auf der Widerspiegelung und Bewertung der Kohäsion zwischen Schnee und Ski. In den anderen Sportarten geht es um ähnliche komplexe Empfindungen, die sich in einer besonders feinen, gegenstandsbezogenen Bewegungssteuerung umsetzen.

4.2.2.3. Zusammenfassung

• Die zweite Lernphase umfasst **den Lernverlauf vom Stadium der Grobkoordination bis zum Stadium der Feinkoordination.**

• Im **Stadium der Feinkoordination** kann der Lernende unter den gewohnten, allgemein günstigen Übungsbedingungen die neue Bewegung, entsprechend dem technischen Leitbild, annähernd fehlerfrei ausführen und erreicht dabei bereits gute Leistungen. Unter ungewohnten, erschwerten Bedingungen und beim Auftreten von Störeinflüssen treten demgegenüber noch gröbere technische Fehler und Mängel in der Bewegungsausführung auf, und die Leistung ist schwächer und instabil.

• Die **Feinkoordination** stellt eine höhere Stufe im geordneten Zusammenspiel der Kräfte, Teilbewegungen und Bewegungsphasen dar und ist in ihrem **Erscheinungsbild durch einen harmonischen, geschlossenen Bewegungsablauf gekennzeichnet.** Die Grundstruktur und alle anderen Bewegungsmerkmale sind beim Bewegungsvollzug unter den gewohnten, günstigen Bedingungen nahezu fehlerfrei ausgeprägt. Den Gütekriterien der jeweiligen sportlichen Technik wird nahezu vollkommen entsprochen.

• Der **Lernfortschritt** in dieser Phase ist häufig **nicht kontinuierlich**, es kommt zu zeitweiliger Stagnation und danach wieder zu größeren Fortschritten. Die Dauer des Lernverlaufs und das *Auftreten deutlich abgehobener Zwischenstadien* ist *unterschiedlich* und hängt von verschiedenen Faktoren ab. Die zweite Lernphase ist besonders charakterisiert durch die *bewusste Hinwendung und Hinlenkung des Lernenden auf den Bewegungsvollzug* selbst und seine wesentlichsten Einzelheiten. Der mitunter langwierige Lernverlauf erfordert eine ständige Bekräftigung der Lernaktivität und Lernmotivation.

• Der Lernverlauf und das Erscheinungsbild der Feinkoordination erklären sich aus der *Vervollkommnung der Prozesse der Bewegungskoordination*. Die **Erweiterung und Präzisierung der Informationsaufnahme und -verarbeitung**, unmittelbar über die Sinnesorgane und über die Sprache, ist dabei von entscheidender Bedeutung. Sie führt sowohl zur **Vervollkommnung des Handlungsprogramms**, insbesondere der Unterprogramme der unteren Regulationsebenen, der damit verbundenen Selbstorganisationsprozesse und der **Bewegungsantizipation**, als auch zur Anreicherung des Bewegungsgedächtnisses. Die zunehmende funktionelle Wirksamkeit des *kinästhetischen Analysators* präzisiert die Bewegungssteuerung und ermöglicht eine genauere Regelung des Bewegungsablaufes über den inneren Regelkreis (bewegungslenkende Reafferenz). Hervorzuheben sind auch eine verfeinerte und differenziertere *optische Wahrnehmung* sowie das *bewusstere Erfassen und Verbalisieren der sensorischen Informationen*, das bei einer gezielten Schulungsarbeit möglich ist.

• Durch die immer bessere Verarbeitung einer größeren Anzahl von sensorischen und verbalen Informationen bei der Herausbildung der Feinkoordination erfolgt in der Lernphase eine Differenzierung und **Präzisierung der Bewegungsvorstellung**, in der die kinästhetischen Anteile an Bedeutung gewinnen.

• Das Handlungsprogramm kann in der zweiten Lernphase durch *früher erworbene Bewegungsakte* oder durch *angeborene Bewegungsreaktionen* störend beeinflusst werden. Größeren **Störeinflüssen**, die zumeist eine antizipierende Regelung erforderlich machen, ist das Regelsystem noch nicht gewachsen.

• Die Vervollkommnung der sensomotorischen Regulation insgesamt kann als Zusammenwirken des **regulierenden Einflusses der gegenständlichen Umwelt**, der in der aktiven Tätigkeit über die sensorische Information und Rückinformation wirksam wird, und der **teilweise bewussteren Durchdringung des Bewegungsvollzuges** auf der Grundlage des verbalen Systems aufgefasst werden.

4.2.2.4. Folgerungen für die Lehr- und Übungspraxis

Die zweite Lernphase ist als Etappe intensiven Lernens und konzentrierten Übens zu gestalten, soll sie zum erfolgreichen Abschluss gebracht werden. Dauer und Lernaufwand unterscheiden sich je nach Koordinationsschwierigkeit, Bedingungen und Voraussetzungen. Aus Erfahrungen und den theoretischen Überlegungen ergeben sich allgemeine pädagogische Folgerungen, die in der methodischen Gestaltung zu beachten sind.

• Die zweite Lernphase fordert in ihrem ganzen Verlauf vom Lernenden eine hohe **Lernaktivität**, sowohl in der Bereitschaft zur vielmaligen Wiederholung und damit zur hohen körperlichen Belastung als auch in der konzentrierten Aufmerksamkeit und bewussten Mitarbeit. Diese hohe Lernaktivität ist nur durch entsprechende pädagogisch-methodische Gestaltung der Lerntätigkeit und durch gezielte Einwirkung auf die Motivation zu erreichen und zu erhalten. Besonders bei Kindern lässt die oft mühselige und langwierige »Arbeit an der Bewegung« das Endziel nicht selten in Vergessenheit geraten. Darum sind *Teilziele* zu stellen, die der Lernende versteht und über deren Erreichen er ständig informiert und so seine Lernaktivität stimuliert wird.

• Die zweite Lernphase fordert in erhöhtem Maß **denkendes Lernen, nicht gedankenlose Wiederholung des Bewegungsvollzuges**. Nicht allein die Anzahl der Wiederholungen ist für den Lernfortschritt entscheidend, sondern die gedankliche Mitarbeit des Lernenden ist wichtige Voraussetzung für eine rationelle Ausarbeitung der Feinkoordination. Gedankenlose Wiederholung führt oft zur Festigung von Fehlern.

• Die Herausbildung der Feinkoordination fordert eine **zielgerichtete Lenkung der Aufmerksamkeit** des Lernenden auf *Einzelheiten des Bewegungsvollzuges*. Stand in der ersten Lernphase die Einstellung auf das Ziel, auf die zunächst elementare Bewältigung der Bewegungsaufgabe im Vordergrund, so muss nun eine »Rückwendung« der Aufmerksamkeit auf die Bewegungsführung der Gliedmaßen, des Rumpfes, auf die Haltung des Kopfes und auf andere Einzelmerkmale in den verschiedenen Bewegungsphasen erfolgen.

Dabei kann es allerdings geschehen, dass die noch labile Grobkoordination vorübergehend gestört wird oder gar zerfällt. Diese Erscheinung erklärt sich dadurch, dass die Konzentration der Aufmerksamkeit auf Einzelheiten des Bewegungsvollzuges die entsprechenden Teilprozesse der Informationsaufnahme und -verarbeitung, der Programmierung und der Regelung verstärkt, indem sie eine Erregbarkeitssteigerung der beteiligten Hirngebiete bewirkt (vgl. KRESTOWNIKOW, 1953, S. 201). Dadurch verschieben sich die Relationen in dem noch labilen Prozess der sensomotorischen Regulation, und der Bewegungsakt als Ganzes kann gestört werden.

• Die **Arbeit mit der Sprache** bedarf in dieser Lernphase großer Sorgfalt durch den Lehrenden. Sie ist und bleibt trotz Demonstration, trotz audio-visueller Lehrmittel und moderner Verfahren der zusätzlichen Informationsgebung (Schnell- und Sofortinformation) das wichtigste Führungsinstrument des Sportlehrers und Trainers. Wichtigste Forderung an den Lehrenden ist es, die *Sprache so einzusetzen*, **dass der Lernende die verbale Information mit seinen Detailempfindungen und -vorstellungen von der Bewegung in Verbindung bringen kann**. Das gilt für jeden Hinweis zur Bewegungsausführung, für jede Erklärung und besonders für jede Korrektur.

• Es ist notwendig, insbesondere die **kinästhetischen Empfindungen** auf verschiedene Art und Weise, unter anderem über Hilfsvorstellungen und bildhafte Vergleiche, *sprachlich zu fassen* und *anzusprechen*. Der Trainer oder Sportlehrer sollte dem Lernenden vor allem diejenigen Bewegungsempfindungen verdeutlichen, *die mit einer richtigen Ausführung* der zu erlernenden Bewegung *verbunden sind*. Das ist zugleich von großer Bedeutung für die Entwicklung einer differenzierten und genauen Bewegungsvorstellung als »Innensicht«.

• Das Stellen von **Aufgaben zur Bewegungsbeobachtung und -beschreibung** unterstützt die Herausbildung einer genauen Bewegungsvorstellung.

Als Methoden haben sich dabei die schriftliche Bewegungsbeschreibung durch den Lernenden und deren Auswertung, die Lenkung der Beobachtung der Sportler durch konkrete Beobachtungsaufgaben, verbunden mit mehrmaliger analysierender Demonstration, die Verwendung von Anschauungsmitteln, insbesondere von Videoaufzeichnungen und Bildreihen, sowie die Erläuterung der Bewegungsstruktur mit Hinweisen auf die Beziehungen zwischen den einzelnen Phasen (unter Berücksichtigung weiterer Merkmale) bewährt.

• Die verstärkte Verbalisierung der Bewegungsvorstellungen, besonders in der zweiten Lernphase, bietet dem fortgeschrittenen Sportler in zunehmendem Maße die Möglichkeit, beim Üben und selbst im Wettkampf mit so genannten **Selbstbefehlen** zu arbeiten. Sie sind ein wichtiges Mittel der bewussten Bewegungssteuerung und können zur Beschleunigung des motorischen Lernprozesses besonders bei komplizierten Bewegungselementen und zur Konzentration auf dynamische Höhepunkte im Bewegungsablauf beitragen, z. B. bei Schnellkraftleistungen in den Sprung-, Wurf- oder Stoßdisziplinen und in technisch-kompositorischen Sportarten. (Vgl. dazu MUNZERT 1997 b)

• Die Aufmerksamkeit des Lernenden soll so auf seine Bewegungsempfindungen gelenkt werden, dass er **den regulierenden Einfluss der Umwelt** auf seine Bewegungsführung **bewusst wirken** lässt. Dabei ist es möglich, die von den Geräten, Gegenständen, vom Gelände, Wasser usw. gewonnenen Informationen, die zu Steuer- und Regelimpulsen führen, noch zu verstärken.

Das kann beispielsweise geschehen durch die Verwendung *schwererer* oder unter Umständen auch *leichterer Geräte*, durch gezielte *Auswahl des Übungsgeländes* oder durch den zeitweiligen Einsatz von Schwimmflossen.
Ähnlich ist die Wirkung zusätzlicher, vor allem optisch wirkender *Orientierungspunkte*, die Richtung oder Ziel bestimmter Bewegungen markieren. Sie haben ebenfalls einen regulierenden Einfluss auf die Bewegungssteuerung. Als Beispiel sei die Ausführung des Unterschwunges über eine Schnur genannt. Der erfahrene Sportlehrer oder Trainer wird in seiner Sportart eine Reihe solcher »indirekter« Methoden der Bewegungsformung und -korrektur anwenden und ihnen häufig den Vorzug vor der »direkten« Einflussnahme über die Sprache gehen. Am erfolgreichsten wird in den meisten Fällen eine zweckmäßige Kombination beider Möglichkeiten sein.

• Auf Grund der großen Bedeutung der Aufnahme und Verarbeitung sensorischer Informationen ist es notwendig, auf die **Präzisierung der Bewegungsempfindungen** Einfluss zu nehmen und die Möglichkeiten **zusätzlicher Informationsgebung** zu nutzen.
Indem der Lehrende die Aufmerksamkeit auf die einzelnen Bewegungsempfindungen lenkt und versucht, sie sprachlich zu erfassen und zu verdeutlichen, trägt er bereits wesentlich zu ihrer Präzisierung und damit zur differenzierten Aufnahme und Verarbeitung der sensorischen Informationen bei. Dabei ist es wesentlich, die noch frischen Spuren im Bewegungsgedächtnis zu nutzen. Eine Bekräftigung oder Korrektur, eine erklärende, beschreibende, vergleichende Information zum Bewegungsvollzug des Lernenden sollte möglichst *in einem Zeitraum* erfolgen, *in dem der Sportler in der Lage ist, die angebotenen zusätzlichen Informationen mit den eigenen*

Informationen zu vergleichen oder in Verbindung zu bringen. Das betrifft die Verweilzeit der Informationen im Kurzzeitgedächtnis, die normalerweise etwa 10 Sekunden, in besonderen Fällen bis 40 Sekunden beträgt.

Über optimale Zeitstrukturen der Vor- und (zusätzlichen) Rückinformation (KR, KP) im Lernprozess liegen eine Reihe von Untersuchungen vor (vgl. u. a. THORHAUER, 1970, 1971; FILLIPPOVITSCH, 1973; PÖHLMANN, 1979, 1994 a, S. 169–175, 1994 c, S. 177–181; FARFEL, 1983, S. 68; MECHLING, 1986), die jedoch keine eindeutige Normierung des optimalen Zeitpunktes und auch nur in begrenztem Maße des Zeitraumes der effektiven Informationsgabe gestatten. Mit hoher Wahrscheinlichkeit ist die Zeitdifferenz zwischen dem Abschluss einer Bewegungshandlung und der zusätzlichen (extrinistischen) Information nicht so entscheidend wie die verfügbare Zeit der Verarbeitung dieser Information. PÖHLMANN (1979, s. 210) gibt für eine optimale Zeitdifferenz den Zeitraum von 10–300 Sekunden nach Beendigung der Handlung an.

- **Ergänzende Informationen während eines Bewegungsvollzuges**, das heißt also Erweiterung der Reafferenz, wird mitunter schon durch recht einfache Mittel erreicht. Dazu gehört der *Spiegel*, der in einer Reihe von Sportarten genutzt wird, um eine zusätzliche optische Kontrolle zu ermöglichen. Auch die dynamische Unterstützung der Bewegungsführung durch *akustisch-rhythmische Einwirkung* ist eine zusätzliche Information an den Lernenden. Die moderne Technik bietet darüber hinaus eine ganze Reihe von Möglichkeiten, dem Sportler im Bewegungsvollzug zusätzliche objektive Informationen zu vermitteln, die eine schnellere Präzisierung der Bewegungssteuerung ermöglichen, u. a. steuerbare »Leader« oder Biofeedback-Techniken. (Vgl. u. a. FARFEL, 1983; ČCHAIDZE, 1970, S. 104 ff.; THORHAUER, 1970, 1971; DAUGS u. a., 1989; LOSCH/BLÜMEL 1990).

- Im Verlauf der zweiten Lernphase ist die Frage zu beantworten, ob, wann und in welchem Maße auch **unter variierten oder erschwerten Bedingungen geübt** werden soll, selbst wenn unter »Normalbedingungen« das angestrebte Leitbild der Technik noch nicht erreicht wird. Ähnlich steht es mit der Entscheidung über die Teilnahme an Wettkämpfen. Die Beantwortung dieser Frage hängt wesentlich vom gesamten Ausbildungsstadium des Lernenden und auch von den Gegebenheiten der Sportart beziehungsweise der Sportartengruppe ab.

In den technisch-kompositorischen Sportarten wie Gerätturnen, Wasserspringen, Eiskunstlauf wird immer erst die Feinkoordination erarbeitet werden, bevor ein Üben unter wechselnden Bedingungen bewusst angestrebt wird oder eine Anwendung der Bewegung im Wettkampf in Frage kommt. In den Ausdauersportarten wie zum Beispiel Schwimmen oder Skilanglauf werden sehr wohl schon Wettkämpfe bestritten, bevor die Feinkoordination fertig ausgebildet ist. Schließlich wird es in allen Sportarten, die eine sehr große Variations- und Anpassungsbreite von der ausgebildeten Fertigkeit fordern, vor allem in den Spiel- und Zweikampfsportarten, zweckmäßig sein, die *Feinkoordination nicht ausschließlich unter Standardbedingungen auszubilden*.

In bestimmtem Maße kann und sollte demnach *bereits in der zweiten Lernphase* auch *auf eine Stabilisierung der Feinkoordination gegen Störeinflüsse hingearbeitet* werden. Andererseits sollte eine vorzeitige Belastung des Lernenden mit Wettkampfanforderungen vermieden werden, da dadurch Fehler gefestigt werden können.

4.2.3. Dritte Lernphase: Stabilisierung der Feinkoordination, verstärkte Entwicklung der variablen Verfügbarkeit

4.2.3.1. Allgemeine Charakteristik

Die dritte Lernphase umfasst den **Lernverlauf vom Erreichen des Stadiums der Feinkoordination bis zu einem Stadium, in dem der Lernende die Bewegung auch unter schwierigen und ungewohnten Bedingungen sicher ausführen und jederzeit erfolgreich anwenden kann.** Die Aufgabe muss im Wettkampf unter schwierigsten Bedingungen erfüllt werden, wobei die Bewegungsstruktur und die Gütekriterien der Technik dem Bewegungszweck auch bei stärkeren Störeinflüssen entsprechen müssen. Erst damit sind die Voraussetzungen für höchste sportliche Leistungen und eine hohe Leistungsbeständigkeit gegeben.

Wir bezeichnen das **Ergebnis der dritten Lernphase** – und zugleich des gesamten Lernprozesses – als **Stadium der variablen Verfügbarkeit**. Damit ist die höchste Stufe im geordneten, beherrschten Zusammenspiel der Kräfte, der Teilbewegungen und Bewegungsphasen, die *stabile Feinkoordination* erreicht. Die dabei auftretende Reibungslosigkeit des Ablaufes und das damit verbundene *Gefühl der »Glätte«, der »Flüssigkeit«* sind in der Regel auch mit *Gefühlen der Freude an der Bewegung* verbunden. Das Bewusstsein, einen Bewegungsvollzug, der zu einer motorischen Fertigkeit geworden ist, die man jederzeit zur freien Verfügung hat, voll zu beherrschen, trägt zur Festigung des Selbstvertrauens im Sport und im Leben bei und gibt dem Sportler Sicherheit.

Die Stabilisierung der Feinkoordination und die Entwicklung der variablen Verfügbarkeit sind eine wichtige Voraussetzung, um *das eigentliche Ziel jedes motorischen Lernprozesses* zu erreichen: **die praktische Anwendung der motorischen Fertigkeit.** Die neuerworbene Bewegung soll nunmehr so einzusetzen sein, dass sie auf verschiedene konkrete Situationen übertragbar, dass sie »verfügbar« wird und damit eine hohe sportliche Leistung erreicht werden kann. Der Lernende erwirbt die Fähigkeit, die Bewegung unter den häufig wechselnden Bedingungen des Wettkampfes erfolgreich anwenden zu können. Darin sind eingeschlossen die wechselnden Bedingungen des Geländes, der Witterung und anderes.

So »kann« man eben erst Skilaufen, wenn die schulmäßig erworbene Langlauf- oder Abfahrttechnik bei allen Gelände- und Schneeverhältnissen richtig und sinngemäß gekonnt wird.

Die Anwendung einer erlernten motorischen Fertigkeit in der Praxis fordert in jedem Falle eine **Anpassung an unterschiedliche, mitunter auch schnell wechselnde Bedingungen** und die damit verbundene Kompensation von Störungen. Unter Praxis verstehen wir hier sowohl die Anwendung motorischer Fertigkeiten im sportlichen Wettkampf wie auch in der Touristik, bei der Ausbildung motorischer Fähigkeiten und bei der aktiven Erholung. In der erforderlichen Stabilisierung besteht dabei wohl ein gradueller, aber kein prinzipieller Unterschied. Das heißt, um eine sportliche Technik wettkampffest zu beherrschen, muss ihr Stabilisierungsgrad höher sein als bei ihrer Anwendung im Rahmen der aktiven Erholung oder der Ausbildung motorischer Fähigkeiten.

Zweifellos ist der *Wettkampf* die für das motorische Lernen *im Sport charakteristische Form der Praxis.* Er ist letzten Endes das wichtigste Kriterium für den zu leistenden Beitrag hinsichtlich der allseitigen Entwicklung der Persönlichkeit, und in der Bewährung der Persönlichkeit kommt auch das Ergebnis des motorischen Lernens zum Ausdruck.

An dieser Stelle muss noch einmal sehr nachdrücklich hervorgehoben werden, dass motorische Leistungen, dass **sportliches Können** unmittelbar **durch die Gesamtheit der Persönlichkeitseigenschaften geprägt** sind. Leistungsstabilität ist nicht nur das Ergebnis stabil ausgebildeter motorischer Fertigkeiten und ihrer variablen Verfügbarkeit, sondern mitbestimmt durch das gesamte *Fähigkeitsprofil*, durch Antriebseigenschaften, emotionale und Temperamentsbesonderheiten. Leistungsstabilität ist wesentlich mitbestimmt durch die *»psychische Stabilität«* als einem bedeutsamen Persönlichkeitsmerkmal. In der jeweiligen Leistung ist der Stellenwert der Fertigkeitsstabilität meist nicht völlig eindeutig zu bestimmen. Zu beachten ist jedoch dabei auch, dass zwischen psychischer und Fertigkeitsstabilität Wechselbeziehungen bestehen, dass unter anderem durch eine hohe Fertigkeitsstabilität die psychische Stabilität insgesamt positiv beeinflusst werden kann und umgekehrt.

Die bisherigen Ausführungen gelten generell für alle Sportarten und Disziplinen, wenn auch die **Variabilität der Bedingungen und der Umfang der Störeinflüsse in den Sportarten unterschiedlich** sind, sodass für die auszubildenden Fertigkeiten unterschiedliche Anforderungsprofile gelten, d. h. ein anderer Fertigkeitstyp gefordert ist. Daraus ergeben sich entsprechende Schlussfolgerungen für die methodischen Maßnahmen, nicht erst in der dritten Lernphase.

Am wenigsten variieren die Bedingungen in den **Kraft-Schnellkraft-, Ausdauer- und technischen**

Sportarten oder Disziplinen, die *in der Halle* ausgetragen werden. Wettkampfstätte und Geräte sind weitgehend genormt, sodass nahezu standardisierte Bedingungen vorliegen. Gewisse Abweichungen sind jedoch auch hier noch vorhanden, zum Beispiel in der Größe und Härte der Eisfläche, in der Beschaffenheit des Bodenbelages, in der Elastizität der Geräte, in den Beleuchtungsverhältnissen. Ein Störfaktor sind bei Hallenwettkämpfen in diesen Disziplinen häufig die Zuschauer, die ja meist sehr dicht an der Wettkampfstätte sitzen. Wenn dann noch mehrere Wettkampfdisziplinen gleichzeitig ablaufen, muss der Wettkämpfer ein hohes Maß an Konzentration und Sicherheit besitzen.

Bei Wettkämpfen *im Freien* können die klimatischen Bedingungen, zum Beispiel Regen, Wind, Temperatur, Wellen, störenden Einfluss ausüben. Noch größer wird die geforderte Anpassungsbreite dort, wo die Wettkampfstätten nicht genormt werden können, wie im Skilanglauf, bei Cross-Läufen oder im Kanu-Slalom.

Für die **Zweikampfsportarten** schafft die unmittelbare Einwirkung auf und durch den Gegner eine breite Skala von wechselnden Bedingungen, unter denen die erlernte Bewegung angewendet werden muss. Die gegnerischen Abwehrreaktionen stellen sehr massive Störeinflüsse dar.

In den **Sportspielen** kommt die hohe Variabilität der Bedingungen durch die ständigen Positionswechsel und den weiten Handlungsspielraum von Mitspielern und Gegnern zustande, wobei die Spielregeln meist auch eine unmittelbare Behinderung durch den Gegner zulassen. Um unter diesen erschwerten Bedingungen eine erlernte sportliche Technik erfolgreich anzuwenden, muss bereits ein hoher Grad der variablen Verfügbarkeit und Stabilisierung der Feinkoordination eingetreten sein.

Bedingungen, die die Anwendung erschweren oder störend beeinflussen, können schließlich auch im **augenblicklichen Zustand des Sportlers** gegeben sein: durch kleinere Verletzungen und Schmerzen, psychische Belastungsmomente wie Unsicherheit bei mehreren Fehlversuchen in den technischen Disziplinen der Leichtathletik, beim Verlust eines Vorsprunges, bei einem kleineren Fehler im Gerätturnen oder Eiskunstlauf. Im Stadium der variablen Verfügbarkeit des Bewegungsvollzuges besitzt der Sportler zumeist auch die nötige Selbstsicherheit und die erforderliche motorische Anpassungs- und Umstellungsfähigkeit, um solche kritischen Situationen zu überstehen. *Die Feinkoordination ist in diesem Stadium unabhängig geworden von den schulmäßigen Bedingungen, unter denen sie erarbeitet wurde.*

Die dritte Lernphase – und damit der Lernprozess einer bestimmten Technik – ist auch im Leistungssport niemals restlos abgeschlossen; ein nicht mehr zu überbietendes *Optimum wird nie erreicht*, sondern nur eine *Annäherung an dieses Optimum*. Soll die erlernte Bewegung nicht der Erzielung sportlicher Höchstleistungen dienen, ist das Ergebnis meist nur eine Teilstabilisierung der Fertigkeit. Auch wenn im Sinne der vielseitigen Anwendbarkeit und variablen Verfügbarkeit ein **relativer Abschluss des Lernprozesses** erreicht ist, geht die Schulung der Technik und damit der Lernvorgang weiter. Die stabilisierte Feinkoordination ist allgemein so »labil«, dass das erarbeitete Niveau nur bei weiterer bewusster Schulung gehalten werden kann. Das erklärt sich aus der weiteren Veränderung nahezu aller Leistungsfaktoren im Training, die demzufolge auch Veränderungen der Bewegungskoordination einschließt. Es geht somit nur scheinbar um das Erhalten eines Zustandes der Technik, der Fertigkeit, aber in Wirklichkeit sind *stets weitere Anpassungsvorgänge* – ist also Lernen – erforderlich.

Am ausgeprägtesten sind solche Veränderungen im Kindes- und Jugendalter zu erkennen.

Die sich dort vollziehenden Entwicklungs- und Wachstumsvorgänge, die unter anderem die Körperproportionen und damit auch die Hebelverhältnisse und das Kraft-Last-Verhältnis betreffen, erfordern ein ständiges Weiterlernen auch bei bereits stabilisierter Feinkoordination. Dennoch lassen sich vorübergehende Rückschläge nicht in jedem Falle vermeiden (vgl. auch Kapitel 6).

Beim Leistungssportler steht das Weiterlernen unter anderem mit einer Erhöhung der Kraftfähigkeiten oder der Schnelligkeitsfähigkeiten im Zusammenhang. Weiterhin sind die erlernten Bewegungsvollzüge zum Beispiel im Gerätturnen in immer wieder veränderten und neuartigen Kombinationen anzuwenden, sodass auch unter diesem Gesichtspunkt nur von einem relativen Abschluss der dritten Lernphase und damit des motorischen Lernprozesses gesprochen werden kann. Die dritte Lernphase ist also »offen«, ohne ein erreichbares Ende.

Das **Erscheinungsbild der stabilisierten Feinkoordination**, wie es sich in der Bewegungsausführung der dritten Lernphase zeigt, kann folgendermaßen charakterisiert werden:

Unter optimalen, »schulmäßigen« Bedingungen ist es nicht von dem Erscheinungsbild der zweiten Lernphase zu unterscheiden. Ein *Unterschied* wird erst sichtbar, wenn die Bewegung *unter erschwerten Bedingungen oder im Wettkampf* ausgeführt wird. Der Grad der erreichten Stabilität prägt sich in stärkerem Maße in dem Merkmal **Bewegungspräzision** aus. Bei allen Bewegungsvollzügen, deren Aufgabe im Treffen eines bestimmten Zieles besteht (z. B. Fechten, Boxen), oder bei denen das Treffen eines Zieles für die Bewältigung wesentlich ist (z. B. Umgreifen am Reck, Treffen des Absprungbalkens), ist eine hohe Zielgenauigkeit kennzeichnend für eine stabilisierte Bewegung.

Ein weiterer Ausdruck für die Stabilität des Bewegungsvollzuges ist die erreichte **Bewegungskonstanz**. Bei wiederholter Ausführung gleichen sich die entscheidenden Merkmale oder Parameter der Bewegung weitgehend.

Das wird besonders bei den zyklisch-lokomotorischen Bewegungen deutlich (Gehen, Laufen usw.). Auch azyklische Bewegungen (z. B. Werfen, Stoßen, Schlagen) zeigen bei fortgeschrittener Stabilisierung eine objektiv feststellbare Konstanz der räumlichen Verlaufsform. Es ist eine Stabilisierung der Raumfiguren eingetreten, die sich bei ein und demselben Läufer, Springer, Werfer oder Stoßer oft in einem ganz charakteristischen, meist individuell-typischen räumlichen Ablauf äußert.

Zeitlich wird eine große Regelmäßigkeit, das heißt annähernde Gleichheit der Zeitintervalle erreicht.

Große zeitliche Konstanz zeigen beispielsweise hervorragende Eiskunstläufer, selbst wenn plötzlich die Musik ausfällt, und auch der zeitliche Ablauf der Kürübungen der Meister im Gerätturnen wird oft bis auf Sekunden genau eingehalten oder wiederholt.

Schließlich tritt auch im *Bewegungsrhythmus* und in der *Stärke des Krafteinsatzes* eine hohe Gleichmäßigkeit in Erscheinung.

Sehr deutlich lässt sich dies im technisch vollkommenen Hürdenlauf beobachten. Der Rhythmus zwischen den Hürden ist von ausgeprägter Beständigkeit. Auch sehr komplizierte, simultan ablaufende Rhythmen, wie zum Beispiel die Verbindung von Beinschlag und Armzugrhythmus im Schwimmen, werden in der Phase der Stabilisierung »traumhaft sicher« und laufen mit großer Regelmäßigkeit ab.[10]

Die entscheidenden Charakteristika sind die **hohe Genauigkeit und Konstanz im Leistungsergebnis**. Sie erfordern oftmals eine sehr feine Veränderung der Bewegungskoordination, die in einer bestimmten Variabilität einzelner Bewegungsparameter und -merkmale zum Ausdruck kommt. Das ist jedoch mit bloßem Auge nicht immer wahrnehmbar. Dadurch kann aber trotz unterschiedlicher Bedingungen die angestrebte Leistung mit hoher Sicherheit erzielt werden.

Der Gerätturner zum Beispiel muss sowohl die Stärke seiner Kraftimpulse als auch den Zeitpunkt ihres Einsatzes und die Richtung ihrer Kraftwirkung der jeweiligen Federkraft der Reckstange, der Barrenholme oder des Sprungbretts anpassen. Im Kunstspringen fordert die Federkraft des Brettes und im Eiskunstlaufen die Härte des Eises beim Absprung oder auch bei der Landung eine entsprechende Anpassung.

Am stärksten ausgeprägt ist die Anpassung und motorische Kompensation in den Sportspielen und Zweikampfsportarten. Besonders in kampfbetonten Spielen ist sehr oft zu beobachten, dass sich eine Handlung, die mit letztem Einsatz noch erfolgreich ausgeführt wird, deutlich vom erlernten »sporttechnischen Idealbild« unterscheidet.

Der erfahrene, technisch versierte Fußballspieler kann auch dann noch ein Tor erzielen oder genau abspielen, wenn er vom Gegner in seiner Bewegungsfreiheit stark eingeschränkt wird oder gar bereits im Fallen ist. Dabei muss er den Schuss aus einer ungünstigen Ausgangsstellung oder mit eingeschränkter Ausholbewegung ausführen. Diesen Mangel versucht er zum Beispiel mit stärkerem Rumpfeinsatz auszugleichen. Er verändert seinen Bewegungsablauf entsprechend der konkreten Situation und passt ihn der neuen Bedingung an.

4.2.3.2. Zur Bewegungskoordination

Bei der Behandlung der motorischen Koordination wiesen wir auf die *zwei »Koordinationstaktiken«* (BERNSTEIN), auf die Dialektik des aktiven und reaktiven Verhaltens des Steuer- und Regelsystems hin. In der dritten Lernphase prägt sich dieser Sachverhalt aus als **Einheit der Stabilisierung des Leistungs-**

---

10 Vgl. auch die frühen Untersuchungen von FEIGE (1934) an anderen sportlichen und Arbeitsbewegungen.

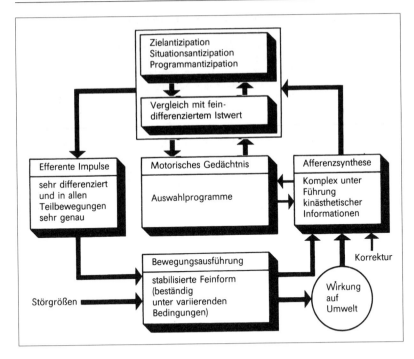

Abb. 4.2.-7 *Bewegungskoordination. Qualität und Quantität des Informationsflusses am Ende der dritten Lernphase (schematische Darstellung). Die Stärke und Güte des Informationsflusses entspricht dem erreichbaren Optimum. Dadurch sind auch größere Störungen kompensierbar*

verhaltens durch Erweiterung der sensomotorisch beherrschbaren Variationsmöglichkeiten und der Stabilisierung durch Standardisierung der wichtigsten Bewegungsparameter.

Stabilität bedeutet im Bereich der Biologie und auch der menschlichen Gesellschaft: Der jeweilige Organismus oder die betreffende Funktion – das jeweilige System – ist so organisiert, dass es sich in einem bestimmten Stabilitätsbereich veränderten Bedingungen anpassen und Störungen kompensieren kann. Stabilisierung der Feinkoordination heißt demzufolge nicht absolute Verfestigung bestimmter Koordinationsdetails, sondern Erhöhung der Anpassungsfähigkeit, *Vergrößerung des Stabilitätsbereiches der Feinkoordination.* Was durch die stabilisierte Feinkoordination annähernd konstant, »stabil« gehalten wird, ist die zweckgemäße Lösung der motorischen Aufgabe als Ergebnis des Bewegungsvollzuges; die Einzelheiten der Verwirklichung dieses Ergebnisses, die Feinheiten des Bewegungsverlaufes und der sensomotorischen Steuerung, bleiben dagegen plastisch und passen sich den jeweiligen Bedingungen an.

Primär ist die Stabilisierung im Ergebnis, in der Erfüllung des Zweckes der Handlung. Eine höhere Konstanz in der Bewegungsform, in einzelnen Kennlinien und Parametern sowie auch in den Teilprozessen der Bewegungssteuerung ist dem untergeordnet, ist sekundär und in bestimmtem Maße von konstanten Bedingungen abhängig. Diese weitgehend konstanten Bedingungen wurden in den ersten beiden Lernphasen bewusst geschaffen und teilweise aufrechterhalten, um das reaktive Koordinationsverhalten zu fördern und damit bereits eine Stabilisierung durch Standardisierung der wichtigsten Bewegungsparameter und -merkmale zu erreichen. **In der dritten Lernphase verschiebt sich der Akzent auf die Stabilisierung durch Erweiterung der beherrschbaren Variationsmöglichkeiten.**
Somit ergibt sich, dass *Stabilisierung und variable Verfügbarkeit keinesfalls Gegensätze* sind, sondern dass die Stabilisierung der Feinkoordination einen Prozess darstellt, der zur Entwicklung der variablen Verfügbarkeit führt.

Wir gehen bei der Erklärung des Lernvorganges und -fortschrittes in der dritten Lernphase wiederum von der Darstellung der Bewegungskoordination im Abschnitt 2.2. aus (Abb. 4.2.–7).

Ganz **allgemein lässt sich sagen**: *Im Endstadium der dritten Lernphase erreicht die motorische Koordination eine funktionelle Vollkommenheit, die die individuellen Möglichkeiten weitgehend ausschöpft.* Grundvoraussetzung dafür sind die »außerordentliche Plastizität« der höheren Nerventätigkeit »und ihre kolossalen Möglichkeiten«; dadurch ist der Organismus »ein im höchsten Grade sich selbst regulierendes System, das sich selbst erhält, wiederherstellt, korrigiert und sogar vervollkommnet« (PAWLOW, 1954, Bd. III/2, S. 430). Einschränkungen, die insbesondere hinsichtlich der Regelgüte im Stadium der Feinkoordination noch vorhanden sind, werden durch die weitere Entwicklung der sensomotorischen Regulation aufgehoben.

Die Prozesse der **Informationsaufnahme und -verarbeitung** haben bereits im Stadium der Feinkoordination ein hohes Niveau erreicht. Das ist eine wichtige Grundlage für den weiteren Stabilisierungsvorgang bis zum Erreichen der variablen Verfügbarkeit. Damit ist zumindest gleichzeitig eine Präzisierung dieser Prozesse verbunden. Alle für die Koordination wesentlichen Empfindungen erfahren eine Schärfung. Die bewusste Erfassung und Verarbeitung kinästhetischer Informationen und damit auch die – nach wie vor begrenzten – Möglichkeiten ihrer Verbalisierung und Ansprechbarkeit im Schulungsprozess schreiten weiter fort, ebenso wie die Fähigkeit zur Bewegungsbeobachtung (Selbst- und Fremdbeobachtung).

Mit zunehmender Stabilisierung der Feinkoordination ist es nicht mehr erforderlich, dass der Lernende seine Aufmerksamkeit und damit die *bewusste* sensorische Kontrolle auf Details der Bewegungsausführung richtet. Abgesehen von einzelnen, besonders schwierigen koordinativen »Gelenkstellen« oder »Knotenpunkten« kann sich der Sportler nun ganz auf das Erreichen einer maximalen Leistung konzentrieren.

Das ist in den Kraft- und Schnellkraftdisziplinen die volle Ausschöpfung seiner Kraft- und Schnelligkeits-

fähigkeiten. In den Spiel- und Zweikampfsportarten wird seine Aufmerksamkeit frei für die taktische Seite des Spiel- und Kampfgeschehens, für eine ständige Beobachtung des Gegners und der Mitspieler. In den technischen Sportarten können dadurch nicht nur bestimmte Schwerpunkte, »Gelenkstellen«, um so konzentrierter und damit genauer beachtet werden, sondern es wird auch das Vorausdenken, die Antizipation kommender Schwierigkeiten erleichtert.

Eng zusammen damit hängt eine zum Teil weitgehende »Übernahme« der ursprünglichen Funktion des optischen Analysators durch den kinästhetischen Analysator.

Solange wir unsere Bewegungen mit den Augen verfolgen und begleiten müssen, sind sie noch nicht sicher, noch nicht gekonnt. Wir müssen sie erst »ohne Hinschauen«, »wie im Schlafe« oder auch im Dunkeln ausführen können.

Allerdings erfolgt diese *Umschaltung der optischen Kontrolle auf* die *Kontrolle des kinästhetischen Analysators* nur *teilweise*; denn das *periphere Sehen* bleibt bei den meisten sportlichen Bewegungsvollzügen von größter Wichtigkeit. (Vgl. GRALLA 1999; JENDRUSCH/ BRACH 2003). Bei besonders schwierigen Stellen im Bewegungsablauf oder bei unvorhergesehenen Hindernissen wird auch das *zentrale Sehen* wieder kurzzeitig zur bewussten Kontrolle der eigenen Bewegungsausführung eingeschaltet. Auch kann bei allen ballistischen Bewegungen das räumliche Ziel nur optisch erfasst werden, und die Kontrolle des Ergebnisses – die resultative Reafferenz – ist nur über den optischen Analysator möglich (vgl. dazu HACKER, 1967, S. 118).

Das Freiwerden der Aufmerksamkeit lässt sich in gewissem Maße aus dem Prinzip der »Einschränkung der Afferentation« (Afferenz) erklären (ANOCHIN, 1967, S. 36):

Bei der Informationsaufnahme und -verarbeitung werden diejenigen »führenden Afferenzen« herausgesiebt, die für die Auslösung und Steuerung der Bewegung erforderlich sind. Bei auftretenden Störungen und bei Differenzen in den Ergebnissen (vgl. »etappenweise Reafferenz«) werden sofort weitere, zusätzliche Reserve-Afferenzen herangezogen, um die zweckmäßige Lösung der Aufgabe zu sichern (S. 38). Diese zusätzlichen Afferenzen sind offensichtlich erforderlich, um die Regulation des weiteren Handlungsverlaufes den neuen Bedingungen oder aufgetretenen Abweichungen besser anzupassen. Die Tatsache, dass der Einbezug solcher »Reserve-Afferenzen« – ANOCHIN spricht von »Ausschalten« und »In-

Phasen des Lernverlaufs

Aktion-Setzen« – jederzeit möglich ist, lässt die Annahme zu, dass sie unterschwellig stets vorhanden sind und an der Regelung der Bewegungsausführung auf der sensomotorischen Regulationsebene teilhaben.

Wir können demnach festhalten: Die **Informationsaufnahme und -verarbeitung** wird weitgehend **präzisiert und rationalisiert** und beschränkt sich im allgemeinen auf eine geringere Anzahl führender Afferenzen. Dabei richtet sie sich immer »feinsinniger« auf mögliche Bedingungsvarianten, Abweichungen und Störeinflüsse. Wenn auch dabei die bewusste Konzentration der Aufmerksamkeit auf die Bewegungsführung und damit auf die Bewegungsempfindungen wesentlich eingeschränkt werden kann, so bedarf es doch einer bewussten Ausrichtung der auf die schon frühzeitige Erfassung von Abweichungen und Störeinflüssen gerichteten Wahrnehmungen. Auf der Grundlage der weitgehenden Präzisierung der Informationsaufnahme und -verarbeitung erreicht die Differenziertheit der **Bewegungsvorstellung** in der dritten Lernphase ihren Höhepunkt. (Vgl. PUNI, 1961, S. 40 ff.) Auf der Grundlage dieser detaillierten Einzelvorstellung entwickelt sich durch Auswahl der wichtigsten Momente einer Bewegung eine Allgemeinvorstellung, deren Abstraktionsniveau ebenfalls mit dem relativen Abschluss des Lernprozesses einen Höhepunkt erreicht. Somit verfügt der Sportler gewissermaßen über zwei Formen der Bewegungsvorstellung, über eine *Allgemeinvorstellung* und eine *Detailvorstellung*. Die Bedeutung dieser beiden Formen liegt darin, dass durch die Allgemeinvorstellung, die etwa der Rahmen- oder Leitkoordination entspricht, die Programmierung von Beginn des Bewegungsaktes an erfolgt (vgl. Abschnitt 2.4.1.).

PUNI bezeichnet sie als »Ausführungsbild«, von dem sich der Sportler leiten lässt, wenn er schon über die entsprechenden Fertigkeiten verfügt. Die Detailvorstellung bezeichnet er als »Übungsbild«, von dem Sportler herangezogen wird, wenn er die Technik schon beherrscht und seine Fertigkeit vervollkommnen oder Fehler analysieren will, die aus diesem oder jenem Grunde während der Übung auftreten können (vgl. 1961).

Der Lernfortschritt in der **Programmierung des Bewegungsaktes** besteht darin, dass sich bei jedem einzelnen Bewegungsvollzug ein differenzierteres Handlungsprogramm mit klar profilierten, kontrollierbaren Sollwertelementen herausbildet, verbunden mit der Antizipation der zu erwartenden Rückmeldungen (Reafferenzen). Grundlage dafür sind die präzisierte Informationsaufnahme und -verarbeitung und die gespeicherten Erfahrungen, die in zunehmendem Maße nicht mehr nur eine Standardform des Bewegungsvollzuges unter gleichbleibenden Bedingungen beinhalten, sondern die die Anpassungsvarianten bei veränderten Bedingungen und Störungen einbeziehen. Diese im Bewegungsgedächtnis *gespeicherten Erfahrungen über mögliche Störungen* und *über mögliche regulierende Anpassungsvarianten* machen nun auch das Lenken der Aufmerksamkeit auf kommende Schwierigkeiten verständlich. Dadurch wird der Sportler nicht mehr von solchen Schwierigkeiten und störenden Einwirkungen überrascht und kann sich schon *vorbereitend darauf einstellen.*

Ausgezeichnete Beispiele hierfür liefert jeder Abfahrts- oder Torlauf, wobei die Sicherheit der vorbereitenden Anpassung, der »Koordination im voraus«, noch erhöht wird, wenn die Strecke vorher durchfahren, eingesehen oder gedächtnismäßig eingeprägt werden kann.

Die **Antizipation kommender Aufgaben oder Schwierigkeiten** ist ein sehr bedeutsames Kennzeichen im Stadium der variablen Verfügbarkeit einer Bewegung. Das zeigt sich sehr deutlich bei längeren Bewegungskombinationen, zum Beispiel beim Gerät- und Bodenturnen, im Eiskunstlauf und in der Rhythmischen Sportgymnastik. Erst dadurch wird es den sportlichen Meistern möglich, auch bei größten Schwierigkeiten den Eindruck spielerischer Leichtigkeit und einen vollendeten künstlerischen Ausdruck zu erzielen.

In der vollendeten **Ausbildung des Sollwert-Istwert-Vergleiches** und der darauf basierenden **Regelungsvorgänge** besteht der wesentlichste Fortschritt, der sich in der dritten Lernphase vollzieht. Die Feinregulierung aller Bewegungsdetails erreicht auch bei sehr weitgehend variierten Bedingungen einen solchen Grad von Genauigkeit, dass die einzelnen Korrekturen im Bewegungsablauf nicht als solche sichtbar werden. Es entsteht der Eindruck, dass jede Bewegung nach einem genau angepassten und eingeübten Programm abläuft, das vom Beginn der Bewegung an verfügbar ist. Damit könnten jedoch alle erst während des Bewegungsvollzuges auftretenden Bedingungsänderungen und Störungen nicht mehr berücksichtigt werden, und der Sportler müsste eine ungeheuer große Zahl an Programmen gespeichert haben. In Wirklichkeit hat die Funktion der Regelung – verstanden sowohl als Vorlauf- (Feedforward) als auch als Nachlaufregelung (Feedback) bzw. -korrektur – einen so hohen Grad der Verfügbarkeit erreicht, dass ein glatter Bewegungsverlauf erzielt werden kann. Hauptträger dieser Feinregulierung ist der innere Regelkreis, dessen Unterprogramme und »Korrekturmechanismen« offenbar nicht bewusstseinsfähig sind und einen hohen Grad der Selbstorganisation aufweisen.

Die Sollwertabweichungen werden im Stadium der variablen Verfügbarkeit so schnell erfasst und die Korrekturimpulse der Regelzentren erfolgen so genau und schnell, dass auch bei stärkeren, massiven Störungen von außen ein Erreichen des Bewegungszieles noch möglich wird. Keine geringe Rolle spielt dabei, dass beim Sollwert-Istwert-Vergleich die Geschwindigkeit richtig erfasst wird, mit der sich die Sollwert-Istwert-Divergenz verändert (vgl. Abschnitt 2.5.). In manchen Fällen sind die von außen einwirkenden Störungen so stark, zum Beispiel durch direkte gegnerische Einwirkung in den Zweikampf- und Spielsportarten, dass ein ungestörter Bewegungsablauf nicht mehr möglich ist. Der Erfolg der begonnenen Handlung hängt dann häufig von einer sofortigen weitergehenden Programmumstellung ab.

Die Fähigkeit zu einer *so* komplizierten Koordinationsleistung erwirbt der Sportler nur durch das vielfach wiederholte Lösen gleicher oder ähnlicher Aufgaben bei weiterer Information durch den Lehrenden über Ergebnis und bestimmte Details der Bewegungsausführung.

Die Stabilisierung des Leistungsverhaltens durch *Standardisierung der wichtigsten Bewegungsparameter* wird in der Psychologie und in der Sportphysiologie auch als Prozess der **Automatisierung** gekennzeichnet (vgl. BERNSTEIN, 1947; FARFEL, 1960; PUNI 1961; RUDIK, 1963; RUBINSTEIN, 1984; DAUGS, 1993; BLISCHKE/MUNZERT 2003). Allgemein wird darunter verstanden, dass mit der Entwicklung

des Bewegungsvollzuges zur Fertigkeit entweder einzelne Komponenten oder die ganze Handlung gleichsam »von selbst« ablaufen, »dass die Grundkomponenten der Bewegungen unter der Bewusstseinsschwelle bleiben« (BERNSTEIN, 1988, S. 131), sodass der Lernende seine Aufmerksamkeit auf andere Inhalte konzentrieren kann.

Was aber bedeutet »Automatisierung« unter dem Aspekt der Bewegungskoordination? Diese Frage wird in der wissenschaftlichen Literatur von den damit befassten Wissenschaftsdisziplinen unterschiedlich beantwortet, wie u. a. aus den Übersichten bei DAUGS (1993, S. 43–48) und WIEMEYER (1994b, S. 157–163) hervorgeht, und ist auch heute noch nicht eindeutig geklärt. Hier soll nur auf zwei neurophysiologisch orientierte Erklärungsansätze verwiesen beziehungsweise kurz eingegangen werden:

– Die *Ableitung aus der Theorie der höheren Nerventätigkeit vom funktionellen Rindenmosaik;*
– *die Verlagerung der führenden Steuerungs- und Regelungsprozesse auf untergeordnete Funktionsebenen.*

Der erstgenannte Ansatz geht von PAWLOW (1954, Bd. III/1 und III/2) und seinen Schülern aus. Nach dieser Auffassung entstehen neue bedingt-reflektorische Verbindungen in der Großhirnrinde nur bei optimaler Aktivierung bzw. Erregbarkeit der betreffenden Hirnareale, bei der Ausführung automatisierter Bewegungen jedoch befinden sich die beteiligten Rindenzentren im Zustand einer herabgesetzten Erregbarkeit.

Abgesehen davon, dass dieser herabgesetzte Aktivierungszustand bei automatisierten Bewegungen bisher nicht nachgewiesen wurde, ist gegen diese Erklärung einzuwenden, dass sie wohl für motorische Fertigkeiten verständlich erscheint, die nicht auf hohe und höchste Leistungen gerichtet sind. Für motorische Akte im Sport, die entweder höchsten Krafteinsatz oder höchste Schnelligkeit fordern oder die Grenzen der menschlichen Koordinationsfähigkeit erreichen, ist eine *Steuerung über Zentren im Zustand herabgesetzter Erregbarkeit zumindest unwahrscheinlich* (vgl. u. a. PUNI, 1961, S. 28).

Phasen des Lernverlaufs

Der zweite oben genannte Ansatz wird im Allgemeinen auf BERNSTEIN zurückgeführt. Danach wird bei der Automatisierung die Steuerung und Regelung des Bewegungsvollzuges von höheren auf niedere Hirnzentren übertragen, deren Tätigkeit nicht mehr der bewussten Kontrolle und Aufmerksamkeit unterliegt. Diese allgemeine Position, wie sie in dieser Fassung verschiedentlich vertreten wird, gibt jedoch das theoretische Konzept von BERNSTEIN nicht adäquat wieder. Er unterscheidet im Aufbau der motorischen Koordination eine Reihe von Funktionsebenen, mehrere davon mit kortikalen Anteilen, die untereinander in sowohl *hierarchischer als auch heterarchischer Beziehung* stehen. In einem motorischen Lernprozess ist zunächst die Ebene, die die »Sinnstruktur«, die Handlungsinhalte zu organisieren vermag, führend. Für die speziellen Erfordernisse der motorischen Umsetzung der Handlungsziele und Unterziele sind jedoch die in anderen Funktionsebenen verfügbaren »Korrektionen«, also Regulationsmechanismen, erforderlich, z. B. die der »Ebene der Synergien«. »Das Wesen des Prozesses der Automatisierung, der zuweilen lange Zeit und beharrliches Üben erfordert, besteht gerade in der Ausarbeitung des Planes der …. Verteilung der Grundkomponenten durch das Zentralnervensystem und in der Festlegung der motorischen Zusammensetzung der Handlung.« (BERNSTEIN, 1987, S. 132) Eben in diesem Prozess der Verteilung der funktionellen Anteile im Lösungsprozess der motorischen Aufgabenstellung auf die Ebenen, die für die Gesamtfunktion den bestmöglichen Beitrag zu erbringen vermögen, verschwinden sie aus den Feld der bewussten Aufmerksamkeit, werden zu Automatismen. Diese Automatismen sind nach BERNSTEIN keine Bewegungen, sondern »Korrektionen«, Korrekturmechanismen, also effektive Formen des Regelverhaltens. Wie leicht einzusehen ist, beginnt dieser Verteilungs- bzw. Verlagerungsprozess nicht erst in der dritten Lernphase: Nach BERNSTEIN (1947; 1996, S. 9) sind bereits in der ersten Lernphase Elemente des Automatisierungsprozesses anzunehmen.

Die Erklärung nach BERNSTEIN enthält, wie auch aus der bisherigen Darstellung der sensomotorischen Steuerung im Lernprozess hervorgeht, einige wichtige Aspekte, die auch hinreichend gesichert sind. Problematisch ist nur die *Frage der Bewusstheit*. Denn auch bei automatisierten Bewegungsvollzügen oder Komponenten besteht die Möglichkeit, sie jederzeit wieder ins Bewusstsein zu rufen und bewusst auszuführen, also auch teilweise bewusst zu regulieren. Außerdem ist der Sportler nach Ablauf einer weitgehend automatisierten Bewegung in der Lage, sich an Einzelheiten der Aus-

führung zu erinnern. Das Bewegungsgedächtnis bleibt also auch bei automatisierten Bewegungen in Funktion. Verlagerung der Korrektur – der Regelung – auf untergeordnete Zentren des Zentralnervensystems kann demnach keinesfalls bedeuten, dass die Großhirnrinde völlig ausgeschaltet wird. Der Weg der afferenten und reafferenten Informationen geht offenbar unterschwellig auch weiterhin über die höheren Hirnzentren und tangiert die höheren Regulationsebenen.

Damit ist die Frage noch nicht endgültig beantwortet, worin das neurophysiologische Korrelat der bewussten oder weniger bewussten Ausführung erlernter sportlicher Bewegungen besteht. Offensichtlich kann dabei »unbewusst« und »ohne bewusste Konzentration der Aufmerksamkeit« nicht gleichgesetzt werden. Ferner muss, wie das bereits PUNI (1961) tut, in Rechnung gestellt werden, dass die bewusste Tätigkeit im wesentlichen der Steuerung durch das verbale System unterliegt. Demnach liegt die Annahme nahe, dass die automatisierten Komponenten sportlicher Handlungen »mit Hilfe des fest eingespielten Systems zeitweiliger Nervenverbindungen im Rahmen des ersten Signalsystems« gesteuert und geregelt werden, während »das Hauptglied bzw. die Hauptglieder der erlernten Handlung, die mit den allgemeinsten und wichtigsten Momenten ihrer Ausführung in Zusammenhang stehen, bewusst bleiben«, also der unmittelbaren Kontrolle des verbalen Systems unterliegen (PUNI, 1961, S. 29).

Hervorgehoben werden muss auch noch das Problem, dass, zumindest in Sportarten beziehungsweise bei Aufgabenklassen mit hoher Variabilität der Situation (z. B. Zweikampf- oder Spielsportarten), die Automatisierung nicht das volle Programm betreffen kann. Man nimmt daher u. a. an, dass nur relativ allgemeine, »generative« Regeln der motorischen Verläufe fixiert werden, sodass der Sportler in einer bestimmten Situation passende Teilprogramme aus dem Gedächtnis abrufen und sie relativ variabel kombinieren kann (GROSSER/NEUMAIER, 1982, S. 62).

Wir gehen bei der weiteren Darstellung von der Auffassung BERNSTEINS aus und bauen unsere Folgerungen darauf auf. Dabei muss jedoch stets die *Dialektik der beiden Taktiken der Koordinationsfunktion* berücksichtigt werden, das heißt die Tatsache, dass die Stabilisierung des Leistungsverhaltens durch Standardisierung der wichtigsten Bewegungsparameter *und* durch Erweiterung der beherrschbaren Variationsmöglichkeiten eine dialektische Einheit bilden.

4.2.3.3. Zusammenfassung

• Die dritte Lernphase umfasst den **Lernverlauf vom Erreichen des Stadiums der Feinkoordination bis zum Stadium der variablen Verfügbarkeit**.

• Im **Stadium der variablen Verfügbarkeit** kann der Lernende die erlernte Bewegung auch unter schwierigen und ungewohnten Bedingungen *erfolgreich anwenden*. Die Bewegungsausführung weist alle Merkmale einer vollkommenen Technik auf. Damit sind wesentliche Voraussetzungen für hohe sportliche Leistungen gegeben.

• Im Verlauf dieser Lernphase kann der Lernende seine **Aufmerksamkeit** mehr und mehr **von der Bewegungsausführung lösen**, von den Hauptgliedern oder »Knotenpunkten« absehen. Sie wird damit frei für die Verfolgung des taktischen Geschehens, für rechtzeitige Vorausnahme von Schwierigkeiten, für Konzentration auf eine *volle Ausschöpfung der konditionellen Fähigkeiten* oder auf *hohen künstlerischen Ausdruck* im Bewegungsvollzug.

• Die **praktische Anwendung** der erlernten Bewegung **bestimmt** den erforderlichen **Grad der Stabilisierung und der variablen Verfügbarkeit** sowie der kompensierbaren Störeinwirkungen. Dabei gibt es Unterschiede zwischen den einzelnen Sportarten und -disziplinen und auch zwischen der angestrebten praktischen Anwendung im sportlichen Wettkampf, in der Touristik oder als Mittel der aktiven Erholung oder der Ausbildung motorischer Fähigkeiten. In vielen Lernprozessen wird das Stadium der variablen Verfügbarkeit nicht oder nicht vollkommen erreicht; das ist nur bei einer intensiven weiteren Ausbildung und einer bewussten, konzentrierten Lernarbeit möglich. Ein *absoluter Abschluss der dritten Lernphase* und damit des gesamten Lernprozesses *kommt praktisch nicht vor*. Im sportlichen Training ist ein ständiges Weiterlernen notwendig, wenn nicht ein Rückgang der Stabilität und variablen Verfügbarkeit eintreten soll.

• Das **Erscheinungsbild** der stabilisierten Feinkoordination in der Bewegungsausführung entspricht weitgehend dem Stadium der Feinkoordination. Eine besondere Ausprägung finden darin die Merkmale der Bewegungspräzision und der Bewegungskonstanz.

• In der **Vervollkommnung der Bewegungskoordination** sind zwei dialektisch miteinander verbundene Prinzipien festzustellen: *Stabilisierung des Leistungsverhaltens durch Standardisierung* der wichtigsten Bewegungsparameter; *Stabilisierung durch Erweiterung der koordinativ beherrschbaren Variationsmöglichkeiten*.

• Die **Vervollkommnung der sensomotorischen Steuerung und Regelung** führt zur rechtzeitigen Signalisation und Antizipation von veränderten Bedingungen, Störeinflüssen und kommenden Schwierigkeiten, zu einer hohen Genauigkeit in der Erfassung von Sollwertabweichungen und einer hohen Regelgüte und Störungskompensation auch bei massiven Störeinwirkungen.

• In der dritten Lernphase tritt eine **Automatisierung des Bewegungsvollzuges** beziehungsweise einzelner Komponenten der Handlung ein. Darunter wird die Stabilisierung des Leistungsverhaltens verstanden, wobei der Lernende seine Aufmerksamkeit nicht mehr bewusst auf die Bewegungsführung – also auf deren Steuerung und Regelung – richten muss. In der neurophysiologischen Erklärung dieser Erscheinung bestehen noch Unklarheiten; es wird eine Verlagerung der Korrektur auf nicht unter direkter Kontrolle des Bewusstseins stehende Funktions- bzw. Regulationsebenen angenommen, die auf Grund spezifischer Selbstorganisationsmechanismen eine optimale motorische Koordination zu sichern vermögen.

4.2.3.4. Folgerungen für die Lehr- und Übungspraxis

Die Stabilisierung der Feinkoordination und Entwicklung der variablen Verfügbarkeit, die sich vornehmlich in der dritten Lernphase vollzieht, entscheidet mit über die erfolgreiche Anwendung der Technik und damit u. a. über die Wettkampfleistung. Aber auch für eine Anwendung erlernter Bewegungsvollzüge im Rahmen der Touristik und in gewissem Maße auch bei ihrer Anwendung als Mittel der akti-

Phasen des Lernverlaufs

ven Erholung und als Mittel der Ausbildung motorischer Fähigkeiten muss eine Stabilisierung erfolgen.

• Von der lehrmäßigen Gestaltung her gesehen ist die dritte Lernphase eine Fortsetzung der zweiten mit einem anderen Akzent: Stand in der zweiten Lernphase die Vervollkommnung der Bewegungskoordination bei nur wenig variierten Übungsbedingungen im Vordergrund, so liegt jetzt der Akzent auf einer weiteren **Vervollkommnung durch Anpassung an veränderte oder wechselnde Bedingungen**. Die meisten pädagogischen Folgerungen für die zweite Lernphase gelten auch noch für die dritte Lernphase, sodass die nachfolgenden Ausführungen immer im Zusammenhang damit zu sehen sind.

• Das Üben und Trainieren zur Stabilisierung der Feinkoordination stellt hohe Anforderungen an **die erzieherische Einwirkung** durch den Lehrenden. Das erforderliche harte Training setzt bewusste Lernbereitschaft voraus.

So kann eine Stabilisierung der Wettkampftechnik in den zyklischen Sportarten – u. a. Schwimmen oder Skilanglauf – nur im Wettkampftempo oder bei noch höherer Belastung erfolgen. Die dafür ständig neu geforderte Anstrengungs- und Konzentrationsbereitschaft stellt hohe Ansprüche an die Persönlichkeit des Sportlers.

Gleichermaßen ist die Ausbildung der Widerstandsfähigkeit gegenüber Störungen aus dem »inneren Milieu« eine Aufgabe der Erziehung. Durch bewusste Selbsterziehung und durch beharrliche Einwirkung des Trainers und Lehrers muss der Sportler die Fähigkeit erwerben, zum Beispiel störende Einflüsse durch Schmerzen oder Ermüdung, aufkommende Resignation bei einem Misserfolg oder gedanklichen Störungen und Ablenkungen bewusst zu bekämpfen und zu unterdrücken.

• Der weitere Lernfortschritt in der dritten Lernphase wird erreicht, indem die erlernte Bewegung systematisch **unter sportartspezifisch variierten Bedingungen bzw. Anforderungen geübt und angewendet** wird. Das bedeutet im Wettkampfsport ein Üben unter Wettkampfbedingungen und häufige Anwendung im Wettkampf selbst; bei touristischer Zielstellung ein Üben unter zunehmend schwierigen Gelände- oder Gewässerbedin-

gungen. Hinzu kommt ein Üben unter erhöhter physischer und psychischer Belastung, die zum Teil höher ist als im Wettkampf selbst. Die Trainingsmethodik der einzelnen Sportarten kennt eine größere Zahl konkreter Möglichkeiten, die allerdings noch nicht immer systematisch und konsequent genug genutzt werden. Die Variationsbreite der Bedingungen und das Ausmaß der bewusst herbeigeführten Erschwernisse und Störeinflüsse, das teilweise noch über die realen Wettkampfanforderungen hinausgehen sollte, ist bei den einzelnen Sportarten oder Sportdisziplinen sehr unterschiedlich und hängt vom Ausbildungsziel ab.

• Eine ganz entscheidende Rolle spielt in der dritten Lernphase der **Wettkampf** selbst. Er wird anfangs oft als so genannter *Trainingswettkampf* angewendet, das heißt, nicht der Sieg ist das Hauptziel, sondern die Stabilisierung der erlernten Technik unter Wettkampfbedingungen. Die richtige Wahl des Gegners erfordert gründliche Überlegungen bezüglich seiner Leistungsstärke, seiner Spielanlage oder Kampfhaltung bei Spiel- und Zweikampfsportarten. Schließlich wirkt auch jeder Wettkampf zurück auf die weitere Vervollkommnung und Stabilisierung der Technik, ja der ganzen Persönlichkeit.

• Die dritte Lernphase erfordert weiterhin eine **konzentrierte Arbeit an der Bewegungsausführung** und bewusste **Fehlerkorrektur**. Beim Üben unter wechselnden Bedingungen, bei erhöhten Anforderungen und bei der praktischen Anwendung treten alte Fehler wieder und zum Teil auch neue auf. Ihnen ist in der gleichen Weise zu begegnen wie in der zweiten Lernphase. Auch die durch Training veränderten Leistungsvoraussetzungen, insbesondere die Weiterentwicklung der konditionellen Fähigkeiten, machen eine ständige Weiterarbeit an der Technik notwendig.

• Trotz der gewachsenen Fähigkeit des Lernenden zur Selbstbeobachtung und Selbstkorrektur benötigt er **zusätzliche Informationen** über das Ergebnis und über Einzelheiten des Bewegungsvollzuges. Im Leistungssport sind dabei in verstärktem Maße apparative Methoden der objektiven Zusatzinformation anzuwenden. Die sprachliche Korrektur nach dem Bewegungsvollzug, der Zuruf oder die

Zeichengebung während der Bewegungsausführung behalten ebenfalls Bedeutung.

• Ein brauchbares Trainingsmittel ist das **ideomotorische Training**, das Üben in der Vorstellung (u. a. FRESTER, 1974). PUNI (1958; 1961) bezeichnete diesen Sachverhalt als »Trainingswirkung der Bewegungsvorstellung«, in der Psychologie und später in der Sportpsychologie ist der übliche Fachterminus »Mentales Training«. (Vgl. dazu VOLPERT, 1969; HEUER, 1985; ALFERMANN/HECK, 1990; SCHLICHT, 1992; FRESTER/WÖRZ 1997; SCHUCK 2001).

Es konnte nachgewiesen werden, dass mentales Training wirkungsvoll das »körperliche« Training von Bewegungsfertigkeiten ergänzen kann, aber keinen Ersatz dafür darstellt. Die stärkste Wirkung konnte bei »Aufgaben mit hohem kognitiven Anteil« – also offenbar mehr im Taktik- als im Techniktraining – und bei erfahrenen Sportlern festgestellt werden, und weiterhin benötigen »Aufgaben mit hohen motorisch-energetischen Anforderungen« mehr als die doppelte Anzahl mentaler – oder genauer: ideomotorischer – Bewegungswiederholungen (SCHLICHT, 1992, S. 26).

Diese Unterschiede bestärken uns in der Position, dass im Zusammenhang mit dem motorischen Lernen besser von »ideomotorischem Training« zu sprechen ist: Offenbar kommt der ideomotorischen Reaktion beim Vollzug der Bewegung in der Vorstellung eine Schlüsselrolle zu, wobei die anderen Erklärungsansätze – emotional-motivationaler Ansatz, Programm-Hypothesen und kognitive Hypothese nach SCHLICHT (1992) – nicht ausgeschlossen werden. (Vgl. auch EBERSPÄCHER 1990; NEUMAIER 1997, S. 214 f.)

Verschiedentlich wurde die »ideomotorische Hypothese« abgelehnt (vgl. SCHLICHT, 1992, S. 27). Dabei wurde jedoch von einem Ansatz der ideomotorischen Trainingswirkung am Muskel ausgegangen. Erklärt man jedoch die Wirkung der Ideomotorik aus dem »Ansprechen interner Rückmeldekreise« (BEYER, 1996, S. 217), wird ihre »Schlüsselrolle« plausibel.

Da es sich beim ideomotorischen Training primär um eine »Istwertaktualisierung«, nicht um eine »Sollwertaktualisierung« (VOLPERT, 1973, S. 101) handelt, ist *es in der ersten Lernphase noch nicht, in der zweiten nur bedingt sinnvoll.*

Beim ideomotorischen Training hat offensichtlich, entsprechend dem Charakter und Ausbildungsstand der Bewegungsvorstellung, das verbale System eine führende Rolle, und das ideomotorische Üben ist mehr oder weniger von einem inneren Sprechen begleitet. Man kann daher annehmen, dass es sowohl zur Verbesserung und Stabilisierung der Bewegungsglieder beiträgt, die weiterhin der bewussten Aufmerksamkeit und Kontrolle unterliegen, als auch von weniger bewussten, bereits automatisierten Anteilen.

Am besten hat sich das ideomotorische Training bewährt, wenn *auf das mehrfache bewusste Vorstellen* des Bewegungsvollzuges *das Üben folgte.* Allgemein bekannt ist es auch als *ideomotorisches Einturnen* oder *Einspringen* kurz vor Ausführung einer Wettkampfübung oder eines Wettkampfsprunges. Bedeutsam kann es ferner bei Trainingsunterbrechungen infolge von Verletzungen, Krankheit oder längeren Reisen sein. Es trägt dann dazu bei, die motorische Fertigkeit annähernd auf dem erreichten Stand zu halten.

Wir können also feststellen: *Das ideomotorische Training* ist in der Stabilisierungsphase *eine wichtige Ergänzung.* Es sollte ganz bewusst angewendet werden und der Anleitung und Führung durch Trainer und Sportlehrer unterliegen. Dadurch ist es möglich, die Hauptglieder und Knotenpunkte besonders ins Blickfeld der Aufmerksamkeit zu rücken und auch wechselnde Bedingungen und Störungen bewusst zu simulieren.

4.3. Der komplexe Charakter des motorischen Lernens

Wir sind in unserer Darstellung des motorischen Lernens von der sporttechnischen Ausbildung bzw. der Bewegungsschulung ausgegangen und haben den motorischen Lernprozess als einen Grundvorgang dieses sportlichen Ausbildungs- beziehungsweise Trainingsbereiches gekennzeichnet. Im Mittelpunkt stand die Entwicklung der Bewegungskoordination, und zwar sowohl hinsichtlich der zweckbestimmten Erfüllung der motorischen Aufgabenstellung und des für die einzelnen Lernphasen charakteristischen Erscheinungsbildes als auch hinsichtlich der Prozesse der Handlungsregulation, die den Entwicklungsverlauf erklären. Dabei wurde deutlich, dass *das motorische Lernen ein komplexer Prozess* ist.

Der komplexe Charakter motorischer Lernprozesse im Sport hat **drei wesentliche Aspekte**:

Erstens: Jeder einzelne Lernprozess stellt die *Verknüpfung einer Reihe von Teilvorgängen*, von mehreren Entwicklungslinien dar, die sich aus der Komplexität der Handlungsregulation und deren Äußerungsformen ergeben.

Zweitens: Die Entwicklung des motorischen Könnens erfolgt im allgemeinen *nicht im Nacheinander einzelner, voneinander unabhängiger Lernprozesse*, sondern in breiterer Front. Dabei ergeben sich Wechselbeziehungen zwischen den motorischen Lernvorgängen.

Drittens: Jeder motorische Lernprozess ist *integrierender Bestandteil der körperlichen Vervollkommnung* und sportlichen Leistungsentwicklung insgesamt und damit auch der Entwicklung der Gesamtpersönlichkeit.

Auf diese drei Aspekte soll abschließend nochmals eingegangen werden.

4.3.1. Teilaspekte des Lernverlaufs

Der Verlauf motorischer Lernprozesse im Sport ist durch eine Reihe von **Entwicklungslinien** gekennzeichnet, **die wechselseitig miteinander verknüpft** sind. Die für die pädagogisch-methodische Arbeit wesentlichsten Entwicklungslinien betreffen:

- *Erfüllung der* aus dem Handlungsziel abgeleiteten *motorischen Aufgabenstellung* und die erzielte Leistung;
- *Bewegungsausführung, Bewegungsgüte*, erfasst u. a. durch Merkmale eines gut koordinierten Bewegungsablaufes;
- *Bewegungsempfindungen* und deren Verarbeitung (Informationsaufnahme und -verarbeitung);
- *Interne Repräsentation, Bewegungsvorstellung* – in Verbindung mit *Bewegungsprogrammierung* und -*antizipation*;
- *Steuerung* und *Regelung* (insbesondere die Regelgüte und ihr äußerer Ausdruck in der Bewegungskoordination).

In der Übersicht 4.3. auf den folgenden Seiten werden diese Entwicklungslinien geson-

dert hervorgehoben. Die Übersicht enthält für die einzelnen Lernphasen notwendigerweise stark verallgemeinerte Aussagen, die für das jeweilige motorische Ausgangsniveau und die unterschiedlichen koordinativen Anforderungen der einzelnen Sportarten noch weiterer Differenzierung bedürfen.

Die Komplexität und Verflechtung der Entwicklungslinien im motorischen Lernprozess bedingen auch **Folgerungen für eine Kontrollmethodik**, die eine genaue Überwachung des Lernverlaufs gestattet. Sie ist in der derzeitigen Praxis im Gegensatz zur Kontrolle konditioneller Leistungsvoraussetzungen noch ungenügend entwickelt. Aus den Teilaspekten des Lernverlaufs ergeben sich verschiedene Ansatzpunkte für dessen Kontrolle, die in der Übersicht angegeben sind. Neben der zumeist nur üblichen Kontrolle der Bewegungsgüte sollte vor allem der Fertigkeitsgrad bestimmt und der Ausprägungsgrad der Bewegungsvorstellung kontrolliert werden.

Der gezielten, routinemäßigen *Beobachtung des Lernenden durch Trainer, Übungsleiter oder Sportlehrer* und der vergleichenden Beurteilung unter Heranziehung der allgemein meßbaren Leistungsparameter kommt gegenwärtig noch die *Hauptbedeutung* für die Kontrolle des Lernverlaufes in seiner Komplexität zu. Sie werden auch in Zukunft nicht zu entbehren sein, vor allem nicht im Sportunterricht und in der technischen Grundausbildung. Die Untersuchungsmethoden der Biomechanik und der Sportpsychologie stellen die Grundlage für solche Kontrollmethoden in der sporttechnischen Ausbildung und Bewegungsschulung dar, die gegenwärtig noch einen höheren Aufwand erfordern, sie bilden jedoch die Grundlage für exaktere Routinemethoden, die daraus zu entwickeln sind (vgl. Übersicht 4.3.).

4.3.2. Zur Transferenz und Interferenz beim motorischen Lernen

Die **Entwicklung des motorischen Könnens** erfolgt **auf breiter Front**. Meist werden gleichzeitig mehrere Bewegungen erworben, oft sogar unkontrollierbar viele Bewegungen neben-

Übersicht 4.3. Darstellung des Lernverlaufs anhand charakteristischer Stadien des motorischen Lernprozesses. Bei höherem motorischen Ausgangsniveau verläuft die erste Lernphase in modifizierter Form (vgl. die Darstellung der ersten Lernphase in Abb.4.2.–2)

Aspekte bzw. Stadien des Lernverlaufes	Stadium der Grobkoordination	Stadium der Feinkoordination	Stadium der stabilisierten Feinkoordination und variablen Verfügbarkeit	Diagnose- bzw. Kontrollmethoden
Erfüllung der motorischen Aufgabenstellung und erzielte Leistung	– Aufgabenstellung nur bei günstigen Ausführungsbedingungen und voller Konzentration erfüllt – messbare Leistung gering	– bei günstigen Ausführungsbedingungen: Aufgabe mit Leichtigkeit erfüllt, erhöhte Leistung – bei ungewohnten, erschwerten Bedingungen und Störungen: Aufgabenerfüllung zum Teil unvollkommen, geringe Leistung	– Aufgabenerfüllung auch unter erschwerten Bedingungen mit großer Sicherheit – Anwendbarkeit in verschiedenen Situationen – hohe und höchste Leistungen bei hoher Konstanz	– Vergleich von Leistungen unter erleichterten, normalen und erschwerten Bedingungen – Fertigkeitstests (Bestimmung des Fertigkeitsgrades)
Bewegungsausführung, Bewegungsgüte	– Ausführung entspricht Grundstruktur und Kriterien der Technik im Grundablauf – Bewegungsgüte mangelhaft: Merkmale einer koordinierten Bewegung schwach ausgeprägt, schlechte Bewegungsökonomie	– bei günstigen Ausführungsbedingungen: Ausführung entspricht Kriterien der jeweiligen Technik und Leitbild gut koordinierter Bewegung – bei erschwerten Bedingungen: deutliche Ausführungsmängel	– Ausführung auch unter erschwerten Bedingungen, Störungen und bei Anwendung in verschiedensten Situationen in koordinativer Vollkommenheit, volle Beherrschung der Technik – allgemeine Bewegungsmerkmale optimal ausgeprägt	– Beobachtung (Eindruckanalyse, Film/Videobeobachtungen), Kriterien: allgemeine Koordinationsmerkmale; spezielle Technikmerkmale – biomechanische Verfahren (kinematische dynamische Parameter)
Bewegungsempfindungen, Informationsaufnahme und -verarbeitung	– Bewegungsempfindungen verschwommen, kinästhetische Komponente wenig ausgeprägt – unzureichende Verbindung von Empfin-	– Bewegungsempfindungen präziser, differenziert, z. T bewusst erfassbar und verbalisierbar – kinästhetische Komponente teilweise enthalten – Demonstration differenziert erfassbar	– Bewegungsempfindungen von hoher Genauigkeit und Differenziertheit; wenn erforderlich, bewusst erfassbar – hohe Präzision der kinästhetischen Information	– verbale Wiedergabe der ausgeführten Bewegung – Lösen differenzierter Beobachtungsaufgaben: Vergleich der Bewegungsempfindungen mit der Lehrer- beziehungsweise Trainerbeobachtung: im Vergleich mit

Der komplexe Charakter des motorischen Lernens

	...dungen und Sprache – optische Information überwiegt – Demonstration nur grob erfasst	– Verarbeitung detaillierter verbaler Informationen	– stärker ausgeprägte Verbindung Bewegungsempfindung – Sprache: Bewegungsempfindungen in gewissem Maße verbal fassbar	zusätzlicher objektiver Information – Kartenlegetests
Bewegungsvorstellung	– Bewegungsvorstellung vornehmlich optisch bestimmt, verschwommen, undifferenziert, kaum verbal fassbar; »Außensicht«, dynamische und zeitliche Komponente schwach ausgeprägt	– Bewegungsvorstellung differenziert und präzisiert; stärker verbal begrifflich repräsentiert – kinästhetische Komponente ausgeprägt: stärkere dynamische und zeitliche Anteile, ideomotorische Reaktion	– Bewegungsvorstellung als detailliertes »Übungsbild« und verallgemeinertes »Ausführungsbild« mit weitgehend verbalisierbarer, begrifflicher Repräsentation	– vergleichende Beobachtung. Kriterien: Vorbereitung (Antizipation) nachfolgender Handlungsteile – verbale (mündlich – schriftlich) oder zeichnerische Wiedergabe der gelehrten Bewegung ausführung durch Lernenden – Kartenlegetests – akustische Wiedergabe dynamischer Hauptakzente
Regulation: Steuerung und Regelung, Regelgüte	– Regulation unvollkommen – Steuerbarkeit durch Aufhebung von Freiheitsgraden erreicht: verstärkte Anspannung von Antagonisten, Fixierung von Gelenken	– Regulation weitgehend an äußere und innere Bedingungen angepasst – antizipierende Regulation bei Störeinflüssen noch ungenügend – unter erschwerten Bedingungen verstärkte Anspannung von Antagonisten und Teilfixierung von Gelenken	– Regulation sichert Stabilität im Ergebnis auch bei unvermittelt auftretenden, starken Sollwert-Istwert-Differenzen – hohe Regelgüte durch antizipierende Anpassung (vorauseilende Regelung – »feed forward«) – Freigabe aller Freiheitsgrade und effektive Ausnutzung der reaktiven Kräfte, speziell der Trägheitskräfte	– Beobachtung unter verstärktem (ideomotorischen) Mitvollziehen – Elektromyographie – biomechanische Analysen

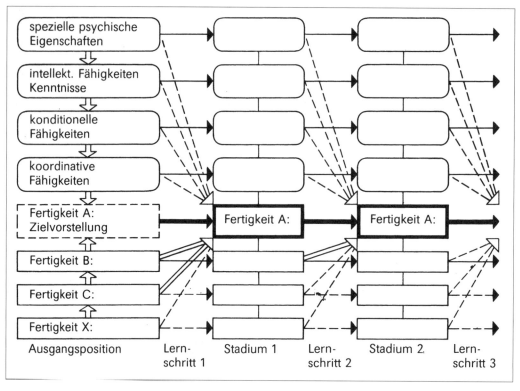

Abb. 4.3.–1 *Komplexer Charakter des motorischen Lernens.*
Aussage 1: Wechselbeziehungen in der Entwicklung verschiedener Fertigkeiten; sie bestehen sowohl zwischen den gleichzeitig geübten Fertigkeiten A und B (Interferenz – Transferenz) als auch zwischen der neu zu erlernenden Fertigkeit und den zeitweilig nicht geübten Fertigkeiten C und X.
Aussage 2: Wechselbeziehungen zwischen Lernprozess (Entwicklung Fertigkeit A) und der Entwicklung koordinativer, konditioneller und intellektueller Fähigkeiten sowie weiterer Persönlichkeitseigenschaften

einander im *ungelenkten (»impliziten«) Lernen* in der Tätigkeit (Abb. 4.3.–1). Das ist vor allem in der Spieltätigkeit der Kinder zu beobachten.

Ein Teil der Fertigkeiten stagniert in der Entwicklung, die betreffenden Handlungen werden nur gelegentlich wiederholt, andere erfahren eine Verfeinerung, Korrektur und Stabilisierung innerhalb oder auch außerhalb einer geregelten sportlichen Betätigung. Ein noch geringerer Teil, oft nur ein, zwei oder drei sportliche Handlungen, für die der Sportler besondere Veranlagung besitzt, wird bis zur höchsten Stufe bewusst ausgebildet.

So spezialisieren sich einzelne Leichtathleten auf den Hochsprung oder Speerwurf, Schwimmer auf eine bestimmte Schwimmart, Ringer und Judoka auf bestimmte Griffe und Würfe.

Die Spezialisierung in den Sportarten ist ein typisches Merkmal in der Entwicklung des modernen Leistungssports. Sie muss entsprechend dem sportartspezifischen Anforderungsprofil in zweckmäßiger Verbindung mit der Ausbildung vielseitiger koordinativer und konditioneller Grundlagen erfolgen.

Um die Zusammenhänge bei der Vervollkommnung von mehreren Bewegungshandlungen besser zu verstehen, ist es notwendig, auf weitere Gesetzmäßigkeiten des motorischen Lernprozesses einzugehen. Dazu rechnet vor allem das **Transfer-Problem**.

Viele *motorische Fertigkeiten*, die der Mensch erlernt, stehen *in einem wechselseitigen Zusammenhang*. Ferner bleiben die erworbenen Fertigkeiten nicht auf die konkrete Situation beschränkt, in der sie angeeignet wurden, sondern können auf andere Situationen übertragen werden. Die Übertragung erfolgt sowohl innerhalb der einzelnen Bereiche menschlicher Tätigkeit (Sport-, Arbeits-, Alltagsmotorik) als auch von Bereich zu Bereich.

Der motorische Lernprozess beginnt nicht ohne motorische Voraussetzungen. In jedem Falle liegen bereits bestimmte »Koordinationsmuster« als Grundlage vor. Diese können für das Erlernen von Bewegungsakten von negativer oder positiver Wirkung sein. Je nach Art des Einflusses spricht man von einer *Interferenz* oder *Transferenz (negativem oder positivem Transfer)* beim motorischen Lernen (vgl. u. a. PUNI, 1961; RUDIK, 1963; LEIST, 1978; SINGER, 1985; PÖHLMANN, 1986; SCHMIDT/ YOUNG 1987; MAGILL 2001).

Die **Interferenz** kann sich in der Sportpraxis in *mehreren Formen* äußern: Alte Koordinationsverbindungen wirken störend auf die Herausbildung neuer, oder sich neu bildende Koordinationsverbindungen beeinflussen sich gegenseitig negativ (proaktive Interferenz).

Sehr häufig ist zu beobachten, dass der Sportler seine Technik umstellen muss. Das kann notwendig werden, weil die Technik sich weiterentwickelt hat, noch zweckmäßiger gestaltet wird und sich neue, effektivere Varianten herausbilden. Das ist teilweise in verbesserten Sportanlagen und Geräten begründet, sowie es bei der Einführung des Glasfiberstabes im Stabhochsprung war. Eine Umstellung der Technik, ein Umlernen, ist aber auch erforderlich, wenn wegen falscher oder mangelnder Einflussnahme im Lernprozess Fehler im Bewegungsablauf enthalten sind.

In beiden Fällen ist zu erkennen, dass der *Sportler dazu neigt, an der ursprünglichen Bewegungsführung festzuhalten.* Es fällt ihm schwer, die gleiche Bewegungsaufgabe in anderer bewegungstechnischer Ausführung als bisher zu lösen, weil die alten Koordinationsmechanismen gleichsam reflektorisch in der gleichen Situation immer wieder »durchschlagen«. Die von der neuen Technik abweichenden Programmelemente müssen deshalb erst eliminiert, unterdrückt werden, ehe die neuen ausgebildet werden können. Daraus wird deutlich, dass die Umstellung auf die neue Bewegungsführung mitunter um so komplizierter ist,

je weiter der Prozess der Fertigkeitsentwicklung vorangeschritten war.

Interferenzwirkungen sind aber nicht nur bei einer Umstellung der Technik auf eine andere ähnliche zu beobachten, sondern treten auch auf, wenn Bewegungen, deren *Koordinationsstrukturen* in gegensätzlicher Beziehung stehen, *nacheinander erlernt* werden, wie es bei einem Sportartwechsel mitunter der Fall ist. (Zum Umlernen vgl. PANZER 2003; 2004.)

Störungen durch Interferenz (proaktive *und* retroaktive Interferenz) treten ferner dann gehäuft auf, wenn mehrere Bewegungen parallel erlernt werden, deren Strukturen sehr ähnlich sind.

Ähnliche Strukturen haben z. B. wegen ihrer auf- und abwärts geführten Beinbewegung das Delphin- und das Kraulschwimmen. Da die Kraulbewegung meist vor der Delphinbewegung erlernt wird, beide dann aber gemeinsam vervollkommnet werden, sind bei Delphintechnik-Anfängern auf Grund des störenden Einflusses der Wechselschlagbewegungen (des Kraulschwimmens) zu Beginn zwischen den Gleichschlagbewegungen immer wieder alternierende Beinbewegungen zu erkennen.

In diesem Fall wird ein *Lerngesetz* wirksam, nach dem der Behaltenseffekt um so schlechter ist, je ähnlicher zwei Lerngegenstände sind, die zeitlich aufeinander folgen (vgl. u. a. CLAUSS/ HIEBSCH, 1962, S. 298).

Die Erscheinungen der Interferenz verschwinden weitgehend mit zunehmender Differenzierung der Bewegungsprogramme, sowohl im Ergebnis der bewussten Verbesserung in der Verarbeitung sensorischer und verbaler Informationen als auch durch die präziseren Inhalte des motorischen Gedächtnisses. Neben der proaktiven Interferenz gibt es auch negative Rückwirkungen später erlernter Bewegungen (retroaktive Interferenz).

Ein ebenso wichtiger Vorgang ist die **Transferenz**. Darunter ist ein positiver Übertragungseffekt von einer Bewegungshandlung auf eine andere zu verstehen. Voraussetzung für eine positive Übertragung ist, dass zwischen den Bewegungen Gemeinsamkeiten in der Koordination bestehen.

BERNSTEIN (1947) wies bereits darauf hin, dass für die Transferenz eine Übereinstimmung in den sensomotorischen Koordinationsmechanismen ausschlaggebend ist, nicht aber äußerliche Ähnlichkeit im Bewegungsablauf. Besonders deutlich wird das bei Bewegungsfertigkeiten, die erhöhte Anforderungen an die Gleichgewichtsregulation stellen.

Im Falle der Transferenz unterscheiden wir zwei Formen: *Übertragung auf der Grundlage* bereits *früher erworbener Bewegungshandlungen* und *Übertragung bei gleichzeitigem Erlernen und Vervollkommnen* von Bewegungshandlungen (pro- und retroaktive Transferenz).

In einzelnen Sportarten ist man bestrebt, Gesetzmäßigkeiten der positiven Übertragung für den Lernprozess planmäßig auszunutzen.

STARK (1964) hat für das Gerätturnen ein System von so genannten Fundamentalübungen ausgearbeitet, das insbesondere die Grundlage für schwer zu erlernende Elemente und Verbindungen bildet. Er konnte durch Untersuchungen nachweisen, dass jugendliche Turner ihre Leistungen schneller steigerten, wenn jeweils vom Erlernen und Vervollkommnen der Fundamentalübungen ausgegangen wurde (vgl. auch HARRE u. a., 1977, S. 193 ff.).

Zur effektiven Nutzung des positiven Übertragungseffektes sowohl in der günstigsten Lernfolge als auch in der gleichzeitigen Entwicklung von Bewegungsfertigkeiten ist es erforderlich, *Strukturverwandtschaften* von Bewegungen innerhalb einer Sportart und auch aus unterschiedlichen Sportarten aufzudecken. Das betrifft vor allem Sportarten, wo viele einzelne Handlungen erlernt werden müssen (z. B. Gerätturnen, Wasserspringen, Judo).

Die auf der Basis von Bewegungsverwandtschaften erarbeiteten Strukturgruppen im Gerätturnen (vgl. UKRAN, 1960; BORRMANN u. a., 1978) zum Beispiel haben den Sinn, Turnelemente mit wesentlichen Gemeinsamkeiten in der Bewegungsstruktur zusammenzufassen. Der Übertragungseffekt erfolgt im Lernprozess dadurch, dass sich die zu vervollkommnenden Bewegungen aus der gleichen Strukturgruppe wegen der verwandten Koordinationsprozesse gegenseitig positiv beeinflussen, wenn sie einen bestimmten Grad der Festigung erreicht haben, das heißt, wenn sie der Lernende bereits eindeutig zu differenzieren vermag. Mit dem Erkennen des Wesentlichen wird es dem Sportler auch möglich, Unterschiede zwischen Strukturgruppen und verschiedenen Turnelementen bewusster zu erfassen, was wiederum eine bessere denkende Mitarbeit des Sportlers im Lernprozess ermöglicht. Der positive Effekt ist um so größer, je bewusster und intensiver geübt wird und je weiter die Technik vervollkommnet ist.

Das Aufdecken von Strukturverwandtschaften spielt nicht nur innerhalb einer Sportart eine Rolle, sondern auch zwischen Bewegungen aus verschiedenen Sportarten. Dies ist unter anderem für eine zweckmäßige Anordnung des Bildungsgutes im Schulsport, in der Sportlehrerausbildung und auch für Sportarten wichtig, in denen zur Ergänzung Bewegungsformen aus anderen Sportarten verwendet werden.

Für den Schwimmer ist es zum Beispiel besonders im Nachwuchsbereich wertvoll, wenn der Trainer in das Ergänzungsprogramm Rudern und Paddeln aufnimmt, weil beide Formen durch das gleiche Medium eine gewisse koordinative Verwandtschaft mit dem Schwimmen aufweisen. Dadurch wirken diese Sportarten bereits als spezifischeres Krafttraining, und die Bewegungskoordination beim Schwimmen wird nicht – wie durch Krafttraining mit anderen Mitteln – negativ beeinflusst.

Im Judotraining werden dagegen Raufspiele, Zieh- und Schiebekämpfe bevorzugt, weil bei dieser Betätigung strukturverwandte Bewegungen geübt werden.

Als ein Spezialfall der Transferenz muss das Problem der **Seitigkeit** oder **kreuzweisen Übertragung** bezeichnet werden. Auf Grund von bestehenden funktionellen Zusammenhängen zwischen den beiden Großhirnhemisphären kommt es beim Üben von Bewegungen der einen Körperseite zu einem positiven Übertragungseffekt auf die andere.

Ein Ringer, der die Griffe nach rechts trainiert hat, vermag die meisten auch nach links – wenn auch nicht so gekonnt – auszuführen.

Für die Ausbildung der Fähigkeit, Bewegungsabläufe auf der anderen Körperseite auszuführen, ohne sie vorher geübt zu haben, spielt die Bewegungsvorstellung eine große Rolle.

Untersuchungsergebnisse von DRENKOW (1960) zeigten, dass beim Werfen die alleinige Schulung des Wurfarmes auch eine Verbesserung im ungeübten Arm bewirkt. Außerdem konnte nachgewiesen werden, dass durch beidseitiges Üben höhere Leistungen im Weitwerfen erreicht wurden als durch einseitiges Üben. Nach Untersuchungen (BOGDANOVA, 1962) ist im Alter von 7 Jahren die Bewegungsgenauigkeit des rechten und des linken Armes etwa gleich. Mit zunehmendem Alter wird die Bewegung des rechten Armes genauer als die des linken. Auch bei Anfängern in einer Sportart gibt es oft zunächst keine so genannte führende oder nicht führende Seite.

Man hat deshalb geschlussfolgert, dass die Herausbildung einer »guten« Seite tätigkeitsbedingt, das heißt das Ergebnis einer längeren Schulung nach einer Seite ist (vgl. hierzu auch SEIFERT, 1968; MEKOTA, 1984).

Das Seitigkeitsproblem ist jedoch nicht hinreichend erklärt, wie auch OBERBECK in seiner sehr instruktiven Monographie »Seitigkeitsphänomene und Seitigkeitstypologie im Sport« (1988) feststellen muss. Offenbar löst weder eine Zurückführung der verschiedenen Seitigkeitsphänomene auf genetische Ursachen noch die Annahme ihrer alleinigen Tätigkeitsbedingheit dieses Motorikproblem, und die Erkenntnisse zur funktionellen Seitigkeit des Großhirns und der einseitigen Lage des Sprachzentrums sind dabei auch nur bedingt hilfreich. Unabhängig von der Unklarheit über die phylo- und ontogenetische Entstehung der Seitigkeit kann jedoch zum motorischen Lernen festgestellt werden:

Die Berücksichtigung des **Prinzips der Beidseitigkeit** ist in Sportarten bedeutungsvoll, wo eine funktionelle Dominanz einer Körperseite vorherrscht, besonders wenn die Befähigung zur beidseitigen Ausführung teilweise aus taktischen Gründen erstrebenswert ist (Sportspiele, Zweikampfsportarten).

4.3.3. Motorisches Lernen als integrierender Bestandteil der sportlichen Leistungsentwicklung und körperlichen Vervollkommnung

In der bisherigen Darstellung des motorischen Lernens wurde bereits auf Wechselbeziehungen zur Entwicklung anderer, die sportliche Leistung und körperliche Vervollkommnung bestimmender Faktoren hingewiesen. Das motorische Lernen in unserer Darstellung bezog sich primär auf die Entwicklung des koordinativen Leistungsfaktors und abstrahiert zunächst von anderen Faktoren.

Dabei kann und darf jedoch nicht übersehen werden, dass in jedem sportlichen Übungs- und Trainingsprozess nicht *nur ein Leistungsfaktor beeinflusst* wird, und dass andererseits jede sportliche Leistung immer Ausdruck der Entwicklung eines ganzen Ensembles personaler Leistungsvoraussetzungen und damit der Gesamtpersönlichkeit des Sportlers ist. Dementsprechend ist jeder motorische Lern-

prozess mit der Entwicklung koordinativer und konditioneller Fähigkeiten, mit der Entwicklung intellektueller Fähigkeiten und mit der Entwicklung weiterer Persönlichkeitseigenschaften verbunden. Nur indem alle Faktoren im Komplex ausgebildet werden, wird eine optimale körperliche Vervollkommnung und hohe sportliche Leistungsfähigkeit, entsprechend dem Leitbild der allseitig entwickelten Persönlichkeit, erreicht.

Im Folgenden soll diese *Einordnung* des motorischen Lernens *in den Gesamtprozess der sportlichen Leistungsentwicklung und körperlichen Vervollkommnung* noch verdeutlicht werden.

Für den motorischen Lernprozess sind die Abhängigkeiten zwischen der Bewegungskoordination und der Entwicklung der motorischen Fähigkeiten (sowohl der konditionellen als auch der koordinativen) von Einfluss. Zur Verbesserung der Bewegungskoordination ist ein *bestimmter Entwicklungsstand der motorischen Fähigkeiten Voraussetzung.*

DIESSNER (1968) konnte nachweisen, dass die Ausbildung von motorischen Fertigkeiten um so schneller verläuft, je besser die motorischen Fähigkeiten entwickelt sind. Wird aber gleichzeitig mit der Schulung der motorischen Fähigkeiten nicht auch die Bewegungskoordination der spezifischen Handlungen, also die Fertigkeit verbessert, so kommt es zu Missverhältnissen im Lernprozess, die hemmend wirken. Aus der Sportpraxis sind viele Beispiele dafür bekannt, dass es zur Stagnation in der Leistungsentwicklung kommt, wenn dieses dialektische Wechselverhältnis nicht beachtet wird.

Andererseits ist eine *Verbesserung der motorischen Fähigkeiten nur möglich, wenn* die *Technik* einen *bestimmten Entwicklungsstand* erreicht hat. Erfahrene Trainer wissen, dass eine Mobilisierung aller physischen Potenzen ihrer Sportler bei körperlicher Betätigung nur dann erfolgt, wenn die Bewegungsabläufe einwandfrei beherrscht werden. (Vgl. auch Kap. 5)

Im Übungs- und Trainingsprozess kann je nach Absicht entweder die Fertigkeitsentwicklung oder die Schulung der motorischen Fähigkeiten im Vordergrund stehen. Wichtig ist, dass Sportlehrer und Trainer die Wechselbeziehungen kennen und sie bewusst ausnutzen.

Bei der Schulung der Technik im Hochsprung beispielsweise wird nicht nur die fertigkeitsbezogene Bewegungskoordination verbessert, sondern in der Lerntätigkeit des Sportlers entwickeln sich auch die Schnellkraftfähigkeit, motorische Steuerungsfähigkeit und Beweglichkeit mit.

Für die Ausbildung der motorischen Fähigkeiten sollten, soweit möglich, solche Körperübungen verwendet werden, die gleichzeitig eine weitere Ausprägung der angestrebten motorischen Fertigkeit ermöglichen. Das ist jedoch nur sinnvoll, wenn bereits eine gewisse Stabilität eingetreten ist; andernfalls besteht besonders beim Training der konditionellen Fähigkeiten die Gefahr, dass die Koordination negativ beeinflusst wird und Fehler verstärkt oder gar gefestigt werden.

Aus den Beziehungen zwischen der Entwicklung der Bewegungskoordination und der konditionellen Fähigkeiten ist ersichtlich, dass **das motorische Lernen aufs engste mit der Ausbildung der funktionellen Möglichkeiten aller Organe und Organsysteme verknüpft** ist. Es bilden sich neue regulative Beziehungen zwischen dem zentralen Nervensystem, den Organsystemen des Kreislaufes, der Atmung, dem Stoffwechsel und dem gesamten motorischen Apparat. Im Verlauf des Übens und Trainierens kommt es also zu Anpassungserscheinungen beim Sportler, die nicht nur das zentrale Nervensystem – an hervorragender Stelle die Großhirnrinde – als das steuernde und regelnde Zentrum umfassen, sondern den gesamten Organismus.

Mit diesem übergreifenden organismischen Zusammenhang steht auch die **Frage nach der effektiven Belastung** in motorischen Lernprozessen bzw. nach der für den Lernvorgang förderlichen oder hemmenden Beanspruchung in Verbindung. Auch diese Frage ist relativ komplex, gehen doch in die jeweilige individuelle Beanspruchung nicht nur die unterschiedliche Belastungswirkung auf die einzelnen Organsysteme in Abhängigkeit vom jeweiligen Ausbildungs- und Trainingszustand ein, sondern u.a. auch die Auswirkung von »Vorbelastungen«, die sowohl zu einer optimalen Aktivierung, aber auch zu einer den Lern-

prozess hemmenden Ermüdung führen können.[11]

Wenngleich in der Trainingspraxis und Trainingslehre mit durchaus erfolgreichen Belastungs-/Beanspruchungsmodellen gearbeitet wird und eine Reihe von Untersuchungen zu Teilproblemen vorliegen, gab es generell in der Bewegungs- und der Trainingswissenschaft ein Erkenntnisdefizit speziell zu Belastungs-/Beanspruchungsfragen in motorischen Lernprozessen (OLIVIER/DAUGS, 1991). Durch neuere Arbeiten vor allem von OLIVIER hat sich das in den letzten 10 Jahren wesentlich geändert. (Vgl. NEUMAIER 1997, S. 216 ff; OLIVIER 1996: OLIVIER/DILLINGER 2003)

Als wesentliche Orientierung lässt sich nunmehr aus dem derzeitigen Erkenntnisstand ableiten: Die in der Vergangenheit verbreitete Auffassung, dass im Lernprozess bis in die dritte Lernphase hinein die weniger koordinationsbezogenen Anforderungen, insbesondere die *energetische Beanspruchung, so gering wie möglich zu halten sind, kann so nicht mehr aufrechterhalten werden.*

Einmal konnte verschiedentlich nachgewiesen werden, dass das für effektives Lernen erforderliche zentralnervale Aktivierungsniveau auch eine bestimmte konditionell-energetische (Vor-)Belastung erfordert. Zum anderen gilt es zu beachten, dass die Bewegungsprogrammierung einschließlich der erwarteten Rückmeldungen und der Ausbildung der Regelmechanismen mit der Steuerung und Regelung der Energetik so eng verknüpft ist, dass eine Umstellung der Bewegung auf größeren Krafteinsatz und höhere Schnelligkeit mitunter einem koordinativen Umlernen gleichkommen kann.

In Abstimmung auf die Bewegungsaufgabe bzw. den Fertigkeitstyp ist deshalb eine dem Ausbildungsziel angepasste Belastungsdosierung, u.a. höhere energetische Beanspruchung, zumindest in der zweiten Lernphase sinnvoll, mitunter dringend erforderlich.

Eine weitere wichtige Wechselbeziehung besteht zwischen dem motorischen Lernen und den **intellektuellen Fähigkeiten.** Das wird besonders deutlich beim Erfassen komplizierter Bewegungsaufgaben, bei der bewussten Beobachtung, Selbstbeobachtung und Korrektur sowie bei der Anwendung erlernter Bewe-

---

11 Zu Fragen der Ermüdung bei koordinativer Belastung s. u. a. LEHNERTZ, 1986; LIBERRA/NÜSKE, 1987.

gungen. Deshalb sind die Anforderungen, die in dieser Richtung an Kinder verschiedener Altersstufen, an Jugendliche und an Erwachsene gestellt werden können, unterschiedlich. Auf die Rolle von Kenntnissen im motorischen Lernprozess wurde bereits an anderer Stelle hingewiesen (vgl. Abschnitt 4.1.5.).

Doch nicht nur mit der Entwicklung von Fähigkeiten, den Leistungseigenschaften der Persönlichkeit, steht das motorische Lernen in enger Wechselbeziehung. Im Prozess der körperlich-sportlichen Vervollkommnung und der Entwicklung der sportlichen Leistung ist die **Entwicklung aller Persönlichkeitseigenschaften** bedeutsam. Das kann gar nicht anders sein, wenn wir diesen Prozess als einen Aspekt der allseitigen Entwicklung der Persönlichkeit verstehen und unter dieser Zielstellung bewusst gestalten. So ist der Einfluss des *Temperamentes* und ebenso der *Charaktereigenschaften* (Verhaltenseigenschaften) auf den motorischen Lernprozess unverkennbar, zum Beispiel bei vorübergehender Stagnation des Lernfortschrittes und bei auftretenden Misserfolgen. Die große Bedeutung, die der Grundrichtung der Persönlichkeit, ihren Bedürfnissen, Interessen, Idealen und Einstellungen für den motorischen Lernprozess und die Leistungsentwicklung insgesamt zukommt, wurde bereits im Zusammenhang mit der Lernaktivität und Motivation (vgl. Abschnitt 4.1.4) ersichtlich. Wir unterstreichen damit noch einmal: Das motorische Lernen in den verschiedenen Bereichen des Sportes ist als **integrierender Bestandteil der körperlichen Vervollkommnung und sportlichen Leistungsentwicklung ein Aspekt der Persönlichkeitsentwicklung.** Seine bewusste Realisierung, seine pädagogische Führung kann sich somit nur als Einheit von Erziehung, sporttechnischer Ausbildung und der Ausbildung konditioneller, koordinativer und intellektueller Fähigkeiten vollziehen.

4.3.4. Zusammenfassung

• Motorisches Lernen im Sport hat einen überaus **komplexen Charakter** und darf niemals allein unter dem Aspekt der Entwicklung einer einzelnen Fertigkeit betrachtet werden.

• Jeder einzelne Lernprozess stellt die **Verknüpfung** einer Reihe von **Teilprozessen und Äußerungsformen** dar, die sich aus der Komplexität der Handlungsregulation und Bewegungskoordination ergeben.
• Der Lernprozess einer einzelnen Bewegungshandlung (Fertigkeit) ist von Beginn an mitbestimmt vom Niveau der motorischen und der intellektuellen Fähigkeiten, vom Entwicklungsstand weiterer Persönlichkeitseigenschaften und vom Bestand bereits vorhandener Fertigkeiten. Er steht in seinem Verlauf in mehr oder weniger enger **Wechselbeziehung** mit der Entwicklung dieser genannten **Fähigkeiten, Eigenschaften und Fertigkeiten**.
• Zwischen verschiedenen, sich nacheinander oder parallel entwickelnden Bewegungsfertigkeiten können **positive Übertragungseffekte (Transferenz**, positiver Transfer) oder auch **störende Einflüsse (Interferenz**, negativer Transfer) entstehen. Ein Spezialfall der Transferenz ist die Übertragung von einer Körperseite auf die andere.
• Motorisches Lernen ist im Sport **integrierender Bestandteil der sportlichen Leistungsentwicklung und körperlichen Vervollkommnung**; zugleich ist es damit, wie jegliches Lernen, ein Aspekt der allseitigen Persönlichkeitsentwicklung.

4.3.5. Folgerungen für die Lehr- und Übungspraxis

• Um motorische Lernprozesse im Sport durchdacht planen und effektiv steuern zu können, müssen **alle wesentlichen Teilaspekte des Lernverlaufs einbezogen** werden.
• Zentraler Aspekt ist der **Grad der Erfüllung der motorischen Aufgabenstellung** und die erzielte Leistung, denn jeder motorische Lernprozess muss in letzter Konsequenz auf die Erfüllung der jeweiligen sportlichen Handlungszielstellung ausgerichtet sein.
• Die **anderen Teilaspekte** und auch **einzelne Kriterien** der Erfüllung der Handlungszielstellung – etwa das *Bewegungstempo* oder die *Bewegungspräzision* – können **im Lernverlauf zeitweilig in den Vordergrund** rücken, müssen jedoch stets der Hauptzielstellung untergeordnet bleiben. Dabei besonders zu

beachten ist die *Bewegungsgüte*, wie sie in den allgemeinen Merkmalen eines gut koordinierten Bewegungsablaufs und in jeweiligen speziellen Technikmerkmalen oder -parametern zum Ausdruck kommt.

Kaum minder bedeutsam, jedoch schwieriger zu erfassen und zu kontrollieren sind die *Bewegungsprogrammierung* und die *Bewegungsvorstellung* sowie schließlich die Aufnahme von *Informationen und ihre Verarbeitung* zu Bewegungsempfindungen beziehungsweise -wahrnehmungen und die Güte der *Steuerung und Regelung*.

• Alle genannten Aspekte sind im Lernverlauf zum **Ansatzpunkt gezielter methodischer Maßnahmen** zu machen, wie in den voranstehenden Abschnitten wiederholt aufgezeigt wurde. Sie sind ferner ständig zu **kontrollieren**, um das Lernergebnis möglichst allseitig zu erfassen und Maßnahmen für die Weiterführung des Lernprozesses abzuleiten. Das muss einerseits durch eine gezielte Beobachtung des Lernenden durch Trainer, Übungsleiter oder Sportlehrer geschehen, bedarf aber andererseits auch des zeitweiligen Einsatzes einer objektiveren Kontrollmethodik.

• Aus der Verflechtung der Entwicklung verschiedener Fertigkeiten und den dabei entstehenden **Transfer-Effekten** ergibt sich: **Interferenz-Erscheinungen** sollten *weitgehend vermieden* werden.

– Die Aneignung von Bewegungsakten in der sportlichen Grundausbildung muss stets den neuesten Erkenntnisstand zur sportlichen Technik berücksichtigen, um ein *Umlernen* zu *vermeiden*.

– Eine neu erlernte Bewegungshandlung sollte in der Regel erst einen gewissen Grad der Stabilisierung erreicht haben, ehe mit dem Üben einer anderen, ähnlichen begonnen wird. Neuerworbene *Bewegungsfertigkeiten* sollten deshalb kontinuierlich *bis zu einem bestimmten Grad der Stabilisierung* geführt werden, damit sie sich zu klar differenzierten Bestandteilen des Systems aller gespeicherten Koordinationsverbindungen entwickeln und sich gegenseitig nicht oder nur positiv beeinflussen.

– Interferenzwirkungen kann und sollte in gewissem Maße vorgebeugt werden, indem das *bewusste Erfassen und Vergleichen* von Bewegungsstrukturen und -details *durch den Sportler* gefördert wird.

– Die methodische Reihung muss so erfolgen, dass zwischen nacheinander zu übenden Elementen keine negativen Wechselwirkungen auftreten können. Das bedeutet: *Übereinstimmung in wesentlichen Grundzügen der Koordination oder klare Unterscheidbarkeit*.

• **Transferenzbeziehungen** sollten bei der Gestaltung der sporttechnischen Ausbildung beziehungsweise der Bewegungsschulung *bewusst genutzt* werden, um den Ablauf der motorischen Lernprozesse zu intensivieren und zu verkürzen.

– Die Systematik im Ausbildungsprozess sollte auf allen Stufen *von einfachen fundamentalen Bewegungen* einer Strukturgruppe *zu den komplizierteren* fortschreiten.

– *Bewegungsformen*, die zur *Ausbildung konditioneller Fähigkeiten* Verwendung finden, sollten möglichst so ausgewählt werden, *dass* ein *positiver Transfer* hinsichtlich der jeweils im Lernprozess befindlichen Bewegungen möglich wird.

– Die *Bewegungsauswahl* und *Übungsreihung in einer Unterrichts- oder Trainingsstunde* sollte stets den Aspekt der Transferenz berücksichtigen. Eine Vielzahl von Vorübungen kann den Lernfortschritt verzögern; deshalb sollten nur *wenige Vorübungen* Anwendung finden, deren Transferenzwirkung infolge hoher Übereinstimmung in der Koordinationsstruktur relativ gesichert ist.

– Besonders im Schulsport, in der sportlichen Grundausbildung und im gesamten Nachwuchstraining sollte die *Ausbildung beider Körperseiten* angestrebt werden. Wenn auch in vielen Disziplinen die Wettkampftechnik nur in der Ausführung nach bzw. mit einer Körperseite bis zu höchster Beherrschung vervollkommnet wird (u. a. leichtathletischer Wurf und Sprung, Schraubendrehungen), so ist doch auch hier der positive Übertragungseffekt von der »schwächeren« Körperseite zu nutzen. Überdies wird eine harmonischere Gesamtausbildung erreicht.

• Die **Wechselbeziehungen der Fertigkeits- zur Fähigkeitsentwicklung** sowie **zur Entwick-**

lung weiterer Persönlichkeitseigenschaften machen folgendes erforderlich:

- *Erfassen des Ausgangsstandes* und der sich vollziehenden Entwicklung der für den jeweiligen Lernprozess relevanten motorischen und intellektuellen Fähigkeiten, Kenntnisse sowie weiterer personaler Eigenschaften;
- gezielte Maßnahmen zur *Ausbildung oder Vervollkommnung* der Fähigkeiten, Kenntnisse, Eigenschaften vor Übungsbeginn und *parallel zum Üben der zu erlernenden Bewegungshandlung*;
- eine auf das Ausbildungsziel bzw. den Fertigkeitstyp abgestimmte *konditionell-energetische Anforderung an die Bewegungsausführung*, die bereits in der zweiten Lernphase der Beanspruchung bei der beherrschten Zielübung (Zieltechnik) weitgehend nahe kommt.

• Die Einordnung des motorischen Lernens als integrierender Bestandteil der sportlichen Leistungsentwicklung und körperlichen Vervollkommnung und als ein Aspekt der Persönlichkeitsentwicklung fordert die Planung und Gestaltung der ganzen **sporttechnischen Ausbildung und Bewegungsschulung** immer nur **im Rahmen des einheitlichen Prozesses der Erziehung und Bildung** im sportlichen Training ebenso wie im Sportunterricht oder in anderen Formen. Aus der Tatsache, dass das Lernergebnis von allen Seiten der Persönlichkeitsentwicklung mehr oder weniger mitbestimmt wird, ergibt sich die Notwendigkeit, nicht nur direkt auf die Fertigkeitsentwicklung oder die motorischen Fähigkeiten einzuwirken, sondern weitere Seiten der Persönlichkeit ständig in die pädagogische Führung einzubeziehen.

Darüber hinaus ist die gesamte motorische Lerntätigkeit bewusst als Beitrag zur allseitigen Persönlichkeitsentwicklung zu sehen und dementsprechend zu gestalten.

4.3.6. Ausblick

Das hier in Weiterentwicklung dargestellte *Meinelsche Grundkonzept* entstand vor allem in *Verallgemeinerung langjähriger Erfahrungen und Beobachtungen, unter Einbeziehung biowissenschaftlicher und* *psychologischer Erkenntnisse, Forschungsergebnisse, Theorien* zur Erklärung der vorliegenden morphologischen Befunde. Zielrichtung war und ist die wissenschaftliche Fundierung und unmittelbare Unterstützung der sportpädagogischen Praxis. Die in der Motorik-Forschung der letzten Jahrzehnte entstandenen Theorien und Konzepte führten zu kontrovers geführten Problemdiskussionen, u. a. hinsichtlich des »motor-approach« – »action approach« und dem Informationsverarbeitungs- gegenüber dem Selbstorganisationskonzept. (Vgl. auch 2. 8.)

Derzeit ist demgegenüber eine zunehmende **Tendenz zu einer integrativen Sichtweise** und eine **verstärkte Zuwendung zu praxisnahen und angewandten Problemstellungen** festzustellen (vgl. DAUGS 1999; KRUG/ HARTMANN/SCHNABEL 2001) – einem Grundanliegen der Meinelschen Konzeption.

Die von uns gewählte integrative und Anwendung orientierte Darstellung des motorischen Lernens war und ist *weiterhin offen für Ergänzung und Vervollkommnung* unter Einbeziehung von Forschungsergebnissen und Erkenntnissen, die auf der Grundlage unterschiedlicher Theorien und Modelle entstanden sind.

Studienliteratur

DE MAREES, H.; BRACH, M.: Neurophysiologische Aspekte zum Bewegungslernen und zur Bewegungskontrolle. – In: NITSCH, J. u. a. (Hrsg.) Techniktraining. Beiträge zu einem interdisziplinären Ansatz. – Schorndorf, S. 88–108

FARFEL, W. S.: Bewegungssteuerung im Sport. – Berlin 1983 (besonders Kap. 2 bis 4)

PÖHLMANN, R.: Motorisches Lernen. Bewegungsregulation, Psychomotorik, Rehabilitation. – Reinbek 1994

SCHACK, T.: Kognition und Emotion. (Grundlagen des Lehrens und Lernens von Bewegungen). – In: MECHLING, H.; MUNZERT, J. (Hrsg.): Bewegungswissenschaft – Bewegungslehre. – Schorndorf 2003, S. 313–330

SINGER, R. N.: Motorisches Lernen und menschliche Leistung. – Bad Homburg 1985

5. Koordinative Fähigkeiten und Beweglichkeit

In den vorangegangenen Kapiteln wurde versucht, die Bedeutung der Bewegungskoordination für den aktuellen Bewegungsvollzug und ihre Äußerung in bestimmten charakteristischen Bewegungsmerkmalen herauszuarbeiten. Die Sportpraxis – sowohl im Sportunterricht, im außerunterrichtlichen Sport, im Breiten- und Gesundheits- als auch Leistungssport und selbst im Rehabilitations- und Behindertensport – stellt jedoch die Aufgabe, bei den Sporttreibenden solche *Eigenschaften* auszubilden, *die sie zu hohen koordinativen Leistungen befähigen.*

Der Frage nach diesen Eigenschaften, die auch als *Leistungseigenschaften* oder besser noch als *Fähigkeiten* bezeichnet werden, wird in diesem Kapitel nachgegangen.

5.1. Zum Begriff »koordinative Fähigkeiten«

Aus dem Kreis der Eigenschaften, die, jeweils im Komplex wirkend, die sportliche Leistung bestimmen, gilt es diejenigen herauszufinden, die sich primär auf die Prozesse der Bewegungssteuerung und -regelung beziehen und durch diese wesentlich bedingt sind. Es sind dies die **koordinativen Fähigkeiten**. Einem Vorschlag von GUNDLACH (1968) folgend, werden die motorischen (oder körperlichen) Fähigkeiten in konditionelle und koordinative gegliedert (Abb. 5.1.–1)[1].

Die konditionellen Fähigkeiten sind überwiegend durch energetische Prozesse, die koordinativen durch die Prozesse der Bewegungssteuerung und -regelung (durch informationelle Prozesse) bestimmt. Danach sind Kraft-, Ausdauer- und Schnelligkeitsfähigkeiten zu den konditionellen Fähigkeiten zu zählen, wobei bei letzterer die Zuordnung aufgrund höherer koordinativer Anteile weniger eindeutig ist.

Demgegenüber kannte man im Sport lange Zeit zumeist nur *eine* koordinative Fähigkeit, die **Gewandtheit**. Diese Fähigkeit wurde sehr komplex verstanden und zudem noch relativ allgemein und unscharf definiert.

Sprachlich leitet sich Gewandtheit von »wenden« her und bedeutete ursprünglich soviel wie Wendigkeit. Auch in »winden« – »überwinden« findet sich der gleiche Wortstamm. Unter Gewandtheit wurde allgemein die *Fähigkeit zur schnellen und zweckmäßigen Lösung motorischer Aufgaben* verstanden. Diese allgemeine Fähigkeit ist im Sport wesentlich für viele Sportarten, darüber hinaus bedeutsam auch für die Alltagsmotorik, und sie spielt auch für manche Arbeitsprozesse, die noch nicht mechanisiert oder gar automatisiert sind, eine Rolle.

So wird beispielsweise ein Turner oder Slalomläufer, der hohe Schwierigkeiten meistert, als gewandt bezeichnet. Ebenso besitzen offenbar ein Handballspieler, der variabel mit Hilfe von Finten, Sprung- und Fallwürfen zum Erfolg zu kommen versteht, ein Boxer, der einem gegnerischen Angriff rechtzeitig ausweicht, oder ein Ringer, der den gegnerischen Griffansatz pariert, ein bestimmtes Maß an Gewandtheit. Ferner zeigt sich auch bei einem Hindernislauf, wie gewandt ein Sportler ist, und wir sprechen auch von Gewandtheit bei einem Monteur, der sich auf einem Hochspannungsmast sicher bewegt, oder bei einem Seemann auf schwankendem Schiff.

Die Gewandtheit hat demnach sehr vielfältige Erscheinungsformen und hat nicht nur in der Sportmotorik Bedeutung.

Sie ist eine **sehr universelle Leistungseigenschaft**, die wesentlich mit den Zielen, Aufgaben und Methoden aller Bereiche von Bewegungskultur und Sport verbunden ist.

Der außerordentlichen Vielgestaltigkeit und

---

1 Diese beiden Fähigkeitsgruppen weisen keine eindeutigen, disjunktiven Unterscheidungen auf, sondern beinhalten eine idealtypische Differenzierung von dominanten Komponenten.

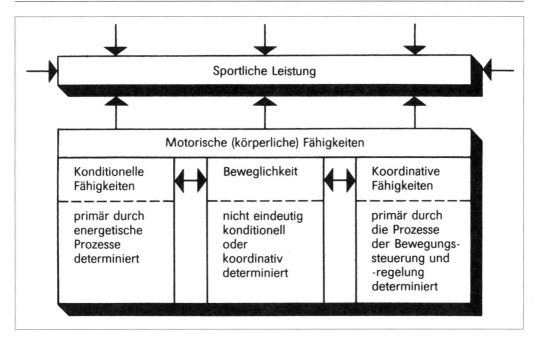

Abb. 5.1.–1 *Übersicht zu den die sportliche Leistung mitbestimmenden motorischen Fähigkeiten*

Unterschiedlichkeit motorischer Handlungen wird dieser universelle Begriff nicht mehr gerecht. Die sehr unterschiedlichen Anforderungen an die koordinative Befähigung des Menschen zur Aneignung, Vervollkommnung und Anwendung motorischer Handlungen in allen Lebensbereichen, besonders auch im Sport, fordern eine Unterscheidung mehrerer koordinativer Leistungsvoraussetzungen, das heißt koordinativer Fähigkeiten.

Was verstehen wir unter koordinativen Fähigkeiten? Ausgehend von Erkenntnissen der Psychologie zur Fähigkeitstheorie und zur Theorie der Handlungsregulation sowie unter Berücksichtigung koordinationstheoretischer Grundpositionen (vgl. Abschnitt 2.1.) kann folgende Begriffsbestimmung vorgenommen werden:

Definition koordinative Fähigkeiten:
Eine Klasse motorischer Fähigkeiten, die vorrangig durch die *Prozesse der Regulation* der Bewegungstätigkeit bedingt ist. Sie stellen weitestgehend *verfestigte und generalisierte Verlaufsqualitäten* dieser Prozesse dar und sind Leistungsvoraussetzungen zur Bewältigung dominant koordinativer Anforderungen (ZIMMERMANN, 1983; SCHNABEL/THIESS, 1993; HIRTZ, 1994 a).

Ausgehend von der Tatsache, dass sportliche Handlungen stets durch den GesamtProzess der Steuerung und Regelung bestimmt werden, sind auch die koordinativen Fähigkeiten als habituelle Verlaufsbesonderheiten dieses *gesamten* Prozesses zu kennzeichnen. Das heißt, die koordinativen Fähigkeiten werden durch die dem KoordinationsProzess zugrundeliegenden Teilfunktionen insgesamt (Informationsaufnahme und -aufbereitung, Programmierung und Antizipation, Sollwert-Istwert-Vergleich, efferente Impulsgebung) bestimmt (vgl. Abschnitte 2.3., 2.4., 2.5.). Deshalb ist eine Zuordnung koordinativer Fähigkeiten zu jeweils einer einzelnen dieser Teilfunktionen nicht zu befürworten.

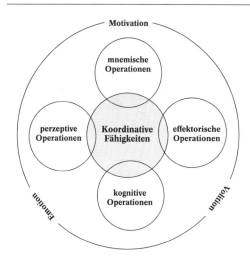

Abb. 5.1.–2 *Wesentliche Basiskomponenten koordinativer Fähigkeiten*

Auch die Nebenordnung von relativ elementaren psychischen Eigenschaften (z. B. perzeptive, kognitive und mnemische Fähigkeiten) und koordinativen Fähigkeiten ist problematisch, da die koordinativen Fähigkeiten als habituelle Verlaufsqualitäten des komplexen Prozesses der Bewegungssteuerung und -regelung diese relativ elementaren psychischen Komponenten einschließen (Abb. 5.1.–2). So beeinflussen zum Beispiel die Beobachtungsfähigkeit oder die Vorstellungsfähigkeit die Ausformung und Ausprägung koordinativer Fähigkeiten mit, machen ihr Wesen aber bei weitem nicht aus. Erst die Gesamtheit der dem komplexen Prozess der Bewegungssteuerung und -regelung zugrundeliegenden *Basiskomponenten* (z. B. elementare psychische Prozesse wie Wahrnehmungs-, Vorstellungs- und Denkprozesse sowie ihre habituellen Entsprechungen), ihr Ausprägungsgrad und ihr Zusammenwirken bestimmen weitestgehend den Bestand der koordinativen Fähigkeiten.

Die Steuer- und Regelprozesse der Bewegungstätigkeit verlaufen bei allen Menschen nach den gleichen Gesetzmäßigkeiten. Das bedeutet jedoch nicht, dass sie bei jedem Individuum mit gleicher *Geschwindigkeit, Exaktheit, Differenziertheit, Flexibilität* usw. ablaufen. Eben diese qualitativen Besonderheiten der Prozessverläufe, die **Verlaufsqualitäten, machen das Wesen der koordinativen Fähigkeiten aus**.

Das die koordinativen Fähigkeiten Bestimmende sind also nicht die an eine ganz konkrete Handlung gebundenen Regulationsprozesse an sich, sondern die qualitativen Besonderheiten des Verlaufs dieser Prozesse, die nicht nur für diese eine, sondern für mehrere verschiedene Handlungen typisch sind.

Die hohe Geschwindigkeit des Verlaufs der Regulationsprozesse als ein die Reaktionsfähigkeit kennzeichnendes Merkmal ist eine entscheidende Voraussetzung beispielsweise für gute Startzeiten im leichtathletischen Sprint, für die erfolgreiche Abwehr scharfer und plazierter Bälle durch den Torwart im Handball und Fußball oder auch für das erfolgreiche Abwehren und Kontern gegnerischer Attacken in den Kampfsportarten.

Wesensbestimmend für die koordinativen Fähigkeiten sind die **verallgemeinerten Verlaufsqualitäten**, die sich durch wiederholte Bewältigung koordinativ ähnlicher Anforderungen generieren. Das heißt die Verlaufsbesonderheiten, die von der jeweiligen Handlung und den ihr zugrundeliegenden Regulationsprozessen losgelöst und in verallgemeinerter Form verfestigt werden und damit auf weitere Handlungen übertragbar sind.

Koordinative Fähigkeiten stellen in enger Verflechtung mit anderen Eigenschaften Leistungsvoraussetzungen dar, *die im Grad der Schnelligkeit und Qualität der Erlernung, Vervollkommnung und Stabilisierung motorischer Fertigkeiten sowie ihrer situations- und bedingungsadäquaten Anwendung, aber auch in der Höhe des Ausnutzungsgrades, der Ökonomisierung konditioneller Potenzen zum Ausdruck kommen.*

Sie sind als Konstrukte zu verstehen, was ihre Vergegenständlichung bzw. Fassbarkeit einschränkt. Wie alle Fähigkeiten unterscheiden sie sich in ihrer **Gerichtetheit** (qualitativer Aspekt) und in ihrem **Niveau** (quantitativer Aspekt).

Koordinative Fähigkeiten sind komplex wirkende Leistungsvoraussetzungen. Das heißt, eine koordinative Fähigkeit ist niemals die einzige Voraussetzung für eine bestimmte Leistung, sondern das Beziehungsgefüge besteht stets aus mehreren koordinativen Fähigkeiten, die in enger Beziehung miteinander stehen und oft in Verbindung mit konditionellen, intellektuellen, musischen oder volitiven Fähigkeiten bzw. Eigenschaften fungieren.

5.2. Koordinative Fähigkeiten und Bewegungsfertigkeiten (sporttechnische Fertigkeiten)

Zwischen den **koordinativen Fähigkeiten** und den **Bewegungsfertigkeiten** existiert eine enge **Beziehung**. Ausgehend von der Charakteristik der Bewegungsfertigkeiten im Abschnitt 4.1.1., soll diese Beziehung nachfolgend gekennzeichnet werden. Koordinativen Fähigkeiten und Bewegungsfertigkeiten ist demnach eines *gemeinsam*: Sie sind koordinativ bedingte Leistungsvoraussetzungen. Beide werden durch die Prozesse der Bewegungssteuerung und -regelung bestimmt und sind am Erlernen und am regulativen Ablauf der Bewegung beteiligt. Sie entwickeln und verfestigen sich in der Tätigkeit, besonders der sportlichen Tätigkeit.

Der entscheidende *Unterschied* besteht **im Grad ihrer Allgemeinheit**. Während sich der Begriff Fertigkeit auf verfestigte, weitestgehend automatisierte, konkrete Bewegungshandlungen bzw. -teilhandlungen bezieht, stellen koordinative Fähigkeiten verfestigte, jedoch verallgemeinerte, das heißt für eine ganze Reihe von Bewegungshandlungen grundlegende Leistungsvoraussetzungen dar.

Sportliche Fertigkeiten sind spezifische, programmgebundene vollzugsorientierte Regulationspotenzen. Nach der Schematheorie von SCHMIDT (1975) sind sie auch als mehr oder weniger automatisierte Regulationsmuster, in denen die Invarianten der generalisierten motorischen Programme stabil ausgeprägt sind, zu verstehen. Koordinative Fähigkeiten als generalisierte, von den konkreten Programmen weitestgehend losgelöste und damit auf weitere Bewegungen übertragbare Regulationspotenzen, determinieren dagegen die bewegungsregulative Qualität des Vollzugs stets mehrerer Bewegungen bzw. von Bewegungsklassen« (HIRTZ, 1995; ROSTOCK/ZIMMERMANN, 1996).

Der jeweilige Entwicklungsstand der koordinativen Fähigkeiten ist mitbestimmend beim Erwerb von Bewegungsfertigkeiten. Vor allem hängt die Lernzeit stets vom individuellen Ausgangsniveau der koordinativen Fähigkeiten – zum Teil auch der konditionellen Fähigkeiten – ab.

In einem Trainingsexperiment im Gerätturnen wurde zwei Lernabschnitten ein koordinativer Schulungsabschnitt vorangestellt mit dem Ziel, auf die Niveauerhöhung der bei Breiten- und Längenachsendrehungen dominierenden koordinativen Fähigkeiten Einfluss zu nehmen. Im Ergebnis der Untersuchung wurde festgestellt, dass die Turner mit hohem Fähigkeitsniveau die besten Lernleistungen in den Lernabschnitten aufwiesen. Diese Ergebnisse konnten durch ein Experiment im Handball bestätigt werden. Die Versuchsgruppe, die nach 20 Stunden akzentuierter Schulung koordinativer Fähigkeiten eine statistisch gesicherte Erhöhung von 27 Prozent (gegenüber der Kontrollgruppe von 10 %) im Fähigkeitsniveau erreichte, konnte im technisch-taktischen Bereich im Wettkampf eine Leistungssteigerung von 33 Prozent nachweisen (vgl. ZIMMERMANN/NICKLISCH, 1981).

Auch im Schulsportbereich zeigen experimentelle Ergebnisse, dass bei neu zu erlernenden sportlichen Handlungen die Versuchsschüler (Klasse 4), die eine betonte koordinative Ausbildung absolvierten, nach einer definierten Lernzeit (festgelegte Anzahl der Übungswiederholungen) bessere Lernergebnisse als gleichaltrige und auch ältere Vergleichsschüler erzielten. Die enormen Steigerungsraten bei den ersten fünf Übungswiederholungen (z. B. beim Knie-Aufschwung 38 % gegenüber 9 % bei den Vergleichsschülern oder beim Wälzsprung 26 % gegenüber 7 %) verdeutlichen ebenfalls, dass die intensive und vielseitige koordinative Befähigung in starkem Maße zu einer Lernzeitverkürzung beiträgt (vgl. HIRZT/WELLNITZ, 1985).

Für eine Fertigkeit sind stets mehrere koordinative Fähigkeiten bedeutsam, wobei ihre Dominanz unterschiedlich ist. Im Prozess des Erlernens von Bewegungsfertigkeiten, besonders aber bei der Anwendung erlernter und stabilisierter Fertigkeiten wird auch eine Niveauerhöhung koordinativer Fähigkeiten erzielt. Das ist besonders von der Menge, der Art und der Schwierigkeit dieser Fertigkeiten abhängig. Eine besonders akzentuierte und zielgerichtete Herausbildung und Niveauerhöhung koordinativer Fähigkeiten bedarf jedoch weiterer differenzierter methodischer Maßnahmen, auf die noch eingegangen wird.

Diese enge *wechselseitige Beziehung* zwischen Bewegungsfertigkeiten und koordinativen Fähigkeiten hat ihre Grundlage in den Prozessen und Gesetzmäßigkeiten der Bewegungskoordination, deren Ausdruck und Widerspiegelung sie ist.

5.3. Ableitung und Charakteristik einzelner koordinativer Fähigkeiten

Das Bemühen, in das Wesen koordinativer Fähigkeiten tiefer einzudringen, führte zu verschiedenen Strukturierungs- und Differenzierungsansätzen. Die Versuche, auf *induktivem* und/oder *deduktivem Wege* verschiedene koordinative Fähigkeiten abzuleiten und zu bestimmen, sind zahlreich und vielfältig. Sie reichen von der Unterscheidung einiger weniger *komplexer koordinativer Fähigkeiten* (vgl. u. a. SCHNABEL, 1973a; LETZELTER, 1973; FILIPPOVIC, 1974; ROTH, 1982, 1993; ZIMMER, 1984; HIRTZ, 1994 a) bis zur Ableitung einer größeren Anzahl von *elementaren koordinativen Fähigkeiten* (vgl. u. a. FLEISHMAN, 1972; LÜTGEHARM, 1978; BLUME, 1978a; HIRTZ, 1979; LJACH, 1979, 1984; PÖHLMANN/KIRCHNER, 1979 a; ROTH, 1982; RIEDER, 1987; TEIPEL, 1988).

So bestimmen HIRTZ (1979) und Mitarbeiter durch eine gründliche Analyse der wachsenden gesellschaftlichen Anforderungen an die Bewegungstätigkeit, durch die Kennzeichnung leistungsbestimmender koordinativer Aspekte der Lehrplansportarten, durch die Berücksichtigung der zugrundeliegenden psychischen und neurophysiologischen Funktionspotenzen und durch faktoranalytische Berechnungen folgende *fünf fundamentale koordinative Fähigkeiten* für den Schulsport:
– kinästhetische Differenzierungsfähigkeit
– räumliche Orientierungsfähigkeit
– Gleichgewichtsfähigkeit
– komplexe Reaktionsfähigkeit
– Rhythmusfähigkeit.
Gleichzeitig wird darauf verwiesen, dass auch andere koordinative Fähigkeiten als die genannten fünf durchaus existent sind. Als Fähigkeiten, die auf ihre Fundamentalität hin durch weitere wissenschaftliche Arbeiten zu prüfen sind, werden unter anderem die Kopplungsfähigkeit, Kombinationsfähigkeit und motorische Ausdrucksfähigkeit angeführt (vgl. auch HIRTZ, 1985).

PÖHLMANN/KIRCHNER (1979 a) versuchen, ausgehend von der Theorie der Handlungsstruktur und der Handlungsregulation, ein in der Sportpraxis brauchbares Fähigkeitssystem zu erarbeiten. Innerhalb dieses Systems ordnen sie die koordinativen Fähigkeiten im »psychomotorischen Fähigkeitskomplex« ein und unterscheiden *Elementarfähigkeiten* (im Sinne psychophysischer Funktionspotenzen) und *sportart-*

spezifische Fähigkeiten wie motorische Reaktions-, Steuerungs-, Koordinations-, rhythmische Umsetzungs-, Kombinations- und motorische Ausdrucksfähigkeit. Als *koordinative Fähigkeiten höherer Ebene* werden die motorische Anpassungs- und Lernfähigkeit sowie die motorische Transferabilität gekennzeichnet.

ROTH (1982) erarbeitet auf der Grundlage eines Teiles der bisher vorliegenden induktiv und deduktiv gewonnenen Erkenntnisse und eigener empirischer Untersuchungsergebnisse ein hierarchisches System koordinativer Fähigkeiten. Auf der höchsten Ebene des Strukturmodells wird zwischen einer »*Fähigkeit zur Koordination unter Zeitdruck*« und einer »*Fähigkeit zur genauen Kontrolle von Bewegungen*« unterschieden. Die nächst niedrigere Ebene umfasst:
– die Fähigkeit zur schnellen motorischen Steuerung
– die Fähigkeit zur schnellen motorischen Anpassung und Umstellung
– die Fähigkeit zur präzisen motorischen Steuerung
– die Fähigkeit zur präzisen motorischen Anpassung und Umstellung.
Bezugnehmend auf diese Fähigkeiten werden auf den hierarchisch noch tiefer liegenden Ebenen weitere elementare Fähigkeiten beziehungsweise Fähigkeitsaspekte abgeleitet.

LJACH (1983, 1984, 1997) kennzeichnet, ausgehend von einer Analyse der psychophysiologischen Mechanismen der Bewegungsregulation, das Wesen der koordinativen Fähigkeiten durch folgende Eigenschaften:
– Korrektheit (Adäquatheit und Genauigkeit der Bewegung),
– Schnelligkeit (Rechtzeitigkeit und Geschwindigkeit),
– Rationalität (Zweckmäßigkeit und Bewegungsökonomie) und
– Findigkeit (Initiative und Stabilität).
Gleichzeitig werden zwei Grundklassen der koordinativen Fähigkeiten, die *körperbezogene* und die *gerätebezogene Gewandtheit* herausgearbeitet, die ihrerseits jeweils acht homogene Gruppen der *koordinativen Sonderfähigkeiten* beinhalten. Neben dieser vertikalen Abstufung der Fähigkeiten werden des weiteren horizontal systematisierte *spezifische koordinative Fähigkeiten* unterschieden. Dazu gehören:
– die Fähigkeiten, Raum-, Zeit- und Kraftparameter genau zu differenzieren,
– die Fähigkeiten, das eigene Gleichgewicht und den Rhythmus zu halten,
– die Fähigkeiten, schnell zu reagieren, sich zurechtzufinden, die motorische Tätigkeit schnell umzugestalten und in Übereinstimmung zu bringen,
– die Fähigkeiten, Muskeln volitiv zu entspannen, und Vestibularstabilität zu erreichen.

Ableitung und Charakteristik einzelner koordinativer Fähigkeiten

ZIMMER (1984) stellt auf der Grundlage eigener empirischer Untersuchungsergebnisse und unter Berücksichtigung weiterer wesentlicher Theoriepositionen (vgl. BERNSTEIN, 1975) ein Strukturmodell koordinativer Fähigkeiten auf. Dieses Modell beinhaltet auf einer übergeordneten *Klassifizierungsebene zwei komplexe koordinative Fähigkeiten* (Repräsentanten der Klassenbildung relativ elementarer Fähigkeiten):

– die Fähigkeit zur Stabilisierung der Bewegungskoordination bei Ablaufkonstanz und
– die Fähigkeit zur Stabilisierung der Bewegungskoordination bei Ablaufvariation.

Auf einer untergeordneten Ebene werden die den zwei komplexen Fähigkeiten zu Grunde liegenden *elementareren koordinativen Fähigkeiten* eingeordnet. Im einzelnen sind das die Kopplungs-, Rhythmisierungs-, Orientierungs-, Reaktions-, Gleichgewichts-, Umstellungs- und Differenzierungsfähigkeit. Die Autorin verweist darauf, dass die Koordination konstanter Bewegungstätigkeiten (Ablaufkonstanz) – im Gegensatz zur Koordination zu variierender Bewegungstätigkeiten (Ablaufvariation) – eine schnell absinkende Bewusstseinsrepräsentanz einschließt. Während bei ersterer die sensomotorische Regulationsebene die führende Rolle in der Handlungsregulation übernimmt, ist bei der Bewegungskoordination bei Ablaufvariation die perzeptiv-begriffliche und intellektuelle Regulationsebene führend.

TEIPEL (1988) unterscheidet *zwischen koordinativen Fähigkeiten für fein- und grobmotorische Handlungen*, wobei als Kriterien für Fein- bzw. Grobmotorik primär Muskelanteile, Bewegungsweite sowie Kraftanteile zugrunde gelegt werden. Für diese Fähigkeitsunterteilung spricht, dass in empirischen Untersuchungen zwischen feinmotorischen koordinativen Tests (Steadiness, Tapping, Aiming, Liniennachfahren, Umstecken, Pursuit Rotor) und deren grobmotorischen Entsprechungen im Sinne von Paralleltests (weitestgehende Stukturadäquatheit zwischen fein- und grobmotorischen Testaufgaben) nur geringe bis mittelhohe Korrelationen nachzuweisen waren.

HIRTZ (1994 a) kommt unter Verwendung der Erkenntnisse aus Theorie und Praxis sowie der konsequenten Verknüpfung der deduktiv-prozessorientierten (Beachtung der zugrundeliegenden neurophysiologischen Korrelate und psychophysischen Funktionsmechanismen) und der induktiv-empirischen (Ableitung vom sportmotorischen Verhalten und den Anforderungsprofilen der Sportarten) Vorgehensweise zu folgender grundlegender *Dreiteilung koordinativer Leistungsdispositionen bzw. Kompetenzen*:

– Fähigkeit zur präzisen Bewegungsregulation (Fähigkeit zur präzisen Steuerung und Regelung von bekannten, genauen, »geführten«, kontinuierlichen Bewegungshandlungen mit ausreichender und fortlaufender Rückkopplung);
– Fähigkeit zur Koordination unter Zeitdruck (Fähigkeit zur Steuerung und Regelung bekannter kurzzeitiger, genauer, schneller Bewegungshandlungen);
– Fähigkeit zur situationsadäquaten motorischen Umstellung und Anpassung (Fähigkeit zur Steuerung und Regelung »unbekannter«, variabler schneller und genauer Bewegungshandlungen).

Einige empirisch gewonnene elementarere koordinative Fähigkeiten lassen sich diesen drei Basisbereichen direkt zuordnen (z. B. Differenzierungs-, Reaktions- oder Umstellungsfähigkeit). Andere bleiben dagegen von dieser hierarchischen Ordnung relativ »unberührt«.

NEUMAIER/MECHLING (1995) unterbreiten einen Strukturierungsansatz, der vor allem ein zielgerichteteres Training der koordinativen Leistungsvoraussetzungen in den Sportarten/Disziplinen ermöglichen soll. Im Gegensatz zu den bisher genannten Modellen beinhaltet dieser keine koordinativen Fähigkeiten, sondern stellt ein *sportartübergreifendes Strukturmodell und* zugleich *Analyseraster zu koordinativen Anforderungen* von Bewegungsaufgaben (sowohl für Wettkampftechniken als auch Trainingsübungen) dar. Die dabei zugrundeliegenden, koordinativ ausgerichteten Anforderungskategorien – Art der Informationsquellen/Analysatoren, Genauigkeitsanforderungen/Präzisionsdruck, verfügbare Bewegungszeit/Zeitdruck, Bewegungskomplexität und -organisation/Komplexitätsdruck, Umweltanforderungen, Belastung/Beanspruchung – ermöglichen eine Bestimmung sportart- bzw. disziplinspezifischer koordinativer Anforderungsprofile, die ihrerseits u. a. als Basis für ein spezifischeres, differenzierteres Koordinationstraining dienen können.

Die vorliegenden Ansätze zeigen – genauso wie die stärker sportart- bzw. disziplinspezifisch ausgerichteten Strukturierungsversuche (vgl. HIRTZ, 1994 a) –, dass **gegenwärtig nicht von einem einheitlichen, allgemeingültigen, wissenschaftlich abgesicherten Strukturkonzept** der koordinativen Fähigkeiten ausgegangen werden kann. Dafür sind die vorhandenen Erkenntnisse bzw. theoretischen Grundlagen noch zu lückenhaft und unvollkommen. In den bisher erarbeiteten Konzepten zu den koordinativen Fähigkeiten überwiegt der *hypothetische* Anteil.

Hemmend auf die Strukturierungs- bzw. Differenzierungsversuche wirkt sich vor allem aus, dass die koordinativen Fähigkeiten *Konstruktcharakter* besitzen und damit nur bedingt vergegenständlichbar und schwer fassbar sind. Dieser Umstand der einerseits die Notwendigkeit von Modellen zu Einzelfähigkeiten unterstreicht, beeinträchtigt aber andererseits vor allem deren Erstellung und Überprüfung. Aufgrund des erreichten Bearbeitungs- und Erkenntnisstandes ist es vor allem für die Sportpraxis nach wie vor erforderlich, auf bislang bewährte, praktisch sofort anwendbare, umsetzbare Strukturansätze zurückzugreifen. Ein diesbezüglich nutzbares Arbeitskonzept ist das durch Leipziger Koordinationsforscher im Bereich der Allgemeinen Theorie und Methodik des Trainings erstellte Arbeitsmodell (vgl. auch BLUME, 1978a). Dieses *umfasst* folgende *sieben koordinative Fähigkeiten*:

- Differenzierungsfähigkeit
- Kopplungsfähigkeit
- Reaktionsfähigkeit
- Orientierungsfähigkeit
- Gleichgewichtsfähigkeit
- Umstellungsfähigkeit
- Rhythmisierungsfähigkeit.

Die im Konzept enthaltenen koordinativen Fähigkeiten wurden aus der Vielzahl empirischer Erkenntnisse, einzelner experimenteller Befunde und vordergründig der Anforderungscharakteristik der sportlichen Tätigkeit, wie sie sich in den Sportarten und -disziplinen widerspiegelt, abgeleitet und beschrieben.

Solche wesentlichen *Anforderungsmerkmale*, durch die die Bewegungssteuerung sportlicher Tätigkeiten gekennzeichnet werden kann, sind folgende:

- Zur Bewältigung bestimmter Handlungsziele ist eine mehr oder weniger große Anzahl von Teilkörperbewegungen, Einzelbewegungen oder Bewegungsphasen miteinander zweckentsprechend zu koordinieren.
- Der gesamte Körper verändert ständig mehr oder weniger umfangreich und vielgestaltig seine Position zu der ihn umgebenden Umwelt.
- Die Gesamt- und Teilbewegungen müssen oft mit einer hohen Präzision ausgeführt werden, um das Handlungsziel optimal zu erreichen.
- Sehr häufig gilt es, auf bestimmte Signale zu reagieren, das heißt zum rechten Zeitpunkt eine zweckmäßige motorische Aktion auszuführen.
- In einer Reihe von Sportarten ist ein Anpassen an oder Umstellen auf plötzlich auftretende Situationsveränderungen notwendig.

- Der sich bewegende Körper ist entweder im Gleichgewicht zu halten oder nach großräumigen und zum Teil auch sehr schnellen Lageveränderungen in den Gleichgewichtszustand zurückzuführen.
- Eine Besonderheit der Bewegungssteuerung in den Sportarten liegt in der Abstimmung der Bewegung auf einen bestimmten Rhythmus, der akustisch, musikalisch oder auch visuell von außen vorgegeben ist oder der in der eigenen Vorstellung existiert.

Empirische Überprüfungen ergaben, dass dieses weitgehend auf induktivem Wege entstandene Modell mit relativ hoher Wahrscheinlichkeit die fundamentalen koordinativen Leistungsvoraussetzungen, die für die erfolgreiche Ausübung der sportlichen Tätigkeit bedeutsam sind, erfasst. Die Tatsache, dass das Konzept in wesentlichen Positionen durch die umfangreichen Untersuchungen von HIRTZ und Mitarbeitern gestützt wird, unterstreicht seine Tragfähigkeit.

Aus der Sicht der Sportarten hat es sich als *nützliche und praktikable Orientierung* bewährt. Vor allem folgende Aspekte sprechen für den Ansatz:

1. Das Konzept wurde aus der Anforderungscharakteristik der sportlichen Tätigkeit abgeleitet und hat somit auch Gültigkeit für mehr oder weniger alle Sportarten.
2. Den im Konzept enthaltenen koordinativen Fähigkeiten können relativ gut Trainingsmittel und Diagnosemethoden zugeordnet werden, weil der Inhalt der einzelnen Fähigkeiten anschaulich, klar und allgemeingültig bestimmt wird.

Es wird deutlich, dass dieses Modell eine brauchbare Grundlage für die Arbeit in der Sportpraxis und darüber hinaus auch für weitere wissenschaftliche Untersuchungen darstellt.

Im Folgenden werden die einzelnen koordinativen Fähigkeiten, die dieses Konzept beinhaltet, in ihrer *allgemeinen Ausprägung, das heißt in ihrer für die sportliche Tätigkeit allgemeinen Gerichtetheit*, näher charakterisiert.

5.3.1. Differenzierungsfähigkeit

Unter Differenzierungsfähigkeit verstehen wir die **Fähigkeit zum Erreichen einer hohen Feinabstimmung einzelner Bewegungspha-**

sen und Teilkörperbewegungen, die in großer Bewegungsgenauigkeit und Bewegungsökonomie zum Ausdruck kommt.

Sie beruht auf der bewussten, präzisen Wahrnehmung der Kraft-, Zeit- und Raumparameter des aktuellen Bewegungsvollzuges und dem Vergleich mit dem auf verschiedenen Regulationsebenen kodierten Handlungsprogramm (inneres Modell des Bewegungsablaufes). Ihr Ausprägungsgrad wird von der Bewegungserfahrung und dem Beherrschungsgrad der jeweiligen motorischen Handlung mitbestimmt, weil erst sie die Wahrnehmung feinster Unterschiede des Bewegungsvollzuges im Vergleich zum angestrebten Ideal oder zu vorangegangenen Bewegungsvollzügen ermöglichen.

Die Differenzierungsfähigkeit erlangt deshalb besondere Bedeutung in den Phasen der Vervollkommnung und Stabilisierung sportlicher Bewegungen sowie ihrer Anwendung im Wettkampf. Spezifische Aspekte dieser Fähigkeit zur Feinabstimmung der Bewegungen werden oft mit Begriffen wie »*Bewegungsgefühl*«, »*Ballgefühl*«, »*Wassergefühl*«, »*Schneegefühl*«, »*Tempogefühl*« beschrieben. Auch die *Geschicklichkeit*, die sich in feinmotorischen Bewegungen der Hände, Füße oder des Kopfes äußert, kann als eine Seite der Differenzierungsfähigkeit verstanden werden. Ebenso ist die *Muskelentspannungsfähigkeit* ein Aspekt der Differenzierungsfähigkeit, bezogen auf die bewusste Feinsteuerung der Muskelaktivität.

Die Differenzierungsfähigkeit ist vielgestaltig wie die Gesamtheit der sportlichen Handlungen und letztlich darüber hinaus wie die motorischen Tätigkeiten des Menschen. Sie muss als wesentliche Voraussetzung für sportliche Höchstleistungen, insbesondere die sporttechnische Meisterschaft angesehen werden.

Eine *Klassifizierung* der Ausdrucksformen der Differenzierungsfähigkeit nahm KIRCHEIS (1977, S. 65 f.) nach vier Ordnungskriterien vor:

1. *Art der Bewegungsausführung* entsprechend spezieller Zielstellungen sportlicher Handlungen
   – genaues Wiederholen, Beibehalten beziehungsweise Nuancieren der Bewegungen
   – Entspannung bestimmter Muskelgruppen, gelöste, ökonomische Bewegungsausführung (Muskelentspannungsfähigkeit)

   – Regulation der Bewegungsgeschwindigkeit bei zyklischen Bewegungen (Tempogefühl).

2. *Art der Bewegungsparameter*, über die vornehmlich die Feinsteuerung erfolgt
   – räumliche Parameter
   – zeitliche Parameter
   – Kraftparameter.

3. Hauptsächlich *agierende Körperteile*
   – Hand, Finger, Fuß, Kopf (Geschicklichkeit)
   – große Körperteile wie Rumpf, Arme, Beine.

4. *Art der Umweltbedingungen*, mit denen sich der Sportler auseinanderzusetzen hat
   – Medien wie Luft, Wasser, Schnee, Eis, Bodenbeschaffenheit
   – Gegner/Partner
   – Geräte (starre, sich bewegende bzw. federnde).

Es wird deutlich, dass viele Aspekte der Differenzierungsfähigkeit zu unterscheiden sind und ihre Herausbildung beim Sportler vornehmlich spezifisch erfolgen sollte. Während zum Beispiel ein Fußballspieler vorwiegend Differenzierungsvermögen bei der Ballbehandlung mit Fuß oder Kopf benötigt, bedarf der Hand- oder Volleyballspieler mehr der Differenzierungsleistung der oberen Extremitäten. Die Bedeutung dieser Fähigkeit für einzelne Sportarten ist annähernd gleich groß; denn hohe Leistungen verlangen in jedem Falle hohe Bewegungspräzision in der technischen Ausführung der Wettkampfübung.

In vielen Untersuchungen konnten deshalb auch stets höhere Leistungen bei Trainierenden im Vergleich zu Nichttrainierenden festgestellt werden.

NAZAROV ermittelt einen Wert für die Muskelentspannungsfähigkeit bei Sportlern von 88 Prozent und bei Nichtsportlern von 48 Prozent (vgl. FARFEL, 1983, S. 22 f.). HIRTZ (1979, S. 176 f.) stellt hinsichtlich der kinästhetischen Differenzierungsfähigkeit signifikant bessere Leistung bei außerunterrichtlich Sport treibenden Kindern fest, was auch die Untersuchungen von KIRCHEIS (1977) bestätigen.

Als **Maß** für die Differenzierungsfähigkeit kann die Genauigkeit der Ausführung einzelner Bewegungsphasen, Teilkörperbewegungen sowie der Gesamtbewegung bezüglich räumlicher, zeitlicher und dynamischer Parameter – bei unterschiedlichen Ausführungsbedingungen (z. B. unterschiedliche Geräte, verschiedene Entfernungen) – gelten.

Aufgabenstellungen, die ein hohes Maß an

Differenzierungsfähigkeit erfordern, sind unter anderem Nuancieren und Reproduzieren von vorgegebenen Winkeln, Bewegungsamplituden oder Krafteinsätzen, Zielwerfen (mit verschiedenen Bällen), Zielsprünge, Durchlaufen einer Strecke in einer bestimmten Zeit.

Der Sportler sollte bei Differenzierungsleistungen über das erreichte Ergebnis genau informiert werden, da erst der Vergleich der subjektiv »erfühlten« Bewegung mit dem tatsächlich erzielten Ergebnis dem Sportler gestattet, die folgende Bewegung differenziert zu regulieren (KIRCHEIS, 1977; JUNG, 1983).

Die Differenzierungsfähigkeit steht in engem Bezug zur Kopplungs- und Orientierungsfähigkeit und trägt Voraussetzungscharakter für die Gleichgewichts- und Rhythmisierungsfähigkeit.

5.3.2. Kopplungsfähigkeit

Unter Kopplungsfähigkeit verstehen wir die **Fähigkeit, Teilkörperbewegungen** (beispielsweise Teilbewegungen der Extremitäten, des Rumpfes und des Kopfes) **untereinander und in Beziehung zu der** auf ein bestimmtes Handlungsziel gerichteten **Gesamtkörperbewegung räumlich, zeitlich und dynamisch zweckmäßig aufeinander abzustimmen.**

Sie ist eine wesentliche Voraussetzung für alle sportlichen Bewegungshandlungen und dominiert bei schwierigen Koordinationsaufgaben, wie diese zum Beispiel in den Sportarten Gymnastik, Gerätturnen und allen Sportspielen auftreten.

Oftmals handelt es sich dabei um die Lösung von Manipulationsaufgaben, bei denen Bälle, Reifen, Stäbe oder andere Kleingeräte gehandhabt werden müssen.

Die sukzessive und simultane Ausführung von Armschwüngen, Armkreisen ohne und mit Gerät während Geh-, Lauf- oder Sprungbewegungen in der Gymnastik erfordert ein hohes Maß an Kopplungsfähigkeit, um die gymnastischen Elemente schnell zu erlernen und künstlerisch ausdrucksvoll darzubieten. Fast alle Elemente des Gerätturnens enthalten die ständige technisch zweckmäßige Veränderung der Arm-Rumpf-Winkel und Bein-Rumpf-Winkel und damit ein hohes Fähigkeitsniveau hinsichtlich der Kopplung von Gliedmaßen- und Rumpfbewegungen. In den Sportspielen sind es besonders die variations-

reichen Techniken der Handhabung des Spielgerätes als Fang-, Wurf-, Schlag- oder Schussbewegungen und im Schwimmen die verschiedenartige Verbindung von Arm-, Bein- und Rumpfbewegungen, die hohe Anforderungen an die Fähigkeit zur Kopplung der Teilkörperbewegungen stellen.

Die Vielgestaltigkeit von Teilbewegungen und die damit einhergehenden Kopplungsmöglichkeiten zeigen sich beispielsweise in Bezug auf die Extremitäten, wo das Spektrum von relativ einfachen (Symmetriekoordination) bis hin zu schwierigen, komplizierten Bewegungsformen und -verbindungen (Überkreuzkoordination), die teilweise einen längeren Lernprozess erfordern, reicht.

NAZAROV kommt auf der Grundlage von Untersuchungen zu einer Klassifikation der Armbewegungen nach ihrer Koordinationsschwierigkeit:
– symmetrische Bewegungen
– Überkreuzbewegungen
– Folgebewegungen
– Bewegungen beider Arme in verschiedenen Ebenen
– asynchrone Bewegungen (Bewegungen beider Arme in verschiedenem Rhythmus) (vgl. FARFEL, 1983, S. 28).

Als **Maß** für die Kopplungsfähigkeit können die Schnelligkeit und Vollkommenheit (Exaktheit) der Aneignung von Bewegungshandlungen, die hohe Anforderungen bezüglich des zweckentsprechenden Zusammenspiels gleichzeitig oder nacheinander ablaufender Teilkörperbewegungen beinhalten, sowie die Zeit, die zu ihrer zweckmäßigen Anpassung an veränderte äußere Bedingungen benötigt wird, genutzt werden. Auch die Koordinationsschwierigkeit an sich kann als Kriterium zur Niveaubestimmung gelten. Voraussetzung dafür ist, dass nach steigendem Schwierigkeitsgrad zusammengestellte Bewegungsaufgaben zur Verfügung stehen.

Orientierungs-, Differenzierungs- und Rhythmisierungsfähigkeit stehen in engem Bezug zur Kopplungsfähigkeit.

5.3.3. Reaktionsfähigkeit

Unter Reaktionsfähigkeit verstehen wir die **Fähigkeit zur schnellen Einleitung und Ausführung zweckmäßiger motorischer Aktionen auf mehr oder weniger komplizierte Signale.**

Ableitung und Charakteristik einzelner koordinativer Fähigkeiten

Dabei kommt es darauf an, zum zweckmäßigsten Zeitpunkt und mit einer aufgabenadäquaten Geschwindigkeit zu reagieren, wobei meistens das maximal schnelle Reagieren das Optimum ist.

Die Signale können sehr verschiedenartig und die Bedingungen, unter denen sie auftreten, sehr unterschiedlich sein. Ebenso vielgestaltig sind die möglichen motorischen Reaktionen (VILKNER, 1977).

Signale können auf akustischem, optischem, taktilem oder kinästhetischem Weg übertragen werden.

Läufer, Schwimmer, Kanuten zum Beispiel haben auf das Startkommando, Spieler auf den Pfiff des Schiedsrichters und Kampfsportler auf das Kommando des Ring- oder Mattenrichters zu reagieren. Als optische Signale treten meist die Bewegungen von Mitspielern, Gegnern oder des Spielgerätes in den Sportspielen in Erscheinung. Ebenso enthalten die Bewegungen des Gegners in den Zweikampfsportarten als optische Signale entscheidende Informationen für die Einleitung entsprechender Zweikampfaktionen. Aber auch in Staffelwettbewerben erfolgen die Wechsel auf der Grundlage der visuellen Wahrnehmung, und im Skispringen ist der zeitlich richtige Absprung an die präzise Beobachtung der Schanzentischkante als wichtigem optischem Signal für den Springer gebunden. Auf taktile und kinästhetische Reize (u. a. durch Zug/Druck) muss besonders im Judo und teilweise auch im Ringen reagiert werden.

In der Regel ist auf Signale zu reagieren, die von sich bewegenden Objekten ausgehen. Dabei kann es sich um ein einzelnes Signal handeln, wie zum Beispiel beim Wurftaubenschießen oder Strafstoß im Fußballspiel. Häufig muss besonders in den Sportspielen und Zweikampfsportarten aus einer Fülle von Signalen ein bestimmtes ausgewählt werden, das für die zweckmäßigen Bewegungshandlungen die entscheidende Information trägt.

So ist es besonders für den Torwart wichtig, aus der Vielzahl der Aktionen der Angriffs- und Deckungsspieler die Aktion zu erkennen, mit der direkt das beabsichtigte Tor erzielt werden soll. Die Schnelligkeit, Genauigkeit und Vollständigkeit der von ihm wahrzunehmenden Informationen aus der Spielsituation sowie die Richtigkeit der daraus antizipierten Folgehandlungen sind die entscheidende Grundlage für seine eigene erfolgreiche Abwehrhandlung. Ist zum Beispiel einem Torwart die Sicht verdeckt, so kann dies auf Grund unvollständiger oder ungenauer

Informationsaufnahme zu Fehlreaktionen oder Reaktionsunfähigkeit führen.

Aber auch die auf diese Signale erfolgenden *Reaktionen* können sehr unterschiedlich sein. Es kann sich um eine ganz bestimmte, vorher bekannte Aktion handeln, wie dies zum Beispiel bei Starts oder beim Skisprung der Fall ist. In den Sportspielen und Zweikampfsportarten dagegen ist aus einer mehr oder weniger großen Anzahl von möglichen Antworthandlungen die dem Signal am ehesten entsprechende, das heißt die zweckmäßigste, Erfolg versprechendste Reaktion auszuwählen und einzuleiten. Für diese *Wahlreaktion* ist oft nicht nur ein bestimmtes Signal, sondern sind mehrere Signale und ihre Konstellation zu beachten. Die Sportspiele bieten dafür die meisten Beispiele.

Grundlegend für richtige Wahlreaktionen sind neben der Signalidentifikation vor allem die erfahrungsbedingte rechtzeitige Reduzierung der Wahlmöglichkeiten, eventuell bis zur Alternativreaktion, und der Beherrschungsgrad der in Frage kommenden Reaktionsmöglichkeiten. Wenn auch im Allgemeinen ein maximal schnelles Reagieren zum gewünschten Erfolg führt, so ist nicht selten ein absichtliches Verzögern der Bewegungshandlung zweckmäßig. Beispiele sind beim verzögerten Torwurf oder Torschuss sowie auch bei Abgaben zu beobachten.

Die Reaktionsfähigkeit ist also eine sehr umfassende und tätigkeitsbedingt differenziert zu betrachtende Fähigkeit des Menschen. Sie besitzt auch *große Bedeutung für die Alltags- und Arbeitsmotorik*, wenn man zum Beispiel an das Verhalten im Straßenverkehr oder die Bedienung von Maschinen und Anlagen denkt. Sie beruht auf der richtigen Wahrnehmung von Informationen aus der Umwelt, der Geschwindigkeit und Genauigkeit der Verarbeitung der aufgenommenen Reize, der richtigen Entscheidung über die zweckmäßigste motorische Aktion sowie ihrer Ausführung zum richtigen Zeitpunkt und im situationsadäquaten Tempo. In enger Verbindung steht sie mit der Umstellungsfähigkeit, der Bewegungsschnelligkeit und anderen psychischen, besonders intellektuellen Fähigkeiten.

Als **Maß** für die Reaktionsfähigkeit können

die Schnelligkeit und Bedingungs- beziehungsweise Situationsadäquatheit des Reagierens auf ein Signal gewertet werden.

Zur Erfassung der Reaktionsfähigkeit sollten vorwiegend ganzkörperliche, kurzzeitige Bewegungsreaktionen (z.B. Lauf- und Sprungbewegungen oder auch Bewegungskombinationen) zur Anwendung kommen.

Für die Signalgebung kommen vor allem optische Signale (z.B. sich bewegende Objekte) und akustische Signale (z.B. ein Pfiff) in Betracht. In bestimmten Fällen (z.B. Zweikampfsportarten) sollten auch taktil und kinästhetisch zu erfassende Signale eingesetzt werden.

5.3.4. Orientierungsfähigkeit

Unter Orientierungsfähigkeit verstehen wir die **Fähigkeit zur Bestimmung und zieladäquaten Veränderung der Lage und Bewegung des Körpers in Raum und Zeit bezogen auf ein definiertes Aktionsfeld** (z.B. Spielfeld, Boxring, Turngeräte) **und/oder ein sich bewegendes Objekt** (z.B. Ball, Gegner, Partner). Grundlage bildet die Aufnahme und Verarbeitung vorwiegend optischer, aber auch statico-dynamischer und kinästhetischer Informationen. Die Wahrnehmung der Lage und Bewegung und die motorische Aktion zur Lageveränderung des Körpers sind dabei als Einheit zu betrachten, als die Fähigkeit zur raum-zeit-orientierten Bewegungssteuerung. Wesentlich ist, dass der Akzent auf der Veränderung der Lage und Bewegung des Körpers als Ganzes im Raum, nicht auf den räumlichen Veränderungen seiner Teile zueinander liegt. Die Anforderungen, die an diese Fähigkeit in den einzelnen Sportarten gestellt werden, sind sehr unterschiedlich.

In den Spielsportarten muss der Sportler seine Position und Positionsveränderungen in einem mehr oder weniger großen Handlungsraum (Spielfeld) mit teilweise sehr vielen Orientierungspunkten (Gegner, Mitspieler, Spielgerät) realisieren. Dabei haben seine Positionsveränderungen die sich ständig verändernden Spielsituationen zu berücksichtigen. Enge Beziehungen zeigen sich hier zum so genannten »Timing«, dem rechtzeitigen, zeitlich präzise regulierten Handeln als Ausdruck einer richtigen optisch-motorischen Berechnung von Bewegungsaktionen (Treffen des Balls im höchsten Punkt bei Kopfball oder Volley-

ball-Schmetterschlag; optimal abgestimmte Startals auch Zuspielzeitpunkte bei Doppelpässen u.ä.) (MASCHKE/RIEDER, 1995).

In den Zweikampfsportarten liegen ähnliche Verhältnisse vor, jedoch sind die Lageveränderungen bei weitem nicht so vielgestaltig wie in den Spielsportarten. In den technisch-kompositorischen Sportarten, besonders im Gerätturnen, sind die Lageveränderungen vergleichsweise kleinräumiger und oft an feststehende Geräte gebunden. Der besondere Akzent der Orientierungsfähigkeit liegt dabei in den meist sehr schnellen Lageveränderungen, die besonders durch Drehungen des Körpers um Breiten-, Längen- und Tiefenachse erfolgen. Die Stellung und Bewegung des Kopfes ist dabei von entscheidendem Einfluss für die Orientierung, weil der optische und der vestibulare Analysator wesentliche Informationen für die Bewegungssteuerung liefern.

Relativ enge Beziehungen bestehen zur Differenzierungsfähigkeit, da sich die raumorientierte Steuerung beispielsweise in aufgabengerechten, wohldosierten Krafteinsätzen und räumlich präziser Ausführung von Teilkörperbewegungen dokumentiert. Letzteres machen Untersuchungen von BIRJUTSCHKOW deutlich, der die Genauigkeit des Einnehmens vorgegebener Gelenkwinkel bei aufrechter Körperstellung der Probanden und bei Stellung mit dem Kopf nach unten überprüfte (vgl. FARFEL, 1983, S. 99). Aber auch mit den übrigen koordinativen Fähigkeiten steht die Orientierungsfähigkeit in enger Verbindung. Das ergibt sich aus der Rolle visueller und vestibularer Informationen für die erfolgreiche Ausführung motorischer Handlungen.

Als **Maß** für die Orientierungsfähigkeit können die Schnelligkeit, Richtigkeit, Genauigkeit des Orientierens (z.B. Zeitmessung auf einer definierten Teststrecke) in Verbindung mit dem Erreichen einer bestimmten Genauigkeit bei der Ausführung der Bewegungsaufgabe angegeben werden.

Zur Erfassung der Orientierungsfähigkeit sollten vorwiegend Bewegungshandlungen ausgewählt werden, die durch die Informationsaufnahme und -verarbeitung optisch-räumlicher Signale gekennzeichnet sind und die die raum-zeit-orientierte Steuerung des ganzkörperlichen Bewegungsvollzuges entsprechend der Wahrnehmung eigener und fremder Bewegungsabläufe beinhalten.

5.3.5. Gleichgewichtsfähigkeit

Unter Gleichgewichtsfähigkeit verstehen wir die **Fähigkeit, den gesamten Körper im Gleichgewichtszustand zu halten oder während und nach umfangreichen Körperverlagerungen diesen Zustand beizubehalten beziehungsweise wiederherzustellen.**

Es sind *zwei Seiten* dieser Fähigkeit zu unterscheiden: einerseits die Fähigkeit, das Gleichgewicht in relativer Ruhestellung oder bei sehr langsamen Bewegungen des Körpers zu erhalten *(statisches Gleichgewicht)*, andererseits die Fähigkeit, das Gleichgewicht bei umfangreichen und oft schnellen Lageveränderungen des Körpers (translatorischen und/oder rotatorischen) zu erhalten und wiederherzustellen (dynamisches Gleichgewicht) (KOCJASZ, 1967; SCHNABEL, 1973; ISSEL, 1975; FETZ, 1990; TEIPEL, 1995; HIRTZ/HOTZ/LUDWIG 2000). Die physiologischen Vorgänge, die diesen beiden Seiten der Gleichgewichtsfähigkeit zu Grunde liegen, unterscheiden sich deutlich.

Der Gleichgewichtserhalt in relativer Ruhestellung beruht vornehmlich auf der Verarbeitung von Informationen des kinästhetischen und taktilen, zum Teil des statico-dynamischen und des optischen Analysators.

Bei großräumigeren Lageveränderungen und besonders Drehungen des Körpers besitzen die vestibularen Informationen die dominierende Bedeutung. Grundlage sind die durch den Bogengangapparat registrierten Reize, die durch Winkelbeschleunigungen hervorgerufen werden (FARFEL, 1960; LINKE, 1976; MESTER, 1988; SCHERER, 1996; HIRTZ/HOTZ/LUDWIG 2000).

Die Gleichgewichtsfähigkeit besitzt grundlegende *Bedeutung* für alle sportlichen Bewegungshandlungen. In jedem Falle ist die **statische Gleichgewichtsfähigkeit**, das Lageempfinden, eine wesentliche Grundlage für alle motorischen Aktionen, unabhängig ob sie in aufrechter Haltung (Stehen, Gehen, Laufen oder sitzend im Boot), in liegender Haltung, wie zum Beispiel im Schwimmen und Schlittensport, oder in Haltungen mit dem Kopf nach unten (Gerätturnen) ausgeführt werden.

Diese Seite der Gleichgewichtsfähigkeit entwickelt sich teilweise im kindlichen Spiel und in der Alltags-

motorik hinsichtlich des Gleichgewichtserhalts bei aufrechter Körperhaltung. Dass dies jedoch allgemein nicht ausreicht, wenn sportliche Übungen mit spezifischen Anforderungen auszuführen sind, zeigen deutlich die Anfangsschwierigkeiten beim Erlernen des Radfahrens, Ski- und Schlittschuhlaufens oder des Fahrens in einem Sportboot.

Die **dynamische Gleichgewichtsfähigkeit**, beruhend auf dem Beschleunigungsempfinden, bekommt in Sportarten besondere Bedeutung, in denen der Sportler größere und oft schnelle Lageveränderungen ausführen muss.

Sehr deutlich wird dies im Gerätturnen bei Sprüngen, Überschlägen, Auf- und Umschwüngen, im Eiskunstlauf, Wasserspringen oder Skispringen. Das zeigen die oft klar erkennbaren Schwierigkeiten, nach Abgängen vom Gerät sicher zu stehen oder nach Sprüngen auf dem Eis oder von der Schanze sicher zu landen.

Untersuchungen haben wiederholt ergeben, dass Beziehungen zwischen der Gleichgewichtsfähigkeit und der sportlichen Leistung bestehen (LOPUCHIN/KOPANEV, 1967; BONDAREW, 1969; ROSSBERG/TALSKIJ, 1970; WALKSTEIN, 1971; BIRJUK, 1971; FARFEL, 1983; MESTER, 1988; TEIPEL, 1995).

Aus der grundlegenden Bedeutung des Lage- und Beschleunigungsempfindens für motorische Handlungen – einige Autoren sprechen von notwendigen Basisinformationen – ergeben sich die engen Beziehungen zwischen der Gleichgewichtsfähigkeit und den anderen koordinativen Fähigkeiten.

Wenn auch die Ausführungen auf die für sportliche Bewegungen dominante personenbezogene Komponente der Gleichgewichtsfähigkeit (Gleichgewichtserhalt des eigenen Körpers) gerichtet wurden, soll nicht übersehen werden, dass darüber hinaus gleichfalls ein stärker objektbezogener Aspekt der Gleichgewichtsfähigkeit (Objektgleichgewicht) existent ist, der sich beispielsweise beim Balancieren von Gegenständen (Balancieren des Stabes auf der Hand oder des Balles auf dem Fuß bzw. Kopf) manifestiert (FETZ, 1990).

Als **Maß** für die Gleichgewichtsfähigkeit sind die Dauer der Aufrechterhaltung eines Gleichgewichtszustandes beziehungsweise das Tempo und die Qualität der Wiederherstellung des Gleichgewichts anzugeben.

Bei der Erfassung der Gleichgewichtsfähigkeit sollten die Möglichkeiten, die für das Erreichen erschwerter Gleichgewichtsbedingungen gegeben sind (z. B. sehr schmale, erhöhte, schräge und/oder frei bewegliche Unterstützungsfläche oder zusätzliche Reizung des Vestibularapparates), voll genutzt werden.

5.3.6. Umstellungsfähigkeit

Unter Umstellungsfähigkeit verstehen wir die **Fähigkeit, während des Handlungsvollzuges auf der Grundlage wahrgenommener oder vorauszusehender Situationsveränderungen** (*u. a. durch Gegner, Mitspieler, Ball, äußere Einflüsse*) **das Handlungsprogramm den neuen Gegebenheiten anzupassen und motorisch umzusetzen oder es durch ein situationsadäquateres zu ersetzen und damit die Handlung auf völlig andere Weise fortzusetzen.**

Die zur Anpassung oder Umstellung des Handlungsvollzuges zwingenden Situationsveränderungen können mehr oder weniger erwartet oder plötzlich und völlig unerwartet auftreten. Dabei erfordern geringfügige Situationsveränderungen, wie zum Beispiel Geländewechsel im Cross-Lauf, Skilauf oder Radsport, meist ein zweckmäßiges Anpassen des Bewegungsvollzuges durch Veränderung der räumlichen, zeitlichen und kraftmäßigen Parameter der Bewegungsstruktur unter Beibehaltung des geplanten oder bereits ablaufenden Handlungsprogramms. Umfangreichere, erhebliche Situationsveränderungen können dagegen zum Abbrechen des Bewegungsvollzuges und zum Fortsetzen mit einer völlig anderen Handlung führen.

Das tritt häufig in den Spiel- und Zweikampfsportarten auf, wenn eine begonnene Angriffshandlung durch den Gegner derartig gestört wird, dass sie nicht erfolgreich fortgesetzt werden kann.

Die Fähigkeit des Umstellens beruht besonders auf der Schnelligkeit und Genauigkeit der Wahrnehmung der Situationsveränderungen und ist von der Antizipationsfähigkeit abhängig, wobei Bewegungs- und Wettkampferfahrungen eine wesentliche Rolle spielen. Je reichhaltiger letztere sind, um so mehr Möglichkeiten des Umstellens stehen dem Sport-

ler zur Verfügung, und es kommt nur darauf an, eine dem neuen Handlungsziel entsprechende auszuwählen und zweckmäßig zu verwirklichen.

Die Umstellungsfähigkeit tritt besonders in enger Verbindung mit der Orientierungs- und Reaktionsfähigkeit in Erscheinung. Über ihre strukturellen Beziehungen und ihre Entwicklung gibt es bisher nur wenig wissenschaftlich gesicherte Erkenntnisse. Man kann aber davon ausgehen, dass sie vor allem im Komplex der so genannten *Spielfähigkeit* eine zentrale Stellung einnimmt.

Als **Maß** für die Umstellungsfähigkeit können die Richtigkeit des Anpassens beziehungsweise Umstellens der sportlichen Handlungen infolge sich plötzlich verändernder Situationen oder Bedingungen sowie die dafür benötigte Zeit gelten. Erstrebenswert – wenngleich nicht einfach – ist es, dass dabei die Anpassungsbeziehungsweise Umstellungsaufgabe unter weitestgehend standardisierten Situationsbeziehungsweise Bedingungsveränderungen gelöst wird, da erst dadurch aussagekräftige und vergleichbare Ergebnisse gewonnen werden können.

5.3.7. Rhythmisierungsfähigkeit

Unter Rhythmisierungsfähigkeit verstehen wir die **Fähigkeit, einen von außen vorgegebenen Rhythmus[2] zu erfassen und motorisch zu reproduzieren sowie den »verinnerlichten«, in der eigenen Vorstellung existierenden Rhythmus einer Bewegung in der eigenen Bewegungstätigkeit zu realisieren.**

Bezüglich des erstgenannten Aspektes handelt es sich vorwiegend um die Wahrnehmung von akustischen (oft musikalischen) sowie visuell (z. B. Bewegungsvorbild) vorgegebenen Rhythmen, die in Bewegungshandlungen umgesetzt werden.

Beispiele hierfür bieten die Rhythmische Sportgymnastik, das Eiskunstlaufen, Bodenturnen, Synchronschwimmen oder auch das Rudern im Mannschaftsboot.

---

2 Vgl. dazu auch Abschnitt 2.2.2.

Ableitung und Charakteristik einzelner koordinativer Fähigkeiten   219

Rhythmusanpassungen können aber ebenso von außen durch Geräte (Hürdenlauf), Gelände (Skilauf) oder Gegner (Zweikampfsport) mehr oder weniger erzwungen werden. Wenn auch die akustischen und visuellen Informationen in diesen Fällen dominieren, sollten die taktilen und kinästhetischen Anteile – wie u. a. im Paarlaufen, Ringen oder Judo deutlich wird – nicht unterschätzt werden.

Der zweite Aspekt der Rhythmisierungsfähigkeit verweist darauf, dass bei vielen sportlichen Bewegungen weniger ein von außen vorgegebener, sondern ein intern »*selbstorganisierter*« Rhythmus für den Bewegungsvollzug relevant ist. Das heißt, hier erlangt ein »verinnerlichtes« Leitbild als Bewegungsvorstellung große Bedeutung für das Erlernen und perfekte Ausführen eines Bewegungsablaufes in seiner zweckmäßigen zeitlich-dynamischen Gliederung. Dabei besitzen die kinästhetischen Informationen besonderen Stellenwert für das Erfassen des »Rhythmus-Leitbildes«. Selbst wenn nicht immer konforme Auffassungen zur Kennzeichnung dieser Fähigkeit bestehen, so wird doch stetig auf ihre grundlegende Bedeutung für motorisches und besonders sportliches Handeln hingewiesen (HOLTZ, 1979; Rieder, 1987). Hervorgehoben wird die Einheit von Erfassung eines Bewegungsrhythmus auf der Grundlage rhythmischen Empfindens und Wahrnehmens und seiner Reproduktion. TEICHERT (1964) spricht in diesem Zusammenhang von rhythmischer Ansprechbarkeit und motorischer Darstellungsfähigkeit.

Ohne Zweifel ist in der Rhythmisierungsfähigkeit eine koordinative Leistungsvoraussetzung zu sehen, die für alle Sportarten bedeutsam ist. Nicht nur in Sportarten oder Disziplinen, in denen sportliche Übungen in Übereinstimmung mit musikalischer Begleitung ästhetisch ausdrucksvoll dargeboten werden müssen, sondern beim Erlernen jeder sportlichen Bewegung fördert ein hohes Niveau dieser Fähigkeit die motorischen Lernprozesse. So ist sie eine wichtige Voraussetzung für die erfolgreiche Anwendung der **»rhythmisierenden Lehrweise«**. Die akustische Unterstützung durch den Trainer oder Sportlehrer, die dem Lernenden das Erfassen der zeitlichen Ordnung der entscheidenden Krafteinsätze erleichtern soll, ist umso wirkungsvoller, je besser der Sportler diese Informationen verarbeiten, das heißt einen Rhythmus aufnehmen und umsetzen kann.

Den Ausprägungsgrad der Rhythmisierungsfähigkeit beim Sportler erkennt man ebenfalls am Vermögen, sich dem Bewegungsrhythmus anderer Sportler anzupassen, sich einem **Gruppenrhythmus** unter- beziehungsweise sich in ihn einordnen zu können.

Das ist im Übrigen auch ein wichtiger Gesichtspunkt bei der Zusammensetzung von Bootsmannschaften, Mannschaften in der Gruppengymnastik oder im Synchron- bzw. Formationsskifahren.

Genauso basiert das bewusste Durchbrechen eines gegnerischen Rhythmus im Sportspiel oder in Zweikampfsportarten sowie jeder taktisch bedingte Rhythmuswechsel unter anderem auf der Rhythmisierungsfähigkeit.

Aus der grundlegenden Bedeutung dieser Fähigkeit ergibt sich auch ihre enge Beziehung zu den anderen koordinativen Fähigkeiten, besonders zur Differenzierungs-, Orientierungs- und Kopplungsfähigkeit, und darüber hinaus zu konditionellen, intellektuellen sowie musischen Fähigkeiten.

Als **Maß** für die Rhythmisierungsfähigkeit kann das richtige Erfassen und Darstellen (Reproduzieren) vorgegebener beziehungsweise in der Bewegung enthaltener Rhythmen gekennzeichnet werden.

Die Erfassung erfolgt dabei hauptsächlich über den Vergleich des vorgegebenen beziehungsweise des in der Bewegung existierenden »Leitbildrhythmus« mit dem Rhythmus der aktuell ausgeführten Bewegung.

Bei neuzuerlernenden rhythmisch anspruchsvollen Bewegungsabläufen können darüber hinaus die Schnelligkeit und Genauigkeit der Aneignung des Bewegungsvollzuges als Bewertungskriterien herangezogen werden.

5.4. Allgemeine und spezifische Ausprägung

In den Abschnitten 5.3.1. und 5.3.7. wurden sieben koordinative Fähigkeiten im Sinne einer allgemeinen Inhaltsbestimmung beschrieben. Dabei wurde vornehmlich der Bezug zur sportlichen Tätigkeit gesehen. Aus der universellen Bedeutung der Motorik für die Gesamtheit menschlicher Tätigkeiten ergibt sich zwangsläufig auch der **allgemeine Charakter koordinativer Fähigkeiten** als Voraussetzung für die erfolgreiche Ausführung motorischer Handlungen (vgl. Kapitel 1). So können die vorgenommenen Inhaltsbestimmungen als *zutreffend für alle Arten menschlicher Tätigkeiten* angesehen werden. Der individuelle Ausprägungsgrad ist von Einfluss auf den so mannigfaltigen Bereich der Arbeitsmotorik, die Bewältigung der motorischen Aufgaben im täglichen Leben wie auch in der Freizeitgestaltung und im Sport. Ein gutes koordinatives Fähigkeitsniveau hilft wesentlich bei der sicheren, genauen und reaktionsschnellen Bedienung von modernen Maschinen und Anlagen in Industrie bzw. Verkehr. Es dient ebenso dazu, die reichen Möglichkeiten der für den Reproduktionsprozess notwendigen Freizeitgestaltung zu nutzen und die Potenzen von Bewegungskultur und Sport immer mehr auszuschöpfen. Das Genannte verdeutlicht, dass eine hohe koordinative Befähigung eine wesentliche Voraussetzung für die allgemeine Lebensbefähigung des Menschen darstellt (HIRTZ, 1985).

Der Leistungssport erfordert zur Erreichung höchster sportlicher Leistungen einen oftmals langen Trainingsprozess, in dem höchste Anforderungen an sporttechnische Fertigkeiten und damit an koordinative Leistungsbefähigung gestellt werden. Deshalb bestimmt besonders im Anfängertraining der Ausprägungsgrad der koordinativen Fähigkeiten wesentlich die Herausbildung allgemeiner und sportartspezifischer Fertigkeiten. Je spezifischer die Anforderungen werden, um so bedeutsamer werden auch die **spezifischen Aspekte der koordinativen Fähigkeiten**, die als Leistungsvoraussetzungen besonders wesentlich sind.

Das heißt, einerseits sind die einzelnen koordinativen Fähigkeiten für die Leistungsentwicklung in bestimmten Sportarten von unterschiedlicher Gewichtigkeit, andererseits sind spezifische Seiten der allgemeingültig beschriebenen Fähigkeiten von besonderer Relevanz.

So benötigt beispielsweise jeder gesunde Mensch ein bestimmtes allgemeines Niveau der Gleichgewichtsfähigkeit, Reaktionsfähigkeit oder Orientierungsfähigkeit, um die im täglichen Leben, in der Arbeit oder Freizeit zu bewältigenden Tätigkeiten erfolgreich ausüben zu können. Um jedoch sportliche Leistungen im Rudern, Kanu oder Gerätturnen zu erreichen, bedarf es der Ausbildung spezifischer Aspekte der Gleichgewichtsfähigkeit. Ebenso stellen Zweikampfsportarten sportartspezifische Anforderungen an die Reaktionsfähigkeit, und die spezifischen Aspekte der Orientierungsfähigkeit eines Wasserspringers oder Fußballspielers unterscheiden sich wesentlich.

So kann gesagt werden, dass *die koordinativen Fähigkeiten in ihrer allgemeinen Ausprägung als Voraussetzungen für alle Bereiche der motorischen Tätigkeit des Menschen* und damit auch für alle Sportarten anzusehen sind. Die speziellen Anforderungen an die Bewegungskoordination in bestimmten Tätigkeitsbereichen und auch Sportarten oder Disziplinen erfordern die Herausbildung spezifischer Seiten oder Aspekte der jeweils relevanten Fähigkeiten.

5.5. Strukturelle Beziehungen zwischen den Fähigkeiten

Eine menschliche Fähigkeit ist niemals allein leistungsbestimmend, sie wirkt niemals allein und ohne Beziehungen zu anderen Leistungsvoraussetzungen. Dieser wesentlichen Aussage entspricht auch die Tatsache, dass jede konkrete sportliche *Tätigkeit von mehreren,* untereinander in besonderer Weise *strukturell verbundenen koordinativen Fähigkeiten beeinflusst* wird. Im Abschnitt 5.3. wurde bereits auf besonders enge Beziehungen zwischen einigen koordinativen Fähigkeiten hingewiesen.

Die Erfahrung zeigt immer wieder, dass im

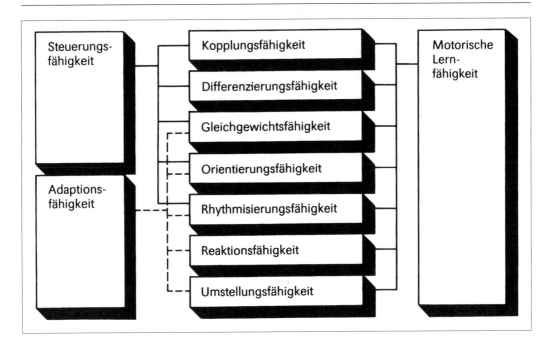

Abb. 5.5.-1 *Strukturelles Gefüge der koordinativen Fähigkeiten*

motorischen Lernen individuell deutliche Unterschiede auftreten, die nicht nur auf unterschiedliche volitive, motivationale, kognitive oder konditionelle Voraussetzungen zurückzuführen sind. Ein wenig aufmerksames und durchaus nicht strebsames und fleißiges »Bewegungstalent« lernt manchmal schneller als ein konzentriert und zielstrebig Übender. Es muss deshalb angenommen werden, dass die Ursache für eine mehr oder weniger gut ausgeprägte Lernbefähigung in unterschiedlichen koordinativen Leistungsvoraussetzungen liegt. Das heißt, die Fähigkeit zum motorischen Lernen wird in hohem, aber differenziertem Maße von den koordinativen Fähigkeiten bestimmt. Wir bezeichnen deshalb dieses komplexe Gefüge der koordinativen Fähigkeiten, das sehr unterschiedlich strukturiert sein kann, als motorische Lernfähigkeit (vgl. HIRTZ, 1979).

Die **motorische Lernfähigkeit** ist als ein *Fähigkeitskomplex zu verstehen, in dem alle sieben beschriebenen koordinativen Fähigkeiten in bestimmter struktureller Beziehung zueinander stehen.*

HERZBERG (1972) kennzeichnet die motorische Lernfähigkeit als eine notwendige Bedingung für die Aneignung verschiedenartiger Bewegungsabläufe in unterschiedlichen Sportarten und weist darauf hin, dass man neben dieser allgemeinen Bestimmung spezielle Seiten dieses Komplexes unterscheiden muss.

So ergeben sich aus den sportartspezifischen beziehungsweise sportartgruppenspezifischen Besonderheiten auch unterschiedliche Binnenstrukturen der motorischen Lernfähigkeit als einer komplexen koordinativen Voraussetzung für das Aneignen der jeweiligen Klasse von Bewegungsfertigkeiten. Die Bedeutung, die die einzelnen koordinativen Fähigkeiten für eine Sportart besitzen, bestimmt auch ihre Gewichtigkeit und das Beziehungsgefüge innerhalb des Komplexes.

So ist es einleuchtend, dass die motorische Lernfähigkeit eines Handballspielers wesentlich von der Orientierungs-, Reaktions- und Umstellungsfähigkeit bestimmt wird, während für eine Gerätturnerin die Kopplungsfähigkeit, Rhythmisierungsfähigkeit und Gleichgewichtsfähigkeit in diesem Fähigkeitskomplex dominieren.

Neben der motorischen Lernfähigkeit sind zwei weitere relativ komplexe, primär koordinativ bedingte Fähigkeiten zu unterscheiden:

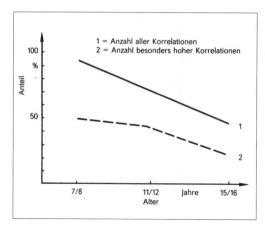

Abb. 5.5.–2 *Anzahl der Korrelationen zwischen motorischen Testleistungen (nach FILIPPOVIČ/ TUREVSKIJ)*

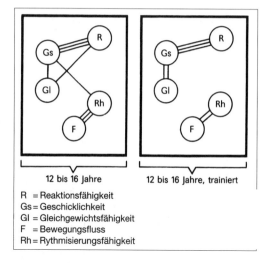

R = Reaktionsfähigkeit
Gs = Geschicklichkeit
Gl = Gleichgewichtsfähigkeit
F = Bewegungsfluss
Rh = Rythmisierungsfähigkeit

Abb. 5.5.–3 *Grad des Zusammenhanges koordinativer Fähigkeiten (nach HIRTZ)*

die **Steuerungsfähigkeit** und die **Adaptationsfähigkeit**.
Bei einem Teil der Sportarten überwiegen standardisierte Bedingungen, und es kommt darauf an, die Bewegungsabläufe mit hoher Präzision und Konstanz auszuführen *(geschlossene Anforderungsprofile)*, das heißt, es dominiert der Steuerungsaspekt. Das sind vor allem technische Sportarten, technische Disziplinen der Leichtathletik, Kraft-, Schnellkraft- sowie Ausdauersportarten. Für sie ist der Komplex der Steuerungsfähigkeit der bestimmende. Andere Sportarten sind besonders durch ständig wechselnde Situationen und damit wenig standardisierte Bedingungen gekennzeichnet *(offene Anforderungsprofile)*, wodurch der Sportler laufend zur Anpassung oder Umstellung seiner Bewegungshandlungen gezwungen wird. Das ist hauptsächlich in den Spiel- und Zweikampfsportarten typisch. Der für sie wesentliche koordinative Fähigkeitskomplex ist der Komplex der Adaptationsfähigkeit.
Im Komplex der Steuerungsfähigkeit dominieren die Kopplungs- und Differenzierungsfähigkeit, im Komplex der Adaptationsfähigkeit dagegen die Umstellungs- und Reaktionsfähigkeit. Die Gleichgewichts-, Orientierungs- und Rhythmisierungsfähigkeit können in beiden Komplexen enthalten sein (Abb. 5.5.–1).

Die motorische Lern-, Adaptations- und Steuerungsfähigkeit sind als *relativ selbstständige, komprimierte, komplexere Ausdrucksformen der koordinativen Leistungsfähigkeit* aufzufassen. Sie prägen sich auf der Grundlage der sieben relativ elementaren koordinativen Fähigkeiten heraus. Der Sportler erlernt umso schneller und effektiver neue Bewegungstechniken, er passt sich umso zweckmäßiger und schneller ungewohnten oder sich plötzlich ändernden Situationen motorisch an, steuert seine Bewegungshandlungen umso genauer, je besser die sieben koordinativen Fähigkeiten ausgeprägt sind.
Derartige Komplexbildungen menschlicher Fähigkeiten beschränken sich nicht nur auf koordinative Fähigkeiten, sondern schließen auch konditionelle und andere Fähigkeiten wie zum Beispiel intellektuelle oder musische ein.
Der Begriff der *Spielfähigkeit* steht beispielsweise für einen Fähigkeitskomplex, in dem zwar koordinative Fähigkeiten eine zentrale Stellung einnehmen, jedoch nicht allein, sondern in besonders engem Zusammenhang mit Schnelligkeitsfähigkeiten und taktischen Fähigkeiten.
In der Gymnastik spricht man von dem *Komplex der choreographischen Fähigkeiten*, der neben koordinativen, konditionellen und intellektuellen Fähigkeiten besonders musische Fähigkeiten einschließt. *Strukturbeziehungen* in derartigen Komple-

xen von Fähigkeiten unterliegen aber unter bestimmten Bedingungen deutlichen Veränderungen. So wandelt sich im Verlaufe der Ontogenese ein Beziehungsgefüge durch Reduzierung der Zusammenhänge zwischen einigen Fähigkeiten zugunsten engerer Beziehungen anderer. FILIPPOVIČ/TUREVSKIJ (1977) konnten experimentell nachweisen (Abb. 5.5.–2), dass sich die Zusammenhänge zwischen Leistungen in motorischen Tests vom 8. bis zum 17. Lebensjahr erheblich verringern. Das gilt ebenfalls für die Anzahl der besonders hohen Zusammenhänge.

Eine weitere Bedingung, unter der sich die Strukturbeziehungen verändern, ist der Einfluss regelmäßigen sportlichen Trainings.

Untersuchungsergebnisse von HIRTZ (1979) zeigen beispielsweise, dass sich die Anzahl der Beziehungen zwischen koordinativen Fähigkeiten bei 12- bis 16-jährigen Trainierenden gegenüber Nichttrainierenden deutlich verringert (Abb. 5.5.–3). Bei Trainierenden treten keine gesicherten Zusammenhänge mehr zwischen Reaktions- und Gleichgewichtsfähigkeit, Reaktions- und Rhythmisierungsfähigkeit sowie Geschicklichkeit und Rhythmisierungsfähigkeit in Erscheinung.

5.6. Erfassung (Diagnose) koordinativer Fähigkeiten

Die Aktualität der koordinativ-motorischen Vervollkommnung verlangt neben der Anwendung wirkungsvoller Übungen besonders auch den Einsatz authentischer **Diagnosemethoden**. Diese sind notwendig unter anderem für die *Lösung folgender Aufgaben*:
- Kontrolle der Entwicklung der koordinativen Fähigkeiten,
- Überprüfung der Wirksamkeit der angewendeten Übungen und Methoden,
- tieferes Eindringen in das Wesen der koordinativen Fähigkeiten und ihre Wechselbeziehungen.

Da koordinative Fähigkeiten als hypothetische Konstrukte nicht gemessen werden können, stellt der **sportmotorische Test** die Hauptdiagnosemethode dar (PÖHLMANN/HIRTZ, 1994). Für den sportmotorischen Test spricht, dass er
- dem Untersuchungsgegenstand am ehesten

adäquat ist, weil vom Resultat einer motorischen Handlung als Testaufgabe auf die Ausprägung einer Fähigkeit als einem Merkmal der Persönlichkeit geschlossen wird (BLUME, 1979),
- als Feldmethode mit relativ geringem Aufwand an Geräten und Instrumenten anwendbar ist (vgl. auch Kapitel 7).

In geringerem Umfang wurden bisher **biomechanische, psychologische und physiologische Untersuchungsmethoden**, wie beispielsweise die so genannten *Tracking-Verfahren* zur Charakterisierung des sensomotorischen Übertragungsverhaltens (vgl. NORDMANN, 1987; PÖHLMANN, u. a. 1988) zur Aufhellung des Gegenstandsbereiches herangezogen. Es ist anzustreben, diese Methoden stärker in die Arbeit einzubeziehen, da mit ihrer Hilfe relativ elementare Funktionen des Koordinationsprozesses (psychophysische Funktionen) untersucht werden können, die Grundlagen für die koordinativen Fähigkeiten darstellen.

Bei den sportmotorischen Tests zur Erfassung koordinativer Fähigkeiten ist zu unterscheiden zwischen *allgemeinen Tests* (Prüfung des allgemeinen Niveaus koordinativer Fähigkeiten – Übersicht 5.6.) und *speziellen Tests* (Prüfung des sportartspezifischen beziehungsweise disziplinspezifischen Niveaus der Fähigkeiten). Im Folgenden sei auf einige **Aspekte** verwiesen, die bei **der Erarbeitung und Anwendung sportmotorischer Tests** zur Niveaubestimmung koordinativer Fähigkeiten zu beachten sind (vgl. auch BLUME, 1979; ZIMMERMANN, 1985; PÖHLMANN/HIRTZ, 1994 sowie Abschnitt 7.4.):
• Im Bewegungsvollzug, der dem sportmotorischen Test zugrunde liegt, und im Testergebnis kommen stets mehrere Fähigkeiten zum Ausdruck. Deshalb muss, ausgehend von einer **Merkmalsanalyse**, die Aufgabenstellung so angelegt werden, dass der Handlungsvollzug und das Handlungsresultat so stark wie möglich vom individuellen Ausprägungsgrad der zu prüfenden koordinativen Fähigkeit bestimmt werden. Das heißt, die zu erfassende Fähigkeit ist auf der Grundlage empirischer Kenntnisse mehr oder weniger hypothetisch

224 Koordinative Fähigkeiten und Beweglichkeit

Übersicht 5.6. **Ausgewählte allgemeine sportmotorische Tests zur Erfassung koordinativer Fähigkeiten**

Test	Geräte	Testaufgabe	Testauswertung	Testaussage
Gleich-gewichts-test Abb. 5.6.–1	1 Schienen-kreuz 1 Stoppuhr	Einbeiniges Balancieren auf einer Schiene bei geschlossenen Augen und Händen im Hüftstütz. Versuch beginnt ab Lösen des stabilisierenden Fußes vom Boden und endet bei Öffnen der Augen oder Lösen des Hüftstützes der Hände oder Bodenberührung des Fußes oder Anlegen des freien Beines an Standbein/Schiene	Erfassen der Zeit je Versuch	Statischer Aspekt der Gleichge-wichtsfähig-keit
Rhythmus-resistenz-test	1 Metronom 1 Stoppuhr	Es erfolgt 10 s lang ein Lauf im Takt des Metronoms, das auf 42 Schläge in 15 s eingestellt ist. Nach diesen 10 s wird das Metronom angehalten, und der Sportler soll, diesen Takt beibehaltend, weiterlaufen (42 Bodenberührungen)	Erfassen der Zeit für 42 Boden-berührungen der Laufbewegung (bei jedem Fuß-aufsatz). Wertung der Abweichung der gestoppten Zeit von der Vor-gabezeit (15 s)	Aspekt der Rhythmi-sierungs-fähigkeit
Sprungkraft-differen-zierungstest Abb. 5.6.–2	1 Sprungkoffer	Nach Ausführung eines maximalen Strecksprungs ohne Armeinsatz sind 10 Strecksprünge ohne Armeinsatz mit 2/3 der maximalen Sprunghöhe zu vollziehen. Nach jedem Sprung die Abweichungen vom 2/3-Wert mitteilen.	Erfasst wird die mittlere Abwei-chung der 10 differenzierten Sprünge vom vorgegebenen 2/3-Wert	Dynamischer Aspekt der Differenzie-rungsfähig-keit
Reaktions-test	1 Stoppuhr	Aus der Ausgangsstellung (Rücken zur Laufrichtung) ist auf Pfiff zunächst in den Hockstand (Hände berühren den Fußboden) zu gehen, um sich danach aufzurichten, zu drehen und durch eine 3 m entfernte Zielmarkierung zu laufen.	Erfasst wird die Zeit vom Pfiff bis zum Durch-laufen des Ziels	Aspekt der sportlichen Reaktions-fähigkeit

zu beschreiben, ihre Äußerungsformen in der sportlichen Tätigkeit sind zu analysieren, und die Bewegungshandlung ist für den Test aus-zuwählen, in der sich dominant und eindeu-tig die interessierende koordinative Fähigkeit widerspiegelt. Erst wenn der Test entsprechend dieser Vorgehensweise konstruiert wird, kann er seiner eigentlichen Funktion gerecht wer-den und als logisch gültig angenommen wer-den.

Ein gutes Beispiel dafür gibt VILKNER (1982) bei der Konstruktion von *Reaktionstests*. Er analysiert das Merkmal »Reaktionsfähigkeit«. Dabei werden zu-nächst mehrere Reaktionsarten (die einfache, kom-plexe und Wahlreaktion) herausgearbeitet. Des wei-teren berücksichtigt er die Spezifik der Signalgebung, wobei vorrangig zwischen optischer und akustischer unterschieden wird.

Im Ergebnis dieser Merkmalsanalyse konstruiert er drei Tests, die in ihren Aufgabenstellungen den Merk-malskriterien entsprechen. Im Einzelnen sind das der Reaktionszeittest, der Stoppuhrtest und der kom-plexe Reaktionstest.

• Ausgehend von der Erkenntnis, dass eine Fähigkeit eine Voraussetzung für eine ganze Gruppe von Handlungen darstellt, kann mit Hilfe eines im sportmotorischen Test auszu-führenden Bewegungsvollzuges und dessen Ergebnis niemals eine koordinative Fähigkeit umfassend, das heißt in all ihren Seiten, er-fasst werden. In der Testleistung spiegeln sich meist nur eine oder einige der Komponenten der dominant erfassten koordinativen Fähig-keit wider.

Deshalb ist es notwendig, bei der umfassenden

Abb. 5.6.–1 Gleichgewichtstest

und differenzierten Prüfung der einzelnen koordinativen Fähigkeiten auf **mehrere sportmotorische Einzeltests** zurückzugreifen. Je nach Fragestellung hat sich dabei auch die Zusammenstellung mehrerer Einzeltests zu *Testprofilen* beziehungsweise *Testbatterien* bewährt. Aus testökonomischen Erwägungen sollten für die umfassende Diagnostik einzelner koordinativer Fähigkeiten verstärkt **Mehrfachaufgabentests** Anwendung finden, die durch ihre mehrfache Auswertungsmöglichkeit gleichzeitig ein differenziertes Diagnostizieren von verschiedenen Komponenten einer Fähigkeit zulassen (vgl. Kapitel 7).

• Die Testaufgabe muss von der **Koordinationsschwierigkeit** her dem Leistungsstand im koordinativen Bereich (im engeren Sinne dem Niveau der jeweils zu erfassenden koordinativen Fähigkeit) angepasst werden. Die Schwierigkeit des Tests sollte so hoch sein, dass der leistungsschwache Sportler die Testaufgabe gerade noch lösen kann und dass sie für den leistungsfähigen Sportler noch eine Leistungsanforderung darstellt. Das schließt die Konsequenz ein, bei einer wesentlichen Erhöhung des Ausprägungsniveaus koordinativer Fähigkeiten auch die Koordinationsschwierigkeit der Testaufgaben zu erhöhen. Nur dadurch kann bei erhöhtem Fähigkeitsniveau gesichert werden, dass der Test die leistungsstarken von den leistungsschwächeren Sportlern ausreichend differenziert.

Folgende Möglichkeiten sind gegeben, um die koordinativen Anforderungen von Testaufgaben erhöhen zu können:
– erschwerte äußere Bedingungen, unter denen die Bewegungshandlung ausgeführt wird (z. B. Einsatz veränderter oder zusätzlicher Geräte, Veränderung von Testabmessungen);
– veränderte Ausführung der Bewegungshandlung (z. B. veränderte Körperstellungen, aus denen oder

Abb. 5.6.–2 Sprungkraftdifferenzierungstest

in denen die Handlung vollzogen werden muss, Veränderung der Fortbewegungsart, Einbeziehen von Bewegungskombinationen);
– Bewegungshandlungen bei Ausschaltung beziehungsweise Einschränkung von bestimmten Analysatoren (z. B. Ausschaltung des optischen Analysators durch Augenbinde);
– Bewegungshandlungen unter Zeitdruck.

Eine besonders geeignete Testform, die es ermöglicht, ohne Testaufgabenwechsel beziehungsweise -modifizierung ein verändertes Niveau koordinativer Fähigkeiten zu prüfen, stellt die **Testserie** dar (vgl. Abschnitt 7.3.1.). Die oft durch Aufgabenwechsel oder -veränderung nicht gegebene Vergleichbarkeit von koordinativen Testleistungen über mehrere Alters- und Leistungsklassen kann damit überwunden werden (vgl. auch ZIMMER, 1981).
• Die den sportmotorischen Tests zur Erfassung koordinativer Fähigkeiten zugrundeliegenden **Bewegungsvollzüge** sollten **nicht in der gleichen Art und Weise wie im Test** im Rahmen der sportlichen Ausbildung geübt, das heißt als **Trainingsmittel** eingesetzt werden.
Bei ständiger Wiederholung werden diese in hohem Maße automatisiert, also zu hochgradig stabil ausgeprägten Bewegungsfertigkeiten, und nicht generalisiert im Sinne der Fähigkeitsentwicklung. Dadurch besteht die Gefahr (stärker als beispielsweise im konditionellen Bereich), dass die im Test auszuführende hochautomatisierte Bewegungshandlung und deren Ergebnis primär den Fertigkeitsstand und nicht das Ausprägungsniveau der eigentlich zu prüfenden koordinativen Fähigkeit widerspiegelt. Das heißt, der ursprüngliche *koordinative Fähigkeitstest* ist zu einem *Fertigkeitstest* geworden.
Die Forderung, die im Koordinationstest enthaltenen Bewegungshandlungen nicht in gleicher Form auch als Trainingsmittel anzuwenden, schließt nicht aus, dass sie vielfältig abgewandelt (variantenreich) zur Ausbildung koordinativer Fähigkeiten mit herangezogen werden können.

Der Diagnosemethodik im koordinativen Bereich ist weiterhin große Aufmerksamkeit zu schenken, da erst mit ihrer Hilfe einerseits ein weiterer wesentlicher Erkenntnisfortschritt auf dem Gebiet der koordinativen Fähigkeiten erreicht und andererseits eine planbare, kontrollierbare, steuerbare und abrechenbare Ausbildung der koordinativen Fähigkeiten durchgeführt werden kann.

5.7. Beweglichkeit als teilweise koordinativ bedingte motorische Fähigkeit

Neben den konditionellen Fähigkeiten (Kraft, Schnelligkeit, Ausdauer) und den koordinativen Fähigkeiten (vgl. 5.6.) ist die *Beweglichkeit* eine weitere wesentliche motorische Fähigkeit mit maßgeblichen Einfluss auf Sport- und Alltagsmotorik.

Definition der Beweglichkeit: Voraussetzung zum Erreichen hinreichend *großer Amplituden in der Exkursion der Gelenke* bei der Ausführung von Bewegungen oder der Einnahme bestimmter Haltungen (MARTIN/CARL/LEHNERTZ, 1991; SCHNABEL/THIESS, 1993; SCHNABEL, 2003 a).

Zu unterscheiden sind zwei Aspekte, die aktive und die passive Beweglichkeit.
Aktive Beweglichkeit bedeutet, dass die Amplitude in einem Gelenk oder Gelenksystem durch die Aktivität der für die betreffende Bewegung bzw. Haltung relevanten Muskeln (Agonisten/Synergisten) erreicht wird. Beispiele hierfür sind die Weite des Spagats bei einem Spagatsprung oder das hohe Vorschwingen der Arme beim Schmetterlingschwimmen.
Passive Beweglichkeit bedeutet die unter Einwirkung äußerer Kräfte (Schwerkraft beim Boden-Spagat, Trägheitskräfte bei Schwungbewegungen, Muskelkraft des Partners bei Dehnübungen) realisierbare Amplitude. Sie liegt auch vor, wenn die jeweilige Gelenkstellung mit Hilfe von Muskelkräften einer anderen Körperregion eingenommen wird, wie das beispielsweise beim Heranziehen des Rumpfes an die gestreckten Beine mit den Armen (Hechtlage) der Fall ist.

Die passive Beweglichkeit ist größer als die aktive und kann bis zu 90 % der *anatomischen Beweglichkeit* – theoretisch erreichbare Beweglichkeit nach Entfernung der Muskeln – betragen.

Die Beweglichkeit besitzt eine *konstitutionelle*, eine *energetisch-konditionelle* und eine *koordinative* **Grundlage**. Deshalb kann sie weder zu den konditionellen noch zu den koordinativen Fähigkeiten gerechnet werden, sondern nimmt eine Zwischenstellung ein (HIRTZ, 1994 a, S. 136 ff.; SCHNABEL, 2003 a).

Konstitutionell gesehen ist die Beweglichkeit vor allem von den anatomischen Bedingungen des passiven Bewegungsapparates, d. h. von Bau der Gelenke, Dehnbarkeit der Gelenkkapseln und gelenksichernden Bänder sowie Elastizität der bindegewebigen Bestandteile der Muskelzüge, also der Sehnen und Muskelhüllen (Faszien) abhängig. Bei Sportlern kann auch die vorhandene Muskelmasse (stark hypertrophierte Muskeln) als weiterer konstitutionell einzuordnender Faktor die Gelenkbewegung begrenzen (z. B. im Schultergelenk bei Gewichthebern oder Bodybuildern).

Die Kraftfähigkeit der bewegenden Muskeln wird als **energetisch-konditionelle Komponente** nur für die aktive Beweglichkeit wirksam, wo vor allem in den Grenzbereichen der möglichen Exkursion gegen einen erhöhten inneren Widerstand gearbeitet werden muss.

So müssen z. B. für das weite Vorspreizen des Beines beim Hürdenschritt nicht nur die ischiocruralen Muskeln und die Glutäen gut dehnbar sein, sondern vor allem der m. iliopsoas und der m. quadriceps femoris müssen zudem über ein hohes (Schnell)Kraftpotential verfügen.

Koordinativ bestimmt ist die Beweglichkeit, weil sie eine graduell und zeitlich genau dosierte Aktivität bzw. Entspannung der Muskeln (der Agonisten, Antagonisten und Synergisten) erforderlich macht.

Beim Hürdenschritt oder Spagatsprung beispielsweise müssen alle »ausführenden« Muskeln – die die eigentliche Bewegungsleistung vollbringenden (Agonisten) und die richtunggebenden bzw. stabilisierenden (Synergisten) – zum richtigen Zeitpunkt in genau dosierter Stärke kontrahieren, alle Gegenspieler (Antagonisten) zur rechten Zeit entspannen und damit optimal nachgeben.

Diese *intermuskuläre Koordination* ist ganz entscheidend für die aktive Beweglichkeit, besitzt aber auch hinsichtlich der Tonusregulation der nachgebenden, zu dehnenden Muskeln Bedeutung für die passive Beweglichkeit. Auf den Muskeltonus, der über das γ-System, das die Muskelspindeln innerviert, eingestellt wird, haben u. a. auch psychische Faktoren (z. B. Angst, Aufregung, Stress, Startzustand) Einfluss. Deshalb ist die *Muskelentspannungsfähigkeit*[3] *als Komponente der Beweglichkeit* gleichfalls als eine psycho-vegetativ beeinflusste Leistungsvoraussetzung anzusehen. Im Rahmen der koordinativen, durch die sensomotorische Regulation der Muskeltätigkeit bestimmten Grundlagen der Beweglichkeit kommt des weiteren den *Muskel- und Sehnenreflexen* eine wesentliche Rolle zu. Während die Muskelreflexe aufgrund der durch sie im zu dehnenden Muskel ausgelösten reflektorischen Kontraktion die Beweglichkeit bei sportlichen Bewegungen oftmals beeinträchtigen, wirken die Sehnenreflexe vor allem durch ihre muskelspannungsreduzierenden Effekte fördernd auf die Muskeldehnung bei Beweglichkeitsübungen.

Der *Muskelreflex* (auch Muskeleigenreflex oder -streckreflex genannt) geht von den Muskelspindeln aus, die bei einer Muskeldehnung mitgedehnt werden und diese Information über den sensorischen Nerv unmittelbar an die im Rückenmark gelegene motorische Vorderhornzelle heranführen, die das betreffende engumschriebene Gebiet des Muskels innerviert und zur Kontraktion bringt. Die Stärke der reflektorischen Kontraktion hängt dabei primär von der Schnelligkeit der Dehnung ab, d. h., bei einer sehr langsamen, dosiert ausgeführten Dehnung kann die Reflexwirkung wesentlich herabgesetzt werden. Die Beweglichkeit bei schnelleren Bewegungen, wie sie im Sport typisch sind, kann damit durch diesen Reflex negativ beeinflusst werden.

Als Auslöser des *Sehnenreflexes* (auch Antistreckreflex genannt) wurden allgemein die Golgi-Sehnenrezeptoren angesehen. Bei einer sehr starken Dehnung der Muskel-Sehnen-Einheit führt dieser Reflex über ein Zwischenneuron zu einer – autogenen – Hemmung der von den zuständigen motorischen Vorderhornzellen des Rückenmarks ausgehenden efferenten Innervation des Muskels. D. h., es kommt zu einer die Dehnfähigkeit positiv beeinflussenden Verminderung der Muskelspannung, was vor allem

---

3 Vgl. auch 5.3.1. (Differenzierungsfähigkeit)

für bestimmte Muskeldehnungsformen von Bedeutung ist. Neuere Forschungen stellen allerdings diese Erklärung der antogenen Hemmung durch den Sehnenreflex in Frage (ALTER 1996, S. 96/97).

Neben den bisher umrissenen Grundlagen der Beweglichkeit sind u. a. folgende **weitere Einflussfaktoren** zu bedenken: Geschlecht (höhere Beweglichkeit bei weiblichem Geschlecht), Alter (Beweglichkeitsabnahme im Alternsgang), Tageszeit (geringste Beweglichkeit am Morgen), Körpertemperatur (verringerte Beweglichkeit bei ausgekühltem Körper), psychophysischer Aktivitätszustand (erhöhte Beweglichkeit nach »neuromuskulärer Einarbeitung«), Ermüdungszustand (Beweglichkeitsverlust bei starker Ermüdung) (MAEHL, 1986; SCHNABEL, 2003 a).

Nach Kenntnis der wesentlichen Grundlagen der Beweglichkeit kann vorerst für ihre **Ausbildung** abgeleitet werden, dass aus der Sicht der konstitutionellen Komponenten vorrangig Muskelfaszien und Sehnen, darüber hinausgehend aber vor allem die stärker tätigkeitsabhängigen energetisch-konditionellen und koordinativen Faktoren – insbesondere bezogen auf die aktive Beweglichkeit – durch gezieltes Training wesentlich zu beeinflussen sind.

Die Beweglichkeit besitzt in allen Sportarten **Bedeutung**, besonders dort, wo Bewegungen mit großer Amplitude leistungsbestimmend sind (Gerätturnen, Schwimmen, Sportgymnastik, Hürdenlauf u. a.). Außerdem ist sie Tätigkeitsvoraussetzung für den Alltag und beeinflusst in hohem Maße Gesundheit, Wohlbefinden und Lebensqualität mit.

Aus *sportlicher* Sicht ist sie zum einen eine wesentliche Voraussetzung für das *Aneignen und Beherrschen sportlicher Techniken*, einschließlich des Erreichens der in einer Reihe von Sportarten angestrebten ästhetischen Wirkung.

Viele Techniken sind nur in der zu fordernden Qualität erlernbar und realisierbar, wenn ein erhebliches Maß an (Über)Beweglichkeit vorhanden ist (u. a. Hüft- und Kniegelenkbeweglichkeit bei Hürdentechnik, Fußgelenkbeweglichkeit [Dorsalflexion] beim Skispringen, Hüft- und Wirbelsäulenbeweglichkeit bei der »Brücke« im Ringen bzw. bei Überschlägen im Gerätturnen, der Akrobatik und Sportgymnastik).

Zum anderen ist die Beweglichkeit vor allem in den zyklischen Sportarten (u. a. Laufen, Schwimmen, Skilanglauf) oftmals eine Bedingung für hinreichende *Bewegungsökonomie*. Wenn die Bewegungen aufgrund mangelnder Beweglichkeit bis dicht an die Grenze der individuellen Bewegungsspielräume geführt werden müssen, bedeutet das erhöhten Energieverbrauch, da der innere Widerstand in diesen Grenzbereichen stark ansteigt. Bedenkt man, dass sich die dadurch bedingten Energieverluste über die Vielzahl der auszuführenden Bewegungszyklen zu einem nennenswerten Betrag summieren, wird deutlich, wie wichtig eine ausreichende *Beweglichkeitsreserve*[4] ist, die Bewegungen bis in den individuellen Grenzbereich vermeiden hilft und damit ökonomischere Bewegungen sichert.

Je weiter beispielsweise der Schwimmer bei der speziellen Gymnastik mit Gerät- oder Partnerunterstützung seine Arme nach rückwärts zu führen vermag, desto müheloser, ungehemmter und energiesparender wird er sie beim Schmetterlingschwimmen über der Wasseroberfläche nach vorn schwingen können.

Unter dem *lebens- und gesundheitsbezogenen Alltagsaspekt* wird die Bedeutung der Beweglichkeit besonders dann deutlich, wenn erste vor allem im Alter auftretende Beweglichkeitsdefizite die *Alltagsmobilität* (An- und Auskleiden, Schuheschnüren u. ä.) einschränken. Auch die als Zivilisationserscheinung immer stärker in den Vordergrund rückenden und bereits im Schulkindalter auftretenden *muskulären Dysbalancen*, die zu Fehlbelastungen und damit einhergehenden Schädigungen des Stütz- und Bewegungssystems führen können, weisen auf die Bedeutsamkeit einer ausreichenden Beweglichkeit. Muskuläre Dysbalancen gehen immer mit Muskelverkürzungen einher und verursachen dadurch Beweglichkeitsdefizite. Oder anders formuliert, über eine ausreichende Beweglichkeit können muskuläre Dysbalancen vermieden und arthromuskuläre Gleichgewichte aufrechterhalten werden.

Maß der Beweglichkeit ist die aktiv und/oder passiv erreichbare *Maximalamplitude* ein-

---

4 Unter Beweglichkeitsreserve ist der in sportlichen Bewegungshandlungen nicht in Anspruch genommene Randbereich der Exkursionsbreite zu verstehen.

zelner Gelenke oder von Funktionseinheiten mehrerer Gelenke (z. B. bei Drehbewegungen von Rumpf und Schultergürtel), die über eine für die Beurteilung ausreichende Zeit beibehalten werden kann. Mittels dafür entwickelter **Diagnosemethoden** – meist als **Tests** bezeichnet – werden die erreichten *Bewegungswinkel* teilweise grob *eingeschätzt* (Janda-Test [JANDA, 1986]), in anderen Fällen direkt *gemessen* oder aus Längenmessungen *berechnet.* Häufiger noch ist die *unmittelbare Anwendung der linearen Messskala*, indem erreichbare extreme Annäherungen oder Entfernungen bestimmter Körperpunkte zueinander oder hinsichtlich äußerer Bezugspunkte (u. a. der Unterstützungsfläche) als Kriterium der Beweglichkeit fungieren (ZACIORSKIJ, 1971; FETZ/KORNEXL, 1978; BÖS, 2001; MORROW u. a. 2000, S. 236).

Für die Bestimmung der aktiven Beweglichkeit, wie sie in den meisten sportlichen Bewegungshandlungen gefordert wird, ist in höherem Maße die intermuskuläre Koordination mit zu erfassen. Dazu sind in der Regel aufwendigere Verfahren (z. B. computergestützte Bildanalyse, elektronische Goniometer, Elektromyographie), die meist nur zu Forschungszwecken Einsatz finden, erforderlich.

5.8. Zusammenfassung

• **Koordinative Fähigkeiten** sind *relativ verfestigte und generalisierte Verlaufsqualitäten der Steuer- und Regelprozesse* der Bewegungstätigkeit. Sie stellen Leistungsvoraussetzungen für die Bewältigung dominant koordinativer Anforderungen dar. Die koordinativen Fähigkeiten *äußern sich im Grad der Schnelligkeit und in der Qualität des Erlernens, der Vervollkommnung und Stabilisierung von Bewegungsfertigkeiten sowie in ihrer situations- und bedingungsadäquaten Anwendung, aber auch in der Höhe des Ausnutzungsgrades konditioneller Potenzen.* Sie sind nicht nur Voraussetzungen für sportliche Tätigkeiten, sondern auch ihr Ergebnis. Das heißt, sie entwickeln sich nur in der Tätigkeit.

• Koordinative Fähigkeiten sind stets **Voraussetzungen** für eine größere Anzahl von Bewegungshandlungen, *für ganze Gruppen (Klassen) sportlicher Handlungen.* Bewegungsfertigkeiten dagegen betreffen Handlungen bzw. Teilhandlungen, die durch wiederholtes Üben weitgehend gefestigt werden und zumindest teilweise automatisch, ohne bewusste Konzentration der Aufmerksamkeit auf den aktuellen Bewegungsvollzug ablaufen. Sie dienen jeweils nur der Erfüllung eines einzigen bestimmten Handlungszieles.

• Aus einer allgemeinen Charakteristik der Bewegungssteuerung bei sportlichen Tätigkeiten werden **sieben koordinative Fähigkeiten** empirisch abgeleitet und in ihrer allgemeinen Ausprägung beschrieben:

– *Differenzierungsfähigkeit*
– *Kopplungsfähigkeit*
– *Reaktionsfähigkeit*
– *Orientierungsfähigkeit*
– *Gleichgewichtsfähigkeit*
– *Umstellungsfähigkeit*
– *Rhythmisierungsfähigkeit.*

• In ihrer *allgemeinen* **Ausprägung** treten die koordinativen Fähigkeiten als *Leistungsvoraussetzungen für die Gesamtheit motorischer Tätigkeiten* in Erscheinung. Für die erfolgreiche Ausübung bestimmter Klassen der Bewegungstätigkeit, wie z. B. einzelner Sportarten oder -gruppen, bedarf es der Ausbildung *spezifischer Aspekte* dieser Fähigkeiten.

• Wie alle menschlichen Fähigkeiten wirken auch die koordinativen niemals isoliert und unabhängig voneinander. Sie wirken in *wechselseitiger Verknüpfung* und stehen teilweise in enger Verbindung zu anderen Fähigkeiten (konditionellen, intellektuellen, musischen, volitiven).

Größere **Fähigkeitskomplexe** sind *die motorische Lernfähigkeit, die Steuerungsfähigkeit, die Adaptationsfähigkeit,* die Spielfähigkeit oder der Komplex der choreographischen Fähigkeiten. Die Strukturbeziehungen unterscheiden sich entsprechend der Tätigkeitsklassen, dem altersmäßigen Entwicklungsstand und dem jeweiligen Trainingseinfluss.

• Für das Erreichen weiterer Erkenntnisfortschritte auf dem Gebiet der koordinativen Fähigkeiten sowie für die Sicherung einer planbaren, kontrollierbaren, steuerbaren und abrechenbaren koordinativen Ausbildung kommt der **Diagnosemethodik** große Bedeutung zu. Als *Hauptmethode* zur Erfassung koordinativer Fähigkeiten kommt der *sportmotorische Test* zur Anwendung. Dabei ist zu unterscheiden zwischen allgemeinen Tests (Prüfung des allgemeinen Niveaus koordinativer Fähigkeiten) und speziellen Tests (Prüfung des sportart- bzw. disziplinspezifischen Fähigkeitsniveaus).

• Die **Beweglichkeit** als motorische *Fähigkeit zum Erreichen hinreichend großer Amplituden in der Exkursion der Gelenke* ist einerseits *koordinativ* (intermuskuläre Koordination) bedingt. Anderseits ist sie abhängig von *konstitutionellen* (anatomischer Bau des passiven Bewegungsapparates) und *energetisch-konditionellen* (Kraftfähigkeiten der bewegenden Muskeln) Voraussetzungen, wodurch ihre Einordnung zwischen koordinativen und konditionellen Fähigkeiten zu begründen ist. Als *aktive* und *passive Beweglichkeit* besitzt sie in allen Sportarten Bedeutung, ist darüber hinaus Tätigkeitsvoraussetzung für den Alltag (Alltagsmobilität) und beeinflusst in hohem Maße Gesundheit und Wohlbefinden (arthromuskuläres Gleichgewicht). **Maß** der Beweglichkeit ist die aktiv und/oder passiv erreichbare Maximalamplitude einzelner Gelenke bzw. Gelenksysteme.

5.9. Folgerungen für die Ausbildung koordinativer Fähigkeiten und der Beweglichkeit

Ausgehend von den bisherigen, in diesem Kapitel dargestellten Grundkenntnissen können für die koordinativen Fähigkeiten die nachfolgenden **allgemeinen Ausbildungsregeln und -orientierungen** abgeleitet werden (vgl. auch BLUME, 1978 b; HIRTZ, u. a. 1985; ROTH, 1993; HIRTZ 1994a; NEUMAIER/MECHLING, 1995; ROSTOCK/ZIMMERMANN, 1997; HIRTZ, 2003).

• Die theoretischen Erkenntnisse über die Fähigkeiten des Menschen berücksichtigend, muss gefolgert werden, dass sich auch das Niveau der koordinativen Fähigkeiten *nur in der Tätigkeit, das heißt durch das aktive Üben,*

erhöhen lässt. Eine zielgerichtete Schulung der einzelnen koordinativen Fähigkeiten setzt deshalb die Beherrschung der Körperübungen voraus, die als Mittel angewendet werden sollen. Durch das Erlernen und Vervollkommnen vieler Bewegungsabläufe erhöht sich natürlich auch das Niveau der koordinativen Fähigkeiten, aber es ist sozusagen ein Nebenergebnis dieser Fertigkeitsschulung. Die koordinative Befähigung ist wesentlich zu verbessern, wenn die einzelnen koordinativen Fähigkeiten ebenso zielgerichtet ausgebildet werden, wie es mit den konditionellen Fähigkeiten geschieht. Die erworbenen Fertigkeiten sind für die zielgerichtete Schulung die Mittel, die durch methodische Maßnahmen verschiedenartig, variantenreich angewendet werden. Dabei ist die Beherrschung der Körperübungen auf der Stufe der Fertigkeit im allgemeinen Voraussetzung für ihre Anwendung als Trainingsmittel. Jedoch ist entsprechend der unterschiedlichen Zielstellung und den Besonderheiten der einzelnen koordinativen Fähigkeiten der zu fordernde Beherrschungsgrad unterschiedlich.

Daraus ergibt sich, dass die Hauptmethode das variierte Üben und die Hauptmittel die auf der Stufe der Fertigkeit beherrschten Körperübungen sind.

• Darüber hinaus können weitere Mittel, die beispielsweise *auf die Funktion der Analysatoren einwirken*, angewendet werden. Die Analysatoren als Teil des gesamten neuromuskulären Systems sind als eine Komponente des physiologischen Substrats der koordinativen Fähigkeiten zu verstehen. Ihre Funktionsweise bestimmt das Niveau der Fähigkeiten mit. Dessen muss man sich bewusst sein und darf funktionsschulende Mittel nur als zusätzliche Mittel anwenden. Die gezielte Einwirkung auf vorwiegend einen Analysator wirkt sich auf viele koordinative Fähigkeiten aus, weil stets mehrere Analysatoren in engem Zusammenwirken an der Steuerung der Tätigkeiten beteiligt sind, in denen das Ausprägungsniveau koordinativer Fähigkeiten zum Ausdruck kommt. Die Bedeutung der Analysatoren für einzelne koordinative Fähigkeiten ist dabei unterschiedlich. Ein Beispiel für funktionsschulende Mittel ist die Anwendung des

Folgerungen für die Ausbildung koordinativer Fähigkeiten und der Beweglichkeit 231

Drehstuhles zur Verbesserung der Vestibularfunktionen, womit vordergründig zur Erhöhung der Gleichgewichtsfähigkeit beigetragen wird (Habituationstraining).
Daraus folgt, dass zusätzliche Mittel angewendet werden können, die bei relativer Passivität des Sportlers auf die Funktionsverbesserung der Analysatoren gerichtet sind.
• Die Widerspiegelung der eigenen Bewegungsausführung im Bewusstsein des Sportlers prägt entscheidend seine Fähigkeit zur Wahrnehmung und Steuerung seiner Bewegungshandlungen. *Häufige fehlerhafte Wiederholungen führen zu falschen Bewegungsvorstellungen* und verfestigen diese im motorischen Gedächtnis. Dies wirkt sich beim Erlernen und Vervollkommnen von Bewegungsabläufen hinderlich aus. Der Sportler wird die Korrekturen des Sportlehrers oder Trainers nicht richtig »verstehen« können, weil sich mit den sprachlichen oder visuellen Korrekturhinweisen nicht die richtigen eigenen Bewegungswahrnehmungen verbinden lassen. Das gilt es besonders bei der Herausbildung der spezifischen Aspekte einer Fähigkeit durch spezielles Übungsgut und bei der Schulung der Differenzierungsfähigkeit zu beachten.
Daraus folgt, dass die vor allem zur spezifischen Ausprägung koordinativer Fähigkeiten verwendeten Mittel technisch richtig erlernt sein müssen und unter bewusster Selbstkontrolle ausgeführt werden sollen.
• Da jede Handlung stets mehrere Fähigkeiten zur Voraussetzung hat und somit auch ihre Ausführung zur Entwicklung mehrerer Fähigkeiten beiträgt, kann die notwendige Zielgerichtetheit nur erreicht werden, wenn die *Bewegungsaufgabe so gestellt ist, dass ihre Lösung an die angezielte Fähigkeit besondere Anforderungen stellt.*
Es ist also nicht möglich, mit einer bestimmten Körperübung nur eine koordinative Fähigkeit allein und isoliert zu schulen. Neben den dominant auf eine Fähigkeit ausgerichteten Körperübungen können auch Mittel zur komplexen Schulung mehrerer koordinativer Fähigkeiten Anwendung finden. Das ist bei der Schulung des allgemeinen Aspektes der Fähigkeiten durch Hindernisturnen oder Kleine Spiele der Fall. Eine wesentlich größere be-

schleunigende Wirkung auf den Prozess der sporttechnischen Ausbildung ist jedoch erst bei der zielgerichteten Schulung der einzelnen koordinativen Fähigkeiten zu erwarten.
Daraus folgt, dass die anzuwendenden Mittel so ausgewählt und eingesetzt werden müssen, dass sie primär auf die auszubildende Fähigkeit gerichtet sind.
• Die Erkenntnis, dass *eine Fähigkeit stets Voraussetzung für eine ganze Klasse von Bewegungshandlungen ist* und sich diese Fähigkeit auch erst im Ergebnis des Vollzuges der verschiedenen Handlungen umfassend entwickelt, muss auch bei der Schulung koordinativer Fähigkeiten berücksichtigt werden. Eine *Generalisierung* (Verallgemeinerung) der koordinativen Leistungsvoraussetzungen, wie sie für die koordinativen Fähigkeiten wesensbestimmend ist, wird gesichert, wenn im Übungsprozess immer mehrere verschiedene Körperübungen Anwendung finden, die primär auf die Ausbildung einer oder einiger weniger koordinativer Fähigkeiten abzielen. Man spricht in diesem Zusammenhang auch vom programmvariablen Üben.
Daraus folgt, dass zur Schulung der einzelnen koordinativen Fähigkeiten stets mehrere verschiedene Körperübungen eingesetzt werden müssen, die dominant auf die auszuprägende Fähigkeit gerichtet sind.
• Um im koordinativen Fähigkeitstraining ständig – bei wiederholter Anwendung der Mittel – wirksame Entwicklungsreize setzen zu können, ist es *erforderlich, dass die koordinativen Anforderungen höher sind als das bei der einfachen Reproduktion der angeeigneten motorischen Fertigkeiten der Fall ist.* Bestimmende Kriterien für die Auswahl und den Einsatz von Übungen im Rahmen der Ausbildung koordinativer Fähigkeiten sind deshalb *Neuheit, Ungewohntheit, Kompliziertheit und »Knifflichkeit«* und dadurch bedingte koordinative Schwierigkeit.
Zur Erreichung der erhöhten Koordinationsschwierigkeit der Trainingsmittel bedarf es der Anwendung verschiedener methodischer Maßnahmen, mit deren Hilfe die Körperübungen (parametervariables Üben) beziehungsweise die Übungsbedingungen (bedingungsvariables Üben) gezielt variiert werden können.

Daraus folgt, dass ein ständiger Trainings-effekt nur dann erreicht wird, wenn durch die Anwendung verschiedener methodischer Maßnahmen die Koordinationsschwierigkeit der Trainingsmittel systematisch gesteigert wird.

Eine große Variationsvielfalt und -breite unterstützt darüber hinaus die vor allem durch das programmvariable Üben angestrebten generalisierenden koordinativen Effekte.

• Folgende **methodische Maßnahmen** können bei der zielgerichteten Ausbildung der koordinativen Fähigkeiten unterschieden werden:

Variation der Bewegungsausführung

Einzelne Bewegungsphasen oder Teilkörperbewegungen werden abgewandelt oder die gesamte Bewegungsfertigkeit wird variiert, indem sie z. B. widergleich ausgeführt oder im Bewegungstempo, in der Bewegungsweite bzw. -richtung oder im Krafteinsatz verändert wird. Eine besondere Art der Anwendung dieser methodischen Maßnahme ist die Ausführung der Bewegung nach unterschiedlichen akustischen oder musikalischen Rhythmen. Sowohl ein Wechsel der vorgegebenen Rhythmen als auch ein Selbstfinden der adäquaten Bewegung zu einem bestimmten Rhythmus werden zur Schulung der Rhythmisierungsfähigkeit angewandt.

Veränderung der äußeren Bedingungen

Es gibt sehr viele Möglichkeiten, die äußeren Bedingungen zu verändern und damit die Bewegungsausführung zu erschweren. So können zum Beispiel beim Hindernisturnen die Geräte in ihrer Reihenfolge oder in ihrer Höhe verändert werden, Ballspiele mit unterschiedlich großen und schweren Bällen gespielt werden oder die Unterstützungsflächen beim Balancieren erhöht oder verkleinert werden. Auch die Wahl unterschiedlicher Geländeformen oder Wechsel der Partner sind Möglichkeiten, die äußeren Bedingungen zu verändern.

Kombinieren von Bewegungsfertigkeiten

Diese Maßnahme, die vor allem der Schulung der Kopplungsfähigkeit dient, setzt im allgemeinen das stabile Beherrschen der verwendeten Körperübungen voraus, weil anderenfalls zu viele Bewegungsfehler auftreten können oder das Kombinieren überhaupt

nicht gelingt. So bieten das Gerätturnen und die Gymnastik viele Möglichkeiten, Elemente *sukzessiv* zu kombinieren. Aber auch *Simultankombinationen* wie das Werfen oder Fangen während des Laufens oder im Sprung sollten Anwendung finden.

Üben unter erhöhten Genauigkeitsanforderungen

Genauigkeitsanforderungen können zum einen unter dem Aspekt der *Zielpräzision* (Ergebnisgenauigkeit) und zum anderen unter Berücksichtigung der *Ablaufgenauigkeit* (Ausführungsgenauigkeit) gestellt werden. Vordergründig wird dadurch zur Ausbildung der Differenzierungsfähigkeit beigetragen. Die Zielpräzision, die hauptsächlich für Sportspiele und teilweise auch Zweikampfsportarten (z. B. Fechten, Boxen) entscheidend ist, lässt sich vor allem durch Vorgabe von zu erreichenden Ziel- bzw. Treffpunkten (Zielwürfe, -zuspiele, -schläge, -schüsse, -stöße) wirksam schulen. Dem in solchen Sportarten wie Gerätturnen dominierenden Aspekt der Ablaufsgenauigkeit kann durch Übungen entsprochen werden, die differenzierte Forderungen an den Bewegungsvollzug selbst in seinen räumlichen, zeitlichen und dynamischen Parametern stellen. Beispiele hierfür wären das Realisieren der Gesamt- oder Teilbewegungen mit bewusst nuancierten Körperwinkeln, Bewegungsamplituden, Krafteinsätzen, Bewegungsrhythmen, Geschwindigkeiten oder Frequenzen. Beachtet werden muss, dass der koordinative Schwierigkeitsgrad bei Präzisionsleistungen vor allem dann erheblich steigt, wenn diese unter Zeitdruck und/oder in variablen Aufgabensituationen zu erbringen sind.

Üben mit maximalem Tempo

Auch diese methodische Maßnahme verlangt einen hohen Grad der Beherrschung der verwendeten Fertigkeiten. Sie wird besonders zur Schulung der Reaktionsfähigkeit, aber auch der Kopplungs- und Orientierungsfähigkeit angewandt. Ein hohes Niveau dieser Fähigkeiten ist besonders bedeutsam in den Spiel- und Zweikampfsportarten, obwohl es nicht immer auf maximale Bewegungsschnelligkeit ankommt, sondern vielmehr auf eine zweckentsprechende (Timing). Mit dieser Maßnahme kann teilweise auch eine psychische Drucksituation hervorgerufen werden, die in Spiel- und Zweikampfsportarten oft auftritt.

Deshalb werden häufig Trainingsmittel aus diesen Sportarten wie Ballannahme und -abgabe, Schlag-, Hieb- und Stoßbewegungen auf bestimmte Signale hin verwendet. Doch auch Hindernisläufe, bei denen die Zeit gemessen wird, sind sehr geeignet, das Fähigkeitsniveau zu erhöhen.

Variation der Informationsaufnahme

Die Aufnahme und Verarbeitung von optischen, akustischen, vestibularen, taktilen und kinästhetischen Informationen sind von großer Bedeutung für die Bewegungssteuerung. Die Forderung nach ständiger bewusster Kontrolle und Steuerung der Eigenbewegung bei der Schulung der koordinativen Fähigkeiten führt auch zu methodischen Folgerungen. So kann es zunächst nützlich sein, *zusätzlich Informationen* zu geben, wenn durch eine andere angewendete Maßnahme die Schwierigkeit der Bewegungshandlung erhöht wurde (z. B. die Verwendung eines Spiegels zur Verbesserung der visuellen Kontrolle beim Variieren der Bewegungsausführung oder die Verwendung von Zielpunkten bei Reaktionsübungen zur besseren Kontrolle der Zielgenauigkeit). Die Variation der Informationsaufnahme kann aber auch in einer *Einschränkung der Information* bestehen, um die Schwierigkeit der verwendeten Bewegungshandlung zu erhöhen. Am häufigsten wird mit einer teilweisen Einschränkung oder völligen Ausschaltung der visuellen Information durch spezielle Brillen oder Augenbinden gearbeitet. Diese Maßnahme findet besonders zur Schulung der Gleichgewichtsfähigkeit und Differenzierungsfähigkeit Anwendung, ist aber auch zur Verbesserung anderer koordinativer Fähigkeiten geeignet.

Üben nach Vorbelastung

Der Einsatz dieser Methode erfordert ebenfalls einen hohen Beherrschungsgrad der als Mittel verwendeten Körperübung, weil die Gefahr einer fehlerhaften Ausführung im ermüdeten Zustand sehr groß ist. Deshalb ist bei ihrer Anwendung besonders auf exakte Bewegungsausführung zu achten und das Üben notfalls abzubrechen, wenn durch Ermüdung erhebliche Bewegungsfehler auftreten. Die gewählte Art der Belastung kann eine allgemeine *physische* beziehungsweise *psychophysische* sein, die durch allgemeines Konditionstraining erreicht wird oder am Ende einer Trainingseinheit eingetreten ist. Unter dieser erschwerenden Bedingung Übungen zur Schulung der Orientierungs-, Differenzierungs-, Umstellungs- und Reaktionsfähigkeit ausführen zu lassen, trägt besonders zur Niveauerhöhung der spiel- und kampfsportspezifischen Aspekte dieser Fähigkeiten bei.

Die Art der Belastung kann aber auch sehr *spezifisch* sein. So wird zum Beispiel im Sinne einer ganz spezifischen Reizung des Vestibularapparates eine Belastung durch mehrfache Drehungen um die Längenachse oder durch Rollen vorwärts und rückwärts so schnell wie möglich gesetzt und unmittelbar danach eine bestimmte Gleichgewichtsleistung (Gehen, Stehen u. ä.) oder Genauigkeitsleistung (Zielwürfe u. ä.) verlangt.

Die beschriebenen methodischen Maßnahmen sollten zur weiteren Erhöhung der Koordinationsschwierigkeit der verwendeten Körperübungen **auch miteinander verknüpft** werden. So können beispielsweise gleichzeitig die Bewegungsausführung variiert und die äußeren Bedingungen erschwert werden. Die Auswahl der methodischen Maßnahmen wird bestimmt durch das Wesen der jeweiligen koordinativen Fähigkeit, die vorrangig geschult werden soll (Tab. 5.9.).

• Bei der **Ausbildung bzw.** dem **Training** der **Beweglichkeit** ist zunächst zu unterscheiden, ob eine Steigerung bzw. Erhaltung der generellen, gesamtkörperbezogenen Beweglichkeit angezielt wird oder ob eine spezielle Ausrichtung auf einzelne Gelenke oder Gelenksysteme erfolgen muss. Ersteres ist Anliegen des *allgemeinen Beweglichkeitstrainings* und dient vorrangig (primär) präventiven Zwecken. Letzteres ist Gegenstand des *speziellen Beweglichkeitstraining* und hilft sportartspezifische Lernprozesse und Leistungen vorzubereiten oder auch muskuläre Dysbalancen gezielt zu beseitigen. Für die Ausbildung der Beweglichkeit können folgende **Orientierungen bzw. Empfehlungen** gegeben werden (vgl. auch HOSTER 1989; MARTIN/

Koordinative Fähigkeiten und Beweglichkeit

Tabelle 5.9. Übungsbeispiele für die Ausbildung koordinativer Fähigkeiten

Sportarten	Körperübungen	Varianten	dominante Fähigkeiten
Handball	Balldribbling im Ziehkampf (Abb. 5.9.–1)	– ständiger Partnerwechsel – Dribbling links und rechts	Umstellungs-fähigkeit
	gleichzeitiges Dribbling zweier Bälle (Abb. 5.9.–2)	– Wechsel zwischen synchronem und asynchronem Dribbling	Kopplungs-fähigkeit
	Zieltorwürfe	– verschiedene Bälle – verschiedene Wurftechniken	Differenzierungs-fähigkeit
Schwimmen	kurzer Wechsel von Schwimmkombinationen	– Kraul-Arm und Delphin-Bein Kraul-Arm und Brust-Bein Delphin-Arm und Brust-Bein usw.	Kopplungs-fähigkeit
	Schwimmen von Inter-vallserien mit Variieren der Frequenz bei kon-stanter Geschwindigkeit	– Verkleinerung der Unterschiede zwischen den vorgegebenen Frequenzen	Rhythmisie-rungs- und Differenzierungs-fähigkeit
	Schwimmen mit und ohne Flossen im kurzzeitigen Wechsel	– mit und ohne Handbrett	Differenzierungs-fähigkeit
Leichtathletik	Starts auf unterschiedliche Signale	– Wechsel von optischen und akustischen Signalen – verschiedene Startausgangs-positionen (sitzend, liegend u. ä.)	Reaktions-fähigkeit
	Hürdenläufe mit unterschiedlichem Abstand der Hürden	– Hürdenabstand so wählen, dass 3er-, 4er- oder 5er Rhythmus gelaufen werden muss – Veränderung der Hürdenhöhe	Rhythmisierungs-fähigkeit
	Würfe und Stöße mit unterschiedlich schweren Geräten	– in bestimmte Zielmarkierungen – keine oder verkürzte Angleit-, Anlaufphase oder Drehung	Differenzierungs-fähigkeit
Ski (alpin)	Balancieren auf instabiler Unterstützungsfläche (Abb. 5.9.–3)	– verschiedene Unterstützungs-flächen (u. a. Balancier-kreisel, Wippe, Rolle, Medizinball) – Zusatzaktivitäten (z. B. Ball hochwerfen u. fangen)	Gleichgewichts-fähigkeit
	Schwingen mit unterschiedlichen Schwungfrequenzen	– Rhythmusvorgabe durch Tore, Akustik (z. B. Musik) oder Vorausfahrenden (Schattenfahren) – unterschiedliche Schwungtechniken	Rhythmisierungs-fähigkeit
	Schwingen ohne Stöcke	– Hände auf Rücken oder im Nacken – geschlossene Augen – mit Langlaufski	Differenzierungs-u. Gleich-gewichtsfähigkeit

CARL/LEHNERTZ 1991; HIRTZ 1994 a; SCHNA-BEL 2003 e):

- **Inhalte** des Beweglichkeitstrainings sind **Beweglichkeitsübungen und ergänzende Maßnahmen**. Als Übungen zur Steigerung und Erhaltung der Beweglichkeit kommen vorrangig Dehnübungen für Muskulatur und Bindegewebe zur Anwendung, wobei die Komponente der intermuskulären Koordination und der Tonusregulation mehr oder weniger bewusst und gezielt einbezogen wird.

- **Trainingsmethoden** (Dehnmethoden), einschließlich ihrer Varianten, in die auch die Stretching-Verfahren eingeordnet werden können, sind:
  - *aktiv-dynamische Methode* (intermittierend-zügig bzw. schwunghaft),
  - *aktiv-statische Methode* (permanent gehalten, in Teilschritten, postisometrisch),
  - *passiv-dynamische Methode* (intermittierend-zügig bzw. wippend),

Folgerungen für die Ausbildung koordinativer Fähigkeiten und der Beweglichkeit

Abb. 5.9.–1 Ballprellen im Ziehkampf

– *passiv-statische Methode* (permanent gehalten, in Teilschritten, postisometrisch).[5]

Bisher konnte wissenschaftlich nicht nachgewiesen werden, dass eine der vier Methoden *grundsätzlich* wirksamer ist als eine andere (WYDRA/BÖS/KAHRISCH, 1991; WIEMANN, 1993; ULLRICH/GOLLHOFER, 1994; WYDRA, 1997).

• Der **Einsatz der Methoden und Varianten** ist abhängig von der Intention der Beweglichkeitsausbildung. Das bedeutet u.a.:
– In der allgemeinen Beweglichkeitsschulung, zur Schaffung von Grundlagen für die aktive Beweglichkeit und am Beginn einer Übungs- und Trainingseinheit sollte die statische Methode (passiv-statische Methode zunächst ohne Partner und ohne postisometrische Dehnung) bevorzugt werden.
– Im speziellen Beweglichkeitstraining (bei besonderen gelenkbezogenen Anforderungen und zur Beseitigung muskulärer Dysbalancen) haben zum intensiveren Dehnen vornehmlich die passiven Methoden mit Partnerunterstützung sowie die postisometrische Dehnung Priorität.
– Aktiv-dynamische Übungen sollten zur unmittelbaren Ausbildung der Beweglichkeit, d.h. speziell der intermuskulären Koordination, einschließlich der schwunghaften Bewegungsausführung in bestimmten Sportarten bzw. Disziplinen (z.B. Hochsprung) nach vorangehenden statischen Dehnübungen Anwendung finden.

• Die Beweglichkeitsausbildung ist durch folgende **ergänzende Maßnahmen** zu unterstützen:
– Übungen zur *Kräftigung* der die Bewegung ausführenden Muskeln (Agonisten/Synergisten) vorrangig zur Verbesserung der aktiven Beweglichkeit und zur Beseitigung muskulärer Dysbalancen.
– Maßnahmen zur Förderung der *Muskelentspannung*. Dazu gehören psycho-regulative Verfahren (z.B. autogenes Training und progressive Muskelrelaxation) sowie auf Entspannung gerichtete Massagen.
– *Training koordinativer Fähigkeiten*, speziell Differenzierungs- Kopplungs- und Rhythmisierungsfähigkeit, zur positiven Beeinflussung der koordinativen Seite (vor allem intermuskuläre Koordination) der Beweglichkeit.

• Als **weitere** wesentliche **Aspekte** für ein wirksames Beweglichkeitstraining sind hervorzuheben:
– hinreichendes, möglichst aktives Erwärmen vor der Beweglichkeitsschulung;
– relativ intensive, länger dauernde Zugwirkung auf Muskeln und Bindegewebe (statisch bis 30 Sek.; dynamisch in vielfacher Wiederholung);
– Überschreiten der Schmerzgrenze nur in Ausnahmefällen;
– gelenkbezogenes Üben, d.h. gerichtet auf bestimmte Gelenke oder Gelenksysteme bei Fixierung des übrigen Körpers;
– bewusste, vor allem auf Entspannung der zu dehnenden Muskeln gerichtete Übungsausführung bei gleichmäßiger Atmung;
– hinreichende Übungshäufigkeit (mgl. täglich, zum Erhalt wenigstens 2-mal pro Woche).

5.10. Ausblick

Zum Konzept der (allgemeinen) koordinativen Fähigkeiten wurden und werden unter verschiedenen Aspekten kritische Positionen vertreten, die u.a. den »generalisierenden und transferierenden Charakter«, »die Existenz so genannter Überfähigkeiten«, die »enorme

---
[5] Ausführliche Methodenkennzeichnung s. SCHNABEL, 2003 e

Abb. 5.9.-2 Gleichzeitiges Prellen zweier Bälle

Abb. 5.9.-3 Balancieren auf dem Schaukelbrett

Komplexität« sowie den Konstruktcharakter und die damit verbundene eingeschränkte Objektivierbarkeit betreffen (HIRTZ 2003 b, S. 131/132). Ferner sind eine Weiterentwicklung verschiedener bestehender Konzepte (vgl. dazu auch 5.3.) und neue Ansätze zu verzeichnen. HIRTZ (2003 b, S. 132/133) nennt u. a. das Modularitätskonzept (HOSSNER 1997, 2002), den »Perspektivenwechsel« durch Konzentration auf koordinative Anforderungsprofile unter Konzipierung eines »Koordinations-Anforderungs-Reglers KAR« (NEUMAIER 2003) und den kompetenztheoretischen Ansatz (HIRTZ 1998 b; HIRTZ/HOTZ/LUDWIG 2000; LUDWIG/LUDWIG 2002).

Ungeachtet der genannten Einwände gegen das Konzept der koordinativen Fähigkeiten ist jedoch derzeit nicht von einem Paradigmenwechsel zu sprechen. »Die Übernahme des Fähigkeitskonzepts aus der Psychologie hat sich durchaus bewährt. Voreilige Schlüsse über die mögliche Vernachlässigung von allgemeinen motorischen Fähigkeiten zugunsten von spezielleren Leistungsvoraussetzungen sind deshalb nicht angebracht.« (HIRTZ 2003, S. 133)

Insofern gilt weiterhin: Eine **vordringliche Folgerung und Forderung** ist die **gezielte, systematische Ausbildung der koordinativen Fähigkeiten** – und **gleichermaßen der Beweglichkeit** – und ihre Eingliederung als gleichwertiger Bestandteil der Ausbildung in alle Formen des Sportunterrichts sowie des sportlichen Übens und Trainierens im Breiten- und Leistungssport, im Gesundheits-, Rehabilitations- und Behindertensport, vom Kindes- bis ins Seniorenalter.

Studienliteratur

HIRTZ, P.: Koordinationstraining. In: SCHNABEL, G./HARRE, D./KRUG, J./BORDE, A. (Hrsg.): Trainingswissenschaft. Berlin 2003, S. 272–280

HIRTZ, P.: Koordinative Fähigkeiten. In: SCHNABEL, G./HARRE, D./KRUG, J./BORDE, A. (Hrsg.): Trainingswissenschaft. Berlin 2003, S. 126–133

HIRTZ, P.: Motorische Handlungskompetenz als Funktion motorischer Fähigkeiten. In: HIRTZ, P./KIRCHNER, G./PÖHLMANN, R. (Hrsg.): Sportmotorik. Kassel 1994, S. 117–147

HIRTZ, P.: Koordinative Fähigkeiten im Schulsport. Berlin 1985

ROTH, K.: Wie verbessert man die koordinativen Fähigkeiten. In: Bielefelder Sportpädagogen: Methoden im Sportunterricht. Schorndorf 1993, S. 85–97

SCHNABEL, G.: Ausbildung der Beweglichkeit. In: SCHNABEL, G./HARRE, D./KRUG, J./BORDE, A. (Hrsg.): Trainingswissenschaft. Berlin 2003, S. 280–291

SCHNABEL, G.: Beweglichkeit als Leistungsvoraussetzung. In: SCHNABEL, G./HARRE, D./KRUG, J./BORDE, A. (Hrsg.): Trainingswissenschaft. Berlin 2003, S. 134–143

6. Die motorische Entwicklung (Ontogenese) des Menschen von der Geburt bis ins hohe Alter (Überblick)

Wenn unter Ontogenese die Individualentwicklung eines Menschen im gesamten Lebenszeitraum, d. h. von der Befruchtung der Eizelle bis zum Zeitpunkt des Ablebens zu verstehen ist, stellt die motorische Ontogenese des Menschen nur einen Teilbereich dieser Gesamtentwicklung dar, der mit weiteren Teilbereichen in einem engen Zusammenhang steht.

Davon ausgehend soll im Folgenden motorische Ontogenese verstanden werden als die lebensaltersbezogene Individualentwicklung von Haltung und Bewegung sowie der zu Grunde liegenden Steuerungs- und Funktionsprozesse (vgl. auch SINGER/BÖS, 1994, 21).

Bei dieser Kennzeichnung sei darauf hingewiesen, dass die motorische Entwicklung des Menschen somit nicht nur seine Evolutionsprozesse im Sinne von Höher- und Weiterentwicklungen, sondern auch die im Rahmen des Altersganges typischen Involutionen, d. h. die Stagnations- und Rückbildungsprozesse, umfasst.

Bevor dazu entsprechende Darlegungen erfolgen, sollen zunächst einige grundlegende Auffassungen vorangestellt werden, die den Problemkreis der Entwicklungseinflüsse auf die motorische Ontogenese des Menschen berühren.

Aus entwicklungspsychologischer Sicht (PIAGET, 1969) ist der sich individuell entwickelnde Mensch als ein sowohl fremd- als auch eigenbestimmtes Wesen zu begreifen. *Fremdbestimmt* dadurch, dass im Organismus Reifungsprozesse stattfinden, die den Menschen im Laufe des Alternsganges mehr und mehr zum (sportlichen) Handeln befähigen und somit seine Leistungsfähigkeit mitbestimmen. Im umgekehrten Sinne sind diese psycho-physischen Funktions- und Organveränderungen im höheren Alter auch die Ursache für eine fortschreitende Leistungsminderung.

Als Ausdruck dieser Reifungsprozesse seien z. B. die für den Betrachter des heranwachsenden Kindes bzw. Jugendlichen deutlich sichtbaren *Körperwachstums*veränderungen genannt. So hat sich z. B. bei ei-

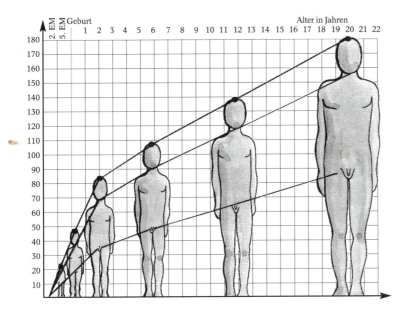

Abb. 6.–1 Veränderungen der Körperhöhe und -proportionen im Kindes-, Jugend- und frühen Erwachsenenalter (nach DEMETER, 1981)

nem vierjährigen Kind die Geburtsgröße annähernd verdoppelt und das Geburtsgewicht verfünffacht. Bis etwa zum 10. Lebensjahr nimmt die Körperhöhe um jährlich ca. 5 cm zu, bis zum 17./18. Lebensjahr wachsen die Mädchen und Jungen durchschnittlich noch 1 bis 2 cm (vgl. Abb. 6.–1).

Ebenfalls Reifungsprozessen unterworfen ist das menschliche Nerv-Muskel-System, in Abhängigkeit vom Entwicklungsstand des Nervensystems (AKERT, 1971).

Körperliches Wachstum und Reifungsprozesse werden in einem nicht unerheblichen Maße auch durch *Erbanlagen/Gene* mitbestimmt. So wird z. B. die individuelle physische Entwicklung des Menschen durch Erbanlagen geprägt, die sich u. a. nachdrücklich in der endgültig erreichten Körperhöhe oder auch im Wachstumstempo niederschlagen. Nicht selten wurde daher von Entwicklungsverläufen der Eltern auf deren Kinder geschlossen und eine Aussage über den Grad der Eignung für das leistungssportliche Training in bestimmten Sportarten oder Disziplinen abgeleitet. Dieses Eignungskriterium erwies sich jedoch als sehr unsicher.

Inwiefern das *Temperament* als eine bestimmte Art des Verhaltens eines Individuums Einfluss auf Entwicklungs- und Verhaltensunterschiede nimmt, ist wissenschaftlich nicht eindeutig belegt. Bislang waren nur geringe Zusammenhänge zwischen Temperament und Handlungsentwicklung im 2. Lebensjahr (SPANGLER/BRÄUTIGAM/STADLER, 1984) und kognitiver Entwicklung (ROTH/EISENBERG/SELL, 1984) nachweisbar. Es soll im Folgenden nicht näher darauf eingegangen werden. Insgesamt ist dem ererbten physischen Potential eine unterschiedliche Bedeutung beizumessen.

So kommt ihm eine *untergeordnete Rolle* bei der Mehrheit der normal entwickelten und nicht auf das Erreichen sportlicher Höchstleistungen orientierten Menschen zu.

Bedeutend sind bzw. waren die Erbanlagen für all jene Menschen, die genetisch geschädigt wurden und mit Behinderungen leben müssen. Nach einer exakten Analyse der vorherrschenden Bedingungen lässt sich jedoch in den meisten Fällen durch eine gezielte (Sport-)Therapie, d. h. durch wirksame Interventionsmaßnahmen, der Behinderung begegnen und Erleichterung für die Betroffenen schaffen.

Sehr wesentlich sind Erbanlagen für all diejenigen Menschen, die nach sportlichen Höchstleistungen streben. Nicht nur bestimmte, erblich determinierte Körperhöhen sind in manchen Sportarten leistungsentscheidend: Für den Basketballsport eignen sich besonders sehr große Spieler, während man als Geräturner mehr Vorteile mit einer geringeren Körperhöhe hat. Auch das genotypisch determinierte Muskelfaserspektrum (Anteiligkeit der schnell- und langsamkontrahierenden Fasern) oder bestimmte Temperamentseigenschaften stellen vielfach eignungsspezifische Kriterien mit hoher Relevanz für eine Sportart oder -disziplin dar.

Bei aller zweifeldfreien Bedeutung von biotischen Determinanten in der motorischen Ontogenese muss jedoch betont werden, dass sie sich letztlich auf sozialer und personaler Ebene realisiert und somit maßgeblich von Umwelt- und Sozialbedingungen geprägt wird (vgl. auch SINGER/BÖS, 1994)

So können z. T. günstige Übungs- und Lernbedingungen und das Anregungsmilieu, wie Spielgeräte und Spielplätze, mit »bewegungsauffordernderm Charakter« durchaus positive Rückwirkungen auch auf die Reifungsprozesse haben. Das soziale Milieu, in dem das Kind/der Jugendliche aufwächst, die familiäre Situation, die eigene Schul- und Berufsbildung und die engster Familienmitglieder, die Wohngegend, ja selbst das eigene Kinderzimmer mit seinen Bewegungsmöglichkeiten, haben prägende Wirkungen. Darüber hinaus wächst der Mensch in einer sozialen Welt auf, die gekennzeichnet ist durch unterschiedliche Sitten, Bräuche und Lebensstile, die zu Verhaltensmustern und -normen führen, und die wiederum als externe Faktoren entwicklungs- und verhaltensprägend sind.

So werden dem Menschen bestimmte »Altersrollen« zugeordnet, die sich in den verschiedenen Lebensaltern in bestimmten Handlungsweisen, Rechten und Pflichten ausdrücken: z. B. Einschulung, Rechts- und Ehemündigkeit, Pensionierung oder auch »Heiratsalter«. Sie stellen mehr oder weniger verbindliche und orientierende Erwartungen und Chancen für ein alterstypisches Handeln dar und sind mit unterschiedlicher sozialer Wertschätzung (Altersstufen-Status) verbunden.

Diese Umwelt- und Sozialisationsbedingungen wirken auf die motorische Entwicklung des Menschen überwiegend »fremdbestimmend«, bis die Heranwachsenden durch Selbststeuerungs- und -regelprozesse ihre Entwicklung zunehmend »in die Hand nehmen« können. Bei diesen zutiefst interaktiven Entwicklungsprozessen (vgl. dazu MONTADA,1998) avanciert insbesondere das sportliche Handeln, sei es in selbstständiger Freizeitbeschäftigung oder als Üben und Trainieren, zu einem wesentlichen Faktor bei der motorischen Ontogenese und zu einem leistungsentscheidenden Faktor bei der sportmotorischen Entwicklung. Eine gezielte sportliche Ausbildung setzt einerseits Lernbereitschaft des Betroffenen voraus, andererseits wird sie durch Sportpädagogen (Trainer, Sportlehrer, Übungsleiter, Therapeuten) initiiert und methodisch geführt.

Die Prozesse, die die motorische Ontogenese des Menschen bestimmen und beeinflussen, lassen sich modellhaft wie in Abb. 6.-2 zusammenfassen.

Die bisher gekennzeichneten alters- und lebenszeitgebundenen Einflüsse auf die motorische Ontogenese, die auch bei den weiteren Betrachtungen im Vordergrund stehen sollen, sind in bestimmten Fällen durch weitere Aspekte zu ergänzen. So sind *geschichtlich bedingte Einflüsse* im Sinne von eingreifenden Prozessen, wie z. B. Naturkatastrophen, Kriege oder auch Epidemien, und *nicht-normative Einflüsse* im Sinne von nicht vorhersehbaren persönlichen Ereignissen mit unbestimmtem Verlauf, wie z. B. Unfälle oder schwere Erkrankungen, immer mit zu berücksichtigen (BRANDSTÄDTER, 1990). Diese werden bei den weiteren Betrachtungen allerdings weitestgehend außer acht gelassen.

In Tabelle 6.-1 wird ein Überblick zu den im Folgenden zugrunde gelegten Entwicklungsphasen von der Geburt bis ins hohe Alter gegeben. Die entsprechend zugeordneten Benennungen speziell zur motorischen Genese wollen lediglich deren jeweils hauptsächliche Entwicklungscharakteristika kennzeichnen und damit die Übersicht erleichtern. Die angegebenen Altersspannen unterliegen keinen starren Grenzen und sind von Abhängigkeiten der individuellen Entwicklung (Früh-, Normal- oder Spätentwickler) und besonders in akuten Wachstums- und Reifungsphasen um bis zu zwei Jahre verschiebbar. Um in den verschiedenen Entwicklungsabschnitten die typischen motorischen Erscheinungs- und Verlaufsformen hervorheben zu können, wurden die Phasen entsprechend gekennzeichnet.

In den nachfolgenden Abschnitten werden Alters- und Entwicklungsbesonderheiten insbesondere aus sportmotorischer Sicht dargestellt und jeweils ausgewählte methodische Fol-

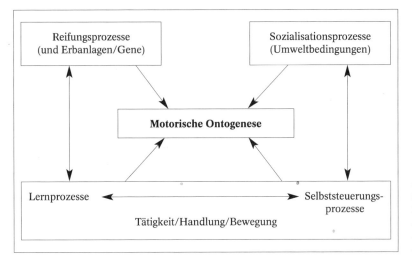

Abb. 6.-2 Die motorische Ontogenese beeinflussende Prozesse (nach HARTMANN/SENF, 1997, S. 180).

240 Die motorische Entwicklung des Menschen von der Geburt bis ins hohe Alter

Tabelle 6.–1   Entwicklungsphasen in der motorischen Ontogenese

Bezeichnung	Altersspanne (Lebensjahr)	Phase der …
Neugeborenenalter	0,1–0,3	ungerichteten Massenbewegungen
Säuglingsalter	0,4–1,0	Aneignung erster koordinierter Bewegungen
Kleinkindalter	1,1–3,0	Aneignung vielfältiger Bewegungsformen
Frühes Kindesalter	3,1–6./7.	Vervollkommnung vielfältiger Bewegungsformen und der Aneignung erster Bewegungskombinationen
Mittleres Kindesalter	7,1–9./10.	schnellen Fortschritte in der motorischen Lernfähigkeit
Spätes Kindesalter	weibl. 10./11.–11./12. männl. 10./11.–12./13.	besten motorischen Lernfähigkeit in der Kindheit
Frühes Jugendalter (Pubeszenz)	weibl. 11./12.–13./14. männl. 12./13.–14,5	Umstrukturierung von motorischen Fähigkeiten und Fertigkeiten
Spätes Jugendalter (Adoleszenz)	weibl. 13./14.–17./18. männl. 14,6–18./19.	sich ausprägenden geschlechtsspezifischen Differenzierung, fortschreitenden Individualisierung und zunehmenden Stabilisierung
Frühes Erwachsenenalter	18./20.–30.	relativen Erhaltung der motorischen Lern- und Leistungsfähigkeit
Mittleres Erwachsenenalter	30.–45./50.	allmählichen motorischen Leistungsminderung
Spätes Erwachsenenalter	45./50.–60./70.	verstärkten motorischen Leistungsminderung
Späteres Erwachsenenalter	ab 60./70.	ausgeprägten motorischen Leistungsminderung

gerungen zur Förderung der Motorik bzw. zur Ausprägung motorischer Fähigkeiten und Fertigkeiten getroffen. Wegen ihrer besonderen pädagogischen und trainingsmethodischen Relevanz werden für die Etappen:
– spätes Kindesalter,
– frühes Jugendalter (Pubeszenz) und
– spätes Jugendalter (Adoleszenz)
psychische und biotische Alterseigentümlichkeiten skizziert, soweit sie im Kontext der motorischen Entwicklung als wesentlich betrachtet werden müssen.

Hinzuweisen ist ebenfalls darauf, dass wesentliche Anteile der folgenden Darlegungen speziell zum Altersbereich von 7 bis 18 Jahre auf älteren Daten, u. a. den langjährigen repräsentativen Großzahluntersuchungen von STEMMLER (erstmalig 1967/68) und CRASSELT (1990 a) im Gebiet der heutigen Neubundesländer basieren. Besonders in den letzten Jahren häu-

fen sich Meldungen über motorische Leistungsrückgänge speziell in konditionellen Leistungsbereichen, die u. a. BÖS/MECHLING (2002) als »alarmierend« bezeichnen (S. 57) und die vom Wissenschaftlichen Institut der Ärzte Deutschlands (WIAD) als »…ein generell schlechteres Bewegungs- und Sportverhalten im Kindes- und Jugendalter, gepaart mit zunehmender Fehlernährung und einem in der Folge erhöhten Körpergewicht« eingeschätzt werden (KLAES u. a., 2000, S. 4). Da es derzeit noch an hinreichend flächendeckenden bzw. repräsentativen Untersuchungen fehlt, muss die wissenschaftliche verläßliche Klärung dieser und damit verbundener Probleme vorerst der weiteren Forschung und wissenschaftlichen Aufarbeitung vorbehalten bleiben.

6.1. Neugeborenenalter (Geburt bis 3. Lebensmonat)

6.1.1. Der motorische Entwicklungsstand

Der Mensch wird *motorisch* weitgehend unentwickelt geboren. Er ist nicht in der Lage, sich selbstständig mit seiner Umwelt auseinanderzusetzen. Das Neugeborene kann noch nicht den Kopf heben und ist lediglich fähig, ihn in der Rücken- oder Bauchlage ein wenig zur Seite zu drehen. Selbst die Koordination beider Augen und der Augenlider ist oft nicht vorhanden. Es bedarf der vollen Pflege und des Schutzes durch seine mitmenschliche Umwelt.

Von den *angeborenen Bewegungen* sind als wichtigste zu nennen: das Atmen, das Schreien, das Saugen und das Schlucken. Hierbei handelt es sich um *unbedingte Reflexe*, die lebensnotwendig sind. Außer diesen Reflexbewegungen zur Sicherung des Lebens gibt es noch einige andere, die vor allem Schutzreflexe für die Augen und die Atmungsorgane darstellen (z. B. der Lidschutzreflex, der Husten- und Niesreflex).

Im Wachzustand führt das Neugeborene fast ausschließlich solche Bewegungen aus, die wir als *ungerichtete Massenbewegungen* bezeichnen (PEIPER, 1964). Es sind eigentümlich ungeordnete, krampfhaft-eckige »Fuchtelbewegungen« der Arme und Strampelbewegungen der Beine. Sie erfassen jeweils beide Körperseiten und vollziehen sich hauptsächlich in den größeren Körpergelenken (Schultergelenke, Hüft- und Kniegelenke). Das daran beteiligte Muskelgebiet ist sehr ausgedehnt. Letztlich wird der gesamte Körper beteiligt, sodass die Bezeichnung »Massenbewegungen« berechtigt ist. Ungerichtet sind diese Bewegungen, weil ihnen im Unterschied zu der folgenden Entwicklungsphase die Zielbezogenheit fehlt.

Neben den ungerichteten Massenbewegungen sind bei Neugeborenen meist noch eigenartige *Wischbewegungen* der Arme vor dem Gesicht zu beobachten, die mit Streck-, Beuge- und Spreizbewegungen der Finger verbunden werden. Sie erfolgen in ähnlicher Form auch mit den Beinen beziehungsweise Zehen. Man nennt diese Bewegungen »athetotische Bewegungen«. Sie werden mit geringerer Kraft und wesentlich langsamer als die Massenbewegungen ausgeführt.

Zur motorischen Ausstattung bei der Geburt gehören eine Vielzahl weiterer Reflexe, die entwicklungsneurologisch unterschiedlich bedeutsam sind. (Vgl. dazu KELLER/MEYER, 1982) Im vorliegenden Zusammenhang sollen lediglich der Handgreifreflex, der Labyrinthstellreflex auf den Kopf sowie einige lokomotorische Reflexe erwähnt werden.

Der *Handgreifreflex* bewirkt, dass sich die Finger reflektorisch um jeden geeigneten Gegenstand schließen, mit dem die Innenfläche der Hand des Neugeborenen berührt wird. Der Griff ist dabei so fest, dass das Kind an diesem Gegenstand emporgehoben werden kann. Es vermag sich in dieser Stellung manchmal eine Minute und länger zu halten. Dieser unbedingte Reflex stammt aus der Zeit, wo der Säugling als »Tragling« noch die Fähigkeit besaß, sich am Fell der Mutter festzuhalten. Da der Mensch im Verlaufe seiner Evolution sein Haarkleid verlor, wurde der Greifreflex allmählich funktionslos, bildet aber eine der Grundlagen für die Entwicklung des gezielten Greifens.

Der *Labyrinthstellreflex auf den Kopf* ist zum Zeitpunkt der Geburt lediglich andeutungsweise und zumeist nur bei kräftigen Kindern nachweisbar. In seiner motorischen Funktion ist er jedoch außerordentlich wichtig. Bereits wenige Tage nach der Geburt bewirkt dieser Reflex das auffällige Bemühen der Neugeborenen, den Kopf aus der Bauchlage anzuheben und ihn möglichst »normal« (Scheitel oben, Mundspalte waagerecht) einzustellen. Der Labyrinthstellreflex auf den Kopf ist ausschlaggebend für die Fähigkeit des Kindes, sich in den folgenden Monaten aufzurichten und in aufrechter Haltung fortzubewegen.

Zum motorischen Bestand bei der Geburt gehören außerdem einige *Vorformen der Fortbewegung*. Es sind unter bestimmten Versuchsbedingungen auslösbare Schreit-, Steig-, Kriech- und Schwimmreflexe, die jedoch vor Beginn der selbstständigen Fortbewegung wieder verlöschen. Inwieweit sie durch geeignete Bekräftigungen erhalten werden können, ist derzeit nicht sicher bekannt. Experimentalpädagogische Schwimmübungen nach der 6. Lebenswoche mit bemerkenswert guten Ergebnissen verweisen auf eventuelle Möglichkeiten. Andererseits gibt es jedoch keine zwingenden Gründe, die den Erhalt der genannten Reflexbewegungen erfordern würden. Auf eine Darstellung bzw. Erörterung von weiteren Reflexen soll an dieser Stelle verzichtet werden (vgl. auch HOLLE, 1988)

Das Bewegungsverhalten und seine Merkmale bei Neugeborenen sind durch den *Entwicklungsstand des Nervensystems* bedingt. Die bestehenden Unterschiede im Vergleich mit späteren Lebensjahren betreffen vor allem die Feinstruktur und Funktionsweise des Zentralnervensystems. Entsprechende Untersuchungen zeigen, dass vor allem die Faserverbindungen der Nervenzellen noch unentwickelt sind und den Neuriten der Nervenzellen in den verschiedenen Gebieten des Zentralnervensystems die Markumscheidung (Myelinschicht) fehlt.

Damit sind die motorischen Zentren und die Pyramidenbahnen beim Neugeborenen noch nicht arbeitsfähig, und seine Bewegungen werden insbesondere über die Stammganglien (subkortikale Zentren) gesteuert, die ihn lediglich zu unbedingten (angeborenen) Reflexen befähigen. Durch eine zunehmende Entwicklung der Nervenzellen und Vernetzung des Zentralnervensystems ändert sich das Verhalten des Kleinkindes dahin gehend, dass die vorherrschende Reflexmotorik weitestgehend durch Willkürmotorik abgelöst wird.

Auch die Sinnesorgane sind zum Zeitpunkt der Geburt noch unterschiedlich entwickelt und nicht voll funktionstüchtig. Infolgedessen erreichen das Neugeborene generell weniger beziehungsweise nur stärkere Reize. Überschreiten diese die Empfindungsschwelle, reagiert der Säugling mit den ihm eigenen angeborenen Reflexen beziehungsweise mit unspezifischen Gesamtreaktionen in der Form des Schreiens sowie der undifferenzierten und ungerichteten Massenbewegungen.

Zusammenfassend kann festgestellt werden, dass die motorische Ausstattung des Neugeborenen zunächst außerordentlich dürftig erscheint, da sie lediglich angeborene Reflexe und unbedingt-reflektorisch gesteuerte Bewegungen umfasst. Dieser bei Geburt durchaus als gering zu bezeichnende motorische Bestand reicht als Grundlage für die motorische Entwicklung und Existenz völlig aus und muss

aus biologischer Sicht als außerordentlich zweckmäßig betrachtet werden, weil damit die höchstmögliche Funktionssicherheit aller motorischen Prozesse gewährleistet wird.

6.1.2. Die Anfänge der motorischen Entwicklung

Im ersten Vierteljahr seines Lebens schläft das Kind etwa 70 bis 80 Prozent des Tages. In den Zeiten des Wachseins sind hauptsächlich *ungerichtete Massenbewegungen* zu beobachten. Eine wesentliche Weiterentwicklung dieser Bewegungen ist in den ersten 12 bis 14 Lebenswochen nicht festzustellen. Sie werden zwar zunehmend kräftiger und lebhafter, behalten andererseits jedoch ihren krampfhafteckigen, ungeordneten und ungerichteten Charakter.

In der krampfhaft-eckigen Verlaufsform der ungerichteten Massenbewegungen äußert sich eine wesentliche Besonderheit der Bewegungsausführung im Neugeborenenalter. Sie besteht darin, dass die Bewegungen noch nicht fließend und locker ausgeführt werden, sondern – durch einen hohen Muskeltonus gebremst – verkrampft und eckig verlaufen. Auch beim passiven Beugen oder Strecken der Gliedmaßen des Säuglings ist ein größerer Widerstand als bei älteren Kindern oder Erwachsenen zu bemerken.

Diese erhöhte Spannung der Muskulatur wird als *Säuglingsrigidität* (Säuglingssteifheit) bezeichnet. Sie lässt im Verlaufe des 1. Lebensjahres allmählich nach und hängt wahrscheinlich mit der noch nicht vollen Funktionsfähigkeit des Großhirns und der Pyramidenbahnen zusammen (PEIPER, 1964). Die *athetotischen Bewegungen* bleiben zunächst noch erhalten. Sie gehen jedoch in der Häufigkeit ihres Auftretens allmählich zurück. Bei Kindern späterer Lebensjahre oder bei Erwachsenen treten sie nur noch als Folge von Fehlentwicklungen des Gehirns bzw. schwerer Hirnerkrankungen auf.

Die *Greifbewegung* entwickelt sich im ersten Vierteljahr des Lebens nur unwesentlich. Der Handgreifreflex bleibt in dieser Zeit und darüber hinaus erhalten. Im 3. Monat kann beim Anblick eines bestimmten Gegenstandes eine motorische Allgemeinreaktion beobachtet werden, die nach PEIPER in einer »stoßartigen

Affektentladung« durch die beschriebenen Massenbewegungen besteht. Sie führt mitunter zum zufälligen Berühren und reflektorischen Ergreifen des gesichteten Gegenstandes. Zum Ende des Neugeborenenalters beginnt der Säugling damit, zufällig ergriffene Gegenstände zu betasten und mit dem eigenen Körper, zum Beispiel den Gliedmaßen, zu spielen. Dabei sind erste Anfänge einer gewissen Richtungsbestimmtheit der Bewegungen erkennbar, obwohl die Bewegungen im ganzen noch ungeordnet und unbeherrscht sind. Ein bewusst gewolltes und direkt gezieltes Greifen ist vom 1. bis 3. Lebensmonat noch nicht festzustellen (vgl. auch RAUH, 1998)..

In das Neugeborenenalter fallen auch die *Anfänge der Aufrichtung*. Sie beginnen aus der Bauchlage. In den ersten Tagen nach der Geburt sind die Kinder zumeist noch nicht fähig, den Kopf anzuheben, obwohl solche Versuche bereits unternommen werden. Erst im 2. und besonders 3. Lebensmonat geschieht das Anheben des Kopfes aus der Bauchlage immer häufiger und erfolgreicher. Dabei beginnen die Arme den Oberkörper geringfügig zu unterstützen. Der Blick des Kindes bleibt jedoch nach vorn-unten gerichtet. Erst um das Ende des 3. Lebensmonats kann das Kind den Kopf in der Bauchlage für kurze Zeit halbhoch anheben und beim Tragen auf dem Arm aufrecht halten.

Diese ersten Fortschritte in der motorischen Genese sind mit der *Entwicklung des Nervensystems* verbunden. Vom 1. bis 3. Lebensmonat vollzieht sich die Bildung von Neuriten (Nervenfortsätzen) und die Myelinisierung (Markscheidenbildung). Auch die Sinnesorgane des Neugeborenen werden mit Ausnahme des Schmerzsinnes erheblich funktionsfähiger. Für die motorische Entwicklung ist dabei wesentlich, dass die Tätigkeit höherer Abschnitte des Zentralnervensystems zum Ende des Neugeborenenalters ein neues Stadium erreicht. Während bis dahin die Aktionen und Reaktionen des Kindes von subkortikalen Nervenzentren gesteuert wurden, setzt nunmehr zunehmend ihre Steuerung über kortikale Abschnitte des Zentralnervensystems und über die Pyramidenbahn ein.

So fällt zum Beispiel auf, dass sich um die Wende vom 3. zum 4. Lebensmonat neben den subkortikal gesteuerten Massenbewegungen die ersten zielbestimmten Bewegungen zu entwickeln beginnen (spontanes Umwenden von der Rücken- in die Bauchlage, Versuche beidhändigen Greifens). Solche ersten zielbestimmten Bewegungen sind erst möglich, wenn durch das Striatum und durch entsprechende motorische Zentren in der Hirnrinde die Funktion des Pallidum gehemmt wird und die Pyramidenbahnen zu arbeiten beginnen (u. a. HELLBRÜGGE/VON WIMPFFEN, 1977; PICKENHAIN 1996).

6.2. Säuglingsalter (4. Lebensmonat bis Wende 1. Lebensjahr)

6.2.1. Allgemeine Charakteristik der motorischen Entwicklung

Das wichtigste Merkmal der motorischen Entwicklung in dieser Phase besteht darin, dass nunmehr die *Aneignung erster koordinierter Bewegungen* erfolgt. Die hauptsächlichen Ergebnisse der motorischen Genese im Zeitraum des 4. Monats bis etwa zum Ende des 1. Lebensjahres sind:

- gezieltes Greifen,
- aufrechte Haltung,
- selbstständige Fortbewegung.

Insgesamt ist dieser Abschnitt des Säuglingsalters als eine Entwicklungsphase zu kennzeichnen, in der die motorische Genese mit schnellen und augenfälligen Fortschritten im Vordergrund steht. Motorisches Kriterium für seinen Abschluss sind die Anfänge des freien Gehens. Die sprachliche Entwicklung ist dagegen erst in den Anfängen begriffen.

Für die Motorik im Säuglingsalter sind besonders folgende Merkmale wesentlich:

- *cephalocaudale Entwicklungsrichtung,*
- *zentral-peripherer Trend,*
- *kontralaterale Mitbewegungen,*
- *Hypertonie der Muskulatur*

(SCHMIDT, 1977; SCHMIDT-KOLMER, 1984).

Diese Merkmale der motorischen Entwicklung äußern sich teilweise bereits im 1. bis 3. Lebensmonat. Sie werden jedoch erst für die Genese von gerichteten Bewegungen bedeutsam und sollen deshalb im folgenden dargestellt werden.

Die *cephalocaudale Entwicklungsrichtung* äußert sich darin, dass die Genese geordneter Bewegungen vom Kopf ausgeht und fußwärts fortschreitet. Diese Tendenz ist in der gesamten motorischen Entwicklung des 1. Lebensjahres deutlich nachweisbar. Die ersten geordneten Bewegungen sind Bewegungen der Mundregion, der Augen und schließlich des Kopfes. Danach folgen geordnete Bewegungen der Arme, des Rumpfes und zuletzt der Beine. Besonders in der Entwicklung der aufrechten Haltung und der Fortbewegung ist diese cephalocaudale Entwicklungsrichtung deutlich ausgeprägt, indem zum Beispiel die Bewegungen der Arme denen der Beine immer um eine Entwicklungsstufe voraus sind. Ein umgekehrter Entwicklungsverlauf tritt dagegen nicht auf.

Der *zentral-periphere Trend* der motorischen Genese, der vermutlich eine generelle Sequenz motorischer Lernprozesse ist, kommt im Fortschreiten der koordinierten Selbstbewegungen von den größeren, proximalen Muskelgruppen zu den kleineren, distalen Muskeln des menschlichen Bewegungsapparates zum Ausdruck. Im Säuglingsalter ist er besonders deutlich in der Ontogenese der Greifbewegung erkennbar (vgl. Abschnitt 6.2.2.).

Unter *kontralateralen Mitbewegungen* werden widergleiche Bewegungen der jeweiligen Gegenseite des Körpers verstanden. Wenn zum Beispiel eine Bewegung mit dem rechten Arm erfolgt, dann bleibt sie nicht auf diesen beschränkt, sondern der linke Arm führt ebenfalls eine entsprechende Bewegung aus. Diese Mitbewegungen der Gegenseite, die auch die Beine betreffen, sind bei schwierigen Aufgaben oder bei Bewegungen gegen Widerstand auch noch in späteren Jahren festzustellen. In der motorischen Genese des Säuglings sind sie jederzeit nachweisbar. Diese Mitbewegungen der Gegenseite beruhen offensichtlich auf einer Irradiation der Erregungen von den motorischen Nervenzentren der einen Seite zu den entsprechenden Zentren der Gegenseite. Dadurch kommt es zu Innervationen von Muskelgruppen, die kontralaterale Mitbewegungen zur Folge haben.

Die *Hypertonie der Muskulatur* mit ihren Auswirkungen für die Bewegungsausführung wurde bereits als auffälliges Merkmal der ersten Lebensmonate erwähnt. Im Säuglingsalter bleibt sie zunächst erhalten. Sie äußert sich motorisch besonders in der Entwicklung des Greifens und der Fortbewegung. Erst im letzten Vierteljahr des Säuglingsalters ist ein gewisses Nachlassen der Muskelhypertonie erkennbar. Die Bewegungen verlaufen nicht mehr so eckig, ausfahrend, gebremst und verkrampft wie in den Monaten zuvor. Trotzdem sind noch deutliche Anzeichen der erhöhten Muskelspannung zu beobachten; denn über locker und fließend verlaufende Bewegungen verfügt das Kind um die Wende des ersten Lebensjahres noch nicht.

6.2.2. Zu einzelnen motorischen Entwicklungsreihen

Die Entwicklung des Greifens

Voraussetzung für die Entwicklung des gezielten *Greifens* ist die Herausbildung der Koordination von Auge und Hand. Dem muss eine Entwicklung des optischen Analysators vorausgegangen sein, denn Neugeborene können noch nicht einen Gegenstand ihrer Umgebung fixieren. Erst im 3. Lebensmonat werden Gegenstände mit den Augen verfolgt und wenig später erste Versuche im Ergreifen von Gegenständen unternommen. Diese Anfänge des gezielten Greifens im 3./4. Lebensmonat haben einen noch sehr ungeordneten Charakter.

Typisch sind außerdem die zunächst beidhändigen kontralateralen Greifversuche. Die Bewegungen werden noch nicht direkt und zügig auf das Ziel gerichtet, sondern sie erfolgen ruckhaft, stoßartig und ausfahrend. Deshalb wird der erstrebte Gegenstand zumeist noch nicht oder nur zufällig erreicht beziehungsweise durch die ungeordneten und ausfahrenden Bewegungen manchmal sogar weggeschlagen.

Dieses *Anfangsstadium* der gezielten Greifbewegung reicht bis etwa zur Mitte des 1. Lebensjahres. Um diesen Zeitpunkt verlaufen Greifbewegungen zumeist bereits erfolgreich. Das wirklich zielsichere Greifen wird jedoch in der Regel erst zwischen dem 7. und 8. Lebensmonat erreicht (Abb. 6.2.–1/2/3).

Beobachtet man die Greifbewegungen genauer, dann sind deutlich die erwähnten kontralateralen Mitbewegungen erkennbar. Die Gliedmaßen werden zunächst niemals einseitig, sondern immer beidseitig bewegt, indem sich stets der jeweils andere Arm an der Greifbewegung beteiligt. Meist kann anfänglich sogar ein mehr oder weniger kräftiges Mitbewegen der Beine festgestellt werden. Erst allmählich wird auch das einhändige Greifen erworben und die greifend-probierende Hand dabei sichtlich mit den Augen verfolgt.

Auch in der *Form des Zugreifens* ist eine bestimmte Stufenfolge festzustellen. Zunächst greift das Kind lediglich so, dass die Finger den Gegenstand gegen die Handfläche drücken (Klammergriff). Etwa im 10. Lebensmonat ist zunehmend ein scherenartiges Greifen von Daumen und Zeigefinger erkennbar, wobei der Daumen seitlich gegen den Zeigefinger drückt. Erst gegen Ende des ersten Jahres wird der Daumen voll opponiert, das heißt den anderen Fingern gegenübergestellt. Bei diesem zangenartigen Greifen wird der Gegenstand zwischen den Spitzen des Daumens und Zeigefingers beziehungsweise der übrigen Finger festgehalten. Auf dieser Entwicklungsstufe ist vielfach zu beobachten, dass sich die Säuglinge bemühen, kleine Gegenstände (Brotkrumen, Steinchen u. ä.) mit den Fingern zu ergreifen.

Der Weg zur aufrechten Haltung

Die *Ausgangsstellung* für das Erreichen der aufrechten Haltung im Säuglingsalter ist die *Bauchlage*. Sie kann zu Beginn dieser Phase aus der Rückenlage in der Regel noch nicht selbstständig eingenommen werden. Erst in der Folgezeit sind die Säuglinge in der Lage, den Kopf halbhoch anzuheben, ihn für kurze Zeit zu halten und den Oberkörper bei spitzwinklig gebeugten Armen geringfügig zu stützen. Dieser Entwicklungsstand kann als die erste Stufe der Aufrichtung im Säuglingsalter bezeichnet werden. Er wird im Durchschnitt zwischen dem 3. und 4. Lebensmonat erreicht.

In der Folgezeit wird das *Stützen* und *Anheben des Oberkörpers* immer kräftiger und ausgeprägter. Die Säuglinge erreichen allmählich einen Grad der Aufrichtung, bei dem die Arme

Abb. 6.2.–1 bis 3 *Ergreifen von Gegenständen*

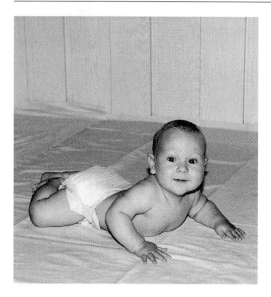

Abb. 6.2.–4 Voll angehobener Kopf mit stützenden Armen

nur noch rechtwinklig gebeugt bleiben und der Oberkörper bereits deutlich von der Unterlage abgehoben werden kann. Dadurch sind die Kinder in der Lage, den Kopf voll anzuheben, ihn aufrecht zu halten und den Blick nach vorn zu richten (Abb. 6.2.–4).
Schließlich erreicht die Kräftigung der Rücken- und der Halsmuskulatur sowie der Streckmuskulatur der Arme einen solchen Stand, dass der Oberkörper mit gestreckten Armen gestützt und der Kopf mühelos in aufrechter Haltung getragen und bewegt werden kann. Dieser Entwicklungsstand wird frühestens zu Beginn des 2. Halbjahres erreicht.
Die nächste Stufe auf dem Wege zur aufrechten Haltung ist das Anziehen der Knie unter den Bauch, das Einnehmen der *Kriechstellung*. Von dieser Haltung aus gelangt das Kind zum *Sitzen*. Im allgemeinen werden Kinder schon kurze Zeit mit Unterstützung gesetzt, ehe sie eigenständig die Sitzstellung einnehmen können. Erst im 4. Vierteljahr setzt sich das Kind aus der Rückenlage über die Seitenlage selbstständig auf.
Das *Aufstehen* erfolgt anfangs aus der Kriechstellung, indem sich das Kind am Laufgitter, am Bettchen oder an anderen Gegenständen festhält und daran hochzieht. Das Greifen ist also Voraussetzung für das selbstständige Aufrichten.
In der Regel erfolgt das Aufrichten vom Kriechen zum Stehen über den *Kniestand*. Später bewältigen Säuglinge das Aufstehen auch aus der Sitzstellung, indem sie sich zum Beispiel am Laufgitter oder an anderen Einrichtungsgegenständen hochziehen (Abb. 6.2.–5/6/7).
Mit Stützung unter den Armen stehen Kinder schon im 6. bis 7. Lebensmonat. Das freie Stehen erwerben sie zumeist im 10. bis 12. Monat. Das Aufstehen ohne Unterstützung oder Festhalten an Gegenständen gelingt dagegen erst nach dem Erlernen des aufrechten Gehens etwa im ersten Viertel des 2. Lebensjahres.
Das *Stehen* des Kleinkindes unterscheidet sich anfänglich von der Haltung des Erwachsenen dadurch, dass das Hüftgelenk noch nicht vollkommen gestreckt ist, auch die Knie gebeugt gehalten werden und der Oberkörper vorgeneigt bleibt. Dieses Anfangsstadium des freien Stehens wird jedoch im Zusammenhang mit der Genese des Gehenkönnens und der Gleichgewichtsfähigkeit in den folgenden Wochen weitgehend überwunden.
In der Stufenfolge des Aufstehens ist der *Labyrinthstellreflex auf den Kopf* von ausschlaggebender Bedeutung.
Durch die Kopfhaltung werden tonische Halsreflexe auf den Rumpf und die Gliedmaßen ausgelöst, die zusammen mit Stützreaktionen in den Armen und Beinen für die weitere Aufrichtung bedeutsam sind.

Das Aufrichten und die aufrechte Haltung sind demnach teilweise durch angeborene Reflexe gesichert, die allerdings erst im Laufe des 1. Lebensjahres voll in Aktion treten. Trotzdem müssen das Aufrichten und die aufrechte Haltung erworben werden. Sie entwickelt sich in der Auseinandersetzung des Kindes mit seiner Umwelt. Besonders die Gleichgewichtserhaltung im Sitzen und Stehen bereitet den Kindern anfänglich deutliche Schwierigkeiten. Sie müssen die dazu notwendige Feineinstellung des Haltungsapparates erst erwerben und festigen. Dabei, sowie in der gesamten Aufrichtung überhaupt, ist die steuernde Rolle des Kopfes von erheblicher Bedeutung. Der Kopf leitet die Bewegungen des Aufrichtens ein. Auch beim Drehen vom Rücken- in die Bauch-

Säuglingsalter

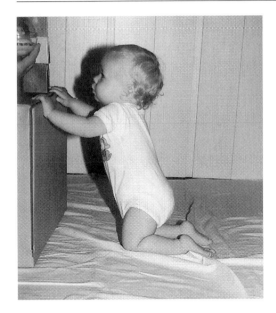
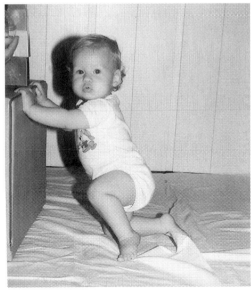
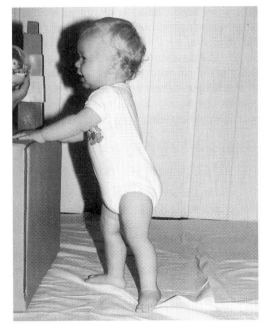

Abb. 6.2.–5 bis 7   Hochziehen aus der Kriechstellung zum Stehen (1;01 Jahre)

lage ist die einleitende und steuernde Funktion des Kopfes deutlich erkennbar. Schließlich ist nicht zu übersehen, dass die Gleichgewichtskorrektur mit entsprechenden Kopfbewegungen beginnt und durch sie gesteuert wird. Diese Steuerfunktion des Kopfes beruht auf dem Labyrinthstellreflex und den sekundär ausgelösten Hals- und Körperstellreflexen (SCHALTENBRAND, 1925, 1926).

Die Entwicklung der Fortbewegung

Sämtliche Formen der selbstständigen Fortbewegung im Säuglingsalter müssen in der tätigen Auseinandersetzung der Kinder mit ihrer Umwelt erworben werden. Die *Aneignung der Lokomotionen* verläuft in einer bestimmten gesetzmäßigen Stufenfolge. Sie führt von den niederen Formen des Krabbelns, Kriechens oder Rutschens zum aufrechten Gehen und steht im engen Zusammenhang mit der Aufrichtung.

Die früheste Form der selbstständigen Fortbewegung ist das *Krabbeln*. Hierzu werden nur die im Ellenbogengelenk etwa rechtwinklig gebeugten Arme eingesetzt, während die Beine lediglich nachschleifen oder ungeordnete Strampelbewegungen ausführen. In den Armen sind anfänglich zumeist gleichzeitige, später unregelmäßig alternierende Zugbewegungen zu beobachten. Sie ermöglichen etwa im 8./9. Lebensmonat eine erste und geringfügige Fortbewegung.

Das nachfolgende *Kriechen* ist gewöhnlich im Zeitraum vom 9. bis zum 12. Lebensmonat festzustellen. Beim Kriechen werden Arme und

 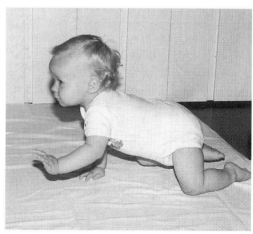

Abb. 6.2.–8 und 9 *Kriechen in gekreuzter Koordination (1;02 Jahre)*

Beine eingesetzt. Die Arme sind gestreckt und auf die Handteller gestützt, die Beine im Hüft- und Kniegelenk etwa rechtwinklig gebeugt. Der Rumpf ist dadurch vom Boden abgehoben. Die Arm- und Beinbewegungen sind anfänglich noch unsicher, langsam, eckig und stockend. Das sicher beherrschte und dabei bemerkenswert schnelle sowie gut koordinierte Kriechen bildet sich meist erst nach dem Erlernen des aufrechten Gehens heraus. Es erfolgt nicht im »Passgang«, sondern stets in der so genannten gekreuzten Koordination (vgl. Abb. 6.–8/9).

Vor dem Gehen ist bei manchen Kindern noch eine weitere Form der Fortbewegung zu beobachten. Sie wird als *Rutschen* bezeichnet. Bei dieser Fortbewegung ist der Rumpf weitgehend aufgerichtet. Die Arme werden nur teilweise zur Unterstützung eingesetzt. Im Sitzen drückt das Kind die Fersen fest auf den Boden. Es holt mit dem Rumpf etwas Schwung und zieht, die Bewegung des Rumpfes ausnutzend, das Gesäß an die Fersen heran. Die Schnelligkeit und Sicherheit dieser Fortbewegung kann erstaunlich groß sein.

Das *Gehen* setzt voraus, dass sich die Kinder selbstständig an Gegenständen hochziehen können. Gelingt es, versuchen die Kinder wenig später, sich ein Stück nach links oder rechts *seitwärts* zu bewegen. So entstehen die ersten plumpen seitlichen Gehschritte. Sie bestehen aus einer steigenden Bewegung des vorderen und einem Nachziehen des hinteren Beines. Die Hände sichern dabei das Gleichgewicht, indem sich die Kinder zum Beispiel am Laufgitter oder an der Bettumrandung festhalten. Dieses seitliche Entlangbewegen an stabilen Gegenständen mit beidhändigem Festhalten, das etwa im 10. Lebensmonat festzustellen ist, wird bald sicherer. Allmählich wagt es das Kind, den Griff einer Hand zu lösen und sich so von Gegenstand zu Gegenstand zu bewegen. Erscheint dem Kind die Entfernung zwischen zwei Gegenständen jedoch zu groß, geht es zu der genetisch früher entstandenen Fortbewegungsart, dem Kriechen, über. Es findet dann ein »ontogenetischer Rückgriff« statt.

In dieser Zeit wird die Entwicklung des Gehens größtenteils durch Erwachsene unterstützt, indem sie das Kind an beiden Händen und wenig später an einer Hand halten. Mit dieser Hilfe gehen die Kinder jetzt auch vorwärts. Der Gang wirkt noch äußerst unbeholfen. Er ist sehr breitspurig, manchmal wird dabei eine Art Nachstellschritt angewendet, indem die Kinder ein Bein stampfend vorsetzen und das andere Bein lediglich nachziehen. Die *ersten freien Schritte* erfolgen zumeist um die Wende des 1. Lebensjahres. Sie werden häufig ausgelöst durch eine solche Entfernung zwischen zwei Gegenständen, dass eine Griffsicherung vorübergehend aufgegeben werden muss. Vielfach veranlassen auch Erwachsene die ersten freien Schritte, indem sie das Kind auffordern, in ihre Arme zu laufen.

Die ersten Schritte gleichen mehr einem Stolpern und Taumeln als einem Gehen. Die Arme dienen fast ausschließlich der Gleichgewichtserhaltung, indem sie seitlich stark angehoben oder fast gestreckt gehalten werden. Die Schritte erfolgen breitspurig, unregelmäßig und stampfend. Ihr Umfang ist klein und das Tempo hastig. Meist sind kaum mehr als zwei bis drei Schritte möglich. Länger können die Kinder ihr Gleichgewicht noch nicht halten, sodass sie sich hinsetzen oder auf die Knie und Hände fallen.

Sind jedoch die ersten Schritte erfolgreich getan, dann versucht sich das Kind mit sichtlicher Freude ständig erneut im Gehen (Abb. 6.2.–10). Es übt sich darin so nachhaltig, dass diese neue Fortbewegung schon nach wenigen Wochen recht sicher ausgeführt werden kann. Trotzdem wird dieser Entwicklungsstand im aufrechten Gehen zumeist erst in den Anfangsmonaten des 2. Lebensjahres erreicht.

In der Entwicklung der Fortbewegung sind bereits bei Säuglingen deutliche *individuelle Unterschiede* möglich. So können die oben beschriebenen Vorstufen des Gehens – das Krabbeln, Kriechen und Rutschen – bei manchen Kindern fehlen. Bei einem großen Teil entfällt besonders das Rutschen, bei einigen auch das Krabbeln und Kriechen. Beim Wegfall des Kriechens wird diese Bewegungsform erst nach dem Gehen erlernt.

Die *Ursachen* für solche Entwicklungseigenarten sind fast immer in den Umweltverhältnissen zu suchen. So werden zum Beispiel die niederen Stufen der Fortbewegung besonders von Kindern übersprungen, die keine oder wenig Gelegenheit erhalten, sich frei auf dem Boden zu bewegen. Andererseits verharren Kinder längere Zeit auf der Stufe des Kriechens und Rutschens, wenn sie sich viel in großen Zimmern mit wenig Gelegenheit zum Hochziehen beziehungsweise Festhalten bewegen und von Erwachsenen eine geringe Unterstützung beim Gehenlernen erfahren.

Die genannten Beispiele sind von prinzipieller Bedeutung. Sie widerlegen eine Auffassung, die besagt, dass für die motorische Entwicklung im Säuglingsalter der Reifungsprozess des Nervensystems bestimmend sei. Nach dieser Ansicht kriecht, sitzt, steht oder geht das Kind jeweils erst dann, wenn die dazu notwendige Funktionstüchtigkeit der steuernden Nervenzentren durch einen inneren Reifungsprozess eingetreten ist (McGraw u. a., 1935; Carmichael, 1946; Gesell, 1952; Peiper, 1964; z. T. auch Clauss/Hiebsch, 1962). Neuere Erkenntnisse verweisen dagegen auf den bereits beträchtlichen Einfluss der sozialen (gegenständlichen und mitmenschlichen) Umwelt während der motorischen Ontogenese im Neugeborenen- und Säuglingsalter (Lewin, 1983; Schmidt-Kolmer, 1984; Michaelis/Erlewein/Michaelis, 1996).

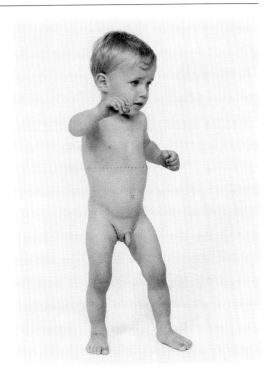

Abb. 6.2.–10 Anfänge der Gehbewegung (1;02 Jahre)

6.2.3. Zusammenfassung

• Im Säuglingsalter vollzieht sich eine *schnelle und augenfällige motorische Entwicklung.* Es bilden sich erste *zielgerichtete Bewegungen* und damit typisch menschliche Handlungen heraus.
• Nach dem Hauptinhalt der motorischen Entwicklung ist die Zeit vom 4. bis etwa zum 12. Lebensmonat als **»Phase der Aneignung erster koordinierter Bewegungen«** zu kennzeichnen.
• Bedeutsame *Entwicklungscharakteristika* der Motorik sind
– die cephalocaudale Entwicklungsrichtung,

- der zentral-periphere Entwicklungstrend,
- die kontralateralen Mitbewegungen und
- die Hypertonie in der kindlichen Bewegungsführung.
- Die *wichtigsten motorischen Entwicklungen* im Säuglingsalter umfassen
- das Erlernen des gezielten Greifens,
- die Aneignung der aufrechten Haltung und
- den Erwerb der ersten selbstständigen Fortbewegungen.
- Innerhalb der einzelnen Entwicklungsreihen sowie im zeitlichen Auftreten bestimmter Aneignungsstufen können *erhebliche individuelle Unterschiede* auftreten, die zumeist auf die gegenständliche und mitmenschliche Umwelt zurückzuführen sind.

6.2.4. Folgerungen für die Förderung der motorischen Entwicklung

Bereits die *tägliche Beschäftigung* mit dem Kind wirkt sich günstig auf seine motorische Entwicklung aus. Sie
- weckt und fördert das soziale Bindungsstreben des Kindes,
- trägt zur Entwicklung seiner Sinne bei,
- bewirkt ein nachhaltiges Bewegen des Kindes entsprechend seinen Möglichkeiten und
- führt damit zur »Übung« und Kräftigung.

Das Drehen und Wenden während der Pflegevorgänge, das Lagern in der Bauchlage, das Aufziehen und Niederlegen an den reflektorisch zugreifenden Händen, vor allem das Strampeln ohne beengende Kleidung sowie das Bad sind geeignet, die motorische Entwicklung der Kinder zu fördern.

Sollten die materiell-technischen Bedingungen gegeben sein, wäre ein »Säuglingsschwimmen« sehr empfehlenswert.

Nicht nur eine breite motorische Entfaltung durch die freie Bewegung im entlastenden Wasser wird möglich, sondern auch die sozialen Kontakte mit der Mutter oder dem Vater bringen Vorteile für die kindliche Entwicklung. So loben nicht nur Sportwissenschaftler die enormen physischen und psychischen Entwicklungsreize, die »Baby- und Kleinkinderschwimmen« mit sich bringen, sondern auch Mediziner sehen darin ein ärztliches Anliegen.

So wurde u. a. nachgewiesen, dass Kinder dadurch kontaktfreudiger werden, ihren Körper besser zu beherrschen lernen und der Skelett- und Bewegungsapparat aus orthopädischer Sicht günstig beeinflusst wird. Dies trifft auch für Kinder zu, deren Entwicklung durch Behinderungen verschiedener Art verzögert wurde und wird. Eine möglichst frühzeitige Stimulierung der Sinne über die spielerische Bewegung im Wasser wirkt sich förderlich auf die Therapie aus. (ZEISS, 1989) In diesen Fällen sollte aber der Kinderarzt konsultiert werden. Mit der Entwicklung der Greifbewegung gewinnen *geeignete Spielgegenstände* zunehmend an Bedeutung. Sie fördern das zielgerichtete Greifen, das Hantieren und Manipulieren mit den Gegenständen und erweitern den Erfahrungsbereich des Kindes. Was dem Kind dabei gereicht wird, ist von untergeordneter Bedeutung. Es braucht nicht nur »Spielzeug« im eigentlichen Sinne zu sein. Geeignete Gegenstände des Haushaltes erfüllen den gleichen Zweck, wenn sie nur hygienisch so beschaffen sind, dass sie auch in den Mund genommen werden können und Verletzungsmöglichkeiten jeder Art ausschließen.

Kündigen sich das *Krabbeln* und später das *Kriechen* an, gehört das Kind *täglich* einige Zeit auf die *Kriech-*»*Wiese*«. Hierzu ist eine nicht zu weiche Unterlage auf dem Fußboden und wiederum geeignetes Spielzeug vonnöten. Unter diesen Bedingungen wird das Kind zum Kriechen angeregt. Für die motorische Entwicklung und körperliche Kräftigung ist diese Fortbewegungsart sehr wichtig und sollte deshalb zielgerichtet gefördert werden. In Verbindung mit dem Kriechen folgen bald erste *Aufstehversuche* an Einrichtungsgegenständen des kindlichen Lebensraumes. Zu diesem Zeitpunkt ist es günstig, wenn dem Kinde eine Krabbelbox mit einer nicht zu weichen Unterlage zur Verfügung steht. Das Kind wird in dieser Umgebung versuchen, sich selbstständig aufzurichten und seine ersten seitlichen Gehschritte zu unternehmen. Darüber hinaus sollte es jedoch immer wieder Gelegenheit erhalten zu kriechen, um seine Fähigkeiten zu erproben und seinen Erfahrungsbereich zu erweitern. Die vorhandenen Reflexe sind insgesamt zu *provozieren* und zu *stimulieren*.

Neben den bisher genannten Anregungen zur motorischen Auseinandersetzung mit der Umwelt sind jedoch die direkte *Hilfe und Unterstützung durch Erwachsene* notwendig. Sie wirken bei dem starken Kontaktbedürfnis des Kindes noch sehr viel stärker als die bestmöglich gestaltete Umgebung des Kindes. Diese Hilfen sind besonders im Zusammenhang mit dem Aufrichten aus der Rückenlage sowie beim Krabbeln und Kriechen notwendig. Auch beim Aneignen des Stehens und vor allem beim Gehenlernen ist eine *maßvolle Unterstützung* der Kinder angebracht. Sie sollte nicht mit der Absicht geschehen, das Kind besonders früh zum Stehen oder zum Gehen zu bringen. Das Kind benötigt lediglich Anregungen und Unterstützungen zur normalen Entwicklung. Dabei ist auch darauf zu achten, dass das Kind nicht durch Anweisungen wie »Pass auf, du stößt dich« oder »du fällst …« verunsichert wird, zumal es diese Bemerkungen noch nicht versteht (KIPHARD, 1987; WINTER, 2002).

Wo jedoch hinreichende Hilfen fehlen oder die sozialen Kontakte zu gering sind, muss mit einer verlangsamten motorischen Entwicklung gerechnet werden. Infolge der engen Kopplung der motorischen mit der körperlichen sowie der intellektuellen Genese wird dadurch zumeist die Gesamtentwicklung des Kindes beeinträchtigt.

6.3. Das Kleinkindalter (Beginn 2. bis Ende 3. Lebensjahr)

6.3.1. Allgemeine Charakteristik der motorischen Entwicklung

Mit der Aneignung des zielgerichteten Greifens, der aufrechten Haltung und besonders der Anfänge des freien Gehens um die Wende des 1. Lebensjahres haben die Kinder einen wesentlichen Abschnitt in ihrer motorischen Entwicklung bewältigt. Bisher waren sie an ihren Lebens- und Bewegungsraum wie z. B. das Bett oder die Krabbelbox gebunden. Nunmehr erweitern sich ihr Gesichtskreis, ihr Erfahrungsbereich und besonders ihr motori-

scher Aktionsradius beträchtlich. Damit sind erheblich gesteigerte Möglichkeiten zur aktiven Auseinandersetzung mit der »größer gewordenen Welt« verbunden. Außerdem werden die Kinder ständig vor neue Aufgaben gestellt, die motorisch bewältigt werden wollen. Hinzu kommen die verstärkten Kontaktmöglichkeiten in der mitmenschlichen Umwelt und die von ihr ausgehenden zahlreichen Anregungen und Hilfen (z. B. durch Eltern, Geschwister, Spielgefährten oder Krippenerzieher).

Im Gefolge dieses neuartigen Typs der Lebensbeziehungen entwickeln die Kinder eine *zunehmende Aktivität* bei der motorischen Auseinandersetzung mit ihrer Umwelt. Sie versuchen und erwerben zahlreiche neue Bewegungsformen, wobei die materiale und besonders die soziale Umwelt mit ihren Möglichkeiten, Anregungen, Hilfen oder gezielten Einwirkungen von ausschlaggebender Bedeutung sind. (SCHMIDT-KOLMER, 1984)

Die *wichtigsten Bewegungsformen*, die sich im Zeitraum vom vollendeten 1. bis zum 3. Lebensjahr ausprägen, bzw. in dieser Zeit neu erworben werden, sind:

– das Gehen, Steigen, Balancieren, Niederspringen, Laufen, Hüpfen und Springen;
– das Kriechen, Wälzen, Rollen, Schieben, Ziehen, Klettern, Hängen und Schwingen;
– das Tragen, die Anfänge des Fangens und verschiedene Formen des *Werfens* wie
  · der einhändige Schlagwurf,
  · der beidhändige Schwungwurf,
  · der Schockwurf,
  · der »Einwurf« über den Kopf sowie auch
  · das Zuwerfen und
  · das Zielwerfen (vgl. Abschnitt 6.3.2.).

Bereits diese Aufzählung zeigt, wie viele und verschiedenartige Bewegungsformen im Vergleich zum vorangegangenen Lebensabschnitt erworben werden. Wir bezeichnen das 1. bis 3. Lebensjahr in motorischer Hinsicht deshalb als »*Phase der Aneignung vielfältiger Bewegungsformen*«.

Die *hauptsächliche Art der motorischen Auseinandersetzung* des Kleinkindes mit seiner Umwelt ist das *Spiel*. Von besonderer Bedeutung für die motorische Entwicklung sind da-

Die motorische Entwicklung des Menschen von der Geburt bis ins hohe Alter

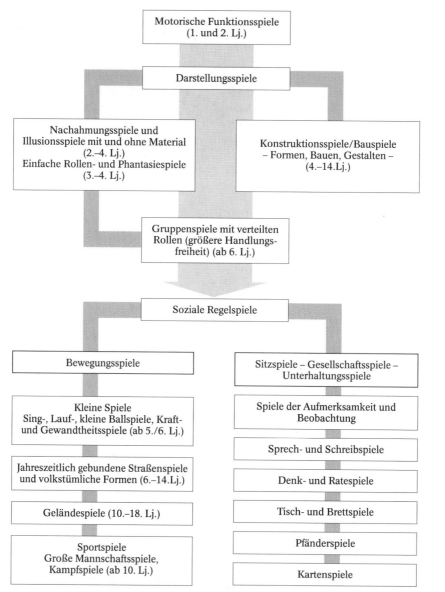

Abb. 6.3.–1. *Bevorzugte Spielarten im Verlauf der Entwicklung des Menschen* (DÖBLER/SCHEIDEREIT. In: STIEHLER/KONZAG, I./DÖBLER, 1988)

bei die so genannten *Funktionsspiele* mit ihrem hohen Anteil lokomotorischer Bewegungsformen (vgl. Abb. 6.3.–1).
Kinder des 1. bis 3. Lebensjahres haben offensichtlich viel Freude am Umherkriechen, Umhergehen und Umherlaufen, ohne damit ein bestimmtes Ziel zu verbinden. Sie ziehen und schieben Spielgegenstände, hüpfen am Ort und in der Bewegung, versuchen sich im Steigen und Niederspringen, im Klettern und Rutschen vorwiegend aus Funktionslust und Freude am Können.
Im 3. Lebensjahr gewinnen neben den Funktionsspielen die *Darstellungs- oder Rollenspiele* an Bedeutung. In ihnen gestalten die Kinder ihre gesellschaftliche Umwelt nach,

indem sie zum Beispiel Mutter und Kind, Einkaufen, Straßenbahnfahren, Arzt und Patient, Kindergarten oder Schule spielen (SCHMIDT-KOLMER, 1984).

Wir erwähnen diese Darstellungs- oder Rollenspiele im Zusammenhang mit der motorischen Ontogenese deshalb, weil sie das soziale Verhalten, die Phantasie, die Sprache und das Denken der Kinder schulen und damit Verhaltensweisen fördern, die für ihre motorische Schulungsfähigkeit von großer Bedeutung sind. Ihr direkter Beitrag zur Ausbildung der Motorik der Kinder ist dagegen geringer als jener einzuschätzen, der durch die Funktionsspiele vermittelt wird.

Die altersspezifischen *Merkmale der Bewegungsausführung* äußern sich im 1. bis 3. Lebensjahr in mehreren und teilweise recht deutlich ausgeprägten Eigenheiten. Auffällig ist, dass die kleinkindlichen Bewegungen in der *Bewegungsstärke gering*, im *Tempo langsam* und im *räumlichen Umfang* zumeist *eng* und *klein* verlaufen. Diese Feststellung gilt besonders für das 1. und 2. Lebensjahr. Bis zur Vollendung des 3. Lebensjahres werden im *Kraftverlauf, Tempo und Umfang* gewisse *Steigerungen* deutlich. Eine grundlegende Veränderung dieser Bewegungsmerkmale setzt jedoch erst um die Wende vom 4. zum 5. Lebensjahr ein. *Schwach ausgeprägt* sind besonders die *Ausholbewegungen* und der *Bewegungsrhythmus*. Die Ausholbewegungen erfolgen zumeist zu klein und flüchtig; *dynamisch* deutliche und *kraftvolle Akzente* im Bewegungsvollzug *fehlen* weitgehend. *Wenig entwickelt* sind außerdem der *Bewegungsfluss* und besonders die Fähigkeit zu elastischer Bewegungsausführung. Die Bewegungen verlaufen in der Regel noch eckig und tapsig. Die *erheblichen Mängel* in der *Bewegungskopplung* werden vor allem im fehlenden Rumpfeinsatz wahrnehmbar. Nicht zuletzt ist für die kleinkindlichen Bewegungen eine *geringe Bewegungskonstanz* typisch. Sie äußert sich besonders in mehr oder minder vielen und ausladenden Nebenbewegungen, die unter dem Aspekt der *Bewegungsökonomie* überflüssig sind. Besonders deutlich können solche Nebenbewegungen zum Beispiel beim Laufen, Hüpfen, Springen und Werfen beobachtet werden.

Die genannten Eigenheiten der kleinkindlichen Bewegungsausführung haben verschiedene *Ursachen*. Auf einige wollen wir kurz verweisen: Der Rhythmus, die Stärke, das Tempo und teilweise der räumliche Umfang der kindlichen Bewegungen ergeben sich vorwiegend aus den Kraftvoraussetzungen sowie dem koordinativen Fähigkeitsniveau. Die gering entwickelte Muskelkraft befähigt die Kinder noch nicht zu wirklich kraftvollen, schnellkräftigen und räumlich ausgeprägten Bewegungen. Außerdem befinden sich die Kinder dieser Entwicklungsphase häufig in der Situation des Probierens und Versuchens, sodass die Bewegungen verhalten und »vorsichtig« ausgeführt werden. Schließlich ist ein entsprechendes Leistungsstreben der Kinder noch nicht bzw. nur in geringer Weise vorhanden. Auch davon werden Rhythmus, Stärke, Tempo und Umfang der kindlichen Bewegungen mitbestimmt.

Die Mängel in den Merkmalen Bewegungskopplung, -fluss, -elastizität und -konstanz bzw. die Nebenbewegungen sind u. a. darin begründet, dass sich ein dynamisch-motorischer Stereotyp als ein festes und zugleich anpassungsfähiges Verteilungssystem von Erregungen und Hemmungen in der Hirnrinde bei den verschiedenen Bewegungsformen erst allmählich herausbildet.

Dennoch ist beim Kleinkind eine zunehmend verbesserte allgemeine Bewegungskoordination zu beobachten. Diese geschieht am Anfang der Aneignung von Bewegungsfertigkeiten über eine eher unvorteilhafte *Fixierung* und Hemmung der unzähligen Freiheitsgrade des bewegten Systems. Mit fortschreitender Qualifizierung des motorischen Lernprozesses wird dieser »*Überschuss*« auf zweckmäßigere und ökonomische Art *überwunden*, was mit einer verbesserten Organisation des Gesamtprozesses einhergeht; die *Umwandlung in ein steuerbares System hat stattgefunden*. Andererseits ist das Niveau der *koordinativen Fähigkeiten* bei Kleinkindern noch gering ausgeprägt, sodass insbesondere bei großräumigen Bewegungen mit Forderungen an die Kopplungsfähigkeit sowie die Gleichgewichtserhaltung vielfach noch Schwierigkeiten auftreten. Dies ist beobachtbar z. B. beim:

- freien Gehen und Laufen,
- freien Steigen und Balancieren und besonders
- Springen, Werfen und Fangen.

6.3.2. Zur Entwicklung einzelner Bewegungsformen

6.3.2.1. Gehen, Klettern, Steigen, Laufen, Springen

Die Entwicklung des *Gehens* vollzieht sich zum großen Teil im 1. Lebensjahr. Die ersten freien Schritte gelingen häufig um das Ende des Säuglingsalters, weshalb wir ihre Merkmale bereits dort dargestellt haben (vgl. Abschnitt 6.2.2.). In der Folgezeit entwickelt sich das freie Gehen sehr rasch.

Schon etwa vierzehn Tage nach den ersten erfolgreichen Versuchen im freien Gehen werden Strecken bis zu zwanzig Schritten weniger stockend zurückgelegt und vielfach mit ersten Richtungsänderungen verbunden. Die Gehbewegungen erfolgen jedoch noch breitspurig, unelastisch und stampfend. Die Arme sind immer in Bereitschaft, das gefährdete Gleichgewicht zu erhalten.

Bis zum Ende des 3. Lebensjahres werden beträchtliche Fortschritte erreicht. Bei sonst sicherer Beherrschung der Gehbewegungen sind jedoch noch einige Eigenheiten nachweisbar, die erst in der folgenden Entwicklungsphase (4. bis 7. Lebensjahr) allmählich überwunden werden.

Als wesentliche nennen wir: die deutlichen Unregelmäßigkeiten in den räumlichen Ausmaßen, im Gehtempo, in den seitlichen Schwankungen und in der Richtungskonstanz. Bei der Beinarbeit sind eine unvollkommene Streckung, geringe Schrittlänge und hohe Bewegungsfrequenz festzustellen. Außerdem erfolgt die Landung vorwiegend auf der ganzen Fußsohle, weil das »Abrollen« noch fehlt.

Das *Klettern* erfolgt zunächst in der Haltung des Kriechens. Die Arme dienen jedoch nicht mehr nur als Stütze, sondern halten und ziehen den Körper und leisten damit oft eine beträchtliche Arbeit.

Das Aufwärtsklettern wird schon um die Wende des 1. Lebensjahres mit Höhen von etwa 10 bis 30 cm bewältigt. Das Abwärts-

Abb. 6.3.–2   Klettern im 3. Lebensjahr

klettern gelingt nach einigen Versuchen bald nach dem Aufwärtsklettern über den gleichen Höhenunterschied. Im Verlauf des 2. und 3. Lebensjahres wird von den Kindern das Auf- und Abwärtsklettern über etwa hüfthohe Hindernisse zwar noch langsam, jedoch gern und ohne Schwierigkeiten ausgeführt (Abb. 6.3.–2). Mit entsprechender Hilfe oder zumindest Sicherheitsstellung gilt gleiches für Versuche an der Sprossenwand und besonders an geeigneten Klettergerüsten auf Kinderspielplätzen.

Das *Steigen* entwickelt sich während des 2. und 3. Lebensjahres ebenfalls in verschiedenen Stufen. Es beginnt zumeist als Treppensteigen seitwärts mit Nachstellschritten, wobei sich das Kind am Geländer oder an einer Wand mit beiden Händen festhält.

Beim Abwärtssteigen, das in der gleichen Weise ausgeführt wird, tastet es sich mit dem Fuß abwärts und schiebt das Bein an der Stufenkante herunter.

Das freie Steigen im Nachstellschritt ist die nächste Entwicklungsstufe.

Es erfolgt anfangs noch unsicher und stockend. Nach jedem Steigeschritt macht das Kind eine Pause, die dem Ausbalancieren des Körpers dient. Beim Abwärtssteigen ist das tastende Gleiten mit dem Fuß zu beobachten. Außerdem steigt das Kind nach unten stets ängstlicher und langsamer als aufwärts.

Ein freies Aufwärtssteigen im Wechselschritt zeigen die Kinder ab etwa der Mitte des 3. Lebensjahres.

Die Gesamtbewegung erfolgt schon verhältnismäßig sicher und fließend, jedoch unter ständiger optischer Kontrolle und bei Balancebewegungen der Arme.

Das Abwärtssteigen wird zu dieser Zeit noch mit Festhalten oder zumindest im Nachstellschritt ausgeführt.

Das Übersteigen von Zwischenräumen z. B. bei hintereinander aufgestellten kleinen Kästen im Abstand von 5 bis 30 cm gelingt zunächst nur mit Unterstützung durch Handfassung. Das freie Übersteigen kleiner Zwischenräume (etwa 5 bis 10 cm) wird von 2-jährigen Kindern in stockenden Nachstellschritten bewältigt. Das Wechselschrittsteigen (links – rechts usw.) gelingt etwa zur selben Zeit und in der gleichen Art wie das Treppensteigen im Wechselschritt (2 bis 3 Jahre).

Unter *Laufen* verstehen wir allgemein eine Art der Fortbewegung, bei der im Unterschied zum Gehen eine Flugphase auftritt. Solche zunächst kurzen Flugphasen, sind bei gesunden Kleinkindern im Alter von etwa zweieinhalb bis drei Jahren festzustellen (KUČERA, 1978).

Abb. 6.3.–3 Laufen (3;6 Jahre)

Bei diesen Anfängen im Lauf wird der Oberkörper fast aufrecht gehalten, Hüft- und Kniegelenk bleiben leicht gebeugt, die Armbewegungen verlaufen sehr offen und tief sowie räumlich sehr eng und klein. Gleichgewichtsstörungen treten noch häufig auf, sodass entsprechend unregelmäßige, ausfahrende und stabilisierende Bewegungen besonders der Arme zu verzeichnen sind. (Abb. 6.3.–3)

Das *Springen* geschieht zuerst als Niederspringen (Tiefspringen) aus geringer Höhe (Treppenstufe, Kastendeckel 20 cm hoch). Die ersten Versuche werden etwa mit zweieinhalb Jahren unternommen. Sie erfolgen somit zur gleichen Zeit, in der das Kind mit dem Laufen beginnt.

Die Landung wird meist in Schrittstellung und noch wenig elastisch ausgeführt. (Abb. 6.3.–4.) Gegen Ende des 3. Lebensjahres wird auch das Überspringen niedriger Höhen von ebener Erde aus möglich. Dabei werden am Boden liegende oder in geringer Höhe gehaltene Hindernisse (Sprungseil, Stöckchen u. ä.) im kurzen Schlussweit- oder Laufsprung überwunden.

6.3.2.2. Werfen, Fangen und weitere Bewegungsformen

Das *Werfen* und besonders das *Fangen* sind im Zeitraum des 2. und 3. Lebensjahres weitgehend in der Anfangsentwicklung begriffen. Erste Wurfversuche können gegen Ende des ersten Lebensjahres in der Form des Wegwerfens beobachtet werden. Sie erfolgen sehr kleinräumig, ohne eine nennenswerte Ausholbewegung und Einbeziehung des Rumpfes, nur aus dem Arm heraus.

Aus diesem Wegwerfen oder Wegschleudern entwickeln sich bis etwa zum 2. Lebensjahr der beidhändige Schock- und der einhändige Schlagwurf aus dem Stand. Er wird vorwiegend oder völlig aus frontaler Stellung zum Ziel, ohne eine nennenswerte Einbeziehung des Rumpfes und nur als isolierte Armbewegung ausgeführt. Bis zur Vollendung des 3. Lebensjahres sind in dieser Beziehung zumeist keine prinzipiellen Veränderungen wahrzunehmen (vgl. Abb. 6.3.–5/6).

Werfen die Kinder, so beobachten wir zum Ende der Phase den beschriebenen einhändigen Schlagwurf mit seinen erheblichen Unvollkommenheiten oder – bei

Abb. 6.3.–4 Niederspringen (3;6 Jahre)

größeren Bällen – den beidhändigen Schockwurf von unten, den beidhändigen Schwungwurf von der Hüfte aus oder den beidhändigen »Einwurf« über den Kopf.

Zu betonen ist jedoch, dass besonders das Werfen von entsprechenden Betätigungs- oder Übungsmöglichkeiten abhängig ist.

Prinzipiell gleiches gilt für das *Fangen*. Zumeist gehört es nicht zu den bevorzugten und häufiger betriebenen Bewegungshandlungen des Kleinkindes. Es erfordert den »könnenden« Partner, der im Spiel von Kindern dieser Altersstufe noch fehlt. Deshalb bedarf es zumeist der Anregung durch ältere Spielgefährten oder Erwachsene, um Kinder des 2. und 3. Lebensjahres zu Fangversuchen zu veranlassen.

Dazu aufgefordert, gelingt dem Kinde das Fangen eines Balles nur dann, wenn dieser »fanggerecht«, das heißt brusthoch, zielgenau und »weich« zugeworfen wird, da die Kinder noch nicht in der Lage sind, die Flugbahn des Balles zu antizipieren. Gefangen wird dabei in der so genannten Körbchen- oder Schienenhaltung (vgl. Abb. 6.3.–7/8). Nach entsprechenden Fangübungen erwartet das Kind schon wenig später sichtbar den Ball, indem es die Arme dem anfliegenden Ball entgegenstreckt und ihn mit den Händen an der Brust sichert.

Neben dem Fangen und Werfen werden im Kleinkindalter als *weitere Bewegungsformen* erworben:
- das Ziehen, Schieben, Hängen, Schwingen;
- das Wälzen und Rollen sowie
- das Tragen und Balancieren.

Diese Bewegungsformen sollen im Folgenden nur noch kurz und ausgewählt gekennzeichnet werden.

Als früheste der genannten Bewegungsformen ist das *Ziehen* zu beobachten. Es tritt in seinen Anfängen bereits bei Säuglingen als Hochziehen des eigenen Körpers an Gegenständen zum Zwecke des Stehens mit Festhalten auf. Im 2. und 3. Lebensjahr wird es auch beim Erklettern geeigneter Gegenstände der kindlichen Umwelt angewendet (z. B. Stühle, Kinderbett, Bänke, Klettergerüste).

Auch das *Schieben* ist schon sehr früh zu beobachten. Es kann ebenfalls bereits gegen Ende des Säuglingsalters im Zusammenhang mit der Aneignung des Gehens auftreten, indem die Kinder zum Beispiel ihren Kinderwagen, den Schaukelwagen in der Krippe oder ihre Spielkiste vor sich her schieben. Auf dieser frühen Stufe ist allerdings noch die Hilfe Erwachsener notwendig, weil das Tempo und die Richtung des Schiebens noch nicht reguliert werden können. Im 3. Lebensjahr sind die Kinder fähig, sich in der Bauchlage auf ebener und glatter Fläche mit den Armen vorwärts zu ziehen und fußwärts zu schieben. Am besten gelingen diese Zug- und Schubbewegungen auf einer Turnbank. Umfang, Tempo und Fluss der Bewegungen sind dabei noch gering und unregelmäßig ausgeprägt.

Abb. 6.3.–5/6 Werfen im 2. und 3. Lebensjahr

Das *Hängen* ist eng mit der Entwicklung der Grundformen Ziehen und Klettern verbunden. Ein kurzzeitiges Hängen wird etwa gegen Ende des 2. Lebensjahres am kopfhohen Gerät möglich. Bis zum Ende des 3. Lebensjahres kann das Hängen mit den Anfängen des Schwingens (»Schaukelns«) verbunden werden. Dabei ist jedoch Vorsicht geboten, weil der Griff noch nicht sicher und die Muskelkraft gering ist. Die Grifflösung erfolgt unvermittelt und gleichzeitig, sodass bei unaufmerksamer Hilfeleistung unangebrachte, wenn auch zumeist harmlose Stürze möglich sind.

Das *Wälzen* ist als Drehung des Kindes um seine Längenachse, das *Rollen* als Drehen um die Breitenachse zu verstehen. Das Wälzen mit Hochhalte der Arme sowie gestreckten Beinen wird bei entsprechender Hilfe und Anleitung mit etwa 2 Lebensjahren bewältigt. Die Rolle vorwärts gelingt selbstständig in der Regel erst gegen Ende des Kleinkindalters. Vorher sind entsprechende Hilfen notwendig. Eine »runde« und fließende Rollbewegung in den Stand beziehungsweise mehrere Rollbewegungen hintereinander gelingen erst auf dem Wege des weiteren Übens.

Das *Balancieren* basiert auf der motorischen Grundform Gehen und setzt dessen sichere Beherrschung voraus. Mit direkter Hilfe und Sicherung durch Erwachsene versuchen sich Kleinkinder schon recht früh und mit sichtlicher Freude am Balancieren. Das selbstständige Balancieren ohne Hilfeleistung durch Erwachsene ist dagegen erst nach dem vollendeten 2. Lebensjahr zu beobachten.

Die Kinder sind zu dieser Zeit in der Lage, über ein etwa 20 cm breites Laufbrett, das am Boden liegt oder 10 bis 20 cm hochgelegt wird, selbstständig hin-

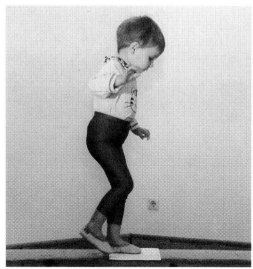

Abb. 6.3.–9   Balancieren über eine Turnbank (3. Lebensjahr)

Abb. 6.3.–7/8   Fanghaltungen im 2. und 3. Lebensjahr

weg zu balancieren. Gegen Ende des 3. Lebensjahres ist es möglich, das Laufbrett auf 30 cm zu erhöhen beziehungsweise eine Turnbank zu benutzen. (Abb. 6.3.–9) Bei größeren Höhen verlangen Kleinkinder in der Regel die Sicherung durch einen Erwachsenen.

Über schmale Unterstützungsflächen zu balancieren wird erst in den folgenden Jahren versucht und gekonnt (LEWIN, 1983; zur Aneignung der vielfältigen so genannte »Alltagshandlungen« vgl. besonders SCHMIDT-KOLMER, 1984, S. 387–411).

6.3.3. Zur Entwicklung motorischer Fähigkeiten

Die Entwicklung motorischer Fähigkeiten wurde für das Kleinkindalter bisher noch nicht mit gleicher Sorgfalt erforscht wie die Genese der Bewegungsformen. Trotzdem sind im Ergebnis umfassender Erfahrungen und gezielter Beobachtungen in der Körpererziehung mit Kindern dieser Altersstufe, als Resultate einiger Forschungsergebnisse sowie entsprechender Beobachtungen zum Spiel der Zwei- bis Dreijährigen die nachfolgenden Feststellungen möglich.

6.3.3.1. Konditionelle Fähigkeiten

Die *Kraftfähigkeiten des* Kleinkindes – Maximalkraft, Schnellkraft und Kraftausdauer – sind noch weitgehend unentwickelt. Diese Feststellung wird verständlich, wenn man berücksichtigt, dass der Muskelanteil am Gesamtvolumen des Körpers der Kleinkinder im Vergleich mit Erwachsenen gering ist und völlig andere Proportionen aufweist. Hinzu kommt, dass sich das Körpergewicht im 2. und 3. Lebensjahr von durchschnittlich 10 auf 15 kg erhöht und damit im Laufe des Kleinkindalters um rund 50 Prozent des Ausgangswertes zunimmt. Das Muskelwachstum erfolgt dagegen nicht mit gleicher Schnelligkeit, sodass ein relativ ungünstiges Kraft-Last-Verhältnis die Folge ist.

Verhaltensbeobachtungen ergeben, dass Kinder dieses Lebensalters zwar mit Vorliebe Gegenstände im Zimmer umhertragen, dabei jedoch ausschließlich leichtere Gegenstände bevorzugen. Zum Klettern und Steigen, Springen und Werfen mangelt es zumeist an ausreichenden Möglichkeiten.
Demnach fehlen dem kleinkindlichen Spiel noch weitgehend nachhaltig erwirkende Krafttätigkeiten und damit entsprechende Entwicklungsreize.

Auch die *Schnelligkeitsfähigkeiten* der Kinder sind im 2. und 3. Lebensjahr noch wenig entwickelt. Selbst einfache Prüfungen der Reaktionsschnelligkeit ergeben bei Zwei- bis Dreijährigen noch Latenzzeiten von fast 2 Sekunden (MARKOSJAN/WASJUTINA, 1965). Ein schnelleres und situationsbezogenes Reagieren, wie es für sportliche Bewegungshandlungen notwendig ist, liegt noch über dem Leistungsniveau der Kinder.
Auch spezifische Beobachtungen zum Bewegungstempo ergeben, dass die Bewegungsabläufe selbst bei Dreijährigen noch langsam verlaufen und erst bei Vierjährigen und besonders dann bei Fünfjährigen deutlich schneller werden.

Zum Niveau der *Ausdauerfähigkeiten* sind uns bisher keine einschlägigen Untersuchungen an Kleinkindern bekannt geworden.

Verhaltensbeobachtungen im freien Spiel und elterliche Erfahrungen besagen zwar, dass Kinder sehr ausdauernd im Sinne von »zeitlich lange« spielen und selten von sich aus den Wunsch zum Abbruch des Spieles wegen Müdigkeit äußern. Andererseits fällt jedoch der häufige Wechsel der Spieltätigkeit auf, der in natürlicher Weise zu einem wiederholten Belastungswechsel führt, lokale Ermüdungen ausschließt und globale Ermüdung weitgehend hinausschiebt. Außerdem ist im Spiel der Kleinkinder wiederum festzustellen, dass ausdauerentwickelnde Tätigkeiten fehlen oder bestenfalls in der Form schnell wechselnder Kurzleistungen mit geringer Intensität auftreten. Altersspezifische Kennziffern des kardiopul-monalen Systems erlauben zu folgern, dass die Ausdauerleistungsfähigkeit bei Kleinkindern noch gering ist. So sind zum Beispiel die Puls- und Atemfrequenz bereits in Ruhe erheblich höher und ihre Anstiege bei Belastungen wesentlich steiler als in späteren Lebensjahren. Diese Eigenheiten des kardio-pulmonalen Systems verweisen auf vorerst noch gering entwickelte Voraussetzungen für Ausdaueranforderungen. Inwieweit Kinder des 2. und 3. Lebensjahres dennoch auf geeignete Ausdauerbelastungen adaptieren, ist unbekannt, da gesicherte Befunde zum Kleinkindalter nicht vorliegen.

6.3.3.2. Koordinative Fähigkeiten, Beweglichkeit

Die *motorische Lernfähigkeit*, als eine übergreifende koordinative Fähigkeit, lässt sich bei Kleinkindern hauptsächlich durch folgende Bestimmungsaspekte kennzeichnen:
1. Das Lernen beschränkt sich auf einfache Bewegungsformen, deren wichtigste dargestellt wurden.
2. Die im Kleinkindalter erlernten Bewegungen verbleiben im Stadium der Grobform. Ihre Aneignung bis zum Niveau der Feinform ist den Kindern im Allgemeinen noch nicht möglich.
3. Die motorischen Lernprozesse der Kleinkinder basieren sehr stark auf ihrem ausgeprägten Nachahmungsbedürfnis und erfolgen damit vorrangig über den Gesichtssinn. Diese Feststellung gilt besonders für das zweite Lebensjahr. Schon im dritten Lebensjahr gewinnen außerdem zweitsignalische Informationen an Bedeutung.

Die genannten Tatsachen werden verständlich, wenn man bedenkt, dass eineinhalbjährige Kleinkinder nur etwa 30 verschiedene Wörter, zweijährige dagegen bereits 200 bis 300 und dreijährige sogar schon 1000 bis 1200 Wörter verstehen (SCHMIDT, H.-D., 1977, HOLLE, 1988). In der Körpererziehung mit Kleinkindern dominiert dennoch die Stimulierungsfunktion der Sprache (z. B. als Impuls, Aufforderung, Ermutigung, Lob o. ä.). An der Verbesserung ihrer Instruktionswirksamkeit muss jedoch rechtzeitig und stetig gearbeitet werden (z. B. richtige Übungsbezeichnungen und Kommandos, anschauliche Bewegungsanweisungen, Hinweise, Bekräftigungen und Korrekturen).

Die *Orientierungs-*, die *Kopplungs-* und die *Umstellungsfähigkeit* sind bei Kleinkindern noch sehr gering entwickelt. Bereits die Kennzeichnung des Kleinkindalters als »*Phase der Aneignung vielfältiger Bewegungsformen*« sowie die Bemerkungen zur motorischen Lernfähigkeit weisen darauf hin, dass diesbezüglichen Anforderungen im Kleinkindalter noch enge Grenzen gesetzt sind. Werden sie gestellt, dann ist leicht erkennbar, dass sich Kinder dieses Lebensalters zumeist noch im Stadium des Probierens und Versuchens befinden.

Wenig entwickelt sind weiterhin die *Differenzierungs-* und die *Gleichgewichtsfähigkeit,* was an den Beispielen Gehen und Laufen, Niederspringen sowie Werfen und Fangen erläutert wurde.
Zur differenzierten Bewegungsausführung fehlen vielfach die kräftemäßigen Voraussetzungen, die Fähigkeit zur elastischen Anpassung an die Widerstände der Umwelt und die dazu notwendige rechtzeitige Antizipation.
Gleichgewichtsanforderungen werden von Kindern des 2. und 3. Lebensjahres gern bewältigt, obwohl ihre *Gleichgewichtsfähigkeiten* noch gering sind.
Bei schwieriger gearteten Gleichgewichtsanforderungen – wie zum Beispiel dem Übersteigen von Hindernissen beziehungsweise direkten Balancierübungen – fordern die Kinder in der Regel den direkte Hilfe oder zumindest die Sicherheitsstellung durch Partner. Außerdem lösen sie die Gleichgewichtsanforderungen noch sehr langsam und vorsichtig.

Der Stand und die Entwicklung der *Beweglichkeit* sind bei Kleinkindern sehr widersprüchlich. Die Beugefähigkeit in den großen Körpergelenken ist außerordentlich hoch und wesentlich besser als in späteren Lebensjahren ausgeprägt (besonders z. B. in den Hüftgelenken). Dem steht jedoch gegenüber, dass die Kinder über eine nur geringe Streckfähigkeit in den meisten Körpergelenken verfügen.
So zeigt sich zum Beispiel beim Schlagwurf, dass der Arm im Schultergelenk kaum über die Senkrechte hinaus zurückgeführt werden kann und die Ausholbewegung infolgedessen sehr klein bleibt. Auch der Rumpf ist noch verhältnismäßig unbeweglich.

6.3.4. Zusammenfassung

• Mit der Aneignung des freien Gehens etwa um die Wende des 1. Lebensjahres erweitert sich der den Kindern zugängliche Erfahrungsbereich erheblich. Der ausgeprägte Bewegungsdrang sowie das Bedürfnis, sich ständig mit der Umwelt auseinanderzusetzen, führen zur Aneignung vielfältiger neuer Bewegungsformen. Deshalb wird das Kleinkindalter entsprechend als »*Phase der Aneignung vielfältiger Bewegungsformen*« gekennzeichnet. Hauptsächlich sind zu nennen: das Gehen, Klettern und Steigen, das Laufen und Springen, das Werfen und Fangen, das Ziehen und Schieben, das Hängen und Schwingen, das Wälzen und Rollen sowie das Tragen und Balancieren.
• Mit der Entwicklung dieser Bewegungsformen ist die Entwicklung der motorischen Fähigkeiten der Kleinkinder untrennbar verbunden. Diesbezügliche Erfahrungen und Beobachtungen führen zu dem Schluss, dass ihre *Entwicklung langsam verläuft* und ihr *Niveau noch niedrig* bleibt.
• In der Entwicklung der Bewegungsformen und der Fähigkeiten werden erstmalig im Leben der Kleinkinder *Sprache* und *Denken* bedeutsam. Dabei stehen die motorische Entwicklung sowie die Sprache und das Denken im engen Zusammenhang und in ständiger Wechselwirkung.
• Für das Bewegungsverhalten der Kleinkinder sind besonders der ausgeprägte *Bewegungsdrang*, das *Probier- und Nachahmungsbedürfnis*, der häufige *Wechsel in der Spieltätigkeit* und das kontaktarme Spielen der Kinder nebeneinander typisch.
• Von den *altersspezifischen Eigenheiten* der Bewegungsausführung sind hervorzuheben:
– die geringe Bewegungsstärke,
– das langsame Tempo,
– der zumeist kleine räumliche Umfang,
– die Mit- und Nebenbewegungen.
Außerdem sind zu nennen:
– der schwach ausgeprägte Bewegungsrhythmus und Bewegungsfluss,
– die geringe Bewegungselastizität und Bewegungskonstanz,

– die beträchtlichen Mängel in der Bewegungs-kopplung, speziell im Rumpfeinsatz.

• Die motorischen Lernprozesse umfassen im Wesentlichen die genannten Bewegungsformen bis zur *Beherrschung der Grobkoordination*.

• Trotz des erheblich zunehmenden Wort-schatzes sind diese Lernprozesse noch *durch geringe Fähigkeiten zur verbalen Informa-tionsaufnahme* und besonders *Informations-verarbeitung* gekennzeichnet.

6.3.5. Folgerungen für die Förderung der motorischen Entwicklung

Eine *grundlegende Folgerung* für die Förde-rung der motorischen Entwicklung der Klein-kinder besteht darin, ihnen *genügend Bewe-gungsraum und Bewegungsfreiheit* zu geben sowie für eine Umgebung zu sorgen, die ihren *Bedürfnissen* entspricht. Zum Laufen und Springen benötigen sie Auslauf; zum Klettern und Steigen, zum Hängen und Schwingen, zum Tragen, Werfen und Balancieren die ent-sprechenden Möglichkeiten. Sind solche er-forderlichen Bedingungen gegeben, ist für eine normale motorische Entwicklung der Kinder bereits viel getan.

Parallel zur Eigenbetätigung und Selbstbefä-higung des Kleinkindes mit den dazu skizzier-ten Erfordernissen ist jedoch die *gezielte Ausbildung* von *koordinativen Fähigkeiten*, *Bewegungsfertigkeiten* und *Bewegungser-fahrungen* als bedeutsam für die »werdende Persönlichkeit« (Kossakowski) zu betrachten. Ihnen ist zunächst der Vorrang gegenüber der konditionellen Vervollkommnung zu geben (Israel, 1976; Winter, 1981). Als *Hauptme-thoden der pädagogischen Führung* haben dabei anfänglich die stimulierend gestaltete Bewegungsaufgabe, das Probieren und Versu-chen der Kinder mit bewegungsführender oder sichernder Hilfe und die verbale Ermun-terung zu gelten. Methodisch ist es wichtig, den *Bewegungsdrang* der Kinder und den *Aufforderungscharakter von Geräten* zu *nut-zen* sowie das *Bedürfnis nach Abwechslung* zu *berücksichtigen*, indem intensiv genug, vielseitig und abwechslungsreich geübt wird. Besonders im 3. Lebensjahr können verstärkt

hinzutreten: das Anschauen erfolgreicher Lö-sungsversuche, ihr probierendes Nachvollzie-hen und verbale Hinweise zur Regulation der Bewegungshandlungen zumeist noch in un-mittelbarer Verbindung von Sprache und be-wegungsführender Hilfe oder anschaulicher Demonstration. Sprachliche Impulse und An-weisungen in kindgemäßer Form sind auch dann zu geben, wenn sie die Kinder noch nicht vollständig verstehen. Sie verstärken den Kon-takt und die Aufmerksamkeit, steigern die Ini-tiative der Kinder und fördern zugleich die sprachliche Entwicklung. Wird rechtzeitig da-mit begonnen, sind bereits Zwei- und beson-ders Dreijährige fähig, kindgemäße Informa-tionen aufzunehmen und entsprechend zu handeln.

6.4. Frühes Kindesalter (Beginn 4. bis 6./7. Lebensjahr)

6.4.1. Allgemeine Charakteristik der motorischen Entwicklung

War die vorangegangene Entwicklungsphase besonders durch die Aneignung vielfältiger Bewegungsformen gekennzeichnet, so beste-hen die Haupttendenzen der motorischen Ent-wicklung zwischen dem 4. und 7. Lebensjahr in der *beträchtlichen Vervollkommnung der Bewegungsformen sowie in der Aneignung erster Bewegungskombinationen*.

Die rasche *Weiterentwicklung der kindlichen Bewegungsformen* äußert sich vor allem in *drei Richtungen*; sie manifestiert sich

• als schnelle quantitative Leistungssteigerung,

• als deutliche Qualitätsverbesserung und vor allem auch

• als beträchtliche Zunahme der variablen Verfügbarkeit der Bewegungsformen, das heißt ihrer Anwendungsfähigkeit in unterschiedli-chen Situationen beziehungsweise bei unter-schiedlichen Aufgaben. In welchem Maße diese Feststellungen zutreffen, soll in Tabelle 6.4.–1 exemplarisch verdeutlicht werden. Wir beschränken uns dabei auf die vergleichende Betrachtung einiger ausgewählter Untersu-

262   Die motorische Entwicklung des Menschen von der Geburt bis ins hohe Alter

Tabelle 6.4.–1   Vergleichende Betrachtung einiger ausgewählter Untersuchungsergebnisse von Jungen des 4. und 7. Lebensjahres

Merkmal	4. Lebensjahr	7. Lebensjahr	Anmerkung
• **40-m-Lauf**	16,6 s	9,8 s	Steigerung auf 169 %
• **Standweitsprung**	47,8 cm	116,7 cm	Steigerung auf 244 %
• **Weitwurf**	3,79 m	12,90 m (POPOV, 1971)	Steigerung auf 340 %
• **Weitwurf (qualitativ)**	• Schlagwürfe – ohne Körpereinsatz – aus frontaler Stellung	• Schlagwürfe – mit Anlauf, Kreuzschritt(en) oder – »Zwischenhopser« (MEINEL, 1960, BLUME, 1966)	
• **Fangen**	• Fangen – ohne deutliche Antizipation, – nur im brusthohen Bereich – bei genauem Zuspiel • Kombination aus Fangen und Werfen gelingt noch nicht	• Fangen – frei im kopf- bis hüfthohen Bereich, – bei entsprechender Antizipation • Kombination aus Fangen und Werfen gelingt (LEWIN, K., 1971)	
• **Springen**	• Standweitsprung • Niedersprünge • Überspringen am Boden liegender Geräte (Sprungseil, Stab, Reifen u. ä.)	• Fortgesetzte Schrittsprünge, • Weit- und Hochsprünge mit Anlauf (Höhe etwa 50 cm) • Dreierhop- und Mehrfachsprünge • Kombination Anlauf-Stützsprung, • Freizeitspiele im Springen u. a. (WINTER, 1961; KELLER u. a., 1982)	

chungsergebnisse bei Jungen des 4. beziehungsweise 7. Lebensjahres in Durchschnittsangaben. Die darin zum Ausdruck kommenden Sachverhalte treffen im Wesentlichen auch für Mädchen zu, da die geschlechtsspezifischen Unterschiede bei Vorschulkindern geringfügig sind.

Besonders deutlich äußert sich die Vervollkommnung verschiedener Bewegungsformen auch darin, dass nunmehr einige zu *Bewegungskombinationen* verbunden werden können. Bei ungeschulten Kindern bleiben es jedoch zumeist solche, die mit dem Gehen und Laufen verknüpfbar sind.

Solche Kombinationen sind:
• das Gehen verbunden mit Ziehen, Schieben, Tragen;
• Gehen oder Laufen kombiniert mit Prellen, Hochwerfen und Wiederfangen des Balles;
• Gehen, Laufen und Hüpfen im Wechsel; Gehen und Laufen in Verbindung mit Steigen, Klettern, Balancieren oder Springen sowie teilweise auch Werfen und andere.

Erfolgt dagegen eine intensivere sportliche Ausbildung, so erwerben Kinder zwischen 5 und 7 Lebensjahren bereits Bewegungsformen und -kombinationen, die erheblich über die bisher genannten hinausgehen. Diese Kinder können dann grundlegende Techniken im Sportschwimmen und Wasserspringen, Eiskunst- und Rollschuhlauf, Gerätturnen und Skilauf erlernen. Dabei sind gegen Ende des Vorschulalters bereits Kombinationsleistungen möglich, die etwa 3 bis 5 verschiedene Bewegungsformen in sukzessiver Ausführung umfassen (LEWIN, K., 1971). Die Vervollkommnung vielfältiger Bewegungsformen sowie die Aneignung erster Bewegungskombinationen sind demzufolge bei trainierenden Kindern vor allem dadurch gekennzeichnet, dass der »Bewegungsschatz« umfassender und die Schwierigkeitsgrade verfügbarer Bewegungsformen und -kombinationen deutlich höher als bei nichttrainierenden Kindern sind.

In der *Bewegungsausführung* ist das frühe

Kindesalter, vielfach auch als Vorschulalter bezeichnet, bei sportmotorischen und anderen Bewegungshandlungen keine ganz einheitliche und in sich geschlossene Entwicklungsphase. Die Dreijährigen zeigen noch weitgehend jene Eigenheiten der kleinkindlichen Bewegungsausführung, die bereits ausführlicher dargestellt wurden (vgl. Abschnitt 6.3.2.). Deutliche Veränderungen sind zumeist erst etwa um das 5. Lebensjahr wahrscheinlich im Zusammenhang mit dem sich abzeichnenden *ersten Gestaltwandel* festzustellen (VOGT, 1978).

Die kindliche Bewegungsausführung wird in dieser Zeit und danach sichtlich *kraftvoller* und im räumlichen *Umfang größer*. Auch ihre Bewegungsstruktur, der Bewegungsrhythmus, die Bewegungskopplung und die Bewegungselastizität verbessern sich deutlich. Besonders die im täglichen Spiel oder durch Schulung entwickelten Bewegungsformen werden vielfach schon recht sicher und in guter Koordination beherrscht. Mängel beziehungsweise Unsicherheiten zeigen sich allerdings noch recht schnell, sobald »alltagsfernere« und weniger geübte Bewegungsformen gefordert werden (UNGERER, 1967). Stärkere Unvollkommenheiten sind zumeist noch bei Bewegungskombinationen festzustellen. Sie betreffen in der Regel besonders die Bewegungsstruktur, speziell die Zwischenphasen, den Bewegungsrhythmus und Bewegungsfluss sowie die hinreichende Antizipation der jeweiligen Nachfolgehandlung.

Die skizzierten Vervollkommnungstendenzen und Eigenheiten der Bewegungsausführung korrespondieren mit der Herausbildung der *motorischen Fähigkeiten*. Die in jüngerer Zeit verstärkten Forschungen dazu verweisen darauf, dass die rasche Entwicklung grundlegender Bewegungsformen und die Aneignung von Bewegungskombinationen sowie die deutlichen Fortschritte in der Ausführungsregulation offenbar korrelieren mit:

1. einem bemerkenswerte Niveauanstieg in nahezu allen koordinativen Fähigkeiten. ROTH; WINTER (2002) kennzeichnen ihn hochverallgemeinert als einen »...weitgehend linearen Anstieg« (S. 98);
2. besonders deutlichen Fortschritten in der Reaktions- und Gleichgewichtsfähigkeit, der Rhythmisierungs- und Differenzierungsfähigkeit sowie der Kopplungs- und Antizipationsfähigkeit (Vogt, 1978; G. Ludwig, 2002)

Ähnlich deutliche Entwicklungen betreffen die Genese einiger *konditioneller Fähigkeiten*. Zu nennen sind besonders die bemerkenswerten Anstiege
- der *aeroben Ausdauerfähigkeit (Grundlagenausdauer*,
- *bestimmter Komponenten der Schnelligkeit* (besonders einfache Reaktions-, Frequenz- und Aktionsschnelligkeit) sowie
- der ansteigenden Fähigkeit zu *schnellkräftigen Bewegungen*, sofern bei letzteren die äußeren Widerstände gering bleiben.

Offensichtlich *geringe Zuwachsraten* sind dagegen zu konstatieren in der
- Entwicklung der *anaeroben Ausdauerfähigkeit* sowie bei solchen
- *Kraftanforderungen*, die mit *höheren* äußeren *Widerständen* verbunden sind beziehungsweise Maximalkraftanforderungen umfassen (vgl. Abschnitt 6.4.3.1.).

Mit den zuletzt genannten Einschränkungen darf *zusammenfassend* festgestellt werden: Das frühe Kindesalter ist insgesamt eine Phase der *raschen motorischen Entwicklung*, in der insbesondere die deutliche *Vervollkommnung vielfältiger Bewegungsformen* und die *Aneignung erster Bewegungskombinationen* sowie der damit verbundene *Niveauanstieg koordinativer Fähigkeiten* als dominierende Tendenzen der motorischen Ontogenese des Kindes gelten können.

Wesentliche Ursachen für die rasche motorische Entwicklung der Kinder sind vornehmlich in der für sie typischen »Lebenstätigkeit« (LEONTJEW) zu suchen. Charakteristisch ist besonders das ausgeprägte *Spiel-, Bewegungs- und Betätigungsbedürfnis* der Kinder, das sich durch den vielfältig möglichen Erkenntnis- und Erfahrungserwerb unter anderem ausgesprochen fördernd speziell auch auf die motorische Entwicklung auswirkt.

Vorschulkinder haben zumeist noch stärker und entschieden vielseitiger als Kleinkinder das Bedürfnis, sich ständig und vielfältig zu betätigen. Im Vergleich zum 2. und 3. Lebensjahr nimmt dabei der häufige Wechsel in den Spielhandlungen sowie die rasche Interessenverlagerung allmählich ab. Die Kinder können sich immer anhaltender einer bestimmten Spieltätigkeit widmen. Sie sind im Spiel mit Ernst und Hingabe bei der Sache und resignieren nicht mehr so schnell, wenn sich Schwierigkeiten einstellen.

In diesem Verhalten und gleichermaßen bei sportlicher Betätigung sind deutliche Anzeichen einer gesteigerten Zielstrebigkeit, Beharrlichkeit und Konzentrationsfähigkeit im Verfolgen einer gestellten Aufgabe festzustellen. Diese Aufgabenhaltung ist für die Schulungsfähigkeit der Kinder von erheblicher Bedeutung. Sie gilt im Zusammenhang mit der späteren Einschulung geradezu als ein Hauptkriterium für das »schulreife« Kind (CLAUSS/ HIEBSCH, 1962; HARTMANN, 1998 c).

Wesentlich erscheint ebenfalls, dass mit der Vorschulzeit im Vergleich zum Kleinkindalter eine sich zunehmend *verändernde Altersposition* verbunden ist, die speziell in den Aufgaben der Schulvorbereitung mit steigenden intellektuellen Anforderungen und Verhaltenserwartungen korrespondiert. Im Ergebnis dessen sind unter anderem rasche Entwicklungen von intellektuellen Fähigkeiten festzustellen, die sich motorisch dahingehend vorteilhaft auswirken, dass sich die Kinder immer erfolgreicher denkend und handelnd mit ihrer Umwelt auseinandersetzen können.

Sinnfälliger Ausdruck dieser Tatsache ist unter anderem die rasche Entwicklung der **Sprache.** Im Verlaufe des Vorschulalters beeinflusst sie in ständig zunehmender Weise das motorische Verhalten und motorische Lernen der Kinder. Dreijährige sind in der Regel nur sehr begrenzt in der Lage, auf sprachliche Anweisungen allein, selbstständig und richtig zu reagieren. Sie können lediglich einfache sprachliche Impulse wie zum Beispiel »Fang mich!« – »Hole den Ball!« – »Setzt euch hin!« und ähnliches richtig befolgen. Differenziertere sprachliche Anweisungen werden dagegen nur erfasst, wenn sie mit dem Vorzeigen der geforderten Bewegung oder dem Mitvollziehen der Lehrkraft anschaulich verbunden sind (KELLER u. a., 1982).

Beträchtliche Fortschritte in den sprachlichen Fähigkeiten sind dagegen bei den 5- und 6-jährigen Kindern festzustellen.

Diese Tatsache wird verständlich, wenn man bedenkt, dass sich der Wortschatz der Kinder seit Beginn des Vorschulalters etwa verzehnfacht hat und bei Sechsjährigen bis zu 3000 Wörter umfasst.

Die Kinder sind nunmehr weitgehend in der Lage, den Sinngehalt der Sprache zu erfassen und motorisch weisungsgemäß zu reagieren, sofern die Bewegungsaufgabe klar, eindeutig und dem kindlichen Können gemäß gestellt wird. Dabei muss besonders bedacht werden, dass Sprache und Denken des Vorschulkindes dem Anschaulich-Konkreten verhaftet bleiben.

Nicht zuletzt müssen auch die beträchtlichen *Fortschritte in der körperlichen Entwicklung* dieser Jahre als eine der Ursachen für die rasche motorische Entwicklung genannt werden. Von besonderer Bedeutung ist dabei der so genannte *erste Gestaltwandel*, der sich durchschnittlich etwa zwischen dem 5. und 7. Lebensjahr vollzieht. Das damit verbundene Extremitätenwachstum, der Rückgang des kleinkindlichen Unterhautfettgewebes und die damit verbundene Verbesserung der Kraft-Last-Verhältnisse sind Entwicklungsvorgänge, die sich günstig auf die motorische Leistungsfähigkeit auswirken (GRIMM, 1966 b; VOGT, 1978).

6.4.2. Zur Weiterentwicklung einzelner Bewegungsformen

6.4.2.1. Gehen, Klettern, Steigen, Laufen, Springen

In der Weiterentwicklung der **Gehbewegungen** sind bei Dreijährigen zunächst noch keine wesentlichen Fortschritte erkennbar. Für ungeschulte Kinder gelten demzufolge jene Entwicklungsmerkmale, die wir als Eigenheiten der kindlichen Gehbewegungen zum Ende des 3. Lebensjahres gekennzeichnet haben (vgl. Abschnitt 6.3.2.1.). Deutliche Fortschritte manifestieren sich erst zwischen dem 5. und 7. Lebensjahr. In diesem Zeitraum sind mangelhafte Gehbewegungen nur noch ausnahmsweise festzustellen.

Bemerkenswert ist auch, dass sich die Anzahl der Schritte in der Zeiteinheit deutlich vermindert, während die Schrittlänge gleichzeitig um etwa 10 cm zunimmt. Mit diesem Länger- und Langsamerwerden der Schritte wird die sehr enge, schnelle und »trippelnde« Schrittgestaltung des Kleinkindes zunehmend überwunden. In Verbindung mit raumgreifenden, also kräftigeren, Schritten erfolgt auch ein Abrollen der Füße vom Bodenfassen mit der Ferse bis zum Abdruck mit dem Fußballen in der Streckphase. Durch dieses Abrollen gewinnen die Gehbewegungen des Kindes erheblich an Elastizität.

Die Gehbewegungen erreichen zum Ende der Entwicklungsphase eine Ausprägung, die über längere Jahre hinweg individuell relativ stabil bleibt und erst im Jugendalter erneute Veränderungen erfährt.

Frühes Kindesalter

Abb. 6.4.–1 Klettern am Mattenstapel (3; 6 Jahre)

Das **Klettern** wird von Vorschulkindern sehr gern ausgeübt, weil es in besonders sinnfälliger Weise ihr wachsendes Können und Selbstvertrauen demonstriert. Klettergeräte auf den Kinderspielplätzen gehören zu den am meisten benutzten Einrichtungen, und auch andere Klettermöglichkeiten in der Umwelt des Kindes haben einen starken Aufforderungscharakter.

In der Entwicklung des Kletterns sind bei Dreijährigen zunächst noch keine deutlichen Fortschritte bemerkbar. Sie überwinden bauchhohe Hindernisse noch relativ langsam, »vorsichtig« und mit Sichtkontrolle. Die gleiche Ausführungsart ist beim Aufwärts- und Abwärtsklettern am Klettergerüst oder an einem Mattenstapel zu beobachten (Abb. 6.4.–1).

Deutliche Fortschritte sind dagegen bei den Fünf- und Sechsjährigen erkennbar. Ihre Klettergewandtheit hat sich inzwischen so ver-

Abb. 6.4.–2 Klettern am Mattenstapel (6 Jahre)

Abb. 6.4.–3/4 Laufen (5;4 und 6;5 Jahre)

bessert, dass sie brusthohe Hindernisse schnell und beherzt überwinden. Sofern das Überklettern solcher Hindernisse geübt wurde, werden sie aus dem Stand oder mit Anlauf angesprungen, wobei die Arme den Körper halten und die Beine das Überklettern unterstützen. Auch das Auf- und Abwärtsklettern am Klettergerüst, an der Gitterleiter oder Sprossenwand erfolgt wesentlich zügiger, schneller und koordinierter (vgl. Abb. 6.4.–2).

Darüber hinaus sind manche Kinder gegen Ende des Vorschulalters bereits in der Lage, an der Kletterstange beziehungsweise am Klettertau mit koordinierten Zug- und Schubbewegungen bei Kletterschluss der Beine 2 bis 4 m aufwärts und abwärts zu klettern. Allerdings ergeben sich dabei beträchtliche individuelle Unterschiede, die vom Nichtkönnen bis zum gewandten Klettern über die angegebenen Durchschnittswerte hinaus reichen (LEWIN, K., 1971; KELLER u. a., 1982).

Beim **Steigen** sind Kinder des 4. Lebensjahres zumeist fähig, Treppen im langsamen Wechselschritt zu bewältigen. Die Arme werden dabei noch deutlich zur Aufrechterhaltung des Gleichgewichtes eingesetzt (halbhohe Seithalte der Arme). Steilere Treppen und höhere Treppenstufen ersteigen Dreijährige noch im Nachstellschritt oder mit Festhalten. Gleiches ist im Abwärtssteigen zu beobachten, das außerdem noch längere Zeit langsamer, zögernder und weniger fließend als das Aufwärtssteigen ausgeführt wird. Drei- bis Vierjährigen können Bewegungsaufgaben gestellt werden, bei denen sie Hindernisse und Zwischenräume bis zu 30 cm Höhe beziehungsweise Weite steigend bewältigen müssen.

Das Bewegungstempo ist dabei langsam, der Bewegungsumfang groß und die Bewegungselastizität beim Absteigen recht mangelhaft. Fünf- und Sechsjährige sind nach einiger Übung in der Lage, Hindernisse mit gleichen oder wechselnden Höhen und Abständen von 20 bis 50 cm im Wechselschritt zu übersteigen. Bei entsprechender Übung ist eine Temposteigerung bis zu Schrittsprüngen mit variierten Anforderungen möglich (LEWIN, K., 1975). Dieser Entwicklungsstand wird jedoch nicht von allen Kindern erreicht. Selbst bei Schulanfängern muss noch etwa ein Drittel der Kinder erst an solche Forderungen herangeführt werden.

Im 4. Lebensjahr ist in der Entwicklung des **Laufens** erst bei etwa 30 Prozent der Kinder eine gute Koordination der Arm- und Beinbewegung festzustellen. Auffallend sind besonders die unregelmäßigen, kurzen und »stampfenden« Beinbewegungen sowie die räumlich kleinen, abgespreizten und unregelmäßig-balancierenden Armbewegungen. Angesichts dieser Unvollkommenheit ist es erstaunlich, wenn der Anteil gut koordinierter Laufbewegungen im 5. Lebensjahr bereits auf 70 bis 75 Prozent ansteigt und ein Jahr später mehr als 90 Prozent beträgt (LEWI-GORINEWSKAJA, 1955).

Auch andere Merkmale der Laufbewegungen bezeugen ihre erhebliche Vervollkommnung zwischen dem 5. und 7. Lebensjahr. Von besonderer Bedeutung ist die beträchtliche Zunahme der Schrittlänge, die sich bei nur geringfügig ansteigender Schrittfrequenz vollzieht. Sie ist die Folge entsprechend verstärkter Abstoßimpulse in der Streckphase und einer erheblich zunehmenden Hubhöhe des Oberschenkels.

Auch die Laufgeschwindigkeit und Laufgewandtheit verbessern sich bei 5- und 6-jährigen Kindern außerordentlich schnell (Abb. 6.4.–3/4). Die jährlichen Zuwachsraten sind bis in das mittlere Kindesalter hinein die höchsten während der gesamten Kindheit und Jugend.

Die Weiterentwicklung des *Springens* verläuft bei Drei- bis Sechsjährigen ohne eine entsprechende Schulung relativ langsam und formenarm.

Im ungeleiteten Spiel werden nach unseren Beobachtungen eigentlich nur das Niederspringen und Hüpfspiele wie »Himmel und Hölle« sowie »Gummihopse« häufiger betrieben. Gelegentlich kann man auch das beid- oder später einbeinige Hüpfen am Ort und in der Vorwärtsbewegung sowie das Galopphüpfen vorwärts und seitwärts beobachten.

Um so mannigfaltiger und schneller kann dagegen die Entwicklung verlaufen, wenn den Kindern eine entsprechende Schulung zuteil wird; denn sie *springen ausgesprochen gern*. Dabei sind stärkere Fortschritte allerdings erst bei den Vierjährigen und besonders Fünf- und Sechsjährigen festzustellen (vgl. Abb. 6.4.–5). Im 5. und 6. Lebensjahr können der Schlussweitsprung aus dem Stand sowie der Weit- und Hochsprung mit Anlauf und markierter Absprungzone geübt werden. Darüber hinaus liegen einfache Stützsprünge und Sprungfolgen an Kästen Bänken oder Schwebebalken sowie rhythmisch gestaltete Formen des Hüpfens im Bereich des motorischen Leistungsvermögens geschulter Kinder dieser Altersstufe (KELLER u. a., 1982).

6.4.2.2. Werfen, Fangen und weitere Bewegungsformen

Die *Formen des Werfens* verändern sich im 4. Lebensjahr gegenüber dem 3. nur wenig. Es herrschen vor:

Abb. 6.4.–5 *Weitspringen im 6. Lebensjahr*

Abb. 6.4.–6 *Werfen (5;4 Jahre)*

- der Schlagwurf,
- der einhändige Schockwurf von unten,
- der beidhändige Schwungwurf von der Hüfte aus,
- der beidhändige »Einwurf« über den Kopf (je nach der Größe des Wurfgerätes).

Dieser Entwicklungsstand verändert sich im 4. Lebensjahr nur unwesentlich. Nach wie vor unterbleiben der zweckmäßige Rumpfeinsatz, die fließende Verbindung von Aushol- und Abwurfbewegung und das nach Wurfweite und -höhe beherrschte Werfen.

Stärkere Fortschritte sind erst in den folgenden Jahren festzustellen, wobei sich *erhebliche Unterschiede zwischen Jungen und Mädchen ergeben*.

Beim Weitwerfen von kleinen Bällen dominiert eindeutig der Schlagwurf (SCHREITER, 1963a; VOGT, 1978). Vierjährige Jungen werfen dabei vielfach schon aus der Schrittstellung und unter Einbeziehung des gesamten Körpers. Gleichaltrige Mädchen erreichen dagegen nur eine Schlagwurfbewegung, die sich aus frontaler Stand- oder leichter Schrittstellung vorwiegend auf den Einsatz des Oberkörpers beschränkt.

Zwischen 5 und 7 Jahren wird von den Jungen in den meisten Fällen das Werfen mit Rumpfeinsatz, gekreuzter Koordination oder einem »Zwischenhopser« gelernt. Die fließende Verbindung von Anlauf und Wurf gelingt dagegen nur vereinzelt. Sie wird selbst in späteren Jahren zumeist erst im Ergebnis einer entsprechenden Schulung erworben (BLUME, 1966). Besonders Mädchen bleiben häufig auf dieser Entwicklungsstufe stehen, sofern keine weitere Schulung erfolgt (Abb. 6.4.–6; SCHREITER, 1963a).

Zum **Fangen** ist zu bemerken, dass Dreijährige die »Schienen-« oder »Körbchenhaltung« der Kleinkinder allmählich überwinden und eine erhöhte Fangbereitschaft erkennen lassen. Die Arme werden dem fliegenden Ball entgegengestreckt, die Handteller dem Balldurchmesser entsprechend zueinander gestellt und die Finger leicht gespreizt. Mit dieser »Zangenhaltung« wird der Ball aus der Luft »gegriffen« und sichernd an den Körper gezogen. Dabei federn die Kinder zunehmend im Hüft- und Kniegelenk, um eine »weiche« Annahme des Balles zu ermöglichen. Er muss jedoch möglichst genau, das heißt etwa brusthoch zugespielt werden, da die Antizipation noch wenig entwickelt ist. Fünfjährige sind zumeist in der Lage, geringe Abweichungen im Zuwurf nach der Seite sowie nach oben oder unten durch entsprechende Bewegungen auszugleichen, sofern sie über Umgangserfahrungen mit dem Ball verfügen.

Geübte Kinder können die Flugbahn des Balles bereits rechtzeitig und richtig vorausnehmen

Abb. 6.4.–7 Ballantizipation und Fanghaltungen bei Sechsjährigen

und ihre Fangbewegungen darauf abstimmen (Abb. 6.4.–7). Damit ist die wesentliche Voraussetzung für ein erfolgreiches *freies Fangen* erworben. Dieser Entwicklungsstand wird mit etwa 6 Jahren erreicht. Die Fähigkeit zur raschen und fließenden Verbindung des Fangens mit dem nachfolgenden Werfen (Bewegungskombination) erwerben allerdings erst etwa 10 Prozent der 6- und 7-jährigen Kinder (DÖBLER, 1961).

Im frühen Kindesalter entwickeln sich außer den bisher dargestellten einige *weitere Bewegungsformen*. Bei sportlich nichttrainierten Kindern handelt es sich in der Regel um keine grundlegend neuen, sondern vorrangig um die Differenzierung solcher Bewegungsformen, die bereits im Kleinkindalter in der Anfangsentwicklung begriffen waren. Infolgedessen sind abermals zu nennen: das Ziehen, Schieben, Hängen und Schwingen, das Wälzen und Rollen, das Tragen und Schlagen sowie das Balancieren. Zu ihrer Entwicklung, ihren Differenzierungen und den ansteigenden Leistungen soll hier nichts weiter ausgeführt werden.

Werden Vorschulkinder gezielt geschult, ist die Vermittlung von grundlegenden Techniken in verschiedenen Sportarten möglich. Die Praxis und experimentelle Forschungen beweisen, dass besonders im Schwimmen, Wasserspringen, Eiskunst- und Rollschuhlauf, im Gerätturnen und Skilauf sowie in der Akrobatik bestimmte sportartspezifische Fertigkeiten erfolgreich erworben werden. Allerdings sind dabei nach dem gegenwärtigen Stand der Ausbildungsmethodik längere Lernzeiten als in späteren Lebensjahren und eine sportliche Ausbildung im Einzelunterricht beziehungsweise in kleinen und kleinsten Gruppen erforderlich.

6.4.3. Zur Entwicklung motorischer Fähigkeiten

6.4.3.1. Konditionelle Fähigkeiten

In der Entwicklung der *Kraftfähigkeiten* ergeben sich bei Vorschulkindern im Vergleich mit der vorangegangenen Lebensphase noch keine grundlegenden Veränderungen. Die *Maximalkraft* verbessert sich verhältnismäßig gering, da im Spiel der Vorschulkinder kraftfördernde Tätigkeiten weitgehend fehlen. Auch in der *Kraftausdauer* verfügen nichttrainierende Kinder gegen Ende des frühen Kindesalters zumeist nur über gering entwickelte Fähigkeiten.

Im Durchschnitt sind sie zum Beispiel lediglich fähig, etwa ein bis zwei Klimmzüge im Streckhang oder vier bis sechs Klimmzüge im Schräglegehang auszuführen. Ein rascherer Zuwachs von Kraftfähigkeiten begrenzt sich offensichtlich zunächst noch auf solche *schnellkräftige Bewegungen,* die bei nur geringem äußerem Widerstand erfolgen und damit vor allem als Verbindung von Schnelligkeit und Bewegungskoordination zu deuten sind (vgl. Tab. 6.4.–1).

Günstiger entwickelt sich offenbar die *aerobe Ausdauerleistungsfähigkeit* (Grundlagenausdauer) der Kinder. Nach entsprechenden Befunden (FROLOV u. a., 1976) kann zum Beispiel in den Laufanforderungen bei 60 Prozent der Maximalgeschwindigkeit mit einer durchschnittlichen Steigerung der Laufstrecke von etwa 250 m bei den Dreijährigen auf annähernd 900 m bei den Siebenjährigen selbst dann gerechnet werden, wenn keine spezifische Ausbildung der Laufausdauer erfolgt.

Auch Ergebnisse bei Marathonläufen im frühen und mittleren Kindesalter sprechen für eine hohe Ausprägungsmöglichkeit der aeroben Kapazität des gesunden Kindes. Sie gründet sich offensichtlich auf verschiedenartige günstige biotische Voraussetzungen der Kinder sowie ihre – wo immer möglich – lebhaftvielseitige und umfangreiche Bewegungstätigkeit (vgl. u. a. ISRAEL, 1977).

Bei der Entwicklung von *Schnelligkeitsfähigkeiten* erfolgen bis zum 4. Lebensjahr zunächst nur geringe Entwicklungsfortschritte. Erst ab etwa dem 5. und 6. Lebensjahr sind ausgeprägte jährliche Zuwachsraten bei wesentlichen »Schnelligkeitskomponenten« (BAUERSFELD, M., 1983) festzustellen. Sie betreffen vornehmlich

- die Latenz- beziehungsweise Reaktionsschnelligkeit,
- den Anstieg von Bewegungsfrequenzen (Frequenzschnelligkeit),
- die Schnelligkeit von Einzelbewegungen bei geringen äußeren Widerständen (Aktionsschnelligkeit).

Zu betonen ist jedoch, dass die jährlichen Anstiege der genannten Schnelligkeitskomponenten zwar erheblich sind, jedoch ihr absolutes Niveau bei nichttrainierenden Kindern zunächst noch gering bleibt (MARKOSJAN/WASJUTINA, 1965).

Beträchtlich erhöhte Zuwachsraten im Bereich konditioneller Fähigkeiten sind jedoch erreichbar, wenn den Vorschulkindern eine *gezielte sportliche Ausbildung* zuteil wird. Mit welchen Leistungssteigerungen dabei im Ergebnis einer zweijährigen sportlichen Aus-

bildung gerechnet werden kann, soll die Vergleichsdarstellung von nichttrainierenden und trainierenden Kindern der Altersklasse 6 andeuten, bei deren Interpretation allerdings berücksichtigt werden muss, dass die Trainierenden eine Auslese darstellen, sie bei der Aufnahme des sportlichen Trainings vermutlich bereits höhere Ausgangsleistungen aufwiesen als die nichttrainierenden Kinder (vgl. Tab. 6.4.–2).

Wie die Tabelle 6.4.–2 zeigt, sind die Leistungsunterschiede zwischen Trainierenden und Nichttrainierenden nach der etwa zweijährigen sportlichen Ausbildung bereits beträchtlich. Bemerkenswert ist außerdem, dass sich dabei die Leistungen der Jungen und Mädchen sowohl bei den Nichttrainierenden als auch den Trainierenden zumeist nur gering (in der Regel unsignifikant) unterscheiden. Demzufolge darf im frühen Kindesalter eine geschlechtsspezifisch noch weitgehend ähnliche Leistungsfähigkeit und Trainierbarkeit von konditionellen Fähigkeiten eingeschätzt werden.

6.4.3.2. Koordinative Fähigkeiten, Beweglichkeit

Die Entwicklung von *koordinativen Fähigkeiten* haben wir implizite durch die Darstellung der wichtigsten Bewegungsformen in ihrer Entwicklung vom 4. bis 7. Lebensjahr grundlegend gekennzeichnet. Daraus geht hervor, dass diese sich bei Vorschulkindern erst im Zeitraum des 5. bis 7. Lebensjahres stärker entwickeln. Die Schwierigkeit der Bewegungsaufgabe, die als ein wesentliches Maß ihrer Gesamtausprägung gelten kann, wird in der Regel durch grundlegende Bewegungsformen und deren Differenzierungen sowie erste Bewegungskombinationen umgrenzt. Im Ergebnis einer nachhaltigen sportlichen Ausbildung vom 4. bis 7. Lebensjahr zeigt sich jedoch, dass gegen Ende des Vorschulalters Koordinationsleistungen möglich sind, die teilweise bereits erheblich über dem durchschnittlichen Niveau bei Vorschulkindern liegen.

LEWIN (1975) nennt für 5- bis 6-jährige Kinder zum Beispiel sportliche Bewegungsformen wie Rollen vorwärts und rückwärts, Sprungseilhüpfen, Stützsprünge mit Anlauf, Drehsprünge, Unterschwünge an Reck

Frühes Kindesalter

Tabelle 6.4.–2   Erhöhte Zuwachsraten bei konditionellen Fähigkeiten durch sportliche Ausbildung*

Testmethode	Nichttrainierende		Trainierende	
	Mädchen	Jungen	Mädchen	Jungen
1000-m-Lauf	6 : 47 min	6 : 40 min	4 : 46 min	4 : 40 min
60-m-Lauf	15,7 s	15,3 s	12,9 s	11,4 s
Dreierhop links, rechts (addiert)	2,96 m	2,92 m	7,21 m	7,46 m
Standsprunghöhe (Sprunggürteltest)	16,0 cm	17,0 cm	29,0 cm	29,0 cm
Liegestützbeugen/-strecken (unverkürzt)	4,8-mal	4,4-mal	12,8-mal	13,5-mal
Klimmziehen (Streckhang)	1,3-mal	1,1-mal	9,6-mal	9,9-mal

* *Durchschnittsleistungen von Nichttrainierenden (n = 44) und Trainierenden (n = 80) nach annähernd zweijähriger sportlicher Ausbildung im Eiskunstlauf der Altersklasse 6 (nach PTOCK, 1983, unveröffentlicht)*

und Barren, flüchtige Handstände und andere, die koordinativ von den Kindern bewältigt werden können.

Solche Ergebnisse zeigen, dass die wirklichen Potenzen der Bewegungskoordination in der ungelenkten Bewegungsentwicklung der Vorschulkinder nicht annähernd ausgeschöpft werden (ISRAEL, 1976; WINTER, 1976).

Die Fähigkeit zur *Kombination von Bewegungshandlungen* entwickelt sich im frühen Kindesalter in dem Maße, wie die Kinder die Einzelfertigkeiten, die miteinander verbunden werden sollen, beherrschen und wie ihre Antizipationsfähigkeit zunimmt. Sie umfasst zunächst die Kombination von Bewegungsformen, die mit dem Gehen und Laufen verknüpfbar sind und bereits genannt wurden (vgl. 6.4.2.).

Die *Gleichgewichtsfähigkeit* erreicht bereits gegen Ende des Vorschulalters ein gutes Niveau. Diese frühe und rasche Entwicklung ist verständlich, da die Entwicklung der Gleichgewichtsfähigkeit schon beim Säugling beginnt. In den folgenden Lebensjahren kommt hinzu, dass Gelegenheiten zur Übung des Gleichgewichtes im Spiel einen starken Aufforderungscharakter haben und von den Kindern gern und häufig genutzt werden.

Auch das Fahren mit dem Roller oder – bei Gebirgskindern – das Fahren und sogar Springen mit den Skiern schult die Gleichgewichtsfähigkeit. Ebenfalls ist die bereits sichere und geschickte Beherrschung des zweirädrigen Kinderfahrrades bei Fünf- und Sechsjährigen vielfach festzustellen.

Die Grenzen von Gleichgewichtsleistungen sind im frühen Kindesalter nur dort schnell erreicht, wo Gleichgewichts- mit entsprechenden Mutanforderungen verbunden werden. Dabei zeigen sich ausgeprägte Leistungsminderungen oder Unsicherheiten, die jedoch nicht vorrangig von einem unzureichenden Niveau der Gleichgewichtsfähigkeit zeugen, sondern durch normale und verständliche Selbstschutzreaktionen des Kindes im frühen Kindesalter bedingt sind.

Die *Rhythmisierungsfähigkeit* bildet sich bereits im Kleinkindalter und zunehmend besser im frühen Kindesalter heraus.

Auf einfache und ausgeprägte Rhythmen reagiert das Kind relativ gut mit entsprechenden Bewegungen, zum Beispiel auf leicht – schwer mit Stampfen oder auf Galopp mit entsprechendem Hüpfen im Galoppschritt. Dieses Nachstellhüpfen ist auch im täglichen Leben besonders bei Mädchen zu beobachten, nicht selten im Wechsel mit Laufen und Gehen.

Von den genannten und weiteren koordinativen Fähigkeiten wurde bereits erwähnt, dass sie sich generell im Zeitraum des 4. bis 7. Lebensjahres »intensiv verbessern« und die stärksten Anstiege besonders »zwischen 4;5 und 5;0 Jahren einsetzen (LUDWIG, G., 2002, S. 146). Diese Befunde decken sich grundlegend mit denen von VOGT (1978) und SCHMIDT-KOLMER (1984). Auch die Analysen besonders zur qualitativen Verbesserung elementarer Bewegungsformen und speziell deren deutlich ansteigende variable Verfügbarkeit, erlauben den deduktiven Schluss einer wesentlichen Verbesserung der koordinativen Potenzen im Verlaufe des frühen Kindesalters.

Zur *Beweglichkeit* der Kinder im Vorschulalter sei lediglich bemerkt, dass die Beugefähigkeit in den großen Körpergelenken weiterhin als gut beurteilt werden kann. Die mangelhafte Streckfähigkeit in den Hüft-, Knie- und Schultergelenken sowie die geringe Beweglichkeit des Rumpfes, die bei Kleinkindern festzustellen ist, vermindern sich bis zum Ende des frühen Kindesalters. Infolgedessen ist bei 5- und 6-jährigen Kindern zumeist eine ausreichende Beweglichkeit vorhanden, sodass beweglichkeitssteigernde Übungen bei Vorschulkindern im allgemeinen noch nicht oder nur für spezielle Erfordernisse des Trainings notwendig sind (Koš, 1964; Vogt, 1978).

6.4.4. Zusammenfassung

• Das frühe Kindesalter umfasst das 4. bis 7. Lebensjahr und ist als *Phase der Vervollkommnung vielfältiger Bewegungsformen sowie der Aneignung erster Bewegungskombinationen* zu kennzeichnen. Die Vervollkommnung vollzieht sich als qualitative Verbesserung der Bewegungsabläufe, quantitative Leistungssteigerung und Zunahme der variablen Verfügbarkeit (des Anwendungskönnens).

• Individuell unterschiedliche, zumeist jedoch deutliche Fortschritte sind besonders bei folgenden *Bewegungsformen* festzustellen: Gehen, Klettern und Steigen; Laufen und Springen; Werfen und Fangen; Ziehen und Schieben; Hängen und Schwingen; Wälzen und Rollen; Tragen, Schlagen und Balancieren.

• Erste *Bewegungskombinationen* werden erworben. Ungeschulte oder wenig geschulte Kinder erlernen zumeist jedoch nur solche Bewegungskombinationen, die mit den motorischen Grundformen Gehen und Laufen verbunden werden können. Im Ergebnis einer wirksamen sportlichen Ausbildung sind dagegen entschieden höhere Kombinationsleistungen möglich.

• In der Entwicklung der *konditionellen Fähigkeiten* sind unterschiedliche, bei *koordi-*nativen Fähigkeiten* überwiegend intensive Fortschritte erkennbar.

– Das *absolute Niveau speziell von konditionellen Fähigkeiten* bleibt jedoch bis zum Ende des frühen Kindesalters trotz der Fortschritte noch niedrig, sofern den Kindern keine wirksame sportliche Anregung und Ausbildung zuteil wird.

– Ein relativ gutes Niveau erreichen bei Sechs- und Siebenjährigen in der Regel die *Gleichgewichtsfähigkeit*, die *Beweglichkeit* und (besonders übungsabhängig) die aerobe Ausdauer.

– Das Niveau der *Rhythmisierungs-, der Kopplungs-* und der *Antizipationsfähigkeit* ermöglicht ein effektives Üben, besonders mit Grundformen sportlicher Bewegungen und elementaren Bewegungskombinationen.

• Das *Bewegungsverhalten* ist durch ein sehr ausgeprägtes *Bewegungsbedürfnis* bei gesteigerter *Zielstrebigkeit* und *Beständigkeit* gekennzeichnet. Bedeutsam für die motorische Entwicklung der Vorschulkinder sind außerdem das einsetzende *Leistungsstreben* im Spiel und im Wettbewerb, das weiterwirkende *Nachahmungsbedürfnis* und vor allem die zunehmende *Sprech- und Denkfähigkeit*. Die verbale Informationsaufnahme ist gut schulbar, die Informationsverarbeitung im motorischen Handeln bleibt dagegen noch sehr begrenzt.

• In den altersspezifischen Eigenheiten der Bewegungsausführung ist das Vorschulalter keine einheitliche Phase. Bei Drei- und Vierjährigen sind noch weitgehend die Merkmale der kleinkindlichen Bewegungsausführung feststellbar. Sichtbare Veränderungen ergeben sich jedoch bei den 5- und 6-jährigen Kindern. Die Bewegungen werden im Vergleich zum Kleinkindalter deutlich *kraftvoller, schneller* und *großräumiger*. Auch der *Bewegungsrhythmus*, die *Bewegungskopplung* und die *Bewegungselastizität* verbessern sich erheblich. Unvollkommenheiten sind dagegen häufig im *Bewegungsfluss* und besonders in der *Bewegungskonstanz* festzustellen.

6.4.5. Folgerungen für die Förderung der motorischen Entwicklung

Dem Vorschulkind sind für die Förderung seiner motorischen Entwicklung sowohl das mögliche und notwendige Maß an *Bewegungsfreiheit* zu gewähren als auch *günstige Bedingungen* zu bieten. Im *Elternhaus* sollte es *ausreichend Bewegungsraum* haben und so oft wie möglich Gelegenheit erhalten, sich in geeigneter Umgebung wie zum Beispiel auf dem Kinderspielplatz, beim Baden, Rodeln, Skilaufen usw. motorisch *ausgiebig und vielseitig* zu betätigen. Außerdem muss dem Kind das *Spiel* in der Gruppe ermöglicht werden, da dies seinem starken Geselligkeitsbedürfnis entspricht und ihm zugleich wesentlich mehr motorische Impulse, Anregungen und Beispiele vermittelt, als es durch das Alleinspiel erhalten kann.

In den *Kindereinrichtungen* ist es notwendig, im gesamten Tagesablauf dem starken *Bedürfnis der Kinder nach Bewegung* genügend Rechnung zu tragen. Das *Spiel im Freien* mit entsprechenden Gelegenheiten zum Ballspielen, Klettern, Laufen und Springen sowie Spaziergänge sind für die motorische Entwicklung der Kinder ausgiebig zu nutzen. Bei der Bewegungserziehung in den *Kindertageseinrichtungen und Kindergärten* sowie im *Übungsbetrieb der allgemeinen Sportgruppen* bilden die *grundlegenden Bewegungsformen* das Hauptmittel der sportmotorischen Vervollkommnung. In der *Gestaltung des Übens* für Drei- bis Siebenjährige muss vom

- jeweiligen Können ausgegangen und
- das starke Bewegungsbedürfnis,
- das Verlangen nach Abwechslung,
- das Nachahmungsbedürfnis sowie
- das sich entwickelnde Leistungsstreben

genutzt werden. Diese Ansprüche der Kinder sind in erster Linie durch ein entsprechend *intensives und abwechslungsreiches Üben* mit entwicklungsgemäß steigenden Anforderungen zu befriedigen. Im 5. und 6./7. Lebensjahr können zunehmend auch *Bewegungskombinationen* geübt werden. Außerdem sollten bereits Formen des *wetteifernden Übens*, kleine *Wettkämpfe* und als Höhe-

punkte erste *Sportfeste* gestaltet werden. Die ständig steigende Fähigkeit zur Informationsaufnahme ist zu nutzen und bewusst zu fördern. Die Kinder sind an die grundlegenden *Ordnungsformen* und die *Übungsbezeichnungen* zu gewöhnen. Kindertümliche Bezeichnungen wie zum Beispiel »Purzelbaum« statt »Rolle vorwärts« oder »Pferdchenhüpfen« statt »Galopphüpfen« und ähnliche Übungsbenennungen bedeuten Umwege im Lernen und sollten deshalb unterbleiben. Zunehmend sollten *akustisch-rhythmisierende* Führungsmittel wie zum Beispiel Handklapp, Rahmentrommel und rhythmisch gesprochene Worte angewendet werden.

Bewegungskorrekturen sind auf das unbedingt notwendige Maß zu beschränken, da die Fähigkeiten der Vorschulkinder zur »Umsetzung« solcher Informationen noch begrenzt sind und das intensive und vielseitige Üben im Vordergrund steht.

Bei der *konditionellen Vervollkommnung* ist eine angemessene *Ausdauerentwicklung* anzustreben. Zu betonen sind *schnelligkeits- und schnellkraftfördernde Übungen* in vielseitigen Formen. Auch für maßvolle *beweglichkeitssteigernde Übungen* sind gegen Ende des Vorschulalters günstige Voraussetzungen gegeben.

Im *Nachwuchsleistungssport* ist ein beginnendes *Training* in den Sportarten Eiskunstlauf, Schwimmen, Wasserspringen, Geräteturnen und Skilauf sinnvoll bzw. möglich. Dabei sollte eine *vielseitige allgemeine* bzw. *sportartgerichtete* Grundausbildung erfolgen und ein einseitiges, zu sportartspezifisches Training vermieden werden.

6.5. Mittleres Kindesalter (7;1 bis 9/10 Lebensjahre)

6.5.1. Allgemeine Charakteristik der motorischen Entwicklung

Mit dem *Eintritt in die Schule* verändern sich die Umweltbeziehungen der Kinder erheblich. Ein beträchtlicher Teil des Zeitbudgets der

Schüler gehört nunmehr dem Lernen und jenen Pflichten, die mit dem Schulbesuch verbunden sind. Das ungeleitete Spiel unterliegt erheblichen zeitlichen Einschränkungen. Besonders wesentlich ist, dass nunmehr allen Kindern ein zielgerichteter Sportunterricht zuteil wird. Außerdem beteiligen sich viele von ihnen am zusätzlichen Üben und Trainieren im außerschulischen Sport (KURZ, 1999; BRETTSCHNEIDER/BRANDL-BREDENBECK, 1997). Die Ausbildung und Erziehung im schulischen und außerschulischen Sport werden damit maßgebliche Faktoren für die motorische Entwicklung der Kinder.

Die *neuartige »Lebenstätigkeit«* (LEONTJEW, 1979) des Schulkindes mit ihren umfassenden Erziehungs- und Bildungseinwirkungen führt zu deutlichen Fortschritten in der gesamten Persönlichkeitsentwicklung der Kinder (vor allem intellektuell und volitiv). Ihr *motorisches Verhalten* wird zunächst noch durch eine ausgeprägte Lebendigkeit oder Mobilität gekennzeichnet. Sie ist Ausdruck der starken und ungehemmten Bewegungsfreude. Fast jeder Anreiz der Umwelt wird von den Kindern unmittelbar in Bewegungen umgesetzt, sodass sie dauernd in Bewegung (»mobil«) sind.

Im Sinne der Theorie der höheren Nerventätigkeit bedeutet ein solches Verhalten, dass die Reizfülle der Umwelt zu Erregungen in der Hirnrinde führt, die unreflektiert zu motorischen Reaktionen drängen. Die kortikalen Hemmungsprozesse, die ein unmittelbares motorisches Reagieren einschränken oder verhindern, sind dagegen noch wenig ausgebildet. Besonders Schulanfängern fällt es in der Regel schwer, das im Unterricht in bestimmten Ausmaßen notwendige Stillsitzen zu befolgen. Es kommt bei ihnen zu einem mehr oder minder ausgeprägten Erregungsstau, den sie zum Beispiel in den Unterrichtspausen oder nach Schulschluss durch ein ungehemmtes »Austoben« abreagieren.

Im *Sportunterricht* mit Schulanfängern kann es vorkommen, dass die Disziplin einer Klasse verlorengeht, wenn die Bewegungsintensität der Sportstunde zu niedrig ist oder der Unterricht zu monoton gestaltet wird. Im Allgemeinen kann jedoch festgestellt werden, dass sich das Bewegungsverhalten der Kinder im Ergebnis des Bildungs- und Erziehungsprozesses in der gesamten Schule (nicht nur im Sportunterricht) zunehmend wandelt. Die zunächst

unbeherrschte und teilweise ungerichtete Mobilität weicht allmählich einem stärker beherrschten, zielgerichteten und situationsgerechten Bewegungsverhalten. Die Kinder lernen, ihre Bewegungsantriebe zu zügeln und sich den Erfordernissen der Ordnung und Disziplin im Unterricht anzupassen. Im ungeleiteten Freizeitspiel, in den Unterrichtspausen oder auf dem Heimweg ist dagegen die starke und ausgeprägte Bewegungsfreude im gesamten mittleren Kindesalter festzustellen (GÜRTLER/GÄRTNER, 1976, u. a.).

Weitere typische Merkmale der motorischen Entwicklung sind die zunehmende Ansprechbarkeit für sportliche Leistungsanforderungen und das sich ausprägende Leistungsstreben. Bei Schulanfängern ist zumeist bereits ein freudiges Interesse an der Lösung sportlicher Bewegungsaufgaben festzustellen. Ihr Leistungsstreben ist jedoch noch unausgeglichen und auch individuell verschieden ausgeprägt. Die Mehrzahl der Schulanfänger zeigt eine erfreuliche Leistungsbereitschaft. Andererseits sind jedoch auch Schüler zu beobachten, die ein »verspieltes« Gesamtverhalten an den Tag legen und zum Beispiel in Leistungsvergleichen nur gering motiviert oder leistungsbereit sind. Ursache dafür kann u. a. auch eine unzweckmäßige, d. h. nicht alters- und entwicklungsgemäße Unterrichtsgestaltung und Belastungsanforderung sein. Auch mit der Fluktuation der Aufmerksamkeit beziehungsweise der Konzentrationsfähigkeit für eine bestimmte Aufgabe muss bei Schulbeginn noch in stärkerem Maße gerechnet werden.

Die Kinder sind zwar von jeder Art Sport und Spiel schnell begeistert und geben dieser Freude ungehemmten Ausdruck, jedoch erlahmen Freude und Aufmerksamkeit relativ rasch, sobald ihnen zum Beispiel die häufigere Wiederholung der gleichen Bewegungsaufgabe zugemutet und zu wenig Abwechslung im Sportunterricht geboten wird.

Mit zunehmendem Alter und besonders im Ergebnis einer entsprechenden erzieherischen Einflussnahme vollzieht sich jedoch ein schneller Wandel. Schon im 2. Schuljahr und erst recht zum Ende des mittleren Kindesalters sind die Schüler für sportliche Leistungsanforderungen sehr ansprechbar sowie im Leistungsstreben nachhaltiger und ausgeglichener (DOIL, 1976; GÄRTNER/CRASSELT, 1976; FRESTER, 1997).

Die *schnelle Zunahme der motorischen Lernfähigkeit* erweist sich im Hinblick auf die motorische Entwicklung für den Zeitraum des 7. bis 9./10. Lebensjahres als besonders ausgeprägte motorische Entwicklungstendenz. Diese Feststellung lässt sich aus vielen Untersuchungen und Unterrichtserfahrungen mit Kindern dieser Altersstufe belegen (STEMMLER, 1977a; HIRTZ, 1981; SCHEID, 1994, S. 276–290).

Die jahrelang geführten Diskussionen sowie Unterrichtsexperimente zum Schulschwimmunterricht, zur Gestaltung der Leichtathletikausbildung im Primarstufenbereich (Grundschule), zur Ausbildung in den Kleinen Spielen und Sportspielen, zum Judokampfsport und zu anderen Sportarten unterstreichen eine schnelle Zunahme der motorischen Lernfähigkeit besonders im 9. und 10. Lebensjahr beziehungsweise im 2. und 3. Schuljahr. Einschränkend ist lediglich zu bemerken, dass es unter den Bedingungen des Sportunterrichts im wesentlichen die einfachen und grundlegenden sportlichen Bewegungsformen der Sportarten sowie elementare Bewegungskombinationen bleiben, die die Kinder des mittleren Kindesalters erwerben (STIEHLER u. a., 1979).

Bei einem entsprechend effektiven *sportlichen Training* mit dazu befähigten Kindern können dagegen bis zum Ende des mittleren Kindesalters zum Teil bereits außerordentlich schwierige und komplizierte sporttechnische Fertigkeiten erworben werden wie zum Beispiel Salto, Flickflack beziehungsweise sogar Doppelflickflack auf dem Schwebebalken; Salto und Doppelsalto am Boden; Sprünge und Sprungkombinationen mit Zweifachdrehungen im Eiskunstlauf (WINTER, 1994; FREY, 1982; MARTIN, 1982 a, b).
Besonders die zuletzt genannten Beispiele offerieren eine *weitere motorische Entwicklungstendenz* des mittleren Kindesalters. Sie äußert sich vorwiegend im Ergebnis einer entsprechenden Schulung als auffällig *verstärkte Differenzierung der Bewegungsformen*. Wir verstehen darunter den Prozess der Herausbildung zweckentsprechender motorischer Lösungsverfahren bis hin zur differenzierten Ausprägung sporttechnischer Fertigkeiten.

Im Verlaufe dieser Differenzierung entstehen zum Beispiel aus dem Lauf eines Kindes im frühen Kindesalter die sportlichen Bewegungsformen des Sprint- und des Dauerlaufes; aus dem undifferenzierten Hochweitspringen eines Schulanfängers der vom Bewegungszweck geprägte Weitsprung und Hochsprung; aus dem undifferenzierten Werfen des Kindes die sehr verschiedenen Lösungsverfahren bei Weitwürfen und Zielwürfen; aus der einfachen Rolle vorwärts des Vorschulkindes die differenzierten sportlichen Bewegungsformen der Rollen am Boden, auf Geräten oder über Hindernisse hinweg bis hin zu den erwähnten differenzierten sporttechnischen Fertigkeiten besonders in den technisch-akrobatischen Sportarten. (Vgl. auch GALLAHUE, 1982; BAUR, 1989)

Mit der verstärkten Differenzierung, die den kindlichen »Bewegungsschatz« als Ganzes betrifft, werden bestimmte *Veränderungen in der Bewegungsausführung* deutlich.
Beim Schulanfänger sind in sportlichen Bewegungen, die über alltäglich geübte Bewegungsformen hinausgehen, die Bewegungsstruktur und der Bewegungsrhythmus in der Regel noch wenig ausgeprägt. Ihnen fehlt zumeist noch die räumlich und besonders dynamisch klar herausgebildete Gliederung. Hinzu kommen in der Regel unbeherrschte, »entgleisende« und ausfahrende Bewegungen besonders der Extremitäten (Nebenbewegungen).
Insgesamt sprechen diese Eigenschaften der Bewegungsausführung dafür, dass die Stabilität der sportlichen Bewegungsformen noch gering ist. Bestätigt wird diese Feststellung durch die erhebliche Variation in der Qualität der Lösungsverfahren. Sie äußert sich sowohl von Kind zu Kind als auch beim selben Kinde und bei gleicher Aufgabenstellung. Neben erstaunlich gut gelungenen und geglückten Versuchen bei der Lösung einer sportlichen Bewegungsaufgabe stehen weniger geglückte und vereinzelt misslungene Versuche trotz unveränderter Aufgabenstellung (WINTER, 1961). Quantitativer Ausdruck dieser Tatsache sind auch die für diese Entwicklungsphase in der Regel hohen Variationskoeffizienten bei messbaren sportlichen Leistungen.

Die genannten Eigenheiten der Bewegungsführung sind besonders im 1. Schuljahr nachweisbar. Sie vermindern sich in den folgenden beiden Schuljahren deutlich, wenn den Kindern ein effektiver bewegungsschulender Sportunterricht zuteil wird. Unter dieser Voraussetzung gehen die Häufigkeit und der Umfang von Nebenbewegungen allmählich zurück. Erst recht trifft diese Feststellung für sportlich trainierende Kinder zu. Besonders bei zyklischen Bewegungsformen wird häufig bereits das Lernstadium der Feinkoordination erreicht. Auch azyklische und häufiger geübte grundlegende Bewegungskombinationen beginnen sich in ihren räumlichen und dynamischen Verlaufsformen auszuprägen und zu festigen. Insgesamt werden damit deutliche Tendenzen von gesteigerten Fähigkeiten zur zielgerichteten Bewegungssteuerung erkennbar (vgl. 6.5.2.2.).

Eine weitere Entwicklungstendenz im mittleren Kindesalter ist die *beträchtliche Kraft- und Temposteigerung* in der gesamten Bewegungsführung. Sie wird besonders bei lokomotorischen Bewegungsformen deutlich. Dort zeigt sich im Vergleich zwischen dem 1., 2. und 3. Schuljahr sehr auffällig, dass die *Bewegungsstärke* und das *Bewegungstempo* vor allem im 2. und 3. Schuljahr erheblich zunehmen. Auch in messbaren sportlichen Leistungen äußert sich diese Entwicklungstendenz recht eindeutig. Die jährlichen Leistungsanstiege zum Beispiel im Kurzstreckenlauf, Weitsprung oder auch bei Hindernisläufen liegen im 1. bis 3. Schuljahr teilweise erheblich über denen der späteren Schuljahre (vgl. 6.6.2.1. u. 6.6.3.).
Die beträchtliche Kraft- und Temposteigerung vollzieht sich bei beiden Geschlechtern, besonders stark jedoch bei den Jungen. Sie ist gleichzeitig diejenige Seite der Bewegungsführung, bei der die geschlechtsspezifischen Unterschiede am deutlichsten und auffälligsten sichtbar werden. Bestätigt wird dies wiederum durch quantitative Parameter von verschiedenen sportlichen Bewegungsformen.

Werden messbare sportliche Durchschnittsleistungen der Jungen dieser Entwicklungsphase mit jeweils 100 Prozent bestimmt, so ergeben sich im Vergleich dazu bei den Mädchen in den Laufleistungen 93 bis 98 Prozent, bei Sprungdisziplinen 93 bis 96 Prozent und im Wurf nur 60 Prozent.
Seit 1967 ist ein Rückgang in den Mittelwertdifferenzen der genannten Leistungen zwischen Mädchen und Jungen zu verzeichnen, der u. a. auf eine größere Beteiligung der Mädchen am außerschulischen Sport zurückzuführen ist (CRASSELT, 1990 a, b).
Die großen Leistungsunterschiede zwischen Jungen und Mädchen im Werfen sind auf beträchtliche Mängel vor allem in der Fertigkeitsausprägung bei den Mädchen zurückzuführen (GÄRTNER, 1967; POPOV, 1971; CRASSELT, 1982; BIERHOFF-ALFERMANN, 1986).

6.5.2. Zur Entwicklung motorischer Fähigkeiten

6.5.2.1. Konditionelle Fähigkeiten

Die Entwicklung von Kraftfähigkeiten verläuft im mittleren Kindesalter noch relativ langsam, sofern sie nicht besonders gefördert wird. Das trifft in erster Linie auf die Maximalkraft zu (vgl. Abb. 6.5.–1). Die geschlechtsspezifischen Unterschiede sind im allgemeinen noch unwesentlich. Zumeist erweisen sich die Jungen als geringfügig leistungsüberlegen. Besonders niedrig ist die Kraft jener Muskelgruppen, die durch die Alltagsbewegungen und Spiele nur wenig beansprucht werden. Diese Feststellung gilt vor allem für Kraftfähigkeiten der Arme (vgl. Abb. 6.5.–2/3).
Wesentlich besser entwickeln sich dagegen die Kraftfähigkeiten der unteren Extremitäten. Dort sorgen offensichtlich die vorherrschenden und vielseitigen lokomotorischen Bewegungen besonders in den Formen des Laufens, Hüpfens und Springens für entsprechende Entwicklungsreize. Spiegelbild dieser Tatsache sind die im allgemeinen guten Leistungen und die hohen jährlichen Zuwachsraten im Sprint (vgl. Abb. 6.5.–4), Weitsprung (vgl. Abb. 6.5.–5), Hochsprung, Dreierhop sowie in weiteren Schnellkraftleistungen (vgl. Abb. 6.5.–6/7).
Schnelligkeitsfähigkeiten entwickeln sich im mittleren Kindesalter bemerkenswert rasch. Die hohen jährlichen Zuwachsraten halten etwa bis zum 10. Lebensjahr an, um sich danach allmählich zu vermindern. Auffällig ist besonders ein starker Rückgang der Latenzzeiten beziehungsweise die erhebliche Steigerung der Reaktionsschnelligkeit.

Nach MARKOSJAN/WASJUTINA (1965) liegen zum Beispiel die Latenzzeiten der verschiedensten Muskelgruppen bei Sechs- und Siebenjährigen noch zwischen 0,50 und 0,60 Sekunden. Bis um das 10. Lebensjahr vermindern sie sich dagegen auf 0,40 bis 0,25 Sekunden. Die differenzierten Untersuchungen von VILKNER (1980) bestätigen bei Unterschieden in der Reaktionsart (optisch bzw. akustisch; einfache oder sportliche Reaktionen) und interindividuellen Unterschieden die kontinuierlich schnelle Entwicklung vom 7. bis 10. Lebensjahr für beide Geschlechter.

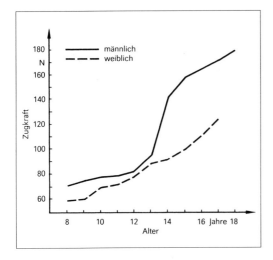

Abb. 6.5.–1 *Entwicklung der Maximalkraft (nach* FARFEL, *1979). Maximale Zugkraft des Bizeps*

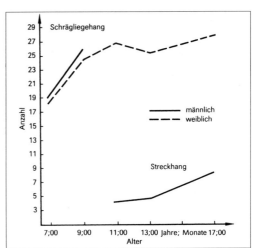

Abb. 6.5.–2 *Entwicklung von Kraftausdauerfähigkeiten (nach* CRASSELT, *1990a, b). Klimmziehen im Schrägliege- bzw. Streckhang*

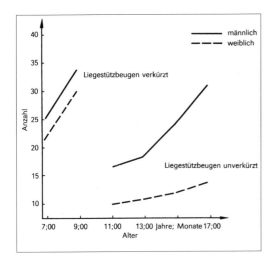

Abb. 6.5.–3 *Entwicklung von Kraftausdauerfähigkeiten (nach* CRASSELT, *1990a, b). Liegestützbeugen verkürzt bzw. unverkürzt*

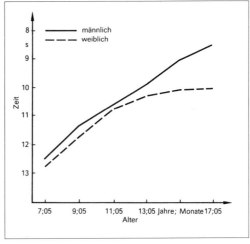

Abb. 6.5.–4 *Entwicklung sportlicher Grundleistungen (nach* CRASSELT, *1990a, b). 60-m-Lauf*

Trotz der hohen Zuwachsraten ist festzustellen, dass ein gutes Niveau der Reaktionsschnelligkeit kaum vor dem 10. Lebensjahr erreicht wird. Diese Feststellung bestätigt sich im Sportunterricht oder Training besonders dann, wenn schnelles und variables Reagieren auf wechselnde Situationen wie in den Sportspielen oder Zweikampfsportarten erforderlich ist.

Besonders deutlich sind die *Fortschritte in der Entwicklung von Bewegungsfrequenzen*. Ein erster Höhepunkt jährlicher Leistungsanstiege ist bei Sieben- bis Neunjährigen zu verzeichnen, dem ein nochmaliger und letzter bei Elf- bis Dreizehnjährigen folgt. Während die Mädchen bereits ab dem 12. Lebensjahr rückläufige Zuwachsraten zu verzeichnen

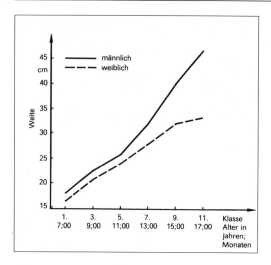

Abb. 6.5.–5 *Entwicklung sportlicher Grundleistungen (nach* CRASSELT, *1990a, b). Weitsprung mit Anlauf*

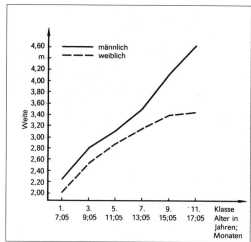

Abb. 6.5.–6 *Entwicklung von Schnellkraftleistungen (nach* CRASSELT, *1990a, b). Standsprung – Reichhöhe*

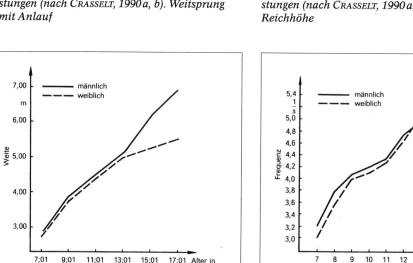

Abb. 6.5.–7 *Entwicklung von Schnellkraftleistungen (nach* CRASSELT, *1990a, b). Dreierhop, rechts*

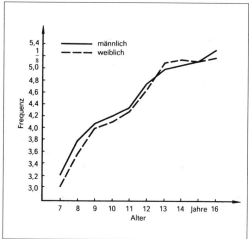

Abb. 6.5.–8 *Entwicklung von Schnelligkeitsfähigkeiten (nach* FARFEL, *1979). Maximalfrequenzen verschiedener Bewegungen mit kleiner Amplitude*

haben und schließlich ab dem 13. Lebensjahr stagnieren, steigen die Leistungen der Jungen bis zum 18. Lebensjahr kontinuierlich an (vgl. Abb. 6.5.–8). Diese Leistungsanstiege in der Entwicklung von Bewegungsfrequenzen werden durch die im Sprintlauf und an verschiedenen Muskelgruppen ermittelten Werte bestätigt (vgl. Abb. 6.5.–4).

RAČEV (1964) stellte bei nichttrainierenden bulgarischen Jungen und Mädchen fest, dass die maximale Schrittfrequenz im Sprintlauf bereits mit etwa 10 Jahren erreicht wird (vgl. Abb. 6.5.–9).

Eine Besonderheit sämtlicher Parameter der Bewegungsschnelligkeit besteht darin, dass bei dieser motorischen Fähigkeit geschlechtsspezifische Unterschiede kaum bestehen, sofern

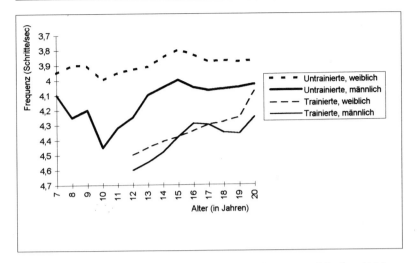

*Abb. 6.5.–9 Entwicklung von Schnelligkeitsfähigkeiten (nach RAČEV, 1964).
Maximale Schrittfrequenz im Kurzstreckenlauf*

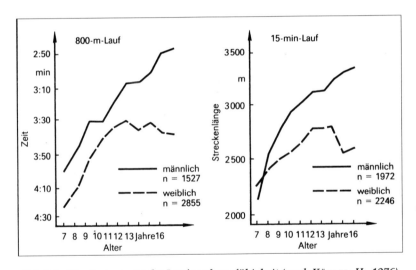

Abb. 6.5.–10 Ontogenese der Laufausdauerfähigkeit (nach KÖHLER, H., 1976)

es sich um wirkliche Schnelligkeitsanforderungen und nicht um solche mit höheren Kraftkomponenten handelt. Diese Feststellung kann damit erklärt werden, dass Schnelligkeitsleistungen der genannten Art vorrangig durch Funktionseigenschaften der Nervenprozesse bedingt sind, bei denen zwar individuelle Verschiedenheiten, jedoch keine geschlechtsspezifischen Unterschiede bestehen (MARKOSJAN/WASJUTINA, 1965; BAUERSFELD, 1983).

In der Beurteilung der *Ausdauerleistungsfähigkeit* im mittleren Kindesalter sind differenzierte Aussagen zu treffen. Der Ansicht vergangener Jahrzehnte, dass Kinder angeblich nur für Kurzleistungen prädestiniert seien, steht

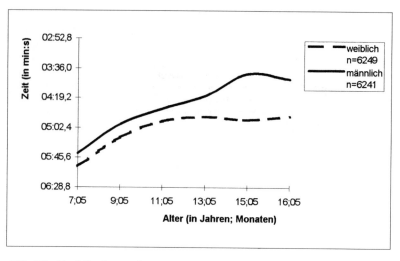

Abb. 6.5.–11 *Mittelwerte des 1000-m-Laufes (CRASSELT, 1990 b)*

die Auffassung gegenüber, dass das gesunde Kind »der geborene Langstreckenläufer« ist (VAN AAKEN, 1959).
Zweifellos wurde diese Feststellung überspitzt formuliert. Ihr prinzipieller Sinngehalt wird jedoch in seiner Gültigkeit nicht mehr bestritten (u. a. ISRAEL, 1977; PETERS u. a., 1980). Selbst bei unausgelesenen Populationen erweist sich der Zeitraum von etwa 7 bis 10 Jahren als eine Phase schneller Fortschritte (vgl. Abb. 6.5.–10).
Untersuchungen von CRASSELT (1990 b) bestätigen diesen Trend (vgl. Abb. 6.5.–11).

Dabei liegen die *Mädchen* in allen Ausdauerformen zunächst noch geringfügig, jedoch beständig und mit der Tendenz zur Vergrößerung der geschlechtsspezifischen Differenzen unter dem Leistungsvermögen der Jungen. Erwähnt werden muss außerdem, dass die Grundlagenausdauer (aerobe Ausdauer) offensichtlich die dem Kinde gemäßere Form der Ausdauerbeanspruchung darstellt und als die dominierende Aufgabe bei der Ausdauervervollkommnung zu betrachten ist (ISRAEL, 1977; GÜRTLER u. a., 1979).
Stark umstritten ist dagegen die Frage, ab welchem Alter und in welchem Umfang die Kinder überlangen Ausdauerbelastungen (zum Beispiel Teilnahme von Kindern im frühen und mittleren Kindesalter an Marathonläufen) ausgesetzt werden sollten (ISRAEL 1977; YOUNG/HEJDA, 1978).

6.5.2.2. Koordinantive Fähigkeiten, Beweglichkeit

Die rasche Zunahme der *motorischen Lernfähigkeit* wurde bereits als ein charakteristisches Merkmal der Kinder im mittleren Kindesalter hervorgehoben. Bei koordinativ wenig geschulten Kindern wird jedoch das ansteigende Niveau der motorischen Lernfähigkeit erst im 7. und besonders im 8./9. Lebensjahr deutlicher spürbar, da sie an *bestimmte Voraussetzungen* gebunden ist.

Psychisch sind dafür zunächst die erheblichen Anstiege der intellektuellen Fähigkeiten hauptsächlich im Ergebnis des Schulbesuchs (mehr als 20 Wochenstunden) und die damit steigenden Fähigkeiten zur Informationsaufnahme und -verarbeitung wesentlich. Emotional und psychisch-sozial bilden vor allem die lebhafte Bewegungsfreude sowie das nachahmungsorientierte »Könnenwollen« grundlegende Antriebskomponenten im motorischen Lernprozess (DOIL, 1977). Nicht weniger wichtig sind die Fortschritte in der *körperlichen Entwicklung* der Kinder, ihre überwiegend günstigen körperbaulichen Voraussetzungen (Körperproportionen, Kraft-Last- und

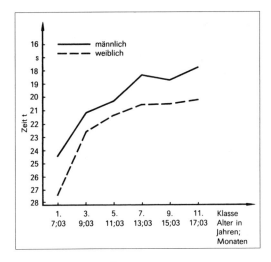

Abb. 6.5.–12 Mittelwerte von so genannten Gewandtheitsläufen (nach WINTER, 1976). Gewandtheitslauf für das Olympia-Leistungsabzeichen der DDR (1969)

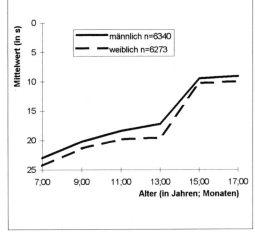

Abb. 6.5.–13 Mittelwerte des Kasten-Bumerang-Laufes (CRASSELT, 1990 b)

Kraft-Hebel-Verhältnisse) sowie die zunehmenden Bewegungserfahrungen.

Die genannten Voraussetzungen sind für das motorische Lernen insofern von großer Bedeutung, als unter anderem zunehmend Korrekturen der kindlichen Bewegungen und damit eine effektive koordinativ-sporttechnische Vervollkommnung möglich werden.

Allerdings dürfen die genannten Fähigkeiten bisher ungeschulter Kinder besonders im 1. Schuljahr noch nicht überschätzt werden. Nach UNGERER (1967) sind 5;0- bis 6;12-jährige ungeschulte Kinder schon bei Korrekturen zum zweckmäßigen Laufen, Springen und Werfen überfordert und reagieren noch nicht mit dem nötigen Lernerfolg. Erst in der Folgezeit und besonders im Verlauf des 2. und 3. Schuljahres erreicht die motorische Lernfähigkeit ein solches Niveau, dass nunmehr eine effektivere Schulung sporttechnischer Fertigkeiten möglich wird.

Eine deutlich höher ausgeprägte motorische Lernfähigkeit ist allerdings bei solchen Kindern erreichbar, denen eine bereits *mehrjährige sporttechnische Ausbildung* zuteil geworden ist. Die dazu vorliegenden Erfahrung (Eiskunstlauf, Gerätturnen) besagen eindeutig, dass diese Kinder anschaulich gegebene Korrekturen, unterstützt durch das einprägsam erklärende Wort, selbst bei komplizierteren sporttechnischen Fertigkeiten bereits aufgabegemäß verarbeiten und zunehmend zur Selbstkorrektur (z. B. im Training von Pflichtfiguren beziehungsweise Pflichtübungen) fähig werden.

Die schnelle Zunahme der motorischen Lernfähigkeit korrespondiert mit Ergebnissen von so genannten *Gewandtheitstests*. Ihre Aussagevalenz ist bekanntlich sehr komplex, undifferenziert und damit begrenzt (vgl. dazu Kapitel 5 und 7). Wir greifen auf sie zurück, da sie trotz ihrer Begrenztheit bestimmte Einsichten in die Ontogenese des Komplexniveaus koordinativer Fähigkeiten ermöglichen.

Wie aus den Abbildungen 6.5.–12/13 übereinstimmend hervorgeht, sind im Alter von 7 bis 9 Jahre bei Gewandtheitsläufen bereits höchste Zuwachsraten festzustellen. Bemerkenswert ist dabei, dass die Jungen zwar signifikant leistungsüberlegen bleiben, die Mädchen jedoch den im 1. Schuljahr größeren Leistungsrückstand etwas aufholen.

Auch die Variationskoeffizienten verringern sich und belegen, dass die Leistungen im Vergleich zwischen 1. und 3. Schuljahr ausgeglichener werden.

Beide Entwicklungstendenzen sind als Bildungsergebnisse des Sportunterrichts sowie des außerschulischen Sports zu werten.

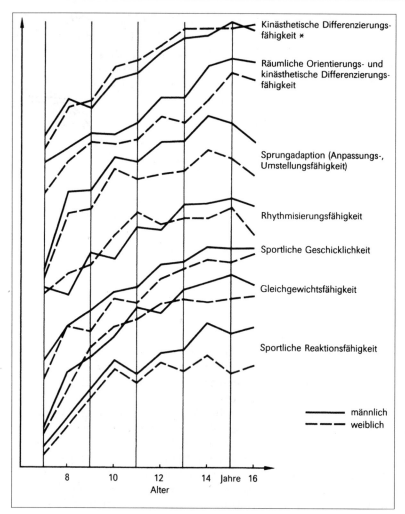

Abb. 6.5.–14 Parameterfreie Darstellung der Entwicklung verschiedener koordinativer Fähigkeiten (unausgelesene Population, nach HIRTZ, 1979)

* In der Abbildung erfolgte die begriffliche Kennzeichnung der koordinativen Fähigkeiten nach Hirtz (1979), um die Authentizität der Untersuchungsergebnisse zu wahren. Mit der zum Teil abweichenden Terminologie in den folgenden und späteren Aussagen zur Genese koordinativer Fähigkeiten (vgl. Kap. 5) sind sachlich keine Wesensverschiedenheiten verbunden.

Zur Ontogenese von *koordinativen Fähigkeiten im einzelnen* wurden während der letzten Jahre u. a. durch FARFEL (1979, 1983) sowie besonders durch HIRTZ und Mitarbeiter (seit 1976) bemerkenswerte Untersuchungsergebnisse vorgelegt. Ihre differenzierte Darstellung ist im vorliegenden »Abriss« nicht möglich. Wir heben aus der Vielfalt und Differenziertheit der Untersuchungen zur Entwicklung von koordinativen Fähigkeiten im mittleren Kindesalter lediglich grundlegend die folgenden hervor:

1. Rasche Genese der koordinativen Fähigkeiten im Unterschied zur Ausprägung einiger konditioneller Fähigkeiten. Selbst in unausgelesenen Populationen werden die höchsten Zuwachsraten der gesamten Schulzeit – bei allen Unterschieden im einzelnen – bereits von den Altersklassen 7 bis 9 beziehungsweise 10 erreicht (vgl. Abb. 6.5.–14).
2. Die *Geschlechtsspezifika* in der Ontogenese koordinativer Fähigkeiten sind im mittleren Kindesalter noch als unwesentlich und sportpraktisch wenig bedeutsam zu betrachten (vgl. Abb. 6.5.–14).

Werden *koordinative Fähigkeiten* im mittleren Kindesalter *gezielt trainiert*, so ergeben sich – wie nicht anders zu erwarten – im Vergleich mit Nichttrainierenden erhöhte jährliche Zuwachsraten und im Ergebnis dessen ein schließlich höher ausgeprägtes Fähigkeitsniveau. Bemerkenswert ist jedoch, dass eindeutig (signifikant) höhere Fähigkeiten zum Beispiel in der Differenzierungsfähigkeit, der sportlichen Reaktions- und der Rhythmisierungsfähigkeit erst bei einem drei- und mehrmalig wöchentlichen Training deutlich werden. (HIRTZ, 1979; HOLTZ, 1979)

Auch andere Indikatoren sprechen dafür, dass die Ausprägung koordinativer Fähigkeiten eine nachhaltige Koordinationsschulung voraussetzt beziehungsweise bereits entsprechende Bemühungen um ihre Ausbildung im frühen Kindesalter erfordern (ISRAEL, 1976; WINTER, 1981). Ihre möglichst umfassende Ausprägung sollte deshalb ein fester Bestandteil jeglicher Art der sportlichen Betätigung in allen Etappen des Kindesalters sein.

Zum Niveau der *Beweglichkeit* sind vom 7. bis 10. Lebensjahr differenziertere Aussagen zu treffen. Bei insgesamt guter Beweglichkeit in den großen Körpergelenken kann bereits eine Verminderung vor allem der Spreizfähigkeit der Beine im Hüftgelenk und der dorsal gerichteten Beweglichkeit in den Schultergelenken beobachtet werden (KOŠ, 1964). Dagegen nimmt die Beugefähigkeit in den Hüft- und Schultergelenken sowie der Wirbelsäule zu (SERMEEV, 1963). Aus dieser gegenläufigen Entwicklungstendenz ergibt sich, dass im mittleren Kindesalter zunehmend gezielte beweglichkeitssteigernde Übungen bereits für zur Verkürzung neigende Muskelgruppen, wie z. B. die Gesäß-, Hüft-, Schulter- und Brustmuskulatur (BULL/BULL, 1980), sowie für solche Disziplinen oder Sportarten notwendig werden, die eine hohe Gelenkbeweglichkeit erfordern (Gerätturnen, Wasserspringen, Eiskunst- und Rollschuhlauf, Schwimmen, Leichtathletik u. a.). Die Voraussetzungen dazu sind insofern günstig, als sachkundig gestaltete beweglichkeitssteigernde Übungen im mittleren Kindesalter zu erheblich schnelleren und besseren Ausbildungsergebnissen als in späteren Lebensjahren führen (vgl. SERMEEV, 1963, 1964, 1966; KOŠ, 1964; BULL 1975).

Außerdem lässt sich dadurch der Gefahr von beginnenden muskulären Dysbalancen wirkungsvoll begegnen.

6.5.3. Zur Entwicklung einiger sportlicher Bewegungsformen

6.5.3.1. Laufen und Springen

Das *Laufen* gehört im mittleren Kindesalter zu den vorherrschenden und am meisten gepflegten Bewegungstätigkeiten der Kinder. Es ist deshalb eine Bewegungsform, die im Vergleich zum Beispiel mit dem Springen und Werfen altersspezifisch am besten beherrscht wird. Quantitativer Ausdruck dieser Feststellung sind die jährlichen Zuwachsraten in den Laufleistungen, die bereits um das Ende des frühen Kindesalters ihr Maximum erreichen. Qualitativ betrachtet ergeben sich dagegen bei Schulbeginn noch große individuelle Unterschiede.

Die Analyse des Laufens von Schulanfängern bei mittlerer oder submaximaler Geschwindigkeit zeigt in der Regel eine gute Koordination und einen lockeren, gelösten und harmonischen Bewegungsablauf. Bei stark stimulierten Läufen über kurze Strecken und entsprechend maximal möglicher Geschwindigkeit offenbaren sich jedoch individuelle Qualitätsunterschiede in deutlicher Weise. Sie reichen von einer erstaunlich kraftvollen, raumgreifenden und sicher beherrschten Bewegungsführung bis hin zu Laufbewegungen, die auffallend kraftlos, räumlich klein und schwerfällig sind. Hinzu kommen häufiger verkrampfte sowie »entgleisende« Bewegungen besonders der Arme sowie eine stampfende und unelastische Schrittgestaltung.

Für Schulanfänger sind außerdem typisch:
- die sehr aufrechte Körperhaltung und geringe Vorlage;
- die Landung mit der Ferse, dem Mittelfuß oder der ganzen Sohle (etwa 50 %);
- die schreitende und noch nicht tretende Schrittgestaltung;
- die niedrige Schrittfrequenz;
- die leicht verbreiterte Laufspur.
- Die Armbewegungen erfolgen räumlich eng und teilweise stabilisierend. Sie werden noch nicht vollwertig in die Vorwärtsbewegung eingefügt. Nachweisbar sind außerdem sehr offene, tiefe und vor dem Körper verlaufende Armbewegungen. Sie erfolgen relativ locker, aber zeitweilig auch unbeherrscht und schleudernd.
- In der Regel ist ein leichter, bei verschiedenen Merkmalen deutlicher Entwicklungsvorsprung der Jungen festzustellen. Er betrifft besonders den
  - Schrittwinkel,

- die Hubhöhe des Oberschenkels,
- den Bewegungsumfang der Armarbeit und
- die messbare Leistung (WINTER, 1963; CRASSELT, 1976, 1982, 1990 a, b).

Bis zum 9./10. Lebensjahr sind erhebliche Fortschritte in sämtlichen Merkmalen der *Laufbewegung* festzustellen, wobei die Mädchen den im 1. Schuljahr nachweisbaren Entwicklungsrückstand zunehmend aufholen. Als wichtigste Entwicklungsmerkmale vom 1. bis 3. Schuljahr sind zu nennen:

- die erhebliche Stärke- und Temposteigerung der Gesamtbewegung,
- die verminderten Nebenbewegungen,
- die stärkere Vorlage,
- die dem Sprintlauf entsprechende Landung und tretende Beinarbeit
- die stärker angewinkelten Arme
- der gesteigerte Bewegungsumfang.

Das *Springen* ist eine Bewegungsform, die von den Kindern in dieser Entwicklungsetappe zwar gern, jedoch nicht annähernd so häufig wie das Laufen betrieben wird.

Vor allem dem Stadtkind mangelt es an entsprechenden Möglichkeiten. Zwar werden Anregungen zum Tiefsprung von zum Teil schon beträchtlicher Höhe genutzt, jedoch fehlen zumeist entsprechende andere Gelegenheiten zur spielerischen Übung und Selbstbetätigung im Weit- und besonders im Hochsprung.

Dieser Sachverhalt spiegelt sich in den relativ hohen Variationskoeffizienten im Weit- und Hochspringen wider. Sie besagen, dass sich diese Bewegungsformen erst im Übergang vom mittleren zum späten Kindesalter stärker stabilisieren und bis dahin altersspezifisch recht unausgeglichen sind. Die Messwerte werden durch Filmanalysen vom Weit- und Hochsprung mit Schulanfängern bestätigt (WINTER, 1961).

Bei Schulbeginn ist eine weitgehende Mannigfaltigkeit der Sprünge festzustellen. Ihnen mangelt es an der für die gefestigte Bewegung typischen Konstanz im räumlichen, zeitlichen und dynamischen Verlauf sowie in der Leistung. Als Sprungform werden sowohl beim Weit- als auch beim Hochsprung fast ausschließlich Steige-, Schritt- oder Hocksprünge angewandt.

Insgesamt ist festzustellen, dass die Bewegungsentwicklung vom Schritt- zum Hocksprung

führt und ungeschulte Schulanfänger erst am Beginn dieser Entwicklung stehen (WINTER, 1961). Bei entsprechender Übung im Springen sind besonders im 8./9. Lebensjahr rasche Fortschritte zu erreichen. Selbst relativ schwierige Bewegungsformen wie Dreierhop, leichtathletischer Dreisprung, Stützsprünge und gemischte Sprünge werden von den Kindern schnell erlernt und mit großer Begeisterung geübt (KLICHE, 1968). Auch die hohen jährlichen Zuwachsraten im Weitsprung, Hochsprung und Dreierhop bezeugen eine schnelle Zunahme der Leistungsfähigkeit der Jungen und Mädchen im Springen.

6.5.3.2. Werfen und Fangen

Die *Entwicklung des Werfens* ist im mittleren Kindesalter durch beträchtliche individuelle und besonders geschlechtsspezifische Unterschiede gekennzeichnet. Das gilt sowohl für die Ausprägungsqualität der Bewegungsfertigkeit ›Werfen‹ als auch für die Steigerung der Wurfleistungen. So erreichen Mädchen im Alter von 7 Jahren nur etwa 60 % der Wurfweiten von denen gleichaltriger Jungen, wobei sich dieser Unterschied weiter vergrößert (vgl. Abb. 6.5.–15; auch CRASSELT, 1982 und 1990 a, b). Auffällig sind vor allem – besonders bei den Mädchen – die mit etwa 25 bis 35 Prozent ungewöhnlich hohen Variabilitätskoeffizienten (im Vergleich: Kurzstreckenlauf nur um 10 %). Generell ist zu konstatieren, dass die Weitwurfleistungen und die koordinative Beherrschung des Schlagwurfes vor allem durch geschlechtstypisch unterschiedliche »Wurferfahrungen« bedingt und für beide Geschlechter letztlich Umfänge und Vielseitigkeit zur Aneignung dieser Fertigkeit wesentlich sind (vgl. auch BIERHOFF-ALFERMANN, 1986, 124–128).

Während WILD (1938) die intra-individuelle Entwicklung der Wurfbewegung in vier Entwicklungsstadien beschreibt, ermittelt BLUME (1966) im wesentlichen drei Entwicklungs- bzw. Lernstufen. Nach SEEFELDT (1972) gehen MILNE und HRKAL (1981) in einem Feldexperiment zur Entwicklung der Wurftechnik bei jungen Kindern sogar von fünf Entwicklungsstufen aus. In allen Ansätzen wird deutlich, dass die Koordination von (An-)Laufbewegung und eigentlichem Wurf (zunächst simultaner Wurf in der Laufbewegung, später sukzessive Handlung) neben der Koor-

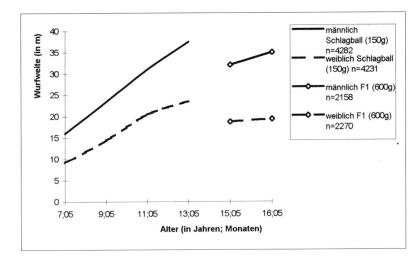

Abb. 6.5.–15
Entwicklung sportlicher Grundleistungen (CRASSELT 1990b) – Weitwurf (Schlagball und Wurfgerät F1)

dination der einzelnen Körperteile zu einer fließenden Folge von Bewegungssequenzen die Kinder überfordert und einer hohen Übungshäufigkeit bedarf. Besonders problematisch ist dabei die Kopplung der Schulterrotation mit dem Armvorschwung und der Vornahme des Gegenfußes (MILNE/HRKAL, 1981).

Insgesamt entwickelt sich die Wurfbewegung bis zum Ende des mittleren Kindesalters vielfach nur geringfügig, wenn sie nicht nachdrücklich und effektiv genug geschult wird. Das gilt ganz besonders für Mädchen. Außerdem sei nochmals betont, dass die grundlegende Verbesserung des Werfens ein längeres und beharrliches Üben erfordert, da der Wurf mit Anlauf hohe Anforderungen besonders an die Kopplungs-, Gleichgewichts- und Rhythmisierungsfähigkeit stellt (SCHREITER, 1965; BLUME, 1966; SCHOTT/MUNZERT, 2003, 46–48). Auch die Fertigkeit im *Fangen*, hier in erster Linie auf den mittelgroßen Hohlball bezogen, ist in den ersten Schuljahren recht unterschiedlich entwickelt. Wie das Werfen gehört das Fangen zu jenen Bewegungsformen, die besonders übungsabhängig sind. Allgemein lässt sich feststellen, dass Schulanfänger in der Lage sind, im brusthohen Bereich zugespielte Bälle erfolgreich zu fangen. Auch Zuwürfe in Knie- und Reichhöhe werden überwiegend erfolgreich bewältigt, sofern das Zuwerfen nicht zu scharf erfolgt. Auf kleinere Ungenauigkeiten im Zuwurf wird zumeist zweckmäßig reagiert, da die Kinder die Flugbahn des Balles antizipieren und ihn überwiegend frei fangen können (SCHREITER, 1963a). Diese insgesamt recht positiven Bilanzen scheinen der eingangs getroffenen Feststellung zu widersprechen. Sie gelten jedoch ausschließlich für das direkte Zuspielen eines Balles mit dem Ziel des Fangens.

Bezieht man dagegen den Entwicklungsstand des Fangens auf andere Situationen des Spieles, so ergeben sich weniger günstige Resultate. Sie zeigen sich besonders dann, wenn für das erfolgreiche Fangen ein schnelles und variables Reagieren notwendig ist, um zum Beispiel den Ball durch einige Schritte, eine Beuge- beziehungsweise Streckbewegung des Körpers oder gar einen Sprung zu erreichen. Diese Fähigkeiten besitzen Kinder des mittleren Kindesalters in der Regel nur in geringem Maße. Werden jedoch Fangübungen und Ballspiele systematisch geübt, so bestätigt sich, dass die Kinder zunehmend auch das schnelle, richtige und variable Antizipieren des Ballweges, das entsprechende Reagieren und Einstellen auf den Ball und das erfolgreiche Fangen selbst immer sicherer und vielseitiger erlernen. Diese Fähigkeiten lassen sich soweit schulen, dass gegen Ende dieser Entwicklungsetappe Ballspiele, die Fangfertigkeiten voraussetzen, mit dem nötigen Erfolg und Spielfluss möglich werden (DÖBLER, DÖBLER, 1980; SCHOTT/MUNZERT, 2003, S. 48–52).

6.5.4. Zusammenfassung

• Das mittlere Kindesalter umfasst das 7. bis 10. Lebensjahr und ist als *Phase der schnellen Zunahme der motorischen Lernfähigkeit* zu kennzeichnen. Dies wird besonders deutlich im 9. und 10. Lebensjahr. Zurückzuführen ist dieser Entwicklungstrend einerseits auf die überwiegend günstigen körperbaulichen Voraussetzungen und andererseits auf die Ausprägung und Qualifizierung von psychischen Prozessen sowie verschiedenen koordinativen und konditionellen Fähigkeiten.

Vorherrschender Grundzug des motorischen Verhaltens der Kinder dieser Altersstufe ist die ausgeprägte Lebendigkeit oder Mobilität. Sie ist gepaart mit einer freudigen Bereitschaft zur Lösung sportlicher Bewegungsaufgaben. Die Kinder lernen zunehmend, ihre Bewegungsantriebe zu beherrschen und sich auf eine bestimmte Tätigkeit zu konzentrieren. Sie werden im Leistungsstreben wesentlich nachhaltiger und ausgeglichener.

• Die Kinder lernen zunehmend, ihrem Leistungsvermögen entsprechende Bewegungsaufgaben sowohl als Ganzes als auch in ihren Knotenpunkten auf der Grundlage entsprechender Demonstrationen und sprachlicher Hinweise zu erfassen. Auf die Korrektur ihrer Bewegungen reagieren sie immer aufgabegemäßer und erfolgreicher. Bei bereits längerfristig trainierenden Kindern umfasst die erfolgreiche Informationsverarbeitung auch kompliziertere sporttechnische Fertigkeiten sowie Anfänge der Selbstkorrektur.

• Hohe jährliche Zuwachsraten ergeben sich besonders bei der Entwicklung der Bewegungsschnelligkeit, der aeroben Ausdauer sowie der koordinativen Fähigkeiten. Die Beweglichkeit entwickelt sich differenziert und mit beträchtlichen individuellen Unterschieden. Weniger befriedigend verläuft zumeist die Kraftentwicklung. Vor allem in der Arm- und Rumpfkraft sind die Fortschritte nur gering (im Vergleich: im Alter von 7 bis 9 Jahren z. T. größte Zunahmen!), wenn eine gezielte und kontinuierliche Kräftigung unterbleibt.

• In der Bewegungsausführung ist vor allem die verstärkte Ausprägung der Phasenstruktur und des Bewegungsrhythmus bemerkenswert. Die Häufigkeit und der Umfang von Nebenbewegungen gehen zurück, sodass sich die Konstanz der Bewegungsakte verbessert. Sporttechnisch längerjährig und effektiv geschulte Kinder verfügen zum Ausgang der Entwicklungshase über ein bereits beachtliches Bewegungskönnen.

• Die Bewegungsstärke und das Bewegungstempo nehmen beträchtlich zu. Quantitativ wird diese Entwicklungstendenz unter anderem durch höchste jährliche Zuwachsraten im Sprintlauf, Weit- und Hochspringen sowie bei Gewandtheitsläufen nach Zeit wahrnehmbar. Weitwurfleistungen sind stark übungsabhängig und besonders bei Mädchen zumeist unbefriedigend.

6.5.5. Folgerungen für die Förderung der motorischen Entwicklung

• Mit Beginn des Schulbesuches ist es besonders wichtig, dem *ausgeprägten Bewegungsbedürfnis* der Kinder soweit wie möglich Rechnung zu tragen. So sollte ihnen genügend Bewegungsfreiheit, Aufenthalt in frischer Luft sowie hinreichendes Spielen und Tummeln ermöglicht werden. Solche Maßnahmen sind für die Gesundheit, die normale körperliche und motorische Entwicklung und nicht zuletzt für das psychische Wohlbefinden der Kinder sehr notwendig. Manches Fehlverhalten von Kindern (z. B. kindliche Nervosität, Trotzverhalten, psychomotorische Unruhe usw.) kann unter anderem dadurch verursacht sein, dass ihr Bewegungs- und Betätigungsbedürfnis zu wenig berücksichtigt oder übermäßig gegängelt und reglementiert wird.

• Auch der *Unterricht in der Schule* sollte soweit als möglich mit *Bewegungen verbunden* sein. Besonders bei der mündlichen Sprachpflege sowie im Schreiben, Rechnen und Singen lassen sich entsprechende Bewegungen sehr sinnvoll direkt als Lernhilfen anwenden. Darüber hinaus empfehlen wir, den Unterricht zum Beispiel durch gymnastische Übungen aufzulockern, wenn die Aufmerksamkeit und Arbeitsfähigkeit der Kinder nach längerem Stillsitzen nachlassen. Es ist seit langem bekannt, dass sich eine solche Unterrichtsführung im Sinne einer »bewegten Schule« –

besonders im 1. Schuljahr – günstig auf das Verhalten der Kinder, die Freude am Lernen sowie das Wohlbefinden auswirken und die Lernerfolge dadurch gesteigert werden können. Als falsch und wenig wirksam erweist es sich, mit Strenge und ständig erneuten Forderungen das Stillsitzen zu erzwingen.

• Besonders wesentlich ist es, den *Sportunterricht* mit einem *vielseitigen* Bewegungsangebot, *abwechslungsreich* und *freudbetont* zu gestalten, damit die unterschiedlichsten *Körpererfahrungen* entstehen; darüber hinaus sind die Kinder möglichst bald für den außerschulischen Sport zu gewinnen.

• In Abhängigkeit vom jeweiligen sportlichen Betätigungsfeld (z. B. Schulsport, außerschulischer Sport oder Nachwuchsleistungssport) haben sich die Mittel und Methoden in den ersten Schuljahren besonders auf die *rasche Entwicklung der motorischen Lernfähigkeit* im umfassenden Sinne zu richten (motivational, kognitiv, koordinativ und konditionell).

• Bei gezielter *Schulung koordinativer Fähigkeiten* ist ihre bemerkenswert rasche Ausprägung und im Zusammenhang mit ihnen eine zunehmend effektive sporttechnische Ausbildung möglich.

• Im Sportunterricht ist zumindest die *Grobkoordination* der schulsportlich elementaren Bewegungsfertigkeiten anzustreben. Dazu gehören neben den traditionellen »Lehrplansportarten« auch Bewegungsfertigkeiten wie z. B. das Skilaufen und Schwimmen, die je nach örtlichen Gegebenheiten (z. B. Gebirge, Schwimmhalle oder -bad) ausbildbar sind.

• In der *konditionellen Vervollkommnung* sind besonders Schnelligkeitsfähigkeiten, die Beweglichkeit, vielseitig und variabel gestaltete Schnellkraft- und Kraftausdauerübungen zu betonen und eine hinreichende (aerobe) Ausdauerleistungsfähigkeit mit kindlich ansprechenden Übungs- beziehungsweise Trainingsverfahren zu sichern (PETERS u. a., 1980).

• In der *pädagogischen Führung von Schulanfängern* ergeben sich im Vergleich zu Kindern der älteren Gruppen des Kindergartens zunächst noch keine grundlegend neuen Gesichtspunkte. Es ist weiterhin notwendig, den starken Bewegungsdrang, das Nachahmungsbedürfnis, das Verlangen nach Abwechslung

sowie das noch unausgeglichene Konzentrationsvermögen und Leistungsstreben zu beachten. Diese Erfordernisse sind am besten zu verwirklichen durch
– einen bewegungsintensiven und abwechslungsreichen Sportunterricht,
– das häufige Mitüben der Lehrkraft,
– die Nutzung des Aufforderungscharakters von Geräten,
– reizvolle und motivierend gestaltete Bewegungsaufgaben,
– verbale Impulse und Ansporn sowie insgesamt
– eine »Pädagogik der Ermutigung«

Diese pädagogischen Mittel wecken das Interesse, binden die Aufmerksamkeit, entfachen das Leistungsstreben und fördern das Tätigsein im Klassenverband mit seinen neuartigen Gewöhnungserfordernissen.

Wesentlich sind weiterhin
– das Lernen durch Anschauen,
– gelenktes Beobachten und
– Nachvollziehen.

In Verbindung damit muss jedoch zum Ausgang des mittleren Kindesalters zunehmend dem Lernen durch
– bewusstes Wahrnehmen,
– geistiges Erfassen und
– Begreifen der Bewegungshandlungen
verstärkte Aufmerksamkeit gewidmet werden, um somit die folgende Entwicklungsetappe, das beste motorische Lernalter, zu antizipieren und vorzubereiten.

• Ein leistungssportliches *Training* sollte vor allem in jenen Sportarten begonnen werden, in denen das Höchstleistungsalter sehr früh beginnt beziehungsweise die ein besonders hoch ausgeprägtes und vielseitiges Bewegungskönnen erfordern (Eiskunstlauf, Rhythmische Sportgymnastik, Gerätturnen, Schwimmen und Wasserspringen). Im Vordergrund sollte die Ausbildung und Aneignung der Grundfertigkeiten der jeweiligen Sportart stehen, wobei (trainingsbegleitend) erste *Wettkämpfe*, dem Ausbildungsstand angepasst, stimulierend wirken. Jegliches »Trimmen« auf einseitige sportliche Frühleistungen ist dabei jedoch verfehlt und deshalb abzulehnen. Anzustreben sind vielmehr breite und vielseitige Leistungsgrundlagen der jeweiligen Sportart (Grundlagentraining), wobei auch hier der koordinativ-sporttechnischen Ausbildung mit ihren Leistungsvoraussetzungen ganz besondere Aufmerksamkeit zu widmen ist.

6.6. Spätes Kindesalter (10./11. bis 11./12. Lebensjahr Mädchen sowie 10./11. bis 12./13. Lebensjahr Jungen[1])

6.6.1. Allgemeine Charakteristik der motorischen Entwicklung

Die vorangegangene Entwicklungsphase war zunächst durch rasche Fortschritte in der motorischen Lernfähigkeit gekennzeichnet. Im Unterschied dazu kann nunmehr bei den meisten Kindern ein relativ gutes Niveau der motorischen Lernfähigkeit festgestellt werden. Es ist vor allem zurückzuführen auf verbesserte physische Voraussetzungen (körperbaulich, konditionell), weiterentwickelte psychische Qualitäten (intellektuell, emotional, volitiv) und besonders auch auf übungs- beziehungsweise trainingsbedingt erweiterte Bewegungserfahrungen.

Als zunächst *allgemeine motorische Verhaltens- und Leistungscharakteristika*, die im späten Kindesalter als typisch gelten können, sind vorrangig folgende zu nennen:

- Das Bewegungsverhalten gesunder Kinder ist weiterhin durch ein *ausgeprägtes Bewegungsbedürfnis* gekennzeichnet. Dabei handelt es sich jedoch nicht mehr um jene »ziellos-zapplige« Mobilität, die besonders für Schulanfänger typisch war, sondern um eine nunmehr
- beherrschte,
- zielgerichtete und damit
- sachbezogene *Aktivität*.

Die Kinder haben inzwischen gelernt, ihre Bewegungsantriebe zu beherrschen und sich in Lerngruppen (z. B. Sportunterricht, Trainingsgruppe) ein- und unterzuordnen. Bei ungeleiteten Freizeitspielen ist dagegen das starke und ungehemmte Bewegungsbedürfnis weiterhin deutlich zu beobachten.

Besonders Jungen wollen ihre Fähigkeiten erproben und ihr Können im Spiel oder Wettkampf beweisen. Auch die Mädchen stehen in dieser Phase den Jungen nicht viel nach. Das ist besonders dann der Fall, wenn Mädchen einer Freizeitgruppe angehören, die vorwiegend aus Jungen besteht. Gemeinsame Spiele von Jungen und Mädchen sind bis zum 10. und 11. Lebensjahr noch häufig. Eine geschlechtsspezifisch verstärkte Differenzierung der Spiele ist erst nach dem späten Kindesalter festzustellen.

- Die bei Freizeitspielen typischen Verhaltensweisen bestätigen sich im *Sportunterricht und Training*. Dort zeichnen sich die Kinder im allgemeinen aus durch einen erfreulichen
- *Lerneifer*,
- durch *Wagemut*,
- *Aktivität* und
- *Einsatz-* beziehungsweise
- *Leistungsbereitschaft*.

Dabei bleiben die Schüler, im deutlichen Unterschied zu späteren Schuljahren, noch weitgehend
- *frei von individuellen Sonderinteressen*.

Sie fügen sich gut in ihre Gruppe ein und streben für diese nach höchsten Leistungen im Wettkampf.

- Auch die *Konzentrationsfähigkeit* und *Zielstrebigkeit* bei der Lösung sportlicher Bewegungsaufgaben ist erheblich besser als im mittleren Kindesalter.
- Diese Merkmale stehen im engen Zusammenhang mit einer *ausgeprägten Neigung für sportliche Betätigungen*. Besonders bei Jungen gehört die sportliche Betätigung oft zu den Hauptinteressen, und auch bei Mädchen erfreut sie sich in der Regel noch einer hohen Wertschätzung. (KAHL, 1970; GRAS, 1974; BRETTSCHNEIDER/BRÄUTIGAM 1990).

---

1 Die Altersangaben dürfen lediglich als Durchschnittswerte mit fließenden Übergängen verstanden werden. Besonders in der oberen Phasenbegrenzung, die durch die Ausprägung der Geschlechtsreifung markiert wird, sind teilweise beträchtliche individuelle Abweichungen möglich.
Außerdem gilt es zu überlegen, ob wegen der immer früher einsetzenden biologischen Reifung (insbesondere bei den Mädchen) gänzlich auf diese Entwicklungsetappe zu verzichten ist.

Von den *motorischen Fähigkeiten* erreichen bei der Mehrzahl der Kinder vor allem die Schnelligkeitsfähigkeiten und die Schnellkraft ein gutes Niveau. Besonders hervorzuheben ist, dass die koordinativen Fähigkeiten und wesentliche psychophysische Funktionen wie zum Beispiel motorisch-räumliches, -zeitliches oder -kinästhetisches Empfinden beziehungsweise Wahrnehmen einen bereits hohen Entwicklungsstand erreichen (vgl. auch Abschnitt 6.6.2 und HIRTZ, 1979, 2002).

Die skizzierten Mitteilungen zur motorischen Entwicklung manifestieren sich teilweise in bestimmten *altersspezifischen Merkmalen der Bewegungsausführung*. Hervorzuheben ist besonders die gesteigerte Fähigkeit zur bewussten und kontrollierten Steuerung der Bewegungen. Sie äußert sich allgemein in einer immer größeren Beherrschung und Sicherheit der Bewegungsausführung und speziell darin, dass unkontrollierte und »entgleisende« Bewegungen (Nebenbewegungen) in den räumlichen Ausmaßen sowie in der Häufigkeit ihres Auftretens merklich zurückgehen. Auch die Extremitäten werden nunmehr besser beherrscht und koordinierter eingesetzt. Insgesamt sind die kindlichen Bewegungen dadurch zweckmäßiger, ökonomischer und zielbestimmter. Außerdem ist die Bewegungsausführung im späten Kindesalter nochmals durch eine deutliche Kraft- und Temposteigerung gekennzeichnet.

Werden grundlegende und hinreichend geübte sportliche Bewegungen analysiert, so ergeben sich relativ positive Ergebnisse: Die Phasenstruktur ist zumeist gut ausgeprägt; bei zyklischen Bewegungen und bei Bewegungskombinationen sind zweckmäßige Phasenverschmelzungen festzustellen; auch der Bewegungsrhythmus wird in der Regel wesentlich besser als im mittleren Kindesalter erfasst und realisiert.
So ist zum Beispiel der Wurf eines Zwölfjährigen dynamisch bedeutend ausgeprägter als der eines Schulanfängers. Analoges zeigt sich auch im Bewegungsrhythmus zum Beispiel bei turnerischen Bodenübungen, gymnastischen Kombinationen oder leichtathletischen Sprungformen verschiedener Art.
Recht gut sind in diesem Alter bereits die Bewegungskopplungen – besonders der Rumpfeinsatz – und meist auch der Bewegungsfluss ausgeprägt. Die Fähigkeit zur Antizipation von Eigen- und Fremdhandlungen sowie von Bewegungen unbelebter Körper ist merklich verbessert und wird besonders zum Beispiel in Sportspielen und Zweikampfsportarten deutlich.

Insgesamt darf das späte Kindesalter als ein erster *Höhepunkt in der motorischen Entwicklung* eingeschätzt werden. Besonders charakteristisch sind das schnelle Aufnehmen und Erlernen neuer Bewegungsabläufe. Dieser Zeitraum ist deshalb als »*Phase der besten motorischen Lernfähigkeit in der Kindheit*« zu kennzeichnen. Häufig erwerben die Kinder neue Bewegungsabläufe, ohne sie länger geübt zu haben. Wir bezeichnen diesen bemerkenswerten Vorgang als »*Lernen auf Anhieb*« und werden darauf noch näher eingehen (Vgl. auch GABLER/RÖTHIG, 1980; HITZ/STAROSTA, 2000).

6.6.2. Zur Entwicklung motorischer Fähigkeiten

6.6.2.1. Konditionelle Fähigkeiten

Die *Maximalkraftfähigkeit* – zumeist an begrenzten Muskelgruppen ermittelt – zeigt mittelmäßig hohe jährliche Zuwachsraten. Entsprechende Mittelwertkurven widerspiegeln im Vergleich zum mittleren Kindesalter leicht gesteigerte, im Ganzen jedoch kontinuierliche Entwicklungsverläufe. Geschlechtsspezifisch ist übereinstimmend eine geringe, jedoch beständige und etwa parallel bleibende größere Maximalkraftfähigkeit der Jungen festzustellen (vgl. Abb. 6.5.–1). In der Entwicklung der *Schnellkraftfähigkeit* sind ähnliche Tendenzen zu beobachten. Die Verläufe von Mittelwertkurven belegen im späten Kindesalter bei Vergleichen mit den ersten Schuljahren recht kontinuierlich ansteigende jährliche Zuwachsraten. Geschlechtsspezifisch sind ebenfalls nur geringfügig schwächere Schnellkraftleistungen der Mädchen, teilweise sogar mit der Tendenz zur Näherung an die der Jungen zu konstatieren (vgl. Abb. 6.5.–6/7).

Infolge des weitgehend stetigen Ansteigens der Kraftfähigkeiten verbessert sich im allgemeinen das Kraft-Last-Verhältnis. Besonders bedeutsam ist die gesteigerte Stützkraft der Arme, obwohl diese bei beiden Geschlechtern, vor allem jedoch bei Mädchen, nur selten befriedigen kann. Im Unterschied dazu ist die Kraftfähigkeit der Beine (Maximal- und Schnellkraft)

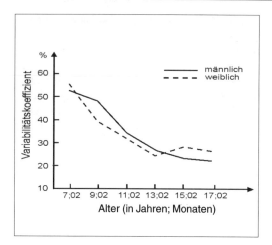
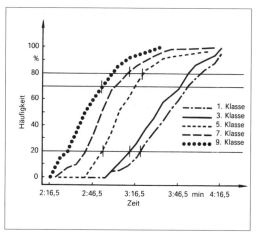

Abb. 6.6.–1 *Relativ hohe Streuungen bei Kraftausdauer- und Ausdauerleistungen (Variationskoeffizient nach* STEMMLER, *1977) Rückenlage – Aufrichten (in 30 s)*

Abb. 6.6.–2 *Relativ hohe Streuungen bei Kraftausdauer- und Ausdauerleistungen (Summenprozentkurven nach* PETERS, *1968). 800-m-Lauf bei Jungen der 1. bis 9. Klasse*

wesentlich besser entwickelt. Das zeigt sich in den zumeist guten Leistungen zum Beispiel im Sprintlauf sowie bei Weit-, Hoch- und Gerätsprüngen.

Zur Entwicklung der *Kraftausdauer-* und der *Ausdauerfähigkeiten* sind differenzierte Aussagen zu treffen. Stark verallgemeinert ist festzustellen: Im späten Kindesalter sind in Kraftausdauer- und Ausdauerentwicklung erheblich stärkere *individuelle Unterschiede* als bei anderen sportlichen Leistungen nachweisbar.

Während die Variationskoeffizienten im Sprintlauf, Weit- und Hochsprung nur zwischen 10 und 20 Prozent liegen, betragen sie bei Kraftausdaueranforderungen über 30 Prozent und beim Liegestützbeugen und Klimmziehen sogar zwischen 60 und 90 Prozent.

Die Leistungsdifferenzen innerhalb der Altersstufe können demzufolge in der Kraftausdauer und Ausdauerfähigkeit erheblich sein (Abb. 6.6.–1/2). Neuere repräsentative Untersuchungen zu den gleichen Fähigkeiten verweisen ebenfalls auf erhebliche Leistungsvariabilitäten (vgl. CRASSELT u. a., 1990 a, b.

Die wesentliche Ursache dieser interindividuell beträchtlichen Leistungsdifferenz besteht darin, dass die Ausprägung dieser Fähigkeiten in höheren Ausmaßen als andere übungsbedingt ist. Von Bedeutung dürften außerdem die unterschiedlich ausgeprägten volitiven Eigenschaften der Kinder sein, die gerade bei Kraftausdauer- und Ausdaueranforderungen entscheidende leistungsbeeinflussende Größen darstellen. Überwiegend erweisen sich die Jungen während des späten Kindesalters in beiden motorischen Fähigkeiten als signifikant leistungsüberlegen. Andererseits zeigt sich jedoch, dass die Ausmaße der geschlechtsspezifischen Unterschiede und außerdem die jährlichen Zuwachsraten besonders in der Kraftausdauerfähigkeit wesentlich von der Art der angestrebten Leistung abhängen.

Bewegen sich die Ausdaueranforderungen nahe dem Maximalkraftbereich der Kinder (z. B. Liegestützbeugen, Klimmzüge), so sind die jährlichen Zuwachsraten außerordentlich gering und die geschlechtsspezifischen Unterschiede in der Regel größer. Werden dagegen Ausdauerleistungen mit geringer Kraftkomponente gefordert (z. B. Kniebeugen, Rumpfheben aus der Rückenlage), sind die jährlichen Zuwachsraten höher und die geschlechtsspezifischen Unterschiede geringer.

Insgesamt muss für beide Geschlechter eingeschätzt werden, dass die Leistungsfähigkeit der Kinder speziell im Kraftausdauerbereich unbefriedigend und nur bei wenigen gut ausgeprägt ist. Bei systematischem Üben sind jedoch auch in diesem Altersbereich bei der Entwicklung der Kraftausdauerfähigkeit hohe Steigerungsraten möglich.

So konnten zum Beispiel im Ergebnis eines nur 4-monatigen Schulversuches bei Kraftausdauerübungen durchschnittliche Steigerungsraten von 40 bis 60 Prozent festgestellt werden (KNAPPE/MOHNS/PETERS, 1968).

Zur *Laufausdauer* sei lediglich bemerkt, dass die jährlichen Zuwachsraten im späten Kindesalter bei ständiger Leistungsüberlegenheit der Jungen weitgehend stetig erfolgen, jedoch gegenüber dem mittleren Kindesalter leicht vermindert sind. Es zeigt sich, dass die geschlechtsspezifischen Differenzen mit steigendem Lebensalter zunehmend stärker werden.

Betragen sie mit 10 Jahren durchschnittlich etwa 10 Prozent, so vergrößern sie sich bis zum 12./13. Lebensjahr auf ungefähr 15 Prozent. Hervorzuheben ist auch hier, dass bei Ausdauerläufen in unausgelesenen Populationen mit erheblichen individuellen Leistungsunterschieden gerechnet werden muss.

Zur Entwicklung von *Schnelligkeitsfähigkeiten* sei folgendes festgestellt: Die Latenz- und Reaktionszeiten der einfachen Reaktion verkürzen sich weiterhin rasch und nähern sich zum Ende des späten Kindesalters beinahe Erwachsenenwerten (MARKOSJAN/WASJUTINA, 1965; VILKNER, 1981). Die Geschwindigkeit von Einzelbewegungen mit geringer Kraftkomponente nimmt ebenfalls rasch und weitgehend stetig zu; bei erhöhten Widerständen sind dagegen vorerst noch geringere Zuwachsraten festzustellen (FARFEL, 1983).

Im Anstieg von Bewegungsfrequenzen sind nach FARFEL bei Mädchen von 9 bis 10 Jahren und bei Jungen von 9 bis 11 Jahren leicht verlangsamte und anschließend bis zu 13 Jahren deutlich erhöhte Zuwachsraten erkennbar. Sie erreichen zu diesem Zeitpunkt weitgehend Erwachsenenwerte, wobei sich nur geringe geschlechtsspezifische Unterschiede ergeben. In der Schrittfrequenz beim Kurzstreckenlauf sowie in der Zugfrequenz im Kurzsprint beim Schwimmen werden maximale Werte offensichtlich noch früher erreicht (vgl. Abb. 6.5.–8/9 und AHLEMANN, 1981).

6.6.2.2. Koordinative Fähigkeiten, Beweglichkeit

Werden zunächst wiederum Untersuchungsergebnisse von Gewandtheitstests als komplexe Indikatoren für das Niveau *koordinativer Fähigkeiten* analysiert, so ergeben sich in unausgelesenen Populationen im Wesentlichen die folgenden Entwicklungscharakteristika: Bei den Mädchen und Jungen widerspiegeln sich in den Altersklassen von etwa 9 bis 11 beziehungsweise 9 bis 13 Jahren solche jährlichen Zuwachsraten, die im Vergleich zum mittleren Kindesalter zwar geringer sind, jedoch andererseits weiterhin deutliche Leistungsfortschritte markieren (vgl. Abb. 6.5.–12/13). Von den Kindern wird damit ein durchschnittlich gutes Gesamtniveau koordinativer Fähigkeiten erreicht, das sie – wie bereits erwähnt – im Einklang mit anderen psychophysischen Eigenschaften zu vielseitiger Disponibilität bei sportlicher Betätigung und speziell zu beachtlichen motorischen Lernleistungen befähigt.

Zu Geschlechtsspezifika sei angemerkt, dass der Zeitraum hoher jährlicher Zuwachsraten in der Kindheit bei Mädchen früher als bei Jungen liegt und die geschlechtsspezifischen Gewandtheitsunterschiede im Vergleich mit den meisten konditionellen Fähigkeiten weniger divergieren (vgl. Abb. 6.5.–12, 13, 14).

Die skizzierte Genese des Gesamtniveaus koordinativer Fähigkeiten wird im Wesentlichen durch Untersuchungsbefunde zu ihrer Ausprägung im einzelnen bestätigt. Sowohl STEMMLER (1977a) als auch HIRTZ u. a. (1979) ermittelten trotz unabhängiger Untersuchungen sowie unterschiedlicher Testverfahren, dass 75 Prozent des Gesamtzuwachses der Gewandtheit (STEMMLER) beziehungsweise verschiedener koordinativer Fähigkeiten (HIRTZ) im Kindes- und Jugendalter (7 bis 17 Jahre) bereits in den Altersklassen 9 und 10 (Mädchen) beziehungsweise 12 oder 13 Jahre (Jungen) erreicht werden. Auch die Geschlechtsdivergenzen, die das Überschreiten der 75-Prozent-Schwelle bei den Mädchen um ein bis reichlich zwei Jahre früher als bei Jungen ausweisen, bestätigen und bekräftigen die prinzipielle Übereinstimmung vorliegender Befunde zur Genese von koordinativen Fähigkeiten bei unausgelesenen Populationen.

Für gezielt geschulte und *trainierende Kinder* gilt wiederum, dass ihr koordinatives Fähigkeitsniveau höher ausgeprägt ist, jedoch bei einigen koordinativen Fähigkeiten (z. B. Rhythmisierungsfähigkeit, sportliche Reaktionsfähigkeit) die zumindest dreimalig wöchentliche Schulung voraussetzt, um einen signifikanten beziehungsweise deutlich spürbaren Fähigkeitszuwachs zu erreichen (HIRTZ, 1979; HOLTZ, 1979).

Im Zusammenhang mit der relativ frühen Ausprägung koordinativer Fähigkeiten steht jene

Besonderheit der motorischen Entwicklung, die bisher nur kurz erwähnt und als »*Lernen auf Anhieb*« bezeichnet wurde. Diese Eigentümlichkeit des motorischen Lernens der Kinder äußert sich darin, dass sie manche Bewegungsformen bemerkenswert rasch und erfolgreich erwerben.

Man denke zum Beispiel an das Skilaufen, das Inlineskaten, das Skateboardfahren und das Schlittschuhlaufen sowie das Radfahren oder an eine Reihe von Spielen wie Fußball, Eishockey, Federball oder Tischtennis. Im Sportunterricht genügt es häufiger, einen Bewegungsablauf einige Male zu zeigen, und schon nach ersten oder wenigen Versuchen wird »auf Anhieb« die Grobform der Bewegung von einem Teil der Schüler recht gut ausgeführt.

Die *Voraussetzungen* für das »Lernen auf Anhieb« sind sehr vielfältig. Wir wollen nur auf einige allgemeine und spezifische Voraussetzungen hinweisen, ohne näher darauf einzugehen.

Sie müssen in ihrer dialektischen Wechselwirkung gesehen werden und umfassen im wesentlichen:

- die im späten Kindesalter zumeist hinreichend beziehungsweise recht gut entwickelten *konditionellen* und besonders *koordinativen Fähigkeiten*;
- das zu dieser Zeit erreichte *intellektuelle Entwicklungsniveau* besonders im Bereich der *Beobachtungs-* beziehungsweise *Wahrnehmungsfähigkeit*;
- das in der Regel ausgeprägte *Interesse* am »Können-Wollen«;
- das damit verbundene *Leistungsstreben* sowie
- ein normalerweise gesundes *Selbstvertrauen*, das besonders bei Jungen bis zum Wagemut und zur Risikobereitschaft ausgeprägt sein kann.

Speziellere Voraussetzungen für das »Lernen auf Anhieb« sind besonders zu suchen in der
- bevorzugt ganzheitlichen Wahrnehmung,
- in der entwickelten *Fähigkeit zum Mitvollziehen* sowie
- im erreichten Stand der *motorischen Steuerungsfähigkeit* und der *Bewegungserfahrungen*.

Die genannten Eigenheiten bei motorischen Lernvorgängen der Kinder sind verständlicherweise um so höher entwickelt, je feiner, genauer und mannigfaltiger die Kinder ihr Bewegungskönnen ausprägen konnten. Besonders dann besteht die Möglichkeit, dass sich gespeicherte Programmelemente aus früher erlernten Bewegungen mehr oder minder plötzlich zusammenschließen und damit »auf Anhieb« zu neuartigen Bewegungsakten führen.

Einschränkend ist allerdings zu bemerken, dass ein größerer Anteil der Kinder das skizzierte Fähigkeitsniveau besonders dann nicht erreicht, wenn die Lebensjahre zuvor nur unzureichend zur Selbstbefähigung und durch unterrichtli-

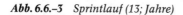

Abb. 6.6.–3 *Sprintlauf (13; Jahre)*

che Einflussnahme genutzt wurden. Als wesentlich erscheint außerdem, dass sich das »Lernen auf Anhieb« in der Regel nur bei solchen Bewegungsstrukturen vollzieht, für die entsprechende Programmelemente verfügbar sind. Daraus erwächst die Forderung nach einer *strukturorientierten Systematik und Folgerichtigkeit im Aufbau motorischer Lernprozesse*. Schließlich sei noch bemerkt, dass ein »Lernen auf Anhieb« bei schwierigen oder gar hochkomplizierten sportlichen Techniken zumeist nicht möglich ist. Ein schrittweises Erarbeiten ist dann erforderlich.

In der *Beweglichkeit* sind während des späten Kindesalters abermals jene differenzierten Entwicklungstendenzen festzustellen, auf die wir bereits bei der Darstellung des mittleren Kindesalters hingewiesen haben. Die Beweglichkeit der Wirbelsäule sowie der Hüft- und Schultergelenke nimmt weiterhin in jenen Richtungen zu, in denen sie beansprucht werden oder in denen geübt wird. Sich vermindernde Bewegungsamplituden sind dagegen nach solchen Bewegungsrichtungen festzustellen, in denen eine hinreichende Beanspruchung unterbleibt und infolgedessen Abschwächungen der Synergisten beziehungsweise Verkürzungen der Antagonisten bis hin zur Ausprägung arthromuskulärer Dysbalancen eintreten können (SERMEEW, 1963; KOŠ, 1964; BULL/BULL, 1980).

6.6.3. Die Entwicklung im Laufen, Springen und Werfen

Wird die *Entwicklung des Kurzstreckenlaufes* zunächst nur quantitativ betrachtet, so sind im Vergleich zum mittleren Kindesalter bei den Jungen leicht verminderte, bei den Mädchen weitgehend stetige jährliche Zuwachsraten festzustellen. Die Mädchen nähern sich dadurch den Leistungen der Jungen durchschnittlich auf etwa 95 bis 97 Prozent, während die geschlechtsspezifischen Unterschiede zu Beginn des späten Kindesalters im Mittel noch 10 Prozent betragen (vgl. Abb. 6.5.–4).

Die Verminderung der geschlechtsspezifischen Differenzen bestätigt sich bei einer qualitativen Analyse der Laufbewegungen. Es wird ersichtlich, dass die Mädchen den zuvor deutlichen Entwicklungsrückstand bis zum 11./12. Lebensjahr weitgehend aufholen. Die geschlechtsspezifischen Unterschiede und die Variationsbreite wesentlicher Merkmale der Laufbewegung insgesamt werden geringer. Infolgedessen erscheint dieses Alter »läuferisch« bemerkenswert geschlossen und homogen.

Abb. 6.6.–4 Schrittweitsprung bei dreizehnjährigen Mädchen (oben) und zwölfjährigen Jungen (unten)

Als *wesentliche Merkmale*, die den Entwicklungsstand der Laufbewegung kennzeichnen, sind zu nennen:
- die im Vergleich zum mittleren Kindesalter weitere Steigerung in der Bewegungsstärke und im -tempo,
- die kaum noch feststellbaren Nebenbewegungen,
- die stärkere Körpervorlage,
- die dem Sprintlauf entsprechende Landung und »tretende« Beinarbeit sowie
- die wesentlich stärker angewinkelten Arme bei signifikant gesteigertem Bewegungsumfang (Abb. 6.6.–3).

Häufigste *Mängel* der Laufbewegung sind:
- Fehlhaltungen des Rumpfes und Kopfes (Hohlkreuzhaltung/Nackenhalte),
- unzureichende Streckphasen (»Sitzhaltung«) und
- ganzkörperliche oder partielle Verkrampfungen bei rund 60 Prozent der Kinder. Diese Verkrampfungen sind beim Sprintlauf vornehmlich als Folge des ausgeprägten Leistungsstrebens zu betrachten, denn sie fallen weitgehend weg, sobald submaximale Tempi gelaufen werden (WINTER, 1963).

Im *Weitsprung und Hochsprung* ist der Zeitraum zwischen dem 10. und 12./13. Lebensjahr sowohl bei den Jungen als auch bei den Mädchen durch weitgehend lineare, geschlechtsspezifisch annähernd parallele und

richtsexperimente und umfassende Erfahrungen besagen, dass die Kinder im späten Kindesalter moderne Weit- und Hochsprungtechniken, den Dreisprung, Stab- und formgebundene Gerätsprünge relativ rasch erlernen (u. a. GÖTZE, 1968c; UNGERER, 1967; Abb. 6.6.–4). Die *Entwicklung von Wurfleistungen* entspricht annähernd den Entwicklungstendenzen des Weit- und Hochspringens. Der Anstieg der Mittelwertkurven verläuft steil und weitgehend linear.

Neben dieser Übereinstimmung müssen jedoch für das Werfen einige Besonderheiten hervorgehoben werden. Sie bestehen darin, dass sich die erheblichen geschlechtsspezifischen Unterschiede der Jahre zuvor im späten Kindesalter kaum vermindern. Die Mädchen bleiben durchschnittlich fast 50 Prozent unter den Leistungen der jeweils gleichaltrigen Jungen vgl. Abb. 6.5.–15). Auffällig sind außerdem die außerordentlich hohen Variationskoeffizienten für beide Geschlechter. Die Koeffizienten der Mädchen liegen typischerweise beträchtlich über denen der Jungen und vermindern sich – im Unterschied zu den Jungen – nur unwesentlich.

Mit diesen Untersuchungsergebnissen wird die bekannte Erfahrungstatsache bestätigt, dass die individuellen Unterschiede in den Wurfleistungen bei beiden Geschlechtern erheblich, besonders stark jedoch bei den Mädchen, ausgeprägt sind. Es bestätigt sich außerdem, dass vor allem das Werfen von vielen Kindern selbstständig nur sehr unvollkommen erworben wird (Abb. 6.6.–5). Besonders Mädchen erlernen ohne wirksame Schulung in der Regel keine befriedigende Wurfbewegung. Sie ist mit verschiedenen und zumeist groben Bewegungsfehlern behaftet. Von den Jungen der Großstädte erlernen nur etwa 25 Prozent eine Weitwurfbewegung, die annähernd zweckmäßig verläuft und nur noch kleinere Mängel umfasst. Es ist deshalb notwendig, das Werfen nachhaltig zu üben. Vor allem bei Mädchen sind deutliche Übungserfolge in der Regel erst durch eine längere und systematische Wurfschulung zu erreichen (SCHREITER, 1965; BLUME, 1965; WILLIMCZIK, 1991, S. 293–296).

6.6.4. Zur Variationsbreite der motorischen Entwicklung

Bei den bisherigen Darstellungen zu den verschiedenen Entwicklungsphasen haben wir teilweise bereits Probleme der Variationsbreite

in Vergleichen mit dem mittleren Kindesalter leicht erhöhte jährliche Zuwachsraten gekennzeichnet.

Die geschlechtsspezifischen Unterschiede liegen in beiden Disziplinen – im Hochsprung minimal geringer – zwischen durchschnittlich 8 und 12 Prozent (vgl. Abb. 6.5.–5). Erwähnenswert sind außerdem die über den gesamten Zeitraum recht kontinuierlich absinkenden Variationskoeffizienten, die eine sich vermindernde Variabilität der Leistung anzeigen und für die weitere Festigung der genannten Bewegungsformen sprechen. Auch einige Unter-

Abb. 6.6.–5 Schlagballweitwurf (13; 0 Jahre)

in der motorischen Entwicklung der Kinder berührt. Im späten Kindesalter gewinnen damit verbundene Fragen zunehmend an Bedeutung. Das liegt vor allem daran, dass zu dieser Zeit einem Teil der Kinder schon ein manchmal mehrjähriges und intensives Training mit entsprechenden Wettkämpfen zuteil wird (z. B. im Gerätturnen, Fußball, Schwimmen und Wasserspringen). Tausende andere Kinder nehmen im späten Kindesalter ein wöchentlich mehrmaliges Training auf, und viele weitere beteiligen sich zumindest am außerschulischen Sport (SCHROEDER, 1982; KLAES u. a., 2000), andererseits werden manche der verschieden verursachten »Sportschwächen« der Kinder immer ausgeprägter (STRAUZENBERG, 1964) und sportrelevante Einstellungen sowie reale Verhaltensweisen zunehmend divergenter (ZEUNER u. a., 1981). Infolgedessen vergrößert sich die Variationsbreite der motorischen Leistungsfähigkeit mit der Zunahme des Lebensalters ständig.

Es ist deshalb zwar erstaunlich, jedoch verständlich, wenn zum Beispiel die besten Schüler im Alter von 8 bis 10 Jahren die gleiche Ausdauerleistungsfähigkeit wie die schwächsten Schüler im Alter von 14 bis 16 Jahren aufweisen, oder wenn die Variationsbreite beim Rumpfheben aus der Bauchlage im späten Kindesalter von nur wenigen Versuchen bei den schwächsten Schülern bis zu mehreren hundert Versuchen der besten Schüler reicht (KNAPPE/MOHNS/PETERS, 1968). Auch FARFEL (1960), der unter anderem die Kraftausdauer im Stütz am Barren und beim Streckhang am Reck untersuchte, berichtet von einer erheblichen Streuung der Leistungen zum Ausgang des späten Kindesalters. Im Hochsprung liegen die Mittelwerte der Elf- und Zwölfjährigen nach den repräsentativen DDR-Erhebungen von 1958 durch STEMMLER (1962) bei rund 90 cm, während die Mittelwerte der 20 bis 30 leistungsstärksten Schüler der DDR in diesen Altersstufen mit 125 beziehungsweise 130 cm angegeben wurden. Die durchschnittlichen Bestleistungen der Elf- beziehungsweise Zwölfjährigen entsprechen damit ziemlich genau den Durchschnittsleistungen der 16- und 17-jährigen Schüler der DDR.

Bereits diese wenigen Beispiele sportlicher Leistungen beleuchten die große Variationsbreite, mit der unter Umständen im späten Kindesalter gerechnet werden muss. Untersuchungen zur Lehrplanrealisierung sowie Leistungsvergleiche bei mehrmals wöchentlich trainierenden und andererseits nichttrainierenden Schülern unterstreichen und verdeutlichen diese Feststellung (STEMMLER, 1970a, 1976; GROPLER/THIESS, 1974a, b; HEINICKE, 1977; CRASSELT u. a., 1990 b, S. 58–65).

6.6.5. Psychische Entwicklungsbesonderheiten

Wie bereits erwähnt, kennzeichnen Sportwissenschaftler überwiegend das späte Kindesalter als die *Phase der besten motorischen Lernfähigkeit in der Kindheit*. Für die gute motori-

- Sie suchen den *Leistungsvergleich* und das *Kräftemessen* bevorzugt in der Gruppe.
- Sie bemühen sich *zielstrebig* und *konzentriert* um eine Lösung der gestellten Bewegungsaufgaben.
- *Gruppenorientierte Interessen* stehen vor Individualinteressen und -bedürfnissen beim Sporttreiben.
- Emotional überwiegt die *Freude* an der Bewegung (weiterhin großes Bewegungsbedürfnis) und am sportlichen *Erfolg in der Gruppe*.

Kinder sind in dieser Entwicklungsphase physisch und psychisch belastbar, aber auch schnell ermüdbar, ihre Leistungsbereitschaft und -fähigkeit sind jedoch nach relativ kurzer Zeit wiederhergestellt.

sche Lernfähigkeit werden nicht nur verbesserte körperbauliche und motorische Voraussetzungen verantwortlich gemacht, sondern auch ein gestiegenes und zudem stabilisiertes Niveau *psychischer Leistungsvoraussetzungen*.

Aufgrund der Bewegungserfahrungen aus den vorangegangenen Entwicklungsetappen haben sich insbesondere die psychischen Komponenten für eine erfolgreiche Bewegungs- und Handlungsregulation – wie Kenntnisse und Wissen über das Lösen einer Bewegungsanforderung, die Bewegungsvorstellungen, die Bewegungswahrnehmungen und das Bewegungsempfinden – verbessert sowie das Verständnis für das Erkennen von Ursache und Wirkung bei der Bewältigung motorischer Anforderungen entwickelt. Denk- und Entscheidungsleistungen, bezogen auf taktisches Denken, motorisches Gedächtnis, Fehlererkennung und -vermeidung, wurden somit weiter geschärft.

Die positiven Entwicklungen, die sich im kognitiv-intellektuellen Bereich und bei der Ausprägung sensomotorischer Leistungsvoraussetzungen vollzogen haben, finden ihren Niederschlag auch in einem höheren Niveau der *Antriebskomponenten*.

- Die Kinder sind – in der Regel – für das Sporttreiben insgesamt hoch *motiviert*.
- Sie zeichnen sich durch *Lerneifer* und *Risikobereitschaft* aus.

Folgerungen aus psychologischer Sicht

Durch ein freudbetontes Üben und Trainieren, in dem organisierte Leistungsvergleiche und Wettbewerbe zwischen Gruppen nicht fehlen sollten, werden in dieser Entwicklungsetappe entscheidende Motive für die Einstellung zum Sport und für ein dauerhaftes Sporttreiben gelegt. Dabei kommt es zunehmend darauf an, individuelle Leistungsfortschritte auch vor der gesamten Gruppe zu verdeutlichen und die Stellung des Einzelnen in der Gruppe und für die Gruppenleistung zu kennzeichnen. Leistungsstreben und Verantwortungsbewusstsein des betreffenden Kindes für die Gruppe können damit gefördert werden.

Ein Ausbildungsziel sollte auf einer Stabilisierung und variablen Ausprägung psychischer Prozesse der Bewegungs- und Handlungsregulation liegen. Dies erfordert:

– eine verstärkte, gezielte *geistige Vorbereitung* auf das Bewältigen von Bewegungsanforderungen, um eine hohe Erfolgswahrscheinlichkeit der motorischen Ausführung zu sichern und damit das *Selbstvertrauen* in die eigene Leistungsfähigkeit zu festigen,

– die Entwicklung und Stabilisierung der *Bewegungswahrnehmung, Bewegungsvorstellung* und des *Bewegungsgefühls* bei unterschiedlichen Bewegungsanforderungen, d. h., die übenden müssen lernen, sich verstärkt Informationen über den inneren Regelkreis (kinästhetische, propriozeptive Informationen) bewusstzumachen, kritisch zu verarbeiten und richtig zu werten.

Dazu gehört

– die Arbeit an einem vielseitigen Bewegungsangebot mit klaren »Beobachtungs«-Aufgaben bezüglich der Lokalisation von Zug, Druck, Spannung/Entspannung,
– eine genaue Abschätzung des energetischen Aufwandes und der Richtung, in die eine Bewegung ausgeführt wird,
– die Beurteilung der Extremitäten und ihrer Lage im Raum.

Zur Entwicklung psychischer Voraussetzungen für eine erfolgreiche Bewegungs- und Handlungsregulation sollte bereits in dieser Entwicklungsetappe mit vielfältigen Formen *motorischer Imitationsübungen* (sensomotorische Übungen) gearbeitet werden. Der psychomotorische Behaltenseffekt wird dabei durch den Einsatz von *Metaphern* (Arbeit mit bildhaft-anschaulichen Vergleichen), die von den individuellen Bewegungserfahrungen der Schüler abgeleitet wurden, gefördert.

Die Phase des späten Kindesalters ist somit durch ein *vielfältiges psychologisches Voraussetzungstraining* psychischer Komponenten gekennzeichnet, die für eine erfolgreiche Bewältigung von Bewegungsanforderungen in künftigen Entwicklungsphasen benötigt werden. Stabile psychische Grundvoraussetzungen bilden insbesondere in der nachfolgenden Phase des frühen Jugendalters eine gute Gewähr dafür, dass die zunehmend funktionelle Labilität schneller überwunden wird (FRESTER, 1997).

6.6.6. Zusammenfassung

• Das späte Kindesalter umfasst etwa das 10. bis 11./12. Lebensjahr bei den Mädchen und das 10. bis 13. Lebensjahr bei den Jungen. Eine genaue Festlegung der oberen Altersbegrenzung bereitet Schwierigkeiten, da die Geschlechtsreifung altersspezifisch unterschiedlich beginnt.

• Das motorische Verhalten ist durch eine hohe, nunmehr jedoch beherrschte, zielgerichtete und sachbezogene Mobilität gekennzeichnet. Der Lerneifer sowie die Einsatz- und

Leistungsbereitschaft bei sportlichen Tätigkeiten sind im Allgemeinen hoch.

• Die motorischen Fähigkeiten erreichen im Vergleich zum mittleren Kindesalter ein deutlich höheres Niveau. Hauptmerkmal der Entwicklung ist die überwiegend gute motorische Lernfähigkeit der Jungen und Mädchen. Die Kinder erwerben neue motorische Akte bemerkenswert rasch und erreichen schnelle Fortschritte, sofern diese ihren Leistungsvoraussetzungen entsprechen.

• Die jährlichen Zuwachsraten im Kurzstreckenlauf, Weitspringen, Hochspringen und Werfen ähneln weitgehend dem schnellen Anstieg der Leistungsfähigkeit im mittleren Kindesalter.

• Die geschlechtsspezifischen Unterschiede sind – außer bei den Wurfleistungen – im allgemeinen noch geringer als im mittleren Kindesalter.

Dies ist u. a. darauf zurückzuführen, dass für Mädchen eine beschleunigte biologische Entwicklung typisch ist, wodurch sie vorübergehend in einigen körperbaulichen Parametern (z. B. Körperhöhe) den gleichaltrigen Jungen sehr nahe kommen.

• Die motorische Steuerungsfähigkeit und damit die Beherrschung, Sicherheit und Ökonomie der Bewegungsausführung haben sich verbessert. Deutliche Fortschritte werden besonders in der Phasenstruktur, in dem Rumpfeinsatz und Bewegungsfluss sowie mit gewissen Einschränkungen auch im Bewegungsrhythmus erzielt. Im Vergleich zum mittleren Kindesalter hat sich der Bewegungsumfang vergrößert. Damit ist eine beträchtliche Steigerung in der Bewegungsstärke und im Bewegungstempo verbunden.

• Die Entwicklungstendenzen sowie der erreichte Stand der motorischen Genese berechtigen, das späte Kindesalter als einen ersten Höhepunkt der motorischen Entwicklung zu betrachten und als *Phase der besten motorischen Lernfähigkeit in der Kindheit* zu kennzeichnen.

6.6.7. Folgerungen für die Förderung der motorischen Entwicklung

Eine *grundlegende Forderung* in diesem Altersabschnitt besteht darin, das *günstige Lernalter der Kindheit optimal für die motorische bzw. sportliche Entwicklung zu nutzen.* Von den sich daraus ergebenden Einzelforderungen heben wir die folgenden heraus:

• Das zumeist *ausgeprägte Bewegungsbedürfnis* und rege *Sportinteresse* der Jungen und Mädchen bietet ausgezeichnete Möglichkeiten, ihr Streben nach *regelmäßiger sportlicher Betätigung* durch einen *zunehmend leistungsbetonten* und dabei *freudvollen Sportunterricht* zu festigen, sie für den *außerschulischen Sport* zu gewinnen und damit wesentliche *Grundlagen* zu einer *dauerhaften sportlichen Betätigung* zu legen.

• Ein bereits längerjährig durchgeführtes *Training* in den »frühen Sportarten« ist *kontinuierlich fortzusetzen* (vgl. Abschnitt 6.5.5.).

• *Beginnen* sollte nunmehr jedoch auch das *Training* besonders in solchen Sportarten, die zur hohen Ausprägung von sportlichen Leistungen eine *längerjährige sportliche Ausbildung* und möglichst umfassende *Erfahrungen* erfordern. Hierzu müssen vor allem die *situativen Sportarten* (wie Spiel- und Zweikampfsportarten) gezählt werden. Generell ist darüber hinaus jedoch festzustellen, dass auch in allen weiteren Sportarten mit einem *entwicklungsgemäßen* und *altersgerechten* Training begonnen werden kann, wenn die dazu erforderlichen sportmedizinischen Indikationen positiv sind.

Die inzwischen jahrelangen Erkenntnisse aus dem Nachwuchsleistungssport und den Diskussionen um das »Anfängertraining«[2] sprechen für den rechtzeitigen Trainingsbeginn besonders dann, wenn in späteren Lebensjahren hohe sportliche Leistungen erreicht werden sollen (THIESS, 1983, u. a.).

• Zu betonen ist jedoch, dass während des späten Kindesalters zunächst möglichst *breite* und *vielseitige Leistungsgrundlagen* zu legen sind, jegliches Streben nach »*einseitig-getrimmten« Frühleistungen unterbleibt* und das »beste motorische Lernalter der Kindheit« sowohl im Sportunterricht als auch im Training besonders für eine solide *koordinativ-sporttechnische Ausbildung* sowie den *vielseitigen Erfahrungserwerb* genutzt wird.

• In der *konditionellen Vervollkommnung* sind besonders die Herausbildung von *Schnelligkeitsfähigkeiten*, eine vielseitige *Schnellkraftentwicklung* und die angemessene Ausprägung der aeroben *Grundlagenausdauerfähigkeit* als wesentlich zu betrachten. Nachdrücklich hinzuweisen ist ebenfalls darauf, dass neben den Wettkampf- und Spezialübungen besonders die *allgemeinentwickelnden Übungen* entsprechend betont werden.

• Die angemessene Herausbildung besonders der *Grundlagenausdauer* im Sportunterricht sowie in allen Sportarten wird deshalb gefordert, weil sie die Ermüdungswiderstandsfähigkeit erhöht, damit die Belastbarkeit und Belastungsverträglichkeit der Kinder bei sportlicher und auch geistiger Tätigkeit fördert und nicht zuletzt erwiesenermaßen gesundheitsstabilisierend wirkt (ISRAEL, 1977). Dabei sollte im Sportunterricht vorwiegend im niedrigen und mittleren Intensitätsbereich geübt werden. Außerdem ist eine gegebenenfalls große Streuungsbreite in der Leistungsfähigkeit der Kinder durch eine zumindest gruppenspezifische Belastungsgestaltung zu berücksichtigen.

• Die einseitige *Orientierung* auf *spezielle Trainingsmittel* bereits im Training mit Anfängern oder Fortgeschrittenen muss als *verfrüht und verfehlt* beurteilt werden. Solche Einseitigkeiten führen bei jungen Sportlern zwar häufig zu schnellen Leistungsanstiegen, haben andererseits jedoch einen ungenügenden Leistungszuwachs oder gar eine Leistungsstagnation im Hochleistungsalter zur Folge (STARK 2003).

• Die *Schulung von koordinativen Fähigkeiten* muss im späten Kindesalter als *Schwerpunktaufgabe* und *Unterrichtsprinzip* verstanden werden.

Im *Sportunterricht* wird dieses Anliegen durch die vielseitige Betätigung in den Grundsport-

---

2 Vgl. hierzu die zahlreichen Beiträge, die in der Zeitschrift »Theorie und Praxis der Körperkultur« (Berlin) im Zeitraum 1975 bis 1983 zum Thema »Anfängertraining« publiziert wurden.

arten und die *variable Gestaltung* der Übungsanforderungen. Die Kinder erwerben auf diese Weise weitere vielseitige Bewegungserfahrungen und wertvolle Grundlagen für die Betätigung in einer Sportart.

Im *Trainingsprozess* muss die sportartgerichtete beziehungsweise sportartspezifische *Ausprägung der koordinativen Fähigkeiten* erfolgen. Die Lösung dieser Aufgabe erfordert die gezielte Anwendung von solchen allgemeinen, speziellen und Wettkampfübungen, die dem Anforderungs- und koordinativen Fähigkeitsprofil der Sportart entsprechen (BLUME, 1978b; HARTMANN/MINOW, 1999, S. 339f).

• Von besonderer Bedeutung ist es, das günstige Lernalter der späten Kindheit für die *betonte Ausbildung von sporttechnischen Fertigkeiten* zu nutzen. Im *Schulsport* sind es jene, die neben denen, die der Lehrplan vorschreibt, aufgrund der örtlichen Gegebenheiten möglich sind und im Trend liegen, wie Skate- und Snowbording, Inlineskating, Badminton, Ski- und Eislaufen, Unihoc und die verschiedenen Formen des Tanzens. Generell ist nachdrücklich zu betonen, dass Versäumnisse in der koordinativ-sporttechnischen Vervollkommnung zumeist mit erheblichen Langzeitwirkungen verbunden sind und deshalb unbedingt vermieden werden müssen (vgl. BÖS/MECHLING, 2002).

• Prinzipiell Gleiches gilt für das *sportliche Training*. An die Verfügbarkeit und Qualität in der Ausführung der sporttechnischen Fertigkeiten sind bereits hohe Maßstäbe anzulegen. Von vielen jungen Sportlern, besonders aus dem Bereich der technisch-kompositorischen Sportarten, wird überzeugend demonstriert, welch hohes Können als Resultat einer qualifizierten sporttechnischen Ausbildung bereits zum Ausgang der Kindheit erreichbar ist. Im Fertigkeitslernen bzw. Techniktraining ist deshalb darauf zu achten, dass zweckentsprechende Fertigkeiten nach effektiven und erfolgversprechenden *Technikleitbildern* gelehrt und sich angeeignet werden. Ein späteres *Umlernen*, das erfahrungsgemäß schwieriger und längerfristig als Neulernen ist, kann dadurch *vermieden* werden (vgl. PANZER, 2003).

• Auch die *Beweglichkeitsschulung* bedarf im späten Kindesalter der zunehmenden Beachtung. Übersteigerte Beweglichkeitsanforderungen sind jedoch im obligatorischen Schulsport zu vermeiden.

• Für die *methodische Gestaltung der Lernprozesse* sollte besonders beachtet werden, dass sich die Kinder noch stark am *demonstrierten Bewegungsvollzug* orientieren. Das gute, einwandfreie und anspornende *Vorbild* ist daher von großer Bedeutung! Im Zusammenhang damit sowie durch weitere Anschauungsmittel gefördert, ist besonderer Wert auf eine möglichst rasche und klare Herausbildung der Bewegungsvorstellung als dem »inneren Leitbild« des motorischen Lernens zu legen. Ausführliche Bewegungsanweisungen und weitschweifige theoretische Erklärungen sind dazu wenig geeignet. Wesentlicher ist es, die Kinder intensiv üben zu lassen und ihnen dabei anschaulich und stimulierend das notwendige Wissen und allmähliche Können zu vermitteln. Diese Orientierung gilt sowohl für den Sportunterricht als auch für ein Training im Nachwuchsleistungssport.

6.7. Frühes Jugendalter (Pubeszenz)[3] (11./12. bis 13./14. Lebensjahr Mädchen; 12./13. bis 14./15. Lebensjahr Jungen)

6.7.1. Allgemeine Charakteristik der motorischen Entwicklung

Während das motorische Verhalten der Pubeszenten in der Literatur ziemlich übereinstimmend eingeschätzt wird, sind die *Aussagen zur motorischen Entwicklung* während der Pubeszenz noch *unterschiedlich*. In der Vergangenheit wurde dieser Zeitraum vielfach als Phase des »Umsturzes der spätkindlichen

---

3 Zu betonen ist, dass sowohl im Beginn als auch im Verlauf und besonders am Ende der Pubeszenz individuelle Abweichungen von ± zwei bis drei und vereinzelt sogar mehr Jahren möglich sind (Früh- bzw. Spätentwickler, vgl. Abschnitt 6.7.2.2.).

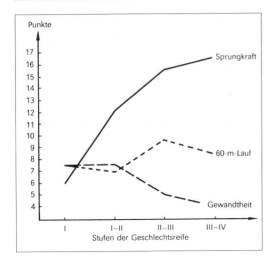

Abb. 6.7.-1 *Umstrukturierung motorischer Fähigkeiten (nach MILIČER, 1964). Männliche Jugendliche mit außerschulischem Sport*

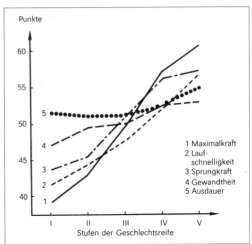

Abb. 6.7.-2 *Umstrukturierung motorischer Fähigkeiten (nach PILICZ, 1971). Unausgelesene Population männlicher Jugendlicher*

Motorik« und »Krisenzeit« mit motorischen »Zerfalls- und Auflösungserscheinungen« oder sinngemäß ähnlich gekennzeichnet (HOMBURGER, 1922; NEUHAUS, 1935, 1948; MÖCKELMANN, 1967, u. a.). Solche Auffassungen sind heute weitgehend überwunden, da sie sich als übertrieben und sachlich verfehlt erwiesen haben (SCHNABEL, 1962). Zutreffender ist es unseres Erachtens, die motorische Entwicklung im frühen Jugendalter als *Phase der Umstrukturierung* (des »Umbaus«) von *motorischen Fähigkeiten und Fertigkeiten* zu kennzeichnen und diesen Prozess als einen normalen Entwicklungsvorgang und nicht als »Krise« anzusehen. Diese Auffassung bestätigt sich, wenn wir im folgenden wesentliche Seiten der motorischen Entwicklung im einzelnen betrachten.

Deutlich sind die *Umbauvorgänge* bereits in der Entwicklung *motorischer Fähigkeiten*. Sie äußern sich in sehr unterschiedlichen Zuwachsraten während der Pubeszenz, sodass sich die Struktur der motorischen Fähigkeiten als Leistungsvoraussetzung für Bewegungshandlungen zunehmend verändert (vgl. Abb. 6.7.-1/2).

Im Bereich von *konditionellen Fähigkeiten* kann während der ersten puberalen Phase sowie in der Folgezeit mit einem verstärkten Fähigkeitszuwachs der *Schnell- und Maximalkraft* besonders bei männlichen Jugendlichen und kurzzeitiger auch bei Mädchen gerechnet werden (vgl. Abschnitt 6.7.4.1.). In der *Ausdauerausprägung* hat sich die Pubeszenz mit ihrer hohen Dynamik des körperlichen Wachstums einschließlich der Organe des kardiopulmonalen Systems ebenfalls als eine Phase erwiesen, die – im deutlichen Unterschied zu älteren Auffassungen – für die Ausdauervervollkommnung zunehmend günstige Konstellationen umfasst (u. a. ISRAEL, 1977; ISRAEL/BUHL, 1980; KEMPER u. a., 1986). Bei der Entwicklung von *Schnelligkeitsfähigkeiten* sind zunächst noch hohe Zuwachsraten festzustellen, die sich jedoch mit dem Abschluss des frühen Jugendalters deutlich vermindern (FARFEL, 1983; BAUERSFELD/VOSS, 1992).

Andere Entwicklungscharakteristika sind im frühen Jugendalter bei *koordinativen Fähigkeiten* festzustellen (Abb. 6.5.–12/13/14). Trotz mancher Divergenzen im einzelnen dürfen zur Genese dieser Fähigkeitsklasse während der Pubeszenz die folgenden Positionen mit hinreichendem Gültigkeitsanspruch vertreten werden: Die Entwicklungsetappen der ausgeprägt raschen Zunahme von koordinativen Fähigkeiten liegen bereits vor der Pubeszenz; während des frühen Jugendalters verläuft ihre

Abb. 6.7.–3/4 Schwerfälliger und verkrampfter Lauf (14; 0 Jahre)

Genese zumindest verlangsamt. HIRTZ u. a. (1981) sehen sich im Ergebnis ihrer umfassend und differenziert angelegten Untersuchungen sogar zu der zusammenfassenden Feststellung veranlasst, dass die Gesamtentwicklung koordinativer Fähigkeiten »... in der Hälfte der Schulzeit bereits so gut wie abgeschlossen ...« ist und sich »... nach dem 12. Lebensjahr in der Regel eine Periode geringerer Entwicklungsdynamik und teilweiser Stagnation« anschließt (Hirtz, 1981, S. 350; HIRTZ/OCKHARD/SCHWARZER, 2002).

Der ontogenetisch beschleunigten Herausbildung konditioneller Fähigkeiten stehen somit offensichtlich gegenteilige Tendenzen in der Entwicklung von koordinativen Fähigkeiten gegenüber (ISRAEL, 1976, bzw. ISRAEL/BUHL, 1980; ROTH/WINTER, 1994).

Mit dieser Umstrukturierung der motorischen Fähigkeiten und, begleitet vom ebenfalls beträchtlichen »Umbau« der körperbaulichen Voraussetzungen während der Pubeszenz, ergeben sich zumeist auch spürbare *Veränderungen* in bestimmten Parametern beziehungsweise Merkmalen bei *sporttechnischen Fertigkeiten*.

So vermindert sich zum Beispiel die Schrittfrequenz bei erheblicher Zunahme der Schrittlänge im leichtathletischen Sprint und Skilanglauf als Folge der veränderten Hebelverhältnisse (Extremitätenwachstum) und verbesserten Schnellkraft. Im Gerätturnen und Eiskunstlauf oder in der Rhythmischen Sportgymnastik (Mädchen) kann dagegen häufiger eine verlangsamte Übungsausführung (geringeres Bewegungstempo) besonders bei ausgeprägter Längen- und Gewichtszunahme sowie veränderten Hebelverhältnissen festgestellt werden. Bei jungen Schwimmsportlern sind deutlich rückläufige Zugfrequenzen sowie die gleichzeitig beträchtliche Zunahme der Zykluswege nachgewiesen (AHLEMANN, 1981).

Solche und andere zunächst quantitative Indikatoren der Umstrukturierung sporttechnischer Fertigkeiten sind zumeist auch von entsprechenden »Güteveränderungen« in der Ausführungsregulation sportlicher Bewegungshandlungen begleitet. Vor allem bei *Nichttrainierenden mit ungünstiger Verlaufstendenz wesentlicher sportlicher Leistungsvoraussetzungen* wie zum Beispiel mit ausgeprägten körperbaulichen Veränderungen und inadäquater konditioneller Vervollkommnung sind während der Pubeszenz deutlich verstärkt *besonders folgende typischen Merkmale* festzustellen:

– schwerfälliger (plumper) werdende Bewegungshandlungen vornehmlich bei Ganzkörperbewegungen (die kindliche Mühelosigkeit und Leichtigkeit der Bewegungsausführung lässt nach; wahrnehmbar besonders zum Beispiel in der Gymnastik, im Lauf und Sprung oder bei Gerät- und Bodenübungen (Abb. 6.7.–3/4);

– beeinträchtigte motorische Steuerungsfähigkeit mit ihren Folgen (z. B. erneut verstärkte

Nebenbewegungen und Impulsentgleisungen; steife und verkrampfte bzw. kraftlose und »schlaksige« Bewegungsausführung; in Einzelfällen sogar Verlust zuvor bereits beherrschter Fertigkeiten);
- verminderte motorische Anpassungs-, Umstellungs- und besonders Lernfähigkeit (z. B. Anpassungs- bzw. Umstellungsschwierigkeiten bei variierten oder veränderten Bewegungsaufgaben; verlängerte Übungszeiten bzw. erhöhte Anzahl notwendiger Wiederholungen bei motorischen Lernprozessen);
- verstärkte Unbeständigkeit (Instabilität) beziehungsweise Stagnationstendenzen bei sportlichen Leistungen (z. B. erhöhte Streuungen bei messbaren Leistungen; verminderte Konstanz in wiederholten Bewegungsvollzügen; gute und schwache Unterrichts-, Trainings- oder Wettkampfergebnisse durch verstärkte Schwankungen in der »Tagesform«; unbefriedigende Leistungsentwicklung u. ä. (vgl. auch HIRTZ/OCKHARDT/ SCHWARZER, 2002).

Auch bei *Trainierenden* sind solche Erscheinungen im Bewegungsvollzug und Leistungsresultat nicht auszuschließen. Sie äußern sich besonders in solchen Sportarten, die ein hohes und dabei vielseitiges Bewegungskönnen erfordern beziehungsweise die entsprechend günstige Kraft-Last-Verhältnisse zur Bewältigung der sporttechnischen Anforderungen voraussetzen (vornehmlich technisch-akrobatische und teilweise situative Sportarten).

In vorrangig energetisch determinierten Disziplinen, bei denen zudem die Körperhöhe beziehungsweise auch -masse leistungsbegünstigend wirkt (besonders z. B. in den Wurf- und Stoßdisziplinen) sowie ebenfalls in Sportarten mit zyklischen Bewegungsakten (besonders Ausdauersportarten) verlaufen dagegen die »Umbauvorgänge« in der Regel unauffällig. Selbst wenn sie verschiedentlich spürbar werden, sind sie dennoch mit zumeist anhaltenden und mitunter sogar körperbaulich und konditionell bedingten erheblichen Leistungsfortschritten verbunden.

Deutlich werden Anzeichen der Umstrukturierung allerdings auch dann, sobald im Training andere als die Wettkampfübungen gefordert und speziell ungewohnte beziehungsweise neuartige Koordinationsübungen zur Anwendung kommen (z. B. im allgemeinen Training, bei Sportspielen oder im Erlernen des Skilaufs u. ä.). Da die »saubere« koordinativ-sporttechnische Ausbildung als ein Prinzip des Trainings in allen Ausbildungsetappen zu gelten hat, muss ihr der Trainer die notwendige Aufmerksamkeit widmen und mit geeigneten Maßnahmen, z. B. der Einbeziehung »fordernder« Übungen, entsprechen.

Den bisherigen Ausführungen war teilweise bereits zu entnehmen, dass die *biologischen Ursachen* für die Umstrukturierung speziell von koordinativen Fähigkeiten und Bewegungsfertigkeiten vornehmlich mit dem *Ausmaß und Tempo der körperbaulichen Veränderungen* korrespondieren.

6.7.2. Entwicklungsbesonderheiten aus biotischer Sicht

6.7.2.1. Im Vergleich: Spätes Kindesalter, frühes Jugendalter, spätes Jugendalter

Wie Tabelle 6.7.–1 zeigt, bestehen bezüglich der Parameter des **Herz-Kreislaufsystems** zwischen Kindern, Jugendlichen und Erwachsenen deutliche Unterschiede, die jedoch in bezug auf das jeweilige Körpergewicht zu relativieren sind.

Während die *Pulsfrequenz* und das *Schlagvolumen*/kg Körpergewicht bei Kindern und Jugendlichen größer als bei Erwachsenen sind, steigt kontinuierlich die maximale O_2-*Aufnahmekapazität* von Kindheit an. Die maximale O_2-Kapazität bestimmt wesentlich das Niveau der Ausdauerfähigkeit (besonders der aeroben) und steht in einem Zusammenhang mit der Herzgröße (HOLLMANN/HETTINGER, 1976). So entspricht das Verhältnis von Herzvolumen und maximalem O_2-Puls mit 7/8 Jahren dem eines Erwachsenen.

Eine deutliche Steigerung des *Herzvolumens* findet im frühen Jugendalter (Pubeszenz) statt. Deutlich höher als bei Erwachsenen ist die *Ruhepulsfrequenz* bei einem 8- bis 10-jährigen Kind (ca. 90 P/min); bei Belastungen können diese Werte auf 200 bis 240 P/min ansteigen. Dies ist darauf zurückzuführen, dass Kinder eine Vergrößerung des Herz-Minuten-Volumens über eine erhöhte Pulsfrequenz erreichen, während ab der Phase der Pubeszenz über eine Steigerung des Schlagvolumens zu einer Ökonomisierung des Herz-Kreislauf-Systems gefunden wird.

Während Kinder das *Atemminutenvolumen* über eine Steigerung der *Atemfrequenz* erhöhen, regelt dies der Jugendliche durch eine größere *Atemtiefe*. In diesem Zusammenhang steigt die Vitalkapazität mit zunehmendem Alter. Die Entwicklung des Herz-Kreislauf-Atmung-Systems ist bei Mädchen etwa mit 14 bis 16 und bei Jungen mit 18/19 Jahren abgeschlossen.

Die *Enzyme* des *anaeroben Kohlehydratstoffwechsels* sind bei Kindern nur in einer relativ geringen Ausprägung vorhanden, wodurch die anaerobe Ausdauerfähigkeit begrenzt wird.

Das frühe Jugendalter stellt einen Zeitraum intensiven *Muskelwachstums* dar. Während zu Beginn der Pubeszenz etwa 33 % Muskelgewebe im Verhältnis zum Körpergewicht vorhanden sind (im Vergleich: Bei Geburt ca. 20 %), steigt dies bis zum Abschluss der Pubeszenz auf ca. 40 % an. Mit Beginn der Pubeszenz erhöht sich besonders bei Jungen die Trainierbarkeit der Muskulatur.

Tabelle 6.7.–1 *Altersspezifische Veränderungen von Parametern des Herz-Kreislauf-Systems (nach FOMIN/FILIN, 1975)*

	8 Jahre	13 Jahre	15 Jahre	Erwachsene
Absolutes Herzgewicht (g)	96, 0	172,0	200,0	305,3
Relatives Herzgewicht (in % zum Körpergewicht)	0,44	0,50	0,48	0,51
Schlagvolumen (ml)	25,0	35,7	41,5	60,0
Schlagvolumen/kg Körpergewicht	0,98	0,95	0,92	0,88
Pulsfrequenz (P/min)	90,0	80,0	76,0	60,0
Minutenvolumen (ml)	2240	2850	3150	3600
Minutenvolumen/kg Körpergewicht	88,0	76,0	70,0	60,0

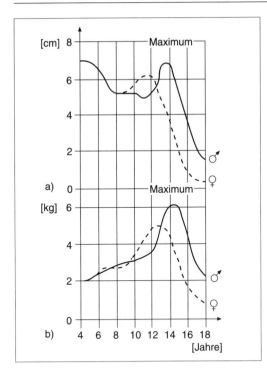

Abb. 6.7.–5 *Wachstumsschub (cm) bei Mädchen und Jungen: a) Körperhöhe, b) Körpergewicht (nach WIESENER, 1964)*

Das *Fettgewebe*, insbesondere in den Extremitäten, nimmt in der Pubeszenz ab.
Abbildung 6.7.–5 zeigt den für die gekennzeichneten Entwicklungsetappen typischen Wachstumsschub bezüglich der Körperhöhe und des Körpergewichts, der besonders hoch in der Etappe der Pubeszenz ist.
Über die bereits gekennzeichneten Merkmale hinaus werden den Entwicklungsabschnitten in der Tabelle 6.7.–2 weitere typische Aspekte aus biologischer Sicht zugeordnet.

6.7.2.2. Frühwentwickler – Normalentwickler – Spätentwickler

Insbesondere in den Etappen spätes Kindesalter, frühes und spätes Jugendalter kommt es zu bedeutenden individuellen Entwicklungsunterschieden, die Differenzen zwischen dem (kalendarischen) *Lebensalter* und dem *biologischen Alter* von bis zu 4 Jahren hervorbringen können. Diese Unterschiede beziehen sich sowohl auf psychische als auch auf biotische Entwicklungsparameter.
Im Vergleich zu normal entwickelten Kindern und Jugendlichen sind frühentwickelte bzw. *akzelerierte* und spätentwickelte bzw. *retardierte* zu unterscheiden.
Hat bei *Akzelerierten* eine beschleunigte und gegebenenfalls zeitlich verkürzte Abfolge der körperlichen Entwicklungsphasen stattgefunden, die im Vergleich zum Normalentwickler im Knochen- und Skelettbau einen Entwicklungsvorsprung von einem Jahr oder gar mehreren Jahren ergeben kann, liegt bei einem *Retardierten* eine Verlangsamung im Entwicklungstempo und meistens eine Verzögerung in der Geschlechtsreifung vor. Die Entwicklungsdifferenz kann auch hier mehr als ein Jahr betragen.
In keinem der Fälle handelt es sich um eine krankhafte Erscheinung. Vielfach nachgewiesen wurde, dass Akzelerierte im Vergleich zu Normalentwicklern und Retardierten physisch leistungsfähiger und somit auch belastbarer sind. Für einen Sportlehrer oder Trainer ist es insofern sehr wichtig, das biologische Alter seiner Schüler bzw. Sportler zu kennen, ohne es exakt bestimmen zu können, damit es im Training durch eine richtige Methodenwahl und Belastungsgestaltung weder zu einer Unterforderung (Akzelerierter) noch zu einer Überforderung (Retardierter) kommen kann.

Normtabellen im *Schulsport*, die diese auftretenden individuellen Entwicklungsunterschiede nicht berücksichtigen, sondern erbrachte sportliche Leistungen lediglich nach dem kalendarischen Alter (Altersklassen) einordnen lassen und Grundlage für eine Benotung sind, gestatten *keine objektive* Bewertung der Leistungen. Ein akzelerierter Schüler ist in jedem Fall bevorteilt, dagegen der retardierte benachteiligt, was häufig zu Desinteresse oder sogar Ablehnung gegenüber dem Sport führt. In der Abbildung 6.7.–6 wird diese Tendenz deutlich; bedeutend weniger retardierte Jugendliche treiben aktiv Sport.

Auch im *Leistungssport* sind Kinder und Jugendliche so lange durch ihre Entwicklungsbesonderheiten begünstigt oder beeinträchtigt, bis ein Entwicklungsausgleich stattgefunden hat. Während in den Ausdauer-, Kraft-/Schnellkraft- und situativen Sportarten in den Wettkämpfen der biologisch reifere Sportler bessere physische und psychische Voraussetzungen

306 Die motorische Entwicklung des Menschen von der Geburt bis ins hohe Alter

Tabelle 6.7.–2   Ausprägung biotischer Komponenten in den Entwicklungsphasen

Spätes Kindesalter	• erster Gestaltwandel abgeschlossen • vermehrtes Breitenwachstum • Optimierung der Körperproportionen • Gleichgewichtsorgan und weitere Analysatoren ausgereift • insgesamt stetiges und harmonisches Wachstum • Vorsprung bei der Ossifikation (Verknöcherung) des Skeletts bei Mädchen (ca. um 2 Jahre)

Frühes Jugendalter (Pubeszenz)	• zweiter Gestaltwandel
	• ausgeprägtes Längenwachstum (Extremitäten) führt zu Disproportionen im äußeren Erscheinungsbild
	  – jährliches Größenwachstum bis ca. 10 cm (vgl. Abb. 6.7.–5)
	• Ausbildung primärer und sekundärer Geschlechtsmerkmale
	• Ausschüttung eiweißaufbauender Hormone (besonders: männliches Sexualhormon)
	• Zunahme der Muskelmasse, jedoch nicht proportional zum Längenwachstum
	• jährliche Gewichtszunahme bis ca. 9 kg (bei Mädchen bis zu 15 kg)
	• biologische Reife (Pubertät) erreicht:
	  – Mädchen: Menarche
	  – Jungen: Spermarche

Spätes Jugendalter (Adoleszenz)	• Abschluss der Entwicklung vom Kind zum Erwachsenen, Erreichen der Körpervollreife (Maturität) • Phase der »Füllung« und Reharmonisierung • allgemeine Verlangsamung des Wachstums • vermehrtes Breitenwachstum • harmonische Entwicklung der inneren Organe • jährliche Größenzunahme von 1 bis 2 cm • jährliche Gewichtszunahme von ca. 5 kg

mitbringt, ist der Retardierte in den technisch-akrobatischen Sportarten (z. B. Gerätturnen) bevorteilt. Das Höchstleistungsalter fällt in diesen Sportarten gerade in diese Entwicklungsetappen, wo beim Retardierten die Entwicklung sehr langsam und stetig verläuft.

Nicht zu unterschätzen sind beim Spätentwickler im Vergleich zum Normal- und Frühentwickler seiner Altersklasse die enormen *Entwicklungsreserven*, die bei gezielter trainingsmethodischer Nutzung zu großen Leistungsreserven in späteren Jahren führen (können). Dies sind Vorteile eines retardierten Sportlers, die es bei der Talenterkennung und -auswahl für ein leistungssportliches Training in einer bestimmten Sportart zu erkennen und zu nutzen gilt (SENF, 2003, S. 440).

Mehr Objektivität ließe sich beispielsweise in Bewertungs- und Wettkampfsysteme bringen, wenn innerhalb der Altersklassen und über die Altersklassen hinweg in »Gewichtsklas-

sen« eingeteilt würde. Dies kennen wir bereits aus den Zweikampfsportarten; eine Übertragung auf andere Sportarten ist jedoch nicht einfach möglich, und es bedarf aus dieser Sicht einer grundsätzlichen Reformierung der Trainings- und Wettkampfsysteme.

6.7.2.3. Geschlechtsspezifische Differenzierung

Ohne zu verkennen, dass Geschlechtsunterschiede bereits pränatal (vor der Geburt) und zum Zeitpunkt der Geburt gegeben sind, soll an dieser Stelle auf ausgewählte geschlechtsspezifische Besonderheiten hingewiesen werden, die insbesondere in den Etappen der Geschlechtsreifung (Pubeszenz und Adoleszenz) an Bedeutung gewinnen und für Sportlehrer und Trainer nicht nur trainingsmethodisch relevant sind.

Auf die bestehenden *Ossifikationsrückstände*

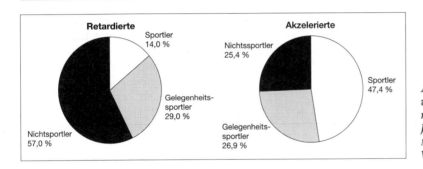

Abb. 6.7.–6 *Sportverhalten bei akzelerierten und retardierten Jugendlichen (HARTMANN/SENF, 1997 nach WEINECK, 1994, S. 192)*

bei Jungen im Kindesalter wurde bereits hingewiesen.

Ein *Wachstumsschub* bei Jungen setzt im frühen Jugendalter erst ein bis zwei Jahre später als bei den Mädchen ein, und die somit entstandenen Körperhöhenunterschiede egalisieren sich etwa mit dem 14./15. Lebensjahr.

Auch die *maximale Sauerstoffaufnahmekapazität* erreichen trainierende Mädchen und Jungen zu unterschiedlichen Zeitpunkten: Mädchen mit 14/15 Jahren, Jungen mit ca. 17 Jahren. Dies hat Konsequenzen für das Erbringen von (Langzeit-) Ausdauerleistungen.

Abb. 6.7.–7 *Zwei Jugendliche gleichen Alters (15 Jahre): links retardiert, rechts akzeleriert*

Auch im *psychosozialen Verhalten* sind geschlechtsspezifische Besonderheiten zu beobachten. Während *Jungen* in den gekennzeichneten Entwicklungsetappen durch Mut, Kühnheit, Unternehmungslust, Bewegungsbedürfnis, Kampfbereitschaft und Geltungsstreben auffallen, sind *Mädchen* vergleichbaren Alters als überwiegend disziplinbewusst, ordnungsliebend, einordnungs-/unterordnungs- und folgebereit zu kennzeichnen.

Diese Aspekte drücken sich sowohl in der unterschiedlichen Wahl der Sportarten als auch im Engagement, in der Lernbereitschaft und der Mitarbeit im Sportunterricht und im Training aus.

Im *späten Jugendalter* (Adoleszenz) kommt es zu einer ausgeprägten geschlechtsspezifischen *Differenzierung*, die mit einer unterschiedlichen Hormonkinetik in einem Zusammenhang steht. Während sich bei Ausdauerleistungen die Geschlechtsdivergenzen geringer auswirken, haben *männliche* Jugendliche durch offenbar günstigere endokrine Potenzen (vermehrte Ausschüttung des männlichen Sexualhormons – Testosteron) deutliche Vorteile beim Erbringen von Maximalkraft- und Schnellkraftleistungen (Tab. 6.7.–3).

Weibliche Jugendliche vertragen dagegen *Ausdauerbelastungen* besser als männliche und benötigen geringere Wiederherstellungszeiten nach Belastungen.

Der enorme Hormonschub (Testosteron), der von weiteren hormonellen Veränderungen begleitet wird, bewirkt eine Divergenz in den physischen und konstitutionellen Leistungsvoraussetzungen bei Mädchen und Jungen *(Geschlechtsdimorphismus)*, die sich ausdrückt in
– den Körpermaßen (besonders -höhen),
– den Muskelmassenveränderungen und

Tabelle 6.7.-3 Veränderungen des Testosteronspiegels (nach REITER/ROOT, 1975)

Alter (Jahre)	Testosteronspiegel (ng/100 ml) weiblich	männlich
8–9	20	21–34
10–11	10–65	41–60
12–13	30–80	131–349
14–15	30–85	328–643

- einer zunehmenden Verbesserung der anaeroben Arbeitsfähigkeit der Muskulatur.

Die *Androgene* (männliche Geschlechtshormone), die bei den *Mädchen* in geringen Mengen in den Nebennieren gebildet werden, unterstützen den Wachstumsschub während der Pubeszenz. Die *Oestrogene* bewirken die Entwicklung und Ausprägung der weiblichen sekundären Geschlechtsmerkmale.

Die *Androgene* werden bei den *Jungen* zeitlich später (1–2 Jahre) als bei den Mädchen ausgeschüttet, aber in einem höheren Maße. Sie bewirken die Ausprägung und Entwicklung der männlichen sekundären Geschlechtsmerkmale und nehmen Einfluss auf das Knochenwachstum und den Eiweißstoffwechsel (vgl. Abb. 6.7.–8).

Darüber hinaus dürfen jedoch keinesfalls die psychosozialen Determinanten übersehen werden, die ebenfalls für Art und Ausmaß der

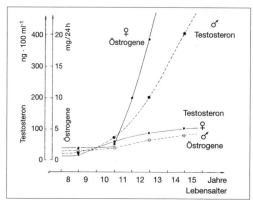

Abb. 6.7.–8 Testosteron- und Oestrogenausschüttung während der Reifungszeit bei Männern und Frauen (nach SCHMIDTBLEICHER, 1994)

»Umbauvorgänge« maßgebend sind. Im Zusammenhang damit sind vor allem als wesentlich zu betrachten,
- welche Resultate und vor allem welche »Festigkeit« im Bewegungskönnen bereits vor dem Deutlichwerden der Reifungszeit erreicht wurden und
- wie sich Einstellung, Realverhalten und damit das »Insgesamt« des Übens und Trainierens während der Pubeszenz gestalten (z. B. generell nachlassende motorische Aktivität und sportliche Inaktivität, besonders bei Mädchen typisch, bzw. zunehmendes Streben nach sportlichen Leistungen im Training und Wettkampf).

6.7.3. Psychische Entwicklungsbesonderheiten

Die Herausbildung der sekundären Geschlechtsmerkmale und der Geschlechtsreife (Pubertät) ist in der Regel mit einer *allgemeinen Labilisierung psychischer Prozesse und physiologischer Funktionsabläufe* verbunden. Die individuellen Auswirkungen im motorischen und psychischen Bereich werden jedoch wesentlich vom Ausbildungsstand der psychomotorischen Voraussetzungen in der Phase des späten Kindesalters bestimmt. Aus psychologischer Sicht könnte man die in dieser ersten Reifungsphase stattfindende Entwicklung mit »*Selbstfindungsprozessen*« beschreiben, in denen zunehmend *individuelle Interessen und Bedürfnisse* im Vordergrund stehen. Es kommt deshalb auch häufig im sozialen Bereich zu Auseinandersetzungen und Konflikten, die nicht selten mit einem *Motivstrukturwandel* einhergehen, der auch Einfluss auf die Einstellungen zum Sporttreiben haben kann.

Bezüglich der *Anstrengungsbereitschaft* beim Lösen motorischer Anforderungen sind immer häufiger

- »*Ausweichtendenzen*« zu beobachten, die mit einem
- Absinken der *Konzentration* einhergehen.
- Hohe *Stimmungslabilität*,
- *Gereiztheit und Widerspruchsgeist* wechseln in dieser Phase nicht selten mit
- überschwenglichen (euphorischen), *emotio-*

nalen Entäußerungen und Entgleisungen
sowie

• stark *emotional* geladenen, *unkritischen*
  Einschätzungen über die *eigenen* sportlichen *Leistungen.*

Über- und Unterschätzungen der eigenen Leistungsfähigkeit in dieser Phase sind »normal«.
Psychologisch ist diese Phase also vor allem
gekennzeichnet durch eine

• Umstrukturierung der Antriebsprozesse mit
• stark emotionalen Anteilen, was nicht selten zu einer
• »Übersteuerung« kognitiver Prozesse der
  Bewegungs- und Handlungsregulation führt
  (vgl. FRESTER, 1997, S. 185).

Koordinationsprobleme, bedingt durch Wachstumsprozesse, können dabei die negativen Einflüsse auf die Regulation psychischer Prozesse
verstärken. So werden vielfach Informationen
vom Schüler fehlerhaft widergespiegelt und
damit sein Leistungsverhalten verunsichert.

Folgerungen aus psychologischer Sicht
Mit dem Eintritt in die Pubeszenz sollte der
Jugendliche bereits ein hohes Niveau an psychischen Voraussetzungen besitzen, das er
sich mit den genannten Mitteln und Methoden aneignet. Die Arbeit an der Herausbildung kognitiver Leistungsvoraussetzungen ist
konsequent fortzusetzen, wobei bei der Methodenwahl verstärkt die individuellen Besonderheiten zu beachten sind (z. B. aktuel-
les Leistungsniveau, Interessen, Neigungen
und Bedürfnisse).

Im Mittelpunkt der psychologischen Arbeit
sollte die

• Stabilisierung der *emotionalen Prozesse* und
• *Antriebskomponenten* stehen. Ein junger
  Sportler sollte dafür zunehmend
• Einfluss auf die *Wahl seiner Sportart* nehmen,
• sich selbst *hohe, aber reale Leistungsziele*
  setzen, die
• von seinen *aktuellen physischen und psychischen Leistungsvoraussetzungen* abzuleiten sind, und
• *Leistungserfolge* sind vom Sportlehrer oder
  Trainer *häufiger bewusst* zu *machen*, um
• eine *hohe Motivation* für das Sporttreiben
  zu erhalten.

Der Schüler/Sportler sollte ebenfalls an der

• *Mittel- und Methodenauswahl* beteiligt
  sein, um sein Selbstwertgefühl und seine
  Kritikfähigkeit zu stärken bzw. zu festigen.
• Das Nutzen vielfältiger Formen zur Entwicklung der *Eigeninitiative* hilft Unsicherheiten und innere Spannungen abzubauen, fördert sein Selbstvertrauen und erhält die
  Freude am Sporttreiben.

Generell ist im Kontext der genannten biologischen und psycho-sozialen Aspekte darauf
zu verweisen, dass sich während der Pubeszenz im Vergleich zur Kindheit eine in der
Regel beträchtlich *zunehmende interindividuelle Variabilität* sportmotorischer Entwicklungen abzuzeichnen beginnt, die entsprechend
verstärkte didaktische Differenzierungen in
der Gestaltung des Sportunterrichts und des
Trainings erfordern.

6.7.4. Zur Entwicklung motorischer Fähigkeiten

6.7.4.1. Konditionelle Fähigkeiten

Wird als Bezugsgröße für die *Entwicklung
der Maximalkraftfähigkeit* das Lebensalter
herangezogen, so sind im Zeitraum der Pubeszenz bereits erhöhte Zuwachsraten erkennbar (vgl. Abb. 6.5.–1). Wesentlich deutlicher
tritt diese Tatsache jedoch zutage, wenn Kor-
relations- beziehungsweise Regressionsermitt-
lungen zwischen der Maximalkraftentwick-
lung und Indikatoren des biologischen Alters
erfolgen. Besonders bei männlichen Jugendlichen erweist sich unter solchen Betrachtungsweisen die Pubeszenz als der Beginn einer
verstärkten und beschleunigten Ausprägung
der Maximalkraftfähigkeit (vgl. Abb. 6.5.–1).

Auch bei weiblichen Jugendlichen sind zunächst sehr
ähnliche Entwicklungstendenzen erkennbar. Bedingt
durch ihre raschere biologische Entwicklung äußern
sie sich jedoch altersmäßig früher, zeitlich kürzer
und insgesamt weniger ausgeprägt, sodass besonders
in der Folgezeit (Adoleszenz) wesentlich stärkere und
zunehmende geschlechtsspezifische Unterschiede
deutlich werden (vgl. Abb. 6.5.–1).

Zur *Schnellkraftfähigkeit* ist eine weitgehend
gleichartige Entwicklungscharakteristik festzustellen (vgl. auch SCHMIDTBLEICHER, 1994,

S.131). Sie nimmt während der Pubeszenz ebenfalls stärker zu als in den Entwicklungsphasen zuvor. Dabei sind die jährlichen Zuwachsraten bei männlichen Jugendlichen höher als diejenigen der Mädchen, sodass sich etwa vom 13. Lebensjahr an ständig zunehmende geschlechtsspezifische Unterschiede ergeben (vgl. Abb. 6.5.–6/7).

Weniger günstig entwickelt sich das *Kraft-Last-Verhältnis* während der Pubeszenz. Besonders in der Relativkraft der Arme sind selbst bei männlichen Jugendlichen zumeist nur wenig befriedigende Verbesserungen festzustellen. Bei unausgelesenen Populationen der Mädchen zeigen sich sogar stagnierende Werte beziehungsweise rückläufige Entwicklungstendenzen (STEMMLER, 1968; CRASSELT, 1976, 1982).

Als eine Ursache ist unzureichendes Üben anzusehen. Darüber hinaus müssen jedoch die stagnierenden bzw. ungünstiger werdenden Kraft-Last-Verhältnisse bei nichttrainierenden Mädchen auf die erwähnte gesteigerte Zunahme des Körpergewichts während der Pubeszenz zurückgeführt werden.

Die Entwicklung von *Schnelligkeitsfähigkeiten* verläuft anders als die Entwicklung der Kraftfähigkeiten. Experimentell ermittelte Latenz- und Reaktionszeiten erreichen zum Ende der Pubeszenz weitgehend Erwachsenenwerte und verbessern sich in der Folgezeit nur noch wenig (MARKOSJAN/WASJUTINA, 1965; VILKNER, 1977). Gleiches gilt für die Entwicklung von Bewegungsfrequenzen. Sie erreichen ihr Maximum bereits zwischen 13 und 15 Jahren und verändern sich anschließend nur noch unbedeutend (FARFEL, 1983, RODZIEWICZ, 2000 und Abb. 6.5.–8).

Selbst bei hochtrainierten jugendlichen Sprintern sind nach dem 12. Lebensjahr rückläufige Schrittfrequenzen zugunsten einer erheblichen Zunahme der Schrittlängen festzustellen (vgl. RAČEV, 1964, und ebenfalls die bereits erwähnten Untersuchungen zur Zugfrequenz bei Schwimmsportlern von AHLEMANN, 1981).

Die Schnelligkeitsfähigkeiten gehören somit offensichtlich zu jenen motorischen Fähigkeiten, die sich in der Entwicklung des Menschen sehr früh ausprägen und im Zusammenhang mit der Genese der Beweglichkeit der Nervenprozesse bereits zum Ende der Pubeszenz weitgehend abschließen (FARFEL, 1959,

1983; FOMIN/FILIN, 1972; BAUERSFELD, M., 1983; BAUERSFELD/VOSS, 1992).

Im scheinbaren Widerspruch zu den bisherigen Mitteilungen steht die *Entwicklung der Sprintschnelligkeit*. Leistungserhebungen zum Sprintlauf über 60 und 100 m ergeben sowohl bei den männlichen als auch bei den weiblichen Jugendlichen sehr hohe Zuwachsraten zwischen dem 12. und dem 14. Lebensjahr mit stärkeren geschlechtsspezifischen Unterschieden. Während die Leistungsfortschritte der Mädchen nach diesem Lebensalter deutlich geringer werden, sind jene der männlichen Jugendlichen auch in den folgenden Lebensjahren noch unvermindert hoch (vgl. Abb. 6.5.–4).

Diese Unterschiede gegenüber der Entwicklung der vorhergenannten Schnelligkeitsfähigkeiten erklären sich aus dem komplexen Charakter der Laufleistungen über 60 und besonders 100 m. Dabei muss offensichtlich der Schnellkraftentwicklung eine dominierende Wertigkeit zugemessen werden (vgl. auch LETZELTER, 1978).

Zur *Ausdauerfähigkeitsentwicklung* im frühen Jugendalter wurde jahrzehntelang die Auffassung vertreten, dass diese Phase ein Zeitraum der verminderten Ausdauerleistungsfähigkeit sei (IWANOW, 1965a). Weiterführende Forschungen führten dagegen zu der Erkenntnis, dass bei manchen Jugendlichen lediglich mit einer gewissen Kreislauflabilität gerechnet werden muss, die auf die reifungsbedingten Umstellungen im endokrinvegetativen System des jugendlichen Organismus zurückzuführen ist (SCHNABEL, 1962; IWANOW, 1965a, u.a.). Außerdem wird in diesem Zusammenhang betont, dass damit verbundene Phänomene wie zum Beispiel der vereinzelt vorkommende Kollapszustand nach intensiver Ausdauerbelastung als »... Ausdruck einer ungenügenden Vorbereitung oder einer (schon vor der Belastung existierenden) gesundheitlichen Störung« zu beurteilen ist (ISRAEL, 1977).

Ontogenetische Erhebungen zur Ausdauerentwicklung in unausgelesenen Populationen erlauben verallgemeinert Folgendes festzustellen: Bei den *männlichen Jugendlichen* erweist sich die Pubeszenz in der Überprüfung mit physiologischen Methoden als eine Phase der weitgehend stetigen Zunahme. Mittelwertkurven zeigen etwas flachere Anstiege zu Beginn und leicht erhöhte Zuwachsraten zum Ende der Phase (RUTENFRANZ, 1964; KOINZER, 1980, u. a.). Bei den *Mädchen* ist der Kurvenverlauf in der Regel ähnlich. Ihre Ausdauerfähigkeiten liegen jedoch deutlich unter denen der jeweils gleichaltrigen männlichen Jugendlichen. Außerdem sind die jährlichen Zuwachsraten zum Ende des frühen Jugendalters geringer als diejenigen der männlichen Jugendlichen (RUTENFRANZ, 1964).

In ihren wesentlichen Aussagen werden diese Befunde durch entsprechende Laufleistungen bestätigt. Die Ergebnisvergleiche verschiedener Autoren durch KÖHLER (1976), seine eigenen Untersuchungen zu Laufleistungen über 600 m und 800 m beziehungsweise 15 Minuten sowie über 1000 m (CRASSELT, 1990b) ergeben für die männlichen Jugendlichen im Zeitraum der Pubeszenz weiterhin ansteigende jährliche Zuwachsraten. Bei den Mädchen sind im Vergleich dazu deutlich geringere Laufleistungen und im wesentlichen stagnierende Mittelwerte festzustellen (vgl. Abb. 6.5.–10/11).

Erheblich anders verläuft die *Ausdauerentwicklung bei Trainierenden*. Nach LABITZKE/ VOGT (1971, 1976), PAHLKE/PETERS (1979) und anderen führen Trainingszeiten zwischen ein und drei Stunden je Woche in Ausdauersportarten zu erheblichen morphologischen und funktionellen Anpassungen sowie zu beträchtlichen sportlichen Leistungssteigerungen. Bemerkenswert ist dabei, dass sich im Zusammenhang mit dem Training sowie den puberal-spezifischen Reifungsfortschritten einige wesentliche biologische Voraussetzungen für solche Ausdauerbelastungen merklich verbessern, die anaerob-laktazide Stoffwechselprozesse zur Folge haben (OELSCHLÄGEL/ WITTEKOPF, 1976; KOINZER, 1978; GÜRTLER/ BUHL/ISRAEL, 1979; Weineck, 2000).

6.7.4.2. Koordinative Fähigkeiten, Beweglichkeit

Die Ergebnisse von Untersuchungen sowohl zur Entwicklung der »*Gewandtheit*« als auch zur Genese von *koordinativen Fähigkeiten* beziehungsweise *Bewegungshandlungen* im einzelnen erlauben zunächst Folgendes festzustellen: Bei unausgelesenen Populationen muss während der Pubeszenz in den genannten Klassen motorischer Tätigkeiten mit Tendenzen der zeitweiligen Stagnation oder zumindest mit einer vorübergehend verlangsamten Genese der bis dahin raschen und günstigen Entwicklung gerechnet werden. Vereinzelte Auffassungen, die jegliche positive Entwicklung der koordinativen Fähigkeiten während der Pubeszenz verneinen oder als unbewiesen betrachten sind in ihrem undifferenzierten Gültigkeitsanspruch sowie in Anbetracht vorliegender Befunde nicht vertretbar (vgl. Abb. 6.5.–12/13/14).

Neuere Mitteilungen zum gleichen Gegenstand bestätigen eine zumindest deutlich verlangsamte Genese der koordinativen Fähigkeiten, wie sie sich in den bisher eingesetzten Gewandtheitstests widerspiegeln (GÄRTNER/ CRASSELT, 1976; CRASSELT, 1977, 1979, 1982, 1990a, b, HIRTZ/STAROSTA, 2002).

Auch die inzwischen vorliegenden Befunde zur Entwicklung von koordinativen Fähigkeiten im Einzelnen belegen trotz ihrer teilweise unterschiedlichen Verlaufstendenzen die bisherigen Aussagen weitgehend (HIRTZ, 1977, 1979; HOLTZ, 1979; vgl. Abb. 6.5.–14). Deutlich verlangsamte, zeitweilig stagnierende oder kurzzeitig sogar rückläufige Entwicklungen im Verlaufe der Pubeszenz ergeben sich besonders bei motorischen Aufgabenklassen, die mit Forderungen verbunden sind an:
- die Bewegungsgenauigkeit, Geschicklichkeit, Feinsteuerung (Differenzierungsfähigkeit)
- die Einstellung auf ungewohnte oder veränderte Situationen (Umstellungsfähigkeit),
- ein komplex notwendiges Reagieren (sportliche Reaktionsfähigkeit),
- das Aufnehmen sowie Reproduzieren von zeitlich-dynamischen Qualitäten einer Bewegungsaufgabe (Rhythmisierungsfähigkeit).

Zur *motorischen Lernfähigkeit* besagen die vorliegenden Erfahrungen und Beobachtungen überwiegend, dass der Neuerwerb von *Bewegungsfertigkeiten* mit dem Deutlichwerden der puberalspezifischen Entwicklungsmerkmale vielen Jugendlichen schwerer fällt als in den Jahren zuvor. Bereits die bloße Beobachtung zum Beispiel beim (verspäteten) Erlernen des Schwimmens, der Lauf- und besonders der Fahrtechniken im Skilauf beziehungsweise neuartiger Bewegungshandlungen im Gerätturnen bestätigen dies (BORRMANN, 1956; FILIPPOVIČ, 1958; SCHNABEL, 1962; HIRTZ/OCKHARDT/SCHWARZER, 2002, u. a.). Geschlechtsspezifisch ähneln sich die Entwicklungstendenzen in den genannten koordinativen Fähigkeiten weitgehend. Bemerkenswert ist lediglich, dass eine verminderte oder stagnierende Leistungsentwicklung bei Mädchen altersspezifisch deutlich früher als bei männlichen Jugendlichen auftritt (vgl. Abb. 6.5.–12/13).

Differenzierte Feststellungen sind zur Ontogenese von *koordinativen Fähigkeiten und sporttechnischen Fertigkeiten* bei solchen Jugendlichen erforderlich, die *mit dem Ziel anspruchsvoller sportlicher Leistungen* trainieren. Bei ihnen kann die Pubeszenz in koordinativer und sporttechnischer Hinsicht recht unterschiedlich verlaufen. Die dazu vorliegenden Erfahrungserkenntnisse (hauptsächlich Beobachtungen bzw. Mitteilungen erfahrener Übungsleiter und Trainer) erlauben stark verallgemeinert die folgenden Feststellungen:

Weitgehend unauffällig verläuft die koordinative und sporttechnische Entwicklung während der Pubeszenz zumeist in jenen Sportarten, die relativ wenige und einfache sporttechnische Fertigkeiten mit zyklischen Bewegungsstrukturen umfassen und bei denen diese zum Zeitpunkt der Pubeszenz bereits ausreichend gefestigt bzw. sogar variabel verfügbar sind (u. a. Laufen, Rudern, Kanu, Radsport). In Verbindung mit der Verbesserung der energetischen Voraussetzungen erfolgen in solchen Fällen zumeist sogar merkliche Qualitätsverbesserungen sporttechnischer Fertigkeiten. Sie äußern sich hauptsächlich darin, dass die kindliche »Flüchtigkeit« im motorischen Lernen überwunden wird und die Fertigkeitsausprägung klarer strukturiert, dynamisch ausgeprägter, raumgreifender und deutlich kraftvoller verläuft (z. B. im Schwimmen, Skilanglauf oder Kanurennsport). Puberalspezifische Auffälligkeiten bei der Ausführungsregulation können andererseits jedoch festgestellt werden, wenn z. B. ungefestigte Körperübungen oder neue Lernaufgaben zu bewältigen sind.

Andersartig kann sich dagegen die koordinative und sporttechnische Entwicklung in solchen Sportarten vollziehen, die vielseitige koordinative Fähigkeiten und variabel verfügbare technisch-taktische Fertigkeiten erfordern. Ein solches Anforderungsprofil ist vor allem für die Spiel- und Zweikampfsportarten typisch. Gleiches gilt für jene Sportarten, die eine hinreichende Beherrschung der Körperlast durch die Sportler bei ausgeprägter Kopplungsfähigkeit und Feinsteuerung zur Bewältigung der sporttechnisch zumeist komplizierten Bewegungshandlungen erfordern (z. B. im Eiskunstlauf, Wasserspringen, Geräteturnen, aber auch im Hochsprung oder in Wurf- und Stoßdisziplinen der Leichtathletik).

Bei diesen und gleichartigen Anforderungscharakteristika sind zeitweilige Stagnationstendenzen und manchmal sogar partielle Minderleistungen in der Ausführungsqualität sporttechnischer Fertigkeiten trotz des unverminderten Trainings festzustellen. Wie bereits in anderem Zusammenhang erwähnt wurde, stehen sie häufig im Zusammenhang mit einer stürmischen körperlichen Genese während der Pubeszenz und jener motorischen Entwicklungstendenz, die insgesamt als Umstrukturierung von motorischen Fähigkeiten und Fertigkeiten gekennzeichnet wurde (vgl. auch Winter, 1994).

Zur *Beweglichkeitsentwicklung* sei lediglich bemerkt, dass sie bei Trainierenden während der Pubeszenz sehr weitgehend durch Art und Umfang des entsprechenden Trainings und dabei durch die individuell unterschiedlichen Eigenschaften des Bewegungsapparates bedingt wird. In unausgelesenen Populationen zeigen die Untersuchungen, dass sich die Beweglichkeit differenziert entwickelt. Anzeichen für rückläufige Tendenzen sind bei beiden Geschlechtern zum Beispiel in der Beweglichkeit der Schultergelenke und im Seitspreizen der Beine (Seitgrätschstand) erkennbar. Andererseits zeigen sich ständig zunehmende Werte beim Rumpfbeugen vorwärts und beim Vorhochspreizen der Beine. Das jugendliche Wachstum ist nicht mit Veränderungen in der Beweglichkeit verbunden (FELDMAN u. a., 1999). Sämtliche Kennziffern zur Beweglichkeit der Mädchen liegen teilweise deutlich über denen der männlichen Jugendlichen (KOŠ, 1964; SERMEJEW, 1964; BULL/BULL, 1980; GASCHLER, 1994).

6.7.5. Die Entwicklung im Laufen, Springen und Werfen

Die zahlreichen Großuntersuchungen zur *Entwicklung sportlicher Grundleistungen* lassen recht klare Entwicklungstendenzen erkennen. Sie zeigen im frühen Jugendalter stetige oder leicht erhöhte jährliche Zuwachsraten. Auffällig ist außerdem, dass sich bei sämtlichen Lauf-, Sprung- und Wurfleistungen zwischen dem 12. und 14. Lebensjahr die geringsten geschlechtsspezifischen Unterschiede ergeben. Die Mädchen erreichen in dieser Zeit im Vergleich zu den männlichen Jugendlichen die absolut höchsten Annäherungswerte während des gesamten Kindes- und Jugendalters.[4] Unmittelbar danach sind dagegen zunehmend größere geschlechtsspezifische Unterschiede festzustellen, da die Leistungen bei den männlichen Jugendlichen weiterhin kontinuierlich oder sogar progressiv ansteigen, während sich die Zuwachsraten bei den Mädchen allmählich und schließlich stark vermindern (Abb. 6.5.–4/5/15).

Andere Resultate sind erkennbar, wenn die *Entwicklung der Qualität des Laufens, Springens und Werfens* während der Pubeszenz betrachtet wird. Soweit entsprechende Untersuchungen vorliegen, ergeben sie teilweise zurückgehende oder im wesentlichen stagnierende Qualitätsmerkmale (ESPENSCHADE, 1947; SCHNABEL, 1962; WINTER, 1963).

Deutet man unter diesem Aspekt die *Variationskoeffizienten*, so zeigen sich bei unausgelesenen Populationen bestimmte Parallelen zur Entwicklung der Bewegungsqualität insofern, als sie im Zeitraum der Pubeszenz entweder gleich bleiben (Lauf- und Weitsprungleistungen) oder sich nur unwesentlich vermindern (Hochsprung und Weitwurf).

Mit dem stetigen oder erhöhten Leistungszuwachs in der Pubeszenz ist demzufolge keine verminderte Streuung der Leistungen verbunden. Typisch ist außerdem, dass die Variationskoeffizienten bei den Mädchen in der Regel höher als die der vergleichbaren männlichen Jugendlichen sind. Diese Feststellung trifft ganz besonders für die Weitwurfleistungen der Mädchen zu.

Aus diesen sowie weiteren Befunden wird deutlich, dass sich die messbaren Leistungen in den genannten Disziplinen günstig entwickeln, wobei aber offensichtlich keine gleichwertige Verbesserung der Bewegungsgüte erzielt wird.

6.7.6. Zur Variationsbreite der motorischen Entwicklung

Bereits in den Darlegungen zum späten Kindesalter wurde betont, dass bei der motorischen Entwicklung teilweise mit beträchtlichen Variationsbreiten gerechnet werden muss. In noch stärkerem Maße trifft diese Feststellung auf das frühe Jugendalter zu, wenn dabei von kalendarischen Altersgruppen ausgegangen

wird. Wie groß die *Variationsbreite bei sportlichen Leistungen* im Extremfall sein kann, zeigt die bekannte Tatsache, dass 12-/13-jährige Jugendliche in bestimmten Sportarten bereits zu Leistungen fähig sind, die an nationale und internationale sportliche Höchstleistungen heranreichen (z. B. im Schwimmen, Kunst- und Turmspringen sowie Gerätturnen und Eiskunstlauf, besonders der weiblichen Jugend).

Auch bei *Ausdauer-* und *Kraftausdauerleistungen* sind sehr starke individuelle Unterschiede möglich. So erreichen etwa 25 Prozent der leistungsstärksten Jungen dieser Phase die gleichen Leistungen wie die 25 Prozent der schwächsten 18-/19-jährigen männlichen Jugendlichen. Bei den weiblichen Jugendlichen der genannten Altersgruppen sind die Anteile gleich hoher Leistungen sogar noch größer. Andererseits zeigt sich, dass die leistungsschwächsten Pubeszenten bei Ausdauer- und Kraftausdaueranforderungen lediglich Leistungen vollbringen, die denen der besten Schüler des 2. bis 4. Schuljahres entsprechen (PETERS, 1968; CRASSELT, 1977; PAHLKE/PETERS, 1979).

Auch im *Kurzstreckenlauf, Weit- und Hochsprung* sowie *Werfen* muss bei beiden Geschlechtern mit einer beträchtlichen Variationsbreite gerechnet werden. Sie zeigt sich besonders ausgeprägt, wenn die DDR-Durchschnittsleistungen der Jungen und Mädchen von 10 bis 13 Jahren mit den Durchschnittwerten der jeweils 20 bis 30 DDR-Bestleistungen der entsprechenden Altersklassen verglichen werden.

Die Durchschnittswerte dieser Populationen betragen zum Beispiel im Weitsprung der 11-jährigen Jungen 3,03 m beziehungsweise 4,53 m und bei den Mädchen sogar 2,67 m beziehungsweise 4,24 m. Im Schlagballwurf der 11-jährigen Jungen ergaben sich Werte zwischen von 30,92 m und 61,58 m und für 11-jährige Mädchen von 18,93 m und 47,00 m. Bemerkenswert ist dabei, dass die Durchschnittsleistungen der 20 bis 30 besten Mädchen der

---

4 Bei diesen Feststellungen muss berücksichtigt werden, dass die Mädchen zu dieser Zeit in der Regel einen Entwicklungsvorsprung im biologischen Alter von durchschnittlich etwa zwei Jahren haben.

Tabelle 6.7.–4 Durchschnittswerte 13-jähriger männlicher Spartakiadeteilnehmer (DDR, unveröffentlicht)

Merkmale	Sportarten		
	Gerätturnen	Volleyball	Kanurennsport
Körperhöhe (cm)	147	173	174
Körpermasse (kg)	36,6	56,7	63,0

DDR – wie aus den Beispielen hervorgeht – in allen Fällen beträchtlich über den DDR-Durchschnittsleistungen der jeweils gleichaltrigen Jungen liegen (STEMMLER, 1962).

Untersuchungen zu mehrmals wöchentlich trainierenden Kindern beziehungsweise Jugendlichen und speziell jene Erhebungen, die Resultate der Kinder- und Jugendspartakiaden der DDR zum Gegenstand haben, ergeben noch höhere Differenzen zwischen den sportlichen Leistungen bei unausgelesenen Populationen und Trainierenden (GROPLER/THIESS, 1974 a, b; HEINICKE, 1977; PAUER, 1996).

Diese Ergebnisse unterstreichen abermals, dass sportliche Leistungen qualitativ und quantitativ in starkem Maß vom Umfang, von der Intensität und nicht zuletzt der »Güte« des Übens und Trainierens abhängen (HEINICKE, 1977; Pauer, 1996).

Darüber hinaus steht die im frühen Jugendalter möglicherweise sehr unterschiedlich verlaufende motorische Genese ebenfalls im Zusammenhang mit der *körperlichen Entwicklung* während dieser Zeit (vgl. Abb. 6.7.–5 und Tab. 6.7.–2). Wie unterschiedlich sie gerade in dieser Phase gegeben sein kann, soll lediglich an 13-jährigen männlichen Jugendlichen angedeutet werden. So verweisen zum Beispiel bereits die augenscheinlichen Unterschiede in der *Körperhöhe* und *Körpermasse* von 13-jährigen in »normalen« Schulklassen (Klasse 7 oder 8) beziehungsweise teilweise noch gravierender die Durchschnittswerte erfolgreicher Sportler verschiedener Sportarten auf die diesbezüglich möglichen beträchtlichen Differenzen in grundlegenden Merkmalen der körperlichen Entwicklung (Tab. 6.7.–4).

Eine ähnliche Situation ist bei Mädchen während der Pubeszenz festzustellen (WUTSCHERK, 1974; HEISE, 1982).

6.7.7. Zusammenfassung

• Das frühe Jugendalter umfasst den Zeitraum vom *Beginn der Geschlechtsreifung* bis zur *Menarche* beziehungsweise *Spermarche*. Beginn, Verlauf und Ende dieser Phase unterliegen geschlechtsspezifischen und teilweise erheblichen individuellen Unterschieden.

• Das *motorische Verhalten* ist bei vielen Jugendlichen durch eine bestimmte *Unausgeglichenheit* gekennzeichnet. Im Zusammenhang damit werden bei den Jungen und Mädchen *persönliche sportliche Interessen* und entsprechende *Einstellungen* verstärkt bemerkbar.

• Während der Pubeszenz erfolgen bedeutsame *hormonelle Umstellungen* (verstärkte Ausschüttung von Geschlechts- und Wachstumshormonen). Im Gefolge dessen vollziehen sich die Vorgänge der *Geschlechtsreifung*, der verstärkten *geschlechtsspezifischen Differenzierung* sowie ein in der Regel erheblicher *Wachstumsschub* mit erneuten Veränderungen der Körperproportionen (*zweiter Gestaltwandel*). Diese Entwicklungscharakteristika können sich mehr oder weniger ausgeprägt fördernd beziehungsweise beeinträchtigend auf die sportmotorische Leistungsentwicklung auswirken.

• Die Pubeszenz als »Krisenzeit« mit motorischen »Zerfalls- und Auflösungserscheinungen« zu kennzeichnen, ist nicht gerechtfertigt. In der Genese von *koordinativen Fähigkeiten* beziehungsweise sporttechnischen Fertigkeiten muss jedoch mit *Stagnationserscheinungen* oder einer *verlangsamten Entwicklung* gerechnet werden. Diese Tendenzen betreffen jedoch nicht alle Jugendlichen, sind individuell unterschiedlich ausgeprägt und speziell bei Trainierenden verschiedener Sportarten von unterschiedlicher Relevanz.

- Im Bereich der *konditionellen Fähigkeiten* begünstigen die hormonellen Veränderungen und intensiven Wachstumsprozesse (einschließlich der Organe und Organsysteme) die *Entwicklung* besonders von *Kraft- und Ausdauerfähigkeiten*. Die Genese von *Schnelligkeitsfähigkeiten* (nicht zu verwechseln mit den zumeist komplexen Schnelligkeitsleistungen!) erreicht dagegen zum Ende der ersten puberalen Phase allmählich ihre Endwerte.

- Aus dem »Umbau« der motorischen Fähigkeiten sowie den körperbaulichen Voraussetzungen ergeben sich zumeist auch entsprechende Veränderungen sowohl in der Qualität der Bewegungskoordination generell als auch im Beherrschungsgrad sporttechnischer Fertigkeiten.

- Die Veränderungen im Gefüge der leistungsbestimmenden und leistungsbeeinflussenden Faktoren (körperbaulich, koordinativ, konditionell) veranlassen uns, die motorische Entwicklung während der Pubeszenz insgesamt als »*Phase der Umstrukturierung motorischer Fähigkeiten und Fertigkeiten*« zu kennzeichnen.

- In der genannten generellen Kennzeichnung der Pubeszenz ist nachdrücklich zu beachten, dass damit zunehmende und teilweise bereits *erhebliche individuelle sportliche Fähigkeitsbeziehungsweise Fertigkeitsdivergenzen* im einzelnen für beide Geschlechter verbunden sein können. Sie sind ursächlich vor allem in temporären und graduellen Unterschieden des physischen Entwicklungsverlaufs und besonders der sportlichen Betätigung (zum Beispiel Nichttrainierende oder hochengagiert Trainierende verschiedener Sportarten) zu suchen.

6.7.8. Folgerungen für die Förderung der motorischen Entwicklung

- Im *Sportunterricht* der Schule sowie im sportlichen *Training* darf die Pubeszenz nicht als »Schonzeit« betrachtet werden. Diese verbreitete Auffassung früherer Jahre hat sich als falsch erwiesen. Gerade in einer Zeit tiefgreifender Veränderungen müssen die *Erziehungs-*

und Bildungspotenzen des Sportunterrichts und des sportlichen Trainings voll genutzt werden. Nur dadurch ist eine optimale physische und sportmotorische Entwicklung der Jugendlichen möglich.

- Es besteht die Notwendigkeit, die beträchtlichen *individuellen Unterschiede* in der körperlichen Entwicklung und motorischen Leistungsfähigkeit verstärkt zu *beachten*. Mehr als in den vorangegangenen Entwicklungsphasen müssen die *Anforderungen* im Sportunterricht und im Training *dem individuellen Entwicklungs- und Leistungsstand* der Jugendlichen entsprechen. Die Erkenntnisse der Sportdidaktik, -methodik und Trainingswissenschaft bieten dazu vielfältige Möglichkeiten (STIEHLER u. a., 1979; HARRE u. a., 1982; Weineck, 2000, u. a.).

- Der *Gegensätzlichkeit im motorischen Verhalten und Leistungsstreben* kann am besten durch *angemessene* und *beharrliche Leistungsanforderungen* sowie entsprechende erzieherische Einwirkungen begegnet werden. Dabei ist das verstärkte Selbstständigkeitsstreben, das zunehmende Denk- und Urteilsvermögen, aber auch die Labilität des Verhaltens bei den pädagogischen Einwirkungen zu berücksichtigen. Formen der gesteigerten *Selbstständigkeit* im Sportunterricht und Training, das *Mitdenken und Miturteilen* bei der Weiterentwicklung der sportlichen Leistungen unter Anleitung des Pädagogen *gewinnen zunehmende an Bedeutung.*

- Die sich verstärkt herausbildenden *individuellen Neigungen und Interessen* sind erzieherisch zu beeinflussen und zu *lenken*. Im Zusammenhang damit gewinnen Fragen der Erziehung zu Teamfähigkeit und speziell der wechselnden Über-, Ein- und Unterordnung eine erhöhte Bedeutung. Nachdrücklicher als in jüngeren Lebensaltern stehen Sportlehrer und Trainer außerdem vor der Aufgabe, in der Pubeszenz die *Eignung und Neigung der Jugendlichen für* eine bestimmte *Sportart* zu *erkennen*, sie dieser Sportart zuzuführen und damit zur rechtzeitigen Entwicklung stabiler sportlicher Interessen beizutragen.

- Wenn *Auffälligkeiten* in der *Bewegungsausführung* oder *Stagnationserscheinungen* in der *motorischen Entwicklung* auftreten, sind ihre möglichen *Ursachen zu ermitteln.* Methodisch ist in ausgeprägten Fällen von Stagnationserscheinungen eine zeitweilige Einschränkung des Neuerwerbes von komplizierten Bewegungsformen und statt dessen die weitere *Verbesserung* und *Festigung bereits beherrschter Bewegungsabläufe* zu empfehlen. Auch die Vermittlung von Kenntnissen zur sportlichen Technik, Taktik und weiteren interessanten Themenfeldern der Bewegungs- und Trainingswissenschaft können beziehungsweise sollten stärker betont werden (vgl. HIRTZ/OCKHARDT/SCHWARZER, 2002).

• In der *körperlichen Grundausbildung* der Jugendlichen ist eine *breite und vielseitige Herausbildung der motorischen Fähigkeiten* anzustreben. Dabei muss die bereits erwähnte individuell unterschiedliche Leistungsfähigkeit verstärkt beachtet werden. Besondere Aufmerksamkeit bedarf die Belastungsgestaltung bei der *Kraftschulung.* Sie sollte *verstärkt,* jedoch betont *vielseitig* gestaltet werden, um während der intensiven Wachstumsphase eine gesunde Skelettentwicklung zu gewährleisten. Auch für die *Ausdauerschulung* ist die Pubeszenz eine günstige und wesentliche *Phase* zur Kräftigung und Stabilisierung des Herz-Kreislauf-Systems. Dabei hat die *Verbesserung* der *Grundlagenausdauerfähigkeit* im Vordergrund zu stehen. Forderungen an die *Schnelligkeitsausdauerfähigkeit* sind besonders sorgfältig und unter Wahrung des Prinzips der *Allmählichkeit* zu dosieren (z. B. Steigerungsläufe, Tempoläufe, Tempowechselläufe). Da sie zu den härtesten sportlichen Belastungen gehören, können sie ohne ausreichende Vorbereitung und unter den Bedingungen des Sportunterrichtes in der Schule zu Überbelastungserscheinungen führen (Blasswerden, Schwindelanfälle, Erbrechen, im Extremfall Kreislaufkollaps). Aus solchen in der Regel harmlosen Anzeichen sollte nicht geschlossen werden, dass es während der Pubeszenz notwendig sei – etwa wegen besonderer Risiken – in den sportlichen Anforderungen zurückzugehen. Zu betonen ist jedoch nachdrücklich, dass bei den teilweise erheblichen Entwicklungsunterschieden in der Pubeszenz die Bedeutung der *leistungsgerechten Anforderung* beträchtlich zunimmt (ISRAEL,

1977; KÖHLER/PAHLKE/PETERS, 1978; WEINECK, 2000).

• Die gegebenen *Hinweise* gelten ebenfalls für den *Nachwuchsleistungssport.* Ein entsprechendes Training kann während der Pubeszenz fraglos in nunmehr allen Sportarten begonnen beziehungsweise in den »frühen Sportarten« *uneingeschränkt weitergeführt* und *systematisch gesteigert werden.* Verstärkt zu beachten sind lediglich die möglicherweise zunehmenden Divergenzen besonders im biologischen Alter sowie im Trainingszustand mit den möglichen Auswirkungen auf die Leistungsfähigkeit sowie die physische und psychische Belastbarkeit. Sie können mitunter verstärkt individuelle trainingsmethodische Differenzierungen im Bereich der sportlichen Ausbildung und erzieherischen Einflussnahme erfordern.

• Betont werden muss ferner, dass während des frühen Jugendalters die sich ständig verstärkenden *geschlechtsspezifischen Unterschiede* in der Ausübung der Sportarten, der Wahl der Mittel und der Belastungsgestaltung zu *berücksichtigen* sind.

• *Zusammenfassend* ist festzustellen, dass in der Phase des frühen Jugendalters hohe Anforderungen an das pädagogisch-psychologische und didaktisch-methodische Können des Sportpädagogen gestellt werden. Die Besonderheiten dieser Phase erfordern ein gründliches Wissen um die *Entwicklungsvorgänge* und eine mit *Geduld* gepaarte *Konsequenz* in der Erziehung und sportlichen Ausbildung der Jugendlichen, die sich in diesem Alter entweder für ein lebensbegleitendes oder auch leistungsorientiertes Sporttreiben entscheiden, oder aber auch ganz dem Sport entsagen. Durch Vorbildwirkung, interessante und abwechslungsreiche Unterrichts- und Trainingsgestaltung sowie geeignete Argumentation wird die Orientierung der Jugendlichen an dieser »Schaltstelle« maßgeblich mitgeprägt (HARTMANN/SENF, 1997, S. 197).

6.8. Spätes Jugendalter (Adoleszenz) (13. bis 16./17. Lebensjahr weibliche Jugendliche; 14./15. bis 18./19. Lebensjahr männliche Jugendliche)

6.8.1. Allgemeine Charakteristik der motorischen Entwicklung

Die Adoleszenz ist in ihren *allgemeinen Merkmalen* der motorischen Ontogenese als eine Phase der sich *ausprägenden geschlechtsspezifischen Differenzierung, der fortschreitenden Individualisierung* und der *zunehmenden Stabilisierung* zu kennzeichnen. Diese grundlegenden Tendenzen der motorischen Entwicklung äußern sich hauptsächlich in der weiteren Genese von bestimmten motorischen Verhaltenseigenschaften, im Entwicklungsverlauf von motorischen Fähigkeiten und Fertigkeiten sowie in zunehmend geprägten Eigenarten der Bewegungskoordination. Sie sollen zunächst in ihren allgemeinen Verlaufsmerkmalen dargestellt werden.

• Obwohl bestimmte geschlechtsspezifische Unterschiede bereits in vorausgegangenen Phasen der motorischen Entwicklung im Kindes- und beginnenden Jugendalter festgestellt wurden, ist ab etwa dem 13./14. Lebensjahr durchschnittlich eine sich auffällig stärker und deutlicher ausprägende *geschlechtsspezifische Differenzierung* zu konstatieren. Diese äußert sich bereits in den *Freizeitaktivitäten*. Bei den Mädchen sind diese in der Regel *weniger »bewegungsintensiv«*, kaum mit sportlichen Selbstbestätigungen wie in Freizeitgruppen männlicher Jugendlicher verbunden (z. B. Fußball, Radsport, Eishockey, Skisport u. a.) sowie durch eine generell *nachlassende motorische Aktivität* gekennzeichnet. Auch im Sportunterricht und Training zeigen sich verstärkt geschlechtsspezifische Neigungen für bestimmte Sportarten beziehungsweise Unterrichts- und Trainingsaufgaben. Zumeist richtet sich die Leistungsbereitschaft *männlicher Jugendlicher* deutlich stärker als die der Mädchen auf sportliche Anforderungen, in denen sie *Kraft- und Schnelligkeitsfähigkeiten*, *»Kampfgeist« und Durchsetzungsvermögen* »beweisen« können (z. B. bei Kraft- oder Ausdaueranforderungen bzw. in Kraft- und Spielsportarten). Mädchen bevorzugen dagegen vielfach solche Sportarten, die besonders koordinative Fähigkeiten, Ästhetik der Bewegung und Bewegungskönnen erfordern. Speziell bei Nichttrainierenden sind mitunter sogar deutliche Aversionen gegenüber »anstrengenden« Kraft- und Ausdauerübungen festzustellen (GÖTZE, 1968a; DOIL, 1976; DÖRING/IHLO, 1984).

Entsprechend deutlich äußert sich die zunehmende geschlechtsspezifische Differenzierung vor allem im Bereich *konditioneller Fähigkeiten*. Besonders gravierend wird sie in der weiteren Ausprägung der Maximal- und Schnellkraftfähigkeit. Zum Abschluss der Adoleszenz erreichen weibliche Jugendliche in diesen Fähigkeitsbereichen – Untrainierte und Hochtrainierte fast gleichermaßen – durchschnittlich nur noch etwa zwei Drittel jener Leistungen, die vergleichbare männliche Populationen vollbringen (vgl. Abb. 6.5.–1/6).

Auch die Genese von Kraftausdauer- und Ausdauerfähigkeiten verweist auf zunehmende geschlechtsspezifische Unterschiede. Sie sind jedoch zum Ausgang der Adoleszenz mit etwa 15 bis 25 Prozent Minderleistungen des weiblichen Geschlechts geringer und vor allem auch in weitaus stärkerem Maße als Maximal- und Schnellkraftfähigkeiten entsprechend übungs- und trainingsbedingt (KÖHLER, H., 1976; KOINZER, 1978). Geringer prägen sich die Geschlechtsdivergenzen im Bereich der Schnelligkeitsfähigkeiten aus. Biologisch sind bisher eigentlich keine wesentlichen Indikatoren zu geschlechtsspezifisch generell unterschiedlichen Funktionspotenzen nachgewiesen (z. B. Latenzzeiten, Nervenleit- oder skelettmotorische Übertragungsprozesse). Bei schnelligkeitsdeterminierten Leistungen wie zum Beispiel maximaler Aktions-, Beschleunigungs- oder lokomotorischer Schnelligkeit sind dagegen bei nichttrainierenden weiblichen Jugendlichen zum Abschluss der Adoleszenz geschlechtsspezifische Minderleistungen zwischen 10 und 20 Prozent (KOINZER, 1978; CRASSELT u. a., 1990 b) sowie bei Hochtrainierten um etwa 10 Prozent typisch.

Prinzipiell ähnlich muss unseres Erachtens die sich geschlechtsspezifisch ausprägende Entwicklungsdynamik von *koordinativen Fähigkeiten* und *Bewegungsfertigkeiten* interpretiert werden. Biologisch sind ebenfalls keine nennenswerten Anzeichen für geschlechtsspezifisch unterschiedliche Funktionspotenzen (Voraussetzungen) im informationsregulatorischen Bereich beziehungsweise zu den koordinativen Fähigkeiten bekannt.

Eine solche Auffassung bestätigt sich in der Unterrichts- beziehungsweise Trainingspraxis. Im Bereich »reiner« Koordinationsleistungen erweisen sich Mädchen gegenüber den männlichen Jugendlichen zumindest als ebenbürtig beziehungsweise tendenziell sogar befähigter (z. B. bei ausgeprägt koordinativ-determinierten Lernprozessen wie etwa sportgymnastischen Bewegungsanforderungen oder im Erlernen von Gesellschaftstänzen in der Tanzschule). Prinzipiell Gleichartiges ist ebenfalls bei hochtrainierten weiblichen Jugendlichen festzustellen. Sie demonstrieren beispielsweise in der Rhythmischen Sportgymnastik, im Eiskunstlauf und besonders Eistanz, im Gerätturnen oder Tanzsport (Turniertanz) solche Qualitäten des Bewegungskönnens, die vom männlichen Geschlecht grundsätzlich nicht besser erbracht werden (sofern die Bewegungsleistungen vergleichbar sind).

Dennoch und im scheinbaren Widerspruch dazu werden während des späten Jugendalters zunehmende und partiell schließlich *gravierende Geschlechtsdivergenzen* im *Bewegungskönnen* deutlich. Sofern es sich dabei um Bewegungsfertigkeiten handelt, sind sie sehr ausgeprägt erkennbar, sobald sie hoch- oder sogar höchstausgeprägte *Maximal-* beziehungsweise *Schnellkraftfähigkeiten voraussetzen* (vgl. Abb. 6.8.–1/2). Auch im Bereich von *koordinativen Fähigkeiten* sind sowohl bei Nichttrainierenden als auch Trainierenden – wenngleich im einzelnen unterschiedlich – zunehmende geschlechtsspezifische Unterschiede zu konstatieren (vgl. Abb. 6.5.–14). Die dazu vorliegenden Untersuchungsergebnisse müssen jedoch zumindest teilweise aus der Eigenart der sportmotorischen Testverfahren erklärt werden, da bei ihrer Anwendung ein bestimmter Einfluss von konditionellen Fähigkeiten unvermeidbar ist (HIRTZ, 1977; BLUME, 1984b)[5].

In der *Bewegungsausführung* werden ebenfalls zunehmende geschlechtsspezifische Unterschiede deutlich. Bei männlichen Jugendlichen ist festzustellen, dass besonders die Merkmale »Bewegungsstärke« und »Bewe-

---

[5] Auf Unterschiede in den koordinativen Fähigkeiten, die mit spezifischen psycho- und sensomotorischen Tests zur Prüfung besonders der Fingerfertigkeiten beziehungsweise der Handgeschicklichkeit ermittelt wurden, soll im vorliegenden Zusammenhang nicht eingegangen werden (MÄRKER, 1983, S. 75 ff.).

Abb. 6.8.–1/2 *Geschlechtsspezifische Fertigkeitsunterschiede im Weitsprung (17 Jahre)*

gungstempo« markanter werden. Sie tendieren entsprechend mehr zu kraftvolleren und »eckiger« wirkenden Bewegungsausführungen. Bei Mädchen wird dagegen zunehmend erkennbar, dass die Bewegungsausführung im Umfang größer, im Kraftverlauf »weicher« sowie im Bewegungsrhythmus und -fluss gelöster bzw. elastischer erfolgt. Außerdem ist für weibliche Jugendliche zunehmend ein stärkerer Ausdrucksgehalt durch eine in der Regel »größere Skala« und »individuelle Note« des Sichbewegens typisch. Bei männlichen Jugendlichen beginnen sich dagegen zum Ausgang des späten Jugendalters verstärkt Tendenzen zur Sparsamkeit, Zweckgerichtetheit und Ökonomie der Bewegungsausführung zu äußern (BUYTENDIJK, 1972).

Die skizzierten geschlechtsspezifischen Eigenarten der Bewegungsausführung sind im *Leistungssport* zum Beispiel besonders im Bodenturnen und teilweise ebenfalls bei Kürvorträgen im Eiskunstlauf in vergleichend genaueren Bewegungsbeobachtungen erkennbar.

Auf *Ursachen für* die sich ausprägenden Geschlechtsdivergenzen kann im vorliegenden Abriss nicht in ihrer ganzen Breite und Differenziertheit eingegangen werden (vgl. Abschnitt 6.7.2.3.).

320   Die motorische Entwicklung des Menschen von der Geburt bis ins hohe Alter

Solchen und vielen weiteren Entwicklungs-charakteristika ist bei allen erheblichen individuellen Verlaufsunterschieden eigen, dass ihre Divergenzen im Wesentlichen im frühen Jugendalter beginnen, sich während des späten Jugendalters beträchtlich ausprägen (TITTEL/WUTSCHERK, 1972; ISRAEL/BUHL 1980; MÄRKER, 1983).

Neben solchen grundlegenden biologischen Geschlechtsdivergenzen dürfen jedoch keinesfalls bestimmte *soziale Einflussfaktoren* übersehen werden. Die teilweise beträchtlichen Minderleistungen bei Mädchen müssen unter diesem Aspekt ursächlich bereits im erwähnten Freizeitverhalten gesucht werden. In diesem Zusammenhang sowie bei sportlicher Betätigung (Sportunterricht bzw. Training) ist das traditionsbehaftete »Rollenverständnis« der Geschlechter nicht auszuschließen (DOIL, 1977; FRIEDRICH/MÜLLER, 1980; KLAES u. a., 2000).

Bereits mit dem Eintritt in die Etappe des *frühen Jugendalters* ist eine gewisse Unausgeglichenheit festzustellen, die einhergeht mit der Identitätssuche. Diese Phase ist geprägt von verstärktem Geltungsbedürfnis, einem angestiegenen Selbstbewusstsein und dem Hang zur permanenten Kritik, weniger allerdings zur Selbstkritik. Die eigene Rolle in Lern- und Sportgruppen wird überdacht und das Verhalten zu Erziehungsträgern verändert sich insofern, als Autoritäten in Frage gestellt werden; die Gleichaltrigengruppe (peergroup) als die »neue Autorität« gewinnt an Bedeutung. Diese Situation setzt sich zu Beginn der Etappe des *späten Jugendalters* noch fort, wobei sich mit weiterer Stärkung des Selbstbewusstseins und vermehrtem Zukunftsdenken des Jugendlichen bzw. seiner Funktion und Stellung in Beruf, Familie und zu weiteren Sozialisationsinstanzen dieses Verhalten »normalisiert« bzw. stabilisiert. (HARTMANN/SENF, 1997, S. 26)

Die Bedeutung der Motorik zeigt sich u. a. auch darin, dass das Ansehen und die Wertschätzung von Kindern und Jugendlichen bei den Gleichaltrigen von entsprechenden motorischen Leistungen, bezogen auf Alters- und Gruppennormen, mitbestimmt wird. So können körperliche Unzulänglichkeiten und Un-

beholfenheit Ursachen für Befangenheit, Verspottung und im schlimmsten Fall für Ausgrenzung durch die Alterskameraden sein.

Insbesondere bei Jungen zeigt sich, dass ihr *soziometrischer Status* von motorischen Kriterien mitbestimmt wird, das sich auch auf das Selbstbild auswirkt. Behinderungen in der Motorik können insbesondere in der Phase des *späten Jugendalters* (Adoleszenz) der Selbstachtung des Individuums erheblichen Schaden zufügen. So können Rückstände in der motorischen Entwicklung (zeitbegrenzt) zu Störungen in der Ausprägung der Ich-Identität und zu Fehlanpassungserscheinungen führen (FRESTER, 1997, S. 198).

In der Abbildung 6.8.–3 wird idealtypisch der »Statusübergang« vom Kindes- über das Jugend- zum Erwachsenenalter dargestellt. Hier wird eine Ungleichzeitigkeit erreichter Selbstständigkeitsgrade sichtbar:

- Schon zu Beginn des 2. Lebensjahrzehntes entwickeln Jugendliche einen von den Eltern unabhängigen Lebensstil, der insbesondere im Freizeit- und Konsumbereich zum Tragen kommt (maßgeblich bei der Ausübung von Freizeitaktivitäten, der Wahl von Sportarten etc.),
- gleichzeitig verlängern sich die Ausbildungszeiten,
- der Eintritt ins Beschäftigungssystem wird in immer höhere Altersstufen verschoben,
- damit dauert auch die materielle Abhängigkeit von den Elternhäusern immer länger an, d. h. in Bereichen wie Freunde, Partnerschaft, Konsum, Medien besteht bereits ein relativ hoher Grad an Selbstständigkeit, während andererseits im ökonomischen Bereich eine überlange Unmündigkeit besteht.

Aus unterschiedlicher, zeitlicher Strukturierung der Lebensbereiche resultiert »Statusspannung«, die auch zu Konflikten führen kann.

Generell ist demzufolge zu betonen, dass bei der Analyse von Ursachen für die Geschlechtsspezifika sowie ihrer Wichtung für den Sportunterricht beziehungsweise das Training stets vom untrennbaren Zusammenhang der biologischen, psychologischen und soziologischen Einflussfaktoren ausgegangen werden muss (DÖRING/IHLO, 1984, auch Abschnitt 6.8.2.).

Als zweite grundlegende motorische Entwick-

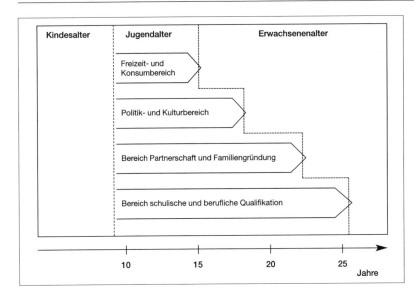

Abb. 6.8.-3 Idealtypische Darstellung des »Statusüberganges« vom Kindesalter in das Erwachsenenalter (HARTMANN/SENF, 1997, S. 182, nach HURRELMANN, 1995)

lungstendenz wurde die *fortschreitende Individualisierung* genannt. Sie äußert sich bei beiden Geschlechtern und zeigt sich allgemein zunächst durch eine fortschreitende *Individualisierung im motorischen Verhalten*. Interindividuell ist sie zunehmend im Bewegungsverhalten erkennbar, das sich äußern kann zwischen den Polen

- motorisch sehr lebhaft, aktiv, bewegungsfreudig und extrovertiert (Mimik, Gestik),
- motorisch »ruhig«, langsam, träge, ausdrucksarm und introvertiert.

Bei sportlicher Betätigung sind derartige sich ausprägende Persönlichkeitseigenschaften besonders in Spiel-, Zweikampf- oder Wettkampfsituationen deutlicher erkennbar.

Wesentlich sind darüber hinaus vor allem auch die sich zunehmend ausprägenden *individuellen Einstellungen und Interessen* zur sportlichen Betätigung. Jugendliche dieser Lebensphase erwerben zunehmend bestimmte und relativ fest umrissene Haltungen zur sportlichen Betätigung, zum Sportunterricht in der Schule sowie zu einzelnen Sportarten und ihren Disziplinen.

Das Spektrum möglicher Einstellungen und Verhaltensweisen reicht von sportlichem Desinteresse und entsprechender Inaktivität über die nur »pflichtgemäße« und keinesfalls »begeisterte« Teilnahme an sportlicher Betätigung bis hin zu jenen vielen Jugendlichen, die sich engagiert und freudig in das Trainings- und Wettkampfgeschehen von Sportvereinen einordnen oder die nach hohen und höchsten sportlichen Leistungen bei nationalen und internationalen Wettkämpfen streben.

Entsprechende Tendenzen der fortschreitenden Individualisierung sind im Gefolge dessen vor allem in der Ausprägung von *motorischen Fähigkeiten und Bewegungsfertigkeiten* zu konstatieren. Sie äußern sich bei den *männlichen* und *weiblichen Jugendlichen* zunehmend

- im Niveau der konditionellen und koordinativen Fähigkeiten,
- des sportlichen Könnens (hoch bzw. niedrig),
- der Breite seiner Ausprägung (sportlich vielseitig bzw. spezialisiert) und nicht zuletzt besonders
- in seiner sportart- beziehungsweise disziplinspezifischen Differenzierung (z. B. Gerätturnen, Schwimmen, Handball, Judo).

Auch *intraindividuelle Divergenzen* der sportmotorischen Leistungsfähigkeit und -bereitschaft werden während der Adoleszenz zumeist verstärkt deutlich. Sie prägen sich sowohl im Sportunterricht als auch im Training aus und sind dann häufig entsprechend erkennbar z. B.:

- als »Lieblings-« oder »Angstgeräte« beziehungsweise »Schokoladendisziplinen«;

- als »Begeisterung«, Zuwendung und Einsatzbereitschaft bei bestimmten Unterrichts- oder Trainingsaufgaben bzw.
- als Abneigung und Unlust. Darüber hinaus werden solche intraindividuellen Tendenzen vielfach auch in Gestalt bestimmter »Stärken« und »Schwächen« der Schüler beziehungsweise Sportler in ihren Fähigkeiten, Einstellungen und komplexen sportlichen Leistungen deutlicher und ausgeprägter erkennbar.

Mit der fortschreitenden Individualisierung ist eine *dritte grundlegende Tendenz* der motorischen Entwicklung während der Adoleszenz eng verbunden. Sie umfasst die *zunehmende Stabilisierung* von wesentlichen Merkmalen der Ontogenese und äußert sich entsprechend gleichartig wie die zuvor skizzierte Individualisierung vornehmlich in motorischen Verhaltenseigenschaften, der motorischen Fähigkeits- und Fertigkeitsausprägung sowie in Merkmalen der Bewegungskoordination.

Ein erster Aspekt dieser zunehmenden Stabilisierung besteht darin, dass das *differenzierte motorische Verhalten*, das für das frühe Jugendalter typisch war, *allmählich überwunden* wird.

Das zu Beginn des späten Jugendalters noch unausgeglichene Verhalten der Jugendlichen weicht zum Ende dieser Entwicklungsetappe immer mehr vernunftgemäßen, weniger gefühlsgetragenen und zunehmend situationsgerechten Einstellungen und Verhaltensweisen bei Leistungsanforderungen im Sportunterricht oder Training. Es wird infolgedessen wiederum stetiger, ausgeglichener und damit stabiler. Insgesamt sind bei entsprechender pädagogischer Einflussnahme und gesteuerter Selbsterziehung bewusstere Einstellungen zu sportlichen Leistungsanforderungen im Sportunterricht oder Training feststellbar (ZEUNER u. a., 1984; FRESTER, 1997). Besonders bei hochengagiert Trainierenden wird vielfach eine bereits ausgeprägte und relativ stabile Selbststeuerung des motorischen Verhaltens im Training und Wettkampf deutlich, die entsprechende Bestrebungen in der Gestaltung des Lebensregimes und speziell der »sportlichen Lebensweise« einschließt.

Ein anderer Aspekt der zunehmenden *Stabilisierung* umfasst den Bereich *der motorischen Fähigkeiten und Fertigkeiten.* Diese Stabilisierungstendenz äußert sich während der Adoleszenz zunächst darin, dass die Jugendlichen allmählich die weitgehende Ausprägung der sportmotorischen Leistungsfähigkeit als Funktion ihrer bisherigen sportlichen Betätigung sowie des Wachstums und der abschließenden physischen Entwicklung erreichen. Dieser Aspekt der zunehmenden Stabilisierung in der motorischen Ontogenese muss jedoch in seiner im Ganzen deutlichen Variabilität und Relativität verstanden werden, die vor allem durch das jeweils bisherige und aktuelle Ausmaß des Übens bzw. Trainierens in erheblicher Relevanz bedingt wird.

Bei *Nichttrainierenden* äußert sich diese Stabilisierungstendenz lediglich darin, dass sie ihre individuelle motorische Leistungsfähigkeit während der Adoleszenz weitgehend erhalten können. Nicht selten ist allerdings bei diesen Jugendlichen eine sich bereits wieder vermindernde sportmotorische Leistungsfähigkeit festzustellen. Vor allem bei weiblichen Jugendlichen ist sie besonders dann zu konstatieren, wenn motorische Inaktivität, Bewegungsmangel im beginnenden Berufsleben und konstitutionelle Negativmomente (z. B. Übergewicht) zusammenfallen. Bei *hochengagiert Trainierenden* äußert sich dagegen im weiteren Ausbau ihrer individuellen Fähigkeiten und Fertigkeiten. Sie befinden sich bereits im Höchstleistungsalter (»frühe Sportarten«) oder nähern sich zumindest diesem Zeitpunkt. Damit ist bei aller Dynamik der gegebenenfalls weiteren Leistungsausprägung gleichzeitig eine ebenfalls zunehmende Stabilisierungstendenz verbunden. Sie äußert sich vor allem im »individuellen Profil« des motorischen Könnens mit seinen möglicherweise bestehenden Vorzügen oder auch Schwächen (zur Variationsbreite der motorischen Ontogenese vgl. speziell den Abschnitt 6.8.5.).

Die zunehmende *Stabilisierung* äußert sich nicht zuletzt auch in entsprechenden Merkmalen der *Bewegungskoordination*, die wiederum beide Geschlechter betrifft. Sie ist zunächst im Zusammenhang mit der vorausgegangenen »Umstrukturierung« als dem wesentlichen Merkmal der motorischen Ontogenese während der Pubeszenz zu begreifen. Die damit korrespondierende zunehmende Stabilisierung der Bewegungsqualität ergibt sich vor allem aus der Tatsache, dass der »*Umbau*« der motorischen Fähigkeiten und Fertigkeiten zum Ende des frühen Jugendalters seinen Höhepunkt überschreitet und sich im späten Jugendalter *zunehmend abschwächt.* Im Kontext dieser Entwicklungstendenz werden jene Beeinträchtigungen in der Bewegungsausführung, die zumindest bei einem Teil der Pubeszenten feststellbar sind, zunehmend überwunden. Sie verläuft wieder beherrschter und zieladäquater. Überflüssige Mit- und Nebenbewegungen vermindern sich und werden in der räumlichen Ausdehnung (Bewegungsumfang) geringer. Direkt ausfahrende und überschießende Bewegungen (Impulsentgleisungen) sind zumeist nur noch im Neuerwerb sporttechnischer Fertigkeiten, bei Ermüdungserscheinungen oder in sportlichen Kampfsituationen deutlicher wahrnehmbar (z. B. Sportspiele, Zweikampfsportarten).

Tendenziell ist mit dem Abschluss der Umstrukturierungsprozesse sowie den skizzierten Stabilisierungstendenzen eine *erneut verbesserte motorische Lernfähigkeit* verbunden. Sie äußert sich besonders eindrucksvoll bei jenen jungen Sportlern, die vornehmlich in technisch-akrobatischen Sportarten nach höchsten Leistungen streben. Andererseits ist nicht zu übersehen, dass sich bei vielen Jugendlichen ein erneutes (zweites) günstiges Lernalter kaum noch oder nicht mehr äußert, weil die vorausgegangene koordinativ-sporttechnische Ausbildung unzureichend war oder aktuell wirkende Kontraindikationen bestehen (z. B. Interessenverlagerungen, mangelnde Lernbereitschaft oder mitunter auch »echte« motorische Lernbehinderungen durch Adipositas oder andere ungünstige körperbauliche Voraussetzungen).

Trotz der damit verbundenen Variabilität äußert sich die zunehmende Stabilisierung der Bewegungsausführung in sich *festigenden Bewegungsstrukturen*, im Bewegungsrhythmus und -fluss sowie im Ausmaß der Präzision und vor allem auch der Bewegungskonstanz. Individuell sind damit solche Merkmale der Bewegungskoordination verbunden wie

- Bewegungstempo (langsam – rasch, lebhaft)[6],
- Bewegungsumfang (kleinräumig – großräumig),
- Bewegungsstärke (»lässig«, schlaff – kraftvoll, elastisch),
- Bewegungsrhythmus (gelöst – verkrampft),
- Bewegungsfluss (relativ »eckig«, abrupt – »rund«, geschmeidig, elastisch).

Generell und abschließend sei festgestellt, dass die fortschreitende *Individualisierung* und gleichzeitig die zunehmende *Stabilisierung* als zwei auf das engste miteinander *verflochtene Entwicklungsprozesse* verlaufen.

Dieser Sachverhalt beruht auf *einigen ursächlichen Zusammenhängen*:

- Die *gesamte Persönlichkeitsentwicklung* der Jugendlichen verläuft zunehmend *individueller* und *verfestigt sich* dabei;
- aus *psychologischer Sicht* korrespondieren beide Entwicklungstendenzen mit einem verstärkten *Selbstbewusstwerden* und *Zukunftsdenken* der Jugendlichen (»Wer und wie bin ich – was will ich sein und werden«?);
- aus *biologischer Sicht* muss der sich zunehmend ausprägende und stabilisierende *konstitutionelle Faktor* genannt werden. Speziell bei sportlicher Betätigung mit hohen Finalansprüchen ist er vielfach für das Ausmaß der sportlichen Eignung, der sportlichen Entwicklung und damit ebenfalls für das *Selbstvertrauen* und die *Leistungszuversicht* von erheblicher Bedeutung.

6.8.2. Psychische Entwicklungsbesonderheiten

Die zunehmende Geschlechtsdivergenz zwischen Jungen und Mädchen spiegelt sich auch in den Einstellungen und im Verhalten zur sportlichen Tätigkeit wider. Individuelle Bedürfnisse nach dem Ausüben einer bestimmten Sportart der eigenen Wahl herrschen vor, wobei *Jungen* zu einem wesentlichen Teil bewegungsintensive Sportarten mit hohem kämpferischen Einsatz bevorzugen. Dies entspricht ihren gewachsenen physischen Leistungsvoraussetzungen und ihrem Selbstwert- und Leistungsstreben.

Das Streben nach Selbstbestätigung wird deshalb auch nicht selten in den *Spiel- und Zweikampfsportarten* bzw. zunehmend auch in den *Extremsportarten* (z. B. Bungee-Jumping, Rafting) gesucht, um die eigenen Leistungsgrenzen auszutesten.

Mädchen dagegen bevorzugen in dieser Entwicklungsphase technisch-akrobatische Sportarten, in denen der ästhetisch-künstlerische

---

6 Die Klammerhinweise sollen lediglich mögliche Pole (Gegensätzlichkeiten) von individuellen Merkmalen der Bewegungskoordination andeuten.

324 Die motorische Entwicklung des Menschen von der Geburt bis ins hohe Alter

Tabelle 6.8. **Ausprägung psychischer Komponenten in den Entwicklungsphasen** (nach FRESTER, 1997, S. 188)

	Spätes Kindesalter	Frühes Jugendalter (Pubeszenz)	Spätes Jugendalter (Adoleszenz)
Antriebsregulation			
⇨ Motivation	hoch/stabil	gering/labil	zunehmend stabil/ erfolgsabhängig
⇨ Willen	Willensstoßkraft	gering/ motivationsabhängig	zunehmend Willensspannkraft
⇨ emotionale Stabilität	stabil/impulsiv	labil	zunehmend stabil/ rational beherrscht
Orientierungsregulation			
⇨ Wissen/Kenntnisse	kontinuierlich ansteigend	unsicher	gefestigt/individueller Lösungsbezug
⇨ Bewegungsvorstellung/ -wahrnehmung/-gefühl	zunehmend ausgeprägt/ phasenorientiert	fehlerhaft/emotional übersteuert	zunehmend ganzheitlich ausgeprägt
Ausführungsregulation			
⇨ Denk- und Entscheidungsfähigkeit	gut ausgeprägt/impulsiv	zähflüssig/unsicher/ wechselhaft	zunehmend kritisch/ rational
⇨ Rhythmisierung	ausgewogen/rund/flüssig	unausgewogen/ fehlerhaft/ disharmonisch	zunehmend harmonisch

Aspekt vorherrscht. Die divergierenden Bedürfnisse zwischen Jungen und Mädchen und die Betätigung in unterschiedlichen sportlichen Bereichen führen zur verstärkten Entwicklung sportartbezogener psychischer Leistungsvoraussetzungen.

Bei den *Jungen* lässt sich zunehmend die Ausprägung *spezifischer Antriebskomponenten* beobachten, wie
- erhöhte Anstrengungsbereitschaft,
- gesteigerte Risikobereitschaft (häufig unkontrolliert und extrem wagemutig),
- Willensstoßkraft gepaart mit Willensspannkraft und
- Durchsetzungsfähigkeit.

Mädchen zeichnen sich bezüglich der psychischen Leistungsvoraussetzungen besonders durch *verbesserte regulative Komponenten* aus, wie

- eine genauere, differenzierte Bewegungswahrnehmung,
- eine verbesserte Bewegungsvorstellung,
- eine größere Bewegungsharmonie (auch Bewegungsrhythmus) und
- ein ausgeprägteres Bewegungsgefühl.

Bezüglich der Antriebskomponenten mit »kämpferischen« Akzentuierungen und der psychischen Belastbarkeit sowie Durchsetzungsfähigkeit sind Abstriche vorzunehmen. Mädchen bedürfen in dieser Entwicklungsphase gegenüber den Jungen einer größeren Außensteuerung beim Überwinden physischer und psychischer Belastungen.

Folgerungen aus psychologischer Sicht
Der Sportunterricht und das Training sollten den inter- und intraindividuellen Besonderheiten durch eine

- *gezieltere Auswahl* der sportlichen Anforderungen Rechnung tragen und zur
- Entwicklung und Stabilisierung der o. g. *spezifischen psychischen Leistungsvoraussetzungen* bei Mädchen und Jungen beitragen. Dies schließt einerseits die weitere Ausprägung
- der *bedürfnisorientierten*, spezifischen psychischen Leistungsvoraussetzungen bei beiden Geschlechtern ein,
- erfordert aber auch eine verstärkte Entwicklung *leistungsfördernder Antriebskomponenten bei Mädchen* und das
- Ausprägen psychischer *Prozesse der Bewegungsregulation* bei Jungen.

Hierzu sollte im *Leistungssport* (und auch im Sportunterricht) die Arbeit mit *mentalen Trainingsformen* zielstrebig fortgeführt werden, wie
- ideomotorisches Training,
- Aktivtherapie,
- Arbeit mit formelhaften Vorsätzen,
- aktivierende und relaxierende Musik. (HARTMANN/MINOW, 1999, S. 390 ff.)

Sie tragen zur besseren Einstimmung auf Leistungsanforderungen bei. Abrechenbare, dem individuellen Leistungsniveau entsprechende hohe sportmotorische Anforderungen sind abzufordern.

In der Tabelle 6.8. wird zusammenfassend eine *Übersicht* über die Ausprägungsqualität psychischer Komponenten in den einzelnen Entwicklungsphasen »spätes Kindesalter – frühes Jugendalter – spätes Jugendalter« vermittelt.

6.8.3. Zur Entwicklung motorischer Fähigkeiten

6.8.3.1. Konditionelle Fähigkeiten

In der *Entwicklung der Kraftfähigkeiten* ergeben sich während der Adoleszenz recht klare und eindeutige Entwicklungstendenzen. Für die *männlichen Jugendlichen* gilt, dass die meisten Kennwerte der Kraftfähigkeiten in der gesamten Entwicklungsphase hohe und stetige jährliche Zuwachsraten aufweisen. Das trifft besonders für die *Maximalkraftfähigkeit* zu (vgl. Abb. 6.5.–1). Auch die Schnellkraftfähigkeit verbessert sich bei der männlichen Jugend deutlich (vgl. Abb. 6.5.–6/7). Als Ausdruck dieser Tatsache sind ebenfalls die nochmals hohen jährlichen Zuwachsraten im Kurzstreckenlauf, Weitspringen, Hochspringen und Werfen zu werten (vgl. Abschnitt 6.8.4.).

Weniger günstig entwickelt sich zum Teil die *Kraftausdauerfähigkeit*, die zumeist gleichzeitig Kraft-Last-Verhältnisse widerspiegelt. Besonders die Kraftausdauerfähigkeit der Arme ist bei einem Teil der männlichen Jugendlichen entschieden zu schwach entwickelt, um gute sportliche Leistungen zu ermöglichen (vgl. Abb. 6.5.–2/3).

Anders verläuft die Kraftentwicklung der *Mädchen*. Bei ihnen sind in der *Maximalkraftfähigkeit* nur flache jährliche Anstiege erkennbar (vgl. Abb. 6.5.–1). Auch die *Schnellkraft-* und besonders Kraftausdauerfähigkeit verbessern sich nur noch geringfügig. Bereits mit etwa 14 bis 15 Jahren beginnt die Entwicklung dieser motorischen Fähigkeiten bei nichttrainierenden Mädchen zu stagnieren (vgl. Abb. 6.5.–2/3). Besonders die Relativkraft der Arme (ihre Maximalkraft im Verhältnis zum Körpergewicht) weist in diesem Lebensalter und später sehr ungünstige Werte auf. Diesbezüglich muss bei einem beträchtlichen Teil der Mädchen eine ausgeprägte Leistungsschwäche festgestellt werden.

Insgesamt nehmen die geschlechtsspezifischen Unterschiede bei sämtlichen Kraftfähigkeiten während des späten Jugendalters ständig zu, sodass sie zum Ende dieser Phase beträchtliche Ausmaße erreichen.

Wie bereits dargestellt, werden im Niveau der *Schnelligkeitsfähigkeiten* bis zum Ende der Pubeszenz annähernd Erwachsenenwerte erreicht (SCHMIDTBLEICHER, 1994). In der Folgezeit sind nur noch bis zum Alter von etwa 14 bis 15 Jahren signifikante Verbesserungen bei Schnelligkeitsfähigkeiten zu verzeichnen. Diese Feststellung gilt sowohl für die *Reaktions-* als auch *Aktionsschnelligkeit*. Nach dem 15. beziehungsweise 16. Lebensjahr stagniert die Entwicklung der Schnelligkeitsfähigkeiten im Wesentlichen.

Die geschlechtsspezifischen Unterschiede von Schnelligkeitsfähigkeiten bleiben während der Adoleszenz zumeist minimal. Nur dort, wo Schnelligkeitsanforderungen mit höheren Kraftkomponenten verbunden sind – wie beim

326 Die motorische Entwicklung des Menschen von der Geburt bis ins hohe Alter

Sprintlauf – erweisen sich die *männlichen Jugendlichen* als leistungsüberlegen (vgl. Abb. 6.5.–4.).

Untersuchungsergebnisse zur *Genese der Ausdauerfähigkeiten* zeigen die deutlichen Einflüsse von körperlicher Entwicklung und Übung beziehungsweise Training auf ihren Verlauf. Relevante physiologische Kennwerte des kardio-pulmonalen Systems belegen weitere Anstiege während des späten Jugendalters. Dabei werden jedoch zunehmende geschlechtsspezifische Unterschiede im Zusammenhang mit den erheblich divergierenden Wachstumstendenzen der Geschlechter erkennbar.

Während bei *männlichen Jugendlichen* eine deutliche und weitgehend stetige *Weiterentwicklung* physiologischer Parameter zu verzeichnen ist, sind für das *weibliche Geschlecht* mit dem entschieden früher zu Ende gehenden Wachstumsalter offensichtliche *Stagnationen* oder (übungsbedingt) sogar Involutionstendenzen verbunden. Vergleichsbefunde mit Trainierenden zeigen dagegen die weiterhin möglichen, wirkungsvollen Adaptationen im Ergebnis entwicklungswirksamer Ausdauerbelastungen (OEHLSCHLÄGEL/WITTEKOPF, 1976; ISRAEL, 1979; ISRAEL/WEIDNER, 1988).

Entsprechende *Laufleistungen* bestätigen die physiologischen Befunde weitgehend. Für die männlichen Jugendlichen ergeben sich nach dem frühen Jugendalter bis in das 19./20. Lebensjahr nochmals beträchtliche jährliche Zuwachsraten. Nichttrainierende Mädchen erreichen dagegen schon im 14./15. Lebensjahr den Gipfelpunkt der Laufausdauerfähigkeit (vgl. Abb. 6.5.–10/11). Andererseits führen jedoch bereits Belastungen mit einer wöchentlichen Gesamtzeit von nur 60 Minuten zu erheblichen Anstiegen der Ausdauerleistungs- und -belastungsfähigkeit (KÖHLER/PAHLKE/PETERS, 1978; PETERS u. a., 1980).

Bemerkenswert ist außerdem, dass damit sowie in Korrespondenz zum biologischen Alter eine erhöhte Belastungsverträglichkeit für anaeroblaktazide Energietransformationen verbunden ist (OEHLSCHLÄGEL/WITTEKOPF 1976; ISRAEL, 1977, PETERS u. a., 1980).

6.8.3.2. Koordinative Fähigkeiten, Beweglichkeit

Bei der allgemeinen Charakteristik der motorischen Entwicklung wurde unter anderem

festgestellt, dass sich die Dynamik der Bewegungsabläufe während des späten Jugendalters zumeist verbessert, die Zielbestimmtheit der Bewegungshandlungen zunimmt und insgesamt eine *Stabilisierung der Bewegungsausführung* deutlich wird.

Diese Entwicklungstendenzen sowie die verstärkte Ausprägung solcher Merkmale wie u. a. Bewegungsrhythmus, Bewegungsfluss, Bewegungsgenauigkeit und Bewegungskonstanz konnte bereits SCHNABEL (1962) durch entsprechende Untersuchungen an männlichen Jugendlichen nachweisen. Sie ergeben »eine weitere positive Entwicklung mit Beginn der Adoleszenz« (S. 114). Auch MILIČER, (1964), STEMMLER (1968) und WINTER (1969) ermittelten für männliche Jugendliche im benannten Zeitraum nochmals bestimmte Zuwachsraten bei so genannten Gewandtheitstests. Im Unterschied dazu erreichten nichttrainierende Mädchen während des späten Jugendalters nur noch unbedeutende Fortschritte in der Entwicklung der Gewandtheit (ESPENSCHADE, 1947; UNGERER, 1967).

Die inzwischen durch FARFEL (1983), HIRTZ (1979, 1981) und SHARMA/HIRTZ (1991) geleisteten Forschungen zur *Ontogenese von koordinativen Fähigkeiten im einzelnen* bekräftigten diese Befunde weitgehend. Ihre stark verallgemeinerte Interpretation erlaubt für den Zeitraum des späten Jugendalters hauptsächlich die folgenden Feststellungen (vgl. Abb. 6.5.–14): Bei unausgelesenen Populationen (überwiegend Nichttrainierende) erweist sich der Zeitraum etwa am Ende des frühen Jugendalters als »... eine gewisse Grenze, hinter der sich die weitere Entwicklung der untersuchten Werte zur Steuerung der Bewegung verlangsamt oder sogar aufhört« (FARFEL, 1983. S. 178). Geschlechtsspezifische Unterschiede ergeben sich dabei insofern, als nichttrainierende männliche Jugendliche im Vergleich mit Mädchen diese »Grenze« altersmäßig zumeist erst später sowie auf einem höheren Ausprägungsniveau erreichen (vgl. Abb. 6.8.–4)[7].

---

7 Zum obengenannten »höheren Ausprägungsniveau« muss einschränkend allerdings bemerkt werden, dass männliche Jugendliche in der Regel bessere Leistungen als Mädchen vorrangig nur bei solchen Koordinationsaufgaben erreichen, die gleichzeitig Kraftfähigkeiten beziehungsweise Risikobereitschaft erfordern.

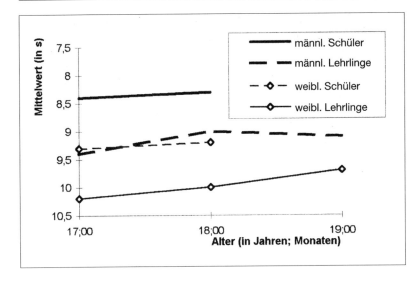

Abb. 6.8.–4 Mittelwerte des Japan-Testes (CRASSELT, 1990b)

In bestimmter Weise bestätigen sich solche Befunde bei der Betrachtung der *motorischen Lernfähigkeit* während dieser Entwicklungsetappe. Für männliche Jugendliche erweist sich diese Periode in der Regel nochmals als ein Zeitraum, in dem dieser dominant koordinative Fähigkeitskomplex *gut ausgeprägt* ist.

Wenn auch ein »Lernen auf Anhieb« nur noch selten gelingt, so sind andererseits das »Könnenwollen« und Leistungsstreben in der Regel derart entwickelt, dass sportliche Bewegungsabläufe relativ schnell erworben werden. Hinzu kommen der stärkste Anstieg der Kraftfähigkeiten während der gesamten Kindheit und Jugend, die sich stark verbessernden Ausdauerfähigkeiten sowie entsprechend erweiterte intellektuelle Fähigkeiten und Bewegungserfahrungen. Infolgedessen sind männliche Jugendliche nunmehr zumeist auch fähig, solche sporttechnischen Fertigkeiten relativ rasch zu erlernen, die hohe Krafteinsätze beziehungsweise Geschwindigkeiten und eine genauere Steuerung der Extremitäten erfordern (z. B. Hochsprung, Hürdenlauf oder Sprünge im Gerätturnen). Auch das schnelle Reagieren und Agieren auf der Grundlage entsprechender Antizipationen sowie die gute Anpassungsfähigkeit an ungewohnte Bedingungen begünstigen motorische Lernprozesse (z. B. in den situativen Sportarten).

Besonders offensichtlich wird die motorische Lernfähigkeit wenn Jugendlichen in diesem Alter ein *intensives sportliches Training* zuteil wird. Unter diesen Voraussetzungen ist das späte Jugendalter ein Zeitraum, der sich durch schnelle Lern- und Leistungsfortschritte auszeichnet und der als ein erneuter Höhepunkt in der motorischen Entwicklung gelten kann. Ähnliches gilt für effektiv trainierende Mädchen. Besonders bei ihnen wird deutlich, dass sie in diesem Altersabschnitt zu hohen und höchsten motorischen Lernleistungen fähig sind. Die besten von ihnen erreichen infolgedessen zu dieser Zeit bereits ein solches sporttechnisches Können, das sie zu internationalen Höchstleistungen bei bedeutenden Wettkämpfen vor allem in technisch-kompositorischen Sportarten befähigt.[8]

Andererseits ist jedoch unverkennbar, dass sich bei vielen *weiblichen Jugendlichen* die motorische Lernfähigkeit im späten Jugendalter und damit ihr sporttechnisches Können nicht mehr oder nur noch wenig verbessert beziehungsweise teilweise sogar vermindert.

Als *Hauptursachen* sind zumeist festzustellen:
- eine unzureichende sportliche Betätigung oder sogar ihre Beendigung und infolgedessen eine Stagnation beziehungsweise eine bereits einsetzende Involution wesentlicher motorischer Fähigkeiten,
- eine weitere Zunahme der inaktiven Körpersubstanz (Fettgewebe), die das Kraft-Last-Verhältnis und davon abhängige Koordinationsleistungen ungünstig beeinflussen (auch GÄRTNER/CRASSELT, 1976; MÄRKER, 1983, S. 48 ff.).

---

[8] Bei den insgesamt 71 weiblichen Teilnehmern an den Turnwettkämpfen der Olympischen Spiele von Moskau (1980) betrug das Durchschnittsalter 16;08 Jahre. 32 von ihnen waren jünger als 16 Jahre.

Die Entwicklung der *Beweglichkeit* verläuft in den großen Körpergelenken während des späten Jugendalters weiterhin sehr differenziert. Nach Koš (1964) wird das Optimum der Beweglichkeit in den Beanspruchungsebenen der großen Körpergelenke mit etwa 20 Jahren erreicht. In den nichtbeanspruchten Richtungen kann dagegen die Beweglichkeit bereits nach dem 10. Lebensjahr zurückgehen. Speziell bei Dysbalancen antagonistischer Muskelgruppen im Gefolge eines fehlerhaften (zu einseitigen) Trainings können während der Adoleszenz entsprechende Beweglichkeitsminderungen ebenfalls deutlich werden. Der Erhaltung beziehungsweise weiteren Ausprägung der Beweglichkeit und insbesondere der Wahrung des arthromuskulären Gleichgewichts muss deshalb verstärkte Aufmerksamkeit gewidmet werden (SCHMIDT, H., 1985).

6.8.4. Die Entwicklung im Laufen, Springen und Werfen

Das *auffälligste Merkmal* in der Entwicklung sportlicher Grundleistungen während des späten Jugendalters sind die *ständig zunehmenden und schließlich starken geschlechtsspezifischen Unterschiede*. Das bezieht sich auf alle von uns herangezogenen sportlichen Grundleistungen (Kurzstreckenlauf, Weitsprung, Hochsprung, Weitwurf). Darüber hinaus haben diese Disziplinen jedoch ihre Entwicklungsspezifika, deren wesentliche herausgehoben werden sollen.

Im *Kurzstreckenlauf* sind bei den *männlichen Jugendlichen* während der gesamten Entwicklungsphase und darüber hinaus weiterhin mittelmäßig hohe jährliche Zuwachsraten festzustellen. Sie werden erst mit der Annäherung an das 20. Lebensjahr deutlich geringer und stagnieren allmählich.

Bei den *Mädchen* sind dagegen der jährliche Leistungszuwachs und der Gesamtanstieg der Leistungen während des späten Jugendalters erheblich geringer. In unausgelesenen Populationen wird das Leistungsmaximum bereits zwischen 15 und 16 Jahren erreicht. Nach diesem Lebensalter gibt es nur noch wenig ansteigende oder bereits stagnierende Durchschnittswerte (vgl. Abb. 6.5.–4).

Länger andauernd verläuft die *Leistungsentwicklung* der Mädchen im *Weit- und Hochspringen*. In beiden Disziplinen sind nach dem frühen Jugendalter weiterhin recht kontinuierlich ansteigende Zuwachsraten zu beobachten. Stagnationen im Leistungszuwachs zeichnen sich für das Weitspringen erst im Zeitraum des 17. und 19. Lebensjahres, für das Hochspringen zwischen dem 18. und 20. Lebensjahr ab (vgl. Abb. 6.5.–5).

Die jährlichen Zuwachsraten der *männlichen Jugendlichen* sind in beiden Disziplinen über den gesamten Alterszeitraum hinweg *deutlich größer* als die der Mädchen. Die Durchschnittsleistungen der männlichen Jugendlichen liegen demzufolge ständig zunehmend über denen der jeweils gleichaltrigen Mädchen. Im deutlichen Unterschied zu den Mädchen sind beim männlichen Geschlecht sowohl im Weitsprung als auch im Hochsprung bis zum 20. Lebensjahr noch keine stärkeren Stagnationserscheinungen erkennbar.

Vom 14. Lebensjahr an, dem Alter der geringsten geschlechtsspezifischen Leistungsunterschiede, bis zum 20. Lebensjahr vergrößern sich die Leistungsdifferenzen der Geschlechter von etwa 10 auf 25 Prozent im Weitsprung, von etwa 6 bis 8 auf rund 20 Prozent im Hochsprung.

Erhebliche geschlechtsspezifische Differenzen sind wiederum bei den *Wurfleistungen* nachweisbar. Bei den *männlichen Jugendlichen* wird das Leistungsmaximum nach JANEFF (1965) im Schlagballwerfen durchschnittlich zwischen 17 und 18 Jahren, nach STEMMLER (1962) und CRASSELT (1977, 1990a, b) bei Würfen mit der Keule (500 g) und F1 (600 g) im 18. Lebensjahr erreicht.

Die jährlichen Zuwachsraten der *Mädchen* sind dagegen erheblich geringer. Außerdem werden Stagnationserscheinungen bereits wieder im 16. Lebensjahr erkennbar und absolut stagnierende Durchschnittsleistungen für das 17. Lebensjahr (BACH, 1955; STEMMLER, 1968; CRASSELT, 1982, 1990a, b). Die geschlechtsspezifischen Unterschiede, die im 14. Lebensjahr mit etwa 35 bis 45 Prozent am geringsten sind, vergrößern sich im Zeitraum des 15. bis 20. Lebensjahres auf rund 40 bis 50 Prozent (JANEFF, 1965; CRASSELT, 1982, 1990a, b). Recht aufschlussreich sind die Werte und Alterssspezifika der *Variationskoeffizienten*. Bei den Mädchen liegen sie ständig erheblich höher als bei den jeweils gleichaltrigen männlichen Jugendlichen. Außerdem zeigen sie, dass sich die Wurfleistungen lediglich bei den männlichen Jugendlichen etwas verdichten und insgesamt erheblich stärker als andere sportliche Grundleistungen streuen. Ferner erlauben sie zu folgern, dass viele unserer Jugendlichen – besonders die Mädchen – eine leitbildgerechte Wurffertigkeit nicht erwerben (vgl. Abb. 6.8.–5/6/7).

Abb. 6.8.–5/6/7 *Geschlechtsspezifische und interindividuelle Unterschiede in der Wurffertigkeit (16 und 17 Jahre)*

6.8.5. Zur Variationsbreite der motorischen Entwicklung

Die *weiterhin zunehmende Variationsbreite* äußert sich zunächst in immer größeren Abständen zwischen den motorischen Leistungen der leistungsstärksten und leistungsschwächsten Jugendlichen dieser Phase. *Hauptursachen* dafür sind eindeutig die unterschiedliche Art und Intensität sowie der unterschiedliche *Umfang der sportlichen Betätigung.*

Das wird deutlich in der ganzen Breite möglicher Verhaltensweisen zur sportlichen Betätigung während des späten Jugendalters. Sie umfasst in diesem Alterszeitraum bereits den jugendlichen Hochleistungssportler, der mit Talent, Hingabe und höchster Trainingsintensität nach maximalen Leistungen in einer Sportart beziehungsweise Disziplin strebt und der in manchen Sportarten bereits Leistungen vollbringt, die nationale und auch internationale Höchstleistungen darstellen oder ihnen nahekommen.[9]

Neben solchen jungen Hochleistungssportlern gibt es die große Zahl weiterer Jugendlicher, die sich in ihrer Freizeit mit wesentlich geringerer Intensität sportlich vielseitig oder spezialisiert, regelmäßig oder gelegentlich sportlich betätigen und deren Leistungsniveau entsprechend geringer ist (Klaes, 2000).

Schließlich müssen noch diejenigen Jugendlichen genannt werden, denen sportliche Betätigungen und sportliche Leistungen wenig bedeuten, deren Interessen und Strebungen anders gelagert sind und die sich darum nur noch – mehr oder weniger gern – an »Pflichtsportstunden« beteiligen.

Infolgedessen reicht die »Skala« möglicher Verhaltensweisen zu sportlicher Betätigung im späten Jugendalter vom jungen Hochleistungssportler mit internationalen Erfolgen bis zum Nichtsportler. Diese beträchtlichen Unterschiede bleiben selbstverständlich nicht ohne Auswirkungen. Sie äußern sich in der erwähnten großen Variabilität der motorischen Entwicklung und speziell im Ausmaß, in der Breite und in der Art des verfügbaren Könnens beziehungsweise des Nichtkönnens (ROHRBERG, 1982).

Neben den genannten Unterschieden in der sportlichen Betätigung ist die *körperliche Entwicklung ein weiteres Moment*, das zur vergrößerten Variationsbreite und verstärkten Individualisierung der Motorik beiträgt.

Die Mädchen erreichen durchschnittlich mit etwa 16 Jahren und die männlichen Jugendlichen mit etwa 18 bis 20 Jahren ihre körperliche Vollreife (Maturität). Sie nähern sich damit in körperlicher Hinsicht sehr weitgehend ihrem Erwachsenenstatus. In den folgenden Jahren sind nur noch geringe Veränderungen festzustellen. Körperhöhen von 1,60 bis 1,80 m, Gewichtsunterschiede von 20 bis 30 kg und mehr sind bei männlichen Jugendlichen einer Altersgruppe durchaus keine Seltenheit. Bei Mädchen sind die individuellen Unterschiede in den genannten Körpermaßen zumeist nicht so groß, jedoch ebenfalls erheblich (CRASSELT, 1976, 1990a).

Hinzu kommen für beide Geschlechter die zunehmenden Differenzen im Körperbautyp (z. B. pyknisch, athletisch, leptosom) sowie in den Körperproportionen. Solche Unterschiede betreffen besonders die Längenrelation von Rumpf und Gliedmaßen sowie das Verhältnis von Körperlänge und Körpergewicht (TITTEL, 1965; TITTEL/WUTSCHERK, 1972). Diese und andere Körperbaumerkmale, die sich individuell zunehmend ausprägen und stabilisieren, tragen ebenfalls zur größeren Variationsbreite und Individualisierung der motorischen Leistungsfähigkeit beziehungsweise Nichtbefähigung in bestimmten Sportarten und Disziplinen bei. Auch für die Individualisierung in der Bewegungsausführung sind sie mitverantwortlich.

Schließlich darf nicht übersehen werden, dass sich gegen Ende des späten Jugendalters auch *erste Einflüsse der Berufsausbildung beziehungsweise Berufsausübung* bemerkbar machen können. Jedem erfahrenen Sportlehrer an Berufsschulen ist bekannt, dass sich Klassen so genannter »reizstarker Berufe« von Klassen »reizschwacher Berufe« in der sportmotorischen Leistungsfähigkeit vielfach erheblich unterscheiden.[10] Obwohl diese unterschiedli-

---

9 Extreme Beispiele sportlicher Frühleistungen selbst in Maximalkraft-/Schnellkraftsportarten sind unter anderem der bulgarische Gewichtheber SULEIMANOW, der bereits als noch 15-jähriger (1983) einen Zweikampf-Weltrekord im Bantamgewicht aufstellte sowie das kubanische Hochsprungtalent SOTOMAJOR, der 16-jährig (1984) 2,31 m im Hochsprung bewältigte (VELAZQUEZ, 1984).

10 Reizstarke Berufe sind solche, die einen stärkeren körperlichen Einsatz in der Arbeitstätigkeit erfordern (z. B. Schmied, Schlosser, Bergmann, Forstarbeiter). Reizschwache Berufe sind dagegen nicht mit nennenswerter physischer Beanspruchung verbunden.

che Leistungsfähigkeit keinesfalls allein und auch nicht in erster Linie auf die Berufsausübung zurückgeführt werden kann, sind andererseits bei fehlender sportlicher Betätigung erste Einflüsse des Berufes zu bemerken.

Vor allem auch »sitzende Berufe«, wie sie zum Beispiel besonders von Mädchen in der feinmechanischen und optischen Industrie, in der Bekleidungsindustrie, in Verwaltungsberufen oder in der Fließbandfertigung ausgeübt werden, können sich bereits nach 1 bis 2 Jahren hinsichtlich der motorischen Leistungsfähigkeit merklich auswirken, wenn die geringe oder einseitige körperliche Beanspruchung nicht durch eine entsprechende sportliche Betätigung kompensiert wird.

6.8.6. Zusammenfassung

• Das späte Jugendalter (Adoleszenz) reicht von der Menarche bei den Mädchen beziehungsweise der Spermarche bei den männlichen Jugendlichen bis zum Erreichen der *körperlichen Vollreife* oder *Maturität*.

• Hauptsächliche motorische Entwicklungstendenzen dieser Periode sind die ausgeprägte *geschlechtsspezifische Differenzierung*, die *fortschreitende Individualisierung* und die *zunehmende Stabilisierung*.

• Die ausgeprägte *geschlechtsspezifische Differenzierung* äußert sich in einer unterschiedlichen Bewegungsaktivität und Bewegungssteuerung sowie durch eine geschlechtsspezifisch zunehmend geprägte Variabilität und Ausdrucksstärke der Motorik. Besonders deutlich wird sie bei Kraft- und Ausdauerfähigkeiten sowie bei sportlichen Grundleistungen (Laufen, Springen, Werfen, Stoßen). Bei den Mädchen ist in der Regel nur die Beweglichkeit besser als bei den männlichen Jugendlichen entwickelt.

• Die *fortschreitende Individualisierung* äußert sich durch eine immer größer werdende Variationsbreite in allen wesentlichen Merkmalen der motorischen Entwicklung (motorisches Verhalten, Niveau der konditionellen und koordinativen Fähigkeiten; Höhe, Breite und Richtung des motorischen Könnens bzw. Unvermögens).

• Die *Stabilisierungstendenzen* äußern sich zunächst in der Überwindung der Gegensätzlichkeit und Unstetigkeit im motorischen Verhalten sowie in der zumeist erneuten Verbesserung der motorischen Lernfähigkeit besonders bei männlichen Jugendlichen. Insgesamt stabilisiert sich bei nichttrainierenden Jugendlichen um das Ende des späten Jugendalters das ihnen gemäße motorische Leistungsniveau als Funktion der Entwicklung. Schließlich äußert sich die Stabilisierungstendenz auch

– in der »persönlichen Note« (Art, Ausdrucksstärke, Ausstrahlung«),
– in der Bewegungskoordination und -ausführungsqualität,
– besonders bei Trainierenden ebenfalls in bestimmten »Stärken« bzw. »Schwächen« der motorischen Leistungsfähigkeit.

6.8.7. Folgerungen für die Förderung der motorischen Entwicklung

Aus der zumeist veränderten »Lebenstätigkeit« sowie den typischen Verlaufstendenzen der Persönlichkeits- und motorischen Entwicklung während des späten Jugendalters (vgl. Abb. 6.8–3) ergeben sich wesentliche Folgerungen:

• Besonders wichtig ist es zunächst, die Jugendlichen durch den Sportunterricht – soweit noch nicht erreicht – zu einem darüber hinausgehenden *regelmäßigen sportlichen Üben* beziehungsweise *Trainieren* zu gewinnen. Regelmäßiges Training hat sich eindeutig als die effektivste Form der Vervollkommnung und Erhaltung der körperlichen Leistungsfähigkeit des Menschen aller Lebensalter erwiesen und ist geeignet, die Jugendlichen für eine *dauerhafte sportliche Betätigung* zu gewinnen *(Gesundheitsaspekt)*.

• Spätestens in dieser Entwicklungsetappe sollten die jugendlichen Sportler nach ihren *Eignungen und Neigungen* sowie den örtlichen *Möglichkeiten und Angeboten* in einer bestimmten Sportart bzw. Disziplin trainieren und zu hohen und höchsten sportlichen Leistungen geführt werden. *Sportliche Talente* sind unter Nutzung aller Möglichkeiten der Gesellschaft und des Sports zu erkennen und besonders zu fördern *(Leistungsaspekt)*.

- Für die *pädagogische* sowie die *inhaltliche und methodische Gestaltung des Sportunterrichts und des Trainings* sind aus der Sicht der Persönlichkeits- bzw. motorischen Entwicklung hauptsächlich folgende Hinweise wesentlich:
  - *männliche Jugendliche* wollen sich in der Regel sportlich bewähren und deshalb entsprechend belastet und gefordert werden. Ihnen kommt eine solche Gestaltung des Sportunterrichts beziehungsweise des Trainings entgegen, bei der konditionelle Fähigkeiten, sportliche Wettkämpfe und kampfbetonte sportliche Auseinandersetzungen gepflegt werden (z. B. durch Konditionstests, leichtathletische oder andere Wettkämpfe, Sportspiele, Zweikampfsportarten).
  - Bei *Mädchen* muss dagegen speziell im Sportunterricht der Stimulierung des Leistungsstrebens besonders bei Kraft- und Ausdaueranforderungen erhöhte Aufmerksamkeit gewidmet werden. Sind sie jedoch an regelmäßige sportliche Betätigung gewöhnt, erweisen sich gerade weibliche Jugendliche vielfach als besonders pflichtbewusst, zuverlässig und strebsam im Ringen um hohe sportliche Leistungen. Für sie ist im Sportunterricht eine solche Gestaltung angebracht, die stärker als bei männlichen Jugendlichen die *Ästhetik* sportlicher Bewegungen in den Vordergrund rückt (z. B. durch Geräteturnen und Rhythmische Sportgymnastik (DÖHRING/IHLO, 1984), aber auch Aerobic und die verschiedenen Formen des Tanzes (vgl. Abschnitt 6.8.1.3).
- Das Niveau der *motorischen Lernfähigkeit*, die Fortschritte in *der körperlichen Entwicklung* und die Ausprägung der *körperlichen Vollreife* ermöglichen eine uneingeschränkte Schulung in allen geeigneten Sportarten mit *hohen konditionellen und koordinativen Anforderungen* bei Beachtung der verschiedenen Trainingsprinzipien. (HARRE, 1986; KRUG/MINOW, 2002; SCHNABEL, HARRE, KRUG, BORDE, 2003)
- *Altersspezifisch* sind besonders die ausgeprägten *geschlechtsspezifischen Unterschiede* und die zunehmende *Individualisierung* in der sportlichen Leistungsfähigkeit und Belastbarkeit durch entsprechende geschlechtsspe-

zifisch und *individuell bemessene Anforderungen* verstärkt zu beachten.
- Für die *Mehrzahl sporttreibender Jugendlicher* sind sportliche Höchstleistungen (Rekorde) nicht das angestrebte Ziel ihrer sportlichen Betätigung. Jedoch sollte auch bei ihnen eine möglichst effektive Trainingsbelastung zur Entwicklung der sportartspezifischen Fähigkeiten und Fertigkeiten erfolgen. Außerdem sind zur dauerhaften Bindung an eine Sportart sowie zur Ausprägung und Steigerung der sportlichen Fähigkeiten und Leistungen entsprechende *Wettkämpfe*, bestimmte *Erfolgserlebnisse* und *Freude* an der *gemeinschaftlichen sportlichen Betätigung* erforderlich. Das Gesamtziel der Erziehungs- und Bildungsbemühungen der in diesem Bereich tätigen Sportlehrer, Trainer und Übungsleiter hat vor allem darin zu bestehen, bei den Jugendlichen solche Einstellungen zu entwickeln, dass sportliche Betätigung zu einem *Bedürfnis* und zu einer *lebensbegleitenden Tätigkeit* wird *(Freizeitaspekt)*.

6.9. Erwachsenenalter

Das Erwachsenenalter umfasst – statistisch grob betrachtet – etwa 50 bis 65/70 Lebensjahre.[11] Für die Darstellung der motorischen Ontogenese ist es notwendig, diesen langen *Zeitraum* zu *untergliedern*. Mit einem solchen Versuch sind allerdings erhebliche Probleme verbunden. Sie ergeben sich hauptsächlich aus folgenden Gründen:
- Generell vergrößert sich mit dem Fortschritt des Lebensalters die *interindividuelle Variabilität (Inhomogenität)* der motorischen Leistungsfähigkeit erheblich. Bemerkenswert leistungspotenten 60-jährigen Freizeitsportlern stehen beispielsweise bereits be-

---

11 Die durchschnittliche Lebenserwartung in Deutschland hat sich für das männliche Geschlecht von 1949 bis 1990 von 64,56 auf 72,56 Jahre erhöht, für das weibliche Geschlecht von 68,48 auf 79,29 Jahre (Stat. Bundesamt, 1994, vgl. Abb. 6.9.–1). Im Jahre 2050 soll die durchschnittliche Lebenserwartung der Frauen bei 86,6 und der Männer bei 81,1 Jahren liegen (Stat. Bundesamt, 2003).

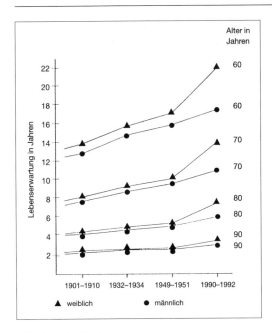

Abb. 6.9.-1 *Veränderung der Lebenserwartung Älterer in Deutschland in verschiedenen Altersstufen im Verlauf des 20. Jahrhunderts (nach Stat. Bundesamt 1994)*

trächtlich leistungsgeminderte – obwohl klinisch gesunde – 40-jährige gegenüber.
– Diese generell zunehmende Inhomogenität ist darüber hinaus mit einer nicht übersehbaren *Ungleichzeitigkeit (Asynchronität) von wesentlichen Seiten der motorischen Ontogenese* verbunden. Sie betrifft die koordinativen Fähigkeiten, konditionellen Fähigkeiten und Bewegungsfertigkeiten sowohl als motorische Hauptbereiche im Ganzen als auch in ihren verschiedenen Elementen (vgl. Abschnitt 6.9.1.1.).
– Die bisher genannten Aspekte der Inhomogenität sowie der Asynchronität können schließlich noch mit einer beträchtlichen *intraindividuell unterschiedlichen motorischen Leistungsfähigkeit* einhergehen *(Heterogenität).* Einer bemerkenswert hohen, weil umfänglich trainierten Langzeitausdauerfähigkeit im höheren Lebensalter kann im deutlichen Unterschied dazu intraindividuell (bei der gleichen Person) eine beispielsweise nur geringe Ausprägung der Maximal- oder Schnellkraftfähigkeiten gegenüberstehen (beispielsweise bei Altersportlern, die sich weitestgehend auf Ausdauerläufe oder schwimmsportliche Belastungen begrenzen).

Da in den folgenden Betrachtungen nur eine abrisshafte Kennzeichnung der motorischen Ontogenese angestrebt wird, erscheint dennoch – auch unter sportpädagogisch-praktischer Sicht – eine Unterscheidung folgender Altersetappen vertretbar:
– das *frühe Erwachsenenalter* (etwa 18./20. bis 30./35. Lebensjahr),
– das *mittlere Erwachsenenalter* (etwa 30./35. bis 45./50. Lebensjahr),
– das *späte Erwachsenenalter* (etwa 45./50. bis 65./70. Lebensjahr),
– das *spätere Erwachsenenalter (auch Greisenalter genannt)* (65./70. Lebensjahr und älter).[12]

Im Mittelpunkt der genannten Altersabschnitte soll wiederum die durchschnittliche motorische Entwicklung stehen. Populationsspezifika der motorischen Leistungsfähigkeit zum Beispiel von Leistungssportlern oder so genannten reizstarken beziehungsweise reizschwachen Berufen werden erwähnt, jedoch nicht detailliert dargelegt. Insgesamt begrenzen wir uns damit auf eine allgemeine und abrisshafte Kennzeichnung der motorischen Ontogenese in den genannten Lebensabschnitten, wobei die eingangs skizzierten Angaben zu möglichen Variabilitäten motorischer Evolutions- und Involutionsprozesse besonders in den höheren Altersetappen stets beachtet werden müssen.

---

12 Die angegebenen Lebensjahre sind aus den zuvorgenannten Gründen bewusst weiträumig angelegt. Sie umfassen fließende Übergänge und wollen lediglich als groborientierende Angaben verstanden werden. Erwähnenswert erscheint uns ferner, dass die genannten Altersetappen nicht absolut, jedoch grundlegend mit jenen Erkenntnissen korrespondieren, die verschiedentlich aus der Sicht der Gerontologie zu Phasen des menschlichen Lebensablaufes« (RIES, 1966) beziehungsweise zur »körperlichen Arbeitsfähigkeit« vorliegen (HOFECKER u. a., 1979; PÖTHIG u. a., 1983).

6.9.1. Frühes Erwachsenenalter (18./20. bis 30./35. Lebensjahr)

6.9.1.1. Merkmale und Tendenzen der motorischen Entwicklung

Bei der Darstellung des späten Jugendalters stellten wir fest, dass sich die motorische Entwicklung mit dem Erreichen der Vollreife (Maturität) weitgehend jenen Merkmalen nähert, die für die folgenden Jahre des Erwachsenenalters gültig sind. Betrachten wir diese Aussage zunächst eingegrenzt auf die großen Bereiche der *Alltags- und Arbeitsmotorik*, so sind die Jahre des dritten Lebensjahrzehnts vor allem durch die *Festigung*, den *Ausbau* und die *weitere Differenzierung* des zuvor erreichten *motorischen Entwicklungsstandes* gekennzeichnet. Die 17- und 18-jährigen Jugendlichen verfügen zwar weitgehend über alle wesentlichen Kennzeichen ihrer späteren alltags- und berufsspezifischen Eigenschaften der Motorik, ihre vollständigen und dann sehr lange stabilen Ausprägungen werden jedoch erst in den folgenden Jahren erreicht. Im Blickwinkel der Alltags- und der Arbeitsmotorik könnte man das dritte Lebensjahrzehnt deshalb auch als **Phase der vollständigen Ausprägung der menschlichen Motorik** bezeichnen. Charakteristisch für die *Motorik des Mannes* im dritten Lebensjahrzehnt ist die Tendenz zu erhöhter *Zweckmäßigkeit* und *Ökonomie*. Sie wird besonders in den Arbeitsbewegungen deutlich. Während bei körperlich arbeitenden Jugendlichen vielfach noch ein gewisser »Bewegungsüberschwang« bei intermittierender Arbeitsweise (»Ranklotzen« – Pause) zu beobachten ist, sind in den folgenden Jahren zunehmende Mäßigungstendenzen festzustellen. Der Bewegungsumfang, der Krafteinsatz, das individuelle Tempo und sein relatives Gleichmaß entsprechen nunmehr der Bewegungsabsicht und dem *persönlichen Arbeitsstil*. Deutlich wird auch eine gesteigerte *Bewegungsgenauigkeit*, *Bewegungskonstanz* und *Sicherheit* in den Arbeitsverrichtungen. Die zuletzt genannten Merkmale beruhen auf einer zunehmenden *Automatisierung* von Teilhandlungen oder ganzen Handlungsfolgen im Arbeitsprozess. Mit der zunehmenden Automatisierung ist eine individuelle Verfestigung der Bewegungen und damit die Ausprägung eines persönlichen Bewegungsstils verbunden.

Dieser persönliche Bewegungsstil äußert sich nunmehr sehr deutlich im Arbeitsprozess, in den täglichen Bewegungsgewohnheiten und auch in der gesamten *Ausdrucksmotorik*. Sie wird wahrnehmbar zum Beispiel in der vielfach unverwechselbaren persönlichen Art zu gehen, im Bewegungstempo und vor allem auch in der gesamten *Mimik* und *Gestik*.

Im Prinzip *ähnliche*, zumeist jedoch nicht so ausgeprägte *Tendenzen* sind gleichfalls *in der weiblichen Motorik* festzustellen. Auch bei der jungen Frau ist gegenüber dem Jugendalter ein bestimmter Mäßigungsprozess in allen *Bewegungsäußerungen* sowie die Tendenz zu gesteigerter *Zweckmäßigkeit* und *Ökonomie* besonders bei *Arbeitsbewegungen* zu beobachten. Trotzdem sind jedoch im Vergleich zur Motorik des Mannes gewisse *geschlechtsspezifische Eigenarten* unverkennbar. So ist die Bewegungsausführung der Frau zumeist wesentlich »weicher« und runder, lockerer und gelöster sowie weniger kraftbetont als die des Mannes. Auffällig ist ebenfalls die *größere Variationsbreite* der weiblichen Motorik. Sie äußert sich zum Beispiel bereits im *Gang* der Frau. Die Art zu gehen ist von Frau zu Frau (interindividuell) unterschiedlicher als die der Männer. Aber auch bei der gleichen Frau (intraindividuell) erfolgt der Gang zumeist sehr viel variabler und ausdrucksstärker als der des Mannes. Diese größere »Skala« in der Art des Sichbewegens bei der Frau erklärt sich aus ihrer in der Regel *stärkeren Ausdrucksspontaneität* bei allen Lebensäußerungen.

Bemerkenswert ist, dass der zwischen 20 und 30 Jahren erreichte Entwicklungsstand in der Alltags- und Arbeitsmotorik (z. B. Aspekte der Reaktionsfähigkeit) in den genannten Bereichen für die folgenden Jahre recht konstant bleibt (Abb. 6.9.–2). Er kann zum Beispiel in der Arbeitsmotorik im wesentlichen bis in das fünfte Lebensjahrzehnt gehalten werden, auch wenn es sich dabei um schwere körperliche Arbeit handelt (BRÜSCHKE/BURGER/HÄNTZSCHEL, 1966).

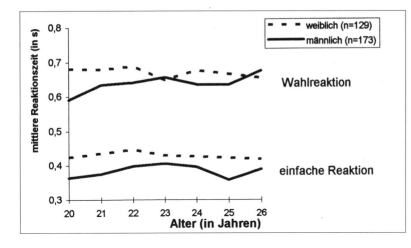

Abb. 6.9.–2 Relativer Erhalt des koordinativen Fähigkeitsniveaus bei Trainierenden im frühen Erwachsenenalter (nach HARTMANN, 1998 – eigene Erhebungen, unveröffentlicht). Aspekte der Reaktionsfähigkeit

Andere *Verlaufstendenzen* der motorischen Entwicklung ergeben sich im Bereich *der Sportmotorik.* Dort wird im dritten Lebensjahrzehnt bereits jenes Anpassungsgesetz deutlich wirksam, welches besagt, dass nur Übung bzw. Training und Beanspruchung der verschiedenen Organe und Funktionssysteme die entsprechende Leistungsfähigkeit des Menschen gewährleisten, während eine zu geringe Betätigung und Auslenkung entsprechende Leistungsminderungen zur Folge haben. Bis zum Ende des dritten Lebensjahrzehnts sind die Geschwindigkeit und die Ausmaße der ablaufenden Involutionsprozesse bei sportmotorischen Leistungen bereits erheblich, sofern hinreichende Übung und Beanspruchung unterbleiben. Diese vielleicht erstaunliche Tatsache wird verständlich, wenn man bedenkt, dass eine durch Übung und Training erhöhte Leistungsfähigkeit, wie sie für viele Menschen zu Beginn des Erwachsenenalters durch u. a. Berufsschule und Studium noch gegeben ist,

Abb. 6.9.–3 Zurückgehende motorische Fähigkeiten bei nichttrainierten Erwachsenen verschiedener Lebensalter (nach KLYSZEJKO, 1964). Zickzacklauf

Abb. 6.9.–4 Zurückgehende motorische Fähigkeiten bei nichttrainierten Erwachsenen verschiedener Lebensalter (nach RICHTER, 1974). Standsprung – Reichhöhe

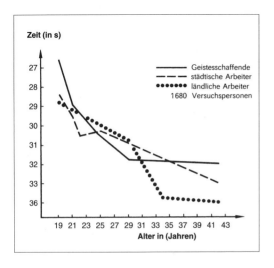

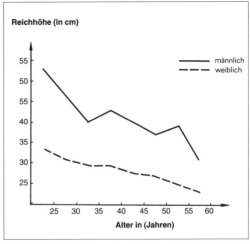

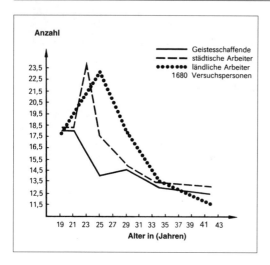

Abb. 6.9.–5 *Zurückgehende motorische Fähigkeiten bei nichttrainierten Erwachsenen verschiedener Lebensalter (nach* KLYSZEJKO, *1964). Liegestütz – Beugen und Strecken der Arme*

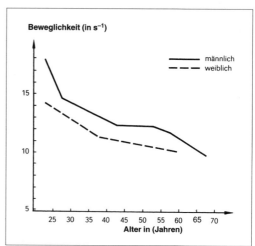

Abb. 6.9.–6 *Zurückgehende motorische Fähigkeiten bei nichttrainierten Erwachsenen verschiedener Lebensalter (nach* RICHTER, *1974). Dynamische Beweglichkeit*

mit dem Aufhören aller Übungsreize zunächst verstärkt und sodann allmählicher absinkt (vgl. Abb. 6.9.–3/4/5/6/7).

Dadurch bedingt ist der Rückbildungsprozess zunächst absolut größer als in den folgenden Lebensjahrzehnten. Andererseits darf jedoch nicht übersehen werden, dass im frühen Erwachsenenalter die trotzdem verbleibende sportmotorische Leistungsfähigkeit absolut höher als die der folgenden Lebensphasen ist. Deshalb wird das *frühe Erwachsenenalter* für die angegebene Population trotz der erheblichen Rückbildungsprozesse im sportmotorischen Bereich als »*die Jahre der relativen Erhaltung der motorischen Lern- und Leistungsfähigkeit*« bezeichnet. Dabei muss jedoch ausdrücklich die darin enthaltene Dialektik zwischen den Ausmaßen der Rückbildungsprozesse und dem verbleibenden Niveau in der sportmotorischen Leistungsfähigkeit beachtet werden.

Diese Feststellungen sind besonders für *das männliche Geschlecht* im frühen Erwachsenenalter bezeichnend. Dabei wird das Maximum in der Ausprägung *koordinativer Fähigkeiten* altersspezifisch offensichtlich am frühesten erreicht. Außerdem gehören sie sehr wahrscheinlich zu jenen motorischen Fähigkeiten, die am frühesten entsprechende Einbußen erleiden (vgl. Abb. 6.9.–3).

Dem frühen Maximum koordinativer Fähigkeiten folgen – etwa um das 20. Lebensjahr – das der *Schnelligkeit* und – völlig abweichend von Trainierenden – bereits das der *Ausdauer* (vgl. JAWORSKI, 1962; KLYSZEJKO, 1964). Auch die *Schnelligkeits- und Ausdauerfähigkeiten* vermindern sich demzufolge relativ früh, schnell und ausgeprägt, wenn sie nicht entsprechend geübt werden.

Zu Beginn des dritten Lebensjahrzehnts liegen die Leistungsmaxima bei *sportlichen Grundleistungen* mit Anforderungen an die Schnellkraftfähigkeit und sportliche Technik (z. B. Weit- und Hochsprung, Keulenweitwerfen). Auch dort ergeben sich altersspezifisch sehr frühe und erhebliche Einbußen bei fehlender sportlicher Betätigung, da ausgesprochene Schnellkraftleistungen in der Alltags- und Arbeitsmotorik in der Regel nicht vorkommen und die sportlichen Techniken zumeist nur unvollkommen beherrscht werden (vgl. Abb. 6.9.–4).

Am spätesten werden die Maxima der *Maximalkraft-* und der *Kraftausdauerfähigkeiten*

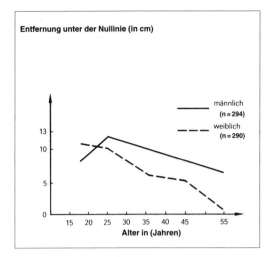

Abb. 6.9.–7 *Zurückgehende motorische Fähigkeiten bei nichttrainierten Erwachsenen verschiedener Lebensalter (nach RICHTER, 1974). Beweglichkeit – Rumpftiefbeugen*

erreicht. Sie liegen bei Nichttrainierenden etwa in der Mitte des dritten Lebensjahrzehnts. Gleichzeitig sind es diejenigen motorischen Fähigkeiten, die relativ am wenigsten absinken (vgl. Abb. 6.9.–5; JANEFF, 1965; RUTENFRANZ, 1965).

Die *motorische Leistungsfähigkeit bei sportlich inaktiven Frauen* wurde bisher nur spärlich erforscht. Erwiesen ist jedoch, dass sie sich deutlich von der nichttrainierender Männer unterscheidet. Die Unterschiede bestehen zunächst darin, dass die sportlich inaktive Frau (nicht etwa die trainierende) bei fast sämtlichen sportlichen Anforderungen ihre Leistungsmaxima bereits einige Jahre vor dem 20. Lebensjahr erreicht. Sie vermag diese lediglich bis in die Anfangsjahre des dritten Lebensjahrzehnts annähernd zu halten und zeigt anschließend schon recht deutliche Minderungen in ihrer sportlichen Leistungsfähigkeit (JANEFF, 1965; GRIMM, 1966b).

Andersartig verläuft dagegen die motorische Entwicklung auch beim *weiblichen Geschlecht*, wenn zumindest ein Minimum sportlicher Aktivität beibehalten wird (vgl. Abb. 6.9.–6/7). Die entsprechenden Untersuchungen an weiblichen Bewerbern für das Sportabzei-

chen der DDR verweisen auf Leistungsmaxima um die Wende zum dritten Lebensjahrzehnt und eine folgende Phase der relativen Erhaltung von sportlichen Leistungen (CRASSELT u. a., 1984).

Auffällig und übereinstimmend sind jedoch bei allen Untersuchungen die *beträchtlichen geschlechtsspezifischen Unterschiede*. Die erheblichen Minderleistungen des weiblichen Geschlechts betreffen besonders solche sportlichen Handlungen, in denen die Anforderungen an die Ausdauer- und lokomotorische Schnelligkeitsfähigkeiten dominieren. Unbedeutend sind dagegen die Unterschiede bei koordinativen Fähigkeiten und speziell in der Geschicklichkeit.[13] (Vgl. Abb. 6.9.–2)

Vordergründige *Ursachen für die geschlechtsspezifischen Differenzen* bei den skizzierten sportmotorischen Fähigkeiten beziehungsweise Leistungen bestehen in einigen biosozial unterschiedlichen Gegebenheiten:

- *Frauen* sind im statistischen Durchschnitt 10 cm kleiner und 10 kg leichter als Männer.
- Das Verhältnis der Muskulatur zur Gesamtmasse des Körpers ist bei der Frau um durchschnittlich 35 Prozent geringer als beim Mann.
- Auch die Körperproportionen – kürzere Extremitäten, geringere Schulter-, größere Beckenbreite, stärkere X-Beinstellung – sind bei verschiedenen motorischen Anforderungen leistungsbeeinflussende Faktoren (TITTEL, 1965; MÄRKER, 1983).
- Frauen üben in der Regel so genannte reizschwächere Berufe aus, während zumindest bei einem Teil der Männer ein gewisses Maß konditioneller Fähigkeiten berufsbedingt höher ist.
- Auch durch Schwangerschaft, Geburt und Wochenbett wird bei der Frau eine zumindest zeitweilige Leistungsminderung verursacht.
- Nicht zuletzt sind gewisse überlieferte Auf-

---

[13] In der Handgeschicklichkeit erweisen sich Frauen gegenüber dem männlichen Geschlecht sogar als leistungsüberlegen oder bei gleichen beruflichen Tätigkeiten – zum Beispiel in der feinmechanischen und optischen Industrie – zumindest als ebenbürtig (RUTENFRANZ, 1965; MÄRKER, 1983).

fassungen zur körperlichen Leistungsfähigkeit von Mann und Frau sowie eine daraus resultierende unterschiedliche Einstellung zu körperlichen Leistungsanforderungen zu nennen, die als psychische Ursache wirken und zu entsprechend unterschiedlichen Resultaten bei Leistungsvergleichen beitragen (ISRAEL, 1979b).

Betrachtet man die *motorische Entwicklung von intensiv Trainierenden*, so erweisen sich Übung und Training als die weitaus wirksamsten Faktoren innerhalb des Bedingungsgefüges sportlicher Leistungen. Bei diesen »aktiven Sportlern« ist festzustellen, dass im dritten Lebensjahrzehnt zumeist die volle Ausprägung ihrer motorischen Fähigkeiten und Fertigkeiten erfolgt. Sie erwerben in diesen Jahren jene psychischen Eigenschaften, Wettkampferfahrungen, technischen und taktischen Kenntnisse, Fähigkeiten beziehungsweise Fertigkeiten, die sie zu persönlichen Bestleistungen, sportlichen Höchstleistungen und Rekorden befähigen. Diese Feststellung ist jedoch nur eingeschränkt gültig, denn die Sportpraxis beweist, dass zumindest in einigen Sportarten und Disziplinen sportliche Höchstleistungen altersmäßig früher oder auch später möglich sind. Trotzdem ist unverkennbar, dass das dritte Lebensjahrzehnt zumeist als das Zentrum des sportmotorischen Hoch- und Höchstleistungsalters gelten kann (FEIGE, 1978).

6.9.1.2. Zusammenfassung

• Als frühes Erwachsenenalter wird der Zeitraum zwischen etwa 18./20. und 30./35. Lebensjahr bezeichnet. In den Bereichen der Alltags- und Arbeitsmotorik ist das dritte Lebensjahrzehnt vor allem durch die *volle Ausprägung* und *allmähliche Verfestigung der individuellen Merkmale der Motorik des Menschen* charakterisiert. Persönlichkeitskennzeichnende *Merkmale* des Bewegungsverhaltens, wie Ausmaß der motorischen Aktivität, individuelles Tempo, Bewegungsumfang, Bewegungsstärke und andere, die für den betreffenden Menschen typisch sind, *prägen sich voll aus* und bleiben dann über längere Jahre hinweg relativ stabil.

• Im *Bewegungsverhalten* und in der *Bewegungsausführung* ist ein gewisser *Mäßigungsprozess* festzustellen. Die Bewegungen werden zumeist ruhiger, sparsamer und tendieren zu stärkerer Zweckmäßigkeit und Ökonomie. Dieser Prozess ist besonders für das männliche Geschlecht typisch. Die weibliche Bewegungsausführung ist bei interindividuellen Unterschieden im allgemeinen runder und »weicher« sowie insgesamt variabler und ausdrucksstärker als die des Mannes.

• Im deutlichen Unterschied zur recht stabilen Alltags- und Arbeitsmotorik sind Geschwindigkeit und Ausmaß des *sportmotorischen Leistungsrückganges* bei *Nichttrainierenden* bis zum Ende des drittens Lebensjahrzehnts bereits *beträchtlich*. Trotzdem ist es vertretbar, das frühe Erwachsenenalter bei *Nichttrainierenden* als die Jahre der *relativen Erhaltung der motorischen Lern- und Leistungsfähigkeit* zu kennzeichnen. Dabei muss jedoch die Dialektik zwischen den Ausmaßen der Rückbildungsprozesse und dem noch verbleibenden Niveau in der sportmotorischen Leistungsfähigkeit beachtet werden.

• *Beträchtlich* sind die *geschlechtsspezifischen Leistungsunterschiede* speziell bei *Nichttrainierenden*. In der Mehrzahl sportmotorischer Anforderungen erreicht das weibliche Geschlecht lediglich etwa 60 bis 90 Prozent der Leistungen von Männern. Besonders ausgeprägt sind die Leistungsdifferenzen bei Kraft-, Ausdauer- und teilweise Schnelligkeitsfähigkeiten. Geringer oder sehr ähnlich sind sie dagegen bei koordinativen Fähigkeiten und besonders bei Geschicklichkeitsanforderungen.

• Für *Trainierende* ist das frühe Erwachsenenalter die Zeit der *vollen Ausprägung der motorischen Leistungsfähigkeit*. Obwohl sportliche Höchstleistungen (Rekorde) in bestimmten Sportarten und Disziplinen bereits früher oder auch später möglich sind, kann das dritte Lebensjahrzehnt in den weitaus *meisten Sportarten als Zeitraum des sportmotorischen Höchstleistungsalters* gelten.

6.9.1.3. Folgerungen für die sportliche Betätigung

• Der *Freizeitsport* dient im frühen Erwachsenenalter vor allem der Verbesserung der motorischen Leistungsfähigkeit; zumindest kann und sollte durch ihn die Leistungsfähigkeit auf einem guten Niveau gehalten beziehungsweise ihr Absinken verhindert werden. Anzustreben ist eine sportliche Betätigung, die
– wöchentlich mehrmalig und vor allem auch
– regelmäßig
ausgeübt wird.
Dabei gibt es in der *Wahl der Körperübungen* und *Methoden* des Übens und Trainierens bei gesunden Menschen zwischen 20 und 30 Jahren keine altersspezifischen Beschränkungen. Wesentlich sind
– *persönliche Bedürfnisse* und
– vielfach die *örtlichen Möglichkeiten* beziehungsweise »Sportangebote«,
um sich sportlich betätigen beziehungsweise üben und trainieren zu können.
• Als die effektivste und deshalb anzustrebende Form der sportlichen Betätigung hat sich der *organisierte Trainings- und Wettkampfbetrieb* in einer regelmäßig betriebenen Sportart im Verein erwiesen. Das *gemeinschaftliche Sporttreiben unter Anleitung* mit seinen erheblich erweiterten Möglichkeiten, die damit verbundene *Regelmäßigkeit* und *Systematik* und nicht zuletzt solche psychisch wirkenden Momente wie
– Geselligkeit,
– Freude am gemeinschaftlichen Tun,
– Teamgeist,
– Erfolgserleben und andere,
bieten die besten und zugleich schönsten Möglichkeiten der sportlichen Betätigung.
• Die sportliche Betätigung sollte in eine *gesunde Lebensweise* eingebettet sein. Dabei ist unter motorischem Aspekt besonders an die häufig *berufsbedingte Bewegungsarmut* oder auch *Einseitigkeit* in der körperlichen Beanspruchung zu denken.
Um den damit verbundenen Gefahren zu begegnen, sind Art und Umfang der täglichen Bewegungsbeanspruchung zu prüfen und daraus geeignete *Gegenmaßnahmen* abzuleiten (z. B. ausgleichend wirkende Gymnastikpro-

gramme, zumindest teilweiser Fußmarsch oder Benutzung des Fahrrades zur bzw. von der Arbeitsstätte). Solche Maßnahmen, regelmäßig befolgt, können – vor allem auch in späteren Lebensjahren – wesentlich dazu beitragen, sich gesund und leistungsfähig zu halten (TROGSCH/OLBRICH, 1974; STRAUZENBERG, 1966) und den Wohlfühlaspekt zu stärken (BAUMANN, 1992).
• Das frühe Erwachsenenalter ist in der Regel die *Hochleistungszeit* für den Leistungssport. Hier gilt es, das
– systematische Training der Sportler weiterzuführen und sie zu
– persönlichen Bestleistungen bzw. Höchstleistungen (Rekorden) zu befähigen.
Dazu ist
– eine wissenschaftlich begründete Trainingsplanung,
– die Anwendung der wirksamen Mittel und Methoden des sportartspezifischen Trainings sowie
– eine entsprechende Wettkampftätigkeit erforderlich.

6.9.2. Mittleres Erwachsenenalter (30./35. bis 45./50. Lebensjahr)

6.9.2.1. Allgemeine motorische Charakteristik

Das dritte Lebensjahrzehnt war bei unausgelesenen Populationen durch ein schnelles und teilweise erhebliches Absinken sportmotorischer Leistungen, gleichzeitig jedoch durch ein noch relativ gutes absolutes Niveau sportmotorischer Leistungsfähigkeit gekennzeichnet. Mit dem Fortschreiten der Jahre im mittleren Erwachsenenalter ergeben sich nunmehr umgekehrte Relationen. Das *Absinken motorischer Fähigkeiten und Leistungen verlangsamt sich*, während die *absoluten motorischen Leistungen* allmählich ein deutlich vermindertes und, besonders gegen Ende der Phase, ein *niedriges Niveau* erreichen (vgl. Abb. 6.9.–2/3/4/5/6/7). Wir kennzeichnen das mittlere Erwachsenenalter bei *Nichttrainierenden* deshalb als die *Jahre der allmählichen motorischen Leistungsminderung*. Dabei sind jedoch *bestimmte Differenzierungen* und *Einschränkungen* erforderlich. Die notwendige Einschränkung besteht darin, dass die allmähliche motorische Leistungsminderung noch nicht die Alltags- und Arbeitsmotorik betrifft, sondern nur für sportliche Leistungsanforderungen gilt (Abb. 6.9.–8/9/10). Die *Alltagsmotorik* behält zunächst noch jene Merkmale, die den betreffenden Menschen bereits im frühen Erwachsenenalter als individuell geprägte Persönlichkeit kennzeichnen. Auch in der *Arbeitsmotorik* sind im Zentrum des mittleren Erwachsenenalters zunächst noch keine relevanten Veränderungen in der Leistung sowie in der Bewegungsausführung erkennbar. Im Allgemeinen stehen Menschen dieses Lebensalters bei körperlicher Arbeit beziehungsweise in handwerklichen Berufen auf der Höhe ihrer Leistungsfähigkeit. Sie beherrschen die mit dem Beruf verbundenen Tätigkeiten durch die jahrelange Ausübung und die dabei gesammelte Berufserfahrung sehr sicher und, wenn notwendig, mit hoher und höchster Präzision. Sie arbeiten im individuell-ökonomischen Leistungsbereich, der relativ gleichbleibende Arbeitsergebnisse bei lange andauernder Tätigkeit ermöglicht (BRÜSCHKE u. a., 1966; RIES, 1966; HOFECKER u. a., 1979). Einbußen und Involutionsveränderungen in der arbeitsmotorischen Leistungsfähigkeit sind erst gegen Ende des mittleren Erwachsenenalters und auch dort vorerst nur bei schwerer körperlicher Arbeit oder hoher nervlicher Beanspruchung feststellbar. Für die Alltags- und Arbeitsmotorik gilt also die obige Phasenkennzeichnung nicht explizit, da in diesen Bereichen wesentliche Involutionserscheinungen noch nicht auftreten.

Anders sieht es dagegen im Bereich der *Sportmotorik bei Ungeübten* aus. Dort gilt das in der Phasenkennzeichnung Ausgesagte. Aber auch hier sind Differenzierungen insofern erforderlich, als von den Involutionsveränderungen bestimmte motorische Fähigkeiten unterschiedlich betroffen werden. Außerdem muss bei Ungeübten immer mit einer größeren interindividuellen Variationsbreite als bei Geübten gerechnet werden, die sich mit zunehmendem Lebensalter ständig vergrößert (vgl. Abschnitt 6.9.3.). Im folgenden beschrän-

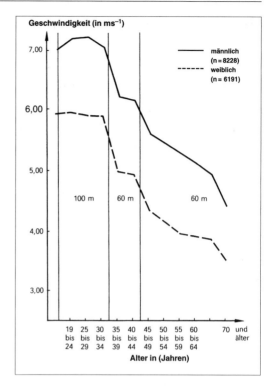

Abb. 6.9.–8 *Erhaltung bzw. Rückgang sportlicher Grundleistungen (nach* CRASSELT/ISRAEL/RICHTER, *1984). 100-m-Lauf bzw. 60-m-Lauf*

ken wir uns darauf, nur die wichtigsten Verlaufstendenzen und Sachverhalte der sportmotorischen Entwicklung kurz zu kennzeichnen.

• Die *motorische Lernfähigkeit* Ungeübter geht im mittleren Erwachsenenalter allmählich und schließlich deutlich zurück. Dennoch ist es selbstverständlich weiterhin möglich, Übende dieser Altersspanne in der *Aneignung von sporttechnischen Fertigkeiten* erfolgreich zu unterrichten (z. B. im Skilaufen, Tennis, Tischtennis oder Schwimmen) (KIPHARD/SEEL/CARSTENSEN, 1985; KIRCHNER/SCHALLER, 1996; BOCK/SCHNEIDER, 2001; BUSCH/SCHRADER, 2001; SPIRDUSO, 1997; WOLLNY, 2003). Bei einem Vergleich mit Jugendlichen beziehungsweise Zwanzig- oder Fünfundzwanzigjährigen zeigt sich in der Regel jedoch zunehmend ein bereits vermindertes Lernergebnis beziehungsweise ein erhöhter notwendiger Übungsaufwand (etwa beim gemeinsa-

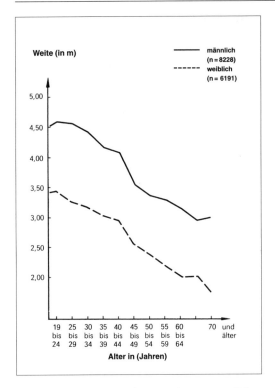

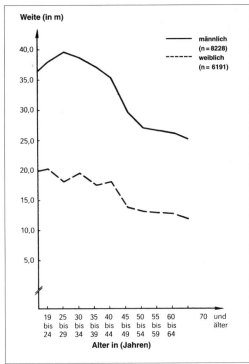

Abb. 6.9.–9 *Erhaltung bzw. Rückgang sportlicher Grundleistungen (nach CRASSELT/ISRAEL/RICHTER, 1984). Weitsprung*

Abb. 6.9.–10 *Erhaltung bzw. Rückgang sportlicher Grundleistungen (nach CRASSELT/ISRAEL/RICHTER, 1984). Weitwurf*

men Üben in einer Skigruppe) (MACIASZEK/ OSINSKI/STEMPLEWSKI u. a. 2002).
• Diese verminderte motorische Lernfähigkeit bei Nichttrainierenden steht im Zusammenhang mit der *Rückbildung koordinativer Fähigkeiten* insgesamt sowie der *Involution von konditionellen Leistungsvoraussetzungen*.
• Auch psychische Ursachen wie zum Beispiel *mangelndes Selbstvertrauen* und das Sichbegnügen mit einem bestimmten Stande des Könnens beeinflussen die Qualität motorischer Lernprozesse im sportlichen Tätigsein.
• Ein zunehmend *rückläufiges* und schließlich relativ *niedriges Niveau* ist im mittleren Erwachsenenalter besonders bei den *Schnelligkeits- und Schnellkraftfähigkeiten* festzustellen (vgl. Abb. 6.9.–8/9/10). Beide motorischen Fähigkeiten sind nur durch eine gezielte sportliche Betätigung zu erhalten, da ausgesprochene Schnelligkeits- und Schnellkraftanforderungen in der Alltagsmotorik so

gut wie gar nicht und auch in der Arbeitsmotorik nur selten auftreten. CRASSELT/ISRAEL/ RICHTER (1984) sehen sich deshalb im Ergebnis ihrer Untersuchungen zum Sportabzeichenprogramm der DDR veranlasst, bei diesen sportmotorischen Fähigkeiten bereits ab Altersgruppe 30 bis 34 von einem »*ersten Leistungsknick*« zu sprechen und vermuten die Ursachen dafür im *sozialen Bereich* (CRASSELT/ISRAEL/RICHTER, 1984).
• Auch die *Ausdauer- und Kraftausdauerfähigkeiten* unterliegen im mittleren Erwachsenenalter bei sportlich *Ungeübten* bereits beträchtlichen Rückbildungserscheinungen. Im Vergleich zum dritten Lebensjahrzehnt verläuft das weitere Absinken dieser motorischen Fähigkeiten verlangsamt, und die verbleibende motorische Leistungsfähigkeit hat nur ein niedriges Niveau (vgl. Abb. 6.9.–5).
• Sehr ähnliche Verlaufstendenzen zeigen sich bei der *Maximalkraftfähigkeit*. Gewisse Di-

vergenzen bestehen jedoch darin, dass die individuellen Unterschiede vor allem beim *männlichen Geschlecht* beträchtlich sind. Besonders in Abhängigkeit von der beruflichen Tätigkeit kann die Maximalkraftfähigkeit bereits erheblich vermindert sein (z. B. bei Büroangestellten) oder noch hohe und höchste Werte betragen (z. B. bei Möbelträgern oder anderer Schwerarbeit).

Generell wird deutlich, dass sich durch berufsspezifische Einflüsse bei Nichttrainierenden die Variationsbreite der Kraftfähigkeiten im mittleren Erwachsenenalter vergrößert. Bei sportmotorischen Bewegungsanforderungen zeigt sich außerdem, dass die vorhandenen Kraftfähigkeiten – gleichviel ob hoch oder niedrig – zumeist nur sehr mangelhaft in sportliche Leistungen umgesetzt werden können, weil die dazu erforderlichen sporttechnischen Fertigkeiten nicht entsprechend verfügbar sind. *Zusammenfassend* ist festzustellen: Der sportmotorische *Leistungsrückgang* verläuft bei sportlich *Ungeübten* im mittleren Erwachsenenalter vorerst zwar noch relativ langsam; er wird jedoch *zunehmend ausgeprägter* und damit immer deutlicher und gravierender.

• Erheblich anders verläuft die *motorische Leistungsgenese von regelmäßig* und *gezielt Trainierenden*. Bei ihnen zeigt sich deutlich, dass es im mittleren Erwachsenenalter noch ohne wesentliche Einschränkungen möglich ist, ein hohes Niveau motorischer Fähigkeiten und Fertigkeiten zu erhalten beziehungsweise eine aus verschiedenen Gründen verursachte Insuffizienz der motorischen (physischen) Leistungsfähigkeit zu überwinden. Bereits seit etwa den 1960er Jahren wurden diesbezüglich besonders durch die Sportmedizin, die Sportmethodik und in jüngerer Zeit ebenfalls durch die prophylaktische beziehungsweise präventive und rehabilitative Medizin völlig neuartige und in ihrer Aussagevalenz eindeutige Erkenntnisse gewonnen.[14]

Nicht zuletzt ist ebenfalls darauf zu verweisen, dass im Bereich des Leistungssports bereits seit Jahrzehnten an einer Fülle entsprechender Beispiele nachgewiesen werden konnte, dass hohe und höchste sportliche Leistungen bis in das vierte und sogar fünfte Lebensjahrzehnt möglich sind. Besonders für das männ-

liche Geschlecht ergibt sich in Auswertung internationaler Wettkampfhöhepunkte in einer Vielzahl von Sportarten beziehungsweise -disziplinen, dass deren »Zone der optimalen Leistung« bis zur Vollendung des 30. Lebensjahres und vereinzelt darüber reicht (z. B. Bobfahren, Gewichtheben, Reiten, Schießen, Segeln, Langstreckengehen bzw. -lauf, Hammerwerfen) und deren »Zone der Stabilisierung der Höchstleistung« das vierte Lebensjahrzehnt ganz oder zumindest teilweise einschließt. FEIGE (1978) gelangt in Auswertung der Olympischen Spiele von 1960 bis 1976 zu ähnlichen Ergebnissen bei Erhebungen unter anderem über das minimale und maximale Alter der Olympiateilnehmer speziell in leichtathletischen Laufdisziplinen. Nicht erwiesen ist dagegen, ob das andererseits häufig feststellbare Stagnieren oder Absinken von sportlichen Höchstleistungen im vierten Lebensjahrzehnt tatsächlich bereits biologisch bedingt ist. Gleiche Erscheinungen beim weiblichen Geschlecht, die ausnahmslos einige Jahre früher liegen, bestärken die Annahme von vorrangig psychisch-sozialen Ursachen wie zum Beispiel Familiengründung und damit verlagerte Interessen beziehungsweise Pflichten. Wir meinen deshalb, das mittlere Lebensalter für die *aktiven Sportler* durch-

---

14 Wegen der Fülle der dazu vorliegenden Literatur verweisen wir lediglich auf einige Sammelarbeiten bzw. Monographien und Übersichtsbeiträge:
   – RIES, W. (Hrsg.): Sport und Körperkultur des älteren Menschen. Bericht der Jahrestagung 1964 der Deutschen Gesellschaft für Sportmedizin in der DDR vom 16. bis 20. September 1964 in Rostock-Warnemünde. Leipzig, 1966;
   – STRAUZENBERG, S. E.: Gesundheitstraining. Berlin, 1982;
   – ISRAEL, S., u. a.: Körperliche Leistungsfähigkeit und organismische Funktionstüchtigkeit im Alternsgang. Wissenschaftliche Zeitschrift der DHfK, Leipzig 23 (1982) 1;
   – MÄRKER, K.: Frau und Sport aus medizinischer Sicht. Leipzig, 1983;
   – BRINGMANN, W.: Sport in der Prävention, Therapie und Rehabilitation. Leipzig, 1984.
   – BAUMANN, H.: Altern und körperliches Training. Bern, Göttingen, Toronto, 1992 a
   – LANGWALD, K.: Vergleich der motorischen Handlungskompetenz (Koordination und Beweglichkeit) bei sportlich Aktiven und sportlich Inaktiven im späteren Erwachsenenalter, Diplomarbeit. Univ. Leipzig 2003

aus noch als *Zeitraum der möglichen Erhaltung hoher und höchster sportlicher Leistungen* kennzeichnen zu können. Irrig ist auf jeden Fall die ehemals vorherrschende und auch heute noch verbreitete Meinung, dass Sport vor allem ein »Vorrecht« der Jugend ist und nach dem 30. Lebensjahr die sportlichen Leistungen »gesetzmäßig« nachlassen. Zu unterstreichen sind vielmehr jene Auffassungen, die der Nestor der bulgarischen Sportphysiologie MATEEF in folgende Worte kleidete: »Wir hören nicht deshalb auf, Sport zu treiben, weil wir alt werden, sondern wir werden alt, weil wir mit dem Sport aufhören« (MATEEF, 1966, S. 104).

6.9.2.2. Zusammenfassung

• Das mittlere Erwachsenenalter umfasst etwa den Zeitraum zwischen dem 30./35. und 45. bis 50. Lebensjahr. Im Bereich der *Arbeitsmotorik* ergeben sich in dieser Phase gegenüber dem frühen Erwachsenenalter noch *keine stärkeren Veränderungen*. Menschen im mittleren Erwachsenenalter beherrschen die mit dem Beruf verbundenen Tätigkeiten bei jahrelanger Ausübung sehr sicher und mit hoher Präzision.
• Die im täglichen Leben ausgeübten Bewegungsgewohnheiten unterliegen ebenfalls noch keinen wesentlichen Altersveränderungen. Ihr individueller Charakter hat sich zu sehr stabilen Dauerformen verfestigt.
• Sowohl in der Arbeits- als auch in der Alltagsmotorik ist eine weiterhin zunehmende *Tendenz zur »Sparsamkeit«, Zweckmäßigkeit und Ökonomie* in allen Bewegungsäußerungen feststellbar. Die *motorische Aktivität* insgesamt *lässt nach*.
• Im deutlichen Unterschied zur Alltags- und Arbeitsmotorik muss im *sportmotorischen Bereich* bei *Nichttrainierenden* das mittlere Erwachsenenalter als Zeitraum einer sich *allmählich ausprägenden motorischen Leistungsminderung* gekennzeichnet werden. Besonders die koordinativen Fähigkeiten, aber auch die Schnelligkeits- und Ausdauerfähigkeiten unterliegen z. T. erheblichen Involutionsveränderungen. Relativ am besten – allerdings stark berufs- und geschlechtsspezifisch beeinflusst – bleiben mitunter noch die Maximalkraft- und Kraftausdauerfähigkeiten erhalten.
• Bei *Trainierenden* ist das mittlere Erwachsenenalter ein *Zeitraum der möglichen Erhaltung höchster motorischer Leistungen*. Unabdingbare Voraussetzung für hohe sportliche Leistungen ist jedoch ein entsprechend langjähriges, ununterbrochenes, intensives sportliches Training.
• Bei völlig oder weitgehend *Untrainierten* kann die *motorische Leistungsfähigkeit* durch ein regelmäßiges Training *reaktiviert*, bedeutend gesteigert und über die gesamte Lebensphase hinweg gehalten werden.

6.9.2.3. Einige Folgerungen für die sportliche Betätigung

• Im Prinzip gelten für die sportliche Betätigung im mittleren Erwachsenenalter die gleichen Hinweise wie für die vorangegangene Lebensphase. Zu betonen ist jedoch, dass nunmehr das *individuelle Leistungsvermögen der Sporttreibenden noch stärker als im frühen Erwachsenenalter beachtet werden muss*, da sich die Unterschiede zunehmend vergrößern. Wird dieser Grundsatz berücksichtigt, ergeben sich in der Wahl der Mittel noch keine nennenswerten Einschränkungen.
• Im *Freizeitsport* sollten abwechslungsreiche und freudebetonte Übungsprogramme geboten werden, die eine vielseitige Wirkung auf die motorischen Fähigkeiten ausüben.
• Besonderer Wert ist dabei auf die Steigerung bzw. *Erhaltung* der *kardio-pulmonalen Funktionstüchtigkeit* des Organismus als der Basis für die Gesundheit und motorische Leistungsfähigkeit des Menschen zu legen.
• Darüber hinaus sind der *Kräftigung, Dehnung* und *Lockerung des Stütz- und Bewegungssystems* die notwendige Aufmerksamkeit zu widmen.
• Soweit als möglich, sollte auch der beruflichen Tätigkeit der Sporttreibenden Rechnung getragen und gegebenenfalls *einer beruflich bedingten, einseitigen motorischen Beanspruchung ausgleichend entgegengewirkt* werden.
• Schließlich sei noch darauf hingewiesen, dass eine *direkte Schulung von Schnelligkeitsfähigkeiten* sowie *neuer* und komplizierter

Bewegungsfertigkeiten im mittleren Erwachsenenalter *nur noch bedingt angebracht* ist.
- Sinnvoller erscheint es, bei sportlicher Betätigung das Üben von Schnelligkeits- und koordinativen Fähigkeiten »einzubetten«. Letzteres kann mit *Kleinen Spielen, Sportspielen, Inlineskating* oder auch mit vielseitig und *variabel* gestellten *sportlichen Bewegungsaufgaben* sehr anregend, freudebetont und entwicklungswirksam erfolgen.
- Speziell bei Frauen sind alle Formen der *Aerobic* und des *Tanzes* beliebt, die als Übungsmittel und -methoden zur Schulung der koordinativen und konditionellen Fähigkeiten geeignet sind.
- Für den *Leistungssport* ergeben sich gegenüber dem frühen Erwachsenenalter *keine* wesentlich *neuen Aspekte*.
- Das allgemeine und sportartspezifische *Training* ist der sportlichen Zielstellung entsprechend *ohne Einschränkungen weiterzuführen*, wobei erfahrenen Athleten in vielen Sportarten beziehungsweise -disziplinen ein hohes Maß an Eigeninitiative und Selbstständigkeit eingeräumt werden kann. Die Auffassung, dass ein Sportler mit 30 und mehr Jahren bereits zum »alten Eisen« gehöre und seine »aktive Laufbahn« aus Altersgründen beenden sollte, ist sachlich nicht zu rechtfertigen.
- Besonders in *Mannschaftssportarten* sind gerade ältere Sportler mit ihren umfangreichen Erfahrungen im technisch-taktischen Bereich für das Erbringen der Gruppenleistung zweckdienlich leistungssteigernd wirksam und sorgen für den Zusammenhalt.
- Allerdings wächst bei manchen Leistungssportlern nach langen Trainings- und Wettkampfjahren vielfach der Wunsch, vom Hochleistungssport zurückzutreten (Gründe dafür sind z. B. die verstärkte Sorge um Familie oder berufliche Qualifizierung, Einsatz- und Aufstiegschancen, aber auch eintretende Sättigungserscheinungen) (vgl. ALFERMANN, 1995).
- Dieses verständliche subjektive Verlangen sollte jedoch keinesfalls mit einem abrupten Abbruch des Trainings, sondern mit einem *allmählichen Abtrainieren* verbunden sein. Andernfalls können gesundheitliche Störungen in der Art der so genannten *Entlastungssyndrome* auftreten (FINDEISEN/LINKE/PICKENHAIN, 1980).

- Außerdem sollte nach dem Rücktritt vom Leistungssport weiterhin eine *regelmäßige* und *lebensbegleitende sportliche Betätigung* beibehalten werden.

6.9.3. Spätes Erwachsenenalter (45./50. bis 60./70. Lebensjahr)

6.9.3.1. Allgemeine motorische Charakteristik

Während der Lebensabschnitt etwa zwischen dem 30./35. und 45./50. Lebensjahr bei sportlich Nichttrainierenden als Zeitraum der allmählichen motorischen Involution zu kennzeichnen war, ist das folgende späte Erwachsenenalter als *Phase der verstärkten motorischen Leistungsminderung zu charakterisieren*. Dieser verstärkte Rückbildungsprozess beginnt zumeist zwischen etwa dem 45. und 50. Lebensjahr. Er vollzieht sich jedoch nicht abrupt, sondern weiterhin allmählich, letztlich aber doch als ein *irreversibler Vorgang*.

Neu im Vergleich zur vorausgegangenen Lebensperiode ist, dass die Involutionserscheinungen allmählich auch im Bereich der *Alltagsmotorik* spürbar werden und in der *Arbeitsmotorik* besonders bei jenen beruflichen Tätigkeiten bemerkbar sind, die hohe physische und psychische Anforderungen stellen (z. B. Waldarbeiter, Bergleute, Bauberufe mit schwerer körperlicher Arbeit bzw. Flugzeugführer oder bestimmte militärische Berufe mit einer hohen psycho-physischen Beanspruchung). Kaum oder gar nicht berührt werden solche körperlich-geistigen Tätigkeiten, die mit geringeren physischen oder psychischen Beanspruchungen verbunden sind und die vorrangig eine entsprechende Genauigkeit und Verlässlichkeit in der Ausübung erfordern (z. B. Dreher, Werkzeugmacher, Uhrmacher, Feinmechaniker).

Als jahrzehntelang ausgeübte Tätigkeiten sind die damit verbundenen Handlungen so sicher gekonnt, beherrscht und gegebenenfalls automatisiert, dass Rückbildungserscheinungen noch nicht deutlich werden. Bemerkbar sind lediglich eine gewisse Stereotypie in den Bewegungshandlungen und mitunter verstärkte *Schwierigkeiten*, wenn sich in der *beruflichen Tätigkeit* größere *Umstellungen* oder der *Neuerwerb motorischer Fertigkeiten* erforderlich machen (z. B. Umstellungen am Arbeitsplatz oder Erwerb von Bewegungshandlungen an neuartigen Maschinen). Insgesamt ist jedoch zu sagen, dass solche Veränderungen in der Alltags- und Arbeitsmotorik zunächst noch nicht auffällig sind. Sie werden in der Regel erst in den Folgejahren deutlich.

Zur *sportmotorischen Leistungsfähigkeit* lassen sich für das späte Erwachsenenalter folgende *Feststellungen* treffen: Bei Menschen dieser Lebensphase, die seit Jahren sportlich inaktiv sind, sind sehr viel stärkere individuelle Unterschiede in der motorischen Leistungsfähigkeit als in den Lebensphasen zuvor zu beobachten (u. a. STARISCHKA/DÖRING/HAGEDORN, 1990). Neben Fünfzig- und Sechzigjährigen, die sich noch durch eine bemerkenswerte »Frische und Elastizität« in allen ihren Lebensäußerungen auszeichnen, gibt es andere, deren motorische Leistungsfähigkeit bereits soweit vermindert ist, dass ihnen zum Beispiel schon wenige Laufschritte im mäßigen Tempo oder das nur leicht beschleunigte Treppensteigen schwerfallen.

Als *wichtigste Ursachen* für diese große Variabilität in der motorischen Leistungsfähigkeit sind zu nennen (Erkrankungen ausgenommen):
- Die um diese Jahre zumeist relevant werdenden Auswirkungen motorischer beziehungsweise sportlicher Inaktivität,
- eine ungesunde, in der Regel zu üppige Ernährungsweise und als Folge »Übergewicht«,
- der Missbrauch von Genussmitteln (Alkohol und Nikotin) und
- teilweise auch beruflich bedingte Einwirkungen.

Von den *typischen Verlaufstendenzen der motorischen Entwicklung* wollen wir folgende herausheben:
- Vor allem *Schnelligkeitsfähigkeiten* (Aktions- und Bewegungsschnelligkeit) sowie
- die *koordinativen Fähigkeiten* haben erheblich nachgelassen und sind weiter im Abnehmen begriffen. Hinsichtlich der
- *Maximalkraft-* und *Kraftausdauerfähig-*

keiten können dagegen – trotz sportlicher Inaktivität – weiterhin erhebliche individuelle Unterschiede beobachtet werden. Bei in dieser Beziehung »reizstarken« Berufen ist – obwohl ebenfalls im Abnehmen begriffen – ein noch vergleichsweise hohes »berufsspezifisches« Ausprägungsniveau möglich.[14]

In sportspezifischen Anforderungen zeigt sich jedoch, dass diese berufsspezifisch geprägten motorischen Fähigkeiten nicht im zu erwartenden Maße in entsprechende sportliche Leistungen umgesetzt werden können.

– Hinsichtlich der *Ausdauerfähigkeiten* muss bei sportlich Ungeübten im späteren Erwachsenenalter mit einem sehr weitgehenden Unvermögen bei sportlichen Anforderungen gerechnet werden. Die Bequemlichkeiten im Alltag und Beruf, insbesondere der ausgesprochene Bewegungsmangel (»sitzende Lebensweise«) vieler Menschen, führen zu einer Verkümmerung dieser motorischen Fähigkeiten. Erstaunlich ist jedoch, in welcher *Variationsweite* sich diese Involutionsvorgänge der Motorik darstellen. Von den zahlreichen Untersuchungen, die die außerordentlichen Möglichkeiten in der Erhaltung der motorischen Leistungsfähigkeit des Menschen beziehungsweise bei der Verzögerung motorischer Rückbildungsvorgänge belegen, sollen nur einige genannt werden.[14]

JOKL untersuchte eine große Zahl von Altersturnern und kam zu dem Ergebnis, dass »das Turnen (gemeint sind in diesem Zusammenhang Körperkultur und Sport im umfassenden Sinne, d. V.) den machtvollsten unter allen bisher bekannten Umwelteinflüssen darstellt, der das Altern hemmt. Diese Verlangsamung kann 3 bis 4 Jahrzehnte ausmachen. Ein gut trainierter, leistungsfähiger Mann von 65 Jahren kann einem ungeübten 25-jährigen körperlich überlegen sein« (JOKL, 1954, S. 29)[15]

STRAUZENBERG gelangt bei der Analyse von Untersuchungen verschiedener Autoren (CURETON, REINDELL, KARVONEN, HERNBERG u. a.) zu dem Ergebnis. »... dass die Organfunktion

---

15 Dass dabei außerdem weitere Fragen der Lebensweise – insbesondere der Ernährung sowie des Genussmittelkonsums – eine Rolle spielen, versteht sich von selbst und soll deshalb hier nur erwähnt werden.

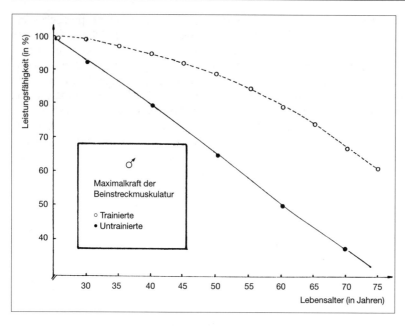

*Abb. 6.9.–11
Altersbedingte Reduktion der Leistungsfähigkeit (obere Kurve) und zusätzlich durch Inaktivitätseffekte beeinflusste Leistungsfähigkeit der Beinstreckkraft bei Männern (nach* SCHMIDTBLEICHER*, 1994)*

und die allgemeine sowie spezielle Leistungsfähigkeit derjenigen, die ihr Leben lang Sport getrieben haben, dem Funktions- und Leistungsstand von 10 bis 20 Jahren jüngeren Menschen, die kein sportliches Training hatten, entsprechen« (STRAUZENBERG, 1966, S. 218). Er fordert deshalb, »neben das jugendlich begeisternde Leitbild des Spitzensportlers ... das Vorbild des vitalen Alterssportlers ...« (STRAUZENBERG, 1966, S. 227) zu stellen.
ISRAEL und andere wiesen in mehreren Untersuchungen an Läufern nach, dass das Lebensalter zumindest in der »... Spanne von etwa 25 bis 60 Jahren ... bei Langzeitbelastungen ... eine nachgeordnete Rolle spielt« (ISRAEL u. a., 1982, S. 22). Generell sind offensichtlich auch bei weiteren motorischen Fähigkeiten – wie zum Beispiel Artisten bezüglich der Kraft- und selbst der koordinativen Fähigkeiten im höheren Lebensalter belegen – die Involutionsprozesse wesentlich stärker, als bisher behauptet, besonders an das Aktivitätsverhalten des Menschen, denn an gesetzmäßige biologische Alterungsvorgänge gebunden (u. a. LANGWALD, 2003).
Gestützt wird diese Auffassung bereits seit MATEEF, der nachwies, dass es niemals zu spät ist, mit einem altersgemäßen Training zu beginnen. Er teilt mit, dass selbst bei Fünfund siebzig- bis Achtzigjährigen noch bemerkenswerte Übungseffekte erzielt werden können und zufriedenstellende Resultate selbst noch bei Menschen, die über 90 Jahre alt sind, vorliegen (MATEEF, 1966, S. 109). Diese fast unwahrscheinlich anmutenden Angaben von MATEEF wurden später durch Mitteilungen unter anderem durch YOUNG und HEJDA (1978) nachdrücklich bekräftigt. Sie berichten über offiziell bestätigte Marathonzeiten von Alterssportlern über 70 Jahre, die diese überlange Laufstrecke in rund drei Stunden bewältigten. Der gesundheitliche Wert derart extremer Ausdauerläufe ist wegen seiner Risiken besonders für das Stütz- und Bewegungssystem fragwürdig. Andererseits zeigen solche und ähnliche Leistungen jedoch, in welch hohem Maße regelmäßig Sporttreibende des späten und späteren Erwachsenenalters leistungsfähig bleiben können. BRÜSCHKE und andere sahen sich deshalb bereits in den 1960er Jahren im Ergebnis der Erkenntnisse auf dem Gebiet der Gerontologie veranlasst, »... den Wert einer regelmäßigen und ausreichend dosierten sportlichen Betätigung in allen Lebensaltern« zu betonen und daraus die Aufgabe abzuleiten, »... neue Anhänger für eine gesunde, sportliche Lebensweise zu gewinnen« (BRÜSCHKE u. a., 1966, S. 42).[16]

6.9.3.2. Zusammenfassung

• Im späten Erwachsenenalter beginnt bei Menschen, die sich sportlich nicht mehr betätigen, zumeist eine merklich *fortschreitende Involution motorischer Fähigkeiten*. Dies betrifft besonders die Schnelligkeits-, Kraft- und Ausdauerfähigkeiten, die schließlich auf ein sehr niedriges Niveau sinken. Auch in der motorischen Lern-, Anpassungs- und Umstellungsfähigkeit muss mit verstärkten Schwierigkeiten gerechnet werden. Relativ am besten – allerdings stark tätigkeitsabhängig – bleiben vielfach noch die *Maximalkraft-* und *Kraftausdauerfähigkeiten* erhalten. Der motorische Leistungsrückgang wird allmählich auch im Bereich der *Alltagsmotorik* spürbar und dadurch subjektiv bewusst.

• In der *Arbeitsmotorik* äußert sich der Leistungsrückgang zunächst nur bei jenen beruflichen Tätigkeiten, die mit hoher physischer und höchster nervlicher Beanspruchung verbunden sind. Kaum oder noch nicht berührt werden dagegen langjährig ausgeübte Tätigkeiten, die physisch und psychisch weniger beanspruchen und vorrangig eine entsprechende Sicherheit und Genauigkeit in der Ausübung erfordern.[16]

• Bei *sportlich Untätigen* sind die Schnelligkeits-, Kraft- und Ausdauerfähigkeiten in deutlicher Involution begriffen und erreichen schließlich ein sehr niedriges Niveau.

• Auch bei *Sporttreibenden* sind im späten Erwachsenenalter mehr oder minder ausgeprägte und letztlich *irreversible motorische Leistungsminderungen* festzustellen. Ausmaß und Geschwindigkeit des sportmotorischen Leistungsrückganges sind jedoch durch *Training* außerordentlich positiv beeinflussbar.[17]

• Für das späte Erwachsenenalter muss die erhebliche Variabilität der motorischen Leistungsfähigkeit hervorgehoben werden. Sie ist wesentlich bedingt durch die bisherigen Einflüsse des Berufes und der gesamten Lebensweise, durch den Gesundheitszustand sowie die zumeist sehr unterschiedlichen körperlichen Voraussetzungen. Von besonderer Bedeutung sind Art und Umfang der bisherigen und der aktuellen sportlichen Betätigung.

6.9.3.3. Einige Folgerungen für die sportliche Betätigung

• Noch sorgfältiger als in den vorangegangenen Lebensphasen muss bei jeglicher sportlicher Betätigung im späteren Erwachsenenalter die *individuelle motorische Leistungsfähigkeit* diagnostiziert und sportmethodisch beachtet werden.

• Eine entsprechende *sportliche Betätigung wird in diesem Lebensabschnitt notwendiger denn je*, zumal gerade Menschen des späten Erwachsenenalters verstärkt zur Bequemlichkeit neigen und körperliche Untätigkeit fälschlicherweise als Form der Erholung und Entspannung bevorzugen. Auch der falschen Auffassung, zur Aufnahme einer sportlichen Betätigung sei es in höheren Lebensaltern zu spät, muss entgegengetreten werden.

• Demgegenüber ist zu betonen, dass auch im späten Erwachsenenalter *Bewegung* und *Sport* die nachweisbar besten und erfolgreichsten Mittel sind, um die motorische Involution zu verzögern und sich damit *leistungsfähig* zu halten.

• In der *Zielstellung* und *Wahl der Mittel* sind besonders für jene Menschen, die sich bisher sportlich nicht nachhaltiger betätigten, einige *Einschränkungen* angezeigt:

– *Maximalkraftübungen* sollten nicht mehr betrieben werden und auch das direkte Training von

– *Schnelligkeits-* und *Schnellkraftfähigkeiten* ist nicht mehr angebracht. Es sollte besser »indirekt« durch

– *altersgerechte Spiele* wie zum Beispiel Prellball, Faustball oder andere modifizierte Sportspiele (HOSSNER/ROTH, 1997) erfolgen. In der Bewegungsschulung sind möglichst

– grundlegend *gekonnte Bewegungsformen* zu bevorzugen und neue Bewegungsfertigkei-

---

16 Neuere Aspekte zum Forschungsstand siehe u. a. bei BRACH/SCHOTT, 2003.

17 Bei einer experimentellen Studie an sportlich Aktiven (Teilnehmer am Deutschen Turnfest 2002) und sportlichen Inaktiven (Langwald, 2003) konnten jedoch keine signifikanten Unterschiede in der Beweglichkeit, der Reaktions- und Gleichgewichtsfähigkeit in ausgewählten sportmotorischen Tests nachgewiesen werden.

ten nur noch insoweit zu erwerben, wie sie für die sportliche Betätigung benötigt werden.

– Im *Zentrum* hat überwiegend die Steigerung beziehungsweise Erhaltung der *aeroben Ausdauer- und Kraftausdauerfähigkeit* zu stehen (ZIMMERMANN, 2002). Sie sind mit ihren Effekten der »positiven Kreuzadaptation« (ISRAEL/BUHL, 1983) als die wichtigsten Voraussetzungen für die Gesundheit, Wohlbefinden und Leistungsfähigkeit besonders in höheren Lebensjahren zu betrachten. Darüber hinaus muss ebenfalls einer maßvollen und vielseitigen

– *Kräftigung* des *Stütz- und Bewegungssystems* unter Einschluss besonders von haltungsverbessernden Übungen sowie solchen zur

– *Dehnung* und *Lockerung* des aktiven Bewegungsapparates die notwendige Aufmerksamkeit gewidmet werden. Solche Maßnahmen sind geeignet, muskulärer Atrophie, Alterskyphose und sich vermindernder Beweglichkeit und Bewegungselastizität entgegenzuwirken.

• *Ehemalige Sportler* sollten möglichst versuchen, ihrer »alten« *Sportart treu zu bleiben*. In vielen Fällen, wie zum Beispiel in der Leichtathletik, im Geräturnen, Schwimmen, Rad- und Skisport, in Wasserfahrsportarten und manchen Sportspielen, in der Gymnastik, Touristik und im Bergsteigen, ist das ohne weiteres bis ins hohe Lebensalter möglich. Bei einigen anderen, für höhere Lebensalter wenig oder nicht geeigneten Sportarten sind anderweitige freizeitsportliche Betätigungsmöglichkeiten zu nutzen. Ein Abbruch jeglicher sportlicher Aktivität ist dagegen unbedingt zu vermeiden, da er fortschreitende Involutionsprozesse unterstützt und nur die fortdauernde sportliche Betätigung geeignet ist, lebensbegleitend zur Erhaltung der Gesundheit, Leistungsfähigkeit und Lebensfreude als wesentliche Lebensqualitäten beizutragen.

6.9.4. Späteres Erwachsenenalter (ab 60./70. Lebensjahr)

Das Bewegungsverhalten und die Bewegungsausführung im späteren Erwachsenen- beziehungsweise Greisenalter heben sich nochmals relativ klar von der vorangegangenen Periode der motorischen Ontogenese des Menschen ab. Die motorische Leistungsminderung erreicht nunmehr in der Regel ein solches Ausmaß, dass sie in der Gesamtmotorik des Menschen deutlich und unübersehbar wird. Wir bezeichnen diesen Lebensabschnitt deshalb als die *Jahre der ausgeprägten motorischen Involution*. Die damit verbundenen Erscheinungen beginnen beziehungsweise verstärken sich häufig mit der Aufgabe der beruflichen Tätigkeit und stehen in vielen Fällen auch ursächlich mit diesem Ereignis im Zusammenhang (RIES, 1966; ASKEROW, 1966; ISRAEL u. a., 1982; STRAUZENBERG, 1982).[18]

Als *wesentliche Merkmale der ausgeprägten motorischen Involution* sollen nur folgende genannt werden:

• Das *Bewegungsbedürfnis* der Menschen im hohen Lebensalter ist in der Regel stark vermindert.

• Die *Bewegungsausführung* erfolgt gemessen, verhalten und langsam. Außerdem ist sie durch eine gewisse

• *Starrheit* (eingeschränkte Beweglichkeit) und

• Stereotypie sowie den *allmählichen* Verlust der Fähigkeit besonders zur *Simultankombination* gekennzeichnet. Alte Menschen bleiben zum Beispiel häufig stehen, wenn sie sich die Handschuhe anziehen oder vorbeigehende Bekannte grüßen. Sie unterbrechen oft sogar das Gehen oder eine andere Tätigkeit, wenn sie sprechen bzw. etwas beobachten wollen. Sie konzentrieren sich auf die Ausführung einzelner Handlungen bzw. Bewegungen bei wieder zunehmend bewusstseinpflichtiger Bewegungskontrolle (intellektuelle Regulationsebene).

• Auch die erhebliche *Qualitätsminderung* bei motorischen Handlungen ist offensichtlich (HARTMANN, 1998 b).

– Auffällig sind besonders die nur noch wenig ausgeprägte Vorbereitungs- und Endphase sowie dynamische Gliederung von Bewegungshandlungen.

– Auch die Verbindung der Teilbewegungen (Bewegungskopplung) und besonders der Be-

---

18 Von der umfangreichen Literatur zum Alterssport sei auf die Sammelbände u. a. von MEUSEL, 1980; KAPUSTIN, 1980 und KIRCHNER u. a. 1998 verwiesen.

wegungsfluss (speziell die Bewegungselastizität) unterliegen erheblichen Güteminderungen, was u. a. ein Nachlassen in den Präzisionsbewegungen zur Folge hat.

– Bei fortgeschrittener Involution fällt die Anpassung an wechselnde Umwelt- und Umgebungsbedingungen (z. B. Beschaffenheit der verschiedenen Fußböden und -beläge) schwer. Z. B. wirkt das *Gehen*, als bislang hochautomatisierte Grundfertigkeit, zunehmend unsicherer und gleicht mehr oder minder einem monotonen, zumeist kleinschrittigen und mitunter ungleichmäßigen Schlürfen ohne jede Federung. Es erfolgt abgehackt, schwunglos, als überwiegend isolierte Gliederbewegung der Beine und ohne die rhythmisch-fließende Einordnung der Teilbewegungen in die Gesamtbewegung. Ähnliche Erscheinungen sind bei anderen Alltagsverrichtungen zu beobachten. Fragen wir nach den *Ursachen* dieser motorischen Involution, so sind zunächst die Alterungsprozesse aller Organe und Gewebe des menschlichen Organismus zu nennen, die zum Beispiel eine erheblich verminderte Muskelkraft, eine geringere Beweglichkeit der Gelenke und eine abnehmende Elastizität des aktiven und passiven Bewegungsapparates zur Folge haben. Vor allem verändert sich auch die höhere Nerventätigkeit. Zu nennen sind besonders die eingeschränkte Beweglichkeit der Nervenprozesse und die verminderte Fähigkeit zur Informationsaufnahme und Informationsverarbeitung. Dadurch werden die motorische Steuerungsfähigkeit und vor allem die Umstellungsfähigkeit bei Bewegungshandlungen erheblich beeinträchtigt.

Die genannten *Alterserscheinungen in der Motorik* erweisen sich als ein letztlich unvermeidbarer Vorgang. Sie sind jedoch *weitgehend abstufbar und lassen sich erheblich verzögern*. Während sie für manche Männer und Frauen schon mit dem 60. Lebensjahr beginnen, gibt es viele andere, die noch Jahre später in ihrer Motorik nur geringe Altersveränderungen zeigen. Wanderer und Läufer, Altersturner, Altersschwimmer, Radwanderer, Skiläufer oder Tennisspieler sind nachahmenswerte Beispiele dafür, dass man bis ins hohe Alter sportlich aktiv bleiben und sich dadurch

motorisch noch bemerkenswert leistungsfähig erhalten kann. Die alte Volksweisheit »wer rastet, der rostet« bestätigt sich besonders bei betagten Menschen. Eine altersgemäße sportliche Betätigung sollte deshalb keinesfalls ohne zwingende Gründe aufgegeben werden, da sie sich gerade bei älteren Menschen als ein erheblich bereicherndes Moment der Lebensbejahung, der sozialen Kommunikation und damit des psychophysischen Wohlbefindens sowie der lange möglichen Erhaltung der motorischen Leistungsfähigkeit erwiesen hat (NAGEL, 1997; CICURS/EILENBURGER/HARTMANN, 2000).

Studienliteratur

BAUMANN, H. (Hrsg.): Älter werden – fit bleiben. Ahrensburg 1988

BAUR, J./BÖS, K./SINGER, R. (Hrsg.): Motorische Entwicklung – Ein Handbuch. Schorndorf 1994

CRASSELT, W., u. a.: Physische Entwicklung der jungen Generation. Forschungsbericht, Leipzig 1990 a

CRASSELT, W./FORCHEL, I./STEMMLER, R.: Zur körperlichen Entwicklung der Schuljugend in der Deutschen Demokratischen Republik. Leipzig 1985

DEMETER, A.: Sport im Wachstums- und Entwicklungsalter. Anatomische, physiologische und psychologische Aspekte. Leipzig 1981

HOLLE, B.: Die motorische und perzeptuelle Entwicklung des Kindes – Ein Lehrbuch für die Arbeit mit normalen und retardierten Kindern. München/Weinheim 1988

ISRAEL, S./WEIDNER, A.: Körperliche Aktivität und Altern. Leipzig 1988

KIPHARD, E. J.: Wie weit ist ein Kind entwickelt? Dortmund 1991

MARTIN, D.: Training im Kindes- und Jugendalter. Schorndorf 1988

MEUSEL, H.: Sport für Ältere. Bewegung – Sportarten – Training. Handbuch für Ärzte, Therapeuten, Sportlehrer und Sportler: Stuttgart, New York, 1999.

PHILIPPI-EISENBURGER, M.: Bewegungsarbeit mit älteren und alten Menschen. Schorndorf 1990

RIES, W. (Hrsg.): Sport und Körperkultur des älteren Menschen. Leipzig 1966

7. Zu Methoden im Anwendungsbereich der Bewegungslehre, speziell zum motorischen Test

Die Methoden in der Bewegungsforschung und auch auf den Anwendungsfeldern der Bewegungslehre sind zahlreich und vielgestaltig. In einer pädagogisch orientierten Bewegungslehre finden sie sowohl in der Forschung als Untersuchungsmethode als auch in der Praxis als Kontrollmethoden Anwendung. Sie sind anderen Wissenschaften oder Wissenschaftsdisziplinen entlehnt und entsprechend den sportmotorischen Fragestellungen und Bedürfnissen modifiziert. Beispielsweise wird die in vielen Wissenschaften angewendete Methode des Experiments (BORTZ/DÖRING, 2002) in der Bewegungsforschung als pädagogisches oder Lernexperiment eingesetzt. Diese Methode wird in ihrer Anwendung auf sportmotorische Fragestellungen ausführlich von PHILIPP (1987) beschrieben. In dieser umfangreichen Darstellung von Forschungsmethoden in sportwissenschaftlichen Problemfeldern behandeln die Autoren zum Beispiel auch Methoden wie Analyse und Synthese, Modellierung, Messung, Befragung, Beobachtung oder den sportmotorischen Test.

Der Einsatz dieser und weiterer Methoden in der Forschung dient vornehmlich dem Gewinn neuer Kenntnisse und Erkenntnisse über motorische Leistungen und Leistungsvoraussetzungen sowie dem Aufdecken von Beziehungen und Zusammenhängen zwischen ihnen. Die gewonnenen Erkenntnisse können uns Einblicke in Gesetzmäßigkeiten bringen sowie die Wirksamkeit pädagogischer Einwirkungen wie Lehr-, Lern- und Trainingsmethoden aufdecken.

In der Praxis finden sie ständig Anwendung zur Beurteilung der im Übungs-, Trainings- oder Wettkampfprozess stehenden Sportler und der Wirksamkeit des Übens und Trainierens. So hilft zum Beispiel die Trainings- und Wettkampfanalyse, den erreichten Leistungsstand, die vorhandenen Schwächen und Stärken der Sporttreibenden festzustellen. Daraus werden Folgerungen für den weiteren Übungs- und Trainingsprozess gezogen.

Teilweise finden diese Methoden als Forschungs- und Kontrollmethoden in enger Verbindung Anwendung, wie dies vor allem im Hochleistungssport zu beobachten ist. Sie können in Feld- oder Laboruntersuchungen eingesetzt werden.

7.1. Zu einigen Methoden in Forschung und Praxis

7.1.1. Methode der Beobachtung

Die Methode der **Beobachtung** hat eine besondere Verbreitung gefunden. Für den Anwendungsbereich der Bewegungslehre, in dem die morphologische Betrachtungsweise im Mittelpunkt steht, muss sie als die dominierende Methode betrachtet werden. Deshalb wird den allgemeinen Bewegungsmerkmalen als Ausdruck der Bewegungskoordination das gesamte Kapitel 3 dieses Buches gewidmet. Die Bewegungsmerkmale *Bewegungsstruktur, Bewegungsrhythmus, Bewegungskopplung, Bewegungsfluss, Bewegungspräzision, Bewegungsumfang, Bewegungstempo* und *Bewegungsstärke* sind als Beobachtungsinhalte zu verstehen. In der bereits oben angeführten umfangreichen Darstellung der Forschungsmethoden in den sportmethodischen Wissenschaftsdisziplinen (SCHNABEL u. a., 1987, Kapitel 7) wird diese Methode sehr ausführlich behandelt und definiert:

»Die wissenschaftliche Beobachtung ist eine Forschungsmethode in der Sportmethodik, die auf der bewussten, planmäßigen, zielgerichteten selektiven Wahrnehmung der Tätigkeit sowie der spezifischen Bedingungen im Prozess des Sporttreibens beruht.« (S. 193) Vergleiche dazu auch die Ausführungen von CLAUSEN/HOSEN-FELD (1994).

Allgemein wird zwischen **Selbstbeobachtung** und **Fremdbeobachtung** unterschieden. Dabei steht im pädagogischen Prozess die Fremdbeobachtung im Vordergrund. Der Sportlehrer, Trainer oder Übungsleiter *beobachtet* ständig die sportlichen Bewegungshandlungen seiner Sportler, um noch vorhandene Fehler feststellen und entsprechende Korrekturen vornehmen zu können. Dabei ist er vorwiegend auf seine visuellen Informationen und den Vergleich mit einem technischen Leitbild angewiesen. Manchmal können auch akustische Signale seine Beobachtung unterstützen. Besonders wertvoll sind allerdings *kinästhetische Informationen*. Diese setzen ausreichende eigene Bewegungserfahrungen voraus. Je präziser diese sind und sein Bewegungssehen geschult ist, um so besser kann er sich durch **Mitvollziehen** in die Bewegung seines Sportlers hineinversetzen. Seine Korrekturmöglichkeiten gewinnen erheblich an Wert. (Vgl. dazu auch die Ausführungen zum Bewegungsrhythmus im Abschnitt 3.3.) Des Weiteren wird zwischen **freier** und **gebundener** Beobachtung unterschieden. Eine freie, ungerichtete Beobachtung erbringt nur sehr ungenaue und wenig verwertbare Ergebnisse und ist für wissenschaftliche Zwecke kaum brauchbar. Die Beobachtung, die an bestimmte, möglichst klar definierte Inhalte beziehungsweise Beobachtungskriterien gebunden ist, kann dagegen wertvolle Beobachtungsergebnisse in Forschung und Praxis erbringen.

Verwendet man Alternativkriterien wie zum Beispiel »richtig« oder »falsch«, »gelöst« oder »nicht gelöst«, kommt man zu groben Beobachtungsergebnissen. Diese Methode ist oft unumgänglich bei der Anwendung sportmotorischer Tests. Auch wenn der Testendwert zahlenmäßig erfasst wird wie zum Beispiel die Anzahl der Wiederholungen in einem Zeittest, so muss durch die Beobachtung stets entschieden werden, ob die Ausführung der Testaufgaben den geforderten Vorgaben entsprachen.

Um die Methode der Beobachtung so aussagekräftig wie möglich anzuwenden, bedarf es der kriteriengebundenen ordinalskalierten Form. Dabei wird das Beobachtungskriterium in mehrere Qualitätsstufen unterteilt, die so genau wie möglich beschrieben werden müssen. Diese Qualitätsstufen werden mit Punktwerten versehen, es entsteht eine Punkteskala. Gebräuchlich sind 3er-, 5er- oder 7er-Skalen, die von grob bis immer feiner das Beobachtungskriterium (auch als Beobachtungsmerkmal bezeichnet) erfassen. Die Anzahl der Skalenwerte muss so gewählt werden, dass diese beziehungsweise die Differenzen vom Beobachter noch sicher erkannt werden können.

7.1.2. Zu den Begriffen: Test – Experiment – Messung

Einige Autoren machen keinen Unterschied zwischen diesen Begriffen. Sie bezeichnen den **Test** als experimentelle Methode oder als Sonderform des **Experiments** (u. a. MICHEL, 1964). Das scheint verständlich, wenn man, historisch betrachtet, den Beginn der Testmethode bereits in den ersten experimentellen Versuchen von WUNDT, GALTON und MCKEEN CATTELL als Begründer der experimentellen Psychologie sieht. (WITZLACK, 1977) In vielen psychologischen Standardwerken werden diese Methoden jedoch nicht gleichgesetzt. (LIENERT, 1989, GUTJAHR, 1974; WITZLACK, 1977; FRIEDRICH/HENNIG, 1980; STAPF, 1999). Das erscheint insofern zweckmäßiger, als sich die Methode des Experiments besonders in der Psychologie und Pädagogik wesentlich weiterentwickelt hat. Unterschieden werden: Laborexperiment, Feldexperiment, Erprobungsexperiment, Extremexperiment, pädagogisches Experiment, Trainingsexperiment und andere mehr, die sich vom Test deutlich unterscheiden. (FRIEDRICH/HENNIG, 1980; BORTZ/DÖRING, 2002)

Ein Wesensmerkmal des Tests ist seine Kurzzeitigkeit und möglichst schnelle Ergebnisgewinnung, was ihn als wiederholt einsetzbare

Prüfmethode auch innerhalb eines pädagogischen Experiments besonders geeignet macht (Praetest – Pädagogisierungsphase – Posttest). Auch wenn es hier eine gewissen Ähnlichkeit zwischen Test und Experiment gibt, wie zum Beispiel bei Lerntests nach GUTHKE (1972, 1978), sollten beide Formen unterschieden werden.

Friedrich/Hennig vertreten ebenfalls diese Auffassung und begründen sie so:

»Wir sind gegen eine solche Verwischung von standardisierten Analyseverfahren und Verfahren mit einem gesteuerten experimentellen Faktor in einem ausgeweiteten Experimentalbegriff. Damit können zwei wesentlich voneinander verschiedene Klassen von Untersuchungsverfahren nicht differenziert werden. Das Experiment in unserem Sinne ist qualitativ umfassender als der Test.« (1980, S. 643)

Ein wesentlicher Unterschied liegt auch in der Bedingungskonstanz beim Test (Standardisierung) und der Bedingungsvarianz beim Experiment.

Im Interesse möglichst klarer Begriffsdefinitionen in der sportwissenschaftlichen Forschung liegt auch die Unterscheidung von *Test* und *Messung*. Der Begriff **Messung** wird, besonders in der Psychologie, im *weiteren* und im engeren Sinne gebraucht. In seiner Arbeit über die Messung psychischer Eigenschaften beschäftigt sich GUTJAHR (1974) ausführlich mit dieser Frage. Die Verwendung des Begriffs Messung (im weiteren Sinne) geht auf die Definition von STEVENS zurück, der unter Messung jede Zuordnung von Zahlen zu Objekten oder Ereignissen versteht, wenn nur eine Regel dieser Zuordnung zugrunde liegt. Er unterscheidet vier Skalentypen: Nominalskala, Ordinalskala, Intervallskala und Verhältnisskala.[1] Es ist jedoch zweckmäßiger, nur dann von Messung zusprechen, wenn definierte Maßeinheiten vorliegen, das heißt die gewonnenen Daten metrisch skaliert sind. Das trifft aber nur auf die Typen der Intervall- oder Proportional-(Verhältnis-)skala zu. Im weiten Sinne kann zweckmäßigerweise von *Quantifizierung* (CLAUSS/EBNER, 1983) oder *Skalierung* (GUTJAHR, 1974) bei einer nominalen oder ordinalen Skalierung gesprochen werden. Da ein Test zwar metrisch skalierte Daten liefern kann, dies jedoch nicht

zwangsläufig erfolgt, ist eine Gleichsetzung von Test und Messung unstatthaft. Auch wird beim sportmotorischen Test meistens von einem Messwert auf eine komplexe motorische Fähigkeit »nur« rückgeschlossen, die einer direkten Messung nicht zugänglich ist.

Der Test sollte also nicht als Messverfahren definiert werden. (Vergleiche dazu auch SCHNABEL u. a., 1987, im Kapitel 7 der oben schon angeführten umfangreichen Darstellung der »Forschungsmethoden in den sportmethodischen Wissenschaftsdisziplinen«).

7.2. Wesen und Aufgabenbereiche des sportmotorischen Tests als Untersuchungs- und Kontrollmethode

Definition sportmotorischer Test:
Wissenschaftlich begründete Untersuchungs- und Kontrollmethode, die durch Lösen sportlicher Bewegungsaufgaben unter standardisierten Bedingungen charakteristische Ergebnisparameter erfragt, die als Indikatoren für sportmotorische Fähigkeiten und Fertigkeiten dienen (BLUME, 1984a).

Diese Begriffsbestimmung bedarf weiterer Erläuterungen:

– Als *wissenschaftlich begründet* kann ein Test nur dann angesehen werden, wenn er auf der Grundlage einer theoretischen oder empirischen Analyse des zu prüfenden Merkmals erarbeitet und angewendet wird.[2] Das bedeutet für den sportmotorischen Test, dass die zu prüfende konditionelle oder koordinative Fähigkeit vorher einer Analyse (Merkmalsanalyse) unterzogen wird. Dazu sind ausreichende Kenntnisse eine notwendige Voraussetzung. Soll zum Beispiel ein Schnellkrafttest erarbeitet werden, so ist das Merkmal

---

1 Vgl. dazu auch BORTZ/DÖRING (2002).
2 Ähnliche Auffassungen befinden sich bei BÖS u. a. (2001, S. 533 ff.)

Wesen und Aufgabenbereich des sportmotorischen Tests

»Schnellkraftfähigkeit« zunächst möglichst genau zu bestimmen. Erst wenn der Test entsprechend dieser Merkmalsobjektivierung konstruiert wird, kann er als wissenschaftlich begründet gelten.

– Wenn als Indikator für ein Persönlichkeitsmerkmal die **Lösung einer sportmotorischen Bewegungsaufgabe** genannt wird, so wird damit der sportmotorische Test von anderen (motorischen) Tests unterschieden, zum Beispiel dem psychomotorischen Test. Für den motorischen Handlungsvollzug grundlegende Eigenschaften wie beispielsweise die Antizipationsfähigkeit, Vorstellungsfähigkeit oder musische Fähigkeiten, die mehr oder weniger auch für sportliche Handlungen bedeutsam sein können, müssen nicht unbedingt mit sportmotorischen Tests geprüft werden. Psychologische oder psychomotorische Tests finden hier oft Anwendung, wobei zwar eine motorische Aufgabenlösung, nicht jedoch eine sportmotorische, als Indikator dient.

– **Standardisierte Bedingungen** sind ein entscheidendes Wesensmerkmal eines jeden Tests und Voraussetzung für seine Reproduzierbarkeit. Sie sind für alle Phasen des testdiagnostischen Prozesses zu fordern, das heißt für die Testdurchführung, Testauswertung und Testinterpretation. Besonders bei der Testdurchführung gilt es, sich stets an die genau fixierten Vorschriften zu halten, was bei sportmotorischen Tests vor allem für Abmessungen und Beschaffenheit verwendeter Geräte, Boden des Testfeldes, Bekleidung und Schuhwerk sowie Anzahl der Probe- und Wertungsversuche wichtig ist.

Sind die äußeren Bedingungen noch relativ leicht zu standardisieren, so ist es oft ungleich schwieriger, auch die inneren Bedingungen, die Einstellung und Motivation der zu testenden Personen, möglichst gleich zu halten. Der Testleiter trägt hier eine hohe Verantwortung und muss durch seine Erläuterungen dafür Sorge tragen, dass alle Probanden den Nutzen des Tests einsehen, akzeptieren und gewillt sind, im Test die ihnen bestmögliche Leistung zu erreichen.

Ein nachlässiges, desinteressiertes Herangehen an die Testaufgabe führt ebenso zu falschen Ergebnissen wie das Absolvieren des Tests in einer Wettkampfsi-

tuation. Wenn auch Sportlern die Wettkampfsituation keinesfalls neu oder fremd ist, so sollte sie beim Test vermieden werden, weil Probanden unterschiedlichen Leistungsniveaus auch unterschiedlich stimuliert werden. Beispielsweise können innerhalb einer Trainingsgruppe die Besten stärker positiv motiviert sein, weil sie »um den Sieg« kämpfen, als die Schlechteren, die keine »Siegeschance« haben.

Auch die Erfassung der **Testleistung** muss grundsätzlich einheitlich erfolgen. Das ist bei sportmotorischen Tests relativ einfach zu verwirklichen, wenn eine Messung erfolgen kann. Trotzdem ist auch dabei auf geeichte Messinstrumente und exakte Handhabung zu achten. Schwieriger ist schon eine objektive Leistungserfassung, wenn eine Beurteilung durch Beobachtung notwendig wird. Das ist beispielsweise der Fall, wenn zwischen richtiger oder fehlerhafter Ausführung entschieden (Klimmziehen, Liegestützbeugen usw.) oder die geforderte Qualität der Ausführung bei der Prüfung der Stabilität einer Fertigkeit beurteilt werden muss. Eine standardisierte Ergebniserfassung bedarf neben der ausreichenden »Geübtheit« des Bewerters zusätzlicher Maßnahmen, auf die bei der Beschreibung der Durchführungsobjektivität eingegangen wird (vgl. Abschnitt 7.4.2.).

– Die **Indikanten**, die zu prüfenden Personeigenschaften, sind beim sportmotorischen Test die *motorischen Fähigkeiten* und *sporttechnischen Fertigkeiten*. Das sind einerseits die konditionellen Fähigkeiten (Kraft-, Schnelligkeits- und Ausdauerfähigkeiten) und die koordinativen Fähigkeiten sowie andererseits die Stabilität und Rentabilität sporttechnischer Fertigkeiten. Der Test, und so eben auch der sportmotorische Test, dient stets der Erfassung von Merkmalen der Person, die einer *direkten Erfassung nicht zugänglich* sind. Das ist bei allen menschlichen Fähigkeiten der Fall, so auch bei den motorischen. Der Begriff »Fertigkeitstest« ist demzufolge nur auf die Prüfung der Stabilität oder der Rentabilität einer Fertigkeit anwendbar, während die Qualität der Ausführung direkt durch die Methode der Beobachtung oder durch biomechanische Messung erfolgt. Die Stabilität einer Fertigkeit wird beispielsweise getestet, wenn mit einem Ball bei mehrmaliger

Wiederholung sehr genau ein vorgegebenes Ziel getroffen oder ein turnerisches Element bei wiederholter Ausführung stets in gleich guter Qualität dargeboten wird. Die Rentabilität einer Fertigkeit wird beispielsweise im Sportschwimmen für den Start und die Wende ermittelt, indem die Schwimmgeschwindigkeit und die Startgeschwindigkeit beziehungsweise Wendegeschwindigkeit zueinander ins Verhältnis gesetzt werden.

Sportmotorische Tests werden sowohl als **Kontrollverfahren in der Praxis** wie auch als **Untersuchungsverfahren in der Forschung** angewendet. Dabei trägt ihre Anwendung zur Lösung vielfältiger praktisch und theoretisch interessierender Probleme bei, die in drei größere **Aufgabenbereiche** zusammengefasst werden können.

Der leistungsdiagnostische Aufgabenbereich

Dieser Bereich umfasst die Prüfung des individuellen motorischen Fähigkeits- und Fertigkeitsniveaus zu bestimmten Zeitpunkten und unter bestimmten Bedingungen. So wird zum Beispiel am Ende eines Schuljahres oder eines Trainingsabschnittes das Leistungsniveau im konditionellen und koordinativen Bereich überprüft. Die Bedingungen, unter denen es sich herausgebildet hat, können sehr unterschiedlich sein. Von entscheidendem Einfluss sind Übungs- und Trainingswirkungen, die von einem zweimaligen obligatorischen Sportunterricht je Woche über zusätzlichen außerschulischen Sport bis zum leistungssportlichen Training reichen.

Neben der Ermittlung der Leistungsfähigkeit der Schüler und Sportler sind auch Rückschlüsse auf die Wirksamkeit des Übens oder Trainierens hinsichtlich der Belastungsgestaltung und der angewendeten Mittel und Methoden möglich. Eingeschlossen sind dabei auch Fragestellungen, die durch streng definierte oder planmäßig variierte Bedingungen im pädagogischen beziehungsweise Trainingsexperiment beantwortet werden sollen.

Die Aufhellung der oft sehr komplexen und komplizierten Struktur sportlicher Leistungen sowie der körperlichen Leistungsfähigkeit ist eine besonders wichtige trainingswissenschaftliche Aufgabe. Zur Bestimmung der einzelnen leistungsbestimmenden Faktoren, zu denen auch die motorischen Fähigkeiten zu rechnen sind, ist die Anwendung des sportmotorischen Tests unumgänglich. In jüngster Zeit besteht ein besonderer Bedarf, zur Diagnose der koordinativen Leistungsvoraussetzungen aussagekräftige Verfahren zu entwickeln. Die Aufhellung des für viele Sportarten wichtigen technisch-koordinativen Leistungsfaktors, seines Stellenwertes im jeweiligen leistungsstrukturellen Gesamtgefüge sowie des Wesens und der Wechselbeziehungen der koordinativen Fähigkeiten innerhalb dieses Strukturgebildes erfordert vor allem die Anwendung authentischer sportmotorischer Tests.

Der entwicklungsdiagnostische Aufgabenbereich

Der sportmotorische Test dient hierbei der Aufdeckung der Veränderungen des motorischen Fähigkeitsniveaus über einen bestimmten Zeitraum. Es wird der Effekt eines längerfristigen Übungs- oder Trainingseinflusses ermittelt oder die Veränderung der motorischen Leistungsfähigkeit im Verlaufe der Ontogenese des Menschen unter den jeweils gegebenen gesellschaftlichen Bedingungen bestimmt. Dabei interessiert, wie sich die Leistungsfähigkeit im Verlauf des Lebens entwickelt.

Für die Planung und Gestaltung des Sportunterrichts sowie des Übungs- und Trainingsbetriebes ist die Aufdeckung von besonders günstigen Entwicklungsabschnitten (sensible Phasen) für die Herausbildung einzelner konditioneller und koordinativer Fähigkeiten von großer Bedeutung. Sportmotorische Tests werden auch in entwicklungsdiagnostischen Untersuchungen zur Beantwortung dieser Fragestellung mit Erfolg angewendet.

Der eignungsdiagnostische Aufgabenbereich

Die Zielsetzung, dass jeder Mensch seine Fähigkeiten voll entfalten kann, schließt auch die Ermittlung der individuell unterschiedlichen Eignung für bestimmte Tätigkeitsbereiche als eine Voraussetzung für die erfolgreiche Förderung ein. Dabei dient der sportmotorische Test durch die Niveaubestimmung der motorischen Fähigkeiten und ihrer Trainierbarkeit, insbesondere der motorischen Lernfähigkeit, der Beurteilung der besonderen Eignung für bestimmte Sportarten beziehungsweise Sportartengruppen. Im Rahmen eignungsdiagnostischer Verfahren müssen an ihn besondere Anforderungen gestellt werden, weil er eine hohe Vorhersagegültigkeit (prognostische Validität) besitzen muss.

7.3. Zur Klassifizierung sportmotorischer Tests und zu Einsatzmöglichkeiten der Testformen

Die Vielzahl und Mannigfaltigkeit sportmotorischer Tests lässt es ratsam erscheinen, mit Hilfe einer Klassifizierung eine größere Übersichtlichkeit zu gewinnen. Dabei werden je nach dem Zweck einer Klassifikation auch unterschiedliche Kriterien zugrunde gelegt.

BLAHUS (1976) unterscheidet nach der Anzahl der zu erfassenden Merkmale zwischen *eindimensionalen* und *mehrdimensionalen* (komplexen) Tests, wobei er letztere noch untergliedert in konsistente (hoch valide) und äquivalente (parallele) Tests.

In Anlehnung an psychologische Testklassifikationen kann in *Zeit-* und *Niveautests* sowie Mischformen beider unterschieden werden. Bei einem reinen Zeittest ist allein die zur Aufgabenlösung benötigte Zeit Kriterium für das Ergebnis. Beispiele sind alle Tests zur Prüfung der Laufschnelligkeit oder auch koordinative Tests, bei denen bestimmte Aufgaben möglichst schnell zu lösen sind (z. B. Reaktionstests). Auch Tests mit einer Zeitbegrenzung (beispielsweise in 20 s so oft wie möglich einen Ball gegen die Wand werfen und fangen) gehören zu dieser Art des Tests. Bei einem reinen Niveautest ist dagegen keine Zeitbegrenzung vorgegeben beziehungsweise die Schnelligkeit der Aufgabenlösung spielt keine Rolle. Beispiele dafür sind koordinative Tests zur Bestimmung der Kopplungsfähigkeit (ZIMMER, 1981) oder alle Maximalkrafttests. Als *Mischform* sind Tests zu bezeichnen, bei denen sowohl die benötigte Zeit als auch die Qualität der Aufgabenlösung für das Resultat bestimmend sind. Dazu gehört zum Beispiel der Tremometer-Test, bei dem die Genauigkeit und die benötigte Zeit ermittelt werden. Nach der Art der Aufgabenlösung kann zwischen *freien* und *gebundenen Tests* unterschieden wer-

den. BLAHUS (1976) bezeichnet diese Tests als relativ und absolut. Beim freien Test stehen dem Probanden mehrere Möglichkeiten der Aufgabenlösung zur Verfügung, aus denen er auswählen kann. Ist jedoch die Art der Aufgabenlösung exakt vorgegeben, handelt es sich um einen gebundenen Test.

Für die Erleichterung der Konstruktion oder der Auswahl sportmotorischer Tests hat sich eine Klassifikation nach ihrer Struktur sowie nach dem Gegenstandsbereich als nützlich erwiesen.

7.3.1. Klassifizierung der Tests nach ihrer Struktur

In Anlehnung an HERZBERG (1972) kann unter Beachtung der allgemein gebräuchlichen Klassifizierung psychologischer Tests und unter besonderer Berücksichtigung der Testformen, die sich in der Sportpraxis entwickelt haben, entsprechend Tabelle 7.3.–1 klassifiziert werden.

Zunächst wird zwischen *Einzeltest* und *Komplextest* unterschieden.

Ein **Einzeltest** ist stets eindimensional, das heißt, er dient der Erfassung und Prüfung *eines* Merkmals. Mit einem sportmotorischen Einzeltest wird also eine konditionelle oder koordinative Fähigkeit geprüft. Meistens werden jedoch nur Komponenten einer Fähigkeit erfasst, weil Fähigkeiten oft komplexer Natur sind.

So prüft zum Beispiel der Test »Liegestützbeugen« als Krafttest die Kraftfähigkeit in der Armmuskulatur, insbesondere der Armstrecker. In diesem Falle besteht der Einzeltest aus *einer* zu lösenden Testaufgabe, bei der *ein* Testendwert erhoben wird: *elementarer Einaufgabentest*.

Als Sonderform kann hier der **Lerntest** eingeordnet werden. Mit ihm wird die motorische Lernfähigkeit geprüft. Strukturell besteht er aus dem zweimaligen Absolvieren der festgelegten Testaufgabe, wobei zwischen dem ersten und zweiten Absolvieren ein inhaltlich genau definierter und pädagogisch geführter Abschnitt des Übens liegt.

Nach der Dauer der Tests wird in Kurzzeitlerntest (einmalige fortlaufende Durchführung) und Langzeitlerntest (über mehrere Tage bis zu einer Woche) unterschieden.

Untersuchungs- und Kontrollmethoden

Tabelle 7.3.–1 Testformen und ihre Anwendungsmöglichkeiten

Typ	Dimensionalität	Strukturmerkmale	Beispiele
Einzeltest: Elementarer Einaufgaben-test	eine Fähigkeit oder ein Aspekt einer Fähigkeit	eine Testaufgabe, ein Testendwert	Gleichgewichtstest (nach FLEISHMAN), Koppeln (nach KIRCHEIS), Tremometertest, Rhythmusresistenztest, Zielhüpfen, Winkelreproduzieren
Lerntest	eine Fähigkeit oder ein Aspekt einer Fähigkeit	eine oder mehrere Testaufgaben ein Testendwert/ Pädagogisierungsphase	allgemeiner Lerntest 1 (nach RAUCHMAL)
Testserie	eine Fähigkeit oder ein Aspekt einer Fähigkeit	eine Testaufgabe mit Variationen oder mehrere Aufgaben in der Schwierigkeit ansteigend, ein Testwert	Kopplungstest (nach ZIMMER)
Komplextest: Komplexer Einaufgaben-test	mehrere Fähigkeiten oder Aspekte einer Fähigkeit	eine Testaufgabe, mehrere Testendwerte	Strecksprungtest
Mehrfach aufgabentest	mehrere Fähigkeiten oder Aspekte einer Fähigkeit	mehrere Testaufgaben fortlaufend absolviert, mehrere Testendwerte	Vielfachreaktionstest (nach RAUCHMAUL)
Testprofil	mehrere Fähigkeiten oder Aspekte einer Fähigkeit	mehrere Tests, mehrere Testendwerte	Koordinationsstern (nach HIRTZ)
Testbatterie	mehrere Fähigkeiten oder Aspekte einer Fähigkeit	mehrere Tests ein Testendwert	TB für motorische Lern-fähigkeit (nach HERZBERG)

Bisher wenig verbreitet, jedoch von großem praktischen Nutzen ist eine Testform, die aus mehreren im Schwierigkeitsgrad ansteigenden Aufgaben besteht. In der Psychologie wird diese Art als **Testserie** bezeichnet.

Die Testserie bietet die Möglichkeit, einen Test über einen längeren Zeitraum anzuwenden, während dem sich die zu prüfende Fähigkeit wesentlich weiterentwickelt. Da die Testaufgaben in ihrer Schwierigkeit kontinuierlich ansteigen, kann auch bei erhöhtem Fähigkeitsniveau eine ausreichende Trennschärfe gesichert werden.

Bei Krafttests bietet sich z. B. die Verwendung von Zusatzgewichten zur Steigerung der Schwierigkeit an. ZIMMER (1981) entwickelte einen Test zur Prüfung der Kopplungsfähigkeit, der aus 10 in ihrer Koordinationsschwierigkeit ansteigenden Aufgaben besteht.

Diese Form des Einzeltests ist besonders wertvoll, weil dadurch der Entwicklungsverlauf in motorischen Fähigkeiten kontinuierlich verfolgt werden kann. Die oft nicht gegebene Vergleichbarkeit von Testleistungen über mehrere Alters- und Leistungsklassen bei stets wechselnden Tests kann damit überwunden werden.

Sportmotorische Tests – Klassifizierung und Einsatzmöglichkeiten

Bei der Konstruktion sportmotorischer Testserien sind folgende Gesichtspunkte zu beachten:
- Bestimmung des mittleren Schwierigkeitsgrades der einzelnen Testaufgaben.
- Gewährleistung eines möglichst kontinuierlichen Anstiegs der Schwierigkeit.
- Gegebenenfalls Bestimmung der Testaufgabe, mit der bei den zu prüfenden Probanden entsprechend ihrem Leistungsniveau begonnen wird.

Ein **Komplextest** ist immer mehrdimensional, das heißt, er zielt stets auf die Erfassung mehrerer Merkmale oder Komponenten ab. In der Regel besteht er aus mehreren Einzeltests (Untertests) oder aus mehreren Testaufgaben. In jedem Falle jedoch werden mehrere Testresultate gewonnen.

Ein **Testprofil** besteht aus mehreren Einzeltests, die entweder mehrere unterschiedliche Fähigkeiten (heterogenes Testprofil) oder mehrere Seiten ein und derselben Fähigkeit (homogenes Testprofil) prüfen. Die einzelnen Tests behalten dabei ihre Eigenständigkeit, das heißt, die Testendwerte der Einzeltests werden nicht zu einem Testendwert des Komplextests zusammengefasst. Das Ergebnis kann graphisch anschaulich in Form eines Profils oder eines Sternes dargestellt werden und ermöglicht so schnell einen inter- oder intraindividuellen Vergleich. (PÖHLMANN/HIRTZ, 1994)

Die **Testbatterie** besteht ebenfalls aus mehreren Einzeltests, die jedoch ihre Eigenständigkeit verlieren. Die Resultate der Einzeltests werden zusammengefasst zu einem Endwert, was jeweils die Umrechnung der Einzeltestendwerte in eine adäquate Punkteskala erfordert. Wie auch beim Testprofil unterscheidet man zwischen der homogenen und der heterogenen Testbatterie.

Homogene Testprofile oder **-batterien** finden Anwendung, wenn eine sehr komplexe Fähigkeit in all ihren Komponenten geprüft werden soll, wie dies beispielsweise bei der Reaktionsfähigkeit nötig sein kann. Dabei müssen die Einzeltests in engem korrelativem Zusammenhang stehen, wenn eine ausreichende Validität erreicht werden soll.

Heterogene Testprofile oder **-batterien** dienen der Erfassung eines Komplexes unterschiedlicher motorischer Fähigkeiten.

So wird beispielsweise die Kondition ganz allgemein mit den Fitness-Testbatterien geprüft, die aus Tests zur Prüfung der Kraft-, Ausdauer-, Schnelligkeits-, Beweglichkeitsfähigkeiten und teilweise auch koordinativer Fähigkeiten bestehen.

Die Validität wird durch die Korrelation mit einem Außenkriterium, zum Beispiel einer sportlichen Mehrkampfleistung, bestimmt. Die Einzeltests sollen dabei innerhalb des Profils oder der Batterie möglichst gering miteinander korrelieren. (Bös, 1987)

Beim **Mehrfachaufgabentest** werden vom Probanden die zu lösenden Testaufgaben fortlaufend absolviert, und jede dieser Aufgabenlösungen liefert einen Leistungswert. Diese Werte können in Beziehung zueinander gesetzt werden und durch entsprechende statistische Bearbeitung zu weiteren Informationen über zu prüfende Fähigkeiten führen. Ein Beispiel für diese Testart ist der Strecksprungtest (Tabelle 7.3.–2).

Diese Form des sportmotorischen Tests wird erst vereinzelt angewandt. Er besitzt besonders hinsichtlich der Testökonomie Vorteile gegenüber mehreren Einzeltests, weil bei *einem* Geräteaufbau Probanden in kürzerer Zeit getestet werden können. Zeiten für Geräteumbau sowie Wartezeiten zwischen einzelnen Tests entfallen oder können erheblich reduziert werden. Außerdem kann bei gut durchdachter Testkonstruktion ein benötigtes Messgerät in seinen Möglichkeiten besser ausgenutzt werden, wie die Versuche der Verwendung des Sprungkoffers zur Messung von Gelenkwinkelstellungen beim Test »Winkelreproduzieren« zeigen.

HARTMANN (1981) bietet eine Testvorform als Beispiel an, mit der verschiedene Komponenten der Differenzierungs-, Orientierungs-, Kopplungs- und Umstellungsfähigkeit geprüft werden können. Die Entwicklung dieser Art von Komplextests steht noch ganz am Anfang, was auch in dem zunächst verwendeten Arbeitsbegriff »ökonomisiertes Testprofil« zum Ausdruck kommt.

Der Mehrfachaufgabentest unterscheidet sich jedoch insofern von einem Testprofil, als
- er vom Probanden eine fortlaufende Aufgabenerfüllung in einem Testdurchgang fordert und
- die dabei gewonnenen Ergebnisse der Auf-

Untersuchungs- und Kontrollmethoden

Tabelle 7.3.–2   Der Strecksprungtest

Testaufgabe	Leistungswert	Fähigkeit
1) Sprung maximal ohne Armeinsatz	Höhe in cm	Sprungkraft
2) Sprung maximal mit Armeinsatz	Höhe in cm	Sprungkraft und Kopplungsfähigkeit
3) Sprung maximal mit Armeinsatz und Anhupf	Höhe in cm	Kopplungsfähigkeit und Sprungkraft
4) 10 Sprünge mit Armeinsatz auf 2/3 der Maximalhöhe von Aufgabe 2	Summe der Abweichungen	Differenzierungsfähigkeit
5) Differenz von Aufgabe 1 und 2	cm	Kopplungsfähigkeit

gabenlösungen durch statistische Bearbeitung zu einer weiteren Informationsgewinnung führen (was bei Profilen zwar theoretisch möglich, praktisch jedoch nicht üblich ist).

Der ökonomische Vorteil lässt eine weitere Entwicklung von Mehrfachaufgabentests als sehr nützlich erscheinen. Während bei dem angeführten Beispiel mehrere Fähigkeiten erfasst werden, können ebenso mehrere Komponenten einer Fähigkeit mit dem Mehrfachaufgabentest geprüft werden, zum Beispiel dem Vielfachreaktionstest (nach RAUCHMAUL). Im ersten Falle handelt es sich um einen heterogenen (ungleichartigen), im zweiten Falle um einen homogenen (gleichartigen) Mehrfachaufgabentest. Dieser Test ist sportartunspezifisch. Oft ist es jedoch erforderlich, sportartspezifische Aspekte prüfbar zu machen. GRÜBLER/HARTMANN (1985) entwickelten einen volleyballspezifischen Test zur Prüfung der Wahlreaktion und Orientierungsfähigkeit.

Das Gleiche trifft für eine Form des Tests zu, die ebenfalls erst in einigen Vorüberlegungen und wenigen Beispielen in die Praxis Eingang gefunden hat, und die man als **komplexen Einaufgabentest** bezeichnen kann. Dabei wird nur eine Testaufgabe absolviert, jedoch werden mehrere Leistungswerte (Teilleistungen) registriert und wie beim Mehrfachaufgabentest ausgewertet.

Beispielsweise kann die Testaufgabe darin bestehen, eine bestimmte Strecke zu durchlaufen oder mit dem Boot zu durchfahren. Während der Absolvierung dieser Testaufgabe können mehrere Teilleistungen registriert werden, wie:

– 1. Teilstrecke (Startphase) zur Prüfung der Beschleunigungsfähigkeit,
– 2. Teilstrecke zur Prüfung der lokomotorischen Schnelligkeitsfähigkeit,
– Frequenz und Zyklusweg zur Prüfung der Technik oder bei entsprechender Soll-Vorgabe zur Prüfung des Geschwindigkeits- und Frequenzverhaltens als einer Komponente der Differenzierungsfähigkeit,
– Gesamtstrecke zur Prüfung der Kraftausdauer.

Wendet man zusätzlich Verfahren wie beispielsweise kinemetrische oder dynamometrische Aufzeichnungen an, so sind weitere Informationen über die Stabilität und Qualität der Bewegungsfertigkeit zu gewinnen.

Eine solche Klassifikation der sportmotorischen Tests nach ihrer Struktur bietet die Möglichkeit, je nach der wissenschaftlichen Fragestellung oder dem praktisch interessierenden Sachverhalt schnell die geeignete Form des sportmotorischen Tests auswählen zu können. Interessiert nur eine bestimmte Komponente einer Fähigkeit, so ist der Einzeltest geeignet (z. B. Prüfung der Beweglichkeit in den Schultergelenken). Soll eine komplexere Fähigkeit geprüft werden, wie dies bei fast allen koordinativen Fähigkeiten der Fall ist, so muss auf den Mehrfachaufgabentest, das Testprofil oder die Testbatterie zurückgegriffen werden. Wenn die Entwicklung motorischer Fähigkeiten über einen längeren Zeitraum möglichst genau verfolgt werden soll, ist die Erarbeitung einer Testserie zu empfehlen. Bei der Zusammenstellung von Testprofilen oder Testbatterien kann oft auf bereits valide, reliable und objektive Einzeltests zurückgegriffen werden.

7.3.2. Klassifizierung der Tests nach der Dominanz ihrer Aussage

In der Definition des sportmotorischen Tests wurde gekennzeichnet, dass er der Prüfung motorischer Fähigkeiten und zum Teil motorischer Fertigkeiten dient. So kann allgemein unterschieden werden in

– Konditionstests,
– Koordinationstests,
– Beweglichkeitstests,
– Fertigkeitstests.

Diese Klassifizierung ist jedoch noch zu grob bezüglich der Unterscheidung einzelner konditioneller und koordinativer Fähigkeiten. Dabei sind die Kenntnisse über die konditionellen Fähigkeiten bereits sehr umfassend und gesichert. Es gibt deshalb auch viele authentische Tests zur Prüfung dieser Fähigkeiten. Hingegen ist über die koordinativen Fähigkeiten bedeutend weniger bekannt. Viele Jahre wurde das koordinative Fähigkeitspotential unter dem Begriff Gewandtheit zusammengefasst, und es entstand eine relativ große Anzahl von Gewandtheitstests. Erst in jüngerer Zeit wird verstärkt an der differenzierten Erfassung einzelner koordinater Fähigkeiten gearbeitet, und es werden verstärkt Tests zu ihrer Prüfung entwickelt (siehe auch Abschnitt 7.7.).

Eine Klassifikation der Tests nach der Dominanz ihrer Aussage folgt zwangsläufig der gegenwärtigen Systematisierung motorischer Fähigkeiten. Danach kann man unterscheiden:

Konditionstests:
– Krafttests,
    Maximalkrafttests,
    Schnellkrafttests,
    Kraftausdauertests,
– Ausdauertests,
– Schnelligkeitstests;

Koordinationstests:
– Kopplungstests,
– Orientierungstests,
– Differenzierungstests,
– Gleichgewichtstests,

– Reaktionstests,
– Umstellungstests,
– Rhythmustests;

Beweglichkeitstests:
– Tests für aktive Beweglichkeit,
– Tests für passive Beweglichkeit.

Beweglichkeitstests lassen sich nicht eindeutig zuordnen, weil auch die Beweglichkeit nicht eindeutig den konditionellen oder koordinativen Fähigkeiten zugeordnet werden kann. Tests zur Prüfung der aktiven Beweglichkeit könnten als Koordinationstests betrachtet werden. Für die Prüfmethoden der passiven Beweglichkeit ist der Gebrauch des Testbegriffs nicht ganz zutreffend, weil es sich hier um eine direkte Erfassung der Bewegungsweite in bestimmten Körpergelenken durch Messung handelt. Trotzdem sollte der Begriff »Beweglichkeitstest« für beide Arten der Beweglichkeit aus Gründen der Praktikabilität beibehalten werden.

Zur Erfassung der motorischen Lernfähigkeit als ein Komplex koordinativer Fähigkeiten gewinnen neben den Koordinationstests die so genannten Lerntests eine immer größere Bedeutung. Sie bestehen aus Prätest – Pädagogisierungsphase – Posttest und haben somit Prozesscharakter (GUTHKE, 1972).[3]

Hier ist der statuserhebende konstatierende Charakter der üblichen Tests überwunden, und es wird damit eine sicherere Prognose über die zu erwartende motorische Lernleistung erreicht.

Auf die Problematik des Begriffs »Fertigkeitstest« wurde bereits verwiesen. Während die Bestimmung der Qualität der Ausführung einer Bewegungshandlung auf direktem Wege durch die Methoden der Beobachtung oder Messung (biomechanisch) erfolgt, wird mit der Testmethode auf indirektem Wege die Stabilität oder Rentabilität einer Fertigkeit geprüft. Es ist demzufolge zu klassifizieren:

Fertigkeitstests:
– Stabilitätstests,
– Rentabilitätstests.

Mit dem *Stabilitätstest* wird der Stabilitätsgrad geprüft, der beim Erlernen einer motori-

---

3 Prä- und Posttest sind hier nicht als Verfahren zu verstehen, sondern der Testbegriff wird hier im Sinne einer Testdurchführung gebraucht. Strukturell hat der Lerntest Ähnlichkeit mit dem Experiment (BLUME, 1984a).

schen Bewegungshandlung erreicht wurde. Dabei werden allgemein drei Grundvarianten der Testkonstruktion angewendet:

• Die zu prüfende Bewegungsfertigkeit ist mehrmals in gleichbleibend guter Ausführung zu wiederholen. Die Anzahl der qualitätsnormgerechten Wiederholungen gilt als Maß für die Stabilität der Fertigkeit. Diese Variante findet vorwiegend in den technisch-akrobatischen Sportarten wie Gerätturnen und Eiskunstlauf Anwendung.

• Es ist bei wiederholter Durchführung von Wurf- oder Schlagbewegungen mit einem Spielgerät (meistens Ball) in vorher markierte Zielfelder zu treffen. Die erreichte Konstanz im Trefferergebnis dient als Maß der Stabilität der Fertigkeit, indem die Anzahl der Treffer ermittelt wird.

• Ein Ball ist fortlaufend über eine bestimmte Zeit so oft wie möglich gegen eine Wand zu werfen, zu schlagen oder zu stoßen. Die in dieser Zeit erreichte Anzahl von Versuchen wird als Maß für die Stabilität der geprüften Fertigkeit verwendet. Die zweite und dritte Variante findet vorwiegend in den Spielsportarten Anwendung.

Mit dem *Rentabilitätstest* wird der Ausnutzungsgrad des konditionellen Potentials durch einen zweckmäßigen ökonomischen Bewegungsvollzug geprüft. Dabei werden in Bezug gesetzt:

– das konditionelle Potential (Kraft, Kraftausdauer oder Ausdauer) und
– die erzielte Leistung.

Aus der Differenz dieser beiden Werte wird auf die Qualität des Bewegungsvollzuges, das heißt das ökonomische Umsetzen der konditionellen Potenzen in ein sportliches Leistungsresultat geschlossen.

Beispiele sind unter anderem aus dem Schwimmsport mit der Bestimmung der Wendenrentabilität und aus der Leichtathletik mit der Bestimmung des Effektivitätsgrades im Hochsprung durch DJAČKOV (1973) bekannt.

Bei einer Klassifizierung der sportmotorischen Tests nach der Dominanz ihrer Aussage sollte jedoch nicht übersehen werden, dass auch Mischformen Anwendung finden. Mit einem Test werden dabei mehrere motorische Fähigkeiten sowie auch Aspekte der Fertigkeitsau-

sprägung geprüft. Solche Tests, der Struktur nach als Mehrfachauswertungstests bezeichnet, können sehr zeitökonomisch sein, sind jedoch bisher erst im Stadium der konzeptionellen Phase und ersten Erprobung.

7.4. Die Gütekriterien sportmotorischer Tests

Wie im Abschnitt 7.2. bereits ausgeführt, ist ein Test als wissenschaftlich begründetes Untersuchungsverfahren erst vollständig, wenn er den geforderten Gütekriterien genügt.

Zu unterscheiden sind die Hauptgütekriterien
– Reliabilität (Zuverlässigkeit),
– Objektivität[4]
– Validität (Gültigkeit);
und die Nebengütekriterien
– Normierung,
– Vergleichbarkeit,
– Ökonomie.

Wenn auch die Validität des Tests als das wesentlichste Gütekriterium angesehen werden muss, weil es darüber Auskunft gibt, inwieweit das zu prüfende Merkmal tatsächlich erfasst wird, so sind die Objektivität und Reliabilität für die Konstruktion von Tests meistens die zuerst zu prüfenden Gütekriterien. Eine nicht ausreichende Objektivität oder Reliabilität macht einen validen Test unbrauchbar beziehungsweise macht eine Validitätsprüfung von vornherein überflüssig. Außerdem kann durch die Aufgabenanalyse (siehe Abschnitt 7.5.5.1.) bereits ein bestimmter Anspruch auf logische Gültigkeit abgebildet werden. Aus diesem Grunde erfolgt die Behandlung der Gütekriterien in der oben gewählten Reihenfolge.

---

4 In der Psychologie wird dafür auch der Terminus »Konkordanz« gesetzt, um eine Verwechslung mit dem philosophisch-erkenntnistheoretischen Objektivitätsbegriff zu vermeiden.

7.4.1. Die Reliabilität (Zuverlässigkeit)

Unter Reliabilität eines sportmotorischen Tests versteht man den Grad der Genauigkeit, mit dem er eine bestimmte sportmotorische Fähigkeit beziehungsweise die Stabilität oder Rentabilität einer sporttechnischen Fertigkeit prüft, gleichgültig, ob er dies auch zu prüfen beansprucht.

Die Reliabilität kommt darin zum Ausdruck, in welchem Maße bei ein und derselben Person unter gleichen Bedingungen adäquate Testergebnisse erreicht werden, das heißt inwieweit diese reproduzierbar sind. Die Reliabilität ist also der Ausdruck der Beständigkeit oder Stetigkeit der Testleistungen einer Person bei wiederholter Durchführung. Das heißt nicht, dass die gleiche Leistung (Höhe, Weite, Zeit usw.) erbracht werden muss, sondern eine adäquate Leistung. Der Rangplatz, den die Person innerhalb einer Gruppe einnimmt, muss weitestgehend konstant bleiben.

Die Reliabilität wird bestimmt durch die korrelationsstatistische Berechnung des Reliabilitätskoeffizienten (siehe Abschnitt 7.4.4.). Dabei werden unterschiedliche Verfahren angewendet, nach denen auch die Reliabilität benannt wird.

7.4.1.1. Retestverfahren

Die *Testwiederholungsreliabilität* (Retest-Reliabilität) beruht auf der Korrelation zwischen einer ersten und zweiten Durchführung des Tests an der gleichen Stichprobe. Sie findet bei solchen sportmotorischen Tests Anwendung, die nur aus einer Testaufgabe oder nur wenigen Wiederholungen dieser Aufgabe bestehen. Das trifft hauptsächlich auf Konditionstests zu.

Soll das Verfahren der Testwiederholung zur Berechnung des Reliabilitätskoeffizienten herangezogen werden, so ist der Retest unter den gleichen Bedingungen wie der erste Test durchzuführen, das heißt mit dem gleichen Testleiter und ebenfalls den gleichen Testhelfern.

Ist auf Grund bereits genannter Bedingungen eine hohe Objektivität des Tests anzunehmen, so können mit dem Retestverfahren die Ob-

jektivität und Reliabilität gleichzeitig geprüft werden. Dabei wird so verfahren, wie bei der Prüfung der Objektivität beschrieben. HERZBERG (1968[b]) hat dies erfolgreich angewendet. Der Nachteil eines solchen Vorgehens besteht allerdings darin, dass bei einem unzureichenden Korrelationskoeffizienten nicht eindeutig festzustellen ist, ob die Objektivität oder die Reliabilität zu gering ist.

7.4.1.2. Paralleltestverfahren

Die *Paralleltestreliabilität* ergibt sich aus der Korrelation des Tests mit einem anderen Test (Paralleltest), der bereits als objektiv, reliabel und valide bestimmt wurde. Sie kann also nur angewendet werden, wenn bereits ein authentischer Test existiert. Mit dieser Methode wird gleichzeitig die innere kriterienbezogene Validität geprüft.

Die Durchführung der beiden Paralleltests sollte innerhalb weniger Tage erfolgen. Bei sportmotorischen Tests ist diese Methode vorwiegend bei solchen Tests anwendbar, die den relativ allgemeinen Ausprägungsgrad motorischer Fähigkeiten prüfen, weil in der Regel nur hierzu Parallelformen entwickelt werden können. Zur Prüfung sehr spezifischer Komponenten der Fähigkeiten oder der Stabilität und Rentabilität von Fertigkeiten kann meistens nur ein Test mit hoher Validität entwickelt werden, was die Anwendung der Paralleltestverfahren zwangsläufig ausschließt. Es sei denn, dieses Merkmal ist relativ komplex, wie zum Beispiel die spielspezifische motorische Lernfähigkeit, zu deren Erfassung mehrere Tests oder komplexe Tests erforderlich sind.

7.4.1.3. Testhalbierungsverfahren

Die *Testhalbierungsreliabilität* (Splithalf-Reliabilität) erhält man durch Halbierung der Testleistungen und deren Korrelation. Dabei setzt dieses Verfahren die Halbierungsmöglichkeit bei sportmotorischen Tests voraus. Das ist nur bei solchen Tests der Fall, bei denen die Testaufgabe innerhalb des Tests mindestens sechsmal wiederholt werden kann. Deshalb findet sie vorwiegend bei Tests zur Prüfung koordinativer Fähigkeiten Anwendung. Sie hat den zeitökonomischen Vorteil, dass der Test nur *einmal* durchgeführt zu werden braucht. Der durch die im folgenden beschriebenen Halbierungstechniken erhaltene Koeffizient gilt zunächst nur für den halben Test und muss mittels Formel (6) für den ganzen Test aufgewertet werden (siehe Abschnitt 7.4.4.1.). Bei der Bestimmung des Testhalbierungskoeffizienten für sportmotorische Tests können folgende Halbierungstechniken Anwendung finden:

• Die Halbierung der Testleistungen nach geradzahligen und ungeradzahligen Aufgabenlösungen erfolgt folgendermaßen:

Beispiel
Versuche: 1. 2. 3. 4. 5. 6. 7. 8. 9. 10.
1. Hälfte: 1. 3. 5. 7. 9. Versuch
2. Hälfte: 2. 4. 6. 8. 10. Versuch

Diese Technik darf nur angewendet werden, wenn es sich um einen reinen Niveautest handelt, also die Schnelligkeit der Aufgabenerfüllung keine Rolle spielt, weil sich sonst eine Überschätzung des Reliabilitätskoeffizienten ergeben würde.

• Die Halbierung nach Zufall ist der ersten Technik sehr ähnlich, wobei systematische Fehler vermieden werden. Obwohl bisher selten verwendet, sollte sie auch bei sportmotorischen Tests Anwendung finden, weil es sich in der Regel um schwierigkeitsgleiche Aufgaben handelt. Das ist Voraussetzung für die Anwendung dieser Technik, weil bei zunehmender Schwierigkeit der zu wiederholenden Versuche eine Zufallsauswahl zu »ungleichen« Halbierungshälften führen kann.

Das Verfahren der Testhalbierung eröffnet die Möglichkeit, bei einem nicht ausreichend reliablen Test die Verlängerung des Tests rechnerisch zu bestimmen, die zu einer ausreichenden Reliabilität führt. BRUNNER/THIESS (1970) errechneten für den Test »60-m-Lauf« folgende Reliabilitätskoeffizienten:

– r_{tt} = 0,50 bei zweimaliger Wiederholung
– r_{tt} = 0,80 bei achtmaliger Wiederholung (siehe Abschnitt 7.4.4.1., Formel (5)).

Als verallgemeinerte Form des Halbierungsverfahrens wird in der Literatur die *Konsistenzanalyse* beschrieben, die auf Grund von Standardabweichung, Schwierigkeits- und Trennschärfekoeffizient ermittelt wird. Da sie nur bei Tests mit mehreren verschieden-

artigen Aufgaben angewendet werden kann, ist sie für sportmotorische Tests erst dann brauchbar, wenn Testserien oder Mehrfachaufgabentests (homogene) größere Verbreitung finden. Allerdings müssen zwei Voraussetzungen gegeben sein:

– Die Testaufgaben müssen homogen sein.
– Es muss ein Niveautest sein, das heißt, er darf keine Zeitbegrenzung besitzen, und die Schnelligkeit der Aufgabenlösung muss unberücksichtigt bleiben (LIENERT/RAATZ, 1998, S. 200).

7.4.2. Die Objektivität

Unter Objektivität eines Tests versteht man allgemein den Grad, in dem die Ergebnisse eines Tests vom Untersucher (Testleiter), Auswerter und Beurteiler (Interpreten) unabhängig sind. Bei sportmotorischen Tests kann die Objektivität wegen der quantitativen oder quantifizierten Ergebnisregistrierung vom Auswerter kaum beeinträchtigt werden, jedoch ist es teilweise erforderlich, dass der Testleiter zusätzlich Helfer einsetzt, zum Beispiel beim Zuspiel eines Balles, bei der Imitation bestimmter Spiel- oder Kampfsituationen oder zur Bewertung der Testleistung.

Definition *Objektivität* eines sportmotorischen Tests: Grad der Unabhängigkeit des Testergebnisses vom Testleiter und seinen Testhelfern (Durchführungsobjektivität), vom Auswerter (Auswertungsobjektivität) und vom Beurteiler bzw. Interpreten (Interpretationsobjektivität).

Die *Durchführungsobjektivität*, auch als Objektivität der Datengewinnung zu verstehen, betrifft den Grad der Unabhängigkeit der Testergebnisse von zufälligen oder systematischen Verhaltensvariationen der Testleiter und Testhelfer während der Testdurchführung, die zu Verhaltensvariationen der Probanden führen können und deren Testergebnis beeinflussen.

Wesentlich für die Sicherung einer hohen Durchführungsobjektivität ist deshalb die exakte Einhaltung der im Testmanual festgelegten Durchführungsbestimmungen, besonders der standardisierten Bedingungen:

– milieuspezifische Bedingungen (z. B. Testraum, Testtermin und -zeit, Bodenbeschaffenheit von Testfeld oder Teststrecke, Witterung),

– material- und apparatespezifische Bedingungen (z. B. Sportgeräte, Kleidung, Schuhwerk, Stoppuhren und andere Messinstrumente, spezielle Testgeräte),
– psychophysiologische Testvorbereitung (z. B. Umfang und Intensität, Motivierung),
– Informationsgebung (z. B. exakte verbale Aufgabenstellung und Erläuterung, Demonstration der Aufgabe).

Des Weiteren ist für die Durchführungsobjektivität die Art und Genauigkeit der Ergebnisregistrierung sehr entscheidend. Dabei ist zu unterscheiden in:

Erstens: Metrisch bzw. proportional skalierte Ergebniserfassung durch Messung

Bei Verwendung einwandfreier Messinstrumente ist eine hohe Objektivität gewährleistet, wenn der Messfehler in vertretbaren Grenzen gehalten wird. Beispielsweise kann bei einem Schnelligkeitstest über 30 m bei entsprechender Präparation der Teststrecke die Handstoppung mit handelsüblichen Stoppuhren noch ausreichen, bei sehr kurzzeitigen Tests für die Reaktionsfähigkeit dagegen bedarf es schon der elektronischen Messung, unter anderem unter Verwendung von Lichtschranken als Geber.

Zweitens: Ordinal skalierte Ergebniserfassung auf der Grundlage quantifizierter Qualitätsmerkmale

Dabei sind exakte Beurteilungsmerkmale für Alternativentscheidungen über »richtig« und »falsch« sowie über Qualitätsstufen einer Punkteskala die erste und die Qualifizierung (Geübtheit) des oder der Bewerter die zweite wichtige Voraussetzung einer objektiven Ergebniserfassung.

Beispielsweise kann schon bei relativ einfachen Krafttests wie Liegestütz-, Beugestütz- und Klimmzugtest durch die Entscheidung über die Anzahl »gültiger« Versuche die Objektivität wesentlich beeinträchtigt sein, wenn »unterschiedlich streng« bewertet wird. Nur exakte Bewertungsrichtlinien und ihre Einhaltung können eine ausreichende Durchführungsobjektivität gewährleisten.

Die *Auswertungsobjektivität* bedeutet die Auswertung des registrierten Testverhaltens nach vorgegebenen Regeln.

Sie beeinträchtigt die Objektivität nur bei projektiven psychologischen Tests und kann, für den sportmotorischen Test als verwirklicht betrachtet werden, weil eine weitere Auswertung nach festgelegten Vorschriften (Prozentangaben, Perzentile, Polygondarstellungen usw.) keine subjektiven Einflüsse ermöglichen.

Die *Interpretationsobjektivität* betrifft den Grad der Unabhängigkeit der Interpretation des Testergebnisses von der Person des Interpreten. Dieser braucht nicht gleichzeitig der Testleiter zu sein.

Zu unterscheiden ist zwischen der unmittelbaren Interpretationsobjektivität, die sich auf die Untersuchungsbedingungen bezieht, und der mittelbaren, die bei der Interpretation der Testergebnisse versuchs- und beobachtungsfremde Informationen berücksichtigt.

Bei der Anwendung sportmotorischer Tests kommt der mittelbaren Interpretationsobjektivität eine besondere Bedeutung zu, weil hier die Besonderheit vorliegt, dass die Testaufgabe mit dem Trainingsmittel identisch sein kann. In diesem Falle ist eine richtige Interpretation der Testleistung nur möglich, wenn Informationen über die Verwendung der Testaufgabe als Trainingsmittel (z. B. Häufigkeit und Dauer der Anwendung) zur Deutung der Testleistung herangezogen werden. So unterscheiden sich zwei Sportler trotz gleicher Testleistung erheblich hinsichtlich ihrer Entwicklungspotenzen, wenn sie in unterschiedlichem Maße die Testaufgabe als Trainingsmittel verwendet haben. Auch ist ein möglicherweise verletzungsbedingter Trainingsausfall bei der Interpretation von Testleistungen unbedingt zu berücksichtigen, sollen Fehlschlüsse aus der Interpretation der Testleistungen vermieden werden. Eine statistische Bestimmung der mittelbaren Interpretationsobjektivität ist bisher nicht erfolgt, was sicher auch auf die begrenzten Möglichkeiten einer numerischen Erfassung test- und beobachtungsfremder Informationen zurückzuführen ist.

Die Objektivität wird mit der Berechnung des Objektivitätskoeffizienten durch Korrelation bestimmt. Dabei wird bisher ausschließlich die Durchführungsobjektivität bei sportmotorischen Tests ermittelt. Die *Hauptform* zur Bestimmung des Objektivitätskoeffizienten ist die *Testwiederholung*. Dabei werden bei der Wiederholung der Tests mit den gleichen Personen der Testleiter oder gegebenenfalls die Testhelfer gewechselt. Die bei beiden Testdurchführungen erreichten Testleistungen werden miteinander korreliert.

Der Zeitraum, in dem der Retest durchgeführt werden sollte, ist aus zwei Gründen schwer allgemein verbindlich festzulegen: Erstens darf die Leistung im Retest nicht dominant durch einen möglichen Übungs- oder Gedächtniseffekt aus der ersten Testdurchführung bestimmt sein, und zweitens darf sich das Niveau der zu prüfenden Fähigkeit nicht individuell unterschiedlich verändert haben. Die Zeitspanne darf also nicht zu kurz, aber auch nicht zu lang sein. In der Regel liegt sie zwischen einigen Tagen und drei Wochen.

Ist die Objektivität der qualitativen Beurteilung der Testleistung durch einen Bewerter (meist dem Testleiter selbst) zu bestimmen, so kann dies auch bei einer einmaligen Testdurchführung erfolgen. Dabei bewerten zwei oder mehrere Personen gleichzeitig und unabhängig voneinander nach vorgegebenen Bewertungskriterien. Die Werte der Beurteiler werden miteinander korreliert und ergeben den (oder die) Objektivitätskoeffizienten.

Enthält der Test eine sehr einfache Testaufgabe, wodurch die Variation der Instruktion durch den Testleiter äußerst minimal ist, und wird gleichzeitig das Resultat durch eine exakte Messung ermittelt, so kann die Objektivität des Tests als gegeben betrachtet werden.

7.4.3. Die Validität (Gültigkeit)

Unter Validität eines sportmotorischen Tests versteht man den Grad der Sicherheit, mit dem der Test die zu prüfende motorische Fähigkeit oder Fertigkeit tatsächlich erfasst.

Zur Veranschaulichung der Validität und Reliabilität eines Tests verwendet ISRAEL (1979a) das Trefferbild eines Schützen.

Es werden mehrere Arten der Validität[5] unterschieden:

– logische (inhaltliche) Validität,
– kriterienbezogene Validität (innere, äußere)
– Vorhersagevalidität.

7.4.3.1. Die logische (inhaltliche) Validität

Ein Test ist dann *logisch valide*, wenn er so konstruiert ist, dass er die zu prüfende Fähigkeit oder Fertigkeit mit äußerst hoher Wahrscheinlichkeit erfasst. Mit anderen Worten, er stellt selbst das optimale Kriterium dar. Das trifft zum Beispiel bei sportmotorischen Tests zur Prüfung der Beweglichkeit, Ausdauer oder Gleichgewichtsfähigkeit oft zu.

Teilweise muss man sich auch zunächst mit der logischen Gültigkeit zufrieden geben, wenn kein repräsentatives Kriterium zur Verfügung steht. Bei der Konstruktion von Tests für koordinative Fähigkeiten ist das häufig der Fall. Die Bestimmung der logischen Validität, das heißt, die Entscheidung darüber, ob der Test tatsächlich das zu prüfende Merkmal erfasst, kann nicht durch eine einzelne Person erfolgen. Es ist ein Expertenurteil im Rating-Verfahren einzuholen. Diese Experten beurteilen den Test nach seiner Beschreibung oder Vorführung auf der Grundlage hoher Sachkenntnis über die zu prüfende Fähigkeit. Es empfiehlt sich dabei, den erfahrenen Trainern, Sportlehrern oder Sportwissenschaftlern, von denen dieses Expertenurteil eingeholt werden soll, das mit dem Test zu prüfende Merkmal exakt zu beschreiben. Für die Bestimmung der logischen Validität durch das Expertenurteil kann folgendermaßen vorgegangen werden:

• Den Experten wird (schriftlich oder mündlich) die Frage vorgelegt, ob der Test das betreffende Merkmal prüft, und man lässt sie mit »ja« oder »nein« urteilen.

• Den Experten wird ein Fragebogen vorgelegt, in dem mehrere unterschiedliche Merkmale (Fähigkeiten) zur Auswahl angeboten werden. Es ist nur dasjenige anzukreuzen, das durch den Test (dominant) erfasst wird.

Für eine gute logische Validität sollten mindestens 80 Prozent positive Urteile erreicht werden. Einen Validitätskoeffizienten gibt es hierbei nicht.

---

5 Von der Behandlung der Konstruktvalidität wird abgesehen, weil diese von geringer praktischer Bedeutung ist.

7.4.3.2. Die kriterienbezogene Validität

Die Gültigkeit des Tests wird an einem *Kriterium* überprüft, das die zu prüfende Fähigkeit eindeutig repräsentiert. Dabei ist zu beachten, dass es stets mehrere repräsentative Kriterien gibt, da Fähigkeiten niemals nur durch eine Tätigkeit ausschließlich bestimmt werden. Außerdem muss auch an diese Kriterien die Forderung nach Objektivität und Reliabilität gestellt werden.

Bei der Bestimmung der *inneren kriterienbezogenen Validität* dient ein bereits als gültig, reliabel und objektiv ermittelter Test als Kriterium. Der Validitätskoeffizient wird durch Korrelationsrechnung nach dem *Paralleltestverfahren* ermittelt, wie im Abschnitt 7.4.1.2. bereits beschrieben.

Die Validierung eines neuen Tests an einem bereits authentischen Paralleltest erweist sich dann als notwendig und sinnvoll, wenn ein neuer Test, der gegenüber dem bereits als gültig erwiesenen ökonomischer ist, entwickelt werden soll, oder wenn die Prüfung eines Merkmals durch Paralleltests im Wechsel vorzunehmen ist, damit Lern- oder Erinnerungseffekte ausgeschlossen werden.

Ein besonderer Fall der inneren kriterienbezogenen Validierung ist die gleichzeitige Durchführung mehrerer Tests und Berechnung der Interkorrelation zum Zwecke einer homogenen Testbatterie beziehungsweise eines homogenen Mehrfachaufgabentests. Bei letzterem werden dabei die bei den einzelnen Aufgabenlösungen ermittelten Resultate wie solche eines einzelnen Tests behandelt. Dabei ist jedoch zu beachten, dass eine hohe Korrelation zwischen zwei oder mehreren Tests oder Testaufgaben nicht auf Grund eines gemeinsamen dritten Merkmals zustande kommen darf, das heißt eine so genannte Scheinvalidität ermittelt wird. Die innere kriterienbezogene Gültigkeit sollte nach Möglichkeit an mehreren Parallelformen geprüft werden, weil bei der Validierung an nur einem Paralleltest eine Fehlinterpretation besonders nahe liegt, wenn dieser selbst nur mäßig valide ist. Ist dies nicht möglich, sollte man sich mehr auf die Bestimmung der logischen Validität stützen.

Die Bestimmung der äußeren *kriterienbezogenen* Validität erfolgt durch Korrelation zwischen den Testleistungen und denen eines repräsentativen Kriteriums, das Ausdruck der zu prüfenden Fähigkeit ist. Bei sportmotorischen Tests dienen oft sportliche Leistungen oder Teilleistungen als äußere Kriterien für bestimmte motorische Fähigkeiten. Für die Prüfung von Komplextests (besonders Testprofilen und Testbatterien) zur Erfassung größerer Fähigkeitskomplexe, wie zum Beispiel der motorischen Lernfähigkeit, kann die Zensur im Fach Sport oder das Schätzurteil des Sportlehrers oder Trainers herangezogen werden.

Es ist wichtig zu wissen, dass die Gewinnung eines authentischen Außenkriteriums oft ebenso schwierig ist, wie die Konstruktion des Tests selbst.

So ist beispielsweise eine im Wettkampf erzielte sportliche Leistung durchaus nicht immer ein objektives und reliables Kriterium. Das erkennt man, wenn Leistungen aus mehreren Wettkämpfen verglichen (korreliert) werden. Taktische Erwägungen, unterschiedliche Gegnereinwirkungen, verschiedene Kampfgerichte und letztlich auch verschiedenartige äußere Bedingungen beeinträchtigen die Objektivität und Zuverlässigkeit eines aus der Wettkampfleistung abgeleiteten Validitätskriteriums oft erheblich.

Kriteriumsleistungen, die auf ein zufälliges oder durch untypische äußere Einwirkungen hervorgerufenes Leistungsversagen (oder eine deutliche Leistungsminderung) zurückzuführen sind, müssen eliminiert werden. Stärkere Leistungsschwankungen können gegebenenfalls durch die Summierung einer größeren Anzahl von Wettkampfleistungen kompensiert werden.

So ist beispielsweise die Torwurfeffektivität eines Handballspielers (als Kriterium für eine hohe Orientierungs-, Differenzierungs- und Umstellungsfähigkeit) stark von der Leistung der gegnerischen Deckung und des Torstehers abhängig und kann nur als Ergebnis aus mehreren Wettkämpfen als brauchbare Kriteriumsleistung herangezogen werden.

Die Höhe des Validitätskoeffizienten ist in diesem Falle also abhängig von

– dem Grad der »Gemeinsamkeit« dessen, was durch den Test erfasst und durch das Kriterium repräsentiert wird,
– der Reliabilität des Tests,
– der Reliabilität des Außenkriteriums.

Die Bestimmung der Validitätskriterien sollte möglichst nicht (zumindest nicht nur) von der gleichen Person erfolgen, die den Test konstruiert, weil der Grad der »Gemeinsamkeit« einem zu großen subjektiven Einfluss unterliegen könnte. Auch hier sollte die Beurteilung der Kriteriumsaussage durch eine Expertengruppe erfolgen. Das trifft sowohl auf so genannte objektive Kriterien, wie zum Beispiel messbare sportliche Leistungen oder Teilleistungen zu, wie besonders aber für subjektive Kriterien, die auf Grund von Schätzurteilen gewonnen werden. Besonders bei der Bestimmung von Außenkriterien zur Validierung koordinativer Tests oder komplexer Tests zur Prüfung von Fähigkeitskomplexen, wie zum Beispiel der motorischen Lernfähigkeit, kann auf subjektive Kriterien kaum verzichtet werden. Diese verlangen in jedem Falle eine Quantifizierung der qualitativ vorzunehmenden Einschätzung, wobei folgende Verfahren Anwendung finden können:

Individuelles Schätzverfahren

Die Probanden werden einzeln von einem Beurteiler beurteilt, was bei Schülern oder Sportlern erfolgt, die nur *ein* Sportlehrer oder Übungsleiter einzuschätzen vermag. Der Zufallsfehler ist dabei relativ groß.

Kollektives Schätzverfahren

Das Schätzurteil wird von mehreren (2 bis 5) Beurteilern *gemeinsam* gefällt.

Das Mittelungs-Schätzverfahren

Mehrere Beurteiler schätzen unabhängig voneinander die Probanden ein, und diese Schätzurteile werden für jeden Probanden gemittelt. Dieser gemittelte Schätzwert ist allgemein von höherer Reliabilität als die aus den vorangestellten Verfahren.

Das Rangordnungsverfahren

Mehrere Beurteiler bringen unabhängig voneinander die Probanden einer Stichprobe in eine Rangordnung, woraus jeder Proband einen gemittelten Rangplatz erhält. Eine Transformation in T-Werte lässt dann selbst weitere Maßkorrelationsrechnungen zu (LIENERT/RAATZ, 1998, S. 238). Allerdings darf die Stichprobe nicht mehr als 10 bis 15 Probanden umfassen, weil sonst eine Rangeinstufung dem Beurteiler nicht zugemutet werden kann.

Das Paarvergleichsverfahren

Jeweils 2 Probanden werden verglichen und als »besser« oder »schlechter« beurteilt. Dies kann hinsichtlich mehrerer Testleistungen (oder Merkmale) erfolgen. Die Summe der positiven beziehungsweise negativen Beurteilungen gestattet dann die Einordnung in eine Rangfolge. Dieses Verfahren ist bei größeren Stichproben oder mehreren Beurteilungskriterien anwendbar.

Die beiden Hauptverfahren der Prüfung der äußeren kriterienbezogenen (sowie auch der prognostischen) Gültigkeit sind das Repräsentativgruppenverfahren und das Extremgruppenverfahren.

Beim *Repräsentativgruppenverfahren* wird eine Stichprobe ausgewählt, die für den Personenkreis repräsentativ ist, bei dem der zu validierende Test später angewendet werden soll. Das können beispielsweise Gruppen von nicht Trainierenden oder Trainierenden in bestimmten Sportarten und Trainingsetappen, bestimmte Altersgruppen oder Gruppen unterschiedlichen Geschlechts sein. Das Validitätskriterium sollte in der ausgewählten Stichprobe normal verteilt und quantitativ abgestuft sein. Der zwischen den Testleistungen und den Kriteriumsleistungen der Probanden berechnete Korrelationskoeffizient dient als Validitätskoeffizient. Dieses Verfahren ist das am häufigsten angewendete, weil es den künftigen Einsatzbereich des Tests berücksichtigt und außerdem schärfer prüft als das Extremgruppenverfahren.

Beim *Extremgruppenverfahren* werden zwei Gruppen ausgewählt, von denen die eine über einen hohen, die andere über einen niedrigen Ausprägungsgrad in den Kriteriumsleistungen verfügt. Von den in beiden Gruppen erhobenen Testleistungen werden die Mittelwerte errechnet und die Differenz zwischen ihnen geprüft. Soll der errechnete T-Wert als Validitätskennwert anerkannt werden, so ist eine Sicherung auf dem 1-Prozent-Niveau zu fordern. Diese Methode ist nur als sehr grobes Verfahren der Validierung zu werten.

7.4.3.3. Die Vorhersagevalidität

Die Vorhersagevalidität oder prognostische Validität ist als Sonderfall der äußeren kriterienbezogenen Validität zu betrachten. Sie drückt den Grad der Genauigkeit aus, mit dem ein Test die spätere Entwicklung motorischer Fähigkeiten oder sportlicher Leistungen vorhersagen kann. Tests mit einer hohen prognostischen Validität sind besonders für die Eignungsdiagnostik und Auswahl für bestimmte Sportarten und Disziplinen wertvoll. Es ist allerdings sehr langwierig und aufwendig, sportmotorische Tests mit ausreichend hoher Vorhersagevalidität zu entwickeln, weil das Kriterium an einer ausreichend großen Anzahl von Personen zu erheben ist, die über einen längeren, oft mehrjährigen Zeitraum in wesentlichen Faktoren ihrer Leistungsentwicklung exakt verfolgt werden müssen. Letztlich beruhen solche Tests auf der Bedeutung der durch sie geprüften motorischen Fähigkeit für die künftige Leistungsentwicklung. Einerseits jedoch kann sich diese im mehrjährigen Trainingsprozess verändern, andererseits wirken Einflussfaktoren, die oft nicht mit gleicher Exaktheit erfasst werden, wie zum Beispiel motivationale Wirkungsfaktoren. Selbst bei der Ermittlung der motorischen Lernfähigkeit, die schon nach kürzerer Zeit im Training feststellbar ist, haben sich übliche statuserhebenden Tests als schwer validierbar erwiesen. Der Typ des Lerntests verspricht dabei größeren Erfolg bezüglich seines prognostischen Aussagewertes, eben der Vorhersagevalidität. Der Lernfortschritt in mehreren, repräsentativen Lernprozessen (Lerntempo, Ausführungsqualität) kann als sehr valides und reliables Vorhersagekriterium zur Validierung von Lerntests dienen.

7.4.4. Die statistische Berechnung der Gütekoeffizienten und ihr Aussagewert

7.4.4.1. Ausgewählte Formeln für die statistische Berechnung

Wie bereits erwähnt, ist das vorwiegend verwendete Verfahren zur Berechnung der Gütekoeffizienten die Korrelationsstatistik. Die einzelnen Gütekoeffizienten werden wie folgt bezeichnet:
- Objektivitätskoeffizient = r_{obj}
- Reliabilitätskoeffizient = r_{tt}
- Validitätskoeffizient = r_{tc}

Lediglich die logische Validität wird nicht korrelationsstatistisch bestimmt.

Zur korrelationsstatistischen Bestimmung der Gütekoeffizienten wird allgemein der lineare Korrelationskoeffizient berechnet, weil es sich um den Zusammenhang von zwei Variablen handelt, nämlich zwischen:
- Testleistung und Testleistung oder
- Testleistung und Kriteriumsleistung beziehungsweise Kriteriumswert.

Sind die Leistungswerte beider Variablen metrisch skaliert, also Messwerte, und liegt eine Normalverteilung vor, so kann der Gütekoeffizient für Einzeltests nach der Maßkorrelation berechnet werden.

$$r = \frac{\sum (x_i - \bar{x})(y_i - \bar{y})}{\sqrt{\sum (x_i - \bar{x})^2 \cdot \sum (y_i - \bar{y})^2}} \qquad (1)$$

Liegt keine Normalverteilung vor, was bei kleinen Stichproben allgemein der Fall ist, oder ist eine der beiden (oder sind beide) Variablen nicht metrisch, sondern ordinal oder nominal skaliert, darf nur die parameterfreie Rangkorrelation verwendet werden. Die SPEARMAN'SCHE Formel dafür lautet:

$$r' = 1 - \frac{6 \cdot \sum\limits_{i=1}^{n} d_i^2}{n(n^2-1)} \qquad (2)$$

Für die Berechnung der Reliabilität über den Konsistenzkoeffizienten muss die vollständige Aufgabenanalyse vorausgesetzt werden, weil er aufgrund der Schwierigkeit, Trennschärfe und Standardabweichung ermittelt wird. Die Formel nach RICHARDSON und KUDER lautet:

$$r_{tt} = \frac{s_x^2 - \sum pq}{2 s_x^2} + \frac{\sum r_{it}^2 \, pq}{s_x^2}$$
$$+ \left(\frac{s_x^2 - \sum pq}{2 s_x^2} \right)^2 \qquad (3)$$

Eine von GULLIKSEN abgeleitete, vereinfachte Formel zur Minimalschätzung des Konsistenzkoeffizienten lautet:

$$r_{tt} = \frac{n}{n-1} \left[1 - \frac{\sum pq}{(\sum r_{it} \sqrt{pq})^2} \right] \qquad (4)$$

Dabei bedeuten:

p = Schwierigkeitsindex als Verhältniszahl ausgedrückt p/100

q = $1 - p$

r_{it} = Trennschärfenkoeffizient

n = Anzahl der Aufgaben

Weitere unter besonderen Bedingungen anwendbare Formeln befinden sich bei LIENERT (RAATZ 1998, S. 191 ff.).

Eine nicht ausreichende Testhalbierungsreliabilität ist durch Testverlängerung zu erhöhen, was bei sportmotorischen Tests in der Regel durch Erhöhung der Anzahl der Versuche (Aufgabenlösungen) erfolgt.

Die dazu verwendete Formel nach SPEARMAN/BROWN lautet:

$$r'_{tt} = \frac{\frac{n'}{n} \cdot r_{tt}}{1 + \left(\frac{n'}{n} - 1\right)\, r_{tt}} \tag{5}$$

Dabei bedeutet:

r'_{tt} = voraussichtliche Reliabilität des verlängerten Tests

r_{tt} = Reliabilität des ursprünglichen Tests

n = Anzahl der Wiederholungen im ursprünglichen Test

n' = Anzahl der Wiederholungen im verlängerten Test

Löst man diese Formel nach n' auf, kann die Anzahl der Wiederholungen berechnet werden, die für einen gewünschten höheren Reliabilitätskoeffizienten notwendig ist. Sie lautet dann:

$$n' = n\, \frac{r'_{tt}\,(1 - r_{tt})}{r_{tt}\,(1 - r'_{tt})} \tag{5a}$$

Zur Aufwertung des Reliabilitätskoeffizienten bei Halbierungsreliabilität wird verwendet:

$$r_{tt} = \frac{2 r_{12}}{1 + r_{12}} \tag{6}$$

r_{12} = Korrelationskoeffizient beider Testhälften

Die Prüfung der Mittelwertdifferenzen bei der Extremgruppenmethode erfolgt mit:

$$t = \frac{\bar{x}_1 - \bar{x}_2}{h} \sqrt{\frac{n_1\, n_2}{n_1 + n_2}} \tag{7}$$

$$\text{wobei } h = \sqrt{\frac{(x_{1i} - \bar{x}_1)^2 + (x_{2i} - \bar{x}_2)^2}{n_1 + n_2 - 2}} \tag{7a}$$

(Bei Normalverteilung und gleicher Streuung der Stichproben, die ≤ 50 sein können)

Ist keine Normalverteilung gegeben, so ist der parameterfreie U-Test von MANN und WHITTNEY anzuwenden (BORTZ, 1999, S. 146 ff.).

Die bisher mitgeteilten Formeln dienen der Berechnung der Gütekriterien von Einzeltests. Für die Bestimmung der Reliabilität und Validität von Testprofilen und Testbatterien werden zunächst folgende Formeln verwendet:

Reliabilität eines Testprofils:

$$\text{prof } r_{tt} = \frac{\bar{r}_{tt} - \bar{r}_{tT}}{1 - \bar{r}_{tT}} \tag{8}$$

Validität eines Testprofils:

Jeder Test wird gesondert validiert. Bei logisch validen Tests kann

$$\text{prof } r_{tt} = \sqrt{\text{prof } r_{tt}} \tag{9}$$

gesetzt werden.

Reliabilität einer Testbatterie:

$$\text{batt } r_{tt} = \frac{k \cdot \bar{r}_{tt}}{1 + (k - 1)\, \bar{r}_{tt}} \tag{10}$$

Validität einer Testbatterie:[6]

$$\text{batt } r_{tc} = \frac{\sum r_{tc}\, r_t}{\sqrt{\sum s_t^2 + 2 \sum r_{tT}\, s_t\, s_T}} \tag{11}$$

Dabei bedeuten:

$\bar{r}_{tt}$ = arithmetisches Mittel der Reliabilitätskoeffizienten aller Tests des Profils

$\bar{r}_{tT}$ = arithmetisches Mittel der Interkorrelationen aller Tests

k = Anzahl der Untertests

$s_t\, s_T$ = Standardabweichung der Untertests

---

[6] Weitere Möglichkeiten der Berechnung, besonders unter Beachtung unterschiedlicher Gewichte der Untertests, befinden sich bei WURDEL (1972).

7.4.4.2. Zum Aussagewert der Gütekoeffizienten

Zunächst muss hervorgehoben werden, dass errechnete Gütekoeffizienten grundsätzlich nur für den Probandenkreis Gültigkeit haben, aus dem die Stichprobe stammt, an der diese Koeffizienten erhoben wurden. Ist ein Test beispielsweise bei 12- bis 14-jährigen Probanden reliabel oder valide, so kann dies nicht gleichermaßen auf 16- bis 18-jährige übertragen werden. Es muss eine erneute Überprüfung an einer Stichprobe aus dem Kreis der älteren Probanden erfolgen. Das Gleiche gilt für unterschiedliche Probandengruppen wie »Trainierende« und »Nichttrainierende«, Sportler unterschiedlicher Sportarten oder Disziplinen sowie Personen unterschiedlichen Geschlechts.

Oft werden unbefriedigende Gütekoeffizienten gewonnen, wenn nur eine sehr kleine Stichprobe zur Verfügung steht. Hier kann eine zufällige Leistungsdiskrepanz bei nur einem Probanden die Ursache sein. Ist dies bei der Testdurchführung eindeutig zu beobachten (betont negative Einstellung oder Beeinträchtigung durch Verletzung o. ä.), so kann dieser Proband aus der Berechnung eliminiert werden. Im Übrigen empfiehlt es sich, die Überprüfung an mehreren solchen Stichproben durchzuführen und von der Häufigkeit niedriger und hoher Koeffizienten die Sicherheit der Gütekriterien abzuleiten.

Häufig tritt die Frage nach Normativen für ausreichende Gütekoeffizienten auf, das heißt, wie hoch muss ein Koeffizient sein, um dem Test eine sehr gute, gute oder ausreichende Reliabilität oder Validität zu bescheinigen? Hierzu gibt es sehr unterschiedliche Auffassungen. Grundsätzlich muss dazu gesagt werden, dass das Signifikanzniveau des Korrelationskoeffizienten als Ausdruck der Sicherheit über das Bestehen des Zusammenhanges zwischen zwei oder mehreren Variablen auch von der Größe der Stichprobe abhängig ist. Die Sicherheit des linearen Korrelationskoeffizienten kann für beliebig große Stichproben nach R. A. Fischer mit dem t-Test nach folgender Formel geprüft werden:

$$t = r \cdot \sqrt{\frac{n-2}{1-r^2}} \qquad (12)$$

Aus der Tafel für Zufallshöchstwerte des Korrelationskoeffizienten kann abgelesen werden, mit welcher Sicherheit er den ermittelten Zusammenhang ausdrückt. Dabei wird im biologischen Bereich allgemein eine Irrtumswahrscheinlichkeit von 5 Prozent akzeptiert, eine solche von 1 Prozent als sehr gut interpretiert. Demnach wäre ein Gütekoeffizient bei einer Stichprobe von n = 14 akzeptabel, wenn er 0,51 (P = 5 %), und sehr gut, wenn er 0,64 (P = 1 %) beträgt.

Die statistische Sicherung kann jedoch ebensowenig allein für die zu fordernde Höhe der Gütekoeffizienten bindend sein wie die von Meyers, Blesh, Tucker, Barrow/McGee, Ekman und Mathews (Ballreich, 1970) angegebenen Normative. Dabei bleibt nicht nur die statistische Beziehung zwischen r und n zu wenig berücksichtigt, sondern vor allem auch der Zweck, dem der Test dienen soll und die Bedingungen, unter denen er konstruiert und schließlich angewendet wird.

Nach Lienert (1989, S. 309 bis 313) sind folgende Gesichtspunkte für die Höhe der Gütekoeffizienten wesentlich, die auch für sportmotorische Tests als zutreffend angesehen werden können:[7]

• Für Reliabilitätskoeffizienten kann auf festgelegte Normative zurückgegriffen werden:

für Individualdiagnose	$r_{tt} = 0,7$
für Gruppendiagnose	$r_{tt} = 0,5$
Reliabilität (Konsistenzanalyse)	$r_{tt} = 0,9$
Retest- und Paralleltestverfahren	$r_{tt} = 0,8$

• Für den Validitätskoeffizienten können keine starren Normative festgelegt werden. Ein Koeffizient von mindestens $r_{tc} = 0,6$ wäre in der Praxis allerdings anzustreben. Dabei ist jedoch nach dem Anwendungszweck zu unterscheiden.

Für die individualdiagnostische und gruppendiagnostische Aussage dienen die gleichen Koeffizienten wie bei der Reliabilität als Richtwerte.

Weitere allgemeine Richtlinien für die Höhe des Validitätskoeffizienten sind:

---

7 Bös u.a. (2001, S. 548) beurteilen einen Rehabilitätskoeffizienten $\geq 0,9$ bei der Test-Retest-Methode als ausgezeichnet

- Ein Test muss so valide sein, dass seine Anwendung eine bessere Aussage ermöglicht als seine Unterlassung. Praktisch bedeutet dies, dass man sich in diesem Falle mit einem auf dem 1-Prozent-Niveau gesicherten Korrelationskoeffizienten zufriedengeben muss.
- An einen neu entwickelten Test müssen höhere Ansprüche hinsichtlich seiner Validität gestellt werden als an einen schon vorhandenen Test. Es sei denn, er zeichnet sich durch eine höhere Testökonomie aus.
- Innerhalb einer Testbatterie können Tests mit einem Validitätskoeffizienten von $r_{tc} = 0,3$ noch gute Dienste leisten, während sie als Einzeltests selbst bei statistischer Sicherheit praktisch unbrauchbar sind. Für die Batteriekoeffizienten gilt das unter dem zweiten Punkt Gesagte.
- Ein Validitätskoeffizient von $r_{tc} = 0,5$ kann ausreichend sein, wenn zur Beurteilung des Merkmals noch weitere Informationen zur Verfügung stehen.
- Wenn von einem Testresultat eine für die getestete Person wichtige Entscheidung abhängt, zum Beispiel die Auswahlentscheidung für einen bestimmten Kaderkreis, so muss eine hohe Validität gefordert werden.
- Die Beurteilung eines Validitätskoeffizienten ist auch davon abhängig, ob das Merkmal ohne Testverfahren leicht oder schwer zugänglich ist. Das heißt, bei schwer oder nicht erfassbaren Persönlichkeitsmerkmalen ist ein Test mit geringer Validität immerhin nützlicher als überhaupt kein Prüfverfahren.

Abschließend sei hervorgehoben, dass die zu fordernde Höhe des Validitätskoeffizienten, die unter den verschiedenen Gegebenheiten sehr unterschiedlich sein kann, bei der Interpretation von Testergebnissen und besonders daraus abgeleiteten Schlussfolgerungen sehr verantwortungsvoll beachtet und berücksichtigt werden muss.

7.4.5. Beziehungen zwischen den Hauptgütekriterien

Zwischen den Gütekriterien Objektivität, Reliabilität und Validität bestehen wechselseitige Beziehungen. LIENERT/RAATZ, 1998, S. 13) nennt für diese einige Regeln:

- Die durch Paralleltest- oder Retestverfahren ermittelte Reliabilität kann nicht höher sein als die Konsistenz oder die Objektivität des Tests.
- Die kriterienbezogene Validität eines Tests kann niemals höher sein als seine Reliabilität.
- Besitzt ein Test ein hohe kriterienbezogene Validität, so ist er gleichsam in hohem Maße objektiv und reliabel. Voraussetzung ist, dass der Paralleltest beziehungsweise das Außenkriterium ausreichend objektiv, reliabel und valide ist. Eine hohe kriterienbezogene Validität macht dann die Prüfung der anderen Gütekriterien überflüssig.
- Ein Test mit einer ausreichenden Validität, jedoch geringer Reliabilität, kann durch Testverlängerung sowie weiterer Verfahren noch brauchbar werden. Bei einer geringen Validität und hohen Reliabilität ist jedoch eine inhaltliche Umarbeitung des Tests notwendig. Er würde sich zwar gut für die Differenzierung von Personen eignen, es bleibt jedoch unklar, nach welchem Merkmal differenziert wird.

7.4.6. Normierung

Besonders für die praktische Verwertung von Testresultaten ist es notwendig, Normen zu schaffen, die die Einordnung der individuellen Testleistungen in ein Bezugssystem und damit eine brauchbare Bewertung und Interpretation ermöglichen. Die Normwerte sind jeweils für den Personenkreis zu erarbeiten, bei dem der Test Anwendung finden soll. Dies kann sehr unterschiedlich sein. Normen für die Allgemeinheit der nicht speziell oder nur wenig im Sport trainierenden Personen basieren auf Großzahluntersuchungen und berücksichtigen eine entsprechende Abstufung nach Alter und Geschlecht. Ein Beispiel dafür sind die Normen des Deutschen Sportabzeichens. Für spezifische Populationen im Sport, beispielsweise für Trainierende in bestimmten Sportarten oder Disziplinen, sind für die verwendeten Tests spezielle Normen zu schaffen. Erst diese ermöglichen den realen Vergleich der Leistungen von Sportlern verschiedener Sportvereinen oder Sportklubs, Kreise, Bezirke oder Mannschaften. Da in diesem Falle Großzahluntersuchungen kaum möglich sind, können anfangs erst Richtwerte auf der Grundlage kleiner Stichproben als vorläufige Normen erarbeitet werden, die dann in den folgenden Jahren durch die Auswertung der Testleistungen nachfolgender Jahrgänge der adäquaten Population ständig präzisiert und vervollkommnet werden.

Als statistische Methode hat sich für sportmotorische Tests hauptsächlich die Zuordnung zu Prozentrangnormen nach der Methode der Summenprozentkurve bewährt (BECHER/REICHSTEIN/RIEMSCHNEIDER, 1974, S. 118 f.). Für Großzahluntersuchungen wird die Nutzung von Softwarepaketen wie SPSS empfohlen.

7.4.7. Vergleichbarkeit

Die Vergleichbarkeit von Tests ist dann gegeben, wenn

– ein oder mehrere Paralleltestformen existieren oder
– in ihrer Aussage ähnliche Tests vorhanden sind.

Die Verfügbarkeit von Paralleltests gestattet die intraindividuelle Reliabilitätsprüfung und der Vergleich zwischen validitätsähnlichen Tests die intraindividuelle Validitätskontrolle. Die Vergleichbarkeit ist aber bei der Anwendung von Tests im Sport auch von praktischer Bedeutung. Die in regelmäßigen Zeitabschnitten vorzunehmende Kontrolle der Fähigkeitsentwicklung birgt die Gefahr in sich, dass bei Verwendung jeweils des gleichen Tests der durch diese Wiederholung bedingte erhöhte Fertigkeitsgrad hinsichtlich der Aufgabenlösung das Testresultat stärker und interindividuell unterschiedlich bestimmt. Dadurch kann die Repräsentanz des Testresultats für die zu prüfende Fähigkeit beeinträchtigt sein, es entsteht eine Merkmalsfluktuation.

Dieser Gefahr kann begegnet werden, wenn mehrere vergleichbare Paralleltests verfügbar sind, die im Wechsel zur Kontrolle eingesetzt werden können.

Außerdem ist der Vergleich von Testleistungen über mehrere Jahre oder Trainingsetappen oft unmöglich, weil ein erhöhtes Fähigkeitsniveau eine größere Schwierigkeit der Testaufgabe verlangt, das heißt, der Test inhaltlich verändert werden muss. Reliable Paralleltests gestatten dann diesen Vergleich und damit ein kontinuierliches Verfolgen der Entwicklung. Allerdings sind der Anwendung von Paralleltests Grenzen gesetzt, denn je spezifischer das Merkmal ist, um so geringer wird die Anzahl möglicher Paralleltests.

7.4.8. Ökonomie

Das Gütekriterium Ökonomie ist sehr relativ, weil die Ökonomie eines Tests immer nur in Relation zu seinem Zweck beurteilt werden kann. Ein sehr einfach erfassbares Merkmal wird stets auch mit einem ökonomischeren Test prüfbar sein als ein kompliziertes, schwer zu erfassendes Merkmal. Beispielsweise ist die Schnellkraft mit einem Test leichter zu prüfen als die Umstellungsfähigkeit oder gar die motorische Lernfähigkeit als ein Fähigkeitskomplex. Ganz allgemein gilt ein Test als ökonomisch, wenn er von möglichst

– geringer Dauer,
– geringem Materialaufwand,
– geringem personellen Aufwand ist.

7.4.8.1. Testdauer

Die Testdauer umfasst die Zeit, die für die Vorbereitung, Durchführung und Auswertung eines sportmotorischen Tests benötigt wird.[8] Für sportmotorische Tests wird oftmals eine erhebliche Zeit für den Aufbau von Geräten, der Abmessung des Testfeldes oder der Teststrecke oder die Einrichtung entsprechender Messinstrumente benötigt. Sollen Tests nacheinander durchgeführt werden, so kann durch Verwendung gleicher Abmessungen für mehrere Tests, zum Beispiel gleiche Start- und/oder Ziellinie, gleiche Markierungen für unterschiedliche Geräte oder Verwendung gleicher Geräte für unterschiedliche Testaufgaben die Vorbereitungszeit wesentlich verkürzt werden. Auch die Zeit, die für die Instruktion der Probanden benötigt wird, kann durch eine gute

---

8 Im Unterschied dazu wird unter »Testlänge« die Anzahl der Testaufgaben beziehungsweise Wiederholungen und unter »Testzeit« die für die Lösung der Testaufgabe(n) vorgegebene oder benötigte Zeit verstanden.

Demonstration, eine Bildtafel oder Skizze relativ kurz gehalten werden.

Die Zeit für die Aufgabenlösung durch den Probanden, die Testzeit beziehungsweise Testlänge, wird durch die für den Reliabilitätskoeffizienten geforderte Höhe bestimmt.

Die für die Auswertung benötigte Zeit kann durch am Testort vorhandene Norm- oder Umrechnungstabellen sowie mobile Computer ökonomisiert werden, wenn die Probanden möglichst schnell über ihr erreichtes Ergebnis informiert werden sollen. Umfangreichere Auswertungsarbeiten, wie sie oft in der Forschung notwendig sind, können durch entsprechende EDV-gerechte Testlisten oder Testkarten zeitsparend vorbereitet werden.

7.4.8.2. Materialaufwand

Bei sportmotorischen Tests besteht der Materialaufwand vorwiegend in der Bereitstellung eines entsprechenden Testraumes oder Testfeldes, meistens einer Turnhalle, eines Nebenraumes oder Sportplatzes sowie der benötigten Sportgeräte wie Matten, Böcke, Kästen, Bälle, Reifen usw.

Bei einem Test, der in der Praxis sehr verbreitet Anwendung finden soll, muss unbedingt auf die Verwendung handelsüblicher Geräte sowie auf die übliche Grundausstattung von Turnhallen und Sportplätzen geachtet werden. Bei einmaligen Untersuchungen zu Forschungszwecken spielt dies nicht die entscheidende Rolle, besonders wenn das angestrebte Forschungsergebnis spezielle, oft extra anzufertigende Geräte erfordert. Trotzdem sollte auch hierbei dieser Gesichtspunkt nicht unbeachtet bleiben, weil damit die Überführung aussagekräftiger Untersuchungsmethoden als Routine-Kontrollmethoden in die Praxis ermöglicht wird.

Besteht die Notwendigkeit, Messinstrumente einzusetzen wie zum Beispiel zur Zeitmessung, so sollte auch in diesem Falle die Verwendung handelsüblicher Instrumente angestrebt werden. Stoppuhren mit Schleppzeiger oder elektronische Stoppuhren, gekoppelt mit mechanischen Gebern oder Lichtschranken können eine relativ breite Anwendung des Tests in der Praxis ermöglichen. Für die Prüfung der Reaktions-, Differenzierungs- oder Umstellungsfähigkeit sind derartige Messinstrumente teilweise notwendig. Ihr ökonomischer Einsatz kann erhöht werden, wenn gleiche Instrumente bei mehreren Tests Verwendung finden.

In der Praxis tritt manchmal ein gewisser Widerspruch zwischen Zeit- und Materialökonomie auf. So kann die Testdauer bei der Durchführung mehrerer Tests verkürzt werden, wenn diese gleichzeitig, ähnlich dem Stationsbetrieb, durchgeführt werden können. Das jedoch erfordert oft das Vorhandensein vieler Geräte und auch Messinstrumente sowie auch des benötigten Testpersonals. Außerdem ist bei den in unterschiedlicher Reihenfolge zu absolvierenden Tests auf die Sicherung weitestgehend gleicher Bedingungen zu achten. Der ökonomische Weg muss jeweils im konkreten Fall entschieden werden, und es sind dabei weitere Bedingungen zu berücksichtigen wie zum Beispiel der Testort, Transportwege oder die Trainingsplanung.

Eine materialökonomische Frage ist oft auch das Vorhandensein der entsprechenden Testbeschreibungen in der notwendigen Anzahl. Hier und in den anderen Fragen des Materialaufwandes darf nicht an der falschen Stelle gespart werden, weil Mängel in diesem Falle nicht selten zur Vernachlässigung der notwendigerweise zu fordernden standardisierten Bedingungen eines Tests führen und erhebliche Fehlbeurteilungen der Testresultate sowie fehlerhafte Folgerungen nach sich ziehen können. Das erreichte Ergebnis rechtfertigt dann nicht den betriebenen Aufwand und macht die Testdurchführung insgesamt unökonomisch.

7.4.8.3. Personeller Aufwand

Bei der Testkonstruktion sollte angestrebt werden, dass neben dem Testleiter kein oder, wenn schon notwendig, möglichst wenige Testhelfer benötigt werden. Einerseits ist das ein Problem des Vorhandenseins der entsprechenden Anzahl von Personen, andererseits besonders auch ihrer »Qualifikation«. Eine gewisse Einarbeitung benötigt jeder Testleiter, und ebenso ist dies auch für die Testhelfer erforderlich, um Fehler bei der Testdurchführung auszuschließen. Je mehr Personal benötigt wird, umso mehr Zeit ist zur Einarbeitung notwendig. Das kann bei der Anwendung von Tests zu Forschungszwecken sogar hochqualifiziertes ingenieurtechnisches Personal erforderlich machen, wenn bestimmte Messinstrumente eingesetzt werden.

7.5. Hauptarbeitsschritte bei der Konstruktion sportmotorischer Tests

(Abb. 7.5.–1)

7.5.1. Bestimmung des Anwendungsbereiches

Der *Anwendungsbereich* steckt den Personenkreis ab, zu dessen Untersuchung oder Kontrolle der Test herangezogen werden soll. Zu seiner Bestimmung sind im Allgemeinen folgende *Fragen* wesentlich:
– Welcher Altersbereich?
– Welches Geschlecht?
– Handelt es sich um Trainierende oder Nichttrainierende?
– Welche sportartspezifischen Aspekte sind zu beachten?
– In welcher Trainingsetappe befinden sie sich?
– Wie ist das durchschnittliche Leistungsniveau?
– Handelt es sich um leistungs-, entwicklungs- oder eignungsdiagnostische Zielstellungen?

Die Bestimmung des Anwendungsbereiches hat wesentlichen Einfluss auf die Art und die Schwierigkeit (Koordinationsschwierigkeit, Belastungshöhe) der Testaufgabe(n) sowie die Entscheidung über den Test-Typ.

Je fortgeschrittener die Probanden sind, um so schwieriger muss in der Regel die Testaufgabe sein. Auch Tests für gleichaltrige männliche Personen erfordern oft einen höheren Schwierigkeitsgrad als für weibliche. Das trifft auch für Trainierende gegenüber Nichttrainierenden zu. Handelt es sich bei der Auswahl der Testaufgabe(n) um trainierende Sportler, so ist auf deren sportart- beziehungsweise disziplinspezifisches sporttechnisches Repertoire zurückzugreifen, wenn sportartspezifische Komponenten ihrer Fähigkeiten zu testen sind. Die Trainingsetappe, in der sie sich befinden, sowie ihr Leistungsniveau bestimmen Art und Schwierigkeit der Testaufgabe(n). Entwicklungsdiagnostische Zielstellungen fordern gegenüber leistungsdiagnostischen solche Tests, die über einen längeren Entwicklungszeitraum anwendbar sind, zu Beispiel den Typ der Testserie. Für eignungsdiagnostische Zielstellungen sind besonders Lerntests zu empfehlen.

7.5.2. Festlegung des Gültigkeitsbereiches

Der *Validitätsbereich* umfasst das Merkmal oder den Merkmalskomplex, der mit dem Test erfasst werden soll. Es ist also die Frage zu beantworten, welche motorische Fähigkeit oder Fertigkeit der Test zu prüfen hat.

Oft ist die Festlegung des Validitätsbereiches gemeinsam mit dem Anwendungsbereich vorzunehmen. So können einzelne motorische Fähigkeiten in bestimmten Alters- und Trainingsabschnitten von unterschiedlicher Bedeutung und Wichtigkeit sein, wodurch die Auswahl des Tests beeinflusst wird. Auch kann es sein, dass zuerst der Validitätsbereich abgesteckt und dann der Anwendungsbereich bestimmt wird, zum Beispiel bei leistungsstrukturellen Untersuchungen.

7.5.3. Analyse des Testmerkmals (Merkmalsanalyse)

Ist der Validitätsbereich bestimmt worden, muss das zu erfassende Merkmal in seinen Bestandteilen oder Komponenten analysiert werden. Für die *Merkmalsanalyse* konditioneller Fähigkeiten stehen hinreichend biowissenschaftliche Erkenntnisse zur Verfügung, während bei der Analyse koordinativer Fähigkeiten oft noch auf empirische Kenntnisse zurückgegriffen werden muss.

Beispiele derartiger Merkmalsanalysen zum Zwecke der Testkonstruktion sind bereits zu finden bei GUNDLACH (1969), HERZBERG (1968 a und b), VILKNER (1982), ZIMMER, H. (1981).

Diese Merkmalsanalyse ist von großer Bedeutung für die Entscheidung über den Typ des Tests und die Aufgabenkonstruktion. Je komplexer und komplizierter eine zu testende motorische Fähigkeit ist, um so weniger ist ein Einzeltest geeignet, und es ist auf Komplextests oder Mehrfachauswertungstests zurückzugreifen. Einzeltests erfassen oft nur eine Komponente der zu prüfenden Fähigkeit.

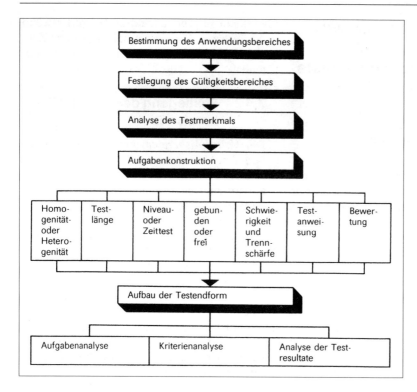

Abb. 7.5.–1 Übersicht über die Arbeitsschritte zur Konstruktion sportmotorischer Tests

7.5.4. Konstruktion der Testaufgabe (Aufgabenkonstruktion)

Ist das zu diagnostizierende Merkmal ausreichend analysiert worden, können die Auswahl der Testaufgaben vorgenommen und die gegebenenfalls notwendigen Festlegungen beziehungsweise Vorschriften für die Aufgabenerfüllung getroffen werden. Dabei handelt es sich bei sportmotorischen Tests stets um *sportmotorische Handlungsvollzüge*, die vom Probanden abgefordert werden und deren Ergebnis so stark wie nur möglich vom individuellen Ausprägungsniveau der zu prüfenden Fähigkeit bestimmt wird. Gegenwärtig überwiegen sportmotorische Tests mit einer Testaufgabe (Einaufgabentests).
Es ist jedoch damit zu rechnen, dass in Zukunft aus testökonomischen Erwägungen Mehrfachaufgabentests konstruiert werden, die durch ihre mehrfache Auswertungsmöglichkeit gleichzeitig ein differenzierteres Diagnostizieren von Teilkomponenten einer Fähigkeit zulassen. Gilt es, eine sehr komplexe Fähigkeit oder einen Fähigkeitskomplex zu erfassen, so bedarf es mehrerer Einzeltests, die zu Testprofilen oder Testbatterien zusammengestellt werden. Dabei bestimmt die Merkmalsanalyse sowohl die entsprechende Zusammenstellung der Einzeltests innerhalb des Testsystems als auch die Testaufgaben der Einzeltests selbst. So wie im Einzeltest die Testaufgabe als ein Testelement verstanden wird, erhält der Einzeltest selbst innerhalb einer Testbatterie die Funktion eines Testelements.

Einzeltest: Test – Testaufgabe

Komplextest: Testbatterie – Test (Untertest) – Testaufgabe

Bei der Aufgabenkonstruktion sind die in den folgenden Abschnitten dargestellten Gesichtspunkte von wesentlicher Bedeutung.

7.5.4.1. Homogenität oder Heterogenität des Merkmals

Eine wenig strukturierte und »eng umschriebene« Fähigkeit verlangt relativ *homogene Testaufgaben*, sofern überhaupt mehrere Aufgaben notwendig sind. Das trifft beispielsweise beim Diagnostizieren der Schnellkraftfähigkeit zu, wobei lediglich zwischen verschiedenen Körperregionen zu unterscheiden ist (Bein-, Arm-, Rumpf- bzw. Streck- oder Beugemuskulatur).

Die Reaktionsfähigkeit ist dagegen ein komplexeres personales Merkmal und verlangt *heterogene Testaufgaben*, soll sie umfassend diagnostiziert werden (Reaktionszeit, einfache motorische [sportliche] Reaktion, Zweifachwahlreaktion, Vielfachwahlreaktion).

7.5.4.2. Testlänge

Die Anzahl der Wiederholungen der Testaufgabe ist entscheidend für die Reliabilität des Tests und sollte in der Testvorform zunächst wesentlich höher gewählt werden, als später für die Testendform benötigt. Entsprechend dem zu fordernden Reliabilitätskoeffizienten wird die *Testlänge* dann auf das testökonomisch vertretbare Maß reduziert. Handelt es sich um verschiedene Aufgaben (Mehrfachaufgabentest) oder mehrere Untertests (Testbatterie), so ist ebenfalls zunächst eine größere Anzahl von Aufgaben beziehungsweise Untertests vorzusehen, weil sich meist einige als unbrauchbar erweisen und eliminiert werden müssen. Allerdings ist ein beeinträchtigender Ermüdungseffekt zu vermeiden, der besonders bei konditionellen Tests auftreten kann. Bei der Bestimmung der endgültigen Testlänge sportmotorischer Tests ist besonders der so genannte *Übungseffekt* zu berücksichtigen. Dabei handelt es sich um eine oft sehr schnell eintretende Steigerung der Testleistung in den ersten 2 bis 4 Wiederholungen der Testaufgabe. Dieser auch von MERZ (1964), MÜLLER (1972) und RAPP/SCHODER (1977) festgestellten Erscheinung wurde bisher bei sportmotorischen Tests zu wenig Aufmerksamkeit geschenkt. Ihre Vernachlässigung kann zu empfindlichen Mängeln in der Testaussage führen:

- Werden die in den ersten Wiederholungen erreichten Leistungen in die Testendwertberechnung einbezogen, so bringt dieser Testendwert teilweise ein geringeres Niveau zum Ausdruck, als der Proband tatsächlich verfügbar hat.
- Da sich mit Veränderung der Testleistung (Erhöhung) auch die Struktur der Leistung mehr oder weniger stark verändern kann, wird die Validität des Tests möglicherweise beeinträchtigt. MERZ (1964) verweist in diesem Zusammenhang auf die Untersuchungsergebnisse von FLEISHMAN/HEMPEL (1955) und folgert daraus, dass im zweiten Teil eines Tests ein anderes Merkmal dominant erfasst werden kann als im ersten Teil.
- Schließlich ist eine geringere Halbierungs-Reliabilität zu erwarten, da dieser Übungseffekt individuell differenziert auftritt.

Es erscheint deshalb notwendig, bei der Bestimmung der Testlänge die Anzahl der Wiederholungen zu ermitteln, die dem Gewöhnen an die Testaufgabe (der so genannten Eingewöhnungsphase) entsprechen, und diese bei der Berechnung des Testendwertes unberücksichtigt zu lassen.

7.5.4.3. Niveautest oder Zeittest

Es ist bei der Aufgabenkonstruktion zu prüfen, ob das zu erfassende Merkmal mit einem *Niveautest* (ohne Zeitbegrenzung bzw. Zeitmessung der Aufgabenlösung), einem so genannten *Zeittest* (Zeitbegrenzung bzw. Zeitmessung) oder der *Mischform* beider am besten zu diagnostizieren ist. Reaktionstests fordern zwangsläufig eine Zeitmessung, weil die Schnelligkeit der Aufgabenlösung ein wesentliches (nicht das einzige) Kriterium dieser Fähigkeit ist.

So kann die Gleichgewichtsfähigkeit sowohl mit einem Niveau- als auch mit einem Zeittest geprüft werden, wie die Praxis mehrfach zeigt. Dass jedoch eine Schnelligkeitskomponente bei der Aufgabenlösung möglicherweise zu einer gewissen Dominanz führen kann, deuten die Untersuchungsergebnisse von HIRTZ (1979) an. Seine faktorenanalytischen Untersuchungen der koordinativen Fähigkeiten führten unter anderem zur Selektion eines Faktors, den er als »Koordination unter Zeitdruck« bezeichnet.

Wenn auch die Möglichkeit der Zeitmessung den Vorteil einer hohen Objektivität besitzt, so ist doch bei der Aufgabenkonstruktion sehr genau zu berücksichtigen, welches Gewicht die Schnelligkeitskomponente in der Merkmalsanalyse besitzt. Ist sie für eine motorische Fähigkeit, beispielsweise die Rhythmisierungsfähigkeit, bedeutungslos, so wird die Anwendung eines Zeittests zur Erfassung eines anderen Merkmals führen als beabsichtigt. Es besteht die Gefahr, dominant eine »dynamische Ausstattung des Probanden« oder eine interindividuelle Art der Handlungsstrategie zu erfassen, die für die zu diagnostizierende motorische Fähigkeit nicht typisch ist.

7.5.4.4. Gebundene oder freie Aufgabenlösung

Ist der Proband an eine Bewegungsvorschrift gebunden, so spricht man von *gebundener*, anderenfalls von *freier* Aufgabenlösung. Bei sportmotorischen Tests hat sich die erste Art überwiegend durchgesetzt.

7.5.4.5. Aufgabenschwierigkeit und Aufgabentrennschärfe

Die *Schwierigkeit* und *Trennschärfe* der Testaufgabe sind Kriterien, die in engem Zusammenhang mit den Hauptgütekriterien Reliabilität und Validität stehen. Eine mittlere Schwierigkeit bewirkt eine gute Trennschärfe, und diese wiederum kann für eine hohe Reliabilität entscheidend sein. Beide Kriterien sind deshalb *Hauptelemente der Aufgabenanalyse*. Die Schwierigkeit eines Tests sollte so hoch sein, dass der leistungsschwächste Proband die Testaufgabe gerade noch lösen kann und dass sie für den besten Probanden noch eine Leistungsanforderung darstellt. In diesem Falle wird gleichzeitig eine ausgezeichnete Trennschärfe erreicht: der Test differenziert die Probanden gut nach ihrem tatsächlichen Fähigkeitsniveau (s. auch 7.5.5.1.).

7.5.4.6. Testanweisung und Reihenfolge der Testaufgaben

Für eine ausreichende Sicherung standardisierter Bedingungen eines Tests ist unter anderem eine genaue, eindeutige und verständliche *Testanweisung* sehr wichtig. Die verbale Aufgabenstellung der Testaufgabe ist deshalb auf ihre fachterminologische Richtigkeit und die Beschreibung der gesamten Testdurchführung auf Eindeutigkeit und Unmissverständlichkeit zu prüfen. Das ist besonders bei der Konstruktion von Tests für koordinative Fähigkeiten erforderlich, weil dabei oft komplizierte beziehungsweise sportartspezifische Bewegungsaufgaben zu stellen sind und die Lösung dieser nach sehr präzisen Vorschriften zu realisieren ist.

Besondere Beachtung ist der *Reihenfolge der Testaufgaben* beziehungsweise der Untertests bei Testbatterien (wenn diese nacheinander absolviert werden) zu schenken. Die durch die vorangegangene Aufgabe bewirkte physische und/oder psychische Belastung kann die Ausgangssituation der Probanden für die folgende Testaufgabe beeinflussen. Eine entsprechende Pause ist gegebenenfalls notwendig und in der Testbeschreibung zu fixieren. Das gilt gleichsam auch für eine standardisierte Vorbereitung der Probanden auf den Test im Sinne einer psychophysischen »Erwärmung«.

7.5.4.7. Aufgabenbewertung

Auf Grundlage der Merkmalsanalyse ist die *Bewertung der Teilleistungen* bei mehreren Aufgabenlösungen oder Untertests so vorzunehmen, dass im Testendwert das geprüfte Merkmal im beabsichtigten Umfang repräsentiert wird. Das ist eine Frage der Validität, und sie bekommt besonders beim Diagnostizieren schwer abgrenzbarer, komplexer Fähigkeiten sowie ganzer Fähigkeitskomplexe Bedeutung. Die Gewichte der einzelnen Teilleistungen müssen der Binnenstruktur des zu prüfenden Merkmals adäquat sein. Bei homogenen Aufgaben beziehungsweise Untertests ergibt eine gleichgewichtige Bewertung der Teilleistungen auch eine annähernde Normalverteilung der Teilleistungen. Bei einer Gewichtung heterogener Aufgaben sollten nicht mehr als 25 Prozent doppelt und nicht mehr als 1/8 dreifach bewertet werden, weil sonst die einwertig eingehenden Testleistungen in ihrer Bedeutung so weit eingeschränkt werden, dass ihre Anwendung überflüssig werden könnte.

7.5.5. Aufbau der Testendform

Nachdem die Aufgabenkonstruktion abgeschlossen ist, geht es nun um die Festlegung der endgültigen Form des Tests. Dazu ist eine oft umfangreiche und manchmal auch langwierige Arbeit zu leisten. Zu unterscheiden sind drei Aufgaben:
– die Aufgabenanalyse,
– die Kriteriumsanalyse,
– die Analyse der Testresultate.

7.5.5.1. Aufgabenanalyse

Die *Aufgabenanalyse* dient der Auswahl der Testaufgaben beziehungsweise Tests, die sich als geeignet und durchführbar erweisen. Die Hauptkriterien der Aufgabenanalyse sind die *Schwierigkeit* und die *Trennschärfe*.
Da die Ergebniserfassung bei sportmotorischen Tests überwiegend in metrisch oder ordinal skalierter Form erfolgt, ist die Ermittlung der optimalen Schwierigkeit und Trennschärfe über die Häufigkeitsverteilung ausreichend. Lediglich bei nominal skalierter Leistungsermittlung durch Alternativurteil »gelöst – nicht gelöst« kann der Schwierigkeitsindex der Testaufgabe errechnet werden.

Die Formel dafür lautet:

$$P = 100 \ \frac{N_R}{N} \tag{13}$$

Dabei bedeutet:

N_R = Anzahl der Probanden, die die Aufgabe gelöst haben

N = Gesamtzahl der Probanden

Diese Berechnung ist streng genommen nur bei Niveautests anwendbar. Bei Zeittests sind besondere Bedingungen zu beachten.[9]
Besteht ein Test aus mehreren Testaufgaben (Testserie, Mehrfachaufgabentest), kann der Schwierigkeitsgrad durchaus unterschiedlich sein. Bei einer Testserie wird gerade eine möglichst kontinuierlich ansteigende Schwierigkeit der einzelnen Aufgaben angestrebt. Auch in diesen Fällen erfolgt die Ermittlung nach den bereits genannten Methoden (zum Beispiel ZIMMER, H., 1981).

Der Trennschärfekoeffizient, der eine Aussage über die interindividuellen Unterschiede der Testleistungen macht und damit die Positionsbestimmung jedes Probanden in der Gruppe ermöglicht, wird nach der so genannten punktbiserialen Korrelation als Korrelationskoeffizient zwischen der Aufgabenlösung und dem Gesamtwert des Tests definiert.

Seine Berechnung erfolgt, alternative Resultatsermittlung vorausgesetzt, nach der Formel:

$$\text{pbis } r_{it} = \frac{\bar{x}_R - \bar{x}}{s_x} \sqrt{\frac{p}{q}} \tag{14}$$

wobei $p = N_R$; N und $q = 1 - p$ ist.

In der Formel bedeuten:
$\bar{x}$ = arithmetisches Mittel aller Testrohwerte
$\bar{x}_R$ = arithmetisches Mittel der Testrohwerte von denjenigen Probanden, die die Aufgabe (richtig) gelöst haben
s_x = Standardabweichung der Testrohwerte aller Probanden
N = Anzahl der Probanden
N_R= Anzahl derjenigen Probanden, die die Aufgabe (richtig) gelöst haben

Für metrisch skalierte normalverteilte Testrohwerte beziehungsweise Testleistungen bei einzelnen Testaufgaben kann nach JESCHKE (1977) die prozentuale Häufigkeit des Dichtemittels in Beziehung mit dem Variabilitätskoeffizienten als Trennschärfeindex TI verwendet werden.

$$TI = \frac{V}{p} \ \text{mit } V = \frac{s}{\bar{x}} \cdot 100 \ (\%)$$

TI = Trennschärfeindex
V = Variabilitätskoeffizient
p = relative Häufigkeit des Dichtemittels (häufigster Wert)
Bei nicht normalverteilten oder ordinalskalierten Merkmalen gilt:
$p \triangleq TI$
Zur Einschätzung der Trennschärfe werden folgende Richtwerte angegeben:

TI		P
< 0,30	ungenügend	> 30
0,30–0,59	gering	24–30
0,60–0,99	mittel	17–23
1,00–1,30	gut	10–16
> 1,30	sehr gut	< 10

---

9 Dazu und zu weiteren Spezifitäten siehe LIENERT, 1989, S. 88 ff.

Bei sportmotorischen Tests wurden diese beiden Elemente der Aufgabenanalyse, die Schwierigkeit und Trennschärfe, bisher kaum berücksichtigt. Die zu erwartende Verbreitung von Mehrfachaufgabentests und Testserien wird dies jedoch in zunehmendem Maße erforderlich machen, weil Schwierigkeit und Trennschärfe wesentlich die Hauptgütekriterien, besonders die Reliabilität, beeinflussen. Dabei sind die Besonderheiten sportmotorischer Tests zu beachten, die sich vornehmlich aus den Spezifika der motorischen Fähigkeiten ergeben, und es muss gegebenenfalls nach neuen Bestimmungsmethoden gesucht werden.

7.5.5.2. Kriterienanalyse

Mit dieser wohl kompliziertesten und umfangreichsten Aufgabe bei der Entwicklung von Tests wird das Ziel verfolgt, die Gütekriterien Objektivität, Reliabilität und Validität zu bestimmen beziehungsweise zu verbessern. Für sportmotorische Tests ist es zweckmäßig, zunächst eine ausreichende *Objektivität* und *Reliabilität* zu erreichen, bevor die teilweise recht schwierige *Validierung* vorgenommen wird. Es sei denn, die Bestimmung der logischen Validität ist ausreichend oder vorläufig allein möglich.

Auf weitere Ausführungen kann an dieser Stelle verzichtet werden, weil diese drei Hauptgütekriterien einschließlich der Methoden ihrer Bestimmung im Abschnitt 7.4. ausführlich behandelt wurden.

7.5.5.3. Analyse der Testresultate

Das Ziel dieser Analyse besteht in der Erarbeitung von *Normen* zur Beurteilung der Testleistungen als Indikatoren für das interindividuelle Ausprägungsniveau motorischer Fähigkeiten beziehungsweise technischer Fertigkeiten.

Dabei ist in der Regel eine möglichst große Anzahl von Testdaten als Voraussetzung für eine Normierung anzustreben. Bei relativ kleinen Populationen, wie sie im Leistungssport auftreten, muss man mit vorläufigen, schrittweise zu präzisierenden Normen zufrieden sein.

7.6. Zur Durchführung sportmotorischer Tests

Der Wert einer Kontrolle in der Sportpraxis oder einer sportwissenschaftlichen Untersuchung mit sportmotorlischen Tests wird entscheidend beeinflusst von der Exaktheit und Gewissenhaftigkeit, mit der diese durchgeführt wird. Sowohl bei der Vorbereitung als auch bei der Durchführung selbst sind viele Arbeitsschritte erforderlich, die auf der Grundlage vielfältiger Erfahrungen hier zusammengefasst werden sollen (Abb. 7.6.–1).

7.6.1. Inhaltliche Vorbereitung

Nachdem die Zielstellung der Kontrolle oder der Untersuchung geklärt ist, sind die benötigten Tests *auszuwählen* oder, wenn notwendig, zu konstruieren. Sind die Tests bereits vorgegeben, zum Beispiel als Kontrollprogramm in der Schul- oder Trainingspraxis, erübrigt sich der Arbeitsschritt einer inhaltlichen Vorbereitung. Dabei ergeben sich folgende Arbeitsschritte:

– Es muss die Frage geklärt werden, welche motorischen Fähigkeiten (bzw. Fertigkeiten) überprüft werden sollen.
– Es ist der Personenkreis, der überprüft werden soll, genau zu charakterisieren nach
  Alter,
  Leistungsvermögen,
  Geschlecht,
  Sportart,
  Ausbildungsetappe oder Trainingsperiode.
– Auf der Grundlage dieser Kenntnisse ist durch Literatur- oder Dokumentensichtung die Auswahl der vermutlich geeigneten Tests zu treffen.

Dabei wird die Auswahl mitbestimmt von den ökonomischen Bedingungen und Möglichkeiten, der Testökonomie, besonders durch die verfügbare Zeit, das verfügbare Material (Geräte, Instrumente) und Personal. Werden keine brauchbaren Tests gefunden, so ist zu entscheiden, ob vorläufig auf andere Methoden zurückgegriffen werden kann (z. B. Beobachtung, Befragung), bekannte Tests modifiziert oder völlig neue Tests entwickelt werden müs-

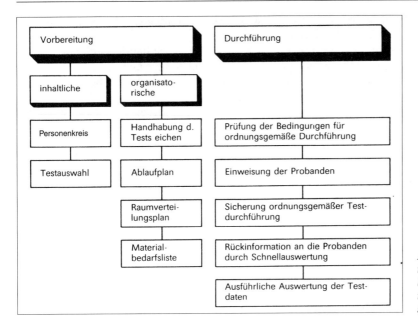

Abb. 7.6.–1 *Übersicht über die Arbeitsschritte bei der Vorbereitung und Durchführung sportmotorischer Tests*

sen. (Die dabei notwendigen Aufgaben sind im Abschnitt 7.5. ausführlich dargestellt.)
Außerdem ist bei der Auswahl der Tests die Zielstellung der Kontrolle oder Untersuchung besonders zu beachten:
- Eine einmalige oder in längeren Zeitintervallen vorzunehmende Niveaubestimmung der Fähigkeiten wirft meistens keine größeren Probleme auf. Lediglich das ansteigende Leistungsvermögen zwingt zur Beachtung des Schwierigkeitsgrades der Testaufgabe, um bei wiederholter Anwendung eine ausreichende Trennschärfe zu gewährleisten.
- Soll die Leistungsentwicklung kontinuierlich verfolgt werden, was eine Durchführung der Tests in kürzeren Zeitabständen erfordert, ist einerseits ein möglicher Lerneffekt bezüglich der Testaufgabe auszuschließen und andererseits der ausreichende Schwierigkeitsgrad der Testaufgabe(n) bei gestiegenem Leistungsniveau zu sichern. Es empfiehlt sich, auf Testserien zurückzugreifen oder Tests mit unterschiedlichen Testaufgaben bei äquivalenter Leistungsbewertung anzuwenden.
- Haben die auszuwählenden Tests der individuellen Auswahl oder Nominierung von Sportlern zu dienen, muss eine hohe Authentizität gegeben sein, und die Entscheidung sollte nicht von nur *einer* Testleistung abhängig gemacht werden.

7.6.2. Organisatorische Vorbereitung

Die genauen *Testbeschreibungen* sind *gründlich* zu *studieren*, und gegebenenfalls muss der Testleiter an einigen (anderen) Probanden sich selbst *in der sicheren Handhabung des Tests üben*. Werden mehrere Tests gleichzeitig durchgeführt, sind auch die weiteren dazu benötigten Testleiter zur gewissenhaften Handhabung zu qualifizieren. Das gleiche gilt auch für Testhelfer, falls diese erforderlich sind. Besonders wichtig ist die *Aufstellung eines Ablaufplanes*, besonders wenn mehrere Tests parallel durchgeführt werden. Dabei ist zu beachten:
– Die für die einzelnen Tests benötigte Zeit ist so einzuplanen, dass bei einer fortlaufenden Absolvierung der Tests durch die Probanden keine die Motivation beeinträchtigenden Wartezeiten entstehen, aber auch kein »Durchhetzen« erfolgt. Größere Gruppen von Testpersonen sind nach gestaffelten Zeiten zu bestellen.

- Zu planen ist auch die Zeit für den Geräte-auf- und -umbau. Da sportmotorische Tests meistens in Sporthallen durchgeführt werden, ist der Zeitpunkt des Testbeginns von der benötigten Aufbauzeit nach Freiwerden der Halle und den zur Verfügung stehen Personen (und ihrer Qualifizierung) abhängig. Möglicher Antransport, Abbau und Abtransport sind für den Einsatzplan der Testhelfer zu beachten.

Die Skizzierung eines *Raumverteilungsplanes* ist bei der parallelen Durchführung mehrerer Tests unbedingt zu empfehlen, um die gegenseitige Störung der Probanden zu verhindern. Dabei sollte beachtet werden:

- Die »Teststation« ist so aufzubauen, dass der Proband keine anderen störenden Einflüsse im Blickfeld hat, zum Beispiel andere Testpersonen.
- Laufwege der Probanden von einer Teststation zur anderen dürfen nicht zur Störung oder Ablenkung anderer Probanden führen.
- Tests, deren Durchführung vorher nicht beobachtbar sein darf, was bei koordinativen Tests teilweise wegen des möglichen »Lerneffekts durch Mitvollziehen« begründet ist, sind entsprechend abgeschirmt oder in einem anderen Raum durchzuführen.

Es ist eigentlich selbstverständlich, wird jedoch erfahrungsgemäß in der Praxis nicht immer ausreichend beachtet, dass bei der Festlegung des Testraumes oder Testfeldes die im Testmanual geforderten Bedingungen streng einzuhalten sind. Das betrifft vor allem:
Härte oder Rutschfestigkeit des Bodens, Ausschluss extremer Witterungsverhältnisse bei der Testdurchführung im Freien,
ausreichende Lichtverhältnisse, besonders bei Tests, die Präzisionsleistungen fordern,
Ausschluss ablenkender Geräusche, wie sie eventuell durch andere trainierende Sportler oder Zuschauer hervorgerufen werden könnten.
Bei der Durchführung von Tests mit einem umfangreichen Materialbedarf empfiehlt sich die Anfertigung einer *Materialbedarfsliste*. Besonders dann, wenn Geräte oder Instrumente in Vorbereitung der Testdurchführung von anderen Standorten herbeigeholt werden müssen, sollte diese die Bezeichnung, den Standort und den für den Antransport Ver-

antwortlichen enthalten. Dazu zählen beispielsweise:
- Sportgeräte (meist handelsübliche),
- speziell angefertigte Geräte,
- Messinstrumente wie Stoppuhren oder Bandmaße u. ä.

Aber auch manchmal als nebensächlich übersehene Kleinmaterialien können eine Testdurchführung erheblich stören, wenn ihr Vorhandensein nicht gesichert ist:
- ausreichende Anzahl von Schreibgeräten (Bleistifte o. ä.),
- vorbereitete Testlisten,
- Schreibunterlagen oder Tische (die in Sporthallen nicht zur üblichen Ausstattung gehören).

Je nach Zielstellung der Kontrolle oder Untersuchung kann die Rückinformation über die Testresultate an die Probanden von Bedeutung sein und möglicherweise Material für eine Schnellauswertung erfordern. In diesem Falle ist es wichtig, benötigtes Material oder Personen für eine solche Auswertung bereitzustellen beziehungsweise vorzusehen. Dazu können gehören:
- vorgefertigte Umrechnungstabellen,
- Taschenrechner,
- Leistungskarten für die Sportler,
- eventuell zusätzliche Personen oder die Einweisung der Sportler zur eigenen Auswertung der Testdaten.

7.6.3. Testdurchführung

Die Hauptaufgabe bei der Testdurchführung besteht darin, auf die exakte Einhaltung der vorgegebenen standardisierten Testbedingungen zu achten. Hier gilt der Grundsatz: *je gründlicher die Vorbereitung, um so sicherer ist die Testdurchführung*. Erfahrungsgemäß sollte sich ein Testleiter auf folgende Aufgaben während der Testdurchführung konzentrieren:

- Prüfung der ordnungsgemäßen Herrichtung des Testraumes, -feldes oder der Teststation, einschließlich der Funktionstüchtigkeit der verwendeten Geräte und Instrumente.
- Empfang und verantwortungsvolle Einweisung der Probanden, besonders ihre motivationale Vorbereitung durch die verständ-

liche und überzeugende Verdeutlichung des Zwecks der Testdurchführung, einschließlich des für sie individuell bedeutsamen Nutzens.

– Bei Testdurchführung an mehreren parallelen Stationen sollte der Testleiter ständig den ordnungsgemäßen Ablauf überwachen. Das setzt voraus, dass er selbst für keine Station unmittelbar verantwortlich ist.

Dabei sollte er erfahrungsgemäß seine Aufmerksamkeit richten auf:

– Unvorhergesehene äußere Störeinflüsse und deren schnelle Beseitigung, zum Beispiel eintretende fremde Personen, Stockungen im Ablauf zwischen den Teststationen, Defekte an Geräten oder Instrumenten u. ä.

– Beobachtung des Verhaltens der Probanden während des Wechsels von einem Test zum anderen, um eventuell leistungsbeeinträchtigende Veränderungen in der Motivation festzustellen und diese zu beseitigen oder zumindest zu registrieren. Eine solche Registrierung kann später bei der Auswertung der Testergebnisse Erklärungen für individuell völlig abwegige Testleistungen liefern.

Sicherung aller auf den Listen oder Karten festgehaltenen Testleistungen zwecks späterer ausführlicher Auswertung einschließlich ihrer statistischen Bearbeitung.

Der verantwortungsvolle Testleiter wird bereits während der Testdurchführung gewährleisten, dass (wenn vorgesehen) den Probanden durch Schnellauswertung der Testdaten die Rückinformation über ihr ermitteltes Leistungsvermögen ermöglicht wird. Das ist besonders dann anzustreben, wenn die Zielstellung der Kontrolle oder Untersuchung in der Ermittlung der Leistungsentwicklung besteht und die Wiederholung der Testdurchführung für die Probanden als persönlich nützlich verstanden werden soll.

7.6.4. Zur pädagogischen Funktion von Testdurchführungen

Jede im Training oder Unterricht zu lösende Aufgabe sollte auch kontrollierbar sein. Die Erhöhung des Niveaus in den konditionellen und koordinativen Fähigkeiten sowie das Er-

lernen, Vervollkommnen und Stabilisieren der motorischen Fertigkeiten sind Hauptbildungsinhalte des sportlichen Trainings und des Sportunterrichts. Insofern ist zur Kontrolle der erreichten Ergebnisse der sportmotorische Test eine wichtige und in der Praxis weit verbreitete Kontrollmethode. Er erfüllt dabei in mehrfacher Hinsicht auch *pädagogische Funktionen*:

– Durch die Bestimmung des erreichten Leistungsstandes oder bei wiederholter Kontrolle der Leistungsentwicklung der Sportler oder Schüler gewinnen Trainer beziehungsweise Sportlehrer wichtige Informationen über die *Leistungsfähigkeit* ihrer Schützlinge. Der Vergleich mit den in den Planmaterialien vorgegebenen Normativen führt zu einer genauen Einschätzung der erreichten Ergebnisse und lässt Folgerungen für die weitere Trainingssteuerung sowie die Präzisierung der Trainings- und Unterrichtsplanung zu.

– Die ermittelten Testleistungen spiegeln auch die Wirksamkeit der im Training oder Sportunterricht angewandten *Mittel, Methoden* und *Maßnahmen* wider.

Sie geben somit Aufschluss über die Richtigkeit der ausgewählten Mittel und Methoden. Bei nicht befriedigenden Ergebnissen muss die Testüberprüfung zu Überlegungen und Folgerungen hinsichtlich der Auswahl *wirkungsvollerer* Mittel, Methoden und Maßnahmen führen.

Die Durchführung von Testerhebungen kann und soll auch unmittelbar *stimulierend* auf den Sportler beziehungsweise Schüler wirken. Dabei hat die Interpretation/Einschätzung durch den Trainer oder Sportlehrer auch eine wichtige pädagogische Funktion. Er muss dafür sorgen, dass unbefriedigende Testleistungen nicht zur Resignation führen, sondern zu besonderer Aktivität anregen. Bei Erfüllung oder Übererfüllung der geforderten Normen sollte der Trainer oder Sportlehrer zwar Anerkennung zollen, aber zugleich der Gefahr einer Selbstzufriedenheit oder gar Selbstüberschätzung entgegenwirken. In jedem Falle sind Testergebnisse zur Erhöhung der Aktivität und Bewusstheit und zur positiven Motivierung im weiteren Training oder Unterricht optimal zu nutzen.

7.6.5. Beispiel für die Durchführung sportmotorischer Tests (Testmanual)

Vielfach-Reaktionstest (VRT)
(nach RAUCHMAUL)

Testaussage:
Aspekte der
1. einfachen Reaktionsfähigkeit
2. sportlichen Reaktionsfähigkeit
3. Wahlreaktionsfähigkeit

Testaufgabe:
Auf ein optisches Signal hin
zu 1. Abschlagen des Kontaktballs
zu 2. Absolvieren einer kurzen Laufstrecke und Abschlagen des Kontaktballes
zu 3. Absolvieren einer kurzen Laufstrecke (entsprechend Signalgebung Entscheidung zwischen zwei Varianten) und Abschlagen des Kontaktballes

Testdurchführung und Testdauer:
Erläuterung der Aufgabenstellung für jede Testaufgabe unmittelbar vor deren Realisierung:

Zur Testaussage 1: Einfache Reaktion

– Aufgabenstellung: Nach optischem Signal wird der Kontaktball aus einem Abstand zwischen Schlaghand und Ball von 10 cm abgeschlagen;
– Es erfolgen zwei Probeversuche; wenn dabei kein Kontaktschluss erreicht wird, werden weitere Versuche bis zum Erreichen des Kontaktschlusses gewährt;
– Durchführung von vier Wertungsversuchen.

Zur Testaussage 2: Sportliche Reaktion

– Aufgabenstellung: Nach optischem Signal wird eine bestimmte Laufstrecke in vorgeschriebener Art (vgl. Testanweisung) absolviert und der Kontaktball abgeschlagen;
– Durchführung eines Probeversuchs;
– Absolvierung von vier Wertungsversuchen.

Zur Testaussage 3: Wahlreaktion

– Aufgabenstellung: Nach optischem Signal (links oder rechts) muss entsprechend rea-

Abb. 7.6.–2 Testaufbau – einfache Reaktion

a ≙ Kontaktball
b ≙ Medizinball (3 kg)
c ≙ RZM 125 (Reaktionszeitmeßgerät)

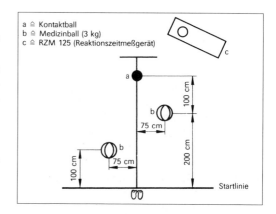

Abb. 7.6.–3 Testaufbau – sportliche Reaktion

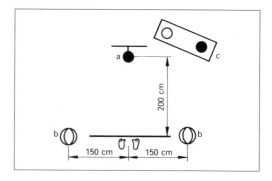

Abb. 7.6.–4 Testaufbau – zweifache Wahlreaktion

giert und danach der Kontaktball abgeschlagen werden;
– Durchführung von zwei Probeversuchen, je einmal linke und rechte Signalangabe;

Zur Durchführung sportmotorischer Tests

Zur 1. Testaufgabe
Gültigkeit: logische (Expertenurteil)
Zuverlässigkeit: (siehe Tabelle 7.6.–1
Objektivität: exakt zu messende Ergebnisregistrierung

Tabelle 7.6.–1: Zuverlässigkeit der 1. Testaufgabe

Methode	Koeffizient	Irrtums-wahrschein-lichkeit	AK	Geschlecht	Anzahl der Propbanden	Sportart
Halbierung	0,76	1 %	12	w	12	Vb
Halbierung	0,63	5 %	12	w	12	Vb
Halbierung	0,64	5 %	12	w	10	Vb
Halbierung	0,65	1 %	12	w	14	Vb
Halbierung	0,18		11	w	11	Vb
Halbierung	0,92	1 %	10/11	m/w	12	LA
Halbierung	0,71	1 %	11	w	29	untrainiert
Halbierung	0,48		16	w	9	Hb
Halbierung	0,88	1 %	9	m/w	14	Schw
Halbierung	0,92	1 %	11	m	11	Vb
Halbierung	0,65	1 %	22	m/w	40	Schw
Halbierung	0,62	1 %	22	m/w	15	versch.

Zur 2. Testaufgabe
Gültigkeit: logische (Expertenurteil)
Zuerlässigkeit: (siehe Tabelle 7.6.–2)
Objektivität: exakt zu messende Ergebnisregistrierung

Tabelle 7.6.–2: Zuverlässigkeit der 2. Testaufgabe

Methode	Koeffizient	Irrtums-wahrschein-lichkeit	AK	Geschlecht	Anzahl der Propbanden	Sportart
Halbierung	0,84	1 %	12	w	12	Vb
Halbierung	0,92	1 %	12	w	12	Vb
Halbierung	0,75	1 %	12	w	10	Vb
Halbierung	0,13		12	w	14	Vb
Halbierung	0,86	1 %	11	w	11	Vb
Halbierung	0,86	1 %	10/11	m/w	12	LA
Halbierung	0,82	1 %	11	w	29	untrainiert
Halbierung	0,80	1 %	16	w	9	Hb
Halbierung	0,91	1 %	9	m/w	14	Schw
Halbierung	0,95	1 %	11	m	11	Vb
Halbierung	0,88	1 %	22	m/w	40	Schw
Halbierung	0,88	1 %	22	m/w	15	versch.

- Absolvierung von vier Wertungsversuchen (nach jeder Seite zweimal in beliebigem Wechsel).
- Bei der Absolvierung der einzelnen Tests ist die Reihenfolge Testaussage 1, 2, 3 einzuhalten.

- Zeitdauer je Sportler: 5 min (Einzelstart). Es empfiehlt sich aber aus Zeitgründen, den Test jeweils mit einer möglichst großen Anzahl Sportler gleichzeitig zu absolvieren (15 bis 20 Sportler 60 min).

Untersuchungs- und Kontrollmethoden

Zur 3. Testaufgabe
Gültigkeit: logische (Expertenurteil)
Zuerlässigkeit: (siehe Tabelle 7.6.–3)
Objektivität: exakt zu messende Ergebnisregistrierung

Tabelle 7.6.–3: Zuverlässigkeit der 2. Testaufgabe

Methode	Koeffizient	Irrtums- wahrschein- lichkeit	AK	Geschlecht	Anzahl der Propbanden	Sportart
Halbierung	0,68	5 %	12	w	12	Vb
Halbierung	0,69	5 %	12	w	12	Vb
Halbierung	0,80	1 %	12	w	10	Vb
Halbierung	0,50	5 %	12	w	14	Vb
Halbierung	0,46	–	11	w	11	Vb
Halbierung	0,79	1 %	9	m/w	14	Schw
Halbierung	0,65	5 %	11	w	11	Vb
Halbierung	0,78	1 %	22	w/w	40	Schw
Halbierung	0,82	1 %	22	m/w	14	Schw

Testanweisungen:
»Der Test soll überprüfen, inwieweit ihr in der Lage seid, auf entsprechende Lichtsignale möglichst schnell zu reagieren.«

Aufgabe 1

»Du hältst die Hand deines besseren Wurfarms schlagbereit über den Kontaktball (Abstand 10 cm). Sobald das Lichtsignal erscheint, schlägst du so schnell wie möglich auf den Ball. Dabei wird die Hand nicht erst zum Ausholen nach oben zurückgeführt (Abb. 7.6.–2). Du hast 2 Probe- und 4 Wertungsversuche.«

Aufgabe 2

»Du stehst in Grätschstellung vor der Startlinie. Wenn die Lampe aufleuchtet, läufst du so schnell wie möglich los, berührst den ersten Medizinball mit der linken Hand, den zweiten mit der rechten Hand und schlägst mit der linken Hand auf den Kontaktball. Du hast 2 Probe- und 4 Wertungsversuche.«

Aufgabe 3

»Du stehst in Grätschstellung, vor der Startlinie. Wenn die *rechte Lampe* aufleuchtet, läufst du so schnell wie möglich *zum linken Medizinball*, berührst ihn und schlägst danach mit der rechten Hand auf den Kontaktball. Wenn die *linke Lampe* aufleuchtet, läufst du

entsprechend *zum rechten Medizinball* und danach wieder zum Kontaktball. Du hast 2 Probe- und 4 Wertungsversuche.«

Testaufbau: Abbildungen 7.6.–2 bis 4

Technische und personelle Anforderungen:
1 Testleiter
1 Reaktionszeitmessgerät 125 (RZM)
1 Kabeltrommel
Bandmaß
1 Kontaktball mit Befestigungsmöglichkeit
4 Medizinbälle je 3 kg
Kreide

Testauswertung:
Zu Aufgabe 1: Summe der vier erreichten Zeiten
Zu Aufgabe 2: Summe der vier erreichten Zeiten
Zu Aufgabe 3: Summe der vier erreichten Zeiten

7.7. Schlussbemerkungen

Im Mittelpunkt der Untersuchungsmethoden einer pädagogisch orientierten Bewegungslehre stehen bisher die Bewegungsbeobachtung und -analyse sowie der sportmotorische Test als Untersuchungs- und Kontrollverfahren. In diesem Kapitel wird der Hauptschwerpunkt auf den sportmotorischen Test gelegt, weil dieser in der Bewegungslehre bisher eine besondere Stellung eingenommen hat. Mit Tests wurden wichtige Erkenntnisse über das Niveau und die Struktur motorischer Fähigkeiten und Fertigkeiten gewonnen. Allerdings geht in der Bewegungswissenschaft die Entwicklung stärker zur Nutzung adäquater Methoden aus allen Wissenschaftsdisziplinen mit dem Gegenstand Bewegung. Insofern lässt sich keine klar abgrenzbare Spezifik im Methodenspektrum der Biomechanik, Sportmotorik und Trainingswissenschaft mehr finden (DAUGS u. a., 1999). So werden kinemetrische und dynamometrische Verfahren, EMG- und EEG-Analysen, posturographische und videonystagmographische Verfahren auch zunehmend in der Sportmotorik eingesetzt. Die Forschungsmethoden umfassen das breite Spektrum von qualitativen und quantitativen sowie experimentellen und evaluativen Verfahren. Eine besondere Rolle spielen Verlaufsbetrachtungen in der Ontogenese.

Die integrative Verknüpfung zwischen den bewegungs- und trainingswissenschaftlichen sowie weiteren sportwissenschaftlichen Disziplinen schreitet voran, sodass für die Bewegungslehre-Sportmotorik keine konstituierenden, eigenständigen Methoden mehr charakteristisch sind. Diese Entwicklung ist weiter zu verfolgen, um die Methodologie der Sportmotorik auch unter diesem Aspekt den Studierenden näher zu bringen.

Dieses Kapitel soll jedoch auch weiterhin dem Sportpädagogen Leitfaden für die Anwendung des sportmotorischen Tests in Forschung und Praxis sein. Besonders für die Konstruktion neu zu entwickelnder Tests gibt es Anleitung und Anregung.

Weiterführende Darlegungen findet man bei BÖS (2001) und WURDEL (1972). Allerdings gibt es schon eine Vielzahl vorhandener Tests, deren Geltungsbereiche teilweise eingeschränkt und deren Gütekriterien nicht immer ausreichend nachgewiesen sind.

BÖS (2001) bietet in seinem Handbuch eine umfangreiche Zusammenstellung von Tests des In- und Auslandes, deren Testmerkmale überwiegend komplex (Fitnesstests) oder konditionell bestimmt sind. Besonders wertvoll bei dieser Testsammlung ist die kritische Einschätzung jedes Tests, die vor unüberlegter Anwendung warnt.

Eine weitere umfangreiche **Sammlung von Koordinationsfähigkeitstest** ist an der Sportwissenschaftlichen Fakultät der Leipziger Universität im Institut für Allgemeine Bewegungs- und Trainingswissenschaft entstanden.

Diese elektronische Datei **SPOKOODAT** enthält annähernd 500 Testmanuale.

Die Entwicklung der Mikroelektronik hat völlig neue technische Möglichkeiten geschaffen, auch sportmotorische Tests mit bedeutend schnellerer Datenverarbeitung und -auswertung zu entwickeln. Wir können damit rechnen, dass in nächster Zukunft computergeleitete Motoriktests für Labor- und Felduntersuchungen entwickelt werden. (PÖHLMANN/HIRTZ, 1994)

Studienliteratur

BÖS, K. (Hrsg.): Handbuch motorische Tests. Göttingen – Toronto – Zürich 2001

SCHNABEL, G., u. a.: Methoden zur Gewinnung empirischen Wissens. In: Forschungsmethoden in den sportmethodischen Wissenschaftsdisziplinen. Wissenschaftliche Zeitschrift der DHfK Leipzig 28 (1987) Sonderheft 3, S. 181–230

PÖHLMANN, R., HIRTZ, P.: Die Weiterentwicklung des methodischen Arsenals – ausgewählte Trends der Motodiagnostik. In: Hirtz, P., Kirchner, G., Pöhlmann, R.: Sportmotorik. Grundlagen, Anwendungen und Grenzgebiete. Kassel 1994, S. 309–333

LIENERT, G. A.; RAATZ, U.: Testaufbau und Testanalyse. – Weinheim 1998

Literaturverzeichnis

AAKEN, E. VAN: Zum Mittelstreckentraining der Frau und der weiblichen Jugend. Leichtathletik, Berlin 7 (1959) 2, Beilage Lehre der Leichtathletik, S. 37–38.

ADAMS, J.: A closed-loop theory of motor behavior. Journal of Motor Behavior, Washington DC (1971) 3, pp. 111–149.

AHLEMANN, G.: Zum Entwicklungsverlauf von Schwimmgeschwindigkeit, Zugfrequenz und Zyklusweg beim Sprint über eine Dauer von 10 s bei Schülern im Alter von 9 bis 14 Jahren. Wissenschaftliche Zeitschrift der DHfK, Leipzig 22 (1981) 1, S. 65–72.

AKERT, K.: Struktur und Ultrastruktur von Nervenzellen und Synapsen. Klinische Wochenschrift, Berlin 49 (1971) 9, S. 509.

ALFERMANN, D.: Karriereverlauf und Karriereende im Leistungssport – Anmerkungen und Befunde aus psychologischer Sicht. Leipziger Sportwissenschaftliche Beiträge, Sankt Augustin 36 (1995) 2, S. 1–22.

ALFERMANN, D.; HECK, E.: Formen und Wirksamkeit des mentalen Trainings. Gießen 1990.

ALLAWY, H. M.: Zur Antizipation von Fremdhandlungen. Dissertation, Leipzig 1964.

ALLMER, H.: Entwicklungspsychologische Grundlagen des Sports. Köln 1983.

ALTER, M. J.: Science of Flexibility. Champaign, Ill. 1996.

AMESBERGER, G.: Kognitive Repräsentation und Bewegungskonzept. Spectrum der Sportwissenschaften, Wien 1 (1989) 2, S. 5–36.

ANANJEW, B. G.: Psychologie der sinnlichen Erkenntnis. Berlin 1963.

ANANJEW, B.G.; STEPANOWA, J.I.: Die Entwicklung der psycho-physischen Funktionen bei jüngeren Erwachsenen. Berlin 1977.

ANOCHIN, P. K.: Psychologie und Kybernetik. Sowjetwissenschaft – Naturwissenschaftliche Beiträge, Berlin 11 (1958) 5, S. 533–557.

ANOCHIN, P. K.: Das funktionelle System als Grundlage der physiologischen Architektur des Verhaltensaktes. Jena 1967.

ANTONI, M.; SCHMIDTBLEICHER, D.; DIETZ, V.: Möglichkeiten der schnellen Innervationskorrektur beim Laufen durch den spinalen Dehnungsreflex. Leistungssport, Frankfurt/M. 9 (1979) 6, S. 428–432.

APPELT, K.: K některým otázkám struktury sportovnich pohybů (Zu einigen Fragen der Struktur sportlicher Bewegungen). Sbornik institutu telesné vychovy a sportu, Praha 5 (1964) 6, S. 25–36.

APPELT, K.: Hudebni doporovod jako zdroj rychlych informaci pro utváreni pohyboveho rytmu (Die Musikbegleitung als Quelle schneller Information für die Ausbildung des Bewegungsrhythmus). Acta Univerzitatis Carolinal Gymnica 1, Univerzita Karlova, Praha (1967) 1, S. 53–69.

ARAMPATZIS, A. et. al.: Energy storage capacity of the muscle-tendon-units at lower extremities and its effect on running economy. In: BRÜGGEMANN, G.-P.; MOREY-KLAPZING, G. (Red.): Biologische Systeme, Mechanische Eigenschaften und ihre Adaptation bei körperlicher Belastung. 7. Symposium der dvs-Sektion Biomechanik vom 13.–15. März 2003 in Köln. Hamburg 2003, S. 145–150.

ASKEROW, A.: Körperkultur in der Prophylaxe und Behandlung älterer Personen. In: RIES, W. (Hrsg.): Sport und Körperkultur des älteren Menschen. Leipzig 1966, S. 117–122.

ÅSTRAD, P. O.: Experimental studies of physical working capacity in relation to sex and age. Copenhagen 1952.

BACH, F.: Ergebnisse von Massenuntersuchungen über die sportliche Leistungsfähigkeit und das Wachstum Jugendlicher in Bayern. Frankfurt/M. 1955.

BACHMANN, O.: Erfassung der sensomotorischen Rhythmisierungsfähigkeit und ihr Ausprägungsgrad in Abhängigkeit von verschiedenen Einflußfaktoren. Dissertation, Innsbruck 1997.

BACHMANN, O.: Entwicklung der sensomotorischen Rhythmisierungsfähigkeit vom 8. bis zum 75. Lebensjahr bei sportlich aktiven Personen. In: KRUG, J.; HARTMANN, C. (Hrsg.): Praxisorientierte Bewegungslehre als angewandte Sportmotorik. Sport und Wissenschaft H. 8, Sankt Augustin 1999, S. 81–86.

BACHMANN, O.; FETZ, F.: Entwicklung der sensomotorischen Rhythmisierungsfähigkeit. In: LUDWIG, G.; LUDWIG, B. (Hrsg.): Koordinative Fähigkeiten – koordinative Kompetenz. Kassel 2002, S. 131–135.

BAEYER, H. VON: Über Bewegung des Menschen – Zur Lehre von der Synapsis. Zeitschrift für Anatomie und Entwicklungsgeschichte, Berlin, 110. Band (1940) 5/6, S. 645–708.

BALEWSKI, P. P.: Besonderheiten der höheren Nerventätigkeit während der Pubertätsperiode. Wissenschaftliche Zeitschrift der Humboldt-Universität

Berlin, Mathematisch-naturwissenschaftliche Reihe, 14 (1965) 2, S. 251–253.

BALLREICH, R.: Grundlagen sportmotorischer Tests. Frankfurt/M. 1970.

BALLREICH, R.: Analyse und Ansteuerung sportmotorischer Techniken aus biomechanischer Sicht. In: RIEDER, H., u.a. (Hrsg.): Motorik und Bewegungsforschung. Ein Beitrag zum Lernen im Sport. Schorndorf 1983a, S. 72–93.

BALLREICH, R.: Analyse und Ansteuerung von sportmotorischen Techniken aus trainingsmethodischer Sicht. In: BALLREICH, R.; BAUMANN, W. (Hrsg.): Biomechanische Leistungsdiagnostik. Ziele – Organisation – Ergebnisse. Berlin 1983b, S. 37–60.

BALLREICH, R.: Biomechanische Aspekte der Ansteuerung sportmotorischer Techniken. Leistungssport, Frankfurt/M. 13 (1983c) 5, S. 33–38.

BALLREICH, R.; BAUMANN, W.: Biomechanische Leistungsdiagnostik. Ziele – Organisation – Ergebnisse. Berlin 1983.

BALLREICH, R.; KUHLOW, A. (Hrsg.): Biomechanik der Leichtathletik. Stuttgart 1986.

BALTES, P. B.: Entwicklungspsychologie der Lebensspanne. Theoretische Leitsätze. In: Psychologische Rundschau 41 (1990) 1, S. 1–24.

BANDURA, A.: Lernen am Modell. Ansätze zu einer sozial-kognitiven Lerntheorie. Stuttgart 1976.

BARROW, H. M.; MCGEE, R.: A practical approach to measurement in physical education. Philadelphia 1964.

BAUERSFELD, K.-H.: Leichtathletik II – Wurf und Stoß. Berlin 1960.

BAUERSFELD, K.-H.; SCHRÖTER, G.: Grundlagen der Leichtathletik. Hochschullehrbuch. Berlin 1998[5].

BAUERSFELD, M.: Studie zu ausgewählten Problemen der Schnelligkeit. Wissenschaftliche Zeitschrift der DHfK, Leipzig 24 (1983) 3, S. 45–64.

BAUERSFELD, M.; VOSS, G.: Neue Wege im Schnelligkeitstraining. Münster 1992.

BAUMANN, H.: Vergleichende Betrachtung der Effektivität verschiedener Methoden zur Verbesserung der Beobachtungsfähigkeit im Sport anhand ausgewählter Sportbewegungen. In: RIEDER, H., u.a. (Hrsg.): Motorik und Bewegungsforschung. Ein Beitrag zum Lernen im Sport. Schorndorf 1983, S. 285–289.

BAUMANN, H.: Methodik der Fehleranalyse durch Bewegungsbeobachtung. Bad Homburg 1986.

BAUMANN, H. (Hrsg.): Älter werden – fit bleiben. Ahrensburg 1988.

BAUMANN, H. (Hrsg.): Altern und körperliches Training. Bern, Göttingen, Toronto 1992.

BAUMANN, H.; LEYE, M. (Hrsg.): Älter werden, kompetent bleiben. Eine Herausforderung für den Sport? Erlangen, Nürnberg 1992.

BAUMANN, H.; REIM, H.: Bewegungslehre. Frankfurt/M. 1984; 1989[2].

BAUMANN, H.; SCHAER, W.: Motorisches Lernen im höheren Lebensalter. In: BAUMANN, H. (Hrsg.): Älter werden – fit bleiben. Ahrensburg 1988, S. 42–69.

BAUR, J.: Körper- und Bewegungskarrieren. Schorndorf 1989.

BAUR, J.: Motorische Entwicklung in sozialökologischen Kontexten. In: BAUR, J.; BÖS, K.; SINGER, R. (Hrsg.): Motorische Entwicklung – Ein Handbuch. Schorndorf 1994a, S. 72–89.

BAUR, J.: Motorische Entwicklung: Konzeptionen und Trends. In: BAUR, J.; BÖS, K.; SINGER, R. (Hrsg.): Motorische Entwicklung – Ein Handbuch. Schorndorf 1994b, S. 27–47.

BAUR, J.: Zum Problem einer lebenslaufbezogenen Gliederung der motorischen Entwicklung. In: BAUR, J.; BÖS, K.; SINGER, R. (Hrsg.): Motorische Entwicklung – Ein Handbuch. Schorndorf 1994c, S. 257–259.

BAUR, J.; BÖS, K.; SINGER, R. (Hrsg.): Motorische Entwicklung – Ein Handbuch. Schorndorf 1994.

BAUSS, R.; ROTH, K. (Hrsg.): Beiträge zum 4. Internationalen Motorik-Symposium »Motorische Entwicklung«. Probleme und Ergebnisse von Längsschnittuntersuchungen. Darmstadt 1977.

BECHER, H.; REICHSTEIN, G.; RIEMSCHNEIDER, B.: Statistik. Eine Einführung in die statistischen Verfahren im Sport. Leipzig 1974.

BEGER, A., u.a.: Rehabilitative Bewegungserziehung. Berlin 1983.

BENESCH, H.: Das Problem des Rhythmus. Dissertation, Jena 1953.

BENESCH, H.: Der Rhythmus als psychophysisches Prinzip. Wissenschaftliche Zeitschrift der Friedrich-Schiller-Universität Jena, Naturwissenschaftliche Reihe. Jena 4 (1954/1955a) 2/3, S. 333–348.

BENESCH, H.: Das Problem des Begriffes Rhythmus. Wissenschaftliche Zeitschrift der Friedrich-Schiller-Universität Jena, Gesellschafts- und Sprachwissenschaftliche Reihe. Jena 4 (1954/1955b) 3/4, S. 359–379.

BERGEMANN, M.: Sporterziehung im Vorschulalter. München 1986.

BERGER, J.; HAUPTMANN, M.: Krafttraining im frühen Jugendalter. Theorie und Praxis der Körperkultur, Berlin 38 (1989) 6, S. 422–426.

BERGER, J.; LOTZ, I.: Zu einigen Fragen des Krafttrainings im Kindes- und Jugendalter. Theorie und Praxis der Körperkultur, Berlin 28 (1979) 8, S. 672–677.

BERGER, W., u.a.: Haltung und Bewegung beim Menschen. Berlin 1984.

BERNAL, J. D.: Die Wissenschaft in der Geschichte. Berlin 1967.

BERNARD, J. G.: The effects of competitive sport on the growth and motor development of children (10–18 years). Internation Journal of Sports Medicine, Stuttgart 18 (1997) Suppl. 3, p. 251.

BERNSTEIN, N. A.: The Co-ordination and Regulation of Movements. Oxford 1967.

BERNSTEIN, N. A.: Bewegungsphysiologie. Leipzig 1975; 1988[2].

BERNSTEIN, N. A.: Die Entwicklung der Bewegungsfertigkeiten. Leipzig 1996.

BERNŠTEJN, N. A.: Fiziologija dviženij (Physiologie der Bewegungen). In: Obščie osnovy fiziologii truda, Leningrad 1934.

BERNŠTEJN, N. A.: O postroenii dviženij (Über den Aufbau der Bewegungen). Moskva 1947.

BERNŠTEJN, N. A.: Nekotorye nazrevajuščie problemy reguljacii dvigatel'nych aktov (Einige herangereifte Probleme der Regulation der motorischen Akte). Voprosy psichologii, Moskva (1957) 6, S. 70–90; deutsch in: BERNSTEIN, N. A.: Bewegungsphysiologie. Leipzig 1988[2], S. 173–193.

BERNŠTEJN, N. A.: O lovkosti i ee razvitii. Moskva 1991.

BETHE, A.: Die passive Kraft menschlicher Skelettmuskeln. Pflügers Archiv, Berlin 222 (1929) 3, S. 334–349.

BETHE, A.: Rhythmus und Periodik in der belebten Natur. Studium generale, Berlin, Göttingen, Heidelberg 2 (1949) 2, S. 67–73.

BETTE, K.-H., u. a. (Hrsg.): Zwischen Verstehen und Beschreiben. Forschungsmethodologische Ansätze in der Sportwissenschaft. Köln 1993.

BEUNEN, G. P.: Physisches Leistungsvermögen und biologische Reife. In: HIRTZ, P.; NÜSKE, F.: Motorische Entwicklung in der Diskussion. Sankt Augustin 1994, S. 41–59.

BEUNEN, G. P., u. a.: Physical activity and growth, maturation and performance: a longitudinal study. Medicine and Science in Sports and Exercise, Baltimore 24 (1991) 5, pp. 576–585.

BEUNEN, G. P., u. a.: Age-specific correlation analysis of longitudinal physical fitness levels in men. European Journal of Applied Physiology, Berlin 64 (1992), pp. 538–545.

BEYER, L.: Zentralnervale Steuerung – Eine systemtheoretische Betrachtung unter praktischem Aspekt. In: JANSSEN, J.-P., u. a. (Hrsg.): Synergetik und Systeme im Sport. Schorndorf 1996, S. 211–224.

BEYER, L.; PÖHLMANN, R.: Modellierung des motorischen Verhaltens – Hard- und Software aus neurobiologischer Sicht. In: HIRTZ, P.; KIRCHNER, G.; PÖHLMANN, R.: Sportmotorik. Kassel 1994, S. 55–95.

BIERHOFF-ALFERMANN, D.: Sportpsychologie. Stuttgart 1986.

BIRJUK, E. V.: Uroven razvitija ravnovesija u zanimajuščichsja chudožestvennoj gimnastikoj (Entwicklungsniveau des Gleichgewichts bei Sportlerinnen der Leistungsgymnastik). Teorija i praktika fizičeskoj kul'tury, Moskva 34 (1971) 9, S. 18–22.

BIRKMAYER, W.; SCHINDL, K.: Steuerungsstörungen bei der Skiabfahrt. Leibesübungen und körperliche Erziehung, Berlin 16 (1939) 16, S. 396–402; 17, S. 424–427.

BLAHUS, P.: K teorii testovani pohybovych schopnosti (Zur Testtheorie der Bewegungsfähigkeiten). Praha 1976.

BLASER, P.; ERLER, K.: Die Phylogenese der Motorik – ein Geschenk der Natur? In: HIRTZ, P.; KIRCHNER, G.; PÖHLMANN, R. (Hrsg.): Sportmotorik. Kassel 1994, S. 183–205.

BLASER, P.; DAUGS, R.: Motor Control and Motor Learning between Information Processing and Self Organization. In: BLASER, P., (Hrsg.): Sport Kinetics '97. Theories of Human Performance and their Reflection in Practice. Hamburg 1998.

BLASER, P. (Hrsg.): Sport Kinetics '97. Theories of Human Performance and their Reflection in Practice. Hamburg 1998.

BLEICHER, A., u. a.: Development, trainability and interpretation of endurance performance capacity in children and adolescents. Journal of Sports Science, London 16 (1998) 5, pp. 445–447.

BLIMKIE, C. J. R.: Resistance training during pre- and early puberty: Efficacy, trainability, mechanisms and persistence. Canadien Journal of Sports Science, Champaign, Ill. 17 (1992) 4, pp. 264–279.

BLISCHKE, K.: Zum Verhältnis von Übung und Bewegungsautomatisierung: Was leisten einschlägige Repräsentationsannahmen. In: LOOSCH, E.; TAMME, M. (Hrsg.): Motorik – Struktur und Funktion. Hamburg 1997, S. 99–106.

BLISCHKE, K.: Zwei Strategien der Bewegungsautomatisierung. In: KRUG, J.; HARTMANN, C. (Hrsg.): Praxisorientierte Bewegungslehre als angewandte Sportmotorik. Sport und Wissenschaft. H. 8. Sankt Augustin 1999, S. 199–204.

BLISCHKE, K.; MUNZERT, J.: Antizipation und Automatisation. In: MECHLING, H.; MUNZERT, G. (Hrsg.): Handbuch Bewegungswissenschaft – Bewegungslehre. Schorndorf 2003, S. 157–174.

BLOOMFIELD, J.; BLANKSBY, B. A.; ACKLAND, T. R.: Morphological and physiological growth of competitive swimmers and non-competitors through adolescence. Athletics, growth and development in children. Chur 1994, pp. 91–109.

BLUME, D.-D.: Zur Entwicklung der sukzessiven und simultanen Kombination von Laufen und Werfen im Kindesalter. Eine Untersuchung zur motorischen Ontogenese bei Jungen und Mädchen vom achten bis elften Lebensjahr. Dissertation, Leipzig 1965.

BLUME, D.-D.: Zur Entwicklung der Kombination von Laufen und Werfen im Vorschulalter und frühen Schulalter. Wissenschaftliche Zeitschrift der DHfK, Leipzig 8 (1966) 2, S. 69–74.

BLUME, D.-D.: Zur Kombination von Laufen und Werfen in der 2. bis 4. Klasse. Körpererziehung, Berlin 17 (1967) 3, S. 120–128.

Literaturverzeichnis

BLUME, D.-D.: Zu einigen wesentlichen theoretischen Grundpositionen für die Untersuchung der koordinativen Fähigkeiten. Theorie und Praxis der Körperkultur, Berlin 27 (1978a) 1, S. 29–36.

BLUME, D.-D.: Grundsätze und methodische Maßnahmen zur Schulung koordinativer Fähigkeiten. Theorie und Praxis der Körperkultur, Berlin 27 (1978b) 2, S. 141–144.

BLUME, D.-D.: Zu einigen Problemen der Diagnostik koordinativer Fähigkeiten. Wissenschaftliche Zeitschrift der DHfK, Leipzig 20 (1979) 1, S. 81–86.

BLUME, D.-D.: Der sportmotorische Test. Grundlegende theoretische Probleme und eine Monographie als Manuskript eines Studienmaterials. Dissertation B, Leipzig 1982.

BLUME, D.-D.: Einige Bemerkungen zur Bestimmung des Begriffs »sportmotorischer Test«. Wissenschaftliche Zeitschrift der DHfK, Leipzig 25 (1984a) 2, S. 45–60.

BLUME, D.-D.: Einige aktuelle Probleme des Diagnostizierens koordinativer Fähigkeiten mit sportmotorischen Tests. Theorie und Praxis der Körperkultur, Berlin 33 (1984b) 2, S. 122–124.

BOBATH, B.: Die motorische Entwicklung bei Zerebralparesen. Stuttgart 1994.

BOCK, O.; SCHNEIDER, S.: Motor learning in the Eldery. In: MESTER, J. (Hg.): Perspectives and Profiles: 6th Annual Congress of European College of Sport Science; 15th Congress of the German Society of Sport Science, Cologne, 24.–28. 7. 2001. Book of Abstracts, pp.

BODE, R.: Musik und Bewegung. Kassel 1930.

BODE, R.: Der Rhythmus im technischen Zeitalter. Der Rhythmus, München 31 (1958) 3, S. 34–40.

BOGDANOVA, D. I.: Dvigatel'nye oščuščenija u škol'nikov (Bewegungsempfindungen bei Schülern). Fizičeskaja kul'tura v škole, Moskva 5 (1962) 5, S. 16–18.

BÖHLAU, V. (Hrsg.): Alter, Sport und Leistung. Stuttgart 1978.

BONDAREV, B. J.: Special'nye upražnenija pri obučenii sochraneniju ravnovesija o greble na kanoe (Spezielle Übungen zur Gleichgewichtserhaltung im Kanurennsport). Teorija i praktika fizičeskoj kul'tury, Moskva 32 (1969) 6, S. 16–20.

BORRMANN, G.: Über die Entwicklung der Bewegungsfertigkeiten im Gerätturnen. Dissertation, Leipzig 1956.

BORRMANN, G.: Untersuchungen über den rhythmischen Charakter der Übungen an Turngeräten. Wissenschaftliche Zeitschrift der DHfK, Leipzig 3 (1960/61) 3, S. 281–326.

BORRMANN, G., u. a.: Gerätturnen. Ein Lehrbuch für Trainer, Übungsleiter und Sportlehrer. Berlin 1978.

BORTZ, J.: Statistik für Sozialwissenschaftler. Berlin 1999[5].

BORTZ, J.; DÖRING, N.: Forschungsmethoden und Evaluation. Berlin 2002[3].

BÖS, K.: Handbuch sportmotorischer Tests. Göttingen, Zürich, Toronto 1987.

BÖS, K.: Datenerhebung im Hinblick auf Bewegung. In: STRAUSS, B.; HAAG, H.: Forschungsmethoden – Untersuchungspläne – Techniken der Datenerhebung in der Sportwissenschaft. Schorndorf 1994a, S. 245–363.

BÖS, K.: Differentielle Aspekte der Entwicklung motorischer Fähigkeiten. In: BAUR, J.; BÖS, K.; SINGER, R. (Hrsg.): Motorische Entwicklung – Ein Handbuch. Schorndorf 1994b, S. 238–253.

BÖS, K. (Hrsg.): Handbuch motorische Tests. Göttingen, Bern, Toronto, Seattle 2001[2].

BÖS, K.; MECHLING, H.: Dimensionen sportmotorischer Leistungen. Schorndorf 1983.

BÖS, K.; MECHLING, H.: Dimensionen sportmotorischer Leistungen im Längsschnitt. in: LUDWIG, G.; LUDWIG, B. (Hrsg.): Koordinative Fähigkeiten – koordinative Kompetenz. Kassel 2002.

BÖS, K.; SCHNEID, V.: Grundlagen und Methoden der motorischen Entwicklungsdiagnostik im Kindesalter. In: BAUR, J.; BÖS, K.; SINGER, R. (Hrsg.): Motorische Entwicklung – Ein Handbuch. Schorndorf 1994, S. 335–355.

BÖTTCHER, H.; SCHNEIDER, W.: Zur Bedeutung koordinativer Fähigkeiten im motorischen Lernprozeß des Schwimmanfängers. Theorie und Praxis der Körperkultur, Berlin 38 (1989) Beiheft 2, S. 67–69.

BRACH, M.; SCHOTT, N.: Motorisches Lernen im Alter. In: MECHLING, H.; MUNZERT, J. (Hrsg.): Handbuch Bewegungswissenschaft – Bewegungslehre. Schorndorf 2003, S. 461–474.

BRANDSTÄDTER, J.: Entwicklung im Lebenslauf. Ansätze und Probleme der Lebensspannen-Entwicklungspsychologie. In: MAYER, K. U. (Hrsg.): Lebensverläufe und sozialer Wandel. Opladen 1990, S. 322–350.

BRANDT, K.; EGGERT, D.; JENDRITZKI, H., u. a.: Untersuchungen zur motorischen Entwicklung von Kindern im Grundschulalter in den Jahren 1985 und 1995. In: Praxis der Psychomotorik 22 (1997) 2, S. 101–107.

BRETTSCHNEIDER, W.-D.; BAUR, J.; BRÄUTIGAM, M. (Hrsg.): Sport im Alltag von Jugendlichen. Schorndorf 1989.

BRETTSCHNEIDER, W.-D.; BRÄUTIGAM, M.: Sport in der Alltagswelt von Jugendlichen. Frechen 1990.

BRETTSCHNEIDER, W.-D., u. a.: Schule und Leistungssport – Chancen und Probleme. Körpererziehung, Berlin 44 (1994) 1, S. 2–10.

BRINGMANN, W.: Die sportliche Leistungsfähigkeit und Belastbarkeit im höheren Lebensalter. Theorie und Praxis der Körperkultur, Berlin 26 (1977) 9, S. 661–668.

BRINGMANN, W.: Sport in der Prävention, Therapie und Rehabilitation. Leipzig 1984.

BRINKHOFF, K.-P.; BAUR, J.: Motorische Entwicklung im Jugendalter. In: BAUR, J.; BÖS, K.; SINGER, R. (Hrsg.): Motorische Entwicklung – Ein Handbuch. Schorndorf 1994, S. 291–308.

BRINKHOFF, K-P.; SACK, H. G.: Sport und Gesundheit im Kindesalter. Weinheim, München 1999.

BRUNNER, G.; THIESS, G.: Zu Fragen der Reliabilität sportmethodischer Tests. Theorie und Praxis der Körperkultur, Berlin 19 (1970) 5, S. 417–423.

BRÜSCHKE, G.; BURGER, H.; HÄNTZSCHEL, U.: Über einige medizinische Probleme des Sportlers im höheren Lebensalter. In: RIES, W. (Hrsg.): Sport und Körperkultur des älteren Menschen. Leipzig 1966, S. 28–42.

BÜCHER, K.: Arbeit und Rhythmus. Berlin, Leipzig 1896.

BUCHMANN, G., u. a.: Terminologie Gerätturnen. Berlin 1983.

BUCHMANN, R.; MATTHES, K.: Zum Verhältnis von Messen und Testen in der sportmotorischen Forschung. Theorie und Praxis der Körperkultur, Berlin 34 (1985) 9, S. 130–137.

BUHL, H.; GÜRTLER, H.; HÄCKER, R.: Sportmedizinische Untersuchungsergebnisse und Erkenntnisse zur biologischen Adaption im Kindesalter. Theorie und Praxis der Körperkultur, Berlin 32 (1983) 11, S. 854–858.

BÜHRLE, M.: Maximalkraft – Schnellkraft – Reaktivkraft. Sportwissenschaft, Schorndorf 19 (1989) 3, S. 311–325.

BULL, H.-J.: Zur Bedeutung und Entwicklung der Beweglichkeit des Menschen. Dissertation, Berlin 1975.

BULL, H.-J.; BULL, CH.: Körperliche Beweglichkeit und Leistungsfähigkeit. Theorie und Praxis der Körperkultur, Berlin 29 (1980) 9, S. 677–684.

BURGHARDT, H.: Zum zeitlichen Verhältnis von Augen- und Handbewegungen bei unterschiedlichen Anforderungen an die visuelle Bewegungsreaktion. Probleme und Ergebnisse der Psychologie, Berlin (1968) 24, S. 33–52.

BURISCH, J.: Über den Begriff des Rhythmus in der Körpererziehung und den rhythmischen Charakter von Bewegungsabläufen. Wissenschaftliche Zeitschrift der Martin-Luther-Universität Halle, Halle 8 (1959) 3, S. 389–396.

BURISCH, J.: Kritische Bemerkungen zur Phasenstruktur und zum Bewegungsrhythmus. Wissenschaftliche Zeitschrift der Martin-Luther-Universität Halle, Halle 13 (1964) 3, S. 173–178.

BÜSCH, D.; SCHRADE, M.: Altersabhängigkeit beim Parameterlernen. In: DAUGS, R.; IGEL, C. (Hrsg.): Aktivität und Altern. Schorndorf 2001, S. 123–132.

BUYTENDIJK, F. J. J.: Allgemeine Theorie der menschlichen Haltung und Bewegung. Berlin, Göttingen, Heidelberg 1956; 1972[2].

CARL, K.: Training und Trainingslehre in Deutschland. Schorndorf 1983.

CARMICHAEL, L.: Manual of Child Psychology. New York 1946.

CARPENTER, W. B.: Mesmerism and Spiritualism. London 1877.

ČCHAIDZE, L. V.: Klassifikacija dinamičeskich sostavljajuščich koordinacionnoj struktury lokomotornych aktov čeloveka (Die Klassifizierung der dynamischen Komponenten der Koordinationsstruktur von lokomotorischen Handlungen des Menschen). Biofizika, Moskva 3 (1958) 5, S. 582–590.

ČCHAIDZE, L. V.: Ob upravlenii dviženijami čeloveka (Über die Bewegungssteuerung des Menschen). Moskva 1970.

ČCHAIDZE, L. V.: Grundschema der Steuerung und Regelung der Willkürbewegung des Menschen. In: Studientexte zur Koordination, zum Lernprozess und zur Ontogenese sportlicher Bewegungen. Berlin, Leipzig 1975, S. 53–104.

ČELIKOVSKIJ, S., u. a.: Voprosy antropomotoriki v fizičeskom vospitanii i sporte (Fragen der Anthropomotorik in der Körpererziehung und im Sport). Praha 1978.

CETIN, H. N.: Koordinationsfähigkeit von Vorschulkindern. Sankt Augustin 1991.

CHILDE, V. G.: Eine Geschichte der Werkzeuge. Wien 1948.

CICURS, H.; EILENBURGER, M.; HARTMANN, C.: Bewegungsangebote für Hochaltrige. Deutscher Turner-Bund, Frankfurt/M. 2000.

CLAUSEN, M.; HOSENFELD, I.: Beobachtung. In: STRAUSS, B.; HAAG, H.: Forschungsmethoden – Untersuchungspläne – Techniken der Datenerhebung in der Sportwissenschaft. Schorndorf 1994, S. 199–208.

CLAUSS, G.; HIEBSCH, H.: Kinderpsychologie. Berlin 1962.

CLAUSS, G., u. a.: Wörterbuch der Psychologie. Leipzig 1981[3]; 1985[4].

CLAUSS, G.; EBNER, H.: Grundlagen der Statistik für Psychologen, Pädagogen und Soziologen. Berlin 1983.

COMFORT, A.: The biology of senescence. Edinburgh, London 1979.

CONZELMANN, A.: Entwicklung der Ausdauer. In: BAUR, J.; BÖS, K.; SINGER, R. (Hrsg.): Motorische Entwicklung – Ein Handbuch. Schorndorf 1994, S. 151–180.

CONZELMANN, A.: Entwicklung konditioneller Fähigkeiten im Erwachsenenalter. Schorndorf 1997.

CONZELMANN, A.: Plastizität motorischer Fähigkeiten und Fertigkeiten im Lebenslauf. In: WIEMEYER, J. (Hrsg.): Forschungsmethodologische Aspekte von Bewegung, Motorik und Training im Sport. Hamburg 1999, S. 149–154.

CONZELMANN, A.: Sport und Persönlichkeitsentwicklung. Möglichkeiten und Grenzen von Lebenslaufanalysen. Schorndorf 2001.

CORELL, W.: Pädagogische Verhaltenspsychologie. München, Basel 1965.

CORELL, W.: Lernpsychologie. Donauwörth 1967.

CRASSELT, W.: Zur Entwicklung von Körperbau und körperlicher Leistungsfähigkeit der jungen Generation in der Deutschen Demokratischen Republik. Dissertation, Leipzig 1976.

CRASSELT, W.: Zur sportlichen Leistungsfähigkeit 14- bis 19jähriger. Theorie und Praxis der Körperkultur, Berlin 28 (1979) Beiheft 2, S. 99–103.

CRASSELT, W.: Zur Entwicklung der körperlichen Leistungsfähigkeit der Schuljugend in drei Jahrzehnten. Wissenschaftliche Zeitschrift der DHfK, Leipzig 23 (1982) 1, S. 89–110.

CRASSELT, W.: Zur Entwicklung körperlich-sportlicher Leistungen vom Kindes- bis ins frühe Erwachsenenalter. In: HIRTZ, P.; NÜSKE, F. (Hrsg.): Motorische Entwicklung in der Diskussion. Schriftenreihe der Deutschen Vereinigung für Sportwissenschaft, Bd. 60. Sankt Augustin 1994a, S. 75–84.

CRASSELT, W.: Somatische Entwicklung. In: BAUR, J.; BÖS, K.; SINGER, R. (Hrsg.): Motorische Entwicklung – Ein Handbuch. Schorndorf 1994b, S. 106–125.

CRASSELT, W.; FORCHEL, I.; STEMMLER, R.: Zur körperlichen Entwicklung der Schuljugend in der Deutschen Demokratischen Republik. Leipzig 1985.

CRASSELT, W.; ISRAEL, S.; RICHTER, H.: Schnellkraftleistungen im Alternsgang. Theorie und Praxis der Körperkultur, Berlin 33 (1984) 6, S. 423–431.

CRASSELT, W., u. a.: Physische Entwicklung der jungen Generation. Forschungsbericht. Akademie der Pädagogischen Wissenschaften. Berlin 1990a.

CRASSELT, W., u. a.: Kinder- und Jugendsport. Realitäten, Wünsche und Tendenzen. Informationsmaterial. Leipzig 1990b.

DAUGS, R.: Bewegungslehre zwischen Biomechanik und Kybernetik. Sportwissenschaft, Schorndorf 8 (1978) 1, S. 69–90.

DAUGS, R.: Automatismen und Automatisierung in der menschlichen Motorik. In: DAUGS, R.; BLISCHKE, K. (Hrsg.): Aufmerksamkeit und Automatisierung in der Sportmotorik. Sankt Augustin 1993, S. 32–55.

DAUGS, R.: Motorische Kontrolle als Informationsverarbeitung: Vom Auf- und Niedergang eines Paradigmas. In: BLASER, P.; WITTE, K.; STUCKE, CH. (Hrsg.): Steuer- und Regelvorgänge der menschlichen Motorik. Sankt Augustin 1994, S. 13–37.

DAUGS, R.: Aktuelle Trends in der Forschung zum motorischen Lernen. In: KRUG, J.; HARTMANN, C. (Hrsg.): Praxisorientierte Bewegungslehre als angewandte Sportmotorik. Sport und Wissenschaft. H. 8. Sankt Augustin 1999, S. 180–192.

DAUGS, R.; BLASER, P.: Motor Control and Motor Learning between Information Processing and Self-Organisation. In: BLASER, P. (Ed.): Sport Kinetics '97. Theories of Human Motor Performance and their Reflection in Practice. Hamburg 1998, pp. 27–43.

DAUGS, R.; BLISCHKE, K.: Sensomotorisches Lernen. In: CARL, K., u. a. (Hrsg.): Handbuch Sport. Band 1. Düsseldorf 1984, S. 381–420.

DAUGS, R.; EMRICH, E.; IGEL, C.: Kinder und Jugendliche im Leistungssport. Auswertung des Symposiums »Kinderleistungen« 1996, Teil 1. Leistungssport, Münster 27 (1997a) 5, S. 46–48.

DAUGS, R.; EMRICH, E.; IGEL, C. (Hrsg.): Kinder und Jugendliche im Leistungssport. Schriftenreihe des Bundesinstituts für Sportwissenschaft. Schorndorf 1997b.

DAUGS, R., u. a. (Hrsg.): Beiträge zum visuomotorischen Lernen im Sport. Schorndorf 1989.

DAUGS, R., u. a. (Hrsg.): Sportmotorisches Lernen und Techniktraining. Band 1 und 2. Schorndorf 1991a.

DAUGS, R., u. a.: Sportmotorisches Lernen und Techniktraining zwischen Theorie und Praxis. In: DAUGS, R., u. a. (Hrsg.): Sportmotorisches Lernen und Techniktraining. Band 1. Schorndorf 1991b, S. 19–32.

DAUGS, R., u. a.: Wissenschaftstheoretische und methodische Probleme bei der sportwissenschaftlichen Erforschung von Bewegung, Motorik und Training im Sport. In: WIEMEYER, J. (Hrsg.): Forschungsmethodologische Aspekte von Bewegung, Motorik und Training im Sport. Hamburg 1999, S. 13–36.

DAWYDOW, W. W.: Inhalt und Struktur der Lerntätigkeit. In: DAWYDOW, W. W.; LOMPSCHER, J.; MARKOWA, A. K.: Ausbildung der Lerntätigkeit bei Schülern. Berlin 1982.

DE BEAUVOIR, S.: Das Alter. Reinbek 1985.

DE LIGNIÈRES, D.; NOURRIT, D.: Neuere Entwicklungen und aktuelle Perspektiven der Forschung zum Motorischen Lernen in Frankreich. In: TREUTLEIN, G.; PIGASSON, C. (Hrsg.): Sportwissenschaft in Deutschland und Frankreich. Hamburg 1997, S. 133–146.

DE MARÉES, H.; BRACH, M.: Neurophysiologische Aspekte zum Bewegungslernen und zur Bewegungskontrolle. In: NITSCH, J. R., u. a. (Hrsg.): Techniktraining. Beiträge zu einem interdisziplinären Ansatz. Schorndorf 1997, S. 88–108.

DE MARÉES, H.; MESTER, J.: Sportphysiologie. Bd. 2. Frankfurt/M. 1990[2].

DE MARÉES, H.; MESTER, J.: Sportphysiologie. Bd. 1. Frankfurt/M. 1991[2]a.

DE MARÉES, H.; MESTER, J.: Sportphysiologie. Bd. 3. Frankfurt/M. 1991[3]b.

DEMBOWSKI, J.: Über einige Fragen des Sprechens und seiner Entwicklung im Lichte der kybernetischen Anschauungen. Deutsche Zeitschrift für Philosophie, Berlin 10 (1962) 3, S. 313–323.

DEMETER, A.: Sport im Wachstums- und Entwicklungsalter. Anatomische, physiologische und psychologische Aspekte. Leipzig 1981.

DENK, H.; PACHE, D.; SCHALLER, H.-J. (Hrsg.): Handbuch Alterssport. Schorndorf 2003.

DERWORT, A.: Zur Psychophysik der handwerklichen Bewegungen bei Gesunden und Hirngeschädigten. Beiträge aus der allgemeinen Medizin, Stuttgart 2 (1948) 4, S. 21–77.

DIEM, L.: Sport für Kinder – Elemente einer Didaktik für das Alter von null bis zehn. München 1973.

DIEM, L.: Spiel und Sport im Kindergarten. München 1980.

DIEM, L.; KIRSCH, A.: Lernziele und Lernprozesse im Sport der Grundschule. Frankfurt/M. 1975.

DIEM, L.; LEHR, U.; OLBRICH, E.: Längsschnittuntersuchung über die Wirkung frühzeitiger motorischer Stimulation auf die Gesamtentwicklung des Kindes im 4. bis 6. Lebensjahr. Schorndorf 1980.

DIESSNER, G.: Der Einfluß der motorischen Eigenschaften auf die Ausbildung der Bewegungsfertigkeiten im alpinen Skilauf. Dissertation, Pädagogische Hochschule Potsdam 1966.

DIESSNER, G.: Der Einfluß der motorischen Eigenschaften auf die Ausbildung der Bewegungsfertigkeiten im alpinen Skilauf. Körpererziehung, Berlin 17 (1967) 12, S. 609–617.

DIESSNER, G.: Probleme der Analyse und Bewertung sportlicher Techniken. Wissenschaftliche Zeitschrift der Pädagogischen Hochschule »Karl Liebknecht«, Potsdam 26 (1982) 3, S. 425–433.

DIESSNER, G.: Hinweise zur Verbesserung der Bewegungsanalyse im Sportunterricht (Teil 1). Anregungen für die Sportlehreraus- und -weiterbildung. Körpererziehung, Berlin 35 (1985) 8/9, S. 368–372.

DIETRICH, W.: Rechtzeitige Vervollkommnung koordinativer Fähigkeiten. Körpererziehung, Berlin 33 (1983) 4, S. 151–155.

DIETZ, V.: Wie der Mensch steht und geht: Wechselbeziehung zwischen zentralen Programmen und Reflexen. In: OLIVIER, N.; DAUGS, R. (Hrsg.): Sportliche Bewegung und Motorik unter Belastung. Clausthal-Zellerfeld 1991, S. 45–54.

DJAČKOV, V. M.: Pryžok v vysotu s razbega (Hochsprung mit Anlauf). Moskva 1958.

DJAČKOV, V. M.: Die Vervollkommnung der Technik der Sportler. Theorie und Praxis der Körperkultur, Berlin 22 (1973) Beiheft 1.

DÖBLER, H.: Die Kombinationsmotorik im Sportspiel. Dissertation, Leipzig 1956.

DÖBLER, H.: Bewegungsstudien im Sportspiel. Berlin 1960.

DÖBLER, H.: Die Bewegungsvorausnahme (Antizipation) beim Sportspiel. Theorie und Praxis der Körperkultur, Berlin 10 (1961) 11/12, S. 1038–1049.

DÖBLER, E.; DÖBLER, H.: Kleine Spiele. Berlin 1980; München 2003[22].

DOIL, W.: Alterstypische psychische Besonderheiten sporttreibender Kinder und Jugendlicher unter besonderer Berücksichtigung der Motivierung ihres Trainingsverhaltens. Theorie und Praxis der Körperkultur, Berlin 19 (1970) S. 1050–1059.

DOIL, W.: Motive sportlicher Tätigkeit und ihre Entwicklung. Körpererziehung, Berlin 26 (1976) 2/3, S. 80–93.

DOIL, W.: Psychologische Aspekte der Antriebsregulation sportlichen Leistungsverhaltens. Theorie und Praxis der Körperkultur, Berlin 26 (1977) 8, S. 589–595.

DOMIN, G.: Über das Verhältnis von Struktur und Qualität in Natur und Gesellschaft. Wissenschaftliche Zeitschrift der Hochschule für Verkehrswesen. Dresden 7 (1959/60) 3, S. 577–588.

DONSKOI, D. D.: Biomechanik der Körperübungen. Berlin 1961.

DONSKOI, D. D.: Grundlagen der Biomechanik. Berlin 1975.

DONSKOJ, D. D.: Struktura sportivnych dviženij v legkoj atletike (Die Struktur der sportlichen Bewegungen in der Leichtathletik). Legkaja atletika, Moskva 37 (1958) 6, S. 20–22.

DORDEL, S.; WELSCH, M.: Zur motorischen Förderung im Vorschul- und Einschulungsalter. Praxis der Psychomotorik, Dortmund 25 (2000) 4, S. 196–211.

DÖRING, W.; IHLO, H.: Wissenschaftliche Konferenz zu Problemen der Geschlechtsbesonderheiten im Sportunterricht. Theorie und Praxis der Körperkultur, Berlin 33 (1984) 7, S. 545–548.

DRECHSEL, U.: Zur sporttechnischen Vervollkommnung der Absprung- und Übergangsphase zum Flug im Aufbautraining Skisprung unter besonderer Beachtung des Imitationstrainings: Ein trainingsmethodisch-konzeptioneller Beitrag. Dissertation, Leipzig 1988.

DREXEL, G.: Paradigmen in Sport und Sportwissenschaft. Schorndorf 2002.

DRENKOW, E.: Untersuchungen über den Einfluß des beid- und einseitigen Übens auf die Leistung im Werfen. Dissertation, Leipzig 1960.

DRILL, R.: Der Hammerschlag. Neue Psychologische Studien, München Band 9 (1935) 2.

EBERSPÄCHER, H.: Mentale Trainingsformen in der Praxis. Ein Handbuch für Trainer und Sportler. Oberhaching 1990.

EFFENBERG, A. O.: Sonifikation – ein akustisches Informationskonzept zur menschlichen Bewegung. Schorndorf 1996.

EFFENBERG, A. O.; MECHLING, H.: Zur Funktion audiomotorischer Verhaltenskomponenten. Sportwissenschaft, Schorndorf 29 (1999) 2, S. 200–215.

Literaturverzeichnis

EGGER, K.: Lernübertragungen in der Sportpädagogik. Basel 1975.

EGGERT, D.; KIPHARD, E.: Die Bedeutung der Motorik für die Entwicklung normaler und behinderter Kinder. Schorndorf 1992.

EISELT, E.: Leibesübungen als Mittel zur Minderung des physiologischen Leistungsabfalls im Alter. In: RIES, W. (Hrsg.): Sport und Körperkultur des älteren Menschen. Leipzig 1966, S. 65–76.

EISFELD, K.; HIRTZ, P.: Zur Variabilität der koordinativ-motorischen Entwicklung. In: LUDWIG, G.; LUDWIG, B. (Hrsg.): Koordinative Fähigkeiten – koordinative Kompetenz. Kassel 2002, S. 147–152.

ENGELS, F.: Dialektik der Natur. Berlin 1971.

ENNENBACH, W.: Phänomenologische Bewegungsanalyse und Gestaltkreistheorie als Grundlage der Entwicklung und Anwendung mitbewegender didaktischer Abbilder im Sportunterricht. In: ALTENBERGER, H.; DALLERMASSL, K. (Hrsg.): Sport und Medien in Lehre und Forschung. Erlensee 1992, S. 150–171.

ERDMANN, R.; WILLIMCZIK, K.: Beobachtung. In: SINGER, R., u. a.: Forschungsmethoden in der Sportwissenschaft. Grundkurs Datenerhebung. Band 2. Bad Homburg 1978, S. 9–47.

ESPENSCHADE, A. S.: Motor performance in adolescence. Monographs of the society for research in child development. Washington 1940.

ESPENSCHADE, A. S.: Development of motor coordination in boys and girls. The Research Quarterly of the American Association for Health, Physical Education and Recreation, Washington 18 (1947) 1, pp. 30–43.

FARFEL', V. S.: Razvitie dviženij u detej škol'nogo vozrasta (Die Entwicklung der Bewegungen bei Kindern im Schulalter). Moskva 1959.

FARFEL', V. S.: Fiziologija sporta (Physiologie des Sports). Moskva 1960.

FARFEL, W. S.: Sensomotorische und physische Fähigkeiten. Zur motorischen Begabung von Kindern. Leistungssport, Frankfurt/M. 9 (1979) 1, S. 31–34.

FARFEL, W. S.: Bewegungssteuerung im Sport. Berlin 1983.

FASSNACHT, G.: Systematische Verhaltensbeobachtung. München 1979.

FEDOROV, V. L.; FORMANOV, A. G.: Vlijanie effekta mnogovennoj razgruzki myšc na soveršenstvovanie fizičeskich kačestv sportsmena (Der Einfluß einer raschen Entlastung der Muskeln auf die Vervollkommnung der physischen Eigenschaften des Sportlers). Teorija i praktika fizičeskoj kul'tury, Moskva 34 (1971) 3, S. 19–23.

FEGER, H.; BREDENKAMP, J.: Messen und Testen. In: GRAUMANN, C. F.; BIRBAUMER, N. (Hrsg.): Enzyklopädie der Psychologie. Forschungsmethoden der Psychologie, Serie 1, Band 3. Göttingen.

FEIGE, K.: Präzisionsleistungen menschlicher Motorik. Dissertation, Rostock 1934.

FEIGE, K.: Leistungsentwicklung und Höchstleistungsalter von Spitzenläufern. Schorndorf 1978.

FELDMAN, D., u. a.: Adolescent growth is not associated with changes in flexibility. Clinical Journal of Sport Medicine. New York, N. Y. 9 (1999) 1, pp. 24–29.

FETZ, F.: Beiträge zu einer Bewegungslehre der Leibesübungen. Wien 1964.

FETZ, F.: Bewegungslehre der Leibesübungen. Bad Homburg, Wien 1980; 1989[3].

FETZ, F.: Sportmotorische Entwicklung. Wien 1982.

FETZ, F.: Sensomotorisches Gleichgewicht im Sport. Wien 1990[2].

FETZ, F.; KORNEXL, E.: Sportmotorische Tests: praktische Anleitung zu sportmotorischen Tests in Schule und Verein. Innsbruck 1978.

FIDELUS, K.: Niektóre biomechaniczne zagadnienia koordinacij ruchowej w świetle badań prądów czynnościowych mięśni (Einige biomechanische Probleme der Bewegungskoordination im Lichte der Forschung über die Aktionsströme der Muskeln). Wychowanie fizyczne i sport, Warszawa 5 (1961) 4, S. 537–545.

FIEDLER, M.: Zum Problem der Präzisionsleistungen im Sportspiel. Wissenschaftliche Zeitschrift der DHfK, Leipzig 5 (1963) 1, S. 49–72.

FIEDLER, M.: Zur Entwicklung der Ziel- und Bewegungsgenauigkeit im Volleyballspiel. Dissertation, Leipzig 1966.

FIKUS, M.: Visuelle Wahrnehmung und Bewegungskoordination. Eine empirische Arbeit aus dem Volleyball. Frankfurt/M., Thun 1989.

FILIPPOVIČ, V. J.: Osobennosti obrazovanija dvigatel'nych navykov sportivnoj gimnastiki u detej 11–14 let (Besonderheiten der Bildung von Bewegungsfertigkeiten im Turnen bei 11–14jährigen Kindern). In: Obučenie i trenirovka gimnastov. Moskva 1958, S. 48–58.

FILIPPOVIČ, V. J.: Nekotorye teoretičeskie predposylki k issledovaniju lovkosti kak dvigatel'nogo kačestva (Einige theoretische Voraussetzungen zur Untersuchung der Gewandtheit als motorische Eigenschaft). Teorija i praktika fizičeskoj kul'tury, Moskva 36 (1973) 2, S. 58–62.

FILIPPOVIČ, V. J.: O neobchodimosti sistemnogo podchoda k izučeniju prirody lovkosti (Über die Notwendigkeit eines systematischen Herangehens an die Untersuchung der Natur der Gewandtheit). Teorija i praktika fizičeskoj kul'tury, Moskva 43 (1980) 2, S. 49–52.

FILIPPOVIČ, V. J.; KOLTAKOV, L. S.; MALINAK, V. I.: Ob osobennostjach i vzaimootnošenijach nekotorych projavlenij sposobnosti ovladet'novymi dvigatel'nymi deistvijami v škol'nom vozraste (Über die Besonderheiten und Wechselbeziehungen einiger Fähigkeitsäußerungen bei der Aneignung neuer Bewegungshandlungen im Schulalter). Teorija i praktika fizičeskoj kul'tury, Moskva 38 (1975) 2, S. 41–46.

FILIPPOVIČ, V. J.; MARTOVSKIJ, A. N.: Načal'naja stadija stanovlenija dvigatel'nych navykov u detei i vzroslych (Das Anfangsstadium der Entstehung von Bewegungsfertigkeiten bei Kindern und Erwachsenen). Fizičeskaja kul'tura v škole, Moskva 6 (1963) 1, S. 14–17.

FILIPPOVIČ, V. J.; TUREVSKIJ, J. M.: O principach sportivnoj orientacii detej i podrostkov v svjazi s vozrastnoj izmenčivostju struktury dvigatel'nych sposobnostej (Prinzipien der sportlichen Orientierung von Kindern und Halbwüchsigen in Verbindung mit der altersgemäßen Veränderlichkeit der Struktur motorischer Fähigkeiten). Teorija i praktika fizičeskoj kul'tury, Moskva 40 (1977) 4, S. 39–44.

FILIPPOWITSCH, W. I.: Zur Entwicklung der Psychomotorik bei Kindern. Theorie und Praxis der Körperkultur, Berlin 23 (1974a) Beiheft 1, S. 90–93.

FILIPPOWITSCH, W. I.: Motorische Adaption als Erscheinungsform der Gewandtheit. Theorie und Praxis der Körperkultur, Berlin 23 (1974b) 6, S. 525–528.

FINDEISEN, D. G. R.; LINKE, P.-G.; PICKENHAIN, L. (Hrsg.): Grundlagen der Sportmedizin – für Studenten, Sportlehrer und Trainer. Leipzig 1980.

FLEISHMAN, E. A.: Structure and measurement of physical fitness. Englewood Cliffs, N. J. 1964.

FLEISHMAN, E. A.: Structure and measurement of psychomotor abilities. In: SINGER, R. N. (Hrsg.): The psychomotor domain: Movement behavior. Philadelphia 1972, pp. 78–106.

FLEISHMAN, E. A.; HEMPEL, W. E. J.: The relation between abilities and improvement with practice in a visual discrimination reaction task. Journal of Experimental Psychology, Washington DC 104 (1955) 49, pp. 301–312.

FLEISS, O.: Analyse des motorischen Lernprozesses. Dissertation, Graz 1970.

FLEISS, O.: Übungsintensität, Lernschrittverteilung und Fehlerhäufigkeiten bei verschiedenen Lehrwegen. In: ANDRECS, H.; REDL, S. (Hrsg.): Forschen – Lehren – Handeln. Sportwissenschaftliche Beiträge zum Gedenken an Universitätsprofessor Dr. Hans Groll. Wien 1976, S. 392–409.

FLEMIG, I.: Normale Entwicklung des Säuglings und ihre Abweichungen. Stuttgart 1979.

FOERSTER, O.: Die Psychologie und Pathologie der Coordination. Jena 1902.

FOMIN, N. A.; FILIN, V. P.: Vozrastnye osnovy fizičeskogo vospitanija (Altersbedingte Grundlagen der Körpererziehung). Moskva 1972.

FOMIN, N. A.; FILIN, V. P.: Altersspezifische Grundlagen der körperlichen Erziehung. Schorndorf 1975.

FORSBERG, A.; ENGSTRÖM, L.-M.: Forsking om barn och idrott (Forschung über Kinder und Sport). Svensk idrott, Stockholm 51 (1979) 4, pp. 35–36.

FORSSBERG, H.; WALLBERG, H.: Infant locomotion: a preliminary movement and electromyographic study. In: BERG, K.; ERIKSSON, B. O. (Hrsg.): Children and Exercise. IX. International Series on Sport Sciences. Vol. 10. Baltimore, MD. 1980, pp. 32–40.

FREIWALD, J.; ENGELHARDT, M.: Neuromuskuläre Dysbalancen in Medizin und Sport. In: Deutsche Zeitschrift für Sportmedizin. Köln 47 (1996) 3, S. 99–106.

FRESTER, R.: Ideomotorisches Training im Sport – ein Beitrag zur Trainingsintensivierung und Erhöhung der Wettkampfstabilität bei Sportlern der technischen und Schnellkraftsportarten. In: Beiträge zur Sportpsychologie 2. Berlin 1974, S. 203–211.

FRESTER, R.: Zur lernstandsabhängigen Bedeutung der Eigen- und Fremdinformation. Theorie und Praxis der Körperkultur, Berlin 25 (1976) 4, S. 304–306.

FRESTER, R.: Psychologische Grundlagen und Ansätze der Bewegungsregulation (BR) in Training und Wettkampf. In: Sportpsychologie für die Bewegungsregulation in Training und Wettkampf, II. Kolloquium. Leipzig 1990.

FRESTER, R.: Motorische Ontogenese – Altersbesonderheiten aus psychologischer Sicht. In: HARTMANN, C.; SENF, G.: Sport verstehen – Sport erleben. Teil I, Sportmotorische Grundlagen. Radebeul 1997, S. 183–188.

FRESTER, R.; WÖRTZ, T.: Mentale Wettkampfvorbereitung. Ein Handbuch für Trainer, Übungsleiter, Sportlehrer und Sportler. Göttingen 1997.

FREY, G.: Entwicklungsgemäßes Training in der Schule. Sportwissenschaft, Schorndorf 8 (1978) 2–3, S. 172–200.

FREY, G.: Kindgemäßes Leistungstraining. Sportwissenschaft, Schorndorf 12 (1982) 3, S. 275–294.

FRIEDRICH, W.; HENNIG, W. (Hrsg.): Der sozialwissenschaftliche Forschungsprozeß. Berlin 1980.

FRIEDRICH, W.; MÜLLER, H.: Zur Psychologie der 12- bis 22jährigen. Berlin 1980.

FROBÖSE, I., u. a.: Bewegung und Training. Grundlagen und Methodik für Physio- und Sporttherapeuten. München, Jena 2002.

FROLOV, V. G.; JURKO, G. P.; KABAČKOVA, P. I.: Experimentelle Untersuchung zum Entwicklungsstand der Laufausdauer im Vorschulalter. Theorie und Praxis der Körperkultur, Berlin 25 (1976) 10, S. 771 f.

GALLAHUE, D. L.: Understanding motor development in children. New York 1982.

GALPERIN, P. J.: Die Entwicklung der Untersuchungen über die Bildung geistiger Operationen. In: HIEBSCH, H. (Hrsg.): Ergebnisse der sowjetischen Psychologie. Berlin 1967, S. 367–405.

GÄRTNER, H.: Grundkenntnisse zur körperlichen und sportlichen Ausbildung und Erziehung der Schüler im frühen Schulalter. Theorie und Praxis der Körperkultur, Berlin 16 (1967) Sonderheft: Probleme der Körpererziehung in der Unterstufe, S. 9–16.

GÄRTNER, H.; CRASSELT, W.: Zur Dynamik der körperlichen und sportlichen Leistungsentwicklung im frühen Schulalter. Medizin und Sport, Berlin 16 (1976) 4/5/6, S. 117–125.

GÄRTNER, H., u. a.: Körpererziehung in der ganztägigen Bildung und Erziehung. Berlin 1986.

GASCHLER, P.: Entwicklung der Beweglichkeit. In: BAUR, J.; BÖS, K.; SINGER, R. (Hrsg.): Motorische Entwicklung – Ein Handbuch. Schorndorf 1994, S. 181–190.

GATTERMANN, E.: Deutscher Verband für das Skilehrwesen. Ski-Lehrplan Band 1: Skialpin. München, Wien, Zürich 1994.

GATTERMANN, E.; JANDA, H. W.; ROSTOCK, J.: »Carving« – eine Revolution im alpinen Skilauf. Körpererziehung, Berlin 46 (1996) 11, S. 363–369.

GEESE, R.: Geschlechtsspezifische Unterschiede in der Wurfmotorik. Spectrum der Sportwissenschaften, Wien 9 (1997) 2, S. 31–41.

GESELL, A.: Infant Development. New York 1952.

GÖHNER, U.: Zur Strukturanalyse sportmotorischer Fertigkeiten. Sportwissenschaft, Schorndorf 4 (1974) 2, S. 115–135.

GÖHNER, U.: Bewegungsanalyse im Sport. Schorndorf 1979.

GÖHNER, U.: Abriß einer Bewegungslehre des Sports. Sportwissenschaft, Schorndorf 10 (1980) 3, S. 223–239.

GÖHNER, U.: Trendbericht Bewegungslehre. Sportunterricht, Schorndorf 31 (1982) 3, S. 85–92.

GÖHNER, U.: Qualitativ ausgerichtete Analyse und Korrektur des Techniktrainings. In: MECHLING, H.; SCHIFFNER, J.; CARL, K. (Red.): Theorie und Praxis des Techniktrainings. Köln 1988, S. 80–59.

GÖHNER, U.: Bewegungsprinzip. In: RÖTHIG, P., u. a. (Hrsg.): Sportwissenschaftliches Lexikon. Schorndorf 1992a⁶, S. 85.

GÖHNER, U.: Einführung in die Bewegungslehre des Sports. Teil 1: Die sportlichen Bewegungen. Schorndorf 1992b.

GÖHNER, U.: Lehren nach Funktionsphasen. In: ADL (Hrsg.): Schüler im Sport – Sport für Schüler. Schorndorf 1992c, S. 96–106.

GÖHNER, U.: Macht es Sinn, heute noch wie Meinel von einer pädagogischen Bewegungslehre zu sprechen? In: RIECKEN, R., u. a. (Hrsg.): Praxisorientierte Bewegungslehre als angewandte Sportmotorik (Festschrift). Leipziger Sportwissenschaftliche Beiträge. Sankt Augustin XXXIX (1998) 1/2, S. 44–50.

GÖHNER, U.: Einführung in die Bewegungslehre des Sports. Teil 2: Bewegerlehre des Sports. Schorndorf 1999.

GOLLHOFER, A.; SCHMIDTBLEICHER, D.; DIETZ, V.: Regulation of Muscle Stiffness in Human Locomotion. International Journal of Sports Medicine, Stuttgart, New York 5 (1984) 1, pp. 19–22.

GOLLHOFER, A.; RAPP, W.; MAIER, B.: Der Einfluß isometrischer Kontraktionen auf die Empfindlichkeitseinstellung des Muskeldehnungsreflexes. In: KRUG, J.; MINOW, H.-J. (Hrsg.): Sportliche Leistung und Training. Sankt Augustin 1995, S. 235–240.

GÖLLNITZ, G.: Ergebnisse einer Überprüfung der motorischen Skala von Oseretzky. Psychiatrie, Neurologie und medizinische Psychologie, Berlin, Leipzig 4 (1952) 4, S. 119–127.

GÖSSLER, K.: Über den Grundwiderspruch der biologischen Bewegungsform der Materie. Deutsche Zeitschrift für Philosophie, Berlin 10 (1962) 3, S. 279–290.

GORODNIČEV, R. M., u. a.: Vlijanie chloretilovoj anestezii koži na reguljaciju točnostnych dvigatel'nych aktov (Der Einfluß der Chloranästhesie der Haut auf die Regulierung präziser motorischer Handlungen). Teorija i praktika fizičeskoj kul'tury, Moskva 47 (1984) 1, S. 18–19.

GÖTZE, H.: Einige Probleme des Sportunterrichts der Mädchen in der Oberstufe. Körpererziehung, Berlin 18 (1968a) 3, S. 134–138.

GÖTZE, H.: Beeinflußt regelmäßiger und intensiver Schulsport die körperliche Entwicklung der Mädchen im Pubeszenzalter? Theorie und Praxis der Körperkultur, Berlin 17 (1968b) 2, S. 157–165.

GÖTZE, H.: Die physische Leistungsfähigkeit von Schülerinnen im Pubeszenzalter. Theorie und Praxis der Körperkultur, Berlin 17 (1968c) 3, S. 242–248.

GRALLA, V., u. a.: Zur Trainierbarkeit des peripheren Sehens am Beispiel der synchronoptischen Wahrnehmung. In: KRUG, J.; HARTMANN, C. (Hrsg.): Praxisorientierte Bewegungslehre als angewandte Sportmotorik. Sport und Wissenschaft. H. 8. Sankt Augustin 1999, S. 219–224.

GRAS, S.: Zur Herausbildung sportbezogener Interessen und Bedürfnisse. Körpererziehung, Berlin 24 (1974) 8/9, S. 402–405.

GRIEBSCH, J.; VORHÖLTER, H.: Zum Kurzstreckenlauf im Schulsport. Körpererziehung, Berlin 32 (1982) 6, S. 264–269.

GRIMM, H.: Einige körperliche Unterschiede zwischen sportschwachen und sporttüchtigen Schülerinnen der 10. Klasse. Ärztliche Jugendkunde, Leipzig 57 (1966a) 11/12, S. 394–399.

GRIMM, H.: Grundriß der Konstitutionsbiologie und Anthropometrie. Berlin 1966b.

GRISSIS, I., u. a.: Elektromyographische Aktivität unter exzentrisch erzwungenen Belastungen an den unteren Extremitäten. Leistungssport. Münster 32 (2002) 4, S. 19–22.

GRÖBER, B.: Einheiten im Bewegungshandeln. Zur phänomenalen Struktur des sportbezogenen Bewegungslernens. Schorndorf 2000.

GROHER, W.: Überbeweglichkeit als Auslesefaktor. Leistungssport, Frankfurt/M. 9 (1979) 4, S. 244–246.

GROPLER, H.; THIESS, G.: Beziehungen zwischen physischen Fähigkeiten bei jungen Sportlern. Theorie und Praxis der Körperkultur, Berlin 23 (1974a) 6, 504–512.

GROPLER, H.; THIESS, G.: Zu einigen Relationen zwischen den physischen Fähigkeiten und körperlich-sportlichen Fertigkeiten bei Schülern in der Deutschen Demokratischen Republik. Wissenschaftliche Zeitschrift der Pädagogischen Hochschule Magdeburg, 11 (1974b) 3, S. 353–377.

GROSSER, M.: Ansätze zu einer Bewegungslehre des Sports. Sportwissenschaft, Schorndorf 8 (1978) 4, S. 370–392.

GROSSER, M.; NEUMAIER, A.: Techniktraining. München, Wien, Zürich 1982.

GRÜBLER, B.; HARTMANN, C.: Diagnose und spezielles Training dominanter koordinativer Fähigkeiten in der Sportart Volleyball. Dissertation, Leipzig 1985.

GUNDLACH, H.: Systembeziehungen körperlicher Fähigkeiten und Fertigkeiten. Theorie und Praxis der Körperkultur, Berlin 17 (1968) Beiheft: Sportwissenschaftlicher Kongreß Sozialismus und Körperkultur, Teil II, S. 198–205.

GUNDLACH, H.: Testverfahren zur Prüfung der Sprintschnelligkeit. Theorie und Praxis der Körperkultur, Berlin 18 (1969) 3, S. 224–229.

GUNDLACH, H.-J.: Posturographische Untersuchungen zur Differenzierung des quasi-statischen Gleichgewichtsverhaltens von Sportlern verschiedener Disziplinen. Medizin und Sport, Berlin 25 (1985) 3, S. 69–72.

GUNDLACH, H.-J.; GLENDE, K.: Belastungsabhängige Veränderungen des quasi-statischen Gleichgewichtsverhaltens. Medizin und Sport, Berlin 30 (1990) 8, S. 240–243.

GÜRTLER, H.; BUHL, H.; ISRAEL, S.: Neuere Aspekte der Trainierbarkeit des anaeroben Stoffwechsels bei Kindern im jüngeren Schulalter. Theorie und Praxis der Körperkultur, Berlin 28 (1979) Beiheft 1, S. 69–70.

GÜRTLER, H.; GÄRTNER, H.: Die körperliche Entwicklung und sportliche Leistungsfähigkeit im Kindesalter. Medizin und Sport, Berlin 16 (1976) 4/5/6, S. 106–117.

GÜRTLER, H., u. a.: Ergebnisse einer betonten Laufausdauerschulung bei Kindern im frühen Schulalter. Medizin und Sport, Berlin 12 (1972) 10, S. 297–301 (1. Mitteilung); 13 (1973) 2, S. 56–61 (2. Mitteilung).

GUSEVA, J. A.: Issledovanie vzaimosvjazi bystroty i točnosti ukolev u fechtoval'ščikov (Untersuchung der Wechselbeziehung zwischen Schnelligkeit und Treffsicherheit bei Fechtern). Teorija i praktika fizičeskoj kul'tury, Moskva 28 (1965) 3, S. 36–39.

GUTEWORT, W.: Zur Problematik der biomechanischen Prinzipien. Theorie und Praxis der Körperkultur, Berlin 16 (1967) 4, S. 359–374.

GUTEWORT, W.: Zum Entwicklungsstand der Meßtechnik in der biomechanischen und motorischen Forschung. Theorie und Praxis der Körperkultur, Berlin 17 (1968) 7, S. 654–665.

GUTEWORT, W.: Digitale Kinemetrie. Numerische Meßverfahren kinematischer Parameter der menschlichen Bewegung. Habilitationsschrift, Jena 1969a.

GUTEWORT, W.: Photographische Aufnahmeverfahren der biomechanischen Kinemetrie II. Die Erfassung kinematischer Parameter der menschlichen Bewegung mit photographischen Mitteln. Theorie und Praxis der Körperkultur, Berlin 18 (1969b) 5, S. 444–458.

GUTEWORT, W.: Zur Theorie der Quantifizierung in der sportwissenschaftlichen Forschung. Theorie und Praxis der Körperkultur, Berlin 20 (1971) 3, S. 211–221.

GUTEWORT, W.; PÖHLMANN, R.: Biomechanik – Motorik. Gedanken zum Terminologieversuch von G. Schnabel. Theorie und Praxis der Körperkultur, Berlin 15 (1966) 6, S. 595–604.

GUTHKE, J.: Zur Diagnostik der intellektuellen Lernfähigkeit. Berlin 1972.

GUTHKE, J.: Ist Intelligenz meßbar? Berlin 1978.

GUTJAHR, W.: Die Messung psychischer Eigenschaften. Berlin 1974.

GUTSMUTHS, J. CH. F.: Gymnastik für die Jugend. Berlin 1957.

HAAG, G.: Konfirmative Bewegungsanalyse. Schorndorf 1996.

HAAG, H.: Methodenentwicklung in der Sportwissenschaft. Sankt Augustin 1991, S. 46–67.

HACKER, W.: Grundlagen der Regulation von Arbeitsbewegungen. Probleme und Ergebnisse der Psychologie, Berlin (1967) Beiheft 1.

HACKER, W.: Allgemeine Arbeits- und Ingenieurpsychologie. Berlin 1978.

HACKER, W.: Arbeitspsychologie – Psychische Regulation von Arbeitstätigkeiten. Berlin 1986.

HACKER, W.: Lernen. In: LUCZAK, H.; VOLPERT, W. (Hrsg.): Handbuch Arbeitswissenschaft. Stuttgart 1997, S. 439–443.

HACKER, W.: Action Control and Motor Performance in Work. In: BLASER, P. (Ed.): Sport Kinetics '97. Theories of Human Motor Performance and their Reflections in Practice. Hamburg 1998, pp. 21–26.

HACKFORT, D.; MUNZERT, J.; SEILER, R. (Hrsg.): Handeln im Sport als handlungspsychologisches Modell. Festschrift zum 60. Geburtstag von Prof. Dr. Jürgen R. Nitsch. Heidelberg 2000.

HÄNSEL, F.: Semantische Dimensionen und Urteilskonkordanz qualitativer Bewegungsbeurteilung. In: KRUG, J.; HARTMANN, C. (Hrsg.): Praxisorientierte Bewegungslehre als angewandte Sportmotorik. Sport und Wissenschaft. H. 8. Sankt Augustin 1999, S. 159–165.

HAHN, E.: Leistungssport mit Jugendlichen. Leistungssport, Frankfurt/M. 9 (1979a) 3, S. 214 ff.

HAHN, E.: Schlagwort »Kindertraining«. Leistungssport, Frankfurt/M. 9 (1979b) 6, S. 512–519.

HAHN, E.: Kindertraining. München 1982.

HAHN, E.; PREISING, W. (Red.): Die menschliche Bewegung. Human Movement. Schorndorf 1976.

HAMSEN, G. (Red.): Rhythmus und Bewegung. Konzepte, Forschung, Praxis. Heidelberg 1992.

HANEBUTH, O.: Grundschulung zur sportlichen Leistung in der Sicht ganzheitlicher Leibeserziehung. Frankfurt/M. 1964.

HANKE, U.; WOERMANN, S.: Trainerwissen – Ein Experten-Novizen-Vergleich der Wissensstrukturierung zum »Feedback« als beeinflussende Variable des sportmotorischen Lernprozesses. Köln 1993.

HARRE, D., u. a.: Trainingslehre. Einführung in die Theorie und Methodik des sportlichen Trainings. Berlin 1977; 1982; 1986[10].

HARTMANN, C.: Das ökonomisierte Testprofil als Diagnosemethode zur Erfassung koordinativer Fähigkeiten. Wissenschaftliche Zeitschrift der DHfK, Leipzig 22 (1981) 3, S. 107–113.

HARTMANN, C.: Die motorische Ontogenese. Kaleidoskopien. Theatralität – Performance – Medialität. Institut für Theaterwissenschaften, Leipzig 1998a 3. S. 124–141.

HARTMANN, C.: Motorisches Verhalten älterer und alter Menschen. In: MECHLING, H. (Hrsg.): Training im Alterssport. Sportliche Leistungsfähigkeit und Fitneß im Alternsprozeß. Hamburg 1998b, S. 96–98.

HARTMANN, C.: Analyse und fördernde Beeinflussung der Motorik schulunreifer Kinder im Alter von 6–7 Jahren. Körpererziehung, Berlin 49 (1999) 1, S. 30–34.

HARTMANN, C.: Zur fördernden Beeinflussung der Motorik schulunreifer Kinder. In: Körpererziehung Berlin 49 (1999a) 1, S. 30–34.

HARTMANN, C.: Meinels Merkmale der Bewegungskoordination als Kategorien zur Bewegungsbeobachtung und Bewegungsbeurteilung. In: KRUG, J.; HARTMANN, C. (Hrsg.): Praxisorientierte Bewegungslehre als angewandte Sportmotorik. Sport und Wissenschaft. H. 8. Sankt Augustin 1999b, S. 106–116.

HARTMANN, C.; MINOW, H.-J.: Sport verstehen – Sport erleben, Teil II. Trainingsmethodische Grundlagen. Radebeul 1999.

HARTMANN, C.; SENF, G.: Sport verstehen – Sport erleben, Teil I. Sportmotorische Grundlagen. Radebeul 1997.

HATZE, H.: Die biophoronome Erfassung der menschlichen Bewegung in einem System partieller Differentialgleichungen. Leibesübungen, Wien 21 (1967) 7, S. 3–5.

HATZE, H.: The Complete Optimization of a Human Motion. Mathematical Biosciences, New York 28 (1976a) 1/2, pp. 99–135.

HATZE, H.: Eine Fundamentalhypothese der Bewegungslehre des Sports. Sportwissenschaft, Schorndorf 6 (1976b) 2, S. 155–171.

HAUPT, B.; SCHWIER, J.; SCHMIDT, W.: Kindheit in den neuen Ländern – Schulischer und außerschulischer Sport gestern und heute. Sportunterricht, Schorndorf 45 (1996) 6, S. 253–260.

HAY, G.: The Biomechanics of Sport Techniques. Prentice Hall 2000[4].

HAYWOOD, K. M.; GETCHELL, N.: Life span motor development. Champaign, Ill. 2001.

HECK, E.: Entwicklung der sportmotorischen Leistungsfähigkeit bei Grundschulkindern – Erkenntnisse einer Längsschnittstudie. In: HIRTZ, P.; NÜSKE, F. (Hrsg.): Motorische Entwicklung in der Diskussion. Sankt Augustin 1994, S. 161–168.

HEIMENDINGER, J.: Messungen an 2150 Knaben und 2150 Mädchen in Kinderkrippen, Kindergärten und Schulen von Basel in den Jahren 1956 und 1957. Helvetica medica acta 19 (1964) Suppl. 13.

HEINICKE, I.: Die sportliche Leistungsfähigkeit von Schülern mit unterschiedlicher sportlicher Betätigung. Körpererziehung, Berlin 27 (1977) 12, S. 558–562.

HEINICKE, I.: Motive der sportlichen Betätigung bei Jugendlichen sowie einige Bezüge zu ihrem Realverhalten. Körpererziehung, Berlin 29 (1979) 12, S. 472–475.

HEISE, N.: Ausprägungsgrade und Beziehungen zwischen einigen anthropometrisch/physiologischen Merkmalen, psychischen Komponenten, körperlichen Fähigkeiten und sportlichen Fertigkeiten – Ergebniszusammenführung aus einem pädagogischen Langzeitexperiment mit zeitweiliger Akzentuierung im Sportunterricht in Versuchs- und Kontrollklassen Magdeburger Oberschulen (Thesen). Theorie und Praxis der Körperkultur, Berlin 31 (1982) 11, S. 857–862.

HEITMEYER, W.; HURRELMANN, K.: Sozialisations- und handlungstheoretische Ansätze in der Jugendforschung. In: KRÜGER, H.-H. (Hrsg.): Handbuch der Jugendforschung. Opladen 1993[2], S. 109–134.

HELLBRÜGGE, T.; WIMPFFEN, J. H. VON: Die Entwicklung des Säuglings. Die ersten 365 Tage im Leben eines Kindes. München 1977.

HENATSCH, H.-D.: Zu den neurophysiologischen Korrelaten motorischer Lerntheorien. In: MECHLING,

H; Schmidtbleicher, D.; Starischka, S. (Red.): Aspekte der Bewegungs- und Trainingswissenschaft. Motorisches Lernen – Leistungsdiagnostik – Trainingssteuerung. Clausthal-Zellerfeld 1986, S. 17–24.

Henatsch, H. D.; Langer, H. M.: Neurophysiologische Aspekte der Sportmotorik. In: Rieder, H., u. a. (Hrsg.): Motorik- und Bewegungsforschung. Ein Beitrag zum Lernen im Sport. Schorndorf 1983, S. 27–55.

Hennig, W.: Die Motivation des Sportinteresses bei Kindern und Jugendlichen. Theorie und Praxis der Körperkultur, Berlin 14 (1965) 2, S. 128–137; 3, S. 227–236; 9, S. 799–809.

Hennig, W.: Sport und Körperkultur im Freizeitprofil der werktätigen Jugend der DDR. Theorie und Praxis der Körperkultur, Berlin 18 (1969) 1, S. 45–49.

Hepp, F.: Zu einigen Problemen der Spezialisierung im Kindesalter nach vorangegangener Grundlagenausbildung. Wissenschaftliche Zeitschrift der DHfK, Leipzig 6 (1964) Sonderheft, S. 73–76.

Herberger, E., u. a.: Rudern. Ein Lehrbuch für Trainer, Übungsleiter und Sportlehrer. Berlin 1977.

Herberger, E.; Lorke, K.: Es funktioniert nicht »von allein« (Untersuchung des Atemverhaltens von Rennruderern). Deutscher Rudersport, Berlin 13 (1966) 3, S. 5–6.

Herzberg, P.: Zur Formgenese des Delphinschwimmens bei Kindern im frühen Schulalter. Theorie und Praxis der Körperkultur, Berlin 12 (1963) 12, S. 1079–1086.

Herzberg, P.: Zum Problem der motorischen Lernfähigkeit und zu den Möglichkeiten des Diagnostizierens mit motorischen Tests. Theorie und Praxis der Körperkultur, Berlin 17 (1968a) 9, S. 799–804.

Herzberg, P.: Testbatterie zur Erfassung der motorischen Lernfähigkeit. Theorie und Praxis der Körperkultur, Berlin 17 (1968b) 12, S. 1066–1073.

Herzberg, P.: Entwicklungsstand, Aufgaben und Perspektiven motorischer Tests. Theorie und Praxis der Körperkultur, Berlin 19 (1970) 1, S. 12–24.

Herzberg, P.: Entwicklung einer Methode für das Diagnostizieren der motorischen Lernfähigkeit. Ein Beitrag zur Entwicklung motorischer Tests. Dissertation, Leipzig 1972.

Hess, K., u. a.: Lernanalysen bei komplexen sportlichen Bewegungen. Bad Homburg 1982.

Hess, W.-D.: Die Kategorie der Bewegungsübertragung und das biomechanische Prinzip der Koordination von Teilimpulsen – eine vergleichende Betrachtung an Hand der Schwungbewegungen bei sportlichen Sprüngen. Dissertation, Martin-Luther-Universität Halle 1967.

Heuer, H.: Bewegungslernen. München 1983.

Heuer, H.: Motorikforschung zwischen Elfenbein-

turm und Sportplatz. In: Daugs, R. (Hrsg.): Neuere Aspekte der Motorikforschung. Clausthal-Zellerfeld 1988, S. 52–69.

Heuer, H.: Koordination von Bewegungen. In: Spada, H. (Hrsg.): Lehrbuch allgemeine Psychologie. Bern 1990a, S. 520–531.

Heuer, H.: Psychomotorik. In: Spada, H. (Hrsg.): Lehrbuch allgemeine Psychologie. Bern 1990b, S. 495–559.

Heuer, H.: Motor Behavior and Work: From Physical Load to Motor Skills. In: Blaser, P. (Ed.): Sport Kinetics '97. Theories of Human Performance and their Reflections in Practice. Hamburg 1998, pp. 243–250.

Hildenbrandt, E.: Sprache und Bewegung. Sportwissenschaft. Schorndorf 3 (1973) 3, S. 55–69.

Hirtz, P.: Zur Schulung der Koordinationsfähigkeit im Sportunterricht. Theorie und Praxis der Körperkultur, Berlin 23 (1974) Beiheft 1, S. 83–90.

Hirtz, P.: Untersuchungen zur Entwicklung koordinativer Leistungsvoraussetzungen bei Schulkindern. Theorie und Praxis der Körperkultur, Berlin 25 (1976) 4, S. 283–289.

Hirtz, P.: Struktur und Entwicklung koordinativer Leistungsvoraussetzungen bei Schulkindern. Theorie und Praxis der Körperkultur, Berlin 26 (1977) 7, S. 503–510.

Hirtz, P.: Schwerpunkte der koordinativ-motorischen Vervollkommnung von Kindern und Jugendlichen. Habilitationsschrift, Ernst-Moritz-Arndt-Universität Greifswald 1979.

Hirtz, P.: Koordinative Fähigkeiten – Kennzeichnung, Alternsgang und Beeinflussungsmöglichkeiten. Medizin und Sport, Berlin 21 (1981) 11, S. 348–351.

Hirtz, P. (Hrsg.): Koordinative Fähigkeiten im Schulsport. Vielseitig – variantenreich – ungewohnt. Berlin 1985.

Hirtz, P.: Motorische Handlungskompetenz als Funktion motorischer Fähigkeiten. In: Hirtz, P.; Kirchner, G.; Pöhlmann, R.: Sportmotorik, Grundlagen, Anwendungen und Grenzgebiete. Kassel 1994a, S. 117–147.

Hirtz, P.: Vielfalt und Reichtum der Individualentwicklung – die motorische Ontogenese. In: Hirtz, P.; Kirchner, G; Pöhlmann, R. (Hrsg): Sportmotorik – Grundlagen, Anwendungen und Grenzgebiete. Kassel 1994b, S. 207–231.

Hirtz, P.: Die Komponente Koordination. Körpererziehung, Berlin 45 (1995) 3, S. 102–106.

Hirtz, P.: Motor research and school sport. In: Blaser, P. (Ed.): Sport Kinetics '97. Theories of Human Performance and their Reflections in Practice. Hamburg 1998a, S. 147–150.

Hirtz, P.: Koordinative Fähigkeiten – Gewandtheit – motorische Kompetenz. In: Rostock, J.; Zimmermann, K. (Hrsg.): Kolloquium »Theorie und Empirie sportmotorischer Fähigkeiten«. Chemnitz 1998b, S. 12–19.

HIRTZ, P.: Variationsreich, bewegungsintensiv und entwicklungsfördernd – zur Ausprägung und Vervollkommnung koordinativer Fähigkeiten von jüngeren Schulkindern. In: HELMKE, C. (Red.): Bewegung, Spiel und Sport – ein Bildungsgut für 6–12jährige Schülerinnen und Schüler. Deutscher Sportlehrerverband, Wetzlar 1998c, S. 19–28.

HIRTZ, P.: Zur interindividuellen Variabilität der motorischen Entwicklung. Leipziger Sportwissenschaftliche Beiträge XXXIX (1998d) 1/2, S. 95–108.

HIRTZ, P.: Acht Thesen zu den Koordinativen Fähigkeiten zwischen Tradition und Perspektive. Leipziger Sportwissenschaftliche Beiträge. Sankt Augustin XLIII (2002a) 2, S. 107–115.

HIRTZ, P.: Untersuchungen zur Entwicklung koordinativer Fähigkeiten im Kindes- und Jugendalter. In: LUDWIG, G.; LUDWIG, B. (Hrsg.): Koordinative Fähigkeiten – koordinative Kompetenz. Kassel 2002b, S. 104–112.

HIRTZ, P.: Koordinationstraining. In: SCHNABEL, G.; HARRE, D.; KRUG, J.; BORDE, A. (Hrsg.): Trainingswissenschaft. Berlin 2003a, S. 272–280.

HIRTZ, P.: Koordinative Fähigkeiten. In: SCHNABEL, G.; HARRE, D.; KRUG, J.; BORDE, A. (Hrsg.): Trainingswissenschaft. Berlin 2003b, S. 126–133.

HIRTZ, P.; HOTZ, A.; LUDWIG, G.: Gleichgewicht. Schorndorf 2000.

HIRTZ, P.; KIRCHNER, G.; PÖHLMANN, R. (Hrsg.): Sportmotorik. Grundlagen, Anwendungen und Grenzgebiete. Kassel 1994.

HIRTZ, P.; LUDWIG, G.; WELLNITZ, I.: Entwicklung koordinativer Fähigkeiten – ja, aber wie? Körpererziehung, Berlin 32 (1982) 8/9, S. 386–391.

HIRTZ, P.; NÜSKE, F. (Hrsg.): Motorische Entwicklung in der Diskussion. Sankt Augustin 1994.

HIRTZ, P.; NÜSKE, F. (Hrsg.): Bewegungskoordination und sportliche Leistung integrativ betrachtet. Hamburg 1997.

HIRTZ, P.; OCKHARDT, L.; SCHWARZER, U.: Koordinativ-motorische Entwicklung in der Pubeszenz. In: LUDWIG, G.; LUDWIG, B. (Hrsg.): Koordinative Fähigkeiten – koordinative Kompetenz. Kassel 2002, S. 153–158.

HIRTZ, P.; RÜBESAMEN, H.; WAGNER, H.: Gewandtheit als Problem sensomotorischer Entwicklung. Theorie und Praxis der Körperkultur, Berlin 27 (1972) 8, S. 742–749.

HIRTZ, P.; STAROSTA. W.: Sensible und kritische Perioden in der Entwicklung der Bewegungskoordination und das »beste motorische Lernalter«. In: LUDWIG, G.; LUDWIG, B. (Hrsg.): Koordinative Fähigkeiten – koordinative Kompetenz. Kassel 2002a, S. 123–127.

HIRTZ, P.; STAROSTA, W.: Sensitive and critical periods of motor co-ordination development and its rela-

tion to motor learning. In: Journal of Human Kinetics, Vol. 7, Katowice 2002b, pp. 19–28.

HIRTZ, P.; THOMAS, S.: Zur Entwicklung und Struktur koordinativ-motorischer Leistungsvoraussetzungen von Teilnehmern am außerunterrichtlichen Sport. Theorie und Praxis der Körperkultur, Berlin 26 (1977) 3, S. 219–222.

HIRTZ, P.; VILKNER, H.-J.: Der sportmotorische Test in der Diagnostik koordinativer Fähigkeiten. Theorie und Praxis der Körperkultur, Berlin 39 (1990) 5, S. 314–318.

HIRTZ, P.; WELLNITZ, I.: Hohes Niveau koordinativer Fähigkeiten führt zu besseren Ergebnissen im motorischen Lernen. Körpererziehung, Berlin 35 (1985) 4, S. 151–154.

HIRTZ, P., u. a.: Vorpuberale motorische Individualentwicklung – Gemischte Greifswalder Längs- und Querschnittsstudie. In: HIRTZ, P.; NÜSKE, F. (Hrsg.): Motorische Entwicklung in der Diskussion. Sankt Augustin 1994, S. 41–59.

HOCHMUTH, G.: Untersuchungen über den Einfluß der Absprungbewegung auf die Sprungweite beim Skisprung. Wissenschaftliche Zeitschrift der DHfK, Leipzig 1 (1958/59) 1, S. 29–59.

HOCHMUTH, G.: Biomechanik sportlicher Bewegungen. Berlin 1982^5.

HOCHMUTH, G.; GUNDLACH, H.: Zum gegenwärtigen Stand der Theorie und Praxis des Krafttrainings und zu einigen Reserven für die weitere Steigerung der sportlichen Leistung. Theorie und Praxis Leistungssport, Berlin 20 (1982) 2/3, S. 7–39.

HOFECKER, G., u. a.: Modelle des biologischen Alters. In: SCHMIDT, U. J.; SCHULZ, F. H.: Vorträge des 7. Kongresses der Gesellschaft für Gerontologie der DDR. Berlin 1979, S. 167–173.

HOFFMANN, B.: Zur Umsetzung konditioneller Potentiale im Leistungsvollzug. Ein Beitrag zur sporttechnischen Vervollkommnung im Nachwuchstraining, dargestellt am Beispiel der Sportart Kanurennsport. Dissertation, Leipzig 1989.

HOFFMANN, R.: Zur Entwicklung der Motorik im Krippenalter. Wissenschaftliche Zeitschrift der DHfK, Leipzig 8 (1966) 2, S. 57–59.

HOFFMANN, R.: Bewegungsschulung. In: SCHMIDT-KOLMER, E. (Hrsg.): Pädagogische Aufgaben und Arbeitsweisen in den Krippen. Berlin 1968.

HOFFMANN, R.: Die Gestaltung der Körpererziehung in den Krippen unter Beachtung der motorischen Leistungsfähigkeit von Kindern im dritten Lebensjahr. Theorie und Praxis der Körperkultur, Berlin 20 (1971) 1, S. 58–63.

HOFFMANN, R.: Zur Wirksamkeit und Gestaltung der Körpererziehung bei zwei- bis dreijährigen Krippenkindern. Dissertation, Leipzig 1974.

HOLLE, B.: Die motorische und perzeptuelle Entwicklung des Kindes. Ein Lehrbuch für die Arbeit mit normalen und retardierten Kindern. München, Weinheim 1988.

HOLLMANN, W.; VENRATH, H.: Funktionsbeeinflussung im Alternsgang durch Sport und Belastbarkeit des älteren Menschen. In: RIES, W. (Hrsg.): Sport und Körperkultur des älteren Menschen. Leipzig 1966, S. 49–60.

HOLLMANN, W.; HETTINGER, T.: Sportmedizin. Arbeits- und Trainingsgrundlagen. Stuttgart, New York 1976; 2000[4].

HOLST, E. VON: Die relative Koordination als Phänomen und als Methode zentralnervöser Funktionsanalyse. Ergebnisse der Physiologie, München 42 (1939), S. 228–306.

HOLST, E. VON; MITTELSTAEDT, H.: Das Reafferenzprinzip (Wechselwirkung zwischen Zentralnervensystem und Peripherie). Die Naturwissenschaften, Berlin 37 (1950) 20, S. 464–476.

HÖLTER, G. (Hrsg.): Mototherapie mit Erwachsenen. Schorndorf 1993.

HOLTZ, D.: Die Entwicklung der Rhythmusfähigkeit bei Schulkindern. Theorie und Praxis der Körperkultur, Berlin 26 (1977) 7, S. 523–526.

HOLTZ, D.: Zur Entwicklung und Vervollkommnung der Rhythmusfähigkeit bei Schulkindern. Dissertation, Ernst-Moritz-Arndt-Universität Greifswald 1979.

HOMBURGER, A.: Über die Entwicklung der menschlichen Motorik und ihre Beziehungen zu den Bewegungsstörungen der Schizophrenen. Zeitschrift für die gesamte Neurologie und Psychiatrie, Berlin, Band 78 (1922) 4/5, S. 562–570.

HOMBURGER, A.: Zur Gestaltung der normalen menschlichen Motorik und ihrer Beurteilung. Zeitschrift für die gesamte Neurologie und Psychiatrie, Berlin, Band 85 (1923) 2/3, S. 274–314.

HOMBURGER, A.: Psychologie des Kindes- und Jugendalters. Berlin 1926.

HOSSNER, E.-J.: Horizontale und vertikale Fähigkeiten und ein modulares Konzept des Technitrainings. In: HIRTZ, P.; NÜSKE, F. (Hrsg.): Bewegungskoordination und sportliche Leistung integrativ betrachtet. Hamburg 1997, S. 221–225.

HOSSNER, E.-J.: Möglichkeiten und Grenzen qualitativer Forschung in der Trainingswissenschaft. In: HOHMANN, A.; WICHMANN, E.; CARL, K. (Hrsg.): Feldforschung in der Trainingswissenschaft. Köln 1999, S. 75–88.

HOSSNER, E.-J.: Module als vertikale koordinative Fähigkeiten. In: LUDWIG, G.; LUDWIG, B. (Hrsg.): Koordinative Fähigkeiten – koordinative Kompetenz. Kassel 2002, S. 77–83.

HOSSNER, E.-J.; KORTMANN, O.: Der »TebauTe-Volleyball« – Zur Validierung eines modularen Trainingskonzeptes. In: DANNEMANN, F. (Red.): Volleyball '96. Hamburg 1997, S. 119–139.

HOSSNER, E.-J.; ROTH, K. (Hrsg.): Sport – Spiel –

Forschung. Zwischen Trainerbank und Lehrstuhl. Sportspiel-Symposium des ISSW Heidelberg und der dvs vom 30. 9.–2. 10. 1996. Hamburg 1997.

HOSTER, M.: »Stretching« versus »konventionelles Dehnen«. Sporttherapie in Theorie und Praxis, Köln 5 (1989) 3, S. 5–6 (Teil 1); 4, S. 7–9 (Teil 2).

HOTZ, A.: Qualitatives Bewegungslernen. Zumikon 1986; Bern 1997[3].

HOTZ, A.: Praxis der Trainings- und Bewegungslehre. Aarau, Frankfurt/M., Salzburg 1991.

HOTZ, A.; WEINECK, I.: Optimales Bewegungslernen. Erlangen 1983.

HOWALD, H.; HAHN, E.: Kinder im Leistungssport. Basel 1982.

HRUSOVSKY, I.: Die Kategorie der Struktur. Wissenschaftliche Zeitschrift der Martin-Luther-Universität Halle, Halle 9 (1960) 2, S. 163–168.

HUG, O.: Bewegungsregulation im Sport. Prozeß-, lern- und fähigkeitsanalytische Zugänge. Ahrensburg 1982.

HURLOCK, E.: Die Entwicklung des Kindes. Weinheim 1970.

HURRELMANN, K.: Einführung in die Sozialisationstheorie. Weinheim 1995.

ILG, H.: Der Einfluß der pädagogischen Bedingungen auf die Leistungsbereitschaft im Sportunterricht der Unterstufe. Theorie und Praxis der Körperkultur, Berlin 16 (1967) Sonderheft: Probleme der Körpererziehung in der Unterstufe, S. 55–60.

IRMISCHER, T.; FISCHER, K.: Psychomotorik in der Entwicklung. Schorndorf 1993.

IRMISCHER, T.; IRMISCHER, E. (Red.): Bewegung und Sprache. Schorndorf 1993.

ISRAEL, S.: Die Bewegungskoordination frühzeitig ausbilden. Körpererziehung, Berlin 26 (1976) 11, S. 501–511.

ISRAEL, S.: Ausdauerläufe aus medizinischer Sicht. Körpererziehung, Berlin 27 (1977) 1, S. 1–5.

ISRAEL, S.: Sportmedizinische Positionen zu Leistungsprüfverfahren im Sport. Medizin und Sport, Berlin 19 (1979a) 1/2, S. 28–35.

ISRAEL, S.: Die organismischen Grundlagen der geschlechtsspezifischen sportlichen Leistungsfähigkeit. Medizin und Sport, Berlin 19 (1979b) 7, S. 194–205.

ISRAEL, S.: Körpernormen bei Kindern aus sportmedizinischer Sicht. Theorie und Praxis der Körperkultur, Berlin 32 (1983) 1, S. 43–47.

ISRAEL, S.: Sport im Alter – Mit 70 noch Spitze? Geriatrie-Praxis, München 3 (1991) 6, S. 26–28.

ISRAEL, S.: Muskelaktivität und Menschwerdung – technischer Fortschritt und Bewegungsmangel. Sankt Augustin, Leipzig 1995.

ISRAEL, S.; BUHL, B.: Die sportliche Trainierbarkeit in der Pubeszenz. Körpererziehung, Berlin 30 (1980) 6, S. 193–199.

ISRAEL, S.; BUHL, B.: Die positive Kreuzadaptation bei Kindern. Theorie und Praxis der Körperkultur, Berlin 32 (1983) 11, S. 858–861.

ISRAEL, S.; BUHL, H.; PURKOPP, A.: Körperliche Leistungsfähigkeit und organismische Funktionstüchtigkeit im Alternsgang. Wissenschaftliche Zeitschrift der DHfK, Leipzig 23 (1982) 1, S. 19–62.

ISRAEL, S.; PAHLKE, U.: Zur Problematik geschlechtsspezifischer Leistungsvoraussetzungen und ihrer Trainierbarkeit vor der Pubertät. Körpererziehung, Berlin 31 (1981) 7, S. 305–316.

ISRAEL, S.; WINTER, R.: Ausbildungsaspekte der Koordination im Unterstufenalter. Theorie und Praxis der Körperkultur, Berlin 28 (1979) Beiheft 1, S. 53–55.

ISRAEL, S.; WEIDNER, A.: Körperliche Aktivität und Altern. Leipzig 1988.

ISSEL, F.: Badanie równowagi po naskoku u dzieci ośmioletnich (Untersuchungen des Gleichgewichts nach einem Aufsprung bei 8jährigen Kindern). Kultura fizyczna, Warszawa 29 (1975) 6, S. 252 ff.

ITELSON, L.: Mathematische und kybernetische Methoden in der Pädagogik. Berlin 1967.

IVRY, R.: Repräsentation beim motorischen Lernen: Phänomene und Theorien. In: HEUER, H.; KEELE, S. (Hrsg.): Psychomotorik. Göttingen 1994.

IWANOW, S. M.: Medizinische Probleme des Kinder- und Jugendsports. Theorie und Praxis der Körperkultur, Berlin 13 (1964) 12, S. 1106–1114.

IWANOW, S. M.: Jugendherz und Sport. Theorie und Praxis der Körperkultur, Berlin 14 (1965a) 1, S. 69–76.

IWANOW, S. M.: Belastungsnormen und sportärztlich-pädagogische Kontrolle im Kinder- und Jugendsport. Theorie und Praxis der Körperkultur, Berlin 14 (1965b) 2, S. 152–159.

JAHN, F. L.; EISELEN, E.: Die Deutsche Turnkunst. Berlin 1960.

JAHNE-LIERSCH, S.; BRINGMANN, W.; BRÄUER, H.: Tests zur Einschätzung der Leistungsfähigkeit im Kindes- und Jugendalter. Theorie und Praxis der Körperkultur, Berlin 31 (1982) 4, S. 286–291.

JAKOVLEV, N. M.: Adaptivnye mechanizmy reguljacii dviženija v ontogeneze (Adaptive Mechanismen der Bewegungsregulation in der Ontogenese). Leningrad 1981.

JANDA, V.: Muskelfunktionsdiagnostik. Berlin 1986.

JANEFF, B. A.: Besonderheiten einiger Grundbewegungen bei Kindern und Jugendlichen. Wissenschaftliche Zeitschrift der Humboldt-Universität Berlin, Mathematisch-naturwissenschaftliche Reihe, Berlin 14 (1965) 2, S. 345–349.

JANSSEN, J. P.: Gedächtnispsychologische Aspekte der Ansteuerung sportmotorischer Techniken. Leistungssport, Frankfurt/M. 13 (1983) 5, S. 13–19.

JANSSEN, J. P., u. a. (Hrsg.): Synergetik und Systeme im Sport. Schorndorf 1996.

JASSMANN, P.: Der Bewegungsrhythmus – eine Untersuchung zur wissenschaftlichen Begründung des allgemeinen Bewegungsmerkmals. In: KRUG, J.; HARTMANN, C. (Hrsg.): Praxisorientierte Bewegungslehre als angewandte Sportmotorik. Sport und Wissenschaft. H. 8. Sankt Augustin 1999, S. 151–158.

JAWORSKI, Z.: Próba oceny sprawności fizycznej mężczyzn w wieku 18–35 lat w wybranych cwiczeniach lekkoatletycznych (Ein Versuch zur Ermittlung der körperlichen Leistungsfähigkeit von 18- bis 35jährigen Männern bei der Ausführung leichtathletischer Übungen). Wychowanie fizyczne i sport, Warszawa 6 (1962) 1, S. 59–68.

JEANNEROD, M.: The neural and behavioral organisation of goal-directed movements. Oxford 1988.

JENDRUSCH, G.; BRACH, M.: Sinnesleistungen im Sport. In: MECHLING, H.; MUNZERT, J. (Hrsg.): Handbuch Bewegungswissenschaft – Bewegungslehre. Schorndorf 2003, S. 175–196.

JESCHKE, K.: Gedanken zur Trennschärfe sportmotorischer Tests. Leibesübungen – Leibeserziehung, Wien 31 (1977) 9, S. 217–220.

JOKL, E.: Alter und Leistung. Springfeld 1954.

JORDANOV, D.; RAMADAN, S.: Izledvane roljata na njakol analizatori vurchu pravilnoto izpulnenie na vurtelivi upraznenija na zemna gimnastika, visilka i batut (Untersuchungen zur Rolle einiger Analysatoren bei der richtigen Ausführung von Übungen mit Drehungen im Bodenturnen, am Reck und auf der Batute). Vuprosi na fiżeskata kultura, Sofija 27 (1982) 9, S. 576–581.

JUNG, R.: Einführung in die Bewegungsphysiologie. In: HAASE, H.; HENATSCH, H.-D.; JUNG, R., u. a.: Sensomotorik. Physiologie des Menschen, Band 14. München, Berlin, Wien 1976, S. 1–90.

JUNG, R.: Zur Diagnostik koordinativer Fähigkeiten bei 6–10jährigen Schülern. Dissertation, Ernst-Moritz-Arndt-Universität Greifswald 1983.

JUNG, R.: Koordinative Kontrollübungen für den Sportunterricht und Hortsport in den unteren Klassen. Theorie und Praxis der Körperkultur, Berlin 33 (1984) 2, S. 126–129.

KABAT VEL JOB, O.: Geschlechtstypische Einstellungen und Verhaltensweisen bei Jugendlichen. Berlin 1979.

KAHL, E.: Zur Analyse sportlicher Interessen. Theorie und Praxis der Körperkultur, Berlin 19 (1970) Beiheft 2, S. 140–144.

KALAŠNIKOV, G. A.: Vlijanie opasnych dviženij na myšečnoe čuvstvo (Der Einfluß gefährlicher Bewegungen auf das Muskelempfinden). Teorija i praktika fizičeskoj kul'tury, Moskva 45 (1982) 10, S. 14–16.

KAMINSKI, G.: Bewegung – von außen und von innen gesehen. Sportwissenschaft, Schorndorf 2 (1972) 1, S. 51–63.

KANEKO, A.: Zur Bedeutung der ästhesiologischen Morphologie von Prof. Kurt Meinel. In: KRUG, J.; HARTMANN, C. (Hrsg.): Praxisorientierte Bewegungslehre als angewandte Sportmotorik. Sport und Wissenschaft. H. 8. Sankt Augustin 1999, S. 33–45.

KANESHISA, H., u.a.: Strength and cross-sectional areas of reciprupal muscle groups in the upper arm and thigh during adolescence. International Journal of Sports Medicine. Stuttgart 16 (1995) 1, pp. 54–60.

KAPUSTIN, P. (Red.): Senioren und Sport. Begründung, Zielsetzung, Modelle, Anregungen für die Praxis. Bad Homburg 1980.

KASIELKE, E.: Zur Diagnostik des sportlichen Entwicklungsstandes von Vorschulkindern. In: KLIX, F.; GUTJAHR, W.; MEHL, J. (Hrsg.): Intelligenzdiagnostik. Berlin 1967, S. 65–77.

KAWAHATS, K.; KUREK, B.; HOLLMANN, W.: Die Bedeutung einer aktionsfreien Phase im Elektrogramm vorschneller Willkürbewegung. Deutsche Zeitschrift Sportmedizin, Köln 30 (1979) 9, S. 271–277.

KELLER, H. (Hrsg.): Geschlechtsunterschiede. Weinheim 1979.

KELLER, S., u.a.: Körpererziehung im Kindergarten. Berlin 1982.

KEMPER, H. C. G. et. al.: Longitudinal study of maximal aerobic power in boys and girls from 12 to 23 years of age. In: RUTENFRANZ, J.; MOCELLIN, R.; KLIMT, F. (Eds.): Children and exercise XII. Champaign, Ill. 1986, pp. 203–211.

KEMPFER, F. J.: Motorik und Sozialisation. Bad Homburg 1982.

KIBELE, A.: Implizites Lernen. In: MECHLING, H.; MUNZERT, J. (Hrsg.): Handbuch Bewegungswissenschaft – Bewegungslehre. Schorndorf 2003.

KIETZ, G.: Der Ausdrucksgehalt des menschlichen Ganges. Zeitschrift für angewandte Psychologie und Charakterkunde. Leipzig 1948, Beiheft 93.

KIPHARD, E. J.: Motopädagogik. Dortmund 1979; 1990[4].

KIPHARD, E. J.: Veränderungen der Psychomotorik im Alter. Motorik, Schorndorf 6 (1983a) 3, S. 95–103.

KIPHARD, E. J.: Mototherapie I. Dortmund 1983b.

KIPHARD, E. J.: Motopädagogik im Krippenalter. Motorik, Schorndorf 10 (1987) 3, S. 85–90.

KIPHARD, E. J.: Wie weit ist ein Kind entwickelt? Dortmund 1991.

KIPHARD, E. J.; SEEL, R.; CARSTENSEN, R.: Leistungs- und Belastungsfähigkeit im Alter. Eine Untersuchung zur Bewegungskoordination. Praxis der Psychomotorik, Dortmund 10 (1985), S. 5–7.

KIRCHEIS, D.: Die motorische Differenzierungsfähigkeit – eine wesentliche koordinative Leistungsvoraussetzung. Dissertation, Leipzig 1977.

KIRCHNER, G.: Zur Abhängigkeit der Bewegungsge-

nauigkeit oberer und unterer Extremitäten von der Art der lnformationsgebung. Theorie und Praxis der Körperkultur, Berlin 28 (1979) 4, S. 270–273.

KIRCHNER, G.; ROHM, A.; WITTEMANN, G.: Seniorensport – Theorie und Praxis. Aachen 1998.

KIRCHNER, G.; ROSTOCK, J.: Bewegungs- und Handlungsmerkmale – Mittel der Handlungsanalyse. In: HIRTZ, P.; KIRCHNER, G.; PÖHLMANN, R. (Hrsg.): Sportmotorik. Grundlagen, Anwendungen und Grenzgebiete. Kassel 1994, S. 97–116.

KIRCHNER, G.; STÖBER, K.: Ordnung in der Vielfalt – taxonomische Ansätze und Anforderungsprofile. In: HIRTZ, P.; KIRCHNER, G.; PÖHLMANN, R. (Hrsg.): Sportmotorik. Grundlagen, Anwendungen und Grenzgebiete. Kassel 1994, S. 335–355.

KIRCHNER, G.; SCHALLER, H.-J.: Motorisches Lernen im Alter. Grundlagen und Anwendungsperspektiven. Aachen 1996.

KLAES, L., u.a.: Bewegungsstatus von Kindern und Jugendlichen in Deutschland. Kurzfassung einer Untersuchung auf der Basis einer sekundäranalytischen Sichtung, einer repräsentativen Befragung bei 12- bis 18-Jährigen und eines Bewegungs-Check-Up in Schulen. Bonn 2000.

KLAGES, L.: Vom Wesen des Rhythmus. Kampen 1933.

KLAGES, L.: Der Geist als Widersacher der Seele. Leipzig 1934.

KLAUS, G.: Kybernetik in philosophischer Sicht. Berlin 1965.

KLAUS, G.: Wörterbuch der Kybernetik. Berlin 1967.

KLAUS, G.: Kybernetik und Gesellschaft. Berlin 1973.

KLAUS, G.; BUHR, M.: Philosophisches Wörterbuch. Leipzig 1976.

Kleine Enzyklopädie Körperkultur und Sport. Leipzig 1979.

KLEMM, O.: Gedanken über Leibesübungen. Neue Psychologische Studien, München 5 (1930) 2, S. 145–167.

KLEMM, O.: Die Entdeckung der Bewegungsgestalt. Die Arbeitsschule, Leipzig 50 (1936) 1, S. 8–16.

KLICHE, D.: Zur Bewegungsgenauigkeit bei Unterstufenschülern. Theorie und Praxis der Körperkultur, Berlin 17 (1968) 1, S. 65–71.

KLICHE, D.: Untersuchungen zur Bewegungsgenauigkeit bei sportlichen Handlungen 8- bis 9jähriger Schulkinder. Dissertation, Ernst-Moritz-Arndt-Universität Greifswald 1970.

KLIX, F.: Information und Verhalten. Berlin 1973.

KLIX, F.: Erwachendes Denken. Eine Entwicklungsgeschichte der menschlichen Intelligenz. Berlin 1985.

KLYSZEJKO, H.: Zmienność cech motorycznych z wiekiem (Altersbedingte Veränderlichkeit der motorischen Eigenschaften). Kultura fizyczna, Warszawa 17 (1964) 11/12, S. 708–711.

KNAPPE, W.: Untersuchungen über die Leistung im 60-m-Lauf 6- bis 10jähriger Schüler. Theorie und

Praxis der Körperkultur, Berlin 13 (1964) 11, S. 991–1000.

KNAPPE, W.; GÜRTLER, H.; ZWINGER, H.: Laufgewandtheit und Laufausdauer im 1. und 2. Schuljahr. Körpererziehung, Berlin 16 (1966) 2, S. 64–74.

KNAPPE, W.; MOHNS, E.; PETERS, H.: Untersuchungen zur Entwicklung der sportlichen Leistung im Schulalter. Theorie und Praxis der Körperkultur, Berlin 17 (1968) 4, S. 342–357.

KNUDSON, D. V.; MORRISON, C. S.: Qualitative analysis of human movement. Champaign, Ill. 2002.

KOCJASZ, J.: Równowaga i jej ksztaltowanie – ćwiczenia równowagi (Das Gleichgewicht und seine Entwicklung – Gleichgewichtsübungen). Warszawa: Sport wyczynowy 1967.

KOFFKA, K.: Experimentaluntersuchung zur Lehre vom Rhythmus. Zeitschrift für Psychologie, Göttingen 25 (1909) 1/2, S. 1–109.

KOHL, K.: Zum Problem der Sensumotorik. Frankfurt/M. 1956.

KOHL, K.: Allgemeine Theorie des motorischen Lernens. In: ADAM, K. u. a.: Psychologie in Training und Wettkampf. Berlin, München, Frankfurt/M. 1973.

KOHL, K.: Psychologische Aspekte des motorischen Lernens im Gebiet des Sports. In: GÜNZEL, W. (Hrsg.): Taschenbuch des Sportunterrichts, Beiträge zur Theorie und Praxis. Battmannsweiler 1975, S. 106–121.

KOHL, K.: Zur Theorie sensumotorischer Verläufe und zum sensumotorischen Lernen aus gestalttheoretischer Sicht. In: DAUGS, R. (Red.): Neuere Aspekte der Motorikforschung. Clausthal-Zellerfeld 1988, S. 40–51.

KOHL, K.: Bewegung sehen und beurteilen. Sportpädagogik, Seelze 14 (1990) 1, S. 38–40.

KÖHLER, E.: Zur Trainierbarkeit von Schülern im Alter von 6 bis 16 Jahren. Theorie und Praxis der Körperkultur, Berlin 26 (1977) 8, S. 606–608.

KÖHLER, H.: Untersuchungen zu Entwicklungskennlinien der Ausdauer im Schulalter. Theorie und Praxis der Körperkultur, Berlin 25 (1976) 2, S. 99–107.

KÖHLER, H.; PAHLKE, U.; PETERS, H.: Ausdauerschulung im Sportunterricht und außerunterrichtlichen Sport. Körpererziehung, Berlin 28 (1978) 5, S. 204–211.

KÖHLER, L.: Untersuchungen zur Einführung des Skilaufs im Vorschulalter. Dissertation, Friedrich-Schiller-Universität Jena 1963.

KÖHLER, L.: Skiunterricht – Möglichkeiten und Grenzen einer sportartbezogenen Form der Körpererziehung im Vorschulalter. Theorie und Praxis der Körperkultur, Berlin 20 (1971) 1, S. 76–80.

KOINZER, K.: Zur Geschlechtsdifferenzierung konditioneller Fähigkeiten und ihrer organischen Grundlagen bei untrainierten Kindern und Jugendlichen im Schulalter. Medizin und Sport, Berlin 18 (1978) 5, S. 144–150.

KOINZER, K.: Die Berücksichtigung der geschlechtsdifferenten Entwicklung im Sportunterricht. Körpererziehung, Berlin 29 (1979) 1, S. 11–18; 2/3, S. 83–88.

KOINZER, K.: Zur Normalwertproblematik physiologischer Meßgrößen bei Leistungsprüfverfahren im Schulalter (Tagungsbericht). Medizin und Sport, Berlin 20 (1980) 5, S. 158.

KOINZER, K.; KRÜGER, U.: Die Altersspezifik von Anpassungen an physische Belastungen. Theorie und Praxis der Körperkultur, Berlin 31 (1982) 4, S. 277–282.

KOLB, M.: Bewegtes Altern: Grundlagen und Perspektiven einer Sportgeragogik. Schorndorf 1999.

KOLLATH, E.: Bewegungsanalyse in den Sportspielen. Kinematisch-dynamische Untersuchungen mit Empfehlungen für die Praxis. Köln 1996.

KONIAR, M.: K otázkam sportovej techniky (Ausführungen zu Fragen der Sporttechnik). Trenér, Praha 14 (1970) Beilage: Metodické listy, S. 1–10.

KOPELMANN, P.: Individuelle Variabilität und bewegungsstrukturelle Stabilität bei der Entwicklung des grundlegenden motorischen Könnens. In: KRUG, J.; HARTMANN, C. (Hrsg.): Praxisorientierte Bewegungslehre als angewandte Sportmotorik. Sport und Wissenschaft. H. 8. Sankt Augustin 1999, S. 87–92.

KOPELMANN, P.: Das grundlegende motorische Können jüngerer Schulkinder – Untersuchungen zur Ausprägung, Entwicklung und Struktur ausgewählter Könnensaspekte. Schriftenreihe zur Sportwissenschaft, Bd. 20. Hamburg 2000.

KORENBERG, W. B.: Grundlagen einer qualitativen biomechanischen Analyse. Leistungssport, Berlin 10 (1980) Beiheft 20: Techniktraining I – Biomechanische und lerntheoretische Beiträge, S. 18–55.

KORNEXL, E.; NACHBAUER, W. (Hrsg.): Bewegung, Sport, Forschung: 25 Jahre Sportwissenschaften in Innsbruck. Innsbruck 1993.

KOŠ, B.: Závislost kloubní pohyblivosti na stáří (Die Zusammenhänge zwischen Gelenkbeweglichkeit und Alter). Sborník institutu tělesné výchovy a sportu, Praha 1964, S. 37–52.

KOSILOV, S. A.: O vozrastnom razvitii myšečnoj dejatel'nosti (Zur altersmäßigen Entwicklung der Muskeltätigkeit). Teorija i praktika fizičeskoj kul'tury, Moskva 36 (1973) 2, S. 35–38.

KOSSAKOWSKI, A.: Über die psychischen Veränderungen in der Pubertät. Berlin 1966.

KOSSAKOWSKI, A.: Zur Psychologie der Schuljugend. Berlin 1969.

KOSSAKOWSKI, A.: Handlungspsychologische Aspekte der Persönlichkeitsentwicklung. Berlin 1980.

KOSSAKOWSKI, A.; OTTO, K. (Hrsg.): Psychologische

Untersuchungen zur Entwicklung der Persönlichkeit. Berlin 1973.

KNAUSS, N.: Pro und Kontra der Hypermobilität. Untersuchungen zur Mobilität an Gerätturnern im Quer- und Längsschnitt. Dissertation. Leipzig 1995.

KRAMER, F.: Zur individuellen Entwicklung motorischer Fähigkeiten im jüngeren Schulalter. In: HIRTZ, P.; NÜSKE, F. (Hrsg.): Motorische Entwicklung in der Diskussion. Sankt Augustin 1994, S. 127–139.

KRAUSE, H.: Zur Struktur der Einstellungen zum Sportunterricht bei Schülern unter alters- und geschlechtsspezifischem Aspekt. Theorie und Praxis der Körperkultur, Berlin 32 (1983) 11, S. 824–830.

KREMPEL, R. W.: Bewegungswahrnehmung und Techniktraining. Dissertation, Köln 1987.

KRESTOWNIKOW, A. N.: Physiologie der Körperübungen. Berlin 1953.

KRÖBER, G.: Strukturgesetz und Gesetzesstruktur. Deutsche Zeitschrift für Philosophie, Berlin 15 (1967) 2, S. 202–216.

KROMBHOLZ, H.: Sportliche und kognitive Leistungen im Grundschulalter. – Eine Längsschnittuntersuchung. Frankfurt/M.; Bern; New York; Paris 1988.

KRUEGER, F.: Zur Philosophie und Psychologie der Ganzheit. Berlin, Göttingen, Heidelberg 1953.

KRUG, J. (Red.): Zeitreihenanalyse und »multiple statistische Verfahren« in der Trainingswissenschaft. Köln 1996.

KRUG, J.: Meinels Standpunkte und Theorie zum motorischen Lernen. In: KRUG, J.; HARTMANN, C. (Hrsg.): Praxisorientierte Bewegungslehre als angewandte Sportmotorik. Sport und Wissenschaft. Beihefte zu den Leipziger Sportwissenschaftlichen Beiträgen, Heft 8. Sankt Augustin 1999, S. 166–179.

KRUG, J.; HARTMANN, C. (Hrsg.): Praxisorientierte Bewegungslehre als angewandte Sportmotorik. Sport und Wissenschaft. H. 8. Sankt Augustin 1999.

KRUG, J.; HARTMANN, C.; SCHNABEL, G.: Die Meinelsche Bewegungslehre – ein Fundament der Sportmotorik. Sportwissenschaft, Schorndorf 31 (2001) 1, S. 31–44.

KRUG, J.; HARTMANN, C.; SCHNABEL, G.: Entwicklungsaspekte der Bewegungslehre – Sportmotorik – Ansätze zur Weiterentwicklung des Meinelschen Fundaments der Wissenschaftsdisziplin. Sportwissenschaft, Schorndorf 32 (2002) 2, S. 131–146.

KRUG, J.; MINOW, H.-J. (Hrsg.): Trainingsprinzipien – Fundament der Trainingswissenschaft. Bundesinstitut für Sportwissenschaft, Wissenschaftliche Berichte und Materialien, Bd. 10, Köln 2002.

KRÜGER, A.: Kinder im Leistungssport. Leistungssport, Frankfurt/M. 10 (1982) 2, S. 161–163.

KRÜGER, H.; SCHNABEL, G.: Zu einigen aktuellen Fragen der Theorie des motorischen Lernens im Sport. Wissenschaftliche Zeitschrift der DHfK, Leipzig 20 (1979) 1, S. 67–80.

KRÜGER, H.; ZIMMERMANN, K.: Koordinative Fähigkeitsentwicklung und Technikschulung bei jungen Sportlern. Theorie und Praxis der Körperkultur, Berlin 32 (1983) 11, S. 852–854.

KUÏERA, M.: Qualitative Veränderungen der bipedalen Lokomotion bei Kindern als ein Faktor des Entwicklungsverlaufs. Medizin und Sport, Berlin XVIII (1978) 8, S. 244–247.

KÜCHLER, G.: Motorik. Steuerung der Muskeltätigkeit und begleitende Anpassungsprozesse. Leipzig 1983.

KULIG, K.: Koordynacja czlonow kończyzny górnej w ruchach wymagajacych maksymalnej prędkości. (Koordination der Glieder der oberen Extremität bei Bewegungen, die die Entwicklung einer maximalen Schnelligkeit erfordern). Rozprawy Naukowe AWF, Wroclaw (1984) 18, S. 61–89.

KUNATH, P.: Persönlichkeitsentwicklung und Sport. Theorie und Praxis der Körperkultur, Berlin 17 (1968) 7, S. 595–599.

KUNATH, P.; MATHESIUS, R.: Die Herausbildung von Persönlichkeitseigenschaften als pädagogisch-psychologisches Problem. Theorie und Praxis der Körperkultur, Berlin 17 (1968) 5, S. 419–430.

KUNATH, P.; PÖHLMANN, R.: Handlungs- und persönlichkeitstheoretische Grundlagen zur Erforschung und Abbildung des motorischen Lernprozesses. In: RIEDER, H., u. a. (Hrsg.): Motorik und Bewegungsforschung. Ein Beitrag zum Lernen im Sport. Schorndorf 1983, S. 143–164.

KUNATH, P.; SCHELLENBERGER, H. (Hrsg.): Tätigkeitsorientierte Sportpsychologie. Frankfurt/M., Thun 1991.

KÜPFMÜLLER, K.; POKLEKOWSKI, G.: Der Regelmechanismus willkürlicher Bewegungen. Zeitschrift für Naturforschung, Tübingen 116 (1956) 1, S. 1–7.

KURTH, E.: Motorische Entwicklungsdiagnostik. Berlin 1978.

KUZNECOVA, Z. I.: Kogda i čemu? Kritičeskie periody razvitija dvigatel'nych kačestv škol'nikov (Wann und Wodurch? Kritische Perioden der Entwicklung von motorischen Eigenschaften bei Schülern). Fizičeskaja kul'tura v škole, Moskva 18 (1975) 1, S. 7–9.

KWAŚNICOWA, Z.: Problemy rytmu w sporcie i tancu. Rytm procesów ruchowych cyklicznych i acyklicznych (Probleme des Rhythmus im Sport und Tanz. Der Rhythmus zyklischer und azyklischer Bewegungsprozesse). Kultura fizyczna, Warszawa 14 (1960) 7/8, S. 432–440.

LABITZKE, H.; VOGT, M.: Über den Einfluß eines ausdauerbetonten Trainings bei Mädchen unter den Bedingungen von Schulsportgemeinschaften. Medizin und Sport, Berlin 11 (1971) 8, S. 225–229.

LABITZKE, H.; VOGT, M.: Die Anpassungsfähigkeit des kindlichen Organismus an sportliche Belastungen. Medizin und Sport, Berlin 16 (1976) 4/5/6, 151–154.

LAMES, M.: Synergetik als Konzept in der Sportmotorik. Sportpsychologie, Frankfurt/M., Bern 6 (1992) 3, S. 12–18.

LANGE, H.: Kinästhetische Forschungsergebnisse und deren sportwissenschaftliche Relevanz. In: ANDRECS, H.; REDL, S. (Hrsg.): Forschen – Lehren – Handeln. Sportwissenschaftliche Beiträge zum Gedenken an Universitätsprofessor Dr. Hans Groll. Wien 1976, S. 203–207.

LANGHOFF, G.: Die Täuschungsbewegungen des Handballspielers. Dissertation, Rostock 1963.

LANGWALD, K.: Vergleich der motorischen Handlungskompetenz (Koordination und Beweglichkeit) bei sportlich Aktiven mit sportlich Inaktiven im späteren Erwachsenenalter. Universität Leipzig, Diplomarbeit 2003.

LATASH, M. L. (Ed.): Progreß in Motor Control. Volume 1: Bernstein's Traditions in Movement Studies. Champaign, Ill. 1998.

LATASH, M. L. (Ed.): Progreß in Motor Control. Volume 2: Stucture – Function. Relations in Voluntary Movement. Champaign, Ill. 2002.

LATCHAW, M.; BROWN, C.: The evaluation process in health education, physical education and recreation. Prentice Hall 1962.

LE BOULCH, J.: Rapport sur coordination motrice. Americ. Entrain. Franc. Athlet, Paris (1966) 13, S. 2–6.

LEHMANN, G.: Parameter der Entwicklung der technischen Leistungen im Judo bei Jungen im Alter von 7–10 Jahren. Theorie und Praxis der Körperkultur, Berlin 17 (1968) 9, S. 805–809.

LEHMANN, G.: Vergleichende Untersuchungen zum motorischen Lernprozeß im Judokampfsport bei Jungen im Alter von 7–8 1/2 Jahren unter dem Aspekt der Gestaltung eines beginnenden Grundlagentrainings. Dissertation, Leipzig 1969.

LEHMANN, G.: Zur Entwicklung der Kraftausdauer bei Judokas im Alter von neun bis zehneinhalb Jahren. Theorie und Praxis der Körperkultur, Berlin 19 (1970) 8, S. 715–727.

LEHMANN, G.: Zu Problemen der Interferenz und der Transferenz im motorischen Lernen. Wissenschaftliche Zeitschrift der DHfK, Leipzig 15 (1974) 1, S. 123–130.

LEHNERTZ, K.: Molekularmechanische Grundlagen der Muskelkraft bei Schlagbewegungen. Leistungssport, Münster 14 (1984) 5, S. 27–34.

LEHNERTZ, K.: Mechanismen der Kraftregulierung im Skelettmuskel. Leistungssport, Münster 15 (1985) 4, S. 33–40.

LEHNERTZ, K.: Ermüdung der koordinativen Leistungsfähigkeit. Leistungssport, Münster 16 (1986) 1, S. 5–10.

LEHR, U.: Psychologie des Alterns. Heidelberg 1977.

LEHR, U.: Ergebnisse gerontologischer Grundlagenuntersuchungen. – Die Mehrdimensionalität des Alternsprozesses. In: KRUSE, A.; LEHR, U.; ROTT, C. (Hrsg.): Gerontologie – eine interdisziplinäre Wissenschaft. München 1987.

LEIRICH, G.: Untersuchungen über Bewegungsvorstellungen und ihre Relevanz für die Optimierung des motorischen Lernens im Gerätturnen. Dissertation, Martin-Luther-Universität Halle 1969.

LEIRICH, G.: Bewegungsvorstellungen und motorischer Lernprozeß. Körpererziehung, Berlin 23 (1973) 1, S. 13–27.

LEIST, K.-H.: Transfer im Sport. Zur Analyse von Bewegungshandeln und -lernen sowie zur Konstruktion von Lernangeboten. Schorndorf 1978.

LEIST, K.-H.: Lernfeld Sport. Reinbek 1993.

LEIST. K.-H.: Bewegungslernen und Transfer. In: MOEGLING, K. (Hrsg.): Integrative Bewegungslehre Teil III: Lehren und Lernen von Bewegungen. Kassel 2002, S. 278–301.

LEONTJEW, A. N.: Tätigkeit – Bewußtsein – Persönlichkeit. Berlin 1979; Köln 1982.

LETZELTER, H.: Der Sprintlauf im Grundschulalter. Berlin, München, Frankfurt/M. 1978.

LETZELTER, H.; LETZELTER, M.: Die Struktur sportlicher Leistungen als Gegenstand der Leistungsdiagnostik in der Trainingswissenschaft. Leistungssport, Frankfurt/M. 12 (1982) 5, S. 351–361.

LETZELTER, M.: Kondition und motorische Grundeigenschaften. Praxis der Leibesübungen, Frankfurt/M. 14 (1973) 1, S. 14–15; 2, S. 33–34; 3, S. 57–58.

LEVI-GORINEVSKAJA, E. T.: Razvitie osnovnych dviśenij u detej (Die Entwicklung grundlegender Bewegungen bei Kindern). Moskva 1955.

LEWIN, G.: Schwimmausbildung für Kinder im Vorschulalter. Dissertation, Leipzig 1963.

LEWIN, G., u. a.: Schwimmsport. Ein Lehrbuch für Trainer, Übungsleiter und Sportlehrer. Berlin 1982.

LEWIN, K.: Erkenntnisse und Erfahrungen über die Entwicklung der Bewegungsgrundformen Ziehen und Schieben bei Kindern im Vorschulalter. Wissenschaftliche Zeitschrift der DHfK, Leipzig 5 (1963) 3, S. 87–92.

LEWIN, K.: Turnen im Vorschulalter. Berlin 1965.

LEWIN, K.: Untersuchungen zur Genese der Bewegungskombination Werfen – Fangen bei Vorschulkindern. Theorie und Praxis der Körperkultur, Berlin 20 (1971) 1, S. 72–75.

LEWIN, K.: Turnen im Vorschulalter. Anleitung für Kindergärten und Kindersportgruppen des DTSB. Berlin 1975.

LEWIN, K.: Bewegungserziehung. In: SCHMIDT-KOLMER, E. (Hrsg.): Bewegungserziehung – Bildnerische Erziehung – Musikerziehung (Lehrbuch für die medizinische Fachschulausbildung). Berlin 1983.

LIBERRA, M.; NÜSKE, F.: Aktuelle Belastungswirkungen eines koordinativ anspruchsvollen Übens.

Theorie und Praxis der Körperkultur, Berlin 36 (1987) 3, S. 179–182.

LIENERT, G. A.: Testaufbau und Testanalyse. München 1989[4].

LIENERT, G. A.; RAATZ, U.: Testaufbau und Testanalyse. Weinheim 1998[6].

LINHART, J.: Fragen der Determination und Motivation im Lernprozeß. Probleme und Ergebnisse der Psychologie, Berlin (1962) 3/4, S. 65–76.

LINHART, J.: Struktura motorického učeni a otázky psychické regulace (Die Struktur des motorischen Lernens und Probleme der psychischen Regulation). Teorie a praxe tělesné vychovy, Praha 12 (1964) 8, S. 360–367.

LINKE, P.-G.: Struktur und Funktion des Nervensystems. In: FINDEISEN, D. G. R.; LINKE, P.-G.; PICKENHAIN, L.: Grundlagen der Sportmedizin. Leipzig 1980, S. 60–82.

LIPPENS, V.: Die Innensicht beim motorischen Lernen. Köln 1992.

LIPPENS, V. (Hrsg.): Forschungsproblem: Subjektive Theorien. Zur Innensicht in Lern- und Optimierungsprozessen. Köln 1993a.

LIPPENS, V.: Analyse von Interventionseffekten in Lehr-Lern-Prozessen durch Rekonstruktion der subjektiven Theorien. In: DAUGS, R.; BLISCHKE, K. (Hrsg.): Aufmerksamkeit und Automatisierung in der Sportmotorik. Sankt Augustin 1993b, S. 199–205.

LIPPENS, V.: Einsichten in sportmotorische Lern- und Optimierungsprozesse durch die (Re-)konstruktion von Subjektiven Theorien. In: NITSCH, J. R.; ALLMER, H. (Hrsg.): Denken, Sprechen, Bewegen. Köln 2001, S. 93–99.

LJACH, V. I.: Faktornaja struktura lovkosti s pozicii mnogourovnoj sistemy upravlenija proizvol'nymi dviženijami (Faktorenstruktur der Gewandtheit von der Position des mehrstufigen Steuerungssystems willkürlicher Bewegungen). Teorija i praktika fizičeskoj kul'tury, Moskva 42 (1979) 5, S. 51–53.

LJACH, V. I.: Ponjatija »koordinacionnye sposobnosti« i »lovkost'« (Die Begriffe »koordinative Fähigkeiten« und »Gewandtheit«). Teorija i praktika fizičeskoj kul'tury, Moskva 46 (1983) 8, S. 44–46.

LJACH, V. I.: Analiz svojstv raskryvajuščich suščnost' ponjatija »koordinacionnye sposobnosti« (Analyse der Eigenschaften, die das Wesen des Begriffs »koordinative Fähigkeiten« enthüllen). Teorija i praktika fizičeskoj kul'tury, Moskva 47 (1984) 1, S. 48–50.

LJACH, W. I.: Die Bedeutung der Theorie Bernsteins bei der Untersuchung koordinativer Fähigkeiten von Kindern im Schulalter. Theorie und Praxis der Körperkultur, Berlin 38 (1989) Beiheft 2, S. 33–36.

LJACH, W. I.: N. A. Bernstein und die Forschungen zur Bewegungskoordination in Russland. In: HIRTZ,

P.; NÜSKE, F. (Hrsg.): Bewegungskoordination und sportliche Leistung integrativ betrachtet. Hamburg 1997, S. 33–41.

LJACH, W. I.: The developmet of coordinational motor abilities in school children: General tendencies in opinions of different researchers. In: KRUG, J.; HARTMANN, C. (Hrsg.): Praxisorientierte Bewegungslehre als angewandte Sportmotorik. Sport und Wissenschaft, H. 8. Sankt Augustin 1999, S. 289–292.

LJACH, W. I.; STAROSTA, W.: The influence of genetic and environmental conditions on the variability of the level of selected co-ordination abilities of children. Studies in physical culture and tourism, Warszawa 8 (2001), pp. 127–138.

LJAKH, W. I.: The effect of genetic and environmental factors on the development of motor coordination abilities in children aged 7–10 years. Physical education and sport, 2 (2002), pp. 268–276.

LOHMANN, W.: Leichtathletik in den Klassen 5 und 6, Teil II. Ziel und Aufgaben der speziellen vorbereitenden Übungen. Körpererziehung, Berlin 16 (1966a) 5, S. 239–243.

LOHMANN, W.: Leichtathletik in den Klassen 5 und 6, Teil III. Spezielle vorbereitende Übungen für die wichtigsten Disziplinen. Körpererziehung, Berlin 16 (1966b) 7, S. 381–392.

LOLO, J.; SIKKUT, T.; AULE, R.: Sensitive periods in physical development. Modern Athlete and Coach, Adelaide 34 (1996) 2, pp. 26–29.

LOMEJKO, W. F.: Verbesserung sportlicher Leistungen durch Anwendung von Orientierungspunkten. Körpererziehung, Berlin 9 (1959) 2, S. 69–78.

LOMMEL-KLEINERT, E.: Handling und Behandlung auf dem Schoß. München, Bad Kissingen, Berlin, Düsseldorf, Heidelberg 1997.

LOMOW, B. F.: Antizipationsebenen in der menschlichen Aktivitätsstruktur. Referat auf dem XXII. Internationalen Kongreß für Psychologie, Leipzig 1980.

LOMPSCHER, J.: Psychologie des Lernens. Pädagogische Enzyklopädie. Berlin 1963, S. 583–591.

LOMPSCHER, J.: Persönlichkeitsentwicklung in der Lerntätigkeit. Berlin 1985.

LOOSCH, E.: Allgemeine Bewegungslehre. Wiebelsheim 1999.

LOOSCH, E.: Bewegung und Variabilität. In: MOEGLING, K. (Hrsg.): Integrative Bewegungslehre Teil III: Lehren und Lernen von Bewegungen. Kassel 2002, S. 228–253.

LOSCH, M.; BLÜMEL, G.: Ansätze zur Verbesserung der Bewegungsregulation durch Nutzung des propriozeptiven Feedback. (Forschungsbericht) Leipzig 1990.

LOPUCHIN, V. I.; KOPANEV, V. I.: Trenirovka vestibuljarnoj ustojčivosti sredstvami plavanija (Training der vestibularen Stabilität mit Hilfe des Schwimmens). Teorija i praktika fizičeskoj kul'tury, Moskva 30 (1967) 6, S. 24–28.

LORENZ, S.: Zur Fertigkeitsentwicklung des Diagonalschrittes bei 10- bis 12jährigen Jungen. Ein Beitrag zum Grundlagentraining in den nordischen Skidisziplinen auf der Grundlage kinematographischer Bewegungsanalysen. Dissertation, Leipzig 1965.

LORENZ, S.: Zur Charakteristik der Feinformung des motorischen Lernens 10- bis 12jähriger Jungen beim Üben des Diagonalschrittes. Theorie und Praxis der Körperkultur, Berlin 16 (1967) 2, S. 133–140.

LORENZ, S.: Zum Lernprozeß des Diagonalschrittes bei 10- bis 12jährigen Jungen. Wissenschaftliche Zeitschrift der DHfK, Leipzig 10 (1968) 1, S. 33–72.

LÖTHER, R.: Mit der Natur in die Zukunft. Berlin 1985.

LÖWE, H.: Einführung in die Lernpsychologie des Erwachsenenalters. Berlin 1970.

LUDWIG, G.: Zur koordinativ-motorischen Vervollkommnung bei Kindern im jüngeren Schulalter. Dissertation, Ernst-Moritz-Arndt-Universität Greifswald 1979.

LUDWIG, G.: Motorische Entwicklung im Vorschulalter unter dem Aspekt unterschiedlicher Entwicklungsbedingungen. In: HIRTZ, P.; NÜSKE, F. (Hrsg.): Motorische Entwicklung in der Diskussion. Sankt Augustin 1994, S. 149–159.

LUDWIG, G.: Zur koordinativen Entwicklung im Vorschulalter. In: LUDWIG, G.; LUDWIG, B. (Hrsg.): Koordinative Fähigkeiten – koordinative Kompetenz. Kassel 2002, S. 140–146.

LUDWIG, G.; LUDWIG, B. (Hrsg.): Koordinative Fähigkeiten – koordinative Kompetenz. Kassel 2002.

LÜTGEHARM, R.: Schematische Darstellung der koordinativen Fähigkeiten. Turnen und Sport, Celle 52 (1978) 8, S. 171–172.

LURIJA, A. R.: Die regulierende Rolle der Sprache bei der Bildung willkürlicher Bewegungen. Pawlow-Zeitschrift für höhere Nerventätigkeit, Berlin 6 (1956) 5, S. 355–374.

LURIJA, A. R.: Sprache und Bewußtsein. Berlin 1982.

MACAK, I.: Hodnotenie senzomotorickej koordinacie u sportovcov v podmienkach zvýšenej motivacie (Einschätzung der sensomotorischen Koordination bei Sportlern unter den Bedingungen der erhöhten Motivation). Teorie a praxe tělesné vychovy, Praha 16 (1968) 7, S. 409–416.

MACIASZEK, J.; OSINSKI, W.; STEMPLEWSKI, R., u. a.: A posturography study of balance in physically activity young, adult and older women. Journal of Human Kinetics, Vol. 8, Katowice 2002, pp. 69–75.

MAEHL, O.: Beweglichkeitstraining. Ahrensburg 1986.

MAGILL, R. A.: Motor learning. Concepts and application. Boston 2001[5].

MAGNUS, R.; DE KLEYN, A.: Körperstellung, Gleichgewicht und Bewegung bei Säugern. Handbuch der normalen und pathologischen Physiologie, Berlin, Band XV (1930a) 1, S. 29–54.

MAGNUS, R.; DE KLEYN, A.: Haltung und Stellung bei Säugern. Handbuch der normalen und pathologischen Physiologie, Berlin, Band XV (1930b) 1, S. 55–87.

MALINA, R. M.; BOUCHARD, C.: Growth, maturation and physical activity. Champaign, Ill. 1991.

MARCUSSON, H.: Das Wachstum von Kindern und Jugendlichen in der Deutschen Demokratischen Republik. Berlin 1961.

MARHOLD, G.: Biomechanische Untersuchung sportlicher Hochsprünge. Dissertation, Leipzig 1963.

MÄRKER, K.: Zur Belastung und Belastbarkeit der Mädchen im Sportunterricht und außerunterrichtlichen Sport. Körpererziehung, Berlin 27 (1977) 2/3, S. 101–104.

MÄRKER, K.: Frau und Sport aus sportmedizinischer Sicht. Leipzig 1983.

MARKOSJAN, A. A.; WASJUTINA, A. I.: Die Entwicklung der Bewegungen bei Kindern. Wissenschaftliche Zeitschrift der Humboldt-Universität Berlin, Mathematisch-naturwissenschaftliche Reihe, Berlin 14 (1965) 2, S. 329–332.

MARSCHNER, P.: Altersbesonderheiten und Bedürfnisentwicklung in der Oberstufe. Körpererziehung, Berlin 28 (1978) 1, S. 8–14.

MARTENIUK, R. G.; SULLIVAN, S. J.: Utilization of information in learning and controlling slow and fast movements. In: Motor Learning, Sport Psychology and Didactic of Physical Activity, Book 7. Miami 1978, pp. 25–36.

MARTIN, D.: Grundlagen der Trainingslehre. Teil I: Die inhaltliche Struktur des Trainingsprozesses. Schorndorf 1977.

MARTIN, D.: Die Ausdauerleistungsfähigkeit im Kindes- und Jugendalter aus trainingswissenschaftlicher Sicht. Leistungssport, Frankfurt/M. 10 (1980) 6, S. 456–463.

MARTIN, D.: Konzeption eines Modells für das Kinder- und Jugendtraining. Leistungssport, Frankfurt/M. 11 (1981) 3, S. 165–176.

MARTIN, D.: Leistungsentwicklung und Trainierbarkeit konditioneller und koordinativer Komponenten im Kindesalter. Leistungssport, Frankfurt/M. 12 (1982a) 1, S. 14–24.

MARTIN, D.: Zur sportlichen Leistungsfähigkeit von Kindern. Sportwissenschaft, Schorndorf 12 (1982b) 3, S. 255–274.

MARTIN, D.: Training im Kindes- und Jugendalter. Schorndorf 1988.

MARTIN, D.; CARL, K.; LEHNERTZ, K.: Handbuch Trainingslehre. Schorndorf 1991.

MARTIN, D.; NICOLAUS, J.: Die sportliche Leistungsfähigkeit von Kindern und Folgerungen für das

Kindertraining. Leistungssport, Münster 27 (1997) 5, S. 53–59.

MARTIN, D.; ZIEGLER, J.: Thesen zur Weiterentwicklung des »Nationalen Nachwuchstrainingssystems«. Leistungssport, Münster 27 (1997) 5, S. 60–62.

MARTIN, D. u.a.; Handbuch Kinder- und Jugendtraining. Schorndorf 1999.

MASCHKE, U.; RIEDER, H.: Timing im Sport. Leistungssport, Münster 25 (1995) 6, S. 17–20.

MASNITSCHENKO, W. D.: Über die Entwicklung der Bewegungsfertigkeiten im Turnen. In: Sport im Sozialismus, 1. Beiträge zur Theorie der Körpererziehung. Berlin 1959, S. 55–65.

MATEEF, D.: Über den frühzeitigen Einsatz des Unterrichts in den verschiedenen Sportarten. Theorie und Praxis der Körperkultur, Berlin 4 (1955) 2, S. 81–104.

MATEEF, D.: Bekämpfung der Alterserscheinungen – Wege und Perspektiven. In: RIES, W. (Hrsg.): Sport und Körperkultur des älteren Menschen. Leipzig 1966, S. 97–110.

MATHESIUS, R.: Konzentration als innere Bedingung für die Bewegungsregulation. In: KRATZER, H.; MATHESIUS, R. (Hrsg.): Beiträge zur psychischen Regulation sportlicher Handlungen. Köln 1991, S. 83–88.

MATHESIUS, R.: Handlungsregulation und Persönlichkeit. In: SCHNABEL, G.; HARRE, D.; KRUG, J.; BORDE, A. (Hrsg.): Trainingswissenschaft. Leistung – Training – Wettkampf. Berlin 2003³, S. 62–72.

MATHESIUS, R., u.a.: Bewegungsregulation in der sportlichen Tätigkeit – ausgewählte psychologische Erkenntnisse und Erfahrungen in Training und Wettkampf. Berlin 1987.

MATHEWS, D.K.: Measurement in Physical Education. Philadelphia, London, Toronto 1968.

MATTHIES, H.; KRUG, M.; POPOV, N. (Hrsg.): Biological Aspects of Learning, Memory Formation and Ontogeny of the CNS. Berlin 1979.

MATWEJEW, L.P.: Grundlagen des sportlichen Trainings. Berlin 1982.

MATWEJEW, L.P.; NOWIKOW, A.D.: Theorie und Methodik der Körpererziehung. Berlin 1982.

MAZNIČENKO, V.D.: O stadijach formirovanija navyka v processe obučenija dvigatel'nym dejstvijam (Die Stadien der Formung einer Fertigkeit im Ausbildungsprozeß von Bewegungshandlungen). Teorija i praktika fizičeskoj kul'tury, Moskva 27 (1964) 4, S. 64–66.

MCGRAW, M.B.: Growth. A Study of Jonny and Jimmy. New York 1935.

MECHLING, H.: Lerntheoretische Grundlagen von Feedback-Prozeduren bei sportmotorischem Techniktraining. In: DAUGS, R. (Red.): Medien im Sport. Die Steuerung des Technik-Trainings durch Feedback-Medien. Frankfurt/M. 1986, S. 9–33.

MECHLING, H.: Zur Theorie und Praxis des Technik-

trainings: Problemaufriß und Thesen. Leistungssport, Münster 18 (1988) 1, S. 39–42.

MECHLING, H. (Hrsg.): Training im Alterssport. Sportliche Leistungsfähigkeit und Fitneß im Alternsprozeß. Hamburg 1998.

MECHLING, H.; MUNZERT, J. (Hrsg.): Handbuch Bewegungswissenschaft – Bewegungslehre. Schorndorf 2003.

MECHLING, H.; NEUMAIER, A. (Hrsg.): Bewegungskoordination und koordinative Fähigkeiten im Sport: Grundlagen – Schulung – Training. Köln 1997.

MEDVEDEV, A.S.; MARIENKO, V.V.; FOMIČENKO, S.V.: Analiz skorostno-silovoj struktury pryžka vverch s mesta kvalificirovannych tjaželoatletov pri različnych uslovijach ottalkivanija (Analyse der Schnellkraftstruktur von Hochsprüngen aus dem Stand von qualifizierten Gewichthebern bei verschiedenen Abstoßvoraussetzungen). Teorija i praktika fizičeskoj kul'tury, Moskva 46 (1983) 12, S. 8–10.

MEINEL, K.: Ein Vorschlag zur Verwirklichung kollektiver wissenschaftlicher Arbeit. Theorie und Praxis der Körperkultur, Berlin 2 (1953) 12, S. 72–75.

MEINEL, K.: Bewegungslehre – Bewegungsforschung. Theorie und Praxis der Körperkultur, Berlin 4 (1955) 5, S. 397–398.

MEINEL, K.: Gewandtheit und Geschicklichkeit – Ein Beitrag zur terminologischen Klärung wichtiger Begriffe der Motorik. Körpererziehung, Berlin 6 (1956) 3, S. 118–123.

MEINEL, K.: Arbeitsmotorik und sportliche Motorik. Körpererziehung, Berlin 9 (1959) 2, Beilage, S. 18–27.

MEINEL, K.: Bewegungslehre. Versuch einer Theorie der sportlichen Bewegung unter pädagogischem Aspekt. Berlin 1960.

MEINEL, K.: Grundzüge einer Bewegungslehre unter pädagogischem Aspekt. Wissenschaftliche Zeitschrift der DHfK, Leipzig 3 (1960/61) 1/2, S. 93–103.

MEINEL, K.: Die Bewegungslehre unter pädagogischem Aspekt als Synthese und Grundlage. Theorie und Praxis der Körperkultur, Berlin 10 (1961) 11/12, S. 1028–1038.

MEINEL, K.: Zur Ästhetik der Bewegung. – Unveröffentlichter Nachlaß. Leipzig 1973.

MEINEL, K.: Ästhetik der Bewegung. In: KANEKO, A. (Hrsg.): Ästhetik der Bewegung. Tokio 1998.

MEINEL, K., u.a.: Bewegungslehre. Abriß einer Theorie der sportlichen Bewegung als Grundlage der Methodik – Anleitung für das Fernstudium. Leipzig 1959.

MEINIG, D.: Untersuchungen zur Authentizität sportmotorischer Tests für die Bestimmung des Grades der physischen Leistungsfähigkeit und als Mittel zur Steuerung der physischen Vervollkommnung der jungen Generation. Dissertation, Leipzig 1974a.

MEINIG, D.: Zur Sicherung sportmotorischer Testergebnisse. Theorie und Praxis der Körperkultur, Berlin 23 (1974b) 2, S. 117–127.

MEISTRING, W.: Geschichte der Untersuchung der Koordination. Archiv für die gesamte Psychologie, Leipzig, Band 80 (1931) 3/4, S. 516–554.

MEKOTA, K.: Test pohybové koordinace a rovnováhy (Bewegungskoordinations- und Gleichgewichtstest). Turista, Praha 4 (1965) 7, S. 247.

MEKOTA, K.: Syntetická studie o pohybové lateralité (Eine synthetische Studie zur motorischen Lateralität). Acta Universitatis Palackianae Olomucensis Facultas paedagogica, Praha 14 (1984) 3, S. 93–120.

MEKOTA, K.; BLAHUS, P.: Motorické testy v tělesné výchove (Motorische Tests in der Körpererziehung). Praha 1983.

MEKOTA, K.; KOVAR, R.: Unifittest (6–60). Tests and Norms of Motor Performance and Physical Fitness in Youth and in Adult Age. Palacky University Olomouc 1995.

MENČIKOV, V.; ISANOV, L. L.: O sposobnosti differencirovat' vremja, prostranstvo i stepen' myšečnych naprjaženij (Die Fähigkeit zum Differenzieren von Zeit, Raum und Grad des Muskeleinsatzes). Teorija i praktika fizičeskoj kul'tury, Moskva 29 (1966) 4, S. 46–48.

MERZ, F.: Tests zur Prüfung spezieller Fähigkeiten. In: HEISS, R. (Hrsg.): Handbuch der Psychologie, Band 6. Göttingen 1964, S. 411–458.

MESTER, J.: Diagnostik von Wahrnehmung und Koordination im Sport. Schorndorf 1988.

MEUSEL, H., u. a.: Dokumentationsstudie – Sport im Alter. Schorndorf 1980.

MEUSEL, H.: Bewegung, Sport und Gesundheit im Alter. Wiesbaden 1996.

MEUSEL, H.: Sport für Ältere. Bewegung – Sportarten – Training. Handbuch für Ärzte, Therapeuten, Sportlehrer und Sportler. Stuttgart, New York 1999.

MEYER, G.: Kybernetik und Unterrichtsprozeß. Berlin 1965.

MICHAELIS, R.; ERLEWEIN, R.; MICHAELIS, U. S.: Variabilität und Individualität in der motorischen Entwicklung. Motorik, Schorndorf 19 (1996) 1, S. 4–11.

MICHAJLOV, V. V.; POPOV, V. F.: Elektromiografičeskaja i kinematičeskaja charakteristika svobodnogo bega na distanciju 400 m (Elektromyografische und kinematische Charakteristik des freien Laufs beim 400-m-Lauf). Teorija i praktika fizičeskoj kul'tury, Moskva 36 (1973) 3, S. 18–23.

MICHEL, L.: Allgemeine Grundlagen psychometrischer Tests. In: HEISS, R. (Hrsg.): Handbuch der Psychologie, Band 6. Göttingen 1964, S. 19–70.

MILIČER, H.: Somatic and motoric development of boys at adolescence (Die somatische und motorische Entwicklung der männlichen Jugendlichen).

Wychowanie Fizyczne i Sport, Warszawa 8 (1964) 3, S. 228–244.

MILNE, C.; HRKAL, K.: Die Entwicklung der Wurftechnik bei jungen Kindern. In: WILLIMCZIK, K.; GROSSER, M. (Hrsg.): Die motorische Entwicklung im Kindes- und Jugendalter. Schorndorf 1981, S. 271–277.

MITTELSTRASS, J.: Das Dialogische in der Wissenschaft. In: DIECKERT, J., u. a. (Hrsg.): Sportwissenschaft im Dialog. Aachen 1993, S. 24–38.

MLECZKO, E.: Ontogenetische Variabilität elementarer Koordinationslagen und ihre Zusammenhänge mit der somatischen Struktur, ausgewählten funktionellen Eigenschaften und der körperlichen Leistung. In: STAROSTA, W. (Hrsg.): Bewegungskoordination im Sport. Beiträge von der Internationalen Wissenschaftlichen Konferenz in Gorzów Wielkopolski 27.–29. April 1990. Warszawa 1990, S. 101–104.

MÖCKELMANN, H.: Leibeserziehung und jugendliche Entwicklung. Schorndorf 1967.

MÖGLING, K. (Hrsg.): Integrative Bewegungslehre Teil I: Gesellschaft, Persönlichkeit, Bewegung. Kassel 2001a.

MÖGLING, K. (Hrsg.): Integrative Bewegungslehre Teil II: Wahrnehmung, Ausdruck und Bewegungsqualität. Kassel 2001b.

MÖGLING, K. (Hrsg.): Integrative Bewegungslehre Teil III: Lernen und Lehren von Bewegungen. Kassel 2002.

MÖLLERS, J.: Psychomotorik – ein deutsch-niederländischer Praxisworkshop. Ein Bericht. Motorik, Schorndorf 19 (1996) 3, S. 149–150.

MONTADA, L.: Der Mensch als Gestalter seiner eigenen Entwicklung. In: OERTER, R.; MONTADA, L. (Hrsg.): Entwicklungspsychologie. München 1987[2], S. 131–203 und Weinheim 1998[4], S. 9–10.

MORFORD, W. R.: The value of supplementary visual information during practice on dynamic kinesthetic learning. The Research Quarterly of the American Association for Health Physical Education and Recreation, Washington 37 (1966) 3, pp. 393–405.

MORROW, J., u. a.: Measurement and Evaluation in Human Performance. Champaign, Ill. 2000.

MOTYLJANSKAJA, R. E., u. a.: Fizičeskaja kul'tura i vozrast (Körperkultur und Alter). Moskva 1967.

MOXLEY, S. E.: Schema: The variability of praxis hypothesis. Journal of Motor Behavior. Washington 1979, 11, pp. 223–227.

MÜLLER, C.: Wechselbeziehungen zwischen bewußten und sensomotorischen Lernanteilen. In: SCHNABEL, G., u. a.: Bewegungsregulation im Sport. Sport und Wissenschaft, H. 6. Sankt Augustin 1995, S. 73–92.

MÜLLER, E.: Zur Bewegungsübertragung bei Wurfbewegungen. Dissertation, Universität Innsbruck 1980.

MÜLLER, E.: Zur Bewegungsübertragung bei Wurfbewegungen. Eine biokinematische und elektromyographische Analyse von Wurfbewegungen mit Handbällen. Leistungssport, Frankfurt/M. 12 (1982) 4, S. 314–324.

MÜLLER, S.: Erfolg und Mißerfolg als sportpsychologisches Problem. Theorie und Praxis der Körperkultur, Berlin 10 (1961) 3, S. 217–226.

MÜLLER, S.: Motorische Tests als psycho-diagnostische Mittel im Sport. Theorie und Praxis der Körperkultur, Berlin 21 (1972) 6, S. 548–551.

MÜLLER-DECK, H.: Weitere Probleme der Validität und ihrer Bestimmung bei sportlichen Tests. Theorie und Praxis der Körperkultur, Berlin 19 (1970) 5, S. 424–431.

MUNZERT, J.: Flexibilität des Handelns. Theoretische Überlegungen und experimentelle Untersuchungen zum Konzept des Motorikschemas. Köln 1989.

MUNZERT, J.: Motorik-Repräsentation, Bewegungswissen und Bewegungshandeln. Sportwissenschaft, Schorndorf 22 (1992) 3, S. 344–356.

MUNZERT, J.: Bewegung als Handlung verstehen. In: PROHL, R.; SEEWALD, J. (Hrsg.): Bewegung verstehen. Schorndorf 1995, S. 188–270.

MUNZERT, J.: Ein computionaler Ansatz zur Differenzierung von (Bewegungs-)Vorstellungen. In: LOOSCH, E.; TAMME, M. (Hrsg.): Motorik – Struktur und Funktion. Hamburg 1997a, S. 113–117.

MUNZERT. J.: Sprache und Bewegungsorganisation: Untersuchungen zur Selbstinstruktion. Schorndorf 1997b.

MUNZERT, J.: Vorstellung und Bewegung. In: NITSCH, J. R.; ALLMER, H. (Hrsg.): Denken, Sprechen, Bewegen. Köln 2001a, S. 41–56.

MUNZERT, J.: Bewegungsvorstellungen – Bewegungshandlungsvorstellungen. In: HACKFORT, D. (Hrsg.): Handlungspsychologische Forschung für die Theorie und Praxis der Sportpsychologie. Köln 2001b, S. 49–63.

MUNZERT, J., u. a.: PsychoMotorische Entwicklung. Sport und Bewegung im Lebenslauf. Abstractband 35. Jahrestagung der Arbeitsgemeinschaft für Sportpsychologie (asp) vom 29.–31. März 2003 in Giessen.

MURNIK, V.: Was ist Rhythmus an sich und was Rhythmus im Turnen? Gymnastik und Turnen, Berlin 9 (1960) 7, Beilage, S. 3–4; 8, S. 1–4.

NAGEL, V.: Fit und geschickt durch Seniorensport. Sportartenüberschreitendes Training für Alltagssituationen. Hamburg 1997.

NAGORNYJ, V. E.: Javlenie sinchronizacii ritma serdečnoj dejatel'nosti s ritmom fizičeskoj raboty (Die Erscheinung der Synchronisation des Herzrhythmus und des Rhythmus körperlicher Arbeit). Teorija i praktika fizičeskoj kul'tury, Moskva 27 (1964) 12, S. 13–15.

NAUMOV, B. A.: Ob upravlenii processom obučenija dvigatel'nym navykam (Zur Steuerung des Lernprozesses von Bewegungsfertigkeiten). Teorija i praktika fizičeskoj kul'tury, Moskva 30 (1967) 1, S. 5–10.

NAWROCKA, W.: Über die Rolle der Verbalisierung beim Erlernen von Bewegungsabläufen in Körpererziehung und Sport. Theorie und Praxis der Körperkultur, Berlin 13 (1964a) Sonderheft, S. 148.

NAWROCKA, W.: Die Motivation der sportlichen Betätigung und ihre gesellschaftliche Bedingtheit. Theorie und Praxis der Körperkultur, Berlin 13 (1964b) Sonderheft, S. 207–209.

NAZAROV, V. P.: Zur Schulung der Bewegungsgenauigkeit bei Kindern. Theorie und Praxis der Körperkultur, Berlin 23 (1974) 6, S. 501–504.

NEUHAUS, W.: Entwicklungsstufen der menschlichen Motorik. Leibesübungen und körperliche Erziehung, Langensalza 8 (1935) 10, S. 23–35.

NEUHAUS, W.: Kinderpsychologie vom Standpunkt der Entwicklung. Flensburg 1948.

NEUMAIER, A.: Bewegungsbeobachtung und Bewegungsbeurteilung im Sport. Sankt Augustin 1988.

NEUMAIER, A.: Trainingswissenschaftlicher Ansatz zum Techniktraining. In: NITSCH, J. R., u. a.: Techniktraining. Beiträge zu einem interdisziplinären Ansatz. Schorndorf 1997, S. 173–225.

NEUMAIER, A.: Koordinatives Anforderungsprofil und Koordinationstraining. Grundlagen – Analyse – Methodik. Köln 1999; 2003³.

NEUMAIER, A.; JENDRUSCH, G.: Aktuelle Positionen zum Bewegungssehen im Sport. In: KRUG, J.; HARTMANN, C. (Hrsg.): Praxisorientierte Bewegungslehre als angewandte Sportmotorik. Sport und Wissenschaft, H. 8. Sankt Augustin 1999, S. 128–141.

NEUMAIER, A.; MECHLING, H.: Taugt das Konzept »koordinativer Fähigkeiten« als Grundlage für sportartspezifisches Koordinationstraining? In: BLASER, P.; WITTE, K.; STUCKE, C. (Hrsg.): Steuer- und Regelvorgänge der meschlichen Motorik. Sankt Augustin 1994, S. 207–212.

NEUMAIER, A.; MECHLING, H.: Allgemeines oder sportartspezifisches Koordinationstraining. Leistungssport, Münster 25 (1995) 5, S. 14–18.

NEUMAIER, A.; MECHLING, H.: Koordinatives Anforderungsprofil und Koordiantionstraining. Köln 1999.

NEUMAIER, A.; MECHLING, H.; STRAUSS, R.: Koordinative Anforderungsprofile in ausgewählten Sportarten. Köln 2002.

NEUMANN, G.; BEYER, L.: Biologische Anpassungsmechanismen bei erwachsenen Sporttreibenden unter Berücksichtigung des Trainingszustandes und des Geschlechts. Theorie und Praxis der Körperkultur, Berlin 32 (1983) 1, S. 48–52.

NEUMANN, O.: Sport und Persönlichkeit. München 1957.

NEUMANN, O.: Die leibseelische Entwicklung im Jugendalter. München 1964.

NICKEL, U.: Das sportwissenschaftliche Experiment unter dem Aspekt interdisziplinärer Bewegungstheorie. In: DORDEL, H. J. (Hrsg.): Aspekte der Bewegungslehre, Trainingslehre und Sportbiologie, Band 2. Dortmund 1981.

NICKEL, U.: Angewandte Bewegungslehre. Schorndorf 1983.

NICKEL, U.: Bewegungsbewußtsein. Grundlagen und Perspektiven bewußten Bewegens im Sport. Bad Homburg 1984.

NIKOLAENKO, A. V.: Kompleksnaja metodika issledovanija točnosti dviženij u detej (Eine komplexe Methode zur Untersuchung der Bewegungsgenauigkeit bei Kindern). In: Trenirovka junych sportsmenov. Moskva 1965, S. 298–303.

NITSCH, J. R.: Kognition und Wechselbeziehungen zur Emotion und Motivation aus planungstheoretischer Sicht. In: KUNATH, P.; MÜLLER, S.; SCHELLENBERGER, H. (Hrsg.): Proceedings of the VII. Congress of the European Association of Sport Psychology. Leipzig 1988, pp. 39–71.

NITSCH, J. R.: Handlungstheoretische Grundlagen der Sportpsychologie. In: GABLER, H.; NITSCH, J. R.; SINGER, R. (Hrsg.): Einführung in die Sportpsychologie. Schorndorf 2000[3], Bd. 2, Teil 1, S. 43–164.

NITSCH, J. R.; MUNZERT, J.: Handlungsregulation und Techniktraining. In: DAUGS, R., u. a. (Hrsg.): Sportmotorisches Lernen und Techniktraining. Band 1, Schorndorf 1991, S. 167–177.

NITSCH, J. R.; MUNZERT, J.: Theoretische Probleme der Bewegungsorganisation. In: NITSCH, R. A., u. a. (Hrsg.): Techniktraining. Beiträge zu einem interdisziplinären Ansatz. Schorndorf 1997a, S. 50–71.

NITSCH, J. R.; MUNZERT, J.: Handlungstheoretische Aspekte des Techniktrainings – Ansätze zu einem integrativen Modell. In: NITSCH, R. A., u. a. (Hrsg.): Techniktraining. Beiträge zu einem interdisziplinären Ansatz. Schorndorf 1997b, S. 109–172.

NITSCH, J. R.; SEILER, R. (Hrsg.): Bewegung und Sport: Psychologische Grundlagen und Wirkungen. Bericht über den VIII. Europäischen Kongreß für Sportpsychologie. Band 2: Bewegungsregulation und motorisches Lernen. Sankt Augustin 1994.

NITSCH, J. R. u. a. (Hrsg.): Techniktraining. Beiträge zu einem interdisziplinären Ansatz. Schorndorf 1997.

NITSCHKE, A.: Über Eigenart und Ausdrucksgehalt frühkindlicher Motorik. Deutsche Medizinische Wochenschrift, Stuttgart 78 (1953) 32, S. 1787–1792.

NORDMANN, L.: Zur Bedeutung sporttechnisch-koordinativer Leistungsvoraussetzungen und des sensomotorischen Übertragungsverhaltens für die Höhe des Ausschöpfungsgrades konditioneller Potenzen. Dissertation, Leipzig 1987.

NORDMANN, L.: Zusammenwirken von konditionell-energetischen und koordinativ-informationellen Leistungskomponenten. In: SCHNABEL, G., u. a.: Bewegungsregulation im Sport. Sankt Augustin 1995, S. 92–104.

NOTH, J.: Motorische Lerntheorien – Neurophysiologische Korrelate. Hypothesen zur Funktion des Kleinhirns und der Basalganglien. In: MECHLING, H.; SCHMIDTBLEICHER, D.; STARISCHKA, S. (Red.): Aspekte der Bewegungs- und Trainingswissenschaft. Motorisches Lernen – Leistungsdiagnostik – Trainingssteuerung. Clausthal-Zellerfeld 1986, S. 25–38.

NOTH, J.: Neurophysiological aspects of training of sport skills. In: DAUGS, R., u. a. (Hrsg.): Sportmotorisches Lernen und Techniktraining. Bd. 1 Schorndorf 1991, S. 184–190.

NOVIKOV, A. D.; MATVEEV, L. P.: Teorija i metodika fizičeskogo vospitanija (Theorie und Methodik der Körpererziehung). Moskva 1976[2] – Deutsche Ausgabe: Berlin 1982.

NÜSKE, F.: Die Entwicklung kognitiver Aspekte der Bewegungssteuerung bei jüngeren Schulkindern. In: HIRTZ, P.; NÜSKE, F. (Hrsg.): Motorische Entwicklung in der Diskussion. Sankt Augustin 1994, S. 119–125.

OBUCHOVA, N. Z.: Točnost' vosproizvedenija sportsmenami privyčnych i neprivyčnych sustavnych uglov (Die Genauigkeit der Widerspiegelung gewohnter und ungewohnter Gelenkwinkel durch Sportler). Teorija i praktika fizičeskoj kul'tury, Moskva 30 (1967) 2, S. 45–47.

OELSCHLÄGEL, H.; WITTEKOPF, G.: Physiologische Grundlagen der sportlichen Leistungsfähigkeit im frühen Schulalter. Theorie und Praxis der Körperkultur, Berlin 25 (1976) 8, S. 596–602.

OELSCHLÄGEL, C.; WALDOW, B.: Objektivierung der Bewegungsgüte am Beispiel von ausgewählten Bewegungsabläufen im Handball. Wissenschaftliche Zeitschrift der DHfK, Leipzig 22 (1981) 2, S. 105–116.

OERTER, R.: Kindheit. In: OERTER, R.; MONTADA, L. (Hrsg.): Entwicklungspsychologie. München 1987[2], S. 204–264, Weinheim 1998[4], S. 249–309.

OERTER, R.; DREHER, E.: Jugendalter. In: OERTER, R.; MONTADA, L. (Hrsg.): Entwicklungspsychologie. Weinheim 1998[4], S. 310–395.

OERTER, R.; MONTADA, L.: Entwicklungspsychologie. München 1987[2], Weinheim 1998[4].

OESER, M.: Über den Speerwurf. Dissertation, München 1935.

OKAMOTO, T.; TAKAGI, K.; KUMAMOTO, M.: An electromyography study on the process of the acquisition of proficiency in gymnastic kip. In: Proceedings of International Congress of Sport Sciences 1964. Tokyo 1966, pp. 422–424.

OLBRICH, E.: Zur Förderung von Kompetenz im höheren Lebensalter. In: SCHMIDT-SCHERZER, R.;

KRUSE, A.; OLBRICH, E. (Hrsg.): Altern – Ein lebenslanger Prozeß der sozialen Interaktion. Darmstadt 1991.

OLENIK, V. G.: Novoe v issledovanii techniki bor'by (Neues in der Untersuchung der Technik des Ringkampfes). Teorija i praktika fizičeskoj kul'tury, Moskva 36 (1973) 1, S. 31–33.

OLIVIER, N.: Techniktraining unter konditioneller Belastung. Zum Einfluß konditioneller Belastungen auf das sportmotorische Lernen und Techniktraining. Schorndorf 1996.

OLIVIER, N.; DAUGS, R. (Hrsg.): Sportliche Bewegung und Motorik unter Belastung. Clausthal-Zellerfeld 1991.

OLIVIER, N.; DILLINGER, M.-O.: Belastung und Beanspruchung beim Bewegungslerne. In: MECHLING, H.; MUNZERT, J. (Hrsg.): Handbuch Bewegungswissenschaft – Bewegungslehre. Schorndorf 2003, S. 331–346.

OLIVIER, N.; ROCKMANN, U.: Grundlagen der Bewegungswissenschaft und -lehre. Schorndorf 2003.

OSERETZKY, N. J.: Eine metrische Stufenleiter zur Untersuchung der motorischen Begabung bei Kindern. Zeitschrift für Kinderforschung, Berlin 30 (1925) 4/5, S. 300–314.

OSERETZKY, N. J.: Psychomotorik – Methoden zur Untersuchung der Motorik. Zeitschrift für angewandte Psychologie, Leipzig (1931) Beiheft 57, S. 26 ff.

OSINSKI, W.: Ontogenetische Veränderlichkeit und morphologische Bedingungen der Bewegungskoordination – Flinkheit bei Kindern und Jugendlichen. In: STAROSTA, W. (Hrsg.): Bewegungskoordination im Sport. Beiträge von der Internationalen Wissenschaftlichen Konferenz in Gorzów Wielkopolski 27.–29. April 1990. Warszawa 1990, S. 115–122.

PAERISCH, M.: Aufbau, Eigenschaften und Übertragungsverhalten der Glieder des spinalmotorischen Regelsystems. Wissenschaftliche Zeitschrift der DHfK, Leipzig 10 (1968) 3, S. 5–39.

PAHLKE, U.; PETERS, H.: Ausdauer und Kenngrößen der körperlichen Leistungsfähigkeit im Schulalter. Medizin und Sport, Berlin 19 (1979) 12, S. 353–360.

PANZER, S.: Motorisches Lernen und Selbsteinschätzung: zur Bedeutung von Selbsteinschätzung für die Fehlererkennung und Fehlerkorrektur bei motorischen Lern- und Kontrollprozessen: eine makro- und mikroanalytische Betrachtung. Pabst Science Publishers. Lengerich 2000.

PANZER, S.: Umlernen. In: SCHNABEL, G.; HARRE, D.; KRUG, J.; BORDE, A. (Hrsg): Trainingswissenschaft. Leistung – Training – Wettkampf. Berlin 2003³, S. 267–268.

PANZER, S.: Lernen und Umlernen einer komplexen großmotorischen Fertigkeit. Habilitationsschrift. Leipzig 2004.

PARTHEY, H.; WAHL, D.: Die experimentelle Methode in Natur- und Gesellschaftswissenschaften. Berlin 1966.

PARWANOW, B.; GENOWA, E.; POPOW, N.: Der Einfluß einiger stimulierender Faktoren auf die Willensanstrengung bei unterschiedlicher körperlicher Tätigkeit. Theorie und Praxis der Körperkultur, Berlin 12 (1963) 8, S. 726–731.

PASK, G.: Eigenschaften eines kybernetischen sensomotorischen Lernmodells bei adaptiver Steuerung der Experimentalsituation. Zeitschrift für Psychologie, Leipzig Band 171 (1965) Kybernetik-Sonderband, S. 158–195.

PAUER, T.: Die motorische Entwicklung leistungssportlich trainierender Jugendlicher. Psychologie und Sport, Schorndorf 3 (1996) 2, S. 38–53.

PAUER, T.: Die motorische Entwicklung leistungssportlich trainierender Jugendlicher. In: Krug, J.; Hartmann, C. (Hrsg.): Praxisorientierte Bewegungslehre als angewandte Sportmotorik. Sport und Wissenschaft, H. 8. Sankt Augustin 1999, S. 69–80.

PAUER, T.: Die motorische Entwicklung leistungssportlich trainierender Jugendlicher. Schorndorf 2001.

PAUER, T.; ROTH, K.: Jugendliche Leistungssportler – Motorische Spezialisten oder Allrounder? Sportunterricht, Schorndorf 42 (1993) 9, S. 405–411.

PAUWELS, J. M.: Application of different theories of skill-learning in physical education. In: RIEDER, H., u. a.: Motorik- und Bewegungsforschung. Ein Beitrag zum Lernen im Sport. Schorndorf 1983, S. 338–347.

PÁVEK, F.: Některé ukazatelé tělesné výkonnosti 12–19 leté mládeže ČSSR (Einige Kennziffern der körperlichen Leistungsfähigkeit 12–19jähriger Jugendlicher in der ČSSR). Tělesná výchova mládeže, Praha 37 (1971) 7, S. 318–336.

PAWLOW, I. P.: Sämtliche Werke. Berlin 1953/54.

PEIPER, A.: Die Eigenart der kindlichen Hirntätigkeit. Leipzig 1961.

PERSON, R. S.: Elektromyographische Untersuchung der Koordination in der Tätigkeit der Muskelantagonisten beim Menschen während der Ausbildung einer Fertigkeit. Pawlow-Zeitschrift für höhere Nerventätigkeit, Berlin 8 (1958) 1, S. 16–27.

PESCE, C.: Vorschriftlich oder heuristisch lernen? Kognitiver und ökologischer Ansatz zum motorischen Lernen im Vergleich: Didaktische Folgerungen und integrative Ausblicke. Leistungssport. Münster 33 (2003) 3, S. 26–32.

PESTALOZZI, J. H.: Einleitung auf den Versuch einer Elementargymnastik. In: BLOCHMANN, E.; NOHL, H.; WENIGER, E. C. (Hrsg.): Kleine pädagogische Texte. Langensalza 1963, 7.

PETERS, H.: Untersuchungen über die sportliche Leistungsentwicklung und die allseitige körperliche Grundausbildung an Kindern des 2. bis 4. Schuljahres. Dissertation, Ernst-Moritz-Arndt-Universität Greifswald 1964.

PETERS, H.: Veränderungen der sportlichen Leistungsfähigkeit im Schulalter. Körpererziehung, Berlin 15 (1965a) 5, S. 237–242.

PETERS, H.: Die unterschiedliche Leistungsfähigkeit von Jungen und Mädchen. Körpererziehung, Berlin 15 (1965b) 6, S. 309–313.

PETERS, H.: Probleme der sportlichen Leistungsentwicklung der Schüler. Körpererziehung, Berlin 18 (1968) 3, S. 121–123.

PETERS, H., u. a.: Ausdauerleistungsfähigkeit im Schulsport. Berlin 1980.

PETERSEN, T.: Wege zu einer qualitativen Bewegungsforschung. Dissertation, Heidelberg 1984.

PETERSEN, T.: Qualitative Bewegungsforschung. Bad Homburg 1985.

PETZOLD, A.: Kongreß »Bewegte Kindheit« in Osnabrück. Ein Bericht. Motorik, Schorndorf 19 (1996) 3, S. 148–149.

PFAHL, J.: Über die reziproke Innervation. Pflügers Archiv, Berlin, Band 188 (1921) 4–6, S. 298–302.

PFAHL, J.: Über Elastizitätswirkungen unserer Muskeln. Zeitschrift für Biologie, München, Band 81 (1924) 5/6, 211–216.

PFEIFER, R. A.: Das rote Kernsystem und die Haltungs- und Stellreflexe beim Menschen. Berlin 1951.

PFEIFFER, A.: Ein kybernetisches Gütemaß für die Koordination der Bewegung. Zeitschrift für Psychologie, Leipzig Band 171 (1965) Kybernetik-Sonderband, S. 395–399.

PFEIFFER, L. (Hrsg.): Kindliche Bewegungswelt im High-Tech-Zeitalter. 4. Symposium der Deutschen Olympischen Gesellschaft 1995 in Hannover. Celle 1997.

PHILIPP, H.: Die experimentelle Methode. Wissenschaftliche Zeitschrift der DHfK, Leipzig 28 (1987) Sonderheft 3: Forschungsmethoden in den sportmethodischen Wissenschaftsdisziplinen, S. 89–119.

PHILIPPI-EISENBURGER, M.: Bewegungsarbeit mit älteren und alten Menschen. Schorndorf 1990.

PHILIPPI-EISENBURGER, M.: Praxis der Bewegungsarbeit mit älteren und alten Menschen. Schorndorf 1991.

PIAGET, J.: Das Erwachen der Intelligenz beim Kinde. Stuttgart 1969.

PICKENHAIN, L.: Grundriß der Physiologie der höheren Nerventätigkeit. Berlin 1959.

PICKENHAIN, L.: Die Bedeutung innerer Rückkopplungskreise für den Lernvorgang. Materialien vom 4. Kongreß der Gesellschaft für Psychologie der DDR, Leipzig 1975.

PICKENHAIN, L.: Physiologische Grundlagen der Bewegungsprogrammierung. Theorie und Praxis der Körperkultur, Berlin 28 (1979) Beiheft 1, S. 44–47.

PICKENHAIN, L.: Zur Entwicklung des Kindes – Neurowissenschaftliche Erkenntnisse. Motorik, Schorndorf 19 (1996) 3, S. 106–112.

PICKENHAIN, L.; BEYER, L.; MEISCHNER, I.: Neue Erkenntnisse zur Steuerung der Bewegungskoordination beim Menschen. Medizin und Sport, Berlin 25 (1985) 8, S. 225–228.

PIEK, J. P. (Ed.): Motor behavior and human skill. A multidiscipinary approach. Champaign, Ill. 1998.

PILICZ, S.: Rozwój cech motorycznych w zależnóści od wieku rozwojowego (Die Entwicklung der motorischen Merkmale in Abhängigkeit vom Entwicklungsalter). Kultura fizyczna, Warszawa 25 (1971) 4, S. 160–161.

PÖHLMANN, R.: Der motorische Rhythmus. Dissertation, Friedrich-Schiller-Universität Jena 1970.

PÖHLMANN, R.: Der motorische Rhythmus. Theorie und Praxis der Körperkultur, Berlin 21 (1972) 4, S. 337 ff.; 7, S. 637 ff.; 8, S. 10 ff.; 9, S. 836 ff.

PÖHLMANN, R.: Gegenstand und Aufgaben einer biosozialen Sportmotorik. Theorie und Praxis der Körperkultur, Berlin 24 (1975) 11, S. 1010–1027.

PÖHLMANN, R.: Möglichkeiten zur Effektivierung sportmotorischer Lernprozesse. Körpererziehung, Berlin 27 (1977) 5, S. 197–204 (Teil 1); 6, S. 268–278 (Teil 2).

PÖHLMANN, R.: Trainingsmethodisch relevante Zeitstrukturen der Informationsgebung. Theorie und Praxis der Körperkultur, Berlin 28 (1979) 3, S. 207–211.

PÖHLMANN, R.: Tracking-Testverfahren im psychomotorischen Bereich des Sports. In: SCHELLENBERGER, B. (Red.): Untersuchungsmethoden in der Sportpsychologie. Berlin 1983, S. 38–54.

PÖHLMANN, R.: Motorisches Lernen. Psychomotorische Grundlagen der Handlungsregulation sowie Lernprozessgestaltung im Sport. Berlin 1986.

PÖHLMANN, R.: Motorisches Lernen. Bewegungsregulation, Psychomotorik, Rehabilitation. Reinbek 1994a.

PÖHLMANN, R.: Motorik ist mehr als Bewegung – die tätigkeitskonzeptionellen Grundlagen. In: HIRTZ, P.; KIRCHNER, G.; PÖHLMANN, R. (Hrsg.): Sportmotorik. Grundlagen, Anwendungen und Grenzgebiete. Kassel 1994b, S. 33–54.

PÖHLMANN, R.: Zwischen Erstaneignung und Können – die Effektivität motorischer Lernprozesse. In: HIRTZ, P.; KIRCHNER, G.; PÖHLMANN, R. (Hrsg.): Sportmotorik. Grundlagen, Anwendungen und Grenzgebiete. Kassel 1994c, S. 149–181.

PÖHLMANN, R.; BISCHOFF, G.: Gibt es lernphasenabhängige Transferspezifika? Theorie und Praxis der Körperkultur, Berlin 29 (1980) 1, S. 32–38.

PÖHLMANN, R.; HIRTZ, P.: Die Weiterentwicklung des methodischen Arsenals – ausgewählte Trends der Motodiagnostik. In: HIRTZ, P.; KIRCHNER, G.; PÖHLMANN, R. (Hrsg.): Sportmotorik. Grundlagen, Anwendungen und Grenzgebiete. Kassel 1994, S. 309–333.

PÖHLMANN, R.; KIRCHNER, G.: Die Entwicklung der

Wahrnehmungs- und Beobachtungsfähigkeit nicht dem Zufall überlassen. Körpererziehung, Berlin 29 (1979a) 8/9, S. 401–408.

PÖHLMANN, R.; KIRCHNER, G.: Die Bewegungsvorstellung – ein zentrales Kettenglied des motorischen Lernprozesses. Körpererziehung, Berlin 29 (1979b) 12, S. 554–557.

PÖHLMANN, R.; KIRCHNER, G.: Oft der Schlüssel zum Erfolg – die Rhythmusschulung. Körpererziehung, Berlin 31 (1981) 12, S. 558–561.

PÖHLMANN, R., u. a.: Erfahrungen und Ergebnisse zum Einsatz von Trackingverfahren unter sportmotorischem Aspekt (Manuskriptdruck). Berlin 1988.

PONOMAREV, N. I.; DMITRIEV, S. V.: Fazovaja struktura processa formirovanija sistemy dviženij u gimnasta (Die Phasenstruktur bei der Herausbildung des Bewegungssystems eines Turners). Teorija i praktika fizičeskoj kul'tury, Moskva 44 (1981) 2, S. 51–53.

POPOV, I.: Untersuchungen über Leistungsfähigkeit der Vorschulkinder im Lauf, Sprung und Wurf. Theorie und Praxis der Körperkultur, Berlin 20 (1971) 1, S. 67–72.

POPUGAEV, A. I.; PANFILOV, O. P.: Rol' vestibuljarnogo analizatora v prostranstvennom analize gimnastičeskich upražnenij (Die Rolle des Vestibularanalysators in der räumlichen Analyse von Turnübungen). Teorija i praktika fizičeskoj kul'tury, Moskva 44 (1981) 10, S. 24–25.

PÖTHIG, D.: Methoden der psycho-sozialen Leistungsfähigkeitsmessungen im Rahmen eines Modells zur Objektivierung des biologischen Alters. Zeitschrift für die gesamte Innere Medizin, München 38 (1983) 22, S. 609–615.

PÖTHIG, D.: Zu Definitionsfragen des biologischen Alters – methodologische und methodische Positionen. Zeitschrift für Altersforschung, München 40 (1985) 1, S. 9–41.

PROHL, R.: Some reflections on the phenomenon »Quality in movement«. In: RIEDER, H.; HANKE, U. (Red.): The physical education teacher and coach today. Köln 1988, Vol. 2, pp. 532–535.

PROHL, R.: Sportwissenschaft und Sportpädagogik. Schorndorf 1991.

PROHL, R.: Philosophie der Bewegung. In: HAAG, H. (Hrsg.): Sportphilosophie. Schorndorf 1996, S. 93–117.

PROHL, R.; SCHEID, V.: Dialektische Konzeptionen der Bewegungsentwicklung im Spannungsfeld von Gegenstand und Methode. Sportwissenschaft, Schorndorf 21 (1991) 1, S. 29–47.

PROHL, R.; SEEWALD, J. (Hrsg.): Bewegung verstehen. Facetten und Perspektiven einer qualitativen Bewegungslehre. Schorndorf 1995.

PUNI, A. C.: Problemut za proizvolnata regulacija na dvigatelnata dejnost v sporta (Das Problem der willkürlichen Regulation der motorischen Tätigkeit

im Sport). V'prosi fizičeskata kul'tura, Sofija 10 (1965) 7, S. 423–428.

PUNI, A. C.: Dvigatelna pamet i dvigatelna dejnost (Das motorische Gedächtnis und die motorische Tätigkeit). V'prosi fizičeskaja kul'tura, Sofija 12 (1967) 6, S. 374–378.

PUNI, A. C.; SURKOV, E. N.: Nekotorye teoretičeskie aspekty problemy anticipacii v psichologii sporta (Einige theoretische Aspekte des Antizipationsproblems in der Sportpsychologie). Teorija i praktika fizičeskoj kul'tury, Moskva 37 (1974) 7, S. 8–11.

PUNI, A. Z.: Über die Trainingswirkung der Bewegungsvorstellung. Theorie und Praxis der Körperkultur, Berlin 7 (1958) 12, S. 1067–1075.

PUNI, A. C.: Abriß der Sportpsychologie. Berlin 1961.

PUNI, A. Z.: Das Problem der Fertigkeiten und Eigenschaften in der körperlichen Erziehung und Bildung. Theorie und Praxis der Körperkultur, Berlin 13 (1964) 5, 422–433.

RACZEK, J.: Motor control – theorie, trends and research concepts. Journal of Human Kinetics. Katowice 4 (2000) supplement, pp. 7–24.

RACZEK, J.: Besonderheiten und Tendenzen der koordinativ-motorischen Leistungsentwicklung bei Kindern und Jugendlichen. In: LUDWIG, G.; LUDWIG, B. (Hrsg.): Koordinative Fähigkeiten – koordinative Kompetenz. Kassel 2002, S. 113–118.

RACZEK, J.; JURAS, G.; WAŚKIEWICZ, Z.: The diagnosis of motor coordination. Journal of Human Kinetics. Katowice 6 (2001), pp. 113–125.

RAČEV, K.: Schrittfrequenz, Schrittlänge und Laufgeschwindigkeit beim Sprint vom Gesichtspunkt des Alters. Wissenschaftliche Zeitschrift der DHfK, Leipzig 6 (1964) Sonderheft, S. 145–149.

RAMOS, E., u. a.: Muscle strength and hormonal levels in adolescents: Gender related differences. International Journal of Sports Medicine. Stuttgart 19 (1998) 8, pp. 526–531.

RAPP, G.; SCHODER, G.: Motorische Testverfahren. Stuttgart 1977.

RAUCHMAUL, H.: Untersuchungen zum Authentizitätsaspekt sportmotorischer Tests zur Erfassung des allgemeinen Aspektes koordinativer Fähigkeiten. Wissenschaftliche Zeitschrift der DHfK, Leipzig 22 (1981) 3, S. 79–90.

RAUCHMAUL, H., u. a.: Zur Ausschöpfung physischer Potentiale im Leistungsvollzug. Leipzig 1988.

RAUH, H.: Frühe Kindheit. In: OERTER, R.; MONTADA, L. (Hrsg.): Entwicklungspsychologie. München 1987[2], S. 131–203; Weinheim 1998[4], S. 167–248.

REDAKCJA: Problemy biomechaniki, psichologii i teorii obusenija dvičenijam za »kruglym stolom« yurnala (Probleme der Biomechanik, der Psychologie und der Bewegungslehre im Rundtischgespräch der Zeitschrift). Teorija i praktika fizičeskoj kul'tury, Moskva 43 (1980) 3, S. 34–42.

REINHOLD, D.; WAITZ, U.: Veränderungen der internen Repräsentation von Bewegungen im Verlauf des motorischen Lernprozesses. In: KRATZER, H.; MATHESIUS, R. (Hrsg.): Beiträge zur psychischen Regulation sportlicher Handlungen. Köln 1991, S. 97–106.

REISCHLE, K.: Qualitative und quantitative Analyse strukturverwandter Schwimmarten. Dissertation, Heidelberg 1987.

REITER, E. D.; ROOT, A.: Hormonal dranges of adolescence. The Medical Clinics of North America, 1289. New York 1975.

RETTIG, W.: Das Geheimnis des englischen Schlages. In: GAZA, B. VON, u. a. (Hrsg.): Der Rudersport (Riemenrudern und Skullen). Leipzig 1921[2], S. 143–163.

RICHTER, H.: Eine Testbatterie zur allgemeinen Beurteilung motorischer Leistungsparameter unter besonderer Berücksichtigung der Anforderungen des Freizeit- und Erholungssports. Dissertation, Leipzig 1974.

RIECKEN, R. (Hrsg.): Praxisorientierte Bewegungslehre als angewandte Sportmotorik. Festschrift zum wissenschaftlichen Symposiun anläßlich des 5. Gründungstages der Sportwissenschaftlichen Fakultät und 100. Geburtstages von Prof. Dr. Kurt Meinel. Leipziger Sportwissenschaftliche Beiträge. Sankt Augustin XXXIX (1998) 1/2.

RIEDER, H. (Hrsg.): Bewegungslehre des Sports. Sammlung grundlegender Beiträge. Schorndorf, Band I 1973, Band II 1977.

RIEDER, H.: Bedeutung und Schulung von psychometrischen Fähigkeiten für den jugendlichen Wettkampfsportler. Leistungssport, Frankfurt/M. 9 (1979) 3, S. 152–156.

RIEDER, H.: Zur Entstehung von Bewegungsmustern vom 6–18. Lebensmonat. In: ROST, R.; STARISCHKA, S. (Hrsg.): Das Kind im Zenrum interdisziplinärer sportwissenschaftlicher Forschung. Erlensee 1986, S. 54–74.

RIEDER, H.: Koordinative Fähigkeiten. Zum Stand der Diskussion und den Lücken in der Forschung. In: KORNEXL, E. (Hrsg.): Spektrum der Sportwissenschaften. Festschrift zum 60. Geburtstag von Friedrich Fetz. Wien 1987, S. 75–101.

RIEDER, H.: Bewegungslernen. In: RIEDER, H.; LEHNERTZ, K.: Bewegungslehre und Techniktraining. Schorndorf 1991, S. 7–103.

RIEDER, H.; BALSCHBACH, R.; PAYER, B.: Lernen durch Rhythmus. Köln 1991.

RIEDER, H.; KUCHENBECKER, R.; ROMPE, G.: Motorische Entwicklung, Haltungsschwächen und Sozialisationsbedingungen. Schorndorf 1986.

RIEDER, H., u. a. (Hrsg.): Motorik- und Bewegungsforschung. Ein Beitrag zum Lernen im Sport. Schorndorf 1983.

RIELING, K.: Zur strukturellen Anordnung der Übungen des Gerätturnens. Theorie und Praxis der Körperkultur, Berlin 16 (1967) 3, S. 225–231.

RIELING, K., u. a.: Gerätübungen. Eine Übungssammlung unter methodischem Aspekt für Schule und Sportgemeinschaft. Berlin 1979.

RIES, W. (Hrsg.): Sport und Körperkultur des älteren Menschen. Bericht der Jahrestagung der Deutschen Gesellschaft für Sportmedizin in der DDR 1964. Leipzig 1966.

RITZDORF, W.: Visuelle Wahrnehmung und Antizipation. Schorndorf 1982.

ROBERTON, M. A.; HALVERSON, L. E.: Developing children. Their changing movement. Philadelphia 1984.

ROCKMANN-RÜGER, U.: Zur Gestaltung von Übungsprozessen beim Erlernen von Bewegungstechniken. Frankfurt/M., Thun 1991a.

ROCKMANN-RÜGER, U.: »Laufen lernt man nur durch Laufen.« Zur Automatisierung von Bewegungstechniken. Sportpsychologie, Münster 5 (1991b) 1, S. 17–22.

RÖBLITZ, G.: Leistung und Leistungsstreben im Sport und ihre pädagogische Relevanz. Theorie und Praxis der Körperkultur, Berlin 18 (1969) 11, S. 55–66.

RÖDER, C.; BESCHNITT, J.: Evaluation ausgewählter sportmotorischer Tests zur Erfassung konditioneller Fähigkeiten für ältere Sporttreibende im Gesundheitssport und Ermittlung von Orientierungswerten. Universität Leipzig, Diplomarbeit 2002.

RODZIEWICZ, J.: The somatic and motor development of boys and girls from Belorussia and Ukraine aged 7–16. Journal of Human Kinetics, Vol. 4, Katowice 2000, pp. 51–65.

ROHRACHER, H.: Methoden zur Registrierung und Auswertung der Mikrovibration. Psychologische Beiträge, Meisenheim am Glan 4 (1960) 1, S. 118–126.

ROHRBERG, K.: Hypothetische Darstellung der altersspezifischen Entwicklung der Motivation sportlicher Betätigung im Vorschulalter bis zur Oberstufe. Theorie und Praxis der Körperkultur 31 (1982) 10, S. 758–764.

ROOSBERG, G.; TALSKY, D.: Untersuchungen zur Trainierbarkeit des Gleichgewichtssystems. Sportarzt und Sportmedizin, Köln 21 (1970) 6, S. 136–141.

ROST, K.: Zu einigen Problemen der Validität sportlicher Tests und ihrer Validitätskontrolle. Theorie und Praxis der Körperkultur, Berlin 18 (1969) 12, S. 1086–1095.

ROSTOCK, J.: Zu Zielen, Inhalten und Methoden der Ausbildung sportlicher Fertigkeiten im Sportunterricht – eine bilanzierende Studie aus der Sicht der Sportmotorik mit lehrplankonzeptionellen und sportmethodischen Folgerungen zum Skilauf. Habilitationsschrift. Pädagogische Hochschule Zwickau 1985.

ROSTOCK, J.: Aufgabenklassen für motorische Lernprozesse im Sportunterricht. In: STAROSTA, W. (Hrsg.): Motorisches Lernen und Bewegungskoordination im Sport. Beiträge von der Internationalen Wissenschaftlichen Konferenz in Gorzów Wielkopolski 27.–29. April 1990. Warszawa 1990, S. 146–156.

ROSTOCK, J.: Motorisches Lernen durch funktionales Beobachten. Körpererziehung, Berlin 43 (1993) 3, S. 90–96.

ROSTOCK, J.: Phänomenologie als konzeptioneller Rahmen für die Analyse von Steuer- und Regelvorgängen der Motorik des Menschen. In: BLASER, P.; WITTE, K.; STUCKE, C. (Hrsg.): Steuer- und Regelvorgänge der menschlichen Motorik. Sankt Augustin 1994, S. 144–150.

ROSTOCK, J.: Haltung und Bewegung im Sport. Theorie, Aneignug und Diagnostik aus biomechanischer, bewegungs- und trainingswissenschaftlicher Sicht. Chemnitz 2003.

ROSTOCK, J.; KIRCHNER, G.: Standpunkte zur kritischen Reflexion der Bewegungsmerkmale Meinels in der Literatur sowie zu ihrem Einsatz im Rahmen der Bewegungsbeobachtung. In: KRUG, J.; HARTMANN, C. (Hrsg.): Praxisorientierte Bewegungslehre als angewandte Sportmotorik. Sport und Wissenschaft. H. 8. Sankt Augustin 1999, S. 117–127.

ROSTOCK, J.; ZIMMERMANN, K.: Standpunkte zum Faktor Koordination und seiner Vermittlung. Körpererziehung, Berlin 46 (1996) 9, S. 285–293.

ROSTOCK, J.; ZIMMERMANN, K.: Koordinationstraining zwischen Generalität und Spezifität. Leistungssport, Münster 27 (1997) 4, S. 28–30.

ROTH, E.:, HOLLING, H.: Sozialwissenschaftliche Methoden. München, Wien 1999.

ROTH, K.: Strukturanalyse koordinativer Fähigkeiten. Empirische Überprüfung koordinationstheoretischer Konzepte. Bad Homburg 1982.

ROTH, K.: Motorisches Lernen. In: WILLIMCZIK, K.; ROTH, K.: Bewegungslehre. Reinbek 1983a, S. 141–239.

ROTH, K.: Sportmotorische Tests. In: WILLIMCZIK, K.: Grundkurs Datenerhebung. Ahrensburg 1983b, S. 89–134.

ROTH, K.: Taktik im Sportspiel. Zum Erklärungswert der Theorie generalisierter motorischer Programme für die Regulation komplexer Bewegungshandlungen. Schorndorf 1989.

ROTH, K.: Motorisches Lernen und Übungsvariabilität. Sportpsychologie, Münster 4 (1990) 4, S. 27–30.

ROTH, K.: Wie verbessert man die koordinativen Fähigkeiten. In: Bielefelder Sportpädagogen: Methoden im Sportunterricht. Schorndorf 1993[2], S. 85–97.

ROTH, K. (Hrsg.): Techniktraining im Spitzensport. Alltagstheorien erfolgreicher Trainer. Köln 1996.

ROTH, K.; BREHM, W.; WILLIMCZIK, K.: Integrative Ansätze für das Lernen im Sport. In: RIEDER, H., u. a. (Hrsg.): Motorik und Bewegungsforschung. Ein Beitrag zum Lernen im Sport. Schorndorf 1983, S. 118–143.

ROTH, K.; EISENBERG, N.; SELL, E. R.: The relation of preterm and full-term infants' temperament to test-taking behavior and developmental status. Journal Infant Behavior and Development, Norwood, N. J., 7 (1984), pp. 495–505.

ROTH, K., u. a.: Zur Allgemeinmotorik japanischer und deutscher Jugendlicher. In: NAUL, R., OKADE, Y. (Hrsg.): Sportwissenschaft in Deutschland und Japan. Aachen 2000, S. 150–172.

ROTH, K.; WILLIMCZIK, K.: Theoretische und forschungsmethodische Perspektiven zur motorischen Entwicklung in der Ontogenese. In: KRUG, J.; HARTMANN, C. (Hrsg.): Praxisorientierte Bewegungslehre als angewandte Sportmotorik. Sport und Wissenschaft. H. 8. Sankt Augustin 1999a, S. 46–61.

ROTH, K.; WILLIMCZIK, K.: Bewegungswissenschaft. Reinbek 1999b.

ROTH, K.; WINTER, R.: Entwicklung koordinativer Fähigkeiten. In: BAUR, J.; BÖS, K.; SINGER, R. (Hrsg.): Motorische Entwicklung – Ein Handbuch. Schorndorf 1994, S. 191–216.

ROTH, K.; WINTER, R.: Entwicklung koordinativer Fähigkeiten. In: LÜDWIG, G.; LUDWIG, B. (Hrsg.): Koordinative Fähigkeiten – koordinative Kompetenz. Kassel 2002, S. 97–103.

RÖTHIG, P.: Rhythmus und Bewegung. Eine Analyse aus der Sicht der Leibeserziehung. Schorndorf 1967.

RÖTHIG, P.; PROHL, R., u. a. (Hrsg.): Sportwissenschaftliches Lexikon. Schorndorf 2003[7].

RÖTHIG, P.; GRÖSSING, S. (Hrsg.): Bewegungslehre. Kursbuch für die Sporttheorie in der Schule. Bad Homburg 1982.

RUBINSTEIN, S. L.: Sein und Bewußtsein. Berlin 1962.

RUBINSTEIN, S. L.: Grundlagen der Allgemeinen Psychologie. Berlin 1984.

RÜDIGER, W.: Lehrbuch der Physiologie. Berlin 1971.

RÜSSEL, A.: Das Wesen der Bewegungskoordination. Archiv für die gesamte Psychologie, Leipzig, Band 112 (1943) 1, S. 1–22.

RÜSSEL, A.: Psychomotorik. Empirie und Theorie der Alltags-, Sport- und Arbeitsbewegungen. Darmstadt 1976.

RUTENFRANZ, J.: Entwicklung und Beurteilung der körperlichen Leistungsfähigkeit bei Kindern und Jugendlichen. Basel, New York 1964.

RUTENFRANZ, J.: Entwicklung der körperlichen Leistungsfähigkeit im Schul- und Jugendalter. Wissenschaftliche Zeitschrift der Humboldt-Universität Berlin, Mathematisch-naturwissenschaftliche Reihe, 14 (1965) 2, S. 335–342.

SALMONI, A. W.; SCHMIDT, R. A.; WALTER, C. B.: Knowledge of results and motor learning: A review and critical reappraisal. Psychological Bulletin, Washington, D. C. 95 (1984), pp. 355–386.

SASS, I.: Untersuchungen zur selbständigen sportlichen Betätigung von Mädchen und Jungen in der Freizeit. Körpererziehung, Berlin 30 (1980) 11, S. 514–518.

SCHAARSCHMIDT, F.; PIEPER, K.-S.: Adaptibilität und Adaption an sportliches Training bei Heranwachsenden. Medizin und Sport, Berlin 22 (1982) 2/3, S. 37–43.

SCHACK, T.: Mentale Strukturen im motorischen Lernprozeß – Zugänge zur kognitiven Architektur motorischen Könnens. In: KRUG, J.; HARTMANN, C. (Hrsg.): Praxisorientierte Bewegungslehre als angewandte Sportmotorik. Sport und Wissenschaft. H. 8. Sankt Augustin 1999, S. 142–150.

SCHACK, T.: Kognition und Emotion. In: MECHLING, H.; MUNZERT, J. (Hrsg.): Handbuch Bewegungswissenschaft – Bewegungslehre. Schorndorf 2003, S. 313–330.

SCHACK, T.; LANDER, H. J.: Informationsverarbeitung und Mentale Kontrolle. In: ALFERMANN, D.; STOLL, O. (Hrsg.): Motivation und Volition im Sport. Köln 1999, S. 84–90.

SCHALLER, H.-J.; WERNZ, P.: Bewegungskoordination in der Lebensmitte. Aachen 2000.

SCHALTENBRAND, G.: Normale Bewegungs- und Lagereaktionen bei Kindern. Deutsche Zeitschrift für Nervenheilkunde, Leipzig, Band 87 (1925) 1–3, S. 23–59.

SCHALTENBRAND, G.: Über die Entwicklung des menschlichen Aufstehens und dessen Störungen bei verschiedenen Nervenkrankheiten. Deutsche Zeitschrift für Nervenheilkunde, Leipzig, Band 89 (1926) 1–3, S. 82–90.

SCHAPOSCHNIKOWA, W. I.; WJASMENSKIJ, W. I.; KRASNOPEWZJOW, G. M.: Perioden der Höchstleistungen von Sportlern. Leistungssport, Frankfurt/M. 9 (1979) 3, S. 184–187.

SCHEID, V.: Bewegung und Entwicklung im Kleinkindalter. Schorndorf 1989.

SCHEID, V.: Motorische Entwicklung in der mittleren Kindheit, vom Schuleintritt bis zum Beginn der Pubertät. In: BAUR, J.; BÖS. K.; SINGER, R. (Hrsg.): Motorische Entwicklung – Ein Handbuch. Schorndorf 1994.

SCHEID, V.; PROHL, R.: Die frühkindliche Bewegungsqualität und ihr Zusammenhang mit den Einflußgrößen Sensomotorik, Motivation, Aufmerksamkeit und Sozialentwicklung. Psychologische Beiträge, Berlin 29 (1987) 1, S. 183–197.

SCHELLENBERGER, B.: Die Verbesserung der Orientierungsgrundlage als Voraussetzung für die Erhöhung der Qualität der Handlungsregulation. Theorie und Praxis der Körperkultur, Berlin 28 (1979) 10, S. 837–844.

SCHELLENBERGER, B.: Die Bedeutung der kognitiven und sensomotorischen Ebene in der psychischen Regulation sportlicher Handlungen. Wissenschaftliche Zeitschrift der DHfK, Leipzig 21 (1980) 1, S. 43–52.

SCHELLENBERGER, B.; GÜNZ, D.: Rationale und sensomotorische Komponenten in der Wirksamkeit des ideomotorischen Trainings unter dem Aspekt der Verbesserung der Orientierungsgrundlage. Theorie und Praxis der Körperkultur, Berlin 29 (1980) 9, S. 675–677.

SCHERER, H.: Das Gleichgewicht. Berlin, Heidelberg, New York 1996.

SCHERER, H.-G.: Modelle des Bewegungslernens. In: MOEGLING, K. (Hrsg.): Integrative Bewegungslehre Teil III: Lehren und Lernen von Bewegungen. Kassel 2002, S. 74–130.

SCHIEBL, F.: Fuzzy-Bewegungsanalyse. Schorndorf 2000.

SCHIELKE, E.: Zur koordinativ-motorischen Vervollkommnung Studierender im Sportunterricht. Dissertation, Ernst-Moritz-Arndt-Universität Greifswald 1983.

SCHLICHT, W.: Mentales Training: Lern- und Leistungsgewinne durch Imagination? Sportpsychologie, Münster 6 (1992) 2, S. 24–29.

SCHMIDT, D.: Reaktionsfähigkeit bei älteren Sportlern und Nichtsportlern. Motorik, Schorndorf 6 (1983) 3, S. 109–115.

SCHMIDT, H.: Orthopädische Grundlagen für sportliches Üben und Trainieren. Leipzig 1985.

SCHMIDT, H.-D.: Empirische Forschungsmethoden der Pädagogik. Berlin 1961.

SCHMIDT, H.-D.: Allgemeine Entwicklungspsychologie. Berlin 1977.

SCHMIDT, R. A.: A schema theory of discrete motor skill learning. Psychological Review, Washington, DC 82 (1975), pp. 225–260.

SCHMIDT, R. A.: The Schema Concept. In: KELSO, J. A. S.: Human Motor Behavior. An Introduction. London 1982, pp. 219–235.

SCHMIDT, R. A.: Motor control and learning. A behavioral emphasis. Champaign, Ill. 1988[2].

SCHMIDT, R. A.; LEE, T. D.: Motor control and learning. Champaign, Ill. 1999[3].

SCHMIDT, R. A.; WRISBERG, C. A.: Motor Learning und Performance: A Problem-based Learning Approach. Champaign, Ill. 2000[2].

SCHMIDT, R. A.; YOUNG, D. E.: Transfer of movement control in motor learning. In: CORMIER, S. M.; HAGMAN, J. D. (Eds.): Transfer of learning. Orlando, Fl. 1987, pp. 47–79.

SCHMIDT, W. (Hrsg.): Kindheit und Sport – gestern und heute. Ahrensburg 1996a.

SCHMIDT, W. (Hrsg.): Kindliche Bewegungs- und Lebenswelt im Wandel. Hamburg 1996b.

SCHMIDT, W.; HAUPT, B.; SÜSSENBACH, J.: Bewegung,

Spiel und Sport im Alltag ostdeutscher Kinder. Sportunterricht, Schorndorf, 49 (2000) 4, S. 116–121.

SCHMIDT-KOLMER, E.: Verhalten und Entwicklung des Kleinkindes. Berlin 1960.

SCHMIDT-KOLMER, E.: Der Einfluß der Lebensbedingungen auf die Entwicklung des Kindes im Vorschulalter. Berlin 1963.

SCHMIDT-KOLMER, E. (Hrsg.): Bewegungserziehung – Bildnerische Erziehung – Musikerziehung. Berlin 1983.

SCHMIDT-KOLMER, E.: Frühe Kindheit. Berlin 1984.

SCHMIDTBLEICHER, D.: Entwicklung der Kraft und Schnelligkeit. In: BAUR, J.; BÖS, K.; SINGER, R. (Hrsg.): Motorische Entwicklung. Ein Handbuch. Schorndorf 1994, S. 129–150.

SCHMIDTBLEICHER, D., u. a.: Auftreten und funktionelle Bedeutung des Muskeldehnungsreflexes bei Lauf- und Sprintbewegungen. Leistungssport, Frankfurt/M. 8 (1978) 6, S. 480–490.

SCHMIDTKE, H.: Der Einfluß der Bewegungsgeschwindigkeit auf die Bewegungsgenauigkeit. Internationale Zeitschrift für angewandte Physiologie einschließlich Arbeitsphysiologie, Berlin, Göttingen, Heidelberg 17 (1958/59) 3, S. 252–270.

SCHMITH, O.: Zur Physiologie von Sportbewegungen – Untersuchungen zur Frage einer allgemeinen und speziellen angewandten Bewegungslehre der Sportbewegungen. Arbeitsphysiologie, Berlin, Band 5 (1932) 4, S. 371–423 (1. und 2. Mitteilung); Band 7 (1933a) 1, S. 83–107 (3. Mittellung).

SCHMITH, O.: Bewegungsablauf bei sportlicher Arbeit – Allgemeiner Teil. In: KNOLL, W.; ARNOLD, A.: Normale und pathologische Physiologie der Leibesübungen. Leipzig 1933b, S. 44–51.

SCHMITH, O.: Lehre der Bewegung und Bewegungslehre. In: ARNOLD, A.: Lehrbuch der Sportmedizin. Leipzig 1956, S. 272–286.

SCHMITH, O.; HOKE, R.: Angewandte Bewegungslehre. In: HOKE, R. SCHMIDT, O.: Grundlagen der Methodik der Leichtathletik. Leipzig 1941, München 1957[2].

SCHMOLINSKY, G., u. a.: Leichtathletik. Ein Lehrbuch für Trainer, Übungsleiter und Sportlehrer. Berlin 1980.

SCHNABEL, G.: Zur Bewegungskoordination in der Pubeszenz. Theorie und Praxis der Körperkultur, Berlin 10 (1961) 11/12, S. 1070–1080.

SCHNABEL, G.: Zur Entwicklung der Motorik in der Pubeszenz. Dissertation, Leipzig 1962.

SCHNABEL, G.: Motorische Tests – Prüfmethoden in der Forschung und in der Sportpraxis. Theorie und Praxis der Körperkultur, Berlin 12 (1963a) 12, S. 1067–1078.

SCHNABEL, G.: Die Entwicklung der Motorik als Teilproblem der Ontogenese des Menschen. Wissenschaftliche Zeitschrift der DHfK, Leipzig 5 (1963b) 3, S. 9–21.

SCHNABEL, G.: Zur Bewegungskoordination. Wissenschaftliche Zeitschrift der DHfK, Leipzig 10 (1968) 1, S. 13–32.

SCHNABEL, G.: Die koordinativen Fähigkeiten und das Problem der Gewandtheit. Theorie und Praxis der Körperkultur, Berlin 22 (1973a) 3, S. 263–269.

SCHNABEL, G.: Zur Wirkung bewegungs- und leistungsverwandter Sportarten im Training des Schwimmers. Theorie und Praxis der Körperkultur, Berlin 22 (1973b) 5, S. 419–427.

SCHNABEL, G.: Koordinative Fähigkeiten im Sport – ihre Erfassung und zielgerichtete Ausbildung. Theorie und Praxis der Körperkultur, Berlin 23 (1974) 7, S. 627–632.

SCHNABEL, G.: Sportliche Leistung – ein Beitrag zur Terminologiediskussion. Theorie und Praxis der Körperkultur, Berlin 29 (1980) 10, S. 780–787.

SCHNABEL, G.: Motor Coordination – the Fundamental Process of Motor Activity. In: Motor Coordination in Sport and Exercise. (Bologna – Aula Absidale di Santa Lucia 23/24 settembre 2000). Roma 2001, S. 89–106.

SCHNABEL, G.: Konzept und Forschungen zu den koordinativen Fähigkeiten – unter besonderer Berücksichtigung der Leipziger Schule. Leipziger Sportwissenschaftliche Beiträge. Sankt Augustin XLIII (2002) 2, S. 92–106.

SCHNABEL, G.: Beweglichkeit als Leistungsvoraussetzung. In: SCHNABEL, G.; HARRE, D.; KRUG, J.; BORDE, A. (Hrsg.): Trainingswissenschaft. Leistung – Training – Wettkampf. Berlin 2003a, S. 134–143.

SCHNABEL, G.: Bewegungsregulation als Informationsorganisation. In: SCHNABEL, G.; HARRE, D.; KRUG, J.; BORDE, A. (Hrsg.): Trainingswissenschaft. Leistung – Training – Wettkampf. Berlin 2003b, S. 72–81.

SCHNABEL, G.: Sportliche Leistung, Leistungsfähigkeit – Wesen und Struktur. In: SCHNABEL, G.; HARRE, D.; KRUG, J.; BORDE, A. (Hrsg.): Trainingswissenschaft. Leistung – Training – Wettkampf. Berlin 2003c, S. 36–56.

SCHNABEL, G.: Sportliche Technik – sporttechnische Fertigkeiten. In: SCHNABEL, G.; HARRE, D.; KRUG, J.; BORDE, A. (Hrsg.): Trainingswissenschaft. Leistung – Training – Wettkampf. Berlin 2003d, S. 113–125.

SCHNABEL, G.: Training der Beweglichkeit. In: SCHNABEL, G.; HARRE, D.; KRUG, J.; BORDE, A. (Hrsg.): Trainingswissenschaft. Leistung – Training – Wettkampf. Berlin 2003e, S. 280–291.

SCHNABEL, G.; HARRE, D.; BORDE, A. (Hrsg.): Trainingswissenschaft. Leistung – Training – Wettkampf; Berlin 1994; Studienausgabe 1997.

SCHNABEL, G.; HARRE, D.; KRUG, J.; BORDE, A. (Hrsg.): Trainingswissenschaft. Leistung – Training – Wettkampf. Berlin, München 2003[3].

SCHNABEL, G.; THIESS, G. (Hrsg.): Lexikon Sportwissenschaft. Leistung – Training – Wettkampf. Band 1 und 2. Berlin 1993.

SCHNABEL, G., u. a. (Red.): Sportliche Motorik – Standpunkte zu Gegenstandsbereich, Aufgabenstellung und Einordnung. Theorie und Praxis der Körperkultur, Berlin 25 (1976) 7, S. 524–532.

SCHNABEL, G., u. a.: Methoden zur Gewinnung empirischen Wissens. Wissenschaftliche Zeitschrift der DHfK, Leipzig 28 (1987) Sonderheft 3: Forschungsmethoden in den sportmethodischen Wissenschaftsdisziplinen, S. 181–230.

SCHNABEL, G., u. a.: Bewegungsregulation im Sport. Sankt Augustin 1995.

SCHNEID, V.: Motorische Entwicklung in der frühen Kindheit. In: BAUR, J.; BÖS, K.; SINGER, R. (Hrsg.): Motorische Entwicklung – Ein Handbuch. Schorndorf 1994a, S. 260–275.

SCHNEID, V.: Motorische Entwicklung in der mittleren Kindheit. In: BAUR, J.; BÖS, K.; SINGER, R. (Hrsg.): Motorische Entwicklung – Ein Handbuch. Schorndorf 1994b, S. 276–290.

SCHNEIDER, K.: Koordination und Lernen von Bewegungen. Eine experimentelle Bestätigung von Bernsteins Koordinationshypothese. Frankfurt/M. 1989.

SCHNEIDER, K.: Der Beschleunigungsaufwand als quantitative Beschreibung des Bewegungsflusses. Sportwissenschaft, Schorndorf 20 (1990) 2, S. 192–199.

SCHNEIDER, W.: Methodologische Probleme und Möglichkeiten bei der längsschnittlichen Analyse motorischer Entwicklungsverläufe. In: BAUR, J.; BÖS, K.; SINGER, R. (Hrsg.): Motorische Entwicklung – Ein Handbuch. Schorndorf 1994, S. 356–372.

SCHÖLLHORN, W.: Schnelligkeitstraining. Reinbek 1995.

SCHOTT, N.; MUNZERT, J.: Motorische Entwicklung im Kindesalter. In: KÖPPE, G.; SCHWIER, J. (Hrsg.): Handbuch Grundschulsport. Baltmannsweiler 2003, S. 32–61.

SCHREITER, R.: Die Entwicklung der Bewegungsfertigkeiten Fangen und Werfen bei Kindern im vierten bis achten Lebensjahr. Dissertation, Leipzig 1961.

SCHREITER, R.: Die Entwicklung der Bewegungsfertigkeiten Fangen und Werfen bei Kindern im vierten bis achten Lebensjahr (Autorreferat). Theorie und Praxis der Körperkultur, Berlin 12 (1963a) 1, S. 73–77.

SCHREITER, R.: Die Entwicklung der Fangfertigkeit bei Kindern im 4.–8. Lebensjahr. Wissenschaftliche Zeitschrift der DHFK, Leipzig 5 (1963b) 3, S. 55–74.

SCHREITER, R.: Das Erlernen des Schlagwurfes bei Mädchen im ersten Schuljahr. Körpererziehung, Berlin 15 (1965) 5, S. 250–254.

SCHRÖDER, W.: Ruderanfängerausbildung in kybernetischer Sicht. Rudersport, Minden 82 (1964) 11, Lehrbeilage Nr. 2, S. 1–8.

SCHUBERT, F.: Die Rolle der Antizipationsfähigkeit für die Effektivität der Handlungsregulation bei Sportlern. Wissenschaftliche Zeitschrift der DHfK, Leipzig 21 (1980) 1, S. 53–66.

SCHUCK, H.: Bewegungsregulation im Schwimmen. Psychologisches Training. Aachen 2001.

SCHÜTZ, R. M.: Alter und Behinderung. Versuch einer Bestandsaufnahme. Zeitschrift für Gerontologie, Darmstadt 27 (1994) 1, S. 65–72.

SCHWARZ, V.: Zwillingsuntersuchungen bei körperlichen Belastungen. Medizin und Sport, Berlin 17 (1977) 11, S. 367–370.

SCHWIDETZKY, I.: Eine Typenformel für die Reifungsstufen. Zeitschrift für menschliche Vererbung und Konstitutionslehre, Berlin, Göttingen, Heidelberg 30 (1950) 1, S. 86–90.

SCHWIDETZKY, I.: Das Menschenbild der Biologie. Stuttgart 1959.

SCHWIER, J.: Kindliche Bewegungs- und Lebenswelt im Wandel. In: SCHMIDT, W. (Hrsg.): Kindheit und Sport – gestern und heute. Ahrensburg 1996, S. 71–83.

SEEFELDT, V.: Sequencing motor skills with the physical education curriculum. Presented at the American Association of Health, Physical Education and Recreation National Convention, Houston, Texas 1972.

SEIDEL-STRÖSSLEIN, S.: Kurzfristige Anpassungsvorgänge an Störungen der visuellen Regulation: Bedingungen und Verlauf. Probleme und Ergebnisse der Psychologie, Berlin (1968) 24, S. 53–76.

SEIFERT, G.: Zum Problem des beidseitigen Übens im Gerätturnen. Körpererziehung, Berlin 18 (1968) 11, S. 574–579.

SEMENOV, G. P.: Metodika issledovanija trech režimov raboty myšci i ich sočetanij (Untersuchungsmethodik der drei Arbeitsregime des Muskels und ihrer Verbindungen). Teorija i praktika fizičeskoj kul'tury, Moskva 33 (1970) 12, S. 63–64.

SEMENOV, L. P.; KOŽEVNIKOV, V. I.; ORLOV, V. P.: Fazovaja struktura opornych pryžkov (Phasenstruktur von Stützsprüngen). Gimnastika, Moskva 9 (1978) 2, S. 40–42.

SENF, G.: Eignungsdiagnostik und Talentauswahl. In: Schnabel, G.; Harre, D.; Krug, J.; Borde, A. (Hrsg.): Trainingswissenschaft. Leistung – Training – Wettkampf. Berlin, München 2003³, S. 436–442.

SENF, G. (Hrsg.): Talenterkennung und -förderung im Sport. Sankt Augustin 1993.

SENFF, O.; WEIGELT, M.: Optimierung sportmotorischen Lernens. Marburg 2003.

SERMEEV, B. V.: Podvižnost v sustavach u detej školnogo vozrasta (Die Beweglichkeit in den Gelenken der Schulkinder). Fizičeskaja kul'tura v škole, Moskva 6 (1963) 4, S. 8–16.

SERMEEV, B. V.: Razvitie podvižnosti v tazobedren-
nom sustave u sportsmenov (Die Entwicklung der
Beweglichkeit im Hüftgelenk bei Sportlern). Teorija i praktika fizičeskoj kul'tury, Moskva 29 (1966)
12, S. 25–26.

SERMEJEW, B. W.: Der Einfluß von speziellen Übungen
auf die Beweglichkeit der Schüler. Theorie und Praxis der Körperkultur, Berlin 13 (1964) 5, S. 434–436.

SEČENOV, I. M.: Gesamte Werke. Band II. Moskau
1908.

SEČENOV, I. M.: Ausgewählte Arbeiten. Moskau 1955.

SEVERČOV, N. S.: Osnočenye uslovija effektivnogo is-
pol'zovanija myšc v skorostnych upražnenijach
(Grundbedingungen für den effektiven Einsatz
der Muskeln in Schnelligkeitsübungen). Teorija i
praktika fizičeskoj kul'tury, Moskva 34 (1971) 3,
S. 10–16.

SHARMA, K.-D.: Biologisches Alter und koordinative
Entwicklung in der Pubertät. Psychomotorik in
Forschung und Praxis, Bd. 17. Kassel 1993.

SHARMA, K. D.; HIRTZ, P.: Zum Zusammenhang von
koordinativen Fähigkeiten und biologischem Alter. Medizin und Sport, Berlin 31 (1991) 3/4,
S. 97–100.

SHEPARD, R. J.: Aging, physical activity and health.
Champaign, Ill. 1997.

SHERRINGTHON, C. S.: The integrative action of the
nervous system. London 1908.

SINGER, R. (Hrsg.): Alterssport. Versuch einer Bestandsaufnahme. Schorndorf 1981.

SINGER, R.: Biogenetische Einflüsse auf die motorische Entwicklung. In: BAUR, J.; BÖS, K.; SINGER,
R. (Hrsg.): Motorische Entwicklung – Ein Handbuch. Schorndorf 1994, S. 51–71.

SINGER, R.; BÖS, K.: Motorische Entwicklung: Ge-
genstandsbereich und Entwicklungseinflüsse. In:
BAUR, J.; BÖS, K.; SINGER, R. (Hrsg.): Motorische
Entwicklung. Ein Handbuch. Schorndorf 1994,
S. 15–26.

SINGER, R. N.: Motor learning and human performance. New York, London 1980[3].

SINGER, R. N.: Motorisches Lernen und menschliche
Leistung. Bad Homburg 1985.

SLYKOV, J. P.: Izmenenie dvigatel'noj reakcii detej pod
vlijaniem sročnoj informacii (Die Veränderung
der Bewegungsreaktion von Kindern unter dem
Einfluß der Schnellinformation). Teorija i praktika fizičeskoj kul'tury, Moskva 29 (1966) 8,
S. 52–53.

SMIRNOV, K. M., u. a.: Sportphysiologie. Berlin 1974.

SOBOTKA, R.: Das Prinzip der Natürlichkeit in der
Leibeserziehung. Wien 1968.

SOBOTKA, R.: Formgesetze der Bewegungen im Sport.
Schorndorf 1974.

SOBOTKA, R.: Was ist an der Wurfmotorik vererbt?
Spectrum der Sportwissenschaften, Wien 10 (1998)
1, S. 107–109.

SÖLL, H.: Psychomotorische Entwicklung im Kin-
des- und Jugendalter. Schorndorf 1982.

SPANGLER, G.; BRÄUTIGAM, I.; STADLER, R.: Handlungsentwicklung in der frühen Kindheit und ihre
Abhängigkeit von der kognitiven Entwicklung und
der emotionalen Erregbarkeit des Kindes. Zeitschrift für Entwicklungspsychologie, Köln 16 (1984)
3, S. 181–193.

SPIRDUSO, W. W.: Introduction in motor learning.
Adaption and learning in old age. In: HUBER, G.
(Hg.): Health, aging, activity and sports. Werbach-
Gamburg 1997, pp. 104–108.

STAMPF, K. H.: Laboruntersuchungen. In: ROTH, E.;
HOLLING, H. (Hrsg.): Sozialwissenschaftliche Methoden. München, Wien 1999, S. 228–244.

STARISCHKA, S.: Altern und Sport. Erlensee 1990.

STARISCHKA, S.; VÖLKER, K.: Facetten sportwissenschaftlicher Forschung und Lehre. Erlensee 1995.

STARISCHKA, S.; DÖRING, H.; HAGEDORN, M.: Koor-
dinative Fähigkeiten älterer Menschen – Diagno-
stische und geschlechtsspezifische Aspekte. In:
STAROSTA, W. (Hrsg.): Bewegungskoordination im
Sport. Warszawa-Gorzów Wielkopolski 1990,
S. 166–187.

STARK, G.: Beziehungen der physischen Eigenschaften zu den Bewegungsfertigkeiten im Gerätturnen
als technische Sportart. Theorie und Praxis der
Körperkultur, Berlin 12 (1963) 2, S. 158–163.

STARK, G.: Die Abhängigkeit der Leistungsentwicklung jugendlicher Turner von der technischen
Grundausbildung und dem Entwicklungsstand in
den Bewegungseigenschaften Kraft und Beweglichkeit. Wissenschaftliche Zeitschrift der DHfK,
Leipzig 6 (1964) Sonderheft, S. 39–44.

STARK, G.: Sporttechnisches Training und zwei grundlegende Prinzipien der Leistungsentwicklung. Theorie und Praxis Leistungssport, Berlin 22 (1984) 12,
S. 3–12.

STARK, G.: Langfristiger Leistungsaufbau. In: SCHNA-
BEL, G.; HARRE, D.; KRUG, J.; BORDE, A. (Hrsg.):
Trainingswissenschaft. Leistung – Training – Wett-
kampf. Berlin, München 2003[3], S. 363–397.

STAROSCIAK, W.: Immediate learning and progress in
learning new motor activity of girls at the age of
10–11 and 13–14. Journal of Human Kinetics,
Vol. 4, Suppl., Katowice 2000, pp. 171–176.

STAROSTA, W.: Science of human movement – mea-
ning, name, directions of development. Journal of
Human Kinetics. Katowice 6 (2001), pp. 3–22.

STAROSTA, W.: The importance of movement coordination, its structure and the hierarchy of integrant
elements in sport and physical education. In: Motor Coordination in Sport and Exercise. (Bologna –
Aula Absidale di Santa Lucia 23/24 settembre
2000). Roma 2001, pp. 13–88.

START, K. B.: Kinesthesis and mental practice. The
Research Quarterly of the American Association

for Health, Physical Education and Recreation, Washington 35 (1964) 3, pp. 316–319.

STATISTISCHES BUNDESAMT 1994, 2003.

STEGER, G.: Über den Diskuswurf. Neue psychologische Studien, München 9 (1938) 4, S. 351–382.

STEMMLER, R.: Studien über die sportlichen Leistungsverhältnisse Erwachsener in verschiedenen Altersbereichen. Theorie und Praxis der Körperkultur, Berlin 4 (1955) 9, S. 675–696.

STEMMLER, R.: Die Entwicklung einer Punkttabelle für die Leichtathletik im Kindes- und Jugendalter. Theorie und Praxis der Körperkultur, Berlin 11 (1962) 10, S. 936–939.

STEMMLER, R.: Kennziffern der physischen Entwicklung der jungen Generation in der Deutschen Demokratischen Republik und ihre Bedeutung für die Festlegung von Leistungsnormen. Theorie und Praxis der Körperkultur, Berlin 17 (1968) 6, S. 557–582.

STEMMLER, R.: Entwicklungsschübe in der körperlichen Leistungsfähigkeit. Theorie und Praxis der Körperkultur, Berlin 26 (1977a) 4, S. 278–284.

STEMMLER, R.: Testbatterie und Entwicklungsinformationsnetz – Mittel zur Kennzeichnung des individuellen Entwicklungsstandes und zur pädagogisch-methodischen Führung und Kontrolle im Sportunterricht. Theorie und Praxis der Körperkultur, Berlin 26 (1977b) 5, S. 353–359.

STEMMLER, R.: Eine repräsentative Testbatterie – Orientierungsmöglichkeit zur gezielten Steuerung und Vervollkommnung der körperlichen Grundausbildung. Körpererziehung, Berlin 28 (1978) 5, S. 220–234.

STIEHLER, G., u. a.: Methodik des Sportunterrichts. Berlin 1979.

STIEHLER, G.; KONZAG, I.; DÖBLER, H.: Sportspiele. Berlin 1988.

STRAUZENBERG, S. E.: Der ältere Mensch als aktiver Sportler. In: RIES, W. (Hrsg.): Sport und Körperkultur des älteren Menschen. Leipzig 1966, S. 218–229.

SURKOV, E. N.: Anticipacija v sporte (Antizipation im Sport). Moskva 1982. Auszug: Effekte der räumlich-zeitlichen Antizipation von Sportlern bei Handlungen vom Typ »Reaktion auf sich bewegende Objekte«. Theorie und Praxis der Körperkultur, Berlin 32 (1983) 9, S. 687–692.

SZABO, S.: Die Bedeutung und die Auswirkungen des biologischen Lebensalters auf die Wettkampfergebnisse der Sportler im Pubertätsalter. Schweizerische Zeitschrift für Sportmedizin, Bern 17 (1969) 9, S. 47–65.

TAMBOER, J. W. J.: Philosophie der Bewegungswissenschaften. Butzbach-Griedel 1994.

TANASESCU, G.; STANCIULESCU, E.: Beitrag zum Studium der Entwicklung einiger Charakteristiken der höheren Nerventätigkeit bei 7- bis 11jährigen Kindern. Wissenschaftliche Zeitschrift der Humboldt-Universität Berlin, Mathematisch-naturwissenschaftliche Reihe, 14 (1965) 2, S. 255–257.

TANNER, J. M.: Wachstum und Reifung des Menschen. Stuttgart, 1962.

TANNER, S. M.: Weighing the risks. Strength training for children and adolescents. Physician Sportsmedicine. Minneapolis 21 (1993) 6, pp. 105–116.

TEICHERT, J.: Untersuchungen zur rhythmischen Ansprechbarkeit und motorischen Darstellungsfähigkeit bei Mädchen des 1.–5. Schuljahres. Dissertation, Leipzig 1964.

TEIPEL, D.: Diagnostik koordinativer Fähigkeiten. München 1988.

TEIPEL, D.: Studien zur Gleichgewichtsfähigkeit im Sport. Köln 1995.

TEMPRADO, J. J.; LAURENT, M.: Perceptuo-motor coordination in sport: Current trends and controversies. International Journal of Psychology. Hove 30 (1995) 4, pp. 417–436.

THIESS, G.: Wettkampfhäufigkeit im Nachwuchstraining. Theorie und Praxis der Körperkultur, Berlin 16 (1967) 11, S. 1009–1017.

THIESS, G.: Anfängertraining von Kindern – Resümee und Ausblick. Theorie und Praxis der Körperkultur, Berlin 32 (1983) 7, S. 489–492.

THIESS, G.; BLUME, D.-D.: Grundfragen der Theorie und Methodik des Tests in der Sportmethodik. Theorie und Praxis der Körperkultur, Berlin 34 (1985) 9, S. 667–678.

THOMAS, A.: Die Bedeutung der Bewegungsvorstellung beim Erlernen bewegungs- und zielzentrierter Sportarten. In: THOMAS, A.; SIMONS, D.; BRACKHANE, R.: Handlungspsychologische Analyse sportlicher Übungsprozesse. Schorndorf 1977a, S. 147–178.

THOMAS, A.: Die Bedeutung visueller Informationen zur Ausführung von Bewegungshandlungen in bewegungs- und zielzentrierten Sportarten. In: THOMAS, A.; SIMONS, D.; BRACKHANE, R.: Handlungspsychologische Analyse sportlicher Übungsprozesse. Schorndorf 1977b, S. 179–192.

THOMAS, A.: Zur Anwendung psychomotorischer und sportmotorischer Testverfahren bei bewegungs- und zielzentrierten Sportarten. In: THOMAS, A.; SIMONS, D.; BRACKHANE, R.: Handlungspsychologische Analyse sportlicher Übungsprozesse. Schorndorf 1977c, S. 193–210.

THOMAS, A.: Einführung in die Sportpsychologie. Göttingen 1978.

THOMAS, J.; NELSON, J.: Research methods in physical activity. Champaign, Ill. 2001[4].

THOMAS, J. R.; THOMAS, K. T.: What is motor development: Where does it belong? Champaign, Ill. 41 (1989) 3, pp. 203–212.

THORHAUER, H.-A.: Zur Problematik der quantitativen Charakteristik motorischer Qualitätsmerkmale sportlicher Bewegungsabläufe unter besonderer

Berücksichtigung der numerischen Erfassung des Bewegungsflusses. Staatsexamensarbeit, Friedrich-Schiller-Universität Jena 1967.

THORHAUER, H.-A.: Wesen und Charakter des Prinzips der »objektiven ergänzenden Information« und allgemeine Probleme der Steuerung und Regelung von Willkürbewegungen des Menschen. Theorie und Praxis der Körperkultur, Berlin 19 (1970a) 1, S. 4–14.

THORHAUER, H.-A.: Probleme und Ergebnisse des methodischen Prinzips der »objektiven ergänzenden Information«. Theorie und Praxis der Körperkultur, Berlin 19 (1970b) 8, S. 700–705.

THORHAUER, H.-A.: Zur Zeitstruktur der »objektiven ergänzenden Schnellinformation«. Theorie und Praxis der Körperkultur, Berlin 20 (1971) 5, S. 389–396.

THORHAUER, H.-A.: Der Einfluß von Information und Erfahrung auf Prozesse des motorischen Lernens. Theorie und Praxis der Köperkultur, Berlin 23 (1974) 1, S. 70–77.

TIDOW, G.: Beobachtung und Beurteilung azyklischer Bewegungsabläufe. Ahrensburg 1983.

TIDOW, G.: Zur Sollwert-Präzision der Absprungvorbereitung beim Weitsprung. In: DAUGS, R., u. a. (Hrsg.): Sportmotorisches Lernen und Techniktraining. Schorndorf 1991, Band 2, S. 61–65.

TIDOW, G.: Zur Optimierung des Bewegungssehens im Sport. In: BARTMUS, U., u. a. (Hrsg.): Aspekte der Sinnesphysiologie im Sport. Köln 1996.

TIMMERMANN, H.; SCHÖNMETZLER, S.: Nachwuchstraining. Leistungssport, Frankfurt/M. 11 (1981) 6, S. 494–499.

TITTEL, K.: Zur Biotypologie und funktionellen Anatomie des Leistungssportlers. Nova Acta Leopoldina Band 30, Nr. 172, Leipzig 1965.

TITTEL, K.: Beschreibende und funktionelle Anatomie des Menschen. Jena 1985; München, Jena 2003[14].

TITTEL, K.; WUTSCHERK, H.: Sportanthropometrie. Leipzig 1972.

TODT, H.; HEINICKE, D. (Hrsg.): Aktuelle Neuropädiatrie. Wehr 1994.

TOKARSKI, W.: Neue Alte, alte Alte – alter oder neuer Sport? Seniorensport im Zeichen des Umbruchs. In: TOKARSKI, W.; ALLMER, H. (Hrsg.): Sport und Altern. Eine Herausforderung für die Sportwissenschaft. Sankt Augustin 1991 1, S. 5–21.

TOKARSKI, W.; ALLMER, H. (Hrsg.): Sport und Altern. Eine Herausforderung für die Sportwissenschaft. Sankt Augustin 1991.

TREBELS, A.: Bewegung sehen und beurteilen. Sportpädagogik, Seelze 14 (1990) 1, S. 12–20.

TROGSCH, F.: Über die ästhetisch-kommunikative Funktion des Rhythmus. Theorie und Praxis der Körperkultur, Berlin 13 (1964) Sonderheft, S. 129–138.

TROGSCH, F.: Über die Verwendung von Tests im Sportunterricht. Körpererziehung, Berlin 15 (1965) 5, S. 259–267.

TROGSCH, F.: Forschung und Forschungsmethoden im Bereich der Körpererziehung. In: STIEHLER, G., u. a.: Methodik des Sportunterrichts. Berlin 1967, S. 404–442.

TROGSCH, F.; OLBRICH, H.: Bericht über ein 10jähriges Trainingsexperiment zur Festigung der Gesundheit. Theorie und Praxis der Körperkultur, Berlin 23 (1974) 11, S. 1010–1024

TSAROUCHAS, E.: Die Untersuchung der gegenseitigen Beeinflussung der Kraftwirkungen in der kinematischen Kette des menschlichen Bewegungsapparates – untersucht am Beispiel der kinematischen Kette der unteren Extremitäten. Dissertation, Leipzig 1971.

TSCHCHAIDSE, L. W.: Koordinierung willkürlicher Bewegungen beim Menschen im Blickwinkel allgemeiner Gesetzmäßigkeiten der Steuerung und der Steuerungssysteme. Probleme der Kybernetik, Band 8, Berlin 1965, S. 334–371.

TUREK, M.: K metodologickým problémom výskumu transferu a možnosti jeho aplikácie v motorickom učeni (Zu methodologischen Untersuchungsproblemen des Transfers und seine Applikationsmöglichkeiten im motorischen Lernen). Teorie a praxe tělesné vychovy, Praha 29 (1981) 12, S. 748–751.

ULLRICH, K.; GOLLHOFER, A.: Physiologische Aspekte und Effektivität unterschiedlicher Dehnmethoden. Deutsche Zeitschrift für Sportmedizin, Köln 45 (1994) 9, S. 336–345.

UNGERER, D.: Leistungs- und Belastungsfähigkeit im Kindes- und Jugendalter. Schorndorf 1967.

UNGERER, D.: Sensomotorik. Berlin 1973a.

UNGERER, D.: Zur Theorie des sensomotorischen Lernens. Schorndorf 1973b; 1977[3].

VANĚK, M.; HOSEK, V.: K problémům teorie motorického učeni (Zu Problemen der Theorie des motorischen Lernens). Teorie a praxe tělesné vychovy, Praha 18 (1970) 3, S. 129–135.

VAUGHAN, C. L.: Computer simulation of human motion in sports biomechanics. Exercise and Sports Science Review, New York 12 (1984), S. 373–416.

VELAZQUEZ, J.: Das Offensichtliche und das Unwahrscheinliche. Sport in der UdSSR, Moskau (1984) 12, S. 35.

VERCHOŠANSKIJ, J. V.: Dinamičeskaja struktura složnych dvigatel'nych dejstvij (Die dynamische Struktur schwieriger Bewegungsreaktionen). Teorija i praktika fizičeskoj kul'tury, Moskva 29 (1966) 9, S. 10–13.

VERCHOŠANSKIJ, J. V.: Nekotorye osobennosti rabočich dviženij čeloveka (Einige Besonderheiten der Arbeitsbewegungen des Menschen). Teorija i praktika fizičeskoj kul'tury, Moskva 33 (1970) 12, S. 8–12.

VERCHOŠANSKIJ, J. V.: Grundlagen des speziellen Krafttrainings im Sport. Theorie und Praxis der Körperkultur, Berlin 20 (1971) Beiheft 3.

VERCHOVSKIJ, F. J.; RATOV, I. P.; VOZNJAK, S. V.: Vozmožnosti predotvraščenija otricatel'nych fenomenov mezmyšečnoj koordinacii v sportivnych upražnenijach (Möglichkeiten zur Verhütung negativer Erscheinungen der intermuskulären Koordination bei sportlichen Übungen). Teorija i praktika fizičeskoj kul'tury, Moskva 33 (1970) 1, S. 61–63.

VILKNER, H.-J.: Erfassung einiger koordinativer Fähigkeiten mit Hilfe einer komplexen elektronischen Zeit- und Impulsmeßanlage. Theorie und Praxis der Körperkultur, Berlin 25 (1976) 5, S. 365–369.

VILKNER, H.-J.: Zur Erfassung und Entwicklung der motorischen Reaktionsfähigkeit im Schulalter. Theorie und Praxis der Körperkultur, Berlin 26 (1977) 7, S. 516–521.

VILKNER, H.-J.: Zur Erfassung und Entwicklung der motorischen Reaktionsfähigkeit. Dissertation, Universität Greifswald 1980.

VILKNER, H.-J.: Untersuchungsmethodik zur Diagnostik der motorischen Reaktionsfähigkeit. Theorie und Praxis der Körperkultur, Berlin 31 (1982) 3, S. 197–205.

VIRU, A., et. al.: Age periods of accelerated improvement of muscle strength, power, speed and endurance in the age interval 6–18 years. Biol. Sport, Warsaw 15 (1998) 4, pp. 211–227.

VOGT, M.: Die Einstellung der Schüler zu Ausdauerläufen im Sportunterricht. Körpererziehung, Berlin 24 (1974) 6, S. 285–291.

VOGT, U.: Die Motorik 3- bis 6jähriger Kinder. Schorndorf 1978.

VOIGT, H.-F. (Red.): Bewegungen lesen und antworten. Ahrensburg 1993.

VOLGER, B.: Lehren von Bewegungen. Ahrensburg 1990.

VOLKOV, V. M.: Treneru o podrostke (Was der Trainer über den jugendlichen Sportler wissen muß). Moskva 1973.

VOLKOV, V. M.: Aktual'nye voprosy biologii sportivnogo otbora (Aktuelle Fragen der Biologie der sportlichen Auswahl). Teorija i praktika fizičeskoj kul'tury, Moskva 49 (1974) 3, S. 58–61.

VOLPERT, W.: Untersuchungen über den Einsatz des mentalen Trainings beim Erwerb einer sensumotorischen Fertigkeit. Köln 1969.

VOLPERT, W.: Sensumotorisches Lernen. Frankfurt/M. 1973².

WACHHOLDER, K.: Willkürliche Haltung und Bewegung insbesondere im Lichte elektro-physiologischer Untersuchungen. In: Ergebnisse der Physiologie, München 26 (1928), S. 568–775.

WACHHOLDER, K.: Die Arbeitsfähigkeit des Menschen in ihrer Abhängigkeit von der Funktionsweise des Muskel- und Nervensystems. In: BETHE, A.; BERGMANN, G. VON (Hrsg.): Handbuch der normalen und pathologischen Physiologie, Berlin, Band 15 (1930) 1, S. 587–642.

WACHHOLDER, K.: Selbstgewähltes Bewegungstempo und seine Beziehung zum Eigenrhythmus und zur Ökonomie der Bewegung. Arbeitsphysiologie, Berlin, Band 7 (1932) 4, S. 422–429.

WAGNER, J.: Erarbeitung und experimentelle Erprobung einer neuartigen trainingsmethodischen Lösung zur Entwicklung spezieller Leistungsvoraussetzungen im ABT der Skispringer. Dissertation, Leipzig 1989.

WAGNER, R.: Über die Zusammenarbeit der Antagonisten bei der Willkürbewegung. Zeitschrift für Biologie, München, Band 83 (1925) 1, S. 59–93 (I. Mitteilung); 2, S. 120–144 (II. Mitteilung).

WAGNER, R.: Probleme und Beispiele biologischer Regelung. Stuttgart 1954.

WAGNER, R.: Rückkopplung und Regelung. Ein Urprinzip des Menschen. Die Naturwissenschaften, Berlin 48 (1961) 8, S. 235–246.

WAITZER, J.: Die Gesetze der Sportmechanik. Start und Ziel, München 2 (1926) 12, S. 367–371.

WALKSTEIN, R.: Gleichgewichtsleistungen und spezifische Gestaltung des Gleichgewichtstrainings in der künstlerischen Gymnastik. Ein Beitrag zur Fundierung des sportartspezifischen Trainingssystems. Dissertation, Leipzig 1971.

WALTHES, R.: Motorische Theorien und Modelle der Sportwissenschaft. In: GABLER, H.; GÖHNER, U. (Hrsg.): Für einen besseren Sport. Tübingen 1996.

WARTENWEILER, J.; WETTSTEIN, A.: Untersuchung und Analyse der Sägebewegung. Internationale Zeitschrift für angewandte Physiologie einschließlich Arbeitsphysiologie, Berlin, Heidelberg, New York 21 (1965a) 1, S. 69–79.

WARTENWEILER, J.; WETTSTEIN, A.: Biomechanische Grundprinzipien für schwunghafte Bewegungen. Körpererziehung, Bern 43 (1965b) 7/8, S. 149–160.

WARTENWEILER, J.; WETTSTEIN, A.: Charakteristik schwunghafter Bewegungen nach biomechanischen Gesichtspunkten. In: XVI. Weltkongreß für Sportmedizin, Hannover 1966, S. 783–789.

WASKIEWICZ, Z.; ZAJAC, A.; JURAS, G.: Susceptibility of explosive strength, anaerobic power and capacity in soccer players aged 12–18. International Conference on weightlifting and strength training. Conference Book, Finland: 1998, pp. 303/304

WASMUND, B.: Untersuchung zu einer Störung der visuellen Bewegungsregulation – die bewußte Auseinandersetzung mit dieser Störung. Probleme und Ergebnisse der Psychologie, Berlin (1968) 26, S. 69–85.

WEINBERG, P.: Bewegung, Handlung, Sport. Handlungsorientierte Bewegungsforschung. Köln 1985.

WEINECK, J.: Sportbiologie. Erlangen 1986; 1988; Balingen 1994[4]; 1996.

WEINECK, J.: Optimales Training: Leistungsphysiologische Trainingslehre unter besonderer Berücksichtigung des Kinder- und Jugendtrainings. Balingen 2000.

WEIZSÄCKER, V. VON: Der Gestaltkreis. Theorie der Einheit von Wahrnehmung und Bewegung. Stuttgart 1950; Frankfurt/M. 1973.

WELLNITZ, I.: Der Einfluß eines pädagogischen Experiments auf die Herausbildung koordinativer Fähigkeiten. Theorie und Praxis der Körperkultur, Berlin 31 (1982) 12, S. 911–914.

WELLNITZ, I.: Untersuchungen zur koordinativen Fähigkeitsentwicklung und zum motorischen Lernen in den Klassen 5 und 6. Dissertation, Ernst-Moritz-Arndt-Universität Greifswald 1983.

WELLNITZ, I.; HIRTZ, P.: Langzeitwirkungen eines pädagogischen Experiments zur Entwicklung koordinativer Fähigkeiten in der Unterstufe. Körpererziehung, Berlin 33 (1983) 1, S. 4–7.

WELLS, K. F.: Kinesiology. Philadelphia, London 1968.

WERCHOSCHANSKIJ, J.: Bedeutung der Schwungbewegungen beim Absprung. Der Leichtathlet, Berlin 1 (6) (1963) Nr. 3; Beilage: Der Leichtathletik-Trainer, Berlin 1 (11) (1963) 4, S. 5–11.

WHITING, H. T. A. (Ed.): Human motor actions. Bernstein re-assesed. North-Holland, Amsterdam, New York. Oxford 1984.

WIEMANN, K.: Strukturanalyse und Aktionsanalyse sportmotorischer Fertigkeiten. Sportwissenschaft, Schorndorf 7 (1977) 3, S. 230–246.

WIEMANN, K.: Analysen sportlicher Bewegungen. Düsseldorf 1979.

WIEMANN, K.: Stretching. Grundlagen, Möglichkeiten, Grenzen. Sportunterricht, Schorndorf 42 (1993) 3, S. 91–106.

WIEMANN, K.; LEISNER, S.: Extreme Hüftbeugefähigkeit von Turnern. Sind längere ischiokrurale Muskeln die Ursache? TW Sport und Medizin 8 (1996) 2, S. 103–108.

WIEMEYER, J.: Perspektiven der Motorikforschung – Kritische Reflexionen zentraler Positionen und ausgewählte Probleme der psychologisch akzentuierten Motorikforschung. Spectrum der Sportwissenschaften, Wien 6 (1994a) 1, S. 5–26.

WIEMEYER, J.: Interne Bewegungsrepräsentation. Grundlagen, Probleme, Perspektiven. Köln 1994b.

WIEMEYER, J.: Lern-, Aufnahme- und Strategietypen beim sportmotorischen Lernen. In: BLASER, P.; WITTE, K.; STUCKE, C. (Hrsg.): Steuer- und Regelvorgänge der menschlichen Motorik. Sankt Augustin 1994c, S. 220–224.

WIEMEYER, J.: Integration der bewegungswissenschaftlichen Modellbildung. Spectrum der Sportwissenschaften, Wien 8 (1996) 1, S. 5–30.

WIEMEYER, J.: Bewegungslernen im Sport. Motorische, kognitive und emotionale Aspekte. Darmstadt 1997.

WIEMEYER, J. (Hrsg.): Forschungsmethodologische Aspekte von Bewegung, Motorik und Training im Sport. Hamburg 1999.

WIERTZ, O.; WILLIMCZIK, K.: Der Erkenntnisstand zur (sport-)motorischen Entwicklung – Eine Re-Interpretation im Lichte der Entwicklungspsychologie der Lebensspanne. In: WIEMEYER, J. (Hrsg.): Forschungsmethodologische Aspekte von Bewegung, Motorik und Training im Sport. Hamburg 1999, S. 155–160.

WILD, M.: The behavior pattern of throwing and some oberservation concerning its course of development in children. Research Quarterly of the American Association for Health, Physical Education and Recreation, Washington, DC 9 (1938) 1, pp. 20–24.

WILLIMCZIK, K.: Leistungsbestimmende Bewegungsmerkmale der 110m-Hürdentechnik. Berlin 1972.

WILLIMCZIK, K.: Interdisziplinäre Sportwissenschaft. Forderungen an ein erstarrtes Konzept. Sportwissenschaft, Schorndorf 15 (1985) 1, S. 9–32.

WILLIMCZIK, K.: Theorie der motorischen Entwicklung zwischen Inter- und Chimärendisziplinarität. In: DIECKERT, J., u. a. (Hrsg.): Sportwissenschaft im Dialog: Bewegung – Freizeit – Gesundheit. Aachen 1993, S. 85–86.

WILLIMCZIK, K.: Die Perspektive der Sportwissenschaft auf der Grundlage der reinen und der praktischen Vernunft. Leipziger Sportwissenschaftliche Beiträge. Sankt Augustin XLII (2001a) 1, S. 43–64.

WILLIMCZIK, K.: Sportwissenschaft Interdisziplinär. Ein wissenschaftstheoretischer Dialog. Hamburg 2001b.

WILLIMCZIK. K.; CONZELMANN, A.: Motorische Entwicklung in der Lebensspanne – Kernannahmen und Leitorientierungen. In: WIEMEYER, J. (Hrsg.): Forschungsmethodologische Aspekte von Bewegung, Motorik und Training im Sport. Hamburg 1999, S. 144–148.

WILLIMCZIK, K.; GROSSER, M.: Motorische Entwicklung im Kindes- und Jugendalter. Schorndorf 1979.

WILLIMCZIK, K.; ROTH, K.: Bewegungslehre. Grundlagen. Methoden. Analysen. Reinbek 1983.

WILLIMCZIK, K., u. a.: Das beste motorische Lernalter. Sportwissenschaft, Schorndorf 29 (1999) 1, S. 42–61.

WINTER, R.: Erstaunlich, was Schulanfänger schon können! Körpererziehung, Berlin 11 (1961) 6, S. 308–316.

WINTER, R.: Zur Entwicklung der Laufbewegungen bei Knaben und Mädchen im Schulalter. Wissenschaftliche Zeitschrift der DHfK, Leipzig 5 (1963) 3, S. 23–54.

WINTER, R.: Untersuchungen zur Ontogenese der allgemeinen sportlichen Gewandtheit vom 8. bis 18. Lebensjahr (1. bis 11. Schuljahr). Körpererziehung, Berlin 19 (1969) 1, S. 23–32.

WINTER, R.: Grundlegendes zur frühen Entwicklung von koordinativen Fähigkeiten und Bewegungsfertigkeiten sowie ihrer Rolle für die Persönlichkeitsentwicklung des Kindes. Wissenschaftliche Zeitschrift der DHfK, Leipzig 17 (1976) 1, S. 71–75.

WINTER, R.: Zur Beachtung und Nutzung von Altersspezifika der Kindheit im Übungs-, Trainings- und Wettkampfbetrieb der Sportgemeinschaften. Theorie und Praxis der Körperkultur, Berlin 27 (1978) 10, S. 772–775.

WINTER, R.: Altersspezifika bei Jugendlichen im Übungs-, Trainings- und Wettkampfbetrieb. Theorie und Praxis der Körperkultur. Berlin 28 (1979) 1, S. 58–62.

WINTER, R.: Zum Problem der sensiblen und kritischen Phasen in der Kindheit und Jugend. Medizin und Sport, Berlin 20 (1980), S. 102–104.

WINTER, R.: Grundlegende Orientierungen zur entwicklungsgemäßen Herausbildung der Bewegungskoordination im Kindes- und Jugendalter. Medizin und Sport, Berlin 21 (1981) 7, S. 194–198 (1. Teil); 21 (1981) 8, S. 254–256 (2. Teil); 21 (1981) 9, S. 282–285 (3. Teil).

WINTER, R.: Zum Problem der sensiblen Phasen im Kindes- und Jugendalter. Körpererziehung, Berlin 34 (1984) 8/9, S. 342–358.

WINTER, R.: Die Trainingtätigkeit ist letztlich entscheidend! Ausgewählte Ergebnisse einer Längsschnittstudie an trainierenden Kindern und einige Reflexionen zu Problemen der motorischen Ontogenese. Sportunterricht, Schorndorf 41 (1992) 8, S. 317–326.

WINTER, R.: Bilanzversuch zum Problembereich »Motorische Entwicklung« aus der Sicht heutiger Neubundesländer. In: DIECKERT, J., u. a. (Hrsg.): Sportwissenschaft im Dialog. Bewegung – Freizeit – Gesundheit. Aachen 1993, S. 78–79.

WINTER, R.: Leistungssportliche Trainingtätigkeiten und motorische Entwicklung bei Kindern und Jugendlichen. In: HIRTZ, P.; NÜSKE, F. (Hrsg.): Motorische Entwicklung in der Diskussion. Sankt Augustin 1994a, S. 61–74.

WINTER, R.: Zur Ontogenese der sportlichen Leistungsfähigkeit. In: SCHNABEL, G.; HARRE, D.; BORDE, A. (Hrsg.): Trainingswissenschaft. Leistung – Training – Wettkampf. Berlin 1994b, S. 202–236.

WINTER, R.: Wissenschaftliche Standpunkte von Meinel zur Bewegungsentwicklung des Menschen in der Ontogenese. In: KRUG, J.; HARTMANN, C.

(Hrsg.): Praxisorientierte Bewegungslehre als angewandte Sportmotorik. Sport und Wissenschaft, H. 8. Sankt Augustin 1999, S. 62–68.

WINTER, R.: Für die koordinative Befähigung des Kindes gibt es kein »zu früh«. In: LUDWIG, G.; LUDWIG, B. (Hrsg.): Koordinative Fähigkeiten – koordinative Kompetenz. Kassel 2002, S. 136–139.

WINTER, R.; BAUR, J.: Motorische Entwicklung im Erwachsenenalter. In: BAUR, J.; BÖS, K.; SINGER, R. (Hrsg.): Motorische Entwicklung – Ein Handbuch. Schorndorf 1994, S. 309–332.

WINTER, R.; ROTH, K.: Entwicklung motorischer Fertigkeiten. In: BAUR, J.; BÖS, K.; SINGER, R. (Hrsg.): Motorische Entwicklung – Ein Handbuch. Schorndorf 1994, S. 217–237.

WITTEKOPF, G.; RÜHL, H.: Beispiele oberflächenelektromyographischer Untersuchungen zur Beurteilung der muskulären Koordination sportlicher Bewegungsabläufe. Medizin und Sport, Berlin 24 (1984) 8, S. 229–232.

WITTKOWSKI, E.: Zum Einfluß von »Überlernen« auf die Behaltensstabilität des kinästhetischen Gedächtnisses. Dissertation, Berlin 1988.

WITTKOWSKI, E.: Zur Periodisierung von Feedback-Prozeduren beim sportmotorischen Lernen. In: DAUGS, R.; LEIST, K.-H.; ULMER, H.-V. (Red.): Motorikforschung aktuell. Clausthal-Zellerfeld 1989, S. 219–224.

WITZLACK, G.: Grundlagen der Psychodiagnostik. Berlin 1977.

WOHL, A.: Die Bedeutung des Bewegungssystems für die Entwicklung der menschlichen Erkenntnis. Theorie und Praxis der Körperkultur, Berlin 11 (1962) 8, S. 698–715.

WOHL, A.: Das zweite Signalsystem als programmierendes und sich selbst steuerndes Bewegungssystem. Theorie und Praxis der Körperkultur, Berlin 13 (1964a) Sonderheft, S. 83–119.

WOHL, A.: Wspóldzialania pierwszego i drugiego ukladu sygnalowego w świetle teorii informacij (Die Wechselwirkung des ersten und zweiten Signalsystems im Lichte der Informationstheorie). Wychowanie fizyczne i sport, Warszawa 8 (1964b) 4, S. 427–437.

WOHL, A.: Slowo a ruch (Wort und Bewegung). Warszawa 1965a.

WOHL, A.: Pamięc' ruchowa a pamięc' intelektualna (Das motorische Gedächtnis und das intellektuelle Gedächtnis). Wychowanie fizyczne i sport, Warszawa 9 (1965b) 2, S. 229–241.

WOHL, A.: Bewegung und Sprache. Probleme zur Theorie der Motorik des Menschen. Schorndorf 1977.

WOHL, A.: Soziologie des Spots, Köln 1981.

WOLANSKI, N.: Motorics of the child as a subject of research and educational activity. In: Education physique des enfants avant l'époque de la puberté. Varsovie-Poznan 1976, pp. 38–75.

WOLFF, R.; ZINNER, J.; BÄR, J.: Die Entwicklung der Muskelkraft bei 570 Schülern einer sportorientierten Gesamtschule (Klassen 7, 8, 9) in Abhängigkeit von Sportart und biologischer Entwicklung. In: Schwerpunktthema Nachwuchstraining. Beiträge des 3. Symposiums der Sektion Trainingswissenschaft der Deutschen Vereinigung der Sportwissenschaft vom 4.–6.10.1995 in Dortmund. Erlensee 1996, S. 201–211.

WOLLNY, R.: Stabilität und Variabilität im motorischen Verhalten. Theoretische Grundlagen und elektromyographische Überprüfung der Koordination und des Erlernens komplexer Bewegungsformen im Sport. Aachen 1993.

WOLLNY, R.: Motorisches Lernen – Forschungen und Veröffentlichungen in Deutschland. In: TREUTLEIN, G.; PIGASSON, C. (Hrsg.): Sportwissenschaft in Deutschland und Frankreich. Hamburg 1997, S. 113–131.

WOLLNY, R.: Motorische Entwicklung in der Lebensspanne – Warum lernen und optimieren manche Menschen Bewegungen besser als andere? Schorndorf 2002a.

WOLLNY, R.: Bewegung und Koordination. In: MOEGLING, K. (Hrsg.): Integrative Bewegungslehre Teil III: Lernen und Lehren von Bewegungen. Kassel 2002b, S. 156–189.

WOLLNY, R.: Differenzielle Aspekte des motorischen Lernens. In: MECHLING, H.; MUNZERT, J. (Hrsg.): Handbuch Bewegungswissenschaft – Bewegungslehre. Schorndorf 2003, S. 371–385.

WULF, G.: Bewegungsproduktion und Bewegungsevaluation. Eine theoretische und experimentelle Studie zum Erwerb motorischer Schemata. Dissertation, Köln 1985.

WULF, G.: Neuere Befunde zur Effektivierung des Bewegungslernens. Sportpsychologie, Münster 6 (1992) 1, S. 12–16.

WULF, G.: Implizites Lernen von Regelhaftigkeiten. Sportpsychologie, Münster 7 (1993) 4, S. 11–18.

WULF, G.: Zur Optimierung motorischer Lernprozesse. Untersuchungen zur Funktion von Kontext-Interferenz und Rückmeldungen beim Erwerb generalisierter motorischer Programme und motorischer Schemata. Schorndorf 1994.

WULF, G.; SCHMIDT, R. A.: Variability of practice and implicit motor learning. Journal of experimental psychologie: Learning, memory and cognition. Washington DC 23 (1997) 4, pp. 987–1006.

WULF, G., et. al.: Learning phenomena: Future challanges for the dynamical systems approach to understanding the learning of complex motor skills. International Journal of Sport Psychology, Rom 30 (1999) 4, pp. 531–557.

WURDEL, A.: Sportmotorische Testbatterien und motorische Lernfähigkeit. Ahrensburg 1972.

WURZEL, B.: Zum Problem der verbalen und visuellen Information beim sensomotorischen Lernprozeß. Ahrensburg 1975.

WUTSCHERK, H.: Die Bestimmung des »biologischen« Alters. Theorie und Praxis der Körperkultur, Berlin 23 (1974) 2, S. 159.

WYDRA, G.: Stretching – Ein Überblick über den aktuellen Stand der Forschung. Sportwissenschaft, Schorndorf 27 (1998) 4, S. 409–427.

WYDRA, G.; BÖS, K.; KARISCH, G.: Zur Effektivität verschiedener Dehntechniken. Deutsche Zeitschrift für Sportmedizin, Köln 42 (1991) 9, S. 386–400.

WYCNIKIEWICZ-NAWRACALA, A.: Koordinative Fähigkeiten von Schulanfängern. In: LUDWIG, G.; LUDWIG, B. (Hrsg.): Koordinative Fähigkeiten – koordinative Kompetenz. Kassel 2002, S. 147–152.

YOUHANNA, S.: Die individuellen Täuschungshandlungen in der Technik des Fußballspielers. Dissertation, Leipzig 1966.

YOUNG, K.; HEJDA, H.: Marathon times. Runner's world Mountain View, Calif. (1978) 2, S. 98–105.

ZACIORSKIJ, V. M.: Die körperlichen Eigenschaften des Sportlers. Theorie und Praxis der Körperkultur, Berlin 20 (1971) Beiheft 2.

ZACIORSKIJ, V. M.: Kinetics of human motion. Champaign, Ill. 2002.

ZEISZ, G.: Babyfitneß. Niedernhausen 1989.

ZELLER, W.: Konstitution und Entwicklung. Göttingen 1964.

ZEUNER, A.; SEIFFERT, G.; KRAUSE, G.: Erziehung zum selbständigen Sporttreiben – ein gesellschaftliches Erfordernis. Körpererziehung, Berlin 34 (1984) 11, S. 457–464.

ZIEHEN, T.: Rhythmus in allgemein-physiologischer Betrachtung. Zeitschrift für Ästhetik und angewandte Kunstwissenschaft, Stuttgart, Band 21 (1927) 3, S. 187–198.

ZIERIS, E.: Zur motorischen Entwicklung im mittleren Schulalter. Theorie und Praxis der Körperkultur, Berlin 23 (1974) 7, S. 633–639.

ZIESCHANG, K.: Zur zeitlichen Gestaltung von Lernprozessen. Sportwissenschaft, Schorndorf 7 (1977) 3, S. 272–284.

ZIESCHANG, K.: Aufwärmen bei motorischem Lernen, Training und Wettkampf. Sportwissenschaft, Schorndorf 8 (1978) 2/3, S. 235–251.

ZIMMER, H.: Zur Entwicklung authentischer Kontrollmethoden für koordinative Fähigkeiten. Theorie und Praxis der Körperkultur, Berlin 30 (1981) 10, S. 768–774.

ZIMMER, H.: Zur Struktur der koordinativen Leistungsfähigkeit jüngerer trainierender Erwachsener und Möglichkeiten ihrer Erfassung. Ein Beitrag zur Theorie koordinativer Fähigkeiten. Dissertation, Leipzig 1984.

ZIMMER, H.: Führende koordinative Elemente und

ihre Genese. In: SCHNABEL, G., u. a.: Bewegungsregulation im Sport. Forschungsbericht. (Sport und Wissenschaft. Bd. 6). Sankt Augustin 1995, S. 63–73.

ZIMMER, R.: Motorik und Persönlichkeitsentwicklung bei Kindern im Vorschulalter. Schorndorf 1981.

ZIMMER, R.; VOLKAMER, M.: Motoriktests für vier- bis sechsjährige Kinder (MOT 4–6). Weinheim 1984.

ZIMMERMANN, K.: Zu ausgewählten Fragen der koordinativen Fähigkeiten aus theoretischer Sicht. Wissenschaftliche Zeitschrift der DHfK, Leipzig 21 (1980) 3, S. 53–67.

ZIMMERMANN, K.: Diagnostik und Schulung ausgewählter koordinativer Fähigkeiten im Handball. Dissertation, Leipzig 1981.

ZIMMERMANN, K.: Zur Weiterentwicklung der Theorie der koordinativen Fähigkeiten. Wissenschaftliche Zeitschrift der DHfK, Leipzig 24 (1983) 3, S. 33–44.

ZIMMERMANN, K.: Ausgewählte Aspekte der Konstruktion und Anwendung sportmotorischer Tests zur Diagnostik koordinativer Fähigkeiten. Theorie und Praxis der Körperkultur, Berlin 34 (1985) 10, S. 735–737.

ZIMMERMANN, K.: Muskelkrafttraining im Rahmen der Primärprävention. Chemnitz 1998.

ZIMMERMANN, K.: Gesundheitsorientiertes MuskelKrafttraining. Theorie – Empirie – Praxisorientierung. Schorndorf 2002[2].

ZIMMERMANN, K.; NICKLISCH, R.: Die Ausbildung koordinativer Fähigkeiten und ihre Bedeutung für die technische bzw. technisch-taktische Leistungsfähigkeit der Sportler. Theorie und Praxis der Körperkultur, Berlin 30 (1981) 10, S. 764–768.

ZIMMERMANN, K. W.: Geschlechtsspezifische Differenzen in motorischen Fertigkeiten während der Kindheit und Jugend. Kassel 1995.

Sachwortverzeichnis

A

Abstraktion   28, 52–53, 96, 166
Abtrainieren   344
Adaptationsfähigkeit   222, 229
Adoleszenz   240, 306–307, **317**ff.
Ästhetik der Bewegung   24, 143f., 317
Aerobic   332, 344
Afferenz (Afferentation)   45ff.
– akustische   52
– auslösende   46, 47
– visuelle   50
Afferenzsynthese   42, 45, 47
Agonisten   102, 130, 226–227
Akt, motorischer (s. auch Bewegung)   33
– ideomotorischer   55
Aktivität, motorische   317, 343
Allgemeinvorstellung   166, 189
Alltagsmotorik   199, 206, 226, 334,
   340–341, 343–344, 347
Alter, biologisches   305, 309, 313, 316, 326,
   346
Alterskyphose   348
Alterssportler   346
Altersturner   349
Amortisationsphase   110
Analysator   48–52, 164–165, 230
– akustischer   48, 50–52, 179
– kinästhetischer   **48**–49, 51, 72, 84, 100,
   151, 165, 169, 176–177, 179, 181, 188
– im Lernprozess   157, 164f., 175f.
– optischer   **50**–51, 164, 179, 188, 217, 226,
   244
– statico-dynamischer   48, 50, 176
– taktiler   49, 176
– vestibularer   216
– Zusammenwirken   230
Anfangskraft   80, 108, 110, 112, 114, 116,
   121, 125, 127
Angleitbewegung   81
Anlassafferenz   46f., 56
Anlaufbewegung   40, 85, 125

Anpassung   134–135, 162, 184, 186, 193,
   214, 218, 222, 260, 348
– motorische   210
Anpassungsfähigkeit   187, 210, 327
– motorische   185, 211, 303
Anschwungbewegung   81, 99
Ansprechbarkeit, rhythmische   219
Antagonisten   80, 102, 130
Antizipation   28–30, 37, 42–43, **57**–64,
   188–189, 262–263
– und Bewegungsstruktur   89f.
– falsche   62
– bei Finten   62
– im motorischen Lernprozess   166, 177,
   197ff.
– im Sportspiel und Kampfsport   60, 63
Antizipationsfähigkeit   218, 272
Antriebseigenschaften   184
Antriebsprozesse   156, 236–237, 309
Antriebsregulation   324
Apparat der Vorhersage   59
Arbeit   52, 130
– geistige   21
– körperliche   21
– und motorisches Lernen   147
Arbeitsbewegung   20
– und Bewegungskoordination   36
Arbeitsfähigkeit   286
Arbeitshandlungen   58
Arbeitsmotorik   22–23, 96, 116, 137, 215,
   220, 334, 336, 338, 340–341, 343–345, 347
Arbeitsprozess   21, 130
Arbeitstätigkeit   21–22, 147, 153, 330
Arbeitswelt, veränderte   24
Ästhetik der Bewegung   145, 317
Asynchronie von Teilbewegungen   111
Atemrhythmus   97–99
Atmung   142
Atrophie, muskuläre   348
Auffassung, dualistische   20–21
Aufgabenklassen   **68**–69, 149

Sachwortverzeichnis

Aufmerksamkeit 100–101, 252
- Lenkung 56, 64, 68, 176, 181
- im motorischen Lernprozess 148, 156, 181f., 188, 191ff.
- in der Ontogenese 274, 286
Aufrichten 246
Ausbildung
- motorische 24, 27
- sportliche 226, 239, 262, 269–272, 299, 316
- sporttechnische (s. auch Bewegungsschulung, Techniktraining) 56, 147f., 156, 166
Ausdauerfähigkeit (Ausdauer) 103, 280
- im motorischen Lernprozess 157
- in der Ontogenese 259, 263, 270, 279f., 290, 304, 310, 315f., 333, 336, 338, 341, 343
Ausdauersportarten 123, 157, 183, 222, 303, 305, 311
Ausdruck, künstlerischer 189, 192
Ausdrucksfähigkeit, motorische 210
Ausdrucksmotorik 334
Ausführungsregulation 156, 167, 263, 302, 312, 324
Ausgangsniveau, motorisches 157, 166, 169, 179, 195–196
Ausholbewegung 61–62, **79**–82, 186, 255, 260
- und Bewegungsfluss 125
- und Bewegungskopplung 111
- und Bewegungsrhythmus 99
- und Bewegungsumfang 136, 164
- und Bogenspannung 116
- bei Finten 92
- und Hauptphase 92–93
- mehrfache 84
- unterdrückte 62, 84
- und Verwringung 117
Außenkriterium 357, 370
Automatisierung 21–22, 334
- im motorischen Lernprozess 148, **190**ff.

B

Badminton 300
Balancieren 234, 236, 251, 254
Ballett 101, 118
Baseball 128
Basketball 176

Befähigung, koordinative 207, 209, 220, 230
Be-greifen 25–26, 147
Be-handeln 25, 147
Be-sichtigen 25
Be-tasten 25, 147
Behinderung 185, 238
Beidseitigkeit 201
Belastbarkeit 299, 316, 324
Belastung 181, 183, 193, 202, 310
- und Fähigkeitsausbildung 233
Belastungsgestaltung 299, 305, 316, 354
Beobachtung 75, 139, 195–196, **350**–351
Beobachtungsfähigkeit 208
Bergsteigen 348
Beschleunigungsfähigkeit 358
Beschleunigungsstoß 79, 93–94, 98, 128
Beschleunigungsweg 116–117, 125, 127, 174
Betätigung, sportliche 23–24, 26, 30–31, 322, 339
- und Persönlichkeitsentwicklung 320
Beugen und Strecken (als Rumpfeinsatz) 115–116
Beweglichkeit **226**ff., 260, 280, 283, 291, 293, 310–312, 326, 328, 336–337, 348–349, 359
- Ausbildung 233, 300
- Entwicklung 228, 310, 312
- im motorischen Lernprozess 158
- Maß 228
Beweglichkeitstest 359
Beweglichkeitstraining 233, 235
- allgemeines 233
- (Dehn)Methoden 234
- spezielles 233, 235
Bewegung
- alternierende zyklische 87, 89, 98
- angeborene 241
- athetotische 241
- azyklische 90, 99ff.
- ballistische 68, 131
- feinmotorische 213
- geführte 130f.
- kombinierte zyklische 91, 94
- lokomotorische 186
- menschliche 57, 95
- und Musik 107

- Ökonomie (s. auch Bewegungsökonomie) 31, 92, 298
- Zweckmäßigkeit 31
- zyklische 83, 86 ff., 98
Bewegungsakt 47, 57, 77, **78**, 95
Bewegungsanalyse 76, 94, 122, 126
Bewegungsantizipation (s. Antizipation)
Bewegungsantriebe 289
Bewegungsapparat 38
Bewegungsarmut 22–23, 339
Bewegungsaufgabe (motorische Aufgabenstellung) 38, 57, 68, 231
- und motorischer Lernprozess 148
- und sportmotorische Tests 353
Bewegungsbedürfnis 272–273, 348
Bewegungsbeobachtung 140, 143, 182
Bewegungsbeschreibung **74**–75, 182
Bewegungsdrang 141, 260–261, 287
Bewegungselastizität **126–127**
- in der Ontogenese 260, 263, 266, 272, 348, 349
Bewegungsempfindung 72, 213
Bewegungsentwicklung 13, 27, 271, 284
Bewegungsentwurf 29, 34, 55, 58–59, 61
Bewegungserfahrung 48, 158, 165, 213
- und koordinative Fähigkeiten 218
- und motorisches Lernen 153 ff., 165, 168 ff.
- und Mitvollziehen 100
- in der Ontogenese 292 f.
Bewegungserziehung 273
Bewegungsfertigkeit (s. motorische Fertigkeit) 147, 149, 232, 284, 311, 358, 360
Bewegungsfluss 65, 106, **123**–127, 130, 138–139, 143–144, 326, 348, 350
- Bedeutung 127
- und Bewegungselastizität 126
- und Bewegungskoordination 127, 144
- und Bewegungskopplung 106, 143, 260
- und Bewegungstempo 139, 350
- im motorischen Lernprozess 126, 128, 163, 168, 174
- Objektivierbarkeit 123
- in der Ontogenese 126, 253, 263 f., 289, 298
Bewegungsformen, sportliche 51, 86
- in der Ontogenese 237 ff., 263
Bewegungsfreude 274, 280

Bewegungsfrequenz 112–113, 138, 254
Bewegungsausführung
- im Erwachsenenalter 334
- im Kleinkindalter 260 f.
- im Lernprozess 162–164, 171–174, 184 ff.
- im Neugeborenenalter **241** f.
- in der Pubeszenz **302** f.
- im Säuglingsalter **244** ff.
- im mittleren Kindesalter **274** ff.
- im späten Kindesalter **288** ff.
- im frühen Jugendalter **315**
- im späten Jugendalter **323**, 326
Bewegungsgedächtnis (s. auch Gedächtnis, motorisches) 53
- und Automatisierung 190
Bewegungsgefühl 213, 324
Bewegungsgenauigkeit (s. auch Bewegungspräzision) 128–129, 200, 213, 311, 326, 334
Bewegungsgewohnheiten 334, 343
Bewegungsgüte 76, 195–196, 204, 313
Bewegungshandlung (s. auch Handlung) 21, 26, 29, 33, 57, 70, 92, 139, 141, 158, 174, 183, 199, 203–205, 215, 224–226, 233, 302, 311, 359–360
Bewegungskombination 25, 58, **89–90**, 125, 132, 136, 138, 226, 240, 269
- und Antizipation 60
- und motorisches Lernen 178, 189
- in der Ontogenese 240, 262, 263, 268, 271 ff., 289
- zyklischer Bewegungen 91, 289
Bewegungskönnen (s. Können, motorisches)
Bewegungskonstanz **137**, 138
- und Bewegungskoordination 134–135, 192
- im motorischen Lernprozess 132
- Maß 133
- Objektivierbarkeit 6, 129
- Schulung 135
Bewegungskoordination (s. auch Koordination, motorische) **33**–52, 54, 56, 58–62, 64–66, 68–76, 140–142, 144, 164–165, 167–170, 200–203, 206, 315, 317, 322, 323, 331, 350
- Begriff **37**
- und Bewegungsfluss 124, 138, 350
- und Bewegungskonstanz 6, 135

– und Bewegungskopplung   138, 350
– und Bewegungspräzision   128–131, 350
– und Bewegungsrhythmus   37, 95 f., 103
– und Bewegungsstruktur   37, 109, 350
– und koordinative Fähigkeiten   209, 211
– morphologische Grundlagen   71
– und verbale Information   58, 72, 175
– und motorischer Lernprozess   153, **164**, **175**, 186, 194
– Modell   **40**–43, 72
– und Reafferenz   47
– Wesen und Funktion   36–37
Bewegungskopplung   **107** ff., 142–143
– und Bewegungsfluss   138–139
– und Bewegungskonstanz   138
– und Bewegungsstärke   139
– und Bewegungsstruktur   108 f.
– und Bewegungstempo   139
– im motorischen Lernprozess   162, 176
– in der Ontogenese   253, 260, 263, 289, 348
– und Technikausbildung   121/122
Bewegungskorrektur   172
Bewegungslehre   31–33, 350
– allgemeine   75
– spezielle   92
Bewegungsmangel   22, 322, 345
Bewegungsmerkmale   **74** ff., 350
– und Bewegungsbeschreibung   74
– und Bewegungskoordination   142, 206
– Wechselbeziehungen   142
Bewegungsmuster   65, 177
Bewegungsökonomie   134–135, 196, 210, 213, 228, 253
Bewegungsorgane   26
Bewegungsparameter   38–40, 132–134, 164, 174, 186–187, 190–192, 213
– und Bewegungsmerkmale   74
– Konstanz   132, 134
– im motorischen Lernprozess   174 f., 186, 192
– Standardisierung   187, 190, 352
Bewegungsphasen   **78**, 212–213
Bewegungspräzision   **127**, 213, 222, 350
– und Bewegungskonstanz   131, 133, 138, 164, 192
– und Bewegungskoordination   131, 174, 192

– und Bewegungstempo   350
– und Bewegungsumfang   350
– im motorischen Lernprozess   174
– Maß   129, 133
– Objektivierbarkeit   133
– in der Ontogenese   323
– und Rumpfbewegung   134
– Schulung   135
Bewegungsprogramm   57–59, 177–178
Bewegungsprogrammierung (s. auch Programmierung)
Bewegungsreaktionen, angeborene   178, 181
Bewegungsregelung (s. auch Regelung)   65, 178
– und koordinative Fähigkeiten   206 ff.
Bewegungsrhythmus   37, 40, 51, **95**–107, 138–139, 142, 152, 219, 260, 263, 319, 323–324, 326, 350–351
– azyklischer Bewegungen   **97**, 99
– zyklischer Bewegungen   **97**
– von Bewegungskombinationen   99
– und Bewegungskonstanz   138
– und Bewegungskoordination   105
– und Bewegungskopplung   263, 272
– und Bewegungsschulung   105
– und Bewegungsstärke   139
– und Bewegungstempo   139
– Entwicklung   101
– im Freizeit- und Erholungssport   125
– kommunikative Funktion   95, 100–101, 105
– und Leistung   104 f.
– im Leistungssport   103
– im motorischen Lernprozess   95, 96, 101, 105, 172 f., 186
– und Muskeldynamik   95–96
– in der Ontogenese   253, 263, 275, 286, 289, 319, 323
– als Strukturmerkmal   95
Bewegungsschnelligkeit   215, 232, 286, 345
Bewegungsschulung   36, 49, 56, 94, 104 ff., 120–122, 126–127, 135, 137 f., 147–148, 175, 194–195, 202, 204–205
– und Musik   105
Bewegungsstärke   **139** f., 350
– im motorischen Lernprozess   139, 162

– Maß 139
– Objektivierung 139
– in der Ontogenese 253, 275f., 286, 298, 318f., 323
Bewegungssteuerung (s. auch Steuerung) 41, 276
– und koordinative Fähigkeiten 206, 208, 210, **212**, 229
– im motorischen Lernprozess 179
– in der Ontogenese 246ff., 314
Bewegungsstruktur **77–94**, 109, 127, 132–135, 137, 142, 161, 170, 172, 182–183, 200, 218, 263, 275, 350
– Asynchronie 89
– azyklischer Bewegungen 77f., 83f.
– zyklischer Bewegungen 86f.
– von Bewegungskombinationen 89f.
– von Finten 92
– Konstanz 134
– im motorischen Lernprozess 161, 172f., 200, 204
– in der Ontogenese 323f.
Bewegungssystem 102, 107, 346
Bewegungstätigkeit 147
– und koordinative Fähigkeiten 209f.
Bewegungstempo **138**, 232, 350
– im motorischen Lernprozess 163, 204
– in der Ontogenese 253, 259f., 264ff., 276f., 286, 294f., 298, 319f., 323
Bewegungsübertragung 107, **108**f.
Bewegungsumfang 40, **135–138**, 143, 266, 350
– im motorischen Lernprozess 163, 173
– Objektivierbarkeit 136
– in der Ontogenese 253, 264ff., 283f., 298, 323
– optimaler 136
Bewegungsverhalten (s. auch Verhalten, motorisches)
– im frühen Jugendalter 300ff.
– im späten Jugendalter 317ff.
– im Kindesalter 273ff., 288
– im Kleinkindalter 251, 260
– des Neugeborenen 241
– des Säuglings 243
Bewegungsvollzug (s. auch Bewegung) 37–38, 41, 50–51, 54–55, 58–59, 92, 95, 101, 106, 131, 139, 148, 155, 164–165,

167–168, 172, 175–176, 179–180, 182–185, 189, 192–193, 206, 219, 223, 229, 232, 253, 300, 303
– Regelung 178
– Steuerung 40
– und sportmotorische Tests 223
Bewegungsvorausnahme (s. auch Antizipation) 64, 166
Bewegungsvorstellung **54**–56, 58, 64, 74, 94, 101, 127, 138, 219, 300, 324
– und ideomotorischer Akt 55
– komplexer Charakter 55, 57
– im motorischen Lernprozess 177
Bewegungswahrnehmung 147, 153, 176, 188, 297, 324
Bewegungsweite 132
Bewusstsein/Bewusstheit 69, 101, 191, 193
– und motorisches Lernen 152, 154
Biomechanik 70, 108, 150, 195
Bogenspannung 112, **116**, 173
Boxen 115, 127, 129, 139, 186, 232
Brauchformen 22–23, 25
Bremsstoß 82, 93, 98–99, 110

C

Carpenter-Effekt 100
Charaktereigenschaften 203
Cross-Lauf 218

D

Darstellungsfähigkeit, motorische 219
Dauerleistung 103, 134
Demonstration 167–169, 175–176, 181–182, 196, 261, 363, 371
Denken 208
– und motorische Entwicklung 260
– und Handeln 21, 26, 29
– und motorischer Lernprozess 153, 158
– und Sprache 153
– taktisches 64
Detailvorstellung 189
Diagnosemethode 71
Differenzierungsfähigkeit (motorische) 210, **212**ff., 216, 222, 227, 229, 231–233, 283, 311, 358
– kinästhetische 210, 212
Diskuswerfen 112
Drehimpuls 79, 116, 139

Dreisprung   123, 133, 163
Dysbalancen, muskuläre   283

E
Effektor   65
Efferenz   66
Efferenzkopie   66
Eigenschaften   352–353
– psychische   208, 338, 352
– psychophysische   291
– volitive   290
Eignung   238, 315, 354–355
Eignungsdiagnostik   354, 366 f.
Einaufgabentest   355, 358
Eindrucksanalyse   123
Einseitigkeit, motorische   23 f., 339
Einstellung   61, 155, 159, 297, 308, 311,
   338, 353
Einstellungstest   351
Einzelbewegung (s. auch Teilbewegung)
   102
Einzelrhythmus   101
Einzeltest   **355**–356, 358, 373–374
Eishockey   292, 317
Eiskunstlauf   64, 91–92, 100, 103–104, 118,
   125, 127, 129, 138–139, 143–145, 157, 174,
   183, 185, 189, 217, 271, 273, 275, 281, 287,
   302, 312–313, 318–319, 360
Empfindungen   92–93, 96, 188–189, 196
– ästhetische   31
– akustische   166
– kinästhetische   49–50, 54, 56, 84, 93, 96,
   106, 153, 166, 177, 182
– im motorischen Lernprozess   166, 175
– rhythmische   219
Endphase   78, 83, 85–88, 90–93
– zyklischer Bewegungen   86–88, 93
– bei Bewegungskombinationen   90
– Funktion   83
– und Hauptphase   83
Entwicklung, geistige   21, 25–27, 287
Entwicklung, körperliche   264, 280 f., 286,
   304–306, 312, 314–315, 326, 330–332
Entwicklung, motorische   **237** ff., 286,
   288–290, 292, 294–302, 316, 320–322,
   324–328, 330–334
– und Berufsausbildung   330 f.
– im Erwachsenenalter   334, 339, 344

– im frühen Jugendalter   300, 309
– im frühen Kindesalter   261–263, 269
– im mittleren Kindesalter   273 ff.
– im späten Kindesalter   288 ff.
– Bedeutung im Kindes- und Jugendalter
   250
– im Kleinkindalter   251 ff.
– und Persönlichkeitsentwicklung   323
– im Säuglingsalter   243 ff.
– im späten Jugendalter   317 ff.
Entwicklungsdiagnostik   354
Entwicklungsrichtung, cephalocaudale
   243–244, 249
Erbgut, motorisches   238
Erfolgserlebnis   162
Ergebnisinformation   164, 175, 178
Ergebniskonstanz   134
Ergebnispräzision   129
Erholung   98, 103, 172, 184, 192–193,
   347
Erkenntnis
– sinnliche   25–26
Erklären   164, 167, 169, 180, 188, 195
Ermüdung   228, 300
– und Bewegungsrhythmus   101, 103 f.
– und Fähigkeitsschulung   233
– und motorisches Lernen   162, 170,
   202
– und motorische Tests   375
Erregungsmuster, neurodynamisches   101
Erwachsenenalter   **332–349**
– frühes   237, 240, 333, **334** ff., 343
– mittleres   **339** ff.
– späteres   **348** ff.
– spätes   **344** ff.
Erziehung   274, 315–316
– und Bildung   205, 288
– humanistische   29
– im motorischen Lernprozess   192, 203,
   205
Evolution   241
Extremgruppenverfahren   366

F
Fähigkeiten   225, 229, 237, 331–333 ff.
– choreographische   222, 229
– und Fertigkeiten   201–203, 205, 208–209,
   240

- geistige (intellektuelle)   21, 201–203, 205, 208, 211, 215, 219, 222, 229, 264, 280, 292, 327
- musische   208, 219, 222, 229, 353
- sportartspezifische   332
- sportmotorische   240
- technisch-taktische   312
- volitive   208

Fähigkeiten, konditionelle   138, **206** ff., 219, 222, 226–227, 229–230, 236, 344, 352–355, 359, 373
- in der Adoleszenz   317, **325**
- im Kleinkindalter   258 f.
- im motorischen Lernprozess   1, 157, 201
- im frühen Jugendalter   325
- im mittleren Kindesalter   8, 276
- im späten Kindesalter   8, 289 ff.
- im frühen Kindesalter   279 ff.
- in der Pubeszenz   301 f., **309**, 315

Fähigkeiten, koordinative   148, **206** ff., 229, 231, 350 ff., 352–355, 357–359, 364, 366, 373, 375–376, 381
- im späten Jugendalter   326
- allgemeine   211–212
- und Bewegungskoordination   206, 209, 211
- Diagnose   223, 225
- im Erwachsenenalter   335–336, 338, 343–344
- und motorische Fertigkeiten   **207**, 237
- im Kleinkindalter   253, 259 f.
- und motorischer Lernprozess   157, 201
- in der Pubeszenz   301–302, **311**–312, 314
- und Ausbildungsregeln   230
- und methodische Maßnahmen   230–233
- im mittleren Kindesalter   280 ff.
- im späten Kindesalter   291–293, 299
- Schulung   230–231, 233, 235, 287 f., 291, 299 f.
- sportartspezifische   210, 221
- Strukturkonzept   210 f.
- im Vorschulalter   263, 270 f., 272

Fähigkeiten, motorische   157, 184, 192–193, 201–202, **205** ff., 207, 226–227, 230, 236, 327, 345–347, 352–359, 361, 364–367, 373, 376, 378
- in der Adoleszenz   240, 322, 325

- im Erwachsenenalter   335, 337–339, 341–343, 347
- im frühen Kindesalter   **263**, 269, 272
- im Kleinkindalter   258–259
- in der Pubeszenz   240, 301–302, 309, 311–312, 314–315
- im mittleren Kindesalter   8, 240, 276, 280, 298
- im späten Kindesalter   8, 240, 291
- Schulung   29, 201, 287
- Wechselbeziehungen   198, 201–203

Fähigkeitsprofil   184, 300
Fähigkeitstest   226
Fähigkeitstraining   231
Fangen   65, 254–256, 260, 262, 267–269, 272, 284–285
Faustball   347
Fechten   62, 127, 129, 186, 232
Federball   292
feed forward   48, 68, 179
Fehlerkorrektur (s. auch Korrektur)   193
Feinkoordination   **170**–174, 176–181, 183–185, 187–188, 192–193, 196 f., 276
- Entwicklung   171 f.
- Erscheinungsbild   **172**, 180
- Stabilisierung   **183**, 185 f., 186, 192

Feinprogrammierung   166, 176–177, 196
Feinsteuerung   213, 312
Feinstruktur   85–86, 242
Fertigkeiten, motorische   **148–150**, 157–158, 184, 190, 194, 198, 201–202, 208, 231, 345, 359, 381
- und Fähigkeiten   22, 28, 147–148, 157–158, 184, 198, 201, 203, 205, 209, 220, 226, 230–232, 276, 322, 332, 338, 343, 353, 359
- und motorisches Lernen   157 f., 183, 185 f.
- in der Ontogenese   237, 260 f., 301, 311 f.
- sportartspezifische   237
- sporttechnische   220, 274, 286, 299 f., 302, 312, 314
- technisch-taktische   312
- und motorische Tests   353 ff.

Fertigkeitsgrad   195
Fertigkeitsschulung   230
Fertigkeitsstabilität   184
Fertigkeitstest   226, 353, 359

Fertigkeitstyp   184, 202, 205
Filmanalyse   284
Finten   28, 62, 64, 92, 206
Fitness-Testbatterie   357
Fiktionsspiel   252
Flossenschwimmen   170
Folgeregelung   65–66, 72
Forschung, sportwissenschaftliche   350, 352
Fortbewegung   241–244, 247–249, 254 f.
Freiheitsgrade   38–39, 71, 104, 128, 168, 196, 253
Freizeitaktivität   317, 320
Freizeitgestaltung   220
Freizeitspiele   274, 288
Freizeitsport   339, 343
Frühentwickler (Akzelerierter)   305–307
Funktionsgliederung   77–78, 86
Funktionsspiele   252
Fußballspiel   47, 61, 63–64, 215

G

Ganzheit   71, 76
Ganzkörperbewegung   38
Gebrauchsformen, motorische   23
Gedächtnis   36, 43, 54, 153, 157, 166, 177, 191, 231, 297
– motorisches (s. auch Bewegungsgedächtnis)   43, 54, 153, 157, 166, 177, 231, 297
Gegenbewegung   80, 112
Gehen   132, 138, 152, 248 f., 254, 264, 334, 348
Gehirn   66
Geländelauf   65–66, 90
Geländespiele   228, 252
Geltungsstreben   307
Genauigkeit   43, 128, 130–131, 144, 170, 174, 179, 186, 189, 192, 196, 210, 213, 215–216, 218–219, 344, 347, 355, 361, 363, 366
Generation, junge   21, 23–24
Genese (s. Entwicklung)
Gerätturnen   38–39, 49–50, 57–58, 64, 67, 77, 85–86, 90, 92, 103–104, 106, 110, 118, 120, 122–123, 125, 127, 132, 136, 139, 143–145, 157–158, 170, 174, 176, 183, 185–186, 200, 209, 214, 216–217, 220, 228,

232, 262, 269, 273, 281, 283, 287, 296, 302, 306, 311–314, 318, 321, 327, 332, 348, 360
Geschicklichkeit   28, 213, 223, 311, 337
Gesellschaftstanz   318
Gesichtsfeld   176
Gestaltungsfähigkeit, rhythmische   104
Gestaltwandel   263–264, 306, 314
Gesundheit   22–23, 153, 228, 230, 286, 343, 347–348
Gewandtheit   206, 210, 291, 311, 326, 359
Gewandtheitstest   281, 291, 311, 326
Gewichtheben   39, 80–81, 113, 115, 157, 342
Gleichgewicht   168, 210, 212, 217, 230, 248–249, 254
– dynamisches   217
– statisches   217
Gleichgewichtsfähigkeit   210, 212, **217**–218, 220–221, 223, 229, 231, 233, 246, 260, 263, 271–272, 364, 375
– Maß   217
Gleichgewichtstest   225, 356
Gliederbewegung   108, 349
Gliederkette (s. auch Kette, kinematische)   78, 110, 114, 116, 120, 122, 126, 136
Golf   128
Goniographie   124
Goniometrie   136
Greifbewegung   242, 244–245, 250
Grobkoordination   **161**–164, 166–173, 178, 180–181, 196, 261, 287
Grobprogrammierung   46
Großhirnhemisphäre   200
Großhirnrinde   161, 179, 190–191, 202
Grundausbildung, körperlich-sportliche   94
Grundausbildung, sportartgerichtete vielseitige   273
Grundausbildung, technische   108, 166, 195
Grundformen, motorische   22
Grundformen sportlicher Bewegungen   272
Grundlagenausdauer   263, 270, 280, 299, 316
Grundlagentraining   288
Grundstruktur sportlicher Bewegungen   **77**–79, 83, 92–93
Gruppengymnastik   219
Gruppenrhythmus   51, 96, 101, 105, 107, 219
– und Mitvollziehen   101

Gültigkeit (s. Validität)
Gymnastik   30–31, 90–91, 96, 100–101, 107,
   144, 157, 214, 222, 228, 232, 302, 348
– und Bewegungsrhythmus   101

H
Habituationstraining   50, 231
Halsreflexe, tonische   118, 121, 246
Haltung   181
– aufrechte   217, 241, **243**–246, 250–251
Hammerwurf   116
Handball   84, 208–209, 234, 321
Handeln   74, 148
Handgreifreflex   241–242
Handlung   34, 36, 38–39, 148, 218, 223,
   226, 231, 237, 239
– motorische   205, 207, 210, 213, 216–217,
   220, 223
– sportliche   46, 57–58, 148–149, 212–213,
   337, 353
Handlungsakzeptor   59, 66, 178
Handlungskontrolle   43, 159
Handlungsplan   34, 55, 59
Handlungsprogramm   42, 61, 63, 65–66, 72,
   150, 167, 181, 189, 213, 218
Handlungsregulation   **33**, 34–37, 43, 45, 68,
   71, 101, 159, 164, 195, 203, 205, 207,
   210–211, 297–298, 309
Handlungsschema   34, 55, 59
Handlungsschnelligkeit   174
Handlungsstrategie   34, 55, 59, 376
Handlungsstruktur   22, 28, 42, 210
Handlungsverlauf   34, 36, 45, 57, 76
Handlungsvollzug   34, 36–37, 141, 223, 353
– sportlicher   148
Handlungsvorbereitung   34–36, 141
Handlungsziel   39–40, 43, 45, 57, 128, 148,
   150, 161, 195, 212, 214, 218
Handwerk   130
Hauptgütekriterien   360, 370, 376, 378
Hauptphase   **78**–94, 97–99
– und unterdrückte Ausholbewegung   84
– und Bewegungskopplung   111, 114f.
– und Bewegungsrhythmus   94
– und Bogenspannung   116
– und Endphase   83, 85–88, 91–93
– erweiterte   86
– bei Finten   62, 92

– Funktion   79, 86
– im motorischen Lernprozess   163
– und Rumpfeinsatz   115
– und Verwringung   117
– und Vorbereitungsphase   78–79, 82–84
Heilmittel, therapeutisches   31
Heilpädagogik   31
Hindernislauf   136, 206
Hindernisturnen   231–232
Hirnschäden, frühkindliche   31
Hochleistungsalter   299
Hochleistungssportler   330
Hochsprung   46, 81–82, 90, 95, 100,
   108–109, 111, 118, 198, 202, 235, 267,
   275–276, 284, 290, 294–296, 312–313,
   327–328, 330, 336, 360
Höchstleistung, sportliche   213, 313
Hockey   128, 130, 174, 176
Hormonkinetik   307
Hürdenlauf   91, 186, 219, 228
Hypertonie   243–244, 250

I
Imitationsübung   160, 298
Impulserhaltungssatz   81, 110
Impulsübertragung   110, 113, 115–116,
   120–122
Individualentwicklung   334
Information   **45**, 66–67, 150–153, 309
– afferente (s. auch Afferenz)   164–165,
   175, 177
– akustische   219
– und Analysatoren   48–53
– ergänzende   183
– kinästhetische   49–51, 53–54, 165–166,
   176, 188, 196, 216, 219, 233, 297
– objektive   151–152, 183, 196
– reafferente (s. auch Reafferenz)   42, 47,
   49
– sensorische   **45**–46, 52–54, 56, 60, 64, 68,
   153, 159, 164–165, 167, 170, 175–177,
   181–182, 199
– taktile   49–51, 56, 217, 233
– und Verhalten   101
– verbale   **52**–56, 72, 75, 153, 164–165, 167,
   170, 175–177, 181–182, 196, 199, 261, 272
– vestibulare   50–51, 216–217, 233
– visuelle   219, 233

– zusätzliche 151–152, 159, 182–183, 193,
  196, 233, 358
Informationsaufbereitung 42 ff.
Informationsaufnahme 42–**45**, 55–57, 68,
  150, 158, 164–166, 175, 177–178, 180–181,
  188–189, 195, 207, 215–216, 233, 261,
  272–273, 280, 349
– und Fähigkeitsschulung 232
– im motorischen Lernprozess 150, 158,
  164, 175 ff.
Informationsspeicherung 40, 54
Informationssystem, verbales 52, 153
Informationsverarbeitung 40–41, 45, 47,
  52, 64, 68, 261, 272, 286, 349
– und Fähigkeitsschulung 232
– im motorischen Lernprozess 150, 154,
  164, 167, 175 ff.
Inlineskating 344
Initialbeschleunigung 110
Innensicht 75–76, 78, 92, 182
Innervation 28, 80, 84, 227,
– alternierende 102
– reziproke 125, 127
– wechselseitige 80
– zentrale 80
Intellekt (Intelligenz) 21
Interesse 274, 287, 292, 352
Interferenz 167, **195**, 198–199, 203
Involution, motorische 340, 344, 347–349

J

Judo 128, 170, 200, 215, 219
Jugendalter 185, 240, 291, **300–332**
–, frühes 240, 291, **300** ff., 303–307,
  309–315, 320, 322, 324–326, 328, 387
–, spätes 240, 304–307, **317** ff., 319,
  321–325, 327, 329–331
Jugendliche 27, 170, 200, 203, 239, 301,
  304–305, 307, 309, 313, 317, 319–321,
  326–327, 332

K

Kampfsport 26–27, 39, 59–60, 64
Kanusport 67, 136, 167–168
Kennlinie 129, 176
– und Bewegungsfluss 123
– und Bewegungskonstanz 135
– und Bewegungsrhythmus 95

– biomechanische 92
– muskelphysiologische 92
Kennlinienschlauch 128, 134
Kenntnisse 147, 159, 169, 205, 223, 249,
  297, 324, 338
Kette, kinematische (s. auch Gliederkette)
  111, 120, 126, 128
– und Bewegungsfluss 120
– und Bewegungspräzision 128
Kindesalter 25, 27, 240, **261** ff.
– frühes 240, **261–273**
– mittleres 240, **273–283**, 291
– spätes 240, 284, **288–300**, 304–306, 313,
  324–325
Kinemetrie 136–137
Kinesiologie 37
Kleinkindalter 240, **251–261**
Klettern 251–252, 255, 257, 259–262,
  264–266, 272–273
Kombinationsfähigkeit, motorische 210
Kommunikation 11, 52, 76, 101, 141, 156,
  158, 349
Kompensation, motorische 72, 186
Kompensationsregelung 72
Komplextest 355–357, 374
Konditionstest 359
Konditionstraining 233
Können, motorisches 27, 29–30, 146, 272,
  288, 322
– und motorischer Lernprozess 146
Können, sportliches 184, 317
Können, sporttechnisches 327
Konsistenzanalyse 362, 369
Konsistenzkoeffizient 367
Kontaktfähigkeit, soziale 30
Kontrolle der Bewegung 192
– bewusste 188
– optische 50, 188
– reafferente 49
Kontrollmethode 9–10, 17, 352, 381
Konzentrationsfähigkeit 264, 274, 288
Koordination (s. auch Bewegungskoordination)
– Auge-Hand- 41, 244
– intermuskuläre 37, 80, 113
– motorische 43–44, 48, 56, 59, 68, 72, 95,
  108, 120, 124, 146, 149, 162, 164, 186, 188,
  190–192, 199, 210, 230, 244, 359
– neuromuskuläre 37

Koordinationsaufgabe 37–39, 68, 70, 137
Koordinationsfähigkeit 190
Koordinationsleistung 190
Koordinationsmodell 146
Koordinationsmuster 199
Koordinationsstruktur 204
Koordinationstaktiken 39–40, 186
Koordinationstest 226
Kopplungsfähigkeit 210, 212, **214**, 219,
  221, 229, 232, 253, 263, 312, 355–356, 358
– Maß 215
Kopplungstest 356
Körperbaumerkmale 330
Körperbautyp 330
Körpererziehung 148
Körperhaltung 120, 123, 217, 283
Körperübungen 230–234, 339
Korrektur 122, 138, 140, 150, 158–159,
  175, 177–178, 182, 191–193, 198, 202,
  286
– und Sprache 273
– vorausschauende 59
Korrekturimpulse 42, 66–68, 167–168, 179,
  190
Krabbeln 247, 249–251
Kraft 21, 25, 28–29, 31, 40, 46, 65, 103,
  110, 172
– äußere 39, 80, 102, 108, 124
– innere 39, 65, 68, 102, 108
– reaktive 110, 168
Kraftausdauer(-fähigkeit) 103, 355, 358,
  360
– in der Ontogenese 277, 290
Krafteinsatz 105, 124, 162, 173, 190, 202,
  232, 334
Kraftfähigkeiten 157, 185, 227, 230,
  258, 269, 276, 289, 310, 317, 325–327,
  342, 355
– und motorisches Lernen 157, 185, 188
– in der Ontogenese 258, 269, 290, 298,
  313, 325
Kraftimpuls 125
Kraft-Last-Verhältnis 185, 259, 289, 310,
  325, 327
Kraft-Schnellkraftdisziplinen (-sportarten)
  157, 184, 222
Kraftstoß 88, 98, 110, 115
Krafttest 355

Krafttraining (-schulung) 200, 316
Kriechen 247/248, 250
Kugelstoßen 81 ff., 111
Kunst 31, 100, 130, 236
– und Bewegungsrhythmus 100
Kurzstreckenlauf 138, 277, 279, 283, 291,
  298, 313, 325, 328
Kurzzeitgedächtnis 183
Kybernetik 12, 41, 124

L
Labilität 298, 315
Labyrinthstellreflex 167, 241, 246–247
Langstreckengehen 342
Langstreckenlauf 342
Latenzzeit 270, 276, 291
Laufausdauer 270, 291
Laufen 90–91, 133, 143, 186, 217, 224, 228,
  248, 251, 254–255, 260–262, 264, 266,
  271–273, 277, 281, 283–284, 293, 312
Laufrhythmus 98, 104
Lebensqualität 152, 228
Lebensweise 22, 153, 322, 339, 345–347
– sportliche 322, 339, 345–346
Lehrmittel 182
Lehrweise, rhythmisierende 106, 219
Leichtathletik 118, 122–123, 139, 144, 185,
  222, 234, 283, 312, 348, 360
Leistung 61, 71
– koordinative 50, 149, 188, 201, 206–209
– motorische 148, 157, 159, 184, 190, 195,
  201, 203, 205, 207, 219, 222, 239–240, 264,
  267, 272, 274, 287–288, 290, 296–298, 320,
  322–323, 330–333, 336–350
Leistungen, sportliche 104, 108, 132–133,
  184, 201, 203, 206–207, 217, 236, 303, 308,
  315, 322, 342, 365
– und Bewegungskonstanz 133
– und Bewegungsrhythmus 104
– und motorisches Lernen 170, 201, 203
– in der Ontogenese 275, 312
Leistungsbereitschaft 147, 274, 288,
  297–298, 317
Leistungsdiagnostik 350
Leistungseigenschaften (s. auch Fähigkeiten)
  203, 206
Leistungsentwicklung 195, 201, 203, 205,
  220, 303, 312, 314, 328, 367, 379, 381

Sachwortverzeichnis

– und koordinative Fähigkeiten 220
Leistungsfähigkeit 147, 240, 315–316,
   321–322, 330–333, 335–343, 345–349, 354,
   381
– körperliche 147, 315, 331, 340, 354
– koordinative 222
– motorische (sportmotorische) **237**ff.,
   295f., 315–316, 322, 330–333, 336–339,
   341–343, 345–347, 349, 354
– sportliche 201, 309, 332
Leistungsfaktor, technisch-koordinativer 201,
   354
Leistungsgymnastik 100, 388
Leistungskonstanz 134
Leistungskontrolle 196f.
Leistungsminderung, motorische 240,
   339–340, 343–344, 347–348
Leistungsparameter 195
Leistungsreserven 306
Leistungssport 31, 103, 106, 185, 193, 206,
   220, 305, 319, 325, 339, 344, 378
Leistungssportler 185
Leistungsstabilität 184
Leistungsstreben 155, 253, 272–274,
   286–287, 292, 297, 315
Leistungsvergleich 297
Leistungsversagen 365
Leistungsvoraussetzungen (s. auch Fähigkei-
   ten) 193, 195, 201, 207–209, 211–212,
   219–221,
– intellektuelle 158
– körperliche (physische) 288, 305
– konstitutionelle 307
– koordinative 149, 207–209, 211–212,
   219–221, 229, 231, 288, 354
– motivationale 220
– psychische 324f.
– sportliche 201, 302, 324–325
– volitive 220
Leistungsziel 128–129, 144
Leitbild 127, 300
Leitkoordination 161, 189
Lernaktivität 150–151, 154–160, 169, 177,
   180–181, 203
Lernalter, bestes 240, 287, 289, 299
Lernaufgabe 154, 156, 161–162, 164,
   168–169
Lernbedingungen 362, 239

Lernbereitschaft 193, 239, 307, 323
Lernen 146–148, 150, 152, 273–274, 281,
   286–287
– auf Anhieb 292
– bewusstes 154
– denkendes 158, 181
– und Persönlichkeitsentwicklung 155, 203
– ungelenktes 198
Lernen, motorisches 58, 73, **146**–148, 150,
   194ff., 221, 259, 264, 312
– komplexer Charakter **194**–195, 197, 203,
   205
– und intellektuelle Fähigkeiten 202–203
– und Gedächtnis 54
– und Gesellschaft 152
– und mentales Lernen 158
– und Persönlichkeitsentwicklung 203
– und Sprache 152, 154, 158, 264
– und Umwelt 152
– ungelenktes 198
Lernergebnis 160
Lernfähigkeit, motorische 210, 221, 311,
   323, 327, 331–332, 338, 340, 355, 359, 361,
   365–367, 371
– in der Ontogenese 240, 249, 259, 275,
   280f., 286, 288f., 298ff.
Lernleistung, motorische 291, 327, 359
Lernmethode 162
Lernmotivation 151, **155**–156, 159, 169,
   177, 180
Lernphase, dritte 160, 165, **183**–189,
   191–193, 202
– und Bewegungskoordination 187–188,
   193
– und Bewegungsvorstellung 189
Lernphase, erste **161**, 164–170, 173–176
– und Bewegungskoordination 165,
   168–169
– und Bewegungsvorstellung 165, 175, 194
– und Sprache 170
Lernphase, zweite **170**–172, 175–183, 186,
   193, 202, 205
– und Bewegungskoordination **175**, 193
– und Bewegungsvorstellung 181–182
– und Sprache 177, 181ff.
Lernprozess, motorischer 28, **147**, 149–151,
   194–195, 199, 201, 203
– und Bewegungselastizität 126, 163

- und Bewegungsfluss 126 ff., 163, 174
- und Bewegungskonstanz 164, 174, 186
- und Bewegungskoordination 153, 164, 175, 186, 194, 201, 203
- und Bewegungskopplung 162, 173, 176
- und Bewegungspräzision 164, 174, 186
- und Bewegungsrhythmus 96, 101, 105, 162, 173, 186
- und Bewegungsstärke 162
- und Bewegungsstruktur 161, 170, 172 f., 182, 200
- und Bewegungstempo 203
- und Bewegungsumfang 162, 173
- und konditionelle Fähigkeiten 201
- und koordinative Fähigkeiten 157
- und motorische Fähigkeiten 201
- methodische Gestaltung 147, 156, 159 f., 164, 167, 169, 172, 181, 192, 204 f., 299
- Grundstruktur 160
- und objektive Information 151
- und Mitvollziehen 100–101, 105
- in der Ontogenese 259, 261, 292 f., 341 f.
- Planung 160
- und Rückinformation 150, 158, 164
Lernstufen 160
Lerntätigkeit 147, 150, 154–155, 158, 160–161, 175, 181
- und Persönlichkeitsentwicklung 205
Lerntest 355–356, 359
Lerntheorie 146, 387
Lernverlauf 154, 158, 160–161, 168 f., 170 f., 180, 183, 192, 196, 203–204
Lernzeit 150, 209
Lokomotion (-sbewegung) 81, 88, 91, 93–94
- Rhythmus 103
- Struktur 86 f.

M

Mannschaftsrhythmus 101, 107
Massenbewegung
- gesteuerte 243
- ungerichtete 240–242
Maßkorrelation 367
Maturität 306, 330 f., 334
Maximalkraft (-fähigkeit) 258, 269, 276–277, 301, 325, 330, 333, 346
Maximalkrafttest 355

Mehrfachaufgabentest 357–358, 375, 377
Mehrfachauswertungstest 360
Menarche 306, 314, 331
Mensch und Umwelt 147, 152
Menschwerdung 52, 100
Methodik 172
- des Sportunterrichts 172
- des Trainings 172
Misserfolgserlebnis 151, 156
Mitbewegungen, kontralaterale 243–245, 250
Mittelstreckenlauf 88
Mitvollziehen 62, 100–101, 105–106, 139–140, 196, 351, 380
- ideomotorisches 100–101, 105–106, 166
- und rhythmisierende Lehrweise 105 f.
Mobilität 274, 286, 288, 298
Motivation
- im motorischen Lernprozess **154** f., 203
- und motorische Tests 380
Motivationserregung 47, 164
Motorik 10–11, 14, 16, 20–24, 26–28, 30 ff., **33**, 152, 220
- der Frau 334
- des Mannes 334
- des Neugeborenen 241
- sportliche (s. Sportmotorik)
- Zweckmäßigkeit und Ökonomie 334
Musik und Bewegung 106
Muskelarbeit 37, 80, 92, 97–98, 107, 113, 125, 127
- negative und positive 80, 113
- statische 127
Muskeldynamik 93–96, 123
Muskelempfinden 49
Muskelentspannungsfähigkeit 213
Muskelfaserspektrum 238
Muskelinnervation 38, 65, 120
Muskelkraft 65, 104, 140, 173, 226, 253, 257, 349
Muskelreflex 227
Muskelschlinge 117
Muskelspannung 80, 228, 244
Muskeltätigkeit 37, 45, 97–99, 102, 108, 227
- alternierende 98, 102
- und Bewegungskopplung 107

Muskulatur 71, 79–80, 99–100, 106, 113–114, 116–117, 125, 162, 168, 234, 242–244, 304, 308

N

Nachvollziehen 261, 287
Nachwuchsleistungssport 273, 287, 299–300, 316
Nachwuchstraining 71, 136, 204
Nebenbewegung 294
Nervensystem 37–38, 48, 71, 80, 202
Nerventätigkeit, höhere 12, 47, 66, 72, 161, 188, 190, 274, 349
Nerv-Muskel-System 238
Neuerwerb 25–26, 147, 154, 311, 323, 345
Neugeborenes 241–243
Niveautest 355, 362, 375
Normative 152, 369
Normen 31, 370, 378, 381

O

Objektivität 360 f., **362** ff., 370, 375, 378, 383–384
– Auswertungsobjektivität 362
– Durchführungsobjektivität 362–363
– Interpretationsobjektivität 363
Objektivitätskoeffizient 367
Objektrhythmus 95–96, 104–105
Ökonomie (motorischer Tests) 371
Olympische Spiele 23, 327, 342
Ontogenese **237**, 239–240, 354
– motorische (s. auch Entwicklung, motorische) 72, 237, 239–240, 317
Organismus 153, 202, 310, 343, 349
Orientierung, optische 118, 120–121
Orientierung, sensomotorische 25, 35
Orientierungsfähigkeit 210, 212, 214, 216, 220, 229, 232, 358
– Maß 216
Orientierungsregulation 324

P

Paarvergleichsverfahren 366
Paddeln 87, 89, 97–98, 101, 113, 117, 200
Pädagogisierungsphase 352, 356, 359
Paralleltestverfahren 361, 365, 369
Persönlichkeit 27, 193, 201, 203, 223, 340
– Gerichtetheit 36

Persönlichkeitseigenschaften 184, 198, 201, 203, 205, 321
Persönlichkeitsentwicklung 22, 24, 26–32, 323
– allseitige (vielseitige) 203, 205
– und motorische Entwicklung 274, 331 f.
– und motorischer Lernprozess 152, 158, 192 ff., 203 ff.
Phantasie 253
Phasenbeginn, zeitliche Verschiebung 111–116, 120, 122, 125, 173, 176
Phasenverschmelzung 84, 87, 89–90, 93, 123
Physiologie 37, 45, 350
Posttest 352, 359
Prätest 359
Präzision (s. auch Bewegungspräzision) 127
– im zeitlichen Ablauf 128
– im Arbeitsprozess 130, 340
– räumlich gebundene 128
Präzisionsleistung 128, 130
Prellball 347
Prinzip, biomechanisches 110
– der Anfangskraft 80, 108, 110, 114, 125, 127
– der Ausnutzung äußerer Kräfte 80
– des optimalen Beschleunigungsweges 79–80, 108, 125, 127, 137
– der Gegenwirkung 108, 112
– der zeitlichen Koordination von Einzelimpulsen 108, 127, 162
Prinzip der Impulserhaltung 108
Prinzip der frischen Spuren 67
Probanden 353, 355, 357, 362, 366, 369, 371–374, 376–377
Produktion, materielle 21–22
Produktivkräfte 21–22
Programmantizipation 58, 61, 64
Programmierung (s. auch Bewegungsprogrammierung) 36, 42–44, 46, 57, 59–65, 69, 72, 82–83, 87, 141, 150, 166–167, 177–179, 181, 188–189, 207
– gleitende 46
– im motorischen Lernprozess 153, 166 f., 177 ff., 181, 189
– des motorischen Verhaltens 44, 57, 59, 61, 63

Programmumstellung   190
Programmvorausnahme (s. Programmantizi-
pation)   57–58, 61, 63–64
Propriorezeptoren   47–48, 50, 119
Psychologie   70, 148, 190, 194, 351–352 ff.
Pubeszenz   300 ff.

R

Radfahren   83, 87–88, 91, 292
Radsport   218, 312
Rahmenkoordination   161
Rahmenprogramm   167, 196
Rangkorrelation   367
Rangordnungsverfahren   366
Reafferenz (s. auch Rückinformation)   28,
45, **46** ff., 52, 56, 65–66, 68
– akustische   52
– bewegungslenkende   47, 49, 68, 165–166,
169–170, 176, 179, 181
– kinästhetische   49, 65, 68, 165–166, 170,
181
– im motorischen Lernprozess   164, 170
– motorische   48, 180
– resultative   47, 164, 178, 188
– sanktionierende   47, 66
– vestibulare   65
– visuelle   50
Reafferenzprinzip   66, 72
Reaktion, ideomotorische   100, 194, 196
Reaktionsfähigkeit, motorische   212, **214**
– Maß   215
Reaktionsschnelligkeit   137, 259, 270,
276–277, 325
Reaktionstest   224
Reaktionszeit   375
Reflex   227, 241
– der Lage und Bewegung   241
– unbedingter   167, 241–242
– vestibularer   50, 154, 167
Reflexmotorik (-bewegung)   242
Regelgüte   179, 188, 192, 195–196
Regelkreis   48, 65, 68, 154, 166, 168–169,
179, 181, 190, 196
Regelspiel   252
Regelsystem   46, 65, 67, 72, 181
– spinalmotorisches   41
Regelung   34, 56, 65–66, 68, 167–170
– antizipierende   168, 179, 181

– im motorischen Lernprozess   149, 158,
178, 181, 188, 191
– sensomotorische   45, 113, 179, 192
Regulation   75, 237
– sensomotorische   71, 154, 166, 180
Regulationsebenen   **34**–36, 43, 153–154,
177, 179–180
Regulationspotenzen   209
Reifungsprozesse   237–238
Reifungszeit (s. Adoleszenz und Pubeszenz)
308
Reiten   342
Reliabilität   **361**–362, 364–370, 375–376,
378
Reliabilitätskoeffizient   367
Rentabilitätstest   360
Repräsentativgruppenverfahren   366
Reserveafferenz   188
Retestverfahren   361, 370
Reziprozitätsprinzip   125
Rhythmische Sportgymnastik   104, 287,
302, 318, 332
Rhythmisierungsfähigkeit   212, 214,
218–219, 221–223, 229, 232, 235, 271, 285,
291, 311
Rhythmus (s. auch Bewegungsrhythmus)
95–105, 134 f., 218–219
– als Merkmal der Bewegung   95
– zyklischer und azyklischer Bewegungen
97, 99
– musikalischer   96–97, 232
– und Takt   96
Rhythmusaufnahme   95
Rhythmusekstase   107
Rhythmusempfindungen   106
Rhythmusfähigkeit   210
Rhythmuskommunikation   103
Rhythmusleader   106
Rhythmusresistenztest   224, 356
Rhythmusschulung   96, 106
Rhythmusübernahme   101
Rhythmusübertragung   100, 105
Rhythmusvariation   104
Rhythmuswechsel   219
Ringen   49, 102, 170, 215, 219, 228, 332
Risikobereitschaft   292, 297, 324, 326
Rollenspiel   252
Rollschuhlauf   262, 269, 283

Rückgriff, ontogenetischer 248
Rückinformation (s. auch Reafferenz)
- und Analysatoren 48ff.
- und motorischer Lernprozess 150
- sensorische 45, 66, 181
Rückkopplung (s. auch Reafferenz und
  Rückinformation) 41
Rudern 50–51, 65, 67, 80, 83, 87, 97–98,
  101, 103, 106, 116, 157, 168, 170, 200, 218,
  220, 312
Rumpfeinsatz **114**
- in der Arbeitsmotorik 116
- und Bewegungspräzision 130
- und Bewegungsschulung 121f.
- und Bewegungsumfang 136, 298
- horizontaler 115
- im motorischen Lernprozess 172f., 188
- rotatorischer 115–116, 121
- translatorischer 115, 121
- vertikaler 115, 121

S
Säuglingsalter 240, **243**–251
Säuglingsrigidität 242
Schätzverfahren 366
Schematheorie 15, 60, 209
Schießen 128, 342
Schlagballwurf 172, 313
Schlagen 91, 114, 128, 149, 186, 269, 272,
  360
Schlagwurf 79, 251, 255–256, 260, 268
Schlittschuhlaufen 87, 292
Schnelligkeit 190
- von Teilbewegungen 270
Schnelligkeitsausdauer (-fähigkeit) 358
Schnelligkeitsfähigkeiten 206, 222
- und motorisches Lernen 157
- in der Ontogenese 259, 263, 270, 276,
  279
Schnelligkeitsleistung 103, 133
Schnelligkeitstest 363
Schnellinformation 136
Schnellkraftdisziplinen (-sportarten) 123,
  188
Schnellkraftfähigkeit 202, 289, 309, 317,
  325, 333, 353, 375
- in der Ontogenese 289, 309, 310
Schnellkraftleistung 103, 114

Schnellkrafttest 352
Schulanfänger 273–275, 283–284
Schulsport 104, 200, 204, 210, 236, 287,
  300, 305
Schulung, akustisch-rhythmische 96
Schwierigkeitskoeffizient 362
Schwimmen 39, 51, 78, 80, 83–85, 87, 91,
  106, 111–112, 118, 120, 122–123, 125, 133,
  136, 138, 157, 160, 162, 166, 176, 183, 186,
  193, 200, 214, 217, 228, 234, 269, 273, 283,
  287, 291, 296, 312–313
Schwungbeschleunigung 110
Schwungbremsung 110
Schwungübertragung 108, **109**f., 120, 122,
  173
- im motorischen Lernprozess 172f.
Segeln 342
Sehen
- peripheres 51, 188, 196
- zentrales 51, 188, 196
Seitigkeit 200–201
Selbstbeobachtung 175, 178, 193, 202, 351
Selbsterziehung 193, 322
Selbstkorrektur 175, 193, 281, 286
Selbstkritik 320
Selbstorganisation 40–41, 60, 66, 69, 72,
  166, 179, 190
Selbstvertrauen 309, 323, 341
Sensorik 48
Sichtung und Auswahl 306
Signal 51–52, 54, 215–216
- afferentes 164
- akustisches 51
- propriorezeptives 164
- reafferentes 164
- verbales 52, 54
- vestibulares 80
Signalsystem, sensorisches 52, 68
Signalsystem, verbales 54, 56, 58
- im motorischen Lernprozess 181
Simultankombination 91, 348
Sinnesempfindungen 26, 52–53, 177
Sinnesorgane 26–27, 45, 56, 71, 95, 157,
  165, 180, 242–243
Situationsafferenz 51
Situationsanalyse 46, 61
Situationsantizipation 61–63
Situationsinformation 46

Skilauf 39, 67, 81, 87, 89, 107, 116–118, 126, 218–219, 269, 273, 311, 327
– alpiner 27, 30, 50, 107
– Slalomlauf 51, 128f., 189
Skispringen 71, 81, 86, 100, 118, 122, 179, 215, 217, 228
Sofortinformation 182
Sollwert-Istwert-Differenz 59, 129
Sollwert-Istwert-Vergleich 43–44, 65–68, 178, 190, 207
– im motorischen Lernprozess 167, 178f., 189f.
Sozialisation 239, 320
Spätentwickler (Retardierter) 240, 300, 305–307
Speedographie 100
Speerwurf 38, 49, 111–112, 116, 121, 172, 198
Speicher, motorischer 153
Spermarche 306, 314, 331
Spezialisierung 198
Spiele 27, 252, 267, 276, 288, 327, 342, 347
Spielfähigkeit 218, 222, 229
Spielintelligenz 62
Spieltaktik 103
Spieltätigkeit 147, 198, 259–260, 263
Splithalf-Verfahren 361
Sport 205–207, 276, 350, 354
– außerschulischer 206, 274, 350, 354
Sportabzeichen 341
Sportarten
– situative 299, 303, 305
– technische 157, 188, 222
– technisch-akrobatische 275, 306, 323, 360
– technisch-kompositorische 129, 182–183, 216, 300, 327
Sportgruppen, allgemeine 273
Sportlehrer 19, 28, 136–140, 147, 169, 175, 177–178, 182, 194–195, 201, 204, 219, 239, 305, 309, 315, 330, 332
Sportler 30, 38–39, 43, 47, 50–51, 54–60, 62–64, 67–68, 70, 75, 84–85, 90, 92, 94–95, 165–166, 193, 198–202, 204–206, 213–214, 216–217, 219, 222, 225, 231, 305, 307, 309, 312, 314, 322, 331, 339, 343–344, 348, 350–351, 354, 363, 369, 373, 380–381, 383

Sportmotorik 10–12, 15–16, 22–24, 69–71, 73, 76, 100, 206, 236, 335, 340
Sportpädagoge 20, 138, 145
Sportphysiologie 13, 190, 343
Sportpsychologie 194–195
Sportschauübung 92, 107
Sportspiele 28, 62, 64, 90, 201, 215, 232, 252, 323, 332
Sportunterricht 30–31, 96, 147, 152–153, 156, 195, 205–206, 236, 274–275, 277, 287–288, 292, 299–300, 307, 315, 317, 320–322, 324–325, 331–332, 354, 381
– und objektive Information 152
– und motorischer Lernprozess 155
Sportwissenschaft 34, 38, 77, 350
Sprache 53–54, 146–147, 152–154
– und motorische Entwicklung 264
– und motorischer Lernprozess 53, 153
Sprechbewegungen, innere 21
Sprechmotorik 26
Springen 251, 253–255, 264, 267, 283–284, 293–295, 312, 328, 331
Sprint 276, 302
Sprünge
– sportliche 109
Sprungkraft 358
Stabhochsprung 199
Stabilitätstest 359
Standardisierung (im Lernprozess) 187, 190, 192
Status, soziometrischer 320
Stehen 246–247
Steigen 251–252, 266
Stereotyp, dynamisch-motorischer 161, 253
Steuerfunktion des Kopfes **117**ff.
Steuer- und Regelprozesse 208, 229
Steuerung 42, 45, 243
– der Bewegung (s. auch Bewegungssteuerung) 41, 177, 179–183, 187–188, 202, 205–206, 208–210, 212, 216, 229
– im motorischen Lernprozess 148, 167ff.
– sensomotorische 45, 113, 164, 179–181, 187–188, 191–192
Steuerungsfähigkeit, motorische 210f., **221**f., 229
Stichprobe 361, 366, 369
Stoßen 114–115, 128, 186

Sachwortverzeichnis **445**

Strecksprungtest 356–358
Struktur (s. auch Bewegungsstruktur)
  61–62, 65, 70, 72, 77, 79, 81, 83–89, 91–95,
  97–98, 103–104, 106, 109, 117, 122, 127
– Asynchronie 89
– und motorischer Lernprozess 141
– rhythmische 103–104, 106
Strukturvarianten 83, 93
Strukturverwandtschaften 200
Strukturvorstellung 94
Subjektrhythmus 95–97, 104–105
Sukzessivkombination 89–90, 93
Synergisten 226–227, 235, 293
System
– kardio-pulmonales 259, 301, 326
– motorisches 46, 107, 137
– neuromuskuläres 230
– sensomotorisches 71–73, 130, 154
– sensorisches 45, 68
– verbales 72, 191, 194

T
Takt 96–97
Taktik 316
Talente, sportliche 330–331
Talenterkennung 306
Tanz 91, 96, 100–101, 108, 144, 300, 318,
  344
– und Bewegungsrhythmus 100
Tätigkeit
– berufliche 342–343, 345
– geistige 299
– menschliche 199
– motorische 210, 220, 239, 243
– sportliche 147, 209, 212, 220, 224, 229
Täuschungsbewegung (-handlung) (s. auch
  Finten) 62–63, 92
Taxonomie 68–69, 73, 150
Technik, sportliche 75, 112, 134–135, 154,
  157, 180, 185, 204, 316, 336
– und Bewegungsfluss 123 f.
– und Bewegungskonstanz 134–135
– und Bewegungsumfang 136
– und Kennlinien 134
– und motorischer Lernprozess 154 ff.,
  168, 170, 176, 180, 182 ff.
Technikleitbild 300
Techniktraining (s. auch Ausbildung,

sporttechnische) 72, 74, 103, 122, 127,
  135, 147–148, 156–157, 159–160,
  166, 175
Teilbewegung 107, 114, 122, 138, 156
– zeitliche Koordination 122
– Kopplung 108, 114, 118, 143
– zeitliche Verschiebung 113, 122, 173,
  176
Telerezeptoren 50, 179
Temperament 238
Temperamentsbesonderheiten 156, 184
Tempogefühl 213
Tennis 128, 340
Test 350–358, 376–377
– psychologischer 363
– psychomotorischer 353
Test, sportmotorischer 223–224, 226, 230,
  350, 352–354, 360–361, 363–364, 381
– allgemeiner 230
– Anwendungsbereich 373
– personeller Aufwand 372
– Gültigkeitsbereich 373
– Gütekoeffizienten 367
– Gütekriterien 360
– Klassifizierung 355
– Konstruktion 373, 374
– Kriterienanalyse 378
– Materialaufwand 372
– Merkmalanalyse 223, 373
– Normierung 370
– spezieller 223
Testanweisung 376, 382
Testaufgabe 223–225, 353, 355–358, 361,
  363–364, 371, 373–377, 379, 382
– Aufgabenanalyse 360, **377**
– Aufgabenkonstruktion 374
– Bewertung 376
– heterogene 375
– homogene 373
– Schwierigkeit und Trennschärfe 356,
  376, 379
Testauswertung 353
Testbatterie 356–358, 365, 368, 370,
  374–375
Testbeschreibung 376
Testdauer 371–372, 382
Testdurchführung 353, 359, 362, 364, 369,
  372, 376, **378–382**

Testendform 375, 377
Testhalbierungsverfahren 361
Testhelfer 379–380
Testinterpretation 353
Testlänge 371–372, 375
Testleistung 224, 353, 362–364, 367, 375, 379
– und Normen 367
Testleiter 353, 361–364, 372, 379–381, 384
Testmanual 362, 380, 382
Testökonomie 371
Testprofil 356–358
Testserie 226, 356, 358, 373, 377
Testwiederholung 361, 364
Theorie der höheren Nerventätigkeit 161
Therapie 238, 250
Tischtennis 292
Touristik 184, 192, 348
Trägheitskräfte 124
Trainer 137–139, 142, 147, 150, 161, 169, 175, 177–178, 182, 194–195, 200–201, 204, 219, 239, 303, 305–306, 309, 312, 315, 332, 351, 381
Training, ideomotorisches 57, 64, 194
Training, sportliches 23, 31, 205, 312, 332, 339, 343, 346
– allgemeines 344
– und Bewegungsrhythmus 95, 106
– ideomotorisches 325
– sportartspezifisches 339, 344
Trainingsbelastung 202, 332
Trainingsexperiment 209, 351, 354
Trainingsmittel 194, 212, 226, 230–233, 363
Trainingsplanung 339, 372
Trainingsprinzipien 332
Trainingsprozess 122, 136, 155, 201, 220, 300, 350, 367
Trainingswettkampf 193
Trainingszustand 132, 202, 316
Transferabilität, motorische 210
Transferenz 195, 198–200
Treffgenauigkeit 127–131, 135, 137
Tremometertest 355, 356
Trendsportarten 300
Trennschärfekoeffizient 362, 377
Trimmen 287
Turnen (s. Gerätturnen) 14, 18, 39, 345

U

Üben, sportliches 331
– im motorischen Lernprozess 148, 157, 162, 170, 178, 281
– wettkampfnahes 64
Übungsleiter 195, 204, 239, 312, 332, 351
Übungsprozess 105, 141, 149, 154, 170, 178, 231
Umlernen 199, 202, 204
Umsetzungsfähigkeit, rhythmische 210
Umstellung, motorische 62–64, 210–211
Umstellungsfähigkeit, motorische 185, 215, **218**, 221, 347, 349
– Maß 218
Umwelt 33, 39, 41, 46, 49, 51, 212, 215
– und motorische Entwicklung 239, 250–252
– und motorisches Lernen **152**, 179
– und Mensch 152–153
– und motorische Tätigkeit 348
Untertest 374

V

Validität (motorischer Tests) 355, 357, 360–361, **364**–370, 375–376, 378
– kriterienbezogene 361, 364–366, 370
– logische 364–365, 367, 378
– prognostische 355, 366
– Scheinvalidität 365
– von Testprofilen und Testbatterien 357, 368
– Vorhersagevalidität 364
Validitätskoeffizient 365–367, 370
Validitätskriterien 365
Verbindungen, bedingt-reflektorische 190
Vergleichbarkeit motorischer Tests 371
Verhalten 315, 320–323
– motorisches (s. auch Bewegungsverhalten) 20, 126, 253, 264, 274, 286, 298, 300, 314–315, 321–322, 331
– psychosoziales 307
Verhaltensweisen 41, 47, 141, 147–148, 158, 253, 275, 288, 296, 321–322, 330
Verlaufsqualitäten, generalisierte 207, 229
Vervollkommnung
– körperliche (physische) 195, 201, 203, 205
– konditionelle 261, 273, 287, 299, 302

- koordinative 157, 223, 299
- motorische 223, 261
- sporttechnische 152
Verwringung 115, 117, 121, 136, 173
- und Gegenverwringung 117, 136
Vestibularanalysator 50
Vielfach-Reaktionstest 382
Volleyball 314
Vollreife (s. Maturität) 330–332, 334
Vorausnahme (s. Antizipation)
Voraussetzungen (s. Leistungsvoraussetzungen)
Vorbereitungsphase 62–63, **78**ff.
- und Angleit- und Anschwungbewegung 81
- und Anlauf 83
- von Bewegungskombinationen 89ff.
- und Bogenspannung 116
- und Endphase 83
- bei Finten 62
- Funktion 87
- und Hauptphase 62, 78–79, 82–83, 85, 87, 91, 93–94, 135, 163, 174
- im motorischen Lernprozess 163, 174
Vorstellung (s. auch Bewegungsvorstellung) 53, 55–57, 61, 75, 92, 101, 141–142, 153, 162, 164–165, 168–169, 194, 196
Vorstellungsfähigkeit 353
- motorische 208

W
Wachstum 306
Wahrnehmung 52, 213, 215–216, 218, 231, 292
- im motorischen Lernprozess 151, 152
- optische 176, 181
Wahrnehmungsfähigkeit 292
Wasserball 91
Wasserfahrsport 39, 66–67, 125, 160
Wasserspringen 38, 79, 85, 99, 103, 118, 122, 139, 157, 169, 174, 176, 178, 183, 200, 217, 262, 269, 273, 283, 287, 296, 312
Weitsprung 79, 86, 128–129, 150, 164, 275–276, 278, 284, 294, 313, 319, 328, 336, 341
Wendigkeit 206

Werfen 65, 79, 90f., 111, 114, 128, 149, 186, 200, 232, 253–257, 259–262, 267–269, 272, 275–276, 281, 283–285, 293, 295, 298, 312–313, 325, 328, 331
Werkzeug 65
Wettbewerb 272
Wettkampf 134, 141, 148, 209, 213
- und motorisches Lernen 170, 184
Wettkampferfahrungen 338
Wettkampfleistung 192, 365
Wettkampfsport (s. auch Leistungssport) 193
Wettkampftaktik 104–105
Wettkampftechnik 193, 204
Wiederholung 158, 178
Willen 156, 324
Willkürmotorik (-bewegung) 25, 36, 41, 242
Wohlbefinden 179, 228, 230, 286–287, 347
Wurffertigkeit 329
Wurfleistung 295
Wurftaubenschießen 215

Z
Zeichensystem (s. Signalsystem)
Zeittest 351, 355, 375
Zentralnervensystem 35, 100, 191
Zielantizipation 57, 68
Zieltechnik 70, 159, 205
Zielwerfen 128, 214, 251
Zusatzinformation (s. auch Information) 193
Zuschauer 29, 185
Zuverlässigkeit (s. Reliabilität)
Zweck der Bewegung (Handlung) 37–39, 59, 62–63, 169, 178,
- und Bewegungsstruktur 62
Zweckrelation 78
Zweikampfsportarten 60, 62, 64, 85, 137, 174, 179, 183, 185–186, 188, 193, 201, 215–216, 218–220, 222, 232–233, 277, 289, 299, 306, 312, 323
Zwischenphase **86**–91, 93, 97–98, 135
- von Bewegungskombinationen 89f.
- im motorischen Lernprozess 172